CESPE/UnB

3000 QUESTÕES COMENTADAS

L013

C35c

CASTRO, Wilza. Coleção Passe Já – Banca CESPE/UnB. Editora AlfaCon: Cascavel, 2015.

1264 p. 17 x 24 cm
ISBN: 978-85-8339-168-5

Palavras-chave: Questões Comentadas. Concurso Público. Provas. Passe Já. Banca CESPE/UnB.

CDU 342 35 001 (58)

Atualizações e erratas: esta obra é vendida como se apresenta. Atualizações – definidas a critério exclusivo da Editora AlfaCon, mediante análise pedagógica – e erratas serão disponibilizadas no site www.alfaconcursos.com.br/codigo, por meio do código disponível no final do material didático. Ressaltamos que há a preocupação de oferecer ao leitor uma obra com a melhor qualidade possível, sem a incidência de erros técnicos e/ou de conteúdo. Caso ocorra alguma incorreção, solicitamos que o leitor, atenciosamente, colabore com sugestões, por meio do setor de Atendimento do AlfaCon Concursos Públicos.

EDITORA
AlfaCon
Concursos Públicos

Organização da Obra

Na organização desta obra, há uma distribuição diferente para cada disciplina quanto ao número de questões. Para fazer essa divisão, colocamos uma carga extra em matérias que têm um peso maior e são comumente cobradas em praticamente todas as provas de concursos públicos. Nesse sentido, temos a seguinte disposição:

- 600 questões para Língua Portuguesa, Direito Constitucional e Direito Administrativo: disciplinas que habitualmente possuem um conteúdo programático extenso em termos de quantidade de assuntos;
- 400 questões de Informática e de Matemática e Raciocínio Lógico: disciplinas que exigem uma fixação de muitos conceitos e fórmulas;
- 200 questões de Arquivologia e Administração Financeira e Orçamentária: disciplinas que exigem um conhecimento conceitual e técnico e tem uma área de abrangência ampla envolvendo concursos nas carreiras policiais, fiscais e tribunais.

Perceba, então, que a distribuição busca orientar o concursando para que ele domine as matérias em que a dificuldade é maior.

Além disso, você encontrará, ao final de cada capítulo, a seção "Faça Já", que é uma atividade de fixação dos principais conteúdos abordados nas questões selecionadas.

E você, leitor, contará, ainda, com conteúdos exclusivos on-line, disponíveis no formato de videoaulas.

Nossa experiência em concursos públicos nos mostra que dominar as disciplinas que se repetem na maioria das provas é um diferencial e faz com que o candidato tenha um rendimento e um aproveitamento muito maior em relação aos concorrentes e o fato de tal conhecimento incluir as áreas específicas fará, com certeza, a diferença para o caminho de sua aprovação.

Bons estudos e sucesso!!!

Conheça a Obra

Cabeçalho da questão

As referências servem de orientação ao leitor, para que saiba que são as mais recentes e abrangentes possíveis. Apesar de haver uma especificação de cargos, as questões são pertinentes para diversos cargos.

> **01.** **(2014 - CADE - Agente Administrativo)** De acordo com a narrativa, os "proprietários" e "curadores" desconheciam a existência de livros que haviam sido escondidos em locais antigos.
>
> GABARITO: ERRADO.

Grau de Complexidade

Este ícone indica o grau de complexidade da questão, que pode ser classificada como fácil, média, difícil e muito difícil.

Fácil e Média

Atribuir um grau de dificuldade como "fácil" ou "média" não significa dizer que na questão constem apenas conceitos ou definições muito simples, e sim que ela permite a você chegar à resposta correta por meio de raciocínios lógicos e rápidos, ou ainda, que os assuntos são básicos e necessários para a compreensão dos conteúdos das disciplinas solicitadas em concursos públicos.

Difícil

Uma pergunta classificada como difícil consiste em inter-relacionar assuntos ou tópicos que não apresentam relação direta ou até que não tenham relação entre si. Isso faz com que o aluno aceite ou rejeite de imediato as assertivas e, assim, fique na dúvida. Ademais, uma questão de "difícil" complexidade pode ser composta por diversos elementos, pode abranger várias definições, ações ou ideias, ou, ainda, pode ser interpretada por diferentes pontos de vista, tornando-se, assim, de entendimento intrincado ou complicado.

Muito Difícil

Questões que pedem legislação são quase sempre "muito difíceis" por tratarem de temas em que não se interpreta ou analisa a questão como um todo, haja vista a resposta ser literal em relação à lei exigida. Por isso, há a necessidade de que o candidato se mantenha atualizado quanto às legislações pertinentes à disciplina e tenha como hábito a leitura de tais legislações.

Professor Resolve

Este ícone indica que o leitor pode acessar a resolução da questão por meio de um vídeo disponível no site (https://www.alfaconcursos.com.br/codigo).

01. (2014 - CADE - Agente Administrativo) De acordo com a narrativa, os "proprietários" e "curadores" desconheciam a existência de livros que haviam sido escondidos em locais antigos.

GABARITO: ERRADO.

Ao afirmar "Conhecíamos armários, sótãos, porões e cofres de sacristias, bibliotecas, batistérios ou cenáculos, bem melhor do que seus proprietários ou curadores", entende-se que proprietários e curadores já conheciam a existência de livros que haviam sido escondidos em locais antigos.

Comentários

Explicações do autor em relação ao gabarito da questão. Podem conter legislações e/ou obras de referência que fundamentem as justificativas.

Ao afirmar "Conhecíamos armários, sótãos, porões e cofres de sacristias, bibliotecas, batistérios ou cenáculos, bem melhor do que seus proprietários ou curadores", entende-se que proprietários e curadores já conheciam a existência de livros que haviam sido escondidos em locais antigos.

Faça Já

São atividades de fixação dos conteúdos selecionados para esta obra, as quais aparecem ao final de cada capítulo. Vale destacar que foi respeitada a originalidade e a didática de cada professor, razão pela qual ela se apresenta de formas diversas e não segue um padrão em toda a obra.

FAÇA JÁ

1. Conceito de texto: são ________________ ________________ entre si, as quais formam um todo significativo. Um texto é um enunciado capaz de produzir uma ________________, a qual dê a capacidade de codificar e decodificar os ________________.

Gabarito

Esta seção traz os textos que compõem o "Faça Já". Todos vêm com as lacunas completadas para que você possa conferir as respostas.

Estruturas lógicas

Proposições

Chama-se proposição toda sentença declarativa que pode ser classificada ou só como verdadeira ou só como falsa. Temos dois tipos de proposições: SIMPLES e COMPOSTA.

SUMÁRIO

Apresentação

Em concursos públicos, a forma de cobrança da disciplina de Língua Portuguesa é determinada pela banca, pelo cargo e pelo nível (fundamental, médio ou superior) da prova. Ou seja, para se dar bem nessa disciplina, é preciso entender como ela é cobrada em concursos. E a melhor maneira de fazer isso é tendo contato com as questões.

Por isso, você tem em mãos esta obra, que busca dar a você uma visão de como são elaboradas as provas e como os assuntos são cobrados.

Sobre essa disciplina, para que você entenda como ela foi organizada, fique atento ao seguinte:

1. As questões foram separadas por assuntos em capítulos diferentes.
2. Você pode encontrar questões parecidas e textos repetidos. Isso se deve ao fato de que as questões de provas são feitas a partir de um texto de referência. Assim, um mesmo texto serve como apoio para várias questões.
3. Cada capítulo tem um enfoque em relação à seleção de cada item:

- **Capítulo 1:** o objetivo é mostrar ao leitor questões de interpretação e compreensão textual.
- **Capítulo 2:** o foco é trabalhar ainda com textos, mas no sentido de entender aspectos específicos, como: tipologia textual, significação contextual, denotação, conotação, coesão, coerência.
- **Capítulo 3:** a intenção é apresentar ao leitor o assunto "morfossintaxe", o qual traz questões em que são cobradas, simultaneamente, noções de morfologia e sintaxe.
- **Capítulo 4:** a finalidade é entender como uma questão de correção gramatical é complexa, porque pode tratar de diversos assuntos num só enunciado, como: concordância, regência, crase, pontuação, acentuação, colocação pronominal.
- **Capítulo 5:** o intuito é tratar de um tipo de item que tem sido muito cobrado: a reescrita. Fique atento para o enunciado, pois a reescrita pode cobrar tanto a correção gramatical como a semântica.
- **Capítulo 6:** o enfoque é perceber que as questões de redação oficial podem cobrar dois aspectos. Um deles é analisar se um trecho está adequado para compor um texto oficial. Outro é verificar se o conceito apresentando está de acordo com o Manual de Redação da Presidência da República.

Essa organização foi feita com base em minha experiência em sala de aula, especificamente em relação às aulas ministras em turmas que estão preparando-se para concursos. Além disso, foram considerados relatos de alunos sobre as maiores dificuldades ao estudar a disciplina de língua portuguesa.

Um grande abraço,

Giancarla Bombonato

> "A grande sacada de estudar Língua Portuguesa é entender o "espírito" da banca."

Sobre o autor: Mestre em Letras, especialista em Língua Portuguesa e Literatura Brasileira, e licenciada em Letras Português/Espanhol. Atua na área de concursos públicos desde 2008. Tem experiência em Língua Portuguesa e Redação. Passou a fazer parte da Equipe AlfaCon em 2012.

SUMÁRIO

CAPÍTULO 1

Interpretação Textual e Compreensão textual

Interpretação Textual e Compreensão Textual

Ninguém sabia, nem pretendia saber, por que ou como Lanebbia e seus associados se interessavam por um bando de maníacos como nós, gente estranha, supostamente inteligente, que passava horas lendo ou discutindo inutilidades. Gente, dizia-se, que brilharia no corpo docente de qualquer universidade; especialistas que qualquer editora contrataria por somas astronômicas (certos astros não são muito grandes). Era um enigma também para nós; mas, lamentações à parte, sabíamos de nossa incompetência, também astronômica (alguns astros são bastante grandes), para lidar com contratos, chefes, prazos e, sobretudo, reivindicações salariais. Tínhamos, além disso, algumas doenças comuns a todo o grupo, ou quase todo: a bibliomania mais crônica que se possa imaginar, uma paixão neurótico-deliquencial por textos antigos, que nos levava frequentemente a visitas subservientes a párocos, conventos, igrejas e colégios. Procurávamos criar relacionamentos que facilitassem o acesso a qualquer velharia escrita. Que poderia estar esperando por nós, por que não?, desde séculos, ou décadas. Conhecíamos armários, sótãos, porões e cofres de sacristias, bibliotecas, batistérios ou cenáculos, bem melhor do que seus proprietários ou curadores. Tínhamos achado preciosidades que muitos colecionadores cobiçariam.

Descobrir esses esconderijos era uma espécie de hobby nosso nos fins de semana, quando saíamos atrás de boa comida, bons vinhos e velhos escritos.

Isaias Pessotti. Aqueles cães malditos de Arquelau. Rio de Janeiro: Ed. 34, 1993, p. 11 (com adaptações).

01. **(2014 - CADE - Agente Administrativo)** De acordo com a narrativa, os "proprietários" e "curadores" desconheciam a existência de livros que haviam sido escondidos em locais antigos.

GABARITO: ERRADO.

Ao afirmar "Conhecíamos armários, sótãos, porões e cofres de sacristias, bibliotecas, batistérios ou cenáculos, bem melhor do que seus proprietários ou curadores", entende-se que proprietários e curadores já conheciam a existência de livros que haviam sido escondidos em locais antigos.

Esta é uma pergunta que supõe polos opostos. Qual o valor supremo a ser realizado pelo ensino? A prioridade concedida à informação percorre caminhos diferentes do projeto de formar o cidadão consciente, o espírito crítico, o ser humano solidário?

Até certo ponto sim. Entupir a cabeça do aluno (penso no jovem que se prepara para um vestibular) com dados, nomes, números e esquemas, o que significa em termos de formar uma pessoa justa, verdadeira, compassiva, democrática? A aspiração de Montaigne continua viva, mais do que nunca: a criança não deve ser um vaso que se encha, mas uma vela que se acenda.

Para não descambar no puro ceticismo, lembro que o exercício constante das ciências físico-matemáticas, das ciências biológicas e da pesquisa histórica pode contribuir para a formação de hábitos de atenção e rigor que, provavelmente, irão propiciar o respeito à verdade, o que é sempre um progresso moral. Digo "provavelmente" porque os numerosos exemplos de transgressão da ética científica, movidos por interesses e paixões, não permitem expressões de otimismo exagerado.

Permanece inquietante a questão de formar a criança e o jovem para valores que ainda constituem o ideal do nosso tão sofrido bípede implume. O malogro da educação liberal-capitalista nos aflige como, em outro contexto, nos teria afligido um projeto de educação totalitária. Esta impõe, mediante a violência do Estado, a passividade inerme do cidadão, ao qual só resta obedecer aos ditames do partido dominante. Conhecemos o que foi a barbárie nazifascista, a barbárie stalinista, a barbárie maoísta. De outra natureza é a barbárie que vivemos no aqui-e-agora do consumismo irresponsável, dos lobbies farmacêuticos, do desrespeito ao ambiente, das violações dos direitos humanos fundamentais, da imprensa facciosa e venal, dos partidos de aluguel, da intolerância ideológica dos grupelhos, da arrogância dos formadores de opinião espalhados pela mídia e pelas universidades.

Um plano oficial de educação pouco poderia fazer para alterar esse iminente risco de desintegração que afeta a sociedade civil, atingindo classes e estamentos diversos; mas que ao menos se faça esse pouco!

Alfredo Bosi. A valorização dos docentes é a única forma de construir uma escola eficiente. Chega de proletários do giz. In: Carta Capital. Ano XIX, n.º 781, p. 29 (com adaptações).

02. **(2014 - CADE - Agente Administrativo)** Infere-se do texto que a educação liberal-capitalista se baseia em um plano que prioriza a informação.

GABARITO: CERTO.

Esta afirmação é percebida por meio da analogia feita no texto. A ideia de que a educação liberal-capitalista se baseia em um plano que prioriza a informação pode ser entendida por algumas passagens do texto, como: "A prioridade concedida à informação percorre caminhos diferentes do projeto de formar o cidadão consciente, o espírito crítico, o ser humano solidário? Até certo ponto sim. Entupir a cabeça do aluno (penso no jovem que se prepara para um vestibular) com dados, nomes, números e esquemas, o que significa em termos de formar uma pessoa justa, verdadeira, compassiva, democrática?", e "O malogro da educação liberal-capitalista nos aflige como, em outro contexto, nos teria afligido um projeto de educação totalitária. Esta impõe, mediante a violência do Estado, a passividade inerme do cidadão, ao qual só resta obedecer aos ditames do partido dominante".

Texto referente às questões 3 a 6.

Atualmente, há duas Américas Latinas. A primeira conta com um bloco de países — incluindo Brasil, Argentina e Venezuela — com acesso ao Oceano Atlântico, que confere ao Estado grande papel na economia. A segunda — composta por países de frente para o Pacífico, como México, Peru, Chile e Colômbia — adota o livre comércio e o mercado livre.

Os dois grupos de países compartilham de uma geografia, de culturas e de histórias semelhantes, entretanto, por quase dez anos, a economia dos países do Atlântico cresceu mais rapidamente, em grande parte graças ao aumento dos preços das commodities no mercado global. Atualmente, parece que os anos vindouros são mais promissores para os países do Pacífico. Assim, a região enfrenta, de certa forma, um dilema sobre qual modelo adotar: o do Atlântico ou o do Pacífico? Há razões para pensar que os países com acesso ao Pacífico estão em vantagem, como, por exemplo, o fato de que, em 2014, o bloco comercial Aliança do Pacífico (formado por México, Colômbia, Peru e Chile) provavelmente crescerá a uma média de 4,25%, ao passo que o grupo do Atlântico, formado por Venezuela, Brasil e Argentina — unidos pelo MERCOSUL —, crescerá 2,5%. O Brasil, a maior economia da região, tende a crescer 1,9%.

Segundo economistas, os países da América Latina que adotam o livre comércio estão mais preparados para crescer e registram maiores ganhos de produtividade. Os países do Pacífico, mesmo aqueles como o Chile, que ainda dependem de commodities como o cobre, também têm feito mais para fortalecer a exportação. No México, a exportação de bens manufaturados representa quase 25% da produção econômica anual (no Brasil, representa 4%). As economias do Pacífico também são mais estáveis. Países como México e Chile têm baixa inflação e consideráveis reservas estrangeiras.

Venezuela e Argentina, por sua vez, começam a se parecer com casos econômicos sem solução. Na Venezuela, a inflação passa de 50% ao ano — igual à da Síria, país devastado pela guerra.

David Juhnow. Duas Américas Latinas bem diferentes. The Wall Street Journal. In: Internet: <http://online.wsj.com> (com adaptações).

03. **(2014 - CADE - Analista Administrativo)** A ideia defendida no texto, que se classifica como dissertativo, é construída por meio de contrastes.

GABARITO: CERTO.

O texto é dissertativo, pois trata de um assunto, traz informações sobre uma temática. E esta é apresentada por meio de contrastes entre as "duas Américas Latinas".

04. **(2014 - CADE - Analista Administrativo)** Infere-se do texto que o Brasil apresentará o menor índice de crescimento econômico entre os países latino-americanos em 2014, a despeito de ser a maior economia da região.

GABARITO: ERRADO.

O texto apenas traz dados sobre o crescimento econômico, mas não há como inferir que o Brasil apresentará o menor índice. Isso é percebido pelo trecho: "o bloco comercial Aliança do Pacífico [...] provavelmente crescerá a uma média de 4,25%, ao passo que o grupo do Atlântico, formado por Venezuela, Brasil e Argentina — unidos pelo MERCOSUL —, crescerá 2,5%. O Brasil, a maior economia da região, tende a crescer 1,9%".

05. **(2014 - CADE - Analista Administrativo)** Infere-se do texto que países não banhados pelo Atlântico ou pelo Pacífico, como Paraguai e Equador, não estão inseridos em nenhuma das duas Américas Latinas citadas pelo autor.

GABARITO: ERRADO.

O uso dos termos Atlântico e Pacífico serve para situar o leitor, mas não se pode afirmar que essas palavras restringem quem faz ou não parte das duas Américas Latinas. Além disso, o texto mostra alguns dos países e não diz que são apenas aqueles citados no primeiro parágrafo.

06. **(2014 - CADE - Analista Administrativo)** O texto diferencia aspectos econômicos de países da América Latina que convergem em outros aspectos, como os geográficos, culturais e históricos.

GABARITO: CERTO.

Pode-se perceber esta informação por meio do trecho "Os dois grupos de países compartilham de uma geografia, de culturas e de histórias semelhantes, entretanto, por quase dez anos, a economia dos países do Atlântico cresceu mais rapidamente, em grande parte graças ao aumento dos preços das commodities no mercado global".

Texto referente às questões 7 e 8.

O objetivo da livre concorrência é preservar o processo de competição, e não os competidores. O processo de competição, no modelo concorrencial, é o que possibilita a repartição ótima dos bens dentro da sociedade, contribuindo para a justiça social. Isso não significa que a concorrência não deve ser sopesada com outros interesses, como, por exemplo, a defesa do meio ambiente, a manutenção de empregos e o desenvolvimento sustentável. Embora por vezes excludentes entre si, todos esses interesses devem ser ponderados a fim de que se atinja o bem-estar social".

Carlos Emmanuel Joppet Ragazzo. Notas introdutórias sobre o princípio da livre concorrência. In: Scientia Iuris. Londrina, v. 10, p. 83-96, 2006. Internet: <www.uel.br> (com adaptações).

07. **(2014 - CADE - Analista Administrativo)** No texto, conceitua-se livre concorrência, processo que predomina sobre interesses como o desenvolvimento sustentável e a justiça no mercado de trabalho.

GABARITO: ERRADO.

O texto afirma que a livre concorrência não deve prevalecer sobre outros interesses. O que se alega é que "todos esses interesses devem ser ponderados a fim de que se atinja o bem-estar social".

08. **(2014 - CADE - Analista Administrativo)** Infere-se do texto que a competição por bens entre os indivíduos de uma sociedade leva à justiça social.

GABARITO: ERRADO.

A competição por bens entre os indivíduos de uma sociedade contribui para a justiça social, ou seja, colabora, não determina. Isso é percebido pelo trecho: "O processo de competição, no modelo concorrencial, é o que possibilita a repartição ótima dos bens dentro da sociedade, contribuindo para a justiça social".

As operadoras de planos de saúde deverão criar ouvidorias vinculadas às suas estruturas organizacionais.

A determinação é da Agência Nacional de Saúde Suplementar (ANS) em norma que será publicada no Diário Oficial da União.

A medida está disposta na Resolução Normativa nº 323 e objetiva reduzir conflitos entre operadoras e consumidores, ampliando a qualidade do atendimento oferecido pelas empresas.

A expectativa é de que o funcionamento regular dessas estruturas possa gerar subsídios para a melhoria de processos de trabalho nas operadoras, em especial no que diz respeito ao relacionamento com o público e à racionalização do fluxo de demandas encaminhadas à ANS. As ouvidorias deverão ter estrutura composta por titular e substituto e também deverão ter canais de contato específicos, protocolos de atendimento e equipes capazes de responder às demandas no prazo máximo de sete dias úteis.

Entre suas atribuições, está a apresentação de relatórios estatísticos e de recomendações ao representante legal da operadora e à Ouvidoria da ANS.

Internet: <www.ans.gov.br> (com adaptações).

09. **(2013 - ANS - Técnico Administrativo)** Depreende-se das informações do texto que as ouvidorias das operadoras de planos de saúde deverão prestar à Ouvidoria da ANS esclarecimentos e informações acerca das reclamações e sugestões recebidas.

GABARITO: CERTO.

O texto mostra que "as operadoras de planos de saúde deverão criar ouvidorias". Entre as atribuições dessas ouvidorias, está a apresentação de relatórios estatísticos e de recomendações ao representante legal da operadora e à Ouvidoria da ANS.

Durante o período de janeiro a março de 2013, foram recebidas 13.348 reclamações de beneficiários de planos de saúde referentes à garantia de atendimento. Entre as operadoras médico-hospitalares, 480 tiveram pelo menos uma reclamação e, entre as operadoras odontológicas, 29 tiveram pelo menos uma reclamação de não cumprimento dos prazos máximos estabelecidos ou de negativa de cobertura.

A fiscalização do cumprimento das garantias de atendimento é uma forma eficaz de se certificar o beneficiário da assistência por ele contratada, pois leva as operadoras a ampliarem o credenciamento de prestadores e a melhorarem o seu relacionamento com o cliente. Para isso, a participação dos consumidores é de fundamental importância.

Internet: <www.ans.gov.br> (com adaptações).

10. **(2013 - ANS - Técnico Administrativo)** Depreende-se das informações do texto que a forma de "participação dos consumidores" sugerida no texto é a reclamação.

GABARITO: CERTO.

O texto tem como tema as reclamações de beneficiários de planos de saúde referentes à garantia de atendimento. Na conclusão do texto, ressalta-se a necessidade de participação dos consumidores: "Para isso, a participação dos consumidores é de fundamental importância". Ou seja, para participar, o consumidor pode reclamar.

A Agência Nacional de Saúde Suplementar (ANS) divulgou o último relatório de monitoramento das operadoras, que, pela primeira vez, inclui os novos critérios para suspensão temporária da comercialização de planos de saúde. Além do descumprimento dos prazos de atendimento para consultas, exames e cirurgias, previstos na RN 259, passaram a ser considerados todos os itens relacionados à negativa de cobertura, como o rol de procedimentos, o período de carência, a rede de atendimento, o reembolso e o mecanismo de autorização para os procedimentos.

Internet: <www.ans.gov.br> (com adaptações).

11. (2013 - ANS - Analista Administrativo) Depreende-se das informações do texto que, antes do último relatório, a ANS, no monitoramento das operadoras, já adotava como um dos critérios para a suspensão provisória de comercialização de planos de saúde o descumprimento dos prazos de atendimento para consultas, exames e cirurgias.

GABARITO: CERTO.

No trecho "Além do descumprimento dos prazos de atendimento para consultas, exames e cirurgias, previstos na RN 259, passaram a ser considerados", a relação entre "além de" e "passaram a ser" deixa evidente que havia critérios previstos e que serão acrescentados outros.

Texto referente às questões 12 e 13.

A ANS vai mudar a metodologia de análise de processos de consumidores contra as operadoras de planos de saúde com o objetivo de acelerar os trâmites das ações.

Uma das novas medidas adotadas será a apreciação coletiva de processos abertos a partir de queixas dos usuários. Os processos serão julgados de forma conjunta, reunindo várias queixas, organizadas e agrupadas por temas e por operadora.

Segundo a ANS, atualmente, 8.791 processos de reclamações de consumidores sobre o atendimento dos planos de saúde estão em tramitação na agência. Entre os principais motivos que levaram às queixas estão a negativa de cobertura, os reajustes de mensalidades e a mudança de operadora.

No Brasil, cerca de 48,6 milhões de pessoas têm planos de saúde com cobertura de assistência médica e 18,4 milhões têm planos exclusivamente odontológicos.

Valor Econômico, 22/3/2013.

12. (2013 - ANS - Analista Administrativo) De acordo com o texto, no momento em que foram publicadas, as novas medidas já estavam sendo aplicadas nos processos de consumidores contra as operadoras de planos de saúde.

GABARITO: ERRADO.

As novas medidas ainda não estavam sendo aplicadas. Isso pode ser percebido pelo trecho: "Uma das novas medidas adotadas será a apreciação coletiva de processos abertos a partir de queixas dos usuários".

13. (2013 - ANS - Analista Administrativo) Segundo as informações do texto, os processos dos consumidores contra as operadoras de planos de saúde serão julgados individualmente.

GABARITO: ERRADO.

Os processos serão julgados de forma conjunta, como pode ser percebido pelo trecho: "Os processos serão julgados de forma conjunta, reunindo várias queixas, organizadas e agrupadas por temas e por operadora".

Acho que, se eu não fosse tão covarde, o mundo seria um lugar melhor. Não que a melhora do mundo dependa de uma só pessoa, mas, se o medo não fosse constante, as pessoas se uniriam mais e incendiariam de entusiasmo a humanidade.

Mas o que vejo no espelho é um homem abatido diante das atrocidades que afetam os menos favorecidos.

Se tivesse coragem, não aceitaria crianças passarem fome, frio e abandono. Elas nos assustam com armas nos semáforos, pedem esmolas, são amontoadas em escolas que não ensinam, e, por mais que chorem, somos imunes a essas lágrimas.

Sou um covarde diante da violência contra a mulher, do homem contra o homem. E porque os índios estão tão longe da minha aldeia e suas flechas não atingem meus olhos nem o coração, não me importa que tirem suas terras, sua alma.

Analfabeto de solidariedade, não sei ler sinais de fumaça. Se tivesse um nome indígena, seria "cachorro medroso". Se fosse o tal ser humano forte que alardeio, não aceitaria famílias sem terem onde morar.

Sérgio Vaz. Antes que seja tarde. In: Caros Amigos, mai./2013, p. 8 (com adaptações).

14. **(2014 - DPF - Agente Administrativo)** Infere-se do texto que as mazelas que assolam o mundo se devem às desigualdades sociais.

GABARITO: ERRADO.

O texto trata as mazelas sociais como consequência da falta de atitude, do comodismo, da inação, do individualismo; ou seja, não afirma que as mazelas que assolam o mundo se devem às desigualdades sociais.

Embora não tivessem ficado claras as fontes geradoras de quebras da paz urbana, o fenômeno social marcado pelos movimentos populares que tomaram as ruas das grandes cidades brasileiras, em 2013, parecia tendente a se agravar.

As vítimas das agressões pessoais viram desprotegidas a paz e a segurança, direitos sagrados da cidadania. Todos foram prejudicados.

Pôde-se constatar que, em outras partes do mundo, fenômenos sociais semelhantes também ocorreram. Lá como cá, diferentes tipos de ação atingiram todo o grupo social, gerando vítimas e danos materiais. Nem sempre a intervenção das forças do Estado foi suficiente para evitar prejuízos.

Do ponto de vista global, notou-se que a quebra da ordem foi provocada em situações diversas e ora tornou mais graves as distorções do direito, ora espalhou a insegurança coletivamente. Em qualquer das hipóteses, a população dos vários locais atingidos viu-se envolvida em perdas crescentes.

Internet: <www1.folha.uol.com.br> (com adaptações).

15. **(2014 - DPF - Agente Administrativo)** Depreende-se das ideias do primeiro parágrafo do texto que a identificação da origem do fenômeno social representado pelos movimentos sociais ocorridos em 2013 seria suficiente para evitar que eles se agravassem.

GABARITO: ERRADO.

Infere-se do primeiro parágrafo que, claras ou não as fontes geradoras dos movimentos populares, o fenômeno social que eles representavam tendia a se agravar. Não é afirmado nada em relação à identificação da origem do fenômeno social para evitar o agravamento da situação. Ao contrário, a oração subordinada concessiva que introduz o parágrafo denota ideia que não impede a ocorrência do que se alega na oração principal.

Texto referente às questões 16 e 19.

Quando o homem moderno, particularmente o habitante da cidade, deixa a luz natural do dia ou a luz artificial da noite e entra no cinema, opera-se em sua consciência uma mudança psicológica crucial. Do ponto de vista subjetivo, na maioria dos casos, ele vai ao cinema em busca de distração, entretenimento, talvez até instrução, por um bom par de horas.

Pouco lhe importam as condições técnicas e socioeconômicas das indústrias que, em primeira instância, lhe possibilitam assistir aos filmes; na verdade, esse tipo de preocupação nem lhe passa pela cabeça.

Um dos principais aspectos desse ato corriqueiro, que se chama situação cinema, é o isolamento mais completo possível do mundo exterior e de suas fontes de perturbação visual e auditiva. O cinema ideal seria aquele onde não houvesse absolutamente nenhum ponto de luz (tais como letreiros luminosos de emergência e saída, etc.) fora da própria tela e onde, fora a trilha sonora do filme, não pudessem penetrar nem mesmo os mínimos ruídos. A eliminação radical de todo e qualquer distúrbio visual e auditivo não relacionado com o filme justifica-se pelo fato de que apenas na completa escuridão podem-se obter os melhores resultados na exibição do filme. A perfeita fruição do ato de ir ao cinema é prejudicada por qualquer distúrbio visual ou auditivo, que lembra ao espectador, contra a sua vontade, que ele estava a ponto de suscitar uma experiência especial mediante a exclusão da realidade trivial da vida corrente. Esses distúrbios o remetem à existência de um mundo exterior, totalmente incompatível com a realidade psicológica de sua experiência cinematográfica. Daí é inevitável a conclusão de que a fuga voluntária da realidade cotidiana é uma característica essencial da situação cinema.

Hugo Mauerhofer. A psicologia da experiência cinematográfica. In: Ismail Xavier. A experiência do cinema. RJ: Graal, 1983, p. 375-6 (com adaptações).

16. (2013 - ANCINE - Analista Administrativo) O indivíduo que vai ao cinema o faz em busca de isolamento, distração, entretenimento e(ou) instrução.

GABARITO: ERRADO.

O texto afirma que há vários fatores que motivam o indivíduo a ir ao cinema, diferentemente para cada um. Pode ser para buscar distração, entretenimento, talvez instrução. Um dos principais é o isolamento. Isso pode ser percebido pelos trechos: "Do ponto de vista subjetivo, na maioria dos casos, ele vai ao cinema em busca de distração, entretenimento, talvez até instrução, por um bom par de horas. [...] Um dos principais aspectos desse ato corriqueiro, que se chama situação cinema, é o isolamento mais completo possível do mundo exterior e de suas fontes de perturbação visual e auditiva".

17. (2013 - ANCINE - Analista Administrativo) Conforme o texto, o cinema ideal não pode existir no mundo real, já que a colocação de letreiros luminosos de emergência e saída é obrigatória, nesses ambientes, por questões de segurança.

GABARITO: ERRADO.

O texto fala que o cinema ideal seria um local totalmente sem luz. E afirma que letreiros luminosos são incompatíveis com a realidade psicológica proporcionada pela experiência cinematográfica. Isso é percebido pelo trecho: "O cinema ideal seria aquele onde não houvesse absolutamente nenhum ponto de luz (tais como letreiros luminosos de emergência e saída, etc.) fora da própria tela e onde, fora a trilha sonora do filme, não pudessem penetrar nem mesmo os mínimos ruídos. Esses distúrbios o remetem à existência de um mundo exterior, totalmente incompatível com a realidade psicológica de sua experiência cinematográfica."

18. (2013 - ANCINE - Analista Administrativo) A exclusão da realidade trivial da vida corrente faz parte da experiência vivida pelo espectador de cinema.

GABARITO: CERTO.

O ambiente do cinema está relacionado a uma realidade psicológica, o que pode ser justificado pelo trecho: "Daí é inevitável a conclusão de que a fuga voluntária da realidade cotidiana é uma característica essencial da situação cinema".

19. (2013 - ANCINE - Analista Administrativo) O homem moderno que não vive em ambiente urbano e o que vive nesse ambiente são afetados psicologicamente pelo cinema de maneiras distintas.

GABARITO: ERRADO.

O texto fala sobre o homem moderno, em especial o que habita a cidade. Não há menção ao homem que não vive em um ambiente urbano. Entende-se isso pelo trecho: "Quando o homem moderno, particularmente o habitante da cidade, deixa a luz natural do dia ou a luz artificial da noite e entra no cinema, opera-se em sua consciência uma mudança psicológica crucial".

Texto referente às questões 20 a 22.

Caso alguém pergunte, em um futuro distante, qual terá sido o meio de expressão de maior impacto da era moderna, a resposta será quase unânime: o cinematógrafo.

Inventado em 1895 pelos irmãos Lumière para fins científicos, o cinema revelou-se peça fundamental do imaginário coletivo do século XX, seja como fonte de entretenimento, seja como fonte de divulgação cultural de todos os povos do globo.

O cinematógrafo aportou no Brasil com Affonso Segretto, imigrante italiano que filmou cenas do porto do Rio de Janeiro e tornou-se nosso primeiro cineasta, em 1898. Um imenso mercado de entretenimento foi montado em torno da capital federal no início do século XX, quando centenas de pequenos filmes foram produzidos e exibidos para plateias urbanas que, em franco crescimento, demandavam lazer e diversão.

Nos anos 30, iniciou-se a era do cinema falado. Já então, o pioneiro cinema nacional concorria com o forte esquema de distribuição norte-americano, em uma disputa que se estende até os nossos dias. A criação do estúdio Vera Cruz, no final da década de 40, representou o desejo de diretores que, influenciados pelo requinte das produções estrangeiras, procuravam realizar um tipo de cinema mais sofisticado.

A reação ao cinema da Vera Cruz representou o movimento que divulgou o cinema nacional para o mundo inteiro: o Cinema Novo. No início da década de 60, um grupo de jovens cineastas começou a realizar uma série de filmes imbuídos de forte temática social. Entre eles, Glauber Rocha, cineasta baiano e símbolo do Cinema Novo. Diretor de filmes como Deus e o Diabo na Terra do Sol (1964) e O Dragão da Maldade Contra o Santo Guerreiro (1968), Glauber tornou-se uma figura conhecida no meio cultural brasileiro, tendo redigido manifestos e artigos na imprensa, rejeitado o cinema popular das chanchadas e defendido uma arte revolucionária que promovesse verdadeira transformação social e política.

História do cinema brasileiro. Internet: <http://dc.itamaraty.gov.br> (com adaptações).

20. (2013 - ANCINE - Analista Administrativo) O Cinema Novo surgiu como um movimento de oposição ao tipo de filme produzido pelo estúdio Vera Cruz, cuja temática era voltada para as elites.

GABARITO: ERRADO.

O Cinema Novo surgiu como reação ao cinema da Vera Cruz, porque queria valorizar o cinema nacional, com temáticas sociais, o que pode ser comprovado por: "No início da década de 60, um grupo de jovens cineastas começou a realizar uma série de filmes imbuídos de forte temática social".

21. (2013 - ANCINE - Analista Administrativo) No Brasil, o cinematógrafo sempre foi usado na indústria do entretenimento, não tendo finalidade científica.

GABARITO: ERRADO.

O uso do termo "sempre" limita o uso do cinematógrafo apenas ao entretenimento, mas não há afirmação no texto que permita essa conclusão. Esse invento também foi usado para entretenimento, mas não apenas para isso. "O cinematógrafo aportou no Brasil com Affonso Segretto, imigrante italiano que filmou cenas do porto do Rio de Janeiro e tornou-se nosso primeiro cineasta, em 1898. Um imenso mercado de entretenimento foi montado em torno da capital federal no início do século XX, quando centenas de pequenos filmes foram produzidos e exibidos para plateias urbanas que, em franco crescimento, demandavam lazer e diversão."

22. (2013 - ANCINE - Analista Administrativo) Conclui-se do texto que o cinema brasileiro foi pioneiro na era do cinema falado.

GABARITO: ERRADO.

O texto afirma que, nos anos 30, iniciou-se a era do cinema falado. Nessa época, o cinema nacional concorria com o norte-americano, mas não se afirma quem foi pioneiro do cinema falado. "Nos anos 30, iniciou-se a era do cinema falado. Já então, o pioneiro cinema nacional concorria com o forte esquema de distribuição norte-americano, em uma disputa que se estende até os nossos dias".

O respeito às diferentes manifestações culturais é fundamental, ainda mais em um país como o Brasil, que apresenta tradições e costumes muito variados em todo o seu território. Essa diversidade é valorizada e preservada por ações da Secretaria da Identidade e da Diversidade Cultural (SID), criada em 2003 e ligada ao Ministério da Cultura.

Cidadãos de áreas rurais que estejam ligados a atividades culturais e estudantes universitários de todas as regiões do Brasil, por exemplo, são beneficiados por um dos projetos da SID: as Redes Culturais. Essas redes abrangem associações e grupos culturais para divulgar e preservar suas manifestações de cunho artístico. O projeto é guiado por parcerias entre órgãos representativos do Estado brasileiro e as entidades culturais.

A Rede Cultural da Terra realiza oficinas de capacitação, cultura digital e atividades ligadas às artes plásticas, cênicas e visuais, à literatura, à música e ao artesanato. Além disso, mapeia a memória cultural dos trabalhadores do campo. A Rede Cultural dos Estudantes promove eventos e mostras culturais e artísticas e apoia a criação de Centros Universitários de Cultura e Arte.

Culturas populares e indígenas são outro foco de atenção das políticas de diversidade, havendo editais públicos de premiação de atividades realizadas ou em andamento, o que democratiza o acesso a recursos públicos.

O papel da cultura na humanização do tratamento psiquiátrico no Brasil é discutido em seminários da SID. Além disso, iniciativas artísticas inovadoras nesse segmento são premiadas com recursos do Edital Loucos pela Diversidade.

Tais ações contribuem para a inclusão e socializam o direito à criação e à produção cultural.

A participação de toda a sociedade civil na discussão de qualquer política cultural se dá em reuniões da SID com grupos de trabalho e em seminários, oficinas e fóruns, nos quais são apresentadas as demandas da população. Com base nesses encontros é que podem ser planejadas e desenvolvidas ações que permitam o acesso dos cidadãos à cultura e a promoção de suas manifestações, independentemente de cor, sexo, idade, etnia e orientação sexual.

Identidade e diversidade. Internet: <www.brasil.gov.br/sobre/cultura/> (com adaptações).

Considerando as ideias e aspectos linguísticos do texto apresentado, julgue o item a seguir.

23. (2013 - PC-BA - Escrivão) Depreende-se do texto que a finalidade específica da SID é reservar espaços para debates sobre política cultural com determinados grupos da sociedade: os indígenas e as comunidades negras, embora essa secretaria também promova outros projetos culturais.

GABARITO: ERRADO.

De acordo com o texto, a intenção da SID é promover a valorização e o respeito às diferentes manifestações culturais.

O título de Papéis Avulsos parece negar ao livro uma certa unidade; faz crer que o autor coligiu vários escritos deordem diversa para o fim de os não perder. A verdade é essa,sem ser bem essa. Avulsos são eles, mas não vieram para aquicomo passageiros, que acertam de entrar na mesma hospedaria.

São pessoas de uma só família, que a obrigação do pai fezsentar à mesma mesa.

Quanto ao gênero deles, não sei que diga que não sejainútil. O livro está nas mãos do leitor. Direi somente que se háaqui páginas que parecem meros contos e outras que o não são,defendo-me das segundas com dizer que os leitores das outraspodem achar nelas algum interesse, e das primeiras defendo-mecom São João e Diderot. O evangelista, descrevendo a famosabesta apocalíptica, acrescentava (XVII, 9): "E aqui há sentido,que tem sabedoria". Menos a sabedoria, cubro-me com aquelapalavra. Quanto a Diderot, ninguém ignora que ele não sóescrevia contos, e alguns deliciosos, mas até aconselhava aum amigo que os escrevesse também. E eis a razão doenciclopedista: é que quando se faz um conto, o espírito ficaalegre, o tempo escoa-se, e o conto da vida acaba, sem a gentedar por isso.

Deste modo, venha donde vier o reproche, espero quedaí mesmo virá a absolvida.

Machado de Assis. Obra completa. Vol. II, Rio de Janeiro: Nova Aguilar, 1994, p. 236. (com adaptações).

24. (2014 - TC-DF - Técnico Administrativo) Depreende-se do texto que, embora a obra tenha recebido o título de Papéis Avulsos, os escritos tratam da história da mesma família.

GABARITO: ERRADO.

Percebe-se, por meio do período "O título de Papéis Avulsos parece negar ao livro uma certa unidade; faz crer que o autor coligiu vários escritos de ordem diversa para o fim de os não perder. A verdade é essa, sem ser bem essa", que a obra não trata da mesma família. O que se afirma é que o autor organizou os vários escritos como se fossem pessoas de uma só família: "São pessoas de uma só família, que a obrigação do pai fez sentar à mesma mesa".

Nas formas de vida coletiva, podem assinalar-se dois princípios que se combatem e regulam diversamente as atividades dos homens. Esses dois princípios encarnam-se nos tipos do aventureiro e do trabalhador. Já nas sociedades rudimentares manifestam-se eles, segundo sua predominância, na distinção fundamental entre os povos caçadores ou coletores e os povos lavradores. Para uns, o objeto final, a mira de todo esforço, o ponto de chegada, assume relevância tão capital, que chega a dispensar, por secundários, quase supérfluos, todos os processos intermediários. Seu ideal será colher o fruto sem plantar a árvore. Esse tipo humano ignora as fronteiras. No mundo, tudo se apresenta a ele em generosa amplitude e, onde quer que se erija um obstáculo a seus propósitos ambiciosos, sabe transformar esse obstáculo em trampolim. Vive dos espaços ilimitados, dos projetos vastos, dos horizontes distantes.

O trabalhador, ao contrário, é aquele que enxerga primeiro a dificuldade a vencer, não o triunfo a alcançar. O esforço lento, pouco compensador e persistente, que, no entanto, mede todas as possibilidades de esperdício e sabe tirar o máximo proveito do insignificante, tem sentido bem nítido para ele. Seu campo visual é naturalmente restrito. A parte maior do que o todo.

Existe uma ética do trabalho, como existe uma ética da aventura. Assim, o indivíduo do tipo trabalhador só atribuirá valor moral positivo às ações que sente ânimo de praticar e, inversamente, terá por imorais e detestáveis as qualidades próprias do aventureiro — audácia, imprevidência, irresponsabilidade, instabilidade, vagabundagem — tudo, enfim, quanto se relacione com a concepção espaçosa do mundo, característica desse tipo.

Por outro lado, as energias e esforços que se dirigem a uma recompensa imediata são enaltecidos pelos aventureiros; as energias que visam à estabilidade, à paz, à segurança pessoal e aos esforços sem perspectiva de rápido proveito material passam-lhes, ao contrário, por viciosos e desprezíveis. Nada lhes parece mais estúpido e mesquinho do que o ideal do trabalhador.

Sérgio Buarque de Holanda. Raízes do Brasil. São Paulo: Companhia das Letras, 1995.

25. (2014 - TC-DF - Técnico Administrativo) O autor do texto apresenta dois tipos básicos de comportamentos humanos equivalentes: o aventureiro e o trabalhador.

GABARITO: ERRADO.

No período "podem assinalar-se dois princípios que se combatem e regulam diversamente as atividades dos homens", assim como no decorrer do texto, percebe-se que esses dois princípios são divergentes, e não equivalentes.

Hoje, o petróleo e o carvão são responsáveis pela maior parte da geração de energia no mundo e há poucas perspectivas de mudanças da matriz energética mundial, em um futuro próximo.

Sabe-se que o processo de combustão de combustíveis fósseis atualmente empregado é bastante ineficiente e é perdida boa parte da energia gerada.

Relativamente ao petróleo, enquanto uma revolução tecnológica na área de energia não chega, busca-se conhecer melhor essa matéria-prima e trabalha-se para torná-la mais eficiente.

No fim do século XIX, o aumento da procura do petróleo decorreu principalmente da necessidade de querosene para iluminação em substituição ao óleo de baleia, que se tornava cada vez mais caro. Produtos como a gasolina ou o dísel eram simplesmente descartados.

Na época, o querosene de qualidade era aquele que não incorporava frações correspondentes a gasolina, pois haveria probabilidade de explosão, ou a dísel, que geraria uma chama fuliginosa. A título de curiosidade, a cor azul preponderante em companhias de petróleo derivou da cor das latas de querosene que não explodiam, como representação de seu selo de qualidade.

No futuro, talvez daqui a 50 ou 100 anos, olhando para trás, perceba-se o desperdício da queima dessa matéria-prima tão rica!

Cláudio Augusto Oller Nascimento e Lincoln Fernando Lautenschlager Moro. Petróleo: energia do presente, matéria--prima do futuro? In: Revista USP, n.° 89, 2011, p. 90-7 (com adaptações).

26. **(2013 - ANP - Analista Administrativo)** Depreende-se do texto que, no passado, houve grande desperdício de matérias-primas derivadas do petróleo, como o descarte de gasolina e de dísel.

GABARITO: CERTO.

Entende-se que realmente, no passado, houve grande desperdício de matérias-primas derivadas do petróleo, como o descarte de gasolina e de dísel. Isso é percebido pelo trecho: "No fim do século XIX, o aumento da procura do petróleo decorreu principalmente da necessidade de querosene para iluminação em substituição ao óleo de baleia, que se tornava cada vez mais caro. Produtos como a gasolina ou o dísel eram simplesmente descartados".

Texto referente às questões 27 e 28.

O que tanta gente foi fazer do lado de fora do tribunal onde foi julgado um dos mais famosos casais acusados de assassinato no país? Torcer pela justiça, sim: as evidências permitiam uma forte convicção sobre os culpados, muito antes do encerramento das investigações. Contudo, para torcer pela justiça, não era necessário acampar na porta do tribunal, de onde ninguém podia pressionar os jurados. Bastava fazer abaixo-assinados via Internet pela condenação do pai e da madrasta da vítima. O que foram fazer lá, ao vivo? Penso que as pessoas não torceram apenas pela condenação dos principais suspeitos. Torceram também para que a versão que inculpou o pai e a madrasta fosse verdadeira.

O relativo alívio que se sente ao saber que um assassinato se explica a partir do círculo de relações pessoais da vítima talvez tenha duas explicações. Primeiro, a fantasia de que em nossas famílias isso nunca há de acontecer. Em geral temos mais controle sobre nossas relações íntimas que sobre o acaso dos maus encontros que podem nos vitimar em uma cidade grande. Segundo, porque o crime familiar permite o lenitivo da construção de uma narrativa. Se toda morte violenta, ou súbita, nos deixa frente a frente com o real traumático, busca-se a possibilidade de inscrever o acontecido em uma narrativa, ainda que terrível, capaz de produzir sentido para o que não tem tamanho nem nunca terá, **o que não tem conserto nem nunca terá, o que não faz sentido.**

Maria Rita Khel. A morte do sentido. Internet: <www.mariaritakehl.psc.br> (com adaptações).

27. **(2013 - DPF - Escrivão)** De natureza indagativa, o texto coteja o comportamento do povo diante de determinados julgamentos. Em relação a uns, o povo se mobiliza ruidosamente; a outros, manifesta completo desinteresse.

GABARITO: ERRADO.

Não existe cotejo no texto. As reflexões da autora estão centradas em uma única forma de comportamento do povo diante de um tribunal de júri, qual seja, a de muita gente postar-se diante do edifício do tribunal enquanto está se realizando o julgamento de um famoso casal acusado de assassinato. A autora não reflete sobre outros possíveis comportamentos do povo diante de situação semelhante, comparando-os com essa forma ruidosa de manifestação sobre a qual disserta.

28. **(2013 - DPF - Escrivão)** O trecho "o que não tem tamanho nem nunca terá, o que não tem conserto nem nunca terá, o que não faz sentido" evoca o sentimento de revolta das famílias vítimas de violência urbana.

GABARITO: ERRADO.

Para entender o que a questão afirma e perceber que a assertiva está errada, devem ser considerados três aspectos: 1º - o texto trata de um crime familiar; 2º - a autora busca explicar por que tanta gente acorreu ao tribunal onde se realizava o julgamento de um famoso casal acusado de assassinato; 3º - é atribuído relativo alívio ao se poder explicar um assassinato a partir do círculo de relações pessoais da vítima. O que se deve notar é que o texto se remete à reflexão de um crime familiar. Portanto, não se pode afirmar que o trecho reproduzido no item evoca o sentimento de revolta das famílias vítimas de violência urbana. Não há algo que ampare a interpretação de "sentimento de revolta" e que permita ampliar o cenário de crime familiar para a violência urbana.

Texto referente às questões 29 e 31.

O processo penal moderno, tal como praticado atualmente nos países ocidentais, deixa de centrar-se na finalidade meramente punitiva para centrar-se, antes, na finalidade investigativa. O que se quer dizer é que, abandonado o sistema inquisitório, em que o órgão julgador cuidava também de obter a prova da responsabilidade do acusado (que consistia, a maior parte das vezes, na sua confissão), o que se pretende no sistema acusatório é submeter ao órgão julgador provas suficientes ao esclarecimento da verdade.

Evidentemente, no primeiro sistema, a complexidade do ato decisório haveria de ser bem menor, uma vez que a condenação está atrelada à confissão do acusado. Problemas de consciência não os haveria de ter o julgador pela decisão em si, porque o seu veredito era baseado na contundência probatória do meio de prova "mais importante" — a confissão. Um dos motivos pelos quais se pôs em causa esse sistema foi justamente a questão do controle da obtenção da prova: a confissão, exigida como prova plena para a condenação, era o mais das vezes obtida por meio de coações morais e físicas.

Esse fato revelou a necessidade, para que haja condenação, de se proceder à reconstituição histórica dos fatos, de modo que se investigue o que se passou na verdade e se a prática do ato ilícito pode ser atribuída ao arguido, ou seja, a necessidade de se restabelecer, tanto quanto possível, a verdade dos fatos, para a solução justa do litígio. Sendo esse o fim a que se destina o processo, é mediante a instrução que se busca a mais perfeita representação possível dessa verdade.

Getúlio Marcos Pereira Neves. Valoração da prova e livre convicção do juiz. In: Jus Navigandi, Teresina, ano 9, nº 401, ago./2004 (com adaptações).

29. **(2013 - DPF - Escrivão)** Infere-se do emprego das expressões "tanto quanto possível" e "a mais perfeita representação possível" que a instrução processual nem sempre consegue retratar com absoluta exatidão o que aconteceu na realidade dos fatos.

GABARITO: CERTO.

A expressão "tanto quanto possível" se aplica, no texto, ao restabelecimento da verdade dos fatos para a solução justa do litígio. A expressão "a mais perfeita representação possível" aplica-se à verdade dos fatos. Do emprego dessas expressões infere-se que a investigação busca o máximo possível retratar com exatidão o que aconteceu na realidade dos fatos. Em alguns casos, pode consegui-lo com absoluta exatidão; em outros não.

30. **(2013 - DPF - Escrivão)** Depreende-se do texto que é praticado atualmente, ao menos nos países ocidentais, um método investigativo no qual a contundência probatória da confissão é suficiente para ensejar a condenação do arguido.

GABARITO: ERRADO.

Conforme se lê no início do texto, o processo penal moderno centra-se muito mais na finalidade investigativa do que na obtenção da confissão do acusado para julgá-lo.

31. **(2013 - DPF - Escrivão)** A argumentação do autor centra-se nessas duas ideias: condenação da imputação da pena baseada na confissão do acusado e valorização da instrução processual na busca de provas suficientes para uma solução justa do litígio.

GABARITO: ERRADO.

Em primeiro lugar, não se pode falar em argumentação do autor num texto que não se enquadra como argumentativo. Além disso, o autor não condena a imputação da pena baseada na confissão do acusado; ele expõe como se dava o processo penal em época anterior à atual, descrevendo-o como centrado na confissão do acusado e explicando por que esse sistema foi posto em causa. Ademais, o autor não valoriza, ou seja, não atribui um juízo de valor à instrução processual que busca provas suficientes para a solução justa do litígio. Ele expõe por que se tornou necessário esse sistema e em que ele consiste.

A experiência de governança pública tem mostrado que os sistemas democráticos de governo se fortalecem à medida que os governos eleitos assumem a liderança de processos de mudanças que buscam o atendimento das demandas de sociedades cada vez mais complexas e alcançam resultados positivos perceptíveis pela população.

Contemporaneamente, para o alcance de resultados de desenvolvimento nacional, exige-se dessa liderança não apenas o enfrentamento de desafios de gestão, como a busca da eficiência na execução dos projetos e das atividades governamentais, no conhecido lema de "fazer mais com menos", mas também o desafio de "fazer melhor" (com mais qualidade), como se espera, por exemplo, nos serviços públicos de educação e saúde prestados à população. Esse novo desafio de governo tem como consequência um novo requisito de gestão, o que implica a necessidade de desenvolvimento de novos modelos de governança para se alcançarem os objetivos e metas de governo, em sintonia com a sociedade.

Outros aspectos sociotécnicos importantes que caracterizam a nova governança pública se relacionam aos anseios de maior participação e controle social nas ações de governo, que, somados ao de liberdade, estabelecem o cerne do milenar conceito de cidadania (participação no governo) e os valores centrais da democracia social do século XXI.

Governar de modo inovador exige, invariavelmente, repensar o modelo secular de governança pública em todas as suas dimensões: política, econômica, social e tecnológica. Com a evolução sociotécnica, fortemente alavancada pelo desenvolvimento das tecnologias da informação e comunicação, as mudanças na governança pública implicam mudanças na base tecnológica que sustenta a burocracia, nas estruturas do aparelho de Estado e em seus modelos de gestão.

Internet: <http://aquarius.mcti.gov.br> (com adaptações).

32. **(2013 - TCU - Auditor Federal de Controle Externo)** Infere-se do texto uma crítica dirigida ao governo brasileiro contemporâneo, identificado como pouco eficiente no desenvolvimento dos projetos e das atividades governamentais, principalmente no que se refere às áreas de educação e saúde.

GABARITO: ERRADO.

Pelo texto, percebe-se que o autor mostra alguns desafios do governo brasileiro contemporâneo. Um deles está contido no trecho: "esse novo desafio de governo tem como consequência um novo requisito de gestão, o que implica a necessidade de desenvolvimento de novos modelos de governança para se alcançarem os objetivos e metas de governo, em sintonia com a sociedade".

O crescimento populacional e econômico, aliado à evolução dos mercados e à complexidade das relações sociais, traduz-se em demandas por serviços públicos mais sofisticados, em maior quantidade e com mais qualidade. Para estar à altura das exigências da sociedade do século XXI, o desafio que se coloca ao país é a construção de um Estado "inteligente", que incorpore os avanços tecnológicos, a rapidez e as facilidades da era digital.

Em um país de dimensões continentais e com mais de cinco mil municípios, como o Brasil, a boa gestão pública é condição necessária para o desenvolvimento com sustentabilidade e inclusão social. É por meio de uma gestão eficaz que o governo reúne instrumentos para melhor atender às demandas por políticas inclusivas e por serviços públicos em um ambiente de crescimento e de fortes demandas sociais, com maior conscientização e participação de uma sociedade plural.

Nesse cenário, fez-se necessário repensar o modelo de administração da máquina pública. A Lei de Responsabilidade Fiscal (LRF), em vigor desde maio de 2000, estabelece, entre outras exigências, o equilíbrio das contas governamentais, que possibilita ao Estado assumir o compromisso de investir na melhoria da sua capacidade de execução e, assim, prestar serviços adequados e implementar políticas públicas eficazes e eficientes, garantindo, ao mesmo tempo, transparência na execução de programas governamentais e acesso desimpedido às informações solicitadas pelo cidadão.

Por dentro do Brasil. Modernização da gestão pública. Internet: <http://www.brasil.gov.br> (com adaptações).

33. **(2013 - TCU - Auditor Federal de Controle Externo)** De acordo com o texto, é necessário repensar o modelo de administração da máquina pública, principalmente no que se refere à entrada em vigor da LRF, para que o Estado brasileiro possa, de fato, dar cumprimento às políticas públicas de interesse social.

GABARITO: ERRADO.

O texto afirma que foi necessário repensar o modelo de administração da máquina pública. Por esse motivo, foi implantada a LRF. Isso porque, segundo o texto, "é por meio de uma gestão eficaz que o governo reúne instrumentos para melhor atender às demandas por políticas inclusivas e por serviços públicos em um ambiente de crescimento e de fortes demandas sociais, com maior conscientização e participação de uma sociedade plural".

Texto referente às questões 34 e 35.

O Tribunal de Contas da União (TCU) avaliou ações para a elaboração de diagnóstico e suporte à educação básica.

A auditoria conferiu aspectos relativos ao Plano de Ações Articuladas, à assistência técnica prestada pelo Ministério da Educação (MEC) e ao levantamento de dados necessários à formação e ao cálculo do índice de desenvolvimento da educação básica (IDEB).

A auditoria identificou baixo nível de implementação das ações para provimento de infraestrutura e de recursos pedagógicos, que vão desde a implantação de laboratório de informática e conexão à Internet ao fornecimento de água potável e energia elétrica.

A análise do IDEB apontou a necessidade de aperfeiçoamento da metodologia de obtenção desse índice.

Segundo avalia o ministro relator do processo, "O IDEB é um importante instrumento para a aferição da qualidade da educação, por isso deve ser aprimorado de forma a permitir um diagnóstico mais fidedigno dos sistemas de ensino".

Outro instrumento de gestão educacional avaliado foi o sistema integrado de monitoramento do MEC, que, segundo a auditoria, também deve ser melhorado. Parte dos dados encontra-se desatualizada.

TCU avalia gestão da educação básica em municípios brasileiros. Notícia publicada em 12/9/2013.
Internet: <www.tcu.gov.br/> (com adaptações).

34. (2013 - TCU - Auditor Federal de Controle Externo) No último período do texto, destaca-se o motivo pelo qual, segundo a auditoria do TCU, o sistema integrado de monitoramento do MEC deve ser melhorado.

GABARITO: CERTO.

Pelas relações lógico-discursivas do texto, percebe-se que "Parte dos dados encontra-se desatualizada" é o motivo do que foi afirmado no período anterior.

35. (2013 - TCU - Auditor Federal de Controle Externo) Nesse texto, de caráter essencialmente informativo, atesta-se a importância do IDEB para a aferição da qualidade da educação, a despeito da necessidade de melhoria da metodologia empregada no cálculo desse índice.

GABARITO: CERTO.

O texto é predominantemente informativo e, realmente, ressaltam-se a importância do IDEB e a necessidade de aperfeiçoamento da metodologia de obtenção desse índice.

Texto referente às questões 36 a 39.

Se cumprido integralmente, o novo PNE pode universalizar a educação básica para crianças e jovens de quatro a dezessete anos de idade e alfabetizar todas as crianças até os oito anos de idade (mais 17 milhões de jovens e adultos).

Essa hipótese otimista promete impulsionar o país rumo a outro patamar de desenvolvimento. A alternativa pessimista... Bem, essa é velha conhecida. Se o plano não sair do papel, vai se somar aos inúmeros projetos que enfeitam prateleiras com sonhos nunca concretizados.

Não é a primeira vez que o governo federal tenta formular um guia para as políticas públicas em educação. A primeira bússola sugerida foi a versão anterior do PNE, referente ao período 2001-2010, que apresentava 295 metas e um diagnóstico complexo do setor. Não deu certo por várias razões. A quantidade de objetivos diluiu as demandas e tirou o foco do essencial. Segundo, muitas das metas não eram mensuráveis, o que dificultou seu acompanhamento. Não havia regras com punições para quem não cumprisse as determinações. Finalmente – e, talvez, o mais importante –, um dos artigos do plano foi vetado pela Presidência. Era a proposta de aumentar de 4% para 7% a parcela do PIB investida em educação. Sem dizer de onde viria o dinheiro, o PNE de 2001 **virou letra morta antes de nascer**.

A nova edição parece ter ganho com os erros do passado. Centrado nas demandas da Conferência Nacional de Educação, o Ministério da Educação (MEC) preparou um plano que começa a ser debatido no Congresso, aguardando a aprovação dos parlamentares. Sucinto, o documento tem vinte metas, podendo a grande maioria ser quantificada por estatísticas. **Além das citadas no início do texto, outras seis dizem respeito à educação infantil e ao ensino fundamental**: universalizar o atendimento aos estudantes com deficiência, oferecer ensino em tempo integral em 50% da rede pública, atingir, pelo menos, média 6 no Índice de Desenvolvimento da Educação Básica (IDEB), nas séries iniciais, e 5,5, nas finais, oferecer 25% das matrículas da educação de jovens e adultos integradas à educação profissional nas séries finais, atender 50% das crianças de até três anos de idade e erradicar o analfabetismo – as duas últimas, reedições do PNE de 2001, o que dá uma medida do fracasso de sua consecução.

Internet: <http://revistaescola.abril.com.br> (com adaptações).

36. (2012 - FNDE - Especialista em Financiamento e Execução de Programas e Projetos Educacionais) De acordo com o texto, o quadro de avanço das atuais políticas educacionais brasileiras independe da aprovação do PNE.

GABARITO: ERRADO.

Não se pode afirmar que o quadro de avanço das atuais políticas educacionais brasileiras independe da aprovação do PNE, porque o texto mostra que o PNE é essencial para que as atuais políticas educacionais brasileiras avancem.

37. (2012 - FNDE - Especialista em Financiamento e Execução de Programas e Projetos Educacionais) Os dois pontos empregados no trecho: "Além das citadas no início do texto, outras seis dizem respeito à educação infantil e ao ensino fundamental:" introduzem uma enumeração de seis metas para o PNE 2011-2020, já citadas na última versão do plano e, por consequência da reedição, não alcançadas.

GABARITO: ERRADO.

A enumeração diz respeito a outras metas, além das já citadas: "Além das citadas no início do texto, outras seis dizem respeito à educação infantil e ao ensino fundamental".

38. (2012 - FNDE - Especialista em Financiamento e Execução de Programas e Projetos Educacionais) As metas decorrentes de necessidades da população surgidas na última década, tais como o atendimento escolar de crianças de três anos de idade e a erradicação do analfabetismo, foram plenamente atingidas durante o período de vigência do PNE editado em 2001.

GABARITO: ERRADO.

O período "Não deu certo por várias razões" faz referência ao PNE de 2001, ou seja, as metas não foram plenamente atingidas.

39. (2012 - FNDE - Especialista em Financiamento e Execução de Programas e Projetos Educacionais) Ao afirmar que a antiga versão do PNE "virou letra morta antes de nascer", o autor do texto enfatiza o fato de o aumento do investimento em educação não ter sido aprovado pelos parlamentares.

GABARITO: ERRADO.

O PNE virou letra morta porque, no projeto, não foi especificado de onde viria o dinheiro para custear as despesas desse plano.

Texto referente às questões 40 a 43.

Hoje, União, estados e municípios aplicam juntos cerca de 5% do Produto Interno Bruto (PIB) em educação.

Pelo texto aprovado na Câmara, os investimentos no setor devem chegar a 7%, no prazo de cinco anos, e a 10%, até o final da vigência do Plano Nacional de Educação (PNE), que é de dez anos. A proposta agora segue para o Senado.

O ministro da Educação já se manifestou dizendo que o novo investimento será "uma tarefa política difícil de ser executada". Por meio de nota, o ministro afirmou que a medida implicaria dobrar os recursos para a educação nos orçamentos das prefeituras, dos governos estaduais e do governo federal.

"Equivale a colocar um Ministério da Educação dentro do Ministério da Educação, ou seja, tirar R$ 85 bilhões de outros ministérios para a educação", disse.

O ponto de maior divergência no projeto era o percentual de investimento no setor. Deputados da oposição, além de entidades da sociedade civil, pediam 10%, enquanto parte da base aliada do governo defendia uma cifra menor.

A primeira versão do PNE previa investimento de 7% do PIB. Depois, o índice foi revisto para 7,5% e, na última sessão, em 13 de junho, o relator da matéria sugeriu a aplicação de 8%. Um acordo feito entre governo e oposição elevou a meta. No PNE, contudo, não é prevista sanção no caso de descumprimento dessa meta.

Outros destaques também foram aprovados, como a antecipação da meta de equiparação do salário dos professores ao rendimento dos profissionais de escolaridade equivalente.

O PNE estava em tramitação na Câmara desde 2010. Ele estabelece vinte metas educacionais, que passam por todos os níveis de ensino, da creche à pós-graduação, incluindo-se objetivos como a erradicação do analfabetismo e a oferta do ensino em tempo integral em, pelo menos, 50% das escolas públicas.

Internet: <http://veja.abril.com.br> (com adaptações).

40. **(2012 - FNDE - Especialista em Financiamento e Execução de Programas e Projetos Educacionais)** No último período do segundo parágrafo, a afirmação do ministro da Educação refere-se à duplicação, decorrente da aprovação do PNE, dos investimentos em educação.

GABARITO: CERTO.

Para resolver a questão, é preciso entender as relações discursivas empreendidas pelo texto. Realmente a afirmação do ministro da Educação refere-se à duplicação dos investimentos em educação. Percebe-se isso pelo trecho: "Hoje, União, estados e municípios aplicam juntos cerca de 5% do Produto Interno Bruto (PIB) em educação. [...] Deputados da oposição pediam 10%. [...] No PNE, contudo, não é prevista sanção no caso de descumprimento dessa meta."

41. **(2012 - FNDE - Especialista em Financiamento e Execução de Programas e Projetos Educacionais)** Infere-se do texto que o PNE ainda tramita no Congresso Nacional, não tendo sido, portanto, convertido em lei.

GABARITO: CERTO.

A informação de que o PNE ainda tramita no Congresso Nacional e não foi convertido em lei pode ser inferida por meio do trecho: O PNE estava em tramitação na Câmara desde 2010.

42. **(2012 - FNDE - Especialista em Financiamento e Execução de Programas e Projetos Educacionais)** De acordo com o texto, são assegurados ao governo mecanismos de punição dos entes federados que, em dez anos, não cumprirem a meta de investimento de 10% do PIB em educação.

GABARITO: ERRADO.

Pelas informações do texto, não é possível fazer a interpretação de que são assegurados ao governo mecanismos de punição dos entes federados que, em dez anos, não cumprirem a meta de investimento de 10% do PIB em educação.

43. **(2012 - FNDE - Especialista em Financiamento e Execução de Programas e Projetos Educacionais)** Depreende-se da leitura do texto que o aumento dos salários dos professores está previsto em outro projeto aprovado pela Câmara.

GABARITO: CERTO.

O texto mostra que havia mais de um projeto para ser aprovado: "Outros destaques também foram aprovados, como a antecipação da meta de equiparação do salário dos professores ao rendimento dos profissionais de escolaridade equivalente".

Entre 2009 e 2011, aumentou o número dos brasileiros ocupados, a população mais velha trabalhou por mais tempo, mais pessoas passaram a viver sozinhas e os índices de distribuição da renda melhoraram. Essas foram algumas das informações da Pesquisa Nacional por Amostra de Domicílios (PNAD), divulgada pelo Instituto Brasileiro de Geografia e Estatística (IBGE). O levantamento é um bom instrumento para entender a evolução da economia no último triênio e ajuda a prospectar o futuro.

O País ainda é um dos mais desiguais do mundo, mas a desigualdade diminui desde o controle da inflação, em 1994.

A maior alta nos rendimentos do trabalho (29,2%) foi registrada entre os 10% mais pobres, salvo na região Norte. Na média, mais de cinco milhões de pessoas saíram da faixa de pobreza.

Aumentou em 3,6 milhões o número de empregados com carteira assinada no setor privado. No conjunto, a PNAD mostra um quadro favorável, apesar do aumento do percentual de maiores de 25 anos de idade sem instrução (de 13% para 15,1%) e de jovens entre quinze e dezessete anos de idade que não estudam nem trabalham. O levantamento explica por que o consumo liderou a atividade econômica: a maior propensão a consumir está na população de baixa renda, que, até então, tinha pouco acesso a bens (eletroeletrônicos, eletrodomésticos, motos ou autos) e a serviços (viagens aéreas, turismo, planos de saúde).

O aumento das contratações de mão de obra é o principal motor da ascensão social e da demanda de consumo.

Novas profissões se expandem, como a de cuidadores de idosos, mas, para que os avanços se consolidem, é preciso reconhecer o papel fundamental da educação.

O Estado de S. Paulo, Editorial, 25/9/2012 (com adaptações).

44. **(2012 - FNDE - Técnico Administrativo)** Depreende-se da leitura do texto que, apesar dos problemas relativos à educação, a situação econômica do Brasil está melhorando e a desigualdade social está diminuindo.

GABARITO: CERTO.

Percebe-se que, por meio do trecho: "O País ainda é um dos mais desiguais do mundo, mas a desigualdade diminui desde o controle da inflação, em 1994" a situação econômica do Brasil está melhorando e a desigualdade social está diminuindo.

Texto referente às questões 45 e 46.

Mecanismos de avaliação são essenciais nos casos em que o objetivo é perseguir qualidade em alguma área, particularmente quando o que está em jogo são formas de aperfeiçoar o sistema educacional, adequando os objetivos às necessidades de quem tem por missão ensinar e de quem está em fase de aprendizado.

O poder público, por sua vez, precisa mostrar-se capaz de motivar todos os agentes envolvidos na área de ensino a se integrarem nesse processo e, ao mesmo tempo, de colocar em prática sugestões consideradas procedentes. Como ficou claro a partir da origem do Exame Nacional do Ensino Médio (ENEM), por exemplo, é importante aguardar um tempo considerável até que as resistências desapareçam ou, pelo menos, se atenuem.

O pior dos cenários é simplesmente rechaçar a ideia de qualquer avaliação no setor educacional. O poder público terá melhores condições de reduzir objeções se conseguir passar a ideia de que as imperfeições apontadas deixarão de constituir entraves para avanços no ensino.

Zero Hora, Editorial, RS, 25/9/2012 (com adaptações).

45. **(2012 - FNDE - Técnico Administrativo)** A argumentação do texto apresenta o pressuposto de que podem surgir posições contrárias a projetos de avaliação educacional.

GABARITO: CERTO.

Pelos trechos "adequando os objetivos às necessidades de quem tem por missão ensinar e de quem está em fase de aprendizado" e "precisa mostrar-se capaz de motivar todos os agentes envolvidos na área de ensino a se integrarem nesse processo", entende-se que há posições divergentes sobre os projetos.

46. **(2012 - FNDE - Técnico Administrativo)** Depreende-se da direção argumentativa do texto que este encerra uma defesa dos mecanismos de avaliação educacional.

GABARITO: CERTO.

Esta inferência é possível por meio do último parágrafo: "O pior dos cenários é simplesmente rechaçar a ideia de qualquer avaliação no setor educacional".

Texto referente às questões 47 e 48.

Nem astronautas nem cosmonautas. Os futuros conquistadores do espaço chamam-se taikonautas. Está-se falando da China, e após a bem-sucedida missão Shenzhou VII, o país planeja estar cada vez mais presente no cosmos. Os próximos passos serão o lançamento de uma estação espacial e o envio de astronaves à Lua e a Marte. Tecnologia para essa empreitada os chineses têm. Dinheiro, também. E motivação política, isso então nem se fala. A missão Shenzhou VII, por exemplo, aproveitou a onda ufanista da Olimpíada. Mais: o seu lançamento comemorou os cinquenta e nove anos da chegada do Partido Comunista ao poder. A China já enviara três missões tripuladas, mas essa foi especial: foi a primeira vez que um taikonauta realizou uma caminhada no espaço.

O ápice da festa foi quando o coronel da Aeronáutica Zhai Zhigang vestiu o seu uniforme (made in China e ao preço de US$ 4,3 milhões), abriu as portas da nave e deu início à sua caminhada cósmica. A missão era objetiva e apologética do governo, justamente para incutir nos chineses o orgulho das futuras missões e tirar deles o apoio incondicional, independentemente de quanto o país tenha de gastar. Zhigang foi flutuando (de ponta cabeça) para apanhar um lubrificante que estava do lado de fora do veículo espacial e, assim, enfeitiçou os olhos dos bilhões de chineses que o assistiam ao vivo pela tevê. Ele ergueu a bandeira vermelha de seu país e declarou: "Estou me sentindo bem. Cumprimento daqui o povo chinês e o povo do mundo inteiro."

A missão chinesa provou que o país entrou para valer na corrida espacial do futuro. Não faltam projetos, incluindo-se o de uma estação espacial produzida 100% na China. O objetivo é "realizar experiências científicas de grande escala" e criar uma "sólida base para utilização pacífica do espaço e exploração de seus recursos". Essa estação ajudará o país a avançar em projetos muito mais ambiciosos.

Tatiana de Mello. A vez dos taikonautas. In: Istoé, 8/10/2008 (com adaptações).

47. (2014 - TJSE - Técnico Judiciário) Infere-se do texto que a China já realizava, antes da missão Shenzhou VII, experiências científicas de larga escala.

GABARITO: ERRADO.

Infere-se que a China passará a realizar experiências científicas: "Os futuros conquistadores do espaço chamam-se taikonautas. Está-se falando da China, e após a bem-sucedida missão Shenzhou VII, o país planeja estar cada vez mais presente no cosmos".

48. (2014 - TJSE - Técnico Judiciário) A missão espacial Shenzhou VII adquiriu caráter político de vanglória.

GABARITO: CERTO.

O texto mostra que a missão Shenzhou VII aproveitou a onda ufanista das Olimpíadas, pois usou o lançamento dessa missão para comemorar os 59 anos da chegada do Partido Comunista ao poder. Essa informação pode ser entendida pelo que se afirma no último parágrafo do texto.

Texto referente às questões 49 a 51.

No imaginário Livro das Espécies, que, teimosamente, repousa na estante da história do futebol, os brasileiros figuram como macacos no mínimo há mais de noventa anos. Em 1920, ao disputarem o campeonato sul-americano no Chile, os integrantes da equipe nacional foram chamados de "macaquitos" por um jornal argentino. O Brasil se indignou, porém pelos **motivos errados**: para o governo, conforme se lê no apêndice do livro de Mario Filho (1908-1966), O Negro no Futebol Brasileiro, "a questão passava pela imagem que a República precisava construir de si própria, deixando para trás os vestígios ligados à escravidão e à miscigenação, em um momento em que os discursos em torno da eugenia eram imperativos". O escritor carioca Lima Barreto (1881-1922), mulato e pobre, para quem o futebol era "eminentemente um fator de dissensão", destacou, com ironia, em uma famosa crônica, que "a nossa vingança é que os argentinos não distinguem, em nós, cores; todos nós, para eles, somos macaquitos". **No domingo 27, o tal Livro das Espécies ganhou, infelizmente, uma nova edição** – mas, pelo menos, revista e atualizada. E, com isso, uma versão 2014 do "todos somos macaquitos".

Eram trinta minutos do segundo tempo do jogo Villareal versus Barcelona quando o brasileiro Daniel Alves, titular da equipe azul e grená, se encaminhou para bater um escanteio. Uma banana, então, foi atirada em sua direção. O lateral – um baiano de trinta anos de idade, pardo, como se diz nos censos, e de olhos verdes – reagiu de forma inesperada para o público e certamente também para o agressor: pegou a fruta, descascou-a e a pôs na boca.

Aquele era o oitavo caso de racismo nos gramados espanhóis somente na atual temporada. Teria sido alvo de tímidos protestos não fosse a reação irreverente do jogador brasileiro – e a entrada em cena do craque Neymar, seu companheiro de Barcelona e da seleção brasileira. Na noite do próprio domingo, o atacante postou três imagens em sua conta no Instagram. Na última delas, aparecia empunhando uma banana ao lado de seu filho, Davi Lucca – que, por sua vez, segurava uma providencial banana de pelúcia. Na legenda, o ex-santista escreveu a hashtag #somostodosmacacos em quatro idiomas: português, inglês, espanhol e Catalão. Até a última quinta-feira, essa postagem havia recebido quase 580.000 curtidas, enquanto uma legião de celebridades – dos esportes, das artes, da política etc. – repetia o gesto em apoio a Daniel Alves.

Rinaldo Gama. Como Daniel Alves derrotou o racismo. Internet: <www.veja@abril.com.br> (com adaptações).

49. (2014 - TJSE - Técnico Judiciário) Os "motivos errados" a que se refere o autor no início do texto estão associados à atitude do governo brasileiro, na década de vinte do século passado, de negar a miscigenação do povo em favor da eugenia.

GABARITO: CERTO.

Percebe-se quais são os motivos errados por meio do trecho: O Brasil se indignou, porém pelos motivos errados [...] "a questão passava pela imagem que a República precisava construir de si própria, deixando para trás os vestígios ligados à escravidão e à miscigenação, em um momento em que os discursos em torno da eugenia eram imperativos".

50. (2014 - TJSE - Técnico Judiciário) O texto enaltece o comportamento daqueles que aceitam a miscigenação como fator de identidade nacional.

GABARITO: ERRADO.

O texto menciona a miscigenação, mas não enaltece esse comportamento.

51. (2014 - TJSE - Técnico Judiciário) Depreende-se do trecho "No domingo 27, o tal Livro das Espécies ganhou, infelizmente, uma nova edição" que se repetiu, neste ano, a reação à manifestação racista de 1920.

GABARITO: ERRADO.

Não há uma repetição do que ocorreu em 1920. O texto faz uma relação entre o livro e o fato ocorrido: "E, com isso, uma versão 2014 do 'todos somos macaquitos'. Eram trinta minutos do segundo tempo do jogo Villareal versus Barcelona".

Texto referente às questões 52 e 53.

A vida do Brasil colonial era regida pelas Ordenações Filipinas, um código legal que se aplicava a Portugal e seus territórios ultramarinos. Com todas as letras, as Ordenações Filipinas asseguravam ao marido o direito de matar a mulher caso a apanhasse em adultério. Também podia matá-la por meramente suspeitar de traição. Previa-se um único caso de punição: sendo o marido traído um "**peão**" e o amante de sua mulher uma "**pessoa de maior qualidade**", o assassino poderia ser condenado a três anos de desterro na África.

No Brasil República, as leis continuara*m reproduzindo a ideia de que o homem era superior à mulher.

O Código Civil de 1916 dava às mulheres casadas o status de "incapazes". Elas só podiam assinar contratos ou trabalhar fora de casa se tivessem a autorização expressa do marido.

Há tempos, o direito de matar a mulher, previsto pelas Ordenações Filipinas, deixou de valer. O machismo, porém, sobreviveu nos tribunais. O Código Penal de 1890 livrava da condenação quem matava "**em estado de completa privação de sentidos**". O atual Código Penal, de 1940, abrevia a pena dos criminosos que agem "**sob o domínio de violenta emoção**". Os "crimes passionais" — eufemismo para a covardia — encaixam-se à perfeição nessas situações. Em outra bem-sucedida tentativa de aliviar a responsabilidade do homem, os advogados inventaram o direito da "**legítima defesa da honra**".

O machismo é uma praga histórica. Não se elimina da noite para o dia. A criação da Lei Maria da Penha, em 2006, em que se previu punição para quem agride e mata mulheres, foi um primeiro e audacioso passo. O segundo passo contra o machismo é a educação.

Ricardo Westin e Cintia Sasse. Dormindo com o inimigo. In: Jornal do Senado. Brasília, 4/jul./2013, p. 4-5. Internet: <www.senado.gov.br> (com adaptações).

52. **(2014 - TJ/SE - Analista)** Depreende-se do texto que os termos 'peão' e 'pessoa de maior qualidade' fazem referência à classe social do marido traído e do amante, respectivamente.

GABARITO: CERTO.

Pode-se deduzir, pela estrutura linguística do texto, que peão significa o contrário de pessoa de maior qualidade, ou seja, há uma referência a duas pessoas de classes sociais diferentes.

53. **(2014 - TJ/SE - Analista)** As expressões 'em estado de completa privação de sentidos', 'sob o domínio de violenta emoção' e 'legítima defesa da honra' são identificadas, no texto, como estratégias exploradas nos tribunais para aliviar a responsabilidade de homens que cometem crimes contra as mulheres.

GABARITO: CERTO.

Os trechos em destaque podem ser vistos como estratégias argumentativas: "O machismo, porém, sobreviveu nos tribunais". As expressões 'em estado de completa privação de sentidos', 'sob o domínio de violenta emoção' e 'legítima defesa da honra' exemplificam como o machismo sobreviveu.

Em vinte e poucos anos, a Internet deixou de ser um ambiente virtual restrito e transformou-se em fenômeno mundial. Atualmente, há tantos computadores e dispositivos conectados à Internet que os mais de quatro bilhões de endereços disponíveis estão praticamente esgotados. Por essa razão, a rede mundial concentra as atenções não só das pessoas e de governos, mas também movimenta um enorme contingente de empresas de infraestrutura de telecomunicações e de empresas de conteúdo. Pela Internet são compradas passagens aéreas, entradas de cinema e pizzas; acompanham-se as notícias do dia, as ações do governo, os gols e os capítulos das novelas; e são postadas as fotos da última viagem, além de serem comentados os últimos acontecimentos do grupo de amigos.

No entanto, junto com esse crescimento do mundo virtual, aumentaram também o cometimento de crimes e outros desconfortos que levaram à criação de leis que criminalizam determinadas práticas no uso da Internet, tais como invasão a sítios e roubo de senhas.

Devido ao aumento dos problemas motivados pela digitalização das relações pessoais, comerciais e governamentais, surgiu a necessidade de se regulamentar o uso da Internet.

Internet: <www.camara.leg.br> (com adaptações).

54. (**2014 - TJ/SE - Analista**) Depreende-se da leitura do texto que a criação de leis que criminalizam práticas relacionadas ao uso da Internet e a discussão acerca da necessidade de regulamentação do uso da Internet são respostas ao crescimento dos problemas advindos da expansão do mundo virtual.

GABARITO: CERTO.

Por meio do trecho "No entanto, junto com esse crescimento do mundo virtual, aumentaram também o cometimento de crimes e outros [...]" percebe-se que a expansão do mundo virtual também trouxe problemas que precisam ser resolvidos.

A origem da polícia no Brasil Polícia é um vocábulo de origem grega (politeia) que passou para o latim (politia) com o mesmo sentido: governo de uma cidade, administração, forma de governo. No entanto, com o decorrer do tempo, assumiu um sentido particular, passando a representar a ação do governo, que, no exercício de sua missão de tutela da ordem jurídica, busca assegurar a tranquilidade pública e a proteção da sociedade contra violações e malefícios.

No Brasil, a ideia de polícia surgiu nos anos 1500, quando o rei de Portugal resolveu adotar um sistema de capitanias hereditárias e outorgou uma carta régia a Martim Afonso de Souza para estabelecer a administração, promover a justiça e organizar o serviço de ordem pública, como melhor entendesse, em todas as terras que ele conquistasse. Registros históricos mostram que, em 20 de novembro de 1530, a polícia brasileira iniciou suas atividades, promovendo justiça e organizando os serviços de ordem pública.

Internet: <www.ssp.sp.gov.br> (com adaptações).

55. (**2014 - DPF - Analista**) Conclui-se do texto que, atualmente, o termo polícia tem significado equivalente ao que apresentava em sua origem.

GABARITO: ERRADO.

Conforme o texto, o termo polícia assumiu um sentido "particular", portanto, mais restrito.

A história constitucional brasileira está repleta de referências difusas à segurança pública, mas, até a Constituição Federal de 1988 (CF), esse tema não era tratado em capítulo próprio nem previsto mais detalhadamente no texto constitucional.

A constitucionalização traz importantes consequências para a legitimação da atuação estatal na formulação e na execução de políticas de segurança. As leis acerca de segurança, nos três planos federativos de governo, devem estar em conformidade com a CF, assim como as respectivas estruturas administrativas e as próprias ações concretas das autoridades policiais. Devem ser especialmente observados os princípios constitucionais fundamentais — a república, a democracia, o estado de direito, a cidadania, a dignidade da pessoa humana — bem como os direitos fundamentais — a vida, a liberdade, a igualdade, a segurança. O Art. 144 deve ser interpretado de acordo com o núcleo axiológico do sistema constitucional em que se situam esses princípios fundamentais.

Cláudio Pereira de Souza Neto. A segurança pública na Constituição Federal de 1988: conceituação constitucionalmente adequada, competências federativas e órgãos de execução das políticas. Internet: <www.oab.org.br> (com adaptações).

56. (**2014 - DPF - Analista**) Depreende-se do texto que uma das consequências da constitucionalização da segurança pública foi o amparo legal para a atuação do Estado em ações que visam à segurança.

GABARITO: CERTO.

Pode-se perceber que uma das consequências da constitucionalização da segurança pública foi o amparo legal para a atuação do Estado em ações que visam à segurança. O trecho a seguir esclarece essa depreensão: "A constitucionalização traz importantes consequências para a legitimação da atuação estatal na formulação e na execução de políticas de segurança".

Imagine a leitora que está em 1813, na igreja do Carmo, ouvindo uma daquelas boas festas antigas, que eram todo o recreio público e toda a arte musical. Sabem o que é uma missa cantada; podem imaginar o que seria uma missa cantada daqueles anos remotos. Não lhe chamo a atenção para os padres e os sacristães, nem para o sermão, nem para os olhos das moças cariocas, que já eram bonitos nesse tempo, nem para as mantilhas das senhoras graves, os calções, as cabeleiras, as sanefas, as luzes, os incensos, nada. Não falo sequer da orquestra, que é excelente; limito-me a mostrar-lhes uma cabeça branca, a cabeça desse velho que rege a orquestra, com alma e devoção.

Chama-se Romão Pires; terá sessenta anos, não menos, nasceu no Valongo, ou por esses lados. É bom músico e bom homem; todos os músicos gostam dele. Mestre Romão é o nome familiar; e dizer familiar e público era a mesma coisa em tal matéria e naquele tempo. "Quem rege a missa é mestre Romão" — equivalia a esta outra forma de anúncio, anos depois: "Entra em cena o ator João Caetano"; — ou então: "O ator Martinho cantará uma de suas melhores árias." Era o tempero certo, o chamariz delicado e popular. Mestre Romão rege a festa! Quem não conhecia mestre Romão, com o seu ar circunspecto, olhos no chão, riso triste, e passo demorado?

Tudo isso desaparecia à frente da orquestra; então a vida derramava-se por todo o corpo e todos os gestos do mestre; o olhar acendia-se, o riso iluminava-se: era outro.

Acabou a festa; é como se acabasse um clarão intenso, e deixasse o rosto apenas alumiado da luz ordinária. Ei-lo que desce do coro, apoiado na bengala; vai à sacristia beijar a mão aos padres e aceita um lugar à mesa do jantar.

Machado de Assis. Histórias sem data. Internet: <www.machadodeassis.org.br> (com adaptações).

57. (2014 - CBM/CE - Soldado da Carreira de Praças) Depreende-se do texto que, àquela época, a regência de uma missa era comparável a uma apresentação artística anos depois.

GABARITO: CERTO.

Esta informação pode ser comprovada pela progressão do texto, como no trecho: "'Quem rege a missa é mestre Romão' — equivalia a esta outra forma de anúncio, anos depois: 'Entra em cena o ator João Caetano'."

Em linhas gerais, podemos dizer que a Constituição Federal de 1988 manteve os preceitos fundamentais que vigoravam nas Cartas anteriores. A nova Constituição confirmou diversos princípios da tradição democrática republicana do século XX, tais como o federalismo, o presidencialismo, o multipartidarismo, o bicameralismo e a representação proporcional. Procurou, também, realçar o Poder Legislativo reformando elementos do equilíbrio institucional por meio de uma redivisão das competências constitucionais entre os poderes, assim como procurou redesenhar a Carta política nacional, ao alçar os municípios como entes formadores da Federação brasileira.

José Theodoro Mascarenhas Merck. Constituinte de 1987 e a constituição possível. In: Ensaios sobre impactos da Constituição Federal de 1988 na sociedade brasileira. Brasília: Câmara dos Deputados, Edições Câmara, 2008 (com adaptações).

58. (2014 - CBM/CE - Soldado da Carreira de Praças) Depreende-se do texto que o estatuto dos municípios como entes formadores da Federação brasileira é um princípio da tradição democrática republicana do século XX.

GABARITO: ERRADO.

A informação do item em comento está relacionada à Constituição de 1988, como se pode perceber pelo trecho: "Procurou, também, realçar o Poder Legislativo reformando elementos do equilíbrio institucional por meio de uma redivisão das competências constitucionais entre os poderes, assim como procurou redesenhar a Carta política nacional, ao alçar os municípios como entes formadores da Federação brasileira".

O Brasil é uma nação plurilíngue, como a maioria dos países (94% deles). Embora, através dos tempos, tenha prevalecido o senso comum de que o país apresenta uma impressionante homogeneidade idiomática, construída em torno da língua portuguesa, contamos hoje com cerca de 210 idiomas espalhados em nosso território. De fato, as mais de 180 línguas indígenas e 30 línguas de imigração emprestam à identidade brasileira um colorido multicultural, apesar das históricas e repetidas investidas contra essas minorias sob a justificativa de busca e manutenção de um Estado homogêneo e coeso.

Há que se mencionar ainda as línguas afro-brasileiras (faladas nas comunidades quilombolas), os falares fronteiriços e as línguas de sinais das comunidades surdas, além das variantes dialetais da língua portuguesa.

Posta a diversidade linguística brasileira, infelizmente há uma imprecisão quanto ao número de falantes de cada língua, visto que apenas dois censos — o de 1940 e o de 1950 — se interessaram não só em perguntar qual língua os brasileiros usavam no lar, mas também em indagar se sabiam falar português.

Cláudia Gomes Paiva. Brasil: nação monolíngue. In: Ensaios sobre impactos da Constituição Federal de 1988 na sociedade brasileira. Brasília: Câmara dos Deputados, Edições Câmara, 2008 (com adaptações).

59. (2014 - CBM/CE - Soldado da Carreira de Praças) De acordo com a autora do texto, o Brasil é um país em que coexistem diversas línguas, apesar da crença na existência de uma homogeneidade idiomática.

GABARITO: CERTO.

Realmente, o Brasil é um país em que coexistem diversas línguas, "embora, através dos tempos, tenha prevalecido o senso comum de que o país apresenta uma impressionante homogeneidade idiomática, construída em torno da língua portuguesa, contamos hoje com cerca de 210 idiomas espalhados em nosso território.

Texto referente às questões 60 e 61.

País mais pobre das Américas, o Haiti foi praticamente destruído anos atrás por um terremoto de 7,3 graus na escala Richter, gerando comoção mundial e a reação de organizações estrangeiras, de entidades civis e da comunidade internacional. Em decorrência do sismo, cerca de 220 mil pessoas morreram e 1,5 milhão ficou desabrigada no Haiti.

O Brasil passou, então, a ser um dos principais colaboradores do Haiti no processo de reconstrução e capacitação profissional, fornecendo tropas para a Missão de Paz das Nações Unidas (Minustah), que está no Haiti desde 2004. As tropas têm o objetivo de garantir a estabilidade e segurança do país. Os militares brasileiros trabalham também no desenvolvimento urbano com projetos de engenharia e projetos sociais.

O embaixador do Brasil no Haiti, José Luiz Machado e Costa, ressaltou que a solidariedade é fundamental para o processo de reconstrução do Haiti e é um dos pilares da relação do Brasil com o país.

Renata Giraldi. Internet: <www.ebc.com.br> (com adaptações).

60. (2014 - CBM/CE - Primeiro-Tenente) No texto, afirma-se que a colaboração entre Brasil e Haiti é concretizada com o envio de tropas para auxiliar a Minustah na garantia da estabilidade e segurança do país, bem como para colaborar no seu desenvolvimento urbano, no campo da engenharia e da assistência social.

GABARITO: CERTO.

Percebe-se como é concretizada a colaboração entre Brasil e Haiti por meio do segundo parágrafo do texto: "O Brasil passou, então, a ser um dos principais colaboradores do Haiti no processo de reconstrução e capacitação profissional, fornecendo tropas para a Missão de Paz das Nações Unidas (Minustah), que está no Haiti desde 2004. As tropas têm o objetivo de garantir a estabilidade e segurança do país. Os militares brasileiros trabalham também no desenvolvimento urbano com projetos de engenharia e projetos sociais".

61. (2014 - CBM/CE - Primeiro-Tenente) No texto, a solidariedade é eleita como um dos pilares das relações entre Brasil e Haiti.

GABARITO: CERTO.

A comprovação de que a solidariedade é eleita como um dos pilares da relação entre Brasil e Haiti está em: "a solidariedade é fundamental para o processo de reconstrução do Haiti e é um dos pilares da relação do Brasil com o país".

O envio de duzentos cientistas à Antártida representará o reinício da pesquisa biológica e meteorológica brasileira no continente, depois do incêndio que destruiu a base que o Brasil operava ali desde 1984. A Marinha brasileira ainda não construiu a base definitiva que substituirá a Estação Antártida Comandante Ferraz, e, por isso, os pesquisadores trabalharão em contêineres provisórios que funcionarão como laboratórios e dormitórios.

Um primeiro navio polar da Marinha zarpará rumo à Antártida com os contêineres e todo o material científico e logístico necessário para a manutenção da base provisória durante o próximo verão austral, quando as temperaturas mais amenas permitem as atividades.

A maioria dos cientistas viajará de avião e permanecerá na base provisória conforme as exigências de seus estudos, e outros irão em um segundo navio polar da Marinha.

Nos contêineres, dotados com laboratórios para química, meteorologia e aquários, poderão alojar-se cerca de oitenta pesquisadores, sem contar os militares e as pessoas que trabalharão na construção da nova estação. Os demais cientistas trabalharão nos navios polares.

Apesar de os pesquisadores responsáveis pelos estudos na Antártida terem mantido suas atividades desde o incêndio de fevereiro de 2012, que deixou o Brasil sem base no continente branco, os cientistas não tinham voltado a pisar no gelo. Alguns estudos foram realizados a partir de navios brasileiros e outros, em universidades com os dados meteorológicos coletados pelos instrumentos que ainda funcionam na Antártida.

Internet: <http://noticias.terra.com.br/ciencia/brasil> (com adaptações).

62. **(2014 - CBM/CE - Primeiro-Tenente)** Das informações do texto depreende-se que dois navios da Marinha brasileira na Antártida servem como base para oitenta pesquisadores.

GABARITO: ERRADO.

Os contêineres servirão como base, não os navios. E não são oitenta, são cerca de oitenta: "Nos contêineres, dotados com laboratórios para química, meteorologia e aquários, poderão alojar-se cerca de oitenta pesquisadores, sem contar os militares e as pessoas que trabalharão na construção da nova estação".

Texto referente às questões 63 e 64.

A história da formação dos corpos de bombeiros no país começou no século XVI, no Rio de Janeiro. Nessa época, quando ocorria um incêndio, os **voluntários, aguadeiros** e **milicianos**, corriam para apagá-lo e, na maior parte das vezes, perdiam a batalha devido às construções de madeira. Os incêndios ocorridos à noite vitimavam ainda mais pessoas, devido à precária iluminação das ruas.

Quando havia um incêndio na cidade, os aguadeiros eram avisados por três disparos de canhão, partidos do morro do Castelo, e por toques de sinos da igreja de São Francisco de Paula, correspondendo o número de badaladas ao número da freguesia onde se verificava o sinistro. Esses toques eram reproduzidos pela igreja matriz da freguesia. Assim, os homens corriam para os aguadeiros, e a população fazia aquela fila quilométrica, passando baldes de mão em mão, do chafariz até o incêndio.

Os primeiros bombeiros militares surgiram na Marinha, pois os incêndios nos antigos navios de madeira eram constantes. Porém, eles existiam apenas como uma especialidade, e não como uma corporação. A denominação de bombeiros deveu-se a operarem principalmente bombas d'água, dispositivos rudimentares em madeira, ferro e couro.

Com a vinda da família real portuguesa ao Brasil, no século XIX, mais precisamente ao Rio de Janeiro, foi criado, em julho de 1856, por decreto imperial, o Corpo de Bombeiros Provisório da Corte. Quando recebiam aviso de incêndio, os praças saíam puxando o corrico (que tinha de seis a oito mangueiras) pela via pública e procuravam debelar o fogo, solicitando os reforços necessários, conforme a extensão do sinistro.

Internet: <www.bombeirosfoz.com.br> (com adaptações).

63. (2014 - CBM/CE - Primeiro-Tenente) Infere-se da leitura do texto que o número de vítimas dos incêndios aumentava quando estes ocorriam em casas de madeira e à noite.

GABARITO: ERRADO.

O texto conta a história da formação do corpo de bombeiros. No século XVI, os incêndios ocorridos à noite vitimavam ainda mais pessoas, devido à precária iluminação das ruas.

64. (2014 - CBM/CE - Primeiro-Tenente) No início do texto, o termo "aguadeiros e milicianos" é empregado com a função de explicar o termo antecedente "voluntários".

GABARITO: CERTO.

Pela estrutura do período "quando ocorria um incêndio, os voluntários, aguadeiros e milicianos, corriam para apagá-lo", entende-se que aguadeiros e milicianos é um tema explicativo de voluntários.

Texto referente às questões 65 a 69.

Sem dúvida, a universidade contemporânea desempenha uma importante função social na medida em que qualifica o indivíduo para um mercado de trabalho competitivo e dinâmico, carecedor de trabalhadores aptos a desempenhar atividades de maior grau de intelectualização. Embora o ingresso no mercado de trabalho esteja fortemente impresso no imaginário coletivo como o principal — senão único — recurso para melhoria de condições de vida, é preciso observar que a sociedade capitalista define o indivíduo a partir de sua capacidade de produzir mais e melhor do que o seu próximo.

Não obstante, para além da consideração do indivíduo, encontra-se a coletividade, que é a força material de um país — formada pelo conjunto de sujeitos de tal coletividade e por aquilo que eles produzem —, e que constitui esse país em suas esferas política, econômica e cultural. As universidades públicas apresentam importante papel, desempenhando atividades diversas, a exemplo dos atendimentos realizados por hospitais universitários, núcleos de prática jurídica, programas de extensão de cunho social que não só atendem à demanda da população por saúde pública, por esclarecimento e obtenção de seus direitos como cidadãos, por educação e outros, como também oferecem aos estudantes a oportunidade de empregar em atividades prático-profissionais o conhecimento acadêmico adquirido em sala de aula.

Por seu turno, os programas de pesquisa constituem talvez a ferramenta mais importante para o progresso tecnológico e científico do país, tornando mais concreta a possibilidade de ascensão do país a esferas de maior desenvolvimento no cenário mundial, por meio da busca de soluções pertinentes à nossa realidade.

Luciana Zacharias Gomes Ferreira Coelho. Direito à qualidade no ensino superior público brasileiro em face do processo de expansão das instituições federais de ensino superior. Internet: <www.ambito-juridico.com.br> (com adaptações).

65. (2013 - Ministério da Educação - Técnico Administrativo) De acordo com as ideias do texto, as universidades brasileiras, de modo geral, atendem aos diversos tipos de demanda da população e oferecem aos estudantes a oportunidade de aplicar, no trabalho, o conhecimento acadêmico adquirido.

GABARITO: ERRADO.

Esta situação não é comum a todas as universidades brasileiras. O texto faz menção a universidades públicas, pois apresentam importante papel.

66. (2013 - Ministério da Educação - Técnico Administrativo) De acordo com as ideias do texto, o nível de desenvolvimento e a autonomia de um país estão relacionados à atividade de pesquisa que ele desenvolve.

GABARITO: ERRADO.

O texto faz uma suposição, percebida pelo emprego de talvez: os programas de pesquisa constituem talvez a ferramenta mais importante para o progresso tecnológico e científico do país.

67. (2013 - Ministério da Educação - Técnico Administrativo) De acordo com as ideias do texto, diferentemente do que ocorria há alguns anos, hoje as universidades capacitam adequadamente o indivíduo para o mercado de trabalho.

GABARITO: ERRADO.

O texto não faz uma comparação de cunho histórico e/ou temporal. Apenas fala das universidades e do papel que desempenham.

68. (2013 - Ministério da Educação - Técnico Administrativo) De acordo com as ideias do texto, faltam no mercado de trabalho atual trabalhadores aptos a desempenhar atividades que exijam maior grau de intelectualização.

GABARITO: CERTO.

O texto mostra que há um mercado de trabalho competitivo e dinâmico, carecedor de trabalhadores aptos a desempenhar atividades de maior grau de intelectualização.

69. (2013 - Ministério da Educação - Técnico Administrativo) De acordo com as ideias do texto, o país ainda apresenta profundas desigualdades sociais, fato que justifica a importância da função social exercida pelas universidades brasileiras.

GABARITO: ERRADO.

O texto mostra que, no imaginário coletivo, o ingresso no mercado de trabalho está fortemente impresso como o principal — senão único — recurso para melhoria de condições de vida.

Texto referente às questões 70 a 75.

A educação superior no Brasil não pode ser discutida sem que se tenha presente o cenário e o contexto em que ela surgiu, ou seja, é preciso analisá-la desde o seu surgimento até a sua realidade atual, nos panoramas local, regional e mundial.

O Brasil está localizado na América Latina, um continente visto por muitos como de exacerbada pobreza. É, sem dúvida, um continente de muitas desigualdades, tanto no âmbito social quanto no âmbito territorial. Conforme resultados de estudo do Banco Mundial, a América Latina é o continente com o maior número de desigualdades, em vários aspectos, incluindo-se, entre eles, **a distribuição de renda, as despesas com bens de consumo e serviços, o acesso à saúde e, principalmente, o acesso à educação.**

Em virtude desses fatos, a universidade latino-americana, desde o seu surgimento, tem assumido um papel muito maior do que sua responsabilidade formativa. Ela traz para si a decisão de formar cidadãos empenhados com o compromisso social, com a luta pela diminuição das desigualdades, com a criação de oportunidades para todos, com o compromisso do desenvolvimento econômico e social e com a construção e manutenção de identidades culturais.

O grande desafio para os países latino-americanos consiste em oferecer aprendizagem, investigação e oportunidades de trabalho para seus indivíduos de forma equitativa e equilibrada, a fim de assegurar conhecimentos avançados que promovam o desenvolvimento de suas economias, uma vez que esses países estão se convertendo em protagonistas do mercado global. Os países da América Latina têm buscado criar cada vez mais oportunidades para formar seus cidadãos e aumentar as reservas de capital intelectual e de profissionais altamente qualificados, além de dar-lhes condições de acesso ao mercado de trabalho com vistas à geração de renda e melhoria de condições de vida.

Luciane Stallivieri. O sistema de ensino superior do Brasil: características, tendências e perspectivas. Internet: <www.ucs.br> (com adaptações).

70. **(2013 - Ministério da Educação - Técnico Administrativo)** Em conformidade com as ideias do texto, um dos desafios dos países da América Latina está relacionado à promoção de condições favoráveis ao desenvolvimento de suas economias.

GABARITO: CERTO.

O texto mostra que o grande desafio para os países latino-americanos consiste em oferecer aprendizagem, investigação e oportunidades de trabalho para seus indivíduos de forma equitativa e equilibrada, a fim de assegurar conhecimentos avançados que promovam o desenvolvimento de suas economias.

71. **(2013 - Ministério da Educação - Técnico Administrativo)** Em conformidade com as ideias do texto, os profissionais formados pelas universidades latino-americanas têm acesso garantido ao mercado de trabalho.

GABARITO: ERRADO.

O texto afirma que existe uma preocupação em "dar-lhes condições de acesso ao mercado de trabalho com vistas à geração de renda e melhoria de condições de vida". Ou seja, o acesso não é garantido.

72. **(2013 - Ministério da Educação - Técnico Administrativo)** Em conformidade com as ideias do texto, a história da educação de nível superior do Brasil confunde-se com a dos demais países da América Latina, uma vez que todo o continente apresenta desigualdades em diversos aspectos.

GABARITO: ERRADO.

Não é possível fazer essa relação lógico-discursiva, pois as desigualdades não são o motivo para o período anterior. O texto apenas afirma que a América Latina é o continente com o maior número de desigualdades, em vários aspectos.

73. **(2013 - Ministério da Educação - Técnico Administrativo)** Em conformidade com as ideias do texto, o estudo realizado pelo Banco Mundial mostrou que, além de formadoras, as universidades latino-americanas têm importante papel social.

GABARITO: ERRADO.

O texto afirma que a conclusão do Banco Mundial é a de que há desigualdades no continente: "Conforme resultados de estudo do Banco Mundial, a América Latina é o continente com o maior número de desigualdades".

74. **(2013 - Ministério da Educação – Técnico Administrativo)** Em conformidade com as ideias do texto, a luta pela diminuição das desigualdades deve ser uma iniciativa das universidades, como se constata no terceiro parágrafo.

GABARITO: ERRADO.

De acordo com o texto, as universidades podem contribuir para a diminuição das desigualdades, pois podem oferecer aprendizagem, investigação e oportunidades de trabalho para seus indivíduos de forma equitativa e equilibrada, a fim de assegurar conhecimentos avançados que promovam o desenvolvimento de suas economias.

75. **(2013 - Ministério da Educação - Técnico Administrativo)** Os termos que compõem a enumeração contida no trecho "a distribuição de renda (...) o acesso à educação" explicitam diferentes aspectos em que se verificam desigualdades nos países da América Latina.

GABARITO: CERTO.

Ao se verificar o trecho em comento, percebe-se quais diferentes aspectos evidenciam as desigualdades nos países da América Latina: a distribuição de renda, as despesas com bens de consumo e serviços, o acesso à saúde e, principalmente, o acesso à educação.

Texto referente às questões 76 a 80.

Ao contrário do que aconteceu na América Hispânica, onde universidades católicas foram criadas já no século XVI, no início da colonização, no Brasil não existiram universidades nem outras instituições de ensino superior durante todo o período colonial. A política da coroa portuguesa sempre foi a de impedir a formação de quadros intelectuais nas colônias, de forma a concentrar na metrópole a formação de nível superior.

Mesmo a iniciativa jesuíta de estabelecer um seminário que pudesse formar um clero brasileiro, o que instituiu boa parte do pouco ensino organizado que então havia na colônia, foi destruída quando ocorreu a expulsão da Companhia de Jesus, efetuada pelo Marquês de Pombal no final do século XVIII.

Foi apenas no início do século seguinte — em 1808, quando a Coroa portuguesa, ameaçada pela invasão napoleônica da metrópole, se transladou para o Brasil com toda a corte — que teve início a história do ensino superior no país.

No mesmo ano da chegada do rei português, foram fundadas duas escolas de cirurgia e anatomia, uma na Bahia e outra no Rio de Janeiro, e a Academia de Guarda da Marinha, também no Rio. Em 1927, foram criadas duas faculdades de direito, uma em São Paulo e outra em Olinda.

Não houve então nenhuma preocupação e nenhum interesse em criar uma universidade. O que se procurava era formar alguns profissionais necessários ao aparelho do Estado e às necessidades da elite local, como advogados, engenheiros e médicos. Também não se cogitou entregar à Igreja Católica a responsabilidade pelo ensino superior, como havia ocorrido nas colônias da Espanha.

Com a presença da corte portuguesa, a independência não só foi tardia, mas se deu com a preservação da monarquia e da própria dinastia de Bragança, que governou o país até o final do século. Isso caracterizou um desenvolvimento histórico marcadamente diverso daquele que foi próprio dos demais países do continente, nos quais a independência deu lugar a regimes e ideais republicanos. Na área educacional, o processo seguiu o modelo estabelecido em 1808. Embora se tenha constituído como um sistema estatal sob a influência, mas não sob a gestão, da Igreja Católica (seguindo uma tradição já existente em Portugal desde o século anterior), não se criaram universidades, mas escolas autônomas para a formação de profissionais liberais. A criação dessas escolas era de iniciativa exclusiva da Coroa.

Eunice R. Durham. O ensino superior no Brasil: público e privado. Internet: <http://nupps.usp.br> (com adaptações).

76. **(2013 - Ministério da Educação - Técnico Administrativo)** O ensino organizado que se verificou durante o Brasil colônia teve grande participação dos jesuítas.

GABARITO: CERTO.

Realmente, os jesuítas tiveram grandes participações: "Mesmo a iniciativa jesuíta de estabelecer um seminário que pudesse formar um clero brasileiro, o que instituiu boa parte do pouco ensino organizado que então havia na colônia".

77. **(2013 - Ministério da Educação - Técnico Administrativo)** A Coroa portuguesa fundou escolas de ensino superior quando veio para o Brasil porque os membros da corte precisavam de um ensino de qualidade.

GABARITO: ERRADO.

A intenção de fundar a escola de ensino superior se deve ao fato de que era preciso formar alguns profissionais necessários ao aparelho do Estado e às necessidades da elite local, como advogados, engenheiros e médicos.

78. **(2013 - Ministério da Educação - Técnico Administrativo)** A demora na efetivação da independência do Brasil está relacionada à presença da corte portuguesa no país no século XIX.

GABARITO: CERTO.

Com a presença da corte portuguesa, a independência não só foi tardia, mas se deu com a preservação da monarquia e da própria dinastia de Bragança.

79. **(2013 - Ministério da Educação - Técnico Administrativo)** Um fato marcante na história das universidades nos países latino-americanos é que a maior parte delas foi fundada já no século XVI, no início da colonização.

GABARITO: ERRADO.

Pelo trecho "Ao contrário do que aconteceu na América Hispânica, onde universidades católicas foram criadas já no século XVI, no início da colonização, no Brasil não existiram universidades nem outras instituições de ensino superior durante todo o período colonial", percebe-se que o fato está relacionado à América Hispânica e não aos países latino-americanos.

80. **(2013 - Ministério da Educação - Técnico Administrativo)** De acordo com o texto, Portugal não tinha interesse em fundar escolas no Brasil, o que pode ser comprovado pela expulsão da Companhia de Jesus do país.

GABARITO: ERRADO.

Na verdade, Portugal não teve a intenção de fundar escolas, mas o fez por necessidade: "Não houve então nenhuma preocupação e nenhum interesse em criar uma universidade. O que se procurava era formar alguns profissionais necessários ao aparelho do Estado e às necessidades da elite local, como advogados, engenheiros e médicos".

Texto referente às questões 81 a 83.

Um conjunto de mudanças quantitativas e estruturais nas universidades tem promovido o surgimento de um **novo tipo de instituição acadêmica**, que ocupa papel de destaque no funcionamento proposto pelo modelo dinâmico da "hélice tripla", ou modelo de pesquisa multidirecional. Nesse caso, além de desempenhar suas tradicionais atividades de ensino e pesquisa, a universidade estaria assumindo a missão de usar o conhecimento científico produzido em suas pesquisas para apoiar o desenvolvimento social e econômico do ambiente.

Entretanto, há estudiosos que afirmam que as universidades não se estruturam em função dessas atividades, mas que essas instituições as articulam convenientemente de acordo com as possibilidades apresentadas por sua história e tradição, pelos recursos financeiros e humanos de que dispõem, pela "clientela" que devem atender, pelo contexto social vigente, pelas políticas públicas e privadas que as afetem direta ou indiretamente. Sugerem que as universidades desempenham três diferentes funções — ensino superior em massa (licenciatura); **ensino superior profissional (bacharelado) e pesquisa para a resolução de problemas**; e formação de pesquisadores acadêmicos (formação de mestres e doutores e publicação de artigos científicos) —, e que as inúmeras combinações possíveis dessas funções são a variável-chave na explicação da posição ocupada pelas universidades em quaisquer classificações.

Adicionalmente, outros subtemas ajudam a conformar o universo de estudos que tratam da relação entre universidades e empresas. São relevantes, nesse contexto, o efeito do arcabouço legal que designa a própria universidade como beneficiária da exploração comercial dos resultados de suas pesquisas, áinda que financiadas com recursos governamentais; o processo de criação e a avaliação de desempenho dos escritórios de transferência de tecnologia e o processo de criação de empresas dedicadas a explorar os resultados das pesquisas acadêmicas como iniciativa empreendedora dos seus pesquisadores, entre outros.

Rodrigo Maia de Oliveira. Proteção e comercialização da pesquisa acadêmica no Brasil: motivações e percepções dos inventores. SP: UNICAMP, 2011. Tese de doutoramento. Internet: <www.bibliotecadigital.unicamp.br> (com adaptações).

81. (2013 - Ministério da Educação - Técnico Administrativo) De acordo com o texto, a exploração comercial dos resultados de pesquisas desenvolvidas nas universidades constitui atividade legal.

GABARITO: CERTO.

As universidades articulam pesquisas desenvolvidas convenientemente de acordo com as possibilidades apresentadas por sua história e tradição, pelos recursos financeiros e humanos de que dispõem.

82. (2013 - Ministério da Educação - Técnico Administrativo) O "novo tipo de instituição acadêmica" a que o texto se refere é a universidade que tem, entre outras, a missão de apoiar o desenvolvimento socioeconômico por meio das pesquisas que desenvolve.

GABARITO: CERTO.

Além de desempenhar suas tradicionais atividades de ensino e pesquisa, a universidade estaria assumindo a missão de usar o conhecimento científico produzido em suas pesquisas para apoiar o desenvolvimento social e econômico do ambiente.

83. (2013 - Ministério da Educação - Técnico Administrativo) A partir da justaposição de "ensino superior profissional (bacharelado)" e "pesquisa para a resolução de problemas", é correto inferir que as atividades desenvolvidas nos cursos de bacharelado são estritamente voltadas à pesquisa para a resolução de problemas.

GABARITO: ERRADO.

Não se pode afirmar, pelo texto, que os cursos de bacharelado são estritamente voltados para a resolução de problemas.

Texto referente às questões 84 e 86.

Muitas vezes, na divulgação midiática de pesquisas e projetos científicos, o profissional da área de comunicação tropeça em questões teóricas, não dá a devida importância para a pesquisa em si, põe em foco questões do processo de pesquisa que são irrelevantes para o projeto e para o pesquisador, ou mesmo propaga conhecimentos e crenças populares em vez de ser "fiel" ao trabalho do pesquisador. Já o pesquisador, ao escrever sobre seu projeto ou pesquisa, esquece por vezes que aqueles que lerão nem sempre têm conhecimento linguístico da área e utiliza uma linguagem não acessível a pessoas que não pertencem ao meio acadêmico e, dessa forma, dificulta a divulgação de sua pesquisa.

O jornalista está dentro de uma esfera que tem como foco a comunicação em si e não o que se comunica. O foco é uma linguagem acessível, interessante e que chame a atenção do público para comprar e consumir os textos e artigos que são escritos e, se for necessário, ele sacrifica o conteúdo em prol da atenção do público e da linguagem. Já o pesquisador está em uma esfera cujo foco é o conteúdo, o objeto de pesquisa e a pesquisa em si e, muitas vezes, ele sacrifica um grupo extenso de leitores ao empregar linguagem específica, científica e não acessível. Portanto, ao escrever, os dois profissionais têm de ter em mente que sua esfera de atividade humana e, por consequência, de comunicação, se torna mais complexa. O jornalista deve ter em mente que, quando escreve sobre um projeto científico, não atua apenas em sua área de atividade humana, a comunicação, mas na comunicação científica. O cientista ou pesquisador deve considerar que a divulgação de sua pesquisa não deve ser feita apenas para a comunidade científica, mas para o público em geral. Dessa forma, o pesquisador precisa constantemente pensar mais nesse público e, consequentemente, na linguagem utilizada. O jornalista, por sua vez, precisa ficar mais atento à pesquisa que está sendo divulgada. Cada um precisa aprender com o outro, permitindo-se entrar mais em uma esfera de atividade humana à qual não pertence originalmente. O principal motivo desse intercâmbio de intenções ao escrever é aumentar o acesso do público à ciência.

A academia não pode estar voltada apenas para seu público interno. É muito importante que as informações sejam divulgadas e não permaneçam circulando em um grupo fechado, até para que haja crescimento da própria comunidade científica.

Camila Delmondes Dias et al. Divulgando a arqueologia: comunicando o conhecimento para a sociedade. In: Ciência e Cultura. São Paulo, v. 65, nº 2, jun./2013. Internet: <http://cienciaecultura.bvs.br> (com adaptações).

84. **(2014 - Ministério do Trabalho - Agente Administrativo)** De acordo com as ideias expressas no texto, para que a divulgação midiática de pesquisas e projetos seja compreensível e acessível, é necessário que os jornalistas se aproximem mais da esfera de atividade humana dos pesquisadores e vice-versa.

GABARITO: CERTO.

Jornalista e pesquisador precisam aprender um com o outro, permitindo-se entrar mais em uma esfera de atividade humana à qual não pertencem originalmente.

85. **(2014 - Ministério do Trabalho - Agente Administrativo)** De acordo com as ideias expressas no texto, a comunidade científica deve ser uma das principais apoiadoras da divulgação midiática de pesquisas e projetos, uma vez que essa divulgação contribui para o crescimento da comunidade científica.

GABARITO: CERTO.

É muito importante que as informações sejam divulgadas e não permaneçam circulando em um grupo fechado, até para que haja crescimento da própria comunidade científica.

86. **(2014 – Ministério do Trabalho – Agente Administrativo)** De acordo com as ideias expressas no texto, a divulgação midiática de pesquisas e projetos é prejudicada pelo fato de que tanto os jornalistas quanto os pesquisadores, ao escreverem, se esquecem de que o seu texto será lido por um público geral e não por uma comunidade específica.

GABARITO: ERRADO.

Esta informação está relacionada aos pesquisadores, como se pode perceber em "Já o pesquisador está em uma esfera cujo foco é o conteúdo, o objeto de pesquisa e a pesquisa em si e, muitas vezes, ele sacrifica um grupo extenso de leitores ao empregar linguagem específica, científica e não acessível.

A possibilidade de ter renda permanente, possuir uma vida confortável e não ser escravo do salário ainda é uma realidade apenas para uma pequena parcela da população brasileira. Com maior acesso ao crédito e aos bens de consumo, a maioria das pessoas, mesmo com maior permanência no emprego, ainda gasta muito mais do que ganha e, eventualmente, contrai dívidas que arruínam qualquer possibilidade de estabilidade financeira. Desde que se tenha disposição para promover algumas mudanças de comportamento, que, inicialmente, podem parecer complicadas, será possível construir um novo cenário e passar definitivamente de devedor para investidor. O primeiro passo é o pagamento das dívidas mais caras, com juros mais altos, como, por exemplo, as dívidas contraídas no cartão de crédito.

Pagar as contas do cotidiano no prazo correto também colabora para o equilíbrio financeiro. Há ainda outros mitos que fazem parte do comportamento do brasileiro. Entre eles, destacam-se o conceito de que, para ser investidor, é preciso ter muito dinheiro disponível e a ideia de que os produtos existentes no mercado financeiro são muito complexos.

Mauro Calil. Deixe de ser devedor. Internet: <www.exame.com> (com adaptações).

87. **(2014 - MTE - Analista)** Uma das ideias defendidas pelo texto é a de que qualquer cidadão pode vir a tornar-se um investidor.

GABARITO: CERTO.

Conforme o texto, uma das ideias é a de que um cidadão pode ser sim um investidor. Essa informação pode ser verificada por meio do seguinte trecho: "Desde que se tenha disposição para promover algumas mudanças de comportamento, que, inicialmente, podem parecer complicadas, será possível construir um novo cenário e passar definitivamente de devedor para investidor".

Texto referente às questões 88 e 89.

A chamada Economia Verde foi o grande destaque do Fórum Estadão Região Norte, realizado em São Paulo.

Em meio a discussões como problemas logísticos, guerra fiscal, Zona Franca de Manaus (ZFM) e qualificação profissional, a possibilidade de desenvolver a região por meio do melhor aproveitamento de seus **ativos ambientais** foi o assunto que provocou a maior participação do público e centralizou as discussões entre os painelistas.

A questão ambiental foi levantada com uma pergunta ao governador de Rondônia sobre como desenvolver a região com a floresta em pé. "Para isso, é preciso oferecer opções.

Nesse ponto, posso dizer que a Zona Franca de Manaus é o mais bem-sucedido projeto ambiental da Amazônia", disse, ao lembrar que, mesmo sem ser o objetivo de sua criação, a ZFM acabou sendo a opção para afastar a população da exploração da floresta. "O Amazonas garantiu 95% de preservação", observou.

Internet: <www.suframa.gov.br> (com adaptações).

88. **(2014 - SUFRAMA - Técnico Administrativo)** Depreende-se das informações do texto que a criação da ZFM ajudou a preservar a floresta, já que a oferta de empregos gerada pela ZFM afastou a população da exploração de recursos naturais.

GABARITO: CERTO.

Depreende-se que a criação da ZFM ajudou a preservar a floresta, como se percebe pelo trecho "mesmo sem ser o objetivo de sua criação, a ZFM acabou sendo a opção para afastar a população da exploração da floresta".

89. (2014 - SUFRAMA - Técnico Administrativo) A expressão "ativos ambientais", no início do texto, designa os animais da natureza que podem estar em processo de extinção.

GABARITO: ERRADO.

A expressão "ativos ambientais" tem referência catafórica, ou seja, está fora do texto. Pelo texto, percebe-se que esses ativos são os fatores que se tornaram foco nas discussões do fórum.

A capital do Amazonas foi, talvez, a cidade que mais conheceu a riqueza, os encantos e o glamour do primeiro mundo no Brasil. A seus rios e florestas foram somados o ouro e a sofisticação importada da Europa.

Localizada à margem esquerda do rio Negro, Manaus originou-se de um pequeno arraial formado em torno da fortaleza de São José do Rio Negro, criada em 1669, para guarnecer a região de possíveis investidas dos inimigos.

Erguida à base de pedra e barro, a construção foi chamada de Forte de São João da Barra do Rio Negro.

No princípio do século XIX, em 1833, o arraial foi elevado à categoria de vila com o nome de Manaós, em homenagem à tribo de mesma denominação, que se recusava a ser dominada pelos portugueses e se negava ser mão de obra escrava. Quando recebeu o título de cidade, em 24 de outubro de 1848, era um pequeno aglomerado urbano, com cerca de 3 mil habitantes, uma praça, 16 ruas e quase 250 casas.

O apogeu da capital do Amazonas aconteceu com a "descoberta" do látex por estrangeiros. Apoiada na revolução financeira e econômica proporcionada pela borracha, a antiga Manaus passou a ser, por muito tempo, a cidade mais rica do país.

Internet: <www.amazonas.am.gov.br> (com adaptações).

90. (2014 - SUFRAMA - Analista Administrativo) Conclui-se do texto que o período que se seguiu à descoberta do látex foi o de maior riqueza da cidade de Manaus.

GABARITO: CERTO.

O texto afirma que o apogeu da capital do Amazonas aconteceu com a "descoberta" do látex por estrangeiros. Apoiada na revolução financeira e econômica proporcionada pela borracha, a antiga Manaus passou a ser, por muito tempo, a cidade mais rica do país.

Texto referente às questões 91 e 92.

A Zona Franca de Manaus (ZFM) foi idealizada inicialmente como Porto Livre, em 1957. Dez anos mais tarde, o Decreto-Lei nº 288/1967 reformulou o modelo e instituiu incentivos fiscais para a implantação de um polo industrial, comercial e agropecuário na Amazônia.

Os empreendimentos instalados na ZFM contam com diversos incentivos, que têm por objetivo estimular o desenvolvimento regional. Há incentivos tributários, com redução ou isenção de tributos federais, estaduais e municipais, além da venda de terrenos a preços simbólicos no parque industrial de Manaus, com completa infraestrutura de serviços sanitários, de energia e de comunicações.

Inicialmente, previu-se que os incentivos fiscais terminariam em 1997. Desde então, vêm sendo renovados por meio de legislação específica.

Atualmente, mais de 600 empresas estão instaladas no Polo Industrial de Manaus. Tais empresas faturaram cerca de R$ 70 bilhões em 2011, geraram mais de 100 mil empregos diretos e outros 400 mil empregos indiretos e colocaram o Amazonas na terceira posição do ranking de estados brasileiros que mais arrecadam com o setor industrial.

Ricardo Nunes de Miranda. Zona Franca de Manaus: desafios e vulnerabilidades.
Internet: <www12.senado.gov.br> (com adaptações).

91. **(2014 - SUFRAMA - Analista Administrativo)** Conclui-se do texto que, apesar de a ZFM ter sido idealizada como um polo capaz de receber empresas dos ramos industrial, comercial e agropecuário, o polo industrial é o que mais gera lucros à região.

GABARITO: ERRADO.

De acordo com o texto, mais de 600 empresas estão instaladas no Polo Industrial de Manaus e o Amazonas está na terceira posição do ranking de estados brasileiros que mais arrecadam com o setor industrial. Porém, como não há menção às outras atividades, não se pode concluir que o industrial é o que mais lucra.

92. **(2014 - SUFRAMA - Analista Administrativo)** Infere-se do texto que o modo encontrado pelo governo para estimular a instalação de empreendimentos na ZFM tem consistido apenas na redução de impostos.

GABARITO: ERRADO.

Não há apenas a redução de impostos, pois os empreendimentos instalados na ZFM contam com diversos incentivos, que têm por objetivo estimular o desenvolvimento regional. Inicialmente, previu-se que os incentivos fiscais terminariam em 1997. Desde então, vêm sendo renovados por meio de legislação específica.

Texto referente às questões 93 a 96.

Mundo animal

No morro atrás de onde eu moro vivem alguns urubus.

Eles decolam juntos, cerca de dez, e aproveitam as correntes ascendentes para alcançar as nuvens sobre a Lagoa Rodrigo de Freitas. Depois, planam de volta, dando rasantes na varanda de casa. O grupo dorme na copa das árvores e lembra o dos carcarás do Mogli. Às vezes, eles costumam pegar sol no terraço. Sempre que dou de cara com um, trato-o com respeito.

O urubu é um pássaro grande, feio e mal-encarado, mas é da paz. Ele não ataca e só vai embora se alguém o afugenta com gritos.

Recentemente, notei que um bem-te-vi aparecia todos os dias de manhã para roubar a palha da palmeira do jardim.

De vez em quando, trazia a senhora para ajudar no ninho.

Comecei a colocar pão na mesa de fora, e eles se habituaram a tomar o café conosco. Agora, quando não encontram o repasto, cantam, reclamando do atraso. Um outro casal descobriu o banquete, não sei a que gênero esses dois pertencem. A cor é um verde-escuro brilhante, o tamanho é menor do que o do bem-te-vi e o Pavarotti da dupla é o macho.

A ideia de prender um passarinho na gaiola, por mais que ele se acostume com o dono, é muito triste. Comprei um periquito, uma vez, criado em cárcere privado, e o soltei na sala. Achei que ele ia gostar de ter espaço. Saí para trabalhar e, quando voltei, o pobre estava morto atrás da poltrona. Ele tentou sair e morreu dando cabeçadas no vidro. Carrego a culpa até hoje. De boas intenções o inferno está cheio.

O Rio de Janeiro existe entre lá e cá, entre o asfalto e a mata atlântica, mas a fauna daqui é mais delicada do que a africana e a indiana. Quem tem janela perto do verde conhece bem o que é conviver com os micos. Nos meus tempos de São Conrado, eu costumava acordar com um monte deles esperando a boia. Foi a primeira vez que experimentei cativar espécies não domesticadas.

Lanço aqui a campanha: crie vínculos com um curió, uma paca ou um formigueiro que seja. Eles são fiéis e conectam você com a mãe natureza. Experimente, ponha um pãozinho no parapeito e veja se alguém aparece.

Fernanda Torres. In: Veja Rio, 2/12/2012 (com adaptações).

93. (2014 - PM/CE - Primero-Tenente) A ideia central do texto consiste na necessidade de criação de mecanismos para a separação entre espaço urbano e natureza, a fim de se preservar a vida de espécies animais.

GABARITO: ERRADO.

A ideia central consiste em valorizar o mundo animal, especialmente o das aves, sem prender esses animais em gaiolas e/ou jaulas. É feito, inclusive, um pedido: "crie vínculos com um curió, uma paca ou um formigueiro que seja. Eles são fiéis e conectam você com a mãe natureza. Experimente, ponha um pãozinho no parapeito e veja se alguém aparece".

94. (2014 - PM/CE - Primero-Tenente) Segundo o texto, a relação cotidiana com espécies de animais é um importante recurso de combate à depressão dos habitantes das zonas urbanas.

GABARITO: ERRADO.

A intenção do texto é valorizar as espécies animais que vivem no espaço urbano, para que as pessoas se conectem com a natureza.

95. (2014 - PM/CE - Primero-Tenente) O texto tem como objetivo central lançar a campanha de substituição dos animais domésticos criados em cativeiro por espécies selvagens.

GABARITO: GABARITO: ERRADO.

O objetivo central é valorizar o mundo animal, especialmente o das aves, e não prender os animais em gaiolas e/ou jaulas. É feito, inclusive, um pedido: crie vínculos com um curió, uma paca ou um formigueiro que seja. Eles são fiéis e conectam você com a mãe natureza. Experimente, ponha um pãozinho no parapeito e veja se alguém aparece.

96. **(2014 - PM/CE - Primeiro-Tenente)** O emprego da primeira pessoa do singular confere ao texto um caráter testemunhal que possibilita a criação de empatia entre o leitor e as experiências da autora.

GABARITO: CERTO.

O emprego de primeira pessoa do singular (eu) indica subjetividade. Isso confere ao texto um caráter testemunhal e aproxima autor e leitor.

Texto referente às questões 97 e 98.

Entenda para que serve mandar um jipe-robô para Marte Quem diria? A velha e dilapidada NASA, que nem possui mais meios próprios de mandar pessoas para o espaço, acaba de mostrar que ainda tem espírito épico.

A prova é o pouso perfeito do jipe-robô Curiosity em uma cratera de Marte recentemente. A saga de verdade começa agora, contudo. O Curiosity é, disparado, o artefato mais complexo que terráqueos já conseguiram botar no chão de outro planeta. Com dezessete câmeras, é a primeira sonda interplanetária capaz de fazer imagens em alta definição. Pode percorrer até dois quilômetros por dia.

Trata-se de um laboratório sobre rodas, equipado, entre outras coisas, com canhão laser para pulverizar pedaços de rocha e sistemas que medem parâmetros do clima marciano, como velocidade do vento, temperatura e umidade... A lista é grande. Tudo para tentar determinar se, afinal de contas, Marte já foi hospitaleiro para formas de vida – ou quem sabe até ainda o seja.

Hoje se sabe que o subsolo marciano, em especial nas calotas polares, abriga enorme quantidade de água congelada.

E há pistas de que água salgada pode escorrer pela superfície do planeta durante o verão marciano, quando, em certos lugares, a temperatura fica entre -25° C e 25°.

Mesmo na melhor das hipóteses, são condições não muito amigáveis para a vida como a conhecemos. Mas os cientistas têm dois motivos para não serem tão pessimistas, ambos baseados no que se conhece a respeito dos seres vivos na própria Terra.

O primeiro é que a vida parece ser um fenômeno tão teimoso, ao menos na sua forma microscópica, que aguenta todo tipo de ambiente inóspito, das pressões esmagadoras do leito marinho ao calor e às substâncias tóxicas dos gêiseres.

Além disso, se o nosso planeta for um exemplo representativo da evolução da vida Cosmos afora, isso significa que a vida aparece relativamente rápido quando um planeta se forma — no caso da Terra, mais ou menos meio bilhão de anos depois que ela surgiu (hoje o planeta tem 4,5 bilhões de anos).

Ou seja, teria havido tempo, na fase “molhada” do passado de Marte, para que ao menos alguns micróbios aparecessem antes de serem destruídos pela deterioração do ambiente marciano. Será que algum deles não deu um jeito de se esconder no subsolo e ainda está lá, segurando as pontas?

Reinaldo José Lopes. In: Revista Serafina, 26/8/2012. Internet: <folha.com> (com adaptações).

97. **(2014 - PM/CE - Primeiro-Tenente)** De acordo com o texto, a principal utilidade do envio do jipe-robô a Marte relaciona-se ao projeto de recolhimento de informações que comprovem ou não a presença de vida naquele planeta.

GABARITO: CERTO.

Percebe-se que esta é a principal utilidade do envio do jipe-robô: "Tudo para tentar determinar se, afinal de contas, Marte já foi hospitaleiro para formas de vida – ou quem sabe até ainda o seja".

98. **(2014 - PM/CE - Primeiro-Tenente)** Conforme o texto, os pesquisadores consideram remota a chance de haver ou ter havido alguma forma de vida no planeta Marte, embora essa hipótese não possa ser totalmente descartada.

GABARITO: CERTO.

Pela leitura do texto, entende-se que realmente é remota a chance de haver ou ter havido alguma forma de vida no planeta Marte, como se pode comprovar com o trecho: "Mesmo na melhor das hipóteses, são condições não muito amigáveis para a vida como a conhecemos. Mas os cientistas têm dois motivos para não serem tão pessimistas, ambos baseados no que se conhece a respeito dos seres vivos na própria Terra".

Texto referente às questões 99 a 101.

Ele não descobriu a América Oficialmente, o título de "descobridor da América" pertence ao navegante genovês Cristóvão Colombo, mas ele não foi o primeiro estrangeiro a chegar ao chamado Novo Mundo. Além disso, o próprio Colombo nunca se deu conta de que a terra que encontrou era um continente até então desconhecido.

A arqueologia já revelou vestígios da passagem dos vikings pelo continente por volta do ano 1000. Leif Ericson, explorador que viveu na região da Islândia, chegou às margens do atual estado de Maine, no norte dos Estados Unidos da América (EUA), no ano 1003. Em 1010, foi a vez de outro aventureiro nórdico, Bjarn Karlsefni, aportar nos arredores de Long Island, na região de Nova York. Além disso, alguns pesquisadores defendem que um almirante chinês chamado Zeng He teria cruzado o Pacífico e desembarcado, em 1421, no que hoje é a costa oeste dos EUA.

Polêmicas à parte, Cristóvão Colombo jamais se deu conta de que havia descoberto um novo continente. A leitura de suas anotações de bordo ou de suas cartas deixa claro que ele acreditou até a morte que tinha chegado à China ou ao Japão, ou seja, às "Índias". É o que o navegador escreveu, por exemplo, em uma carta de março de 1493.

Mesmo nos momentos em que se apresenta como um "descobridor", Colombo se refere aos arredores de um continente que o célebre Marco Polo – do qual foi leitor assíduo – já havia descrito. Em outubro de 1492, depois de seu primeiro encontro com nativos americanos, o explorador fez a seguinte anotação em seu diário de bordo: "Resolvi descer à terra firme e ir à cidade de Guisay entregar as cartas de Vossas Altezas ao Grande Khan". Guisay é uma cidade real chinesa que Marco Polo visitara. Nesse mesmo documento, Colombo escreveu que, segundo o que os índios haviam informado, ele estava a caminho do Japão. Os nativos tinham apontado, na verdade, para Cuba.

Suas certezas foram parcialmente abaladas nas viagens seguintes, mas o navegador nunca chegou a pensar que aportara em um novo continente. Sua quarta viagem o teria levado, segundo escreveu, à província de "Mago", "fronteiriça à de Catayo", ambas na China.

Somente nos últimos anos de sua vida o genovês considerou a possibilidade de ter descoberto terras realmente virgens. Mas foi necessário certo tempo para que a existência de um novo continente começasse a ser aceita pelos europeus.

Américo Vespúcio foi um dos primeiros a apresentar um mapa com quatro continentes. Mais tarde, em 1507, a nova terra seria batizada em homenagem ao explorador italiano. Um ano depois da morte de Colombo, que passou a vida sem entender bem o que havia encontrado.

Antouaine Roullet. In: Revista História Viva. Internet: <www2.uol.com.br/historiaviva> (com adaptações).

99. **(2014 - PM/CE - Primeiro-Tenente)** A fim de comprovar a tese de que Colombo não teve consciência de que havia "descoberto" um continente, o autor utiliza, como estratégia argumentativa, a citação de trechos de textos que o próprio navegador escreveu.

GABARITO: CERTO.

A citação, percebida pelo emprego das aspas, é uma forma de argumento de autoridade (por citação). Esse recurso é utilizado para comprovar informações.

100. **(2014 - PM/CE - Primeiro-Tenente)** A opinião defendida pelo autor do texto é a de que Colombo foi um grande injustiçado pela história, tendo em vista o fato de que seus feitos não foram reconhecidos pelos seus contemporâneos.

GABARITO: ERRADO.

O autor tem a intenção de mostrar que Colombo, de fato, não descobriu a América: "Além disso, o próprio Colombo nunca se deu conta de que a terra que encontrou era um continente até então desconhecido". Isso é percebido pela leitura de suas anotações de bordo ou de suas cartas.

101. **(2014 - PM/CE - Primeiro-Tenente)** De acordo com o texto, não há provas de que outros navegadores tenham aportado na América antes de Colombo, embora haja indícios muito fortes de que isso tenha acontecido algumas vezes.

GABARITO: ERRADO.

O segundo parágrafo mostra que há vestígios de que outros navegadores tenham aportado na América antes de Colombo.

Texto referente às questões 102 e 103.

O Sr. Deputado Penido censurou a Câmara por lhe ter rejeitado duas emendas: — uma que mandava fazer desconto aos deputados que não comparecessem às sessões; outra que reduzia a importância do subsídio.

Respeito as cãs do distinto mineiro, mas permita-me que lhe diga: a censura recai sobre S. Ex.ª não só uma, como duas censuras. A primeira emenda é descabida. S. Ex.ª naturalmente ouviu dizer que aos deputados franceses são descontados os dias em que não comparecem; e, precipitadamente, pelo vezo de tudo copiarmos do estrangeiro, quis logo introduzir no regimento da nossa Câmara esta cláusula exótica. Não advertiu S. Ex.ª, que esse desconto é lógico e possível num país onde os jantares para cinco pessoas contam cinco croquetes, cinco figos e cinco fatias de queijo. A França, com todas as suas magnificências, é um país frugal. A economia ali é mais do que sentimento ou um costume, mais que um vício, é uma espécie de pé torto, que as crianças trazem do útero de suas mães.

A livre, jovem e rica América não deve empregar tais processos, que estariam em desacordo com um certo sentimento estético e político. (...)

Demais, subsídio não é vencimento no sentido ordinário: pro labore. É um modo de suprir às necessidades do representante, para que ele, durante o tempo em que trata dos negócios públicos, tenha a subsistência afiançada. O fato de não ir à Câmara não quer dizer que não trata dos negócios públicos; em casa pode fazer longos trabalhos e investigações.

Será por andar algumas vezes na Rua do Ouvidor, ou algures? Mas quem ignora que o pensamento, obra secreta do cérebro, pode estar em ação em qualquer que seja o lugar do homem? A mais bela freguesa dos nossos armarinhos não pode impedir que eu, olhando para ela, resolva um problema de matemáticas. Arquimedes fez uma descoberta estando no banho.

Machado de Assis. Balas de estalo. In: Obra completa, volume 3, Aguilar, 1973, p. 416 (com adaptações).

102. **(2012 - Câmara dos Deputados - Técnico Legislativo)** São irônicas as explicações dadas pelo narrador para o fato de os deputados brasileiros não comparecerem à Câmara, subentendendo-se que ele defende a presença deles na Câmara.

GABARITO: CERTO.

O texto, aparentemente, parece que defende os deputados que não comparecem à Câmara, mas, de fato, há uma crítica irônica a esse costume, como se percebe com as comparações feitas no decorrer do texto.

103. **(2012 - Câmara dos Deputados - Técnico Legislativo)** O exemplo da França caracteriza a moderação, a sobriedade nos costumes, principalmente alimentares.

GABARITO: CERTO.

A França é um exemplo de moderação e sobriedade nos costumes. Isso é perceptível no trecho: "num país onde os jantares para cinco pessoas contam cinco croquetes, cinco figos e cinco fatias de queijo. A França, com todas as suas magnificências, é um país frugal. A economia ali é mais do que sentimento ou um costume, mais que um vício, é uma espécie de pé torto, que as crianças trazem do útero de suas mães". Sobriedade significa moderação quanto a comida e bebida, frugalidade (qualidade de quem ser alimenta pouco).

Texto referente às questões 104 e 105.

Depois de seis anos em vigor no país, a Lei Nacional Antidrogas (Lei nº 11.343/2006) está sendo revista na Câmara.

O novo texto está sendo elaborado com o objetivo de garantir que as ações governamentais sejam mais efetivas e o de corrigir as falhas e omissões da legislação em vigor. Entre as alterações previstas, está o aumento da tributação de drogas lícitas, como cigarro e álcool, e a determinação de obrigações a serem cumpridas pelos gestores públicos, sob pena de serem responsabilizados conforme a Lei da Improbidade Administrativa (Lei nº 8.429/1992). Desde 2006, ano em que a nova política federal de enfrentamento às drogas entrou em vigor, noventa e sete projetos de lei sobre o tema foram apresentados na Câmara, quarenta e oito só do ano passado para cá. As sugestões foram debatidas em 2011 por uma comissão especial, que, ao final, apresentou onze projetos de lei e várias recomendações ao governo federal. Agora, outra nova comissão especial concentra todas as sugestões em uma nova proposta de lei antidrogas: o Projeto de Lei nº 7.663/2010.

O texto traz treze mudanças consideradas relevantes diante da legislação atual. As propostas estão sendo debatidas em cinco eixos principais: prevenção, tratamento, recuperação, acolhimento e reinserção social.

Internet: <www2.camara.gov.br> (com adaptações).

104. **(2012 - Câmara dos Deputados - Técnico Legislativo)** Infere-se das informações do texto que a ameaça de incluir na Lei da Improbidade Administrativa (Lei nº 8.429/1992) os gestores públicos que não se envolverem com o combate às drogas é uma forma de provocar a responsabilização por ações efetivas no esforço de inibir o avanço do tráfico e do consumo delas.

GABARITO: CERTO.

O novo texto é uma forma de provocar a responsabilização por ações efetivas no esforço de inibir o avanço do tráfico e do consumo delas: "O novo texto está sendo elaborado com o objetivo de garantir que as ações governamentais sejam mais efetivas e o de corrigir as falhas e omissões da legislação em vigor. [...] determinação de obrigações a serem cumpridas pelos gestores públicos, sob pena de serem responsabilizados conforme a Lei da Improbidade Administrativa (Lei nº 8.429/1992)".

105. **(2012 – Câmara dos Deputados – Técnico Legislativo)** Depreende-se das informações do texto que uma mesma comissão especial, formada pelos mesmos parlamentares, atua nos debates das leis antidrogas desde 2006 até os dias de hoje.

GABARITO: ERRADO.

Com o trecho a seguir, percebe-se que não foi sempre uma mesma comissão especial: "Desde 2006, ano em que a nova política federal de enfrentamento às drogas entrou em vigor, noventa e sete projetos de lei sobre o tema foram apresentados na Câmara, quarenta e oito só do ano passado para cá. As sugestões foram debatidas em 2011 por uma comissão especial, que, ao final, apresentou onze projetos de lei e várias recomendações ao governo federal. Agora, outra nova comissão especial concentra todas as sugestões em uma nova proposta de lei antidrogas: o Projeto de Lei 19 nº 7.663/2010".

Tramita na Câmara o Projeto de Lei nº 3.596/2012, do Senado, que estabelece medidas para inibir erros de administração e uso equivocado de medicamentos. Pelo texto, a rotulagem e a embalagem **dos produtos** deverão ter características que possibilitem a **sua** imediata identificação. O autor da proposta observa que a medida poderia evitar equívocos semelhantes ao ocorrido, recentemente, no Centro de Terapia Intensiva do Hospital Felício Rocho, em Belo Horizonte, onde uma técnica de enfermagem trocou sedativo por ácido. "Entre outras causas, a utilização de rótulos e embalagens iguais ou semelhantes para produtos de composição diferente é fator que induz a equívocos, muitas vezes fatais", alerta.

Internet: <www2.camara.gov.br> (com adaptações).

106. **(2012 - Câmara dos Deputados - Técnico Legislativo)** Pelos sentidos do texto, depreende-se que o pronome "sua" em destaque no texto retoma, por coesão, o antecedente "dos produtos".

GABARITO: CERTO.

No trecho: "a rotulagem e a embalagem dos produtos deverão ter características que possibilitem a sua imediata identificação", o pronome "sua" retoma "dos produtos". Para perceber, pode-se perguntar: A imediata identificação de quê? Dos produtos.

Pavio do destino

Sérgio Sampaio

O bandido e o mocinho
São os dois do mesmo ninho
Correm nos estreitos trilhos
Lá no morro dos aflitos
Na Favela do Esqueleto
São filhos do primo pobre
A parcela do silêncio
Que encobre todos os gritos
E vão caminhando juntos
O mocinho e o bandido
De revólver de brinquedo
Porque ainda são meninos
Quem viu o pavio aceso do destino?
Com um pouco mais de idade
E já não são como antes
Depois que uma autoridade
Inventou-lhes um flagrante
Quanto mais escapa o tempo
Dos falsos educandários
Mais a dor é o documento
Que os agride e os separa
Não são mais dois inocentes
Não se falam cara a cara
Quem pode escapar ileso
Do medo e do desatino
Quem viu o pavio aceso do destino?
O tempo é pai de tudo
E **surpresa** não tem dia
Pode ser que haja no mundo
Outra maior ironia
O bandido veste a farda
Da suprema segurança

O mocinho agora amarga
Um bando, uma quadrilha
São os dois da mesma safra
Os dois são da mesma ilha
Dois meninos pelo avesso
Dois perdidos Valentinos
Quem viu o pavio aceso do destino?

107. **(2013 - PC/DF - Agente de Polícia)** Infere-se da leitura dos versos "O bandido veste a farda / Da suprema segurança / O mocinho agora amarga / Um bando, uma quadrilha" que houve uma inversão: o menino que fazia o papel de mocinho na brincadeira virou bandido quando adulto, e o que fazia o papel de bandido se tornou policial. Na mesma estrofe, os termos "surpresa", "ironia" e "avesso" ratificam essa interpretação.

GABARITO: CERTO.

De fato, houve uma inversão de papéis: o mocinho tornou-se bandido (amarga uma quadrilha) e o bandido tornou-se policial (veste a farda). Os termos "surpresa", "ironia" e "avesso" deixam essa inversão subentendida.

Texto referente às questões 108 e 109.

Balanço divulgado pela Secretaria de Segurança Pública do Distrito Federal (SSP/DF) aponta redução de 39% nos casos de roubo com restrição de liberdade, o famoso sequestro-relâmpago, ocorridos entre 1º de janeiro e 31 de agosto deste ano, em comparação com o mesmo período do ano passado — foram 520 ocorrências em 2012 e 316 em 2013.

Em agosto deste ano, foram registrados 39 casos de sequestro-relâmpago em todo o DF, o que representa redução de 32% do número de ocorrências dessa natureza criminal em relação ao mesmo mês de 2012, período em que 57 casos foram registrados. Entre as 39 vítimas, 11 foram abordadas no Plano Piloto, região que lidera a classificação de casos, seguida pela região administrativa de Taguatinga, com oito ocorrências.

Segundo a SSP, o cenário é diferente daquele do mês de julho, em que Ceilândia e Gama tinham o maior número de casos.

"38% dos crimes foram cometidos nos fins de semana, no período da noite, e quase 70% das vítimas eram do sexo masculino, o que mostra que a escolha da vítima é baseada no princípio da oportunidade e aleatória, não em função do gênero."

Ao todo, 82% das vítimas (32 pessoas) estavam sozinhas no momento da abordagem dos bandidos, por isso as forças de segurança recomendam que as pessoas tomem alguns cuidados, entre os quais, não estacionar em locais escuros e distantes, não ficar dentro de carros estacionados e redobrar a atenção ao sair de residências, centros comerciais e outros locais.

DF registra 316 ocorrências de sequestro-relâmpago nos primeiros oito meses deste ano. R7, 6/9/2013. Internet: <http://noticias.r7.com> (com adaptações).

108. **(2013 - PC/DF - Agente de Polícia)** O texto, predominantemente informativo, refuta a ideia de que os alvos preferenciais dos autores de sequestros-relâmpago seriam do sexo feminino.

GABARITO: CERTO.

É um texto em que predomina a informação (dados, estatísticas) e o trecho a seguir comprova a afirmação da assertiva: "quase 70% das vítimas eram do sexo masculino, o que mostra que a escolha da vítima é baseada no princípio da oportunidade e aleatória, não em função do gênero".

109. **(2013 - PC/DF - Agente de Polícia)** Infere-se do texto que, em agosto, Plano Piloto e Taguatinga eram as localidades com os mais altos índices de criminalidade no DF, situação inversa à de julho, quando as regiões de maior periculosidade eram Ceilândia e Gama.

GABARITO: ERRADO.

Em agosto, Plano Piloto lidera a classificação de casos, seguida por Taguatinga. Ceilândia e Gama tinham o maior número de casos em julho, mas não se menciona se, no mês de julho, Plano Piloto e Taguatinga estavam em situação inversa.

Texto referente às questões 110 a 113.

A produção brasileira de petróleo e gás certamente dará um salto quando estiverem em operação os campos já descobertos na chamada camada do pré-sal. Embora essa expansão só possa ser efetivamente assegurada quando forem delimitadas as reservas, e os testes de longa duração confirmarem a produtividade provável dos campos, simulações indicam que o Brasil terá um saldo positivo na balança comercial do petróleo (exportações menos importações), da ordem de 1 milhão de barris diários.

Com isso, o petróleo deverá liderar a lista dos produtos que o Brasil estará exportando mais ao fim da próxima década. O petróleo é negociado para pagamento à vista (menos de 90 dias). Então, é um volume de recursos que pode ter, de fato, forte impacto nas finanças externas do país.

Como é uma riqueza finita, a prudência e a experiência econômica recomendam que o Brasil tente poupar ao máximo essa renda adicional proveniente das exportações de petróleo. O mecanismo mais usual é conhecido como fundo soberano, por meio do qual as divisas são mantidas em aplicações seguras que proporcionem, preferencialmente, bom retorno e ainda contribuam positivamente para o desenvolvimento da economia brasileira. Os resultados dessas aplicações devem ser direcionados para investimentos internos que possibilitem avanços sociais importantes (educação, infraestrutura, meio ambiente, ciência e tecnologia).

110. **(2012 - DPF - Analista)** É indiscutível que, quando estiverem em operação os campos da camada do pré-sal, o Brasil terá um saldo na balança comercial do petróleo da ordem de 1 milhão de barris diários.

GABARITO: ERRADO.

O texto mostra uma possibilidade, e não uma certeza: "Embora essa expansão só possa ser efetivamente assegurada quando forem delimitadas as reservas".

111. (2012 - DPF - Analista) É recomendável que os recursos arrecadados com a exploração do petróleo da camada do pré-sal sejam mantidos num fundo seguro, que proporcione retorno garantido e contribua favoravelmente para o desenvolvimento da economia brasileira.

GABARITO: CERTO.

Esta afirmação pode ser percebida pela leitura do terceiro parágrafo, como no trecho "O mecanismo mais usual é conhecido como fundo soberano, por meio do qual as divisas são mantidas em aplicações seguras que proporcionem, preferencialmente, bom retorno e ainda contribuam positivamente para o desenvolvimento da economia brasileira".

112. (2012 - DPF - Analista) Somente quando estiverem em operação os campos da camada do pré-sal, o petróleo será negociado para pagamento à vista.

GABARITO: ERRADO.

Segundo o texto, o petróleo já é negociado para pagamento à vista (menos de 90 dias).

113. (2012 - DPF - Analista) Estima-se que, no final da próxima década, com os campos do pré-sal já em operação, o Brasil lidere a lista dos países importadores de petróleo, com forte impacto na balança comercial.

GABARITO: ERRADO.

A estimativa é a de que o volume de recursos pode ter, de fato, forte impacto nas finanças externas do país.

P
O
R
T

FAÇA JÁ

1. Conceito de texto: são ______________________________ entre si, as quais formam um todo significativo. Um texto é um enunciado capaz de produzir uma ______________________________, a qual dê a capacidade de codificar e decodificar os ______________________________.

2. Significado de contexto: um texto é um enunciado que tem um sentido e é constituído por meio de frases. Em cada uma delas, há uma relação de coesão, pois uma informação se liga ______________________________, o que cria condições para a estruturação do conteúdo a ser transmitido. Essa interligação de frases e períodos recebe o nome contexto. Vale destacar que a relação entre as frases é tão importante que, se uma frase for retirada de seu contexto original e analisada separadamente, poderá haver um significado diferente daquele inicial.

3. Intertexto é uma das ______________________________ de um texto, ou seja, uma produção textual geralmente apresenta ______________________________ a outros autores por meio de citações.

4. A interpretação de texto busca ______________________________ de um texto. A partir dessa ideia principal, localizam-se as ______________________________, as fundamentações, as argumentações, as explicações, ou seja, tudo o que leva ao ______________________________ das questões apresentadas numa prova.

5. As questões que envolvem a compreensão e a interpretação de textos geralmente exigem que o candidato:

a. Identifique, ou seja, reconheça ______________________________, de um processo, de um momento. Nesse caso, é importante identificar os verbos e os advérbios.

b. Compare, quer dizer, descubra as ______________________ ______________________ ou de diferenças que são explicitadas no texto.

c. Comente, isto é, relacione o conteúdo apresentado com uma ______________________.

d. Resuma, ou melhor, perceba ______________________ ______________________ de um parágrafo, de um texto.

6. Interpretar significa ______________________.
Geralmente há os seguintes enunciados: infere-se, depreende-se, é possível deduzir que, o texto permite concluir que, a intenção do autor é, etc.

7. Compreender significa ______________________, atenção às informações ______________________.
Geralmente há os seguintes enunciados: o texto diz que, de acordo com o texto, o autor afirma que, etc.

8. Alguns dos equívocos mais comuns na interpretação são: ______________________ o que está no texto, acrescentando ideias pessoais e não as que são possíveis de serem concluídas; ______________________ do texto, dando apenas atenção a um aspecto, esquecendo-se de que o texto é um todo e não uma parte; discordar do texto e avalia-lo segundo as suas próprias perspectivas, tirando conclusões equivocadas, pessoais.

9. Para fazer uma questão que trabalha com os ______________________ de um texto, é preciso avaliar a ótica do autor, e não do leitor. Isso significa que a opinião do leitor ______________________, pois deve ser levado em consideração apenas o que o autor diz.

10. A coesão influencia a construção e os ______________________ de um texto. Portanto, deve-se fica atento ao emprego de ______________________, como pronomes, conjunções, sinônimos.

CAPÍTULO 1

Tipologia Textual. Significação Contextual. Denotação e Conotação. Coesão. Coerência

Tipologia Textual. Significação Contextual. Denotação e Conotação. Coesão. Coerência

O objetivo da livre concorrência é preservar o processo de competição, e não os competidores. O processo de competição, no modelo concorrencial, é o que possibilita a repartição ótima dos bens dentro da sociedade, contribuindo para a justiça social. Isso não significa que a concorrência não deve ser **sopesada** com outros interesses, como, por exemplo, a defesa do meio ambiente, a manutenção de empregos e o desenvolvimento sustentável. Embora por vezes excludentes entre si, todos esses interesses devem ser ponderados a fim de que se atinja o bem-estar social".

Carlos Emmanuel Joppet Ragazzo. Notas introdutórias sobre o princípio da livre concorrência. In: Scientia Iuris. Londrina, v. 10, p. 83-96, 2006. Internet: <www.uel.br> (com adaptações).

114. (2014 – CADE - Analista Administrativo) O vocábulo "sopesada" equivale, no texto, a contrabalançada, compensada.

GABARITO: CERTO.

Um dos significados do vocábulo sopesada é distribuir alguma coisa de maneira equilibrada. Pelo contexto, percebe-se que é esse o significado dado a esse termo.

A ANS vai mudar a metodologia de análise de processos de consumidores contra as operadoras de planos de saúde com o objetivo de acelerar os trâmites das ações.

Uma das novas medidas adotadas será a apreciação coletiva de processos abertos a partir de queixas dos usuários. Os processos serão julgados de forma conjunta, reunindo várias queixas, organizadas e agrupadas por temas e por operadora.

Segundo a ANS, atualmente, 8.791 processos de reclamações de consumidores sobre o atendimento dos planos de saúde estão em tramitação na agência. Entre os principais motivos que levaram às queixas estão a negativa de cobertura, os reajustes de mensalidades e a mudança de operadora.

No Brasil, cerca de 48,6 milhões de pessoas têm planos de saúde com cobertura de assistência médica e 18,4 milhões têm planos exclusivamente odontológicos.

Valor Econômico, 22/3/2013.

115. (2013 - ANS - Analista Administrativo) Trata-se de texto de natureza subjetiva, em que a opinião do autor está evidente por meio de adjetivos e considerações de caráter pessoal.

GABARITO: ERRADO.

O texto tem natureza objetiva, pois é predominantemente informativo.

O Tribunal de Contas da União (TCU) avaliou ações para a elaboração de diagnóstico e suporte à educação básica.

A auditoria conferiu aspectos relativos ao Plano de Ações Articuladas, à assistência técnica prestada pelo Ministério da Educação (MEC) e ao levantamento de dados necessários à formação e ao cálculo do índice de desenvolvimento da educação básica (IDEB).

A auditoria identificou baixo nível de implementação das ações para provimento de infraestrutura e de recursos pedagógicos, que vão desde a implantação de laboratório de informática e conexão à Internet ao fornecimento de água potável e energia elétrica.

A análise do IDEB apontou a necessidade de aperfeiçoamento da metodologia de obtenção desse índice.

Segundo avalia o ministro relator do processo, "O IDEB é um importante instrumento para a aferição da qualidade da educação, por isso deve ser aprimorado de forma a permitir um diagnóstico mais fidedigno dos sistemas de ensino".

Outro instrumento de gestão educacional avaliado foi o sistema integrado de monitoramento do MEC, que, segundo a auditoria, também deve ser melhorado. Parte dos dados encontra-se desatualizada.

TCU avalia gestão da educação básica em municípios brasileiros. Notícia publicada em 12/9/2013.
Internet: <www.tcu.gov.br/> (com adaptações).

116. **(2013 - TCU - Auditor Federal de Controle Externo)** Em "A auditoria conferiu aspectos relativos ao Plano de Ações Articuladas (...) e ao cálculo do índice de desenvolvimento da educação básica (IDEB)", o verbo conferir está empregado com o sentido de outorgar.

GABARITO: ERRADO.

O verbo conferir, no trecho em comento, está empregado no sentido de fazer com que algo adquira determinadas características.

Texto referente às questões 117 a 119.

Entre 2009 e 2011, aumentou o número dos brasileiros ocupados, a população mais velha trabalhou por mais tempo, mais pessoas passaram a viver sozinhas e os índices de distribuição da renda melhoraram. Essas foram algumas das informações da Pesquisa Nacional por Amostra de Domicílios (PNAD), divulgada pelo Instituto Brasileiro de Geografia e Estatística (IBGE). O levantamento é um bom instrumento para entender a evolução da economia no último triênio e ajuda a prospectar o futuro.

O País ainda é um dos mais desiguais do mundo, mas a desigualdade diminui desde o controle da inflação, em 1994.

A maior alta nos rendimentos do trabalho (29,2%) foi registrada entre os 10% mais pobres, salvo na região Norte. Na média, mais de cinco milhões de pessoas saíram da faixa de pobreza.

Aumentou em 3,6 milhões o número de empregados com carteira assinada no setor privado. No conjunto, a PNAD mostra um quadro favorável, apesar do aumento do percentual de maiores de 25 anos de idade sem instrução (de 13% para 15,1%) e de jovens entre quinze e dezessete anos de idade que não estudam nem trabalham. O levantamento explica por que o consumo liderou a atividade econômica: a maior propensão a consumir está na população de baixa renda, que, até então, tinha pouco acesso a bens (eletroeletrônicos, eletrodomésticos, motos ou autos) e a serviços (viagens aéreas, turismo, planos de saúde).

O aumento das contratações de mão de obra é o principal motor da ascensão social e da demanda de consumo.

Novas profissões se expandem, como a de cuidadores de idosos, mas, para que os avanços se consolidem, é preciso reconhecer o papel fundamental da educação.

O Estado de S. Paulo, Editorial, 25/9/2012 (com adaptações).

117. (2012 - FNDE - Técnico Administrativo) A substituição da palavra "prospectar" por perscrutar prejudicaria a correção gramatical do período e seu sentido original.

GABARITO: ERRADO.

Não haveria prejuízo para o texto. Prospectar significa tentar conhecer, observando com discrição, ou seja, perscrutar; sondar.

118. (2012 - FNDE - Técnico Administrativo) Predomina, no texto, a estrutura textual narrativa, o que se evidencia pela alta frequência de verbos no tempo pretérito.

GABARITO: ERRADO.

Os verbos no tempo pretérito não são exclusividade do texto narrativo. Além disso, o texto é predominantemente informativo.

119. (2012 - FNDE - Técnico Administrativo) Prejudica-se o sentido original do texto ao se substituir a palavra "propensão" por tendência.

GABARITO: ERRADO.

Não há prejuízo para o texto, pois propensão significa tendência ou vocação que se tem para algo.

Mecanismos de avaliação são essenciais nos casos em que o objetivo é perseguir qualidade em alguma área, particularmente quando o que está em jogo são formas de aperfeiçoar o sistema educacional, adequando os objetivos às necessidades de quem tem por missão ensinar e de quem está em fase de aprendizado.

O poder público, por sua vez, precisa mostrar-se capaz de motivar todos os agentes envolvidos na área de ensino a se integrarem nesse processo e, ao mesmo tempo, de colocar em prática sugestões consideradas **procedentes**. Como ficou claro a partir da origem do Exame Nacional do Ensino Médio (ENEM), por exemplo, é importante aguardar um tempo considerável até que as resistências desapareçam ou, pelo menos, se atenuem.

Zero Hora, Editorial, RS, 25/9/2012 (com adaptações).

120. (2012 - FNDE - Técnico Administrativo) Pelos sentidos do texto, depreende-se que a palavra "procedentes" (segundo parágrafo) está sendo empregada com o significado de provenientes e poderia, sem prejuízo para o período, ser por esta substituída.

GABARITO: ERRADO.

No trecho "colocar em prática sugestões consideradas procedentes", o termo procedentes significa "que tem base, fundamento". Logo, não é possível a substituição sugerida.

A China já enviara três missões tripuladas, mas essa foi especial: foi a primeira vez que um taikonauta realizou uma caminhada no espaço. O ápice da festa foi quando o coronel da Aeronáutica Zhai Zhigang vestiu o seu uniforme (made in China e ao preço de US$ 4,3 milhões), abriu as portas da nave e deu início à sua caminhada cósmica. A missão era objetiva e **apologética** do governo, justamente para incutir nos chineses o orgulho das futuras missões e tirar deles o apoio incondicional, independentemente de quanto o país tenha de gastar. Zhigang foi flutuando (de ponta cabeça) para apanhar um lubrificante que estava do lado de fora do veículo espacial e, assim, enfeitiçou os olhos dos bilhões de chineses que o assistiam ao vivo pela tevê.

Tatiana de Mello. A vez dos taikonautas. In: Istoé, 8/10/2008 (com adaptações).

121. (2014 - TJSE - Técnico Judiciário) O vocábulo "apologética" poderia ser substituído por defensiva, sem prejuízo do sentido do texto.

GABARITO: CERTO.

O vocábulo apologética significa defesa argumentativa de alguma ideia, doutrina ou teoria. Ou seja, a substituição não traria prejuízo ao período.

No imaginário Livro das Espécies, que, teimosamente, repousa na estante da história do futebol, os brasileiros figuram como macacos no mínimo há mais de noventa anos. Em 1920, ao disputarem o campeonato sul-americano no Chile, os integrantes da equipe nacional foram chamados de "macaquitos" por um jornal argentino. O Brasil se indignou, porém pelos motivos errados: para o governo, conforme se lê no apêndice do livro de Mario Filho (1908-1966), O Negro no Futebol Brasileiro, "a questão passava pela imagem que a República precisava construir de si própria, deixando para trás os vestígios ligados à escravidão e à miscigenação, em um momento em que os discursos em torno da eugenia eram imperativos". O escritor carioca Lima Barreto (1881-1922), mulato e pobre, para quem o futebol era "**eminentemente um fator de dissensão**", destacou, com ironia, em uma famosa crônica, que "a nossa vingança é que os argentinos não distinguem, em nós, cores; todos nós, para eles, somos macaquitos".

Rinaldo Gama. Como Daniel Alves derrotou o racismo. Internet: <www.veja@abril.com.br> (com adaptações).

122. (2014 - TJSE - Técnico Judiciário) O segmento 'eminentemente um fator de dissensão' pode ser substituído, sem prejuízo de sentido, por: sobremaneira um fator de disputa.

GABARITO: CERTO.

Todos os vocábulos mantêm relação sinonímica entre eles, portanto, pode haver a substituição.

Polícia é um vocábulo de origem grega (politeia) que passou para o latim (politia) com o mesmo sentido: governo de uma cidade, administração, forma de governo. No entanto, com o decorrer do tempo, assumiu um sentido particular, passando a representar a ação do governo, que, no exercício de sua missão de **tutela** da ordem jurídica, busca assegurar a tranquilidade pública e a proteção da sociedade contra violações e malefícios.

Internet: <www.ssp.sp.gov.br> (com adaptações).

123. (2014 - DPF - Analista) Sem prejuízo da coerência textual, a palavra "tutela" poderia ser substituída por proteção.

GABARITO: CERTO.

Os vocábulos tutelar e proteger são sinônimos.

Texto referente às questões 124 e 125.

Imagine a leitora que está em 1813, na igreja do Carmo, ouvindo uma daquelas boas festas antigas, que eram todo o recreio público e toda a arte musical. Sabem o que é uma missa cantada; podem imaginar o que seria uma missa cantada daqueles anos **remotos**. Não lhe chamo a atenção para os padres e os sacristães, nem para o sermão, nem para os olhos das moças cariocas, que já eram bonitos nesse tempo, nem para as mantilhas das senhoras graves, os calções, as cabeleiras, as sanefas, as luzes, os incensos, nada. Não falo sequer da orquestra, que é excelente; limito-me a mostrar-lhes uma cabeça branca, a cabeça desse velho que rege a orquestra, com alma e devoção.

Chama-se Romão Pires; terá sessenta anos, não menos, nasceu no Valongo, ou por esses lados. É bom músico e bom homem; todos os músicos gostam dele. Mestre Romão é o nome familiar; e dizer familiar e público era a mesma coisa em tal matéria e naquele tempo. "Quem rege a missa é mestre Romão" — equivalia a esta outra forma de anúncio, anos depois: "Entra em cena o ator João Caetano"; — ou então: "O ator Martinho cantará uma de suas melhores árias." Era o tempero certo, o chamariz delicado e popular. Mestre Romão rege a festa! Quem não conhecia mestre Romão, com o seu ar circunspecto, olhos no chão, riso triste, e passo demorado?

Tudo isso desaparecia à frente da orquestra; então a vida derramava-se por todo o corpo e todos os gestos do mestre; o olhar acendia-se, o riso iluminava-se: era outro.

Acabou a festa; é como se acabasse um clarão intenso, e deixasse o rosto apenas alumiado da luz ordinária. Ei-lo que desce do coro, apoiado na bengala; vai à sacristia beijar a mão aos padres e aceita um lugar à mesa do jantar.

Machado de Assis. Histórias sem data. Internet: <www.machadodeassis.org.br> (com adaptações).

124. (2014 - CBM/CE - Soldado da Carreira de Praças) A palavra "remotos", destacada no texto, poderia ser substituída por animados sem prejuízo ao sentido original e à correção gramatical do texto.

GABARITO: ERRADO.

Se houver a substituição, o sentido será alterado. Remotos significa que se encontra distante; animados significa alegres, entusiasmados.

125. (2014 - CBM/CE - Soldado da Carreira de Praças) O texto acima caracteriza-se, predominantemente, como narrativo, ainda que se identifiquem nele trechos descritivos.

GABARITO: CERTO.

A tipologia que predomina (que se destaca) é a narrativa, pois há uma história narrada.

Em linhas gerais, podemos dizer que a Constituição Federal de 1988 manteve os **preceitos** fundamentais que vigoravam nas Cartas anteriores. A nova Constituição confirmou diversos princípios da tradição democrática republicana do século XX, tais como o federalismo, o presidencialismo, o multipartidarismo, o bicameralismo e a representação proporcional. Procurou, também, realçar o Poder Legislativo reformando elementos do equilíbrio institucional por meio de uma redivisão das competências constitucionais entre os poderes, assim como procurou redesenhar a Carta política nacional, ao alçar os municípios como entes formadores da Federação brasileira.

José Theodoro Mascarenhas Merck. Constituinte de 1987 e a constituição possível. In: Ensaios sobre impactos da Constituição Federal de 1988 na sociedade brasileira. Brasília: Câmara dos Deputados, Edições Câmara, 2008 (com adaptações).

126. **(2014 - CBM/CE - Soldado da Carreira de Praças)** Seria mantido o sentido original do texto caso se substituísse o termo "preceitos" por princípios.

GABARITO: CERTO.

Os vocábulos preceitos e princípios mantêm relação sinonímica entre eles.

Sou um covarde diante da violência contra a mulher, do homem contra o homem. E porque os índios estão tão longe da minha aldeia e suas flechas não atingem meus olhos nem o coração, não me importa que tirem suas terras, sua alma.

Analfabeto de solidariedade, não sei ler sinais de fumaça. Se tivesse um nome indígena, seria "cachorro medroso". **Se fosse o tal ser humano forte que alardeio,** não aceitaria famílias sem terem onde morar.

Sérgio Vaz. Antes que seja tarde. In: Caros Amigos, mai./2013, p. 8 (com adaptações).

127. **(2014 - DPF - Técnico Administrativo)** O verbo alardear, em "Se fosse o tal ser humano forte que alardeio", está empregado no sentido de vangloriar-se, gabar-se.

GABARITO: ERRADO.

O autor usa a palavra "alardear" no sentido de revelar, de deixar transparecer, mostrar-se.

Texto referente às questões 128 e 129.

A história da formação dos corpos de bombeiros no país começou no século XVI, no Rio de Janeiro. Nessa época, quando ocorria um incêndio, os voluntários, aguadeiros e milicianos, corriam para apagá-lo e, na maior parte das vezes, perdiam a batalha devido às construções de madeira. Os incêndios ocorridos à noite vitimavam ainda mais pessoas, devido à precária iluminação das ruas.

Quando havia um incêndio na cidade, os aguadeiros eram avisados por três disparos de canhão, partidos do morro do Castelo, e por toques de sinos da igreja de São Francisco de Paula, correspondendo o número de badaladas ao número da **freguesia** onde se verificava o sinistro. Esses toques eram reproduzidos pela igreja matriz da freguesia. Assim, os homens corriam para os aguadeiros, e a população fazia aquela fila quilométrica, passando baldes de mão em mão, do chafariz até o incêndio.

Os primeiros bombeiros militares surgiram na Marinha, pois os incêndios nos antigos navios de madeira eram constantes. Porém, eles existiam apenas como uma especialidade, e não como uma corporação. A denominação de bombeiros deveu-se a operarem principalmente bombas d'água, dispositivos rudimentares em madeira, ferro e couro. Com a vinda da família real portuguesa ao Brasil, no século XIX, mais precisamente ao Rio de Janeiro, foi criado, em julho de 1856, por decreto imperial, o Corpo de Bombeiros Provisório da Corte. Quando recebiam aviso de incêndio, os praças saíam puxando o corrico (que tinha de seis a oito mangueiras) pela via pública e procuravam debelar o fogo, solicitando os reforços necessários, conforme a extensão do sinistro.

Internet: <www.bombeirosfoz.com.br> (com adaptações).

128. **(2014 - CBM/CE - Primeiro-Tenente)** O substantivo "freguesia", no segundo parágrafo, pode ser substituído no texto, sem prejuízo de sentido, por clientela.

GABARITO: ERRADO.

O substantivo freguesia refere-se a um local, e não à clientela.

129. **(2014 - CBM/CE - Primeiro-Tenente)** Nesse texto, de cunho informativo, predomina o tipo narrativo.

GABARITO: CERTO.

O texto traz informações sobre a formação do corpo de bombeiros, por meio de trechos narrativos (históricos).

O jornalista deve ter em mente que, quando escreve sobre um projeto científico, não atua apenas em sua área de atividade humana, a comunicação, mas na comunicação científica. O cientista ou pesquisador deve considerar que a divulgação de sua pesquisa não deve ser feita apenas para a comunidade científica, mas para o público em geral. Dessa forma, o pesquisador precisa constantemente pensar mais nesse público e, consequentemente, na linguagem utilizada. O jornalista, por sua vez, precisa ficar mais atento à pesquisa que está sendo divulgada. Cada um precisa aprender com o outro, permitindo-se entrar mais em uma esfera de atividade humana à qual não **pertence** originalmente. O principal motivo desse intercâmbio de intenções ao escrever é aumentar o acesso do público à ciência.

Camila Delmondes Dias et al. Divulgando a arqueologia: comunicando o conhecimento para a sociedade. In: Ciência e Cultura. São Paulo, v. 65, nº 2, jun./2013. Internet: <http://cienciaecultura.bvs.br> (com adaptações).

130. **(2014 - Ministério do Trabalho - Agente Administrativo)** A forma verbal "pertence" em "Cada um precisa aprender com o outro, permitindo-se entrar mais em uma esfera de atividade humana à qual não pertence originalmente", está empregada no texto no sentido de "participa", podendo ser por esta substituída, sem prejuízo da correção gramatical e do sentido do período.

GABARITO: ERRADO.

Pelo contexto, percebe-se que "pertence" significa fazer parte de algo, e não de participar (compartilhar).

Embora a produção de televisores com tela de cristal líquido (LCD), motocicletas e telefones celulares, os três produtos mais representativos do PIM, tenha sofrido decréscimo no período de janeiro a novembro de 2013 na comparação com o mesmo intervalo em 2012, a produção de outros produtos apresentou grande crescimento, com destaque para tablets, videogames, condicionadores de ar e microcomputadores.

Entre janeiro e novembro de 2013, o PIM produziu mais de 2,2 milhões de unidades de tablets, o que representa uma produção 11 vezes maior que a de todo o ano anterior (197.616 unidades). Também os telejogos, videogames, tiveram resultados expressivos, com produção de mais de 1,2 milhão de unidades e crescimento de 91,82% na comparação com o período de janeiro a novembro de 2012 (651.242 unidades).

Internet: <www.suframa.gov.br> (com adaptações).

131. (2014 - SUFRAMA - Técnico Administrativo) O tipo textual predominante no texto é o descritivo.

GABARITO: ERRADO.

O que predomina do texto é a informação, pois a intenção dele é mostrar alguns dados sobre diversos produtos. Não há descrição, ou seja, não se descrevem características físicas dos produtos, por exemplo. Logo, o texto é predominantemente informativo.

A chamada Economia Verde foi o grande destaque do Fórum Estadão Região Norte, realizado em São Paulo.

Em meio a discussões como problemas logísticos, guerra fiscal, Zona Franca de Manaus (ZFM) e qualificação profissional, a possibilidade de desenvolver a região por meio do melhor aproveitamento de seus ativos ambientais foi o assunto que provocou a maior participação do público e centralizou as discussões entre os painelistas.

A questão ambiental foi levantada com uma pergunta ao governador de Rondônia sobre como desenvolver a região com a floresta em pé. “Para isso, é preciso oferecer opções.

Nesse ponto, posso dizer que a Zona Franca de Manaus é o mais bem-sucedido projeto ambiental da Amazônia”, disse, ao lembrar que, mesmo sem ser o objetivo de sua criação, a ZFM acabou sendo a opção para afastar a população da exploração da floresta. “O Amazonas garantiu 95% de preservação", observou.

Internet: <www.suframa.gov.br> (com adaptações).

132. (2014 - SUFRAMA - Técnico Administrativo) No texto apresentado, predomina o tipo textual narrativo.

GABARITO: CERTO.

O texto tem a intenção de relatar o que aconteceu no Fórum Estadão Região Norte, ou seja, predomina a narração do que ocorreu nesse evento.

A Portaria Interministerial nº 12 estabelece o Processo Produtivo Básico (PPB) para motos aquáticas e similares. Esse PPB é composto por oito etapas, que deverão ser realizadas na ZFM, com exceção da primeira, relacionada à moldagem do casco, que poderá ser dispensada, caso a empresa fabricante adquira partes dele e peças no mercado regional ou nacional nas quantidades mínimas indicadas na portaria. “A moto aquática, conhecida popularmente como jet ski, é hoje um produto inteiramente importado. O que fizemos foi simplificar o PPB, sem prejuízos dos níveis de investimento e mão de obra, e com isso vamos trazer essa produção para o PIM. Pelo menos quatro grandes empresas participaram das discussões visando ao estabelecimento do PPB e já demonstraram interesse em fabricar o produto em Manaus", disse o superintendente da ZFM.

Internet: <www.suframa.gov.br/suf_pub_noticias> (com adaptações).

133. **(2014 - SUFRAMA - Técnico Administrativo)** O texto tem natureza instrucional, visto que explica o PPB para a fabricação de moto aquática.

GABARITO: ERRADO.

No texto, há informações de como é o PPB, ou seja, há uma descrição. Para ser instrucional, o texto precisa dar orientações, ordens, conselhos, como uma receita médica, um manual de instruções de um aparelho, etc.

Texto referente às questões 134 e 135.

Mundo animal

No morro atrás de onde eu moro vivem alguns urubus. Eles decolam juntos, cerca de dez, e aproveitam as correntes ascendentes para alcançar as nuvens sobre a Lagoa Rodrigo de Freitas. Depois, planam de volta, dando rasantes na varanda de casa. O grupo dorme na copa das árvores e lembra o dos carcarás do Mogli. Às vezes, eles costumam pegar sol no terraço. Sempre que dou de cara com um, trato-o com respeito. O urubu é um pássaro grande, feio e mal-encarado, mas é da paz. Ele não ataca e só vai embora se alguém o afugenta com gritos.

Recentemente, notei que um bem-te-vi aparecia todos os dias de manhã para roubar a palha da palmeira do jardim. **De vez em quando, trazia a senhora para ajudar no ninho.** Comecei a colocar pão na mesa de fora, e eles se habituaram a tomar o café conosco. Agora, quando não encontram o repasto, cantam, reclamando do atraso. Um outro casal descobriu o banquete, não sei a que gênero esses dois pertencem. A cor é um verde-escuro brilhante, o tamanho é menor do que o do bem-te-vi e o Pavarotti da dupla é o macho.

A ideia de prender um passarinho na gaiola, por mais que ele se acostume com o dono, é muito triste. Comprei um periquito, uma vez, criado em cárcere privado, e o soltei na sala. Achei que ele ia gostar de ter espaço. Saí para trabalhar e, quando voltei, o pobre estava morto atrás da poltrona. Ele tentou sair e morreu dando cabeçadas no vidro. Carrego a culpa até hoje. De boas intenções o inferno está cheio.

O Rio de Janeiro existe entre lá e cá, entre o asfalto e a mata atlântica, mas a fauna daqui é mais delicada do que a africana e a indiana. Quem tem janela perto do verde conhece bem o que é conviver com os micos. Nos meus tempos de São Conrado, eu costumava acordar com um monte deles esperando a boia. Foi a primeira vez que experimentei cativar espécies não domesticadas.

Lanço aqui a campanha: crie vínculos com um curió, uma paca ou um formigueiro que seja. Eles são fiéis e conectam você com a mãe natureza. Experimente, ponha um pãozinho no parapeito e veja se alguém aparece.

Fernanda Torres. In: Veja Rio, 2/12/2012 (com adaptações).

134. **(2014 - PM/CE - Primeiro-Tenente)** No trecho "De vez em quando, trazia a senhora para ajudar no ninho", o substantivo "senhora" pode ser substituído, sem prejuízo para as informações veiculadas no texto, pelo termo fêmea.

GABARITO: CERTO.

Como o texto trata do mundo animal, não há problema em fazer a substituição, pois há relação sinonímica entre os termos.

135. **(2014 - PM/CE - Primeiro-Tenente)** Os dois primeiros parágrafos do texto são predominantemente narrativos.

GABARITO: CERTO.

Os dois primeiros parágrafos consistem em narrar ações, de forma cronológica. Isso é percebido pelos marcadores de tempo e pelos verbos de ação.

Texto referente às questões 136 a 138.

Entenda para que serve mandar um jipe-robô para Marte Quem diria? A velha e dilapidada NASA, que nem possui mais meios próprios de mandar pessoas para o espaço, acaba de mostrar que ainda tem **espírito épico.**

A prova é o pouso perfeito do jipe-robô Curiosity em uma cratera de Marte recentemente. A saga de verdade começa agora, contudo. O Curiosity é, disparado, o artefato mais complexo que terráqueos já conseguiram botar no chão de outro planeta. Com dezessete câmeras, é a primeira sonda interplanetária capaz de fazer imagens em alta definição. Pode percorrer até dois quilômetros por dia.

Trata-se de um laboratório sobre rodas, equipado, entre outras coisas, com canhão laser para pulverizar pedaços de rocha e sistemas que medem parâmetros do clima marciano, como velocidade do vento, temperatura e umidade... A lista é grande. Tudo para tentar determinar se, afinal de contas, Marte já foi hospitaleiro para formas de vida – ou quem sabe até ainda o seja.

Hoje se sabe que o subsolo marciano, em especial nas calotas polares, abriga enorme quantidade de água congelada.

E há pistas de que água salgada pode escorrer pela superfície do planeta durante o verão marciano, quando, em certos lugares, a temperatura fica entre -25° C e 25°.

Mesmo na melhor das hipóteses, são condições não muito amigáveis para a vida como a conhecemos. Mas os cientistas têm dois motivos para não serem tão pessimistas, ambos baseados no que se conhece a respeito dos seres vivos na própria Terra.

O primeiro é que a vida parece ser um fenômeno tão teimoso, ao menos na sua forma microscópica, que aguenta todo tipo de ambiente inóspito, das pressões esmagadoras do leito marinho ao calor e às substâncias tóxicas dos gêiseres.

Além disso, se o nosso planeta for um exemplo representativo da evolução da vida Cosmos afora, isso significa que **a vida aparece relativamente rápido** quando um planeta se forma — no caso da Terra, mais ou menos meio bilhão de anos depois que ela surgiu (hoje o planeta tem 4,5 bilhões de anos).

Ou seja, teria havido tempo, na fase "molhada" do passado de Marte, para que ao menos alguns micróbios aparecessem antes de serem destruídos pela deterioração do ambiente marciano. Será que algum deles não deu um jeito de se esconder no subsolo e ainda está lá, **segurando as pontas?**

Reinaldo José Lopes. In: Revista Serafina, 26/8/2012. Internet: <folha.com> (com adaptações).

136. (2014 - PM/CE - Primero-Tenente) A expressão "espírito épico" (primeiro parágrafo do texto) pode ser substituída, sem prejuízo para o sentido do texto, pela expressão espírito prático.

GABARITO: ERRADO.

Épico significa heroico, fantástico, monumental. Prático significa sensato. Como não há relação sinonímica entre ambas as palavras, não é possível a substituição.

137. (2014 - PM/CE - Primero-Tenente) A expressão coloquial que encerra o texto — "segurando as pontas" — pode ser substituída, sem prejuízo para o sentido do texto, pela palavra subsistindo.

GABARITO: CERTO.

Se for feita a alteração, não haverá problemas, pois a palavra "subsistindo" significa "continuar a existir, perdurar, sobreviver.

138. (2014 - PM/CE - Primeiro-Tenente) A correção gramatical e o sentido original do texto seriam mantidos se, no trecho "a vida aparece relativamente rápido", a palavra "rápido" fosse substituída por rápida.

GABARITO: ERRADO.

No trecho "isso significa que a vida aparece relativamente rápido quando um planeta se forma", a palavra rápido exerce a função de um advérbio: rapidamente. Logo, não é possível a flexão.

Texto referente às questões 139 e 140.

O Sr. Deputado Penido censurou a Câmara por lhe ter rejeitado duas emendas: — uma que mandava fazer desconto aos deputados que não comparecessem às sessões; outra que reduzia a importância do subsídio.

Respeito as cãs do distinto mineiro, mas permita-me que lhe diga: a censura recai sobre S. Ex.ª não só uma, como duas censuras. A primeira emenda é descabida. S. Ex.ª naturalmente ouviu dizer que aos deputados franceses são descontados os dias em que não comparecem; e, precipitadamente, **pelo vezo de tudo copiarmos** do estrangeiro, quis logo introduzir no regimento da nossa Câmara esta cláusula exótica. Não advertiu S. Ex.ª, que esse desconto é lógico e possível num país onde os jantares para cinco pessoas contam cinco croquetes, cinco figos e cinco fatias de queijo. A França, com todas as suas magnificências, é um país frugal. A economia ali é mais do que sentimento ou um costume, mais que um vício, é uma espécie de pé torto, que as crianças trazem do útero de suas mães.

A livre, jovem e rica América não deve empregar tais processos, que estariam em desacordo com um certo sentimento estético e político. (...) Demais, subsídio não é vencimento no sentido ordinário: pro labore. É um modo de suprir às necessidades do representante, para que ele, durante o tempo em que trata dos negócios públicos, tenha a subsistência afiançada. O fato de não ir à Câmara não quer dizer que não trata dos negócios públicos; em casa pode fazer longos trabalhos e investigações.

Será por andar algumas vezes na Rua do Ouvidor, ou algures?

Mas quem ignora que o pensamento, obra secreta do cérebro, pode estar em ação em qualquer que seja o lugar do homem?

A mais bela freguesa dos nossos armarinhos não pode impedir que eu, olhando para ela, resolva um problema de matemáticas.

Arquimedes fez uma descoberta estando no banho.

Machado de Assis. Balas de estalo. In: Obra completa, volume 3, Aguilar, 1973, p. 416 (com adaptações).

139. **(2012 - Câmara dos Deputados - Técnico Legislativo)** Na expressão "Respeito as cãs do distinto mineiro", a palavra "cãs", cujo significado literal é cabelos brancos, está empregada em sentido figurado, pois é um detalhe que faz referência à idade avançada do deputado mineiro.

GABARITO: CERTO.

O locutor não respeita os cabelos brancos, mas respeita o deputado, fazendo referência à idade avançada do político. Sentido figurado ou conotativo significa usar uma palavra/expressão com um sentido percebido pelo contexto.

140. **(2012 - Câmara dos Deputados - Técnico Legislativo)** Em "pelo vezo de tudo copiarmos" /, a palavra "vezo" é empregada com o significado de desvio, erro.

GABARITO: ERRADO.

No trecho "e, precipitadamente, pelo vezo de tudo copiarmos do estrangeiro, quis logo introduzir no regimento da nossa Câmara esta cláusula exótica", a palavra vezo significa costume, hábito.

Segundo dados do Departamento da Polícia Rodoviária Federal, de janeiro a novembro de 2011, foram registrados mais de 170 mil acidentes nas rodovias federais do Brasil, sendo 57 mil com feridos e 6 mil com vítimas fatais. O assessor nacional de comunicação da Polícia Rodoviária Federal lembrou que a **presteza** no atendimento, muitas vezes, faz a diferença entre a vida e a morte. "Nós sabemos que existe uma regra chamada 'a hora de ouro'. Se uma vítima politraumatizada dá entrada em um hospital em até uma hora após o acidente, a chance de sobrevida aumenta em até 80%."

A Polícia Rodoviária Federal fiscaliza mais de 61 mil quilômetros de rodovias e estradas federais e conta com 400 postos de fiscalização e 150 delegacias.

Internet: <www2.camara.gov.br> (com adaptações).

141. **(2012 - Câmara dos Deputados - Técnico Legislativo)** Mantêm-se as informações originais do período ao se substituir a palavra "presteza" por celeridade.

GABARITO: CERTO.

No período "lembrou que a presteza no atendimento, muitas vezes, faz a diferença entre a vida e a morte", presteza tem o mesmo sentido de celeridade. Um dos significados para presteza é: Agilidade, rapidez, ligeireza, celeridade. E celeridade significa: qualidade ou característica do que é célere; rapidez; ligeireza; velocidade.

Texto referente às questões 142 e 143.

Tramita na Câmara o Projeto de Lei nº 3.596/2012, do Senado, que estabelece medidas para inibir erros de **administração** e uso equivocado de medicamentos. Pelo texto, a rotulagem e a embalagem dos produtos deverão ter características que possibilitem a sua imediata identificação. O autor da proposta **observa** que a medida poderia evitar equívocos semelhantes ao ocorrido, recentemente, no Centro de Terapia Intensiva do Hospital Felício Rocho, em Belo Horizonte, onde uma técnica de enfermagem trocou sedativo por ácido. "Entre outras causas, a utilização de rótulos e embalagens iguais ou semelhantes para produtos de composição diferente é fator que induz a equívocos, muitas vezes fatais", alerta.

Internet: <www2.camara.gov.br> (com adaptações).

142. **(2012 - Câmara dos Deputados - Técnico Legislativo)** Prejudica-se a informação do período se a palavra "observa" em "O autor da proposta observa que a medida poderia evitar equívocos semelhantes ao ocorrido" for substituída por qualquer uma das seguintes: lembra, afirma, pondera.

GABARITO: ERRADO.

No período "O autor da proposta observa que a medida poderia evitar equívocos semelhantes ao ocorrido", a palavra observa foi empregada no mesmo sentido de lembra, afirma, pondera.

143. **(2012 - Câmara dos Deputados - Técnico Legislativo)** O sentido original do período permanece inalterado se a palavra "administração" (primeiro período do texto) for substituída pela palavra "gerenciamento".

GABARITO: ERRADO.

No trecho "estabelece medidas para inibir erros de administração e uso equivocado de medicamentos", administração significa "ação de ministrar medicamento".

Texto referente às questões 144 a 147.

Pavio do destino

Sérgio Sampaio

O bandido e o mocinho
São os dois do mesmo **ninho**
Correm nos estreitos trilhos
Lá no morro dos aflitos
Na Favela do Esqueleto
São filhos do primo pobre
A parcela do silêncio
Que encobre todos os gritos
E vão caminhando juntos
O mocinho e o bandido
De revólver de brinquedo
Porque ainda são meninos

Quem viu o pavio aceso do destino?
Com um pouco mais de idade
E já não são como antes
Depois que uma autoridade
Inventou-lhes um flagrante
Quanto mais escapa o tempo
Dos falsos educandários
Mais a dor é o documento
Que os agride e os separa
Não são mais dois inocentes
Não se falam cara a cara
Quem pode escapar **ileso**
Do medo e do desatino
Quem viu o pavio aceso do destino?
O tempo é pai de tudo
E surpresa não tem dia
Pode ser que haja no mundo
Outra maior ironia
O bandido veste a farda
Da suprema segurança
O mocinho agora **amarga**
Um bando, uma quadrilha
São os dois da mesma **safra**
Os dois são da mesma ilha
Dois meninos pelo avesso
Dois perdidos Valentinos
Quem viu o pavio aceso do destino?

144. (2013 - PC/DF - Agente de Polícia) O termo "ileso" está empregado como sinônimo de incólume.

GABARITO: CERTO.

Os dois vocábulos têm o mesmo sentido. Incólume: intacto, livre de perigo, ileso.

145. (2013 - PC/DF - Agente de Polícia) O texto, pertencente a um gênero poético, faz um relato biográfico sobre duas crianças em uma localidade periférica, contrastando a inocência e o ludismo da infância com a aspereza e a ironia do destino na vida adulta.

GABARITO: CERTO.

É um texto poético, principalmente por estar escrito em versos. É um relato, pois narra (relata) a trajetória dos dois meninos (e também há passagem de tempo). Há um contraste percebido pelos versos: Correm nos estreitos trilhos/ Lá no morro dos aflitos/ Na Favela do Esqueleto [...] Com um pouco mais de idade/ E já não são como antes/ [...]Não são mais dois inocentes.

146. (2013 - PC/DF - Agente de Polícia) Os termos "ninho" (v.2) e "safra" (v.35) foram empregados em sentido denotativo e correspondem, respectivamente, ao local e à época de nascimento dos meninos.

GABARITO: ERRADO.

Os dois termos foram empregados em sentido conotativo (sentido figurado, não literal).

147. (2013 - PC/DF - Agente de Polícia) O termo "amarga" corresponde a uma característica que, no texto, qualifica "quadrilha".

GABARITO: ERRADO.

O termo amarga é, morfologicamente, um verbo. Veja o paralelismo sintático: "O bandido veste" (verbo vestir), "O mocinho amarga" (verbo amargar).

Texto referente às questões 148 e 149.

Hoje, todos reconhecem, porque Marx impôs esta demonstração no Livro II d'O Capital, que não há produção possível sem que seja assegurada a reprodução das condições materiais da produção: a reprodução dos meios de produção.

Qualquer economista, que neste ponto não se distingue de qualquer capitalista, sabe que, ano após ano, é preciso prever o que deve ser substituído, o que se gasta ou se usa na produção: matéria-prima, instalações fixas (edifícios), instrumentos de produção (máquinas), etc. Dizemos: qualquer economista é igual a qualquer capitalista, pois ambos exprimem o ponto de vista da empresa.

Louis Althusser. Ideologia e aparelhos ideológicos do Estado. 3.ª ed. Lisboa: Presença, 1980 (com adaptações).

148. (2014 - DPF - Agente de Polícia) No texto, os termos "matéria-prima", "instalações fixas (edifícios)" e "instrumentos de produção (máquinas)" são exemplos de "meios de produção".

GABARITO: CERTO.

Pelas relações coesivas, percebe-se que "matéria-prima", "instalações fixas (edifícios)" e "instrumentos de produção (máquinas)" de meios de produção.

149. (2014 - DPF - Agente de Polícia) O trecho "que não há produção possível (...) dos meios de produção" é a demonstração a que se refere a expressão "esta demonstração".

GABARITO: CERTO.

Ao usar o demonstrativo "esta", percebe-se que o texto vai mostrar qual é a demonstração.

O tráfico de pessoas e as formas contemporâneas de trabalho escravo não são uma doença, e sim uma **febre** que indica que o corpo está doente. Por isso, sua erradicação não virá apenas com a libertação de trabalhadores, equivalente a um **antitérmico** — necessário, mas **paliativo.** O fim do tráfico passa por uma mudança profunda, que altere o modelo de desenvolvimento predatório do meio ambiente e dos trabalhadores. A escravidão contemporânea não é um resquício de antigas práticas que vão desaparecer com o avanço do capital, mas um instrumento utilizado pelo capitalismo para se expandir.

Leonardo Sakamoto. O tráfico de seres humanos hoje. In: História viva. Internet: (com adaptações).

150. (2014 - DPF - Agente de Polícia) Os termos "febre", "antitérmico" e "paliativo" expressam a analogia do tráfico de pessoas e do trabalho escravo na atualidade com um padrão doentio cuja erradicação passa pela libertação dos trabalhadores, embora não se limite a ela.

GABARITO: CERTO.

O texto mostra que o tráfico de pessoas e o trabalho escravo são problemas que podem ser resolvidos também pela libertação dos trabalhadores. Para exemplificar, o autor faz uma analogia, ou seja, uma aproximação: a situação dos trabalhadores representa um padrão doentio, febril, que precisa de uma solução, um antitérmico; além disso, medidas paliativas, superficiais, não são eficazes.

Texto referente às questões 151 e 152.

O tráfico internacional de drogas começou a desenvolver-se em meados da década de 70, tendo tido o seu boom na década de 80. Esse desenvolvimento está estreitamente ligado à crise econômica mundial. O narcotráfico determina as economias dos países produtores de coca e, ao mesmo tempo, favorece principalmente o sistema financeiro mundial. O dinheiro oriundo da droga corresponde à lógica do sistema financeiro, que é eminentemente especulativo. Este necessita, cada vez mais, de capital "livre" para girar, e o tráfico de drogas promove o "aparecimento mágico" desse capital que se acumula de modo rápido e se move velozmente.

A América Latina participa do narcotráfico na qualidade de maior produtora mundial de cocaína, e um de seus países, a Colômbia, detém o controle da maior parte do tráfico internacional. A cocaína gera "dependência" em grupos econômicos e até mesmo nas economias de alguns países, como nos bancos da Flórida, em algumas ilhas do Caribe ou nos principais países produtores — Peru, Bolívia e Colômbia, para citar apenas os casos de maior destaque. Na Bolívia, os lucros com o narcotráfico chegam a US$ 1,5 bilhão contra US$ 2,5 bilhões das exportações legais. Na Colômbia, o narcotráfico gera de US$ 2 a 4 bilhões, enquanto as exportações oficiais geram US$ 5,25 bilhões. Nesses países, a corrupção é generalizada. Os narcotraficantes controlam o governo, as forças armadas, o corpo diplomático e até as unidades encarregadas do combate ao tráfico. Não há setor da sociedade que não tenha ligação com os traficantes e até mesmo a Igreja recebe contribuições destes.

Osvaldo Coggiola. O comércio de drogas hoje. In: Olho da História, nº 4.
Internet: <www.oolhodahistoria.ufba.br> (com adaptações).

151. (2014 - DPF - Agente de Polícia) Verifica-se no texto uma ampliação de sentido do termo "dependência": da dependência química causada em usuários de drogas à dependência de grupos e países cuja economia lucra com o narcotráfico.

GABARITO: CERTO.

Percebe-se que um usuário de drogas passa a ser um dependente químico, ou seja, não consegue mais se manter sem as drogas. Essa situação de dependência também ocorre em alguns países que lucram com o narcotráfico, ou seja, são países que têm uma dependência econômica em relação ao tráfico de drogas.

152. (2014 - DPF - Agente de Polícia) O texto, que se classifica como dissertativo, expõe a articulação entre o tráfico internacional de drogas e o sistema financeiro mundial.

GABARITO: CERTO.

Como o texto fala sobre um assunto, ele é dissertativo. Além disso, pelo trecho "Esse desenvolvimento está estreitamente ligado à crise econômica mundial.", percebe-se que há uma articulação entre o tráfico internacional de drogas e o sistema financeiro mundial.

O uso indevido de drogas constitui, na atualidade, séria e persistente ameaça à humanidade e à estabilidade das estruturas e valores políticos, econômicos, sociais e culturais de todos os Estados e sociedades. Suas consequências infligem considerável prejuízo às nações do mundo inteiro, **e não são detidas por fronteiras**: avançam por todos os cantos da sociedade e por todos os espaços geográficos, afetando homens e mulheres de diferentes grupos étnicos, independentemente de classe social e econômica ou mesmo de idade. Questão de relevância na discussão dos efeitos adversos do uso indevido de drogas é a associação do tráfico de drogas ilícitas e dos crimes conexos — geralmente de caráter transnacional — com a criminalidade e a violência. Esses fatores ameaçam a soberania nacional e afetam a estrutura social e econômica interna, devendo o governo adotar uma postura firme de combate ao tráfico de drogas, articulando-se internamente e com a sociedade, de forma a aperfeiçoar e otimizar seus mecanismos de prevenção e repressão e garantir o envolvimento e a aprovação dos cidadãos.

Internet: <www.direitoshumanos.usp.br>.

153. (2014 - DPF - Agente de Polícia) Em "não são detidas por fronteiras:", dados os sentidos do trecho introduzido por dois-pontos, o vocábulo "fronteiras" deve ser interpretado em sentido amplo, não estando restrito ao seu sentido denotativo.

GABARITO: CERTO.

Ao explicar que as consequências avançam por todos os cantos da sociedade e por todos os espaços geográficos, afetando homens e mulheres de diferentes grupos étnicos, independentemente de classe social e econômica ou mesmo de idade, o texto mostra que as fronteiras não são apenas geográficas.

Texto referente às questões 154 a 157.

Aferrado à valorização do aqui e agora, o sábio indiano Svâmi garante que "só o presente é real", o que equivale a considerar o passado e o futuro como puras ilusões. Viver no presente implica aceitar o primado da ação (o ato) sobre a esperança, o que equivale a trocar a passividade do estado de espera pela manifestação ativa da vontade de fazer. Em outras palavras, importa a flecha mais do que o alvo, o ato mais do que a expectativa.

Como bem acentua Comte-Sponville, a ausência pura e simples de esperança não corresponde à mágoa, traduzida na acepção comum da palavra desespero. O desespero/desesperança é, antes, o grau zero da expectativa, portanto um regime de acolhimento do real sem temor, sem desengano, sem tristeza. Esse regime, ou essa regência, pode ser chamado de beatitude ou de alegria: uma aceitação e uma experiência da plenitude do presente.

(Muniz Sodré. As estratégias sensíveis: afeto, mídia e política. Petrópolis, RJ: Vozes, 2006, p.206)

154. (2009 - PM - Agente) O autor do texto defende a ideia de que o ser humano, ao criar expectativas em relação ao futuro, não deve desesperar-se, mas, sim, manter-se passivo no estado de espera.

GABARITO: ERRADO.

O autor do texto defende que viver no presente implica aceitar o primado da ação (o ato) sobre a esperança, o que equivale a trocar a passividade do estado de espera pela manifestação ativa da vontade de fazer.

155. (2009 - PM - Agente) Uma das ideias secundárias desenvolvidas no texto é a de que os fins justificam os meios, como se depreende do trecho "importa a flecha mais do que o alvo".

GABARITO: ERRADO.

O que se afirma é que importa o ato mais do que a expectativa.

156. (2009 - PM - Agente) Uma das ideias desenvolvidas no texto é a de que o real só é, de fato, apreendido quando o indivíduo compreende o passado e o futuro como ilusões.

GABARITO: CERTO.

Essa informação está presente no primeiro parágrafo, na fala do sábio indiano Svâmi, que garante que "só o presente é real", o que equivale a considerar o passado e o futuro como puras ilusões. Viver no presente implica aceitar o primado da ação (o ato) sobre a esperança, o que equivale a trocar a passividade do estado de espera pela manifestação ativa da vontade de fazer. Em outras palavras, importa a flecha mais do que o alvo, o ato mais do que a expectativa.

157. (2009 - PM - Agente) Para sustentar a ideia apresentada no primeiro parágrafo, o autor do texto argumenta que é o medo do futuro que motiva os indivíduos a viverem intensamente o aqui e agora.

GABARITO: ERRADO.

O autor afirma que só o presente é real, o que equivale a considerar o passado e o futuro como puras ilusões. No segundo parágrafo, fala-se de um grau zero da expectativa, um regime de acolhimento do real sem temor.

Texto referente às questões 158 a 160.

O período a que, hoje, assistimos se caracteriza pela perda de legitimidade dos governos e dos modelos neoliberais, mas, ao mesmo tempo, por dificuldades de construção de projetos alternativos. Uma das barreiras para a construção de tais projetos é o próprio fato de esses governos estarem engajados em uma estratégia de disputa hegemônica contínua, convivendo com o poder privado da grande burguesia – das grandes empresas privadas, nacionais e estrangeiras, dos bancos, dos grandes exportadores do agronegócio, da mídia privada. Se essa elite econômica não dispõe de grande apoio interno, conta com grandes aliados no plano internacional, especialmente entre os países globalizadores.

(Emir Sader. A nova toupeira: os caminhos da esquerda latino-americana. São Paulo: Boitempo, 2009)

158. (2009 - PM - Agente) Quanto maior o engajamento de um país em disputas por hegemonia, maior a crise de legitimidade das políticas neoliberais por ele desenvolvidas.

GABARITO: ERRADO.

O texto afirma que o período a que, hoje, assistimos se caracteriza pela perda de legitimidade dos governos e dos modelos neoliberais. Não há a proporcionalidade indicada na assertiva.

159. (2009 - PM - Agente) A elite econômica de um país globalizado prescinde de apoio interno para manter seu poder hegemônico sobre os governos carentes de legitimidade.

GABARITO: ERRADO.

A elite não prescinde (dispensa), mas precisa de apoio interno.

160. (2009 - PM - Agente) O poder hegemônico dos países globalizadores dificulta o avanço de projetos que visem à superação dos modelos neoliberais.

GABARITO: CERTO.

Essa informação está adequada com o texto, quando se afirma que: "Uma das barreiras para a construção de tais projetos é o próprio fato de esses governos estarem engajados em uma estratégia de disputa hegemônica contínua".

Texto referente às questões 161 a 165.

Sintoma do **arrefecimento** da ideologia nos mais variados âmbitos da vida social, há uma distinção, presente no meio acadêmico, segundo a qual, enquanto nas décadas passadas as grandes **celeumas** intelectuais tinham como pano de fundo embates ideológicos, hoje as disputas girariam basicamente em torno de divergências metodológicas.

A discussão em torno do Índice de Desenvolvimento Humano (IDH) – cujo ranking divulgado este ano mostra um ligeiro avanço da pontuação do Brasil, embora o país continue na 75ª colocação – não poderia fugir à regra.

Criado pelos economistas Mahbub ul Haq e Amartya Sen e calculado pelo Programa das Nações Unidas para o Desenvolvimento (Pnud), o Índice de Desenvolvimento Humano, ao longo dos anos, vem recebendo uma série de críticas da comunidade científica internacional. Críticas metodológicas, por pressuposto.

Baseado em três dimensões fundamentais do desenvolvimento humano, o IDH combina indicadores socioeconômicos, relacionados à renda (medida pelo Produto Interno Bruto per capita), à saúde (entendida como a capacidade de se levar uma vida longa e saudável, expressa pela expectativa de vida ao nascer) e à educação (medida pela alfabetização da população acima de 15 anos associada às taxas de matrícula do ensino fundamental ao superior).

(Jornal do Brasil, Editorial, 7/10/2009)

161. (2009 - PM - Agente Coerência) A expressão "arrefecimento" (1º par.) não está sendo empregada com o sentido de aquecimento, fortalecimento.

GABARITO: CERTO.

Essa expressão tem sentido de fazer ficar ou ficar desanimado, desalentado, com menos entusiasmo.

162. **(2009 - PM - Agente)** O cálculo do IDH leva em consideração índices relativos à renda, à saúde e à educação no país.

GABARITO: CERTO.

Esta informação está contida no último parágrafo do texto: o IDH combina indicadores socioeconômicos, relacionados à renda, à saúde e à educação.

163. **(2009 - PM - Agente)** Pelos sentidos do texto, não é possível perceber se há unanimidade na comunidade científica internacional quanto à correção da metodologia adotada para determinar o Índice de Desenvolvimento Humano.

GABARITO: CERTO.

O que se percebe é que o IDH, "ao longo dos anos, vem recebendo uma série de críticas da comunidade científica internacional. Críticas metodológicas, por pressuposto", ou seja, não há como afirmar que há unanimidade, mas que há embates.

164. **(2009 - PM - Agente)** No meio acadêmico, os atuais embates ideológicos passam ao largo das divergências metodológicas.

GABARITO: ERRADO.

Ao contrário do que afirma a assertiva, as disputas girariam basicamente em torno de (e não ao largo das) divergências metodológicas, ou seja, as críticas são metodológicas.

165. **(2009 - PM - Agente)** A palavra "celeumas" (1º par.) está sendo empregada com o sentido de consenso.

GABARITO: ERRADO.

O sentido é de debate intenso, acirrado (divergência).

Aconteceu poucos dias após o início do governo Collor, a partir do congelamento dos depósitos bancários. Estávamos na longa e irritante fila de um grande banco, em busca da minguada nota de cinquenta a que cada um tinha direito.

Uma fila pode ser tomada como um exercício de psicologia comparada. Se, por absurdo, uma fila assim tivesse de ser formada em um banco americano, aposto que nela reinaria a frustração controlada e a incomunicação. A cena no banco brasileiro era diferente. Quase todos conversavam animadamente, irmanados na dor de ver seu dinheiro distanciar-se para, quem sabe, não mais retornar.

Havia **os ministros da Fazenda**, que mediam as possibilidades incertas de recuperar os depósitos, havia os conformados, que aceitavam tudo, se esse fosse o preço a ser pago pela **morte do dragão inflacionário**. Havia os que ficavam especulando sobre as alternativas que poderiam ter adotado para escapar ao sequestro.

A opção mais aceita punha nas nuvens o português dono de padaria. Ele, sim, fizera o certo, guardando seu dinheiro debaixo do colchão

166. (2009 - PM - Agente) São exemplos de expressões empregadas no texto com sentido denotativo e conotativo, respectivamente: "os ministros da Fazenda" (3º par.) e "morte do dragão inflacionário"(3º par.).

GABARITO: ERRADO.

O sentido de ambas as expressões é conotativo, pois o texto não faz referência ao cargo de Ministro da Fazenda. Há apenas expressões, no terceiro parágrafo, que caracterizam as pessoas que estavam na fila.

Atualmente, há duas Américas Latinas. A primeira conta com um bloco de países — incluindo Brasil, Argentina e Venezuela — com acesso ao Oceano Atlântico, que confere ao Estado grande papel na economia. A segunda — composta por países de frente para o Pacífico, como México, Peru, Chile e Colômbia — adota o livre comércio e o mercado livre.

Os dois grupos de países compartilham de uma geografia, de culturas e de histórias semelhantes, entretanto, por quase dez anos, a economia dos países do Atlântico cresceu mais rapidamente, em grande parte graças ao aumento dos preços das commodities no mercado global. Atualmente, parece que os anos vindouros são mais promissores para os países do Pacífico. Assim, a região enfrenta, de certa forma, um dilema sobre qual modelo adotar: o do Atlântico ou o do Pacífico?

David Juhnow. Duas Américas Latinas bem diferentes. The Wall Street Journal. In: Internet: <http://online.wsj.com> (com adaptações).

167. (2014 - CADE - Analista Administrativo) No trecho "o do Atlântico ou o do Pacífico", subentende-se a palavra "modelo".

GABARITO: CERTO.

Percebe-se que a palavra "modelo" está subentendida. Se não fossem respeitadas as regras de coesão (evitando a repetição de palavras), poderia ser feita a seguinte redação: "um dilema sobre qual modelo adotar: o modelo do Atlântico ou o modelo do Pacífico?"

Texto referente às questões 168 e 169.

As operadoras de planos de saúde deverão criar ouvidorias vinculadas às suas estruturas organizacionais.

A **determinação** é da Agência Nacional de Saúde Suplementar (ANS) em norma que será publicada no Diário Oficial da União.

A **medida** está disposta na Resolução Normativa nº 323 e objetiva reduzir conflitos entre operadoras e consumidores, ampliando a qualidade do atendimento oferecido pelas **empresas**.

A expectativa é de que o funcionamento regular **dessas estruturas** possa gerar subsídios para a melhoria de processos de trabalho nas operadoras, em especial no que diz respeito ao relacionamento com o público e à racionalização do fluxo de demandas encaminhadas à ANS.

As ouvidorias deverão ter estrutura composta por titular e substituto e também deverão ter canais de contato específicos, protocolos de atendimento e equipes capazes de responder às demandas no prazo máximo de sete dias úteis.

Entre suas atribuições, está a apresentação de relatórios estatísticos e de recomendações ao representante legal da operadora e à Ouvidoria da ANS.

Internet: <www.ans.gov.br> (com adaptações).

168. (2013 - ANS - Técnico Administrativo) Os termos, em destaque no texto, "determinação" e "medida" fazem referência a documentos diferentes no texto.

GABARITO: ERRADO.

Ambos os termos fazem referência aos mesmos documentos. Isso é percebido pelo encadeamento de ideias: "deverão criar ouvidorias" – "A determinação" – "A medida".

169. (2013 - ANS - Técnico Administrativo) A expressão em, destaque no texto, "dessas estruturas" refere-se ao antecedente "empresas".

GABARITO: ERRADO.

Para perceber como é construída a coesão referencial, é necessário entender o contexto em que uma palavra está: "ampliando a qualidade do atendimento oferecido pelas empresas. A expectativa é de que o funcionamento regular dessas estruturas".

Os planos de saúde recebem notas de zero a quatro: zero significa que o serviço atendeu às normas, e quatro é a pior avaliação possível do serviço. Os planos com pior avaliação — durante dois períodos consecutivos — estão sujeitos à suspensão temporária da comercialização. Quando isso ocorre, os clientes que já haviam contratado o **serviço** continuam no direito de **usá-lo**, mas a operadora não pode aceitar novos beneficiários nesses planos.

Internet: <www.ans.gov.br>.

170. (2013 - ANS - Analista Administrativo) Em "usá-lo", o pronome "lo" é elemento coesivo que se refere ao antecedente "serviço".

GABARITO: CERTO.

Para entender a que se refere um elemento coesivo, é importante verificar o contexto em que ele aparece: "Quando isso ocorre, os clientes que já haviam contratado o serviço continuam no direito de usá-lo".

Texto referente às questões 171 e 172.

Embora não tivessem ficado claras as fontes geradoras de quebras da paz urbana, o fenômeno social marcado pelos movimentos populares que tomaram as ruas das grandes cidades brasileiras, em 2013, parecia tendente a se agravar.

As vítimas das agressões pessoais viram desprotegidas a paz e a segurança, direitos sagrados da cidadania. Todos foram prejudicados.

Pôde-se constatar que, em **outras partes do mundo**, fenômenos sociais semelhantes também ocorreram. **Lá** como **cá**, diferentes tipos de ação atingiram todo o grupo social, gerando vítimas e danos materiais. Nem sempre a intervenção das forças do Estado foi suficiente para evitar prejuízos.

Do ponto de vista global, notou-se que a quebra da ordem foi provocada em situações diversas e ora **tornou mais graves as distorções do direito**, ora espalhou a insegurança coletivamente. Em qualquer das **hipóteses**, a população dos vários locais atingidos viu-se envolvida em perdas crescentes.

Internet: <www1.folha.uol.com.br> (com adaptações).

171. (2014 - DPF - Agente Administrativo) Por meio do termo "hipóteses", são retomadas as ideias dos trechos "tornou mais graves as distorções do direito" e "espalhou a insegurança coletivamente".

GABARITO: CERTO.

O termo "hipóteses" retoma os casos de perdas da população decorrentes de quebra da ordem, mencionados no período imediatamente anterior: agravamento das distorções do direito e disseminação da insegurança ("tornou mais graves as distorções do direito" e "espalhou a insegurança coletivamente").

172. (2014 - DPF - Agente Administrativo) Os termos destacados no texto "Lá" e "cá" são utilizados como recursos para expressar circunstância de lugar, o primeiro referindo-se a "outras partes do mundo" e o segundo, ao Brasil.

GABARITO: CERTO.

Os termos "Lá" e "cá" são dêiticos, usados como recursos coesivos adverbiais que expressam circunstância de lugar, o primeiro referindo-se a "outras partes do mundo" e o segundo, ao Brasil.

A perfeita fruição do ato de ir ao cinema é prejudicada por qualquer distúrbio visual ou auditivo, que lembra ao **espectador**, contra a **sua** vontade, que **ele** estava a ponto de suscitar uma experiência especial mediante a exclusão da realidade trivial da vida corrente. Esses distúrbios **o** remetem à existência de um mundo exterior, totalmente incompatível com a realidade psicológica de **sua** experiência cinematográfica. Daí é inevitável a conclusão de que a fuga voluntária da realidade cotidiana é uma característica essencial da situação cinema.

Hugo Mauerhofer. A psicologia da experiência cinematográfica. In: Ismail Xavier. A experiência do cinema. RJ: Graal, 1983, p. 375-6 (com adaptações).

173. (2013 - ANCINE - Analista Administrativo) Em destaque no texto, os pronomes "ele", "sua" e "o" referem-se ao termo "espectador", com o qual estabelecem uma cadeia coesiva.

GABARITO: CERTO.

A coesão referencial é garantida pelo uso dos pronomes "ele" (pessoal), "sua" (possessivo) e "o" (pronome oblíquo na função de objeto direto), os quais fazem referência a espectador.

Nos anos 30, iniciou-se a era do cinema falado. Já então, o pioneiro cinema nacional concorria com o forte esquema de distribuição norte-americano, em uma disputa que se estende até os nossos dias. A criação do estúdio Vera Cruz, no final da década de 40, representou o desejo de diretores que, influenciados pelo requinte das produções estrangeiras, procuravam realizar um tipo de cinema mais sofisticado.

A reação ao cinema da Vera Cruz representou o movimento que divulgou o cinema nacional para o mundo inteiro: o Cinema Novo. No início da década de 60, um grupo de jovens cineastas começou a realizar uma série de filmes imbuídos de forte temática social. Entre eles, Glauber Rocha, cineasta baiano e símbolo do Cinema Novo. Diretor de filmes como Deus e o Diabo na Terra do Sol (1964) e O Dragão da Maldade Contra o Santo Guerreiro (1968),

Glauber tornou-se uma figura conhecida no meio cultural brasileiro, tendo **redigido** manifestos e artigos na imprensa, rejeitado o cinema popular das chanchadas e **defendido** uma arte revolucionária que promovesse verdadeira transformação social e política.

História do cinema brasileiro. Internet: <http://dc.itamaraty.gov.br> (com adaptações).

174. **(2013 - ANCINE - Analista Administrativo)** No final do texto, as orações nas quais estão presentes as formas verbais "redigido", "rejeitado" e "defendido", que são coordenadas entre si, relacionam-se, semanticamente, à oração "Glauber tornou-se uma figura conhecida no meio cultural brasileiro".

GABARITO: CERTO.

Essa relação ocorre visto que quem redigiu, rejeitou e defendeu foi Glauber, que ficou conhecido por essas ações. "Glauber tornou-se uma figura conhecida no meio cultural brasileiro, tendo redigido manifestos e artigos na imprensa, rejeitado o cinema popular das chanchadas e defendido uma arte revolucionária que promovesse verdadeira transformação social e política."

Texto referente às questões 175 e 176.

O papel da cultura na humanização do tratamento psiquiátrico no Brasil é discutido em seminários da SID. Além disso, iniciativas artísticas inovadoras nesse segmento são premiadas com recursos do Edital Loucos pela Diversidade. Tais ações contribuem para a inclusão e socializam o direito à criação e à produção cultural.

A participação de toda a sociedade civil na discussão de qualquer política cultural se dá em reuniões da SID com grupos de trabalho e em seminários, oficinas e fóruns, nos quais são apresentadas as demandas da população. Com base nesses encontros é que podem ser planejadas e desenvolvidas ações que permitam o acesso dos cidadãos à cultura e a promoção de suas manifestações, independentemente de cor, sexo, idade, etnia e orientação sexual.

Identidade e diversidade. Internet: <www.brasil.gov.br/sobre/cultura/> (com adaptações).

175. **(2013 - PC/BA - Escrivão)** A expressão "Tais ações", no final do primeiro parágrafo, está empregada em referência à discussão acerca do papel da cultura na humanização do tratamento psiquiátrico e à premiação a iniciativas artísticas inovadoras nesse segmento.

GABARITO: CERTO.

Para entender qual o referente de "tais ações", é preciso verificar os períodos que antecedem essa expressão: "O papel da cultura na humanização do tratamento psiquiátrico no Brasil é **discutido** em seminários da SID. Além disso, **iniciativas artísticas inovadoras** nesse segmento **são premiadas** com recursos do Edital Loucos pela Diversidade. **Tais ações contribuem para a inclusão e socializam o direito à criação e à produção cultural".**

176. **(2013 - PC/BA - Escrivão)** O termo "nesse", em "iniciativas artísticas inovadoras nesse segmento", refere-se à Secretaria da Identidade e da Diversidade Cultural.

GABARITO: ERRADO.

O termo "nesse" refere-se à expressão "tratamento psiquiátrico", que está no período anterior.

O livro está nas mãos do leitor. Direi somente que se há aqui páginas que parecem meros contos e outras que o não são, defendo-me das segundas com dizer que os leitores das outras podem achar nelas algum interesse, e das primeiras defendo-me com São João e Diderot. O evangelista, descrevendo a famosa besta apocalíptica, acrescentava (XVII, 9): "E aqui há sentido, que tem sabedoria". Menos a sabedoria, cubro-me com aquela palavra. Quanto a **Diderot**, ninguém ignora que ele não só escrevia contos, e alguns deliciosos, mas até aconselhava a um amigo que os escrevesse também. E eis a razão do **enciclopedista**: é que quando se faz um conto, o espírito fica alegre, o tempo escoa-se, e o conto da vida acaba, sem a gente dar por isso.

Deste modo, venha donde vier o reproche, espero que daí mesmo virá a absolvida.

Machado de Assis. Obra completa. Vol. II, Rio de Janeiro: Nova Aguilar, 1994, p. 236. (com adaptações).

177. **(2014 - TC/DF - Técnico Administrativo)** Os termos "Diderot" e "enciclopedista" compartilham o mesmo referente.

GABARITO: CERTO.

Para entender quem é o referente de um termo, deve-se buscar o contexto em que a palavra está. No texto, temos: São João e Diderot. O evangelista (refere-se a São João), descrevendo a famosa besta apocalíptica, acrescentava (XVII, 9): "E aqui há sentido, que tem sabedoria". Menos a sabedoria, cubro-me com aquela palavra. Quanto a Diderot (retoma Diderot), ninguém ignora que ele não só escrevia contos, e alguns deliciosos, mas até aconselhava a um amigo que os escrevesse também. E eis a razão do enciclopedista (retoma Diderot)".

Nas formas de vida coletiva, podem assinalar-se dois princípios que se combatem e regulam diversamente as atividades dos homens. Esses dois princípios encarnam-se nos tipos do aventureiro e do trabalhador. Já nas sociedades rudimentares manifestam-se eles, segundo sua predominância, na distinção fundamental entre os povos caçadores ou coletores e os povos lavradores. **Para uns**, o objeto final, a mira de todo esforço, o ponto de chegada, assume relevância tão capital, que chega a dispensar, por secundários, quase supérfluos, todos os processos intermediários. Seu ideal será colher o fruto sem plantar a árvore. **Esse tipo humano** ignora as fronteiras. No mundo, tudo se apresenta a ele em generosa amplitude e, onde quer que se erija um obstáculo a seus propósitos ambiciosos, sabe transformar esse obstáculo em trampolim. Vive dos espaços ilimitados, dos projetos vastos, dos horizontes distantes.

Sérgio Buarque de Holanda. Raízes do Brasil. São Paulo: Companhia das Letras, 1995.

178. **(2014 - TC/DF - Técnico Administrativo)** As expressões "Para uns" e "Esse tipo humano" remetem, respectivamente, aos indivíduos aventureiros e aos indivíduos lavradores.

GABARITO: ERRADO.

Ambas as expressões fazem referência ao mesmo termo: aventureiros.

Texto referente às questões 179 e 180.

Hoje, o petróleo e o carvão são responsáveis pela maior parte da geração de energia no mundo e há poucas perspectivas de mudanças da matriz energética mundial, em um futuro próximo.

Sabe-se que o processo de combustão de **combustíveis fósseis** atualmente empregado é bastante ineficiente e é perdida boa parte da energia gerada.

Relativamente ao **petróleo**, enquanto uma revolução tecnológica na área de energia não chega, busca-se conhecer melhor **essa matéria-prima** e trabalha-se para torná-la mais eficiente.

Cláudio Augusto Oller Nascimento e Lincoln Fernando Lautenschlager Moro. Petróleo: energia do presente, matéria--prima do futuro? In: Revista USP, n.° 89, 2011, p. 90-7 (com adaptações).

179. **(2013 - ANP - Analista Administrativo)** Caso a expressão "combustíveis fósseis" fosse substituída pela forma no singular combustível fóssil, o período em que essa expressão se insere se tornaria ambíguo.

GABARITO: CERTO.

A expressão "combustíveis fósseis" refere-se a "petróleo e carvão". Se fosse reescrita no singular, não haveria referente no texto, o que deixaria a informação ambígua.

180. **(2013 - ANP - Analista Administrativo)** No terceiro parágrafo, pela estruturação gramatical e pelos sentidos do texto, conclui-se que, em "torná-la", a forma "la", refere-se à expressão "essa matéria-prima", que, por sua vez, retoma "petróleo".

GABARITO: CERTO.

Para perceber a coesão referencial, é preciso considerar o período todo: "Relativamente ao petróleo, enquanto uma revolução tecnológica na área de energia não chega, busca-se conhecer melhor essa matéria-prima e trabalha-se para torná-la mais eficiente". Entende-se que há um encadeamento de palavras, as quais têm o mesmo referente.

O que tanta gente foi fazer do lado de fora do tribunal onde foi julgado **um dos mais famosos casais acusados de assassinato no país**? Torcer pela justiça, sim: as evidências permitiam uma forte convicção sobre **os culpados**, muito antes do encerramento das investigações. Contudo, para torcer pela justiça, não era necessário acampar na porta do tribunal, de onde ninguém podia pressionar **os jurados**. Bastava fazer abaixo-assinados via Internet pela condenação do pai e da madrasta da vítima. O que foram fazer lá, ao vivo? Penso que as pessoas não torceram apenas pela condenação dos **principais suspeitos**. Torceram também para que a versão que inculpou **o pai e a madrasta** fosse verdadeira.

Maria Rita Khel. A morte do sentido. Internet: <www.mariaritakehl.psc.br> (com adaptações).

181. **(2013 - DPF - Escrivão)** As expressões nominais "os culpados", "os jurados", "principais suspeitos" e o "o pai e a madrasta" formam uma cadeia coesiva, referindo-se a "um dos mais famosos casais acusados de assassinato no país".

GABARITO: ERRADO.

A expressão "os jurados" não faz parte da cadeia coesiva que tem como referente "um dos mais famosos casais acusados de assassinato no país". Tal expressão se refere ao corpo de jurados.

Texto referente às questões 182 e 183.

As discussões, no Brasil, sobre a criação de um tribunal de contas durariam quase um século, polarizadas entre os que defendiam sua necessidade — para quem as contas públicas deviam ser examinadas por um órgão independente — e os que a combatiam, por entenderem que as contas públicas podiam continuar sendo controladas por aqueles que as realizavam.

Somente a queda do Império e as reformas político-administrativas da jovem República tornaram realidade, finalmente, o Tribunal de Contas da União. Em 7 de novembro de 1890, por iniciativa do então ministro da Fazenda, Rui Barbosa, criou-se, por meio do Decreto nº 966-A, o Tribunal de Contas da União, que se nortearia pelos princípios da autonomia, da fiscalização, do julgamento, da vigilância e da energia.

A Constituição de 1891, a primeira republicana, ainda por influência de Rui Barbosa, institucionalizou definitivamente o Tribunal de Contas da União, inscrevendo-o em seu Art. 89.

182. (2012 - TCU - Técnico Administrativo) No trecho "a combatiam", no primeiro parágrafo, o pronome "a" retoma a ideia antecedente de necessidade de criação de um tribunal de contas.

GABARITO: CERTO.

O item está certo. Pela coesão referencial, percebe-se que a referência é a necessidade de criação de um tribunal de contas.

183. (2012 - TCU - Técnico Administrativo) No segundo parágrafo, mantêm-se a correção gramatical e as informações originais do período ao se substituir "tornaram realidade" por permitiram que se tornasse realidade.

GABARITO: CERTO.

Fazendo a alteração, temos "Somente a queda do Império e as reformas político-administrativas da jovem República permitiram que se tornasse realidade, finalmente, o Tribunal de Contas da União". Percebe-se, então, que a substituição não prejudica o período.

Em um país de dimensões continentais e com mais de cinco mil municípios, como o Brasil, a boa gestão pública é condição necessária para o desenvolvimento com sustentabilidade e inclusão social. É por meio de uma gestão eficaz que o governo reúne instrumentos para melhor atender às demandas por políticas inclusivas e por serviços públicos em um ambiente de crescimento e de fortes demandas sociais, com maior conscientização e participação de uma sociedade plural.

Nesse cenário, fez-se necessário repensar o modelo de administração da máquina pública. A Lei de Responsabilidade Fiscal (LRF), em vigor desde maio de 2000, estabelece, entre outras exigências, o equilíbrio das contas governamentais, que possibilita ao Estado assumir o compromisso de investir na melhoria da sua capacidade de execução e, assim, prestar serviços adequados e implementar políticas públicas eficazes e eficientes, garantindo, ao mesmo tempo, transparência na execução de programas governamentais e acesso desimpedido às informações solicitadas pelo cidadão.

Por dentro do Brasil. Modernização da gestão pública. Internet: <http://www.brasil.gov.br> (com adaptações).

184. (2013 - TCU - Auditor Federal de Controle Externo) No segundo parágrafo, a expressão "Nesse cenário" retoma, por coesão, o contexto anteriormente descrito: o do Brasil no século XXI, caracterizado por um "ambiente de crescimento e de fortes demandas sociais, com maior conscientização e participação de uma sociedade plural".

GABARITO: CERTO.

Temos um exemplo de coesão referencial feita por um pronome demonstrativo.

O ponto de maior divergência no projeto era o percentual de investimento no setor. Deputados da oposição, além de entidades da sociedade civil, pediam 10%, enquanto parte da base aliada do governo defendia uma cifra menor.

A primeira versão do PNE previa investimento de 7% do PIB. Depois, o índice foi revisto para 7,5% e, na última sessão, em 13 de junho, o relator da matéria sugeriu **a aplicação de 8%**. Um acordo feito entre governo e oposição elevou a meta. No PNE, contudo, não é prevista sanção no caso de descumprimento dessa meta.

Outros destaques também foram aprovados, como a antecipação da meta de equiparação do salário dos professores ao rendimento dos profissionais de escolaridade equivalente.

O PNE estava em tramitação na Câmara desde 2010.

Ele estabelece vinte metas educacionais, que passam por todos os níveis de ensino, da creche à pós-graduação, incluindo-se objetivos como a erradicação do analfabetismo e a oferta do ensino em tempo integral em, pelo menos, 50% das escolas públicas.

Internet: <http://veja.abril.com.br> (com adaptações).

185. (2012 - FNDE - Especialista em Financiamento e Execução de Programas e Projetos Educacionais) Imediatamente após o trecho "aplicação de 8%", em destaque no texto, está subtendida a expressão dos recursos do Ministério da Educação.

GABARITO: ERRADO.

A expressão que está subentendida é "o relator da matéria sugeriu a aplicação de 8% desse percentual de investimento no setor".

Entre 2009 e 2011, aumentou o número dos brasileiros ocupados, a população mais velha trabalhou por mais tempo, mais pessoas passaram a viver sozinhas e os índices de distribuição da renda melhoraram. Essas foram algumas das informações da **Pesquisa Nacional por Amostra de Domicílios (PNAD)**, divulgada pelo Instituto Brasileiro de Geografia e Estatística (IBGE). O **levantamento** é um bom instrumento para entender a evolução da economia no último triênio e ajuda a prospectar o futuro.

O Estado de S. Paulo, Editorial, 25/9/2012 (com adaptações).

186. (2012 - FNDE - Técnico Administrativo) A palavra "levantamento", empregada com função coesiva, retoma o antecedente "Pesquisa Nacional por Amostra de Domicílios (PNAD)".

GABARITO: CERTO.

Pelas relações lógico-discursivas do texto, percebe-se que levantamento retoma "Pesquisa Nacional por Amostra de Domicílios (PNAD)".

Nem astronautas nem cosmonautas. Os futuros conquistadores do espaço chamam-se taikonautas. Está-se falando da China, e após a bem-sucedida missão Shenzhou VII, o país planeja estar cada vez mais presente no cosmos. Os próximos passos serão o lançamento de uma estação espacial e o envio de astronaves à Lua e a Marte. Tecnologia para essa empreitada os chineses têm. **Dinheiro, também.** E motivação política, isso então nem se fala. A missão Shenzhou VII, por exemplo, aproveitou a onda ufanista da Olimpíada. Mais: o seu lançamento comemorou os cinquenta e nove anos da chegada do Partido Comunista ao poder. A China já enviara três missões tripuladas, mas essa foi especial: foi a primeira vez que um taikonauta realizou uma caminhada no espaço.

Tatiana de Mello. A vez dos taikonautas. In: Istoé, 8/10/2008 (com adaptações).

187. **(2014 - TJSE - Técnico Judiciário)** A vírgula empregada após "Dinheiro", em destaque no texto, marca a elipse do verbo da oração.

GABARITO: CERTO.

É possível entender que o verbo está subentendido: Tecnologia para essa empreitada os chineses têm. Dinheiro têm também.

Imagine a leitora que está em 1813, na igreja do Carmo, ouvindo uma daquelas boas festas antigas, que eram todo o recreio público e toda a arte musical. Sabem o que é uma missa cantada; podem imaginar o que seria uma missa cantada daqueles anos remotos. Não **lhe** chamo a atenção para os padres e os sacristães, nem para o sermão, nem para os olhos das moças cariocas, que já eram bonitos nesse tempo, nem para as mantilhas das senhoras graves, os calções, as cabeleiras, as sanefas, as luzes, os incensos, nada. Não falo sequer da orquestra, que é excelente; limito-me a mostrar-lhes uma cabeça branca, a cabeça desse velho que rege a orquestra, com alma e devoção.

Chama-se **Romão Pires**; terá sessenta anos, não menos, nasceu no Valongo, ou por esses lados. É bom músico e bom homem; todos os músicos gostam dele.

Machado de Assis. Histórias sem data. Internet: <www.machadodeassis.org.br> (com adaptações).

188. **(2014 - CBM/CE - Soldado da Carreira de Praças)** Em destaque no texto, o pronome "lhe" está empregado em referência a "Romão Pires".

GABARITO: ERRADO.

No trecho "Não lhe chamo a atenção", há uma marca de interlocução, devido à presença de lhe, ou seja, o narrador dialoga com o leitor.

Em linhas gerais, podemos dizer que a Constituição Federal de 1988 manteve os **preceitos** fundamentais que vigoravam nas Cartas anteriores. A nova Constituição confirmou diversos princípios da tradição democrática republicana do século XX, tais como o federalismo, o presidencialismo, o multipartidarismo, o bicameralismo e a representação proporcional. Procurou, também, realçar o Poder Legislativo reformando elementos do equilíbrio institucional por meio de uma redivisão das competências constitucionais entre os poderes, assim como procurou redesenhar a Carta política nacional, ao alçar os municípios como entes formadores da Federação brasileira.

José Theodoro Mascarenhas Merck. Constituinte de 1987 e a constituição possível. In: Ensaios sobre impactos da Constituição Federal de 1988 na sociedade brasileira. Brasília: Câmara dos Deputados, Edições Câmara, 2008 (com adaptações).

189. (2014 - CBM/CE - Soldado da Carreira de Praças) Seria mantido o sentido original do texto caso se substituísse o termo "preceitos", no primeiro período do texto, por princípios.

GABARITO: CERTO.

Os vocábulos preceitos e princípios mantêm relação sinonímica entre eles.

O Brasil é uma nação plurilíngue, como a maioria dos países (94% deles). Embora, através dos tempos, tenha prevalecido o senso comum de que o país apresenta uma impressionante homogeneidade idiomática, construída em torno da língua portuguesa, contamos hoje com cerca de 210 idiomas espalhados em nosso território. De fato, as mais **de 180 línguas indígenas e 30 línguas de imigração** emprestam à identidade brasileira um colorido multicultural, apesar das históricas e repetidas investidas contra **essas minorias** sob a justificativa de busca e manutenção de um Estado homogêneo e coeso.

Cláudia Gomes Paiva. Brasil: nação monolíngue. In: Ensaios sobre impactos da Constituição Federal de 1988 na sociedade brasileira. Brasília: Câmara dos Deputados, Edições Câmara, 2008 (com adaptações).

190. (2014 - CBM/CE - Soldado da Carreira de Praças) A expressão "essas minorias" está empregada em referência a "as mais de 180 línguas indígenas e 30 línguas de imigração".

GABARITO: ERRADO.

O termo "essas minorias" faz referência a todas as formas de falar que não sejam a língua portuguesa: 180 línguas indígenas, 30 línguas de imigração, línguas afro-brasileiras (faladas nas comunidades quilombolas), falares fronteiriços e línguas de sinais das comunidades surdas, além de variantes dialetais da língua portuguesa.

País mais pobre das Américas, o Haiti foi praticamente destruído anos atrás por um **terremoto** de 7,3 graus na escala Richter, gerando comoção mundial e a reação de organizações estrangeiras, de entidades civis e da comunidade internacional. Em decorrência do **sismo**, cerca de 220 mil pessoas morreram e 1,5 milhão ficou desabrigada no Haiti.

Renata Giraldi. Internet: <www.ebc.com.br> (com adaptações).

191. (2014 - CBM/CE - Primeiro-Tenente) A palavra "sismo" retoma, por coesão, "terremoto".

GABARITO: CERTO.

A palavra "sismo" significa terremoto. Logo, há uma retomada por meio de um sinônimo.

Apesar de os pesquisadores responsáveis pelos estudos na Antártida terem mantido suas atividades desde o incêndio de fevereiro de 2012, que deixou o Brasil sem base no **continente branco,** os cientistas não tinham voltado a pisar no gelo. Alguns estudos foram realizados a partir de navios brasileiros e outros, em universidades com os dados meteorológicos coletados pelos instrumentos que ainda funcionam na Antártida.

Internet: <http://noticias.terra.com.br/ciencia/brasil> (com adaptações).

192. (2014 - CBM/CE - Primeiro-Tenente) O termo "continente branco" é empregado, no texto, em referência a "Antártida".

GABARITO: CERTO.

Pela coesão referencial, entende-se que "continente branco" faz referência a Antártida.

Os primeiros bombeiros militares surgiram na Marinha, pois os incêndios nos antigos navios de madeira eram constantes. Porém, **eles** existiam apenas como uma especialidade, e não como uma corporação. A denominação de bombeiros deveu-se a operarem principalmente bombas d'água, dispositivos rudimentares em madeira, ferro e couro.

Com a vinda da família real portuguesa ao Brasil, no século XIX, mais precisamente ao Rio de Janeiro, foi criado, em julho de 1856, por decreto imperial, o Corpo de Bombeiros Provisório da Corte. Quando recebiam aviso de incêndio, os praças saíam puxando o corrico (que tinha de seis a oito mangueiras) pela via pública e procuravam debelar o fogo, solicitando os reforços necessários, conforme a extensão do sinistro.

Internet: <www.bombeirosfoz.com.br> (com adaptações).

193. (2014 - CBM/CE - Primeiro-Tenente) O pronome "eles" é empregado em referência a "Os primeiros bombeiros militares".

GABARITO: CERTO.

Pelas relações sintático-semânticas entre os dois primeiros períodos do terceiro parágrafo, percebe-se que a referência para eles é "os primeiros bombeiros militares".

Sem dúvida, a universidade contemporânea desempenha uma importante função social na medida em que qualifica o indivíduo para um mercado de trabalho competitivo e dinâmico, carecedor de trabalhadores aptos a desempenhar atividades de maior grau de intelectualização. Embora o ingresso no mercado de trabalho esteja fortemente impresso no imaginário coletivo como o principal — senão único — recurso para melhoria de condições de vida, é preciso observar que a sociedade capitalista define o indivíduo a partir de sua capacidade de produzir mais e melhor do que o seu próximo.

Não obstante, para além da consideração do indivíduo, encontra-se a coletividade, que é a força material de um país — formada pelo conjunto de sujeitos de tal coletividade e por aquilo que eles produzem —, e que constitui esse país em suas esferas política, econômica e cultural. As universidades públicas apresentam importante papel, desempenhando atividades diversas, a exemplo dos atendimentos realizados por hospitais universitários, núcleos de prática jurídica, programas de extensão de cunho social que não só atendem à demanda da população por saúde pública, por esclarecimento e obtenção de seus direitos como cidadãos, por educação e outros, como também oferecem aos estudantes a oportunidade de empregar em atividades prático-profissionais o conhecimento acadêmico adquirido em sala de aula.

Luciana Zacharias Gomes Ferreira Coelho. Direito à qualidade no ensino superior público brasileiro em face do processo de expansão das instituições federais de ensino superior. Internet: <www.ambito-juridico.com.br> (com adaptações).

194. **(2013 - Ministério da Educação - Técnico Administrativo)** A expressão "Não obstante" relaciona a ideia mencionada no final do primeiro parágrafo, sobre o indivíduo, com a mencionada a seguir, sobre a coletividade, e poderia ser substituída, sem prejudicar a coerência e a correção do texto, por Apesar disso.

GABARITO: CERTO.

Ambas as expressões têm relação sinonímica entre elas, logo, a substituição é possível.

Entretanto, há estudiosos que afirmam que as universidades não se estruturam em função **dessas atividades**, mas que essas instituições **as** articulam convenientemente de acordo com as possibilidades apresentadas por sua história e tradição, pelos recursos financeiros e humanos de que dispõem, pela "clientela" que devem atender, pelo contexto social vigente, pelas políticas públicas e privadas que as afetem direta ou indiretamente. Sugerem que as universidades desempenham três diferentes funções — ensino superior em massa (licenciatura); ensino superior profissional (bacharelado) e pesquisa para a resolução de problemas; e formação de pesquisadores acadêmicos (formação de mestres e doutores e publicação de artigos científicos) —, e que as inúmeras combinações possíveis dessas funções são a variável-chave na explicação da posição ocupada pelas universidades em quaisquer classificações.

Rodrigo Maia de Oliveira. Proteção e comercialização da pesquisa acadêmica no Brasil: motivações e percepções dos inventores. SP: UNICAMP, 2011. Tese de doutoramento. Internet: <www.bibliotecadigital.unicamp.br> (com adaptações).

195. **(2013 - Ministério da Educação - Técnico Administrativo)** O pronome "as" remete às "atividades" citadas anteriormente na expressão "dessas atividades".

GABARITO: CERTO.

Pela estrutura do trecho, pode-se perceber que atividades está sendo referenciada por "as".

O jornalista está dentro de uma esfera que tem como foco a comunicação em si e não o que se comunica. O foco é uma linguagem acessível, interessante e que chame a atenção do público para comprar e consumir os textos e artigos que são escritos e, se for necessário, ele sacrifica o conteúdo em prol da atenção do público e da linguagem. Já o **pesquisador** está em uma esfera cujo foco é o conteúdo, o objeto de pesquisa e a pesquisa em si e, muitas vezes, ele sacrifica um grupo extenso de leitores ao empregar linguagem específica, científica e não acessível. Portanto, ao escrever, **os dois profissionais** têm de ter em mente que **sua** esfera de atividade humana e, por consequência, de comunicação, se torna mais complexa. O jornalista deve ter em mente que, quando escreve sobre um projeto científico, não atua apenas em sua área de atividade humana, a comunicação, mas na comunicação científica.

Camila Delmondes Dias et al. Divulgando a arqueologia: comunicando o conhecimento para a sociedade. In: Ciência e Cultura. São Paulo, v. 65, nº 2, jun./2013. Internet: <http://cienciaecultura.bvs.br> (com adaptações).

196. **(2014 - Ministério do Trabalho - Agente Administrativo)** O pronome "sua" remete ao termo "os dois profissionais", que, por sua vez, se refere conjuntamente a "O jornalista" e a "o pesquisador".

GABARITO: CERTO.

Verificando o período em que esses termos estão, percebe-se que a assertiva está correta, pois há um encadeamento de informações. "Sua" remete-se a "os dois profissionais", que se refere a "O jornalista" e "o pesquisador".

"Passe lá no RH!". Não são poucas as vezes em que os colaboradores de uma empresa recebem essa orientação.

Não são poucos os chefes que não sabem como tratar um **tema** que envolve seus subordinados, ou não têm coragem de fazê-**lo**, e empurram a responsabilidade para seus colegas da área de recursos humanos. Promover ou comunicar um aumento de salário é com o chefe mesmo; resolver conflitos, comunicar uma demissão, selecionar pessoas, identificar necessidades de treinamento é "lá com o RH". Em pleno século XXI, ainda existem empresas cujos executivos não sabem quem são os reais responsáveis pela gestão de seu capital humano.

Os responsáveis pela gestão de pessoas em uma organização são os gestores, e não a área de RH. Gente é o ativo mais importante nas **organizações**: é o propulsor que **as** move e **lhes** dá vida. Portanto, os aspectos que envolvem a gestão de pessoas têm de ser tratados como parte de uma política de valorização desse ativo, na qual gestores e RH são vasos comunicantes, trabalhando em conjunto, cada um desempenhando seu papel de forma adequada.

José Luiz Bichuetti. Gestão de pessoas não é com o RH! In: Harvard Business Review Brasil. (com adaptações).

197. **(2014 - MTE - Analista)** Em destaque no texto, a forma pronominal "lo", em "fazê-lo", refere-se a "tema", e as formas "as" e "lhes" referem-se a "organizações".

GABARITO: ERRADO.

No trecho "Não são poucos os chefes que não sabem como tratar um tema que envolve seus subordinados, ou não têm coragem de fazê-lo", o pronome "lo" equivale a isso e retoma a ideia anterior. No trecho "Gente é o ativo mais importante nas organizações: é o propulsor que as move e lhes dá vida", as e lhes referem-se a organizações.

Saiu finalmente a conta da contribuição da **nova classe média brasileira** — **aquela** que, na última década, ascendeu ao mercado de consumo, como uma avalanche de quase 110 milhões de cidadãos. Uma pesquisa do Serasa Experian mostrou que o pelotão formado por essa turma, que se convencionou chamar de classe C, estaria no grupo das 20 maiores nações no consumo mundial, caso fosse classificado como um país. Juntos, os milhares de neocompradores movimentam quase R$ 1,2 trilhão ao ano.

Carlos José Marques. A classe C é G20. Internet: <www.istoedinheiro.com.br> **(com adaptações)**.

198. **(2014 - MTE - Analista)** O vocábulo "aquela" refere-se à expressão "nova classe média brasileira".

GABARITO: CERTO.

Pela construção do período, percebe-se que a assertiva está correta: "Saiu finalmente a conta da contribuição da nova classe média brasileira — aquela que, na última década, ascendeu".

O primeiro europeu a pisar as terras amazônicas, o espanhol Vicente Pinzon (janeiro de 1500), percorreu a foz do Amazonas, conheceu a ilha de Marajó e surpreendeu-se em ver que essa era uma das regiões mais intensamente povoadas do mundo então conhecido. Ficou perplexo vendo a pororoca e maravilhado com as águas doces do mais extenso e mais volumoso rio do mundo. Foi bem acolhido pelos índios da região. No entanto, apesar de fantástica, sua viagem marcou o primeiro choque cultural e o primeiro ato de violência contra os povos da Amazônia: Pinzon aprisionou índios e os levou consigo para vender como escravos na Europa.

Violeta Refkalefsky Loureiro. Amazônia: uma história de perdas e danos, um futuro a (re)construir. Estudav. [online]. 2002, vol. 16, n.º 45, p. 107-21 (com adaptações).

199. **(2014 - SUFRAMA - Analista Administrativo)** O pronome "os", em "os levou consigo", poderia ser corretamente substituído por lhes.

GABARITO: ERRADO.

O verbo "levar" está sendo empregado como transitivo direto. Desse modo, apenas o pronome oblíquo os (que faz referência a índios) é que poderia ser usado. O pronome lhes caberia se houvesse um complemento verbal indireto.

Entenda para que serve mandar um jipe-robô para Marte Quem diria? A velha e dilapidada NASA, que nem possui mais meios próprios de mandar pessoas para o espaço, acaba de mostrar que ainda tem espírito épico.

A prova é o pouso perfeito do jipe-robô Curiosity em uma cratera de Marte recentemente. A saga de verdade começa agora, contudo. O Curiosity é, disparado, o artefato mais complexo que terráqueos já conseguiram botar no chão de outro planeta. Com dezessete câmeras, é a primeira sonda interplanetária capaz de fazer imagens em alta definição. Pode percorrer até dois quilômetros por dia.

Trata-se de um laboratório sobre rodas, equipado, entre outras coisas, com canhão laser para pulverizar pedaços de rocha e sistemas que medem parâmetros do clima marciano, como velocidade do vento, temperatura e umidade... A lista é grande. Tudo para tentar determinar se, afinal de contas, Marte já foi **hospitaleiro** para formas de vida – **ou quem sabe até ainda o seja.**

Reinaldo José Lopes. In: Revista Serafina, 26/8/2012. Internet: <folha.com> (com adaptações).

200. **(2014 - PM/CE - Primeiro-Tenente)** No trecho "ou quem sabe até ainda o seja" o termo "o" classifica-se como pronome e refere-se ao adjetivo "hospitaleiro".

GABARITO: CERTO.

A palavra o é um pronome, pois retoma a palavra hospitaleiro. Isso é percebido ao fazer-se a substituição: Tudo para tentar determinar se, afinal de contas, Marte já foi hospitaleiro para formas de vida – ou quem sabe até ainda seja hospitaleiro.

Além disso, se o nosso planeta for um exemplo representativo da evolução da vida Cosmos afora, isso significa que a vida aparece relativamente rápido quando um planeta se forma — no caso da Terra, mais ou menos meio bilhão de anos depois que ela surgiu (hoje o planeta tem 4,5 bilhões de anos).

Ou seja, teria havido tempo, na fase "molhada" do passado de Marte, para que ao menos alguns micróbios aparecessem antes de serem destruídos pela deterioração do ambiente marciano. Será que algum deles não deu um jeito de se esconder no subsolo e ainda está lá, segurando as pontas?

Reinaldo José Lopes. In: Revista Serafina, 26/8/2012. Internet: <folha.com> (com adaptações).

201. **(2014 - PM/CE - Primeiro-Tenente)** A expressão "Ou seja" que garante coesão textual e possui valor semântico de oposição, poderia ser corretamente substituída pela conjunção Contudo.

GABARITO: ERRADO.

A expressão "ou seja" tem caráter explicativo, logo, não pode ser substituída por "contudo", que tem caráter adversativo.

O Sr. Deputado Penido censurou a Câmara por lhe ter rejeitado duas emendas: — uma que mandava fazer desconto aos deputados que não comparecessem às sessões; outra que reduzia a importância do subsídio.

Machado de Assis. Balas de estalo. In: Obra completa, volume 3, Aguilar, 1973, p. 416 (com adaptações).

202. **(2012 – Câmara dos Deputados – Técnico Legislativo)** Em "por lhe ter rejeitado", o pronome "lhe" corresponde à expressão a ele.

GABARITO: CERTO.

O pronome oblíquo lhe tem função de objeto indireto, pois substitui uma expressão que exerce essa função. Esse pronome, no período, pode ser entendido da seguinte maneira: "O Sr. Deputado Penido censurou a Câmara por ter rejeitado duas emendas a ele.

Texto referente às questões 203 e 204.

Postos da Polícia Rodoviária Federal poderão ter ambulâncias e paramédicos para atendimento às vítimas de acidentes durante 24 horas por dia. É o que propõe o **Projeto de Lei nº 3.111/2012**. Pela **proposta,** os postos que distam mais de vinte quilômetros de centros urbanos deverão ter ambulâncias e pessoal treinado para prestar socorro.

Segundo dados do Departamento da Polícia Rodoviária Federal, de janeiro a novembro de 2011, foram registrados mais de 170 mil acidentes nas rodovias federais do Brasil, sendo 57 mil com feridos e 6 mil com vítimas fatais

Internet: <www2.camara.gov.br> (com adaptações).

203. **(2012 - Câmara dos Deputados – Técnico Legislativo)** Após o 3º período do texto, seria coerente e coeso inserir o seguinte trecho, no mesmo parágrafo: O presidente da ONG Trânsito Amigo considera importante o projeto, mas lembra que a Polícia Rodoviária Federal tem um déficit muito grande de agentes e viaturas. Para ele, o melhor seria investir em UTIs móveis.

GABARITO: CERTO.

O trecho sugerido pelo item em comento estaria coeso e coerente em relação ao período anterior e posterior a ele, pois há relação sintático-semântica e

lógico-discursiva. Com a reescrita, o texto ficaria da seguinte maneira: "Postos da Polícia Rodoviária Federal poderão ter ambulâncias e paramédicos para atendimento às vítimas de acidentes durante 24 horas por dia. É o que propõe o Projeto de Lei n.º 3.111/2012. Pela proposta, os postos que distam mais de vinte quilômetros de centros urbanos deverão ter ambulâncias e pessoal treinado para prestar socorro. **O presidente da ONG Trânsito Amigo considera importante o projeto, mas lembra que a Polícia Rodoviária Federal tem um déficit muito grande de agentes e viaturas. Para ele, o melhor seria investir em UTIs móveis.** Segundo dados do Departamento da Polícia Rodoviária Federal, de janeiro a novembro de 2011, foram registrados mais de 170 mil acidentes nas rodovias federais do Brasil, sendo 57 mil com feridos e 6 mil com vítimas fatais."

204. **(2012 – Câmara dos Deputados – Técnico Legislativo)** O termo "proposta" está empregada como elemento de coesão lexical, em substituição a "o que propõe o Projeto de Lei n.º 3.111/2012".

GABARITO: CERTO.

No período "É o que propõe o Projeto de Lei nº 3.111/2012." é o mesmo que "aquilo que propõe". No trecho seguinte, para garantir a coesão lexical (referência a um termo anterior), opta-se pela expressão "Pela proposta".

Pavio do destino

Sérgio Sampaio

O bandido e o mocinho
São os dois do mesmo ninho
Correm nos estreitos trilhos
Lá no morro dos aflitos
Na Favela do Esqueleto
São filhos do primo pobre
A parcela do silêncio
Que encobre todos os gritos
E vão caminhando juntos
O mocinho e o bandido
De revólver de brinquedo
Porque ainda são meninos
Quem viu o pavio aceso do destino?
Com um pouco mais de idade
E já não são como antes
Depois que uma autoridade
Inventou-lhes um flagrante

Quanto mais escapa o tempo
Dos falsos educandários
Mais a dor é o documento
Que os agride e os separa
Não são mais dois inocentes
Não se falam cara a cara
Quem pode escapar ileso
Do medo e do desatino
Quem viu o pavio aceso do destino?
O tempo é pai de tudo
E surpresa não tem dia
Pode ser que haja no mundo
Outra maior ironia
O bandido veste a farda
Da suprema segurança
O mocinho agora amarga
Um bando, uma quadrilha
São os dois da mesma safra
Os dois são da mesma ilha
Dois meninos pelo avesso
Dois perdidos Valentinos
Quem viu o pavio aceso do destino?

205. **(2013 - PC/DF - Agente de Polícia)** O antecedente a que se referem os termos "lhes" e "os" (v.21) é recuperado na primeira estrofe do texto.

GABARITO: CERTO.

Pela leitura do texto, os dois personagens "o bandido e o mocinho" são retomados durante o texto por meio de pronomes oblíquos, como em "Inventou-lhes um flagrante" e "Que os agride e os separa". Usa-se lhes porque, em relação ao verbo inventou, esse pronome é um complemento indireto; usa-se os porque, em relação aos verbos agride e separa, esse pronome é um complemento direto.

Migrar e trabalhar. Quando **esses verbos** se conjugam da pior forma possível, acontece o chamado tráfico de seres humanos. O tráfico de pessoas para exploração econômica e sexual está relacionado ao modelo de desenvolvimento que o mundo adota. Esse modelo é baseado em um entendimento de competitividade que pressiona por uma redução constante nos custos do trabalho.

No passado, os escravos eram capturados e vendidos como mercadoria. Hoje, a pobreza que torna populações vulneráveis garante oferta de mão de obra para o tráfico — ao passo que a demanda por essa força de trabalho sustenta o comércio de pessoas. **Esse ciclo** atrai intermediários, como os gatos (contratadores que aliciam pessoas para serem exploradas em fazendas e carvoarias), os coiotes (especializados em transportar pessoas pela fronteira entre o México e os Estados Unidos da América) e outros animais, que lucram sobre os que buscam uma vida mais digna.

Leonardo Sakamoto. O tráfico de seres humanos hoje. In: História viva. Internet: (com adaptações).

206. **(2014 - DPF - Agente de Polícia)** No texto, as expressões "esses verbos" e "Esse ciclo" têm a mesma finalidade: retomar termos ou ideias expressos anteriormente.

GABARITO: CERTO.

A expressão "esses verbos" retoma: Migrar e trabalhar. E a expressão "esse ciclo" retoma a informação do período anterior.

O uso indevido de drogas constitui, na atualidade, séria e persistente ameaça à humanidade e à estabilidade das estruturas e valores políticos, econômicos, sociais e culturais **de todos os Estados e sociedades. Suas** consequências infligem considerável prejuízo às nações do mundo inteiro, e não são detidas por fronteiras: avançam por todos os cantos da

sociedade e por todos os espaços geográficos, afetando homens e mulheres de diferentes grupos étnicos, independentemente de classe social e econômica ou mesmo de idade.

Internet: <www.direitoshumanos.usp.br>.

207. **(2014 - DPF - Agente de Polícia)** O pronome possessivo "Suas" refere-se a "de todos os Estados e sociedades".

GABARITO: ERRADO.

A expressão "Suas consequências" refere-se ao uso indevido de drogas.

Há sociedades que têm a vocação do crescimento, mas sem a vocação da espera. E a resultante, quando não é inflação ou crise do balanço de pagamentos, é uma só: juros altos.

O conflito entre as demandas do presente vivido e as exigências do futuro sonhado é um traço permanente da condição humana. Evitar excessos e inconsistências dos dois lados é um dos maiores desafios em qualquer sociedade. **No afã de querer** o melhor de dois mundos, o grande risco é terminar sem chegar a mundo algum: a cigarra triste e a formiga pobre.

Texto adaptado de Eduardo Giannetti. O valor do amanhã: ensaio sobre a natureza dos juros. São Paulo: Companhia das Letras, 2005.

208. **(2012 - DPF - Analista)** É possível manter o sentido ao se substituir "No afã de querer" por "No equívoco de visar".

GABARITO: ERRADO.

Na troca, há mudança de sentido: afã significa ânsia.

FAÇA JÁ

1. A ____________________ é um texto em que se conta um fato, fictício ou não, que ocorreu num determinado tempo e lugar, envolvendo alguns personagens. Além disso, há uma relação de anterioridade e posterioridade em relação ao que é narrado.
2. A ____________________ é uma descrição minuciosa de um objeto ou personagem. Isso é feito geralmente por meio de adjetivos. A descrição pode ser tanto física quanto psicológica.
3. A ____________________ é falar sobre um assunto, discorrer sobre ele. Esse tipo textual pode ser expositivo e/ou argumentativo.
4. A ____________________ apresenta informações sobre assuntos, expõe, reflete, explica e avalia ideias de modo objetivo, com a intenção de informar, esclarecer.
5. A ____________________ propõe a defesa de ideias ou de um ponto de vista do autor. Ou seja, o texto também tenta persuadir o interlocutor
6. A injunção ou o ____________________ indica como realizar uma ação. Geralmente, há o emprego de verbos no modo imperativo, porém também pode haver o uso do infinitivo e o uso do futuro do presente do modo indicativo.
7. A ____________________ consiste em um grupo de ideias preestabelecidas que mantém uma relação sinonímica no ____________________ em que estão inseridas.
8. A ____________________ consiste em utilizar as palavras no seu sentido próprio, literal, comum, ou seja, aquele existente nos ____________________.

9. A ________________ é o emprego de uma palavra em seu sentido figurado, e depende do contexto em que foi utilizada.

10. A ________________ trata dos estudos das articulações gramaticais existentes entre as palavras, as orações e frases para garantir uma boa sequenciação de eventos.

11. A ________________ aborda a relação lógica entre ideias, situações ou acontecimentos, apoiando-se, por vezes, em mecanismos formais, de natureza ________________ ou ________________, e no conhecimento compartilhado entre os leitores de um texto.

CAPÍTULO 3

Morfossintaxe

Morfossintaxe

Texto referente às questões 209 a 211.

Ninguém sabia, nem pretendia saber, por que ou como Lanebbia e seus associados se interessavam por um bando de maníacos como nós, gente estranha, supostamente inteligente, que passava horas lendo ou discutindo inutilidades. Gente, dizia-se, que brilharia no corpo docente de qualquer universidade; especialistas **que qualquer editora contrataria por somas astronômicas** (certos astros não são muito grandes). Era um enigma também para nós; mas, lamentações à parte, sabíamos de nossa incompetência, também astronômica (alguns astros são bastante grandes), para lidar com contratos, chefes, prazos e, sobretudo, reivindicações salariais. Tínhamos, além disso, algumas doenças comuns a todo o grupo, ou quase todo: a bibliomania mais crônica que se possa imaginar, uma paixão neurótico-deliquencial por textos antigos, que nos levava frequentemente a visitas subservientes a párocos, conventos, igrejas e colégios. **Procurávamos** criar relacionamentos que facilitassem o acesso a qualquer velharia escrita. Que poderia estar esperando por nós, por que não?, desde séculos, ou décadas. **Conhecíamos** armários, sótãos, porões e cofres de sacristias, bibliotecas, batistérios ou cenáculos, bem **melhor do que** seus proprietários ou curadores. Tínhamos achado preciosidades **que muitos colecionadores cobiçariam.**

Descobrir esses esconderijos era uma espécie de hobby nosso nos fins de semana, quando saíamos atrás de boa comida, bons vinhos e velhos escritos.

Isaias Pessotti. Aqueles cães malditos de Arquelau. Rio de Janeiro: Ed. 34, 1993, p. 11 (com adaptações).

209. (2014 - CADE - Agente Administrativo) Seria mantida a correção gramatical do texto caso a expressão "melhor do que", em destaque no texto, fosse substituída por melhor que.

GABARITO: CERTO.

Ambas as expressões estão corretas e são adjetivos que estão em grau comparativo. Pode-se empregar qualquer uma delas.

210. (2014 - CADE - Agente Administrativo) O emprego de formas verbais no pretérito imperfeito, como, por exemplo, "Procurávamos" e "Conhecíamos", em destaque no texto, está associado à ideia de habitualidade, continuidade ou duração.

GABARITO: CERTO.

Os termos "procurávamos" e "conhecíamos" estão no pretérito imperfeito. Sobre os tempos verbais, é importante saber que eles expressam sentidos. Para o pretérito imperfeito, o sentido é de algo repetitivo, contínuo, habitual.

211. (2014 - CADE - Agente Administrativo) Nos trechos "que qualquer editora contrataria por somas astronômicas" e "que muitos colecionadores cobiçariam", em destaque no texto, o vocábulo "que" introduz orações adjetivas restritivas, nas quais exerce a função de complemento verbal.

GABARITO: CERTO.

Como ambas as orações não estão iniciadas com vírgula, há duas orações adjetivas restritivas. E ambas são complementos verbais. Para entender a função da palavra que, é preciso verificar como o período foi construído. 1: Eis os especialistas.

Qualquer editora contrataria especialistas. (especialistas é complemento verbal de contrataria). 2: Tínhamos achado preciosidades. Muitos colecionadores cobiçariam preciosidades. (preciosidades é complemento verbal de cobiçaram).

Texto referente às questões 212 e 213.

Permanece inquietante a (Questão de formar a criança e o jovem **para valores que ainda constituem o ideal do nosso tão sofrido bípede implume**. O malogro da educação liberal-capitalista nos aflige como, em outro contexto, nos teria afligido um projeto de educação totalitária. Esta impõe, mediante a violência do Estado, a passividade inerme do cidadão, **ao qual** só resta obedecer aos ditames do partido dominante. Conhecemos o que foi a barbárie nazifascista, a barbárie stalinista, a barbárie maoísta. De outra natureza é a barbárie que vivemos no aqui-e-agora do consumismo irresponsável, dos lobbies farmacêuticos, do desrespeito ao ambiente, das violações dos direitos humanos fundamentais, da imprensa facciosa e venal, dos partidos de aluguel, da intolerância ideológica dos grupelhos, da arrogância dos formadores de opinião espalhados pela mídia e pelas universidades.

Um plano oficial de educação pouco poderia fazer **para alterar esse iminente risco de desintegração que afeta a sociedade civil**, atingindo classes e estamentos diversos; mas que ao menos se faça esse pouco!

Alfredo Bosi. A valorização dos docentes é a única forma de construir uma escola eficiente. Chega de proletários do giz. In: Carta Capital. Ano XIX, n.º 781, p. 29 (com adaptações).

212. **(2014 - CADE - Agente Administrativo)** A preposição "para", tanto em "para valores que ainda constituem o ideal do nosso tão sofrido bípede implume" quanto em "para alterar esse iminente risco de desintegração que afeta a sociedade civil", introduz orações que exprimem finalidade.

GABARITO: ERRADO.

No período "Permanece inquietante a (Questão de formar a criança e o jovem para valores que ainda constituem o ideal do nosso tão sofrido bípede implume", a preposição para estabelece uma ideia de direção e não introduz uma oração. No período "Um plano oficial de educação pouco poderia fazer para alterar esse iminente risco", a preposição para introduz uma oração que exprime finalidade.

213. **(2014 - CADE - Agente Administrativo)** Sem prejuízo da correção gramatical e do sentido original do texto, a preposição "a", em "ao qual", em destaque no texto, poderia ser suprimida.

GABARITO: ERRADO.

A expressão "ao qual" substituiu outro pronome relativo (que). Essa expressão faz referência a "cidadão", que é uma palavra masculina que está no singular. Logo, a retirada de "a" prejudicaria a correção gramatical.

A expectativa é de que o funcionamento regular dessas estruturas possa gerar subsídios para a melhoria de processos de trabalho nas operadoras, **em especial** no que diz respeito ao relacionamento com o público e à racionalização do fluxo de demandas encaminhadas à ANS.

Internet: <www.ans.gov.br> (com adaptações).

214. (2013 - ANS - Técnico Administrativo) Mantém-se a correção gramatical do período ao se substituir "em especial" por especialmente.

GABARITO: CERTO.

A expressão "em especial" é um adjunto adverbial. Ao fazer a substituição proposta, o termo "especialmente" exerce a mesma função. Vejamos: "especialmente" no que diz respeito ao relacionamento com o público e à racionalização do fluxo de demandas encaminhadas à ANS.

Há evidências de que a oferta de medicação domiciliar pelas operadoras de planos de saúde **traz** efeito positivo aos beneficiários: todas as normas da ANS primam pela pesquisa baseada em evidências científicas nacionais e internacionais e buscam a qualidade da saúde oferecida aos beneficiários dos planos de saúde, bem como o equilíbrio do setor.

Internet: <www.ans.gov.br> (com adaptações).

215. (2013 - ANS - Técnico Administrativo) A forma verbal "traz" está no singular porque concorda com o núcleo de seu sujeito: "a oferta".

GABARITO: ERRADO.

O núcleo do sujeito é o substantivo "oferta", e não "a oferta".

A fiscalização do cumprimento das garantias de atendimento é uma forma eficaz de se certificar o beneficiário da assistência por ele contratada, **pois** leva as operadoras a ampliarem o credenciamento de prestadores e a melhorarem o seu relacionamento com o cliente. Para isso, a participação dos consumidores é de fundamental importância.

Internet: <www.ans.gov.br> (com adaptações).

216. (2013 - ANS - Técnico Administrativo) Mantêm-se a correção gramatical do período e suas informações originais ao se substituir o termo "pois" por qualquer um dos seguintes: já que, uma vez que, porquanto.

GABARITO: CERTO.

As expressões "já que, uma vez que, porquanto" têm sentido explicativo. No período "é uma forma eficaz de se certificar o beneficiário da assistência por ele contratada, pois leva as operadoras a ampliarem o credenciamento de prestadores e a melhorarem o seu relacionamento com o cliente", pois também tem caráter explicativo. Logo, a substituição é possível.

Texto referente às questões 217 e 218.

A avaliação das operadoras de planos de saúde em relação às garantias de atendimento, previstas na RN 259, **é realizada** de acordo com dois critérios: comparativo, cotejando-as entre si, dentro do mesmo segmento e porte; e avaliatório, considerando evolutivamente seus próprios resultados.

Os planos de saúde recebem notas de zero a quatro: zero significa que o serviço atendeu às normas, e quatro é a pior avaliação possível do serviço. Os planos com pior avaliação — durante dois períodos consecutivos — estão sujeitos à suspensão temporária da comercialização. Quando isso ocorre, os clientes **que já haviam contratado o serviço** continuam no direito de usá-lo, mas a operadora não pode aceitar novos beneficiários nesses planos.

Internet: <www.ans.gov.br>.

217. (2013 - ANS - Analista Administrativo) O segmento "que já haviam contratado o serviço" tem natureza restritiva.

GABARITO: CERTO.

O segmento em comento é iniciado por um pronome relativo, por isso é uma oração adjetiva. Como essa oração não está entre vírgulas, tem natureza restritiva.

218. (2013 - ANS - Analista Administrativo) Prejudica-se a correção gramatical do período ao se substituir "é realizada" por realiza-se.

GABARITO: ERRADO.

No trecho "A avaliação das operadoras de planos de saúde em relação às garantias de atendimento é realizada", a forma verbal "é realizada" está na voz passiva analítica. Essa forma verbal na voz passiva sintética é: realiza-se.

Do ponto de vista global, notou-se que a quebra da ordem foi provocada em situações diversas e ora tornou mais graves as distorções do direito, ora espalhou a insegurança coletivamente.

Internet: <www1.folha.uol.com.br> (com adaptações).

219. (2014 - DPF - Agente Administrativo) A partícula "se" é empregada para indeterminar o sujeito.

GABARITO: ERRADO.

Em "notou-se que a quebra da ordem...", o termo "se" é pronome apassivador, visto que a oração está na voz passiva pronominal, sendo o sujeito oracional.

Quando **o homem moderno**, particularmente o habitante da cidade, deixa a luz natural do dia ou a luz artificial da noite e entra no cinema, opera-se em sua consciência uma mudança psicológica crucial. Do ponto de vista subjetivo, na maioria dos casos, ele vai ao cinema em busca de distração, entretenimento, talvez até instrução, por um bom par de horas.

Pouco lhe **importam** as condições técnicas e socioeconômicas das indústrias que, em primeira instância, lhe possibilitam assistir aos filmes; na verdade, esse tipo de preocupação nem lhe passa pela cabeça.

Hugo Mauerhofer. A psicologia da experiência cinematográfica. In: Ismail Xavier. A experiência do cinema. RJ: Graal, 1983, p. 375-6 (com adaptações).

220. (2013 - ANCINE - Analista Administrativo) A forma verbal "importam" foi empregada no plural por concordar com "o homem moderno", expressão de sentido coletivo a que se refere o sujeito da oração em que essa forma verbal ocorre.

GABARITO: ERRADO.

A forma verbal "importam" foi empregada no plural para concordar com o sujeito (as condições técnicas e socioeconômicas das indústrias). O pronome é que lhe faz referência a "o homem moderno".

Um dos principais aspectos desse ato corriqueiro, que se chama situação cinema, é o isolamento mais completo possível do mundo exterior e de suas fontes de perturbação visual e auditiva. O cinema ideal seria aquele **onde** não houvesse absolutamente nenhum ponto de luz (tais como letreiros luminosos de emergência e saída etc.) fora da própria tela e onde, fora a trilha sonora do filme, não pudessem penetrar nem mesmo os mínimos ruídos.

Hugo Mauerhofer. A psicologia da experiência cinematográfica. In: Ismail Xavier. A experiência do cinema. RJ: Graal, 1983, p. 375-6 (com adaptações).

221. **(2013 - ANCINE - Analista Administrativo)** A substituição do vocábulo "onde" por em que manteria a correção gramatical e o sentido original do texto.

GABARITO: CERTO.

A substituição está correta, pois onde pode ser substituído por em que, porque ambos são pronomes relativos.

Caso alguém pergunte, em um futuro distante, qual **terá sido** o meio de expressão de maior impacto da era moderna, a resposta será quase unânime: o cinematógrafo.

Inventado em 1895 pelos irmãos Lumière para fins científicos, o cinema revelou-se peça fundamental do imaginário coletivo do século XX, seja como fonte de entretenimento, seja como **fonte de divulgação cultural de todos os povos do globo**.

História do cinema brasileiro. Internet: <http://dc.itamaraty.gov.br> (com adaptações).

222. **(2013 - ANCINE - Analista Administrativo)** A substituição da forma verbal "terá sido" por foi não prejudicaria a correção gramatical nem a coerência do texto.

GABARITO: CERTO.

A substituição de termos não afetaria a correção gramatical nem a coerência, pois ambas as formas verbais estão no passado e fazem referência a um fato ocorrido no passado em relação ao futuro. "Caso alguém pergunte, em um futuro distante, qual terá sido o meio de expressão de maior impacto da era moderna, a resposta será quase unânime: o cinematógrafo."

Cidadãos de áreas rurais que estejam ligados a atividades culturais e estudantes universitários de todas as regiões do Brasil, por exemplo, são beneficiados por um dos projetos da SID: as Redes Culturais. Essas redes abrangem associações e grupos culturais para divulgar e preservar suas manifestações de cunho artístico. O projeto é guiado por parcerias entre órgãos representativos do Estado brasileiro e as entidades culturais.

Identidade e diversidade. Internet: <www.brasil.gov.br/sobre/cultura/> (com adaptações).

223. **(2013 - PC/BA - Escrivão)** No período "Essas redes abrangem associações e grupos culturais para divulgar e preservar suas manifestações de cunho artístico", duas orações expressam finalidades das "Redes Culturais".

GABARITO: CERTO.

A ocorrência da palavra para mostra que há uma finalidade. E como há dois verbos (divulgar e preservar), entende-se que há duas orações, as quais são reduzidas de infinitivo.

Quanto ao gênero deles, não sei que diga que não seja inútil. O livro está nas mãos do leitor. Direi somente que se há aqui páginas que parecem meros contos e outras que o não são, defendo-me das segundas com dizer que os leitores das outras podem achar nelas algum interesse, e das primeiras defendo-me com São João e Diderot.

Machado de Assis. Obra completa. Vol. II, Rio de Janeiro: Nova Aguilar, 1994, p. 236. (com adaptações).

224. **(2014 - TC/DF - Técnico Administrativo)** No trecho "Quanto ao gênero deles, não sei que diga que não seja inútil" a vírgula separa orações coordenadas.

GABARITO: ERRADO.

A expressão antes da vírgula não é uma oração, pois não há verbo. Tem o mesmo sentido de: "em relação ao gênero deles", "sobre o gênero deles". Logo, não há orações coordenadas, pois temos um período simples.

225. **(2014 - TC/DF - Técnico Administrativo)** A palavra "que", em todas as ocorrências no trecho "Direi somente que se há aqui páginas que parecem meros contos e outras que o não são", pertence a uma mesma classe gramatical.

GABARITO: ERRADO.

São de classes gramaticais diferentes: Direi somente que (conjunção) se há aqui páginas que (pronome relativo) parecem meros contos e outras que (pronome relativo) o não são.

Nas formas de vida coletiva, podem assinalar-se dois princípios que se combatem e regulam diversamente as atividades dos homens. Esses dois princípios encarnam-se nos tipos do aventureiro e do trabalhador. Já nas sociedades rudimentares manifestam-se eles, segundo sua predominância, na distinção fundamental entre os povos caçadores ou coletores e os povos lavradores. Para uns, o objeto final, a mira de todo esforço, o ponto de chegada, assume relevância tão capital, que chega a dispensar, por secundários, quase supérfluos, todos os processos intermediários. Seu ideal será colher o fruto sem plantar a árvore. Esse tipo humano ignora as fronteiras. No mundo, tudo se apresenta a ele em generosa amplitude e, onde quer que se erija um obstáculo a seus propósitos ambiciosos, sabe transformar esse obstáculo em trampolim.

Sérgio Buarque de Holanda. Raízes do Brasil. São Paulo: Companhia das Letras, 1995.

226. **(2014 - TC/DF - Técnico Administrativo)** Nos trechos "Já nas sociedades rudimentares manifestam-se eles" e "No mundo tudo se apresenta a ele", os pronomes "eles" e "ele" exercem a função sintática de complemento verbal.

GABARITO: ERRADO.

No trecho "Já nas sociedades rudimentares manifestam-se eles", o pronome eles exerce a função de sujeito de manifestam-se. No trecho "No mundo tudo se apresenta a ele", o pronome ele exerce a função de complemento verbal.

Texto referente às questões 227 e 228.

Hoje, o petróleo e o carvão são responsáveis pela maior parte da geração de energia no mundo e há poucas perspectivas de mudanças da matriz energética mundial, em um futuro próximo.

Sabe-se **que** o processo de combustão de combustíveis fósseis atualmente empregado é bastante ineficiente e é perdida boa parte da energia gerada.

Relativamente ao petróleo, enquanto uma revolução tecnológica na área de energia não chega, busca-se conhecer melhor essa matéria-prima e trabalha-se para torná-la mais eficiente.

No fim do século XIX, o aumento da procura do petróleo decorreu principalmente da necessidade de querosene para iluminação em substituição ao óleo de baleia, que se tornava cada vez mais caro. Produtos como a gasolina ou o dísel eram simplesmente descartados.

Na época, o querosene de qualidade era aquele que não incorporava frações correspondentes a gasolina, pois haveria probabilidade de explosão, ou a dísel, que geraria uma chama fuliginosa. A título de curiosidade, a cor azul preponderante em companhias de petróleo derivou da cor das latas de querosene que não explodiam, como representação de seu selo de qualidade.

No futuro, talvez daqui a 50 ou 100 anos, olhando para trás, perceba-se o desperdício da queima dessa matéria-prima tão rica!

Cláudio Augusto Oller Nascimento e Lincoln Fernando Lautenschlager Moro. Petróleo: energia do presente, matéria-prima do futuro? In: Revista USP, n° 89, 2011, p. 90-7 (com adaptações).

227. **(2013 - ANP - Analista Administrativo)** As expressões (em destaque no texto) "Hoje", "No fim do século XIX", "Na época" e "No futuro" estabelecem, no texto, encadeamento de ideias de temporalidade.

GABARITO: CERTO.

Todas as expressões são adjuntos adverbiais que expressam circunstância de tempo (quando uma ação ocorre).

228. **(2013 - ANP - Analista Administrativo)** A oração introduzida pelo elemento "que", no segundo período do texto, funciona como sujeito da oração que inicia o período.

GABARITO: CERTO.

No trecho "Sabe-se que o processo de combustão de combustíveis fósseis atualmente empregado...", a forma verbal "sabe-se" está na voz passiva sintética. Logo, a expressão que vem após "sabe-se", iniciada por que (conjunção), exerce a função de sujeito dessa forma verbal (oração subordinada substantiva subjetiva).

Texto referente às questões 229 a 231.

O que tanta gente foi fazer do lado de fora do tribunal **onde** foi julgado um dos mais famosos casais acusados de assassinato no país? Torcer pela justiça, sim: as evidências permitiam uma forte convicção sobre os culpados, muito antes do encerramento das investigações. Contudo, para torcer pela justiça, não era necessário acampar na porta do tribunal, **de onde** ninguém podia pressionar os jurados. Bastava fazer abaixo-assinados via Internet pela condenação do pai e da madrasta da vítima. O que foram fazer lá, ao vivo? Penso que as pessoas não torceram apenas pela condenação dos principais suspeitos. Torceram também para que a versão **que inculpou o pai e a madrasta** fosse verdadeira.

O relativo alívio que se sente ao saber que um assassinato se explica a partir do círculo de relações pessoais da vítima talvez tenha duas explicações. Primeiro, a fantasia de que em nossas famílias isso nunca há de acontecer. Em geral temos mais controle sobre nossas relações íntimas que sobre o acaso dos maus encontros que podem nos vitimar em uma cidade grande. Segundo, porque o crime familiar permite o lenitivo da construção de uma narrativa. Se toda morte violenta, ou súbita, nos deixa frente a frente com o real traumático, busca-se a possibilidade de inscrever o acontecido em uma narrativa, **ainda que terrível**, capaz de produzir sentido para o que não tem tamanho nem nunca terá, o que não tem conserto nem nunca terá, o que não faz sentido.

Maria Rita Khel. A morte do sentido. Internet: <www.mariaritakehl.psc.br> (com adaptações).

229. **(2013 - DPF - Escrivão)** A substituição da expressão "ainda que terrível", em destaque no texto, por senão que terrível preservaria a correção gramatical e o sentido original do texto.

GABARITO: ERRADO.

A substituição da expressão "ainda que terrível" por "senão que terrível" afeta a correção gramatical e o sentido original do texto. "Ainda que" indica concessão. "Senão que" compõe a conjunção coordenativa "não só ... senão que".

230. **(2013 - DPF - Escrivão)** O emprego dos elementos destacados "onde" e "de onde", no texto, é próprio da linguagem oral informal, razão por que devem ser substituídos, respectivamente, por no qual e da qual, em textos que requerem o emprego da norma padrão escrita.

GABARITO: ERRADO.

É equivocado afirmar que o emprego dos termos "onde" e "de onde", no texto, é próprio da linguagem oral informal. O termo "onde" está empregado corretamente como pronome relativo, na indicação de lugar.

231. **(2013 - DPF - Escrivão)** Sem prejuízo da correção gramatical e do sentido do texto, a oração "que inculpou o pai e a madrasta" poderia ser isolada por vírgulas, sendo a opção pelo emprego desse sinal de pontuação uma (Questão de estilo apenas).

GABARITO: ERRADO.

A colocação de vírgulas na oração "que inculpou o pai e a madrasta" altera o sentido do texto. Por ser, no texto, uma oração adjetiva restritiva, ela se tornaria uma oração adjetiva explicativa se fosse isolada por vírgulas. Nesse caso, não se trata apenas de

A Constituição de 1891, a primeira republicana, ainda por influência de Rui Barbosa, institucionalizou definitivamente o Tribunal de Contas da União, inscrevendo-o em seu Art. 89.

232. **(2012 - TCU - Técnico Administrativo)** O segmento "a primeira republicana" está entre vírgulas por ser um vocativo.

GABARITO: ERRADO.

O segmento isolado por vírgulas tem sentido explicativo, portanto, é um aposto.

As discussões, no Brasil, sobre a criação de um tribunal de contas **durariam** quase um século, polarizadas entre os que defendiam sua necessidade — para quem as contas públicas deviam ser examinadas por um órgão independente — e os que a combatiam, por entenderem que as contas públicas podiam continuar sendo controladas por aqueles que as realizavam.

233. (2012 - TCU - Técnico Administrativo) Mantém-se a correção gramatical do período ao se substituir "durariam" por duraram.

GABARITO: CERTO.

Considerando o aspecto gramatical, em "As discussões, no Brasil, sobre a criação de um tribunal de contas durariam quase um século", a substituição de tempo verbal não prejudicaria o período. Haveria apenas alteração de sentido, mas a (Item faz referência à correção gramatical).

Governar de modo inovador exige, **invariavelmente, repensar** o modelo secular de governança pública em todas as suas dimensões: política, econômica, social e tecnológica. Com a evolução sociotécnica, fortemente alavancada pelo desenvolvimento das tecnologias da informação e comunicação, as mudanças na governança pública implicam mudanças na base tecnológica que sustenta a burocracia, nas estruturas do aparelho de Estado e em seus modelos de gestão.

234. (2013 - TCU - Auditor Federal de Controle Externo) Não haveria prejuízo do sentido original do texto caso o termo "invariavelmente" fosse deslocado, com as vírgulas que o isolam, para imediatamente depois de "repensar".

GABARITO: ERRADO.

Caso fosse descolado, o advérbio seria um item modificador da forma verbal "repensar", o que afetaria o sentido original do texto.

A experiência de governança pública tem mostrado que os sistemas democráticos de governo se fortalecem à medida que os governos eleitos assumem a liderança de processos de **mudanças** que buscam o atendimento das demandas de sociedades cada vez mais complexas e alcançam resultados positivos perceptíveis pela população.

235. (2013 - TCU - Auditor Federal de Controle Externo) A inserção de vírgula logo após a palavra "mudanças" traria prejuízo à coerência do texto.

GABARITO: CERTO.

No trecho "processos de mudanças que buscam o atendimento das demandas de sociedades cada vez mais complexas e alcançam resultados positivos perceptíveis pela população", o período iniciado pelo pronome relativo que tem sentido restritivo. Com a alteração proposta, o sentido seria explicativo.

Nesse cenário, fez-se necessário repensar o modelo de administração da máquina pública. A Lei de Responsabilidade Fiscal (LRF), em vigor desde maio de 2000, estabelece, entre outras exigências, o equilíbrio das contas governamentais, que possibilita ao Estado assumir o compromisso de investir na melhoria da sua capacidade de execução e, assim, prestar serviços adequados e implementar políticas públicas eficazes e eficientes, garantindo, ao mesmo tempo, transparência na execução de programas governamentais e acesso desimpedido às informações solicitadas pelo cidadão.

Por dentro do Brasil. Modernização da gestão pública. Internet: <http://www.brasil.gov.br> (com adaptações).

236. **(2013 - TCU - Auditor Federal de Controle Externo)** O período que inicia o texto poderia ser corretamente reescrito, sem prejuízo das informações originais, da seguinte forma: Devido ao cenário, fez necessário repensar-se o modelo administrativo da máquina pública.

GABARITO: ERRADO.

A reescrita prejudica o trecho. Ao se retirar o pronome se da forma verbal fez, esse verbo deixa de estar na voz passiva, por isso fez precisaria de um sujeito. No item original, "repensar o modelo administrativo da máquina pública" é sujeito de fez-se.

Se cumprido integralmente, o novo PNE pode universalizar a educação básica para crianças e jovens de quatro a dezessete anos de idade e alfabetizar todas as crianças até os oito anos de idade (mais 17 milhões de jovens e adultos).

Internet: <http://revistaescola.abril.com.br> (com adaptações).

237. **(2012 - FNDE - Especialista em Financiamento e Execução de Programas e Projetos Educacionais)** A oração "Se cumprido integralmente" introduz uma condição para que seja possível, com o PNE, a universalização da educação básica.

GABARITO: CERTO.

A palavra se é um conjunção subordinativa com sentido de condicionalidade.

Não é a primeira vez que o governo federal tenta formular um guia para as políticas públicas em educação. A primeira bússola sugerida foi a versão anterior do PNE, referente ao período 2001-2010, que apresentava 295 metas e um diagnóstico complexo do setor. Não deu certo por várias razões.

Internet: <http://revistaescola.abril.com.br> (com adaptações).

238. **(2012 - FNDE - Especialista em Financiamento e Execução de Programas e Projetos Educacionais)** O referente do sujeito da oração "que apresentava 295 metas e um diagnóstico complexo do setor" é "a versão anterior do PNE".

GABARITO: CERTO.

Pode-se comprovar isso ao verificar todo o período: A primeira bússola sugerida foi a versão anterior do PNE, referente ao período 2001-2010, que apresentava 295 metas e um diagnóstico complexo do setor.

O **ministro** da Educação já se manifestou dizendo que o novo investimento será "uma tarefa política difícil de ser executada". Por meio de nota, o ministro afirmou que a medida implicaria dobrar os recursos para a educação nos orçamentos das prefeituras, dos governos estaduais e do governo federal.

"Equivale a colocar um Ministério da Educação dentro do Ministério da Educação, ou seja, tirar R$ 85 bilhões de outros ministérios para a educação", **disse.**

Internet: <http://veja.abril.com.br> (com adaptações).

239. **(2012 - FNDE - Especialista em Financiamento e Execução de Programas e Projetos Educacionais)** O referente do sujeito da oração expressa pela forma verbal "disse" é "O ministro", termo que poderia ser inserido após a referida forma verbal para tornar explícito o sujeito da oração.

GABARITO: CERTO.

Pelas relações lógico-discursivas, percebe-se que o referente de "disse" é "o ministro".

Ele estabelece vinte metas educacionais, que passam por todos os níveis de ensino, da creche à pós-graduação, incluindo-se objetivos como a erradicação do analfabetismo e a oferta do ensino em tempo integral em, pelo menos, 50% das escolas públicas.

Internet: <http://veja.abril.com.br> (com adaptações).

240. **(2012 - FNDE - Especialista em Financiamento e Execução de Programas e Projetos Educacionais)** O trecho "do analfabetismo e a oferta do ensino" complementa o sentido de "erradicação".

GABARITO: ERRADO.

No trecho "incluindo-se objetivos como a erradicação do analfabetismo e a oferta do ensino em tempo integral", a expressão "do analfabetismo" complementa o sentido de erradicação. "A oferta do ensino" é um dos objetivos (expressão dita anteriormente).

O País ainda é um dos mais desiguais do mundo, mas a desigualdade **diminui** desde o controle da inflação, em 1994.

A maior alta nos rendimentos do trabalho (29,2%) foi registrada entre os 10% mais pobres, salvo na região Norte. Na média, mais de cinco milhões de pessoas saíram da faixa de pobreza.

O Estado de S. Paulo, Editorial, 25/9/2012 (com adaptações).

241. **(2012 - FNDE - Técnico Administrativo)** Mantém-se a correção gramatical do período ao se substituir a forma verbal "diminui" por vem diminuindo.

GABARITO: CERTO.

O emprego de ambas as formas verbais mantém a correção gramatical do período. Essas duas formas têm sentido atual e estão no presente do indicativo.

Texto referente às questões 242 a 244.

O poder público, por sua vez, precisa **mostrar-se** capaz de motivar todos os agentes envolvidos na área de ensino a se integrarem nesse processo e, ao mesmo tempo, de colocar em prática **sugestões consideradas procedentes**. Como ficou claro a partir da origem do Exame Nacional do Ensino Médio (ENEM), por exemplo, é importante aguardar um tempo considerável até que as resistências desapareçam ou, pelo menos, se **atenuem**.

O pior dos cenários é simplesmente rechaçar a ideia de qualquer avaliação no setor educacional. O poder público terá melhores condições de reduzir objeções **se conseguir passar a ideia** de que as imperfeições apontadas deixarão de constituir entraves para avanços no ensino.

Zero Hora, Editorial, RS, 25/9/2012 (com adaptações).

242. **(2012 - FNDE - Técnico Administrativo)** Em "se conseguir passar a ideia" o "se" confere à oração a noção de condição.

GABARITO: CERTO.

Considerando todo o período, percebe-se que o "se" é uma conjunção subordinativa condicional (O poder público terá melhores condições de reduzir objeções se conseguir passar a ideia de que as imperfeições apontadas deixarão de constituir entraves para avanços no ensino).

243. **(2012 - FNDE - Técnico Administrativo)** A forma verbal "atenuem" está no plural porque concorda com o antecedente "sugestões consideradas procedentes".

GABARITO: ERRADO.

O antecedente com que a forma verbal "atenuem" concorda é "as resistências".

244. **(2012 - FNDE - Técnico Administrativo)** Em "mostrar-se" (l.1), o pronome "se" indica que o sujeito é indeterminado.

GABARITO: ERRADO.

Verificando o período "O poder público, por sua vez, precisa mostrar-se capaz", percebe-se que o sujeito é "o poder público".

Texto referente às questões 245 e 246.

A vida do Brasil colonial era regida pelas Ordenações Filipinas, um código legal que se aplicava a Portugal e seus territórios ultramarinos. Com todas as letras, as Ordenações Filipinas asseguravam ao marido o direito de matar a mulher caso a apanhasse em adultério. Também podia matá-la por meramente suspeitar de traição. Previa-se um único caso de punição: sendo o marido traído um "peão" e o amante de sua mulher uma "pessoa de maior qualidade", o assassino **poderia** ser condenado a três anos de desterro na África.

No Brasil República, as leis continuaram reproduzindo a ideia de que o homem era superior à mulher. O Código Civil de 1916 dava às mulheres casadas o status de "incapazes". Elas só podiam assinar contratos ou trabalhar fora de casa se tivessem a autorização expressa do marido.

Ricardo Westin e Cintia Sasse. Dormindo com o inimigo. In: Jornal do Senado. Brasília, 4/jul./2013, p. 4-5. Internet: <www.senado.gov.br> (com adaptações).

245. **(2014 - TJ/SE - Analista)** O emprego do futuro do pretérito em "poderia", no final do primeiro parágrafo, indica que a situação apresentada na oração é não factual, ou seja, é hipotética.

GABARITO: CERTO.

No trecho [sendo o marido traído um "peão" e o amante de sua mulher uma "pessoa de maior qualidade", o assassino poderia ser condenado a três anos de desterro na África], percebe-se que a forma verbal "poderia" indica uma hipótese, e não um fato certo.

246. (2014 - TJ/SE - Analista) No primeiro período do segundo parágrafo, sobrepõem-se duas informações: a de que, mesmo no Brasil República, as leis traduziram a visão machista de superioridade masculina e a de que essa visão imperava antes dessa época.

GABARITO: CERTO.

O emprego da forma verbal composta (com o gerúndio) mostra que há uma continuidade da ação expressa pelo verbo. Ou seja, antes do Brasil República, a ideia de que o homem era superior à mulher já existia.

Pela Internet são compradas passagens aéreas, entradas de cinema e pizzas; acompanham-se as notícias do dia, as ações do governo, os gols e os capítulos das novelas; e são postadas as fotos da última viagem, além de serem comentados os últimos acontecimentos do grupo de amigos.

Internet: <www.camara.leg.br> (com adaptações).

247. (2014 - TJ/SE - Analista) No último período, construído de acordo com o princípio do paralelismo sintático, o sujeito das orações classifica-se como indeterminado.

GABARITO: ERRADO.

Há presença de sujeito determinado, pois os verbos estão na voz passiva (são compradas, acompanham-se, são postadas). Ou seja, sempre que houver voz passiva, há sujeito determinado.

No entanto, junto com esse crescimento do mundo virtual, aumentaram também o cometimento de crimes e outros desconfortos que levaram à criação de leis que criminalizam determinadas práticas no uso da Internet, tais como invasão a sítios e roubo de senhas.

Devido ao aumento dos problemas motivados pela digitalização das relações pessoais, comerciais e governamentais, surgiu a necessidade de se regulamentar o uso da Internet.

Internet: <www.camara.leg.br> (com adaptações).

248. (2014 - TJ/SE - Analista) O termo "de senhas" e a oração "de se regulamentar o uso da Internet" complementam o sentido de nomes substantivos.

GABARITO: CERTO.

No trecho "roubo de senhas" e "necessidade de se regulamentar o uso da Internet", há expressões iniciada com preposição (de) são complementos nominais de "roubo" e "necessidade", respectivamente.

Em vinte e poucos anos, a Internet deixou de ser um ambiente virtual restrito e transformou-se em fenômeno mundial. Atualmente, há tantos computadores e dispositivos conectados à Internet que os mais de quatro bilhões de endereços disponíveis estão praticamente esgotados.

Internet: <www.camara.leg.br> (com adaptações).

249. (2014 - TJ/SE - Analista) Seriam mantidos o sentido e a correção gramatical do texto, se a forma verbal "há" fosse substituída por existe.

GABARITO: ERRADO.

Ao se substituir o verbo haver por existir, é preciso ficar atento à concordância verbal, pois "existir" é um verbo pessoal. Logo, a reescrita seria: existem tantos computadores e dispositivos

Texto referente às questões 250 e 251.

Polícia é um vocábulo de origem grega (politeia) que passou para o latim (politia) com o mesmo sentido: governo de uma cidade, administração, forma de governo. **No entanto**, com o decorrer do tempo, **assumiu** um sentido particular, passando a representar a ação do governo, que, no exercício de sua missão de tutela da ordem jurídica, **busca assegurar** a tranquilidade pública e a proteção da sociedade contra violações e malefícios.

Internet: <www.ssp.sp.gov.br> (com adaptações).

250. (2014 - DPF - Analista) Não haveria prejuízo das informações veiculadas no texto, caso se substituísse "No entanto" por Portanto.

GABARITO: ERRADO.

Haveria prejuízo para os sentidos do texto, pois a locução "No entanto" tem sentido adversativo e "portanto", sentido conclusivo.

251. (2014 - DPF - Analista) O referente dos sujeitos das orações expressas pelas formas verbais "assumiu" e "busca assegurar" é o termo "Polícia".

GABARITO: ERRADO.

Há de se verificar a ocorrência da palavra que. O sujeito da oração expressa pela forma verbal "busca assegurar" é o pronome "que", cujo antecedente é "governo".

O Art. 144 deve ser interpretado de acordo com o núcleo axiológico do sistema constitucional **em que se situam esses princípios fundamentais.**

Cláudio Pereira de Souza Neto. A segurança pública na Constituição Federal de 1988: conceituação constitucionalmente adequada, competências federativas e órgãos de execução das políticas.

Internet: <www.oab.org.br> (com adaptações).

252. (2014 - DPF - Analista) Mantendo-se a coerência e a correção gramatical do texto, o trecho "em que se situam esses princípios fundamentais" poderia ser substituído por aonde se situam esses princípios fundamentais.

GABARITO: ERRADO.

A substituição de em que por aonde prejudica a correção gramatical do texto. A "palavra "aonde" é a junção de "a" mais "onde" (e tem significado equivalente à "para onde").

Texto referente às questões 253 a 255.

Imagine a leitora que está em 1813, na igreja do Carmo, ouvindo uma daquelas boas festas antigas, que eram todo o recreio público e toda a arte musical. Sabem o que é uma missa cantada; podem imaginar o que seria uma missa cantada daqueles anos remotos. Não lhe chamo a atenção para os padres e os sacristães, nem para o sermão, nem para os olhos das moças cariocas, que já eram bonitos nesse tempo, nem para as mantilhas das senhoras graves, os calções, as cabeleiras, as sanefas, as luzes, os incensos, nada. Não falo sequer da orquestra, que é excelente; limito-me a mostrar-lhes uma cabeça branca, a cabeça desse velho que rege a orquestra, com alma e devoção.

Chama-se Romão Pires; **terá** sessenta anos, não menos, nasceu no Valongo, ou por esses lados. É bom músico e bom homem; todos os músicos gostam dele.

Machado de Assis. Histórias sem data. Internet: <www.machadodeassis.org.br> (com adaptações).

253. **(2014 - CBM/CE - Soldado da Carreira de Praças)** No texto, a forma verbal "terá", em destaque no texto, indica uma ação a ser praticada em tempo futuro.

GABARITO: ERRADO.

Pela construção do texto, percebe-se que há um tempo histórico. No trecho "Chama-se Romão Pires; terá sessenta anos, não menos, nasceu no Valongo, ou por esses lados.", a forma verbal terá evidencia algo no presente, uma suposição.

254. **(2014 - CBM/CE - Soldado da Carreira de Praças)** No fragmento "Não lhe chamo a atenção para os padres e os sacristães, nem para o sermão", todos os substantivos terminados em ditongos nasais apresentam as mesmas possibilidades de formação de plural.

GABARITO: ERRADO.

Na formação de plural, temos o seguinte: atenção – atenções; sacristão – sacristães; sermão – sermões.

255. **(2014 - CBM/CE - Soldado da Carreira de Praças)** No trecho "Imagine a leitora que está em 1813, na igreja do Carmo, ouvindo uma daquelas boas festas antigas, que eram todo o recreio público e toda a arte musical", o termo "que" desempenha a mesma função sintática em suas duas ocorrências.

GABARITO: ERRADO.

Na primeira ocorrência, o pronome introduz uma oração subordinada adjetiva restritiva; na segunda, uma oração subordinada adjetiva explicativa.

O Brasil passou, **então**, a ser um dos principais colaboradores do Haiti no processo de reconstrução e capacitação profissional, fornecendo tropas para a Missão de Paz das Nações Unidas (Minustah), que está no Haiti desde 2004.

Renata Giraldi. Internet: <www.ebc.com.br> (com adaptações).

256. **(2014 - CBM/CE - Primeiro-Tenente)** O termo "então", empregado no texto como conjunção conclusiva, poderia, sem prejuízo do sentido original do texto, ser substituída por por isso.

GABARITO: ERRADO.

O termo "por isso" é empregado quando há relação de causa e consequência. Logo, a substituição alteraria o sentido do texto.

Texto referente às questões 257 e 258.

Apesar de os pesquisadores responsáveis pelos estudos na Antártida terem mantido suas atividades desde o incêndio de fevereiro de 2012, que deixou o Brasil sem base no continente branco, os cientistas não tinham voltado a pisar no gelo. Alguns estudos foram realizados a partir de navios brasileiros e outros, em universidades com os dados meteorológicos coletados pelos instrumentos que ainda funcionam na Antártida.

Internet: <http://noticias.terra.com.br/ciencia/brasil> (com adaptações).

257. **(2014 - CBM/CE - Primeiro-Tenente)** Seria mantida a correção gramatical do texto caso a oração "Alguns estudos foram realizados" fosse assim reescrita: Realizaram-se alguns estudos.

GABARITO: CERTO.

A oração "Alguns estudos foram realizados" está na voz passiva analítica. A mesma oração na voz passiva sintética ficaria: "Realizaram-se alguns estudos".

258. **(2014 - CBM/CE - Primeiro-Tenente)** A oração "que ainda funcionam na Antártida" particulariza o sentido do termo "instrumentos".

GABARITO: CERTO.

No trecho "pelos instrumentos que ainda funcionam na Antártida.", a oração iniciada pela palavra que é uma oração subordinada adjetiva restritiva.

Quando havia um incêndio na cidade, os aguadeiros eram avisados por três disparos de canhão, partidos do morro do Castelo, e por toques de sinos da igreja de São Francisco de Paula, correspondendo o número de badaladas ao número da **freguesia** onde se verificava o sinistro. Esses toques eram reproduzidos pela igreja matriz da freguesia. Assim, os homens corriam para os aguadeiros, e a população fazia aquela fila quilométrica, passando baldes de mão em mão, do chafariz até o incêndio.

Internet: <www.bombeirosfoz.com.br> (com adaptações).

259. **(2014 - CBM/CE - Primeiro-Tenente)** O substantivo "freguesia" pode ser substituído no texto, sem prejuízo de sentido, por clientela.

GABARITO: ERRADO.

O substantivo freguesia refere-se a um local, e não à clientela.

Texto referente às questões 260 a 263.

Talvez o grande número de escravos no Sítio do Tatu se **devesse** ao fato de Federalina possuir um grupo de escravas que eram usadas como parideiras de moleques, **que após algum tempo eram vendidos ao aparecer comprador.**

Uma das histórias de crueldade de Dona Federalina (que deve ser mentirosa) versa sobre uma dessas negras parideiras e o filho que seria vendido, **embora** já estivesse com ela havia mais de um ano. A escrava, agarrada à criança, correu para o mato, mas Federalina deu ordem para que fossem atrás e trouxessem o menino. Na tentativa de proteger o filho, a negra foi apunhalada; ainda correu para casa, e lá a patroa mandou que mãe e filho fossem embebidos com querosene, e ela própria ateou-lhes fogo. A escrava, soltando o filho, debateu-se até morrer. **Conta-se que as marcas de sangue da negra** não saíam nunca da parede, mesmo que a caiassem continuamente.

Rachel de Queiroz e Heloísa Buarque de Hollanda. Matriarcas do Ceará D. Federalina de Lavras. Internet: <www.ime.usp.br> (com adaptações).

260. **(2014 - CBM/CE - Primeiro-Tenente)** A oração iniciada com "embora", em destaque no texto, exprime ideia de oposição em relação ao fato expresso na oração anterior.

GABARITO: CERTO.

No trecho "Uma das histórias de crueldade de Dona Federalina (que deve ser mentirosa) versa sobre uma dessas negras parideiras e o filho que seria vendido, embora já estivesse com ela havia mais de um ano", a conjunção embora expressa um valor adversativo no período.

261. **(2014 - CBM/CE - Primeiro-Tenente)** A forma verbal "Conta-se" poderia estar flexionada no plural, sem prejuízo da correção gramatical do texto, em concordância com "as marcas de sangue da negra", dada a presença do pronome apassivador.

GABARITO: ERRADO.

No trecho "Conta-se que as marcas de sangue da negra não saíam nunca da parede", a presença da palavra que evidencia que há um sujeito oracional. Logo, o verbo deve permanecer no singular.

262. **(2014 - CBM/CE - Primeiro-Tenente)** O emprego da forma verbal "devesse", em destaque no texto, no subjuntivo justifica-se pelo sentido hipotético da primeira oração do período.

GABARITO: CERTO.

No trecho "Talvez o grande número de escravos no Sítio do Tatu se devesse ao fato de Federalina", o emprego de talvez dá uma ideia de hipótese, logo, a forma verbal segue essa mesma lógica e apresenta-se no subjuntivo.

263. **(2014 - CBM/CE - Primeiro-Tenente)** A oração "que após algum tempo eram vendidos ao aparecer comprador" tem natureza explicativa.

GABARITO: CERTO.

No trecho "um grupo de escravas que eram usadas como parideiras de moleques, que após algum tempo eram vendidos ao aparecer comprador", como há o emprego de vírgula, a oração iniciada por que tem natureza explicativa.

Texto referente às questões 264 e 265.

Sem dúvida, a **universidade** contemporânea **desempenha** uma importante função social na medida em que **qualifica** o indivíduo para um mercado de trabalho competitivo e dinâmico, carecedor de trabalhadores aptos a desempenhar atividades de maior grau de intelectualização. Embora o ingresso no mercado de trabalho esteja fortemente impresso no imaginário coletivo como o principal — senão único — recurso para melhoria de condições de vida, é preciso observar que a sociedade capitalista define o indivíduo a partir de sua capacidade de produzir mais e melhor do que o seu próximo.

Não obstante, para além da consideração do indivíduo, encontra-se a coletividade, que é a força material de um país — formada pelo conjunto de sujeitos de tal coletividade e por aquilo que eles produzem —, e que constitui esse país em suas esferas política, econômica e cultural.

Luciana Zacharias Gomes Ferreira Coelho. Direito à qualidade no ensino superior público brasileiro em face do processo de expansão das instituições federais de ensino superior. Internet: <www.ambito-juridico.com.br> (com adaptações).

264. **(2013 - Ministério da Educação - Técnico Administrativo)** A expressão "Não obstante" relaciona a ideia mencionada no final do primeiro parágrafo, sobre o indivíduo, com a mencionada a seguir, sobre a coletividade, e poderia ser substituída, sem prejudicar a coerência e a correção do texto, por Apesar disso.

GABARITO: CERTO.

Ambas as expressões têm relação sinonímica entre elas, logo, a substituição é possível.

265. **(2013 - Ministério da Educação - Técnico Administrativo)** No primeiro período do texto, a flexão empregada nas formas verbais "desempenha" e "qualifica" denota concordância com o nome "universidade".

GABARITO: CERTO.

Ambas as formas verbais concordam com universidade: a universidade contemporânea desempenha uma importante função social na medida em que qualifica o indivíduo.

O grande desafio para os países latino-americanos consiste em oferecer aprendizagem, investigação e oportunidades de trabalho para seus indivíduos de forma equitativa e equilibrada, a fim de **assegurar conhecimentos avançados** que promovam o desenvolvimento de suas economias, **uma vez que** esses países estão se convertendo em protagonistas do mercado global.

Luciane Stallivieri. O sistema de ensino superior do Brasil: características, tendências e perspectivas. Internet: <www.ucs.br> (com adaptações).

266. **(2013 - Ministério da Educação – Técnico Administrativo)** A expressão "uma vez que" introduz oração que denota a finalidade da busca de "assegurar conhecimentos avançados".

GABARITO: ERRADO.

A expressão "uma vez que" denota uma relação de causa e consequência, e não de finalidade.

Os países da América Latina **têm buscado** criar cada vez mais oportunidades para formar seus cidadãos e **aumentar** as reservas de capital intelectual e de profissionais altamente qualificados, além de dar-lhes condições de acesso ao mercado de trabalho com vistas à geração de renda e melhoria de condições de vida.

Luciane Stallivieri. O sistema de ensino superior do Brasil: características, tendências e perspectivas. Internet: <www.ucs.br> (com adaptações).

267. **(2013 - Ministério da Educação - Técnico Administrativo)** A substituição das formas verbais "têm buscado" e "aumentar" por buscam e aumentam, respectivamente, manteria a correção e a coerência do texto.

GABARITO: ERRADO.

Fazendo-se a alteração, teríamos o seguinte: Os países da América Latina buscam criar cada vez mais oportunidades para formar seus cidadãos e aumentam as reservas de capital intelectual e de profissionais altamente qualificados. Logo, percebe-se que a coerência é alterada.

A educação superior no Brasil não pode ser discutida sem que se tenha presente o cenário e o contexto em que ela surgiu, ou seja, é preciso analisá-la desde o seu surgimento até a sua realidade atual, nos panoramas local, regional e mundial.

Luciane Stallivieri. O sistema de ensino superior do Brasil: características, tendências e perspectivas. Internet: <www.ucs.br> (com adaptações).

268. **(2013 - Ministério da Educação – Técnico Administrativo)** Caso expressão "em que" (R.2) fosse substituída por o qual, seriam mantidas a correção e a coerência do texto.

GABARITO: ERRADO.

A expressão em que, como se refere a contexto, poderia ser substituída por no qual, e não por o qual.

Um conjunto de mudanças quantitativas e estruturais nas universidades tem promovido o surgimento de um novo tipo de instituição acadêmica, que ocupa papel de destaque no funcionamento proposto pelo modelo dinâmico da "hélice tripla", ou modelo de pesquisa multidirecional. Nesse caso, além de desempenhar suas tradicionais atividades de ensino e pesquisa, a universidade estaria assumindo a missão de usar o conhecimento científico produzido em suas pesquisas para apoiar o desenvolvimento social e econômico do ambiente.

Entretanto, há estudiosos que afirmam que as universidades não se estruturam em função dessas atividades, mas que essas instituições as articulam convenientemente de acordo com as possibilidades apresentadas por sua história e tradição, pelos recursos financeiros e humanos de que dispõem, pela "clientela" que devem atender, pelo contexto social vigente, pelas políticas públicas e privadas que as afetem direta ou indiretamente.

Rodrigo Maia de Oliveira. Proteção e comercialização da pesquisa acadêmica no Brasil: motivações e percepções dos inventores. SP: UNICAMP, 2011. Tese de doutoramento. Internet: <www.bibliotecadigital.unicamp.br> (com adaptações).

269. **(2013 - Ministério da Educação - Técnico Administrativo)** O trecho introduzido pela conjunção "Entretanto" estabelece explícita divergência com as informações contidas no primeiro parágrafo do texto acerca do modo como se estruturam as atividades das universidades.

GABARITO: CERTO.

A conjunção entretanto tem valor adversativo, pois isso estabelece divergência entre dois períodos.

Entretanto, há estudiosos que afirmam que as universidades não se estruturam em função dessas atividades, mas que essas instituições as articulam convenientemente de acordo com as possibilidades apresentadas por sua história e tradição, pelos recursos financeiros e humanos de que dispõem, pela "clientela" que devem atender, pelo contexto social vigente, pelas políticas públicas e privadas que as afetem direta ou indiretamente.

Rodrigo Maia de Oliveira. Proteção e comercialização da pesquisa acadêmica no Brasil: motivações e percepções dos inventores. SP: UNICAMP, 2011. Tese de doutoramento. Internet: <www.bibliotecadigital.unicamp.br> (com adaptações).

270. **(2013 - Ministério da Educação - Técnico Administrativo)** De acordo com o sentido do texto, no trecho "de que dispõem" o emprego da preposição é facultativo, uma vez que o verbo dispor pode ter tanto complementação direta quanto indireta.

GABARITO: ERRADO.

Pela estrutura do período e pelas regras de regência verbal, deve-se empregar a preposição de, ou seja, não é facultativo o emprego.

Sugerem que as universidades desempenham três diferentes funções — ensino superior em massa (licenciatura); ensino superior profissional (bacharelado) e pesquisa para a resolução de problemas; e formação de pesquisadores acadêmicos (formação de mestres e doutores e publicação de artigos científicos) —, e que as inúmeras combinações possíveis dessas funções são a variável-chave na explicação da posição ocupada pelas universidades em quaisquer classificações.

Rodrigo Maia de Oliveira. Proteção e comercialização da pesquisa acadêmica no Brasil: motivações e percepções dos inventores. SP: UNICAMP, 2011. Tese de doutoramento. Internet: <www.bibliotecadigital.unicamp.br> (com adaptações).

271. **(2013 - Ministério da Educação – Técnico Administrativo)** As orações "que as universidades (...) diferentes funções" e "que as inúmeras (...) quaisquer classificações" são coordenadas e funcionam como complemento da forma verbal "Sugerem", cujo sujeito é indeterminado.

GABARITO: ERRADO.

O sujeito da forma verbal sugerem é oculto e faz referência a estudiosos. Ambas as orações que são iniciadas pelas palavra que são subordinadas.

Um conjunto de mudanças quantitativas e estruturais nas universidades tem promovido o surgimento de um novo tipo de instituição acadêmica, que ocupa papel de destaque no funcionamento proposto pelo modelo dinâmico da "hélice tripla".

Rodrigo Maia de Oliveira. Proteção e comercialização da pesquisa acadêmica no Brasil: motivações e percepções dos inventores. SP: UNICAMP, 2011. Tese de doutoramento. Internet: <www.bibliotecadigital.unicamp.br> (com adaptações).

272. **(2013 - Ministério da Educação – Técnico Administrativo)** A forma verbal "ocupa" denota concordância com o nome que constitui o núcleo de seu sujeito: "tipo".

GABARITO: ERRADO.

O sujeito da forma verbal ocupa é a palavra que.

Há muito tempo a sociedade demonstra interesse por assuntos relacionados à ciência e à tecnologia. Na verdade, desde a pré-história, o homem busca explicações para a realidade e os mistérios do mundo que o cerca.

Luiz Fernando Dal Pian Nobre. Do jornal para o livro: ensaios curtos de cientistas. Internet: <www.portcom.intercom.org.br> (com adaptações).

273. **(2014 – Ministério do Trabalho – Agente Administrativo)** Em "o cerca" o pronome "o", que se refere ao termo "o homem", exerce a função de complemento da forma verbal "cerca".

GABARITO: CERTO.

No trecho "o homem busca explicações para a realidade e os mistérios do mundo que o cerca". "O" exerce a função de complemento direto de "cerca" e retoma "homem". Comprova-se isso ao não se fazer o uso do pronome, pois o período ficaria "do mundo que cerca o homem".

Já o pesquisador, ao escrever sobre seu projeto ou pesquisa, esquece por vezes que aqueles que lerão nem sempre têm conhecimento linguístico da área e utiliza uma linguagem não acessível a pessoas que não pertencem ao meio acadêmico e, dessa forma, dificulta a divulgação de sua pesquisa.

Camila Delmondes Dias et al. Divulgando a arqueologia: comunicando o conhecimento para a sociedade. In: Ciência e Cultura. São Paulo, v. 65, nº 2, jun./2013. Internet: <http://cienciaecultura.bvs.br> (com adaptações).

274. **(2014 – Ministério do Trabalho – Agente Administrativo)** O pronome "aqueles" exerce a função de sujeito das formas verbais "lerão" e "têm", o que justifica o emprego do plural nessas formas.

GABARITO: ERRADO.

Comprova-se isso fazendo a análise sintática, percebe que "aqueles" é sujeito de ter(têm) e que o sujeito de ler (lerão) é o pronome que. Os verbos estão no plural porque o referente de sujeito está no plural.

A academia não pode estar voltada apenas para seu público interno. É muito importante que as informações sejam divulgadas e não permaneçam circulando em um grupo fechado, até para que haja crescimento da própria comunidade científica.

Camila Delmondes Dias et al. Divulgando a arqueologia: comunicando o conhecimento para a sociedade. In: Ciência e Cultura. São Paulo, v. 65, nº 2, jun./2013. Internet: <http://cienciaecultura.bvs.br> (com adaptações).

275. **(2014 – Ministério do Trabalho – Agente Administrativo)** As orações "que as informações sejam divulgadas e não permaneçam circulando em um grupo fechado", ligadas entre si por uma relação de coordenação, exercem a função de complemento do nome "importante".

GABARITO: ERRADO.

O trecho "que as informações sejam divulgadas e não permaneçam circulando em um grupo Fechado" exerce a função de sujeito da forma verbal "é".

Texto referente às questões 276 a 278.

"Passe lá no RH!". Não são poucas as vezes em que os colaboradores de uma empresa recebem essa orientação. Não são poucos os chefes que não sabem como tratar um tema que envolve seus subordinados, ou não têm coragem de fazê-lo, e empurram a responsabilidade para seus colegas da área de recursos humanos. Promover ou comunicar um aumento de salário é com o chefe mesmo; resolver conflitos, comunicar uma demissão, selecionar pessoas, identificar necessidades de treinamento é "lá com o RH". Em pleno século XXI, ainda existem empresas cujos executivos não sabem quem são os reais responsáveis pela gestão de seu capital humano. Os responsáveis pela gestão de pessoas em uma organização são os gestores, e não a área de RH. Gente é o ativo mais importante nas organizações: é o propulsor que as move e lhes dá vida. **Portanto**, os aspectos que envolvem a gestão de pessoas têm de ser tratados como parte de uma política de valorização desse ativo, **na qual** gestores e RH são vasos comunicantes, trabalhando em conjunto, cada um desempenhando seu papel de forma adequada.

José Luiz Bichuetti. Gestão de pessoas não é com o RH! In: Harvard Business Review Brasil. (com adaptações).

276. (2014 - MTE - Analista) No trecho "Não são poucos os chefes que não sabem como tratar um tema que envolve seus subordinados", há duas orações de natureza restritiva, uma referente a "os chefes" e outra a "um tema".

GABARITO: CERTO.

Ambas as orações são adjetivas (iniciadas por pronome relativo) e, como não estão isoladas por alguma pontuação, têm natureza restritiva. Cada pronome relativo inicia uma oração: 1) "Não são poucos os chefes que não sabem como tratar um tema. 2) Um tema que envolve seus subordinados".

277. (2014 - MTE - Analista) O vocábulo "Portanto" em destaque no texto poderia ser substituído pela expressão Não obstante, sem prejuízo do sentido original do texto.

GABARITO: ERRADO.

O vocábulo "portanto" tem sentido conclusivo, e "não obstante" é empregado quando se quer evidenciar um sentido de adversidade entre duas informações. Logo, a substituição não é possível porque o valor semântico é diferente.

278. (2014 - MTE - Analista) A expressão "na qual" em destaque no texto poderia ser substituída pela expressão em que, sem prejuízo da correção gramatical do texto.

GABARITO: CERTO.

Os pronomes relativos "na qual" e "em que" podem ter relação sinonímica, de acordo com o termo a que se referem. Como "na qual" retoma "uma política de valorização desse ativo", a substituição é possível.

Pagar as contas do cotidiano no prazo correto também colabora para o equilíbrio financeiro. Há ainda outros mitos que fazem parte do comportamento do brasileiro. Entre eles, destacam-se o conceito de que, para ser investidor, é preciso ter muito dinheiro disponível e a ideia de que os produtos existentes no mercado financeiro são muito complexos.

Mauro Calil. Deixe de ser devedor. Internet: <www.exame.com> (com adaptações).

279. **(2014 – MTE – Analista)** A forma verbal "Há" poderia ser substituída por Existe sem que houvesse prejuízo para a correção gramatical do período.

GABARITO: ERRADO.

A substituição somente seria possível se houvesse uma adaptação (concordância verbal): existem ainda outros mitos.

Texto referente às questões 280 e 281.

Após fechar outubro com índice histórico de mão de obra direta (127.800 trabalhadores), o Polo Industrial de Manaus (PIM) deu sequência aos bons resultados e encerrou novembro de 2013 com novo recorde de empregos: 129.663 trabalhadores, entre efetivos, temporários e terceirizados. O faturamento acumulado do PIM no período de janeiro a 7 novembro de 2013 também avançou, totalizando R$ 76,6 bilhões (US$ 35.7 bilhões), registrando-se crescimento de 12,40% (2,04% na moeda americana) em relação ao mesmo 10 período de 2012.

Os dados fazem parte dos indicadores de desempenho do PIM, os quais são apurados mensalmente pela SUFRAMA 13 junto às empresas incentivadas do parque industrial da capital amazonense.

Internet: <www.suframa.gov.br> (com adaptações).

280. **(2014 – SUFRAMA – Técnico Administrativo)** O adjetivo "histórico" foi empregado para expressar a ideia de que o índice de empregos foi excelente, extraordinário, memorável, digno de pertencer à história.

GABARITO: CERTO.

Ao empregar o adjetivo histórico, em "Após fechar outubro com índice histórico de mão de obra direta", percebe-se que há a ideia de falar sobre algo excelente, extraordinário, memorável, digno de pertencer à história.

281. **(2014 – SUFRAMA – Técnico Administrativo)** A substituição de "os quais" no último parágrafo pelo pronome que provocaria transgressão às regras gramaticais da modalidade escrita formal.

GABARITO: ERRADO.

No período "Os dados fazem parte dos indicadores de desempenho do PIM, os quais são apurados", os quais é um pronome relativo e pode ser substituído por que, ou seja, não haveria transgressão às regras gramaticais com a troca.

Embora a produção de televisores com tela de cristal líquido (LCD), motocicletas e telefones celulares, os três produtos mais representativos do PIM, tenha sofrido decréscimo no período de janeiro a novembro de 2013 na comparação com o mesmo intervalo em 2012, a produção de outros produtos apresentou grande crescimento, com destaque para tablets, videogames, condicionadores de ar e microcomputadores.

Internet: <www.suframa.gov.br> (com adaptações).

282. (2014 - SUFRAMA - Técnico Administrativo) O verbo "sofrer" foi empregado na forma composta do modo subjuntivo — "tenha sofrido" — por exigência da conjunção "Embora", que estabelece uma relação de concessão dentro do período.

GABARITO: CERTO.

O emprego da conjunção subordinativa "embora" exige o emprego da forma verbal no modo subjuntivo.

A Questão ambiental foi levantada com uma pergunta ao governador de Rondônia sobre como desenvolver a região com a floresta em pé. "Para isso, é preciso oferecer opções. Nesse ponto, posso dizer que a Zona Franca de Manaus é o mais bem-sucedido projeto ambiental da Amazônia", disse, ao lembrar que, mesmo sem ser o objetivo de sua criação, a ZFM acabou sendo a opção para afastar a população da exploração da floresta. "O Amazonas garantiu 95% de preservação", observou.

Internet: <www.suframa.gov.br> (com adaptações).

283. (2014 - SUFRAMA - Técnico Administrativo) As formas verbais "disse" e "observou" remetem às falas de pessoas diferentes.

GABARITO: ERRADO.

As formas verbais fazem referência ao governador de Rondônia, ou seja, é a mesma pessoa.

Texto referente às questões 284 e 285.

A Portaria Interministerial n.º 12 estabelece o Processo Produtivo Básico (PPB) para motos aquáticas e similares. Esse PPB é composto por oito etapas, que deverão ser realizadas na ZFM, com exceção da primeira, relacionada à moldagem do casco, que poderá ser dispensada, **caso** a empresa fabricante adquira partes dele e peças no mercado regional ou nacional nas quantidades mínimas indicadas na portaria. "A moto aquática, conhecida popularmente como jet ski, é hoje um produto inteiramente importado. O que **fizemos** foi simplificar o PPB, sem prejuízos dos níveis de investimento e mão de obra, e com isso **vamos** trazer essa produção para o PIM. Pelo menos quatro grandes empresas participaram das discussões visando ao estabelecimento do PPB e já demonstraram interesse em fabricar o produto em Manaus",disse o superintendente da ZFM.

Internet: <www.suframa.gov.br/suf_pub_noticias> (com adaptações).

284. (2014 - SUFRAMA - Técnico Administrativo) Mantêm-se as informações originais e a correção gramatical do período ao se substituir "caso" (2º período do texto) por qualquer um dos termos a seguir: desde que; contanto que.

GABARITO: CERTO.

A conjunção "caso" é subordinativa condicional e pode ser substituída por "desde que" e "contanto que", pois todas têm o mesmo valor semântico.

285. (2014 - SUFRAMA - Técnico Administrativo) O emprego de "fizemos" e "vamos" (em destaque no texto) expressa a ideia de que a ação foi praticada por toda a população amazonense.

GABARITO: ERRADO.

Os termos "fizemos" e "vamos" faz referência aos envolvidas com a ZFM, pois os dois verbos estão na fala do superintendente da ZFM.

A capital do Amazonas foi, talvez, a cidade que mais conheceu a riqueza, os encantos e o glamour do primeiro mundo no Brasil.

[...]

No princípio do século XIX, em 1833, o arraial foi elevado à categoria de vila com o nome de Manaós, em homenagem à tribo de mesma denominação, **que** se recusava a ser dominada pelos portugueses e se negava ser mão de obra escrava.

Internet: <www.amazonas.am.gov.br> (com adaptações).

286. (2014 – SUFRAMA – Analista Administrativo) O termo "que", nas duas ocorrências, desempenha a mesma função sintática.

GABARITO: CERTO.

Nas duas ocorrências, a palavra que exerce a função de sujeito. Em "a cidade que mais conheceu", o verbo tem como referente "cidade". Em "a tribo..., que se recusava", o verbo tem como referente "tribo".

Texto referente às questões 287 e 288.

A viagem de Orellana (1549) instaura o momento fundador dos primeiros mitos, como o das amazonas — índias guerreiras, bravas habitantes de uma aldeia sem homens. Outros viajantes, aventureiros e exploradores que procuravam riquezas espalharam mundo afora mitos e fantasias.

Violeta Refkalefsky Loureiro. Amazônia: uma história de perdas e danos, um futuro a (re)construir. Estudav. [online]. 2002, vol. 16, n.º 45, p. 107-21 (com adaptações).

287. (2014 – SUFRAMA – Analista Administrativo) Os termos separados pelo travessão e o termo "aventureiros e exploradores" exercem, nos períodos em que ocorrem, a mesma função sintática.

GABARITO: ERRADO.

No trecho separado por travessão, temos um aposto. Os termos aventureiros e exploradores exercem a função de sujeito de "espalharam".

288. (2014 – SUFRAMA – Analista Administrativo) No trecho "A viagem de Orellana (1549) instaura o momento fundador dos primeiros mitos" , o verbo poderia ser substituído por inaugura, sem prejuízo do sentido do texto.

GABARITO: CERTO.

Pelas relações semânticas e pelos sentidos do trecho, entende-se que instaura e inaugura podem ser sinônimos pela significação contextual, pois marcam o início de algo.

No entanto, apesar de fantástica, sua viagem marcou o primeiro choque cultural e o primeiro ato de violência contra os povos da Amazônia: Pinzon aprisionou índios e os levou consigo para vender como escravos na Europa.

Violeta Refkalefsky Loureiro. Amazônia: uma história de perdas e danos, um futuro a (re)construir. Estudav. [online]. 2002, vol. 16, n.º 45, p.

289. **(2014 – SUFRAMA – Analista Administrativo)** O pronome "os", em "os levou consigo", poderia ser corretamente substituído por lhes.

GABARITO: ERRADO.

O pronome "os" tem a função de objeto direto e o pronome "lhes" exerce a função de objeto indireto, ou seja, não se pode fazer a substituição de um pelo outro, pois eles têm função diferente.

Texto referente às questões 290 e 291.

Os empreendimentos instalados na ZFM contam com diversos incentivos, que têm por objetivo estimular o desenvolvimento regional. Há incentivos tributários, com redução ou isenção de tributos federais, estaduais e municipais, além da venda de terrenos a preços simbólicos no parque industrial de Manaus, com completa infraestrutura de serviços sanitários, de energia e de comunicações.

Ricardo Nunes de Miranda. Zona Franca de Manaus: desafios e vulnerabilidades. Internet: <www12.senado.gov.br> (com adaptações).

290. **(2014 – SUFRAMA – Analista Administrativo)** O termo "Os empreendimentos instalados na ZFM" é sujeito do verbo "estimular" .

GABARITO: ERRADO.

O termo "Os empreendimentos instalados na ZFM" é sujeito da forma verbal contam.

291. **(2014 – SUFRAMA – Analista Administrativo)** No trecho "contam com diversos incentivos", o verbo "contar" está empregado como sinônimo de enumerar.

GABARITO: ERRADO.

O verbo contar está empregado no sentido de ter à disposição, dispor de.

Recentemente, notei que um bem-te-vi aparecia todos os dias de manhã para roubar a palha da palmeira do jardim. De vez em quando, trazia a senhora para ajudar no ninho. Comecei a colocar pão na mesa de fora, e eles se habituaram a tomar o café conosco. Agora, quando não encontram o repasto, cantam, reclamando do atraso. Um outro casal descobriu o banquete, não sei a que gênero esses dois pertencem. A cor é um verde-escuro brilhante, o tamanho é menor do que o do bem-te-vi e o Pavarotti da dupla é o macho.

Fernanda Torres. In: Veja Rio, 2/12/2012 (com adaptações).

292. **(2014 – PM/CE – Primero-Tenente)** No trecho "De vez em quando, trazia a senhora para ajudar no ninho", o substantivo "senhora" pode ser substituído, sem prejuízo para as informações veiculadas no texto, pelo termo fêmea.

GABARITO: CERTO.

Como o texto trata do mundo animal, não há problema em fazer a substituição, pois há relação sinonímica entre os termos.

Trata-se de um laboratório sobre rodas, equipado, entre outras coisas, com canhão laser para pulverizar pedaços de rocha e sistemas que medem parâmetros do clima marciano, como velocidade do vento, temperatura e umidade... A lista é grande. Tudo para tentar determinar se, afinal de contas, Marte já foi hospitaleiro para formas de vida – ou quem sabe até ainda o seja.

Reinaldo José Lopes. In: Revista Serafina, 26/8/2012. Internet: <folha.com> (com adaptações).

293. **(2014 – PM/CE – Primero-Tenente)** No trecho "ou quem sabe até ainda o seja" o termo "o" classifica-se como pronome e refere-se ao adjetivo "hospitaleiro".

GABARITO: CERTO.

A palavra o é um pronome, pois retoma a palavra hospitaleiro. Isso é percebido ao fazer-se a substituição: Tudo para tentar determinar se, afinal de contas, Marte já foi hospitaleiro para formas de vida – ou quem sabe até ainda seja hospitaleiro.

Além disso, se o nosso planeta for um exemplo representativo da evolução da vida Cosmos afora, isso significa que a vida aparece relativamente rápido quando um planeta se forma — no caso da Terra, mais ou menos meio bilhão de anos depois que ela surgiu (hoje o planeta tem 4,5 bilhões de anos). Ou seja, teria havido tempo, na fase "molhada" do passado de Marte, para que ao menos alguns micróbios aparecessem antes de serem destruídos pela deterioração do ambiente marciano. Será que algum deles não deu um jeito de se esconder no subsolo e ainda está lá, segurando as pontas?

Reinaldo José Lopes. In: Revista Serafina, 26/8/2012. Internet: <folha.com> (com adaptações).

294. **(2014 – PM/CE – Primero-Tenente)** A expressão "Ou seja" , que garante coesão textual e possui valor semântico de oposição, poderia ser corretamente substituída pela conjunção Contudo.

GABARITO: ERRADO.

A expressão "ou seja" tem caráter explicativo, logo, não pode ser substituída por "contudo", que tem caráter adversativo.

Somente nos últimos anos de sua vida o genovês considerou a possibilidade de ter descoberto terras realmente virgens. Mas foi necessário certo tempo para que a existência de um novo continente começasse a ser aceita pelos europeus. Américo Vespúcio foi um dos primeiros a apresentar um mapa com quatro continentes. Mais tarde, em 1507, a nova terra seria batizada em homenagem ao explorador italiano. Um ano depois da morte de Colombo, que passou a vida sem entender bem o que havia encontrado.

Antouaine Roullet. In: Revista História Viva. Internet: <www2.uol.com.br/historiaviva> (com adaptações).

295. (2014 – PM/CE – Primero-Tenente) No trecho "Mas foi necessário certo tempo para que a existência de um novo continente começasse a ser aceita pelos europeus", a conjunção "Mas" tem valor conclusivo, razão por que poderia ser substituída por Portanto sem prejuízo para o sentido e para a correção gramatical do texto.

GABARITO: ERRADO.

A conjunção mas tem valor adversativo, ou seja, não é possível substitui-la por uma conjunção conclusiva.

Texto referente às questões 296 e 297.

Postos da Polícia Rodoviária Federal poderão ter ambulâncias e paramédicos para atendimento às vítimas de acidentes durante 24 horas por dia. É o que propõe o Projeto de Lei n.º 3.111/2012. Pela proposta, os postos que distam mais de vinte quilômetros de centros urbanos deverão ter ambulâncias e pessoal treinado para prestar socorro. Segundo dados do Departamento da Polícia Rodoviária Federal, de janeiro a novembro de 2011, foram registrados mais de 170 mil acidentes nas rodovias federais do Brasil, sendo 57 mil com feridos e 6 mil com vítimas fatais.

Internet: <www2.camara.gov.br> (com adaptações).

296. (2012 – Câmara dos Deputados – Técnico Legislativo) Se o segmento "que distam mais de vinte quilômetros de centros urbanos" estivesse isolado por vírgulas, o sentido das informações do período permaneceria inalterado.

GABARITO: ERRADO.

A oração "que distam mais de vinte quilômetros de centros urbanos" é uma oração subordinada adjetiva. Por não estar entre vírgulas, é classificada como restritiva e tem sentido restritivo; se estivesse entre vírgulas, seria classificada como explicativa e teria um sentido genérico, não restritivo.

297. (2012 – Câmara dos Deputados – Técnico Legislativo) A substituição de "foram registrados" por registraram-se prejudica a correção gramatical do período e altera suas informações originais.

GABARITO: ERRADO.

No período, "foram registrados mais de 170 mil acidentes nas rodovias federais do Brasil", a forma verbal "foram registrados" está na voz passiva sintética. Se fosse reescrever essa forma verbal na voz passiva analítica, ficaria "registraram-se". Ou seja, ambas as formas estão na voz passiva, por isso, não há prejuízo para a correção gramatical e para o sentido do texto.

Texto referente às questões 298 e 299.

Tramita na Câmara o Projeto de Lei n.º 3.596/2012, do Senado, que estabelece medidas para inibir erros de administração e uso equivocado de medicamentos. Pelo texto, a rotulagem e a embalagem dos produtos deverão ter características que possibilitem a sua imediata identificação. O autor da proposta **observa** que a medida poderia evitar equívocos semelhantes ao ocorrido, recentemente, no Centro de Terapia Intensiva do Hospital Felício Rocho, em Belo Horizonte, **onde** uma técnica de enfermagem trocou sedativo por ácido. "Entre outras causas, a utilização de rótulos e embalagens iguais ou semelhantes para produtos de composição diferente é fator que induz a equívocos, muitas vezes fatais", alerta.

Internet: <www2.camara.gov.br> (com adaptações).

298. **(2012 – Câmara dos Deputados – Técnico Legislativo)** Prejudica-se a informação do período se a palavra "observa" (em destaque no texto) for substituída por qualquer uma das seguintes: lembra, afirma, pondera.

GABARITO: ERRADO.

No período "O autor da proposta observa que a medida poderia evitar equívocos semelhantes ao ocorrido", a palavra "observa" foi empregada no mesmo sentido de "lembra", "afirma", "pondera".

299. **(2012 – Câmara dos Deputados – Técnico Legislativo)** Ao se substituir "onde" (em destaque no texto) por quando, muda-se a referência de lugar para a referência à situação, à ocasião, preservando-se a correção gramatical do período.

GABARITO: CERTO.

No período "O autor da proposta observa que a medida poderia evitar equívocos semelhantes ao ocorrido, recentemente, no Centro de Terapia Intensiva do Hospital Felício Rocho, em Belo Horizonte, onde uma técnica de enfermagem trocou sedativo por ácido", o pronome onde retoma "no Centro de Terapia Intensiva do Hospital Felício Rocho". Se fosse utilizado "quando", a referência seria a "a medida poderia evitar equívocos semelhantes ao ocorrido, recentemente,".

Texto referente às questões 300 a 302.

Pavio do destino

Sérgio Sampaio

O bandido e o mocinho
São os dois do mesmo ninho
Correm nos estreitos trilhos
Lá no morro dos aflitos
Na Favela do Esqueleto
São filhos do primo pobre
A parcela do silêncio
Que encobre todos os gritos
E vão caminhando juntos
O mocinho e o bandido
De revólver de brinquedo
Porque ainda são meninos
Quem viu o pavio aceso do destino?
Com um pouco mais de idade
E já não são como antes
Depois que uma autoridade
Inventou-lhes um flagrante

Quanto mais escapa o tempo
Dos falsos educandários
Mais a dor é o documento
Que os agride e os separa
Não são mais dois inocentes
Não se falam cara a cara
Quem pode escapar ileso
Do medo e do desatino
Quem viu o pavio aceso do destino?
O tempo é pai de tudo
E surpresa não tem dia
Pode ser que haja no mundo
Outra maior ironia
O bandido veste a farda
Da suprema segurança
O mocinho agora amarga
Um bando, uma quadrilha
São os dois da mesma safra
Os dois são da mesma ilha
Dois meninos pelo avesso
Dois perdidos Valentinos
Quem viu o pavio aceso do destino?

300. **(2013 – PC/DF – Agente de Polícia)** Nos versos 25 e 26, os termos "Do medo", "do desatino" e "do destino" exercem a mesma função sintática.

GABARITO: ERRADO.

Do medo e do desatino são complementos indiretos do verbo escapar (verbo transitido indireto), ou seja, as duas expressões exercem a função de objeto indireto.

Do destino está acompanhando a expressão pavio, que é um substantivo concreto. Nesse caso, a expressão do destino é um adjunto adnominal.

301. **(2013 – PC/DF – Agente de Polícia)** O termo "amarga" (v.33) corresponde a uma característica que, no texto, qualifica "quadrilha" (v.34).

GABARITO: ERRADO.

O termo amarga é, morfologicamente, um verbo. Veja o paralelismo sintático: "O bandido veste" (verbo vestir), "O mocinho amarga" (verbo amargar).

302. **(2013 – PC/DF – Agente de Polícia)** O sujeito da forma verbal "viu", nos versos 13, 26 e 39, é indeterminado, pois não se revela, no texto, quem pratica a ação de ver.

GABARITO: ERRADO.

O sujeito da forma verbal viu é quem: Quem viu o pavio aceso do destino?, logo, é um sujeito determinado.

Em agosto deste ano, foram registrados 39 casos de sequestro-relâmpago em todo o DF, o que representa redução de 32% do número de ocorrências dessa natureza criminal em relação ao mesmo mês de 2012, período em que 57 casos foram registrados.

DF registra 316 ocorrências de sequestro-relâmpago nos primeiros oito meses deste ano. R7, 6/9/2013.Internet: <http://noticias.r7.com> (com adaptações).

303. **(2013 – PC/DF – Agente de Polícia)** A correção gramatical e o sentido da oração “Em agosto deste ano, foram registrados 39 casos de sequestro-relâmpago em todo o DF” seriam preservados caso se substituísse a locução verbal “foram registrados” por registrou-se.

GABARITO: ERRADO.

Há um caso de voz passiva analítica em “foram registrados” e voz passiva sintética quando há o uso da partícula apassivadora se. Na reescrita, o verbo deveria ficar “registraram-se” para concordar com 39 casos.

Ao todo, 82% das vítimas (32 pessoas) estavam sozinhas no momento da abordagem dos bandidos, por isso as forças de segurança recomendam que as pessoas tomem alguns cuidados, entre os quais, não estacionar em locais escuros e distantes, não ficar dentro de carros estacionados e redobrar a atenção ao sair de residências, centros comerciais e outros locais.

DF registra 316 ocorrências de sequestro-relâmpago nos primeiros oito meses deste ano. R7, 6/9/2013.Internet: <http://noticias.r7.com> (com adaptações).

304. **(2013 – PC/DF – Agente de Polícia)** O trecho “por isso as forças de segurança recomendam que as pessoas tomem alguns cuidados” expressa uma ideia de conclusão e poderia, mantendo-se a correção gramatical e o sentido do texto, ser iniciado pelo termo porquanto em vez da expressão “por isso”.

GABARITO: ERRADO.

A expressão por isso expressa uma ideia de conclusão, e a expressão porquanto expressa uma ideia de explicação: “Cancelou a reunião, porquanto teve de ir ao médico”.

Texto referente às questões 305 e 306.

O uso indevido de drogas constitui, na atualidade, séria e persistente ameaça à humanidade e à estabilidade das estruturas e valores políticos, econômicos, sociais e culturais de todos os Estados e sociedades. Suas consequências **infligem** considerável prejuízo às nações do mundo inteiro, e não são detidas por fronteiras: avançam por todos os cantos da sociedade e por todos os espaços geográficos, afetando homens e mulheres de diferentes grupos étnicos, independentemente de classe social e econômica ou mesmo de idade.

Questão de relevância na discussão dos efeitos adversos do uso indevido de drogas é a associação do tráfico de drogas ilícitas e dos crimes conexos — geralmente de caráter transnacional — com a criminalidade e a violência. Esses fatores ameaçam a soberania nacional e afetam a estrutura social e econômica interna, devendo o governo adotar uma postura firme de combate ao tráfico de drogas, articulando-se internamente e com a sociedade, de forma a aperfeiçoar e otimizar seus mecanismos de prevenção e repressão e garantir o envolvimento e a aprovação dos cidadãos.

Internet: <www.direitoshumanos.usp.br>.

305. **(2014 – DPF – Agente de Polícia)** A forma verbal "infligem" (1º parágrafo) está empregada no texto com o mesmo sentido que está empregada na seguinte frase: Os agentes de trânsito infligem multas aos infratores.

GABARITO: ERRADO.

Na frase "Os agentes de trânsito infligem multas aos infratores", o verbo significa impor ou fazer incidir (pena, castigo, sofrimento, etc.). Porém, no texto, o sentido é de causar prejuízo.

306. **(2014 – DPF – Agente de Polícia)** O referente do sujeito da oração "articulando-se internamente e com a sociedade" (2º parágrafo), que está elíptico no texto, é "o governo".

GABARITO: CERTO.

Há um sujeito oculto em "articulando-se internamente e com a sociedade", que pode ser resgatado pelo contexto: governo.

Há sociedades que têm a vocação do crescimento, mas sem a vocação da espera. E a resultante, quando não é inflação ou crise do balanço de pagamentos, é uma só: juros altos.

O conflito entre as demandas do presente vivido e as exigências do futuro sonhado é um traço permanente da condição humana. Evitar excessos e inconsistências dos dois lados é um dos maiores desafios em qualquer sociedade. No afã de querer o melhor de dois mundos, o grande risco é terminar sem chegar a mundo algum: a cigarra triste e a formiga pobre.

(Texto adaptado de Eduardo Giannetti. O valor do amanhã: ensaio sobre a natureza dos juros. São Paulo: Companhia das Letras, 2005)

307. **(2014 – DPF – Agente de Polícia)** Não há prejuízo quanto à correção gramatical ao se substituir "Há"(ℓ.1) por "Existem".

GABARITO: CERTO.

O verbo haver é impessoal, no texto, e na troca, deve haver a concordância verbal.

Aconteceu poucos dias após o início do governo Collor, a partir do congelamento dos depósitos bancários. Estávamos na longa e irritante fila de um grande banco, em busca da minguada nota de cinquenta a que cada um tinha direito.

308. **(2012 – DPF – Agente de Polícia)** Como o verbo da primeira oração do texto é impessoal, não há expressão que exerça a função de sujeito, o que não acarreta prejuízo semântico nem sintático para o parágrafo, porque, no período seguinte, é explicitado o fato narrado pelo autor do texto.

GABARITO: ERRADO.

O verbo (acontecer) não é impessoal. A expressão "o início do governo Collor" é o sujeito de "aconteceu".

FAÇA JÁ

1. A Morfologia é o estudo da estrutura, da formação e da classificação das ____________________. Estuda as palavras olhando para elas ____________________ e não dentro da sua participação na frase ou período. A morfologia está agrupada em ________________, ______________ denominadas classes de palavras ou ____________________. São elas: ________________, ____________________, ____________________, ____________________, ____________________, ____________________, ____________________, ____________________, ____________________ e ____________________.

2. O substantivo se classifica em: ________________, ____________________, coletivo, simples, composto.

3. O artigo pode ser classificado em ________________, ____________________.

4. O ________________ pode ser estudado a partir da flexão e do grau.

5. Os numerais se classificam em ________________, fracionários, cardinais e ____________________.

6. Os ________________ existentes são: pessoais, demonstrativos, possessivos, indefinidos, de tratamento, interrogativos e relativos.

7. Os verbos podem ser estudados a partir da ____________________, das formas nominais, dos modos e tempos verbais e das ________________.

8. O advérbio tem a função de modificar ______________ ______________, ____________________.

9. As ____________________ podem ser essenciais ou acidentais.

10. As conjunções são classificadas em ______________________ ______________________.

11. A interjeição é classificada pelo seu ______________.

12. Morfossintaxe é a apreciação conjunta da __________ ______________________ e da __________ __________ das __________ nas __________.

Trata de classe das palavras, emprego de pronomes, relação entre as palavras, concordância verbal e nominal, oração e período, termos da oração, classificação de orações, vozes do verbo e colocação de pronome.

A morfologia refere-se à ______________ de uma palavra (nome, adjetivo, artigo, pronome, quantificador, advérbio, preposição, conjunção, interjeição). A sintaxe refere-se à __________ dessas palavras, isto é, a função que exercem na oração. Morfossintaxe é o estudo da __________ entre a classe gramatical de uma palavra e sua __________ sintática na oração.

CAPÍTULO 4

Correção Gramatical: Concordância. Regência. Crase. Pontuação. Acentuação. Colocação Pronominal

Correção Gramatical: Concordância. Regência. Crase. Pontuação. Acentuação. Colocação Pronominal

309. (2014 - CADE - Agente Administrativo) Justifica-se com base na mesma regra de acentuação gráfica o emprego do acento gráfico nos vocábulos "sabíamos" e "procurávamos".

GABARITO: CERTO.

Ambas as palavras são proparoxítonas, logo, devem sempre levar acento. Pode haver uma confusão com a palavra "sabíamos", pois parece que é um hiato. Porém, seria hiato caso ela fosse uma paroxítona, como em: países, conteúdo; ou se a letra acentuada fosse a segunda, como em: veículo.

Texto referente às questões 310 e 311.

O malogro da educação liberal-capitalista nos aflige como, em outro contexto, nos teria afligido um projeto de educação totalitária. Esta impõe, mediante a violência do Estado, a passividade inerme do cidadão, ao qual só resta obedecer aos ditames do partido dominante.

In: Carta Capital. Ano XIX, n.º 781, p. 29 (com adaptações).

310. (2014 - CADE - Agente Administrativo) O emprego das vírgulas isolando "em outro contexto" justifica-se por estar esse adjunto adverbial intercalado na oração a que pertence.

GABARITO: CERTO.

No período "O malogro da educação liberal-capitalista nos aflige como, em outro contexto, nos teria", a expressão entre vírgulas é um adjunto adverbial que indica uma circunstância de lugar.

311. (2014 - CADE - Agente Administrativo) No trecho "nos teria afligido um projeto de educação totalitária", o pronome "nos" poderia ser corretamente empregado imediatamente após a forma verbal "teria", escrevendo-se teria-nos.

GABARITO: ERRADO.

Se fosse fazer a alteração sugerida no item em comento, deveria escrever-se da seguinte maneira: ter-nos-ia. Trata-se de uma regra de colocação pronominal (mesóclise), pois o verbo está no futuro do pretérito.

Países como México e Chile têm baixa inflação e consideráveis reservas estrangeiras. Venezuela e Argentina, por sua vez, começam a se parecer com casos econômicos sem solução. Na Venezuela, a inflação passa de 50% ao ano — igual à da Síria, país devastado pela guerra.

David Juhnow. Duas Américas Latinas bem diferentes. The Wall Street Journal. In: Internet: <http://online.wsj.com> (com adaptações).

312. (2014 - CADE - Analista Administrativo) Em "começam a se parecer", o pronome "se" poderia ser deslocado para imediatamente após a forma verbal "parecer", escrevendo-se começam a parecer-se.

GABARITO: CERTO.

Esta regra é aplicada (regras de colocação pronominal) quando há uma locução verbal que tenha preposição. É correto escrever: começam a parecer-se.

Há razões para pensar que os países com acesso ao Pacífico estão em vantagem, como, por exemplo, o fato de que, em 2014, o bloco comercial Aliança do Pacífico (formado por México, Colômbia, Peru e Chile) provavelmente crescerá a uma média de 4,25%, ao passo que o grupo do Atlântico, formado por Venezuela, Brasil e Argentina — unidos pelo MERCOSUL —, crescerá 2,5%.

David Juhnow. Duas Américas Latinas bem diferentes. The Wall Street Journal.
In: Internet: <http://online.wsj.com> (com adaptações).

313. (2014 - CADE - Analista Administrativo) Sem prejuízo da correção gramatical do texto, a vírgula empregada logo após o travessão, poderia ser suprimida.

GABARITO: ERRADO.

Para entender a função dessa vírgula, é preciso entender qual é a informação principal do período em comento: "o bloco comercial Aliança do Pacífico provavelmente crescerá a uma média de 4,25%, ao passo que o grupo do Atlântico crescerá 2,5%". Logo, na maioria das vezes, uma informação que esteja intercalada nesse período deve vir pontuada. A vírgula nesse caso é obrigatória, pois está relacionada à vírgula empregada após Atlântico, porque ambas isolam uma expressão que tem caráter explicativo: ao passo que o grupo do Atlântico, formado por Venezuela, Brasil e Argentina — unidos pelo MERCOSUL —, crescerá 2,5%.

Os países do Pacífico, mesmo aqueles como o Chile, que ainda dependem de commodities como o cobre, também têm feito mais para fortalecer a exportação. No México, a exportação de bens manufaturados representa quase 25% da produção econômica anual (no Brasil, representa 4%).

David Juhnow. Duas Américas Latinas bem diferentes. The Wall Street Journal.
In: Internet: <http://online.wsj.com> (com adaptações).

314. (2014 - CADE - Analista Administrativo) Sem prejuízo da correção gramatical ou do sentido original do texto, a forma verbal "representa" poderia ser flexionada no plural — representam —, caso em que concordaria com "bens manufaturados".

GABARITO: ERRADO.

No período "a exportação de bens manufaturados representa", é possível apenas uma concordância, ou seja, o verbo somente pode concordar com "exportação (núcleo do sujeito)".

A expectativa é de que o funcionamento regular dessas estruturas possa gerar subsídios para a melhoria de processos de trabalho nas operadoras, em especial no que diz respeito ao relacionamento com o público e à racionalização do fluxo de demandas encaminhadas à ANS.

Internet: <www.ans.gov.br> (com adaptações).

315. (2013 – ANS - Técnico Administrativo) Prejudica-se a correção gramatical do período ao se substituir "ao relacionamento" por à relação.

GABARITO: ERRADO.

No trecho "em especial no que diz respeito ao relacionamento com o público", o termo ao (A + O) tem a preposição A por causa da regência do termo "respeito". Se houvesse uma palavra feminina no singular (relação em vez de relacionamento) após "respeito", seria obrigatório o emprego de acento grave. Logo, não há prejuízo para a correção gramatical.

As operadoras de planos de saúde deverão criar ouvidorias vinculadas às suas estruturas organizacionais. A determinação é da Agência Nacional de Saúde Suplementar (ANS) em norma que será publicada no Diário Oficial da União.

Internet: <www.ans.gov.br> (com adaptações).

316. (2013 – ANS - Técnico Administrativo) O emprego do sinal indicativo de crase em "às suas" justifica-se porque o termo "vinculadas" exige complemento regido pela preposição a e o pronome possessivo "suas" vem antecedido por artigo definido feminino plural.

GABARITO: CERTO.

Lendo o período "As operadoras de planos de saúde deverão criar ouvidorias vinculadas às suas estruturas organizacionais", percebe-se que o emprego de crase está correto, pois há o encontro de preposição "a" e artigo feminino "a". A presença de "suas" permite o emprego desse sinal, porque há um caso facultativo de acento grave.

O grupo técnico — composto por representantes de operadoras, beneficiários, órgãos de defesa do consumidor, entre outros — estudou o tema e levou em consideração inúmeras publicações disponíveis que dão suporte à proposta feita pela ANS.

Internet: <www.ans.gov.br> (com adaptações).

317. (2013 – ANS - Técnico Administrativo) Mantém-se a correção gramatical do período ao se substituir os travessões por vírgulas ou parênteses.

GABARITO: CERTO.

No trecho "O grupo técnico — composto por representantes de operadoras, beneficiários, órgãos de defesa do consumidor, entre outros — estudou", a expressão entre travessões tem natureza explicativa. Desse modo, a substituição proposta não causa prejuízo quanto à correção gramatical, pois as regras de pontuação permitem essa substituição.

318. (2013 – ANS - Técnico Administrativo) O emprego de vírgulas logo depois de "operadoras" e de "beneficiários" justifica-se porque elas isolam aposto explicativo.

GABARITO: ERRADO.

O emprego da vírgula é para enumerar termos: "composto por representantes de operadoras, beneficiários,".

Texto referente às questões 319 e 320.

Durante o período de janeiro a março de 2013, foram recebidas 13.348 reclamações de beneficiários de planos de saúde referentes à garantia de atendimento. Entre as operadoras médico-hospitalares, 480 tiveram pelo menos uma reclamação e, entre as operadoras odontológicas, 29 tiveram pelo menos uma reclamação de não cumprimento dos prazos máximos estabelecidos ou de negativa de cobertura.

A fiscalização do cumprimento das garantias de atendimento é uma forma eficaz de se certificar o beneficiário da assistência por ele contratada, pois leva as operadoras a ampliarem o credenciamento de prestadores e a melhorarem o seu relacionamento com o cliente. Para isso, a participação dos consumidores é de fundamental importância.

Internet: <www.ans.gov.br> (com adaptações).

319. (2013 – ANS - Técnico Administrativo) A vírgula logo após "2013" (R.1) foi empregada para isolar adjunto adverbial anteposto.

GABARITO: CERTO.

A expressão "Durante o período de janeiro a março de 2013" é um adjunto adverbial que indica uma circunstância temporal, e precisa estar isolado pela vírgula porque está anteposto, deslocado para o início do período.

320. (2013 – ANS - Técnico Administrativo) No segundo parágrafo, mantém-se a correção gramatical do período ao se substituir "é" por são, desde que também se substitua "leva" por levam.

GABARITO: ERRADO.

Não é possível fazer nenhuma das alterações, porque o núcleo do sujeito é "fiscalização", que serve como referência para a concordância verbal de "é" e "leva": "A fiscalização do cumprimento das garantias de atendimento é uma forma eficaz de se certificar o beneficiário da assistência por ele contratada, pois leva as operadoras".

Texto referente às questões 321 a 323.

A Agência Nacional de Saúde Suplementar (ANS) divulgou o último relatório de monitoramento das operadoras, que, pela primeira vez, inclui os novos critérios para suspensão temporária da comercialização de planos de saúde. Além do descumprimento dos prazos de atendimento para consultas, exames e cirurgias, previstos na RN 259, passaram a ser considerados todos os itens relacionados **à negativa** de cobertura, como o rol de **procedimentos,** o período de **carência,** a rede de atendimento, o reembolso e o mecanismo de autorização para os procedimentos.

Internet: <www.ans.gov.br> (com adaptações).

321. (2013 – ANS - Analista Administrativo) O sinal indicativo de crase em "à negativa" é empregado porque a regência de "relacionados" exige complemento regido pela preposição a e o termo "negativa" vem antecedido de artigo definido feminino.

GABARITO: CERTO.

A justificativa para o emprego de crase é o que afirma o item em comento: itens relacionados à negativa de cobertura.

322. (2013 – ANS - Analista Administrativo) As vírgulas empregadas logo após "procedimentos" e "carência" isolam elementos de mesma função sintática componentes de uma enumeração de termos.

GABARITO: CERTO.

O trecho "como o rol de procedimentos, o período de carência, a rede de atendimento, o reembolso e o mecanismo de autorização para os procedimentos", todas as vírgulas isolam elementos de mesma função sintática componentes de uma enumeração de termos.

323. (2013 – ANS - Analista Administrativo) Os acentos gráficos empregados em "Agência" e em "Saúde" têm a mesma justificativa.

GABARITO: ERRADO.

A palavra agência é uma paroxítona terminada em ditongo; a palavra saúde leva acento porque há um hiato: sa-ú-de.

Os planos com pior avaliação — durante dois períodos consecutivos — estão sujeitos à suspensão temporária da comercialização. Quando isso ocorre, os clientes que já aviam contratado o serviço continuam no direito de usá-lo, mas a operadora não pode aceitar novos beneficiários nesses planos.

Internet: <www.ans.gov.br>.

324. (2013 – ANS - Analista Administrativo) A substituição dos travessões por vírgulas ou por parênteses preservaria a correção gramatical do período.

GABARITO: CERTO.

No trecho "Os planos com pior avaliação — durante dois períodos consecutivos — estão sujeitos à suspensão temporária da comercialização", a expressão isolada por travessões pode ser substituída por vírgulas ou por parênteses, conforme as regras de pontuação.

A avaliação das operadoras de planos de saúde em relação às garantias de atendimento, previstas na RN 259, é realizada de acordo com dois critérios: comparativo, cotejando-as entre si, dentro do mesmo segmento e porte; e avaliatório, considerando evolutivamente seus próprios resultados.

Internet: <www.ans.gov.br>.

325. (2013 – ANS - Analista Administrativo) O sinal de dois-pontos logo depois de "critérios" está empregado para anunciar uma enumeração explicativa.

GABARITO: CERTO.

No trecho "de acordo com dois critérios:", o sinal de dois-pontos anuncia quais são os dois critérios, ou seja, há um sentido explicativo.

Texto referente às questões 326 a 328.

A ANS vai mudar a metodologia de análise de processos de consumidores contra as operadoras de planos de saúde com o objetivo de acelerar os trâmites das ações.

Uma das novas medidas adotadas será a apreciação coletiva de processos abertos a partir de queixas dos usuários. Os processos serão julgados de forma conjunta, reunindo várias queixas, organizadas e agrupadas por temas e por operadora.

Segundo a ANS, atualmente, 8.791 processos de reclamações de consumidores sobre o atendimento dos planos de saúde estão em tramitação na agência. Entre os principais motivos que levaram às queixas estão a negativa de cobertura, os reajustes de mensalidades e a mudança de operadora.

No Brasil, cerca de 48,6 milhões de pessoas têm planos de saúde com cobertura de assistência médica e 18,4 milhões têm planos exclusivamente odontológicos.

Valor Econômico, 22/3/2013.

326. **(2013 – ANS - Analista Administrativo)** Prejudica-se a correção gramatical do período ao se substituir "acelerar" (1º parágrafo) por acelerarem.

GABARITO: CERTO.

No período "A ANS vai mudar a metodologia de análise de processos de consumidores contra as operadoras de planos de saúde com o objetivo de acelerar os trâmites das ações", a expressão "com o objetivo de acelerar" tem um verbo em sua forma nominal: infinitivo impessoal; ou seja, não há referência de sujeito para concordar o verbo no plural.

327. **(2013 – ANS - Analista Administrativo)** Os vocábulos "organizadas" e "agrupadas", no 2º parágrafo, estão no feminino plural porque concordam com "queixas".

GABARITO: CERTO.

Temos uma situação em que deve ser observada a concordância nominal: reunindo várias queixas, organizadas e agrupadas.

328. **(2013 – ANS - Analista Administrativo)** Mantém-se a correção gramatical do período ao se substituir "cerca de" (último parágrafo) por acerca de.

GABARITO: ERRADO.

As expressões não têm relação sinonímica. "Cerca de" significa aproximadamente; "acerca de" significa que se encontra ou está perto, próximo, quase, a respeito de, sobre.

Acho que, se eu não fosse tão covarde, o mundo seria um lugar melhor. Não que a melhora do mundo dependa de uma só pessoa, mas, se o medo não fosse constante, as pessoas se uniriam mais e incendiariam de entusiasmo a humanidade.

Sérgio Vaz. Antes que seja tarde. In: Caros Amigos, mai./2013, p. 8 (com adaptações).

329. **(2014 – DPF - Agente Administrativo)** A supressão das vírgulas que isolam a oração "se o medo não fosse constante" não afetaria a correção gramatical do texto.

GABARITO: ERRADO.

Como as referidas vírgulas marcam a intercalação da oração subordinada adverbial, "se o medo não fosse constante", que se antecipa à principal, ela é obrigatória e sua supressão afetaria a correção gramatical do texto.

Pouco lhe importam as condições técnicas e socioeconômicas das indústrias que, em primeira instância, lhe possibilitam assistir aos filmes; na verdade, esse tipo de preocupação nem passa pela cabeça.

Hugo Mauerhofer. A psicologia da experiência cinematográfica. In: Ismail Xavier. A experiência do cinema. RJ: Graal, 1983, p. 375-6 (com adaptações).

330. **(2013 – ANCINE - Analista Administrativo)** Mantendo-se a correção gramatical do texto, no último período do primeiro parágrafo, o pronome "lhe" poderia ser deslocado para logo depois das formas verbais "importam" , "possibilitam" e "passa" escrevendo-se importam-lhe, possibilitam-lhe e passa-lhe, respectivamente.

GABARITO: ERRADO.

Nas três formas verbais, há casos que justificam o uso de próclise. "Pouco lhe importam" (pouco: advérbio); que, em primeira instância, lhe possibilitam (há oração intercalada entre que e lhe, mas a próclise pode ser mantida); nem lhe passa (nem: conjunção).

Um imenso mercado de entretenimento foi montado em torno da capital federal no início do século XX, quando centenas de pequenos filmes foram produzidos e exibidos para plateias urbanas que, em franco crescimento, demandavam lazer e diversão.

História do cinema brasileiro. Internet: <http://dc.itamaraty.gov.br> (com adaptações).

331. **(2013 – ANCINE - Analista Administrativo)** Seria mantida a correção gramatical do texto caso fosse empregada vírgula logo após o adjetivo "federal".

GABARITO: CERTO.

A vírgula no período foi empregada para separar dois períodos. Se fosse empregada vírgula após federal, ela seria, junto com a outra vírgula após século XX, empregada para isolar um adjunto adverbial. Essa situação não prejudicaria a correção gramatical.

Texto referente às questões 332 a 334.

O respeito **às diferentes manifestações** culturais é fundamental, ainda mais em um país como o Brasil, que apresenta tradições e costumes muito variados em todo o seu território. Essa diversidade é valorizada e preservada por ações da Secretaria da Identidade e da Diversidade Cultural (SID), criada em 2003 e ligada ao Ministério da Cultura.

Cidadãos de áreas rurais que estejam ligados a atividades culturais e estudantes universitários de todas as regiões do Brasil, por exemplo, são beneficiados por um dos projetos da SID: as Redes Culturais. Essas redes abrangem associações e grupos culturais para divulgar e preservar suas manifestações de cunho artístico. O projeto é guiado por parcerias entre órgãos representativos do Estado brasileiro e as entidades culturais.

A Rede Cultural da Terra realiza oficinas de capacitação, cultura digital e atividades ligadas **às artes plásticas**, cênicas e visuais, **à literatura**, **à música** e ao artesanato. Além disso, mapeia a memória cultural dos trabalhadores do campo. A Rede Cultural dos Estudantes promove eventos e mostras culturais e artísticas e apoia a criação de Centros Universitários de Cultura e Arte.

Identidade e diversidade. Internet: <www.brasil.gov.br/sobre/cultura/> (com adaptações).

332. **(2013 - PC/BA - Escrivão)** O emprego do sinal indicativo de crase é obrigatório em "às diferentes manifestações" e facultativo em "às artes plásticas", "à literatura" e "à música".

GABARITO: ERRADO.

Em todos os casos, o emprego de crase é obrigatório, por causa da regência das palavras "respeito" e "ligadas", as quais exigem a preposição A, e a ocorrência de artigo determinado feminino (A) antes de "diferentes manifestações", "artes", "literatura", "música'.

333. **(2013 - PC/BA - Escrivão)** A retirada da vírgula após "Brasil" (R.2) manteria a correção gramatical e os sentidos do texto, visto que, nesse caso, o emprego desse sinal de pontuação é facultativo.

GABARITO: ERRADO.

No período "ainda mais em um país como o Brasil, que apresenta tradições e costumes muito variados em todo o seu território", a oração iniciada por QUE é adjetiva explicativa, pois está pontuada. Se a vírgula for retirara, não afetará a correção gramatical, mas o sentido mudará de explicativo para restritivo.

334. **(2013 - PC/BA - Escrivão)** Considerando o último parágrafo do texto, a correção gramatical do texto seria mantida caso as formas verbais "promove" e "apoia" fossem flexionadas no plural, para concordar com o termo mais próximo, "dos Estudantes".

GABARITO: ERRADO.

No período "A Rede Cultural dos Estudantes promove eventos e mostras culturais e artísticas e apoia", o núcleo do sujeito é Rede Cultural, ou seja, admite-se apenas a concordância no singular, visto que o núcleo está no singular.

O título de Papéis Avulsos parece negar ao livro uma certa unidade; faz crer que o autor coligiu vários escritos de ordem diversa para o fim de os não perder. A verdade é essa, sem ser bem essa. Avulsos são eles, mas não vieram para aqui como passageiros, que acertam de entrar na mesma hospedaria.São pessoas de uma só família, que a obrigação do pai fez sentar à mesma mesa.

Machado de Assis. Obra completa. Vol. II, Rio de Janeiro: Nova Aguilar, 1994, p. 236. (com adaptações).

335. **(2014 - TC/DF - Técnico Administrativo)** Mantêm-se o sentido e a correção gramatical do texto caso se suprima o acento grave no trecho "fez sentar à mesma mesa"

GABARITO: ERRADO.

No trecho "que a obrigação do pai fez sentar à mesma mesa", a expressão "à mesma mesa" é uma locução adverbial feminina, logo, deve receber o acento indicativo de crase.

O que tanta gente foi fazer do lado de fora do tribunal onde foi julgado um dos mais famosos casais acusados de assassinato no país? Torcer pela justiça, sim: as evidências permitiam uma forte convicção sobre os culpados, muito antes do encerramento das investigações. Contudo, para torcer pela justiça, não era necessário acampar na porta do tribunal, de onde ninguém podia pressionar os jurados. Bastava fazer abaixo-assinados via Internet pela condenação do pai e da madrasta da vítima.

Maria Rita Khel. A morte do sentido. Internet: <www.mariaritakehl.psc.br> (com adaptações).

336. **(2013 - DPF - Escrivão)** Sem prejuízo do sentido original do texto, os dois-pontos empregados logo após "sim" poderiam ser substituídos por vírgula, seguida de dado que ou uma vez que.

GABARITO: CERTO.

A substituição dos dois-pontos, empregados na linha 2 do texto, por vírgula, seguida de "dado que" ou "uma vez que" não causa prejuízo ao sentido original do texto, porque o sentido permanece o mesmo, ou seja, a autora responde à pergunta "O que tanta gente foi fazer do lado de fora do tribunal... ?" A resposta que ela fornece é: "Torcer pela justiça, sim". A seguir explicita uma causa, uma razão, para tanta gente acompanhar, fora do tribunal, o julgamento de famoso casal acusado de assassinato. Essa causa reside no fato de as evidências permitirem forte convicção sobre os culpados, muito antes do encerramento das investigações. A vírgula seguida dos conectivos "dado que" ou "uma vez que" possui o mesmo sentido original do texto.

Evidentemente, no primeiro sistema, a complexidade do ato decisório haveria de ser bem menor, uma vez que a condenação está atrelada à confissão do acusado. Problemas de consciência não os haveria de ter o julgador pela decisão em si, porque o seu veredito era baseado na contundência probatória do meio de prova "mais importante" — a confissão.

Getúlio Marcos Pereira Neves. Valoração da prova e livre convicção do juiz.
In: Jus Navigandi, Teresina, ano 9, n.º 401, ago./2004 (com adaptações).

337. **(2013 - DPF - Escrivão)** Seriam mantidas a correção gramatical e a coesão do texto, caso o pronome "os", em "não os haveria de ter" ,fosse deslocado para imediatamente depois da forma verbal "ter", escrevendo-se tê-los.

GABARITO: CERTO.

A colocação dos pronomes oblíquos nas locuções verbais em que o verbo principal está no infinitivo ou no gerúndio pode dar-se, segundo a gramática normativa, em três casos: 1) sempre a ênclise ao infinitivo ou gerúndio; 2) a próclise ao verbo auxiliar e 3) a ênclise ao verbo auxiliar. Nota-se, no segmento do texto "não os haveria de ter", a aplicação do caso 2, ou seja, o emprego da próclise ao verbo auxiliar. No entanto, também poderia dar-se o caso 1, com a ênclise ao infinitivo, de que resultaria a frase "não haveria de tê-los".

O Tribunal de Contas da União (TCU) fez uma série de recomendações à Superintendência de Seguros Privados (SUSEP) para aperfeiçoamento dos processos relativos à arrecadação e à aplicação das receitas próprias da entidade.

Internet: <portal2.tcu.gov.br> (com adaptações).

338. (2012 – TCU – Técnico Administrativo) O emprego de sinal indicativo de crase em "à aplicação" justifica-se porque a palavra "relativos" exige complemento regido pela preposição a e a palavra "aplicação" está antecedida por artigo definido feminino.

GABARITO: CERTO.

A justificativa de ocorrência de sinal indicativo de crase está correta, ou seja, a palavra "relativos" exige complemento regido pela preposição a e a palavra "aplicação" está antecedida por artigo definido feminino.

A Constituição de 1891, a primeira republicana, ainda por influência de Rui Barbosa, institucionalizou definitivamente o Tribunal de Contas da União, inscrevendo-o em seu art. 89.

Internet: <portal2.tcu.gov.br> (com adaptações).

339. (2012 – TCU – Técnico Administrativo) O emprego de vírgula após "União" justifica-se porque a oração subsequente é reduzida de gerúndio.

GABARITO: CERTO.

A justificativa está correta, pois é um dos casos de emprego de vírgula: emprega-se a vírgula quando há uma oração subsequente reduzida de gerúndio (inscrevendo-o em seu art. 89).

Outros aspectos sociotécnicos importantes que caracterizam a nova governança pública se relacionam aos anseios de maior participação e controle social nas ações de governo, que, somados ao de liberdade, estabelecem o cerne do milenar conceito de cidadania (participação no governo) e os valores centrais da democracia social do século XXI.

Internet: <http://aquarius.mcti.gov.br> (com adaptações).

340. (2013 – TCU – Auditor Federal de Controle Externo) A forma verbal "estabelecem" está flexionada no plural porque concorda com o termo antecedente "aspectos".

GABARITO: ERRADO.

Pelo período "anseios de maior participação e controle social nas ações de governo, que, somados ao de liberdade, estabelecem", percebe-se que a concordância é com 'anseios', e não com aspectos.

Contemporaneamente, para o alcance de resultados de desenvolvimento nacional, exige-se dessa liderança não apenas o enfrentamento de desafios de gestão, como a busca da eficiência na execução dos projetos e das atividades governamentais, no conhecido lema de "fazer mais com menos", mas também o desafio de "fazer melhor" (com mais qualidade), como se espera, por exemplo, nos serviços públicos de educação e saúde prestados à população.

Internet: <http://aquarius.mcti.gov.br> (com adaptações).

341. (2013 – TCU – Auditor Federal de Controle Externo) O emprego da preposição em "dessa liderança" justifica-se pela regência do verbo exigir.

GABARITO: CERTO.

No trecho "exige-se dessa liderança", o verbo exigir é regido pela preposição de. Na contração de de + essa, temos dessa.

O crescimento populacional e econômico, aliado à evolução dos mercados e à complexidade das relações sociais, traduz-se em demandas por serviços públicos mais sofisticados, em maior quantidade e com mais qualidade.

Por dentro do Brasil. Modernização da gestão pública. Internet: <http://www.brasil.gov.br> (com adaptações).

342. (2013 – TCU – Auditor Federal de Controle Externo) O emprego do adjetivo "aliado" no plural não prejudicaria a correção gramatical do texto, dada a possibilidade, no contexto, de concordância com os termos anteriores mais próximos — "populacional e econômico".

GABARITO: ERRADO.

No trecho "O crescimento populacional e econômico, aliado à evolução dos mercados e à complexidade das relações sociais", a palavra "aliado" concorda com crescimento.

Texto referente às questões 343 a 345.

O Tribunal de Contas da União (TCU) avaliou ações para a elaboração de diagnóstico e suporte à educação básica. A auditoria conferiu aspectos relativos ao Plano de Ações Articuladas, à **assistência técnica** prestada pelo Ministério da Educação (MEC) e ao levantamento de dados necessários à formação e ao cálculo do índice de desenvolvimento da educação básica (IDEB).

A auditoria identificou baixo nível de implementação das ações para provimento de infraestrutura e de recursos pedagógicos, que vão desde a implantação de laboratório de informática e conexão à Internet ao fornecimento de água potável e energia elétrica.

A análise do IDEB apontou a necessidade de aperfeiçoamento da metodologia de obtenção desse índice. Segundo avalia o ministro relator do processo, "O IDEB é um importante instrumento para a aferição da qualidade da educação, por isso deve ser aprimorado de forma a permitir um diagnóstico mais fidedigno dos sistemas de ensino".

Outro instrumento de gestão educacional avaliado foi o sistema integrado de monitoramento do MEC, que, segundo a auditoria, também deve ser melhorado. Parte dos dados encontra-se desatualizada.

TCU avalia gestão da educação básica em municípios brasileiros. Notícia publicada em 12/9/2013. Internet: <www.tcu.gov.br/> (com adaptações).

343. (2013 – TCU – Auditor Federal de Controle Externo) No 1º parágrafo, o emprego do acento grave, indicativo de crase, em "à assistência técnica prestada", justifica-se pela regência do termo "Articuladas" e pela presença do artigo a, que define o substantivo "assistência".

GABARITO: ERRADO.

O emprego do acento grave, indicativo de crase, em "à assistência técnica prestada", justifica-se pela regência do termo "relativos" e pela presença do artigo a, que define o substantivo "assistência".

344. (2013 – TCU – Auditor Federal de Controle Externo) Os vocábulos "assistência", "potável" e "elétrica" são acentuados de acordo com a mesma regra de acentuação gráfica.

GABARITO: ERRADO.

O vocábulo assistência é uma palavra paroxítona terminada em ditongo; potável é uma paroxítona terminada em l; elétrica é uma proparoxítona.

345. (2013 – TCU – Auditor Federal de Controle Externo) Haveria prejuízo da correção gramatical do texto caso o primeiro período do terceiro parágrafo fosse assim reescrito: Na análise do IDEB, foi atestado a necessidade de aperfeiçoar a metodologia que obtém esse índice

GABARITO: CERTO.

Haveria prejuízo, porque o correto é: "foi atestada", pois há um caso de concordância nominal.

Segundo, muitas das metas não eram mensuráveis, o que dificultou seu acompanhamento. Não havia regras com punições para quem não cumprisse as determinações. Finalmente – e, talvez, o mais importante –, um dos artigos do plano foi vetado pela Presidência. Era a proposta de aumentar de 4% para 7% a parcela do PIB investida em educação. Sem dizer de onde viria o dinheiro, o PNE de 2001 virou letra morta antes de nascer.

Internet: <http://revistaescola.abril.com.br> (com adaptações).

346. (2012 – FNDE – Especialista em Financiamento e Execução de Programas e Projetos Educacionais) A inserção da preposição com logo após a forma verbal "cumprisse" manteria a correção gramatical do período.

GABARITO: CERTO.

Por causa da regência verbal, no sentido de pôr em prática, executar, o verbo cumprir pode ser escrito com ou sem a preposição com.

Entre 2009 e 2011, aumentou o número dos brasileiros ocupados, a população mais velha trabalhou por mais tempo, mais pessoas passaram a viver sozinhas e os índices de distribuição da renda melhoraram.

O Estado de S. Paulo, Editorial, 25/9/2012 (com adaptações).

347. (2012 – FNDE – Técnico Administrativo) O emprego de vírgula após "ocupados" justifica-se porque a oração subsequente tem natureza explicativa.

GABARITO: ERRADO.

No trecho "aumentou o número dos brasileiros ocupados, a população mais velha trabalhou por mais tempo, mais pessoas passaram a viver sozinhas e os índices de distribuição da renda melhoraram", temos uma enumeração de ações ocorridas.

O levantamento explica por que o consumo liderou a atividade econômica: a maior propensão a consumir está na população de baixa renda, que, até então, tinha pouco acesso a bens (eletroeletrônicos, eletrodomésticos, motos ou autos) e a serviços (viagens aéreas, turismo, planos de saúde).

O Estado de S. Paulo, Editorial, 25/9/2012 (com adaptações).

348. (2012 – FNDE – Técnico Administrativo) Estaria mantida a correção gramatical do texto caso se empregasse o sinal indicativo de crase em "a bens".

GABARITO: ERRADO.

No trecho "pouco acesso a bens", há um caso proibitivo de emprego de sinal indicativo de crase, pois "bens" é uma palavra masculina.

Texto referente às questões 349 a 351.

Nem astronautas nem cosmonautas. Os futuros conquistadores do espaço chamam-se taikonautas. Está-se falando da China, e após a bem-sucedida missão Shenzhou VII, o país planeja estar cada vez mais presente no cosmos. Os próximos passos serão o lançamento de uma estação espacial e o envio de astronaves à Lua e a Marte. Tecnologia para essa empreitada os chineses têm. Dinheiro, também. E motivação política, isso então nem se fala. A missão Shenzhou VII, por exemplo, aproveitou a onda ufanista da Olimpíada. Mais: o seu lançamento comemorou os cinquenta e nove anos da chegada do Partido Comunista ao poder. A China já enviara três missões tripuladas, mas essa foi especial: foi a primeira vez que um taikonauta realizou uma caminhada no espaço.

O ápice da festa foi quando o coronel da Aeronáutica Zhai Zhigang vestiu o seu uniforme (made in China e ao preço 16 de US$ 4,3 milhões), abriu as portas da nave e deu início à sua caminhada cósmica.

Tatiana de Mello. A vez dos taikonautas. In: Istoé, 8/10/2008 (com adaptações).

349. **(2014 – TJ/SE – Técnico Judiciário)** No trecho "deu início à sua caminhada cósmica", o emprego do acento grave indicativo de crase é obrigatório.

GABARITO: ERRADO.

Antes de pronome possessivo (sua), o emprego do acento grave é facultativo.

350. **(2014 – TJ/SE – Técnico Judiciário)** No segmento "isso então nem se fala", a posição do pronome "se" justifica-se pela presença de palavra de sentido negativo.

GABARITO: CERTO.

As palavras com sentido negativo justificam o emprego de próclise.

351. **(2014 – TJ/SE – Técnico Judiciário)** No trecho "envio de astronaves à Lua e a Marte", a ausência do acento grave indicativo de crase em "a Marte" justifica-se pela presença do conectivo "e", empregado para ligar duas expressões de mesma função.

GABARITO: ERRADO.

Para entender quando se emprega acento grave antes de lugares, pode-se usar a seguinte lógica: quem vai a e volta da, crase há; quem vai a e volta de, crase para quê?. Logo, não se deve empregar esse sinal antes de Marte.

Pesquisas do Departamento de Botânica concluíram que substâncias do caule da planta conhecida como Timbó (Serjamia Lethalis) matam as larvas do **aedes aegypti**, mosquito transmissor da dengue. De acordo com os estudos, o pó do caule do Timbó moído e misturado em água forma uma solução viscosa — que elimina as larvas. Mais de 160 mil casos de dengue foram registrados no Brasil, segundo dados do Ministério da Saúde. "Essa solução mata eficientemente o aedes aegypti. Já conhecíamos essa planta, mas nunca havia sido testado seu uso antes para esse fim. Estamos satisfeitos com os resultados", explica o professor **José Elias de Paula**, responsável pela pesquisa. Ele foi auxiliado por **Marcílio Sales**, servidor da Prefeitura.

UnB Ciências, 29/4/2014.

352. **(2014 – TJ/SE – Técnico Judiciário)** As vírgulas empregadas após "aedes aegypti", "José Elias de Paula" e "Marcílio Sales" isolam termos de natureza explicativa que exercem, nas orações em que ocorrem, a mesma função sintática.

GABARITO: CERTO.

Nos trechos "aedes aegypti, mosquito transmissor da dengue", "José Elias de Paula, responsável pela pesquisa" e "Marcílio Sales, servidor da Prefeitura", as expressões após as vírgulas explicam o termo anterior, ou seja, têm caráter explicativo.

O escritor carioca Lima Barreto (1881-1922), mulato e pobre, para quem o futebol era "eminentemente um fator de dissensão", destacou, com ironia, em uma famosa crônica, que "a nossa vingança é que os argentinos não distinguem, em nós, cores; todos nós, para eles, somos macaquitos".

Rinaldo Gama. Como Daniel Alves derrotou o racismo. Internet: <www.veja@abril.com.br> (com adaptações).

353. **(2014 – TJ/SE – Técnico Judiciário)** No trecho 'todos nós, para eles, somos macaquitos', as vírgulas isolam termo vocativo, que ressalta, no texto, o objeto da 'nossa vingança'.

GABARITO: ERRADO.

Ao se reorganizar o trecho, temos: todos nós somos macaquitos para eles. Logo, não há a presença de vocativo.

A vida do Brasil colonial era regida pelas Ordenações Filipinas, um código legal que se aplicava a Portugal e seus territórios ultramarinos. Com todas as letras, as Ordenações Filipinas asseguravam ao marido o direito de matar a mulher caso a apanhasse em adultério.

Ricardo Westin e Cintia Sasse. Dormindo com o inimigo. In: Jornal do Senado. Brasília, 4/jul./2013, p. 4-5. Internet: <www.senado.gov.br> (com adaptações).

354. **(2014 – TJ/SE – Analista)** Não haveria prejuízo para a correção gramatical do texto caso os pronomes "se" e "a" fossem deslocados para imediatamente após as formas verbais "aplicava" e "apanhasse", escrevendo-se que aplicava-se e caso apanhasse-a, respectivamente.

GABARITO: ERRADO.

Com base nas regras de colocação pronominal, há um caso de próclise obrigatória por causa das palavras que e caso (ambas classificadas como conjunção subordinativa).

O atual Código Penal, de 1940, abrevia a pena dos criminosos que agem "sob o domínio de violenta emoção". Os "crimes passionais" — eufemismo para a covardia — encaixam-se à perfeição nessas situações.

Ricardo Westin e Cintia Sasse. Dormindo com o inimigo. In: Jornal do Senado. Brasília, 4/jul./2013, p. 4-5. Internet: <www.senado.gov.br> (com adaptações).

355. **(2014 – TJ/SE – Analista)** O emprego das vírgulas que isolam "de 1940" é facultativo, de modo que a supressão dessas vírgulas não prejudicaria o sentido original ou a correção gramatical do texto.

GABARITO: ERRADO.

Em "O atual Código Penal, de 1940,", é obrigatório o emprego das vírgulas, pois a expressão "de 1940" tem sentido explicativo. Não se pode retirar as vírgulas, pois não é possível restringir algo que é único, ou seja, não há mais de um Código Penal para que se possa especificar um entre outros.

Em vinte e poucos anos, a Internet deixou de ser um ambiente virtual restrito e transformou-se em fenômeno mundial. Atualmente, há tantos computadores e dispositivos conectados **à Internet** que os mais de quatro bilhões de endereços disponíveis estão praticamente esgotados.

[...]

No entanto, junto com esse crescimento do mundo virtual, aumentaram também o cometimento de crimes e outros desconfortos que levaram **à criação** de leis que criminalizam determinadas práticas no uso da Internet, tais como invasão a sítios e roubo de senhas. Devido ao aumento dos problemas motivados pela digitalização das relações pessoais, comerciais e governamentais, surgiu a necessidade de se regulamentar o uso da Internet.

Internet: <www.camara.leg.br> (com adaptações).

356. **(2014 – TJ/SE – Analista)** É obrigatório o emprego do sinal indicativo de crase em "à Internet" e "à criação".

GABARITO: CERTO.

Em ambos os trechos é obrigatório o emprego de sinal indicativo de crase: preposição regida pelo termo anterior e artigo definido feminino (dispositivos conectados à Internet; desconfortos que levaram à criação de leis).

Texto referente às questões 357 e 358.

A história constitucional brasileira está repleta de referências difusas à segurança pública, **mas**, até a Constituição Federal de 1988 (CF), esse tema não era tratado em capítulo próprio nem previsto mais detalhadamente no texto constitucional.

Internet: <www.oab.org.br> (com adaptações).

357. **(2014 – DPF – Analista)** A correção gramatical do texto seria prejudicada caso se suprimisse a vírgula antes da conjunção "mas".

GABARITO: CERTO.

No trecho em comento, a vírgula é obrigatória, pois separa oração coordenada adversativa.

358. **(2014 – DPF – Analista)** O emprego do acento indicativo de crase em "à segurança pública" justifica-se pela regência do termo "difusas" e pela presença do artigo definido a antes de "segurança pública".

GABARITO: ERRADO.

O acento justifica-se pela regência do termo "referência" e pela presença do artigo definido a antes de "segurança pública".

Texto referente às questões 359 e 360.

O Brasil é uma nação plurilíngue, como a maioria dos países (94% deles). Embora, através dos tempos, tenha prevalecido o senso comum de que o país apresenta uma impressionante homogeneidade **idiomática, construída** em torno da **língua** portuguesa, contamos hoje com cerca de 210 idiomas espalhados em nosso território. De fato, as mais 7 de 180 línguas indígenas e 30 línguas de imigração emprestam **à identidade brasileira** um colorido multicultural, apesar das históricas e repetidas investidas contra essas minorias sob a justificativa de busca e manutenção de um Estado homogêneo **e coeso.**

In: Ensaios sobre impactos da Constituição Federal de 1988 na sociedade brasileira. Brasília: Câmara dos Deputados, Edições Câmara, 2008 (com adaptações).

359. **(2014 – CBM/CE – Soldado da Carreira de Praças)** O emprego do acento indicativo de crase em "à identidade brasileira" justifica-se pela regência da forma verbal "emprestam", que exige a preposição a, e pela presença de artigo definido feminino singular.

GABARITO: CERTO.

A justificativa de ocorrência de crase está correta, pois há a regência da forma verbal "emprestam", que exige a preposição a, e a presença de artigo definido feminino singular.

360. **(2014 – CBM/CE – Soldado da Carreira de Praças)** As palavras "idiomática", "construída" e "língua" são acentuadas em razão da mesma regra ortográfica.

GABARITO: ERRADO.

A palavra idiomática é uma proparoxítona; construída é uma paroxítona, e há ocorrência de hiato; língua é uma paroxítona terminada em ditongo.

Acho que, se eu não fosse tão covarde, o mundo seria um lugar melhor. Não que a melhora do mundo dependa de uma só pessoa, mas, se o medo não fosse constante, as pessoas se uniriam mais e incendiariam de entusiasmo a humanidade.

Sérgio Vaz. Antes que seja tarde. In: Caros Amigos, mai./2013, p. 8 (com adaptações).

361. **(2014 – DPF – Técnico Administrativo)** A supressão das vírgulas que isolam a oração "se o medo não fosse constante" não afetaria a correção gramatical do texto.

GABARITO: ERRADO.

Como as referidas vírgulas marcam a intercalação da oração subordinada adverbial, "se o medo não fosse constante", que se antecipa à principal, ela é obrigatória e sua supressão afetaria a correção gramatical do texto.

Em decorrência do sismo, cerca de 220 mil pessoas morreram e 1,5 milhão ficou desabrigada no Haiti.

Renata Giraldi. Internet: <www.ebc.com.br> (com adaptações).

362. **(2014 – CBM/CE – Primeiro-Tenente)** A palavra "milhão" poderia ser empregada no plural — milhões — sem prejuízo da correção gramatical do texto.

GABARITO: ERRADO.

A concordância da palavra milhão é com o seu referente 1,5 (1 milhão e quinhentos mil).

Texto referente às questões 363 a 365.

O envio de duzentos cientistas à Antártida representará o reinício da pesquisa biológica e meteorológica brasileira no continente, depois do incêndio que destruiu a base que o Brasil operava ali desde 1984. A Marinha brasileira ainda não construiu a base definitiva que substituirá a Estação Antártida Comandante Ferraz, e, por isso, os pesquisadores trabalharão em contêineres provisórios que funcionarão como laboratórios e dormitórios.

Um primeiro navio polar da Marinha zarpará rumo à Antártida com os contêineres e todo o material científico e logístico necessário para a manutenção da base provisória durante o próximo verão austral, quando as temperaturas mais amenas permitem as atividades.

A maioria dos cientistas viajará de avião e permanecerá na base provisória conforme as exigências de seus estudos, e outros irão em um segundo navio polar da Marinha.

Internet: <http://noticias.terra.com.br/ciencia/brasil> (com adaptações).

363. (2014 – CBM/CE – Primeiro-Tenente) Na linha 1, o emprego do sinal indicativo de crase em "à Antártida" justifica-se porque o termo "envio" exige complemento regido da preposição "a" e o termo "Antártida" está precedido de artigo definido feminino.

GABARITO: CERTO.

O item em comento traz corretamente a explicação do emprego de sinal indicativo de crase, ou seja, a ocorrência da crase justifica-se porque o termo "envio" exige complemento regido da preposição "a" e o termo "Antártida" está precedido de artigo definido feminino.

364. (2014 – CBM/CE – Primeiro-Tenente) As palavras "meteorológica", "científico" e "contêineres" são acentuadas segundo diferentes regras de acentuação gráfica.

GABARITO: ERRADO.

As três palavras são acentuadas porque são todas proparoxítonas.

365. (2014 – CBM/CE – Primeiro-Tenente) No trecho "A maioria dos cientistas viajará de avião" (3º parágrafo), é opcional o emprego da forma verbal no plural ou no singular.

GABARITO: CERTO.

A maioria é uma expressão partitiva que, quando especificada por um temo no plural, admite dupla concordância.

Texto referente às questões 366 e 367.

Com a vinda da família real portuguesa ao Brasil, no século XIX, mais precisamente ao Rio de Janeiro, foi criado, em julho de 1856, por decreto imperial, o Corpo de Bombeiros Provisório da Corte. Quando recebiam aviso de incêndio, os praças saíam puxando o corrico (que tinha de seis a oito mangueiras) pela via pública e procuravam debelar o fogo, solicitando os reforços necessários, conforme a extensão do sinistro.

Internet: <www.bombeirosfoz.com.br> (com adaptações).

366. (2014 – CBM/CE – Primeiro-Tenente) O emprego do masculino singular em "criado" deve-se à concordância com "decreto imperial".

GABARITO: ERRADO.

O emprego do masculino singular em "criado" deve-se à concordância com "o Corpo de Bombeiros".

367. **(2014 – CBM/CE – Primeiro-Tenente)** Seriam mantidos a correção gramatical e o sentido do texto caso os parênteses empregados fossem substituídos por vírgulas.

GABARITO: CERTO.

Pelas regras de pontuação, os parênteses podem ser substituídos por vírgulas e vice-versa.

Na tentativa de proteger o filho, a negra foi apunhalada; ainda correu para casa, e lá a patroa mandou que mãe e filho fossem embebidos com querosene, e ela própria ateou-lhes fogo.

Rachel de Queiroz e Heloísa Buarque de Hollanda. Matriarcas do Ceará D. Federalina de Lavras. Internet: <www.ime.usp.br> (com adaptações).

368. **(2014 – CBM/CE – Primeiro-Tenente)** Estaria mantida a correção gramatical do texto caso o pronome "lhes" fosse deslocado para antes da forma verbal "ateou".

GABARITO: CERTO.

No trecho "ela própria ateou-lhes fogo", há um sujeito determinado (explícito). Logo, a construção admite próclise ou ênclise.

Por seu turno, os programas de pesquisa constituem talvez a ferramenta mais importante para o progresso tecnológico e científico do país, tornando mais concreta a possibilidade de ascensão do país a esferas de maior desenvolvimento no cenário mundial, por meio da busca de soluções pertinentes à nossa realidade.

Luciana Zacharias Gomes Ferreira Coelho. Direito à qualidade no ensino superior público brasileiro em face do processo de expansão das instituições federais de ensino superior. Internet: <www.ambito-juridico.com.br> (com adaptações).

369. **(2013 - Ministério da Educação – Técnico Administrativo)** A inserção de vírgula logo depois do advérbio "talvez" prejudicaria a correção gramatical do texto.

GABARITO: CERTO.

No trecho "os programas de pesquisa constituem talvez a ferramenta", a inserção de vírgula após talvez separaria o verbo de seu complemento, o que prejudicaria a correção gramatical.

A televisão aberta, principal veículo condutor de conteúdos culturais, não contribui como deveria para o processo de "alfabetização científica", exibindo programas sobre o tema em horários de baixa audiência.

Mas até que ponto é relevante incluir a sociedade de massa na esfera de discussão de um grupo seleto de estudiosos?

Luiz Fernando Dal Pian Nobre. Do jornal para o livro: ensaios curtos de cientistas. Internet: <www.portcom.intercom.org.br> (com adaptações).

370. **(2014 – Ministério do Trabalho – Agente Administrativo)** A vírgula imediatamente após "aberta" foi empregada para separar dois termos de mesma função sintática, uma vez que tanto "aberta" quanto "principal veículo condutor de conteúdos culturais" exercem a função de adjunto adnominal do nome "televisão".

GABARITO: ERRADO.

A função sintática não é a mesma. No trecho "A televisão aberta, principal veículo condutor de conteúdos culturais, não contribui", "aberta" é um adjunto adnominal, e "principal ... culturais" é um aposto.

Mesmo com todo o aparato tecnológico, que tem possibilitado o acesso praticamente instantâneo à informação, questionam-se tanto aspectos quantitativos como qualitativos dos conteúdos sobre ciência veiculados pelos meios de comunicação de massa

Luiz Fernando Dal Pian Nobre. Do jornal para o livro: ensaios curtos de cientistas. Internet: <www.portcom.intercom.org.br> (com adaptações).

371. (2014 – Ministério do Trabalho – Agente Administrativo) O uso do acento indicativo de crase em "à informação" deve-se à regência do substantivo "acesso" e à presença do artigo feminino determinando "informação".

GABARITO: CERTO.

Ao verificar o trecho "o acesso praticamente instantâneo à informação", percebe-se que a justificativa está correta, ou seja, há contração da preposição a com o artigo feminino determinado(a).

Texto referente às questões 372 a 374.

Saiu finalmente a conta da contribuição da nova classe média brasileira — aquela que, na última década, ascendeu ao mercado de consumo, como uma avalanche de quase 110 milhões de cidadãos. Uma pesquisa do Serasa Experian mostrou que o pelotão formado por essa turma, que se convencionou chamar de classe C, estaria no grupo das 20 maiores nações no consumo mundial, caso fosse classificado como um país. Juntos, os milhares de neocompradores movimentam quase R$ 1,2 trilhão ao ano. Isso é mais do que consome a população inteira de uma Holanda ou uma Suíça, para ficar em exemplos do primeiro mundo. Não por menos, tal massa de compradores se converteu na locomotiva da economia brasileira e em alvo preferido das empresas. Com mais crédito e programas sociais, em especial o Bolsa Família, os emergentes daqui saíram às lojas e estão gradativamente se tornando mais e mais criteriosos em suas aquisições.

Carlos José Marques. A classe C é G20. Internet: <www.istoedinheiro.com.br> (com adaptações).

372. (2014 – MTE – Analista) No trecho "tal massa de compradores se converteu", o pronome "se" poderia ser deslocado para imediatamente após a forma verbal "converteu", escrevendo-se converteu-se, sem prejuízo da correção gramatical do texto.

GABARITO: CERTO.

Como há um sujeito determinado (explícito), é possível a ocorrência de próclise ou ênclise: tal massa de compradores converteu-se.

373. (2014 – MTE – Analista) O emprego do sinal indicativo de crase em "às lojas" (no último período do texto) é facultativo, de modo que sua supressão não prejudicaria a correção gramatical do período.

GABARITO: ERRADO.

No trecho "os emergentes daqui saíram às lojas", a expressão "às lojas" é uma locução adverbial feminina, logo, o emprego de sinal indicativo de crase é obrigatório.

374. (2014-MTE-Analista) O vocábulo "finalmente" (R.1) poderia ser corretamente empregado entre vírgulas.

GABARITO: CERTO.

No trecho "Saiu finalmente a conta da contribuição", "finalmente" é um adjunto adverbial. Como é composto apenas por uma palavra, o emprego de vírgulas para isolá-lo é facultativo.

Texto referente às questões 375 e 376.

Após fechar outubro com índice histórico de mão de obra direta (127.800 trabalhadores), o Polo Industrial de Manaus (PIM) deu sequência aos bons resultados e encerrou 4 novembro de 2013 com novo recorde de empregos: 129.663 trabalhadores, entre efetivos, temporários e terceirizados. O faturamento acumulado do PIM no período de janeiro a 7 novembro de 2013 também avançou, totalizando R$ 76,6 bilhões (US$ 35.7 bilhões), registrando-se crescimento de 12,40% (2,04% na moeda americana) em relação ao mesmo 10 período de 2012.

Os dados fazem parte dos indicadores de desempenho do PIM, os quais são apurados mensalmente pela SUFRAMA 13 junto às empresas incentivadas do parque industrial da capital amazonense.

Internet: <www.suframa.gov.br> (com adaptações).

375. (2014-SUFRAMA-Técnico Administrativo) O emprego de sinal indicativo de crase em "junto às empresas" é obrigatório porque "junto" exige complemento regido pela preposição "a" e, antes de "empresas", de acordo com o contexto, há artigo definido feminino plural.

GABARITO: CERTO.

O termo "junto" exige complemento regido pela preposição "a" e, antes de "empresas", há artigo definido feminino plural, o que justifica o emprego obrigatório de crase.

376. (2014-SUFRAMA-Técnico Administrativo) A vírgula empregada após "(127.800 trabalhadores)" isola oração subordinada adverbial anteposta.

GABARITO: CERTO.

A oração "Após fechar outubro com índice histórico de mão de obra direta (127.800 trabalhadores)," tem sentido temporal (oração subordinada adverbial temporal) e está anteposta, ou seja, antes da oração principal, por isso foi empregado a vírgula.

Texto referente às questões 377 e 378.

Embora a produção de televisores com tela de cristal líquido (LCD), motocicletas e telefones celulares, os três produtos mais representativos do PIM, tenha sofrido decréscimo no período de janeiro a novembro de 2013 na comparação com o mesmo intervalo em 2012, a produção de outros produtos apresentou grande crescimento, com destaque para tablets, videogames, condicionadores de ar e microcomputadores.

Internet: <www.suframa.gov.br> (com adaptações).

377. (2014 – SUFRAMA – Técnico Administrativo) As vírgulas empregadas após "celulares" e "PIM" isolam o aposto explicativo.

GABARITO: CERTO.

A expressão entre vírgulas (, os três produtos mais representativos do PIM,) tem função explicativa em relação a televisores com tela de cristal líquido (LCD), motocicletas e telefones celulares.

378. (2014 – SUFRAMA – Técnico Administrativo) A vírgula foi empregada após o vocábulo "tablets"para isolar o adjunto adverbial.

GABARITO: ERRADO.

Ao se ler o trecho "com destaque para tablets, videogames, condicionadores de ar e microcomputadores", percebe-se que a vírgula tem função enumerativa.

O que fizemos foi simplificar o PPB, sem prejuízos dos níveis de investimento e mão de obra, e com isso vamos trazer essa produção para o PIM. Pelo menos quatro grandes empresas participaram das discussões visando ao estabelecimento do PPB e já demonstraram interesse em fabricar o produto em Manaus", disse o superintendente da ZFM.

Internet: <www.suframa.gov.br/suf_pub_noticias> (com adaptações).

379. (2014 – SUFRAMA – Técnico Administrativo) A palavra "prejuízos" recebe acento gráfico porque todas as proparoxítonas devem ser acentuadas.

GABARITO: ERRADO.

A palavra prejuízos é paroxítona e recebe acento gráfico porque há a presença de um hiato (uí).

Localizada à margem esquerda do rio Negro, Manaus originou-se de um pequeno arraial formado em torno da fortaleza de São José do Rio Negro, criada em 1669, para guarnecer a região de possíveis investidas dos inimigos.

Internet: <www.amazonas.am.gov.br> (com adaptações).

380. (2014 – SUFRAMA – Analista Administrativo) O sinal grave empregado no trecho "Localizada à margem" é opcional.

GABARITO: ERRADO.

Há um caso obrigatório de emprego de acento grave, pois a expressão "à margem esquerda do rio Negro" é uma locução adverbial feminina.

O primeiro europeu a pisar as terras **amazônicas**, o espanhol Vicente Pinzon (janeiro de 1500), percorreu a foz do Amazonas, conheceu a ilha de Marajó e surpreendeu-se em ver que essa era uma das regiões mais intensamente povoadas do mundo então conhecido.

[...]

De todos, o mito mais persistente parece ter sido sempre o da superabundância e da resistência da natureza da região: florestas com árvores **altíssimas** que penetravam nas nuvens; frutos e flores de cores e sabores indescritíveis; rios largos a se perderem no horizonte (povoados de monstros engolidores de navios nas noites escuras); animais estranhos e abundantes por todo o chão; **pássaros** cobrindo o céu e colorindo-o em nuvens de penas e plumas de todas as cores.

Violeta Refkalefsky Loureiro. Amazônia: uma história de perdas e danos, um futuro a (re)construir. Estudav. [online]. 2002, vol. 16, n.º 45, p. 107-21 (com adaptações).

381. **(2014 – SUFRAMA – Analista Administrativo)** O emprego de acento nos vocábulos "amazônicas", "altíssimas" e "pássaros" atende à mesma regra de acentuação gráfica.

GABARITO: CERTO.

Todas as palavras são proparoxítonas. Logo, todas devem obrigatoriamente levar acento agudo.

Atualmente, mais de 600 empresas estão instaladas no Polo Industrial de Manaus. Tais empresas faturaram cerca de R$ 70 bilhões em 2011, geraram mais de 100 mil empregos diretos e outros 400 mil empregos indiretos e colocaram o Amazonas na terceira posição do ranking de estados brasileiros que mais arrecadam com o setor industrial.

Ricardo Nunes de Miranda. Zona Franca de Manaus: desafios e vulnerabilidades. Internet: <www12.senado.gov.br> (com adaptações).

382. **(2014 – SUFRAMA – Analista Administrativo)** A inclusão da vírgula imediatamente após "brasileiros" altera o sentido do texto.

GABARITO: CERTO.

No trecho "estados brasileiros que mais arrecadam com o setor industrial", temos uma oração restritiva iniciada pelo pronome relativo que. Ao se inserir uma vírgula após brasileiros, a oração passa a ser explicativa, ou seja, o sentido é alterado.

Texto referente às questões 383 e 384.

No morro **atrás** de onde eu moro vivem alguns urubus. Eles decolam juntos, cerca de dez, e aproveitam as correntes ascendentes para alcançar as nuvens sobre a Lagoa Rodrigo de Freitas.

Lanço aqui a campanha: crie vínculos com um curió, uma paca ou um formigueiro que seja. Eles são fiéis e conectam você com a mãe natureza. Experimente, ponha um pãozinho no parapeito e veja se alguém aparece.

Fernanda Torres. In: Veja Rio, 2/12/2012 (com adaptações).

383. **(2014 – PM/CE – Primeiro-Tenente)** Sem prejuízo da correção gramatical do texto, a vírgula em "Experimente, ponha um pãozinho no parapeito e veja se alguém aparece" poderia ser substituída pelo sinal de dois-pontos.

GABARITO: CERTO.

A informação depois de "experimente" é um esclarecimento do que deve ser experimentado. Como o sinal de dois-pontos tem a função de indicar um esclarecimento, a substituição pode ser feita.

384. (2014 – PM/CE – Primeiro-Tenente) O emprego do acento gráfico na palavra “atrás” justifica-se com base na mesma regra que justifica o emprego do acento gráfico em “fiéis”.

GABARITO: ERRADO.

A palavra atrás é acentuada, pois é uma oxítona terminada em AS. A palavra fiéis é acentuada, pois é uma oxítona terminada em ditongo aberto.

Texto referente às questões 385 a 387.

Nesse mesmo documento, Colombo escreveu que, segundo o que os índios haviam informado, ele estava a caminho do Japão. Os nativos tinham apontado, na verdade, para Cuba.

Suas certezas foram parcialmente abaladas nas viagens seguintes, mas o navegador nunca chegou a pensar que aportara em um novo continente. Sua quarta viagem o teria levado, segundo escreveu, à província de “Mago”, “fronteiriça à de Catayo”, ambas na China.

Somente nos últimos anos de sua vida o genovês considerou a possibilidade de ter descoberto terras realmente virgens. Mas foi necessário certo tempo para que a existência de um novo continente começasse a ser aceita pelos europeus.

Américo Vespúcio foi um dos primeiros a apresentar um mapa com quatro continentes. Mais tarde, em 1507, a nova terra seria batizada em homenagem ao explorador italiano. Um ano depois da morte de Colombo, que passou a vida sem entender bem o que havia encontrado.

Antouaine Roullet. In: Revista História Viva. Internet: <www2.uol.com.br/historiaviva> (com adaptações).

385. (2014 – PM/CE – Primeiro-Tenente) No período “Nesse mesmo documento, Colombo escreveu que, segundo o que os índios haviam informado, ele estava a caminho do Japão”, a primeira vírgula foi empregada para isolar termo com valor adverbial e as demais, para isolar uma oração de valor temporal intercalada.

GABARITO: ERRADO.

A segunda e a terceira vírgula foram empregadas para isolar uma oração intercalada de valor conformativo.

386. (2014 – PM/CE – Primeiro-Tenente) No período “Um ano depois da morte de Colombo, que passou a vida sem entender bem o que havia encontrado”, a vírgula, empregada para separar o sujeito do predicado, torna mais claras as informações para o leitor.

GABARITO: ERRADO.

A vírgula não separa sujeito de predicado. A oração iniciada pela palavra que não é o predicado, é uma oração adjetiva explicativa.

387. (2014 – PM/CE – Primeiro-Tenente) No segmento ‘fronteiriça à de Catayo’, o emprego do sinal indicativo de crase seria obrigatório ainda que se eliminasse a preposição “de”.

GABARITO: ERRADO.

Se houvesse a eliminação da palavra de, não haveria o emprego de crase, pois teríamos uma palavra masculina depois de A. Veja que há uma elipse de “província” no texto original: o teria levado à província de “Mago”, “fronteiriça à província de Catayo”, ambas na China.

O Sr. Deputado Penido censurou a Câmara por lhe ter rejeitado duas emendas: — uma que mandava fazer desconto aos deputados que não comparecessem às sessões; outra que reduzia a importância do subsídio.

Machado de Assis. Balas de estalo. In: Obra completa, volume 3, Aguilar, 1973, p. 416 (com adaptações).

388. **(2012 – Câmara dos Deputados – Técnico Legislativo)** O emprego do sinal indicativo de crase em "às sessões" justifica-se porque a palavra "desconto" exige complemento regido pela preposição "a" e "sessões" está antecedida de artigo definido feminino.

GABARITO: ERRADO.

O emprego do sinal indicativo de crase justifica-se porque o verbo "comparecessem" exige complemento regido pela preposição "a" e "sessões" está antecedida de artigo definido feminino.

Texto referente às questões 389 e 390.

Postos da Polícia Rodoviária Federal poderão ter ambulâncias e paramédicos para atendimento às vítimas de acidentes durante 24 horas por dia. É o que propõe o Projeto de Lei n.º 3.111/2012. Pela proposta, os postos **que distam mais de vinte quilômetros de centros urbanos** deverão ter ambulâncias e pessoal treinado para prestar socorro.

Segundo dados do Departamento da Polícia Rodoviária Federal, de janeiro a novembro de 2011, foram registrados mais de 170 mil acidentes nas rodovias federais do Brasil, sendo 57 mil com feridos e 6 mil com vítimas fatais. O assessor nacional de comunicação da Polícia Rodoviária Federal lembrou que a presteza no atendimento, muitas vezes, faz a diferença entre a vida e a **morte**. "Nós sabemos que existe uma regra chamada 'a hora de ouro'. Se uma vítima politraumatizada dá entrada em um hospital em até uma hora após o acidente, a chance de sobrevida aumenta em até 80%."

A Polícia Rodoviária Federal fiscaliza mais de 61 mil quilômetros de rodovias e estradas federais e conta com 400 postos de fiscalização e 150 delegacias.

Internet: <www2.camara.gov.br> (com adaptações).

389. **(2012 – Câmara dos Deputados – Técnico Legislativo)** Se o segmento "que distam mais de vinte quilômetros de centros urbanos" estivesse isolado por vírgulas, o sentido das informações do período permaneceria inalterado.

GABARITO: ERRADO.

A oração "que distam mais de vinte quilômetros de centros urbanos" é uma oração subordinada adjetiva. Por não estar entre vírgulas, é classificada como restritiva e tem sentido restritivo; se estivesse entre vírgulas, seria classificada como explicativa e teria um sentido genérico, não restritivo.

390. **(2012 – Câmara dos Deputados – Técnico Legislativo)** Prejudica-se a correção gramatical do texto ao se substituir o ponto final após "morte" (em destaque no texto) por sinal de dois pontos.

GABARITO: ERRADO.

O período "O assessor .... morte" traz uma informação sobre o que pensa o assessor nacional de comunicação da PRF sobre a rapidez nos atendimentos. O período seguinte, que está entre aspas, é uma citação de uma fala desse mesmo assessor, que

ratifica e justifica a importante do atendimento rápido. Logo, o uso dos dois pontos não prejudicaria a correção gramatical, como pode ser percebido na reescrita: O assessor nacional de comunicação da Polícia Rodoviária Federal lembrou que a presteza no atendimento, muitas vezes, faz a diferença entre a vida e a morte: "Nós sabemos que existe uma regra chamada 'a hora de ouro'. Se uma vítima politraumatizada dá entrada em um hospital em até uma hora após o acidente, a chance de sobrevida aumenta em até 80%."

Depois de seis anos em vigor no país, a Lei Nacional Antidrogas (Lei n.º 11.343/2006) está sendo revista na Câmara.

O novo texto está sendo elaborado com o objetivo de garantir que as ações governamentais sejam mais efetivas e o de corrigir as falhas e omissões da legislação em vigor

Internet: <www2.camara.gov.br> (com adaptações).

391. **(2012 – Câmara dos Deputados – Técnico Legislativo)** O emprego de vírgula após "país" justifica-se por isolar oração temporal anteposta à principal.

GABARITO: ERRADO.

O trecho "Depois de seis anos em vigor no país," não é uma oração temporal, mas um adjunto adverbial que indica uma circunstância temporal.

O texto traz treze mudanças consideradas relevantes diante da legislação atual. As propostas estão sendo debatidas em cinco eixos principais: prevenção, tratamento, recuperação, acolhimento e reinserção social.

Internet: <www2.camara.gov.br> (com adaptações).

392. **(2012 – Câmara dos Deputados – Técnico Legislativo)** O emprego do sinal de dois pontos após "principais" justifica-se por marcar a introdução da enumeração dos "cinco eixos principais".

GABARITO: CERTO.

Um dos usos dos dois pontos é apresentar uma explicação de um termo, como ocorre no período: As propostas estão sendo debatidas em cinco eixos principais: prevenção, tratamento, recuperação, acolhimento e reinserção social.

Texto referente às questões 393 a 395.

Tramita na Câmara o Projeto de Lei n.º 3.596/2012, do Senado, que estabelece medidas para inibir erros de administração e uso equivocado de medicamentos. Pelo texto, a rotulagem e a embalagem dos produtos deverão ter características que possibilitem a sua imediata identificação. O autor da proposta observa que a medida poderia evitar equívocos semelhantes ao ocorrido, recentemente, no Centro de Terapia Intensiva do Hospital Felício Rocho, em Belo Horizonte, onde uma técnica de enfermagem trocou sedativo por ácido. "Entre outras causas, a utilização de rótulos e embalagens iguais ou semelhantes para produtos de composição diferente é fator que induz a equívocos, muitas vezes fatais", alerta.

Internet: <www2.camara.gov.br> (com adaptações).

393. (2012 – Câmara dos Deputados – Técnico Legislativo) Julgue quanto à correção gramatical. A relatora observou que as crianças com deficiência ou doença crônica enfrentam uma espera maior de adoção. "Nada mais justo do que conferir prioridade de tramitação para os processos de adoção que envolva crianças e adolescentes nessas condições, para que possam usufruir, sem maiores delongas, aos benefícios do convívio familiar", afirmou.

GABARITO: ERRADO.

O período deveria ser escrito com a seguinte correção gramatical: A relatora observou que as crianças com deficiência ou doença crônica enfrentam uma espera maior de adoção. "Nada mais justo do que conferir prioridade de tramitação para os processos de adoção que envolvam crianças e adolescentes nessas condições, para que possam usufruir, sem maiores delongas, DOS benefícios do convívio familiar", afirmou.

394. (2012 – Câmara dos Deputados – Técnico Legislativo) Julgue quanto à correção gramatical. A Comissão de Seguridade Social e Família aprovou proposta que prevê prioridade para o processo de adoção de criança ou adolescente com deficiência ou doença crônica. A iniciativa acrescenta dispositivo ao Estatuto da Criança e do Adolescente.

GABARITO: CERTO.

No item em comento, está mantida a correção gramatical do período.

395. (2012 – Câmara dos Deputados – Técnico Legislativo) Julgue quanto à correção gramatical. O texto aprovado é um substitutivo ao Projeto de Lei n.º 659/2011. A relatora substituiu o termo "com necessidade específica de saúde", no texto original por "doença crônica". A proposta tramita, em caráter conclusivo e ainda será examinada pela Comissão de Constituição e Justiça e de Cidadania.

GABARITO: ERRADO.

O período deveria ser escrito com a seguinte correção gramatical, em relação ao emprego de vírgulas: O texto aprovado é um substitutivo ao Projeto de Lei n.º 659/2011. A relatora substituiu o termo "com necessidade específica de saúde", no texto original, por "doença crônica". A proposta tramita em caráter conclusivo e ainda será examinada pela Comissão de Constituição e Justiça e de Cidadania.

Ao todo, 82% das vítimas (32 pessoas) estavam sozinhas no momento da abordagem dos bandidos, por isso as forças de segurança recomendam que as pessoas tomem alguns cuidados, entre os quais, não estacionar em locais escuros e distantes, não ficar dentro de carros estacionados e redobrar a atenção ao sair de residências, centros comerciais e outros locais.

DF registra 316 ocorrências de sequestro-relâmpago nos primeiros oito meses deste ano. R7, 6/9/2013.

Internet: <http://noticias.r7.com> (com adaptações).

396. (2013 – PC/DF – Agente de Polícia) A correção gramatical e o sentido do texto seriam preservados caso a vírgula imediatamente após o termo "quais"fosse substituída pelo sinal de dois-pontos.

GABARITO: CERTO.

Nesse trecho, após o termo quais, há uma enumeração de ações a serem tomadas, logo, pode haver a substituição da vírgulas por dois-pontos: "entre os quais: não estacionar em locais escuros e distantes, não ficar dentro de carros estacionados e redobrar a atenção ao sair de residências, centros comerciais e outros locais.

Texto referente às questões 397 a 399.

O uso indevido de drogas constitui, na atualidade, séria e persistente ameaça à humanidade e à estabilidade das estruturas e valores políticos, econômicos, sociais e culturais de todos os Estados e sociedades. Suas consequências infligem considerável prejuízo às nações do mundo inteiro, e não são detidas por fronteiras: avançam por todos os cantos da sociedade e por todos os espaços geográficos, afetando homens e mulheres de diferentes grupos étnicos, independentemente de classe social e econômica ou mesmo de idade.

Questão de relevância na discussão dos efeitos adversos do uso indevido de drogas é a associação do tráfico de drogas ilícitas e dos crimes conexos — geralmente de caráter transnacional — com a criminalidade e a violência. Esses fatores ameaçam a soberania nacional e afetam a estrutura social e econômica interna, devendo o governo adotar uma postura firme de combate ao tráfico de drogas, articulando-se internamente e com a sociedade, de forma a aperfeiçoar e otimizar seus mecanismos de prevenção e repressão e garantir o envolvimento e a aprovação dos cidadãos.

Internet: <www.direitoshumanos.usp.br>.

397. (2014 – DPF – Agente de Polícia) No 2º parágrafo, o emprego da preposição "com", em "com a criminalidade e a violência", deve-se à regência do vocábulo "conexos".

GABARITO: ERRADO.

Ao se ler o trecho: "Questão de relevância na discussão dos efeitos adversos do uso indevido de drogas é a associação do tráfico de drogas ilícitas e dos crimes conexos — geralmente de caráter transnacional — com a criminalidade e a violência", percebe-se que o emprego da preposição com deve-se a estrutura: a associação do [...] com [...].

398. (2014 – DPF – Agente de Polícia) Dados os sentidos do trecho introduzido por dois-pontos, o vocábulo "fronteiras" (1º parágrafo) deve ser interpretado em sentido amplo, não estando restrito ao seu sentido denotativo.

GABARITO: CERTO.

Ao explicar que as consequências avançam por todos os cantos da sociedade e por todos os espaços geográficos, afetando homens e mulheres de diferentes grupos étnicos, independentemente de classe social e econômica ou mesmo de idade, o texto mostra que as fronteiras não são apenas geográficas.

399. **(2014 – DPF – Agente de Polícia)** O acento indicativo de crase em "à humanidade e à estabilidade" (1º período do texto) é de uso facultativo, razão por que sua supressão não prejudicaria a correção gramatical do texto.

GABARITO: ERRADO.

No trecho "constitui [...] ameaça à humanidade e à estabilidade", percebe-se que a presença do acento indicativo de crase é obrigatória: regência por causa da palavra "ameaça" e presença de artigo definido feminino.

400. **(2012 – CADE – Analista)** Julgue quanto à correção gramatical: Os movimentos observados no interior da circulação financeira, em si mesmos, não prometem à economia global uma recuperação rápida e brilhante, mas indicam que os mercados não temem a formação de novas bolhas de ativos nos mercados emergentes.

GABARITO: CERTO.

O trecho está correção quanto ao emprego de elementos gramaticais, ou seja não há problemas quanto à correção gramatical.

401. **(2012 – CADE – Analista)** Julgue quanto à correção gramatical: Diante do frenesi que ora turbina as bolsas, as moedas dos emergentes e as commodities não faltam prognósticos que anunciam o fim da crise e preconizam uma recuperação rápida da economia global, liderada pelos emergentes.

GABARITO: CERTO.

A correção gramatical está preservada no trecho. Logo, não há inadequações que devem ser corrigidas.

402. **(2012 – CADE – Analista)** Julgue quanto à correção gramatical: Nas circunstâncias atuais, a realocação de carteiras favorecem as bolsas, as moedas dos emergentes e as commodities, enquanto o dólar segue uma trajetória de declínio, depois da valorização observada nos primeiros meses de crise.

GABARITO: ERRADO.

Há um erro de concordância verbal. Deve-se corrigir: a realocação de carteiras favorece.

403. **(2012 – CADE – Analista)** Julgue quanto à correção gramatical: No rol de vencedores da batalha contra a depressão global, figuram, em posição de respeito, a China, a Índia e o Brasil, cada qual com suas forças e fragilidades.

GABARITO: CERTO.

O trecho está correção quanto ao emprego de elementos gramaticais, ou seja não há problemas quanto à correção gramatical.

404. **(2012 – CADE – Analista)** Julgue quanto à correção gramatical: Entre as fragilidades, sobressaem a pressão para valorização das moedas nacionais e as ações de esterilização dos governos, com efeitos indesejáveis sobre a dinâmica da dívida pública dos países receptores da "chuva de dinheiro externo".

GABARITO: CERTO.

O trecho está correção quanto ao emprego de elementos gramaticais, ou seja não há problemas quanto à correção gramatical.

405. (2012 – TCU – Técnico Administrativo) Julgue quanto à correção gramatical: Conforme é do conhecimento de V. Sa., a primeira fiscalização avaliou o serviço de atendimento ao usuário de três órgãos públicos e resultou em acórdão proferido pelo TCU. A segunda fiscalização, julgada por outro acórdão, verificou a atuação desses mesmos órgãos no acompanhamento da qualidade dos serviços prestados.

GABARITO: CERTO.

O texto está correto quanto à correção gramatical e ao emprego de elementos gramaticais, como concordância, regência, pontuação, acentuação, morfossintaxe.

406. (2012 – TCU – Técnico Administrativo) Julgue quanto à correção gramatical: O TCU identificou que aspectos fundamentais relativos a qualidade da prestação de serviços para os usuários não são devidamente tratados por três órgãos públicos. Constatou-se também lacunas na regulamentação, fragilidades nos processos de fiscalização desenvolvidos pelos órgãos e falta de efetividade das sanções impostas às empresas prestadoras de serviços. Segundo a auditoria, também não há priorização de políticas efetivas para educação do usuário.

GABARITO: ERRADO.

No trecho, é preciso fazer algumas alterações: relativos à qualidade (falta sinal indicativo de crase); Constataram-se (o verbo está na voz passiva e deve concordar com o núcleo do sujeito: lacunas).

407. (2012 – TCU – Técnico Administrativo) Julgue quanto à correção gramatical: Esclarecemos, ainda, que o relatório aprovado pelo Acórdão 1.021/2012, no último dia 18, informam que determinados órgãos não concretizaram a maior parte do próprio plano de ações elaborado para cumprir as deliberações do Tribunal. Quase sete anos após a primeira decisão, apenas 47% das recomendações do TCU foram implementadas. Do acórdão posterior, somente 15% das recomendações foram implementadas e 27% das determinações efetivamente cumpridas.

GABARITO: ERRADO.

No trecho, é preciso flexionar o verbo informar para o singular: informa.

408. (2012 – TCU – Técnico Administrativo) Julgue quanto à correção gramatical: O TCU fixou prazo para que um novo plano de trabalho para implementação das determinações seja elaborado e recomenda aos órgãos que aprimorem a coordenação entre as suas diversas áreas e considerem a possibilidade de sancionar com maior rigor as empresas prestadoras de serviços que não tratarem adequadamente as reclamações encaminhadas à própria ouvidoria.

GABARITO: CERTO.

O texto está correto quanto à correção gramatical e ao emprego de elementos gramaticais, como concordância, regência, pontuação, acentuação, morfossintaxe.

409. **(2012 – TCU – Técnico Administrativo)** Julgue quanto à correção gramatical: A presidência e o conselho diretor de cada órgão em apreço estão sendo alertados de que as determinações e recomendações ainda não cumpridas ou implementadas dependem fundamentalmente de suas atuações, sendo, portanto, de responsabilidade direta do respectivo corpo dirigente. O TCU continuará a acompanhar as medidas adotadas por esses órgãos para melhoria da prestação dos serviços públicos. Nova fiscalização deverá ser concluída no prazo de um ano.

GABARITO: CERTO.

O texto está correto quanto à correção gramatical e ao emprego de elementos gramaticais, como concordância, regência, pontuação, acentuação, morfossintaxe.

410. **(2012 – TCU – Técnico Administrativo)** Julgue quanto à correção gramatical: Vimos informar que o Tribunal de Contas da União (TCU), em sua missão de avaliar o desempenho de vários órgãos públicos, constatou que alguns deles não estão cumprindo totalmente determinações e recomendações expedidas em duas fiscalizações referentes à qualidade dos serviços públicos por eles prestados.

GABARITO: CERTO.

O texto está correto quanto à correção gramatical e ao emprego de elementos gramaticais, como concordância, regência, pontuação, acentuação, morfossintaxe.

FAÇA JÁ

1. A ______________________ está ligada a muitos aspectos, como utilização dos tempos e modos verbais; concordâncias verbal e nominal; escolha lexical; interferência excessiva de estruturas da linguagem oral no texto escrito; etc.

2. Ao ler um texto, é preciso observar os contextos de produção do discurso, a fim de se verificar os erros e os acertos.

3. Regras básicas na concordância ______________: sujeito simples anteposto, posposto e composto; sujeito formado por partitivos e coletivos, frações e porcentagens; verbo ser; verbos impessoais (haver e fazer); presença da partícula se.

4. Regra básica da concordância __________________: adjetivos, numerais, pronomes e artigos; distinção entre adjetivos e advérbios; um adjetivo e vários substantivos; plural dos diminutivos.

5. Na língua portuguesa, temos __________________ gramaticais. As __________________: substantivo, adjetivo, artigo, numeral, pronome, verbo; e as __________________: advérbio, preposição, conjunção e interjeição.

6. A norma ________________ é aquela relacionada à __________________ normativa: só o que está de acordo com ela é correto.

7. A __________________ está vinculada a uma língua modelo. Segue prescrições representadas na gramática, mas é marcada pela língua produzida em certo momento da história e em uma determinada sociedade.

8. O uso das ______________ gramaticais varia de acordo com as situações e condições de vida de cada um. Em muitos casos, é na ________________ que ocorre o único contato das pessoas com a gramática normativa e com a norma-padrão.

CAPÍTULO

5

Reescrita

Reescrita

Texto referente às questões 411 e 412.

Aconteceu poucos dias após o início do governo Collor, a partir do congelamento dos depósitos bancários. Estávamos na longa e irritante fila de um grande banco, em busca da minguada nota de cinquenta **a que cada um tinha direito**.

Uma fila pode ser tomada como um exercício de psicologia comparada. Se, por absurdo, uma fila assim tivesse de ser formada em um banco americano, aposto que nela reinaria a frustração controlada e a incomunicação. A cena no banco brasileiro era diferente. Quase todos conversavam animadamente, irmanados na dor de ver seu dinheiro distanciar-se para, quem sabe, não mais retornar.

Havia os ministros da Fazenda, que mediam as possibilidades incertas de recuperar os depósitos, havia os conformados, que aceitavam tudo, se esse fosse o preço a ser pago pela morte do dragão inflacionário. Havia os que ficavam especulando sobre as alternativas que poderiam ter adotado para escapar ao sequestro.

A opção mais aceita punha nas nuvens o português dono de padaria. Ele, sim, fizera o certo, guardando seu dinheiro debaixo do colchão

411. (2012 – CONAB – Analista) Atendidas as prescrições gramaticais, o 2º período do 2º parágrafo assim poderia ser reescrito: Aposto que, se, por absurdo, tal fila tivesse sido formada em um banco dos Estados Unidos, teriam, nela, reinado a frustração controlada e o silêncio.

GABARITO: CERTO.

Mesmo com as inversões sintáticas e as orações intercaladas, a reescrita mantém a correção gramatical e os sentidos do texto.

412. (2012 – CONAB – Analista) Atendidos os preceitos gramaticais, é uma construção alternativa para a oração "a que cada um tinha direito" (1º parágrafo): a qual cada um de nós tínhamos direito.

GABARITO: ERRADO.

Na reescrita, há um erro quanto ao emprego de sinal indicativo de crase: deve-se empregar acento grave em à qual.

Um plano oficial de educação pouco poderia fazer para alterar esse iminente risco de desintegração que afeta a sociedade civil, atingindo classes e estamentos diversos; mas que ao menos se faça esse pouco!

Alfredo Bosi. A valorização dos docentes é a única forma de construir uma escola eficiente. Chega de proletários do giz. In: Carta Capital. Ano XIX, n.º 781, p. 29 (com adaptações).

413. (2014 – CADE - Agente Administrativo) Sem prejuízo para o sentido original do texto, o termo "iminente" poderia ser substituído por elevado.

GABARITO: ERRADO.

Em "esse iminente risco de desintegração", o termo iminente significa "que está prestes a acontecer, está próximo". Logo, não pode haver a substituição por "elevado".

Há evidências de que a oferta de medicação domiciliar pelas operadoras de planos de saúde traz efeito positivo aos beneficiários: todas as normas da ANS primam pela pesquisa baseada em evidências científicas nacionais e internacionais e buscam a qualidade da saúde oferecida aos beneficiários dos planos de saúde, bem como o equilíbrio do setor.

Internet: <www.ans.gov.br> (com adaptações).

414. (2013 – ANS - Técnico Administrativo) Prejudica-se a correção gramatical do período ao se substituir "efeito positivo" por efeitos positivos.

GABARITO: ERRADO.

A expressão "efeito positivo", no singular, faz referência a um efeito que vem logo após os dois-pontos: "todas as normas da ANS primam pela pesquisa baseada em evidências científicas nacionais e internacionais e buscam a qualidade da saúde oferecida aos beneficiários dos planos de saúde, bem como o equilíbrio do setor". Para ser possível a alteração, deveria haver mais de um efeito.

Acho que, se eu não fosse tão covarde, o mundo seria um lugar melhor. Não que a melhora do mundo dependa de uma só pessoa, mas, se o medo não fosse constante, as pessoas se uniriam mais e incendiariam de entusiasmo a humanidade.

Sérgio Vaz. Antes que seja tarde. In: Caros Amigos, mai./2013, p. 8 (com adaptações).

415. (2014 – DPF - Agente Administrativo) A coerência e a coesão do texto não seriam prejudicadas se o trecho "se o medo não fosse constante, as pessoas (...) a humanidade." fosse reescrito da seguinte forma: se o medo não for constante, as pessoas se unirão mais e incendiarão de entusiasmo a humanidade.

GABARITO: CERTO.

Não seriam prejudicadas a coerência e a coesão do texto se a oração "se o medo não fosse constante, as pessoas (...) humanidade" fosse reescrita como "se o medo não for constante, as pessoas se unirão e incendiarão de entusiasmo a humanidade", pois será mantida a correta correlação entre os tempos verbais: originalmente, imperfeito do subjuntivo com futuro do pretérito do indicativo; na proposta apresentada, futuro do subjuntivo com futuro do presente do indicativo.

Texto referente Às questões 416 e 417.

As vítimas das agressões pessoais viram desprotegidas a paz e a segurança, direitos sagrados da cidadania. Todos foram prejudicados.

Pôde-se constatar que, em outras partes do mundo, fenômenos sociais semelhantes também ocorreram. Lá como cá, diferentes tipos de ação atingiram todo o grupo social, gerando vítimas e danos materiais.

Internet: <www1.folha.uol.com.br> (com adaptações).

416. (2014 – DPF - Agente Administrativo) A correção gramatical bem como as informações originais do texto seriam mantidas caso o período "As vítimas das agressões pessoais viram desprotegidas a paz e a segurança, direitos sagrados da cidadania." fosse reescrito da seguinte forma: As pessoas agredidas viram-se desprotegidas em sua paz e segurança — prerrogativas legais consagradas da cidadania.

GABARITO: ERRADO.

A proposta de reescrita não mantém as informações originais do texto, dada a substituição de "viram desprotegidas a paz e a segurança" por viram-se desprotegidas em sua paz e segurança. De acordo com o sentido original, as prerrogativas legais consagradas da cidadania são a paz e a segurança de todos e não de algumas pessoas somente, como se propõe na reescrita.

417. **(2014 – DPF - Agente Administrativo)** Sem prejuízo para o sentido e a correção gramatical do texto, o trecho "Pôde-se constatar (...) ocorreram." poderia ser assim reescrito: Supôs-se que também ocorreu, em outros países do mundo, movimentos sociais análogos.

GABARITO: ERRADO.

A proposta de reescrita prejudica o sentido e a correção gramatical do texto. A substituição de "Pôde-se constatar" por "supôs-se" altera substancialmente o sentido original, visto que constatar significa verificar, atestar, e supor significa achar, admitir hipoteticamente. Na proposta de reescrita, também há prejuízo da concordância verbal padrão, visto que a forma verbal "ocorreu" não concorda em número com o sujeito da oração, "movimentos sociais análogos".

O cinema ideal seria aquele onde não houvesse absolutamente nenhum ponto de luz (tais como letreiros luminosos de emergência e saída etc.) fora da própria tela e onde, fora a trilha sonora do filme, não pudessem penetrar nem mesmo os mínimos ruídos.

Hugo Mauerhofer. A psicologia da experiência cinematográfica. In: Ismail Xavier. A experiência do cinema. RJ: Graal, 1983, p. 375-6 (com adaptações).

418. **(2013 – ANCINE - Analista Administrativo)** Seriam mantidos o sentido original do texto e sua correção gramatical caso o período "O cinema ideal seria aquele onde não houvesse absolutamente nenhum ponto de luz" fosse reescrito do seguinte modo: O cinema ideal seria aquele onde não houvessem pontos de luz.

GABARITO: ERRADO.

O verbo haver, no sentido de existir, é impessoal, ou seja, não tem sujeito e deve ir no singular. Na reescrita, o verbo deveria ficar "houvesse".

A reação ao cinema da Vera Cruz representou o movimento que divulgou o cinema nacional para o mundo inteiro: o Cinema Novo. No início da década de 60, um grupo de jovens cineastas começou a realizar uma série de filmes imbuídos de forte temática social.

História do cinema brasileiro. Internet: <http://dc.itamaraty.gov.br> (com adaptações).

419. **(2013 – ANCINE - Analista Administrativo)** Sem prejuízo da correção gramatical do texto ou de seu sentido original, o trecho "um grupo (...) temática social" poderia ser reescrito da seguinte forma: um grupo de jovens cineastas começaram a realizar uma série de filmes críticos de forte temática social.

GABARITO: ERRADO.

Quando há expressões com substantivos coletivos especificados, pode haver dupla concordância: grupos de jovens cineastas começou/começaram. Mas as palavras imbuídos e críticos não têm relação sinonímica. Imbuídos significa: que se deixou imbuir, penetrado, mergulhado; persuadido, convencido. E críticos: que encerra crítica, análise, julgamento; que analisa (obra, atitude, evento) segundo certos critérios.

O respeito às diferentes manifestações culturais é fundamental, ainda mais em um país como o Brasil, que apresenta tradições e costumes muito variados em todo o seu território. Essa diversidade é valorizada e preservada por ações da Secretaria da Identidade e da Diversidade Cultural (SID), criada em 2003 e ligada ao Ministério da Cultura.

Identidade e diversidade. Internet: <www.brasil.gov.br/sobre/cultura/> (com adaptações).

420. **(2013 – PC/BA - Escrivão)** Mantêm-se as informações originais e a correção gramatical do texto caso seja assim reescrito: Em 2003, ligada ao Ministério da Cultura, com a finalidade de preservar e de valorizar as diferentes manifestações culturais, principalmente no Brasil, que têm tradições e costumes diversos, foi criada a Secretaria da Identidade e da Diversidade Cultural (SID).

GABARITO: ERRADO.

Alterou-se o sentido quanto à finalidade da Secretaria da Identidade e da Diversidade Cultural (SID). Além disso, a forma verbal "têm" deveria estar no singular (tem), pois concorda com "Brasil".

Com base nesses encontros é que podem ser planejadas e desenvolvidas ações que permitam o acesso dos cidadãos à cultura e a promoção de suas manifestações, independentemente de cor, sexo, idade, etnia e orientação sexual.

Identidade e diversidade. Internet: <www.brasil.gov.br/sobre/cultura/> (com adaptações).

421. **(2013 – PC/BA - Escrivão)** A retirada da expressão de realce "é que" e a colocação de vírgula após o segmento "Com base nesses encontros" não acarretariam prejuízo gramatical ao período.

GABARITO: CERTO.

A expressão "é que" tem a função expletiva (de realce). Seu uso não é obrigatório para a correção gramatical, ou seja, poderia ser feita a retirada desse termo: "Com base nesses encontros, podem ser planejadas e desenvolvidas ações".

A participação de toda a sociedade civil na discussão de qualquer política cultural se dá em reuniões da SID com grupos de trabalho e em seminários, oficinas e fóruns, nos quais são apresentadas as demandas da população.

Identidade e diversidade. Internet: <www.brasil.gov.br/sobre/cultura/> (com adaptações).

422. (2013 – PC/BA - Escrivão) A substituição do segmento “de toda a” por **da** não causaria prejuízo semântico ao texto.

GABARITO: CERTO.

As expressões “a participação de toda a sociedade” e “a participação da sociedade” mantêm relação sinonímica, pois ambas as formas especificam de quem é a participação. Desse modo, a substituição não causaria prejuízo semântico ao texto.

Texto referente às questões 423 a 428.

Nas formas de vida coletiva, podem assinalar-se dois princípios que se combatem e regulam diversamente as atividades dos homens. Esses dois princípios encarnam-se nos tipos do aventureiro e do trabalhador. Já nas sociedades rudimentares manifestam-se eles, segundo sua predominância, na distinção fundamental entre os povos caçadores ou coletores e os povos lavradores. Para uns, o objeto final, a mira de todo esforço, o ponto de chegada, assume relevância tão capital, que chega a dispensar, por secundários, quase supérfluos, todos os processos intermediários. Seu ideal será colher o fruto sem plantar a árvore. Esse tipo humano ignora as fronteiras. No mundo, tudo se apresenta a ele em generosa amplitude e, onde quer que se erija um obstáculo a seus propósitos ambiciosos, sabe transformar esse obstáculo em trampolim. Vive dos espaços ilimitados, dos projetos vastos, dos horizontes distantes.

O trabalhador, ao contrário, é aquele que enxerga primeiro a dificuldade a vencer, não o triunfo a alcançar. O esforço lento, pouco compensador e persistente, que, no entanto, mede todas as possibilidades de esperdício e sabe tirar o máximo proveito do insignificante, tem sentido bem nítido para ele. Seu campo visual é naturalmente restrito. A parte maior do que o todo.

Existe uma ética do trabalho, como existe uma ética da aventura. Assim, o indivíduo do tipo trabalhador só atribuirá valor moral positivo às ações que sente ânimo de praticar e, inversamente, terá por imorais e detestáveis as qualidades próprias do aventureiro — audácia, imprevidência, irresponsabilidade, instabilidade, vagabundagem — tudo, enfim, quanto se relacione com a concepção espaçosa do mundo, característica desse tipo.

Por outro lado, as energias e esforços que se dirigem a uma recompensa imediata são **enaltecidos** pelos aventureiros; as energias que visam à estabilidade, à paz, à segurança pessoal e aos esforços sem perspectiva de rápido proveito material assam-lhes, ao contrário, por viciosos e desprezíveis. Nada lhes parece mais estúpido e mesquinho do que o ideal do trabalhador.

Sérgio Buarque de Holanda. Raízes do Brasil. São Paulo: Companhia das Letras, 1995.

423. (2014 – TC/DF – Técnico Administrativo) O termo “Já”, em “Já nas sociedades rudimentares manifestam-se eles, segundo sua predominância, na distinção fundamental entre os povos caçadores ou coletores e os povos lavradores”, é empregado com sentido temporal, razão por que o segmento “Já nas” poderia ser corretamente substituído por Desde as.

GABARITO: CERTO.

Ao ler todo o período a que se faz referência, e fazendo-se a alteração sugerida, temos o seguinte: “Desde as sociedades rudimentares manifestam-se eles, segundo sua predominância, na distinção fundamental entre os povos caçadores ou coletores e os povos lavradores”. Logo, percebemos que a substituição é coerente, e a expressão tem sentido temporal.

424. (2014 - TC/DF - Técnico Administrativo) O vocábulo "enaltecidos" (último parágrafo) poderia ser substituído, sem prejuízo para o sentido do texto, por arrefecidos.

GABARITO: ERRADO.

Ambos os vocábulos não possuem relação sinonímica. Enaltecidos significa que se enalteceu; exaltado; glorificado. Arrefecidos significa que se arrefeceu; abrandado, atenuado, enfraquecido.

425. (2014 - TC/DF - Técnico Administrativo) Julgue se a proposta de reescrita de trecho indicado entre aspas está gramaticalmente correta, ou errada, em caso contrário. "Assim, o indivíduo (...) do aventureiro" (3º parágrafo): Assim, o indivíduo do tipo trabalhador só atribuirá valor moral positivo nas ações em que sente ânimo de praticar e inversamente, considerará imoral e detestável as qualidades próprias do aventureiro.

GABARITO: ERRADO.

A reescrita deveria ser a seguinte: Assim, o indivíduo do tipo trabalhador só atribuirá valor moral positivo nas ações em que sentir ânimo de praticar e, inversamente, considerará imorais e detestáveis as qualidades próprias do aventureiro.

426. (2014 - TC/DF - Técnico Administrativo) Julgue se a proposta de reescrita de trecho indicado entre aspas está gramaticalmente correta, ou errada, em caso contrário. "No mundo, (...) em trampolim" (1º parágrafo): No mundo tudo se apresenta a ele em generosa amplitude e, onde quer que se erija obstáculo a seus propósitos ambiciosos, ele sabe transformá-lo em trampolim.

GABARITO: CERTO.

A reescrita está gramaticalmente correta em relação aos aspectos gramaticais, como concordância, pontuação, acentuação, etc.

427. (2014 - TC/DF - Técnico Administrativo) Julgue se a proposta de reescrita de trecho indicado entre aspas está gramaticalmente correta, ou errada, em caso contrário. "Nada lhes parece (...) do trabalhador" (final do texto): A eles nada parece mais estúpido e mesquinho que o ideal do trabalhador.

GABARITO: CERTO.

A reescrita está gramaticalmente correta em relação aos aspectos gramaticais, como concordância, pontuação, acentuação, etc.

428. (2014 - TC/DF - Técnico Administrativo) Julgue se a proposta de reescrita de trecho indicado entre aspas está gramaticalmente correta, ou errada, em caso contrário. "O trabalhador (...) triunfo a alcançar" (2º parágrafo): O trabalhador, ao contrário, é aquele, que enxerga primeiro a dificuldade a vencer mas não, o triunfo a ser alcançado.

GABARITO: ERRADO.

A reescrita deveria ser a seguinte (pontuação): O trabalhador, ao contrário, é aquele que enxerga primeiro a dificuldade a vencer, mas não o triunfo a ser alcançado.

Texto referente às questões 429 a 432.

Hoje, o petróleo e o carvão são responsáveis pela maior parte da geração de energia no mundo e há poucas perspectivas de mudanças da matriz energética mundial, em um futuro próximo.

Sabe-se que o processo de combustão de combustíveis fósseis atualmente empregado é bastante ineficiente e é perdida boa parte da energia gerada.

Relativamente ao petróleo, enquanto uma revolução tecnológica na área de energia não chega, busca-se conhecer melhor essa matéria-prima e trabalha-se para torná-la mais eficiente.

No fim do século XIX, o aumento da procura do petróleo decorreu principalmente da necessidade de querosene para iluminação em substituição ao óleo de baleia, que se tornava cada vez mais caro. Produtos como a gasolina ou o dísel eram simplesmente descartados.

Na época, o querosene de qualidade era aquele que não incorporava frações correspondentes a gasolina, pois haveria probabilidade de explosão, ou a dísel, que geraria uma chama fuliginosa. A título de curiosidade, a cor azul preponderante em companhias de petróleo derivou da cor das latas de querosene que não explodiam, como representação de seu selo de qualidade.

No futuro, talvez daqui a 50 ou 100 anos, olhando para trás, perceba-se o desperdício da queima dessa matéria-prima tão rica!

Cláudio Augusto Oller Nascimento e Lincoln Fernando Lautenschlager Moro. Petróleo: energia do presente, matéria-prima do futuro? In: Revista USP, n.º 89, 2011, p. 90-7 (com adaptações).

429. (2013 – ANP – Analista Administrativo) Não haveria prejuízo para a correção gramatical e o sentido geral do texto, caso o trecho "No fim do século XIX, o aumento (...) cada vez mais caro." fosse assim reescrito: O aumento na procura de petróleo no século XIX se deu principalmente em razão da necessidade de querosene para substituir ao óleo de baleia que tornava-se, cada vez mais, caro para iluminação.

GABARITO: ERRADO.

Há problemas em relação à correção gramatical; deve-se fazer a seguinte adequação: O aumento na procura de petróleo no século XIX se deu principalmente em razão da necessidade de querosene para substituir o óleo de baleia, que se tornava cada vez mais caro para iluminação.

430. (2013 – ANP – Analista Administrativo) Se, em vez de "o aumento da procura do petróleo decorreu principalmente da necessidade de querosene" fosse escrito "do aumento da procura do petróleo decorreu principalmente a necessidade de querosene", não haveria prejuízo da correção gramatical nem do sentido original do texto.

GABARITO: ERRADO.

No texto original, entende-se que a causa para o aumento da procura do petróleo foi a necessidade de querosene. Com a reescrita, a relação causa e consequência é alterada, o que prejudica o sentido do texto.

431. (2013 – ANP – Analista Administrativo) Permanece gramaticalmente correto o trecho "Produtos como a gasolina ou o dísel eram simplesmente descartados" se reescrito da seguinte forma: Simplesmente, descartava-se produtos tais como a gasolina e o dísel.

GABARITO: ERRADO.

O deslocamento do advérbio "simplesmente" altera o sentido do texto. Além disso, há um erro de concordância: descartavam-se produtos.

432. (2013 – ANP – Analista Administrativo) Em "o querosene de qualidade era aquele que não incorporava frações correspondentes a gasolina, pois haveria probabilidade de explosão, ou a dísel, que geraria uma chama fuliginosa", sem provocar incorreção gramatical, poder-se-ia empregar o acento indicativo de crase em "a gasolina", desde que a expressão "a dísel" fosse alterada para ao dísel, para manter o paralelismo.

GABARITO: CERTO.

As palavras "gasolina" e "dísel" estão relacionadas com "correspondentes", a qual exige a preposição A (correspondentes a). Se for usado o acento grave (à gasolina), sabe-se que haverá a junção da preposição A com o artigo A, o qual define "gasolina". Nessa mesma perspectiva, deve ser usado um artigo antes de "dísel; como é uma palavra masculina, o artigo que a acompanha é O.

O que tanta gente foi fazer do lado de fora do tribunal onde foi julgado um dos mais famosos casais acusados de assassinato no país? Torcer pela justiça, sim: as evidências permitiam uma forte convicção sobre os culpados, muito antes do encerramento das investigações. Contudo, para torcer pela justiça, não era necessário acampar na porta do tribunal, de onde ninguém podia pressionar os jurados. Bastava fazer abaixo-assinados via Internet pela condenação do pai e da madrasta da vítima. O que foram fazer lá, ao vivo? Penso que as pessoas não torceram apenas pela condenação dos principais suspeitos. Torceram também para que a versão que inculpou o pai e a madrasta fosse verdadeira.

Maria Rita Khel. A morte do sentido. Internet: <www.mariaritakehl.psc.br> (com adaptações).

433. (2013 – DPF – Escrivão) Sem prejuízo das relações sintático-semânticas do texto, os dois últimos períodos do texto poderiam ser corretamente reescritos da seguinte forma: Penso que as pessoas não torceram apenas pela condenação dos principais suspeitos, tendo torcido também — e principalmente — para que a versão que inculpou o pai e a madrasta fosse verdadeira.

GABARITO: ERRADO.

Na proposta de reescrita feita na assertiva, ocorrem alterações no componente sintático e no semântico dos dois últimos períodos do primeiro parágrafo do texto, como o uso do gerúndio (tendo) e a expressão "e principalmente".

Texto referente às questões 434 a 436.

A fim de solucionar o litígio, atos sucessivos e concatenados são praticados pelo escrivão. Entre eles, estão os atos de comunicação, os quais são indispensáveis para que os sujeitos do processo tomem conhecimento dos atos acontecidos no correr do procedimento e se habilitem a exercer os direitos que lhes cabem e a suportar os ônus que a lei lhes impõe.

Internet: <http://jus.com.br> (com adaptações).

434. (2013 – DPF – Escrivão) Não haveria prejuízo para a correção gramatical do texto nem para seu sentido caso o trecho "A fim de solucionar o litígio" (R.1) fosse substituído por Afim de dar solução à demanda e o trecho "tomem conhecimento dos atos acontecidos no correr do procedimento" fosse, por sua vez, substituído por conheçam os atos havidos no transcurso do acontecimento.

GABARITO: ERRADO.

As expressões "a fim" e "afim" não são equivalentes no sentido. Outrossim, haveria prejuízo para o sentido a substituição de "procedimento" por "acontecimento".

435. (2013 – DPF – Escrivão) A correção gramatical do texto seria mantida caso a expressão "os quais" fosse substituída por que ou fosse suprimida, desde que, nesse último caso, fosse suprimida também a forma verbal "são".

GABARITO: CERTO.

As duas propostas de substituição estão corretas. Vejamos: 1) Entre eles, estão os atos de comunicação, que são indispensáveis... Nesse caso, ocorreu a alteração entre dois pronomes relativos corretamente intercambiáveis no contexto da oração. 2) Entre eles, estão os atos de comunicação, indispensáveis... Reescritura correta, na qual se ocultou o pronome e o verbo de ligação. A vírgula deve ser mantida para não ser alterado o sentido da oração.

436. (2013 – DPF – Escrivão) O trecho "os sujeitos (...) lhes impõe" poderia ser corretamente reescrito da seguinte forma: cada um dos sujeitos do processo tome conhecimento dos atos acontecidos no correr do procedimento e se habilite a exercer os direitos que lhes cabe e a suportar os ônus que a lei lhes impõe.

GABARITO: ERRADO.

Não se respeitou a concordância verbal e nominal na substituição dos pronomes e verbos da última linha do trecho dado (que lhe cabem e a suportar os ônus que a lei lhe impõe).

O processo penal moderno, tal como praticado atualmente nos países ocidentais, deixa de centrar-se na finalidade meramente punitiva para centrar-se, antes, na finalidade investigativa. O que se quer dizer é que, abandonado o sistema inquisitório, em que o órgão julgador cuidava também de obter a prova da responsabilidade do acusado (que consistia, a maior parte das vezes, na sua confissão), o que se pretende no sistema acusatório é submeter ao órgão julgador provas suficientes ao esclarecimento da verdade.

Getúlio Marcos Pereira Neves. Valoração da prova e livre convicção do juiz. In: Jus Navigandi, Teresina, ano 9, n.º 401, ago./2004 (com adaptações).

437. (2013 – DPF – Escrivão) O segundo período do texto estaria gramaticalmente correto se fosse reescrito da seguinte forma: Quer-se dizer que, não mais vigorando o sistema inquisitório (no qual o órgão julgador cuidava também de obter a prova da responsabilidade do acusado — a qual consistia, no mais das vezes, na sua confissão), o que se almeja no sistema acusatório é fornecer ao órgão julgador provas bastantes ao esclarecimento da verdade.

GABARITO: CERTO.

A reescritura proposta no item em comento apresenta total correção gramatical, o que se verifica tanto na morfossintaxe quanto no emprego dos sinais de pontuação.

Somente a queda do Império e as reformas político-administrativas da jovem República tornaram realidade, finalmente, o Tribunal de Contas da União. Em 7 de novembro de 1890, por iniciativa do então ministro da Fazenda, Rui Barbosa, criou-se, por meio do Decreto 13 n.º 966-A, o Tribunal de Contas da União, que se nortearia pelos princípios da autonomia, da fiscalização, do julgamento, da vigilância e da energia.

A Constituição de 1891, a primeira republicana, ainda por influência de Rui Barbosa, institucionalizou definitivamente o Tribunal de Contas da União, inscrevendo-o em seu Art. 89.

Internet: <portal2.tcu.gov.br> (com adaptações)

438. (2012 – TCU – Técnico Administrativo) Mantêm-se a correção gramatical e as informações originais do período ao se substituir "tornaram realidade" por permitiram que se tornasse realidade.

GABARITO: CERTO.

Fazendo a alteração, temos "Somente a queda do Império e as reformas político-administrativas da jovem República permitiram que se tornasse realidade, finalmente, o Tribunal de Contas da União". Percebe-se, então, que a substituição não prejudica o período.

Contemporaneamente, para o alcance de resultados de desenvolvimento nacional, exige-se dessa liderança não apenas o enfrentamento de desafios de gestão, como a busca da eficiência na execução dos projetos e das atividades governamentais, no conhecido lema de "fazer mais com menos", mas também o desafio de "fazer melhor" (com mais qualidade), como se espera, por exemplo, nos serviços públicos de educação e saúde prestados à população. Esse novo desafio de governo tem como consequência um novo requisito de gestão, o que implica a necessidade de desenvolvimento de novos modelos de governança para se alcançarem os objetivos e metas de governo, em sintonia com a sociedade.

Internet: <http://aquarius.mcti.gov.br> (com adaptações).

439. (2013 – TCU – Auditor Federal de Controle Externo) Sem prejuízo da coerência e da correção gramatical do texto, o último período do texto poderia ser assim resumido: Esse novo desafio governamental requer o desenvolvimento de novos modelos de gestão e de governança, com vistas ao alcance das metas de governo, em sintonia com a sociedade.

GABARITO: CERTO.

A reescrita, a qual resume o último período, não prejudica o período original em relação à coerência e à correção gramatical.

O crescimento populacional e econômico, aliado à evolução dos mercados e à complexidade das relações sociais, traduz-se em demandas por serviços públicos mais sofisticados, em maior quantidade e com mais qualidade. Para estar à altura das exigências da sociedade do século XXI, o desafio que se coloca ao país é a construção de um Estado "inteligente", que incorpore os avanços tecnológicos, a rapidez e as facilidades da era digital.

Por dentro do Brasil. Modernização da gestão pública. Internet: <http://www.brasil.gov.br> (com adaptações).

440. **(2013 – TCU – Auditor Federal de Controle Externo)** Conferiria maior clareza ao texto a seguinte reescrita do segundo período, dado o adequado estabelecimento das relações sintáticas entre os termos que integram as orações do segmento: Para estar à altura das exigências da sociedade do século XXI, o Brasil deve aceitar o desafio de construção de um Estado "inteligente", que incorpore os avanços tecnológicos, a rapidez e as facilidades da era digital.

GABARITO: CERTO.

Na proposta de reescrita, deixa-se claro qual é o país, ou seja, o Brasil. A alteração feita é a seguinte: de "o desafio que se coloca ao país é a construção" para "o Brasil deve aceitar o desafio de construção". Desse modo, a reescrita confere maior clareza ao segundo período do primeiro parágrafo.

Não é a primeira vez que o governo federal tenta formular um guia para as políticas públicas em educação. A primeira bússola sugerida foi a versão anterior do PNE, referente ao período 2001-2010, que apresentava 295 metas e um diagnóstico complexo do setor. Não deu certo por várias razões. A quantidade de objetivos diluiu as demandas e tirou o foco do essencial. Segundo, muitas das metas não eram mensuráveis, o que dificultou seu acompanhamento. Não havia regras com punições para quem não cumprisse as determinações.

Internet: <http://revistaescola.abril.com.br> (com adaptações).

441. **(2012 – FNDE – Especialista em Financiamento e Execução de Programas e Projetos Educacionais)** Seriam preservados o sentido original do texto e sua correção gramatical caso o termo "Segundo" fosse substituído, mantendo-se a vírgula que o isola, por Por conseguinte.

GABARITO: ERRADO.

Percebe-se, pelas relações discursivas, que "segundo" refere-se a uma das razões apontadas anteriormente. "Não deu certo por várias razões. A quantidade de objetivos diluiu as demandas e tirou o foco do essencial. Segundo, muitas das metas não eram mensuráveis, o que dificultou seu acompanhamento".

Outros destaques também foram aprovados, como a antecipação da meta de equiparação do salário dos professores ao rendimento dos profissionais de escolaridade equivalente.

O PNE estava em tramitação na Câmara desde 2010.

Ele estabelece vinte metas educacionais, que passam por todos os níveis de ensino, da creche à pós-graduação, incluindo-se objetivos como a erradicação do analfabetismo e a oferta do ensino em tempo integral em, **pelo menos**, 50% das escolas públicas.

Internet: <http://veja.abril.com.br> (com adaptações).

442. (2012 – FNDE – Especialista em Financiamento e Execução de Programas e Projetos Educacionais) A expressão "pelo menos" poderia ser corretamente substituída por no mínimo, sem prejuízo do sentido original do período.

GABARITO: CERTO.

Ao se fazer a alteração, o sentido é preservado: incluindo-se objetivos como a erradicação do analfabetismo e a oferta do ensino em tempo integral em, no mínimo, 50% das escolas públicas.

Texto referente às questões 443 e 444.

No conjunto, a PNAD mostra um quadro favorável, apesar do aumento do percentual de maiores de 25 anos de idade sem instrução (de 13% para 15,1%) e de jovens entre quinze e dezessete anos de idade que não estudam nem trabalham. O levantamento explica por que o consumo liderou a atividade econômica: a maior propensão a consumir está na população de baixa renda, que, até então, tinha pouco acesso a bens (eletroeletrônicos, eletrodomésticos, motos ou autos) e a serviços (viagens aéreas, turismo, planos de saúde).

O Estado de S. Paulo, Editorial, 25/9/2012 (com adaptações).

443. (2012 – FNDE – Técnico Administrativo) O período permaneceria correto com a seguinte redação: No conjunto, a pesquisa mostra um quadro favorável, embora se tenha verificado aumento do percentual de maiores de 25 anos de idade sem instrução (de 13% para 15,1%) e de jovens entre 15 e 17 anos de idade que não estudam nem trabalham.

GABARITO: CERTO.

Apesar da mudança de conjunção e da inversões sintática, a reescrita não traz prejuízo para o texto original.

444. (2012 – FNDE – Técnico Administrativo) O trecho "O levantamento explica por que o consumo liderou a atividade econômicapoderia ser reescrito, sem prejuízo do sentido ou da correção gramatical do texto, da seguinte forma: A pesquisa esclarece porque o consumo liderou a atividade econômica.

GABARITO: ERRADO.

Não se pode trocar "por que" por "porque", pois, no texto original, há uma pergunta indireta, o que justifica o emprego de "por que".

Texto referente às questões 445 e 446.

Aquele era o oitavo caso de racismo nos gramados espanhóis somente na atual temporada. Teria sido alvo de tímidos protestos não fosse a reação irreverente do jogador brasileiro – e a entrada em cena do craque Neymar, seu companheiro de Barcelona e da seleção brasileira. Na noite do próprio domingo, o atacante postou três imagens em sua conta no Instagram. Na última delas, aparecia empunhando uma banana ao lado de seu filho, Davi Lucca – que, por sua vez, segurava uma providencial banana de pelúcia. Na legenda, o ex-santista escreveu a hashtag #somostodosmacacos em quatro idiomas: português, inglês, espanhol e Catalão. Até a última quinta-feira, essa postagem havia recebido quase 580.000 curtidas, enquanto uma legião de celebridades – dos esportes, das artes, da política etc. – repetia o gesto em apoio a Daniel Alves.

Rinaldo Gama. Como Daniel Alves derrotou o racismo. Internet: <www.veja@abril.com.br> (com adaptações).

445. (2014 – TJ/SE – Técnico Judiciário) O trecho "Teria sido alvo de tímidos protestos não fosse a reação irreverente do jogador brasileiro" poderia ser reescrito, sem prejuízo da coerência do texto, da seguinte forma: O racismo teria sido alvo de grandes protestos, se não fosse a reação irreverente do jogador brasileiro.

GABARITO: ERRADO.

No período original, "teria sido alvo de tímidos protestos" refere-se a "o oitavo caso". Com a reescrita, o sentido foi alterado. Além disso, a vírgula não deveria estar empregada após protestos.

446. (2014 – TJ/SE – Técnico Judiciário) O trecho "Até a última quinta feira (...) em apoio a Daniel Alves" pode ser reescrito, sem prejuízo da coerência e da correção gramatical do texto, da seguinte maneira: Até a última quinta-feira, a postagem havia recebido quase 580.000 curtidas; ao mesmo tempo, uma legião de celebridades – dos esportes, das artes, da política etc. – repetia o gesto em apoio a Daniel Alves.

GABARITO: CERTO.

Houve inversão sintática e de pontuação, mas a reescrita mantém a coerência e a correção gramatical do período.

A vida do Brasil colonial era regida pelas Ordenações Filipinas, um código legal que se aplicava a Portugal e seus territórios ultramarinos. Com todas as letras, as Ordenações Filipinas asseguravam ao marido o direito de matar a mulher caso a apanhasse em adultério. Também podia matá-la por meramente suspeitar de traição. Previa-se um único caso de punição: sendo o marido traído um "peão" e o amante de sua mulher uma "pessoa de maior qualidade", o assassino poderia ser condenado a três anos de desterro na África.

Ricardo Westin e Cintia Sasse. Dormindo com o inimigo. In: Jornal do Senado. Brasília, 4/jul./2013, p. 4-5. Internet: <www.senado.gov.br> (com adaptações).

447. (2014 – TJ/SE – Analista) Sem prejuízo da correção gramatical e do sentido original do texto, o terceiro período poderia ser reescrito da seguinte forma: Também era possível que o marido matasse a esposa pela mera suspeita de traição da parte dela.

GABARITO: ERRADO.

O trecho reescrito fica ambíguo, pois, ao escrever "pela mera suspeita de traição da parte dela", pode-se entender que a suspeita é da esposa.

No Brasil, a ideia de polícia surgiu nos anos 1500, quando o rei de Portugal resolveu adotar um sistema de capitanias hereditárias e outorgou uma carta régia a Martim Afonso de Souza para estabelecer a administração, promover a justiça e organizar o serviço de ordem pública, como melhor entendesse, em todas as terras que ele conquistasse. Registros históricos mostram que, em 20 de novembro de 1530, a polícia brasileira iniciou suas atividades, promovendo justiça e organizando os serviços de ordem pública.

Internet: <www.ssp.sp.gov.br> (com adaptações).

448. (2014 - DPF - Analista) Sem prejuízo para o sentido original e a correção gramatical do texto, o último período poderia ser reescrito da seguinte forma: Segundo registros históricos, a polícia brasileira iniciou suas atividades em 20 de novembro de 1530, promovendo justiça e organizando os serviços de ordem pública.

GABARITO: CERTO.

A reescrita preserva a estrutura gramatical e o sentido do texto. Mesmo com as alterações, o período ficou coerente e coeso.

A constitucionalização traz importantes consequências para a legitimação da atuação estatal na formulação e na execução de políticas de segurança. As leis acerca de segurança, nos três planos federativos de governo, devem estar em conformidade com a CF, assim como as respectivas estruturas administrativas e as próprias ações concretas das autoridades policiais.

Cláudio Pereira de Souza Neto. A segurança pública na Constituição Federal de 1988: conceituação constitucionalmente adequada, competências federativas e órgãos de execução das políticas. Internet: <www.oab.org.br> (com adaptações).

449. (2014 - DPF - Analista) Sem prejuízo para o sentido original e a correção gramatical do texto, o segundo período poderia ser reescrito da seguinte forma: As leis que dispõe sobre segurança devem estar em conformidade com a CF tanto nos três planos federativos de governo quanto nas respectivas estruturas administrativas e nas próprias ações concretas das autoridades policiais.

GABARITO: ERRADO.

Com a reescrita, a alteração da ordem dos elementos na estrutura gramatical prejudica o sentido original do texto e o emprego da forma verbal "dispõe", no singular, prejudica a correção gramatical.

Não lhe chamo a atenção para os padres e os sacristães, nem para o sermão, nem para os olhos das moças cariocas, que já eram bonitos nesse tempo, nem para as mantilhas das senhoras graves, os calções, as cabeleiras, as sanefas, as luzes, os incensos, nada. Não falo sequer da orquestra, que é excelente; limito-me a mostrar-lhes uma cabeça branca, a cabeça desse velho que rege a orquestra, com alma e devoção.

Machado de Assis. Histórias sem data. Internet: <www.machadodeassis.org.br> (com adaptações).

450. (2014 - CBM/CE - Soldado da Carreira de Praças) O termo "sequer" poderia ser substituído por apenas sem prejuízo semântico ao período em que ocorre.

GABARITO: ERRADO.

Ao fazer a substituição "Não falo apenas da orquestra", quer dizer que também será falado da orquestra. No trecho original, não se fala da orquestra.

Acho que, se eu não fosse tão covarde, o mundo seria um lugar melhor. Não que a melhora do mundo dependa de uma só pessoa, mas, se o medo não fosse constante, as pessoas se uniriam mais e incendiariam de entusiasmo a humanidade. Mas o que vejo no espelho é um homem abatido diante das atrocidades que afetam os menos favorecidos.

Sérgio Vaz. Antes que seja tarde. In: Caros Amigos, mai./2013, p. 8 (com adaptações).

451. (2014 – DPF – Técnico Administrativo) A coerência e a coesão do texto não seriam prejudicadas se o trecho "se o medo não fosse constante, as pessoas (...) a humanidade." fosse reescrito da seguinte forma: se o medo não for constante, as pessoas se unirão mais e incendiarão de entusiasmo a humanidade.

GABARITO: CERTO.

Não seriam prejudicadas a coerência e a coesão do texto se a oração "se o medo não fosse constante, as pessoas (...) humanidade" fosse reescrita como "se o medo não for constante, as pessoas se unirão e incendiarão de entusiasmo a humanidade ", pois será mantida a correta correlação entre os tempos verbais: originalmente, imperfeito do subjuntivo com futuro do pretérito do indicativo; na proposta apresentada, futuro do subjuntivo com futuro do presente do indicativo.

Proprietária de alguns sítios, todos situados na regiãoárida e pobre, intermediária entre o Sertão Seco e a rica área verde do Cariri, a família Augusto, quando ainda unida, vivia no Sítio do Tatu. Era uma propriedade comum: casa grande com alpendre, açude, engenho, uma fileira de casas de taipa para os negros; seria uma das únicas da região a ter uma capela. Tratava-se da área de maior concentração de escravos nos sertões, a ponto de existirem quadrinhas abordando esse estranho recorde: "Caraíba é prata fina/Sussuarana, ouro em pó/ Xique Xique é mala veia/E o Tatu é negro só" e "O Tatu para criar negros/Sobradim pra criação/São Francisco para fuxico/Calabaço pra algodão".

Rachel de Queiroz e Heloísa Buarque de Hollanda. Matriarcas do Ceará D. Federalina de Lavras. Internet: <www.ime.usp.br> (com adaptações).

452. (2014 – CBM/CE – Primeiro-Tenente) O trecho "Tratava-se da área de maior concentração de escravos nos sertões, a ponto de existirem quadrinhas abordando esse estranho recorde" pode ser reescrito, sem prejuízo do sentido original do texto e da correção gramatical, da seguinte forma: Tratavam-se de escravos concentrados, majoritariamente, na área dos sertões, a ponto de haverem quadrinhas abordando esse estranho recorde.

GABARITO: ERRADO.

A forma verbal "Tratavam-se" deve ficar no singular, pois a palavra SE é um índice de indeterminação do sujeito. A forma verbal haverem deve ficar no singular, pois está empregado como verbo impessoal.

A educação superior no Brasil não pode ser discutida sem que se tenha presente o cenário e o contexto em que ela surgiu, ou seja, é preciso analisá-la desde o seu surgimento até a sua realidade atual, nos panoramas local, regional e mundial. O Brasil está localizado na América Latina, um continente visto por muitos como de exacerbada pobreza.

Luciane Stallivieri. O sistema de ensino superior do Brasil: características, tendências e perspectivas. Internet: <www.ucs.br> (com adaptações).

453. (2013 - Ministério da Educação – Técnico Administrativo) As ideias e a correção gramatical do texto não seriam prejudicadas caso o trecho "é preciso analisá-la desde o seu surgimento até a sua realidade atual" fosse reescrito da seguinte forma: é preciso fazer-lhe uma análise que vá do momento em que ela surgiu à sua realidade nos dias atuais.

GABARITO: CERTO.

Há uma alteração dos elementos coesivos "la e lhe", mas, mesmo assim, a reescrita mantém a correção gramatical e a coerência do trecho.

Texto referente às questões 454 a 458.

Ao contrário do que aconteceu na América Hispânica, onde universidades católicas foram criadas já no século XVI, no início da colonização, no Brasil não existiram universidades nem outras instituições de ensino superior durante todo o período colonial. A política da coroa portuguesa sempre foi a de impedir a formação de quadros intelectuais nas colônias, de forma a concentrar na metrópole a formação de nível superior. Mesmo a iniciativa jesuíta de estabelecer um seminário que pudesse formar um clero brasileiro, o que instituiu boa parte do pouco ensino organizado que então havia na colônia, foi destruída quando ocorreu a expulsão da Companhia de Jesus, efetuada pelo Marquês de Pombal no final do século XVIII.

Foi apenas no início do século seguinte — em 1808, quando a Coroa portuguesa, ameaçada pela invasão napoleônica da metrópole, se transladou para o Brasil com toda a corte — que teve início a história do ensino superior no país.

No mesmo ano da chegada do rei português, foram fundadas duas escolas de cirurgia e anatomia, uma na Bahia e outra no Rio de Janeiro, e a Academia de Guarda da Marinha, também no Rio. Em 1927, foram criadas duas faculdades de direito, uma em São Paulo e outra em Olinda.

Não houve então nenhuma preocupação e nenhum interesse em criar uma universidade. O que se procurava era formar alguns profissionais necessários ao aparelho do Estado e às necessidades da elite local, como advogados, engenheiros e médicos. Também não se cogitou entregar à Igreja Católica a responsabilidade pelo ensino superior, como havia ocorrido nas colônias da Espanha.

Com a presença da corte portuguesa, a independência não só foi tardia, mas se deu com a preservação da monarquia e da própria dinastia de Bragança, que governou o país até o final do século. Isso caracterizou um desenvolvimento histórico marcadamente diverso daquele que foi próprio dos demais países do continente, nos quais a independência deu lugar a regimes e ideais republicanos. Na área educacional, o processo seguiu o modelo estabelecido em 1808. Embora se tenha constituído como um sistema estatal sob a influência, mas não sob a gestão, da Igreja Católica (seguindo uma tradição já existente em Portugal desde o século anterior), não se criaram universidades, mas escolas autônomas para a formação de profissionais liberais. A criação dessas escolas era de iniciativa exclusiva da Coroa.

Eunice R. Durham. O ensino superior no Brasil: público e privado. Internet: <http://nupps.usp.br> (com adaptações).

454. **(2013 - Ministério da Educação – Técnico Administrativo)** Julgue a proposta de reescrita de trecho do texto: "não se criaram (...) profissionais liberais." (final de texto): não foram criadas universidades, e, sim, escolas autônomas para a formação de profissionais liberais.

GABARITO: CERTO.

A reescrita está correta, especialmente quanto à transposição para a voz passiva.

455. (2013 - Ministério da Educação – Técnico Administrativo) Julgue a proposta de reescrita de trecho do texto: "no Brasil (...) período colonial." (início do texto): durante todo o período colonial, não houve no Brasil universidades nem outras instituições de ensino superior.

GABARITO: CERTO.

A inversão do adjunto adverbial (durante todo o período colonial) não prejudica o sentido original e a correção gramatical.

456. (2013 - Ministério da Educação – Técnico Administrativo) Julgue a proposta de reescrita de trecho do texto: "Mesmo a iniciativa (...) foi destruída" (1º parágrafo): Até a iniciativa jesuíta de estabelecer um seminário que fosse capaz de formar um clero brasileiro, que instituiu boa parte do pouco ensino organizado que então havia na colônia, foi destruída

GABARITO: ERRADO.

A reescrita altera o sentido original, especialmente com o emprego de até e que (pois retoma clero brasileiro).

457. (2013 - Ministério da Educação – Técnico Administrativo) Julgue a proposta de reescrita de trecho do texto: "em 1808 (...) toda a corte" (2º parágrafo): em 1808, quando os portugueses ameaçados pela invasão napoleônica da metrópole se trasladaram para o Brasil.

GABARITO: ERRADO.

Na reescrita, fala-se de todos os portugueses ameaçados pela invasão. No trecho original, há referência apenas à Coroa portuguesa, ameaçada pela invasão napoleônica da metrópole.

458. (2013 - Ministério da Educação – Técnico Administrativo) Julgue a proposta de reescrita de trecho do texto: "Isso caracterizou (...) ideais republicanos." (último parágrafo): Isso caracterizou um desenvolvimento histórico notadamente diferente daquele que foi próprio dos demais países do continente, nos quais a independência deu lugar às políticas e ideais republicanos.

GABARITO: ERRADO.

As palavras "políticas" (Arte e ciência da organização e administração de um Estado, uma sociedade, uma instituição) e "regime" (Sistema político pelo qual se governa um país) não mantêm relação sinonímica entre si.

Texto referente às questões 459 a 462.

Há muito tempo a sociedade demonstra interesse por assuntos relacionados à ciência e à tecnologia. Na verdade, desde a pré-história, o homem busca explicações para a realidade e os mistérios do mundo que o cerca. Observou os movimentos das estrelas, manuseou o fogo, aprendeu a usar ferramentas em seu favor, buscou respostas para os fenômenos da natureza. Independentemente dos mitos, lendas e crenças que moldaram as culturas mais primitivas, o pensamento humano sempre esteve, de alguma forma, atrelado ao conhecimento científico, que se renovou e se disseminou com o passar dos séculos.

Mesmo com todo o aparato tecnológico, que tem possibilitado o acesso praticamente instantâneo à informação, questionam-se tanto aspectos quantitativos como qualitativos dos conteúdos sobre ciência veiculados pelos meios de comunicação de massa. A divulgação, por meio do jornalismo científico, está longe do ideal. Na grande mídia, a ciência e a tecnologia ficam relegadas a segundo plano, restritas a notas e notícias isoladas, em uma cobertura que busca sempre valorizar o espetáculo e o sensacionalismo. A televisão aberta, principal veículo condutor de conteúdos culturais, não contribui como deveria para o processo de "alfabetização científica", exibindo programas sobre o tema em horários de baixa audiência.

Mas até que ponto é relevante incluir a sociedade de massa na esfera de discussão de um grupo seleto de estudiosos?

A promoção da informação científica contribui para o processo de construção da cidadania, quando possibilita a ampliação do conhecimento e da compreensão do público leigo a respeito do processo científico e de sua lógica, no momento em que constrói uma opinião pública informada sobre os impactos do desenvolvimento científico e tecnológico sobre a sociedade e quando permite a ampliação da possibilidade e da qualidade de participação da sociedade na formulação de políticas públicas e na escolha de opções tecnológicas, especialmente em um país onde a grande maioria dos investimentos na área são públicos.

Luiz Fernando Dal Pian Nobre. Do jornal para o livro: ensaios curtos de cientistas. Internet: <www.portcom.intercom.org.br> (com adaptações).

459. **(2014 – Ministério do Trabalho – Agente Administrativo)** Proposta de reescrita de trecho do texto. "quando possibilita (...) lógica" (último parágrafo): ao possibilitar o crescimento do saber e do entendimento do público leigo sobre o processo científico e sua lógica.

GABARITO: ERRADO.

Na reescrita, há uma mudança de sentido ao empregar-se o crescimento do saber e do entendimento do público leigo.

460. **(2014 – Ministério do Trabalho – Agente Administrativo)** Proposta de reescrita de trecho do texto. "especialmente (...) públicos" (final do texto): especialmente em um país cuja a quase totalidade dos investimentos na área é pública.

GABARITO: ERRADO.

A reescrita está inadequada, visto que houve uma adaptação do período para que fosse empregado o pronome relativo cuja com o artigo. Não se usa artigo após pronome cujo e suas flexões.

461. **(2014 – Ministério do Trabalho – Agente Administrativo)** Proposta de reescrita de trecho do texto. "Independentemente dos mitos (...) séculos" (1º parágrafo): Independentemente dos mitos, lendas e crenças, que moldaram as culturas mais atrasadas, o pensamento humano sempre esteve, de certa forma, ligado ao conhecimento científico que foi renovado e foi disseminado com o passar dos séculos.

GABARITO: ERRADO.

Ao empregar a virgula após "crenças", a oração iniciada pelo "que" passa ater sentido explicativo. E ao suprimir a vírgula após "científico", a oração iniciada pelo "que" passa ater sentido restritivo.

462. (2014 – Ministério do Trabalho – Agente Administrativo) Proposta de reescrita de trecho do texto. "Mesmo com todo (...) meios de comunicação de massa" (2º parágrafo): Questiona-se tanto aspectos quantitativos como qualitativos dos conteúdos sobre ciência veiculados pelos meios de comunicação de massa, apesar de todo o aparato tecnológico que tem tornado possível o acesso quase instantâneo à informação.

GABARITO: ERRADO.

Ao fazer a reescrita, há um erro de concordância, pois a forma verbal "questionam-se" deve permanecer no plural, para concordar com aspectos.

Os responsáveis pela gestão de pessoas em uma organização são os gestores, e não a área de RH. Gente é o ativo mais importante nas organizações: é o propulsor que as move e lhes dá vida. Portanto, os aspectos que envolvem a gestão de pessoas têm de ser tratados como parte de uma política de valorização desse ativo, na qual gestores e RH são vasos comunicantes, trabalhando em conjunto, cada um desempenhando seu papel de forma adequada.

José Luiz Bichuetti. Gestão de pessoas não é com o RH! In: Harvard Business Review Brasil. (com adaptações).

463. (2014 – MTE – Analista) Não haveria prejuízo para a correção gramatical do texto nem alteração de seu sentido original caso o período "Os responsáveis (...) de RH" fosse reescrito da seguinte forma: A responsabilidade pela gestão de pessoas em uma organização não cabe aos gestores, mas à área de RH.

GABARITO: ERRADO.

No trecho original, a responsabilidade recai sobre os gestores. Na reescrita, sobre a área de RH. Logo, há alteração de sentido na reescrita.

A possibilidade de ter renda permanente, possuir uma vida confortável e não ser escravo do salário ainda é uma realidade apenas para uma pequena parcela da população brasileira. Com maior acesso ao crédito e aos bens de consumo, a maioria das pessoas, mesmo com maior permanência no emprego, ainda gasta muito mais do que ganha e, eventualmente, contrai dívidas que arruínam qualquer possibilidade de estabilidade financeira. **Desde que se** tenha disposição para promover algumas mudanças de comportamento, que, inicialmente, podem parecer complicadas, será possível construir um novo cenário e passar definitivamente de devedor para investidor.

Mauro Calil. Deixe de ser devedor.Internet: <www.exame.com> (com adaptações).

464. (2014 – MTE – Analista) Seriam mantidas a coerência textual e a correção gramatical se o período "Desde que (...) para investidor" fosse reescrito da seguinte forma: A menos que se tenha disposição para promover algumas mudanças de comportamento, que, inicialmente, podem parecer complicadas, não será possível construir um novo cenário e passar definitivamente de devedor para investidor.

GABARITO: CERTO.

O emprego de "desde que" garante uma relação lógico-discursiva de condição, a qual é mantida com a substituição pelo termo "a menos que".

P
O
R
T

Após fechar outubro com índice histórico de mão de obra direta (127.800 trabalhadores), o Polo Industrial de Manaus (PIM) deu sequência aos bons resultados e encerrou novembro de 2013 com novo recorde de empregos: 129.663 trabalhadores, entre efetivos, temporários e terceirizados. O faturamento acumulado do PIM no período de janeiro a novembro de 2013 também avançou, totalizando R$ 76,6 bilhões (US$ 35.7 bilhões), registrando-se crescimento de 12,40% (2,04% na moeda americana) em relação ao mesmo período de 2012.

Os dados fazem parte dos indicadores de desempenho do PIM, os quais são apurados mensalmente pela SUFRAMA junto às empresas incentivadas do parque industrial da capital amazonense.

Internet: <www.suframa.gov.br> (com adaptações).

465. **(2014-SUFRAMA-Técnico Administrativo)** Há prejuízo das informações originais e da correção gramatical do período ao se reescrever o trecho "totalizando R$ 76,6 bilhões (US$ 35.7 bilhões), registrando-se crescimento de 12,40%" da seguinte forma: visto que totalizou R$ 76,6 bilhões (US$ 35.7 bilhões), valor correspondente ao crescimento de 12,40%.

GABARITO: ERRADO.

Não há prejuízo, pois as relações sintático-semânticas são mantidas, mesmo substituindo-se "totalizando" por "visto que totalizou" e "registrando-se crescimento" por "valor correspondente ao crescimento".

A chamada Economia Verde foi o grande destaque do Fórum Estadão Região Norte, realizado em São Paulo.

Em meio a discussões como problemas logísticos, guerra fiscal, Zona Franca de Manaus (ZFM) e qualificação profissional, a possibilidade de desenvolver a região por meio do melhor aproveitamento de seus ativos ambientais foi o assunto que provocou a maior participação do público e centralizou as discussões entre os painelistas.

Internet: <www.suframa.gov.br> (com adaptações).

466. **(2014 - SUFRAMA - Técnico Administrativo)** Estaria gramaticalmente correta a seguinte redação do trecho "Em meio a discussões como problemas": Em meio às discussões a respeito de problemas.

GABARITO: CERTO.

Houve a inserção de artigo definido feminino antes de discussões, o que exigiu o emprego indicativo de crase.

No princípio do século XIX, em 1833, o arraial foi elevado à categoria de vila com o nome de Manaós, em homenagem à tribo de mesma denominação, que se recusava a ser dominada pelos portugueses e se negava ser mão de obra escrava. Quando recebeu o título de cidade, em 24 de outubro de 1848, era um pequeno aglomerado urbano, com cerca de 3 mil habitantes, uma praça, 16 ruas e quase 250 casas.

O apogeu da capital do Amazonas aconteceu com a "descoberta" do látex por estrangeiros. Apoiada na revolução financeira e econômica proporcionada pela borracha, a antiga Manaus passou a ser, por muito tempo, a cidade mais rica do país.

Internet: <www.amazonas.am.gov.br> (com adaptações).

467. (2014 – SUFRAMA – Analista Administrativo) Seria mantida a correção gramatical do trecho "Quando recebeu o título de cidade, em 24 de outubro de 1848, era um pequeno aglomerado urbano, com cerca de 3 mil habitantes, uma praça, 16 ruas e quase 250 casas" caso ele fosse reescrito da seguinte forma: Era um pequeno aglomerado urbano, com cerca de 3 mil habitantes, uma praça, 16 ruas e quase 250 casas, quando recebeu o título de cidade, em 24 de outubro de 1848.

GABARITO: CERTO.

Há inversões sintáticas na reescrita, mas isso não compromete a correção gramatical do trecho.

Atualmente, mais de 600 empresas estão instaladas no Polo Industrial de Manaus. Tais empresas faturaram cerca de R$ 70 bilhões em 2011, geraram mais de 100 mil empregos diretos e outros 400 mil empregos indiretos e colocaram o Amazonas na terceira posição do ranking de estados brasileiros que mais arrecadam com o setor industrial.

Ricardo Nunes de Miranda. Zona Franca de Manaus: desafios e vulnerabilidades. Internet: <www12.senado.gov.br> (com adaptações).

468. (2014 – SUFRAMA – Analista Administrativo) Mantém-se a correção gramatical se o trecho "Atualmente, mais de 600 empresas estão instaladas no Polo Industrial de Manaus" for reescrito como: Atualmente, existe mais de 600 empresas no Polo Industrial de Manaus.

GABARITO: ERRADO.

Na reescrita, há um erro de concordância verbal: o verbo existir deveria estar no plural (existem).

Lanço aqui a campanha: crie vínculos com um curió, uma paca ou um formigueiro que seja. Eles são fiéis e conectam você com a mãe natureza. Experimente, ponha um pãozinho no parapeito e veja se alguém aparece.

Fernanda Torres. In: Veja Rio, 2/12/2012 (com adaptações).

469. (2014 – PM/CE – Primeiro-Tenente) A correção gramatical do texto seria preservada caso o trecho "conectam você com a mãe natureza" fosse reescrito da seguinte maneira: conectam você para com a mãe natureza.

GABARITO: ERRADO.

O verbo conectar não é regido pela preposição para; a regência pode ser feita com a ou com: conectam você com a mãe natureza ou conectam você à mãe natureza.

Texto referente ás questões 470 e 471.

Além disso, se o nosso planeta for um exemplo representativo da evolução da vida Cosmos afora, isso significa que a vida aparece relativamente rápido quando um planeta se forma — no caso da Terra, mais ou menos meio bilhão de anos depois que ela surgiu (hoje o planeta tem 4,5 bilhões de anos). Ou seja, teria havido tempo, na fase "molhada" do passado de Marte, para que ao menos alguns micróbios aparecessem antes de serem destruídos pela deterioração do ambiente marciano. Será que algum deles não deu um jeito de se esconder no subsolo e ainda está lá, segurando as pontas?

Reinaldo José Lopes. In: Revista Serafina, 26/8/2012. Internet: <folha.com> (com adaptações).

470. (2014 – PM/CE – Primeiro-Tenente) A expressão coloquial que encerra o período — "segurando as pontas" — pode ser substituída, sem prejuízo para o sentido do texto, pela palavra subsistindo.

GABARITO: CERTO.

Se for feita a alteração, não haverá problemas, pois a palavra "subsistindo" significa "continuar a existir, perdurar, sobreviver.

471. (2014 – PM/CE – Primeiro-Tenente) A correção gramatical e o sentido original do texto seriam mantidos se, no trecho "a vida aparece relativamente rápido", a palavra "rápido" fosse substituída por rápida.

GABARITO: ERRADO.

No trecho "isso significa que a vida aparece relativamente rápido quando um planeta se forma", a palavra rápido exerce a função de um advérbio: rapidamente. Logo, não é possível a flexão.

O novo texto está sendo elaborado com o objetivo de garantir que as ações governamentais sejam mais efetivas e o de corrigir as falhas e omissões da legislação em vigor.

Internet: <www2.camara.gov.br> (com adaptações).

472. (2012 – Câmara dos Deputados – Técnico Legislativo) Mantém a correção gramatical do texto a seguinte reescrita para o período compreendido: O novo texto está sendo elaborado com o objetivo de garantir mais efetividade às ações governamentais e correção das falhas e omissões da legislação em vigor.

GABARITO: CERTO.

A nova redação do período (O novo texto está sendo elaborado com o objetivo de garantir que as ações governamentais sejam mais efetivas e o de corrigir as falhas e omissões da legislação em vigor.) mantém a correção gramatical do texto.

Quanto mais escapa o tempo
Dos falsos educandários
Mais a dor é o documento
Que os agride e os separa

473. (2013 – PC/DF – Agente de Polícia) O trecho "Quanto mais escapa o tempo / Dos falsos educandários / Mais a dor é o documento / Que os agride e os separa" poderia, sem prejuízo para a correção gramatical, ser reescrito da seguinte forma: À medida que escapa o tempo dos falsos educandários, a dor vai se tornando o documento que os agride e os separa.

GABARITO: ERRADO.

O uso da conjunção está correto "quanto mais ... mais" por " à medida que", pois ambas expressam a ideia de proporcionalidade. Entretanto, há um erro de colocação pronominal: " a dor vai se tornando" deveria ser "vai-se tornando" ou " a dor vai tornando-se".

Texto referente ás questões 474 a 477.

A prisão, em vez de devolver à liberdade indivíduos corrigidos, espalha na população delinquentes perigosos. A prisão não pode deixar de fabricar delinquentes. Fabrica-os pelo tipo de existência que faz os detentos levarem: que fiquem isolados nas celas, ou que lhes seja imposto um trabalho para o qual não encontrarão utilidade, é de qualquer maneira não "pensar no homem em sociedade; é criar uma existência contra a natureza inútil e perigosa"; queremos que a prisão eduque os detentos, mas um sistema de educação que se dirige ao homem pode ter razoavelmente como objetivo agir contra o desejo da natureza? A prisão fabrica também delinquentes impondo aos detentos limitações violentas; ela se destina a aplicar as leis, e a ensinar o respeito por elas; ora, todo o seu funcionamento se desenrola no sentido do abuso de poder. A prisão torna possível, ou melhor, favorece a organização de um meio de delinquentes, solidários entre si, hierarquizados, prontos para todas as cumplicidades futuras.

Michel Foucault. Ilegalidade e delinquência. In: Michel Foucault. Vigiar e punir: nascimento da prisão. 33.a ed. Petrópolis: Vozes, 1987, p. 221-2 (com adaptações).

474. **(2013 – PC/DF – Agente de Polícia)** Julgue a proposta de reescritura: "A prisão (...) fabricar delinquentes" (2º período do texto): Não é permitido que a prisão deixe de forjar delinquentes.

GABARITO: ERRADO.

O período "A prisão não pode deixar de fabricar delinquentes." não determina o que é ou não permitido. Com a reescrita, o sentido original é alterado.

475. **(2013 – PC/DF – Agente de Polícia)** Julgue a proposta de reescritura: "Fabrica-os pelo (...) inútil e perigosa'" (3º período do texto): Fabrica-os pelo tipo de existência que impõem aos detentos: que fiquem isolados nas celas, ou que sejam compelidos a um trabalho para o qual não encontrarão utilidade, é de qualquer maneira não "pensar no homem em sociedade; é criar uma existência que vai de encontro à natureza inútil e perigosa".

GABARITO: ERRADO.

O erro está na concordância verbal. O correto é: Fabrica-os pelo tipo de existência que IMPÕE aos detentos: que fiquem isolados nas celas, ou que sejam compelidos a um trabalho para o qual não encontrarão utilidade, é de qualquer maneira não "pensar no homem em sociedade; é criar uma existência que vai de encontro à natureza inútil e perigosa". Obs.: a expressão "vai de encontro à" significa "contra".

476. **(2013 – PC/DF – Agente de Polícia)** Julgue a proposta de reescritura: "A prisão (...) por elas": Ao impor limitações violentas aos detentos, a prisão cria também delinquentes. Ela é **destinada a aplicação** das leis e ao ensino do respeito por elas.

GABARITO: ERRADO.

A expressão "ao impor limitações violentas aos detentos" significa em que momento a prisão cria delinquentes. Na expressão original "impondo aos detentos limitações

violentas", entende-se como a prisão fabrica delinquentes. Além disso, falta um acento indicativo de crase (à aplicação). E também, a reescrita transformou uma oração coordenada a aditiva em subordinada causal.

477. (**2013 - PC/DF - Agente de Polícia**) Julgue a proposta de reescritura: "A prisão (...) delinquentes perigosos" (1º período do texto): Conquanto devolva indivíduos corrigidos à liberdade, a prisão dissemina delinquentes perigosos na população.

GABARITO: ERRADO.

A conjunção conquanto é sinônimo de embora, ou seja, tem sentido concessivo. Na expressão original, há uma ideia de alternativa: no lugar de devolver [...] espalha [...].

Hoje, todos reconhecem, porque Marx impôs esta demonstração no Livro II d'O Capital, que não há produção possível sem que seja assegurada a reprodução das condições materiais da produção: a reprodução dos meios de produção.

Qualquer economista, que neste ponto não se distingue de qualquer capitalista, sabe que, ano após ano, é preciso rever o que deve ser substituído, o que se gasta ou se usa na produção: matéria-prima, instalações fixas (edifícios), instrumentos de produção (máquinas) etc. Dizemos: qualquer economista é igual a qualquer capitalista, pois ambos exprimem o ponto de vista da empresa.

Louis Althusser. Ideologia e aparelhos ideológicos do Estado. 3.ª ed. Lisboa: Presença, 1980 (com adaptações).

478. (**2014 - DPF - Agente de Polícia.**) Não haveria alteração de sentido do texto, caso o trecho "todos reconhecem, porque (...) d'O Capital, que não há produção" fosse reescrito da seguinte forma: todos reconhecem a razão pela qual Marx impôs esta demonstração no Livro II d'O Capital — que não há produção.

GABARITO: ERRADO.

Na proposta original, a relação é todos reconhecem [..] que não há produção. Na reescrita, altera-se o complemento verbal, logo, o sentido é alterado.

FAÇA JÁ

1. A ______________________ de frases é uma paráfrase que visa à mudança da forma de um texto. Para que o novo período esteja correto, é preciso que sejam respeitadas a ______________ e o ______________ do texto original. Assim, para resolver uma questão que envolve reescritura de trechos ou períodos, é necessário verificar os ______________ (principalmente, pontuação, elementos coesivos, ortografia, concordância, emprego de pronomes, colocação pronominal, regência, etc.) e ______________ (significação de palavras, alteração de sentido, etc.).
2. No processo de reescrita, pode haver a ______________ de palavras ou trechos. Ao se comparar o texto original e o que foi reestruturado, é necessário verificar se essa substituição mantém ou altera o sentido e a coerência do primeiro texto.
3. Em muitos casos, há ______________ (expressões formadas por mais de uma palavra) que podem ser substituídas por uma palavra, sem alterar o sentido e a correção gramatical.
4. Há palavras, principalmente as ______________, que possuem valores semânticos específicos, os quais devem ser levados em conta no momento de fazer uma substituição. Logo, pode-se reescrever um período, alterando-se a conjunção. Para tanto, é preciso que a outra conjunção tenha o mesmo ______________ ______________. Além disso, é importante verificar como ficam os tempos verbais após a substituição.
5. Na ______________, pode-se alterar o nível de linguagem do texto, dependendo de qual é a fi-

nalidade da transformação proposta. Nesse caso, são possíveis as seguintes alterações: linguagem informal para a formal; tipos de discurso; vozes verbais; oração reduzida para desenvolvida; inversão sintática; dupla regência.

6. As orações subordinadas podem ser ____________ ou desenvolvidas. Não há mudança de sentido se houver a substituição de uma pela outra.

7. Um período pode ser escrito na ____________ ou indireta. Nesse caso, quando ocorre a ____________, ____________ a correção gramatical é mantida. Apenas é necessário ficar atento ao sentido do período.

CAPÍTULO

6

Redação de Correspondências Oficiais

Redação de Correspondências Oficiais

479. (2014 - DPF - Agente de Polícia Federal) Quando se utiliza o memorando, os despachos devem ser dados no próprio documento. Nesse caso, se o espaço disponível for insuficiente para todos os despachos, devem-se usar folhas de continuação.

GABARITO: CERTO.

O memorando é um expediente oficial que tem como característica a agilidade. Por isso, os despachos devem ser feitos em folhas de continuação para facilitar e tornar mais célere, mais ágil a comunicação.

480. (2014 - DPF - Agente de Polícia Federal) As comunicações oficiais podem ser remetidas em nome do serviço público ou da pessoa que ocupa determinado cargo dentro do serviço público.

GABARITO: ERRADO.

As comunicações oficiais podem ser remetidas somente em nome do serviço público.

481. (2014 - DPF - Agente de Polícia Federal) Os expedientes que seguem o padrão ofício são documentos que compartilham as mesmas partes e a mesma diagramação, como, por exemplo, o aviso, o memorando e a mensagem.

GABARITO: ERRADO.

Os documentos que fazem parte do padrão ofício são: memorando, ofício, e aviso.

482. (2014 - DPF - Agente de Polícia Federal) A identificação do signatário em expediente não remetido pelo presidente da República deve ser feita pelo nome e pelo cargo da autoridade expedidora do documento.

GABARITO: CERTO.

Pelas regras do MRPR, a identificação do signatário em expediente não remetido pelo presidente da República deve ser feita pelo nome e pelo cargo da autoridade expedidora do documento.

483. (2014 - DPF - Agente de Polícia Federal) A forma de tratamento “Vossa Excelência” é adequada para se dirigir a um secretário de segurança pública estadual.

GABARITO: CERTO.

O emprego do Pronome de Tratamento Vossa Excelência é para as autoridades do Poder Executivo, Legislativo e Judiciário, como o Secretário de Segurança Pública Estadual.

484. (2014 - DPF - Agente de Polícia Federal) O fecho “Respeitosamente”, por sua formalidade e impessoalidade, pode ser empregado em qualquer tipo de expediente, independentemente do seu subscritor e do seu destinatário.

GABARITO: ERRADO.

Conforme o MRPR, o fecho Respeitosamente é empregado a autoridades de hierarquia superior.

485. (2014 – Antaq – Analista Administrativo) A estrutura da exposição de motivos varia conforme sua finalidade: há uma estrutura própria para exposição de motivos cuja finalidade seja unicamente informar e outra estrutura própria para a exposição de motivos cujo objetivo seja propor alguma medida ou submeter projeto de ato normativo.

GABARITO: CERTO.

A *exposição de motivos*, de acordo com sua finalidade, apresenta duas formas básicas de estrutura: uma para aquela que tenha caráter exclusivamente informativo e outra para a que proponha alguma medida ou submeta projeto de ato normativo.

No primeiro caso, o da exposição de motivos que simplesmente leva algum assunto ao conhecimento do Presidente da República, sua estrutura segue o modelo para o padrão ofício.

486. (2014 – Antaq – Analista Administrativo) Uma mensagem de correio eletrônico só tem valor documental se houver confirmação de recebimento ou de leitura da mensagem pelo destinatário e se existir certificação digital que ateste a identidade do remetente, na forma estabelecida em lei.

GABARITO: ERRADO.

Uma mensagem de correio eletrônico só tem valor documental apenas se houver certificação digital.

487. (2014 – Antaq – Analista Administrativo) A concisão é uma qualidade dos textos oficiais intimamente relacionada ao princípio da economia linguística, que visa eliminar do texto redundâncias e passagens que nada acrescentem ao que já tenha sido dito.

GABARITO: CERTO.

A concisão diz respeito ao fato de escrever o máximo de informação com o menor número de palavras (economia linguística).

488. (2014 – Antaq – Analista Administrativo) O tratamento Digníssimo deve ser empregado para todas as autoridades do poder público, uma vez que a dignidade é tida como qualidade inerente aos ocupantes de cargos públicos.

GABARITO: ERRADO.

Para o MRPR, está abolido o emprego de Digníssimo (DD).

489. (2014 – Antaq – Analista Administrativo) O fecho é um elemento da estrutura das comunicações oficiais que tem como funções básicas sinalizar o final da correspondência e saudar aquele a quem ela se destina.

GABARITO: CERTO.

O fecho das comunicações oficiais tem como função mostrar o final e saudar o destinatário.

490. (2014 – ANTAQ – Analista Administrativo) Para que os textos oficiais sejam entendidos em sua plenitude e por todos os cidadãos, não se deve empregar, em nenhuma circunstância, a linguagem técnica, pois ela só é inteligível àqueles que com ela estejam familiarizados.

GABARITO: ERRADO.

A linguagem técnica deve ser empregada apenas em situações que a exijam, sendo importante evitar o seu uso indiscriminado.

491. (2014 – ANTAQ – Analista Administrativo) O correio eletrônico é uma forma de comunicação caracterizada pela flexibilidade, ou seja, é um texto ao qual não está associada uma estrutura formal rígida. Essa flexibilidade, no entanto, não se estende à linguagem, que deve ser compatível com a comunicação oficial.

GABARITO: CERTO.

A linguagem deve obedecer à norma padrão culta da língua portuguesa em todas as correspondências.

492. (2014 – ANTAQ – Analista Administrativo) O trecho a seguir é adequado para introduzir expediente que encaminha documentos solicitados anteriormente por meio de outro expediente:

Encaminho, anexa, cópia do Ofício n.º 123, de 12 de agosto de 2014, da Superintendência de Administração e Finanças, que trata da alocação dos servidores recém-admitidos.

GABARITO: ERRADO.

A introdução deve iniciar com referência ao expediente que solicitou o encaminhamento. Se a remessa do documento não tiver sido solicitada, deve iniciar com a informação do motivo da comunicação, que é *encaminhar*, indicando a seguir os dados completos do documento encaminhado (tipo, data, origem ou signatário, e assunto de que trata), e a RAZÃO pela qual está sendo encaminhado, segundo a seguinte fórmula: "Em resposta ao Aviso nº 12, de 1º de fevereiro de 1991, encaminho, anexa, cópia do Ofício nº 34, de 3 de abril de 1990, do Departamento Geral de Administração, que trata da requisição do servidor Fulano de Tal."

493. (2014 – ANTAQ – Analista Administrativo) O memorando, texto oficial cuja esfera de circulação é interna, isto é, estabelece comunicação entre unidades administrativas de um mesmo órgão, caracteriza-se pela tramitação ágil e procedimento burocrático simples.

GABARITO: CERTO.

O memorando é uma correspondência eminentemente interna e tem como característica a agilidade.

494. (2014 - ANTAQ - Analista Administrativo) O aviso e o ofício, embora partilhem a mesma função, diferem em relação aos interlocutores envolvidos: o aviso é expedido por ministros de Estado para autoridades de mesma hierarquia; o ofício é expedido para e pelas demais autoridades.

GABARITO: CERTO.

Aviso e Ofício seguem o Padrão Ofício. O aviso é expedido por ministros de Estado para autoridades de mesma hierarquia; o ofício é expedido para e pelas demais autoridades.

495. (2014 - CADE - Agente Administrativo) Embora não haja uma forma rígida para a estrutura do correio eletrônico, deve-se empregar nesse documento linguagem compatível com as regras da comunicação oficial. Assim, em correio eletrônico destinado a um conselheiro do CADE, por exemplo, é permitido o emprego do vocativo Prezado Senhor Conselheiro e do fecho Cordialmente.

GABARITO: ERRADO.

O vocativo adequado é Vossa Excelência. O fecho deve ser igual para autoridades superiores, inclusive o Presidente da República: Respeitosamente; para autoridades de mesma hierarquia ou de hierarquia inferior: Atenciosamente.

496. (2014 - CADE - Agente Administrativo) No âmbito do CADE, o ofício é expedido pelo presidente para autoridades externas a esse órgão. O aviso, por sua vez, é utilizado somente para a comunicação entre os conselheiros.

GABARITO: ERRADO.

***Aviso* e *ofício* são modalidades de comunicação oficial praticamente idênticas. A única diferença entre eles é que o aviso é expedido exclusivamente por Ministros de Estado, para autoridades de mesma hierarquia, ao passo que o ofício é expedido para e pelas demais autoridades. Ambos têm como finalidade o tratamento de assuntos oficiais pelos órgãos da Administração Pública entre si e, no caso do ofício, também com particulares. Memorando é o documento destinado especificamente para comunicações internas.**

497. (2014 - CADE - Agente Administrativo) Para manter a concisão do texto oficial, deve-se evitar o emprego de expressões como Vimos por meio desta e Tenho a honra de informar que.

GABARITO: CERTO.

O referido Manual orienta o seguinte: Evite o uso das formas: "*Tenho a honra de*", "*Tenho o prazer de*", "*Cumpre-me informar que*", empregue a forma direta.

498. (2014 - CADE- Agente Administrativo) Por se tratar de modalidade de comunicação entre unidades do mesmo órgão, o memorando é o único expediente em que é permitido o emprego de jargões burocráticos inerentes à rotina administrativa.

GABARITO: ERRADO.

A orientação do Manual é a seguinte: Pode-se concluir, então, que não existe propriamente um "*padrão oficial de linguagem*"; o que há é o uso do padrão culto nos atos e comunicações oficiais. É claro que haverá preferência pelo uso de determinadas expressões, ou será obedecida certa tradição no emprego das formas sintáticas, mas isso não implica, necessariamente, que se consagre a utilização de *uma forma de linguagem burocrática*. O jargão burocrático, como todo jargão, deve ser evitado, pois terá sempre sua compreensão limitada.

Julgue os itens 499 a 501 a partir do texto a seguir.

Convido Vossa Senhoria a participar de audiência pública sobre os impactos concorrenciais da importação de pré-forma de garrafas PET (uma peça em forma de tubo que é posteriormente inflada para chegar à embalagem final de PET), a se realizar em 10 de fevereiro, às 10h, no edifício-sede do CADE. O objetivo da audiência pública é discutir os aspectos técnicos dessa cadeia para auxiliar a análise deste Conselho.

O mercado de embalagens PET é afetado pelo Regime de Origem do MERCOSUL, que garante tratamento tarifário preferencial às mercadorias vindas dos países participantes do bloco. O setor também é influenciado pelo regime aduaneiro especial chamado de drawback, previsto no Decreto-Lei n.º 37. Esse instrumento prevê incentivos tributários para a importação de insumos de produtos a serem exportados pelo Brasil.

Respeitosamente,

____

(espaço para assinatura)

Fulano de TalServidor do CADE

499. (2014 – CADE - Analista Administrativo) Se o texto em análise compuser um memorando, o destinatário deverá ser mencionado pelo cargo por ele ocupado, e os parágrafos do texto terão de ser numerados.

GABARITO: CERTO.

A orientação que consta no Manual de Redação da Presidência da República é a seguinte: quanto a sua forma, o *memorando* segue o modelo do *padrão ofício*, com a diferença de que o seu destinatário deve ser mencionado pelo cargo que ocupa. Além disso, os parágrafos devem ser numerados.

500. (2014 – CADE - Analista Administrativo) O fecho "Respeitosamente" indica que o destinatário do documento ocupa posição hierárquica superior à do remetente da comunicação oficial.

GABARITO: CERTO.

A orientação que consta no MRPR é a seguinte: "para autoridades superiores, inclusive o Presidente da República, emprega-se Respeitosamente".

501. (2014 – CADE - Analista Administrativo) O emprego de um termo técnico no primeiro parágrafo, ainda que explicado entre parênteses, desobedece às normas estabelecidas no MRPR, que proíbe o uso de linguagem específica à determinada área nas comunicações oficiais.

GABARITO: ERRADO.

O MRPR orienta que se deve usar o padrão culto de linguagem, em princípio, de entendimento geral e não se deve usar vocábulos de circulação restrita, como a gíria e o jargão; porém, há uma definição, no próprio texto, que garante a clareza da informação.

502. (2013 – ANS - Técnico Administrativo) O trecho a seguir está adequado e correto para compor um memorando: Nos termos do "Programa de modernização e informatização da Agência Nacional de Saúde Suplementar", solicito a Vossa Senhoria a instalação de dois novos computadores no setor de protocolo para atender à demanda e melhorar a qualidade dos serviços prestados ao público.

GABARITO: CERTO.

A redação do trecho em comento está adequada em relação às características de um texto oficial e à correção gramatical.

503. (2013 – ANS - Técnico Administrativo) O trecho a seguir está adequado e correto para compor um ofício: Viemos informar que vamos estar enviando oportunamente os relatórios solicitados via e-mail, com todas as informações referentes ao desenvolvimento das auditorias citadas.

GABARITO: ERRADO.

A redação do trecho precisa ser corrigida, pois há marcas da linguagem coloquial: Vimos informar que enviaremos oportunamente os relatórios solicitados via e-mail, com todas as informações referentes ao desenvolvimento das auditorias citadas.

504. (2013 – ANS - Técnico Administrativo) A forma de tratamento Magnífico destina-se a autoridades do Poder Legislativo, principalmente ao presidente da Câmara dos Deputados e ao do Senado Federal.

GABARITO: ERRADO.

Conforme o MRPR, temos a seguinte orientação: "Mencionemos, ainda, a forma Vossa Magnificência, empregada por força da tradição, em comunicações dirigidas a reitores de universidade - Magnífico Reitor".

505. (2013 – ANS - Técnico Administrativo) Os ministros de Estado recebem o tratamento de Vossa Excelência, e o vocativo empregado em comunicações a eles dirigidas deve ser Excelentíssimo Senhor Ministro.

GABARITO: ERRADO.

O tratamento adequado é Vossa Excelência, e o vocativo é Senhor Ministro.

506. (2013 – ANS - Técnico Administrativo) O Manual de Redação da Presidência da República, com o objetivo de simplificar e uniformizar o padrão dos fechos de comunicações oficiais, estabelece que, para autoridades superiores, seja utilizado o fecho Respeitosamente, e que, para autoridades de mesma hierarquia ou de hierarquia inferior, seja adotado o fecho Atenciosamente.

GABARITO: CERTO.

Essa orientação é a que consta no referido Manual, na parte "Fechos para comunicações".

507. (2013 – ANS - Analista Administrativo) Formalidade de tratamento, clareza datilográfica, correta diagramação do texto e utilização de papéis de mesma espécie são necessárias para a uniformidade das comunicações oficiais.

GABARITO: CERTO.

As características do item em comento estão expressas no MRPR, quanto às características do texto oficial.

508. (2013 – ANS - Analista Administrativo) Considere que o diretor de normas e habilitação das operadoras da ANS precise comunicar-se com o ministro de Estado da Saúde. Nessa situação, o diretor deverá utilizar o aviso como forma de correspondência oficial, dado o fato de o ministro ser autoridade de hierarquia superior e dada a vinculação da ANS ao Ministério da Saúde.

GABARITO: ERRADO.

A orientação do MRPR é a seguinte: aviso e ofício são modalidades de comunicação oficial praticamente idênticas. A única diferença entre eles é que o aviso é expedido exclusivamente por Ministros de Estado, para autoridades de mesma hierarquia, ao passo que o ofício é expedido para e pelas demais autoridades.

509. (2013 – ANS - Analista Administrativo) Considere que a Diretoria Colegiada da ANS componha-se pelo diretor-presidente da ANS e pelo diretor interino da Diretoria de Gestão. Considere, ainda, que o diretor-presidente da ANS pretenda encaminhar uma comunicação oficial ao diretor interino da Diretoria de Gestão, para a exposição de diretrizes a serem adotadas pela ANS. Nessa situação, o diretor-presidente da ANS deverá elaborar um memorando com o seguinte fecho: Atenciosamente.

GABARITO: CERTO.

A orientação expressa no MRPR é a seguinte: para autoridades superiores, inclusive o Presidente da República, emprega-se Respeitosamente; para autoridades de mesma hierarquia ou de hierarquia inferior: Atenciosamente.

510. (2013 – ANS - Analista Administrativo) Na redação oficial, a impessoalidade refere-se ao emprego adequado de estruturas formais, como a utilização de pronomes de tratamento para determinada autoridade, à polidez e à civilidade no enfoque dado ao assunto que se pretende comunicar.

GABARITO: ERRADO.

A orientação do referido Manual traz determinações quanto à impessoalidade. "O tratamento impessoal que deve ser dado aos assuntos que constam das comunicações oficiais decorre: a) da ausência de impressões individuais de quem comunica; b) da impessoalidade de quem recebe a comunicação; c) do caráter impessoal do próprio assunto tratado.

---

511. **(2013 – ANS - Analista Administrativo)** Nas comunicações oficiais, o agente comunicador é o serviço público, e o assunto relaciona-se às atribuições do órgão ou da entidade que comunica, devendo a correspondência oficial estar isenta de impressões individuais do remetente do documento, para a manutenção de certa uniformidade entre os documentos emanados de diferentes setores da administração.

GABARITO: CERTO.

Nas comunicações oficiais, o emissor é sempre o serviço público. O tratamento impessoal que deve ser dado aos assuntos que constam das comunicações oficiais. Embora se trate, por exemplo, de um expediente assinado por Chefe de determinada Seção, é sempre em nome do Serviço Público que é feita a comunicação. Obtém-se, assim, uma desejável padronização, que permite que comunicações elaboradas em diferentes setores da Administração guardem entre si certa uniformidade.

---

512. **(2014 – DPF - Agente Administrativo)** A obrigatoriedade do uso do padrão culto da língua e o requisito de impessoalidade são incompatíveis com o emprego da linguagem técnica nas comunicações oficiais.

GABARITO: ERRADO.

De acordo com o MRPR, os textos oficiais, por terem caráter impessoal, devem ser redigidos em conformidade com o padrão culto da língua, o que não invalida o emprego da linguagem técnica, que pode ser usada, comedidamente, em situações que o exijam.

---

513. **(2014 – DPF - Agente Administrativo)** Admite-se o registro de impressões pessoais na redação oficial, desde que o assunto seja de interesse público e expresso em linguagem formal.

GABARITO: ERRADO.

Segundo o Manual de Redação da Presidência da República, "não há lugar na redação oficial para impressões pessoais". Isso se dá independentemente do caráter impessoal do assunto, que deve referir-se ao interesse público, e da natureza objetiva e formal da comunicação.

---

514. **(2014 – DPF - Agente Administrativo)** A concisão, que consiste no respeito ao princípio da economia linguística, é uma característica fundamental em telegramas, modalidade dispendiosa de comunicação.

GABARITO: CERTO.

De acordo com o MRPR, a concisão atende ao princípio da economia linguística e deve pautar a redação dos telegramas, pois estes têm custo elevado.

---

515. (2014 – DPF - Agente Administrativo) O fecho Respeitosamente não é empregado no aviso; o fecho Atenciosamente é empregado tanto no aviso quanto no ofício.

GABARITO: CERTO.

Como o aviso é expedido exclusivamente por ministros de Estado para autoridades de mesma hierarquia, o fecho deve ser "Atenciosamente". E, por ser expedido para e pelas demais autoridades, independentemente da hierarquia, os fechos do ofício podem alternar-se entre "Atenciosamente" e "Respeitosamente".

516. (2014 – DPF - Agente Administrativo) No memorando, dispensa-se o vocativo, que deve, contudo, constar no aviso e no ofício.

GABARITO: ERRADO.

Conforme o MRPR, aviso e ofício seguem o modelo do padrão ofício, com acréscimo de vocativo. No memorando, não consta vocativo, e o destinatário é mencionado pelo cargo que ocupa.

517. (2013 – ANCINE - Analista Administrativo) Em um aviso dirigido a ministro de Estado, deve-se empregar, como vocativo, a expressão "Excelentíssimo Senhor Ministro".

GABARITO: ERRADO.

O Manual de Redação da Presidência da República determina o seguinte: "O vocativo a ser empregado em comunicações dirigidas aos Chefes de Poder é Excelentíssimo Senhor, seguido do cargo respectivo: Excelentíssimo Senhor Presidente da República, Excelentíssimo Senhor Presidente do Congresso Nacional, Excelentíssimo Senhor Presidente do Supremo Tribunal Federal. As demais autoridades serão tratadas com o vocativo Senhor, seguido do cargo respectivo: Senhor Senador, Senhor Juiz, Senhor Ministro, Senhor Governador".

518. (2013 – ANCINE - Analista Administrativo) Em comunicações oficiais dirigidas a bacharéis em direito, deve-se utilizar, como forma de tratamento, a palavra "Doutor".

GABARITO: ERRADO.

O Manual de Redação da Presidência da República determina o seguinte: "Acrescente-se que doutor não é forma de tratamento, e sim título acadêmico. Evite usá-lo indiscriminadamente. Como regra geral, empregue-o apenas em comunicações dirigidas a pessoas que tenham tal grau por terem concluído curso universitário de doutorado. É costume designar por doutor os bacharéis, especialmente os bacharéis em Direito e em Medicina. Nos demais casos, o tratamento Senhor confere a desejada formalidade às comunicações".

519. (2013 – ANCINE - Analista Administrativo) Sendo a característica principal do memorando a agilidade, os procedimentos burocráticos adotados em sua tramitação devem ser simples.

GABARITO: CERTO.

A característica principal do memorando é a agilidade. A tramitação do memorando em qualquer órgão deve pautar-se pela rapidez e pela simplicidade de procedimentos burocráticos. Para evitar desnecessário aumento do número de comunicações, os

despachos ao memorando devem ser dados no próprio documento e, no caso de falta de espaço, em folha de continuação. Esse procedimento permite formar uma espécie de processo simplificado, assegurando maior transparência à tomada de decisões, e permitindo que se historie o andamento da matéria tratada no memorando.

---

520. (2013 – PC/BA - Escrivão) Nas comunicações oficiais, o uso de itálico em lugar de aspas é aceito para indicar, por exemplo, alíneas de textos legais, nomes de obras de arte, de publicações e de artigos, entretanto, não se considera adequada tal substituição para a indicação de citações textuais.

GABARITO: CERTO.

O uso de itálico em lugar de aspas é aceito para indicar, por exemplo, alíneas de textos legais, nomes de obras de arte, de publicações e de artigos. O MRPR traz a seguinte orientação: "Atualmente, no entanto, tem sido tolerado o uso de *itálico* como forma de dispensar o uso de aspas, exceto na hipótese de citação textual".

---

521. (2013 – PC/BA - Escrivão) Por estar de acordo com as regras de concordância do padrão culto da linguagem, a frase "Vossa Excelência indicareis a vossa nova secretária" seria adequada para compor a redação de documento oficial.

GABARITO: ERRADO.

É preciso fazer a seguinte correção: Vossa Excelência indicará a sua nova secretária. Isso porque os verbos e os pronomes devem estar na terceira pessoa do discurso.

Com base no texto de correspondência oficial abaixo apresentado e nas normas do Manual de Redação Oficial do TCDF, julgue os itens 522 a 524..

Memorando n.º 118, de 2012

Brasília, 15 de abril de 2012.

Ao Sr. Diretor de Governo Eletrônico

Assunto: Medidas de Segurança

1. Visando à segurança da informação, solicito a Vossa Senhoria que a partir da data de hoje passe a manter cópia de segurança, em CD-ROM, dos arquivos da Diretoria de Assuntos Estratégicos armazenados na rede.

2. As cópias de segurança devem ser feitas diariamente, em CD-ROM com a devida identificação.

3. Ao meu ver esse procedimento deveria ser empregado por todos os demais departamentos, mas parece que há colegas que não desejam fazer serviços extraordinários.

4. O objetivo desse novo procedimento é o de preservar a integridade das informações e assegurar que todos os documentos produzidos por essa Diretoria estejam disponíveis em caso de eventuais problemas.

Cordialmente,

José da Silva

Diretor de Assuntos Estratégicos

522. (2014 – TC/DF – Técnico Administrativo) O texto está redigido de acordo com os princípios da impessoalidade, clareza e concisão.

GABARITO: ERRADO.

Em relação aos princípios em comento, desconsiderando eventuais questões gramaticais, o texto está prolixo, ou seja, não respeita a concisão, e poderia ser escrito com mais objetividade. Além disso, não se mantém a impessoalidade, principalmente pelas expressões do terceiro parágrafo, as quais marcam subjetividade e pessoalidade.

523. (2014 – TC/DF – Técnico Administrativo) Recomenda-se que os atos oficiais do TCDF sejam digitados em fonte arial tamanho 12, com espaçamento simples entre as linhas de cada parágrafo.

GABARITO: CERTO.

O referido Manual determina o seguinte: tipo e tamanho da fonte: arial, corpo 12; espaçamento entre linhas: simples.

524. (2014 – TC/DF – Técnico Administrativo) O fecho utilizado no documento apresentado atende à recomendação de padronização de documentos internos do TCDF.

GABARITO: ERRADO.

O referido Manual traz a seguinte orientação: Respeitosamente: para autoridades superiores, inclusive o Presidente da República; Atenciosamente: para autoridades de mesma hierarquia ou hierarquia inferior.

525. (2013 – ANP – Analista Administrativo) No que se refere à redação de um memorando, que se caracteriza como comunicação interna, dispensa-se, ao contrário do ofício, a indicação de endereçamento do destinatário no cabeçalho ou no rodapé da página.

GABARITO: CERTO.

Quanto a sua forma, *aviso* e *ofício* seguem o modelo do *padrão ofício*, com acréscimo do *vocativo*, que invoca o destinatário, seguido de vírgula. Devem constar do cabeçalho ou do rodapé do *ofício* as seguintes informações do remetente: – nome do órgão ou setor; – endereço postal; – telefone e endereço de correio eletrônico." [...] "Quanto a sua forma, o *memorando* segue o modelo do *padrão ofício*, com a diferença de que o seu destinatário deve ser mencionado pelo cargo que ocupa.

526. (2013 – ANP – Analista Administrativo) Com vistas à agilidade e para evitar o desnecessário aumento do número de comunicações, recomenda-se que os despachos ao memorando sejam efetuados no próprio documento e, se faltar espaço, em folha de continuação.

GABARITO: CERTO.

Para evitar desnecessário aumento do número de comunicações, os despachos ao memorando devem ser dados no próprio documento e, no caso de falta de espaço, em folha de continuação. Esse procedimento permite formar uma

espécie de processo simplificado, assegurando maior transparência à tomada de decisões, e permitindo que se historie o andamento da matéria tratada no memorando.

527. **(2013 – ANP – Analista Administrativo)** Na redação de uma ata, devem-se relatar exaustivamente, com o máximo de detalhamento possível, incluindo-se os aspectos subjetivos, as discussões, as propostas, as resoluções e as deliberações ocorridas em reuniões e eventos que exigem registro.

GABARITO: ERRADO.

De fato, a ata deve apresentar um registro fiel dos fatos ocorridos em uma sessão. Em razão disso, sua linguagem deve primar pela clareza, precisão e concisão, sem detalhamento exaustivo e sem aspectos subjetivos.

528. **(2013 – ANP – Analista Administrativo)** O ofício é correspondência destinada a tratar de assuntos oficiais pelos órgãos ou entidades da administração pública entre si ou com cidadãos em geral.

GABARITO: CERTO.

O aviso é expedido exclusivamente por Ministros de Estado, para autoridades de mesma hierarquia, ao passo que o ofício é expedido para e pelas demais autoridades. Ambos têm como finalidade o tratamento de assuntos oficiais pelos órgãos da Administração Pública entre si e, no caso do ofício, também com particulares.

529. **(2013 – ANP – Analista Administrativo)** O relatório, que deve ser reproduzido em tantas cópias quantos forem os destinatários, refere-se à correspondência oficial dirigida a pessoas ou unidades da instituição remetente, para a transmissão de comunicados, informações, ordens ou instruções gerais.

GABARITO: ERRADO.

O relatório é o registro escrito de uma atividade desenvolvida (todos os passos que foram dados). Para a transmissão de comunicados, informações, ordens ou instruções gerais, deve-se usar o aviso ou o ofício.

530. **(2013 – ANP – Analista Administrativo)** Ao redigir uma declaração no âmbito de um dos setores da Agência Nacional do Petróleo, o remetente deverá empregar linguagem simples e despretensiosa e deverá dirigir-se ao destinatário, o diretor de determinado setor, por exemplo, da seguinte forma: "Vossa Excelência conheces o assunto a ser tratado".

GABARITO: ERRADO.

Uma correspondência oficial deve ser impessoal, sem marcas subjetivas, que marcam pessoalidade (conheces o assunto). O tratamento impessoal deve ser dado aos assuntos que constam das comunicações oficiais.

531. (2013 – ANP – Analista Administrativo) Com vistas ao atendimento das características dos documentos oficiais, recomenda-se que os textos dos documentos sejam escritos em linguagem clara, concisa e objetiva, preferencialmente em terceira pessoa do singular ou em primeira pessoa do plural, primando-se pela sistematicidade desse emprego, de modo que não haja verbos conjugados em mais de uma pessoa ou com interferência da individualidade do elaborador.

GABARITO: CERTO.

O Manual de Redação oficial traz as seguintes orientações: A necessidade de empregar determinado nível de linguagem nos atos e expedientes oficiais decorre, de um lado, do próprio caráter público desses atos e comunicações; de outro, de sua finalidade. Os atos oficiais, aqui entendidos como atos de caráter normativo, ou estabelecem regras para a conduta dos cidadãos, ou regulam o funcionamento dos órgãos públicos, o que só é alcançado se em sua elaboração for empregada a linguagem adequada. O mesmo se dá com os expedientes oficiais, cuja finalidade precípua é a de informar com clareza e objetividade. Para a clareza concorrem: a) a impessoalidade, que evita a duplicidade de interpretações que poderia decorrer de um tratamento personalista dado ao texto; b) o uso do padrão culto de linguagem, em princípio, de entendimento geral e por definição avesso a vocábulos de circulação restrita, como a gíria e o jargão; c) a formalidade e a padronização, que possibilitam a imprescindível uniformidade dos textos; d) a concisão, que faz desaparecer do texto os excessos linguísticos que nada lhe acrescentam.

---

532. (2013 – ANP – Analista Administrativo) Considere o modelo de documento apresentado a seguir.

Senhor Chefe do Setor de Pessoal da ANP,

Maria das Neves, servidora lotada nesse setor, vem, respeitosamente, à presença de Vossa Senhoria, solicitar a expedição de documentos necessários à sua transferência para outro setor, tendo em vista autorização superior, em anexo.

Nestes termos, pede deferimento.

Brasília, 13 de fevereiro de 2013.

____

(Assinatura)

Pelo conteúdo e estrutura apresentados, conclui-se que esse documento é um atestado.

GABARITO: ERRADO.

Trata-se de um memorando, que é a modalidade de comunicação entre unidades administrativas de um mesmo órgão, que podem estar hierarquicamente em mesmo nível ou em nível diferente. Trata-se, portanto, de uma forma de comunicação eminentemente interna.

---

533. (2013 – DPF – Escrivão) Formas de tratamento como Vossa Excelência e Vossa Senhoria, ainda que sejam empregadas sempre na segunda pessoa do plural e no feminino, exigem flexão verbal de terceira pessoa; além disso, o pronome possessivo que faz referência ao pronome de tratamento também deve ser o de terceira pessoa, e o adjetivo que remete ao pronome de tratamento deve concordar em gênero e número com a pessoa — e não com o pronome — a que se refere.

GABARITO: CERTO.

O item 2.1.2 do Manual de Redação da Presidência da República afirma que "os pronomes de tratamento (ou de segunda pessoa indireta) apresentam certas peculiaridades quanto à concordância verbal, nominal e pronominal. Embora se refiram à segunda pessoa gramatical (à pessoa com quem se fala, ou a quem se dirige a comunicação), levam a concordância para a terceira pessoa. É que o verbo concorda com o substantivo que integra a locução como seu núcleo sintático: "vossa senhoria nomeará o substituto"; "vossa excelência conhece o assunto". Da mesma forma, os pronomes possessivos referidos a pronomes de tratamento são sempre os da terceira pessoa: 'vossa senhoria nomeará seu substituto' (e não 'vossa ... Vosso...'). Já quanto aos adjetivos referidos a esses pronomes, o gênero gramatical deve coincidir com o sexo da pessoa a que se refere, e não com o substantivo que compõe a locução. Assim, se nosso interlocutor for homem, o correto é 'vossa excelência está atarefado', 'vossa senhoria deve estar satisfeito'; se for mulher, 'vossa excelência está atarefada', 'vossa senhoria deve estar satisfeita'."

534. (2013 - DPF - Escrivão) Para comunicação entre unidades de um mesmo órgão, emprega-se o memorando, expediente cuja tramitação apresenta como principais características a rapidez e a simplicidade.

GABARITO: CERTO.

De acordo com o item 3.4.1 do Manual de Redação da Presidência da República, o memorando "é a modalidade de comunicação entre unidades administrativas de um mesmo órgão, que podem estar hierarquicamente em mesmo nível ou em nível diferente. Trata-se, portanto, de uma forma de comunicação eminentemente interna. (...) Sua característica principal é a agilidade. A tramitação do memorando em qualquer órgão deve pautar-se pela rapidez e pela simplicidade de procedimentos burocráticos. O item não exclui a possibilidade de utilização de outros tipos de expediente, nem afirma que o memorando seja, entre os diversos tipos de expediente, o mais rápido e simples.

535. (2013 - DPF - Escrivão) O emprego do padrão culto da língua em expedientes oficiais é justificado pelo alto nível de escolaridade daqueles que os redigem e daqueles a quem se destinam.

GABARITO: ERRADO.

A razão apresentada no item para o emprego do padrão culto da língua é infundado. De acordo com o MRPR, "por seu caráter impessoal, por sua finalidade de informar com o máximo de clareza e concisão, eles [os textos oficiais] requerem o uso do padrão culto da língua. Há consenso de que o padrão culto é aquele em que a) se observam as regras da gramática formal e b) se emprega um vocabulário comum ao conjunto dos usuários do idioma. É importante ressaltar que a obrigatoriedade do uso do padrão culto na redação oficial decorre do fato de que ele está acima das diferenças lexicais, morfológicas ou sintáticas regionais, dos modismos vocabulares, das idiossincrasias linguísticas, permitindo, por essa razão, que se atinja a pretendida compreensão por todos os cidadãos." (item 1.2).

536. (2013 - DPF - Escrivão) A formalidade de tratamento empregada para se dirigir ao destinatário de uma comunicação oficial varia de acordo com a relação existente entre quem a expede e quem a recebe. Isso equivale a dizer que a hierarquia presente entre os interlocutores é determinante para a escolha adequada dos pronomes de tratamento adotados no texto.

GABARITO: ERRADO.

A escolha dos pronomes de tratamento adequados independe das relações hierárquicas que se verificam entre remetente e destinatário. O manual de redação da presidência sequer menciona tal hipótese. Conforme esclarece, "As comunicações oficiais devem ser sempre formais, isto é, obedecem a certas regras de forma: além das já mencionadas exigências de impessoalidade e uso do padrão culto de linguagem, é imperativo, ainda, certa formalidade de tratamento. Não se trata somente da eterna dúvida quanto ao correto emprego deste ou daquele pronome de tratamento para uma autoridade de certo nível (...); mais do que isso, a formalidade diz respeito à polidez, à civilidade no próprio enfoque dado ao assunto do qual cuida a comunicação. A formalidade de tratamento vincula-se, também, à necessária uniformidade das comunicações. Ora, se a administração federal é una, é natural que as comunicações que expede sigam um mesmo padrão. O estabelecimento desse padrão, uma das metas deste manual, exige que se atente para todas as características da redação oficial e que se cuide, ainda, da apresentação dos textos."(item 1.3). Cabe ressaltar que "pronomes de tratamento" e "fechos para comunicações" são assuntos distintos.

---

537. (2013 - DPF - Escrivão) Julgue se o trecho está adequado para compor uma correspondência oficial.

Informamos que, na reunião passada, onde discutiram-se questões relativas a revisão da remuneração de escrivães e outros assuntos de ordem financeira, a ata não foi assinada por todos os presentes.

Atenciosamente,

José da Silva

GABARITO: ERRADO.

O trecho apresenta alguns desvios: o pronome "onde" não foi empregado com referência a lugar; a ênclise do pronome "se" está incorreta, já que pronomes relativos obrigam a próclise; falta acento grave em "relativas a revisão"; não há identificação do signatário (obrigatória em todos os documentos oficiais que não sejam assinados pelo presidente da República, segundo o item 2.3 do Manual de Redação da Presidência da República: "Excluídas as comunicações assinadas pelo Presidente da República, todas as demais comunicações oficiais devem trazer o nome e o cargo da autoridade que as expede, abaixo do local de sua assinatura.").

---

538. (2013 - DPF - Escrivão) Julgue se o trecho está adequado para compor uma correspondência oficial.

Senhor Corregedor,

A ação rigorosa da Polícia Federal no sentido de extirpar os crimes de tráfico das comunidades menos favorecidas foi determinante para que a operação fosse considerada bem-sucedida até a presente fase. Faz-se necessário, agora, que se acompanhem regularmente as atividades dos cidadãos residentes nos locais envolvidos. Visa-se, com isso, a não reincidência de crime nas etapas subsequentes do projeto e em período posterior ao seu término.

GABARITO: CERTO.

O trecho apresenta as características de um texto oficial preconizadas no Manual de Redação da Presidência da República (impessoalidade, clareza, concisão, formalidade, uniformidade e emprego do padrão culto da língua), sem incorrer em erro de natureza gramatical e ortográfica. A não especificação do tipo de tráfico presente nas comunidades menos favorecidas não compromete a clareza do texto. A preposição "em" introduz objeto indireto: extirpar [os crimes de tráfico] (objeto direto) [das comunidades menos favorecidas] (objeto indireto). O termo "no sentido... favorecidas" delimita a ação da Polícia federal, portanto não pode aparecer entre vírgulas. O emprego de acento grave em "a não reincidência" não é obrigatório uma vez que o verbo "visar", no sentido de "ter por fim ou objetivo", pode ter complementação direta ou indireta (conforme literatura especializada). O emprego do verbo "extirpar", cujo sentido é "promover a eliminação de", não compromete a clareza do texto. Os adjetivos presentes no trecho não denotam pessoalidade no tratamento do assunto abordado. Ressalte-se que o item reproduz um excerto de texto de correspondência oficial, decerto descontextualizado, portanto incapaz de denotar toda a extensão da situação a que se refere (Tráfico de quê?, Operação bem-sucedida sob que ponto de vista?, Acompanhar de que maneira? etc.).

539. (2014 - TJ/SE - Analista) Nas comunicações oficiais dirigidas a ministros de tribunais superiores, deve-se empregar a forma de tratamento Vossa Excelência. Caso possua o título de doutor, o ministro destinatário pode, ainda, ser designado como doutor.

GABARITO: CERTO.

Para Ministros de Tribunais Superiores, deve-se empregar "Vossa Excelência". Se houver titulação acadêmica, pode-se usar "Doutor".

540. (2014 - TJ/SE - Analista) Os atributos da comunicação oficial, a exemplo da clareza, concisão, formalidade e uniformidade, estão associados aos princípios que, segundo a Constituição Federal, norteiam a administração pública, como os da publicidade e da impessoalidade.

GABARITO: CERTO.

A redação oficial deve caracterizar-se pela impessoalidade, uso do padrão culto de linguagem, clareza, concisão, formalidade e uniformidade. Fundamentalmente esses atributos decorrem da Constituição, que dispõe, no artigo 37: "*A administração pública direta, indireta ou fundacional, de qualquer dos Poderes da União, dos Estados, do Distrito Federal e dos Municípios obedecerá aos princípios de legalidade, impessoalidade, moralidade, publicidade e eficiência (...)*".

541. (2014 - TJ/SE - Analista) No envelope de uma comunicação destinada a um juiz de direito, deve-se adotar o seguinte modelo de endereçamento:

Ao Senhor

[nome do juiz]

Juiz de Direito

Rua Tal, n.º 456

00 — Aracaju - SE

GABARITO: ERRADO.

O correto é:

A Sua Excelência o Senhor

Fulano de Tal

Juiz de Direito

542. (2014 - TJ/SE - Analista) A mensagem que tenha por finalidade recomendar autoridades para a ocupação de cargos deve ser acompanhada do curriculum vitae do indicado, devidamente assinado.

GABARITO: CERTO.

Na indicação de autoridades, o curriculum vitae do indicado, devidamente assinado, acompanha a mensagem.

543. (2014 - TJ/SE - Analista) Embora aviso e ofício sigam o mesmo padrão formal — o padrão ofício —, as funções desses documentos são distintas.

GABARITO: CERTO.

***Aviso* e *ofício* são modalidades de comunicação oficial praticamente idênticas. A única diferença entre eles é que o aviso é expedido exclusivamente por Ministros de Estado, para autoridades de mesma hierarquia, ao passo que o ofício é expedido para e pelas demais autoridades.**

544. (2014 - TJ/SE - Analista) O trecho seguinte é adequado para constar de um memorando: Solicita-se a esse respeitável departamento, o envio, ao Setor de Limpeza e Conservação, dos materiais arrolados abaixo.

GABARITO: ERRADO.

O uso de "respeitável" vai contra a característica de impessoalidade.

Julgue os itens 545 e 546 com base no texto a seguir.

Senhor Ministro,

Convido Vossa Excelência a participar da sessão de encerramento do Fórum Nacional da Educação Básica, a se realizar em 18 de maio de 2014, às 20 horas, no auditório do Ministério da Educação, localizado na Esplanada dos Ministérios, nesta capital.

545. (2014 - DPF - Analista) Caso o fragmento apresentado seja parte de um ofício, nele devem ser incluídos o endereço do destinatário, o nome do órgão ou setor do remetente e respectivos endereço postal, telefone e endereço de correio eletrônico.

GABARITO: CERTO.

Segundo o MRPR, em seu item 3.3.2, o ofício segue o padrão ofício e deve conter, além do nome e do cargo da pessoa a quem é dirigida a comunicação, o endereço. Além disso, deve constar do cabeçalho ou do rodapé do ofício o nome do órgão ou setor, o endereço postal e o telefone e endereço de correio eletrônico do remetente.

546. (2014 - DPF - Analista) Caso o remetente dessa comunicação seja um ministro de Estado, o fecho adequado será Atenciosamente.

GABARITO: CERTO.

Em razão de os ministros — remetente e destinatário — serem autoridades de mesma hierarquia, o fecho adequado, nesse caso, é "Atenciosamente".

547. (2014 - DPF - Analista) Os termos técnicos, as siglas, as abreviações e os conceitos específicos empregados em correspondências oficiais prescindem de explicação.

GABARITO: ERRADO.

De acordo com o MRPR, para fins de clareza, deve-se revisar o texto e "explicitar, desenvolver, esclarecer, precisar os termos técnicos, o significado das siglas e abreviações e os conceitos específicos que não possam ser dispensados" (item 1.4).

548. (2014 - DPF - Analista) Tanto o memorando quanto o telegrama caracterizam-se pela celeridade.

GABARITO: CERTO.

Segundo o MRPR, o memorando tem como característica principal a agilidade e o telegrama deve ser usado em situações de urgência, logo ambos caracterizam-se pela celeridade.

549. (2014 - DPF - Analista) O documento adequado para um ministro de Estado submeter ao presidente da República projeto de ato normativo é a exposição de motivos; o adequado para ministro de Estado dirigir-se a outro ministro de Estado, independentemente da finalidade da comunicação, é o aviso.

GABARITO: CERTO.

Conforme o MRPR, em regra, a exposição de motivos é dirigida por ministro de Estado ao presidente da República para informá-lo de um assunto, propor alguma medida ou submeter a sua consideração projeto de ato normativo. Para a comunicação com autoridade de mesma hierarquia (no caso, outro ministro), o documento adequado é o aviso.

Para julgar os próximos itens 550 a 554, considere o texto a seguir.

Mem. 23/CBMCE

Em 3 de junho de 2013

Ao Sr. Chefe do Departamento de Administração

Assunto: Administração. Instalação de persianas

Tendo em vista a recorrente reclamação dos servidores deste setor em relação à excessiva luminosidade da sala, solicito a V. S.ª verificar a possibilidade de serem instaladas persianas nas janelas deste departamento.

Acrescento que o ideal seria que as persianas fossem feitas com material reflexivo, para rebater quantidade significativa de luz solar.

Deverá ficar a cargo do Departamento de Manutenção a instalação do material.

Menciono, por fim, que a instalação do acessório, tornando mais agradável o ambiente de trabalho, possibilitará uma melhoria na qualidade dos serviços prestados por este departamento.

Atenciosamente,

Beltrano de Tal

Chefe do Departamento de Informática

550. **(2014 – CBM/CE – Soldado da Carreira de Praças)** O memorando está de acordo com as normas do padrão ofício, que estabelecem, entre outros requisitos, a exigência da numeração dos parágrafos do documento.

GABARITO: ERRADO.

De acordo com o MRPR, os parágrafos do texto devem ser numerados, exceto nos casos em que estes estejam organizados em itens ou títulos e subtítulos.

551. **(2014 – CBM/CE – Soldado da Carreira de Praças)** Procedendo às devidas alterações de destinatário, assunto e conteúdo, um memorando análogo ao apresentado acima, como documento atinente a assunto oficial, poderia, para a reivindicação de recursos financeiros, ser direcionado a outro órgão do Poder Executivo.

GABARITO: ERRADO.

De acordo com o MRPR, o memorando é a modalidade de comunicação entre unidades administrativas de um mesmo órgão, que podem estar hierarquicamente em mesmo nível ou em nível diferente. Trata-se, portanto, de uma forma de comunicação eminentemente interna.

552. **(2014 – CBM/CE – Soldado da Carreira de Praças)** Além de ser empregado para a exposição de solicitação, tal como o apresentado, o memorando é utilizado para a comunicação de diretrizes a serem adotadas no âmbito do departamento de origem.

GABARITO: CERTO.

O memorando pode ter caráter meramente administrativo, ou ser empregado para a exposição de projetos, ideias, diretrizes, etc. a serem adotados por determinado setor do serviço público.

553. (2014 – CBM/CE – Soldado da Carreira de Praças) Para conferir agilidade ao processo, o despacho ao memorando 23/CBMCE deverá ser feito em folha separada.

GABARITO: ERRADO.

Conforme o MRPR, para evitar desnecessário aumento do número de comunicações, os despachos ao memorando devem ser dados no próprio documento e, no caso de falta de espaço, em folha de continuação.

554. (2014 – CBM/CE – Soldado da Carreira de Praças) No memorando em análise, está correta a menção ao destinatário, com a indicação do cargo que ele ocupa.

GABARITO: CERTO.

Quanto a sua forma, o memorando segue o modelo do padrão ofício, com a diferença de que o seu destinatário deve ser mencionado pelo cargo que ocupa.

555. (2014 – DPF – Técnico Administrativo) A obrigatoriedade do uso do padrão culto da língua e o requisito de impessoalidade são incompatíveis com o emprego da linguagem técnica nas comunicações oficiais.

GABARITO: ERRADO.

De acordo com o MRPR, os textos oficiais, por terem caráter impessoal, devem ser redigidos em conformidade com o padrão culto da língua, o que não invalida o emprego da linguagem técnica, que pode ser usada, comedidamente, em situações que o exijam.

556. (2014 – DPF – Técnico Administrativo) Admite-se o registro de impressões pessoais na redação oficial, desde que o assunto seja de interesse público e expresso em linguagem formal.

GABARITO: ERRADO.

Segundo o Manual de Redação da Presidência da República, "não há lugar na redação oficial para impressões pessoais". Isso se dá independentemente do caráter impessoal do assunto, que deve referir-se ao interesse público, e da natureza objetiva e formal da comunicação.

557. (2014 – DPF – Técnico Administrativo) A concisão, que consiste no respeito ao princípio da economia linguística, é uma característica fundamental em telegramas, modalidade dispendiosa de comunicação.

GABARITO: CERTO.

De acordo com o MRPR (itens 1.4 e 6.1), a concisão atende ao princípio da economia linguística e deve pautar a redação dos telegramas, pois estes têm custo elevado.

558. (2014 – CBM/CE – Primeiro-Tenente) Na mensagem, diferentemente do ofício, prescinde-se da identificação do signatário e registra-se a data após o texto da comunicação.

GABARITO: ERRADO.

O item 5.2 do MRPR traz a seguinte diagramação: a) a indicação do tipo de expediente e de seu número, horizontalmente, no início da margem esquerda; b) vocativo, de acordo com o pronome de tratamento e o cargo do destinatário, *horizontalmente*, no início da margem esquerda; c) o texto, iniciando a 2 cm do vocativo; d) o local e a data, *verticalmente* a 2 cm do final do texto, e *horizontalmente* fazendo coincidir seu final com a margem direita. A mensagem, como os demais atos assinados pelo Presidente da República, não traz identificação de seu signatário.

559. (2014 – CBM/CE – Primeiro-Tenente) A clareza, que diz respeito à compreensão imediata do texto pelo leitor, é prejudicada pela ambiguidade e é conferida ao texto mediante fatores como uso do padrão culto da língua, padronização e concisão.

GABARITO: CERTO.

Para a clareza, concorrem: a) a impessoalidade, que evita a duplicidade de interpretações que poderia decorrer de um tratamento personalista dado ao texto; b) o uso do padrão culto de linguagem, em princípio, de entendimento geral e por definição avesso a vocábulos de circulação restrita, como a gíria e o jargão; c) a formalidade e a padronização, que possibilitam a imprescindível uniformidade dos textos; d) a concisão, que faz desaparecer do texto os excessos linguísticos que nada lhe acrescentam.

560. (2014 – CBM/CE – Primeiro-Tenente) No ofício, devem constar o nome e o cargo da pessoa a quem se dirige a comunicação, bem como o endereço do destinatário.

GABARITO: CERTO.

De acordo com MRPR, quanto a sua forma, aviso e *ofício* seguem o modelo do *padrão ofício*, com acréscimo do *vocativo*, que invoca o destinatário, seguido de vírgula. Devem constar do cabeçalho ou do rodapé do *ofício* as seguintes informações do remetente: nome do órgão ou setor; endereço postal; telefone e endereço de correio eletrônico.

561. (2014 – CBM/CE – Primeiro-Tenente) O fecho Respeitosamente é adequado a avisos e inadequado a memorandos.

GABARITO: ERRADO.

Há dois fechos para todas as comunicações. Para autoridades superiores, inclusive o Presidente da República: Respeitosamente; para autoridades de mesma hierarquia ou de hierarquia inferior: Atenciosamente. Ficam excluídas dessa fórmula as comunicações dirigidas a autoridades estrangeiras.

562. (2014 – CBM/CE – Primeiro-Tenente) Em razão de serem expedidos exclusivamente por ministros de Estado, os avisos dispensam a menção ao cargo do signatário.

GABARITO: ERRADO.

De acordo com o MRPR, excluídas as comunicações assinadas pelo Presidente da República, todas as demais comunicações oficiais devem trazer o nome e o cargo da autoridade que as expede, abaixo do local de sua assinatura.

563. (**2013 - Ministério da Educação – Técnico Administrativo**) O trecho a seguir está correto e adequado para compor um ofício: Vimos informar que o calendário escolar para o próximo semestre ainda está sendo decidido pelo Conselho de Educação. Assim que houver uma deliberação definitiva, encaminharemos uma comunicação oficial.

GABARITO: CERTO.

O texto está correto quanto à correção gramatical e às características da redação oficial.

564. (**2013 - Ministério da Educação – Técnico Administrativo**) O trecho que se segue está correto e adequado para compor um memorando: Solicitamos urgentemente a presença de um técnico em informática, pois os computadores do nosso departamento estão com problemas de várias ordens.

GABARITO: CERTO.

O trecho atende às características da redação oficial e está gramaticalmente correto.

565. (**2013 - Ministério da Educação – Técnico Administrativo**) Ao encaminhar uma correspondência para um deputado federal, o tratamento correto é: À Vossa Magnificência, o ilustre Deputado Fulano de Tal.

GABARITO: ERRADO.

A forma de tratamento adequada é A Sua Excelência o Senhor.

566. (**2013 - Ministério da Educação – Técnico Administrativo**) Julgue se o trecho de texto está correto e adequado para compor o tipo de correspondência oficial indicada. Ata – O Secretário tomou a palavra e esclareceu que, de acordo com pesquisa realizada pela CNI, aproximadamente 70% das empresas no Brasil sofrem dificuldades decorrentes da má qualificação profissional. E apesar de a maioria oferecer treinamento na própria empresa, para contornar o atraso, a deficiência na qualidade do ensino básico foi apontada como elemento limitante para a capacitação. Em muitos casos, é necessário retomar estágios fundamentais para auxiliar o aluno a alcançar o nível técnico desejado.

GABARITO: CERTO.

O texto está adequado às características da redação oficial e da ata. Além disso, está correto gramaticalmente.

567. (**2013 - Ministério da Educação – Técnico Administrativo**) Julgue se o trecho de texto está correto e adequado para compor o tipo de correspondência oficial indicada. Memorando – Esclarecemos à Vossa Senhoria que entre as propostas debatidas, com a participação de reitores universitários, representantes de governos e empresários, figurou o fortalecimento dos ensinos básico e médio, com a valorização dos professores e a adoção de iniciativas para a melhoria substancial da gestão escolar. Para fortalecer esses objetivos em 2011, o governo federal lançou o Programa Nacional de Acesso ao Ensino Técnico e Emprego (PRONATEC), visando a abrir 8 milhões de vagas até 2014.

GABARITO: ERRADO.

Segundo o MRPR, o memorando pode ter caráter meramente administrativo, ou ser empregado para a exposição de projetos, ideias, diretrizes, etc. a serem adotados por determinado setor do serviço público. O item em comento seria um ofício, o qual tem como finalidade o tratamento de assuntos oficiais pelos órgãos da Administração Pública entre si e também com particulares.

---

568. **(2013 - Ministério da Educação – Técnico Administrativo)** Julgue se o trecho de texto está correto e adequado para compor o tipo de correspondência oficial indicada. Relatório – Constatou-se que há no país 2,2 milhões de jovens entre os dezoito e os vinte e quatro anos de idade fora da escola e do mercado de trabalho. Além disso, o nível de escolaridade dos trabalhadores é um dado significativo: hoje, 5,6 milhões de empregados na indústria nacional não possuem sequer o ensino médio. Com o intuito de mudar esse quadro, sugestões estão sendo discutidas nos estados para a criação de uma agenda profissionalizante no âmbito do movimento Educação para o Mundo do Trabalho.

GABARITO: CERTO.

O trecho atende às características da redação oficial e do relatório. Além disso, está correto gramaticalmente.

---

569. **(2014 – MTE – Analista)** No âmbito da administração pública, arquiva-se, se necessário, a cópia xérox do fax, meio de comunicação utilizado para transmissão de mensagens urgentes e para o envio de documentos que não possam ser encaminhados por meio eletrônico.

GABARITO: CERTO.

O MRPR traz a seguinte orientação: Se necessário o arquivamento, deve-se fazê-lo com cópia xerox do fax e não com o próprio fax, cujo papel, em certos modelos, se deteriora rapidamente.

---

570. **(2014 – MTE – Analista)** A mensagem e o ofício possuem praticamente a mesma estrutura, mas suas finalidades são diferentes: a mensagem é usada para comunicação entre autoridades de mesma hierarquia, sendo dispensada a assinatura do seu signatário; o ofício é utilizado para comunicação com o público, sendo obrigatória a assinatura do seu signatário.

GABARITO: ERRADO.

O MRPR traz orientações sobre ofício e mensagem: ofício é expedido para e pelas demais autoridade, tem como finalidade o tratamento de assuntos oficiais pelos órgãos da Administração Pública entre si e também com particulares; mensagem é o instrumento de comunicação oficial entre os Chefes dos Poderes Públicos para informar sobre fato da Administração Pública; expor o plano de governo por

ocasião da abertura de sessão legislativa; submeter ao Congresso Nacional matérias que dependem de deliberação de suas Casas; apresentar veto; enfim, fazer e agradecer comunicações de tudo quanto seja de interesse dos poderes públicos e da Nação.

571. **(2014 - MTE - Analista)** Em comunicações entre chefes de poder, empregam-se o vocativo Excelentíssimo Senhor, seguido do respectivo cargo, e o fecho Atenciosamente.

GABARITO: ERRADO.

Segundo o MRPR, há uma exceção quanto à identificação do signatário: excluídas as comunicações assinadas pelo Presidente da República, todas as demais comunicações oficiais devem trazer o nome e o cargo da autoridade que as expede.

572. **(2012 - FNDE - Especialista em Financiamento e Execução de Programas e Projetos Educacionais)** O caráter de urgência de determinados expedientes exime o remetente do cumprimento de certas exigências, como a revisão do texto da correspondência, para o adequado andamento dos processos.

GABARITO: ERRADO.

A revisão atenta exige, necessariamente, tempo. A pressa com que são elaboradas certas comunicações quase sempre compromete sua clareza. Não se deve proceder à redação de um texto que não seja seguida por sua revisão.

573. **(2012 - FNDE - Especialista em Financiamento e Execução de Programas e Projetos Educacionais)** Em comunicações oficiais dirigidas a um Ministro de Estado e a um assessor de órgão vinculado a ministério, as formas de tratamento adequadas a esses cargos seriam, respectivamente, Vossa Excelência e Vossa Senhoria; o emprego do vocativo Senhor seguido do cargo respectivo seria adequado em ambos os casos.

GABARITO: ERRADO.

Para um ministro de Estado, o correto seria: Vossa Excelência e Excelentíssimo Senhor; para um assessor, seria: Senhor, seguido do cargo.

574. **(2012 - FNDE - Especialista em Financiamento e Execução de Programas e Projetos Educacionais)** O emprego do pronome "vós" designa respeito pela autoridade a quem se destina a mensagem, por isso o seu emprego é obrigatório nas correspondências oficiais dirigidas a pessoas que ocupam cargos hierarquicamente superiores ao de seu emitente.

GABARITO: ERRADO.

Emprega-se a forma de tratamento Vossa Excelência a determinadas autoridades, mas não há exigência em relação ao emprego de vós.

575. **(2012 - FNDE - Especialista em Financiamento e Execução de Programas e Projetos Educacionais)** Uma característica comum ao aviso e à exposição de motivos é o fato de ambos serem remetidos por ministros de Estado.

GABARITO: CERTO.

É o que orienta o Manual de Redação da Presidência da República.

576. **(2012 – FNDE – Especialista em Financiamento e Execução de Programas e Projetos Educacionais)** Os expedientes oficiais destinados a órgãos públicos dizem respeito a assuntos restritos a essa esfera, sendo, portanto, suficiente que sua inteligibilidade fique circunscrita às pessoas inseridas nesse meio.

GABARITO: ERRADO.

As correspondências oficias devem seguir as características de concisão, clareza, impessoalidade, norma padrão e padronização. Não é possível adaptar essa correspondência às pessoas a quem esses textos são destinados.

577. **(2012 – FNDE – Especialista em Financiamento e Execução de Programas e Projetos Educacionais)** Julgue o trecho quanto às características da Redação Oficial. Encaminhamos, para apreciação, o edital do Concurso Nacional de Projetos Educacionais, a ser divulgado no primeiro dia útil do mês de dezembro.

(...)

GABARITO: CERTO.

O texto está correto quanto à adequação gramatical e às características da redação oficial.

578. **(2012 – FNDE – Especialista em Financiamento e Execução de Programas e Projetos Educacionais)** Julgue o trecho quanto às características da Redação Oficial.

(...) Senhor Presidente da República,

Como é do conhecimento de Vossa Excelência, receberemos na próxima semana a visita de cinco especialistas na área de educação, provenientes de diferentes regiões brasileiras, para compor a mesa diretora do evento sobre Educação de Jovens e Adultos, e gostaríamos de informar que, na solenidade de abertura, eles já estarão presentes para prestigiar o discurso de Vossa Excelência, que deverá ter início às 14 h, pontualmente, no auditório principal desta Casa.

(...)

GABARITO: ERRADO.

O vocativo adequado é: Excelentíssimo Senhor Presidente da República.

579. **(2012 – FNDE – Técnico Administrativo)** Nas comunicações oficiais, a assinatura deve conter apenas o nome do cargo e o do setor do órgão que a expede, e não o do ocupante do cargo, de modo a que se garanta o respeito ao princípio da impessoalidade, que deve nortear os expedientes oficiais.

GABARITO: ERRADO.

A presença ou não da assinatura não é o que garante a impessoalidade. A impessoalidade é decorrente: da ausência de impressões individuais de quem comunica; da impessoalidade de quem recebe a comunicação; e do caráter impessoal do próprio assunto tratado.

580. (2012 - FNDE - Técnico Administrativo) O emprego do padrão culto da língua nas correspondências oficiais está associado à clareza e à impessoalidade requerida nesse tipo de texto.

GABARITO: CERTO.

O emprego do padrão culto da língua, a clareza e a impessoalidade são características da redação oficial.

581. (2012 - FNDE - Técnico Administrativo) O padrão ofício é um tipo de diagramação que pode ser adotado em diversos expedientes, tais como o aviso, o memorando e a exposição de motivos.

GABARITO: CERTO.

O padrão ofício tem como finalidade uniformizar as correspondências oficiais, dentre elas: aviso, ofício, memorando, exposição e motivos, etc.

582. (2012 - FNDE - Técnico Administrativo) Por se referirem à segunda pessoa gramatical, ou seja, à pessoa com quem se fala no discurso, os pronomes de tratamento requerem concordância na segunda pessoa, estando, portanto, de acordo com a prescrição gramatical e conforme as normas de redação de documentos oficiais o seguinte trecho: Vossa Excelência deveis incluir tais questões em vosso discurso.

GABARITO: ERRADO.

Os pronomes de tratamento se referem à segunda pessoa gramatical, ou seja, à pessoa com quem se fala no discurso, mas a concordância deve ser feita em terceira pessoa: deve.

583. (2012 - FNDE - Técnico Administrativo) A transparência e a inteligibilidade dos atos normativos são requisitos que o Brasil, como Estado de direito, deve atender em suas comunicações oficiais.

GABARITO: CERTO.

O MRPR decorre da Constituição, artigo 37: A administração pública direta, indireta ou fundacional, de qualquer dos Poderes da União, dos Estados, do Distrito Federal e dos Municípios obedecerá aos princípios de legalidade, impessoalidade, moralidade, publicidade e eficiência (...)".

584. (2012 - FNDE - Técnico Administrativo) Julgue se o texto está adequado para compor uma correspondência oficial:

(...) Conforme disposto no parágrafo único da Lei n.º 91.234/1991, os aposentados desta instituição terão benefícios mensais calculados com base nas alíquotas referidas na tabela abaixo, valendo a partir do próximo mês e recebendo retroativo. Pois os valores da tabela anterior estão defasados e não foram atualizados. (...)

GABARITO: ERRADO.

O texto precisa ser corrigido: Conforme disposto no parágrafo único da Lei n.º 91.234/1991, os aposentados desta instituição terão benefícios mensais calculados com base nas alíquotas referidas na tabela abaixo (as quais valerão a partir do próximo mês) e irão recebê-los de forma retroativa, pois os valores da tabela anterior estão defasados e não foram atualizados. (...)

585. (2012 – FNDE – Técnico Administrativo) Julgue se o texto está adequado para compor uma correspondência oficial:

Ilustríssimo Senhor Ministro da Educação,

O orçamento para o programa onde professores serão capacitados a distância está previsto para o próximo mês. Informamos que todos os setores envolvidos tem cumprido os prazos e alcançado as metas previstas. Portanto o andamento de todo o processo caminha de forma satisfatória. (...)

GABARITO: ERRADO.

O texto precisa ser corrigido:

Senhor Ministro da Educação,

O orçamento para o programa no qual professores serão capacitados a distância está previsto para o próximo mês. Informamos que todos os setores envolvidos têm cumprido os prazos e alcançado as metas previstas. Portanto, o andamento de todo o processo caminha de forma satisfatória. (...)

586. (2014 – TJ/SE – Técnico Judiciário) A redação oficial consiste na comunicação tanto do poder público quanto do particular, com o objetivo de transmitir mensagem de interesse público relevante.

GABARITO: ERRADO.

O MRPR estabelece instruções para as comunicações oficiais entre os setores do governo e também para particulares, não de particulares.

587. (2014 – TJ/SE – Técnico Judiciário) O uso de uma forma específica de linguagem administrativa contraria as normas de redação das correspondências oficiais.

GABARITO: CERTO.

O MRPR tem a seguinte orientação: as comunicações que partem dos órgãos públicos federais devem ser compreendidas por todo e qualquer cidadão brasileiro. Para atingir esse objetivo, há que evitar o uso de uma linguagem restrita a determinados grupos. Não há dúvida que um texto marcado por expressões de circulação restrita, como a gíria, os regionalismos vocabulares ou o jargão técnico, tem sua compreensão dificultada.

588. (2014 – TJ/SE – Técnico Judiciário) Todo expediente oficial deve ser claro, qualidade para a qual concorrem a impessoalidade, a concisão e o uso do padrão culto da língua.

GABARITO: CERTO.

O emprego de impessoalidade, conciso e padrão culto da língua favorecem a clareza, característica importante para as correspondências oficiais.

589. (2014 – TJ/SE – Técnico Judiciário) Para sugerir projeto de ato normativo ao presidente da República, um ministro de Estado deve redigir exposição de motivos, sendo-lhe facultado, nesse caso, o acréscimo de um anexo para a sugestão do projeto.

GABARITO: ERRADO.

O MRPR orienta que, na exposição de motivos, deve-se, ainda, trazer apenso o formulário de anexo à exposição de motivos, devidamente preenchido, de acordo com o seguinte modelo previsto no Anexo II do Decreto no 4.176, de 28 de março de 2002.

590. **(2014 - TJ/SE - Técnico Judiciário)** O uso do vocativo Excelentíssimo Senhor atende ao requisito da formalidade de tratamento nas comunicações oficiais dirigidas a reitores de universidades.

GABARITO: ERRADO.

A orientação do MRPR é a seguinte: "Mencionemos, ainda, a forma Vossa Magnificência, empregada por força da tradição, em comunicações dirigidas a reitores de universidade. Corresponde-lhe o vocativo: Magnífico Reitor".

591. **(2014 - TJ/SE - Técnico Judiciário)** Os adjetivos empregados em referência aos pronomes de tratamento em uma comunicação oficial devem sempre estar flexionados no masculino, de maneira a resguardar o requisito da uniformidade na redação oficial.

GABARITO: ERRADO.

A orientação é a seguinte: Quanto aos adjetivos referidos a esses pronomes, o gênero gramatical deve coincidir com o sexo da pessoa a que se refere, e não com o substantivo que compõe a locução. Assim, se nosso interlocutor for homem, o correto é "*Vossa Excelência está atarefado*", "*Vossa Senhoria deve estar satisfeito*"; se for mulher, "*Vossa Excelência está atarefada*", "*Vossa Senhoria deve estar satisfeita*".

592. **(2014 - TJ/SE - Técnico Judiciário)** Em toda comunicação oficial, exceto nas direcionadas a autoridades estrangeiras, deve-se fazer uso dos fechos Respeitosamente ou Atenciosamente, de acordo com as hierarquias do destinatário e do remetente.

GABARITO: ERRADO.

O fecho não é empregado em toda comunicação oficial. Na mensagem, por exemplo, a estrutura é: a indicação do tipo de expediente e de seu número, horizontalmente, no início da margem esquerda; vocativo; o texto, iniciando a 2 cm do vocativo; o local e a data, *verticalmente* a 2 cm do final do texto, e *horizontalmente* fazendo coincidir seu final com a margem direita.

593. **(2015 - DEPEN - Especialista)** O uso da variedade padrão da língua na redação dos expedientes oficiais tem por base um padrão oficial de linguagem, isto é, uma forma de linguagem comum na escrita de documentos oficiais e que se caracteriza pela seleção de determinadas expressões linguísticas e pela utilização de estruturas sintáticas tradicionais.

GABARITO: ERRADO.

Não existe um padrão oficial de linguagem. O MRPR segue a norma padrão da língua portuguesa.

594. (2015 - DEPEN - Especialista) O aviso é um gênero de comunicação oficial cujo remetente é restrito, uma vez que é expedido apenas por ministros de Estado e tem como finalidade comunicativa o tratamento de questões oficiais pelos órgãos da administração pública entre si.

GABARITO: CERTO.

O aviso faz parte do padrão ofício e é expedido apenas entre Ministros de Estado.

---

595. (2015 - DEPEN - Especialista) O registro dos despachos no corpo do memorando funciona como um histórico de todas as etapas por que passou a matéria tratada no documento.

GABARITO: CERTO.

No memorando são feitos os despachos, os quais são o histórico das etapas de um processo.

---

596. (2015 - DEPEN - Agente e Técnico) Nos expedientes normalmente classificados com o padrão ofício, independentemente dos seus destinatários, são usados apenas os fechos Atenciosamente ou Respeitosamente, excetuando-se dessa prescrição os casos de comunicações oficiais dirigidas a autoridades estrangeiras.

GABARITO: ERRADO.

O equívoco do item é afirmar que o emprego dos fechos independe dos seus destinatários.

---

597. (2015 - DEPEN - Agente e Técnico) A impessoalidade, propriedade dos textos oficiais, não se confunde com o uso de uma forma de linguagem administrativa caracterizada pela presença de expressões do jargão burocrático e por padrões arcaicos de construção de frases.

GABARITO: CERTO.

A impessoalidade diz respeito à ausência de impressões individuais de quem emite, a quem se destina e ao assunto do documento.

---

598. (2015 - DEPEN - Agente e Técnico) O aviso, a mensagem e o ofício são exemplos de comunicações oficiais que seguem uma diagramação própria, conhecida como padrão ofício.

GABARITO: ERRADO.

O padrão ofício é composto por aviso, memorando e ofício, e não mensagem.

---

599. (2015 - DEPEN - Agente e Técnico) Para a correta identificação dos interlocutores envolvidos na comunicação mediada pelos textos oficiais, todos esses expedientes devem apresentar informações relativas ao destinatário da comunicação bem como o nome e o cargo da autoridade que a expede.

GABARITO: ERRADO.

A incoerência do item é em afirmar que todos os expedientes devem apresentar informações relativas ao destinatário da comunicação bem como o nome e o cargo da autoridade que a expede. Há casos em que apenas se emprega o cargo, por exemplo.

600. (2015 - DEPEN - Agente e Técnico) A forma e a linguagem empregadas no trecho a seguir são adequadas para figurar em uma comunicação oficial cuja finalidade é enviar documentos solicitados por expediente anterior: "Em atenção ao Memorando nº 9, de 8 de abril de 2015, encaminha-se, para conhecimento e avaliação, as planilhas com a previsão de gastos referentes à atualização do novo sistema operacional".

GABARITO: ERRADO.

Temos um erro de concordância verbal. O correto é "encaminham-se", pois há a ocorrência de voz passiva: encaminham-se as planilhas.

FAÇA JÁ

1. O tratamento impessoal que deve ser dado aos assuntos que constam das comunicações oficiais decorre da ausência de ______________________ de quem comunica; da ______________________ a comunicação, com duas possibilidades; do caráter ______________________ tratado.

2. O vocativo a ser empregado em comunicações dirigidas aos Chefes de Poder é ______________________, seguido do cargo respectivo. As demais autoridades serão tratadas com o vocativo ______________________, seguido do cargo respectivo. No envelope, o endereçamento das comunicações dirigidas às autoridades tratadas por Vossa Excelência, terá a seguinte forma: A ______________________.

3. O fecho adequado para autoridades superiores, inclusive o Presidente da República, é ______________________. Para autoridades de mesma hierarquia ou de hierarquia inferior, emprega-se ______________________.

4. Excluídas as comunicações assinadas pelo Presidente da República, todas as demais comunicações oficiais devem trazer ______________________ que as expede, abaixo do local de sua assinatura.

5. Há três tipos de expedientes que se diferenciam antes pela finalidade do que pela forma: ______________________ ______________________. Com o fito de uniformizá-los, pode-se adotar uma diagramação única, que siga o que chamamos de padrão ofício.

6. Aviso e ofício são modalidades de comunicação oficial praticamente idênticas. A única diferença entre eles é que ______________________ é expedido exclusivamente por Ministros de Estado, para autoridades de mesma

hierarquia, ao passo que ____________________ é expedido para e pelas demais autoridades.

7. O memorando é a modalidade de comunicação entre unidades administrativas de um mesmo órgão, que podem estar hierarquicamente ____________________ ____________________. Trata-se, portanto, de uma forma de comunicação eminentemente interna.

8. Exposição de motivos é o expediente dirigido ao Presidente da República ou ao Vice-Presidente para ____________________; propor alguma medida; ou ____________________ projeto de ato normativo.

9. ____________________ é o instrumento de comunicação oficial entre os Chefes dos Poderes Públicos, notadamente as mensagens enviadas pelo Chefe do Poder Executivo ao Poder Legislativo para informar sobre fato da Administração Pública; expor o plano de governo por ocasião da abertura de sessão legislativa; submeter ao Congresso Nacional matérias que dependem de deliberação de suas Casas; apresentar veto; enfim, fazer e agradecer comunicações de tudo quanto seja de interesse dos poderes públicos e da Nação.

10. Para que a mensagem de correio eletrônico tenha ____________________, isto é, para que possa ser aceita como documento original, é necessário existir ____________________ que ateste a identidade do remetente, na forma estabelecida em lei.

Anotações

APRESENTAÇÃO

R
L
M

Esta obra de questões comentadas de provas da Cespe possui as provas realizadas no ano de 2014, 2013 e algumas provas de 2012. Procurei apresentar uma solução direta e lógica das principais questões destes concursos.

Os assuntos selecionados foram os seguintes: estruturas lógicas; lógica de argumentação: analogias, inferências, deduções e conclusões; lógica sentencial (ou proposicional); proposições simples e compostas; tabelas-verdade; equivalências; leis de Morgan; diagramas lógicos; lógica de primeira ordem; princípios de contagem e probabilidade; operações com conjuntos; raciocínio lógico envolvendo problemas aritméticos, geométricos e matriciais.

Os itens comentados nesta obra estão separados por temas e possuem a ordem de dificuldade (fácil, médio, difícil e muito difíciil) no início de cada enunciado.

Sérgio Altenfelder

Nosso objetivo: apresentar uma solução direta e lógica para resolver as mais diversas questões.

Os itens comentados destas provas estão separados por temas e possuem a ordem de dificuldade (fácil, médio, difícil e muito difícil), no início dos enunciados dos itens.

A seguir, é apresentado uma tabela da distribuição dos itens por temas abordados nos capítulos:

TEMAS	QUANTIDADE	PORCENTAGEM
Estruturas Lógicas	83	20,75%
Equivalências Lógicas	59	14,75%
Lógica de Argumentação	27	6,75%
Diagrama Lógico	19	4,75%
Diagrama de Venn	5	1,25%
Interpretação de Texto	50	12,50%
Conjuntos	38	9,50%
Análise Combinatória	36	9,00%
Probabilidade	46	11,50%
Psicotécnico	20	5,00%
Outros Temas	17	4,25%
TOTAL	400	100%

Sobre o autor: Sérgio Altenfelder é professor de Matemática Financeira, Estatística, Matemática e Raciocínio Lógico-Quantitativo, desde 1989 e Trabalha em diversos cursos preparatórios pelo Brasil. Cursou Administração de Empresas pela Universidade Mackenzie e Engenharia Civil pela USP (Universidade São Paulo).

SUMÁRIO

CAPÍTULO 1

Tabela-Verdade

Equivalências Lógicas

Lógica de Argumentação

Tabela-Verdade

Estruturas Lógicas

01. (2014 - SUFRAMA – Administrador) Pedro, um jovem empregado de uma empresa, ao receber a proposta de novo emprego, fez diversas reflexões que estão traduzidas nas proposições a seguir:

P1: Se eu aceitar o novo emprego, ganharei menos, mas ficarei menos tempo no trânsito.

P2: Se eu ganhar menos, consumirei menos.

P3: Se eu consumir menos, não serei feliz.

P4: Se eu ficar menos tempo no trânsito, ficarei menos estressado.

P5: Se eu ficar menos estressado, serei feliz.

A partir dessas proposições, julgue o item a seguir:

A proposição "Se eu aceitar o novo emprego, então serei feliz e não serei feliz" é logicamente falsa, isto é, ela será sempre falsa, independentemente dos valores lógicos das proposições "Eu aceito o novo emprego" e "Eu serei feliz".

GABARITO: ERRADO.

Vamos transformar a frase "Se eu aceitar o novo emprego, então serei feliz e não serei feliz" em linguagem simbólica:

$A \rightarrow F \wedge \sim F$

Agora, observemos sua tabela-verdade, a fim de verificar se suas valorações serão todas falsas, conforme o item que estamos analisando.

Passo 1: montagem da tabela.

Passo 2: para obter a coluna 3, utilizamos a coluna 2.

Passo 3: para obter a coluna 4, utilizamos as colunas 2 e 3.

Passo 4: para obter a coluna 5, utilizamos as colunas 1 e 4.

1	2	3	4	5
A	F	~F	F ∧ ~F	A → F ∧ ~F
V	V	F	F	F
V	F	V	F	F
F	V	F	F	V
F	F	V	F	V

Repare que a frase analisada recebe valorações falsas e verdadeiras. Portando, o item está errado.

02. (2014 - SUFRAMA – Analista Técnico Administrativo) Considerando que P seja a proposição "O atual dirigente da empresa X não apenas não foi capaz de resolver os antigos problemas da empresa, como também não conseguiu ser inovador nas soluções para os novos problemas", julgue o item a seguir, a respeito de lógica sentencial.

Se a proposição "O atual dirigente da empresa X não foi capaz de resolver os antigos problemas da empresa" for verdadeira, e se a proposição "O atual dirigente da empresa X não conseguiu ser inovador nas soluções para os novos problemas da empresa" for falsa, então, a proposição P será falsa.

GABARITO: CERTO.

O grande segredo desta questão é identificar qual o conectivo utilizado na frase. Repare que a frase não possui os conectivos usuais: "e", "ou", "então" e "se e somente se" de maneira explícita. Teremos que utilizar a interpretação de texto para identificar o conectivo utilizado.

Ao analisar a frase "O atual dirigente da empresa X não apenas não foi capaz de resolver os antigos problemas da empresa, como também não conseguiu ser inovador nas soluções para os novos problemas", percebe-se a existência de dois verbos (veja sublinhado). Além disso, o termo *como também* está dando sentido de adição entre as proposições. Portanto, o conectivo utilizado é o conectivo "e".

Uma vez identificado o conectivo, conseguimos transformar a frase em linguagem simbólica.

"O atual dirigente da empresa X não apenas não foi capaz de resolver os antigos problemas da empresa" (vamos chamar esta proposição de ~R).

"Não conseguiu ser inovador nas soluções para os novos problemas" (vamos chamar esta proposição de ~I).

Assim, a linguagem simbólica da frase será ~R ∧ ~I

Sabemos que ~R é verdadeiro, e ~I é falso, pelo enunciado. Assim, temos:

~R ∧ ~I
V F = F

No conectivo "e", uma proposição composta será falsa, quando pelo menos, uma das proposições simples for falsa.

---

03. **(2014 – Ministério da Justiça/DPF – Contador)** Ao planejarem uma fiscalização, os auditores internos de determinado órgão decidiram que seria necessário testar a veracidade das seguintes afirmações:

P: Os beneficiários receberam do órgão os insumos previstos no plano de trabalho.

Q: Há disponibilidade, no estoque do órgão, dos insumos previstos no plano de trabalho.

R: A programação de aquisição dos insumos previstos no plano de trabalho é adequada.

A respeito dessas afirmações, julgue o item seguinte, à luz da lógica sentencial:

Se as afirmações Q e R forem verdadeiras, será verdadeira a seguinte proposição: "Se não há disponibilidade, no estoque do órgão, dos insumos previstos no plano de trabalho, então a programação de aquisição dos insumos previstos no plano de trabalho não é adequada."

GABARITO: CERTO.

Ao transformarmos o enunciado em linguagem simbólica, temos:

Se não há disponibilidade, no estoque do órgão, dos insumos previstos no plano de trabalho, então, a programação de aquisição dos insumos, previstos no plano de trabalho não é adequada. ~P → ~R

Sabemos que P e R são frases verdadeiras pelo enunciado da questão. Assim, temos:

~P → ~R

F F = V

No conectivo "então", uma proposição composta será falsa, apenas quando a primeira proposição simples for verdadeira, e a segunda for falsa. As demais combinações tornarão a frase verdadeira.

---

04. **(2014 – Ministério da Justiça/DPF – Contador)** Ao planejarem uma fiscalização, os auditores internos de determinado órgão decidiram que seria necessário testar a veracidade das seguintes afirmações:

P: Os beneficiários receberam do órgão os insumos previstos no plano de trabalho.

Q: Há disponibilidade, no estoque do órgão, dos insumos previstos no plano de trabalho.

R: A programação de aquisição dos insumos previstos no plano de trabalho é adequada.

A respeito dessas afirmações, julgue o item seguinte, à luz da lógica sentencial:

A negação da afirmação Q pode ser corretamente expressa por "Não há disponibilidade, no estoque do órgão, dos insumos não previstos no plano de trabalho".

GABARITO: ERRADO.

A negação correta de Q é: "Não há disponibilidade, no estoque do órgão, dos insumos previstos no plano de trabalho".

---

05. **(2014 – Ministério da Justiça/DPF – Agente Administrativo)** Considerando que P seja a proposição "Não basta à mulher de César ser honesta, ela precisa parecer honesta", julgue o item seguinte, acerca da lógica sentencial.

Se a proposição "Basta à mulher de César ser honesta" for falsa. e a proposição "A mulher de César precisa parecer honesta" for verdadeira, então a proposição P será verdadeira.

GABARITO: CERTO.

O grande segredo desta questão é identificar qual o conectivo utilizado na frase. Repare que a frase não possui os conectivos usuais: "e", "ou", "então" e "se e somente se", de maneira explícita. Teremos que utilizar a interpretação de texto para identificar o conectivo utilizado.

Ao analisarmos a frase "Não basta à mulher de César ser honesta, ela precisa parecer honesta", percebe-se a existência de dois verbos (veja sublinhado) e nenhum conectivo. Assim, precisamos verificar qual o sentido da primeira frase em relação à segundas, e o sentido é de adição. Portanto, o conectivo utilizado é o conectivo "e".

Uma vez identificado o conectivo, conseguimos transformar a frase em linguagem simbólica.

Não basta à mulher de César ser honesta. (Vamos chamar esta proposição de ~M).

Ela precisa parecer honesta. (Vamos chamar esta proposição de H).

Assim, a linguagem simbólica da frase será ~M ∧ H

Sabemos, pelo enunciado, que a proposição M é falsa e H é verdadeira.

Assim, temos:

~M ∧ H
V V = V

No conectivo "e", uma proposição composta será falsa, quando pelo menos uma das proposições simples for falsa.

R L M

06. (2014 – Ministério da Justiça/DPF – Agente Administrativo) Considerando que P seja a proposição "Não basta à mulher de César ser honesta, ela precisa parecer honesta", julgue o item seguinte, acerca da lógica sentencial.

Se a proposição "A mulher de César é honesta" for falsa. e a proposição "A mulher de César parece honesta" for verdadeira, então. a proposição P será verdadeira.

GABARITO: ERRADO.

As proposições simples apresentadas no item não condizem com as posições do enunciado. Portanto, não é possível descobrir a valoração do item.

07. (2014 – CADE – Agente Administrativo) Considerando os conectivos lógicos usuais e que as letras maiúsculas representem proposições lógicas simples, julgue o item seguinte acerca da lógica proposicional.

A sentença "Os candidatos aprovados e nomeados estarão subordinados ao Regime Jurídico Único dos Servidores Civis da União, das Autarquias e das Fundações Públicas Federais" é uma proposição lógica composta.

GABARITO: ERRADO.

Ao analisarmos a sentença do enunciado: "Os candidatos aprovados e nomeados estarão subordinados ao Regime Jurídico Único dos Servidores Civis da União, das Autarquias e das Fundações Públicas Federais", percebe-se um único verbo na sentença (observe-o sublinhado). Logo, temos uma proposição simples.

08. (2014 – CADE – Agente Administrativo) Considerando os conectivos lógicos usuais e que as letras maiúsculas representem proposições lógicas simples, julgue o item seguinte, acerca da lógica proposicional.

A proposição $(P \vee Q) \wedge (R \vee S) \leftrightarrow [Q \wedge (R \vee S)] \vee [(P \wedge R) \vee (P \wedge S)]$ é uma tautologia.

GABARITO: CERTO.

Vamos montar a tabela-verdade da proposição e verificar se todas as suas valorações serão verdadeiras.

Passo 1: montagem da tabela.

Passo 2: para obter a coluna 5, utilizamos as colunas 1 e 2;
para obter a coluna 6, utilizamos as colunas 3 e 4;
para obter a coluna 7, utilizamos as colunas 1 e 3;
para obter a coluna 8, utilizamos as colunas 1 e 4.

Passo 3: para obter a coluna 9, utilizamos as colunas 5 e 6;
para obter a coluna 10, utilizamos as colunas 2 e 6;
para obter a coluna 11, utilizamos as colunas 7 e 8.

Passo 4: para obter a coluna 12, utilizamos as colunas 10 e 11.

Passo 5: para obter a coluna 14, utilizamos as colunas 9 e 12.

1	2	3	4	5	6	7	8	9
P	Q	R	S	$(P \vee Q)$	$(R \vee S)$	$(P \wedge R)$	$(P \wedge S)$	$(P \vee Q) \wedge (R \vee S)$
V	V	V	V	V	V	V	V	V
V	V	V	F	V	V	V	F	V
V	V	F	V	V	V	F	V	V
V	V	F	F	V	F	F	F	F
V	F	V	V	V	V	V	V	V
V	F	V	F	V	V	V	F	V
V	F	F	V	V	V	F	V	V
V	F	F	F	V	F	F	F	F
F	V	V	V	V	V	F	F	V
F	V	V	F	V	V	F	F	V
F	V	F	V	V	V	F	F	V
F	V	F	F	V	F	F	F	F
F	F	V	V	F	V	F	F	F
F	F	V	F	F	V	F	F	F
F	F	F	V	F	V	F	F	F
F	F	F	F	F	F	F	F	F

10	11	12
$Q \wedge (R \vee S)$	$[(P \wedge R) \vee (P \wedge S)]$	$[Q \wedge (R \vee S)] \vee [(P \wedge R) \vee (P \wedge S)]$
V	V	V
V	V	V
V	V	V
F	F	F
F	V	V
F	V	V
F	V	V
F	F	F
V	F	V
V	F	V
V	F	V
F	F	F
F	F	F
F	F	F
F	F	F
F	F	F

13
$(P \vee Q) \wedge (R \vee S) \leftrightarrow [Q \wedge (R \vee S)] \vee [(P \wedge R) \vee (P \wedge S)]$
V
V
V
V
V
V
V
V
V
V
V
V
V
V
V
V

09. **(2014 – Polícia Federal – Agente de Polícia Federal)** Considerando que P, Q e R sejam proposições simples, julgue o item a seguir:

A partir do preenchimento da tabela-verdade a seguir, é correto concluir que a proposição $P \wedge Q \wedge R \rightarrow P \vee Q$ é uma tautologia.

P	Q	R	$P \wedge Q \wedge R$	$P \wedge Q$	$P \wedge Q \wedge R \rightarrow P \vee Q$
V	V	V			
V	V	F			
V	F	V			
V	F	F			
F	V	V			
F	V	F			
F	F	V			
F	F	F			

GABARITO: CERTO.

Vamos preencher a tabela verdade do item e verificar se todas as valorações são verdadeiras.

Passo 1: montagem da tabela.

Passo 2: para obter a coluna 4, utilizamos as colunas 1, 2 e 3;

para obter a coluna 5, utilizamos as colunas 1 e 2;

Passo 3: para obter a coluna 6, utilizamos as colunas 4 e 5.

1	2	3	4	5	6
P	Q	R	$P \wedge Q \wedge R$	$P \vee Q$	$P \wedge Q \wedge R \rightarrow P \vee Q$
V	V	V	V	V	V
V	V	F	F	V	V
V	F	V	F	V	V
V	F	F	F	V	V
F	V	V	F	V	V
F	V	F	F	V	V
F	F	V	F	F	V
F	F	F	F	F	V

Item certo, todas as valorações são verdadeiras.

---

10. **(2014 – Polícia Federal – Agente de Polícia Federal)** As seguintes premissas referem-se a uma argumentação hipotética:

- Se Paulo é inocente, então João ou Jair é culpado.
- Se João é culpado, então Jair é inocente.
- Se Jair é culpado, então, no depoimento de José e no de Maria, todas as afirmações de José eram verdadeiras e todas as afirmações de Maria eram falsas.

Com referência a essas premissas, julgue o próximo item:

Se Maria, em seu depoimento, disse que Paulo é inocente, e se Paulo for de fato inocente, então é correto afirmar que Jair é culpado.

GABARITO: ERRADO.

Vamos transformar em linguagem simbólica a primeira premissa do enunciado:

Se Paulo é inocente, então João ou Jair é culpado. P → ~João ∨ ~Jair

Pelo item, devemos supor que P é verdadeiro. Assim. temos:

P → ~João ∨ ~Jair
V V

O problema da segunda parte de a frase supracitada ser verdadeira é que existem 3 possibilidades de ela ser verdadeira. Portanto, não se pode concluir se Jair é ou não culpado.

---

11. **(2014 – Polícia Federal – Agente de Polícia Federal)** As seguintes premissas referem-se a uma argumentação hipotética:

- Se Paulo é inocente, então João ou Jair é culpado.
- Se João é culpado, então Jair é inocente.
- Se Jair é culpado, então, no depoimento de José e no de Maria, todas as afirmações de José eram verdadeiras e todas as afirmações de Maria eram falsas.

Com referência a essas premissas, julgue o próximo item:

Se Jair é culpado, é correto inferir que João é inocente.

GABARITO: CERTO.

Transformando a segunda premissa do enunciado em linguagem simbólica, temos:

Se João é culpado, então Jair é inocente. Q→ ~R

Devemos supor que R ("Jair é culpado") é verdadeiro pelo item, logo ~R é F. Substituindo este valor na segunda premissa do enunciado, descobriremos o valor logo de Q:

Q→ ~R
F = V

Q→ ~R
F F = V

No conectivo "então", uma proposição composta será falsa, apenas quando a primeira proposição simples for verdadeira, e a segunda for falsa. As demais combinações tornarão a frase verdadeira.

Assim, temos: Q"João é culpado" como uma frase falsa. Logo, João é inocente.

RLM

---

12. **(2014 – TC/DF – Analista de Administração Pública)** Considere as proposições P1, P2, P3 e P4, apresentadas a seguir:

P1: Se as ações de um empresário contribuírem para a manutenção de certos empregos da estrutura social, então tal empresário merece receber a gratidão da sociedade.

P2: Se um empresário tem atuação antieconômica ou antiética, então ocorre um escândalo no mundo empresarial.

P3: Se ocorre um escândalo no mundo empresarial, as ações do empresário contribuíram para a manutenção de certos empregos da estrutura social.

P4: Se um empresário tem atuação antieconômica ou antiética, ele merece receber a gratidão da sociedade.

Tendo como referência essas proposições, julgue o item seguinte:

Caso sejam falsas as proposições "Um empresário tem atuação antieconômica ou antiética" e "Ele merece receber a gratidão da sociedade", então a proposição P4 também será falsa.

GABARITO: ERRADO.

Vamos transformar a frase P4 em linguagem simbólica:

P4: Se um empresário tem atuação antieconômica ou antiética, ele merece receber a gratidão da sociedade. E → G

Sabemos, pelo item, que as frases E e G são falsas. Assim, temos:

E → G
F F = V

No conectivo "então", uma proposição composta será falsa, apenas quando a primeira proposição simples for verdadeira, e a segunda for falsa. As demais combinações tornarão a frase verdadeira.

---

13. **(2014 – TC/DF – Analista de Administração Pública)** Julgue o item que se segue, considerando a proposição P a seguir: "Se o tribunal entende que o réu tem culpa, então o réu tem culpa".

Se a proposição "O tribunal entende que o réu tem culpa" for verdadeira, então a proposição

P também será verdadeira, independentemente do valor lógico da proposição "o réu tem culpa".

GABARITO: ERRADO.

Vamos transformar a frase do enunciado em linguagem simbólica:

P: Se o tribunal entende que o réu tem culpa, então o réu tem culpa. T → R

Sabemos pelo item que a frase T é verdadeira. Assim, temos:

$$\begin{array}{ccc} T \rightarrow R & & T \rightarrow R \\ V \quad F = V & \text{ou} & V \quad V = V \end{array}$$

No conectivo "então", uma proposição composta será falsa, apenas quando a primeira proposição simples for verdadeira, e a segunda for falsa. As demais combinações tornarão a frase verdadeira.

Repare que a frase P poderá ser verdadeira ou falsa.

---

14. **(2014 – TC/DF – Analista de Administração Pública)** Julgue o item que se segue, considerando a proposição P a seguir: "Se o tribunal entende que o réu tem culpa, então o réu tem culpa.

A negação da proposição "O tribunal entende que o réu tem culpa" pode ser expressa por "O tribunal entende que o réu não tem culpa".

GABARITO: ERRADO.

Para negar uma frase, a palavra "não" precisa estar na frente do verbo, e isso não acontece no item.

A negação correta seria: "O tribunal não entende que o réu tem culpa".

---

15. **(2014 – MDIC – Analista Técnico Administrativo)** Considerando que P seja a proposição "A Brasil Central é uma das ruas mais movimentadas do centro da cidade e lá o preço dos aluguéis é alto, mas se o interessado der três passos, alugará a pouca distância uma loja por um valor baixo", julgue o item subsecutivo, a respeito de lógica sentencial.

A proposição P pode ser expressa corretamente na forma $Q \wedge R \wedge (S \rightarrow T)$, em que Q, R, S e T representem proposições convenientemente escolhidas.

GABARITO: CERTO.

As proposições foram sublinhadas. Os conectivos ficaram em vermelho para realçar a transformação da frase do item em linguagem simbólica.

A Brasil Central é uma das ruas mais movimentadas do centro da cidade (Q) e (∧) lá o preço dos aluguéis é alto (R), mas (∧) se o interessado der três passos (S),(→) alugará a pouca distância uma loja por um valor baixo (T).

---

16. **(2014 – MDIC – Auditor de Controle Externo)** José, Luís e Mário são funcionários públicos nas funções de auditor, analista e técnico, não necessariamente nessa ordem. Sabe-se que José não é analista, que o técnico será o primeiro dos três a se aposentar, e que o analista aposentar-se-á antes de Mário. Todo ano, os três tiram um mês de férias e, no ano passado, no mesmo mês que José saiu de férias, ou Luís ou Mário também saiu.

Com base nessas informações, julgue o item que se segue:

Considerando-se as proposições "A: José tirou férias em janeiro de 2013"; "B: Luís tirou férias em janeiro de 2013"; e "C: Mário tirou férias em janeiro de 2013", é correto afirmar que a proposição $(A \wedge \sim C) \rightarrow B$ não é uma tautologia, isto é, dependendo de A, B ou C serem verdadeiras ou falsas, ela pode ser verdadeira ou falsa.

GABARITO: ERRADO.

Vamos preencher a tabela-verdade do item e verificar se todas as valorações são verdadeiras.

Passo 1: montagem da tabela.

Passo 2: para obter a coluna 4, utilizamos as colunas 3.

Passo 3: para obter a coluna 5, utilizamos as colunas 1 e 4.

Passo 4 : para obter a coluna 6, utilizamos as colunas 5 e 2.

1	2	3	4	5	6
A	B	C	~C	(A ∧ ~C)	(A ∧ ~C) → B
V	V	V	F	F	V
V	V	F	V	V	V
V	F	V	F	F	V
V	F	F	V	V	F
F	V	V	F	F	V
F	V	F	V	F	V
F	F	V	F	F	V
F	F	F	V	F	V

Depois de compor a tabela-verdade, temos que excluir algumas linha da análise, uma vez que se José tira férias ou Luís ou Mário também tiram (informações existentes no enunciado do item).

1	2	3	4	5	6
A	B	C	~C	(A ∧ ~C)	(A ∧ ~C) → B
~~V~~	~~V~~	~~V~~	~~F~~	~~F~~	~~V~~
V	V	F	V	V	V
V	F	V	F	F	V
~~V~~	~~F~~	~~F~~	~~V~~	~~V~~	~~F~~
F	V	V	F	F	V
F	V	F	V	F	V
F	F	V	F	F	V
F	F	F	V	F	V

Sendo assim, as valorações que sobraram são todas verdadeiras. Logo, o item está errado, a frase é uma tautologia.

17. (2014 – CEF – Técnico Bancário) Considerando a proposição "Se Paulo não foi ao banco, ele está sem dinheiro", julgue o item seguinte:

Se as proposições "Paulo está sem dinheiro" e "Paulo foi ao banco" forem falsas, então a proposição considerada será verdadeira.

GABARITO: ERRADO.

Vamos transformar a frase do enunciado em linguagem simbólica:

Se Paulo não foi ao banco, ele está sem dinheiro. $\sim P \rightarrow D$

Sabemos que "Paulo está sem dinheiro" e "Paulo foi ao banco" são frases falsas.

Assim, temos:

$$\begin{array}{ccc} \sim P & \rightarrow & D \\ V & & F = F \end{array}$$

No conectivo "então", uma proposição composta será falsa, apenas quando a primeira proposição simples for verdadeira, e a segunda for falsa. As demais combinações tornarão a frase verdadeira.

O item está errado, pois ele afirma que a frase será verdadeira, e ela é falsa.

18. (2014 – SUFRAMA – Técnico em Contabilidade) Considere as seguintes proposições:

P1: Se o Brasil reduzir as formalidades burocráticas e o nível de desconfiança nas instituições públicas, eliminar obstáculos de infraestrutura e as ineficiências no trânsito de mercadorias e ampliar a publicação de informações envolvendo exportação e importação, então o Brasil reduzirá o custo do comércio exterior.

P2: Se o Brasil reduzir o custo do comércio exterior, aumentará o fluxo de trocas bilaterais com outros países.

C: Se o Brasil reduzir o nível de desconfiança nas instituições públicas, aumentará o fluxo de trocas bilaterais com outros países.

A partir dessas proposições, julgue o item seguinte, a respeito de lógica sentencial:

Se a proposição C e a proposição "O Brasil aumentou o fluxo de trocas bilaterais com outros países" forem verdadeiras, então a proposição "O Brasil reduziu o nível de desconfiança nas instituições públicas" também será verdadeira.

GABARITO: ERRADO.

Vamos transformar a frase C do enunciado em linguagem simbólica:

Se o Brasil reduzir o nível de desconfiança nas instituições públicas, aumentará o fluxo de trocas bilaterais com outros países. $R \rightarrow A$

Sabemos que C e a proposição A são verdadeiras. Assim, temos:

$$\begin{array}{ccc} R & \rightarrow & A \\ ? & & V = V \end{array}$$

No conectivo "então", uma proposição composta será falsa, apenas quando a primeira proposição simples for verdadeira, e a segunda for falsa. As demais combinações tornarão a frase verdadeira.

Sendo assim, a proposição R poderá ser verdadeira ou falsa.

19. **(2014 – SUFRAMA – Técnico em Contabilidade)** Com base na proposição P: "Na máxima extensão permitida pela lei, a empresa não garante que o serviço por ela prestado não será interrompido, ou que seja livre de erros", julgue o item subsequente:

Se as proposições "O serviço prestado pela empresa não será interrompido" e "O serviço prestado pela empresa é livre de erros" forem verdadeiras, então a proposição P também será verdadeira.

GABARITO: ERRADO.

Vamos transformar a frase P do enunciado em linguagem simbólica:

Na máxima extensão permitida pela lei, a empresa não garante que o serviço por ela prestado não será interrompido, ou que seja livre de erros" - ~I ∨ E

Sabemos que ~I e E são proposições verdadeiras. Assim, temos:

~I ∨ E
? V = V

No conectivo "ou", uma proposição composta será verdadeira, quando pelo menos uma das proposições simples for verdadeira.

Sendo assim, a proposição P será verdadeira.

---

20. **(2014 – SUFRAMA – Técnico em Contabilidade)** Considere as seguintes proposições:

P1: Se o Brasil reduzir as formalidades burocráticas e o nível de desconfiança nas instituições públicas, eliminar obstáculos de infraestrutura e as ineficiências no trânsito de mercadorias e ampliar a publicação de informações envolvendo exportação e importação, então o Brasil reduzirá o custo do comércio exterior.

P2: Se o Brasil reduzir o custo do comércio exterior, aumentará o fluxo de trocas bilaterais com outros países.

C: Se o Brasil reduzir o nível de desconfiança nas instituições públicas, aumentará o fluxo de trocas bilaterais com outros países.

A partir dessas proposições, julgue o item seguinte, a respeito de lógica sentencial:

Se a proposição "O Brasil reduziu o custo do comércio exterior" for verdadeira, então a proposição P1 também será verdadeira, independentemente do valor lógico das demais proposições simples que constituem a proposição P1.

GABARITO: CERTO.

Transformando a proposição P1 do enunciado em linguagem simbólica temos:

P1: Se o Brasil reduzir as formalidades burocráticas e o nível de desconfiança nas instituições públicas, eliminar obstáculos de infraestrutura e as ineficiências no trânsito de mercadorias e ampliar a publicação de informações envolvendo exportação e importação, então o Brasil reduzirá o custo do comércio exterior. X → R

Segundo o item, devemos supor que a frase R é verdadeira. Assim, temos:

X → R
? V = V

R L M

No conectivo "então", uma proposição composta será falsa, apenas quando a primeira proposição simples for verdadeira, e a segunda for falsa. As demais combinações tornarão a frase verdadeira.

Sendo assim, a proposição P1 será verdadeira, independentemente do valor lógico da primeira frase.

---

21. **(2013 – Ministério da Integração Nacional – Administrador)** Ao comentar a respeito da qualidade dos serviços prestados por uma empresa, um cliente fez as seguintes afirmações:

P1: Se for bom e rápido, não será barato.
P2: Se for bom e barato, não será rápido.
P3: Se for rápido e barato, não será bom.
Com base nessas informações, julgue o item seguinte:

Se P3 for falsa, então o serviço prestado é bom, é rápido e é barato.

GABARITO: ERRADO.

Transformando a afirmação P3 em linguagem simbólica, temos:

P3: Se for rápido e barato, não será bom. $R \wedge T \rightarrow \sim B$

Sabemos que P3 é falsa. Assim, temos:

$R \wedge T \rightarrow \sim B$
V F = V

No conectivo "então", uma proposição composta será falsa, apenas quando a primeira proposição simples for verdadeira, e a segunda for falsa. As demais combinações tornarão a frase verdadeira.

Assim, descobrimos que R e T são frases verdadeiras e ~B é uma frase falsa.

Logo, o serviço é bom, é rápido e é barato.

---

22. **(2013 – Ministério da Integração Nacional – Administrador)** O casal Cássio e Cássia tem as seguintes peculiaridades: tudo o que Cássio diz às quartas, quintas e sextas-feiras é mentira, sendo verdade o que é dito por ele nos outros dias da semana; tudo o que Cássia diz aos domingos, segundas e terças-feiras é mentira, sendo verdade o que é dito por ela nos outros dias da semana.

A respeito das peculiaridades desse casal, julgue o item subsecutivo:

Na terça-feira, Cássia disse que iria ao supermercado no sábado e na quarta-feira, que compraria arroz no sábado. Nesse caso, a proposição "Se Cássia for ao supermercado no sábado, então comprará arroz" é verdadeira.

GABARITO: CERTO.

A seguir, há uma tabela com a interpretação do enunciado, a fim de facilitar o entendimento:

	Segunda	Terça	Quarta	Quinta	Sexta	Sábado	Domingo
Cássio	V	V	M	M	M	V	V
Cássia	M	M	V	V	V	V	M

Na terça-feira, Cássia mente. Portanto, ela não vai ao supermercado no sábado.

Na quarta-feira, Cássia fala a verdade. Portanto, ela comprará arroz no sábado.

Transformando a frase do item em linguagem simbólica, temos:

"Se Cássia for ao supermercado no sábado, então comprará arroz" S → A

Sabemos que S é falso, e A é verdadeiro.

S → A
F V = V

No conectivo "então", uma proposição composta será falsa, apenas quando a primeira proposição simples for verdadeira, e a segunda for falsa. As demais combinações tornarão a frase verdadeira. Portanto, a frase do item está certa.

RLM

23. **(2013 – Ministério da Integração Nacional – Administrador)** O casal Cássio e Cássia tem as seguintes peculiaridades: tudo o que Cássio diz às quartas, quintas e sextas-feiras é mentira, sendo verdade o que é dito por ele nos outros dias da semana; tudo o que Cássia diz aos domingos, segundas e terças-feiras é mentira, sendo verdade o que é dito por ela nos outros dias da semana.

A respeito das peculiaridades desse casal, julgue o item subsecutivo:

Se, em uma sexta-feira, Cássio disser a Cássia: "Se eu te amasse, eu não iria embora", será correto concluir que Cássio não ama Cássia.

GABARITO: ERRADO.

A seguir, há uma tabela com a interpretação do enunciado, a fim de facilitar o entendimento:

	Segunda	Terça	Quarta	Quinta	Sexta	Sábado	Domingo
Cássio	V	V	M	M	M	V	V
Cássia	M	M	V	V	V	V	M

Na sexta-feira, Cássio mente. Logo, a frase "Se eu te amasse, eu não iria embora" é falsa.

Transformando a frase em linguagem simbólica e analisando as proposições simples, temos:

A → ~E
V F = F

No conectivo "então", uma proposição composta será falsa, apenas quando a primeira proposição simples for verdadeira, e a segunda for falsa. As demais combinações tornarão a frase verdadeira.

Sabemos que Cássio ama Cássia e que ele não vai embora.

24. **(2013 – Departamento Penitenciário Nacional – Agente Penitenciário)** Considerando que, P, Q e R sejam proposições conhecidas, julgue o próximo item:

A proposição $[(P \wedge Q) \rightarrow R] \vee R$ é uma tautologia, ou seja, ela é sempre verdadeira, independentemente dos valores lógicos de P, Q e R.

GABARITO: ERRADO.

Preencheremos a tabela-verdade do item e verificaremos se todas as valorações são verdadeiras.

Passo 1: montagem da tabela

Passo 2: para obter a coluna 4, utilizamos as colunas 1 e 2.

Passo 3: para obter a coluna 5, utilizamos as colunas 4 e 3, nesta ordem.

Passo 3: para obter a coluna 6, utilizamos as colunas 5 e 3, nesta ordem.

1	2	3	4	5	6
P	Q	R	$(P \wedge Q)$	$[(P \wedge Q) \rightarrow R]$	$[(P \wedge Q) \rightarrow R] \vee R$
V	V	V	V	V	V
V	V	F	V	F	F
V	F	V	F	V	V
V	F	F	F	V	V
F	V	V	F	V	V
F	V	F	F	V	V
F	F	V	F	V	V
F	F	F	F	V	V

É possível perceber que não se trata de tautologia.

---

25. **(2013 – SERPRO – Analista de Administração de Serviços de Tecnologia da Informação)**

— Mário, você não vai tirar férias este ano de novo? Você trabalha demais!

— Ah, João, aquele que trabalha com o que gosta está sempre de férias.

Considerando o diálogo acima, julgue o item seguinte, tendo como referência a declaração de Mário.

A declaração de Mário é equivalente a "Se o indivíduo trabalhar com o que gosta, então ele estará sempre de férias".

GABARITO: CERTO.

O grande segredo desta questão é identificar qual o conectivo utilizado na frase. Repare que a frase não possui os conectivos usuais: "e", "ou", "então" e "se e somente se", de maneira explícita. Teremos que utilizar a interpretação de texto para identificar o conectivo utilizado.

Analisando a frase "...aquele que trabalha com o que gosta está sempre de férias." percebe-se a existência de dois verbos (veja sublinhado), e a frase está com sentido de condição. Portanto, o conectivo utilizado é o conectivo "então".

Uma vez identificado o conectivo, conseguimos transformar a frase do enunciado e do item em linguagem simbólica.

"...aquele que trabalha com o que gosta está sempre de férias." $T \rightarrow F$

$T \rightarrow F$ esta frase pode ser escrita em linguagem natural da seguinte maneira: "Se trabalha com o que gosta, então estará sempre de férias."

---

26. (2013 – SERPRO – Analista de Administração de Serviços de Tecnologia da Informação)

— Mário, você não vai tirar férias este ano de novo? Você trabalha demais!

— Ah, João, aquele que trabalha com o que gosta está sempre de férias.

Considerando o diálogo acima, julgue o item seguinte, tendo como referência a declaração de Mário.

A proposição "Enquanto trabalhar com o que gosta, o indivíduo estará de férias" é uma forma equivalente à declaração de Mário.

GABARITO: CERTO.

O grande segredo desta questão é identificar qual o conectivo utilizado na frase. Repare que a frase não possui os conectivos usuais: "e", "ou", "então" e "se e somente se", de maneira explícita. Teremos que utilizar a interpretação de texto para identificar o conectivo utilizado.

Analisando a frase "...aquele que trabalha com o que gosta está sempre de férias." percebe-se a existência de dois verbos (veja sublinhado), e a frase está com sentido de condição. Portanto, o conectivo utilizado é o conectivo "então".

Uma vez identificado o conectivo, conseguimos transformar a frase do enunciado e do item em linguagem simbólica.

"...aquele que trabalha com o que gosta está sempre de férias." $T \rightarrow F$

$T \rightarrow F$ esta frase pode ser escrita em linguagem natural da seguinte maneira: Enquanto trabalhar com o que gosta, o indivíduo estará de férias.

O termo "enquanto" substitui igualmente o termo "se".

---

27. (2013 – SERPRO – Analista de Administração de Serviços de Tecnologia da Informação)

— Mário, você não vai tirar férias este ano de novo? Você trabalha demais!

— Ah, João, aquele que trabalha com o que gosta está sempre de férias.

Considerando o diálogo acima, julgue o item seguinte, tendo como referência a declaração de Mário.

Se as proposições "João trabalha com o que gosta" e "João não está sempre de férias" forem verdadeiras, então a declaração de Mário, quando aplicada a João, será falsa.

GABARITO: CERTO.

O grande segredo desta questão é identificar qual o conectivo utilizado na frase. Repare que a frase não possui os conectivos usuais: "e", "ou", "então" e "se e somente se", de maneira explícita. Teremos que utilizar a interpretação de texto para identificar o conectivo utilizado.

Analisando a frase "...aquele que trabalha com o que gosta está sempre de férias." percebe-se a existência de dois verbos (veja sublinhado) e a frase está com sentido de condição. Portanto, o conectivo utilizado é o conectivo "então".

Uma vez identificado o conectivo, conseguimos transformar a frase do enunciado em linguagem simbólica.

"...aquele que trabalha com o que gosta está sempre de férias." T → F

Sabemos pelo item que T e ~F são proposições verdadeiras. Assim, temos:

T → F
V F = F

No conectivo "então", uma proposição composta será falsa, apenas quando a primeira proposição simples for verdadeira, e a segunda for falsa. As demais combinações tornarão a frase verdadeira.

---

28. **(2013 – SERPRO – Analista de Administração de Serviços de Tecnologia da Informação)** Ser síndico não é fácil. Além das cobranças de uns e da inadimplência de outros, ele está sujeito a passar por desonesto. A esse respeito, um ex-síndico formulou as seguintes proposições:

— Se o síndico troca de carro ou reforma seu apartamento, dizem que ele usou dinheiro do condomínio em benefício próprio. (P1)

— Se dizem que o síndico usou dinheiro do condomínio em benefício próprio, ele fica com fama de desonesto. (P2)

— Logo, se você quiser manter sua fama de honesto, não queira ser síndico. (P3)

Com referência às proposições P1, P2 e P3 supracitadas, julgue o item a seguir:

Se a proposição "Dizem que o síndico usou dinheiro do condomínio em benefício próprio" for falsa, então, independentemente do valor lógico da proposição "O síndico fica com fama de desonesto", a premissa P2 será verdadeira.

GABARITO: CERTO.

Transformando a segunda premissa do enunciado em linguagem simbólica, temos:

P2: Se dizem que o síndico usou dinheiro do condomínio em benefício próprio, ele fica com fama de desonesto. D → ~H

Sabemos, pelo item, que a frase D é falsa. Assim, temos:

D → ~H
F = V

D → ~H
F ? = V

No conectivo "então", uma proposição composta será falsa, apenas quando a primeira proposição simples for verdadeira, e a segunda for falsa. As demais combinações tornarão a frase verdadeira.

Realmente, a premissa P2 será verdadeira, independentemente do valor lógico da proposição simples ~H.

---

29. (2013 – ANS – Analista Administrativo)

P	Q	R	S
V	V	V	
V	V	F	
V	F	V	
V	F	F	
F	V	V	
F	V	F	
F	F	V	
F	F	F	

Tendo como referência a tabela mostrada anteriormente, que ilustra o esquema para se construir a tabela-verdade de uma proposição S, composta das proposições lógicas simples P, Q e R, julgue o item subsequente:

Se $S = (P \leftrightarrow Q) \leftrightarrow [(P \rightarrow Q) \wedge (Q \rightarrow P)]$, então a coluna da tabela-verdade de S será igual à mostrada a seguir:

S
V
V
F
V
F
V
F
V

GABARITO: ERRADO.

Vamos montar a tabela-verdade

Passo 1: montagem da tabela.

Passo 2: para obter a coluna 4, utilizamos as colunas 1 e 2;

para obter a coluna 5, utilizamos as colunas 1 e 2;

para obter a coluna 6, utilizamos as colunas 2 e 1, nesta ordem.

Passo 3: para obter a coluna 7, utilizamos as colunas 5 e 6.

Passo 4: para obter a coluna S, utilizamos as colunas 4 e 7.

1	2	3	4	5	6	7	S
P	Q	R	$(P \leftrightarrow Q)$	$P \rightarrow Q$	$Q \rightarrow P$	$[(P \rightarrow Q) \wedge (Q \rightarrow P)$	$4 \leftrightarrow 7$
V	V	V	V	V	V	V	V
V	V	F	V	V	V	V	V
V	F	V	F	F	V	F	V
V	F	F	F	F	V	F	V
F	V	V	F	V	F	F	V
F	V	F	F	V	F	F	V
F	F	V	V	V	V	V	V
F	F	F	V	V	V	V	V

30. **(2013 – ANS – Analista Administrativo)**

P	Q	R	S
V	V	V	
V	V	F	
V	F	V	
V	F	F	
F	V	V	
F	V	F	
F	F	V	
F	F	F	

Tendo como referência a tabela mostrada acima, que ilustra o esquema para se construir a tabela-verdade de uma proposição S, composta das proposições lógicas simples P, Q e R, julgue o item subsequente:

Se $S = (P \rightarrow Q) \vee (Q \wedge R)$, então a coluna da tabela-verdade de S será igual à mostrada a seguir.

S
V
V
F
V
F
V
F
V

GABARITO: CERTO.

Vamos montar a tabela-verdade:

Passo 1: montagem da tabela.

Passo 2: para obter a coluna 4, utilizamos as colunas 1 e 2;
para obter a coluna 5, utilizamos as colunas 2 e 3.

Passo 3: para obter a coluna S, utilizamos as colunas 4 e 5.

1	2	3	4	5	S
P	Q	R	$P \to Q$	$Q \wedge R$	$(P \to Q) \vee (Q \wedge R)$
V	V	V	V	V	V
V	V	F	V	F	V
V	F	V	F	F	F
V	F	F	F	F	F
F	V	V	V	V	V
F	V	F	V	F	V
F	F	V	V	F	V
F	F	F	V	F	V

31. (2013 – ANS – Analista Administrativo) Com relação às proposições lógicas, julgue o próximo item:

A proposição "A escola não prepara com eficácia o jovem para a vida, pois o ensino profissionalizante não faz parte do currículo da grande maioria dos centros de ensino" estaria corretamente representada por $P \to Q$, em que P e Q fossem proposições lógicas convenientemente escolhidas.

GABARITO: CERTO.

O grande segredo deste item é identificar qual o conectivo utilizado na frase. Repare que a frase não possui os conectivos usuais: "e", "ou", "então" e "se e somente se", de maneira explícita. Teremos que utilizar a interpretação de texto para identificar o conectivo utilizado.

Ao analisar a frase "A escola não prepara com eficácia o jovem para a vida, pois o ensino profissionalizante não faz parte do currículo da grande maioria dos centros de ensino", percebe-se a existência de dois verbos (veja sublinhado) e a frase está com sentido de condição. Portanto, o conectivo utilizado é o conectivo "então", que está escondido pelo termo "pois".

Uma vez identificado o conectivo, conseguimos transformar a frase do item em linguagem simbólica. $P \rightarrow Q$

---

32. **(2013 – ANS – Analista Administrativo)** Com relação às proposições lógicas, julgue o próximo item:

A expressão "Como não se indignar, assistindo todos os dias a atos de violência fortuitos estampados em todos os meios de comunicação do Brasil e do mundo?" é uma proposição lógica que pode ser representada por $P \rightarrow Q$, em que P e Q são proposições lógicas convenientemente escolhidas.

GABARITO: ERRADO.

A frase do item não é uma frase afirmativa (proposição). Trata-se de uma frase interrogativa. Portanto, é impossível transformá-la em linguagem simbólica.

---

33. **(2013 – ANS – Analista Administrativo)** Com relação às proposições lógicas, julgue os próximos itens.

A frase "O ser humano precisa se sentir apreciado, valorizado para crescer com saúde física, emocional e psíquica" é uma proposição lógica simples.

GABARITO: CERTO.

Analisando a frase "O ser humano precisa se sentir apreciado, valorizado para crescer com saúde física, emocional e psíquica" percebe-se a existência de um único verbo (veja sublinhado). Portanto, a frase do item é uma proposição simples.

Item certo.

---

34. **(2013 – TCE/RO – Analista Administrativo)** Com referência às proposições lógicas simples P, Q e R, julgue o próximo item:

A proposição $(P \rightarrow Q) \rightarrow (Q \leftrightarrow P)$ é uma tautologia.

GABARITO: ERRADO.

Vamos à tabela-verdade, para verificar se suas valorações serão todas verdadeiras

Passo 1: montagem da Tabela.

Passo 2: para obter a coluna 3, utilizamos as colunas 1 e 2;

para obter a coluna 4, utilizamos as colunas 2 e 1.

Passo 3: para obter a coluna 5, utilizamos as colunas 3 e 4.

1	2	3	4	5
P	Q	$P \rightarrow Q$	$Q \leftrightarrow P$	$(P \rightarrow Q) \rightarrow (Q \leftrightarrow P)$
V	V	V	V	V
V	F	F	F	V
F	V	V	F	F
F	F	V	V	V

RLM

35. **(2013 – MPOG – Analista de Negócio)**

- P: Todo número natural primo é ímpar.
- Q: Existe um triângulo equilátero que não é isósceles.
- R: Se $\begin{bmatrix} 2 & -1 & 3 \\ 1 & 4 & -2 \\ 3 & 1 & 0 \end{bmatrix} \begin{bmatrix} x \\ 1 \\ x \end{bmatrix} = \begin{bmatrix} 9 \\ 2 \\ 7 \end{bmatrix}$, então x = 2.
- S: O triângulo cujos lados medem 3 cm, 12 cm e 15 cm é retângulo.

Considerando as proposições apresentadas, julgue o próximo item:

A proposição $R \rightarrow S$ é verdadeira.

GABARITO: ERRADO.

Para resolver este item, é necessário que o aluno saiba multiplicação de matrizes, para verificar se a proposição R é verdadeira ou falsa, e geometria, mais precisamente Pitágoras, para saber se S é verdadeiro ou falso.

Vamos verificar a valoração da proposição R:

$$\begin{bmatrix} 2 & -1 & 3 \\ 1 & 4 & -2 \\ 3 & 1 & 0 \end{bmatrix} \begin{bmatrix} x \\ 1 \\ x \end{bmatrix} = \begin{bmatrix} 9 \\ 2 \\ 7 \end{bmatrix}$$

2.(x) -1.(1) + 3.(x) = 9	1.(x) +4.(1) -2.(x) = 2	3.(x) + 1.(1) + 0.(x) = 7
2x -1 +3x =9	x +4 -2x = 2	3x + 1 + 0 = 7
5x = 10	-x = -2	3x = 6
X = 2	x = 2	x = 2

R é verdadeiro

Vamos verificar, agora, a valoração da frase S:

32 + 122 = 152   9 + 144 = 125   153 = 125   S é falso.

Agora que sabemos que R é verdadeiro e S é falso, iremos conhecer a valoração da proposição $R \rightarrow S$.

R $\rightarrow$ S
V   F = F

No conectivo "então", uma proposição composta será falsa, apenas quando a primeira proposição simples for verdadeira, e a segunda for falsa. As demais combinações tornarão a frase verdadeira.

36. (2013 – MPU – Analista do MPU) Ao comentar a respeito da instabilidade cambial de determinado país, um jornalista fez a seguinte colocação: "Ou cai o Ministro da Fazenda, ou cai o dólar". Acerca desse comentário, que constitui uma disjunção exclusiva, julgue o item seguinte:

Caso o Ministro da Fazenda permaneça no cargo, e a cotação do dólar mantenha sua trajetória de alta, a proposição do jornalista será verdadeira.

GABARITO: ERRADO.

Vamos transformar a frase do enunciado em linguagem :

"Ou cai o ministro da Fazenda, ou cai o dólar" C $\veebar$ D

Segundo o Item C e D são frases falsas.

C $\veebar$ D
F F = V

Na disjunção exclusiva, apenas uma das proposições simples poderá ser verdadeira para que a proposição composta seja verdadeira.

O item está errado, uma vez que se afirma que a proposição do jornalista ficaria verdadeira e verificamos que ela é falsa.

---

37. (2013 – Companhia de Pesquisa de Recursos Minerais – Analista em Geociências) Márcia, ao interrogar os filhos, Ana, Bernardo, Carla, Deise e Eugênio, sobre qual deles havia quebrado um espelho, obteve as seguintes declarações:

— O culpado é Eugênio ou Deise, disse Bernardo;

— O culpado é uma menina, disse Eugênio;

— Se Bernardo é culpado, então Carla é inocente, disse Deise.

Com base nessa situação e admitindo que somente um seja culpado, julgue o item seguinte:

Se Deise disse a verdade, então Bernardo é o culpado.

GABARITO: ERRADO.

Transformando a frase de Deise em linguagem simbólica, temos:

Se Bernardo é culpado, então Carla é inocente. ~B → C

No conectivo "então", uma proposição composta será falsa, apenas quando a primeira proposição simples for verdadeira, e a segunda for falsa. As demais combinações tornarão a frase verdadeira.

Temos três opções para esta frase ser verdadeira:

~B → C

F F = V **Nesta opção, Bernardo é inocente.**

~B → C

V V = V **Nesta opção, Bernardo é culpado.**

~B → C

F V = V **Nesta opção, Bernardo é inocente.**

Portanto, não é possível determinar se Bernardo é culpado ou inocente, supondo que a frase de Deise seja verdadeira.

---

38. (2013 – DPF – Escrivão de Polícia Federal) Nos termos do Edital n.º 9/2012 – DGP/DPF, de 10/6/2012, do concurso público para provimento de vagas no cargo de escrivão de polícia federal, cada candidato será submetido, durante todo o período de realização do concurso, a uma investigação social que visa avaliar o procedimento irrepreensível e a idoneidade moral inatacável dos candidatos. O item 19.1 do edital prevê que a nomeação do candidato ao cargo fica condicionada à não eliminação na investigação social e ao atendimento a outros requisitos. Com base nessas informações, e considerando que Pedro Henrique seja um dos candidatos, julgue o item seguinte:

Considere que sejam verdadeiras as proposições "Pedro Henrique não foi eliminado na investigação social" e "Pedro Henrique será nomeado para o cargo". Nesse caso, será também verdadeira a proposição "Se Pedro Henrique foi eliminado na investigação social, então ele não será nomeado para o cargo".

GABARITO: CERTO.

Transformando em linguagem simbólica:

"Pedro Henrique não foi eliminado na investigação social", chamaremos de ~E.

"Pedro Henrique será nomeado para o cargo", chamaremos de N.

"Se Pedro Henrique foi eliminado na investigação social, então ele não será nomeado para o cargo" E → ~N

Pela interpretação do item, devemos considerar que ~E e N são proposições verdadeiras e verificar se a proposição composta E → ~N, também é verdadeira.

E → ~N
F F = V

No conectivo "então", uma proposição composta será falsa, apenas quando a primeira proposição simples for verdadeira, e a segunda for falsa. As demais combinações tornarão a frase verdadeira.

39. (2013 – BACEN – Analista do Banco Central) O Governo Federal identificou que é fundamental para o crescimento econômico do país a construção de ferrovia ligando determinada região produtora de grãos ao porto mais próximo. Os estudos de demanda mostraram que o empreendimento não é viável economicamente para o setor privado, razão por que o Governo decidiu adotar medidas para incentivar o setor privado a investir na construção e operação da ferrovia. Nas reuniões para a escolha da melhor forma de incentivar o setor privado, dois argumentos que se destacaram são apresentados a seguir:

Argumento 1:

- P1: O Governo quer que a ferrovia seja construída, há necessidade de volumosos investimentos iniciais na construção e não haverá demanda suficiente por sua utilização nos primeiros anos de operação.
- P2: Como há necessidade de volumosos investimentos iniciais para a construção da ferrovia e não haverá demanda suficiente por sua utilização nos primeiros anos de operação, a taxa interna de retorno do negócio será baixa.
- P3: Se a taxa interna de retorno do negócio for baixa, os empresários não terão interesse em investir seus recursos próprios na construção e operação da ferrovia.

- P4: Se o Governo quer que a ferrovia seja construída e se os empresários não tiverem interesse em investir seus recursos próprios na construção e operação, o governo deverá construí-la com recursos da União e conceder a operação à iniciativa privada.
- C1: Logo, o Governo deverá construir a ferrovia com recursos da União e conceder a operação à iniciativa privada.

Argumento 2:

- Q1: O Governo Federal constrói a ferrovia com recursos da União ou toma emprestados 70% dos recursos necessários à construção da ferrovia, via Tesouro Direto, pagando juros à taxa SELIC de 9% a.a., e empresta ao empresário, via banco público de desenvolvimento, à taxa subsidiada de 3% a.a.
- Q2: Se o Governo constrói a ferrovia com recursos da União, remunera o capital do construtor segundo sua taxa mínima de atratividade, que é de 16% a.a.
- Q3: É menos oneroso para o governo tomar emprestado via Tesouro Direto, pagando juros à taxa SELIC de 9% a.a. e financiar a construção à taxa subsidiada de 3% a.a., do que remunerar o capital do construtor segundo sua taxa mínima de atratividade, de 16% a.a.
- Q4: Se o Governo empresta para o empresário 70% dos recursos necessários à construção da ferrovia, à taxa subsidiada de 3% a.a., então a taxa interna de retorno do acionista no negócio supera sua taxa mínima de atratividade.
- Q5: Se a taxa interna de retorno do acionista no negócio supera sua taxa mínima de atratividade, então o empresário tem interesse em investir seus recursos próprios em parte da construção e na operação da ferrovia.
- C2: Logo, se é menos oneroso para o governo tomar emprestado via Tesouro Direto, pagando juros à taxa SELIC de 9% a.a. e financiar à taxa subsidiada de 3% a.a., do que remunerar o capital do construtor segundo sua taxa mínima de atratividade, de 16% a.a., então o Governo toma emprestados 70% dos recursos necessários à construção da ferrovia, via Tesouro Direto, pagando juros à taxa SELIC de 9% a.a., empresta ao empresário, via banco público de desenvolvimento, à taxa subsidiada de 3% a.a., e o empresário terá interesse em investir seus recursos próprios em parte da construção e na operação da ferrovia.

Com referência aos argumentos hipotéticos apresentados, julgue o item seguinte, relativos à lógica sentencial.

Se a proposição P4 for verdadeira, então o Governo deverá conceder a operação da ferrovia à iniciativa privada.

GABARITO: ERRADO.

Transformando P4 em linguagem simbólica temos:

P4: Se o Governo quer que a ferrovia seja construída, e se os empresários não tiverem interesse em investir seus recursos próprios na construção e na operação, o Governo deverá construí-la com recursos da União e conceder a operação à iniciativa privada. $(C \wedge \sim E) \rightarrow (G \wedge P)$

No conectivo "então", uma proposição composta será falsa, apenas quando a primeira proposição simples for verdadeira, e a segunda for falsa. As demais combinações tornarão a frase verdadeira.

Temos três opções para esta frase ser verdadeira:

Primeira opção: F → F

(C ∧ ~E) → (G ∧ P)

F F = V

Nesta opção, A frase P poderá ser tanto verdadeira quanto falsa. Uma vez que (G ∧ P) é falsa, a frase poderá ter opções de ser falsa (ou F ∧ F ou F ∧ V ou V ∧ F). Logo, o Governo poderá ou não conceder a operação da ferrovia à iniciativa privada.

Não há mais necessidade de fazer as outras análises, pois não conseguiremos gerar conclusão afirmada no item.

40. **(2013 – BACEN – Técnico de Segurança Institucional)** Considere que as seguintes proposições sejam verdadeiras.

I. Se o dólar subir, as exportações aumentarão ou as importações diminuirão.

II. Se as exportações aumentarem e as importações diminuírem, a inflação aumentará.

III. Se o BACEN aumentar a taxa de juros, a inflação diminuirá.

Com base apenas nessas proposições, julgue o item a seguir:

Suponha que o aumento da taxa de juros diminua o consumo, e o decréscimo do consumo diminua as importações. Nessa situação, é possível que juros e exportações aumentem na mesma época.

GABARITO: ERRADO.

Transformando as proposições do enunciado em linguagem simbólica:

Se o dólar subir, as exportações aumentarão ou as importações diminuirão.

D → E ∨ I

Se as exportações aumentarem, e as importações diminuírem, a inflação aumentará. E ∧ I → F

Se o BACEN aumentar a taxa de juros, a inflação diminuirá. T → ~F

Devemos considerar que T e I são frases verdadeiras

Passo 1:	Passo 2:	Passo 3:	Passo 4:
D → E ∨ I	D → E ∨ I	D → E ∨ I	D → E ∨ I
V	V	V	? V
E ∧ I → F	E ∧ I → F	E ∧ I → F	E ∧ I → F
V	V	V F	? V F
T → ~F	T → ~F	T → ~F	T → ~F
V	V V	V V	V V

Perceba que no passo 4, a frase E, poderá ser verdadeira ou falsa.

Assim, se as taxas aumentarem, não podemos concluir se as exportações aumentarão ou não.

41. **(2013 – STF – Analista Judiciário Área Análise de Sistema de Informação)** Considerando que P, Q e R sejam proposições simples, a tabela abaixo contém elementos para iniciar a construção da tabela-verdade da proposição P ↔ (Q ∧ R).

P	Q	R	P ↔ (Q ∧ R)
V	V	V	
V	V	F	
V	F	V	
V	F	F	
F	V	V	
F	V	F	
F	F	V	
F	F	F	

A partir dessas informações, julgue o próximo item:

Completando-se a tabela, a coluna correspondente à proposição P ↔ (Q ∧ R), conterá, na ordem em que aparecem, de cima para baixo, os seguintes elementos: V, F, F, F, V, V, V, V.

GABARITO: ERRADO.

Vamos montar a tabela verdade

Passo 1: montagem da tabela.

Passo 2: para obter a coluna 4, utilizamos as colunas 2 e 3.

Passo 3: para obter a coluna 5, utilizamos as colunas 1 e 4.

1	2	3	4	5
P	Q	R	Q ∧ R	P ↔ (Q ∧ R)
V	V	V	V	V
V	V	F	F	F
V	F	V	F	F
V	F	F	F	F
F	V	V	V	F
F	V	F	F	V
F	F	V	F	F
F	F	F	F	V

42. **(2013 – STF – Analista Judiciário Área Análise de Sistema de Informação)** Julgue o item a seguir, relacionado à lógica proposicional.

A sentença: "Um governo efetivo precisa de regras rígidas, de tribunais que desempenhem suas funções com seriedade e celeridade e de um sistema punitivo rigoroso" pode ser corretamente representada pela expressão $(P \wedge Q) \wedge R$, em que P, Q e R sejam proposições convenientemente escolhidas.

GABARITO: CERTO.

Transformando a frase do item em linguagem simbólica, temos:

"Um governo efetivo precisa de regras rígidas". Chamaremos de P.

"... de tribunais que desempenhem suas funções com seriedade." Chamaremos de Q

"... celeridade e de um sistema punitivo rigoroso." Chamaremos de R

"Um governo efetivo precisa de regras rígidas, de tribunais que desempenhem suas funções com seriedade e celeridade e de um sistema punitivo rigoroso"

$(P \wedge Q) \wedge R$. O uso de parênteses é opcional.

---

43. **(2013 – TRT/10ª Região – Analista Judiciário Área Análise de Sistema de Informação)** Ao comentar sobre as razões da dor na região lombar que seu paciente sentia, o médico fez as seguintes afirmativas.

P_1: Além de ser suportado pela estrutura óssea da coluna, seu peso é suportado também por sua estrutura muscular.

P_2: Se você estiver com sua estrutura muscular fraca ou com sobrepeso, estará com sobrecarga na estrutura óssea da coluna.

P_3: Se você estiver com sobrecarga na estrutura óssea da coluna, sentirá dores na região lombar.

P_4: Se você praticar exercícios físicos regularmente, sua estrutura muscular não estará fraca.

P_5: Se você tiver uma dieta balanceada, não estará com sobrepeso.

Tendo como referência a situação acima apresentada, julgue o item a seguir, considerando apenas seus aspectos lógicos.

A proposição P_1 pode ser corretamente representada pela forma simbólica $P \wedge Q$, em que P e Q são proposições convenientemente escolhidas e o símbolo $\wedge$ representa o conectivo lógico denominado conjunção.

GABARITO: CERTO.

Transformando a frase P1 em linguagem simbólica.

O segredo é perceber a ideia de adição que existe entre as duas proposições simples presentes em P_1. Portanto, o conectivo correto deveria ser o "e" ($\wedge$).

P1: Além de ser suportado pela estrutura óssea da coluna, seu peso é suportado também por sua estrutura muscular. $P \wedge Q$

---

44. **(2013 – TRT/10ª Região – Analista Judiciário Área Tecnologia da Informação)** Ao comentar sobre as razões da dor na região lombar que seu paciente sentia, o médico fez as seguintes afirmativas.

P_1: Além de ser suportado pela estrutura óssea da coluna, seu peso é suportado também por sua estrutura muscular.

P_2: Se você estiver com sua estrutura muscular fraca ou com sobrepeso, estará com sobrecarga na estrutura óssea da coluna.

P_3: Se você estiver com sobrecarga na estrutura óssea da coluna, sentirá dores na região lombar.

P_4: Se você praticar exercícios físicos regularmente, sua estrutura muscular não estará fraca.

P_5: Se você tiver uma dieta balanceada, não estará com sobrepeso.

Tendo como referência a situação acima apresentada, julgue o item a seguir, considerando apenas seus aspectos lógicos.

Se a proposição “Você está com sua estrutura muscular fraca” for verdadeira e as proposições “Você está com sobrepeso” e “Você está com sobrecarga na estrutura óssea da coluna” forem falsas, então a proposição P_2 será verdadeira.

GABARITO: ERRADO.

Transformando a frase P_2 em linguagem simbólica:

Se você estiver com sua estrutura muscular fraca ou com sobrepeso, estará com sobrecarga na estrutura óssea da coluna. $M \vee S \rightarrow O$

Pelo item, a frase M será verdadeira e as frases S e O serão falsas.

Sendo assim, temos:

M	∨	S	→	O	
V		F		F	
	V			F	= F

No conectivo “então” uma proposição composta será falsa, apenas quando a primeira proposição simples for verdadeira, e a segunda for falsa. As demais combinações tornarão a frase verdadeira.

No conectivo “ou” uma proposição composta será verdadeira, quando pelo menos uma das proposições simples for verdadeira.

Logo P_2 será falso.

---

45. **(2013 – INPI – Arquiteto/Engenheiro)** Com relação à lógica proposicional, julgue o item a seguir, considerando que P e Q sejam proposições adequadas.

A expressão $[(P \rightarrow Q) \rightarrow P)] \rightarrow P$ é uma tautologia.

GABARITO: CERTO.

Construiremos a tabela-verdade, para verificar se suas valorações serão todas verdadeiras

Passo 1: montagem da tabela.

Passo 2: para obter a coluna 3, utilizamos colunas 1 e 2.

Passo 3: para obter a coluna 4, utilizamos as colunas 3 e 1, nesta ordem.

Passo 4: para obter a coluna 5, utilizamos as colunas 4 e 1, nesta ordem.

1	2	3	4	5
P	Q	P→Q	(P→Q)→P	[(P→Q)→P]→P
V	V	V	V	V
V	F	F	V	V
F	V	V	F	V
F	F	V	F	V

RLM

46. **(2013 – TCE/RO – Auditor de Controle Externo)** Considere que um argumento seja formado pelas seguintes proposições:

- P1 A sociedade é um coletivo de pessoas cujo discernimento entre o bem e o mal depende de suas crenças, convicções e tradições.
- P2 As pessoas têm o direito ao livre pensar e à liberdade de expressão.
- P3 A sociedade tem paz quando a tolerância é a regra precípua do convívio entre os diversos grupos que a compõem.
- P4 Novas leis, com penas mais rígidas, devem ser incluídas no Código Penal, e deve ser estimulada uma atuação repressora e preventiva dos sistemas judicial e policial contra todo ato de intolerância.

Com base nessas proposições, julgue o item subsecutivo:

A proposição "Deve ser estimulada uma atuação repressora e preventiva dos sistemas judicial e policial contra todo ato de intolerância" é uma proposição composta.

GABARITO: ERRADO.

Analisando ao frase do item, percebemos a existência de um único verbo. (observe-o sublinhado)

"<u>Deve</u> ser estimulada uma atuação repressora e preventiva dos sistemas judicial e policial contra todo ato de intolerância" é uma proposição simples.

47. **(2013 – TCE/ RO – Auditor de Controle Externo)**

P	Q	R	S
V	V	V	
V	V	F	
V	F	V	
V	F	F	
F	V	V	
F	V	F	
F	F	V	
F	F	F	

Com base na tabela apresentada, referente ao início da construção da tabela-verdade da proposição S, composta de P, Q e R, que são proposições lógicas simples, julgue o item a seguir:

Se S = Q↔ (P ∨ R), a coluna correspondente à proposição S, depois de preenchida a tabela-verdade, mostrará, de cima para baixo e nesta mesma ordem, os seguintes elementos: V, F, F, F, V, V, F, V.

GABARITO: ERRADO.

Vamos montar a tabela verdade

Passo 1: montagem da tabela.

Passo 2: para obter a coluna 4, utilizamos as colunas 1 e 3.

Passo 3: para obter a coluna 5, utilizamos as colunas 2 e 4.

1	2	3	4	5
P	Q	R	P∨R	Q↔(P∨R)
V	V	V	V	V
V	V	F	V	V
V	F	V	V	F
V	F	F	V	F
F	V	V	V	V
F	V	F	F	F
F	F	V	V	F
F	F	F	F	V

48. **(2013 – TCE/RO – Auditor de Controle Externo)**

P	Q	R	S
V	V	V	
V	V	F	
V	F	V	
V	F	F	
F	V	V	
F	V	F	
F	F	V	
F	F	F	

Com base na tabela apresentada, referente ao início da construção da tabela-verdade da proposição S, composta de P, Q e R, que são proposições lógicas simples, julgue o item a seguir:

Se S = (P → Q) ∧ (P → R), a coluna correspondente à proposição S, na tabela acima, conterá, de cima para baixo e na ordem em que aparecem, os seguintes elementos: V, F, F, F, V, V, V, V.

GABARITO: CERTO.

Vamos montar a tabela-verdade

Passo 1: montagem da tabela.

Passo 2: para obter a coluna 4, utilizamos as colunas 1 e 2;

para obter a coluna 5, utilizamos as colunas 1 e 3.

Passo 3: para obter a coluna 6, utilizamos as colunas 4 e 5.

1	2	3	4	5	6
P	Q	R	P→Q	P→R	(P→Q)∧(P→R)
V	V	V	V	V	V
V	V	F	V	F	F
V	F	V	F	V	F
V	F	F	F	F	F
F	V	V	V	V	V
F	V	F	V	V	V
F	F	V	V	V	V
F	F	F	V	V	V

49. **(2013 – MTE – Auditor Fiscal do Trabalho)**

P	Q	R	S
V	V	V	
V	V	F	
V	F	V	
V	F	F	
F	V	V	
F	V	F	
F	F	V	
F	F	F	

A tabela corresponde ao início da construção da tabela-verdade da proposição S, composta das proposições simples P, Q e R. Julgue o item seguinte a respeito da tabela-verdade de S.

Se S = (P → Q) ∧ R, então, na última coluna da tabela-verdade de S, aparecerão, de cima para baixo e na ordem em que aparecem, os seguintes elementos: V, F, V, V, F, V, F e V.

GABARITO: ERRADO.

Vamos montar a tabela-verdade

Passo 1: montagem da tabela

Passo 2: para obter a coluna 4, utilizamos as colunas 1 e 2.

Passo 3: para obter a coluna 5, utilizamos as colunas 4 e 3, nesta ordem.

1	2	3	4	5
P	Q	R	P→Q	(P→Q)∧R
V	V	V	V	V
V	V	F	V	F
V	F	V	F	F
V	F	F	F	F
F	V	V	V	V
F	V	F	V	F
F	F	V	V	V
F	F	F	V	F

50. **(2013 – MTE – Auditor Fiscal do Trabalho)**

P	Q	R	S
V	V	V	
V	V	F	
V	F	V	
V	F	F	
F	V	V	
F	V	F	
F	F	V	
F	F	F	

A tabela acima corresponde ao início da construção da tabela-verdade da proposição S, composta das proposições simples P, Q e R. Julgue o item seguinte a respeito da tabela-verdade de S.

Se S = (P ∧ Q) ∨ (P ∧ R), então a última coluna da tabela-verdade de S conterá, de cima para baixo e na ordem em que aparecem, os seguintes elementos: V, F, V, V, F, V, F e F.

GABARITO: ERRADO.

Vamos montar a tabela-verdade

Passo 1: montagem da tabela.

Passo 2: para obter a coluna 4, utilizamos as colunas 1 e 2;

para obter a coluna 5, utilizamos as colunas 1 e 3.

Passo 3: para obter a coluna 5, utilizamos as colunas 4 e 5.

1	2	3	4	5	6
P	Q	R	P∧Q	P∧R	(P∧Q)∨(P∧Q)
V	V	V	V	V	V
V	V	F	V	F	V
V	F	V	F	V	V
V	F	F	F	F	F
F	V	V	F	F	F
F	V	F	F	F	F
F	F	V	F	F	F
F	F	F	F	F	F

51. **(2013 – MTE – Auditor Fiscal do Trabalho)** Julgue o item subsequente, relacionado à lógica proposicional:

A sentença "A presença de um órgão mediador e regulador das relações entre empregados e patrões é necessária em uma sociedade que busca a justiça social" é uma proposição simples.

GABARITO: CERTO.

Analisando a frase do item, percebe-se um único verbo. (Veja abaixo em negrito o verbo ser sublinhado).

"A presença de um órgão mediador e regulador das relações entre empregados e patrões é necessária em uma sociedade que busca a justiça social"

Portanto, é uma proposição simples.

52. **(2013 – MTE – Auditor Fiscal do Trabalho)** Julgue o item subsequente, relacionado à lógica proposicional.

A sentença "O crescimento do mercado informal, com empregados sem carteira assinada, é uma consequência do número excessivo de impostos incidentes sobre a folha de pagamentos" pode ser corretamente representada, como uma proposição composta, na forma P → Q, em que P e Q sejam proposições simples convenientemente escolhidas.

GABARITO: ERRADO.

Transformando as proposições simples do item em linguagem simbólica, temos:

P: O crescimento do mercado informal, com empregados sem carteira assinada.

Q: número excessivo de impostos incidentes sobre a folha de pagamentos.

"O crescimento do mercado informal, com empregados sem carteira assinada, é uma consequência do número excessivo de impostos incidentes sobre a folha de pagamentos". Q → P

Devemos lembrar que a consequência é a segunda proposição simples, e a causa é a primeira.

---

53. **(2013 – MTE – Auditor Fiscal do Trabalho)** Julgue o item subsequente, relacionado à lógica proposicional.

A sentença "Quem é o maior defensor de um Estado não intervencionista, que permite que as leis de mercado sejam as únicas leis reguladoras da economia na sociedade: o Presidente do Banco Central ou o Ministro da Fazenda?" é uma proposição composta que pode ser corretamente representada na forma $(P \vee Q) \wedge R$, em que P, Q e R são proposições simples convenientemente escolhidas.

GABARITO: ERRADO.

Item relativo ao conceito de proposição composta.

Uma proposição composta é uma sentença afirmativa classificada ou só por verdadeira ou só por falsa. E a frase do item é uma frase interrogativa.

---

54. **(2013 – MTE – Auditor Fiscal do Trabalho)** Considere que, durante uma discussão entre dois servidores de determinado órgão acerca da regularidade da prestação de contas de um convênio, tenham surgido as seguintes colocações:

- C1: Se nós aprovarmos a prestação de contas, mas o tribunal a rejeitar, nós seremos obrigados a instaurar a TCE.
- C2: Se nós rejeitarmos a prestação de contas, mas o tribunal a aprovar, nós seremos obrigados a cancelar a TCE.

Considerando as sentenças acima e que "não aprovar" seja equivalente a "rejeitar", julgue o próximo item:

Se as proposições "O tribunal rejeita a prestação de contas" e "Seremos obrigados a instaurar a TCE" forem verdadeiras, então a proposição C1 será verdadeira, independentemente do valor lógico da proposição "Nós aprovamos a prestação de contas".

GABARITO: ERRADO.

Transformando C1 em linguagem simbólica, temos:

Se nós aprovarmos a prestação de contas, mas o tribunal a rejeitar, nós seremos obrigados a instaurar a TCE. $P \wedge R \rightarrow O$

Sabemos que P e O são frases verdadeiras pelo item. Assim, temos:

$$\begin{array}{lll} P \;\wedge & R & \rightarrow O \\ V & ? & V \\ & ? & V \; = V \end{array}$$

Não será relevante o valor lógico da sentença R, pois V→ V, tornará a frase verdadeira e F → V também.

No conectivo "então", uma proposição composta será falsa, apenas quando a primeira proposição simples for verdadeira e a segunda for falsa. As demais combinações tornarão a frase verdadeira.

---

55. **(2013 - MTE - Auditor Fiscal do Trabalho)** Considere que, durante uma discussão entre dois servidores de determinado órgão acerca da regularidade da prestação de contas de um convênio, tenham surgido as seguintes colocações:

- C1: Se nós aprovarmos a prestação de contas, mas o tribunal a rejeitar, nós seremos obrigados a instaurar a TCE.
- C2: Se nós rejeitarmos a prestação de contas, mas o tribunal a aprovar, nós seremos obrigados a cancelar a TCE.

Considerando as sentenças acima e que "não aprovar" seja equivalente a "rejeitar", julgue o próximo item:

Se as proposições C1 e C2 forem verdadeiras, então a proposição "Seremos obrigados a instaurar ou a cancelar a TCE" também será verdadeira.

GABARITO: ERRADO.

Como as frases "seremos obrigados a instaurar a TCE" e "seremos obrigados a cancelar a TCE" são frases que se negam, é impossível que ambas sejam verdadeiras, conforme afirmado no item.

---

56. **(2013 - UNIPAMPA - Médico Clínico Geral)** Da herança recebida por uma família, 2/3 foram entregues à mãe, 1/3 ao pai e o restante foi distribuído entre os três filhos. Do que coube aos filhos, o mais velho recebeu 2/5, o do meio recebeu 1/3 e o caçula ficou com o restante. Considerando as informações apresentadas, julgue o item seguinte:

Com base na figura a seguir, que representa um círculo divido em 8 partes congruentes, e considerando as proposições P: "Cada parte hachurada no círculo corresponde a uma parte da herança que coube à mãe, ao pai ou aos três filhos." e Q: "Os filhos receberam a maior parte da herança.", é correto afirmar que a proposição $P \rightarrow Q$ é falsa.

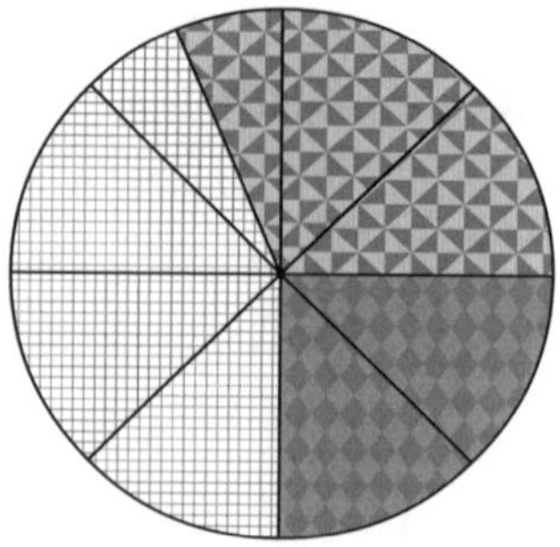

GABARITO: ERRADO.

Interpretando as frações do enunciado temos:

Parte da mãe = $\frac{2}{3}$

Resta da herança = $1 - \frac{2}{3} = \frac{1}{3}$

Parte do pai = $\frac{1}{3} \cdot \frac{1}{3} = \frac{1}{9}$

Resta da herança = $\frac{1}{3} - \frac{1}{9} = \frac{3-1}{9} = \frac{2}{9}$ (parte que ficou aos filhos)

Analisando a figura anterior e os hachurados, temos:

Analisando este hachurado 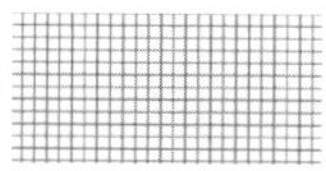

$$3 \cdot \frac{1}{8} + \frac{1}{2} \cdot \frac{1}{8} = \frac{3}{8} + \frac{1}{16} = \frac{6+1}{16} = \frac{7}{16}$$

Este valor não corresponde a nenhuma das partes que calculamos.

Assim, a frase P: "Cada parte hachurada no círculo corresponde a uma parte da herança que coube à mãe, ao pai ou aos três filhos" é falsa.

A frase Q: "Os filhos receberam a maior parte da herança." Também é falsa, pois a mãe ($\frac{2}{3}$ = 0,6667 = 66,67%) recebeu mais que todos (filhos $\frac{2}{9}$ = 0.1111 = 1.1 %).

A item afirma que P → Q é falsa. Sabemos que P e Q são frases falsas

P → Q
F F = V

No conectivo "então", uma proposição composta será falsa, apenas quando a primeira proposição simples for verdadeira, e a segunda for falsa. As demais combinações tornarão a frase verdadeira.

57. **(2013 – UNIPAMPA – Médico Clínico Geral)** Da herança recebida por uma família, 2/3 foram entregues à mãe, 1/3 ao pai e o restante foi distribuído entre os três filhos. Do que coube aos filhos, o mais velho recebeu 2/5, o do meio recebeu 1/3 e o caçula ficou com o restante. Considerando as informações acima apresentadas, julgue o item seguinte:

Considere as seguintes proposições:

P: A mãe recebeu R$ 31.500,00;

Q: Os três filhos receberam, juntos, R$ 21.000,00.

Nesse caso, é correto afirmar que a proposição P ↔ Q é verdadeira.

GABARITO: CERTO.

Interpretando as frações do enunciado temos:

Parte da mãe = $\frac{2}{3}$

Resta da herança = $1 - \frac{2}{3} = \frac{1}{3}$

Parte do pai = $\frac{1}{3} \cdot \frac{1}{3} = \frac{1}{9}$

Resta da herança = $\frac{1}{3} - \frac{1}{9} = \frac{3-1}{9} = \frac{2}{9}$ (parte que ficou aos filhos)

Supondo que a frase P é verdadeira, iremos calcular o valor da herança através de uma equação para verificar se a frase Q é verdadeira ou falsa.

$\frac{2}{3} \cdot x = 31500 \rightarrow x = \frac{31500 \cdot 3}{2} = 47250 \cdot$

Calculando a parte dos filhos: $\frac{2}{9} \cdot 47250 = 10500$

Conclusão: P é falsa, logo, a frase Q também é falsa.

Assim a frase $\underset{F}{P} \leftrightarrow \underset{F}{Q} = V$ verdadeira

No conectivo "se e somente se", uma proposição composta será verdadeira quando as valorações das duas proposições simples forem iguais.

---

58. (2013 - UNIPAMPA - Médico Clínico Geral) Julgue o item seguinte, a respeito de estruturas lógicas:

A expressão "Uma revisão dos pisos salariais dos professores assegurará a revolução na educação básica a que a sociedade aspira, pois qualquer reforma para melhorar a qualidade do ensino deverá passar pela valorização do educador" pode ser representada pela sentença lógica $P \rightarrow Q$, em que P e Q sejam proposições convenientemente escolhidas.

GABARITO: CERTO.

Transformando a frase no enunciado em linguagem simbólica:

"Uma revisão dos pisos salariais dos professores assegurará a revolução na educação básica a que a sociedade aspira, pois qualquer reforma para melhorar a qualidade do ensino deverá passar pela valorização do educador"

Esta frase pode ser reescrita: "Se uma revisão dos pisos salariais dos professores assegurará a revolução na educação básica a que a sociedade aspira, então qualquer reforma para melhorar a qualidade do ensino deverá passar pela valorização do educador". É importante ressaltar que o termo "pois" confere uma ideia de condicional à frase.

Assim, temos:

P = "uma revisão dos pisos salariais dos professores assegurará a revolução na educação básica a que a sociedade aspira".

Q = "qualquer reforma para melhorar a qualidade do ensino deverá passar pela valorização do educador".

Temos a seguinte linguagem simbólica: $P \rightarrow Q$.

---

59. (2013-UNIPAMPA-Médico Clínico Geral) Julgue o item seguinte, a respeito de estruturas lógicas:

A frase "O gaúcho, o mato-grossense e o mineiro têm em comum o amor pelo seu Estado natal" pode ser representada logicamente na forma $P \wedge Q \wedge R$, em que P, Q e R sejam proposições simples convenientemente escolhidas.

GABARITO: ERRADO.

A frase: "O gaúcho, o mato-grossense e o mineiro têm em comum o amor pelo seu Estado natal" possui um único verbo (veja sublinhado). Sendo assim, a proposição é simples e não composta, conforme afirmado no item.

60. (2013-UNIPAMPA-Médico Clínico Geral) Julgue o item a seguir, a respeito de estruturas lógicas:

A proposição "A estabilidade econômica é dever do Estado e consequência do controle rígido da inflação" pode ser representada pela sentença lógica $P \rightarrow Q$, em que P e Q sejam proposições simples convenientemente escolhidas.

GABARITO: ERRADO.

O item está errado, pois a linguagem simbólica está usando o conectivo "então" enquanto que a linguagem natural utiliza o conectivo "e" para juntar as duas proposições simples.

Chamando "A estabilidade econômica é dever do Estado" de P, e "A estabilidade econômica é consequência do controle rígido da inflação" de Q, teríamos a seguinte linguagem simbólica $P \wedge Q$.

61. (2013-MPU-Técnico Administrativo) Nos termos da Lei n.º 8.666/1993, "É dispensável a realização de nova licitação quando não aparecerem interessados em licitação anterior e esta não puder ser repetida sem prejuízo para a administração". Considerando apenas os aspectos desse mandamento atinentes à lógica e que ele seja cumprido se, e somente se, a proposição nele contida, — proposição P — for verdadeira, julgue o item seguinte:

O gestor que dispensar a realização de nova licitação pelo simples fato de não ter aparecido interessado em licitação anterior descumprirá a referida lei.

GABARITO: ERRADO.

O grande segredo desta questão é identificar qual o conectivo utilizado na frase do enunciado: "É dispensável a realização de nova licitação quando não aparecerem interessados em licitação anterior e esta não puder ser repetida sem prejuízo para a administração.".

Repare que a frase não possui os conectivos usuais: "e", "ou", "então" e "se e somente se", de maneira explícita. Teremos que utilizar a interpretação de texto para identificar o conectivo utilizado.

Analisando a frase do enunciado, percebe-se o termo "quando", o qual pode ser trocado pelo termo "se". Ficamos assim com seguinte frase: "É dispensável a realização de nova licitação se não aparecerem interessados em licitação anterior e esta não puder ser repetida sem prejuízo para a administração."

Ao reestruturar a frase, temos:

"Se não aparecerem interessados em licitação anterior e esta não puder ser repetida sem prejuízo para a administração, então é dispensável a realização de nova licitação."

Transformando as informações em linguagem simbólica, temos:

"não aparecerem interessados em licitação anterior" chamaremos de ~I.

"esta não puder ser repetida sem prejuízo para a administração" chamaremos de ~P.

"é dispensável a realização de nova licitação" chamaremos de R.

Ao juntar todas as informações e acrescentar os conectivos, temos:

"Se não aparecerem interessados em licitação anterior e esta não puder ser repetida sem prejuízo para a administração, então é dispensável a realização de nova licitação." $(\sim I \wedge \sim P) \rightarrow R$

Pelo item, as proposições simples R e ~I são proposições verdadeiras. E a proposição composta $(\sim I \wedge \sim P) \rightarrow R$ também é verdadeira:

~I ∧ ~P → R
V ? V = V

Se a proposição simples ~P for verdadeira teremos:

~I ∧ ~P → R
V V V = V
V V = V

Se a proposição simples ~P for falsa teremos:

~I ∧ ~P → R
V F V = V
F V = V

Portanto, é irrelevante o valor lógico da proposição simples ~P. Sendo assim, o gestor que dispensar a realização de nova licitação pelo simples fato de não ter aparecido interessado em licitação anterior não descumprirá a referida lei.

62. **(2013 - MPU - Técnico Administrativo)** Nos termos da Lei n.º 8.666/1993, "É dispensável a realização de nova licitação quando não aparecerem interessados em licitação anterior e esta não puder ser repetida sem prejuízo para a administração". Considerando apenas os aspectos desse mandamento atinentes à lógica e que ele seja cumprido se, e somente se, a proposição nele contida, — proposição P — for verdadeira, julgue os itens seguintes.

A proposição P é equivalente a "Se não apareceram interessados em licitação anterior e esta não puder ser repetida sem prejuízo para a administração, então é dispensável a realização de nova licitação".

GABARITO: CERTO.

O grande segredo desta questão é identificar qual o conectivo utilizado na frase do enunciado: "É dispensável a realização de nova licitação quando não aparecerem interessados em licitação anterior e esta não puder ser repetida sem prejuízo para a administração.".

Repare que a frase não possui os conectivos usuais: "e", "ou", "então" e "se e somente se", de maneira explícita. Teremos que utilizar a interpretação de texto para identificar o conectivo utilizado.

Ao analisar a frase do enunciado, percebe-se o termo "quando", que pode ser trocado pelo termo "se". Ficamos, assim, com seguinte frase: "É dispensável a realização de nova licitação se não aparecerem interessados em licitação anterior e esta não puder ser repetida sem prejuízo para a administração.".

Ao reestruturarmos a frase, temos:

"Se não aparecerem interessados em licitação anterior e esta não puder ser repetida sem prejuízo para a administração então é dispensável a realização de nova licitação.".

Repare que a frase transformada do enunciado é exatamente igual à frase apontada no item.

---

63. (2013 - MPU - Técnico Administrativo) Nos termos da Lei n.º 8.666/1993, "É dispensável a realização de nova licitação quando não aparecerem interessados em licitação anterior e esta não puder ser repetida sem prejuízo para a administração". Considerando apenas os aspectos desse mandamento atinentes à lógica e que ele seja cumprido se, e somente se, a proposição nele contida, — proposição P — for verdadeira, julgue o item seguinte:

Supondo-se que a proposição P e as proposições "A licitação anterior não pode ser repetida sem prejuízo para a administração" e "É dispensável a realização de nova licitação" sejam verdadeiras, é correto concluir que também será verdadeira a proposição "Não apareceram interessados em licitação anterior".

GABARITO: ERRADO.

O grande segredo desta questão é identificar qual o conectivo utilizado na frase do enunciado: "É dispensável a realização de nova licitação quando não aparecerem interessados em licitação anterior e esta não puder ser repetida sem prejuízo para a administração.".

Repare que a frase não possui os conectivos usuais: "e", "ou", "então" e "se e somente se", de maneira explícita. Teremos que utilizar interpretação de texto para identificar o conectivo utilizado.

Analisando a frase do enunciado, percebe-se o termo "quando" que pode ser trocado pelo termo "se". Ficamos, assim, com seguinte frase: "É dispensável a realização de nova licitação se não aparecerem interessados em licitação anterior, e esta não puder ser repetida sem prejuízo para a administração.".

Ao reestruturarmos a frase, temos:

"Se não aparecerem interessados em licitação anterior, e esta não puder ser repetida sem prejuízo para a administração, então é dispensável a realização de nova licitação.".

Se transformarmos as informações em linguagem simbólica:

"não aparecerem interessados em licitação anterior" chamaremos de ~I

"esta não puder ser repetida sem prejuízo para a administração" chamaremos de ~P

"é dispensável a realização de nova licitação" chamaremos de R

Se juntarmos todas as afirmações e acrescentarmos os conectivos, temos:

"Se não aparecerem interessados em licitação anterior, e esta não puder ser repetida sem prejuízo para a administração, então é dispensável a realização de nova licitação." $(\sim I \wedge \sim P) \rightarrow R$

Pelo item, as proposições simples ~P e R são proposições verdadeiras. E a proposição composta $(\sim I \wedge \sim P) \rightarrow R$ também é verdadeira:

~I ∧ ~P → R
? V V = V

Se a proposição simples ~I for verdadeira teremos:

~I ∧ ~P → R
V V V = V
V V = V

Se a proposição simples ~P for falsa teremos:

~I ∧ ~P → R
F V V = V
F V = V

Portanto, é irrelevante o valor lógico da proposição simples ~I.

Segundo o item, a proposição simples ~I tem que ser verdadeira e percebemos que ela poderá ser verdadeira ou falsa.

---

64. **(2013 – STF – Técnico Administrativo)** Julgue o item seguinte, relativo à lógica proposicional:

A sentença "um ensino dedicado à formação de técnicos negligencia a formação de cientistas" constitui uma proposição simples.

GABARITO: CERTO.

O item está certo, pois a frase apresenta um único verbo "negligencia" e é uma frase afirmativa, definição de proposição simples.

---

65. **(2013 – STF – Técnico Administrativo)** Julgue o item seguinte, relativo à lógica proposicional:

A sentença "A indicação de juízes para o STF deve ser consequência de um currículo que demonstre excelência e grande experiência na magistratura" pode ser corretamente representada na forma $P \rightarrow Q$, em que P e Q sejam proposições simples convenientemente escolhidas.

GABARITO: ERRADO.

Se a indicação de juízes para o STF deve ser consequência para algum outro fato, esta frase denominada de P deverá ficar atrás do conectivo, então.

Assim, a linguagem simbólica deveria ser $Q \rightarrow P$.

---

66. **(2013 – TRT/10ª Região – Técnico Judiciário Área Tecnologia da Informação)** Ao noticiar que o Presidente do país X teria vetado um projeto de lei, um jornalista fez a seguinte afirmação:

Se o Presidente não tivesse vetado o projeto, o motorista que foi pego dirigindo veículo de categoria diferente daquela para a qual estava habilitado, teria cometido infração gravíssima, punida com multa e apreensão do veículo, mas continuaria com a sua habilitação.

Em face dessa afirmação, que deve ser considerada como proposição A, considere, ainda, as proposições P, Q e R, a seguir:

P: O Presidente não vetou o projeto.

Q: O motorista que foi pego dirigindo veículo de categoria diferente daquela para a qual é habilitado cometeu infração gravíssima, punida com multa e apreensão do veículo.

R: O motorista que foi pego dirigindo veículo de categoria diferente daquela para a qual é habilitado continuou com sua habilitação.

Limitando-se aos aspectos lógicos inerentes às proposições apresentadas, julgue o item seguinte:

A proposição A estará corretamente simbolizada por $P \rightarrow Q \wedge R$, em que os símbolos "$\rightarrow$" e "$\wedge$" representam, respectivamente, os conectivos lógicos denominados condicional e conjunção.

GABARITO: CERTO.

Sabemos pelo enunciado:

P: O Presidente não vetou o projeto.

Q: O motorista que foi pego dirigindo veículo de categoria diferente daquela para a qual é habilitado cometeu infração gravíssima, punida com multa e apreensão do veículo.

R: O motorista que foi pego dirigindo veículo de categoria diferente daquela para a qual é habilitado continuou com sua habilitação.

Transformando a frase do jornalista em linguagem simbólica:

Se o presidente não tivesse vetado o projeto, o motorista que foi pego dirigindo veículo de categoria diferente daquela para a qual estava habilitado teria cometido infração gravíssima, punida com multa e apreensão do veículo, mas continuaria com a sua habilitação". Temos: $P \rightarrow Q \wedge R$

---

67. **(2013 – TRT/10ª Região – Técnico Judiciário Área Tecnologia da Informação)** Ao noticiar que o Presidente do país X teria vetado um projeto de lei, um jornalista fez a seguinte afirmação.

Se o presidente não tivesse vetado o projeto, o motorista que foi pego dirigindo veículo de categoria diferente daquela para a qual estava habilitado teria cometido infração gravíssima, punida com multa e apreensão do veículo, mas continuaria com a sua habilitação.

Em face dessa afirmação, que deve ser considerada como proposição A, considere, ainda, as proposições P, Q e R, a seguir.

P: O Presidente não vetou o projeto.

Q: O motorista que foi pego dirigindo veículo de categoria diferente daquela para a qual é habilitado cometeu infração gravíssima, punida com multa e apreensão do veículo.

R: O motorista que foi pego dirigindo veículo de categoria diferente daquela para a qual é habilitado continuou com sua habilitação.

Limitando-se aos aspectos lógicos inerentes às proposições apresentadas, julgue o item seguinte:

Caso sejam verdadeiras as proposições P e Q, a afirmação A será também verdadeira, independentemente do valor lógico da proposição R.

GABARITO: ERRADO.

Sabemos, pelo enunciado:

P: O Presidente não vetou o projeto.

Q: O motorista que foi pego dirigindo veículo de categoria diferente daquela para a qual é habilitado cometeu infração gravíssima, punida com multa e apreensão do veículo.

R: O motorista que foi pego dirigindo veículo de categoria diferente daquela para a qual é habilitado continuou com sua habilitação.

Transformando a frase do jornalista em linguagem simbólica:

Se o Presidente não tivesse vetado o projeto, o motorista que foi pego dirigindo veículo de categoria diferente daquela para a qual estava habilitado teria cometido infração gravíssima, punida com multa e apreensão do veículo, mas continuaria com a sua habilitação". Temos: $P \rightarrow Q \wedge R$

Sabemos também, pelo item, que deveremos considerar P e Q como frases verdadeiras.

Suposição 1: R verdadeiro

A:	P	→	Q	∧	R
	V		V		V
	V			V	
		V			

No conectivo "e", uma proposição composta será falsa, quando pelo menos uma das proposições simples for falsa.

No conectivo "então", uma proposição composta será falsa, apenas quando a primeira proposição simples for verdadeira e a segunda for falsa. As demais combinações tornarão a frase verdadeira.

Conclusão: a frase A será verdadeira.

Suposição 2: R falso

A:	P	→	Q	∧	R
	V		V		F
	V			F	
		F			

Conclusão: a frase A será falsa.

No conectivo "e", uma proposição composta será falsa, quando pelo menos uma das proposições simples for falsa.

No conectivo "então", uma proposição composta será falsa, apenas quando a primeira proposição simples for verdadeira, e a segunda for falsa. As demais combinações tornarão a frase verdadeira.

Assim, a valoração da frase A, depende da valoração da frase R.

68. **(2013 – TRT/10ª Região – Técnico Judiciário Área Tecnologia da Informação)** Ao noticiar que o presidente do país X teria vetado um projeto de lei, um jornalista fez a seguinte afirmação.

Se o Presidente não tivesse vetado o projeto, o motorista que foi pego dirigindo veículo de categoria diferente daquela para a qual estava habilitado teria cometido infração gravíssima, punida com multa e apreensão do veículo, mas continuaria com a sua habilitação.

Em face dessa afirmação, que deve ser considerada como proposição A, considere, ainda, as proposições P, Q e R, a seguir.

P: O Presidente não vetou o projeto.

Q: O motorista que foi pego dirigindo veículo de categoria diferente daquela para a qual é habilitado cometeu infração gravíssima, punida com multa e apreensão do veículo.

R: O motorista que foi pego dirigindo veículo de categoria diferente daquela para a qual é habilitado continuou com sua habilitação.

Limitando-se aos aspectos lógicos inerentes às proposições acima apresentadas, julgue o seguinte item:

A veracidade da proposição A permite concluir que o motorista que não continua com sua habilitação foi pego dirigindo veículo de categoria diferente daquela para a qual está habilitado.

GABARITO: ERRADO.

Transformando a frase do jornalista em linguagem simbólica:

Se o Presidente não tivesse vetado o projeto, o motorista que foi pego dirigindo veículo de categoria diferente daquela para a qual estava habilitado teria cometido infração gravíssima, punida com multa e apreensão do veículo, mas continuaria com a sua habilitação" em linguagem simbólica temos: $P \rightarrow Q \wedge R$

Vamos montar a tabela-verdade da frase A: $P \rightarrow Q \wedge R$

Passo 1: montagem da tabela.

Passo 2: para obter a coluna 4, utilizamos as colunas 2 e 3.

Passo 3: para obter a coluna 5, utilizamos as colunas 1 e 4, nesta ordem.

1	2	3	4	5
P	Q	R	$Q \wedge R$	$P \rightarrow Q \wedge R$
V	V	V	V	V
V	V	F	F	F
V	F	V	F	F
V	F	F	F	F
F	V	V	F	V
F	V	F	F	V
F	F	V	F	V
F	F	F	F	V

Para analisar a veracidade da frase A, devemos eliminar as valorações falsas:

1	2	3	4	5
P	Q	R	$Q \wedge R$	$P \rightarrow Q \wedge R$
V	V	V	V	V
~~V~~	~~V~~	~~F~~	~~F~~	~~F~~
~~V~~	~~F~~	~~V~~	~~F~~	~~F~~
~~V~~	~~F~~	~~F~~	~~F~~	~~F~~
F	V	V	F	V
F	V	F	F	V
F	F	V	F	V
F	F	F	F	V

Eliminando as valorações que não podem ser analisadas, percebe-se na coluna 3, que a frase R poderá ser verdadeira ou falsa.

Logo, não é possível concluir que o motorista que não continua com sua habilitação foi pego dirigindo veículo de categoria diferente daquela para a qual está habilitado.

---

69. **(2013 – MPU – Técnico em Operação de Redes)** Considerando que o símbolo lógico $\wedge$ corresponda à conjunção "e"; $\vee$, à disjunção "ou"; $\rightarrow$, à condicional "se..., então"; $\leftrightarrow$, à bicondicional "se, e somente se"; ~ corresponda à negação "não"; P, Q e R sejam proposições simples; e S seja a seguinte proposição composta: $[P \wedge \sim(Q \vee R)] \rightarrow [R \wedge (P \leftrightarrow Q)]$, julgue o próximo item:

Se Q for uma proposição verdadeira, então, independentemente dos valores lógicos de P e R, a proposição S será sempre verdadeira.

GABARITO: CERTO.

Vamos verificar a valoração da frase S, sabendo apenas que Q é verdade:

S: $[P \wedge \sim(Q \vee R)] \rightarrow [R \wedge (P \leftrightarrow Q)]$

$[? \wedge \sim(V \vee ?)] \rightarrow [? \wedge (? \leftrightarrow V)]$

$[? \wedge \sim(V)] \rightarrow [? \wedge (?)]$

$[? \wedge F] \rightarrow ?$

$F \rightarrow ?$

V

Lembrando que, para verificar estas valorações, o aluno precisa lembrar as valorações dos conectivos na tabela. Conforme mostramos anteriormente, independentemente dos valores lógicos de P e R, a proposição S será sempre verdadeira.

---

70. **(2013 – MPU – Técnico em Operação de Redes)** Considerando que o símbolo lógico $\wedge$ corresponda à conjunção "e"; $\vee$, à disjunção "ou"; $\rightarrow$, à condicional "se..., então"; $\leftrightarrow$, à bicondicional "se, e somente se"; ~ corresponda à negação "não"; P, Q e R sejam proposições simples; e S seja a seguinte proposição composta: $[P \wedge \sim(Q \vee R)] \rightarrow [R \wedge (P \leftrightarrow Q)]$, julgue o próximo item:

Se P for uma proposição verdadeira e se Q e R forem falsas, então as proposições S e $[P \rightarrow (Q \vee R)] \wedge (P \leftrightarrow Q)$ terão valores lógicos diferentes.

GABARITO: ERRADO.

Vamos verificar a valoração da frase S e da frase $[P \rightarrow (Q \vee R)] \wedge (P \leftrightarrow Q)$, sabendo que P é verdade e Q e R são frases falsas:

S: $[P \wedge \sim(Q \vee R)] \rightarrow [R \wedge (P \leftrightarrow Q)]$

$[V \wedge \sim(F \vee F)] \rightarrow [F \wedge (V \leftrightarrow F)]$

$[V \wedge \sim(F)] \rightarrow [F \wedge F]$

$[V \wedge V] \rightarrow F$

$V \rightarrow F$

F

$[P \rightarrow (Q \vee R)] \wedge (P \leftrightarrow Q)$

$[V \rightarrow (F \vee F)] \wedge (V \leftrightarrow F)$

$[V \rightarrow F] \wedge F$

$F \wedge F$

F

Lembrando que, para verificar estas valorações, o aluno precisa lembrar as valorações dos conectivos na tabela. Conforme mostramos anteriormente, independentemente dos valores lógicos de P e R, a proposição S será sempre verdadeira.

As duas frases apresentam valorações falsas.

---

71. (2013 – MPU – Técnico em Operação de Redes) Considere que proposições P, Q e R, listadas a seguir, sejam verdadeiras.

P: Todo sistema operacional Linux é um tipo de Unix.

Q: O sistema operacional MacOS Leopard é um tipo de Unix.

R: Nenhuma versão do sistema operacional Microsoft Windows é do tipo Unix.

Julgue o item seguinte, tendo como referência as proposições P, Q e R.

A proposição $[P \wedge (\sim Q)] \leftrightarrow [R \vee (\sim P)]$ é corretamente descrita como: "Todo sistema operacional Linux é um Unix e o sistema operacional MacOs Leopard não é um tipo de Unix se, e somente se, nenhuma versão do sistema operacional Microsoft Windows é um Unix ou algum sistema operacional Linux não é Unix".

GABARITO: CERTO.

Sabemos pelo enunciado:

P: Todo sistema operacional Linux é um tipo de Unix.

Q: O sistema operacional MacOS Leopard é um tipo de Unix.

R: Nenhuma versão do sistema operacional Microsoft Windows é do tipo Unix.

Escrevendo a frase $[P \wedge (\sim Q)] \leftrightarrow [R \vee (\sim P)]$ em linguagem natural, temos:

"Todo sistema operacional Linux é um Unix e o sistema operacional MacOs Leopard não é um tipo de Unix se, e somente se, nenhuma versão do sistema operacional Microsoft Windows é um Unix ou algum sistema operacional Linux não é Unix".

É muito importante lembrar que a negação da frase ~P utiliza a seguinte regra: a negação do termo "TODO É" é ALGUM NÃO É". Assim, temos que a negação do termo P será: "algum sistema operacional Linux não é Unix"

Para transformar as demais frases em negação, basta acrescentar o termo "não" antes do verbo.

---

72. (2013 – MPU – Técnico em Operação de Redes)

$$X=\begin{vmatrix}1 & 1 & -1\\ x & x & 2\\ x & 1 & 1\end{vmatrix}$$

$$Y=\begin{vmatrix}2 & y\\ y & 3\end{vmatrix}$$

Com referência às matrizes X e Y mostradas acima, em que x e y são números reais adequados, julgue o próximo item:

Se A for o conjunto dos números reais y para os quais a matriz Y seja inversível e se P for a proposição "y é um número real e $y^2 > 6$", então A será o conjunto dos números reais y para os quais a proposição P é verdadeira.

GABARITO: ERRADO.

Para resolver este item, o aluno precisa saber que para uma matriz ser inversível, seu determinante tem que ser diferente de zero.

Assim, vamos aplicar esta condição para verificar se a proposição P é verdadeira ou falsa.

Calculando o determinante de Y

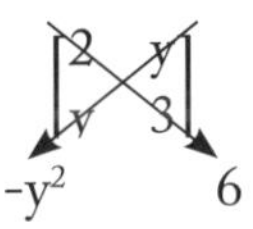

Assim, Det(Y) = $-y^2 + 6$

Para a matriz Y ser inversível, seu determinante precisa ser diferente de zero. Assim, temos: $-y^2 + 6 \neq 0 \rightarrow -y^2 \neq -6 \rightarrow y^2 \neq 6 \rightarrow y \neq \sqrt{6}$

Analisando a proposição P: "y é um número real e $y^2 > 6$".

Sabemos que y é um número real é uma frase verdadeira e que $y^2 > 6$.

Lembrando que o conectivo "e", numa frase falsa, deixará a frase toda falsa.

Assim, temos que a proposição P terá a seguinte valoração $V \wedge F = F$.

Nota-se, portanto, que este item está errado, pois afirma que a frase será verdadeira, e ela é falsa.

73. (2013 – MPU – Técnico em Operação de Redes)

$$X=\begin{vmatrix}1 & 1 & -1\\ x & x & 2\\ x & 1 & 1\end{vmatrix}$$

$$Y=\begin{vmatrix}2 & y\\ y & 3\end{vmatrix}$$

Com referência às matrizes X e Y mostradas, em que x e y são números reais adequados, julgue o próximo item:

A proposição "Se x é um número natural e $x \neq 1$, então, para esse valor de x, a matriz X é inversível" é verdadeira.

GABARITO: CERTO.

Para resolver este item, o aluno precisa saber que para uma matriz ser inversível, seu determinante tem que ser diferente de zero.

Assim, vamos aplicar esta condição para verificar se a proposição P é verdadeira ou falsa.

Calculando o determinante de Y

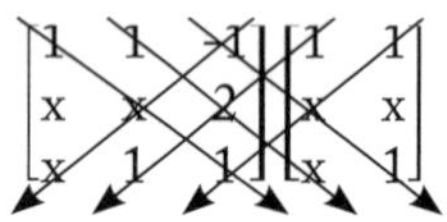

Assim, $Det(X) = -x^2 - 2 - x + x + 2x - x$

$x^2 \ -2 \ -x + x + \ 2x \ -x \neq 0$

Para a matriz X ser inversível, seu determinante precisa ser diferente de zero. Assim, temos:

$-x^2 - 2 - x + x + 2x - x \neq 0$

$-x2 + x - 2 \neq 0$

$\Delta = (1)2 - 4 . (1) . (-2)$

$\Delta = 1 + 8 = 9$

$x \neq \frac{-(1) \pm \sqrt{9}}{2 \cdot (1)} = \frac{-1 \pm 3}{2}$ **assim temos: ou** $x \neq \frac{-1+3}{2} \rightarrow x \neq 1$ **ou** $x \neq \frac{-1-3}{2} \rightarrow x \neq -2$

Analisando a proposição: "Se x é um número natural e $x \neq 1$, então, para esse valor de x, a matriz X é inversível".

Sabemos que para a matriz X ser inversível ou é $x \neq 1$ ou $x \neq -2$.

Logo, a valoração da proposição ficará $V \rightarrow V$, que gerará uma proposição verdadeira.

---

74. **(2013 – MPU – Técnico em Operação de Redes)** Considerando que x, y e z sejam números naturais tais que $x + y = z$; que X seja a proposição "x é ímpar"; que Y seja a proposição "y é par"; e que Z seja a proposição "z é ímpar", julgue o seguinte item:

A proposição $X \wedge Z \rightarrow Y$ é verdadeira.

GABARITO: CERTO.

Como não sabemos se X, Y ou Z são proposições verdadeiras ou falsas, vamos montar a tabela verdade da proposição $X \wedge Z \rightarrow Y$ e conhecer suas valorações:

Passo 1: montagem da tabela.

Passo 2: para obter a coluna 4, utilizamos as colunas 1 e 3.

Passo 3: para obter a coluna 5, utilizamos as colunas 4 e 2, nesta ordem.

1	2	3	4	5
X	Y	Z	$X \wedge Z$	$X \wedge Z \rightarrow Y$
V	V	V	V	V
V	V	F	F	V
V	F	V	V	F
V	F	F	F	V
F	V	V	F	V
F	V	F	F	V
F	F	V	F	V
F	F	F	F	V

Após a montagem da tabela-verdade temos que eliminar algumas linhas, devido às propriedades dos números pares e ímpares:

- A soma de dois números pares resulta em um número par:
- A soma de dois números ímpares resulta em um número par:
- A soma de um número par com um número ímpar resulta em um número ímpar:

X " x é impar"		Y "y é par"		Z "z é ímpar"	
Par	+	**Par**	=	**Par**	
F		**V**		**F**	**Considerar estas valorações**
Par	+	**Ímpar**	=	**Ímpar**	
F		**F**		**V**	**Considerar estas valorações**
Ímpar	+	**Par**	=	**Ímpar**	
V		**V**		**V**	**Considerar estas valorações**
Ímpar	+	**Ímpar**	=	**Par**	
V		**F**		**F**	**Considerar estas valorações**

Analisando novamente a tabela verdade:

1	2	3	4	5
X	Y	Z	$X \wedge Z$	$X \wedge Z \rightarrow Y$
V	V	V	V	V
~~V~~	~~V~~	~~F~~	~~F~~	~~V~~
~~V~~	~~F~~	~~V~~	~~V~~	~~F~~
V	F	F	F	V
~~F~~	~~V~~	~~V~~	~~F~~	~~V~~
F	V	F	F	V
F	F	V	F	V
~~F~~	~~F~~	~~F~~	~~F~~	~~V~~

Eliminando as valorações que não podem ser analisadas, todas as valorações permitidas gerarão frases verdadeiras.

75. **(2013 – MPU – Técnico em Operação de Redes)** Disciplina: Raciocínio Lógico. Assunto: Estruturas Lógicas e Propriedades dos números pares e ímpares.

Considerando que x, y e z sejam números naturais tais que x + y = z; que X seja a proposição "x é ímpar"; que Y seja a proposição "y é par"; e que Z seja a proposição "z é ímpar", julgue os seguintes itens.

A proposição $Y \rightarrow X \wedge Z$ é verdadeira.

GABARITO: ERRADO.

Como não sabemos se X, Y ou Z são proposições verdadeiras ou falsas, vamos montar a tabela verdade da proposição $Y \rightarrow X \wedge Z$ e conhecer suas valorações:

Passo 1: montagem da Tabela.

Passo 2: para obter a coluna 4, utilizamos as colunas 1 e 3.

Passo 3: para obter a coluna 5, utilizamos as colunas 2 e 4, nesta ordem.

1	2	3	4	5
X	Y	Z	$X \wedge Z$	$Y \rightarrow X \wedge Z$
V	V	V	V	V
V	V	F	F	F
V	F	V	V	V
V	F	F	F	V
F	V	V	F	F
F	V	F	F	F
F	F	V	F	V
F	F	F	F	V

Após a montagem da tabela verdade temos que eliminar algumas linhas devido as propriedades dos números pares e ímpares:

- **A soma de dois números pares resulta em um número par:**
- **A soma de dois números ímpares resulta em um número par:**
- **A soma de um número par com um número ímpar resulta em um número ímpar:**

X " x é impar"		Y "y é par"		Z "z é ímpar"	
Par	+	Par	=	Par	
F		V		F	Considerar estas valorações
Par	+	Ímpar	=	Ímpar	
F		F		V	Considerar estas valorações
Ímpar	+	Par	=	Ímpar	
V		V		V	Considerar estas valorações
Ímpar	+	Ímpar	=	Par	
V		F		F	Considerar estas valorações

Analisando novamente a tabela-verdade:

1	2	3	4	5
X	Y	Z	$X \wedge Z$	$X \wedge Z \rightarrow Y$
V	V	V	V	V
~~V~~	~~V~~	~~F~~	~~F~~	~~F~~
~~V~~	~~F~~	~~V~~	~~V~~	~~V~~
V	F	F	F	V
~~F~~	~~V~~	~~V~~	~~F~~	~~F~~
F	V	F	F	F
F	F	V	F	V
~~F~~	~~F~~	~~F~~	~~F~~	~~V~~

Ao eliminar as valorações que não podem ser analisadas, as valorações permitidas gerarão valorações verdadeiras e falsas.

76. **(2012 – DPF – Agente de Polícia Federal)** Um jovem, ao ser flagrado no aeroporto portando certa quantidade de entorpecentes, argumentou com os policiais, conforme o esquema a seguir:

Premissa 1: Eu não sou traficante, eu sou usuário.

Premissa 2: Se eu fosse traficante, estaria levando uma grande quantidade de droga e a teria escondido.

Premissa 3: Como sou usuário e não levo uma grande quantidade, não escondi a droga.

Conclusão: Se eu estivesse levando uma grande quantidade, não seria usuário.

Considerando a situação hipotética apresentada acima, julgue o item a seguir:

Se a proposição "Eu não sou traficante" for verdadeira, então a premissa 2 será uma proposição verdadeira, independentemente dos valores lógicos das demais proposições que a compõem.

GABARITO: CERTO.

Transformando as proposições do item em linguagem simbólica, temos:

~T: "Eu não sou traficante", devemos considerar essa proposição simples como verdadeira.

Transformando a premissa 2 em linguagem simbólica:

Premissa 2: "Se eu fosse traficante, estaria levando uma grande quantidade de droga e a teria escondido". $T \rightarrow (G \wedge E)$

Vamos analisar sua valoração:

$$\begin{array}{lll} T & \rightarrow & (G \wedge E) \\ F & & ? \quad = V \end{array}$$

No conectivo "então", uma proposição composta será falsa, apenas quando a primeira proposição simples for verdadeira, e a segunda for falsa. As demais combinações tornarão a frase verdadeira.

Percebe-se, pela verificação da valoração, que a proposição composta é verdadeira, independentemente das valorações das demais proposições da premissa 2.

77. **(2012 – DPF – Agente de Polícia Federal)** Um jovem, ao ser flagrado no aeroporto portando certa quantidade de entorpecentes, argumentou com os policiais conforme o esquema a seguir:

Premissa 1: Eu não sou traficante, eu sou usuário.

Premissa 2: Se eu fosse traficante, estaria levando uma grande quantidade de droga e a teria escondido.

Premissa 3: Como sou usuário e não levo uma grande quantidade, não escondi a droga.

Conclusão: Se eu estivesse levando uma grande quantidade, não seria usuário.

Considerando a situação hipotética apresentada acima, julgue o item a seguir:

Se P e Q representam, respectivamente, as proposições "Eu não sou traficante" e "Eu sou usuário", então a premissa 1 estará corretamente representada por $P \wedge Q$.

GABARITO: CERTO.

Sabemos pelo item que:

P: "Eu não sou traficante".

Q: "Eu sou usuário".

Transformando a premissa1 em linguagem simbólica, temos:

Eu não sou traficante, eu sou usuário. $P \wedge Q$.

É importante explicar o porquê de utilizarmos o conectivo. Usou-se o conectivo "e", pois o sentido da "vírgula" na frase é de adição. E o conectivo "e" dá sentido de adição quando utilizado.

---

78. **(2012 – PC/CE – Inspetor de Polícia Civil 1ª Classe)** O exercício da atividade policial exige preparo técnico adequado ao enfrentamento de situações de conflito e, ainda, conhecimento das leis vigentes, incluindo interpretação e forma de aplicação dessas leis nos casos concretos. Sabendo disso, considere como verdadeiras as proposições seguintes.

P1: Se se deixa dominar pela emoção ao tomar decisões, então o policial toma decisões ruins.

P2: Se não tem informações precisas ao tomar decisões, então o policial toma decisões ruins.

P3: Se está em situação de estresse e não teve treinamento adequado, o policial se deixa dominar pela emoção ao tomar decisões.

P4: Se teve treinamento adequado e se dedicou nos estudos, então o policial tem informações precisas ao tomar decisões.

Com base nessas proposições, julgue o item a seguir:

Admitindo-se como verdadeiras as proposições "O policial teve treinamento adequado" e "O policial tem informações precisas ao tomar decisões", então a proposição "O policial se dedicou nos estudos" será, necessariamente, verdadeira.

GABARITO: ERRADO.

Transformando as proposições do item em linguagem simbólica, temos:

T: "O policial teve treinamento adequado", devemos considerar essa proposição simples como verdadeira.

P: "O policial tem informações precisas ao tomar decisões", devemos considerar essa proposição simples como verdadeira.

Encontramos estas proposições simples no enunciado na frase P4.

Transformando esta frase em linguagem simbólica:

D: "O policial tem informações precisas ao tomar decisões."

P4: "Se teve treinamento adequado e se dedicou nos estudos, então o policial tem informações precisas ao tomar decisões." $(T \wedge D) \rightarrow P$

Temos de analisar a frase P4 como verdadeira para descobrir o valor lógico da frase D:

Primeira Suposição: vamos supor D como verdade.

$$
\begin{array}{ccccc}
(T & \wedge & D) & \rightarrow & P \\
V & & V & & V \\
 & V & & & V = V
\end{array}
$$

Segunda Suposição: vamos supor D como falso.

$$
\begin{array}{ccccc}
(T & \wedge & D) & \rightarrow & P \\
V & & F & & V \\
 & V & & & V = V
\end{array}
$$

No conectivo "e", uma proposição composta será falsa, quando pelo menos uma das proposições simples for falsa.

No conectivo "então", uma proposição composta será falsa, apenas quando a primeira proposição simples for verdadeira e a segunda for falsa. As demais combinações tornarão a frase verdadeira.

Percebe-se que a frase D poderá ser verdadeira ou falsa, que a proposição P4 será sempre verdadeira.

Assim, não podemos afirmar que a proposição "O policial se dedicou nos estudos" será, necessariamente, verdadeira.

79. (2012 – PC/CE – Inspetor de Polícia Civil 1ª Classe) Estudo divulgado pelo Instituto de Pesquisas Econômicas Aplicadas (IPEA) revela que, no Brasil, a desigualdade social está entre as maiores causas da violência entre jovens.

Um dos fatores que evidenciam a desigualdade social e expõem a população jovem à violência é a condição de extrema pobreza, que atinge 12,2% dos 34 milhões de jovens brasileiros, membros de famílias com renda per capita de até um quarto do salário mínimo, afirma a pesquisa.

Como a violência afeta mais os pobres, é usual fazer um raciocínio simplista de que a pobreza é a principal causadora da violência entre os jovens, mas isso não é verdade. O fato de ser pobre não significa que a pessoa será violenta. Existem inúmeros exemplos de atos violentos praticados por jovens de classe média.

Internet: <http://amaivos.uol.com.br> (com adaptações).

Tendo como referência o texto, julgue o item a seguir:

Se a proposição "João é pobre" for falsa, e se a proposição "João pratica atos violentos" for verdadeira, então a proposição "João não é pobre, mas pratica atos violentos" será falsa.

GABARITO: ERRADO.

Transformando as proposições do item em linguagem simbólica, temos:

J: "João é pobre", devemos considerar essa proposição simples como falsa.

V: "João pratica atos violentos", devemos considerar essa proposição simples como verdadeira.

Transformando a proposição composta em linguagem simbólica:

"João não é pobre, mas pratica atos violentos". $\sim J \wedge V$

Vamos analisar sua valoração:

$\sim J \wedge V$

$V \quad V = V$

No conectivo "e", uma proposição composta será falsa, quando pelo menos uma das proposições simples for falsa.

Percebe-se, pela verificação da valoração, que a proposição composta é verdadeira, e o item afirma que é falsa.

---

80. (2012 – TRE/RJ – Analista Judiciário Área Análise de Sistemas) P: Se não há autorização legislativa ou indicação dos recursos financeiros correspondentes, então, não há abertura de créditos suplementares ou de créditos especiais.

Considerando a proposição supracitada, que tem por base o art. 167, inciso V, da Constituição Federal de 1988, julgue o item a seguir:

Considere que as proposições "Há autorização legislativa" e "Há abertura de créditos suplementares" sejam verdadeiras e que as proposições "Há indicação de recursos financeiros" e "Há abertura de créditos especiais" sejam falsas. Nesse caso, a proposição P será verdadeira.

GABARITO: CERTO.

Transformando o enunciado em linguagem simbólica, temos:

P: Se não há autorização legislativa ou indicação dos recursos financeiros correspondentes, então, não há abertura de créditos suplementares ou de créditos especiais. $(\sim L \vee \sim I) \rightarrow (\sim S \vee \sim E)$

Sabemos pelo item:

L: "Há autorização legislativa" é verdadeira.

S: "Há abertura de créditos suplementares" é verdadeira.

I: "Há indicação de recursos financeiros" é falsa.

E: "Há abertura de créditos especiais" é falsa.

Assim, temos:

$(\sim L \vee \sim I) \rightarrow (\sim S \vee \sim E)$

$F \quad V \qquad F \quad V$

$V \qquad\qquad V \quad = V$

Percebe-se, pela verificação da valoração da frase, que a proposição composta P será verdadeira.

No conectivo "então", uma proposição composta será falsa, apenas quando a primeira proposição simples for verdadeira e a segunda for falsa. As demais combinações tornarão a frase verdadeira.

No conectivo "ou", uma proposição composta será verdadeira, quando pelo menos uma das proposições simples for verdadeira.

---

81. **(2012 – TRE/RJ – Técnico Judiciário Área Operação de Computador)** Julgue o item a seguir, tendo como base a seguinte proposição P: "Se eu for barrado pela lei da ficha limpa, não poderei ser candidato nessas eleições, e se eu não registrar minha candidatura dentro do prazo, não concorrerei a nenhum cargo nessas eleições".

Se as proposições "Eu não registrei minha candidatura dentro do prazo" e "Não poderei concorrer a nenhum cargo nessas eleições" forem falsas, também será falsa a proposição P, independentemente do valor lógico da proposição "Eu serei barrado pela lei da ficha limpa".

GABARITO: ERRADO.

Transformando o enunciado em linguagem simbólica, temos:

P: "Se eu for barrado pela lei da ficha limpa, não poderei ser candidato nessas eleições, e se eu não registrar minha candidatura dentro do prazo, não concorrerei a nenhum cargo nessas eleições". $(B \rightarrow {\sim}C) \wedge ({\sim}R \rightarrow {\sim}E)$

Sabemos pelo item:

~R: "Eu não registrei minha candidatura dentro do prazo" é falsa.

~E: "Não poderei concorrer a nenhum cargo nessas eleições" é falsa.

Assim, temos:

$$\begin{array}{ccccccc} (B & \rightarrow & {\sim}C) & \wedge & ({\sim}R & \rightarrow & {\sim}C) \\ ? & & ? & & F & & F \\ & ? & & & & V & = ? \end{array}$$

Percebe-se, pela verificação da valoração da frase, que é necessário o valor lógico da frase B, para determinar a valoração da frase P.

No conectivo "então", uma proposição composta será falsa, apenas quando a primeira proposição simples for verdadeira e a segunda for falsa. As demais combinações tornarão a frase verdadeira.

No conectivo "e", uma proposição composta será falsa, quando pelo menos uma das proposições simples for falsa.

---

82. **(2012 – TRE/RJ – Técnico Judiciário Área Operação de Computador)** Julgue o item a seguir, tendo como base a seguinte proposição P: "Se eu for barrado pela lei da ficha limpa, não poderei ser candidato nessas eleições, e se eu não registrar minha candidatura dentro do prazo, não concorrerei a nenhum cargo nessas eleições".

Simbolicamente, a proposição P pode ser expressa na forma $(p \rightarrow q) \wedge (r \rightarrow s)$, em que p, q, r e s são proposições convenientes e os símbolos $\rightarrow$ e $\wedge$ representam, respectivamente, os conectivos lógicos "se ..., então" e "e".

GABARITO: CERTO.

Sabemos pelo item que:

p: "eu for barrado pela lei da ficha limpa".

q: "não poderei ser candidato nessas eleições".

r: "eu não registrar minha candidatura dentro do prazo".

s: "não concorrerei a nenhum cargo nessas eleições".

Transformando a proposição P em linguagem simbólica, temos:

P: "Se eu for barrado pela lei da ficha limpa, não poderei ser candidato nessas eleições, e se eu não registrar minha candidatura dentro do prazo, não concorrerei a nenhum cargo nessas eleições". $(p \rightarrow q) \wedge (r \rightarrow s)$.

83. **(2012 – PM/CE – Policial Militar)** Acerca da proposição R: "A população aprende a votar ou haverá novos atos de corrupção", julgue o item a seguir:

83. Se P e Q forem, respectivamente, as proposições "A população aprende a votar" e "Haverá novos atos de corrupção", então a proposição R estará corretamente assim simbolizada: $P \wedge Q$.

GABARITO: ERRADO.

Sabemos pelo item que:

P: "A população aprende a votar".

Q: "Haverá novos atos de corrupção".

Transformando a frase do enunciado em linguagem simbólica, temos:

"A população aprende a votar ou haverá novos atos de corrupção". $P \vee Q$

Equivalências Lógicas

84. **(2014 - SUFRAMA - Administrador)** Pedro, um jovem empregado de uma empresa, ao receber a proposta de novo emprego, fez diversas reflexões que estão traduzidas nas proposições a seguir:

P1: Se eu aceitar o novo emprego, ganharei menos, mas ficarei menos tempo no trânsito.

P2: Se eu ganhar menos, consumirei menos.

P3: Se eu consumir menos, não serei feliz.

P4: Se eu ficar menos tempo no trânsito, ficarei menos estressado.

P5: Se eu ficar menos estressado, serei feliz.

A partir dessas proposições, julgue o item a seguir:

A proposição P1 é logicamente equivalente à proposição "Eu não aceito o novo emprego, ou ganharei menos e ficarei menos tempo no trânsito".

GABARITO: CERTO.

Vamos transformar a frase P1 em linguagem simbólica:

"Se eu aceitar o novo emprego, ganharei menos, mas ficarei menos tempo no trânsito". $A \rightarrow M \wedge T$

Transformando a frase do item em linguagem simbólica:

"Eu não aceito o novo emprego, ou ganharei menos e ficarei menos tempo no trânsito". $\sim A \vee M \wedge T$

Utilizando a equivalência lógica:

$P \rightarrow Q \equiv \sim P \vee Q$

Temos:

$A \rightarrow M \wedge T \equiv \sim A \vee M \wedge T$ (igual a frase do item).

85. (2014 - SUFRAMA – Analista Técnico Administrativo) Considerando que P seja a proposição "O atual dirigente da empresa X não apenas não foi capaz de resolver os antigos problemas da empresa como também não conseguiu ser inovador nas soluções para os novos problemas", julgue o item a seguir, a respeito de lógica sentencial.

A negação da proposição P está corretamente expressa por "O atual dirigente da empresa X foi capaz de resolver os antigos problemas da empresa ou conseguiu ser inovador nas soluções para os novos problemas".

GABARITO: CERTO.

O grande segredo desta questão é identificar qual o conectivo utilizado na frase. Repare que a frase não possui os conectivos usuais: "e", "ou", "então" e "se e somente se", de maneira explícita. Teremos que utilizar interpretação de texto para identificar o conectivo utilizado.

Analisando a frase "O atual dirigente da empresa X não apenas não foi capaz de resolver os antigos problemas da empresa como também não conseguiu ser inovador nas soluções para os novos problemas", percebe-se a existência de dois verbos (veja sublinhado) e o termo *como também* está dando sentido de adição. Portanto, o conectivo utilizado é o conectivo "e".

Uma vez identificado o conectivo, conseguimos transformar a frase do enunciado em linguagem simbólica.

O atual dirigente da empresa X não apenas não foi capaz de resolver os antigos problemas da empresa (vamos chamar esta proposição de ~R).

Não conseguiu ser inovador nas soluções para os novos problemas (vamos chamar esta proposição de ~I).

Assim, a linguagem simbólica da frase será: $\sim R \wedge \sim I$

Transformando a frase do item em linguagem simbólica:

"O atual dirigente da empresa X foi capaz de resolver os antigos problemas da empresa ou conseguiu ser inovador nas soluções para os novos problemas"

$R \vee I$

Vamos negar a frase do enunciado e verificar se o item está certo ou errado. Esta é a negação da frase P: $\sim(\sim R \wedge \sim I)$.

Utilizando a equivalência lógica:

$\sim(\sim P \wedge \sim Q) \equiv P \vee Q$ (Lei de De Morgan)

$\sim(\sim R \wedge \sim I) \equiv R \vee I$ (igual à frase do item).

86. (2014 - SUFRAMA – Analista Técnico Administrativo) Considerando que P seja a proposição "O atual dirigente da empresa X não apenas não foi capaz de resolver os antigos problemas da empresa como também não conseguiu ser inovador nas soluções para os novos problemas", julgue o item a seguir, a respeito de lógica sentencial.

A proposição P é logicamente equivalente à proposição "O atual dirigente da empresa X não foi capaz de resolver os antigos problemas da empresa ou não conseguiu ser inovador nas soluções para os novos problemas".

GABARITO: ERRADO.

Transformando as frases do item e do enunciado em linguagem simbólica, temos:

Frase do enunciado: "O atual dirigente da empresa X não apenas não foi capaz de resolver os antigos problemas da empresa como também não conseguiu ser inovador nas soluções para os novos problemas". $\sim C \wedge \sim I$

O termo "como também" tem sentido de adição. Em outras palavras, podemos substituir o termo "como também" por "e".

"O atual dirigente da empresa X não foi capaz de resolver os antigos problemas da empresa ou não conseguiu ser inovador nas soluções para os novos problemas". $\sim C \vee \sim I$

Uma vez transformada a primeira frase em linguagem simbólica, temos que aplicar as equivalências lógicas para verificar se o item está certo ou errado. O problema é que não existe nenhuma propriedade que podemos aplicar na frase $\sim C \wedge \sim I$. Sendo assim, o item está errado. É muito importante o aluno conhecer todas as equivalências lógica para assegurar o que foi mencionado.

---

87. **(2014 – Ministério da Justiça/DPF – Agente Administrativo)** Considerando que P seja a proposição "Não basta à mulher de César ser honesta, ela precisa parecer honesta", julgue o item a seguir, acerca da lógica sentencial.

A negação da proposição P está corretamente expressa por "Basta à mulher de César ser honesta, ela não precisa parecer honesta".

GABARITO: ERRADO.

O grande segredo desta questão é identificar qual o conectivo utilizado na frase. Repare que a frase não possui os conectivos usuais: "e", "ou", "então" e "se e somente se", de maneira explícita. Teremos que utilizar interpretação de texto para identificar o conectivo utilizado.

Analisando a frase "Não basta à mulher de César ser honesta, ela precisa parecer honesta" percebe-se a existência de dois verbos (veja sublinhado) e nenhum conectivo. Assim, precisamos verificar qual o sentido da primeira frase em relação à segunda e o sentido é de adição. Portanto, o conectivo utilizado é o conectivo "e".

Uma vez identificado o conectivo, conseguimos transformar a frase do enunciado em linguagem simbólica.

Não basta à mulher de César ser honesta. (Vamos chamar esta proposição de $\sim M$).

Ela precisa parecer honesta. (Vamos chamar esta proposição de H).

Assim, a linguagem simbólica da frase do enunciado será $\sim M \wedge H$

Transformando a frase do item em linguagem simbólica:

"Basta à mulher de César ser honesta, ela não precisa parecer honesta". $M \wedge \sim H$

Vamos negar a frase e verificar se o item está certo ou errado.

Esta é a negação da frase P: $\sim(\sim M \wedge H)$.

Utilizando a equivalência lógica:

$\sim(P \wedge Q) \equiv \sim P \vee \sim Q$ (Lei de De Morgan)

$\sim(\sim M \wedge H) \equiv M \vee \sim H$

O correto seria: "Basta à mulher ser honesta ou ela não precisa parecer honesta."

A falta do conectivo "ou" no enunciado torna o item errado, pois sem o conectivo, a vírgula dá o sentido de adição (conectivo "e") e não de disjunção (conectivo "ou").

88. (**2014 – Ministério da Justiça/DPF – Agente Administrativo**) Considerando que P seja a proposição "Não basta à mulher de César ser honesta, ela precisa parecer honesta", julgue o item a seguir, acerca da lógica sentencial:

A negação da proposição P está corretamente expressa por "Basta à mulher de César ser honesta ou ela não precisa parecer honesta".

GABARITO: CERTO.

O grande segredo desta questão é identificar qual o conectivo utilizado na frase. Repare que a frase não possui os conectivos usuais: "e", "ou", "então" e "se e somente se" de maneira explícita. Teremos que utilizar a interpretação de texto para identificar o conectivo utilizado.

Analisando a frase "Não basta à mulher de César ser honesta, ela precisa parecer honesta", percebe-se a existência de dois verbos (veja sublinhado) e nenhum conectivo. Assim, precisamos verificar qual o sentido da primeira frase em relação à segunda, e o sentido é de adição. Portanto, o conectivo utilizado é o conectivo "e".

Uma vez identificado o conectivo, conseguimos transformar a frase em linguagem simbólica.

Não basta à mulher de César ser honesta. (Vamos chamar esta proposição de ~M).

Ela precisa parecer honesta. (Vamos chamar esta proposição de H).

Assim, a linguagem simbólica da frase do enunciado será $\sim M \wedge H$

Transformando a frase do item em linguagem simbólica:

"Basta à mulher de César ser honesta ou ela não precisa parecer honesta"

$M \vee \sim H$

Vamos negar a frase e verificar se o item está certo ou errado.

Esta é a negação da frase P: $\sim(\sim M \wedge H)$.

Utilizando a equivalência lógica:

$\sim(P \wedge Q) \equiv \sim P \vee \sim Q$ **(Lei de De Morgan)**

$\sim(\sim M \wedge H) \equiv M \vee \sim H$ **(igual à frase do item).**

89. (**2014 – CADE – Agente Administrativo**) Considerando os conectivos lógicos usuais, e que as letras maiúsculas representem proposições lógicas simples, julgue o item a seguir, acerca da lógica proposicional:

As proposições $P \rightarrow (\neg Q)$ e $(\neg P) \vee (\neg Q)$ são equivalentes.

GABARITO: CERTO.

Para resolver esta questão, vamos utilizar a seguinte equivalência lógica:

$P \rightarrow Q \equiv \sim P \vee Q$

Assim, temos:

$P \rightarrow (\neg Q) \equiv \sim P \vee \sim Q$

---

90. **(2014 - TCDF - Analista de Administração Pública)** Considere as proposições P_1, P_2, P_3 e P_4, apresentadas a seguir:

P_1: Se as ações de um empresário contribuírem para a manutenção de certos empregos da estrutura social, então tal empresário merece receber a gratidão da sociedade.

P_2: Se um empresário tem atuação antieconômica ou antiética, então ocorre um escândalo no mundo empresarial.

P_3: Se ocorre um escândalo no mundo empresarial, as ações do empresário contribuíram para a manutenção de certos empregos da estrutura social.

P_4: Se um empresário tem atuação antieconômica ou antiética, ele merece receber a gratidão da sociedade.

Tendo como referência essas proposições, julgue o item a seguir:

A proposição P_1 é logicamente equivalente à proposição "Se um empresário não mereceu receber a gratidão da sociedade, então as ações de tal empresário não contribuíram para a manutenção de certos empregos da estrutura social".

GABARITO: CERTO.

Vamos transformar a frase P_1 em linguagem simbólica:

"Se as ações de um empresário contribuírem para a manutenção de certos empregos da estrutura social, então tal empresário merece receber a gratidão da sociedade". $A \rightarrow G$

Agora, vamos transformar a frase do item em linguagem simbólica:

"Se um empresário não mereceu receber a gratidão da sociedade, então as ações de tal empresário não contribuíram para a manutenção de certos empregos da estrutura social" $\sim G \rightarrow \sim A$

Utilizando a equivalência lógica:

$P \rightarrow Q \equiv \sim Q \rightarrow \sim P$

Temos:

$A \rightarrow G \equiv \sim G \rightarrow \sim A$ (igual à frase do item).

---

91. **(2014 - TCDF - Analista de Administração Pública)** Considere as proposições P_1, P_2, P_3 e P_4, apresentadas a seguir:

P_1: Se as ações de um empresário contribuírem para a manutenção de certos empregos da estrutura social, então tal empresário merece receber a gratidão da sociedade.

P_2: Se um empresário tem atuação antieconômica ou antiética, então ocorre um escândalo no mundo empresarial.

P_3: Se ocorre um escândalo no mundo empresarial, as ações do empresário contribuíram para a manutenção de certos empregos da estrutura social.

P_4: Se um empresário tem atuação antieconômica ou antiética, ele merece receber a gratidão da sociedade.

Tendo como referência essas proposições, julgue o item a seguir:

A negação da proposição "Um empresário tem atuação antieconômica ou antiética" pode ser expressa por "Um empresário não tem atuação antieconômica ou não tem atuação antiética".

GABARITO: ERRADO.

Vamos transformar as frases do item em linguagem simbólica:

"Um empresário tem atuação antieconômica ou antiética". $X \vee Y$

"Um empresário não tem atuação antieconômica ou não tem atuação antiética".

$\sim X \vee \sim Y$

Vamos negar a frase e verificar se o item está certo ou errado. Esta é a negação da frase: $\sim(X \vee Y)$.

Utilizando a equivalência lógica:

$\sim(P \vee Q) \equiv \sim P \wedge \sim Q$ (Lei de De Morgan)

$\sim(X \vee Y) \equiv \sim X \wedge \sim Y$

O correto seria: "Um empresário não tem atuação antieconômica e não tem atuação antiética."

---

92. (2014 – MDIC – Analista Técnico Administrativo) Considerando que P seja a proposição "A Brasil Central é uma das ruas mais movimentadas do centro da cidade e lá o preço dos aluguéis é alto, mas se o interessado der três passos, alugará a pouca distância uma loja por um valor baixo", julgue o item subsecutivo, a respeito de lógica sentencial.

A proposição "Se o interessado der três passos, alugará a pouca distância uma loja por um valor baixo" é equivalente à proposição "Se o interessado não der três passos, não alugará a pouca distância uma loja por um valor baixo".

GABARITO: ERRADO.

Vamos transformar as frases do item em linguagem simbólica:

"Se o interessado der três passos, alugará a pouca distância uma loja por um valor baixo". $I \rightarrow A$

"Se o interessado não der três passos, não alugará a pouca distância uma loja por um valor baixo". $\sim I \rightarrow \sim A$

Utilizando a equivalência lógica:

$P \rightarrow Q \equiv \sim Q \rightarrow \sim P$

Temos:

$I \rightarrow A \equiv \sim A \rightarrow \sim I$

O correto seria: "Se não alugar a pouca distância uma loja por um valor baixo, então o interessado não dará três passos."

---

93. (2014 – MDIC – Analista Técnico Administrativo) Considerando que P seja a proposição "A Brasil Central é uma das ruas mais movimentadas do centro da cidade e lá o preço dos aluguéis é alto, mas se o interessado der três passos, alugará a pouca distância uma loja por um valor baixo", julgue o item subsecutivo, a respeito de lógica sentencial:

A negação da proposição "A Brasil Central é uma das ruas mais movimentadas do centro da cidade e lá o preço dos aluguéis é alto" está corretamente expressa por "A Brasil Central não é uma das ruas mais movimentadas do centro da cidade ou lá o preço dos aluguéis não é alto".

GABARITO: CERTO.

Vamos transformar as frases do item em linguagem simbólica:

"A Brasil Central é uma das ruas mais movimentadas do centro da cidade e lá o preço dos aluguéis é alto". $R \wedge Y$

"A Brasil Central não é uma das ruas mais movimentadas do centro da cidade ou lá o preço dos aluguéis não é alto". $\sim R \vee \sim Y$

Desejamos negar a frase $R \wedge Y$.

Sendo assim, temos $\sim(R \wedge Y)$, como sendo a negação dela.

Utilizando a equivalência lógica:

$\sim(P \wedge Q) \equiv \sim P \vee \sim Q$ (Lei de De Morgan)

$\sim(R \wedge Y) \equiv \sim R \vee \sim Y$ (igual à frase do item).

94. (2014 – CEF – Técnico Bancário) Considerando a proposição "Se Paulo não foi ao banco, ele está sem dinheiro", julgue o item seguinte:

A negação da referida proposição pode ser expressa pela proposição "Paulo não foi ao banco e ele não está sem dinheiro".

GABARITO: CERTO.

Vamos transformar a frase do enunciado em linguagem simbólica:

"Se Paulo não foi ao banco, ele está sem dinheiro". $\sim P \rightarrow D$

Transformando a frase do item em linguagem simbólica:

"Paulo não foi ao banco e ele não está sem dinheiro". $\sim P \wedge \sim D$

Desejamos negar a frase $\sim P \rightarrow D$.

Sendo assim, temos $\sim(\sim P \rightarrow D)$, como sendo a negação dela.

Utilizando a equivalência lógica:

$\sim(P \rightarrow Q) \equiv P \wedge \sim Q$

$\sim(\sim P \rightarrow D) \equiv \sim P \wedge \sim D$ (igual à frase do item).

95. (2014 – CEF – Técnico Bancário) Considerando a proposição "Se Paulo não foi ao banco, ele está sem dinheiro", julgue o item seguinte:

A proposição em apreço equivale à proposição "Paulo foi ao banco e está sem dinheiro".

GABARITO: ERRADO.

Vamos transformar a frase do enunciado em linguagem simbólica:

"Se Paulo não foi ao banco, ele está sem dinheiro". $\sim P \rightarrow D$

Transformando a frase do item em linguagem simbólica:

"Paulo foi ao banco e está sem dinheiro". $P \wedge D$

Utilizando as equivalências lógicas:

$P \rightarrow Q \equiv \sim P \wedge Q$ e $P \rightarrow Q \equiv \sim Q \rightarrow \sim P$

$\sim P \rightarrow D \equiv P \wedge D$ $\sim P \rightarrow D \equiv \sim D \rightarrow P$

Percebermos que nenhuma delas gerou a linguagem simbólica do item.

96. (2014 – CEF – Técnico Bancário) Considerando a proposição "Se Paulo não foi ao banco, ele está sem dinheiro", julgue o item seguinte:

A proposição considerada equivale à proposição "Se Paulo não está sem dinheiro, ele foi ao banco".

GABARITO: CERTO.

Vamos transformar a frase do enunciado em linguagem simbólica:

"Se Paulo não foi ao banco, ele está sem dinheiro". $\sim P \rightarrow D$

Transformando a frase do item em linguagem simbólica:

"Se Paulo não está sem dinheiro, ele foi ao banco". $\sim D \rightarrow P$

Utilizando a equivalência lógica:

$P \rightarrow Q \equiv \sim Q \rightarrow \sim P$

$\sim P \rightarrow D \equiv \sim D \rightarrow P$ (igual à frase do item).

97. (2014 – SUFRAMA – Técnico em Contabilidade) Considere as seguintes proposições:

P1: Se o Brasil reduzir as formalidades burocráticas e o nível de desconfiança nas instituições públicas, eliminar obstáculos de infraestrutura e as ineficiências no trânsito de mercadorias e ampliar a publicação de informações envolvendo exportação e importação, então o Brasil reduzirá o custo do comércio exterior.

P2: Se o Brasil reduzir o custo do comércio exterior, aumentará o fluxo de trocas bilaterais com outros países.

C: Se o Brasil reduzir o nível de desconfiança nas instituições públicas, aumentará o fluxo de trocas bilaterais com outros países.

A partir dessas proposições, julgue o item seguinte, a respeito de lógica sentencial:

A proposição P2 é logicamente equivalente à proposição "O Brasil não reduz o custo do comércio exterior, ou aumentará o fluxo de trocas bilaterais com outros países".

GABARITO: CERTO.

Vamos transformar P2 em linguagem simbólica:

P2: Se o Brasil reduzir o custo do comércio exterior, aumentará o fluxo de trocas bilaterais com outros países. $R \rightarrow A$

Transformando a frase do item em linguagem simbólica:

"O Brasil não reduz o custo do comércio exterior, ou aumentará o fluxo de trocas bilaterais com outros países". $\sim R \vee A$

Utilizando a equivalência lógica:

$P \rightarrow Q \equiv \sim P \vee Q$

$R \rightarrow A \equiv \sim R \vee A$ (igual à frase do item).

---

98. **(2014 – SUFRAMA – Técnico em Contabilidade)** Considere as seguintes proposições:

P1: Se o Brasil reduzir as formalidades burocráticas e o nível de desconfiança nas instituições públicas, eliminar obstáculos de infraestrutura e as ineficiências no trânsito de mercadorias e ampliar a publicação de informações envolvendo exportação e importação, então o Brasil reduzirá o custo do comércio exterior.

P2: Se o Brasil reduzir o custo do comércio exterior, aumentará o fluxo de trocas bilaterais com outros países.

C: Se o Brasil reduzir o nível de desconfiança nas instituições públicas, aumentará o fluxo de trocas bilaterais com outros países.

A partir dessas proposições, julgue o item seguinte, a respeito de lógica sentencial:

A proposição P2 é logicamente equivalente à proposição "Se o Brasil não aumentar o fluxo de trocas bilaterais com outros países, não reduzirá o custo do comércio exterior".

GABARITO: CERTO.

Vamos transformar a frase do enunciado em linguagem simbólica:

P2: Se o Brasil reduzir o custo do comércio exterior, aumentará o fluxo de trocas bilaterais com outros países. $R \rightarrow A$

Transformando a frase do item em linguagem simbólica:

"Se o Brasil não aumentar o fluxo de trocas bilaterais com outros países, não reduzirá o custo do comércio exterior". $\sim A \rightarrow \sim R$

Utilizando a equivalência lógica:

$P \rightarrow Q \equiv \sim Q \rightarrow \sim P$

$R \rightarrow A \equiv \sim A \rightarrow \sim R$ (igual à frase do item).

---

99. **(2014 – SUFRAMA – Técnico em Contabilidade)** Com base na proposição P: "Na máxima extensão permitida pela lei, a empresa não garante que o serviço por ela prestado não será interrompido, ou que seja livre de erros", julgue o item subsequente:

A negação da proposição P está corretamente expressa por "Na mínima extensão não permitida pela lei, a empresa garante que o serviço por ela não prestado será interrompido e que não seja livre de erros".

GABARITO: ERRADO.

Vamos transformar a frase P do enunciado em linguagem simbólica:

"Na máxima extensão permitida pela lei, a empresa não garante que o serviço por ela prestado não será interrompido, ou que seja livre de erros". $\sim I \vee E$

Transformando a frase do item em linguagem simbólica:

Não há necessidade, pois o item não se relaciona em nada com o significado do enunciado da questão.

Vamos mostrar qual seria o correto:

Desejamos negar a frase $\sim I \vee E$.

Sendo assim, temos $\sim(\sim I \vee E)$, como sendo a negação dela.

Utilizando a equivalência lógica:

$\sim(P \vee Q) \equiv \sim P \wedge \sim Q$ (Lei de De Morgan)

$\sim(\sim I \vee E) \equiv I \wedge \sim E$

O correto seria: "Na máxima extensão permitida pela lei, a empresa não garante que o serviço prestado por ela seja interrompido e que não seja livre de erros."

RLM

100. (**2013 – Ministério da Integração Nacional – Administrador**) Ao comentar a respeito da qualidade dos serviços prestados por uma empresa, um cliente fez as seguintes afirmações:

P_1: Se for bom e rápido, não será barato.

P_2: Se for bom e barato, não será rápido.

P_3: Se for rápido e barato, não será bom.

Com base nessas informações, julgue o item seguinte:

A proposição P_1 é logicamente equivalente a "Se o serviço for barato, não será bom nem será rápido".

GABARITO: ERRADO.

Vamos transformar a frase P_1 em linguagem simbólica:

P_1: Se for bom e rápido, não será barato. $B \wedge R \to \sim T$

Transformando a frase do item em linguagem simbólica:

"Se o serviço for barato, não será bom nem será rápido" $T \to \sim B \wedge \sim R$

Utilizando as equivalência lógicas:

$P \to Q \equiv \sim Q \to \sim P$

$\sim(P \wedge Q) \equiv \sim P \vee \sim Q$ (Lei de De Morgan)

Temos:

$B \wedge R \to \sim T \equiv \sim(\sim T) \to \sim(B \wedge R) \equiv T \to \sim B \vee \sim R$

O correto seria: "Se o serviço for barato, não será bom ou não será rápido."

101. (**2013 – Ministério da Integração Nacional – Administrador**) Ao comentar a respeito da qualidade dos serviços prestados por uma empresa, um cliente fez as seguintes afirmações:

P_1: Se for bom e rápido, não será barato.

P_2: Se for bom e barato, não será rápido.

P_3: Se for rápido e barato, não será bom.

Com base nessas informações, julgue o item seguinte:

A proposição P2 é logicamente equivalente a "Ou o serviço é bom e barato, ou é rápido".

GABARITO: ERRADO.

Vamos transformar a frase P_1 em linguagem simbólica:

P2: Se for bom e barato, não será rápido. $B \wedge T \rightarrow \sim R$

Transformando a frase do item em linguagem simbólica:

"Ou o serviço é bom e barato, ou é rápido" $B \wedge T$, R

Não existe nenhuma equivalência lógica que transforma o conectivo da frase P1 no conectivo da frase do item.

Vamos mostrar quais seriam as frase equivalentes:

Utilizando a equivalência lógica:

$P \rightarrow Q \equiv \sim Q \rightarrow \sim P$

Temos:

$B \wedge R \rightarrow \sim T \equiv \sim (\sim T) \rightarrow \sim (B \wedge R)$

Utilizando a equivalência lógica a seguir, na segunda parte da frase:

$\sim(P \wedge Q) \equiv \sim P \vee \sim Q$ (Lei de De Morgan)

$\sim (\sim T) \rightarrow \sim (B \wedge R) \equiv T \rightarrow \sim B \vee \sim R.$

O correto seria: "Se o serviço for barato, então não será bom, ou não será rápido."

Outra frase que também seria equivalente é:

Utilizando a equivalência lógica:

$P \rightarrow Q \equiv \sim P \vee \sim Q$

Temos:

$B \wedge R \rightarrow \sim T \equiv \sim(B \wedge R) \vee \sim T$

Utilizando a equivalência lógica a seguir, na primeira parte da frase:

$\sim(P \wedge Q) \equiv \sim P \vee \sim Q$ (Lei de De Morgan)

$\sim(B \wedge R) \vee \sim T \equiv \sim B \vee \sim R \vee \sim T$

O correto seria: "O serviço não é bom ou não é rápido ou não é barato."

Com qualquer umas das duas propriedades utilizadas, não obteríamos a frase do item.

---

102. **(2013 – SERPRO – Analista de Administração de Serviços de Tecnologia da Informação)** — Mário, você não vai tirar férias este ano de novo? Você trabalha demais!

— Ah, João, aquele que trabalha com o que gosta está sempre de férias.

Considerando o diálogo, julgue o item seguinte, tendo como referência a declaração de Mário.

A negação da declaração de Mário pode ser corretamente expressa pela seguinte proposição: "Aquele que não trabalha com o que não gosta não está sempre de férias".

GABARITO: ERRADO.

O grande segredo desta questão é identificar qual o conectivo utilizado na frase. Repare que a frase não possui os conectivos usuais: "e", "ou", "então" e "se e somente se", de maneira explícita. Teremos que utilizar interpretação de texto para identificar o conectivo utilizado.

Analisando a frase "...aquele que trabalha com o que gosta está sempre de férias." percebe-se a existência de dois verbos (veja sublinhado), e a frase está com sentido de condição. Portanto, o conectivo utilizado é o conectivo "então".

Uma vez identificado o conectivo, conseguimos transformar a frase do enunciado e do item em linguagem simbólica.

"...aquele que trabalha com o que gosta está sempre de férias." $T \rightarrow F$

"Aquele que não trabalha com o que não gosta não está sempre de férias".

$\sim T \rightarrow \sim F$

Desejamos negar a frase $T \rightarrow F$.

Sendo assim, temos $\sim(T \rightarrow F)$, como sendo a negação dela.

Para resolver este item, devemos usar a seguinte equivalência lógica:

$\sim(P \rightarrow Q) \equiv P \wedge \sim Q$

$\sim(T \rightarrow F) \equiv T \wedge \sim F$

O correto seria: "Trabalha com o que gosta e não está sempre de férias."

103. **(2013 – SERPRO – Analista de Administração de Serviços de Tecnologia da Informação)** — Mário, você não vai tirar férias este ano de novo? Você trabalha demais!

— Ah, João, aquele que trabalha com o que gosta está sempre de férias.

Considerando o diálogo acima, julgue o item seguinte, tendo como referência a declaração de Mário.

"Se o indivíduo estiver sempre de férias, então ele trabalha com o que gosta" é uma proposição equivalente à declaração de Mário.

GABARITO: ERRADO.

O grande segredo desta questão é identificar qual o conectivo utilizado na frase. Repare que a frase não possui os conectivos usuais: "e", "ou", "então" e "se e somente se", de maneira explícita. Teremos que utilizar a interpretação de texto para identificar o conectivo utilizado.

Analisando a frase "...aquele que trabalha com o que gosta está sempre de férias." percebe-se a existência de dois verbos (veja sublinhado), e a frase está com sentido de condição. Portanto, o conectivo utilizado é o conectivo "então".

Uma vez identificado o conectivo, conseguimos transformar a frase do enunciado e do item em linguagem simbólica.

"...aquele que trabalha com o que gosta está sempre de férias." $T \rightarrow F$

"Se o indivíduo estiver sempre de férias, então ele trabalha com o que gosta"

$F \rightarrow T$

Utilizando a equivalência lógica:

$P \rightarrow Q \equiv \sim Q \rightarrow \sim P$

$T \rightarrow F \equiv \sim F \rightarrow \sim T$

O correto seria: "Se não está sempre de férias, então não trabalha com o que gosta."

104. **(2013 – SERPRO – Analista de Administração de Serviços de Tecnologia da Informação)** Ser síndico não é fácil. Além das cobranças de uns e da inadimplência de outros, ele está sujeito a passar por desonesto. A esse respeito, um ex-síndico formulou as seguintes proposições:
— Se o síndico troca de carro ou reforma seu apartamento, dizem que ele usou dinheiro do condomínio em benefício próprio. (P_1)
— Se dizem que o síndico usou dinheiro do condomínio em benefício próprio, ele fica com fama de desonesto. (P_2)
— Logo, se você quiser manter sua fama de honesto, não queira ser síndico. (P_3)
Com referência às proposições P_1, P_2 e P_3 acima, julgue o item a seguir:

A negação da proposição "O síndico troca de carro ou reforma seu apartamento" pode ser corretamente expressa por "O síndico não troca de carro nem reforma seu apartamento".

GABARITO: CERTO.

Transformando as frases do item em linguagem simbólica.

"O síndico troca de carro ou reforma seu apartamento" $C \vee A$

"O síndico não troca de carro nem reforma seu apartamento" $\sim C \wedge \sim A$

Vamos negar a frase e verificar se o item está certo ou errado.

Esta é a negação da frase primeira frase do item: $\sim(C \vee A)$.

Utilizando a equivalência lógica:

$\sim(P \vee Q) \equiv \sim P \wedge \sim Q$ (Lei de De Morgan)

$\sim(C \vee A) \equiv \sim C \wedge \sim A$ (igual à frase do item).

---

105. **(2013 – SERPRO – Analista de Administração de Serviços de Tecnologia da Informação)** Ser síndico não é fácil. Além das cobranças de uns e da inadimplência de outros, ele está sujeito a passar por desonesto. A esse respeito, um ex-síndico formulou as seguintes proposições:
— Se o síndico troca de carro ou reforma seu apartamento, dizem que ele usou dinheiro do condomínio em benefício próprio. (P_1)
— Se dizem que o síndico usou dinheiro do condomínio em benefício próprio, ele fica com fama de desonesto. (P_2)
— Logo, se você quiser manter sua fama de honesto, não queira ser síndico. (P_3)
Com referência às proposições P_1, P_2 e P_3 acima, julgue o item a seguir:

A proposição P3 é equivalente a "Se você quiser ser síndico, não queira manter sua fama de honesto".

GABARITO: CERTO.

Transformando P3 e o item em linguagem simbólica.

P3: Se você quiser manter sua fama de honesto, não queira ser síndico. $H \rightarrow \sim S$

Transformando a frase do item em linguagem simbólica:

"Se você quiser ser síndico, não queira manter sua fama de honesto". $S \rightarrow \sim H$

Utilizando a equivalência lógica:

$P \rightarrow Q \equiv \sim Q \rightarrow \sim P$

$H \rightarrow \sim S \equiv S \rightarrow \sim H$ (igual à frase do item).

---

106. (2013 – TCE/RO – Analista de Informática) Com referência às proposições lógicas simples P, Q e R, julgue o próximo item:

Se ¬R representa a negação de R, então as proposições P ∨ [¬(Q→ R)] e (P ∨ Q) ∧ [P ∨ (¬R)] são equivalentes.

GABARITO: ERRADO.

Não serão utilizadas as equivalências lógicas, pois esse procedimento apresenta-se um tanto complicado, no caso específico deste item.

Em virtude disso, construir-se-ão as respectivas tabelas-verdade, a fim de que seja possível verificar se, de fato, as proposições são equivalentes, conforme a afirmação proferida no item que ora está sendo analisado.

Passo 1: montagem da tabela.

Passo 2: para obter a coluna 4, utilizamos as colunas 2 e 3.

Passo 3: para obter a coluna 5, utilizamos a coluna 4.

Passo 4: para obter a coluna 6, utilizamos as colunas 4 e 5.

1	2	3	4	5	6
P	Q	R	Q→R	¬(Q→R)	P ∨ [¬(Q→R)]
V	V	V	V	F	V
V	V	F	F	V	V
V	F	V	V	F	V
V	F	F	V	F	V
F	V	V	V	F	F
F	V	F	F	V	V
F	F	V	V	F	F
F	F	F	V	F	F

Passo 1: montagem da tabela

Passo 2: para obter a coluna 4, utilizamos as colunas 1 e 2;
para obter a coluna 5, utilizamos a coluna 3.

Passo 3: para obter a coluna 6, utilizamos as colunas 1 e 5.

Passo 4: para obter a coluna 7, utilizamos as colunas 4 e 6.

1	2	3	4	5	6	7
P	Q	R	P∨Q	¬R	P∨(¬R)	(P∨Q)∧[P∨(¬R)]
V	V	V	V	F	V	V
V	V	F	V	V	V	V
V	F	V	V	F	V	V
V	F	F	V	V	V	V
F	V	V	V	F	F	F
F	V	F	V	V	V	V
F	F	V	F	F	F	F
F	F	F	F	V	V	F

Como é possível verificar, o item está correto, já que as duas tabelas-verdade são iguais.

107. (2013 – MPOG – Analista de Negócio)

- P: Todo número natural primo é ímpar.
- Q: Existe um triângulo equilátero que não é isósceles.
- R: Se $\begin{bmatrix} 2 & -1 & 3 \\ 1 & 4 & -2 \\ 3 & 1 & 0 \end{bmatrix} \begin{bmatrix} x \\ 1 \\ x \end{bmatrix} = \begin{bmatrix} 9 \\ 2 \\ 7 \end{bmatrix}$, então x = 2.
- S: O triângulo cujos lados medem 3 cm, 12 cm e 15 cm é retângulo.

Considerando as proposições apresentadas, julgue o próximo item:

A negação da proposição $P \wedge Q$ pode ser escrita da seguinte forma: "Existe um número natural primo que é par, ou todo triângulo equilátero é isósceles."

GABARITO: ERRADO.

Vamos negar a proposição $P \wedge Q$.

Esta é a negação da frase P: $\sim(P \wedge Q)$.

Utilizando a equivalência lógica:

$\sim(P \wedge Q) \equiv \sim P \vee \sim Q$ (Lei de De Morgan)

Temos a seguinte frase $\sim P \vee \sim Q$:

Existe um número natural primo não é ímpar ou todo triângulo equilátero que é isósceles.

Devemos lembrar que a negação do termo "TODO É" é "EXISTE UM QUE NÃO É".

---

108. (2013 – MPU – Analista do MPU) Ao comentar a respeito da instabilidade cambial de determinado país, um jornalista fez a seguinte colocação: "Ou cai o Ministro da Fazenda, ou cai o dólar". Acerca desse comentário, que constitui uma disjunção exclusiva, julgue o item seguinte:

A negação da colocação do jornalista é equivalente a "Cai o Ministro da Fazenda se, e somente se, cai o dólar".

GABARITO: CERTO.

Vamos transformar a frase do enunciado em linguagem simbólica, bem como a do item:

"Ou cai o Ministro da Fazenda, ou cai o dólar" $C \vee D$

"Cai o Ministro da Fazenda se, e somente se, cai o dólar" $C \leftrightarrow D$

Vamos negar a frase e verificar se o item está certo ou errado.

Esta é a negação da frase do enunciado: $\sim(C , D)$.

Utilizando a equivalência lógica:

$\sim(P \vee Q) \equiv P \leftrightarrow Q$

$\sim(C \vee D) \equiv C \leftrightarrow D$ (igual à frase do item).

---

109. (2013 – MPU – Analista do MPU) Ao comentar a respeito da instabilidade cambial de determinado país, um jornalista fez a seguinte colocação: "Ou cai o Ministro da Fazenda, ou cai o dólar". Acerca desse comentário, que constitui uma disjunção exclusiva, julgue o item seguinte:

A proposição do jornalista é equivalente a "Se não cai o Ministro da Fazenda, então cai o dólar".

GABARITO: ERRADO.

Vamos transformar a frase do enunciado em linguagem simbólica, bem como a do item:

"Ou cai o Ministro da Fazenda, ou cai o dólar" C ▾ D

"Se não cai o Ministro da Fazenda, então cai o dólar" $\sim C \rightarrow D$

Não existe nenhuma equivalência lógica que transforma o conectivo "disjunção exclusiva (ou...ou) no conectivo condicional (então). Portanto, o item está errado.

Utilizando a equivalência lógica:

$P \vee Q \equiv \sim(P \leftrightarrow Q)$

Temos:

$C \vee D \equiv \sim(C \leftrightarrow D)$

O correto seria: "Não é verdade que cai o Ministro, se e somente se, cai o dólar."

---

110. **(2013 – Companhia de Pesquisa de Recursos Minerais – Analista em Geociências)** Márcia, ao interrogar os filhos, Ana, Bernardo, Carla, Deise e Eugênio, sobre qual deles havia quebrado um espelho, obteve as seguintes declarações:

— O culpado é Eugênio ou Deise, disse Bernardo.

— O culpado é uma menina, disse Eugênio.

— Se Bernardo é culpado, então Carla é inocente, disse Deise.

Com base nessa situação e admitindo que somente um seja culpado, julgue o item seguinte:

A afirmação de Deise é equivalente a "Se Carla é culpada, então Bernardo é inocente".

GABARITO: CERTO.

Vamos transformar a frase da Deise em linguagem simbólica:

"Se Bernardo é culpado, então Carla é inocente". $\sim B \rightarrow C$

Transformando a frase do item em linguagem simbólica:

"Se Carla é culpada, então Bernardo é inocente". $\sim C \rightarrow B$

Utilizando a equivalência lógica:

$P \rightarrow Q \equiv \sim Q \rightarrow \sim P$

Temos:

$\sim B \rightarrow C \equiv \sim C \rightarrow B$ **Se Carla não é inocente, então Bernardo não é culpado.**

Se Carla é culpada, então Bernardo é inocente.

---

111. **(2013 – Companhia de Pesquisa de Recursos Minerais – Analista em Geociências)** Márcia, ao interrogar os filhos, Ana, Bernardo, Carla, Deise e Eugênio, sobre qual deles havia quebrado um espelho, obteve as seguintes declarações:

— O culpado é Eugênio ou Deise, disse Bernardo.

— O culpado é uma menina, disse Eugênio.

— Se Bernardo é culpado, então Carla é inocente, disse Deise.

Com base nessa situação e admitindo que somente um seja culpado, julgue o item seguinte:
A afirmação de Deise é equivalente a "Bernardo ou Carla é inocente".

GABARITO: CERTO.

Vamos transformar a frase da Deise em linguagem simbólica:

"Se Bernardo é culpado, então Carla é inocente". $\sim B \rightarrow C$

Transformando a frase do item em linguagem simbólica:

"Bernardo ou Carla é inocente". $B \vee C$

Utilizando a equivalência lógica:

$P \rightarrow Q \equiv \sim P \vee Q$

Temos:

$\sim B \rightarrow C \equiv B \vee C$ Bernardo não é culpado ou Carla é inocente.

Bernardo é inocente ou Carla é inocente.

---

112. **(2013 – Companhia de Pesquisa de Recursos Minerais – Analista em Geociências)** Márcia, ao interrogar os filhos, Ana, Bernardo, Carla, Deise e Eugênio, sobre qual deles havia quebrado um espelho, obteve as seguintes declarações:

— O culpado é Eugênio ou Deise, disse Bernardo.
— O culpado é uma menina, disse Eugênio.
— Se Bernardo é culpado, então Carla é inocente, disse Deise.

Com base nessa situação e admitindo que somente um seja culpado, julgue o item seguinte:
A negação da afirmação de Bernardo é corretamente expressa por "Nem Eugênio nem Deise são culpados".

GABARITO: CERTO.

Vamos transformar a frase de Bernardo:

"O culpado é Eugênio ou Deise". $\sim E \vee \sim D$

Transformando a frase do item em linguagem simbólica:

"Nem Eugênio nem Deise são culpados". $E \wedge D$

Negando a frase de Bernardo, temos: $\sim(\sim E \vee \sim D)$

Utilizando a equivalência lógica:

$\sim(\sim P \vee \sim Q) \equiv P \wedge Q$ (Lei de De Morgan)

$\sim(\sim E \vee \sim D) \equiv E \wedge D$ (igual à frase do item)

Temos a seguinte frase:

O culpado não é Eugênio nem Deise. Ou ainda: nem Eugênio nem Deise são culpados.

---

113. **(2013 – Companhia de Pesquisa de Recursos Minerais – Analista em Geociências)** Márcia, ao interrogar os filhos, Ana, Bernardo, Carla, Deise e Eugênio, sobre qual deles havia quebrado um espelho, obteve as seguintes declarações:

— O culpado é Eugênio ou Deise, disse Bernardo.
— O culpado é uma menina, disse Eugênio.

— Se Bernardo é culpado, então Carla é inocente, disse Deise.

Com base nessa situação e admitindo que somente um seja culpado, julgue o item seguinte:

A afirmação de Eugênio é equivalente a "Existe um menino que é inocente".

GABARITO: ERRADO.

A frase de Eugênio é: O culpado é uma menina.

Se o culpado é menina, então <u>todo menino é inocente</u>.

Sabendo que Todo menino é inocente, a frase "Existe um menino que é inocente" não é equivalente à frase do Eugênio.

RLM

114. **(2013 – DPF – Escrivão de Polícia Federal)** Nos termos do Edital n.º 9/2012 – DGP/DPF, de 10/6/2012, do concurso público para provimento de vagas no cargo de escrivão de polícia federal, cada candidato será submetido, durante todo o período de realização do concurso, a uma investigação social que visa avaliar o procedimento irrepreensível e a idoneidade moral inatacável dos candidatos. O item 19.1 do edital prevê que a nomeação do candidato ao cargo fica condicionada à não eliminação na investigação social e ao atendimento a outros requisitos. Com base nessas informações, e considerando que Pedro Henrique seja um dos candidatos, julgue o item seguinte:

A negação da proposição "Se Pedro Henrique não foi eliminado na investigação social, então ele será nomeado para o cargo" estará corretamente enunciada da seguinte forma: "Se Pedro Henrique foi eliminado na investigação social, então ele não será nomeado para o cargo".

GABARITO: ERRADO.

Transformando as frases do item em linguagem simbólica:

"Se Pedro Henrique não foi eliminado na investigação social, então ele será nomeado para o cargo". $\sim E \rightarrow N$

"Se Pedro Henrique foi eliminado na investigação social, então ele não será nomeado para o cargo". $E \rightarrow \sim N$

Vamos negar a primeira frase do item e verificar se o item está certo ou errado.

Esta é a negação da frase do enunciado: $\sim(\sim E \rightarrow N)$.

Utilizando a equivalência lógica:

$\sim(P \rightarrow Q) \equiv P \wedge \sim Q$

$\sim(\sim E \rightarrow N) \equiv \sim E \wedge \sim N$

O correto seria: "Pedro Henrique não foi eliminado na investigação social e ele não será nomeado para o cargo".

115. **(2013 – DPF – Escrivão de Polícia Federal)** Nos termos do Edital n.º 9/2012 – DGP/DPF, de 10/6/2012, do concurso público para provimento de vagas no cargo de escrivão de polícia federal, cada candidato será submetido, durante todo o período de realização do concurso, a uma investigação social que visa avaliar o procedimento irrepreensível e a idoneidade moral inatacável dos candidatos. O item 19.1 do edital prevê que a nomeação do candidato ao cargo fica condicionada à não eliminação na investigação social e ao atendimento a outros requisitos. Com base nessas informações, e considerando que Pedro Henrique seja um dos candidatos, julgue o item seguinte:

A negação da proposição "Pedro Henrique não será eliminado na investigação social e ele atende aos outros requisitos" estará corretamente redigida da seguinte forma: "Pedro Henrique será eliminado na investigação social e ele não atende a algum dos outros requisitos".

GABARITO: ERRADO.

Transformando as frases do item em linguagem simbólica:

"Pedro Henrique não será eliminado na investigação social e ele atende aos outros requisitos". $\sim E \wedge R$

"Pedro Henrique será eliminado na investigação social e ele não atende a algum dos outros requisitos". $E \wedge \sim R$

Vamos negar a primeira frase e verificar se o item está certo ou errado.

Esta é a negação da frase do enunciado: $\sim(\sim E \wedge R)$.

Utilizando a equivalência lógica:

$\sim(\sim P \wedge \sim Q) \equiv P \vee Q$ **(Lei de De Morgan)**

$\sim(\sim E \wedge R) \equiv E \vee \sim R$

O correto seria: "Pedro Henrique será eliminado na investigação social ou ele não atende a algum dos outros requisitos."

---

116. **(2013 – DPF – Escrivão de Polícia Federal)** Nos termos do Edital n.º 9/2012 – DGP/DPF, de 10/6/2012, do concurso público para provimento de vagas no cargo de escrivão de polícia federal, cada candidato será submetido, durante todo o período de realização do concurso, a uma investigação social que visa avaliar o procedimento irrepreensível e a idoneidade moral inatacável dos candidatos. O item 19.1 do edital prevê que a nomeação do candidato ao cargo fica condicionada à não eliminação na investigação social e ao atendimento a outros requisitos. Com base nessas informações, e considerando que Pedro Henrique seja um dos candidatos, julgue o item seguinte:

As proposições "A nomeação de Pedro Henrique para o cargo fica condicionada à não eliminação na investigação social" e "Ou Pedro Henrique é eliminado na investigação social ou é nomeado para o cargo" são logicamente equivalentes.

GABARITO: ERRADO.

Este item está errado, pois não existe nenhuma equivalência lógica que transforma uma frase condicional (então) em uma frase com disjunção exclusiva (ou...ou).

---

117. **(2013 – DPF – Escrivão de Polícia Federal)** Suspeita-se que um chefe de organização criminosa tenha assumido as despesas de determinado candidato em curso de preparação para concurso para provimento de vagas do órgão X.

P1: Existe a convicção por parte dos servidores do órgão X de que, se um chefe de organização criminosa pagou para determinado candidato curso de preparação para concurso, ou o chefe é amigo de infância do candidato ou então esse candidato foi recrutado pela organização criminosa para ser aprovado no concurso;

P2: Há, ainda, entre os servidores do órgão X, a certeza de que, se o candidato foi recrutado pela organização criminosa para ser aprovado no concurso, então essa organização deseja obter informações sigilosas ou influenciar as decisões do órgão X.

Diante dessa situação, o candidato, inquirido a respeito, disse o seguinte:

P3: Ele é meu amigo de infância, e eu não sabia que ele é chefe de organização criminosa;

P4: Pedi a ele que pagasse meu curso de preparação, mas ele não pagou.

Considerando essa situação hipotética, julgue o item subsecutivo:

A negação da proposição P4 é equivalente a "Não pedi a ele que pagasse meu curso, mas ele pagou".

GABARITO: ERRADO.

Transformando P4 linguagem simbólica:

P4: Pedi a ele que pagasse meu curso de preparação, mas ele não pagou.

$P \wedge \sim P$. (é importante realçar que o termo "mas" substitui o termo "e".

Transformando a frase do item em linguagem simbólica:

"Não pedi a ele que pagasse meu curso, mas ele pagou". $\sim P \wedge P$

Vamos negar a proposição P4 e verificar se o item está certo ou errado.

Esta é a negação da frase do enunciado: $\sim(P \wedge \sim P)$.

Utilizando a equivalência lógica:

$\sim(\sim P \wedge \sim Q) \equiv P \vee Q$ (Lei de De Morgan)

$\sim(P \wedge \sim P) \equiv \sim P \vee P$

O correto seria: "Não pedi a ele que pagasse meu curso ou ele pagou".

---

118. **(2013 – BACEN – Analista do Banco Central)** O Governo Federal identificou que é fundamental para o crescimento econômico do país a construção de ferrovia ligando determinada região produtora de grãos ao porto mais próximo. Os estudos de demanda mostraram que o empreendimento não é viável economicamente para o setor privado, razão por que o governo decidiu adotar medidas para incentivar o setor privado a investir na construção e operação da ferrovia. Nas reuniões para a escolha da melhor forma de incentivar o setor privado, dois argumentos que se destacaram são apresentados a seguir:

Argumento 1:

- **P1:** O Governo quer que a ferrovia seja construída, há necessidade de volumosos investimentos iniciais na construção e não haverá demanda suficiente por sua utilização nos primeiros anos de operação.
- **P2:** Como há necessidade de volumosos investimentos iniciais para a construção da ferrovia e não haverá demanda suficiente por sua utilização nos primeiros anos de operação, a taxa interna de retorno do negócio será baixa.
- **P3:** Se a taxa interna de retorno do negócio for baixa, os empresários não terão interesse em investir seus recursos próprios na construção e operação da ferrovia.
- **P4:** Se o Governo quer que a ferrovia seja construída e se os empresários não tiverem interesse em investir seus recursos próprios na construção e operação, o

Governo deverá construí-la com recursos da União e conceder a operação à iniciativa privada.

- **C1:** Logo, o Governo deverá construir a ferrovia com recursos da União e conceder a operação à iniciativa privada.

Argumento 2:

- **Q1:** O Governo Federal constrói a ferrovia com recursos da União ou toma emprestados 70% dos recursos necessários à construção da ferrovia, via Tesouro Direto, pagando juros à taxa SELIC de 9% a.a., e empresta ao empresário, via banco público de desenvolvimento, à taxa subsidiada de 3% a.a.
- **Q2:** Se o Governo constrói a ferrovia com recursos da União, remunera o capital do construtor segundo sua taxa mínima de atratividade, que é de 16% a.a.
- **Q3:** É menos oneroso para o Governo tomar emprestado via Tesouro Direto, pagando juros à taxa SELIC de 9% a.a. e financiar a construção à taxa subsidiada de 3% a.a, do que remunerar o capital do construtor segundo sua taxa mínima de atratividade, de 16% a.a.
- **Q4:** Se o Governo empresta para o empresário 70% dos recursos necessários à construção da ferrovia, à taxa subsidiada de 3% a.a., então a taxa interna de retorno do acionista no negócio supera sua taxa mínima de atratividade.
- **Q5:** Se a taxa interna de retorno do acionista no negócio supera sua taxa mínima de atratividade, então o empresário tem interesse em investir seus recursos próprios em parte da construção e na operação da ferrovia.
- **C2:** Logo, se é menos oneroso para o Governo tomar emprestado via Tesouro Direto, pagando juros à taxa SELIC de 9% a.a. e financiar à taxa subsidiada de 3% a.a., do que remunerar o capital do construtor segundo sua taxa mínima de atratividade, de 16% a.a., então o Governo toma emprestados 70% dos recursos necessários à construção da ferrovia, via Tesouro Direto, pagando juros à taxa SELIC de 9% a.a., empresta ao empresário, via banco público de desenvolvimento, à taxa subsidiada de 3% a.a., e o empresário terá interesse em investir seus recursos próprios em parte da construção e na operação da ferrovia.

Com referência aos argumentos hipotéticos apresentados, julgue o item seguinte, relativo à lógica sentencial:

A negação da proposição P1 estará corretamente expressa por "O Governo não quer que a ferrovia seja construída, não há necessidade de volumosos investimentos iniciais na construção ou haverá demanda suficiente por sua utilização nos primeiros anos de operação".

GABARITO: CERTO.

Transformando P1 em linguagem simbólica:

P1: O Governo quer que a ferrovia seja construída, há necessidade de volumosos investimentos iniciais na construção e não haverá demanda suficiente por sua utilização nos primeiros anos de operação. $F \wedge V \wedge \sim D$

Convém ressaltar que a vírgula no contexto desta proposição substitui o conectivo "e".

Transformando a frase do item em linguagem simbólica:

"O Governo não quer que a ferrovia seja construída, não há necessidade de volumosos investimentos iniciais na construção ou haverá demanda suficiente por sua

utilização nos primeiros anos de operação" ~F ∨ ~V ∨ D

Convém ressaltar que a vírgula, no contexto desta proposição, substitui o conectivo "ou".

Vamos negar a proposição P1 e verificar se o item está certo ou errado.

Esta é a negação da frase do enunciado: ~(F ∧ V ∧ ~D).

Utilizando a equivalência lógica:

~(P ∧ Q ∧ R) ≡ ~P ∨ ~Q ∨ ~R (Lei de De Morgan)

~(F ∧ V ∧ ~D) ≡ ~F ∨ ~V ∨ D (igual à frase do item)

119. (2013 – BACEN – Analista do Banco Central) O Governo Federal identificou que é fundamental para o crescimento econômico do país a construção de ferrovia ligando determinada região produtora de grãos ao porto mais próximo. Os estudos de demanda mostraram que o empreendimento não é viável economicamente para o setor privado, razão por que o governo decidiu adotar medidas para incentivar o setor privado a investir na construção e operação da ferrovia. Nas reuniões para a escolha da melhor forma de incentivar o setor privado, dois argumentos que se destacaram são apresentados a seguir:

Argumento 1:

- **P1:** O Governo quer que a ferrovia seja construída, há necessidade de volumosos investimentos iniciais na construção e não haverá demanda suficiente por sua utilização nos primeiros anos de operação.
- **P2:** Como há necessidade de volumosos investimentos iniciais para a construção da ferrovia e não haverá demanda suficiente por sua utilização nos primeiros anos de operação, a taxa interna de retorno do negócio será baixa.
- **P3:** Se a taxa interna de retorno do negócio for baixa, os empresários não terão interesse em investir seus recursos próprios na construção e operação da ferrovia.
- **P4:** Se o Governo quer que a ferrovia seja construída e se os empresários não tiverem interesse em investir seus recursos próprios na construção e operação, o Governo deverá construí-la com recursos da União e conceder a operação à iniciativa privada.
- **C1:** Logo, o Governo deverá construir a ferrovia com recursos da União e conceder a operação à iniciativa privada.

Argumento 2:

- **Q1:** O Governo Federal constrói a ferrovia com recursos da União ou toma emprestados 70% dos recursos necessários à construção da ferrovia, via Tesouro Direto, pagando juros à taxa SELIC de 9% a.a., e empresta ao empresário, via banco público de desenvolvimento, à taxa subsidiada de 3% a.a.
- **Q2:** Se o Governo constrói a ferrovia com recursos da União, remunera o capital do construtor segundo sua taxa mínima de atratividade, que é de 16% a.a.
- **Q3:** É menos oneroso para o governo tomar emprestado via Tesouro Direto, pagando juros à taxa SELIC de 9% a.a. e financiar a construção à taxa subsidiada de 3% a.a, do que remunerar o capital do construtor segundo sua taxa mínima de atratividade, de 16% a.a.
- **Q4:** Se o Governo empresta para o empresário 70% dos recursos necessários à construção da ferrovia, à taxa subsidiada de 3% a.a., então a taxa interna de retorno do

acionista no negócio supera sua taxa mínima de atratividade.

- Q5: Se a taxa interna de retorno do acionista no negócio supera sua taxa mínima de atratividade, então o empresário tem interesse em investir seus recursos próprios em parte da construção e na operação da ferrovia.
- C2: Logo, se é menos oneroso para o Governo tomar emprestado via Tesouro Direto, pagando juros à taxa SELIC de 9% a.a. e financiar à taxa subsidiada de 3% a.a., do que remunerar o capital do construtor segundo sua taxa mínima de atratividade, de 16% a.a., então o Governo toma emprestados 70% dos recursos necessários à construção da ferrovia, via Tesouro Direto, pagando juros à taxa SELIC de 9% a.a., empresta ao empresário, via banco público de desenvolvimento, à taxa subsidiada de 3% a.a., e o empresário terá interesse em investir seus recursos próprios em parte da construção e na operação da ferrovia.

Com referência aos argumentos hipotéticos apresentados, julgue o item seguinte, relativo à lógica sentencial:

A proposição P2 é logicamente equivalente a "Se há necessidade de volumosos investimentos iniciais para a construção da ferrovia e não haverá demanda suficiente por sua utilização nos primeiros anos de operação, então a taxa interna de retorno do negócio será baixa".

GABARITO: CERTO.

Transformando P2 em linguagem simbólica:

P2: Como há necessidade de volumosos investimentos iniciais para a construção da ferrovia, e não haverá demanda suficiente por sua utilização nos primeiros anos de operação, a taxa interna de retorno do negócio será baixa.

$V \wedge \sim D \rightarrow T$

Transformando a frase do item em linguagem simbólica:

"Se há necessidade de volumosos investimentos iniciais para a construção da ferrovia, e não haverá demanda suficiente por sua utilização nos primeiros anos de operação, então a taxa interna de retorno do negócio será baixa". $V \wedge \sim D \rightarrow T$

Para resolver este item, basta saber que o termo "como" substitui o termo "se".

---

120. **(2013 – TRT/10ª região – Analista Judiciário Área Tecnologia da Informação)** Ao comentar sobre as razões da dor na região lombar que seu paciente sentia, o médico fez as seguintes afirmativas:

P_1: Além de ser suportado pela estrutura óssea da coluna, seu peso é suportado também por sua estrutura muscular.

P_2: Se você estiver com sua estrutura muscular fraca ou com sobrepeso, estará com sobrecarga na estrutura óssea da coluna.

P_3: Se você estiver com sobrecarga na estrutura óssea da coluna, sentirá dores na região lombar.

P_4: Se você praticar exercícios físicos regularmente, sua estrutura muscular não estará fraca.

P_5: Se você tiver uma dieta balanceada, não estará com sobrepeso.

Tendo como referência a situação apresentada, julgue o item seguinte, considerando apenas seus aspectos lógicos:

A negação da proposição P_2 é equivalente à proposição "Você não está com sua estrutura muscular fraca nem com sobrepeso, mas está com sobrecarga na estrutura óssea da coluna".

GABARITO: ERRADO.

Transformando P2 em linguagem simbólica:

P_2: Se você estiver com sua estrutura muscular fraca ou com sobrepeso, estará com sobrecarga na estrutura óssea da coluna. $(F \vee S) \rightarrow O$

Transformando a frase do item em linguagem simbólica:

"Você não está com sua estrutura muscular fraca nem com sobrepeso, mas está com sobrecarga na estrutura óssea da coluna". $\sim F \wedge \sim S \wedge O$

Vamos negar a proposição P2 e verificar se o item está certo ou errado.

Esta é a negação da frase do enunciado: $\sim((F \vee S) \rightarrow O)$.

Utilizando a equivalência lógica:

$\sim(P \rightarrow Q) \equiv P \wedge \sim Q$

$\sim((F \vee S) \rightarrow O) \equiv (F \vee S) \wedge \sim O$

O correto seria: "Você está com sua estrutura muscular fraca ou com sobrepeso e não está com sobrecarga na estrutura óssea da coluna".

---

121. **(2013 – INPI – Arquiteto/Engenheiro)** Com relação à lógica proposicional, julgue o item a seguir, considerando que P e Q sejam proposições adequadas.

A expressão $\neg(P \wedge Q) \leftrightarrow [(\neg P) \vee (\neg Q)]$ é uma das Leis de De Morgan.

GABARITO: CERTO.

Neste caso, pode-se afirmar que não há o que comentar: ou o candidato conhece as leis de De Morgan, ou não consegue dizer se este item está certo ou errado.

---

122. **(2013 – MPU – Técnico Administrativo)** Nos termos da Lei n.º 8.666/1993, "É dispensável a realização de nova licitação quando não aparecerem interessados em licitação anterior e esta não puder ser repetida sem prejuízo para a administração". Considerando apenas os aspectos desse mandamento atinentes à lógica e que ele seja cumprido se, e somente se, a proposição nele contida, — proposição P — for verdadeira, julgue o item seguinte:

A negação da proposição "A licitação anterior não pode ser repetida sem prejuízo para a administração" está corretamente expressa por "A licitação anterior somente poderá ser repetida com prejuízo para a administração".

GABARITO: ERRADO.

A negação de "A licitação anterior não pode ser repetida sem prejuízo para a administração" é "A licitação anterior pode ser repetida sem prejuízo para a administração".

É importante lembrar que, para obter a negação, basta tirar o termo "não" da frente do verbo da frase, e isso não foi feito.

Foram realizadas também várias mudanças na frase, as quais não dão o efeito de negação.

---

123. **(2013 – MPU – Técnico Administrativo)** Nos termos da Lei n.º 8.666/1993, "É dispensável a realização de nova licitação quando não aparecerem interessados em licitação anterior e esta não puder ser repetida sem prejuízo para a administração". Considerando apenas os aspectos desse mandamento atinentes à lógica e que ele seja cumprido se, e somente se, a proposição nele contida, — proposição P — for verdadeira, julgue o item seguinte:

A negação da proposição "Não apareceram interessados na licitação anterior e ela não pode ser repetida sem prejuízo para a administração" está corretamente expressa por "Apareceram interessados na licitação anterior ou ela pode ser repetida sem prejuízo para a administração".

GABARITO: CERTO.

De acordo com a transcrição para a linguagem simbólica, as frases do item ficam da seguinte maneira:

Não apareceram interessados na licitação anterior (...) (vamos chamar esta proposição de ~I).

(...) ela não pode ser repetida sem prejuízo para a administração (vamos chamar esta proposição de ~R).

Assim, a linguagem simbólica das frases do item é:

"Não apareceram interessados na licitação anterior e ela não pode ser repetida sem prejuízo para a administração". $\sim I \wedge \sim R$

"Apareceram interessados na licitação anterior ou ela pode ser repetida sem prejuízo para a administração". $I \vee R$

Vamos negar a primeira frase e verificar se o item está certo ou errado.

Esta é a negação da frase do enunciado: $\sim(\sim I \vee \sim R)$.

Utilizando a equivalência lógica:

$\sim(\sim P \wedge \sim Q) \equiv P \vee Q$ (Lei de De Morgan)

$\sim(\sim I \wedge \sim R) \equiv I \vee R$ (igual à frase do item)

---

124. **(2013 – TRT/10ª Região – Técnico Judiciário Área Tecnologia da Informação)** Considere as seguintes definições de conjuntos, feitas a partir de um conjunto de empresas, E, não vazio.

- X = conjunto das empresas de E tais que "se a empresa não entrega o que promete, algum de seus clientes estará insatisfeito".
- A = conjunto das empresas de E tais que "a empresa não entrega o que promete".
- B = conjunto das empresas de E tais que "algum cliente da empresa está insatisfeito".

Tendo como referência esses conjuntos, julgue o item seguinte:

A negação da proposição "A empresa não entrega o que promete" é "A empresa entrega o que não promete".

GABARITO: ERRADO.

A negação da proposição "A empresa não entrega o que promete" é "A empresa entrega o que promete".

A negação de uma frase é retirar o termo "não" antes do verbo, ou acrescentar o "não" antes do verbo.

125. **(2013 – TRT/10ª Região – Técnico Judiciário Área Tecnologia da Informação)** Considere as seguintes definições de conjuntos, feitas a partir de um conjunto de empresas, E, não vazio.

- X = conjunto das empresas de E tais que "se a empresa não entrega o que promete, algum de seus clientes estará insatisfeito".
- A = conjunto das empresas de E tais que "a empresa não entrega o que promete".
- B = conjunto das empresas de E tais que "algum cliente da empresa está insatisfeito".

Tendo como referência esses conjuntos, julgue o item a seguir:

125. Se X = E, então todas as empresas de E não entregam o que prometem.

GABARITO: ERRADO.

A frase "se a empresa não entrega o que promete, algum de seus clientes estará insatisfeito" é equivalente à frase "se nenhum cliente está insatisfeito, então a empresa entrega o que promete".

Deve-se levar em conta que, para a resolução deste item, a negação do termo "ALGUM É" é "NENHUM É", e a equivalência lógica que utilizamos é: $p \rightarrow q \equiv \sim q \rightarrow \sim p$.

Assim, concluímos que existem empresas de E que entregam, e outras que não entregam. Portanto, não podemos dizer que todas as empresas de E não entregam o que prometem.

---

126. **(2013 – TRT /10ª Região – Técnico Judiciário Área Tecnologia da Informação)** Ao noticiar que o Presidente do país X teria vetado um projeto de lei, um jornalista fez a seguinte afirmação:

Se o Presidente não tivesse vetado o projeto, o motorista que foi pego dirigindo veículo de categoria diferente daquela para a qual estava habilitado teria cometido infração gravíssima, punida com multa e apreensão do veículo, mas continuaria com a sua habilitação.

Em face dessa afirmação, que deve ser considerada como proposição A, considere, ainda, as proposições P, Q e R, a seguir:

P: O Presidente não vetou o projeto.

Q: O motorista que foi pego dirigindo veículo de categoria diferente daquela para a qual é habilitado cometeu infração gravíssima, punida com multa e apreensão do veículo.

R: O motorista que foi pego dirigindo veículo de categoria diferente daquela para a qual é habilitado continuou com sua habilitação.

Limitando-se aos aspectos lógicos, inerentes às proposições anteriormente apresentadas, julgue o item seguinte:

A negação da proposição "O motorista foi pego dirigindo veículo de categoria diferente daquela para a qual está habilitado" é "O motorista não foi pego dirigindo veículo de categoria igual àquela para a qual não está habilitado".

GABARITO: ERRADO.

A negação da proposição "O motorista foi pego dirigindo veículo de categoria diferente daquela para a qual está habilitado" é "O motorista não foi pego dirigindo veículo de categoria diferente daquela para a qual está habilitado".

A negação de uma frase consiste em retirar o termo "não" antes do verbo, ou acrescentar o termo "não" antes do verbo.

---

127. **(2013 – TRT /10ª Região – Técnico Judiciário Área Tecnologia da Informação)** Ao noticiar que o Presidente do país X teria vetado um projeto de lei, um jornalista fez a seguinte afirmação:

Se o Presidente não tivesse vetado o projeto, o motorista que foi pego dirigindo veículo de categoria diferente daquela para a qual estava habilitado teria cometido infração gravíssima, punida com multa e apreensão do veículo, mas continuaria com a sua habilitação.

Em face dessa afirmação, que deve ser considerada como proposição A, considere, ainda, as proposições P, Q e R, a seguir:

P: O Presidente não vetou o projeto.

Q: O motorista que foi pego dirigindo veículo de categoria diferente daquela para a qual é habilitado cometeu infração gravíssima, punida com multa e apreensão do veículo.

R: O motorista que foi pego dirigindo veículo de categoria diferente daquela para a qual é habilitado continuou com sua habilitação.

Limitando-se aos aspectos lógicos inerentes às proposições anteriormente apresentadas, julgue o item seguinte:

A proposição A é logicamente equivalente à seguinte proposição: O motorista que foi pego dirigindo veículo de categoria diferente daquela para a qual está habilitado não cometeu infração gravíssima, punida com multa e apreensão do veículo, ou não continua com sua habilitação, pois o Presidente vetou o projeto.

GABARITO: CERTO.

Transformando a proposição A do enunciado em linguagem simbólica:

"Se o Presidente não tivesse vetado o projeto, o motorista que foi pego dirigindo veículo de categoria diferente daquela para a qual estava habilitado teria cometido infração gravíssima, punida com multa e apreensão do veículo, mas continuaria com a sua habilitação". $P \rightarrow (R \wedge H)$

Lembrando que o termo "<u>mas</u>" tem sentido de adição à frase e pode ser substituído pelo conectivo "<u>e</u>".

Transformando a frase do item em linguagem simbólica:

"O motorista que foi pego dirigindo veículo de categoria diferente daquela para a qual está habilitado não cometeu infração gravíssima, punida com multa e apreensão do veículo, ou não continua com sua habilitação, pois o Presidente vetou o projeto". $\sim R \vee \sim H \rightarrow \sim P$

Utilizando a equivalência lógica:

$P \rightarrow Q \equiv \sim Q \rightarrow \sim P$

Temos:

$P \rightarrow (R \wedge H) \equiv \sim(R \wedge H) \rightarrow \sim P$

Utilizando a equivalência lógica na primeira proposição:

$\sim(P \wedge Q) \equiv \sim P \vee \sim Q$ **(Lei de De Morgan)**

$\sim(R \wedge H) \rightarrow \sim P \equiv \sim R \vee \sim H \rightarrow \sim P$ **(igual à frase do item)**

128. **(2013 – MPU – Técnico em Operação de Redes)** Considerando que o símbolo lógico $\wedge$ corresponda à conjunção "e"; $\vee$, à disjunção "ou"; $\rightarrow$, à condicional "se..., então"; $\leftrightarrow$, à bicondicional "se, e somente se"; ~ corresponda à negação "não"; P, Q e R sejam proposições simples; e S seja a seguinte proposição composta: $[P \wedge \sim(Q \vee R)] \rightarrow [R \wedge (P \leftrightarrow Q)]$, julgue o próximo item:

A negação de S – ~S – pode ser corretamente expressa por $[\sim P \vee (Q \vee R)] \wedge [(\sim R) \wedge \sim(P \rightarrow Q)]$.

GABARITO: ERRADO.

Para resolver este item, usaremos as seguintes equivalências lógicas:

- $P \rightarrow Q \equiv \sim P \vee Q$
- $P \rightarrow Q \equiv \sim Q \rightarrow \sim P$
- $\sim(P \vee Q) \equiv \sim P \wedge \sim Q$ (Lei de De Morgan)
- $\sim(P \wedge Q) \equiv \sim P \vee \sim Q$ (Lei de De Morgan)
- $\sim(P \rightarrow Q) \equiv P \wedge \sim Q$
- $P \veebar Q \equiv \sim(P \leftrightarrow Q)$

O item deseja a negação da frase: $[P \wedge \sim(Q \vee R)] \rightarrow [R \wedge (P \leftrightarrow Q)]$

$\sim[P \wedge \sim(Q \vee R)] \rightarrow [R \wedge (P \leftrightarrow Q)]$

Aplicando a 5ª propriedade:

$[P \wedge \sim(Q \vee R)] \wedge \sim[R \wedge (P \leftrightarrow Q)]$

Aplicando a 3ª e 4ª propriedade:

$[P \wedge \sim Q \wedge \sim R] \wedge [\sim R \vee \sim(P \leftrightarrow Q)]$

Aplicando a 6ª propriedade:

$[P \wedge \sim Q \wedge \sim R] \wedge [\sim R \vee P \veebar Q]$

Percebe-se que a frase encontrada não é igual à frase do item.

Também poderíamos resolver esta questão montando a tabela-verdade da frase S e a tabela-verdade da frase do item. Verificaríamos que elas seriam diferentes. Essa resolução daria muito trabalho e gastaria muito tempo e muito espaço. Em virtude disso, aplicamos as propriedade das equivalências lógicas, conforme resolução do item supracitado.

---

129. **(2013 – BACEN – Técnico de Segurança Institucional)** O homem e o aquecimento global

P1: O planeta já sofreu, ao longo de sua existência de aproximadamente 4,5 bilhões de anos, processos de resfriamentos e aquecimentos extremos (ou seja, houve alternância de climas quentes e frios) e a presença humana no planeta é recente, cerca de 2 milhões de anos.

P2: Se houve alternância de climas quentes e frios, este é um fenômeno corrente na história do planeta.

P3: Se a alternância de climas é um fenômeno corrente na história do planeta, o atual aquecimento global é apenas mais um ciclo do fenômeno.

P4: Se o atual aquecimento global é apenas mais um ciclo do fenômeno, como a presença humana no planeta é recente, então a presença humana no planeta não é causadora do atual aquecimento global.

C: Logo, a presença humana no planeta não é causadora do atual aquecimento global.

Considerando o argumento citado, em que as proposições de P1 a P4 são as premissas, e C é a conclusão, julgue o seguinte item:

A negação da proposição "Houve alternância de climas quentes e frios, e a presença humana no planeta é recente" pode ser expressa por "Não houve alternância de climas quentes e frios, ou a presença humana no planeta não é recente".

RLM

GABARITO: CERTO.

Transformando as frases do item em linguagem simbólica, temos:

"Houve alternância de climas quentes e frios, e a presença humana no planeta é recente". $A \wedge H$

"Não houve alternância de climas quentes e frios, ou a presença humana no planeta não é recente". $\sim A \vee \sim H$

O item deseja a negação da primeira frase do item: $A \wedge H$.

A negação é: $\sim(A \wedge H)$.

Utilizando a equivalência lógica:

$\sim(P \wedge Q) \equiv \sim P \vee \sim Q$ (Lei de De Morgan)

$\sim(A \wedge H) \equiv \sim A \vee \sim H$ (igual à frase do item)

---

130. (2013 – BACEN – Técnico de Segurança Institucional) O homem e o aquecimento global

P1: O planeta já sofreu, ao longo de sua existência de aproximadamente 4,5 bilhões de anos, processos de resfriamentos e aquecimentos extremos (ou seja, houve alternância de climas quentes e frios) e a presença humana no planeta é recente, cerca de 2 milhões de anos.

P2: Se houve alternância de climas quentes e frios, este é um fenômeno corrente na história do planeta.

P3: Se a alternância de climas é um fenômeno corrente na história do planeta, o atual aquecimento global é apenas mais um ciclo do fenômeno.

P4: Se o atual aquecimento global é apenas mais um ciclo do fenômeno, como a presença humana no planeta é recente, então a presença humana no planeta não é causadora do atual aquecimento global.

C: Logo, a presença humana no planeta não é causadora do atual aquecimento global.

Considerando o argumento supracitado, em que as proposições de P1 a P4 são as premissas e C é a conclusão, julgue o item seguinte:

A proposição P4 é logicamente equivalente a "Como o atual aquecimento global é apenas mais um ciclo do fenômeno, e a presença humana no planeta é recente, a presença humana no planeta não é causadora do atual aquecimento global".

GABARITO: CERTO.

Vamos transformar a frase P4 em linguagem simbólica:

"Se o atual aquecimento global é apenas mais um ciclo do fenômeno, como a presença humana no planeta é recente, então a presença humana no planeta não é causadora do atual aquecimento global". $A \wedge H \rightarrow \sim C$

Agora, vamos transformar a frase do item em linguagem simbólica:

"Como o atual aquecimento global é apenas mais um ciclo do fenômeno, e a presença humana no planeta é recente, a presença humana no planeta não é causadora do atual aquecimento global". Lembrando que o termo "como" pode ser substituído pelo termo "se". $A \wedge H \rightarrow \sim C$

Não há necessidade de utilizar as equivalências lógicas, uma vez que a frase P4 e a frase do item são exatamente iguais. A diferença está na utilização do termo "como", a respeito do qual já alertamos anteriormente que pode ser substituído pelo termo "se".

---

131. **(2013 – UNIPAMPA – Técnico de Laboratório)** No item a seguir, é apresentado um argumento lógico, formado por premissas — que devem ser consideradas verdadeiras — e uma conclusão, a ser julgada CERTA ou ERRADA, a partir das premissas.

Em uma colônia de pescadores, sempre que o mar está agitado, os pescadores ficam em terra firme. Conclusão: se, hoje, o mar está calmo, então os pescadores saíram para pescar.

GABARITO: ERRADO.

Vamos transformar as frases do item em linguagem simbólica:

Sempre que o mar está agitado, os pescadores ficam em terra firme. $M \rightarrow P$

Se, hoje, o mar está calmo, então os pescadores saíram para pescar.

Interpretando a frase, temos:

Se o mar não está agitado, então os pescadores não ficam em terra firme.

$\sim M \rightarrow \sim P$

Utilizando a equivalência lógica:

$P \rightarrow Q \equiv \sim Q \rightarrow \sim P$

Temos:

$M \rightarrow P \equiv \sim P \rightarrow \sim M$

O correto seria: Se os pescadores não ficam em terra firme, então o mar não está agitado.

---

132. **(2012 – DPF – Agente de Polícia Federal)** Um jovem, ao ser flagrado no aeroporto portando certa quantidade de entorpecentes, argumentou com os policiais, conforme o esquema a seguir:

Premissa 1: Eu não sou traficante, eu sou usuário.

Premissa 2: Se eu fosse traficante, estaria levando uma grande quantidade de droga e a teria escondido.

Premissa 3: Como sou usuário e não levo uma grande quantidade, não escondi a droga.

Conclusão: Se eu estivesse levando uma grande quantidade, não seria usuário.

Considerando a situação hipotética apresentada, julgue o item seguinte:

A proposição correspondente à negação da premissa 2 é logicamente equivalente a "Como eu não sou traficante, não estou levando uma grande quantidade de droga ou não a escondi".

GABARITO: ERRADO.

Vamos transformar a premissa 2 em linguagem simbólica:

"Se eu fosse traficante, estaria levando uma grande quantidade de droga e a teria escondido". $T \rightarrow G \wedge E$

Transformando a frase do item em linguagem simbólica:

"Como eu não sou traficante, não estou levando uma grande quantidade de droga ou não a escondi". Lembrando que o termo "como" pode ser substituído pelo termo "se". $\sim T \rightarrow \sim G \vee \sim E$

O item deseja a negação da premissa 2: $T \rightarrow G \wedge E$.

A negação é: $\sim(T \rightarrow G \wedge E)$

Para resolver este item, devemos usar a seguinte equivalência lógica:

$\sim(P \rightarrow Q) \equiv P \wedge \sim Q$

$\sim(T \rightarrow (G \wedge E)) \equiv T \wedge \sim(G \wedge E)$

Utilizando a equivalência lógica na segunda parte da frase:

$\sim(P \wedge Q) \equiv \sim P \vee \sim Q$ (Lei de De Morgan)

$T \wedge \sim(G \wedge E) \equiv T \wedge \sim G \vee \sim E)$

O correto seria: "Sou traficante e não estou levando uma grande quantidade de droga ou não a escondi."

---

133. **(2012 – PC/CE – Inspetor de Polícia Civil 1ª Classe)** O exercício da atividade policial exige preparo técnico adequado ao enfrentamento de situações de conflito e, ainda, conhecimento das leis vigentes, incluindo interpretação e forma de aplicação dessas leis nos casos concretos. Sabendo disso, considere como verdadeiras as proposições seguintes:

P1: Se se deixa dominar pela emoção ao tomar decisões, então o policial toma decisões ruins.

P2: Se não tem informações precisas ao tomar decisões, então o policial toma decisões ruins.

P3: Se está em situação de estresse e não teve treinamento adequado, o policial se deixa dominar pela emoção ao tomar decisões.

P4: Se teve treinamento adequado e se dedicou nos estudos, então o policial tem informações precisas ao tomar decisões.

Com base nessas proposições, julgue o item a seguir:

A negação de P4 é logicamente equivalente à proposição "O policial teve treinamento adequado e se dedicou nos estudos, mas não tem informações precisas ao tomar decisões".

GABARITO: CERTO.

Vamos transformar P4 em linguagem simbólica:

"Se teve treinamento adequado e se dedicou nos estudos, então o policial tem informações precisas ao tomar decisões". $(A \wedge D) \rightarrow P$

Transformando a frase do item em linguagem simbólica:

"O policial teve treinamento adequado e se dedicou nos estudos, mas não tem informações precisas ao tomar decisões". $A \wedge D \wedge \sim P$

O item deseja a negação de P4: $(A \wedge D) \rightarrow P$.

A negação é: $\sim((A \wedge D) \rightarrow P)$

Para resolver este item, devemos usar a seguinte equivalência lógica:

$\sim(P \rightarrow Q) \equiv P \wedge \sim Q$

$\sim((A \wedge D) \rightarrow P) \equiv A \wedge D \wedge \sim P$. **(igual a frase do item)**

---

134. **(2012 – PC/CE – Inspetor de Polícia Civil 1ª Classe)** O exercício da atividade policial exige preparo técnico adequado ao enfrentamento de situações de conflito e, ainda, conhecimento das leis vigentes, incluindo interpretação e forma de aplicação dessas leis nos casos concretos. Sabendo disso, considere como verdadeiras as proposições seguintes:

P1: Se se deixa dominar pela emoção ao tomar decisões, então o policial toma decisões ruins.

P2: Se não tem informações precisas ao tomar decisões, então o policial toma decisões ruins.

P3: Se está em situação de estresse e não teve treinamento adequado, o policial se deixa dominar pela emoção ao tomar decisões.

P4: Se teve treinamento adequado e se dedicou nos estudos, então o policial tem informações precisas ao tomar decisões.

Com base nessas proposições, julgue o item a seguir:

Da proposição P3, é correto concluir que também será verdadeira a proposição "O policial que tenha tido treinamento adequado não se deixa dominar pela emoção ao tomar decisões, mesmo estando em situações de estresse".

GABARITO: ERRADO.

Vamos transformar P3 em linguagem simbólica:

"Se está em situação de estresse e não teve treinamento adequado, o policial se deixa dominar pela emoção ao tomar decisões". $(E \wedge \sim T) \rightarrow D$

Transformando a frase do item em linguagem simbólica:

"O policial que tenha tido treinamento adequado não se deixa dominar pela emoção ao tomar decisões, mesmo estando em situações de estresse". Como os conectivos lógicos não estão explícitos na frase, devemos encontrá-los por interpretação de texto.

Interpretando a frase do item, poderíamos reescrevê-la: "Se não deixa dominar pela emoção ao tomar decisões, então o policial teve treinamento adequado, mesmo estando em situações de estresse." $\sim D \rightarrow (T \wedge E)$

Para resolver este item, devemos usar a seguinte equivalência lógica:

$P \rightarrow Q \equiv \sim Q \rightarrow \sim P$

$(E \wedge \sim T) \rightarrow D \equiv \sim D \rightarrow \sim(E \wedge \sim T)$

Utilizando a equivalência lógica a seguir, na segunda parte da frase:

$\sim(P \wedge Q) \equiv \sim P \vee \sim Q$ **(Lei de De Morgan)**

$\sim D \rightarrow \sim(E \wedge \sim T) \equiv \sim D \rightarrow \sim E \vee T$

O correto seria: "Se não se deixa dominar pela emoção ao tomar decisões, então o policial teve treinamento adequado ou está em situações de estresse."

135. **(2012 – Governo do Ceará – Inspetor de Polícia Civil 1ª Classe)** O exercício da atividade policial exige preparo técnico adequado ao enfrentamento de situações de conflito e, ainda, conhecimento das leis vigentes, incluindo interpretação e forma de aplicação dessas leis nos casos concretos. Sabendo disso, considere como verdadeiras as proposições seguintes:

P1: Se se deixa dominar pela emoção ao tomar decisões, então o policial toma decisões ruins.

P2: Se não tem informações precisas ao tomar decisões, então o policial toma decisões ruins.

P3: Se está em situação de estresse e não teve treinamento adequado, o policial se deixa dominar pela emoção ao tomar decisões.

P4: Se teve treinamento adequado e se dedicou nos estudos, então o policial tem informações precisas ao tomar decisões.

Com base nessas proposições, julgue o item a seguir:

A proposição formada pela conjunção de P1 e P2 é logicamente equivalente à proposição "Se se deixa dominar pela emoção ou não tem informações precisas ao tomar decisões, então o policial toma decisões ruins".

GABARITO: CERTO.

Transformando as frases P1 e P2 em linguagem simbólica:

P1: Se se deixa dominar pela emoção ao tomar decisões, então o policial toma decisões ruins. $D \rightarrow R$

P2: Se não tem informações precisas ao tomar decisões, então o policial toma decisões ruins. $\sim P \rightarrow R$

Transformando a frase do item em linguagem simbólica:

"Se se deixa dominar pela emoção ou não tem informações precisas ao tomar decisões, então o policial toma decisões ruins." $(D \vee \sim P) \rightarrow R$

Fazendo a conjunção delas, lembrando que conjunção é o conectivo "e":

$(D \rightarrow R) \wedge (\sim P \rightarrow R)$

Para resolver este item, devemos usar a seguinte equivalência lógica:

$(P \rightarrow Q) \wedge (R \rightarrow Q) \equiv (P \vee R) \rightarrow Q$

$(D \rightarrow R) \wedge (\sim P \rightarrow R) \equiv (D \vee \sim P) \rightarrow R$. (igual a frase do item).

Outro modo de resolver esta questão é utilizando tabela-verdade. Cabe lembrar ao leitor que este processo é mais lento e ocupa mais espaço de resolução.

Iremos montar a tabela-verdade da conjunção de P1 e P2 e comparar com as valorações da tabela-verdade da frase do item.

Montando a tabela verdade da conjunção de P1 e P2: $(D \rightarrow R) \wedge (\sim P \rightarrow R)$

Passo 1: montagem da tabela

Passo 2: para obter a coluna 4, utilizamos as colunas 1 e 2;
para obter a coluna 5, utilizamos a coluna 3.

Passo 3: para obter a coluna 6, utilizamos as colunas 5 e 2, nesta ordem.

Passo 4: para obter a coluna 7, utilizamos as colunas 4 e 6.

1	2	3	4	5	6	7
D	R	P	$D \rightarrow R$	$\sim P$	$\sim P \rightarrow R$	$(D \rightarrow R) \wedge (\sim P \rightarrow R)$
V	V	V	V	F	V	V
V	V	F	V	V	V	V
V	F	V	F	F	V	F
V	F	F	F	V	F	F
F	V	V	V	F	V	V
F	V	F	V	V	V	V
F	F	V	V	F	V	V
F	F	F	V	V	F	F

Montando a tabela verdade da conjunção da frase do item: $(D \vee \sim P) \rightarrow R$

Passo 1: montagem da tabela.

Passo 2: para obter a coluna 4, utilizamos a coluna 3.

Passo 3: para obter a coluna 6, utilizamos as colunas 1 e 5.

Passo 4: para obter a coluna 7, utilizamos as colunas 6 e 4, nesta ordem.

1	2	3	4	6	7
D	R	P	~P	D ∨ ~P	(D ∨ ~P) → R
V	V	V	F	V	V
V	V	F	V	V	V
V	F	V	F	V	F
V	F	F	V	V	F
F	V	V	F	F	V
F	V	F	V	V	V
F	F	V	F	F	V
F	F	F	V	V	F

Pode-se observar que o item está correto, já que as duas tabelas-verdade são iguais.

RLM

136. (2012 – PC/CE – Inspetor de Polícia Civil 1ª Classe) Estudo divulgado pelo Instituto de Pesquisas Econômicas Aplicadas (IPEA) revela que, no Brasil, a desigualdade social está entre as maiores causas da violência entre jovens.

Um dos fatores que evidenciam a desigualdade social e expõem a população jovem à violência é a condição de extrema pobreza, que atinge 12,2% dos 34 milhões de jovens brasileiros, membros de famílias com renda per capita de até um quarto do salário mínimo, afirma a pesquisa.

Como a violência afeta mais os pobres, é usual fazer um raciocínio simplista de que a pobreza é a principal causadora da violência entre os jovens, mas isso não é verdade. O fato de ser pobre não significa que a pessoa será violenta. Existem inúmeros exemplos de atos violentos praticados por jovens de classe média.

Internet: <http://amaivos.uol.com.br> (com adaptações).

Tendo como referência o texto transcrito, julgue o item seguinte:

A negação da proposição "Se houver corrupção, os níveis de violência crescerão" é equivalente a "Se não houver corrupção, os níveis de violência não crescerão".

GABARITO: ERRADO.

Transformando as frases do item em linguagem simbólica, temos:

"Se houver corrupção, os níveis de violência crescerão". C → V

"Se não houver corrupção, os níveis de violência não crescerão". ~C → ~V

Esta é a negação da frase da primeira sentença: ~(C → V).

Utilizando a equivalência lógica:

~(P → Q) ≡ P ∧ ~Q

~(C → V) ≡ C ∧ ~V

O correto seria: "Houve corrupção e os níveis de violência não crescerão".

137. (2012 – TRE/RJ – Analista Judiciário Área Análise de Sistemas)

P: Se não há autorização legislativa ou indicação dos recursos financeiros correspondentes, então, não há abertura de créditos suplementares ou de créditos especiais.

Considerando a proposição supracitada, que tem por base o art. 167, inciso V, da Constituição Federal de 1988, julgue o seguinte item:

Na proposição P, a negação do consequente estaria corretamente expressa por: "Há abertura de créditos suplementares ou há abertura de créditos especiais".

GABARITO: CERTO.

Vamos transformar P em linguagem simbólica:

"Se não há autorização legislativa ou indicação dos recursos financeiros correspondentes, então, não há abertura de créditos suplementares ou de créditos especiais".
$\sim(A \vee R) \rightarrow \sim(S \vee E)$

Transformando a frase do item em linguagem simbólica:

"Há abertura de créditos suplementares ou há abertura de créditos especiais".

$S \vee E$

O item deseja a negação do consequente da frase P: $\sim(S \vee E)$.

Lembrando que, em uma frase condicional, o consequente é a segunda parte da frase. A primeira recebe o nome de causa.

A negação é: $\sim(\sim(S \vee E))$

Negação de negação vira afirmação.

$\sim(\sim(S \vee E)) \equiv S \vee E$ **(igual à frase do item)**

---

138. **(2012 – TRE/RJ – Analista Judiciário Área Análise de Sistemas)**

P: Se não há autorização legislativa ou indicação dos recursos financeiros correspondentes, então, não há abertura de créditos suplementares ou de créditos especiais.
Considerando a proposição supracitada, que tem por base o art. 167, inciso V, da Constituição Federal de 1988, julgue o item seguinte:

A negação da proposição P pode ser corretamente expressa por: "Se há autorização legislativa ou indicação dos recursos financeiros correspondentes, então há abertura de créditos suplementares ou de créditos especiais".

GABARITO: ERRADO.

Vamos transformar P em linguagem simbólica:

"Se não há autorização legislativa ou indicação dos recursos financeiros correspondentes, então, não há abertura de créditos suplementares ou de créditos especiais".
$\sim(A \vee R) \rightarrow \sim(S \vee E)$

Transformando a frase do item em linguagem simbólica:

"Se há autorização legislativa ou indicação dos recursos financeiros correspondentes, então há abertura de créditos suplementares ou de créditos especiais".

$(A \vee R) \rightarrow (S \vee E)$

O item deseja a negação da frase P: $\sim(A \wedge R) \rightarrow \sim(S \vee E)$.

A negação é: $\sim(\ \sim(A \vee R) \rightarrow \sim(S \vee E)\ )$

Para resolver este item, devemos usar a seguinte equivalência lógica:

$\sim(P \rightarrow Q) \equiv P \wedge \sim Q$

$\sim(\ \sim(A \vee R) \rightarrow \sim(S \vee E)\ ) \equiv \sim(A \vee R) \wedge (S \vee E)$

O correto seria: "Não há autorização legislativa ou indicação dos recursos financeiros correspondentes e há abertura de créditos suplementares e de créditos especiais".

139. **(2012 – TRE/RJ – Analista Judiciário Área Análise de Sistemas)**
P: Se não há autorização legislativa ou indicação dos recursos financeiros correspondentes, então, não há abertura de créditos suplementares ou de créditos especiais.
Considerando a proposição supracitada, que tem por base o art. 167, inciso V, da Constituição Federal de 1988, julgue o item seguinte:

A proposição P é logicamente equivalente à proposição "Se há abertura de créditos suplementares ou de créditos especiais, então há autorização legislativa ou indicação dos recursos financeiros correspondentes".

GABARITO: CERTO.

Vamos transformar P em linguagem simbólica:
"Se não há autorização legislativa ou indicação dos recursos financeiros correspondentes, então, não há abertura de créditos suplementares ou de créditos especiais".
$\sim(A \vee R) \rightarrow \sim(S \vee E)$

Transformando a frase do item em linguagem simbólica:

"Se há abertura de créditos suplementares ou de créditos especiais, então há autorização legislativa ou indicação dos recursos financeiros correspondentes".

$(S \vee E) \rightarrow (A \vee R)$

Para resolver este item, devemos usar a seguinte equivalência lógica:

$P \rightarrow Q \equiv \sim Q \rightarrow \sim P$

$(\sim(A \vee R) \rightarrow \sim(S \vee E)) \equiv (S \vee E) \rightarrow (A \vee R)$ **(igual à frase do item)**

140. **(2012 – TRE/RJ – Técnico Judiciário Área Operação de Computador)** Julgue o item a seguir, tendo como base a seguinte proposição P: "Se eu for barrado pela lei da ficha limpa, não poderei ser candidato nessas eleições, e se eu não registrar minha candidatura dentro do prazo, não concorrerei a nenhum cargo nessas eleições".

A proposição P é logicamente equivalente a "Se eu for barrado pela lei da ficha limpa ou não registrar minha candidatura dentro do prazo, não poderei concorrer a nenhum cargo nessas eleições".

GABARITO: CERTO.

Vamos transformar a frase P em linguagem simbólica:

"Se eu for barrado pela lei da ficha limpa, não poderei ser candidato nessas eleições, e se eu não registrar minha candidatura dentro do prazo, não concorrerei a nenhum cargo nessas eleições". $(B \rightarrow \sim E) \wedge (\sim R \rightarrow \sim E)$

Transformando a frase do item em linguagem simbólica:

"Se eu for barrado pela lei da ficha limpa ou não registrar minha candidatura dentro do prazo, não poderei concorrer a nenhum cargo nessas eleições".

$(B \vee \sim R) \rightarrow \sim E$

Para resolver este item, devemos usar a seguinte equivalência lógica:

$(P \rightarrow Q) \wedge (R \rightarrow Q) \equiv (P \vee R) \rightarrow Q$

$(B \rightarrow \sim E) \wedge (\sim R \rightarrow \sim E) \equiv (B \vee \sim R) \rightarrow \sim E$ **(igual à frase do item)**

---

141. **(2012 – TRE/RJ – Técnico Judiciário Área Operação de Computador)** Julgue o item a seguir, tendo como base a seguinte proposição P: "Se eu for barrado pela lei da ficha limpa, não poderei ser candidato nessas eleições, e se eu não registrar minha candidatura dentro do prazo, não concorrerei a nenhum cargo nessas eleições".

A negação da proposição "Se eu não registrar minha candidatura dentro do prazo, também não poderei concorrer a nenhum cargo" estará corretamente expressa por "Se eu registrar minha candidatura dentro do prazo, então poderei concorrer a algum cargo".

GABARITO: ERRADO.

Vamos transformar as frases do item em linguagem simbólica:

"Se eu não registrar minha candidatura dentro do prazo, também não poderei concorrer a nenhum cargo". $\sim R \rightarrow \sim E$

"Se eu registrar minha candidatura dentro do prazo, então poderei concorrer a algum cargo". $R \rightarrow E$

O item deseja a negação da frase: $\sim R \rightarrow \sim E$.

A negação é: $\sim(\sim R \rightarrow \sim E)$

Para resolver este item, devemos usar a seguinte equivalência lógica:

$\sim(P \rightarrow Q) \equiv P \wedge \sim Q$

$\sim(\sim R \rightarrow \sim E) \equiv \sim R \wedge E$

O correto seria: "Não registrei minha candidatura dentro do prazo e poderei concorrer a algum cargo."

É importante lembrar que a negação do termo "Nenhum é" é "Algum é".

---

142. **(2012 – PM/CE – Policial Militar)** Acerca da proposição R: "A população aprende a votar ou haverá novos atos de corrupção", julgue o item seguinte:

A proposição "Enquanto a população não aprender a votar, haverá novos casos de corrupção" tem o mesmo valor lógico da proposição R.

GABARITO: CERTO.

Transformando a frase R em linguagem simbólica:

R: "A população aprende a votar ou haverá novos atos de corrupção". $A \vee C$

Transformando a frase do item em linguagem simbólica:

"Enquanto a população não aprender a votar, haverá novos casos de corrupção". É importante lembrar que o termo "enquanto" pode ser substituído pelo termo "se". $\sim A \rightarrow C$

Utilizando a equivalência lógica:

$P \vee Q \equiv \sim P \rightarrow Q$

Temos:

$A \vee C \equiv \sim A \rightarrow C$ **(igual a frase do item)**

Lógica de Argumentação

143. **(2014 - SUFRAMA - Administrador)** Pedro, um jovem empregado de uma empresa, ao receber a proposta de novo emprego, fez diversas reflexões que estão traduzidas nas proposições a seguir:

P1: Se eu aceitar o novo emprego, ganharei menos, mas ficarei menos tempo no trânsito.

P2: Se eu ganhar menos, consumirei menos.

P3: Se eu consumir menos, não serei feliz.

P4: Se eu ficar menos tempo no trânsito, ficarei menos estressado.

P5: Se eu ficar menos estressado, serei feliz.

A partir dessas proposições, julgue o item a seguir:

Considerando que as proposições P1, P2, P3, P4 e P5 sejam todas verdadeiras, é correto concluir que Pedro não aceitará o novo emprego.

GABARITO: CERTO.

Transformando as proposições do enunciado em linguagem simbólica:

P1: Se eu aceitar o novo emprego, ganharei menos, mas ficarei menos tempo no trânsito. $A \rightarrow M \wedge T$

P2: Se eu ganhar menos, consumirei menos. $M \rightarrow C$

P3: Se eu consumir menos, não serei feliz. $C \rightarrow \sim F$

P4: Se eu ficar menos tempo no trânsito, ficarei menos estressado. $T \rightarrow E$

P5: Se eu ficar menos estressado, serei feliz. $E \rightarrow F$

Conclusão: Se aceitar o novo emprego, serei feliz e não serei feliz. $A \rightarrow F \wedge \sim F$

Vamos iniciar a verificação do argumento, lembrando que utilizarei a técnica da conclusão falsa. Se uma conclusão falsa gerar premissas, o argumento será inválido. Caso contrário, será válido.

Os passos estão sublinhados a seguir:

Passo 1:	Passo 2:	Passo 3:	Passo 4:	Passo 5:
$A \rightarrow M \wedge T$	$A \rightarrow M \wedge T$	$A \rightarrow M \wedge T$	$A \rightarrow M \wedge T$	$A \rightarrow M \wedge T$
$M \rightarrow C$	$\underline{V}$	V V V	V V V	V V V
$C \rightarrow \sim F$	$M \rightarrow C$	$M \rightarrow C$	$M \rightarrow C$	$M \rightarrow C$
$T \rightarrow E$	$C \rightarrow \sim F$	$C \rightarrow \sim F$	$\underline{V}$	V V
$E \rightarrow F$	$T \rightarrow E$	$T \rightarrow E$	$C \rightarrow \sim F$	$C \rightarrow \sim F$
$\sim A$	$E \rightarrow F$	$E \rightarrow F$	$T \rightarrow E$	$T \rightarrow E$
$\underline{F}$	$\sim A$	$\sim A$	$\underline{V}$	V V
	F	F	$E \rightarrow F$	$E \rightarrow F$
			$\sim A$	$\sim A$
			F	F

Passo 6:	Passo 7:	Passo 8:	
$A \rightarrow M \wedge T$	$A \rightarrow M \wedge T$	$A \rightarrow M \wedge T$	
V V V	V V V	V V V	
$M \rightarrow C$	$M \rightarrow C$	$M \rightarrow C$	
V V	V V	V V	
$C \rightarrow \sim F$	$C \rightarrow \sim F$	$C \rightarrow \sim F$	
V	V V	V V	
$T \rightarrow E$	$T \rightarrow E$	$T \rightarrow E$	
V V	V V	V V	
$E \rightarrow F$	$E \rightarrow F$	$E \rightarrow F$	* não gerou premissa
V	V	V F	
$\sim A$	$\sim A$	$\sim A$	
F	F	F	

Como a conclusão falsa não gerou premissas, o argumento é considerado válido.

144. **(2014 - SUFRAMA - Administrador)** Pedro, um jovem empregado de uma empresa, ao receber a proposta de novo emprego, fez diversas reflexões que estão traduzidas nas proposições a seguir:

P1: Se eu aceitar o novo emprego, ganharei menos, mas ficarei menos tempo no trânsito.

P2: Se eu ganhar menos, consumirei menos.

P3: Se eu consumir menos, não serei feliz.

P4: Se eu ficar menos tempo no trânsito, ficarei menos estressado.

P5: Se eu ficar menos estressado, serei feliz.

A partir dessas proposições, julgue o item a seguir:

É válido o argumento em que as proposições P1, P2, P3, P4 e P5 são as premissas e a proposição "Se aceitar o novo emprego, serei feliz e não serei feliz" é a conclusão.

GABARITO: CERTO.

Aproveitando as transformações em linguagem simbólica, efetuadas no item 138, temos:

Vamos iniciar a verificação do argumento, lembrando que será utilizada a técnica da conclusão falsa. Se uma conclusão falsa gerar premissas, o argumento será inválido. Caso contrário, será válido.

Os passos estão sublinhados a seguir:

Passo 1:
$A \rightarrow M \wedge T$
$M \rightarrow C$
$C \rightarrow \sim F$
$T \rightarrow E$
$E \rightarrow F$
$A \rightarrow F \wedge \sim F$
V F

Passo 2:
$A \rightarrow M \wedge T$
V
$M \rightarrow C$
$C \rightarrow \sim F$
$T \rightarrow E$
$E \rightarrow F$
$A \rightarrow F \wedge \sim F$
V F

Passo 3:
$A \rightarrow M \wedge T$
V V V
$M \rightarrow C$
$C \rightarrow \sim F$
$T \rightarrow E$
$E \rightarrow F$
$A \rightarrow F \wedge \sim F$
V F

Passo 4:
$A \rightarrow M \wedge T$
V V V
$M \rightarrow C$
V
$C \rightarrow \sim F$
$T \rightarrow E$
V
$E \rightarrow F$
$A \rightarrow F \wedge \sim F$
V F

Passo 5:
$A \rightarrow M \wedge T$
V V V
$M \rightarrow C$
V V
$C \rightarrow \sim F$
$T \rightarrow E$
V V
$E \rightarrow F$
$A \rightarrow F \wedge \sim F$
V F

Passo 6:
$A \rightarrow M \wedge T$
V V V
$M \rightarrow C$
V V
$C \rightarrow \sim F$
V
$T \rightarrow E$
V V
$E \rightarrow F$
V
$A \rightarrow F \wedge \sim F$
V F

Passo 7:
$A \rightarrow M \wedge T$
V V V
$M \rightarrow C$
V V
$C \rightarrow \sim F$
V V
$T \rightarrow E$
V V
$E \rightarrow F$
V
$A \rightarrow F \wedge \sim F$
V F

Passo 8:
$A \rightarrow M \wedge T$
V V V
$M \rightarrow C$
V V
$C \rightarrow \sim F$
V V
$T \rightarrow E$
V V
$E \rightarrow F$ *** não gerou premissa**
V F
$A \rightarrow F \wedge \sim F$
V F

Como a conclusão falsa não gerou premissas, o argumento é considerado válido.

---

145. **(2014 – Ministério da Justiça/DPF – Contador)** Ao planejarem uma fiscalização, os auditores internos de determinado órgão decidiram que seria necessário testar a veracidade das seguintes afirmações:

P: Os beneficiários receberam do órgão os insumos previstos no plano de trabalho.
Q: Há disponibilidade, no estoque do órgão, dos insumos previstos no plano de trabalho.
R: A programação de aquisição dos insumos previstos no plano de trabalho é adequada.

A respeito dessas afirmações, julgue o item seguinte, à luz da lógica sentencial:

O seguinte argumento é um argumento válido: "Se a programação de aquisição dos insumos previstos no plano de trabalho fosse adequada, haveria disponibilidade, no estoque do órgão, dos insumos previstos no plano de trabalho. Se houvesse disponibilidade, no estoque do órgão, dos insumos previstos no plano de trabalho, os beneficiários teriam recebido do órgão os insumos previstos no plano de trabalho. Mas os beneficiários não receberam do órgão os insumos previstos no plano de trabalho. Logo, a programação de aquisição dos insumos previstos no plano de trabalho não foi adequada."

GABARITO: CERTO.

Transformando as proposições do item em linguagem simbólica:

Premissa 1: Se a programação de aquisição dos insumos previstos no plano de trabalho fosse adequada, haveria disponibilidade, no estoque do órgão, dos insumos previstos no plano de trabalho. $R \rightarrow Q$

Premissa 2: Se houvesse disponibilidade, no estoque do órgão, dos insumos previstos no plano de trabalho, os beneficiários teriam recebido do órgão os insumos previstos no plano de trabalho. $Q \rightarrow P$

Premissa 3: Mas os beneficiários não receberam do órgão os insumos previstos no plano de trabalho. $\sim P$

Conclusão: A programação de aquisição dos insumos previstos no plano de trabalho não foi adequada. $\sim R$

Vamos iniciar a verificação do argumento, lembrando que será utilizada a técnica da conclusão falsa. Se uma conclusão falsa gerar premissas, o argumento será inválido. Caso contrário, será válido.

Os passos estão sublinhados a seguir:

Passo 1:	Passo 2:	Passo 3:	Passo 4:	Passo 5:	Passo 6:
$R \rightarrow Q$	$R \rightarrow Q$	$R \rightarrow Q$	$R \rightarrow Q$	$R \rightarrow Q$	$R \rightarrow Q$
$Q \rightarrow P$	V	V V	V V	V V	V V
$\sim P$	$Q \rightarrow P$	$Q \rightarrow P$	$Q \rightarrow P$	$Q \rightarrow P$	$Q \rightarrow P$
$\sim R$	$\sim P$	$\sim P$	V	V V	V V
F	$\sim R$	$\sim R$	$\sim P$	$\sim P$	$\sim P$ *não gerou premissa
	F	F	$\sim R$	$\sim R$	F
			F	F	$\sim R$
					F

Como a conclusão falsa não gerou premissas, o argumento é considerado válido.

146. **(2014 – Polícia Federal – Agente de Polícia Federal)** As seguintes premissas referem-se a uma argumentação hipotética:

- Se Paulo é inocente, então João ou Jair é culpado.
- Se João é culpado, então Jair é inocente.
- Se Jair é culpado, então, no depoimento de José e no de Maria, todas as afirmações de José eram verdadeiras, e todas as afirmações de Maria eram falsas.

Com referência a essas premissas, julgue o próximo item:

Considerando as proposições P: Paulo é inocente; Q: João é culpado; R: Jair é culpado; S: José falou a verdade no depoimento; e T: Maria falou a verdade no depoimento, é correto concluir que $P \rightarrow Q \vee S \vee T$.

GABARITO: CERTO.

Transformando as proposições do enunciado em linguagem simbólica:

Se Paulo é inocente, então João ou Jair é culpado. $P \rightarrow Q \vee R$

Se João é culpado, então Jair é inocente. $Q \rightarrow \sim R$

Se Jair é culpado, então, no depoimento de José e no de Maria, todas as afirmações de José eram verdadeiras e todas as afirmações de Maria eram falsas. $R \rightarrow S \wedge \sim T$

Conclusão: $P \rightarrow Q \vee S \vee T$

Vamos iniciar a verificação do argumento, lembrando que será utilizada a técnica da conclusão falsa. Se uma conclusão falsa gerar premissas, o argumento será inválido. Caso contrário, será válido.

Os passos estão sublinhados a seguir:

Passo 1:	Passo 2:	Passo 3:	Passo 4:
$P \to Q \vee R$	$P \to Q \vee R$	$P \to Q \vee R$	$P \to Q \vee R$
$Q \to {\sim}R$	$\underline{V}$	$V \quad V$	$V \quad \underline{F} \quad \underline{V}$
$R \to S \wedge {\sim}T$	$Q \to {\sim}R$	$Q \to {\sim}R$	$Q \to {\sim}R$
$P \to Q \vee S \vee T$	$R \to S \wedge {\sim}T$	$\underline{F}$	$F \quad F$
$\underline{V} \quad \underline{F}$	$P \to Q \vee S \vee T$	$R \to S \wedge {\sim}T$	$R \to S \wedge {\sim}T$
	$V \quad F \quad F \quad F$	$\underline{F} \quad \underline{V}$	$\underline{V} \quad \underline{F}$ *não gerou premissa
		$P \to Q \vee S \vee T$	$P \to Q \vee S \vee T$
		$V \quad F \quad F \quad F$	$V \quad F \quad F \quad F$

Como a conclusão falsa não gerou premissas, o argumento é considerado válido.

147. **(2014 – TC/DF – Analista de Administração Pública)** Considere as proposições P1, P2, P3 e P4, apresentadas a seguir:

P1: Se as ações de um empresário contribuírem para a manutenção de certos empregos da estrutura social, então tal empresário merece receber a gratidão da sociedade.

P2: Se um empresário tem atuação antieconômica ou antiética, então ocorre um escândalo no mundo empresarial.

P3: Se ocorre um escândalo no mundo empresarial, as ações do empresário contribuíram para a manutenção de certos empregos da estrutura social.

P4: Se um empresário tem atuação antieconômica ou antiética, ele merece receber a gratidão da sociedade.

Tendo como referência essas proposições, julgue o item seguinte:

O argumento que tem como premissas as proposições P1, P2 e P3 e como conclusão a proposição P4 é válido.

GABARITO: CERTO.

Transformando as proposições do enunciado em linguagem simbólica:

P1: Se as ações de um empresário contribuírem para a manutenção de certos empregos da estrutura social, então tal empresário merece receber a gratidão da sociedade. $A \to G$

P2: Se um empresário tem atuação antieconômica ou antiética, então ocorre um escândalo no mundo empresarial. $E \to M$

P3: Se ocorre um escândalo no mundo empresarial, as ações do empresário contribuíram para a manutenção de certos empregos da estrutura social. $M \to A$

P4 (conclusão): Se um empresário tem atuação antieconômica ou antiética, ele merece receber a gratidão da sociedade. $E \to G$

Vamos iniciar a verificação do argumento, lembrando que será utilizada a técnica da conclusão falsa. Se uma conclusão falsa gerar premissas, o argumento será inválido. Caso contrário, será válido.

Os passos serão sublinhados, a seguir:

Passo 1:	Passo 2:	Passo 3:	Passo 4:	
$A \rightarrow G$	$A \rightarrow G$	$A \rightarrow G$	$A \rightarrow G$	
$E \rightarrow M$	F	F F	F F	
$M \rightarrow A$	$E \rightarrow M$	$E \rightarrow M$	$E \rightarrow M$	
$E \rightarrow G$	V	V V	V V	
V F	$M \rightarrow A$	$M \rightarrow A$	$M \rightarrow A$	* não gerou premissa
	$E \rightarrow R$	$E \rightarrow R$	V F	
	V F	V F	$E \rightarrow R$	
			V F	

Como a conclusão falsa não gerou premissas, o argumento é considerado válido.

148. (2014 – MDIC – Analista Técnico Administrativo)

P1: Os clientes europeus de bancos suíços estão regularizando sua situação com o fisco de seus países.

P2: Se os clientes brasileiros de bancos suíços não fazem o mesmo que os clientes europeus, é porque o Governo do Brasil não tem um programa que os incite a isso.

Considerando que as proposições P_1 e P_2 apresentadas acima sejam premissas de um argumento, julgue o item a seguir, relativo à lógica de argumentação.

O argumento formado pelas premissas P_1 e P_2 e pela conclusão "Os clientes brasileiros de bancos suíços não estão regularizando sua situação com o fisco de seu país." é um argumento válido.

GABARITO: ERRADO.

Transformando as premissas do enunciado e a conclusão apresentada no item em linguagem simbólica, temos:

P1: Os clientes europeus de bancos suíços estão regularizando sua situação com o fisco de seus países. B

P2: Se os clientes brasileiros de bancos suíços não fazem o mesmo que os clientes europeus, é porque o Governo do Brasil não tem um programa que os incite a isso. $\sim C \rightarrow \sim B$

Conclusão: Os clientes brasileiros de bancos suíços não estão regularizando sua situação com o fisco de seu país. X

Vamos iniciar a verificação do argumento, lembrando que será utilizada a técnica da conclusão falsa. Se uma conclusão falsa gerar premissas, o argumento será inválido. Caso contrário será válido.

Os passos estarão sublinhados, e é muito importante interpretar a frase X, pois ela dará instrumentos para verificar a frase ~C.

Por exemplo:

Se X for falso, significa que os clientes brasileiros de bancos suíços estão fazendo o mesmo que os cliente europeus. Logo, a frase ~C será falsa. Caso X seja verdadeira, inverterá o que foi mencionado neste parágrafo.

Passo 1:	Passo 2:	Passo 3:
B	B	B
V	V	V
~C → ~B	~C → ~B	~C → ~B
	F	F F
X	X	X
F	F	F

Como a conclusão falsa gerou premissas, o argumento é considerado inválido.

RLM

149. (2014 – MDIC – Analista Técnico Administrativo)

P_1: Os clientes europeus de bancos suíços estão regularizando sua situação com o fisco de seus países.

P_2: Se os clientes brasileiros de bancos suíços não fazem o mesmo que os clientes europeus, é porque o Governo do Brasil não tem um programa que os incite a isso.

Considerando que as proposições P_1 e P_2 apresentadas sejam premissas de um argumento, julgue o item a seguir, relativo à lógica de argumentação.

O argumento formado pelas premissas P_1 e P_2 e pela conclusão "Os clientes brasileiros de bancos suíços estão em situação irregular com o fisco de seu país." é um argumento válido.

GABARITO: ERRADO.

Transformando as premissas do enunciado e a conclusão apresentada no item em linguagem simbólica, temos:

P_1: Os clientes europeus de bancos suíços estão regularizando sua situação com o fisco de seus países. B

P_2: Se os clientes brasileiros de bancos suíços não fazem o mesmo que os clientes europeus, é porque o Governo do Brasil não tem um programa que os incite a isso. ~C → ~B

Conclusão: Os clientes brasileiros de bancos suíços estão em situação irregular com o fisco de seu país Y.

Vamos iniciar a verificação do argumento, lembrando que utilizarei a técnica da conclusão falsa. Se uma conclusão falsa gerar premissas, o argumento será inválido. Caso contrário, será válido.

Colocarei sublinhado os passos e é muito importante interpretar a frase Y, pois ela dará instrumentos para verificar a frase ~C.

Por exemplo:

Se Y for falso, significa que os cliente brasileiros de bancos suíços estão fazendo o mesmo que os cliente europeus, logo a frase ~C será falsa. Caso Y seja verdadeira, inverterá o que foi mencionado neste parágrafo.

Passo 1:	Passo 2:	Passo 3:
B	B	B
V	V	V
~C → ~B	~C → ~B	~C → ~B
Y	F	F F
F	Y	Y
	F	F

Como a conclusão falsa gerou premissas, o argumento é considerado inválido.

150. **(2014 – SUFRAMA – Técnico em Contabilidade)** Considere as seguintes proposições:

P1: Se o Brasil reduzir as formalidades burocráticas e o nível de desconfiança nas instituições públicas, eliminar obstáculos de infraestrutura e as ineficiências no trânsito de mercadorias e ampliar a publicação de informações envolvendo exportação e importação, então o Brasil reduzirá o custo do comércio exterior.

P2: Se o Brasil reduzir o custo do comércio exterior, aumentará o fluxo de trocas bilaterais com outros países.

C: Se o Brasil reduzir o nível de desconfiança nas instituições públicas, aumentará o fluxo de trocas bilaterais com outros países.

A partir dessas proposições, julgue o item seguinte, a respeito de lógica sentencial:

O argumento constituído pelas premissas P1 e P2 e pela conclusão C é um argumento válido.

GABARITO: ERRADO.

Transformando as proposições do enunciado em linguagem simbólica:

P1: Se o Brasil reduzir as formalidades burocráticas, e o nível de desconfiança nas instituições públicas eliminar obstáculos de infraestrutura e as ineficiências no trânsito de mercadorias e ampliar a publicação de informações envolvendo exportação e importação, então o Brasil reduzirá o custo do comércio exterior. X → R

P2: Se o Brasil reduzir o custo do comércio exterior, aumentará o fluxo de trocas bilaterais com outros países. R → A

Conclusão: Se o Brasil reduzir o nível de desconfiança nas instituições públicas, aumentará o fluxo de trocas bilaterais com outros países. D → A

Vamos iniciar a verificação do argumento, lembrando que será utilizada a técnica da conclusão falsa. Se uma conclusão falsa gerar premissas, o argumento será inválido. Caso contrário, será válido.

Os passos estão sublinhados a seguir:

Passo 1:	Passo 2:	Passo 3:	Passo 4:	Passo 5:
X → R	X → R	X → R	X → R	X → R
R → A	R → A	R → A	F	F F
D → A	F	F F	R → A	R → A
V F	D → A	D → A	F F	F F
	V F	V F	D → A	D → A
			V F	V F

Como a conclusão falsa gerou premissas, o argumento é considerado inválido.

151. **(2013 – Ministério da Integração Nacional – Administrador)** Ao comentar a respeito da qualidade dos serviços prestados por uma empresa, um cliente fez as seguintes afirmações:

P1: Se for bom e rápido, não será barato.

P2: Se for bom e barato, não será rápido.

P3: Se for rápido e barato, não será bom.

Com base nessas informações, julgue o seguinte item:

Um argumento que tenha P1 e P2 como premissas e P3 como conclusão será um argumento válido.

GABARITO: CERTO.

Transformando as proposições do enunciado em linguagem simbólica:

P1: Se for bom e rápido, não será barato. $B \wedge R \rightarrow \sim T$

P2: Se for bom e barato, não será rápido. $B \wedge T \rightarrow \sim R$

P3 (conclusão): Se for rápido e barato, não será bom. $R \wedge T \rightarrow \sim B$

Vamos iniciar a verificação do argumento, lembrando que será utilizada a técnica da conclusão falsa. Se uma conclusão falsa gerar premissas, o argumento será inválido, Caso contrário, será válido.

Os passos estão sublinhados, a seguir:

Passo 1:	Passo 2:	Passo 3:	Passo 4:
B ∧ R → ~T	B ∧ R → ~T	B ∧ R → ~T	B ∧ R → ~T *não gerou premissa
B ∧ T → ~R	B ∧ T → ~R	V V F	V F
R ∧ T → ~B	R ∧ T → ~B	B ∧ T → ~R	B ∧ T → ~R *não gerou premissa
V F	V V F	V V F	V F
		R ∧ T → ~B	R ∧ T → ~B
		V V F	V V F

Como a conclusão falsa não gerou premissas, o argumento é considerado válido.

152. **(2013 – SERPRO – Analista de Administração de Serviços de Tecnologia da Informação)** Ser síndico não é fácil. Além das cobranças de uns e da inadimplência de outros, ele está sujeito a passar por desonesto. A esse respeito, um ex-síndico formulou as seguintes proposições:

— Se o síndico troca de carro ou reforma seu apartamento, dizem que ele usou dinheiro do condomínio em benefício próprio. (P1)

— Se dizem que o síndico usou dinheiro do condomínio em benefício próprio, ele fica com fama de desonesto. (P2)

— Logo, se você quiser manter sua fama de honesto, não queira ser síndico. (P3)

Com referência às proposições P1, P2 e P3 acima, julgue o item a seguir:

Considerando que P1 e P2 sejam as premissas de um argumento de que P3 seja a conclusão, é correto afirmar que, do ponto de vista lógico, o texto supracitado constitui um argumento válido.

GABARITO: ERRADO.

Transformando as proposições do enunciado em linguagem simbólica, temos:

P1: Se o síndico troca de carro ou reforma seu apartamento, dizem que ele usou dinheiro do condomínio em benefício próprio. $C \vee A \rightarrow D$

P2: Se dizem que o síndico usou dinheiro do condomínio em benefício próprio, ele fica com fama de desonesto. $D \rightarrow \sim H$

P3 (conclusão): Se você quiser manter sua fama de honesto, não queira ser síndico. $H \rightarrow \sim S$

Vamos iniciar a verificação do argumento, lembrando que será utilizada a técnica da conclusão falsa. Se uma conclusão falsa gerar premissas, o argumento será inválido. Caso contrário, será válido.

Os passos estão sublinhados, a seguir:

Passo 1:	Passo 2:	Passo 3:	Passo 4:	Passo 5:	Passo 6:
$C \vee A \rightarrow D$	$C \vee A \rightarrow D$	$C \vee A \rightarrow D$	$C \vee A \rightarrow D$	$C \vee A \rightarrow D$	$C \vee A \rightarrow D$
$D \rightarrow \sim H$	$D \rightarrow \sim H$	$D \rightarrow \sim H$	$\underline{F}$	F F	F F F
$H \rightarrow \sim S$	$\underline{F}$	$\underline{F}$ F	$D \rightarrow \sim H$	$D \rightarrow \sim H$	$D \rightarrow \sim H$
$\underline{V}$ $\underline{F}$	$H \rightarrow \sim S$	$H \rightarrow \sim S$	F F	F F	F F
	V F	V F	$H \rightarrow \sim S$	$H \rightarrow \sim S$	$H \rightarrow \sim S$
			V F	V F	V F

Como a conclusão falsa gerou premissas, o argumento é considerado inválido.

153. **(2013 – SERPRO – Analista de Administração de Serviços de Tecnologia da Informação)** Ser síndico não é fácil. Além das cobranças de uns e da inadimplência de outros, ele está sujeito a passar por desonesto. A esse respeito, um ex-síndico formulou as seguintes proposições:

— Se o síndico troca de carro ou reforma seu apartamento, dizem que ele usou dinheiro do condomínio em benefício próprio. (P_1)

— Se dizem que o síndico usou dinheiro do condomínio em benefício próprio, ele fica com fama de desonesto. (P_2)

— Logo, se você quiser manter sua fama de honesto, não queira ser síndico. (P_3)

Com referência às proposições P_1, P_2 e P_3 acima, julgue o item a seguir:

A partir das premissas P_1 e P_2, é correto concluir que a proposição "Se o síndico ficou com fama de desonesto, então ele trocou de carro" é verdadeira.

GABARITO: ERRADO.

Transformando as proposições do enunciado e do item em linguagem simbólica, temos:

P1: Se o síndico troca de carro ou reforma seu apartamento, dizem que ele usou dinheiro do condomínio em benefício próprio. $C \vee A \rightarrow D$

P2: Se dizem que o síndico usou dinheiro do condomínio em benefício próprio, ele fica com fama de desonesto. $D \rightarrow \sim H$

Conclusão: "Se o síndico ficou com fama de desonesto, então ele trocou de carro". $\sim H \rightarrow A$

Vamos iniciar a verificação do argumento, lembrando que será utilizada a técnica da conclusão falsa. Se uma conclusão falsa gerar premissas, o argumento será inválido. Caso contrário, será válido.

Os passos estão sublinhados, a seguir:

Passo 1:	Passo 2:	Passo 3:
$C \vee A \rightarrow D$	$C \vee A \rightarrow D$	$C \vee A \rightarrow D$
$D \rightarrow \sim H$	F	F
$\sim H \rightarrow A$	$D \rightarrow \sim H$	$D \rightarrow \sim H$
V F	V	? V
	$\sim H \rightarrow A$	$\sim H \rightarrow A$
	V F	V F

Ao desembaraçar o passo 3 para o passo 4, o ? significa que a frase pode ser verdadeira ou falsa. Assim, vamos fazer as duas possibilidades:

Analisando D como Verdadeira:

Passo 3:	Passo 4:
$C \vee A \rightarrow D$	$C \vee A \rightarrow D$
F V	? F V
$D \rightarrow \sim H$	$D \rightarrow \sim H$
V V	V V
$\sim H \rightarrow A$	$\sim H \rightarrow A$
V F	V F

Analisando D como falso:

Passo 3:	Passo 4:
$C \vee A \rightarrow D$	$C \vee A \rightarrow D$
F F	F F F
$D \rightarrow \sim H$	$D \rightarrow \sim H$
F V	F V
$\sim H \rightarrow A$	$\sim H \rightarrow A$
V F	V F

Como a conclusão falsa gerou premissas, o argumento é considerado inválido. Logo, a frase que o item afirmar ser verdadeira, na verdade, é falsa.

154. **(2013 – BACEN – Analista do Banco Central)** O Governo Federal identificou que é fundamental para o crescimento econômico do país a construção de ferrovia ligando determinada região produtora de grãos ao porto mais próximo. Os estudos de demanda mostraram que o empreendimento não é viável economicamente para o setor privado, razão por que o Governo decidiu adotar medidas para incentivar o setor privado a investir na construção e operação da ferrovia. Nas reuniões para a escolha da melhor forma de incentivar o setor privado, dois argumentos que se destacaram são apresentados a seguir:

Argumento 1:

- **P1:** O Governo quer que a ferrovia seja construída, há necessidade de volumosos investimentos iniciais na construção e não haverá demanda suficiente por sua utilização nos primeiros anos de operação.
- **P2:** Como há necessidade de volumosos investimentos iniciais para a construção da ferrovia e não haverá demanda suficiente por sua utilização nos primeiros anos de operação, a taxa interna de retorno do negócio será baixa.
- **P3:** Se a taxa interna de retorno do negócio for baixa, os empresários não terão interesse em investir seus recursos próprios na construção e operação da ferrovia.

- **P4:** Se o Governo quer que a ferrovia seja construída e se os empresários não tiverem interesse em investir seus recursos próprios na construção e operação, o governo deverá construí-la com recursos da União e conceder a operação à iniciativa privada.
- **C1:** Logo, o Governo deverá construir a ferrovia com recursos da União e conceder a operação à iniciativa privada.

Argumento 2:

- **Q1:** O Governo Federal constrói a ferrovia com recursos da União ou toma emprestados 70% dos recursos necessários à construção da ferrovia, via Tesouro Direto, pagando juros à taxa SELIC de 9% a.a., e empresta ao empresário, via banco público de desenvolvimento, à taxa subsidiada de 3% a.a.
- **Q2:** Se o Governo constrói a ferrovia com recursos da União, remunera o capital do construtor segundo sua taxa mínima de atratividade, que é de 16% a.a.
- **Q3:** É menos oneroso para o Governo tomar emprestado via Tesouro Direto, pagando juros à taxa SELIC de 9% a.a. e financiar a construção à taxa subsidiada de 3% a.a, do que remunerar o capital do construtor segundo sua taxa mínima de atratividade, de 16% a.a.
- **Q4:** Se o Governo empresta para o empresário 70% dos recursos necessários à construção da ferrovia, à taxa subsidiada de 3% a.a., então a taxa interna de retorno do acionista no negócio supera sua taxa mínima de atratividade.
- **Q5:** Se a taxa interna de retorno do acionista no negócio supera sua taxa mínima de atratividade, então o empresário tem interesse em investir seus recursos próprios em parte da construção e na operação da ferrovia.
- **C2:** Logo, se é menos oneroso para o Governo tomar emprestado via Tesouro Direto, pagando juros à taxa SELIC de 9% a.a. e financiar à taxa subsidiada de 3% a.a., do que remunerar o capital do construtor segundo sua taxa mínima de atratividade, de 16% a.a., então o Governo toma emprestados 70% dos recursos necessários à construção da ferrovia, via Tesouro Direto, pagando juros à taxa SELIC de 9% a.a., empresta ao empresário, via banco público de desenvolvimento, à taxa subsidiada de 3% a.a., e o empresário terá interesse em investir seus recursos próprios em parte da construção e na operação da ferrovia.

Com referência aos argumentos hipotéticos apresentados, julgue o item seguinte, relativo à lógica sentencial.

Se o argumento 2 for válido, então a proposição Q3 será verdadeira.

GABARITO: CERTO.

Questão de fixação de conceito:

"Um argumento é válido sempre que suas premissas (frases verdadeiras) gerarem conclusão verdadeira."

Como o item afirma que o argumento 2 é válido, então todas as premissas deverão ser verdadeiras. Portanto, Q3 tem que ser verdadeira.

---

155. **(2013 – BACEN – Analista do Banco Central)** O Governo Federal identificou que é fundamental para o crescimento econômico do país a construção de ferrovia ligando determinada região produtora de grãos ao porto mais próximo. Os estudos de demanda mostraram que o empreendimento não é viável economicamente para o setor privado, razão por que o Governo decidiu adotar medidas para incentivar o setor privado a investir na construção e operação da ferrovia. Nas reuniões para a escolha da melhor forma de incentivar o setor privado, dois argumentos que se destacaram são apresentados a seguir.

Argumento 1:

- **P1:** O Governo quer que a ferrovia seja construída, há necessidade de volumosos investimentos iniciais na construção e não haverá demanda suficiente por sua utilização nos primeiros anos de operação.
- **P2:** Como há necessidade de volumosos investimentos iniciais para a construção da ferrovia e não haverá demanda suficiente por sua utilização nos primeiros anos de operação, a taxa interna de retorno do negócio será baixa.
- **P3:** Se a taxa interna de retorno do negócio for baixa, os empresários não terão interesse em investir seus recursos próprios na construção e operação da ferrovia.
- **P4:** Se o Governo quer que a ferrovia seja construída e se os empresários não tiverem interesse em investir seus recursos próprios na construção e operação, o Governo deverá construí-la com recursos da União e conceder a operação à iniciativa privada.
- **C1:** Logo, o governo deverá construir a ferrovia com recursos da União e conceder a operação à iniciativa privada.

Argumento 2:

- **Q1:** O Governo Federal constrói a ferrovia com recursos da União ou toma emprestados 70% dos recursos necessários à construção da ferrovia, via Tesouro Direto, pagando juros à taxa SELIC de 9% a.a., e empresta ao empresário, via banco público de desenvolvimento, à taxa subsidiada de 3% a.a.
- **Q2:** Se o Governo constrói a ferrovia com recursos da União, remunera o capital do construtor segundo sua taxa mínima de atratividade, que é de 16% a.a.
- **Q3:** É menos oneroso para o Governo tomar emprestado via Tesouro Direto, pagando juros à taxa SELIC de 9% a.a. e financiar a construção à taxa subsidiada de 3% a.a, do que remunerar o capital do construtor segundo sua taxa mínima de atratividade, de 16% a.a.
- **Q4:** Se o Governo empresta para o empresário 70% dos recursos necessários à construção da ferrovia, à taxa subsidiada de 3% a.a., então a taxa interna de retorno do acionista no negócio supera sua taxa mínima de atratividade.
- **Q5:** Se a taxa interna de retorno do acionista no negócio supera sua taxa mínima de atratividade, então o empresário tem interesse em investir seus recursos próprios em parte da construção e na operação da ferrovia.
- **C2:** Logo, se é menos oneroso para o Governo tomar emprestado via Tesouro Direto, pagando juros à taxa SELIC de 9% a.a. e financiar à taxa subsidiada de 3% a.a., do que remunerar o capital do construtor segundo sua taxa mínima de atratividade, de 16% a.a., então o Governo toma emprestados 70% dos recursos necessários à construção da ferrovia, via Tesouro Direto, pagando juros à taxa SELIC de 9% a.a., empresta ao empresário, via banco público de desenvolvimento, à taxa subsidiada de 3% a.a., e o empresário terá interesse em investir seus recursos próprios em parte da construção e na operação da ferrovia.

Com referência aos argumentos hipotéticos apresentados, julgue o item seguinte, relativo à lógica sentencial:

O argumento 2 é não válido.

GABARITO: CERTO.

Transformando as proposições do enunciado em linguagem simbólica, temos:

Q1: O Governo Federal constrói a ferrovia com recursos da União ou toma emprestados 70% dos recursos necessários à construção da ferrovia, via Tesouro Direto, pagando juros à taxa SELIC de 9% a.a., e empresta ao empresário, via banco público de desenvolvimento, à taxa subsidiada de 3% a.a. $U \vee T$

Q2: Se o Governo constrói a ferrovia com recursos da União, remunera o capital do cons trutor segundo sua taxa mínima de atratividade, que é de 16% a.a. $U \rightarrow C$

Q3: É menos oneroso para o Governo tomar emprestado via Tesouro Direto, pagando juros à taxa SELIC de 9% a.a. e financiar a construção à taxa subsidiada de 3% a.a, do que remunerar o capital do construtor, segundo sua taxa mínima de atratividade, de 16% a.a. X

Q4: Se o Governo empresta para o empresário 70% dos recursos necessários à construção da ferrovia, à taxa subsidiada de 3% a.a., então a taxa interna de retorno do acionista no negócio supera sua taxa mínima de atratividade. $T \rightarrow A$

Q5: Se a taxa interna de retorno do acionista no negócio supera sua taxa mínima de atratividade, então o empresário tem interesse em investir seus recursos próprios em parte da construção e na operação da ferrovia. $A \rightarrow R$

C2: Logo, se é menos oneroso para o Governo tomar emprestado via Tesouro Direto, pagando juros à taxa SELIC de 9% a.a. e financiar à taxa subsidiada de 3% a.a., do que remunerar o capital do construtor segundo sua taxa mínima de atratividade, de 16% a.a., então o Governo toma emprestados 70% dos recursos necessários à construção da ferrovia, via Tesouro Direto, pagando juros à taxa SELIC de 9% a.a., empresta ao empresário, via banco público de desenvolvimento, à taxa subsidiada de 3% a.a., e o empresário terá interesse em investir seus recursos próprios em parte da construção e na operação da ferrovia. $X \rightarrow T$

Vamos iniciar a verificação do argumento, lembrando que será utilizada a técnica da conclusão falsa. Se uma conclusão falsa gerar premissas, o argumento será inválido. Caso contrário, será válido.

Os passos estão sublinhados, a seguir:

Passo 1:	Passo 2:	Passo 3:	Passo 4:	Passo 5:
$U \vee T$	$U \vee T$	$U \vee T$	$U \vee T$	$U \vee T$
$U \rightarrow C$	F	V F	V F	V F
X	$U \rightarrow C$	$U \rightarrow C$	$U \rightarrow C$	$U \rightarrow C$
$T \rightarrow A$	X	X	V	V V
$A \rightarrow R$	V	V	X	X
$X \rightarrow T$	$T \rightarrow A$	$F \rightarrow A$	V	V
V F	F	F ?	$F \rightarrow A$	$F \rightarrow A$
	$A \rightarrow R$	$A \rightarrow R$	F ?	F ?
	$X \rightarrow T$	$X \rightarrow T$	$A \rightarrow R$	$A \rightarrow R$
	V F	V F	?	? ?
			$X \rightarrow T$	$X \rightarrow T$
			V F	V F

Como a conclusão falsa gerou premissas, o argumento é considerado inválido.

156. (2013 – DPF – Escrivão de Polícia Federal) Suspeita-se que um chefe de organização criminosa tenha assumido as despesas de determinado candidato em curso de preparação para concurso para provimento de vagas do órgão X.

P1: Existe a convicção por parte dos servidores do órgão X de que, se um chefe de organização criminosa pagou para determinado candidato curso de preparação para concurso, ou o chefe é amigo de infância do candidato ou então esse candidato foi recrutado pela organização criminosa para ser aprovado no concurso.

P2: Há, ainda, entre os servidores do órgão X, a certeza de que, se o candidato foi recrutado pela organização criminosa para ser aprovado no concurso, então essa organização deseja obter informações sigilosas ou influenciar as decisões do órgão X.

Diante dessa situação, o candidato, inquirido a respeito, disse o seguinte:

P3: Ele é meu amigo de infância, e eu não sabia que ele é chefe de organização criminosa.

P4: Pedi a ele que pagasse meu curso de preparação, mas ele não pagou.

Considerando essa situação hipotética, julgue o item subsecutivo:

Com fundamento nas proposições P1, P2, P3 e P4, confirma-se a suspeita de que o chefe de organização criminosa tenha custeado para o candidato curso de preparação para o concurso.

GABARITO: ERRADO.

Transformando as proposições do enunciado em linguagem simbólica, temos:

P1: Existe a convicção por parte dos servidores do órgão X de que, se um chefe de organização criminosa pagou para determinado candidato curso de preparação para concurso, ou o chefe é amigo de infância do candidato ou então esse candidato foi recrutado pela organização criminosa para ser aprovado no concurso. $P \rightarrow A \veebar R$

P2: Há, ainda, entre os servidores do órgão X, a certeza de que, se o candidato foi recrutado pela organização criminosa para ser aprovado no concurso, então essa organização deseja obter informações sigilosas ou influenciar as decisões do órgão X. $R \rightarrow S \vee I$

P3: Ele é meu amigo de infância, e eu não sabia que ele é chefe de organização criminosa. $A \wedge \sim C$

P4: Pedi a ele que pagasse meu curso de preparação, mas ele não pagou. ~P

Conclusão: O chefe de organização criminosa tenha custeado para o candidato curso de preparação para o concurso. P

Vamos iniciar a verificação do argumento, lembrando que foi utilizada a técnica da conclusão falsa. Se uma conclusão falsa gerar premissas, o argumento será inválido. Caso contrário, será válido.

Os passos estão sublinhados a seguir:

Passo 1:	Passo 2:	Passo 3:	Passo 4:
$P \rightarrow A \veebar R$	$P \rightarrow A \veebar R$	$P \rightarrow A \veebar R$	$P \rightarrow A \veebar R$
	F	F V ?	F V ?
$R \rightarrow S \vee I$	$R \rightarrow S \vee I$	$R \rightarrow S \vee I$	$R \rightarrow S \vee I$
$A \wedge \sim C$	$A \wedge \sim C$	$A \wedge \sim C$	? ?
	V V	V V	$A \wedge \sim C$
~P	~P	~P	V V
	V	V	~P
P	P	P	V
F	F	F	P
			F

Como a conclusão falsa gerou premissas, o argumento é considerado inválido.

Portanto, o chefe da organização criminosa não custeou para o candidato curso de preparação para o concurso.

157. (2013 – DPF – Escrivão de Polícia Federal) Suspeita-se que um chefe de organização criminosa tenha assumido as despesas de determinado candidato em curso de preparação para concurso para provimento de vagas do órgão X.

P1: Existe a convicção por parte dos servidores do órgão X de que, se um chefe de organização criminosa pagou para determinado candidato curso de preparação para concurso, ou o chefe é amigo de infância do candidato ou então esse candidato foi recrutado pela organização criminosa para ser aprovado no concurso.

P2: Há, ainda, entre os servidores do órgão X, a certeza de que, se o candidato foi recrutado pela organização criminosa para ser aprovado no concurso, então essa organização deseja obter informações sigilosas ou influenciar as decisões do órgão X.

Diante dessa situação, o candidato, inquirido a respeito, disse o seguinte:

P3: Ele é meu amigo de infância, e eu não sabia que ele é chefe de organização criminosa.

P4: Pedi a ele que pagasse meu curso de preparação, mas ele não pagou.

Considerando essa situação hipotética, julgue o item subsecutivo:

Com base nas proposições P1, P2, P3 e P4, é correto concluir que "A organização deseja obter informações sigilosas ou influenciar as decisões do órgão X".

GABARITO: ERRADO.

Transformando as proposições do enunciado em linguagem simbólica temos:

P1: Existe a convicção por parte dos servidores do órgão X de que, se um chefe de organização criminosa pagou para determinado candidato curso de preparação para concurso, ou o chefe é amigo de infância do candidato ou então esse candidato foi recrutado pela organização criminosa para ser aprovado no concurso. $P \rightarrow A \veebar R$

P2: Há, ainda, entre os servidores do órgão X, a certeza de que, se o candidato foi recrutado pela organização criminosa para ser aprovado no concurso, então essa organização deseja obter informações sigilosas ou influenciar as decisões do órgão X. $R \rightarrow S \vee I$

P3: Ele é meu amigo de infância, e eu não sabia que ele é chefe de organização criminosa. $A \wedge \sim C$

P4: Pedi a ele que pagasse meu curso de preparação, mas ele não pagou. $\sim P$

Conclusão: "A organização deseja obter informações sigilosas ou influenciar as decisões do órgão X". $S \vee I$

Vamos iniciar a verificação do argumento, lembrando que será utilizada a técnica da conclusão falsa. Se uma conclusão falsa gerar premissas, o argumento será inválido. Caso contrário, será válido.

Os passos estão sublinhados as seguir:

Passo 1:	Passo 2:	Passo 3:	Passo 4:
$P \rightarrow A \veebar R$	$P \rightarrow A \veebar R$	$P \rightarrow A \veebar R$	$P \rightarrow A \veebar R$
$R \rightarrow S \vee I$	$R \rightarrow S \vee I$	F V	F V F
	$\underline{F}$ F	$R \rightarrow S \vee I$	$R \rightarrow S \vee I$
$A \wedge \sim C$	$A \wedge \sim C$	F F F	F F F
	$\underline{V}$ V	$A \wedge \sim C$	$A \wedge \sim C$
$\sim P$	$\sim P$	V V	V V
	$\underline{V}$	$\sim P$	$\sim P$
$S \vee I$	$S \vee I$	V	V
$\underline{F}$ F	F F	$S \vee I$	$S \vee I$
		F F	F F

Como a conclusão falsa gerou premissas, o argumento é considerado inválido.

Portanto, a organização não deseja obter informações sigilosas nem influenciar as decisões do órgão X.

Esta questão foi anulada. O motivo da anulação deste item deu-se porque seu gabarito foi alterado de certo para errado. Em virtude disso, existe um item do edital (veja trecho do edital transcrito a seguir) que menciona que, caso isto ocorra, a questão será anulada.

16.6.1 Caso a avaliação dos recursos enseje alteração de gabarito de item integrante da prova, o respectivo item será anulado e a pontuação correspondente a esse item será atribuída a todos os candidatos, independentemente de terem recorrido.

---

158. **(2013 – TRT 10ª Região – Analista Judiciário Área Tecnologia da Informação)** Ao comentar sobre as razões da dor na região lombar que seu paciente sentia, o médico fez as seguintes afirmativas:

P_1: Além de ser suportado pela estrutura óssea da coluna, seu peso é suportado também por sua estrutura muscular.

P_2: Se você estiver com sua estrutura muscular fraca ou com sobrepeso, estará com sobrecarga na estrutura óssea da coluna.

P_3: Se você estiver com sobrecarga na estrutura óssea da coluna, sentirá dores na região lombar.

P_4: Se você praticar exercícios físicos regularmente, sua estrutura muscular não estará fraca.

P_5: Se você tiver uma dieta balanceada, não estará com sobrepeso.

Tendo como referência a situação acima apresentada, julgue o item seguinte, considerando apenas seus aspectos lógicos:

Será válido o argumento em que as premissas sejam as proposições P_2, P_3, P_4 e P_5 e a conclusão seja a proposição "Se você praticar exercícios físicos regularmente e tiver uma dieta balanceada, não sentirá dores na região lombar".

GABARITO: ERRADO.

Transformando as proposições do enunciado e do item em linguagem simbólica, temos:

P1: Além de ser suportado pela estrutura óssea da coluna, seu peso é suportado também por sua estrutura muscular. PM ∧ PO

P2: Se você estiver com sua estrutura muscular fraca ou com sobrepeso, estará com sobrecarga na estrutura óssea da coluna. M ∨ S → O

P3: Se você estiver com sobrecarga na estrutura óssea da coluna, sentirá dores na região lombar. O → D

P4: Se você praticar exercícios físicos regularmente, sua estrutura muscular não estará fraca. E → ~M

P5: Se você tiver uma dieta balanceada, não estará com sobrepeso. B → ~S

Conclusão: "Se você praticar exercícios físicos regularmente e tiver uma dieta balanceada, não sentirá dores na região lombar." E ∧ B → ~D

Vamos iniciar a verificação do argumento, lembrando que será utilizada a técnica da conclusão falsa. Se uma conclusão falsa gerar premissas, o argumento será inválido, caso contrário será válido.

Os passos estão sublinhados a seguir:

Passo 1:	Passo 2:	Passo 3:	Passo 4:	Passo 5:
PM ∧ PO	PM ∧ PO	PM ∧ PO	PM ∧ PO	PM ∧ PO
$\underline{V}$ V	V V	V V	V V	V V
M ∨ S → O	M ∨ S → O	M ∨ S → O	M ∨ S → O	M ∨ S → O
O → D	O → D	O → D		F F $\underline{?}$
		$\underline{V}$	O → D	O → D
E → ~M	E → ~M	E → ~M	$\underline{?}$ V	? V
		$\underline{V}$	E → ~M	E → ~M
B → ~S	B → ~S	B → ~S	V $\underline{V}$	V V
		$\underline{V}$	B → ~S	B → ~S
E ∧ B → ~D	E ∧ B → ~D	E ∧ B → ~D	V V	V V
$\underline{V}$ $\underline{F}$	$\underline{V}$ $\underline{V}$ $\underline{F}$	V V F	E ∧ B → ~D	E ∧ B → ~D
			V V F	V V F

Como a conclusão falsa gerou premissas, o argumento é considerado inválido.

159. **(2013 – TRT/10ª Região – Analista Judiciário Área Tecnologia da Informação)** Ao comentar sobre as razões da dor na região lombar que seu paciente sentia, o médico fez as seguintes afirmativas:

P_1: Além de ser suportado pela estrutura óssea da coluna, seu peso é suportado também por sua estrutura muscular.

P_2: Se você estiver com sua estrutura muscular fraca ou com sobrepeso, estará com sobrecarga na estrutura óssea da coluna.

P_3: Se você estiver com sobrecarga na estrutura óssea da coluna, sentirá dores na região lombar.

P_4: Se você praticar exercícios físicos regularmente, sua estrutura muscular não estará fraca.

P_5: Se você tiver uma dieta balanceada, não estará com sobrepeso.

Tendo como referência a situação acima apresentada, julgue o item seguinte, considerando apenas seus aspectos lógicos:

De acordo com as informações apresentadas, estar com a estrutura muscular fraca ou com sobrepeso é condição suficiente para o paciente sentir dores na região lombar.

GABARITO: CERTO.

Para resolver este item, deveremos juntar a premissa P_2 com a Premissa P_3.

Como sabemos que precisamos fazer isso?

O motivo é que as frases mencionadas no item relacionam frases da premissa P_2 e P_3.

P_2: Se você estiver com sua estrutura muscular fraca ou com sobrepeso, estará com sobrecarga na estrutura óssea da coluna. $M \vee S \rightarrow O$

P_3: Se você estiver com sobrecarga na estrutura óssea da coluna, sentirá dores na região lombar. $O \rightarrow D$

Juntando as premissas P2 e P3:

$M \vee S \rightarrow \cancel{O}$

$\cancel{O} \rightarrow D$

$M \vee S \rightarrow D$ **("Se você estiver com sua estrutura muscular fraca ou com sobrepeso, então sentirá dores na lombar.").**

Lembrando que, em uma frase condicional, a primeira parte da frase é chamada de condição suficiente e a segunda parte é chamada de condição necessária.

Assim, estar com a estrutura muscular fraca ou com sobrepeso é condição suficiente para o paciente sentir dores na região lombar.

E estar com dores na região lombar é condição necessária para o paciente estar com a estrutura muscular fraca ou com sobrepeso.

---

160. **(2013 – TRT/10ª Região – Analista Judiciário Área Tecnologia da Informação)** Ao comentar sobre as razões da dor na região lombar que seu paciente sentia, o médico fez as seguintes afirmativas:

P1: Além de ser suportado pela estrutura óssea da coluna, seu peso é suportado também por sua estrutura muscular.

P2: Se você estiver com sua estrutura muscular fraca ou com sobrepeso, estará com sobrecarga na estrutura óssea da coluna.

P3: Se você estiver com sobrecarga na estrutura óssea da coluna, sentirá dores na região lombar.

P4: Se você praticar exercícios físicos regularmente, sua estrutura muscular não estará fraca.

P5: Se você tiver uma dieta balanceada, não estará com sobrepeso.

Tendo como referência a situação acima apresentada, julgue o item seguinte, considerando apenas seus aspectos lógicos.

Se todas as afirmações feitas pelo médico forem verdadeiras, também será verdadeira a afirmaçã o "Se você não sentisse dor na região lombar, então não estaria com sobrecarga na estrutura óssea da coluna".

GABARITO: CERTO.

Transformando as proposições do enunciado e do item em linguagem simbólica, temos:

P1: Além de ser suportado pela estrutura óssea da coluna, seu peso é suportado também por sua estrutura muscular. $PM \wedge PO$

P2: Se você estiver com sua estrutura muscular fraca ou com sobrepeso, estará com sobrecarga na estrutura óssea da coluna. $M \vee S \rightarrow O$

P3: Se você estiver com sobrecarga na estrutura óssea da coluna, sentirá dores na região lombar. $O \rightarrow D$

P4: Se você praticar exercícios físicos regularmente, sua estrutura muscular não estará fraca. $E \rightarrow \sim M$

P5: Se você tiver uma dieta balanceada, não estará com sobrepeso. $B \rightarrow \sim S$

Conclusão: "Se você não sentisse dor na região lombar, então não estaria com sobrecarga na estrutura óssea da coluna." $\sim D \rightarrow \sim O$

Vamos iniciar a verificação do argumento, lembrando que será utilizada a técnica da conclusão falsa. Se uma conclusão falsa gerar premissas, o argumento será inválido. Caso contrário, será válido.

Os passos estão sublinhados, a seguir:

Passo 1:	Passo 2:	
$PM \wedge PO$	$PM \wedge PO$	
$\underline{V}$ $\underline{V}$	V V	
$M \vee S \rightarrow O$	$M \vee S \rightarrow O$	
	$\underline{V}$	
$O \rightarrow D$	$O \rightarrow D$	* não gerou premissas
	$\underline{V}$ $\underline{F}$	
$E \rightarrow \sim M$	$E \rightarrow \sim M$	
$B \rightarrow \sim S$	$B \rightarrow \sim S$	
$\sim D \rightarrow \sim O$	$\sim D \rightarrow \sim O$	
$\underline{V}$ $\underline{F}$	V F	

Como a conclusão falsa não gerou premissas, o argumento é considerado válido.

Portanto, a afirmação "Se você não sentisse dor na região lombar, então não estaria com sobrecarga na estrutura óssea da coluna" é verdadeira.

---

161. **(2013 – TCE/RO – Auditor de Controle Externo)** Considere que um argumento seja formado pelas seguintes proposições:

- **P1** A sociedade é um coletivo de pessoas cujo discernimento entre o bem e o mal depende de suas crenças, convicções e tradições.
- **P2** As pessoas têm o direito ao livre pensar e à liberdade de expressão.

- **P3** A sociedade tem paz quando a tolerância é a regra precípua do convívio entre os diversos grupos que a compõem.
- **P4** Novas leis, com penas mais rígidas, devem ser incluídas no Código Penal, e deve ser estimulada uma atuação repressora e preventiva dos sistemas judicial e policial contra todo ato de intolerância.

Com base nessas proposições, julgue o item subsecutivo:

O argumento em que as proposições de P1 a P3 são as premissas e P4 é a conclusão é um argumento lógico válido.

GABARITO: ERRADO.

É impossível gerar a conclusão P4, através das proposições P1 a P3.

Em nenhum momento, as proposições mencionam o que está escrito na conclusão.

---

162. **(2013 – BACEN – Técnico de Segurança Institucional)** Considere que as seguintes proposições sejam verdadeiras.

I. Se o dólar subir, as exportações aumentarão ou as importações diminuirão.

II. Se as exportações aumentarem e as importações diminuírem, a inflação aumentará.

III. Se o BACEN aumentar a taxa de juros, a inflação diminuirá.

Com base apenas nessas proposições, julgue o item a seguir:

Se o BACEN aumentar a taxa de juros, então as exportações não aumentarão ou as importações não diminuirão.

GABARITO: CERTO.

Transformando as proposições do enunciado e do item em linguagem simbólica, temos:

Se o dólar subir, as exportações aumentarão ou as importações diminuirão.

$D \rightarrow E \vee I$

Se as exportações aumentarem e as importações diminuírem, a inflação aumentará.
$E \wedge I \rightarrow F$

Se o BACEN aumentar a taxa de juros, a inflação diminuirá. $T \rightarrow \sim F$

Conclusão: **se o BACEN aumentar a taxa de juros, então as exportações não aumentarão ou as importações não diminuirão.** $T \rightarrow \sim E \vee \sim I$

Vamos iniciar a verificação do argumento, lembrando que será utilizada a técnica da conclusão falsa. Se uma conclusão falsa gerar premissas, o argumento será inválido. Caso contrário será válido.

Os passos estão sublinhados, a seguir:

Passo 1:	Passo 2:	Passo 3:	Passo 4:	
D → E ∨ I	D → E ∨ I	D → E ∨ I	D → E ∨ I	
		V V	? V V	
E ∧ I → F	E ∧ I → F	E ∧ I → F	E ∧ I → F	* não gerou premissas
		V V	V V F	
T → ~F	T → ~F	T → ~F	T → ~F	
	V	V V	V V	
T → ~E ∨ ~I	T → ~E ∨ ~I	T → ~E ∨ ~I	T → ~E ∨ ~I	
V F	V F F	V F F	V F F	

Como a conclusão falsa não gerou premissas, o argumento é considerado válido. Portanto, a conclusão é verdadeira.

---

163. **(2013 – BACEN – Técnico de Segurança Institucional)** Considere que as seguintes proposições sejam verdadeiras.

I. Se o dólar subir, as exportações aumentarão ou as importações diminuirão.
II. Se as exportações aumentarem e as importações diminuírem, a inflação aumentará.
III. Se o BACEN aumentar a taxa de juros, a inflação diminuirá.
Com base apenas nessas proposições, julgue o item a seguir:

Se o dólar subir, então a inflação diminuirá.

GABARITO: ERRADO.

Transformando as proposições do enunciado e do item em linguagem simbólica, temos:

Se o dólar subir, as exportações aumentarão ou as importações diminuirão.

D → E ∨ I

Se as exportações aumentarem e as importações diminuírem, a inflação aumentará.
E ∧ I → F

Se o BACEN aumentar a taxa de juros, a inflação diminuirá. T → ~F

Conclusão: se o dólar subir, então a inflação diminuirá. D → ~F

Vamos iniciar a verificação do argumento, lembrando que será utilizada a técnica da conclusão falsa. Se uma conclusão falsa gerar premissas, o argumento será inválido. Caso contrário, será válido.

Os passos estão sublinhados a seguir:

Passo 1:	Passo 2:	Passo 3:
D → E ∨ I	D → E ∨ I	D → E ∨ I
	V	V V
E ∧ I → F	E ∧ I → F	E ∧ I → F
	V	? V
T → ~F	T → ~F	T → ~F
	F	F F
D → ~F	D → ~F	D → ~F
V F	V F	V F

Como a conclusão falsa gerou premissas, o argumento é considerado inválido. Portanto, a conclusão é falsa.

---

164. **(2013 – BACEN – Técnico de Segurança Institucional)** O homem e o aquecimento global

P1: O planeta já sofreu, ao longo de sua existência de aproximadamente 4,5 bilhões de anos, processos de resfriamentos e aquecimentos extremos (ou seja, houve alternância de climas quentes e frios) e a presença humana no planeta é recente, cerca de 2 milhões de anos.

P2: Se houve alternância de climas quentes e frios, este é um fenômeno corrente na história do planeta.

P3: Se a alternância de climas é um fenômeno corrente na história do planeta, o atual aquecimento global é apenas mais um ciclo do fenômeno.

P4: Se o atual aquecimento global é apenas mais um ciclo do fenômeno, como a presença humana no planeta é recente, então a presença humana no planeta não é causadora do atual aquecimento global.

C: Logo, a presença humana no planeta não é causadora do atual aquecimento global.

Considerando o argumento supracitado, em que as proposições de P1 a P4 são as premissas e C é a conclusão, julgue o item seguinte:

Se o argumento apresentado é um argumento válido, a sua conclusão é uma proposição verdadeira.

GABARITO: ERRADO.

Como este item é meramente teórico, pode-se verificar que não há muitos comentários a tecer sobre a sua resolução.

O correto seria: se a conclusão é verdadeira, então o argumento é válido. A forma como foi construída a frase fere a teoria da lógica de argumentação.

---

165. **(2013 – BACEN – Técnico de Segurança Institucional)** O homem e o aquecimento global

P1: O planeta já sofreu, ao longo de sua existência de aproximadamente 4,5 bilhões de anos, processos de resfriamentos e aquecimentos extremos (ou seja, houve alternância de climas quentes e frios) e a presença humana no planeta é recente, cerca de 2 milhões de anos.

P2: Se houve alternância de climas quentes e frios, este é um fenômeno corrente na história do planeta.

P3: Se a alternância de climas é um fenômeno corrente na história do planeta, o atual aquecimento global é apenas mais um ciclo do fenômeno.

P4: Se o atual aquecimento global é apenas mais um ciclo do fenômeno, como a presença humana no planeta é recente, então a presença humana no planeta não é causadora do atual aquecimento global.

C: Logo, a presença humana no planeta não é causadora do atual aquecimento global.

Considerando o argumento acima, em que as proposições de P1 a P4 são as premissas e C é a conclusão, julgue o item seguinte:

Se o argumento apresentado não é um argumento válido, suas premissas são proposições falsas.

GABARITO: ERRADO.

Como este item é meramente teórico, pode-se verificar que não há muitos comentários a tecer sobre a sua resolução.

O correto seria: se a conclusão do argumento não for verdadeira, então o argumento é inválido. A forma como foi construída a frase fere a teoria da lógica de argumentação.

---

166. **(2012 – DPF – Agente de Polícia Federal)** Um jovem, ao ser flagrado no aeroporto portando certa quantidade de entorpecentes, argumentou com os policiais conforme o esquema a seguir:

Premissa 1: Eu não sou traficante, eu sou usuário.

Premissa 2: Se eu fosse traficante, estaria levando uma grande quantidade de droga e a teria escondido.

Premissa 3: Como sou usuário e não levo uma grande quantidade, não escondi a droga.

Conclusão: Se eu estivesse levando uma grande quantidade, não seria usuário.

Considerando a situação hipotética apresentada, julgue o item a seguir:

Sob o ponto de vista lógico, a argumentação do jovem constitui argumentação válida.

GABARITO: ERRADO.

Transformando as proposições do enunciado em linguagem simbólica, temos:

Premissa 1: **Eu não sou traficante, eu sou usuário.** $\sim T \land U$

Premissa 2: **Se eu fosse traficante, estaria levando uma grande quantidade de droga e a teria escondido.** $T \rightarrow G \land E$

Premissa 3: **Como sou usuário e não levo uma grande quantidade, não escondi a droga.** $U \land \sim G \rightarrow E$

Conclusão: **Se eu estivesse levando uma grande quantidade, não seria usuário.** $G \rightarrow \sim U$

Vamos iniciar a verificação do argumento, lembrando que será utilizada a técnica da conclusão falsa. Se uma conclusão falsa gerar premissas, o argumento será inválido. Caso contrário, será válido.

Os passos estão sublinhados, a seguir:

Passo 1:	Passo 2:	Passo 3:	Passo 4:
$\sim T \land U$	$\sim T \land U$	$\sim T \land U$	$\sim T \land U$
	$\underline{V}$	$\underline{V}$ V	V V
$T \rightarrow G \land E$	$T \rightarrow G \land E$	$T \rightarrow G \land E$	$T \rightarrow G \land E$
	$\underline{F}$	F F	F F $\underline{?}$
$U \land \sim G \rightarrow E$	$U \land \sim G \rightarrow E$	$U \land \sim G \rightarrow E$	$U \land \sim G \rightarrow E$
	$\underline{V}$ $\underline{F}$	$\underline{F}$	$\underline{F}$ $\underline{?}$
$G \rightarrow \sim U$	$G \rightarrow \sim U$	$G \rightarrow \sim U$	$G \rightarrow \sim U$
$\underline{V}$ $\underline{F}$	V F	V F	V F

Como a conclusão falsa gerou premissas, argumento é considerado inválido.

---

167. **(2012 – PC/CE – Inspetor de Polícia Civil 1ª Classe)** O exercício da atividade policial exige preparo técnico adequado ao enfrentamento de situações de conflito e, ainda, conhecimento das leis vigentes, incluindo interpretação e forma de aplicação dessas leis nos casos concretos. Sabendo disso, considere como verdadeiras as proposições seguintes:

P1: Se se deixa dominar pela emoção ao tomar decisões, então o policial toma decisões ruins.

P2: Se não tem informações precisas ao tomar decisões, então o policial toma decisões ruins.

P3: Se está em situação de estresse e não teve treinamento adequado, o policial se deixa dominar pela emoção ao tomar decisões.

P4: Se teve treinamento adequado e se dedicou nos estudos, então o policial tem informações precisas ao tomar decisões.

Com base nessas proposições, julgue o item a seguir:

A partir das proposições P2 e P4, é correto inferir que "O policial que tenha tido treinamento adequado e tenha se dedicado nos estudos não toma decisões ruins" é uma proposição verdadeira.

RLM

GABARITO: ERRADO.

Transformando as proposições do enunciado e do item em linguagem simbólica, temos:

P2: Se não tem informações precisas ao tomar decisões, então o policial toma decisões ruins. $\sim I \rightarrow R$

P4: Se teve treinamento adequado e se dedicou nos estudos, então o policial tem informações precisas ao tomar decisões. $T \wedge E \rightarrow I$

Conclusão: "O policial que tenha tido treinamento adequado e tenha se dedicado nos estudos não toma decisões ruins". $T \wedge E \rightarrow \sim D$

Vamos iniciar a verificação do argumento, lembrando que será utilizada a técnica da conclusão falsa. Se uma conclusão falsa gerar premissas, o argumento será inválido. Caso contrário, será válido.

Os passos estão sublinhados, a seguir:

Passo 1:	Passo 2:	Passo 3:	Passo 4:	Passo 5:
$\sim I \rightarrow R$	$\sim I \rightarrow R$	$\sim I \rightarrow R$	$\sim I \rightarrow R$	$\sim I \rightarrow R$
			$\underline{F}$	F $\underline{?}$
$T \wedge E \rightarrow I$	$T \wedge E \rightarrow I$	$T \wedge E \rightarrow I$	$T \wedge E \rightarrow I$	$T \wedge E \rightarrow I$
	$\underline{V}$ $\underline{V}$	V V $\underline{V}$	V V V	V V V
$T \wedge E \rightarrow \sim D$	$T \wedge E \rightarrow \sim D$	$T \wedge E \rightarrow \sim D$	$T \wedge E \rightarrow \sim D$	$T \wedge E \rightarrow \sim D$
$\underline{V}$ $\underline{F}$	$\underline{V}$ $\underline{V}$ F	V V F	V V F	V V F

Como a conclusão falsa gerou premissas, o argumento é considerado inválido. Portanto, a conclusão apresentada no item é falsa.

168. (**2012 – PC/CE – Inspetor de Polícia Civil 1ª Classe**) O exercício da atividade policial exige preparo técnico adequado ao enfrentamento de situações de conflito e, ainda, conhecimento das leis vigentes, incluindo interpretação e forma de aplicação dessas leis nos casos concretos. Sabendo disso, considere como verdadeiras as proposições seguintes.

P1: Se se deixa dominar pela emoção ao tomar decisões, então o policial toma decisões ruins.

P2: Se não tem informações precisas ao tomar decisões, então o policial toma decisões ruins.

P3: Se está em situação de estresse e não teve treinamento adequado, o policial se deixa dominar pela emoção ao tomar decisões.

P4: Se teve treinamento adequado e se dedicou nos estudos, então o policial tem informações precisas ao tomar decisões.

Com base nessas proposições, julgue o item a seguir:

Considerando que P1, P2, P3 e P4 sejam as premissas de um argumento cuja conclusão seja "Se o policial está em situação de estresse e não toma decisões ruins, então teve treinamento adequado", é correto afirmar que esse argumento é válido.

GABARITO: CERTO.

Transformando as proposições do enunciado e do item em linguagem simbólica, temos:

P1: Se se deixa dominar pela emoção ao tomar decisões, então o policial toma decisões ruins. $D \rightarrow R$

P2: Se não tem informações precisas ao tomar decisões, então o policial toma decisões ruins. $\sim I \rightarrow R$

P3: Se está em situação de estresse e não teve treinamento adequado, o policial se deixa dominar pela emoção ao tomar decisões. $S \wedge \sim T \rightarrow D$

P4: Se teve treinamento adequado e se dedicou nos estudos, então o policial tem informações precisas ao tomar decisões. $T \wedge E \rightarrow I$

Conclusão: "Se o policial está em situação de estresse e não toma decisões ruins, então teve treinamento adequado". $S \wedge \sim R \rightarrow T$

Vamos iniciar a verificação do argumento, lembrando que será utilizada a técnica da conclusão falsa. Se uma conclusão falsa gerar premissas, o argumento será inválido. Caso contrário, será válido.

Os passos estão sublinhados, a seguir:

Passo 1:	Passo 2:	Passo 3:	Passo 4:	
$D \rightarrow R$	$D \rightarrow R$	$D \rightarrow R$	$D \rightarrow R$	
	$\underline{F}$	$\underline{F}$ F	F F	
$\sim I \rightarrow R$	$\sim I \rightarrow R$	$\sim I \rightarrow R$	$\sim I \rightarrow R$	
	$\underline{F}$	$\underline{F}$ F	F F	
$S \wedge \sim T \rightarrow D$	$S \wedge \sim T \rightarrow D$	$S \wedge \sim T \rightarrow D$	$S \wedge \sim T \rightarrow D$	*não gerou premissas
	$\underline{V}$ $\underline{V}$	$\underline{V}$	V $\underline{F}$	
$T \wedge E \rightarrow I$	$T \wedge E \rightarrow I$	$T \wedge E \rightarrow I$	$T \wedge E \rightarrow I$	
	F	$\underline{F}$	F $\underline{V}$	
$S \wedge \sim R \rightarrow T$	$S \wedge \sim R \rightarrow T$	$S \wedge \sim R \rightarrow T$	$S \wedge \sim R \rightarrow T$	
$\underline{V}$ $\underline{F}$	$\underline{V}$ $\underline{V}$ F	V V F	V V F	

Como a conclusão falsa não gerou premissas, o argumento é considerado válido. Portanto, a conclusão apresentada no item está correta.

---

169. **(2012 – PC/CE – Inspetor de Polícia Civil 1ª Classe)** Estudo divulgado pelo Instituto de Pesquisas Econômicas Aplicadas (IPEA) revela que, no Brasil, a desigualdade social está entre as maiores causas da violência entre jovens.

Um dos fatores que evidenciam a desigualdade social e expõem a população jovem à violência é a condição de extrema pobreza , que atinge 12,2% dos 34 milhões de jovens brasileiros, membros de famílias com renda per capita de até um quarto do salário mínimo, afirma a pesquisa.

Como a violência afeta mais os pobres, é usual fazer um raciocínio simplista de que a pobreza é a principal causadora da violência entre os jovens, mas isso não é verdade. O fato de ser pobre não significa que a pessoa será violenta. Existem inúmeros exemplos de atos violentos praticados por jovens de classe média.

Internet: <http://amaivos.uol.com.br> (com adaptações).

Tendo como referência o texto transcrito, julgue o item seguinte:

Das proposições "Se há corrupção, aumenta-se a concentração de renda", "Se aumenta a concentração de renda, acentuam-se as desigualdades sociais" e "Se se acentuam as desigualdades sociais, os níveis de violência crescem" é correto inferir que "Se há corrupção, os níveis de violência crescem".

GABARITO: CERTO.

Transformando as proposições do item em linguagem simbólica, temos:

"Se há corrupção, aumenta-se a concentração de renda". $C \to A$

"Se aumenta a concentração de renda, acentuam-se as desigualdades sociais".

$A \to D$

"Se se acentuam as desigualdades sociais, os níveis de violência crescem".

$D \to V$

Conclusão: "Se há corrupção, os níveis de violência crescem". $C \to V$

Vamos iniciar a verificação do argumento, lembrando que será utilizada a técnica da conclusão falsa. Se uma conclusão falsa gerar premissas, o argumento será inválido. Caso contrário, será válido.

Os passos estão sublinhados a seguir:

Passo 1:	Passo 2:	Passo 3:	Passo 4:	Passo 5:	
$C \to A$	$C \to A$	$C \to A$	$C \to A$	$C \to A$	
	V	V V	V V	V V	
$A \to D$	$A \to D$	$A \to D$	$A \to D$	$A \to D$	
		V	V $\underline{V}$	V $\underline{V}$	
$D \to V$	$D \to V$	$D \to V$	$D \to V$	$D \to V$	* não gerou premissa
	$\underline{F}$	$\underline{?}$ F	? F	V F	
$C \to V$	$C \to V$	$C \to V$	$C \to V$	$C \to V$	
$\underline{V}$ $\underline{F}$	V F	V F	V F	V F	

Como a conclusão falsa não gerou premissas, o argumento é considerado válido.

Anotações

FAÇA JÁ

Estruturas Lógicas

Proposições

Chama-se proposição toda sentença declarativa que pode ser classificada ou só como verdadeira ou só como falsa. Temos dois tipos de proposições: ____________ e ____________.

Proposições Simples

Chama-se proposição simples toda oração declarativa que pode ser classificada ou só como ____________ ou ________ como ____________. Representaremos uma proposição simples com uma letra minúscula qualquer de nosso alfabeto.

Proposições Compostas

Ao utilizarmos a linguagem, combinamos ideias simples, ligando as proposições simples através de símbolos lógicos, formando, assim, as chamadas proposições compostas.

Conectivos Lógicos

Vejamos os conectivos (e seus símbolos) que ligam as proposições simples, formando as proposições compostas.

		Linguagem Natural	Linguagem Simbólica
Conectivos	Conjunções	XXX ________ YYY	P ________ Q
	Disjunções (não excludentes)	XXX ________ YYY	P ________ Q
	Disjunções (excludentes)	________ XXX ________ YYY	P ________ Q
	Condicionais	XXX ________ YYY	P ________ Q
	Bicondicionais	XXX ____________ YYY	P ________ Q

Para analisar os valores lógicos das proposições compostas, utilizaremos uma tabela que prevê todos os possíveis valores lógicos que uma sentença pode possuir, a partir dos valores lógicos das proposições simples. O nome desta tabela é: ____.

Número de Linhas da Tabela-Verdade

Quando trabalhamos com tabela-verdade, é sempre importante verificar quantas linhas deveremos analisar. E, para isso, é preciso conhecermos a seguinte fórmula: ____________________.

Em que n é o número de proposições simples.

Negação (¬p)

Uma proposição, quando negada, recebe valores lógicos ____________________ dos valores lógicos da proposição original. O símbolo que iremos utilizar é ¬p ou ~p.

P	¬p
V	F
F	V

Valores Lógicos das Proposições Compostas

Tabela-Verdade do Conectivo e, Conjunção (^)

Regra do "e": Um falso deixa tudo falso.

p	Q	p ^ q
V	V	________
V	F	________
F	V	________
F	F	________

R L M

Tabela-Verdade do Conectivo ou, Disjunção não Exclusiva (∨)

Regra do "ou": um verdadeiro deixa tudo verdadeiro.

p	q	p ∨ q
V	V	________
V	F	________
F	V	________
F	F	________

Tabela-Verdade do Conectivo ou, Disjunção Exclusiva (⊻)

Regra do "ou...ou": só uma pode ser verdadeira.

p	q	p ⊻ q
V	V	________
V	F	________
F	V	________
F	F	________

Tabela-Verdade Do Conectivo se Xxx então Yyy, Condicional (→)

Temos p → q.

p é condição ____________________ para q. Ou ainda, p é chamado de causa.

q é condição ____________________ para p. Ou ainda, q é chamado de consequência ou efeito.

Regra do "então": causa verdadeira e efeito falso gerarão frases falsas. As demais combinações gerarão frases verdadeiras.

p	q	p → q
V	V	________
V	F	________
F	V	________
F	F	________

Tabela-Verdade do Conectivo Xxx se e Somente se Yyy, Bicondicional (↔)

Temos p ↔ q.

p é condição ________________________ para q. Ou ainda, p é chamado de causa e efeito ao mesmo tempo.

q é condição ________________________ para p. Ou ainda, q é chamado de causa e efeito ao mesmo tempo.

Regra do "se e somente se": os dois lados têm que ser iguais para a frase ser verdadeira.

p	q	p ↔ q
V	V	________
V	F	________
F	V	________
F	F	________

Montagem de Tabelas-Verdade

A partir do uso de tabelas-verdade, podemos descobrir os valores lógicos das proposições compostas e verificar se elas são:

Frases Equivalentes: tabelas-verdade exatamente ________.

Frases que se negam: tabelas-verdade exatamente ________.

Frases Tautológicas: tabelas-verdade com valorações apenas ________________________.

Frases Contraditórias: tabelas-verdade com valorações apenas ________________________.

Frases Contingentes: Tabelas-verdade com valorações ________________ e ________________.

Propriedade das Equivalências Lógicas

1. Distributiva com inversão do conectivo

$\neg(p \wedge q) \equiv \neg p \vee \neg q$ ou $\neg(p \vee q) \equiv \neg p \wedge \neg q$

Obs.: essa propriedade somente pode ser aplicada para os conectivos "e" ou "ou".

Aplicação:

- A negação da frase "Ana é linda e é inteligente" é ____________________________________.
- A negação da frase "Ana é linda ou é inteligente" é ____________________________________ __________ ou "Ana não é linda nem inteligente".

2. "Então virando então" (inverte e nega)

$$p \rightarrow q \equiv \neg q \rightarrow \neg p$$

Aplicação:

- Uma frase equivalente a "Se Ana é linda, então é inteligente" é ____________________________________.

3. "Então virando ou" (nega a primeira, mantém a segunda) ou "ou virando então"

$$p \rightarrow q \equiv \neg p \vee q$$

Aplicação:

- Uma frase equivalente a "Se Ana é linda então é inteligente" é ____________________________________.
- Uma frase equivalente a "Ana é linda ou é inteligente" é ____________________________________.

4. "Então virando e" (mantém a primeira e nega a segunda)

$$\sim(p \rightarrow q) \equiv p \wedge \neg q$$

Aplicação:

- A negação da frase "Se Ana é linda, então é inteligente" é ____________________________________.

5. "Ou ... ou virando se e somente se" (mantém a primeira e a segunda) ou "se e somente se virando ou...ou"

$\sim(P \veebar Q) \equiv P \leftrightarrow Q$

Aplicação:

- A negação da frase "Ou Ana é linda ou é inteligente" é ____.

6. "Juntando duas frases condicionais com o conectivo e" (junta a primeira frase da primeira frase condicional com a primeira frase da segunda condicional com o conectivo "ou", e mantém a segunda frase de qualquer uma das condicionais que necessariamente precisam ser iguais).

$(P \rightarrow Q) \wedge (R \rightarrow Q) \equiv (P \vee R) \rightarrow Q$

Aplicação:

- A frase "Se Ana é linda, então é inteligente e se Ana é azarada, então é inteligente" é equivalente à frase ____.

Lógica de argumentação

Esta matéria tem como objetivo principal analisar se um argumento é ______________ ou ______________. Para isso, temos que conhecer:

O que é um argumento?

Argumento é um conjunto de ______________ (frases que são sempre verdadeiras) que geram uma ______________.

Temos dois casos para analisar:

1º Caso: Argumento Válido

Neste caso, temos um conjunto de premissas que geram uma conclusão ______________.

Podemos também dizer que um argumento é válido quando uma conclusão ______________ premissas.

2º Caso: Argumento Inválido

Neste caso, temos um conjunto de premissas que geram uma conclusão que pode ser ou ______________ ou

RLM

________________ (conclusão que ao mesmo tempo pode ser verdadeira ou falsa).

Podemos também dizer que um argumento é inválido quando uma conclusão ________________ premissas.

Anotações

CAPÍTULO 2

Interpretação de Texto

Diagrama de Venn (Quantificadores Universais)

Interpretação de Texto

Conjuntos

Interpretação de texto

Diagrama Lógico

170. **(2014 – Polícia Federal – Agente de Polícia Federal)** Em um restaurante, João, Pedro e Rodrigo pediram pratos de carne, frango e peixe, não necessariamente nessa ordem, mas cada um pediu um único prato. As cores de suas camisas eram azul, branco e verde; Pedro usava camisa azul; a pessoa de camisa verde pediu carne e Rodrigo não pediu frango. Essas informações podem ser visualizadas na tabela abaixo, em que, no cruzamento de uma linha com uma coluna, V corresponde a fato verdadeiro e F, a fato falso.

	carne	frango	peixe	João	Pedro	Rodrigo
azul					V	
branca						
verde	V					
João						
Pedro						
Rodrigo		F				

Considerando a situação apresentada e, no que couber, o preenchimento da tabela, julgue o item seguinte:

Se João pediu peixe, então Rodrigo não usava camisa branca.

GABARITO: CERTO.

Será construído um diagrama lógico para interpretar o enunciado.

Primeiramente, temos as informações retiradas do enunciado.

Pedro usava camisa azul.

A pessoa de camisa verde pediu carne, portanto Pedro não pediu carne.

Rodrigo não pediu frango.

Após esse passo, temos as informações interpretadas pelo diagrama lógico.

Não se esqueça de que, ao utilizar este sinal (O), os dados da linha e da coluna terão que ser cancelados (X).

Por fim, será colocada no diagrama a suposição do item.

Como Rodrigo pediu carne, ele estava de camisa verde.

	Carne	frango	peixe	azul	branca	verde
João	X	X	O	X	O	X
Pedro	X	O	X	O	X	X
Rodrigo	O	X	X	X	X	O

Analisando o item e o diagrama lógico, tem-se como conclusão que Rodrigo não estava de camisa branca.

171. **(2014 – Polícia Federal – Agente de Polícia Federal)** Em um restaurante, João, Pedro e Rodrigo pediram pratos de carne, frango e peixe, não necessariamente nessa ordem, mas cada um pediu um único prato. As cores de suas camisas eram azul, branco e verde; Pedro usava camisa azul; a pessoa de camisa verde pediu carne e Rodrigo não pediu frango. Essas informações podem ser visualizadas na tabela abaixo, em que, no cruzamento de uma linha com uma coluna, V corresponde a fato verdadeiro e F, a fato falso.

	carne	frango	peixe	João	Pedro	Rodrigo
azul					V	
branca						
verde	V					
João						
Pedro						
Rodrigo		F				

Considerando a situação apresentada e, no que couber, o preenchimento da tabela acima, julgue o item seguinte:

Das informações apresentadas, é possível inferir que Pedro pediu frango.

GABARITO: ERRADO.

Será construído um diagrama lógico para interpretar o enunciado.

Primeiramente, temos as informações retiradas do enunciado.

Pedro usava camisa azul.

A pessoa de camisa verde pediu carne, portanto Pedro não pediu carne.

Rodrigo não pediu frango.

Após esse passo, temos as informações interpretadas pelo diagrama lógico.

Não se esqueça de que, ao utilizar este sinal (O), os dados da linha e da coluna terão que ser cancelados (X).

	Carne	frango	peixe	azul	branca	verde
João				X		
Pedro	X			O	X	X
Rodrigo		X		X		

Analisando o item e o diagrama lógico, não é possível inferir que Pedro pediu frango. Ele pode ter pedido frango ou peixe.

172. **(2014 – Polícia Federal – Agente de Polícia Federal)** Em um restaurante, João, Pedro e Rodrigo pediram pratos de carne, frango e peixe, não necessariamente nessa ordem, mas cada um pediu um único prato. As cores de suas camisas eram azul, branco e verde; Pedro usava camisa azul; a pessoa de camisa verde pediu carne e Rodrigo não pediu frango. Essas informações podem ser visualizadas na tabela abaixo, em que, no cruzamento de uma linha com uma coluna, V corresponde a fato verdadeiro e F, a fato falso.

	carne	frango	peixe	João	Pedro	Rodrigo
azul					V	
branca						
verde	V					
João						
Pedro						
Rodrigo		F				

Considerando a situação apresentada e, no que couber, o preenchimento da tabela acima, julgue o item seguinte:

As informações apresentadas na situação em apreço e o fato de João ter pedido peixe não são suficientes para se identificarem a cor da camisa de cada uma dessas pessoas e o prato que cada uma delas pediu.

GABARITO: ERRADO.

Será construído um diagrama lógico para interpretar o enunciado.

Primeiramente, temos as informações retiradas do enunciado.

Pedro usava camisa azul.

A pessoa de camisa verde pediu carne, portanto Pedro não pediu carne.

Rodrigo não pediu frango.

Após esse passo, temos as informações interpretadas pelo diagrama lógico.

Não se esqueça de que ao utilizar este sinal (O), os dados da linha e da coluna terão que ser cancelados (X).

Por fim, iremos colocar no diagrama a suposição do item.

João ter pedido peixe

Como Rodrigo pediu carne, ele estava de camisa verde.

	Carne	frango	Peixe	azul	branca	verde
João	X	X	O	X	O	X
Pedro	X	O	X	O	X	X
Rodrigo	O	X	X	X	X	O

Analisando o item e o diagrama lógico, temos como conclusão que, com essas informações (do enunciado e do item), podemos, sim, inferir sobre as cores das camisas de cada personagem.

173. **(2014 – MDIC – Auditor de Controle Externo)** José, Luís e Mário são funcionários públicos nas funções de auditor, analista e técnico, não necessariamente nessa ordem. Sabe-se que José não é analista, que o técnico será o primeiro dos três a se aposentar e que o analista se aposentará antes de Mário. Todo ano os três tiram um mês de férias e, no ano passado, no mesmo mês que José saiu de férias, ou Luís ou Mário também saiu.

Com base nessas informações, julgue o item seguinte:

Mário é analista, José é técnico e Luís, auditor.

GABARITO: ERRADO.

Será construído um diagrama lógico para auxiliar a interpretação de texto.

Primeiramente adicionamos no diagrama os dados do enunciado:

José não é analista.

O analista aposentar-se-á antes de Mário.

Conclusão: Mário não é analista.

Após esse passo, temos os dados interpretados pelo diagrama lógico:

O técnico será o primeiro dos três a se aposentar.

Conclusão: Luís será o segundo a se aposentar, uma vez que ele é o analista, e Mário será o terceiro.

Não se esqueça de que ao utilizar este sinal (O), os dados da linha e da coluna terão que ser cancelados (X).

Por fim, estará assinalada a terceira parte da interpretação do enunciado com o diagrama montado:

Como o primeiro a se aposentar é o técnico, pelo diagrama, sabemos que se trata de José.

	auditor	Analista	técnico	1º aposentar	2º	3º
José	X	X	O	O	X	X
Luís	X	O	X	X	O	X
Mário	O	X	X	X	X	O

Descobrimos:

José é o técnico e foi o primeiro a se aposentar.

Luís é o analista e foi o segundo a se aposentar.

Mário é o auditor e foi o terceiro a se aposentar.

Analisando o item, Mário é analista, José é técnico, e Luís, auditor.

---

174. **(2014 – MDIC – Auditor de Controle Externo)** José, Luís e Mário são funcionários públicos nas funções de auditor, analista e técnico, não necessariamente nessa ordem. Sabe-se que José não é analista, que o técnico será o primeiro dos três a se aposentar e que o analista se aposentará antes de Mário. Todo ano os três tiram um mês de férias e, no ano passado, no mesmo mês que José saiu de férias, ou Luís ou Mário também saiu.

Com base nessas informações, julgue o item a seguir:

Se os três servidores trabalharem até o momento da aposentadoria e se aposentarem nos tempos previstos, então José ou Mário ainda estarão trabalhando quando Luís completar o tempo necessário para se aposentar.

GABARITO: CERTO.

Construiremos um diagrama lógico para auxiliar a interpretação de texto.

Primeiramente adicionamos no diagrama os dados do enunciado:

José não é analista.

O analista se aposentará antes de Mário.

Conclusão: Mário não é analista.

Após esse passo, temos os dados interpretados pelo diagrama lógico;

O técnico será o primeiro dos três a se aposentar.

Conclusão: Luís será o segundo a se aposentar, uma vez que ele é o analista, e Mário será o terceiro.

Não se esqueça de que, ao utilizar este sinal (O), os dados da linha e da coluna terão que ser cancelados (X).

Por fim, será construída a terceira parte da interpretação do enunciado com o diagrama montado:

Como o primeiro a se aposentar é o técnico, pelo diagrama, sabemos que se trata de José.

	auditor	analista	técnico	1º aposentar	2º	3º
José	X	X	O	O	X	X
Luís	X	O	X	X	O	X
Mário	O	X	X	X	X	O

Descobrimos:

José é o técnico e foi o primeiro a se aposentar.

Luís é o analista e foi o segundo a se aposentar.

Mário é o auditor e foi o terceiro a se aposentar.

Assim, José ou Mário ainda estarão trabalhando quando Luís completar o tempo necessário para se aposentar. Esta frase é verdadeira, uma vez que, Luís se aposentando, Mário ainda continua trabalhando.

Transformando a frase em linguagem simbólica:

Convém ressaltar que localizamos o conectivo "ou" de maneira explícita. O outro conectivo é o termo "quando", que pode ser substituído pelo conectivo "se ... então". Assim, temos:

José ou Mário ainda estarão trabalhando quando Luís completar o tempo necessário para se aposentar. $L \rightarrow J \vee M$

Sabemos que quando L for Verdadeiro, J é falso e M é verdadeiro. Assim, temos:

$L \rightarrow J \vee M$
V F V
V V = V

Sabemos que quando L for Falso, J é verdadeiro e M é falso. Assim, temos:

$L \rightarrow J \vee M$

F V F
F V =V

Repare que a frase ficou verdadeira, independentemente do valor lógico da frase L.

---

175. (2013 – MPOG – Analista de Negócio) A respeito de Fábio, Maria e Pedro, servidores de uma mesma organização, sabe-se que:

- um deles é contador; outro, gestor; outro, analista;
- a idade de um deles é 25 anos; a de outro, 31 anos; a de outro, 33 anos;
- Fábio é quem tem 31 anos de idade; e o gestor é quem está com 25 anos de idade.

Com base nessas informações, julgue o item a seguir:

Se a soma da idade de Maria com a de Fábio for superior ao dobro da idade de Pedro, então, necessariamente, Pedro será o gestor.

GABARITO: CERTO.

Será construído um diagrama lógico para ajudar a interpretação de texto.

Primeiramente adicionamos no diagrama os dados do enunciado:

Fábio é quem tem 31 anos de idade.

O gestor é quem está com 25 anos de idade. Logo, Fábio não é o gestor.

Após esse passo, temos os dados interpretados pelo diagrama lógico.

Não se esqueça de que ao utilizar este sinal (O), os dados da linha e da coluna terão que ser cancelados (X).

Por fim, configura-se a terceira parte da interpretação do item:

Façamos a seguinte suposição: a soma da idade de Maria com a de Fábio é superior ao dobro da idade de Pedro. Sendo assim, a única hipótese seria Maria e Fábio com 31 e 33 anos, e Pedro com 25 anos. Uma vez conhecendo quem tem 25 anos, sabemos que esta pessoa será o gestor.

	contador	gestor	analista	25	31	33
Fábio		X		X	O	X
Maria		X		X	X	O
Pedro	X	O	X	O	X	X

---

176. (2013 – MPOG – Analista de Negócio) A respeito de Fábio, Maria e Pedro, servidores de uma mesma organização, sabe-se que:

- um deles é contador; outro, gestor; outro, analista;
- a idade de um deles é 25 anos; a de outro, 31 anos; a de outro, 33 anos;
- Fábio é quem tem 31 anos de idade; e o gestor é quem está com 25 anos de idade.

Com base nessas informações, julgue o item a seguir:

Se Pedro for o analista, então Maria será a mais jovem dos três servidores.

GABARITO: CERTO.

Será construído um diagrama lógico para auxiliar a interpretação de texto.

Primeiramente adicionamos no diagrama os dados do enunciado:

Fábio é quem tem 31 anos de idade.

O gestor é quem está com 25 anos de idade. Logo, Fábio não é o gestor.

Após esse passo, temos os dados interpretados pelo diagrama lógico.

Não se esqueça de que ao utilizar este sinal (O), os dados da linha e da coluna terão que ser cancelados (X).

Por fim, estará configurada a terceira parte da interpretação do item:

Façamos a seguinte suposição: Pedro é o analista.

	contador	Gestor	analista	25	31	33
Fábio	O	X	X	X	O	X
Maria	X	O	X		X	
Pedro	X	X	O		X	

Uma vez que se descobriu que Maria é o gestor, então sabemos que ela possui 25 anos, pelas informações do enunciado. O diagrama será finalizado com a cor preta.

	contador	Gestor	analista	25	31	33
Fábio	O	X	X	X	O	X
Maria	X	O	X	O	X	X
Pedro	X	X	O	X	X	O

177. **(2013 – INPI – Arquiteto/Engenheiro)** No Festival Internacional de Campos do Jordão, estiveram presentes os músicos Carlos, Francisco, Maria e Isabel. Um deles é brasileiro, outro é mexicano, outro é chileno e outro, peruano. Um deles tem 18 anos de idade, outro, 20, outro, 21 e o outro, 23. Cada um desses músicos é especialista em um dos instrumentos: flauta, violino, clarinete e oboé. Sabe-se que Carlos não é brasileiro, tem 18 anos de idade e não é flautista; Francisco é chileno, não tem 20 anos de idade e é especialista em oboé; Maria tem 23 anos de idade e não é clarinetista; Isabel é mexicana e não é clarinetista; e o flautista tem mais de 20 anos de idade.

Com base nessas informações, julgue o item a seguir:

Maria é flautista.

GABARITO: CERTO.

Será construído um diagrama lógico para auxiliar a interpretação de texto

Primeiramente adicionamos no diagrama os dados do enunciado:

Carlos não é brasileiro, tem 18 anos de idade e não é flautista;

Francisco é chileno, não tem 20 anos de idade e é especialista em oboé;

Maria tem 23 anos de idade e não é clarinetista;

Isabel é mexicana e não é clarinetista;

O flautista tem mais de 20 anos de idade.

Após esse passo, temos os dados interpretados pelo diagrama lógico.

Não se esqueça de que ao utilizar este sinal (O), os dados da linha e da coluna terão que ser cancelados (X).

	B	M	C	P	18	20	21	23	F	V	C	O
Carlos	X	X	X	O	O	X	X	X	X	X	O	X
Franc.	X	X	O	X	X	X	O	X	X	X	X	O
Maria	O	X	X	X	X	X	X	O			X	X
Isabel	X	O	X	X	X	O	X	X			X	X

O flautista tem mais de 20 anos de idade. Pelo diagrama, ou é Maria ou Isabel. Como Isabel tem 20 anos, e Maria tem 23, concluímos que o flautista é Maria.

	B	M	C	P	18	20	21	23	F	V	C	O
Carlos	X	X	X	O	O	X	X	X	X	X	O	X
Franc.	X	X	O	X	X	X	O	X	X	X	X	O
Maria	O	X	X	X	X	X	X	O	O	X	X	X
Isabel	X	O	X	X	X	O	X	X	X	O	X	X

Descobrimos:

Carlos é peruano, possui 18 anos de idade e é clarinetista;

Francisco é chileno, possui 21 anos de idade e toca oboé;

Maria é brasileira, possui 23 anos de idade e é flautista;

Isabel é mexicana, possui 20 anos de idade e é violinista.

178. **(2013 – INPI – Arquiteto/Engenheiro)** No Festival Internacional de Campos do Jordão, estiveram presentes os músicos Carlos, Francisco, Maria e Isabel. Um deles é brasileiro, outro é mexicano, outro é chileno e outro, peruano. Um deles tem 18 anos de idade, outro, 20, outro, 21 e o outro, 23. Cada um desses músicos é especialista em um dos instrumentos: flauta, violino, clarinete e oboé. Sabe-se que Carlos não é brasileiro, tem 18 anos de idade e não é flautista; Francisco é chileno, não tem 20 anos de idade e é especialista em oboé; Maria tem 23 anos de idade e não é clarinetista; Isabel é mexicana e não é clarinetista; e o flautista tem mais de 20 anos de idade.

Com base nessas informações, julgue os itens a seguir.

Isabel tem 20 anos de idade.

GABARITO: CERTO.

Descobrimos, pela resolução do item anterior, que:

Carlos é peruano, possui 18 anos de idade e é clarinetista;

Francisco é chileno, possui 21 anos de idade e toca oboé;

Maria é brasileira, possui 23 anos de idade e é flautista;

Isabel é mexicana, possui 20 anos de idade e é violinista.

---

179. **(2013 – INPI – Arquiteto/Engenheiro)** No Festival Internacional de Campos do Jordão, estiveram presentes os músicos Carlos, Francisco, Maria e Isabel. Um deles é brasileiro, outro é mexicano, outro é chileno e outro, peruano. Um deles tem 18 anos de idade, outro, 20, outro, 21 e o outro, 23. Cada um desses músicos é especialista em um dos instrumentos: flauta, violino, clarinete e oboé. Sabe-se que Carlos não é brasileiro, tem 18 anos de idade e não é flautista; Francisco é chileno, não tem 20 anos de idade e é especialista em oboé; Maria tem 23 anos de idade e não é clarinetista; Isabel é mexicana e não é clarinetista; e o flautista tem mais de 20 anos de idade.
Com base nessas informações, julgue o item a seguir:

O flautista é brasileiro.

GABARITO: CERTO.

Descobrimos pela resolução do item anterior que:

Carlos é peruano, possui 18 anos de idade e é clarinetista;

Francisco é chileno, possui 21 anos de idade e toca oboé;

Maria é brasileira, possui 23 anos de idade e é flautista;

Isabel é mexicana, possui 20 anos de idade e é violinista.

---

180. **(2013 – MTE – Auditor Fiscal do Trabalho)** Paulo, Tiago e João, auditores do trabalho, nasceram, um deles em Brasília, o outro, em Goiânia e o terceiro, em Curitiba. Suas idades são 25, 27 e 28 anos. Sabe-se que João não nasceu em Brasília e não tem 25 anos; que o auditor que nasceu em Goiânia tem 28 anos; que Paulo não nasceu em Curitiba nem tem 25 anos; e que Tiago nasceu na região Centro-Oeste.
Com base nessas informações, julgue o seguinte item:

O auditor brasiliense tem 27 anos.

GABARITO: ERRADO.

Será construído um diagrama lógico para auxiliar a interpretação de texto

Primeiramente adicionamos no diagrama os dados do enunciado:

João não nasceu em Brasília e não tem 25 anos;

Que o auditor que nasceu em Goiânia tem 28 anos;

Paulo não nasceu em Curitiba nem tem 25 anos;

Tiago nasceu na região Centro-Oeste. Em outras palavras, não nasceu em Curitiba.

Após esse passo, temos os dados interpretados pelo diagrama lógico:

Não se esqueça de que ao fazer ao utilizar este sinal(O), os dados da linha e da coluna terão que ser cancelados (X)

	Brasília	Goiânia	Curitiba	25	27	28
Paulo			X	X		
Tiago			X	O	X	X
João	X	X	O	X		

RLM

Pelo enunciado, temos a seguinte informação:

"Que o auditor que nasceu em Goiânia tem 28 anos". Portanto, Tiago não nasceu em Goiânia, pois, pelo diagrama, ele possui 25 anos.

	Brasília	Goiânia	Curitiba	25	27	28
Paulo	X	O	X	X	X	O
Tiago	O	X	X	O	X	X
João	X	X	O	X	O	X

Descobrimos:

Paulo nasceu em Goiânia e possui 28 anos;

Tiago nasceu em Brasília e possui 25 anos;

João nasceu em Curitiba e possui 27 anos.

Desse modo, conclui que item está errado, pois o brasilense possui 25 anos.

181. **(2013 – MTE – Auditor Fiscal do Trabalho)** Paulo, Tiago e João, auditores do trabalho, nasceram, um deles em Brasília, o outro, em Goiânia e o terceiro, em Curitiba. Suas idades são 25, 27 e 28 anos. Sabe-se que João não nasceu em Brasília e não tem 25 anos; que o auditor que nasceu em Goiânia tem 28 anos; que Paulo não nasceu em Curitiba nem tem 25 anos; e que Tiago nasceu na região Centro-Oeste.

Com base nessas informações, julgue o seguinte item:

Paulo nasceu em Goiânia.

GABARITO: CERTO.

Através da resolução do item, descobrimos:

Paulo nasceu em Goiânia e possui 28 anos;

Tiago nasceu em Brasília e possui 25 anos;

João nasceu em Curitiba e possui 27 anos.

182. **(2013 – MTE – Auditor Fiscal do Trabalho)** Paulo, Tiago e João, auditores do trabalho, nasceram, um deles em Brasília, o outro, em Goiânia e o terceiro, em Curitiba. Suas idades são 25, 27 e 28 anos. Sabe-se que João não nasceu em Brasília e não tem 25 anos; que o auditor que nasceu em Goiânia tem 28 anos; que Paulo não nasceu em Curitiba nem tem 25 anos; e que Tiago nasceu na região Centro-Oeste.

Com base nessas informações, julgue o seguinte item:

O auditor que nasceu em Curitiba tem 25 anos.

GABARITO: ERRADO.

Através da resolução do item, descobrimos:

Paulo nasceu em Goiânia e possui 28 anos;

Tiago nasceu em Brasília e possui 25 anos;

João nasceu em Curitiba e possui 27 anos.

O auditor que nasceu em Curitiba tem 27 anos.

---

183. **(2013 – MTE – Auditor Fiscal do Trabalho)** O Flamengo, o Corinthians e o Cruzeiro foram convidados para jogos amistosos de futebol contra times europeus. Os jogos serão realizados em Lisboa, em Roma e em Paris, nos dias 22, 23 e 24 de agosto. Além disso, sabe-se que:

- cada clube jogará apenas uma vez;
- somente um jogo acontecerá em cada dia;
- em cada cidade ocorrerá apenas um jogo;
- o Flamengo jogará em Roma;
- o Cruzeiro jogará no dia 24;
- o jogo do dia 23 será em Lisboa.

Considerando essa situação hipotética, julgue o item a seguir:

O Flamengo jogará no dia 22.

GABARITO: CERTO.

Será construído um diagrama lógico para auxiliar a interpretação de texto.

Primeiramente adicionamos no diagrama os dados do enunciado:

- **o Flamengo jogará em Roma;**
- **o Cruzeiro jogará no dia 24;**
- **o jogo do dia 23 será em Lisboa. Assim, o Flamengo não jogará no dia 23, e o Cruzeiro não jogará em Lisboa.**

Após esse passo, temos os dados interpretados pelo diagrama lógico.

Não se esqueça de que ao utilizar este sinal (O), os dados da linha e da coluna terão que ser cancelados (X).

	Lisboa	Roma	Paris	22	23	24
Flamengo	X	O	X	O	X	X
Corinthians	O	X	X	X	O	X
Cruzeiro	X	X	O	X	X	O

Descobrimos:

- **o Flamengo jogará em Roma no dia 22;**
- **o Corinthians jogará em Lisboa no dia 23;**
- **o Cruzeiro jogará em Paris no dia 24.**

184. **(2013 – MTE – Auditor Fiscal do Trabalho)** O Flamengo, o Corinthians e o Cruzeiro foram convidados para jogos amistosos de futebol contra times europeus. Os jogos serão realizados em Lisboa, em Roma e em Paris, nos dias 22, 23 e 24 de agosto. Além disso, sabe-se que:

- cada clube jogará apenas uma vez;
- somente um jogo acontecerá em cada dia;
- em cada cidade ocorrerá apenas um jogo;
- o Flamengo jogará em Roma;
- o Cruzeiro jogará no dia 24;
- o jogo do dia 23 será em Lisboa.

Considerando essa situação hipotética, julgue o item a seguir:
O jogo em Paris ocorrerá no dia 24.

GABARITO: CERTO.

Através da resolução do item, descobrimos:

- **o Flamengo jogará em Roma no dia 22;**
- **o Corinthians jogará em Lisboa no dia 23;**
- **o Cruzeiro jogará em Paris no dia 24.**

185. **(2013 – MTE – Auditor Fiscal do Trabalho)** O Flamengo, o Corinthians e o Cruzeiro foram convidados para jogos amistosos de futebol contra times europeus. Os jogos serão realizados em Lisboa, em Roma e em Paris, nos dias 22, 23 e 24 de agosto. Além disso, sabe-se que:

- cada clube jogará apenas uma vez;
- somente um jogo acontecerá em cada dia;
- em cada cidade ocorrerá apenas um jogo;
- o Flamengo jogará em Roma;
- o Cruzeiro jogará no dia 24;
- o jogo do dia 23 será em Lisboa.

Considerando essa situação hipotética, julgue o item a seguir:

O Corinthians jogará em Paris.

GABARITO: ERRADO.

Através da resolução do item anterior, descobrimos:

- **o Flamengo jogará em Roma no dia 22;**
- **o Corinthians jogará em Lisboa no dia 23;**
- **o Cruzeiro jogará em Paris no dia 24.**

---

186. **(2013 – STF – Técnico Administrativo)** Mara, Júlia e Lina são assessoras em um tribunal. Uma delas ocupa a função de cerimonialista, outra, de assessora de assuntos internacionais, e a outra, de analista processual. Uma dessas assessoras ocupa a sua função há exatos 11 anos, outra, há exatos 13 anos, e a outra, há exatos 20 anos. Sabe-se, ainda, que:

- Mara não é a cerimonialista e não é a assessora que exerce a função há exatos 11 anos;
- a analista processual ocupa a função há exatos 20 anos;
- Júlia não é a assessora de assuntos internacionais nem é a assessora que ocupa a função há exatos 13 anos;
- Lina ocupa a função há exatos 13 anos.

Com base nessa situação hipotética, julgues o item subsequente:

A assessora de assuntos internacionais ocupa a função há exatos 11 anos.

GABARITO: ERRADO.

Será construído um diagrama lógico para auxiliar a interpretação de texto.

Primeiramente adicionamos no diagrama os dados do enunciado:

Mara não é a cerimonialista e não é a assessora que exerce a função há exatos 11 anos;

a analista processual ocupa a função há exatos 20 anos; (pelos dados da frase acima, a analista é a Mara, logo ela exerce a função há exatos 11 anos)

Júlia não é a assessora de assuntos internacionais nem é a assessora que ocupa a função há exatos 13 anos;

Lina ocupa a função há exatos 13 anos.

Após esse passo, temos os dados interpretados pelo diagrama lógico.

Não se esqueça de que ao utilizar este sinal (O), os dados da linha e da coluna terão que ser cancelados (X).

	Cerimonialista	Assessora	Analista	11	13	20
Mara	X	X	O	X	X	O
Júlia	O	X	X	O	X	X
Lina	X	O	X	X	O	X

Descobrimos:

Mara é a analista processual que exerce a função há exatos 20 anos;

Júlia é a cerimonialista que exerce a função há exatos 11 anos;

Lina é a assessora de assuntos internacionais que exerce a função há exatos 13 anos.

187. (2013 – STF – Técnico Administrativo) Mara, Júlia e Lina são assessoras em um tribunal. Uma delas ocupa a função de cerimonialista, outra, de assessora de assuntos internacionais e a outra, de analista processual. Uma dessas assessoras ocupa a sua função há exatos 11 anos, outra, há exatos 13 anos, e a outra, há exatos 20 anos. Sabe-se, ainda, que:

- Mara não é a cerimonialista e não é a assessora que exerce a função há exatos 11 anos;
- a analista processual ocupa a função há exatos 20 anos;
- Júlia não é a assessora de assuntos internacionais nem é a assessora que ocupa a função há exatos 13 anos;
- Lina ocupa a função há exatos 13 anos.

Com base nessa situação hipotética, julgues o item subsequente:

Mara é a assessora que ocupa essa função há mais tempo.

GABARITO: CERTO.

Através da resolução do item acima, descobrimos:

Mara é a analista processual que exerce a função há exatos 20 anos;

Júlia é a cerimonialista que exerce a função há exatos 11 anos.;

Lina é a assessora de assuntos internacionais que exerce a função há exatos 13 anos.

188. (2013 – STF – Técnico Administrativo) Mara, Júlia e Lina são assessoras em um tribunal. Uma delas ocupa a função de cerimonialista, outra, de assessora de assuntos internacionais e a outra, de analista processual. Uma dessas assessoras ocupa a sua função há exatos 11 anos, outra, há exatos 13 anos, e a outra, há exatos 20 anos. Sabe-se, ainda, que:

- Mara não é a cerimonialista e não é a assessora que exerce a função há exatos 11 anos;
- a analista processual ocupa a função há exatos 20 anos;
- Júlia não é a assessora de assuntos internacionais nem é a assessora que ocupa a função há exatos 13 anos;
- Lina ocupa a função há exatos 13 anos.

Com base nessa situação hipotética, julgues os itens subsequentes.

Lina é a cerimonialista.

GABARITO: ERRADO.

Através da resolução do item, descobrimos:

Mara é a analista processual que exerce a função há exatos 20 anos;

Júlia é a cerimonialista que exerce a função há exatos 11 anos;

Lina é a assessora de assuntos internacionais que exerce a função há exatos 13 anos.

Diagrama de Venn (Quantificadores Universais)

189. **(2013 – TCE/RO – Agente Administrativo)** A respeito da proposição "Após a maiúscula vitória da seleção brasileira de futebol sobre a França neste domingo, não há mais quem não aposte todas as suas fichas no sucesso da seleção canarinho na Copa das Confederações", julgue os próximos itens.

A negação da proposição em tela pode ser escrita como: "Apesar da maiúscula vitória da seleção brasileira de futebol sobre a França neste domingo, ainda há quem aposte todas as suas fichas no sucesso da seleção canarinho na Copa das Confederações".

GABARITO: ERRADO.

Para responder a este item, é necessário que o aluno lembre que a negação do termo "TODO É" é "ALGUM NÃO É". Assim, a negação do item será:

"Apesar da maiúscula vitória da seleção brasileira de futebol sobre a França neste domingo, ainda há quem não aposte algumas fichas no sucesso da seleção canarinho na Copa das Confederações".

190. **(2013 – Departamento Penitenciário Nacional – Agente Penitenciário)** Em determinado estabelecimento penitenciário, todos os detentos considerados perigosos são revistados diariamente, e todos os detentos que cometeram crimes utilizando armas são considerados perigosos. Com base nessa informação, julgue o item seguinte:

A negação da proposição "Todos os detentos considerados perigosos são revistados diariamente" é equivalente à proposição "Nenhum detento perigoso é revistado diariamente".

GABARITO: ERRADO.

Para responder a este item, é necessário que o aluno lembre que a negação do termo "TODO É" é "ALGUM NÃO É". Assim, a negação do item "Todos os detentos considerados perigosos são revistados diariamente" será "Alguns detentos considerados perigosos não são revistados diariamente".

191. **(2013 – Departamento Penitenciário Nacional – Agente Penitenciário)** Em determinado estabelecimento penitenciário, todos os detentos considerados perigosos são revistados diariamente, e todos os detentos que cometeram crimes utilizando armas são considerados perigosos. Com base nessa informação, julgue o item seguinte:

Sabendo-se que um detento não cometeu crime estando armado, é correto afirmar que, seguramente, ele não será revistado.

GABARITO: ERRADO.

Passo 1: Vamos montar o diagrama para as frases do enunciado:

Todos os detentos considerados perigosos são revistados diariamente.

Todos os detentos que cometeram crimes utilizando armas são considerados perigosos.

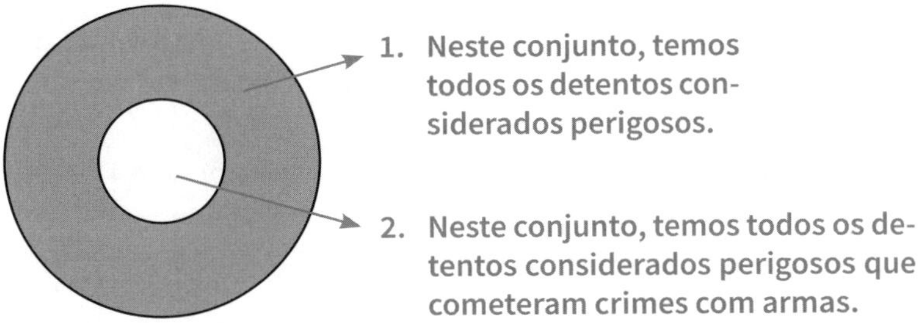

Ao analisar o diagrama, concluímos que existem detentos perigosos que não cometeram crimes utilizando armas. Observe a parte hachurada no diagrama.

Pode-se verificar que o item está incorreto, pois não é possível afirmar, seguramente, que o detento não será revistado.

---

192. **(2013 – Departamento Penitenciário Nacional – Agente Penitenciário)** Em determinado estabelecimento penitenciário, todos os detentos considerados perigosos são revistados diariamente, e todos os detentos que cometeram crimes utilizando armas são considerados perigosos. Com base nessa informação, julgue o item seguintes:

Sabendo-se que um detento é considerado perigoso, é correto afirmar que ele cometeu crime à mão armada.

GABARITO: ERRADO.

Passo 1: Vamos montar o diagrama para as frases do enunciado:

Todos os detentos considerados perigosos são revistados diariamente.

Todos os detentos que cometeram crimes utilizando armas são considerados perigosos.

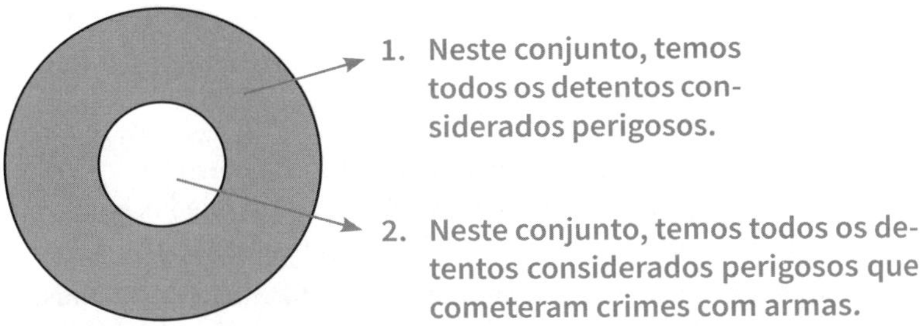

Analisando o diagrama, concluímos que existem detentos perigosos que não cometeram crimes utilizando armas. Observe a parte hachurada no diagrama.

---

193. **(2012 – PC/CE – Inspetor de Polícia Civil 1ª Classe)** Estudo divulgado pelo Instituto de Pesquisas Econômicas Aplicadas (IPEA) revela que, no Brasil, a desigualdade social está entre as maiores causas da violência entre jovens.

Um dos fatores que evidenciam a desigualdade social e expõem a população jovem à violência é a condição de extrema pobreza , que atinge 12,2% dos 34 milhões de jovens brasileiros, membros de famílias com renda per capita de até um quarto do salário mínimo, afirma a pesquisa.

Como a violência afeta mais os pobres, é usual fazer um raciocínio simplista de que a pobreza é a principal causadora da violência entre os jovens, mas isso não é verdade. O fato de ser pobre não significa que a pessoa será violenta. Existem inúmeros exemplos de atos violentos praticados por jovens de classe média.

Internet: <http://amaivos.uol.com.br> (com adaptações).

Tendo como referência o texto apresentado, julgue o item seguinte:

A negação da proposição "Toda pessoa pobre é violenta" é equivalente a "Existe alguma pessoa pobre que não é violenta".

GABARITO: CERTO.

Para responder a este item, é necessário que o aluno lembre que a negação do termo "TODO É" é "ALGUM NÂO É". Assim, a negação do item "Toda pessoa pobre é violenta" será "Alguma pessoa pobre não é violenta" que é exatamente igual à frase "Existe alguma pessoa pobre que não é violenta."

Interpretação de Texto

194. (2014 - SUFRAMA – Analista Técnico Administrativo) Em um campeonato de futebol, a pontuação acumulada de um time é a soma dos pontos obtidos em cada jogo disputado. Por jogo, cada time ganha três pontos por vitória, um ponto por empate e nenhum ponto em caso de derrota. Com base nessas informações, julgue o item seguinte:

Nesse campeonato, os critérios de desempate maior número de vitórias e menor número de derrotas são equivalentes.

GABARITO: ERRADO.

Pelo enunciado, não há informações dos critérios de desempate. Portanto, o item está errado.

195. (2014 – Ministério da Justiça/DPF – Contador) Considere que, em um conjunto S de 100 servidores públicos admitidos por concurso público, para cada x = 1, 2, 3, ..., Sx, seja o subconjunto de S formado pelos servidores que prestaram exatamente x concursos até que no concurso de número x foram aprovados pela primeira vez; considere, ainda, que Nx seja a quantidade de elementos de Sx. A respeito desses conjuntos, julgue o item a seguir:

Considere que Sx para x = 1, 2, 3 e 4 represente conjuntos não vazios. Nessa situação, a probabilidade de um servidor público selecionado ao acaso no conjunto S ter prestado no máximo 4 concursos até ser aprovado pela primeira vez é igual $\frac{N_4}{100}$.

GABARITO: ERRADO.

Vamos entender o enunciado:

S_1, significa que este conjunto possui pessoas que passaram no primeiro concurso que fizeram.

S_2, significa que este conjunto possui pessoas que passaram no segundo concurso que fizeram.

S_3, significa que este conjunto possui pessoas que passaram no terceiro concurso que fizeram.

E assim em diante....

N_1 é o número de elementos do conjunto S_1.

N_2 é o número de elementos do conjunto S_2.

N_3 é o número de elementos do conjunto S_3.

E assim em diante....

Vamos interpretar a afirmação do item "... a probabilidade de um servidor público selecionado ao acaso no conjunto S ter prestado no máximo 4 concursos até ser aprovado pela primeira vez...". Este item deseja a probabilidade de que o servidor público selecionado tenha feito ou 1 ou 2 ou 3 ou 4 concursos.

Sendo assim, temos:

Probabilidade de ter feito 1 concursos e passado no primeiro = $\frac{N_1}{100}$

Probabilidade de ter feito 2 concursos e passado no segundo = $\frac{N_2}{100}$

Probabilidade de ter feito 3 concursos e passado no terceiro = $\frac{N_3}{100}$

Probabilidade de ter feito 4 concursos e passado no quarto = $\frac{N_4}{100}$

Este item deseja a probabilidade do servidor público selecionado tenha feito ou 1 ou 2 ou 3 ou 4 concursos. Sendo assim, devemos somar as probabilidades calculadas. Lembrando que "ou" soma, e "e" multiplica.

$$\frac{N_1}{100} + \frac{N_2}{100} + \frac{N_3}{100} + \frac{N_4}{100} = \frac{N_1 + N_2 + N_3 + N_4}{100}$$

196. (2014 – Ministério da Justiça/DPF – Contador) Considere que, em um conjunto S de 100 servidores públicos admitidos por concurso público, para cada x = 1, 2, 3, ..., Sx, seja o subconjunto de S formado pelos servidores que prestaram exatamente x concursos até que no concurso de número x foram aprovados pela primeira vez; considere, ainda, que Nx seja a quantidade de elementos de Sx. A respeito desses conjuntos, julgue o item a seguir:

O conjunto $S_1 \cup S_2 \cup S_3 \cup \ldots$ contém todos os servidores do conjunto S.

GABARITO: CERTO.

Vamos entender o enunciado:

S_1, significa que este conjunto possui pessoas que passaram no primeiro concurso que fizeram.

S_2, significa que este conjunto possui pessoas que passaram no segundo concurso que fizeram.

S_3, significa que este conjunto possui pessoas que passaram no terceiro concurso que fizeram.

E assim em diante....

N_1 é o número de elementos do conjunto S_1.

N_2 é o número de elementos do conjunto S_2.

N_3 é o número de elementos do conjunto S_3.

E assim em diante....

Portanto, $S_1 \cup S_2 \cup S_3 \cup \ldots$ contém todos os servidores do conjunto S.

197. (**2014 – Ministério da Justiça/DPF – Contador**) Considere que, em um conjunto S de 100 servidores públicos admitidos por concurso público, para cada x = 1, 2, 3, ..., Sx, seja o subconjunto de S formado pelos servidores que prestaram exatamente x concursos até que no concurso de número x foram aprovados pela primeira vez; considere, ainda, que Nx seja a quantidade de elementos de Sx. A respeito desses conjuntos, julgue o item a seguir:

Existem dois números inteiros, a e b, distintos e positivos, tais que Sa Ç Sb é não vazio.

GABARITO: ERRADO.

Vamos entender o enunciado:

S_1, significa que este conjunto possui pessoas que passaram no primeiro concurso que fizeram.

S_2, significa que este conjunto possui pessoas que passaram no segundo concurso que fizeram.

S_3, significa que este conjunto possui pessoas que passaram no terceiro concurso que fizeram.

E assim em diante....

N_1 é o número de elementos do conjunto S_1.

N_2 é o número de elementos do conjunto S_2.

N_3 é o número de elementos do conjunto S_3.

E assim em diante....

Não há elementos comuns entre os conjuntos S_x.

Portando, há dois números inteiros, a e b, distintos e positivos, tais que $S_a \cap S_b$ é vazio.

198. (**2014 – Ministério da Justiça/DPF – Contador**) Considere que, em um conjunto S de 100 servidores públicos admitidos por concurso público, para cada x = 1, 2, 3, ..., Sx, seja o subconjunto de S formado pelos servidores que prestaram exatamente x concursos até que no concurso de número x foram aprovados pela primeira vez; considere, ainda, que Nx seja a quantidade de elementos de Sx. A respeito desses conjuntos, julgue o item a seguir:

Se N_6 = 15, então 15 servidores do conjunto S prestaram 6 concursos e foram aprovados pela primeira vez no sexto concurso que prestaram.

GABARITO: CERTO.

Vamos entender o enunciado:

S_1, significa que este conjunto possui pessoas que passaram no primeiro concurso que fizeram.

S_2, significa que este conjunto possui pessoas que passaram no segundo concurso que fizeram.

S_3, significa que este conjunto possui pessoas que passaram no terceiro concurso que fizeram.

E assim em diante....

N_1 é o número de elementos do conjunto S_1.

N_2 é o número de elementos do conjunto S_2.

N_3 é o número de elementos do conjunto S_3.

E assim em diante....

Analisando o item, temos N_6 como o número de pessoas que prestaram 6 concursos e passaram no sexto concurso que fizeram.

R L M

199. **(2014 – Ministério da Justiça/DPF – Contador)** Considere que, em um conjunto S de 100 servidores públicos admitidos por concurso público, para cada x = 1, 2, 3, ..., Sx, seja o subconjunto de S formado pelos servidores que prestaram exatamente x concursos até que no concurso de número x foram aprovados pela primeira vez; considere, ainda, que Nx seja a quantidade de elementos de Sx. A respeito desses conjuntos, julgue o item a seguir:

Se a e b forem números inteiros positivos e $a \leq b$, então $N_a \leq N_b$.

GABARITO: ERRADO.

Vamos entender o enunciado:

S_1, significa que este conjunto possui pessoas que passaram no primeiro concurso que fizeram.

S_2, significa que este conjunto possui pessoas que passaram no segundo concurso que fizeram.

S_3, significa que este conjunto possui pessoas que passaram no terceiro concurso que fizeram.

E assim em diante....

N_1 é o número de elementos do conjunto S_1.

N_2 é o número de elementos do conjunto S_2.

N_3 é o número de elementos do conjunto S_3.

E assim em diante....

Sendo assim, não é possível determinar quantos elementos os conjuntos Sx possuem. Logo, é impossível dizer se $N_a \leq N_b$.

200. **(2014 – CADE – Agente Administrativo)** Para se ir da parte norte de uma cidade à parte sul é necessário passar por uma ilha. A ilha está ligada à parte norte por 3 pontes de pistas duplas e, à parte sul, por 2 pontes, também de pistas duplas. Na ilha, há conexões, de pistas duplas, ligando todas as pontes de acesso à ilha, de forma que uma pessoa possa transitar livremente de uma parte à outra por essas pontes. Considerando essa descrição e que Maria esteja na parte norte da cidade, que Pedro esteja na ilha e que João esteja na parte sul, julgue o item a seguir:

Caso, ao acessar a ilha, partindo de determinada ponte, Maria passe por cada uma das 5 pontes uma única vez, ela não retornará à ponte de partida.

GABARITO: CERTO.

Para entender o enunciado, será traçado um desenho sobre o que acontece. Vamos supor que Maria sairá da parte norte pela seta vermelha e passará pela última ponte pela seta azul.

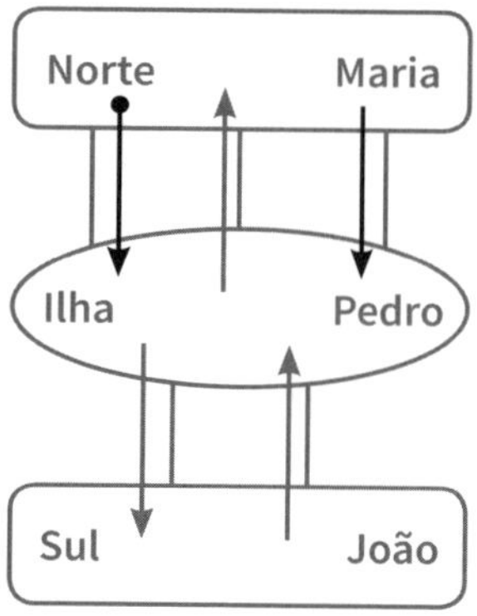

Conforme é possível perceber no desenho, Maria não retornará à ponte de partida passando por cada uma das 5 pontes uma única vez.

---

201. **(2014 – Polícia Federal – Agente de Polícia Federal)** Um batalhão é composto por 20 policiais: 12 do sexo masculino e 8 do sexo feminino. A região atendida pelo batalhão é composta por 10 quadras e, em cada dia da semana, uma dupla de policiais policia cada uma das quadras. Com referência a essa situação, julgue o item subsequente:

Se os policiais do batalhão que praticam voleibol ou basquetebol também praticarem futebol, então aqueles que não praticam futebol também não praticarão voleibol nem basquetebol.

GABARITO: CERTO.

Interpretando o item, temos:

Quem joga voleibol, obrigatoriamente joga futebol.

Quem joga basquetebol, obrigatoriamente joga futebol.

Portanto, quem não joga futebol, obrigatoriamente, não joga nem voleibol nem basquetebol.

---

202. **(2014 – CADE – Analista Técnico Administrativo)**

A figura acima ilustra parte de um jogo de tabuleiro com 100 casas, numeradas de 1 a 100, em que a centésima é denominada casa de chegada. O movimento das peças é determinado pelo jogo de um dado de seis faces numeradas de 1 a 6. Os jogadores vão se alternando no lançamento do dado e movimentando suas peças até que cheguem à casa de número 100. Para movimentar a sua peça, o jogador deverá lançar o dado e respeitar as seguintes regras:

- se o número obtido no lançamento do dado for superior a 3, o jogador deverá andar uma quantidade de casas igual a esse número;
- se o número obtido no lançamento do dado for inferior a 4, o jogador deverá andar uma quantidade de casas igual ao dobro desse número.

Tendo como referência essas informações, julgue o item seguinte, considerando que o dado utilizado seja equilibrado, isto é, a probabilidade de sair determinada face é a mesma para todas as faces.

Um jogador poderá atingir a casa de chegada com exatamente 24 lançamentos do dado.

GABARITO: CERTO.

Para resolver este item, é preciso que o aluno imagine diversas situações, para obter exatamente os 24 lançamentos.

Inicialmente, pensamos em 24 lançamentos, tirando 6. Percebemos que a pontuação alcançada era superior a 100 (24x6 = 144).

Depois, pensamos em 24 lançamentos, tirando 5. Percebemos que a pontuação alcançada era superior a 100 (24x5 = 120).

Pensamos em 24 lançamentos, tirando 4. Percebemos que a pontuação alcançada era abaixo de 100 (24x4 = 96).

Então, pensamos em 23 lançamentos, tirando 4. Calculamos a pontuação e o resultado foi (23x4) 92. Faltando 8 pontos para o último lançamento, não seria possível.

Finalmente, pensamos em 22 lançamentos, tirando 4. Calculamos a pontuação e o resultado (22*4) 88. Faltando 12 pontos para os dois últimos lançamentos, então pensamos em 2 lançamentos, tirando 6.

É importante salientar que existem outras situações para obter o que se deseja no item. Mas essa foi a que se pensou, inicialmente.

---

203. **(2014 – CADE – Analista Técnico Administrativo)**

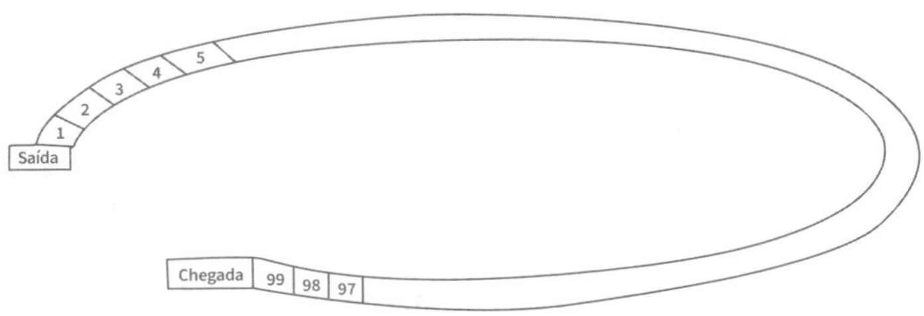

A figura acima ilustra parte de um jogo de tabuleiro com 100 casas, numeradas de 1 a 100, em que a centésima é denominada casa de chegada. O movimento das peças é determinado pelo jogo de um dado de seis faces numeradas de 1 a 6. Os jogadores vão se alternando no lançamento do dado e movimentando suas peças até que cheguem à casa de número 100. Para movimentar a sua peça, o jogador deverá lançar o dado e respeitar as seguintes regras:

- se o número obtido no lançamento do dado for superior a 3, o jogador deverá andar uma quantidade de casas igual a esse número;
- se o número obtido no lançamento do dado for inferior a 4, o jogador deverá andar uma quantidade de casas igual ao dobro desse número.

Tendo como referência essas informações, julgue o item seguinte, considerando que o dado utilizado seja equilibrado, isto é, a probabilidade de sair determinada face é a mesma para todas as faces.

É possível que um jogador atinja a casa de chegada com 16 lançamentos do dado.

GABARITO: ERRADO.

A maior pontuação que o dado poderá gerar é 6, nos dois casos de lançamento do dado. Multiplicando 6 x 16, teremos como pontuação 96.

---

204. (2014 – MDIC – Auditor de Controle Externo) Em uma empresa, as férias de cada um dos 50 empregados podem ser marcadas na forma de trinta dias ininterruptos, ou os trinta dias podem ser fracionados em dois períodos de quinze dias ininterruptos ou, ainda, em três períodos de dez dias ininterruptos. Em (2013, depois de marcadas as férias de todos os 50 empregados, constatou-se que 23, 20 e 28 deles marcaram os trinta dias de férias ou parte deles para os meses de janeiro, fevereiro e junho, respectivamente. Constatou-se, também, que, nesse ano, nenhum empregado marcou férias para algum mês diferente dos mencionados.

Tendo como referência as informações apresentadas, julgue o item seguinte:

Suponha que, em (2013, mais de 5/6 dos empregados que não marcaram férias para fevereiro eram do sexo feminino, e mais de 2/3 dos que não marcaram férias para janeiro eram do sexo masculino. Nessa situação, é correto afirmar que, em (2013, havia na empresa no máximo 12 mulheres a mais que homens.

GABARITO: ERRADO.

Sabemos que, no mês de fevereiro, 20 empregados marcaram suas férias ou parte delas. Como são 50 empregados, podemos interpretar que (50-20) 30 empregados não marcaram suas férias em fevereiro.

Segundo o enunciado, mais de 5/6 dos empregados que não marcaram férias para fevereiro eram do sexo feminino. Sendo assim, temos:

$\frac{5}{6} \cdot 30 = 25$. **Mais de 25 empregados não marcaram férias para fevereiro eram do sexo feminino.**

Sabemos que, no mês de janeiro, 23 empregados marcaram suas férias ou parte delas. Como são 50 empregados, podemos interpretar que (50-23) 27 empregados não marcaram suas férias em janeiro.

Segundo o enunciado, mais de 2/3 dos que não marcaram férias para janeiro eram do sexo masculino. Sendo assim, temos:

$\frac{2}{3} \cdot 27 = 18$. **Mais de 18 empregados não marcaram férias para janeiro eram do sexo masculino.**

Muita atenção ao enunciado! Repare que ele deseja conhecer a diferença máxima entre o número de empregados mulheres e o número de empregados homens. Em virtude disso, temos que trabalhar com o possível número máximo de mulheres que a empresa poderá apresentar e o número mínimo de homens que a empresa poderá possuir.

Sabemos que 30 empregados não marcaram suas férias em fevereiro. Como mais de 25 empregados não marcaram férias para fevereiro eram do sexo feminino, vamos supor que existem 30 mulheres até o momento.

Sabemos também que mais de 18 empregados que não marcaram férias para janeiro eram do sexo masculino. Logo, vamos concluir a existência de 19 homens.

Temos 30 mulheres, mais 19 homens. Para completar os 50 empregados, vamos supor a existência de mais uma mulher. Temos, então, 31 mulheres, no máximo, e 19 homens, no mínimo. Sendo assim, concluímos que a diferença máxima entre mulheres e homens é (31-19) 12.

205. **(2014 – PM/CE – 1º Tenente de Polícia Militar)**

rodada	A	B	C	D
1ª	branca	amarela	vermelha	branca
4ª	amarela	vermelha	branca	amarela
3ª	vermelha	branca	amarela	vermelha
	⋮	⋮	⋮	⋮

Para apostar em um jogo de cartas, os amigos A, B, C e D receberam fichas de 3 cores diferentes, na sequência mostrada na tabela apresentada. A partir dessas informações e dos dados apresentados na tabela, julgue o item seguinte:

Ao final da 12.ª rodada de distribuição, B e C receberam as mesmas quantidades de fichas de todas as cores.

GABARITO: CERTO.

O padrão para receber 3 fichas diferentes, segundo a tabela, repete-se de 3 em 3 rodadas. Assim, como 12 é múltiplo de 3, podemos concluir que B e C receberam as mesmas quantidades de fichas de todas as cores.

206. **(2014 – PM/CE – 1º Tenente de Polícia Militar)**

rodada	A	B	C	D
1ª	branca	amarela	vermelha	branca
4ª	amarela	vermelha	branca	amarela
3ª	vermelha	branca	amarela	vermelha
	⋮	⋮	⋮	⋮

Para apostar em um jogo de cartas, os amigos A, B, C e D receberam fichas de 3 cores diferentes, na sequência mostrada na tabela apresentada. A partir dessas informações e dos dados apresentados na tabela, julgue o item seguinte:

Ao final da 32.ª rodada de distribuição, todos os amigos receberam as mesmas quantidades de fichas de todas as cores.

GABARITO: ERRADO.

O padrão para receber 3 fichas diferentes, segundo a tabela, repete-se de 3 em 3 rodadas. Assim, como 32 não é múltiplo de 3, não podemos concluir se, ao final da 32ª, rodada de distribuição, todos os amigos receberam as mesmas quantidades de fichas de todas as cores.

207. (2014 – PM/CE – 1º Tenente de Polícia Militar)

rodada	A	B	C	D
1ª	branca	amarela	vermelha	branca
4ª	amarela	vermelha	branca	amarela
3ª	vermelha	branca	amarela	vermelha
	⋮	⋮	⋮	⋮

Para apostar em um jogo de cartas, os amigos A, B, C e D receberam fichas de 3 cores diferentes, na sequência mostrada na tabela apresentada. A partir dessas informações e dos dados apresentados na tabela, julgue o item seguinte:

Na 25ª rodada de distribuição, C recebeu uma ficha vermelha.

GABARITO: CERTO.

O padrão para receber 3 fichas diferentes, segundo a tabela, repete-se de 3 em 3 rodadas. Assim, 24 é o maior múltiplo de 3, perto do 25. Podemos concluir que o padrão se repetiu até ao final da 24ª rodada, em que a ficha recebida foi a de cor amarela. Logo, a próxima cor de ficha a ser recebida será a vermelha.

208. (2014 – PM/CE – 1º Tenente de Polícia Militar)

rodada	A	B	C	D
1ª	branca	amarela	vermelha	branca
4ª	amarela	vermelha	branca	amarela
3ª	vermelha	branca	amarela	vermelha
	⋮	⋮	⋮	⋮

Para apostar em um jogo de cartas, os amigos A, B, C e D receberam fichas de 3 cores diferentes, na sequência mostrada na tabela apresentada. A partir dessas informações e dos dados apresentados na tabela, julgue o item seguinte:

Ao final da 20.ª rodada de distribuição, A e D receberam as mesmas quantidades de fichas de todas as cores.

GABARITO: ERRADO.

Repare na tabela do enunciado que A e D sempre receberam as mesmas cores de fichas na rodada. Sabemos que o padrão para receber 3 fichas diferentes, segundo a tabela, repete-se de 3 em 3 rodadas. Assim, 21 é o maior múltiplo de 3, perto de 20. Desse modo, eles receberiam as mesmas quantidades de fichas de todas as cores na 21ª rodada.

209. (2014 – SUFRAMA – Técnico em Contabilidade) Para o conjunto $\Omega = \{1, 2, 3, 4, 5, 6, 7, 8, 9, 10\}$, se A for um subconjunto de Ω, indique por S(A) a soma dos elementos de A e considere $S(\varnothing) = 0$. Nesse sentido, julgue os itens a seguir.

Se $A \subset \Omega$, e se $\Omega \backslash A$ é o complementar de A em Ω, então $S(\Omega \backslash A) = S(\Omega) - S(A)$.

GABARITO: CERTO.

Ω\A é o complementar de A em Ω. Em outras palavras, Ω – A são os elementos que apenas Ω possui em relação ao conjunto A. Portanto, se somarmos todos os elementos de Ω e subtrairmos da soma de todos os elementos de A, a diferença será a soma de todos os elementos que apenas Ω possui.

R L M

210. **(2014 – SUFRAMA – Técnico em Contabilidade)** Para o conjunto Ω = {1, 2, 3, 4, 5, 6, 7, 8, 9, 10}, se A for um subconjunto de Ω, indique por S(A) a soma dos elementos de A e considere S(Ø) = 0. Nesse sentido, julgue os itens a seguir.

É possível encontrar conjuntos A e B, subconjuntos de Ω, disjuntos, tais que A ∪ B = Ω e S(A) = S(B).

GABARITO: ERRADO.

O grande segredo desta questão é o termo "disjuntos" apresentado no item analisado. Em outras palavras, os elementos do conjunto A são diferentes dos elementos do conjunto B. Sendo assim, fica impossível a soma dos elementos do conjunto A ser igual à soma dos elementos do conjunto B, uma vez que todos os elementos do conjunto Ω são diferentes.

211. **(2013 – Ministério da Justiça – Administrador)** Para a tramitação de processos protocolados, determinado tribunal adota a metodologia apresentada a seguir:

- todos os processos referentes apenas à administração pública são encaminhados à seção A;
- todos os processos referentes apenas a entidades privadas são encaminhados à seção B;
- todos os processos que envolvem administração pública e privada são encaminhados à seção C e, após análise, são encaminhados à seção A ou B;
- todos os processos que chegam à seção A, provenientes de C, são, posteriormente, encaminhados para B, e todos os processos que chegam à seção B, provenientes de C, são posteriormente encaminhados para A.
- todos os processos que chegam à seção A, que não sejam provenientes diretamente da seção C, são analisados por Francisco;
- todos os processos que chegam à seção B, que não são provenientes diretamente da seção C, são analisados por Rute ou Mateus;
- Francisco, Rute e Mateus analisam apenas processos que não sejam provenientes diretamente da seção C.

Com base nessas informações, julgue o item subsequente:

Um processo que for enviado da seção C para a seção B será necessariamente analisado por Francisco.

GABARITO: CERTO.

Este item está certo, pois depois de analisado na seção B, será encaminhado para a seção A, onde é Francisco quem analisa todos os processos que não são provenientes diretamente da seção C.

212. **(2013 – Ministério da Justiça – Administrador)** Para a tramitação de processos protocolados, determinado tribunal adota a metodologia apresentada a seguir:

- todos os processos referentes apenas à administração pública são encaminhados à seção A;
- todos os processos referentes apenas a entidades privadas são encaminhados à seção B;
- todos os processos que envolvem administração pública e privada são encaminhados à seção C e, após análise, são encaminhados à seção A ou B;
- todos os processos que chegam à seção A, provenientes de C, são, posteriormente, encaminhados para B, e todos os processos que chegam à seção B, provenientes de C, são posteriormente encaminhados para A.
- todos os processos que chegam à seção A, que não sejam provenientes diretamente da seção C, são analisados por Francisco;
- todos os processos que chegam à seção B, que não são provenientes diretamente da seção C, são analisados por Rute ou Mateus;
- Francisco, Rute e Mateus analisam apenas processos que não sejam provenientes diretamente da seção C.

Com base nessas informações, julgue o item subsequente:

Nenhum dos processos analisados por Francisco se refere exclusivamente a entidades privadas.

GABARITO: CERTO.

O item está certo, uma vez que se o processo se refere exclusivamente a entidades privadas, de modo que ele vai diretamente para a seção B, e Francisco trabalha na secção A.

---

213. **(2013 – Ministério da Saúde – Administrador)** No desenvolvimento de uma nova terapia para determinado tipo de doença, pesquisadores submeteram dois grupos distintos de pacientes a dois tipos de tratamento. No tratamento 1, a pessoa deveria tomar os medicamentos X e Y, enquanto, no tratamento 2, a pessoa deveria tomar o medicamento X ou Y. Ao analisar os resultados desse estudo, cujos dados são apresentados na tabela a seguir, observou-se que alguns desses pacientes não seguiram as recomendações médicas e cometeram erros na administração de seus medicamentos.

tratamento	total de pacientes	número de pacientes que tomaram o medicamento	
		x	y
1	20	18	15
2	20	15	13

Com base nas informações acima e considerando que o uso do medicamento X sempre provoca sonolência, enquanto o uso do medicamento Y sempre provoca náuseas ou tontura, julgue o item a seguir:

Se um dos participantes do tratamento sentiu náuseas, tontura e sonolência, então ele, necessariamente, participou do tratamento 1.

GABARITO: ERRADO.

Ele pode ter participado tanto do tratamento 1 quanto do tratamento 2. É importante realçar que ele pode ter participado do tratamento 2, pois aconteceram erros, e pacientes do tratamento 2 tomaram os dois medicamentos, o que não poderia acontecer.

214. **(2013 – Ministério da Saúde – Administrador)** No desenvolvimento de uma nova terapia para determinado tipo de doença, pesquisadores submeteram dois grupos distintos de pacientes a dois tipos de tratamento. No tratamento 1, a pessoa deveria tomar os medicamentos X e Y, enquanto, no tratamento 2, a pessoa deveria tomar o medicamento X ou Y. Ao analisar os resultados desse estudo, cujos dados são apresentados na tabela a seguir, observou-se que alguns desses pacientes não seguiram as recomendações médicas e cometeram erros na administração de seus medicamentos.

tratamento	total de pacientes	número de pacientes que tomaram o medicamento	
		x	y
1	20	18	15
2	20	15	13

Com base nas informações acima e considerando que o uso do medicamento X sempre provoca sonolência, enquanto o uso do medicamento Y sempre provoca náuseas ou tontura, julgue o item a seguir:

Considere que o estudo só seja válido se cada participante tiver pelo menos um ascendente, até o terceiro grau, com a mesma doença estudada. Considere, ainda, que, após a realização do estudo, tenha sido descoberto que um dos participantes do estudo tinha pelo menos um ascendente até o terceiro grau sem a doença estudada. Nesse caso, essas informações seriam suficientes para inviabilizar o estudo.

GABARITO: ERRADO.

Um paciente de um universo de 40 pacientes é algo muito insignificante para inviabilizar o estudo.

215. **(2013 – Ministério da Saúde – Administrador)** No desenvolvimento de uma nova terapia para determinado tipo de doença, pesquisadores submeteram dois grupos distintos de pacientes a dois tipos de tratamento. No tratamento 1, a pessoa deveria tomar os medicamentos X e Y, enquanto, no tratamento 2, a pessoa deveria tomar o medicamento X ou Y. Ao analisar os resultados desse estudo, cujos dados são apresentados na tabela a seguir, observou-se que alguns desses pacientes não seguiram as recomendações médicas e cometeram erros na administração de seus medicamentos.

tratamento	total de pacientes	número de pacientes que tomaram o medicamento	
		x	y
1	20	18	15
2	20	15	13

Com base nas informações acima e considerando que o uso do medicamento X sempre provoca sonolência, enquanto o uso do medicamento Y sempre provoca náuseas ou tontura, julgue o item a seguir:

Se um dos participantes do tratamento seguiu corretamente as recomendações médicas e não sentiu sonolência nem tontura, então ele participou do tratamento 2.

GABARITO: CERTO.

Pacientes que seguiram o tratamento 1 poderão sentir sonolência e náuseas ou tonturas. Já os pacientes que seguiram o tratamento 2 ou sentiram sonolência ou sentiram náuseas ou tontura. Como o paciente do item que estamos analisando não sentiu sonolência, então ele participou do tratamento 2.

216. **(2013 – Ministério da Integração Nacional – Administrador)** O casal Cássio e Cássia tem as seguintes peculiaridades: tudo o que Cássio diz às quartas, quintas e sextas-feiras é mentira, sendo verdade o que é dito por ele nos outros dias da semana; tudo o que Cássia diz aos domingos, segundas e terças-feiras é mentira, sendo verdade o que é dito por ela nos outros dias da semana.
A respeito das peculiaridades desse casal, julgue o item subsecutivo:

Se, em certo dia, ambos disserem “Amanhã é meu dia de mentir”, então essa afirmação terá sido feita em uma terça-feira.

GABARITO: CERTO.

Será construída uma tabela com a interpretação do enunciado, para facilitar o entendimento:

	Segunda	Terça	Quarta	Quinta	Sexta	Sábado	Domingo
Cássio	V	V	M	M	M	V	V
Cássia	M	M	V	V	V	V	M

Para facilitar a interpretação, será realizada a suposição segundo a qual o dia da afirmação é terça-feira, conforme mencionado no item.

Cássio falando a verdade na terça-feira, realmente mentirá na quarta-feira. Portanto, a frase “Amanhã é o meu dia de mentir” concatenou perfeitamente.

Cássia falando mentira na terça feira, realmente falará a verdade na quarta-feira. Portanto, a frase “Amanhã é o meu dia de mentir” também concatenou perfeitamente.

217. **(2013 – TCE/RO – Agente Administrativo)** A respeito da proposição “Após a maiúscula vitória da seleção brasileira de futebol sobre a França neste domingo, não há mais quem não aposte todas as suas fichas no sucesso da seleção *canarinho* na Copa das Confederações”, julgue o próximo item:

Se A indica o conjunto de pessoas que não apostam nenhuma de suas fichas no sucesso da seleção *canarinho* na Copa das Confederações, então o conjunto de pessoas que apostam todas as suas fichas no sucesso dessa seleção na Copa da Confederações será o complementar de A.

GABARITO: ERRADO.

O complementar de A, seria as pessoas que apostam no sucesso da seleção canarinho, mais as pessoas que nunca apostam.

218. (2013 – TCE/RO – Agente Administrativo) A respeito da proposição "Após a maiúscula vitória da seleção brasileira de futebol sobre a França neste domingo, não há mais quem não aposte todas as suas fichas no sucesso da seleção *canarinho* na Copa das Confederações", julgue o próximo item:

Caso essa proposição seja verdadeira, a probabilidade de que algum torcedor não aposte todas as suas fichas no sucesso da seleção *canarinho* na Copa das Confederações é nula.

GABARITO: CERTO.

Analisando a frase do enunciado e supondo-a verdadeira, temos que 100% dos torcedores apostam no sucesso da seleção canarinho. Assim, a probabilidade de algum torcedor não apostar é zero.

219. (2013 – Departamento Penitenciário Nacional – Agente Penitenciário) Em determinado estabelecimento penitenciário, todos os detentos considerados perigosos são revistados diariamente, e todos os detentos que cometeram crimes utilizando armas são considerados perigosos.
Com base nessa informação, julgue o item seguinte:

Se um detento cometeu um assalto à mão armada, então ele é revistado diariamente.

GABARITO: CERTO.

Segundo as frases do enunciado: "Todos os detentos que cometeram crimes utilizando armas são considerados perigosos." e "Todos os detentos considerados perigosos são revistados diariamente."

Podemos considerar certa a afirmação do item que diz: "Se um detento cometeu um assalto à mão armada, então ele é revistado diariamente.".

220. (2013 – Departamento Penitenciário Nacional – Agente Penitenciário) Em determinado estabelecimento penitenciário, todos os detentos considerados perigosos são revistados diariamente, e todos os detentos que cometeram crimes utilizando armas são considerados perigosos.
Com base nessa informação, julgue o item seguinte:

Somente os detentos perigosos serão revistados diariamente.

GABARITO: CERTO.

Como "Todos os detentos considerados perigosos são revistados diariamente", podemos concluir que "Somente os detentos perigosos serão revistados diariamente."

221. **(2013 – Departamento Penitenciário Nacional – Agente Penitenciário)** Uma pessoa guardou em seu bolso duas notas de R$ 100, três notas de R$ 50 e quatro notas de R$ 20. Essa pessoa deseja retirar do bolso, de forma aleatória, sem olhar para dentro do bolso, pelo menos uma nota de cada valor.

Considerando essa situação, julgue o item a seguir:

Para que ao menos uma nota de cada valor seja retirada do bolso, a pessoa deverá retirar, pelo menos, oito notas.

GABARITO: ERRADO.

Para acertar esta questão, o candidato deve se imaginar retirando as notas, de modo a pensar na pior hipótese, no sorteio destas notas, para conseguir, com certeza, uma nota de cada tipo.

Imagine a personagem do item sorteando 4 notas de R$ 20, depois 3 notas de R$ 50. Com certeza, a próxima nota que irá sortear será de R$ 100. Logo, para ter certeza que sorteou uma nota de cada tipo, ela precisa realizar 8 sorteios.

222. **(2013 – SERPRO – Analista de Administração de Serviços de Tecnologia da Informação)** Estudos revelam que 95% dos erros de digitação de uma sequência numérica — como, por exemplo, um código de barras ou uma senha — são a substituição de um algarismo por outro ou a troca entre dois algarismos da mesma sequência; esse último tipo de erro corresponde a 80% dos casos. Considerando esses fatos e que a senha de acesso de um usuário a seu provedor de *e-mail* seja formada por 8 algarismos, escolhidos entre os algarismos de 0 a 9, julgue o seguinte item:

Infere-se das informações que a probabilidade de ocorrer um erro de troca entre dois algarismos da própria sequência no momento da digitação de uma sequência numérica é de 80%.

GABARITO: CERTO.

Temos duas informações interpretadas no enunciado:

A probabilidade de substituir um algarismo por outro é 15%.

A probabilidade de troca entre dois algarismos da mesma sequência é 80%.

223. **(2013 – SERPRO – Analista de Administração de Serviços de Tecnologia da Informação)** Estudos revelam que 95% dos erros de digitação de uma sequência numérica — como, por exemplo, um código de barras ou uma senha — são a substituição de um algarismo por outro ou a troca entre dois algarismos da mesma sequência; esse último tipo de erro corresponde a 80% dos casos. Considerando esses fatos e que a senha de acesso de um usuário a seu provedor de *e-mail* seja formada por 8 algarismos, escolhidos entre os algarismos de 0 a 9, julgue o seguinte item:

Infere-se das informações que a probabilidade de um erro ocorrido na digitação de uma sequência numérica ser do tipo substituição de um algarismo por outro é de 15%.

GABARITO: CERTO.

Temos duas informações interpretadas no enunciado:

A probabilidade de substituir um algarismo por outro é 15%.

A probabilidade de troca entre dois algarismos da mesma sequência é 80%.

224. **(2013 – DPF – Escrivão de Polícia Federal)** Dos 5.000 candidatos inscritos para determinado cargo, 800 foram eliminados pelos procedimentos de investigação social; 4.500 foram desclassificados na primeira etapa; 50 foram reprovados no curso de formação (segunda etapa), apesar de não serem eliminados na investigação social; 350 foram nomeados; todos os classificados na primeira etapa e não eliminados na investigação social até o momento da matrícula no curso de formação foram convocados para a segunda etapa; todos os aprovados no curso de formação e não eliminados na investigação social foram nomeados. Tendo como referência esses dados hipotéticos, julgue o item a seguir:

Infere-se das informações apresentadas que 50 candidatos foram reprovados no curso de formação e também eliminados no processo de investigação social.

GABARITO: ERRADO.

Vamos organizar as informações do texto para interpretá-lo:

Total de inscritos: 5000.

Desclassificados na primeira etapa: 4500.

Todos os classificados na primeira etapa e não eliminados na investigação social, até o momento da matrícula no curso de formação, foram convocados para a segunda etapa.

Primeira conclusão:

***** Com essas três informações, temos que 500 inscritos foram para o curso de formação.**

Reprovados no curso de formação e aprovados na investigação social: 50.

Segunda conclusão:

***** Com mais essa informação, sabemos que 450 foram aprovados no curso de formação.**

Nomeados: 350.

Todos os aprovados no curso de formação e não eliminados na investigação social foram nomeados.

Terceira conclusão:

***** Com mais essas duas informações, sabemos que 100 foram aprovados na primeira frase, aprovados no curso de formação, porém, foram eliminados na investigação social.**

Eliminados na investigação social: 800.

Analisando o item:

Infere-se, das informações apresentadas, que 50 candidatos foram reprovados no curso de formação e também eliminados no processo de investigação social.

Essa frase vai contra o que o texto menciona: reprovados no curso de formação e aprovados na investigação social: 50.

225. (2013 – DPF – Escrivão de Polícia Federal) Dos 5.000 candidatos inscritos para determinado cargo, 800 foram eliminados pelos procedimentos de investigação social; 4.500 foram desclassificados na primeira etapa; 50 foram reprovados no curso de formação (segunda etapa), apesar de não serem eliminados na investigação social; 350 foram nomeados; todos os classificados na primeira etapa e não eliminados na investigação social até o momento da matrícula no curso de formação foram convocados para a segunda etapa; todos os aprovados no curso de formação e não eliminados na investigação social foram nomeados.
Tendo como referência esses dados hipotéticos, julgue o itme a seguir:

Menos de 130 candidatos foram classificados na primeira etapa e eliminados na investigação social.

GABARITO: CERTO.

Vamos organizar as informações do texto para interpretá-lo:

Total de inscritos: 5000.

Desclassificados na primeira etapa: 4500.

Todos os classificados na primeira etapa e não eliminados na investigação social, até o momento da matrícula no curso de formação, foram convocados para a segunda etapa.

Primeira conclusão:

***** Com essas três informações, temos que 500 inscritos foram para o curso de formação.**

Reprovados no curso de formação e aprovados na investigação social: 50.

Segunda conclusão:

***** Com mais essa informação, sabemos que 450 foram aprovados no curso de formação.**

Nomeados: 350.

Todos os aprovados no curso de formação e não eliminados na investigação social foram nomeados.

Terceira conclusão:

***** Com mais essas duas informações, sabemos que 100 foram aprovados na primeira frase, aprovados no curso de formação, porém, foram eliminados na investigação social.**

Eliminados na investigação social: 800.

Analisando o item:

Menos de 130 candidatos foram classificados na primeira etapa e eliminados na investigação social.

Pela terceira conclusão, sabemos que são 100 candidatos que foram classificados na primeira etapa e eliminados na investigação social.

---

226. (2013 – Companhia de Pesquisa de Recursos Minerais – Analista em Geociências) Márcia, ao interrogar os filhos, Ana, Bernardo, Carla, Deise e Eugênio, sobre qual deles havia quebrado um espelho, obteve as seguintes declarações:
— O culpado é Eugênio ou Deise, disse Bernardo.
— O culpado é uma menina, disse Eugênio.

— Se Bernardo é culpado, então Carla é inocente, disse Deise.

Com base nessa situação e admitindo que somente um seja culpado, julgue o item seguinte:

Admitindo-se que, nessa situação, caso tenha dito algo, o culpado tenha mentido e os inocentes tenham dito a verdade, é correto inferir que foi Bernardo quem quebrou o espelho.

GABARITO: ERRADO.

Para resolver esta questão, como não sabemos quem profere a mentira, temos que realizar, no máximo, três suposições e torcer que, na primeira suposição, a história esteja concatenada. Caso isso não aconteça, a interpretação demorará para se concretizar.

Primeira suposição: Bernardo é culpado

Supondo Bernardo culpado, então a frase dele é falsa, e as demais são verdadeiras. Vejamos se esta suposição concatena o interrogatório.

— O culpado é Eugênio ou Deise, disse Bernardo; sendo esta frase mentirosa, concluímos que nem Eugênio nem Deise são culpados.

— O culpado é uma menina, disse Eugênio; supondo esta frase verdadeira, o culpado é uma menina. Como supomos que Bernardo era o culpado e ele é menino, então a história não concatenou. Nesse caso, não é sequer necessário analisar a terceira frase.

Segunda suposição: Eugênio é culpado

Supondo Eugênio culpado, então a frase dele é falsa, e as demais são verdadeiras. Vamos ver se esta suposição concatena o interrogatório:

— O culpado é Eugênio ou Deise, disse Bernardo; sendo esta frase verdadeira, pela suposição que Eugênio é o culpado, a frase concatenou.

— O culpado é uma menina, disse Eugênio; supondo esta frase mentirosa, então, o culpado é menino. A história continua concatenando, uma vez que o culpado é Eugênio, e ele é menino.

— Se Bernardo é culpado, então Carla é inocente, disse Deise; sendo esta frase verdadeira, temos três opções para esta frase ser verdadeira:

~B → C
F F = V Nesta opção, Bernardo é inocente.

~B → C
V V = V Nesta opção, Bernardo é culpado.

~B → C
F V = V Nesta opção, Bernardo é inocente.

Portanto, é possível determinar se Bernardo é culpado ou inocente, supondo a frase de Deise verdadeira. A história não concatenou.

Terceira suposição: Deise é culpada

— O culpado é Eugênio ou Deise, disse Bernardo; sendo esta frase verdadeira, pela suposição que Deise é a culpada, a frase concatenou.

— O culpado é uma menina, disse Eugênio; Supondo esta frase verdadeira o culpado é uma menina. E realmente é, a frase concatenou.

— Se Bernardo é culpado, então Carla é inocente, disse Deise; sendo esta frase mentirosa, temos:

~B → C
V F = F

Nesta opção, Bernardo é culpado e Carla também. A história não concatenou.

227. **(2013 – INPI – Arquiteto/Engenheiro)** No Festival Internacional de Campos do Jordão, estiveram presentes os músicos Carlos, Francisco, Maria e Isabel. Um deles é brasileiro, outro é mexicano, outro é chileno e outro, peruano. Um deles tem 18 anos de idade, outro, 20, outro, 21 e o outro, 23. Cada um desses músicos é especialista em um dos instrumentos: flauta, violino, clarinete e oboé. Sabe-se que Carlos não é brasileiro, tem 18 anos de idade e não é flautista; Francisco é chileno, não tem 20 anos de idade e é especialista em oboé; Maria tem 23 anos de idade e não é clarinetista; Isabel é mexicana e não é clarinetista; e o flautista tem mais de 20 anos de idade.
Com base nessas informações, julgue o item a seguir:

Carlos é mexicano.

GABARITO: ERRADO.

O texto menciona que Isabel é mexicana. Sendo assim, é impossível que Carlos seja mexicano.

228. **(2013 – INPI – Arquiteto/Engenheiro)** Considere o seguinte argumento:
Hoje vou ser muito feliz, pois as crianças são felizes em dias ensolarados. Nos dias nublados, algumas pessoas ficam tristes e a previsão, para o dia de hoje, é de dia ensolarado.
Julgue o item subsequente, com base nesse argumento:

A proposição "A previsão, para o dia de hoje, é de dia ensolarado" é a conclusão desse argumento.

GABARITO: ERRADO.

Interpretando a história relatada no item em questão, como a previsão para o dia de hoje é "dia ensolarado", teremos duas conclusões: "As crianças ficarão felizes" e "Eu serei muito feliz".

Assim, a conclusão apresentada no item não poderá ser chamada de conclusão. Ela será apenas um dado para se chegar às conclusões apresentadas acima.

229. **(2013 – INPI – Arquiteto/Engenheiro)** Considere o seguinte argumento:
Hoje vou ser muito feliz, pois as crianças são felizes em dias ensolarados. Nos dias nublados, algumas pessoas ficam tristes e a previsão, para o dia de hoje, é de dia ensolarado.
Julgue o item subsequente, com base nesse argumento:

É correto afirmar que esse argumento é um argumento válido.

GABARITO: ERRADO.

Apesar de os termos do enunciado associarem esta questão com o capítulo "lógica de argumentação", é impossível transformar as frases acima em linguagem simbólica, de modo a verificar se a conclusão é verdadeira ou falsa. Logo, não se pode afirmar se o argumento é válido ou inválido.

230. **(2013 – MPU – Técnico Administrativo)** Em razão da limitação de recursos humanos, a direção de determinada unidade do MPU determinou ser prioridade analisar os processos em que se investiguem crimes contra a administração pública que envolvam autoridades influentes ou desvio de altos valores. A partir dessas informações, considerando P = conjunto dos processos em análise na unidade, A = processos de P que envolvem autoridades influentes, B = processos de P que envolvem desvio de altos valores, $C_P(X)$ = processos de P que não estão no conjunto X, e supondo que, dos processos de P, 2/3 são de A e 3/5 são de B, julgue o item a seguir:

O conjunto $C_P(A) \cup C_P(B)$ corresponde aos processos da unidade que não são prioritários para análise.

GABARITO: ERRADO.

O grande segredo desta questão é interpretar o que significa $C_P(A)$ e $C_P(B)$.

$C_P(A)$: são apenas os processos de B. Em outras palavras, são os processos que envolvam apenas desvios de altos valores.

$C_P(B)$: são apenas os processos de A. Em outras palavras, são os processos que envolvam apenas autoridades influentes.

Portanto, $C_P(A) \cup C_P(B)$: são os todos os processos de P, exceto aqueles que envolvam simultaneamente os dois casos. Logo, a união desses dois conjuntos gerará processos prioritários para análise.

231. **(2013 – MPU – Técnico em Operação de Redes)** Considere que proposições P, Q e R, listadas abaixo, sejam verdadeiras.

P: Todo sistema operacional Linux é um tipo de Unix.

Q: O sistema operacional MacOS Leopard é um tipo de Unix.

R: Nenhuma versão do sistema operacional Microsoft Windows é do tipo Unix.

Julgue o item seguinte, tendo como referência as proposições P, Q e R.

É possível inferir que o sistema operacional MacOS Leopard é uma versão de Microsoft Windows.

GABARITO: ERRADO.

Sabe-se que nenhuma versão de sistema operacional Microsoft Windows é do tipo Unix e que o sistema operacional MacOS Leopard é um tipo de Unix. Assim, podemos concluir que o sistema operacional MacOS Leopard não é uma versão do Microsoft Windows.

232. **(2013 – MPU – Técnico em Operação de Redes)** Considere que proposições P, Q e R, listadas a seguir, sejam verdadeiras.

P: Todo sistema operacional Linux é um tipo de Unix.

Q: O sistema operacional MacOS Leopard é um tipo de Unix.

R: Nenhuma versão do sistema operacional Microsoft Windows é do tipo Unix.

Julgue o item seguinte, tendo como referência as proposições P, Q e R:

A partir da veracidade das proposições P e Q, é possível inferir que o sistema operacional MacOs Leopard pode ser um Linux.

GABARITO: CERTO.

Sabemos que todo sistema operacional Linux é um tipo de Unix e que o sistema operacional MacOS Leopard é um tipo de Unix. Assim, é possível afirmar que o sistema MacOs Leopard pode ser um Linux.

233. **(2013 – MPU – Técnico em Operação de Redes)** Considere que proposições P, Q e R, listadas a seguir, sejam verdadeiras.

P: Todo sistema operacional Linux é um tipo de Unix.

Q: O sistema operacional MacOS Leopard é um tipo de Unix.

R: Nenhuma versão do sistema operacional Microsoft Windows é do tipo Unix.

Julgue o item seguinte, tendo como referência as proposições P, Q e R:

Alguma versão do sistema operacional Windows pode ser do tipo Linux.

GABARITO: ERRADO.

Sabemos que nenhuma versão sistema operacional Microsoft Windows é do tipo Unix e que todo sistema operacional Linux é um tipo de Unix. Assim, podemos concluir que nenhuma versão do sistema operacional Windows pode ser do tipo Linux.

234. **(2013 – MTE – Auditor Fiscal do Trabalho)** Os convênios celebrados por um órgão enquadram-se em uma das seguintes situações:

- em execução: quando o convenente ainda não está obrigado a prestar contas ao concedente;
- aguardando prestação de contas: quando, após o período de vigência do convênio, o convenente tem determinado prazo para prestar contas;
- prestação de contas em análise: quando, após a entrega da prestação de contas pelo convenente, o órgão concedente tem determinado prazo para analisar;
- concluído: quando a prestação de contas foi analisada e aprovada;
- em instrução de tomada de contas especial (TCE): quando a prestação de contas foi analisada e rejeitada.

Considere que, dos 180 convênios celebrados pelo referido órgão neste ano, 21 estão concluídos, 10 estão em fase de instrução de TCE, 35 estão com a prestação de contas em análise, 80 estão em execução e o restante está aguardando prestação de contas. Com base nessas informações, julgue o item a seguir:

Mais de 30 convênios já tiveram suas prestações de contas analisadas.

GABARITO: CERTO.

Somando os dados do enunciado e subtraindo do total de convênios celebrados, encontraremos o total de convênios aguardando prestação de contas.

$180 - (21 + 10 + 35 + 80) \rightarrow 180 - 146 = 34$

Temos 34 convênios que já tiveram suas prestações de contas analisadas.

235. **(2013 – MTE – Auditor Fiscal do Trabalho)** Os convênios celebrados por um órgão enquadram-se em uma das seguintes situações:

- em execução: quando o convenente ainda não está obrigado a prestar contas ao concedente;
- aguardando prestação de contas: quando, após o período de vigência do convênio, o convenente tem determinado prazo para prestar contas;
- prestação de contas em análise: quando, após a entrega da prestação de contas pelo convenente, o órgão concedente tem determinado prazo para analisar;
- concluído: quando a prestação de contas foi analisada e aprovada;
- em instrução de tomada de contas especial (TCE): quando a prestação de contas foi analisada e rejeitada.

Considere que, dos 180 convênios celebrados pelo referido órgão neste ano, 21 estão concluídos, 10 estão em fase de instrução de TCE, 35 estão com a prestação de contas em análise, 80 estão em execução e o restante está aguardando prestação de contas. Com base nessas informações, julgue o item a seguir:

O complementar do conjunto dos convênios que estão aguardando prestação de contas tem mais elementos que o complementar do conjunto dos convênios em execução.

GABARITO: CERTO.

O complementar do conjunto dos convênios que estão aguardando prestação de contas é igual a (180 – 34) 146 convênios.

O complementar do conjunto dos convênios em execução é igual a (180 – 80) 100 convênios.

Assim 146 > 100.

236. **(2013 – CNJ – Técnico Judiciário Área Programação de Sistema)**

faixa etária (anos)	quantidade de serviços		
	telefonia	protocolo	reprografia
≥ 18 e < 30	2	1	2
≥ 30 e < 45	1	2	1
≥ 45 e < 65	1	3	2

A tabela mostra o quadro de servidores dos setores de telefonia, reprografia e protocolo de uma repartição pública, por faixa etária, em anos. Sabe-se que sempre que um dos servidores da telefonia não estiver trabalhando em sua função, um dos servidores do protocolo o substituirá; sempre que um dos servidores do protocolo não estiver trabalhando em sua função, um dos servidores da reprografia o substituirá; e não há previsão para substituição de servidores da reprografia. Julgue o item seguinte, acerca dos servidores dessa repartição.

Se, em determinado dia, 3 servidores, um de cada setor mencionado, não puderem comparecer ao trabalho, então apenas 2 servidores trabalharão na reprografia nesse dia.

GABARITO: CERTO.

Sabemos pela tabela do enunciado que existem:

4 servidores da telefonia;

6 servidores do protocolo;

5 servidores da reprografia.

Segundo o item, em determinado dia, 3 servidores, um de cada setor mencionado, não puderem comparecer ao trabalho. Assim, neste dia, teremos:

3 servidores da telefonia;

5 servidores do protocolo;

4 servidores da reprografia.

Ainda, segundo o enunciado: "Sabe-se que sempre que um dos servidores da telefonia não estiver trabalhando em sua função, um dos servidores do protocolo o substituirá...". Logo, um dos 5 servidores do protocolo, neste dia, trabalhará no setor de telefonia.

Temos, então:

4 servidores da telefonia;

4 servidores do protocolo;

4 servidores da reprografia.

Ainda, segundo o enunciado: "sempre que um dos servidores do protocolo não estiver trabalhando em sua função, um dos servidores da reprografia o substituirá...". Logo, dois dos 4 servidores da reprografia, neste dia, trabalharão no setor do protocolo.

Temos, então:

4 servidores da telefonia;

6 servidores do protocolo;

2 servidores da reprografia.

---

237. **(2013 - CNJ - Técnico Judiciário Área Programação de Sistema)**

faixa etária (anos)	quantidade de serviços		
	telefonia	protocolo	reprografia
≥ 18 e < 30	2	1	2
≥ 30 e < 45	1	2	1
≥ 45 e < 65	1	3	2

A tabela mostra o quadro de servidores dos setores de telefonia, reprografia e protocolo de uma repartição pública, por faixa etária, em anos. Sabe-se que sempre que um dos servidores da telefonia não estiver trabalhando em sua função, um dos servidores do protocolo o substituirá; sempre que um dos servidores do protocolo não estiver trabalhando em sua função, um dos servidores da reprografia o substituirá; e não há previsão para substituição de servidores da reprografia. Julgue o item seguinte, acerca dos servidores dessa repartição.

Se pelo menos 2 servidores desses 3 setores tiverem idades entre 23 e 30 anos, então a soma das idades de todos os servidores desses 3 setores será superior a 500 anos.

GABARITO: ERRADO.

Para verificar se o item está certo ou errado, deveremos trabalhar com a menor hipótese de soma das idades possível. Então, deveremos considerar:

Os funcionários da faixa etária ≥ 18 e < 30, deverão respeitar a afirmação do item. Assim, 2 deles terão 24 anos e os outros 3 terão 18 anos, pois o item condiciona que pelo menos 2 servidores desses 3 setores possuem idades entre 23 e 30 anos. Assim, a soma mínima seria (2x24 + 3x18) 102 anos.

Todos os funcionários da faixa etária ≥ 30 e < 45 terão 30 anos. Assim, a soma mínima das idades destes funcionários é (4x30) 120 anos. (Em que 4 é quantidade de funcionários nesta faixa etária.)

Todos os funcionários da faixa etária ≥ 45 e < 65 terão 45 anos. Assim, a soma mínima das idades destes funcionários é (6x45) 270 anos. (Em que 6 é quantidade de funcionários nesta faixa etária.)

Somando o que encontramos, temos: 102+120+270 = 492 anos.

---

238. **(2013 – UNIPAMPA – Técnico de Laboratório)** No item a seguir, é apresentado um argumento lógico, formado por uma ou mais premissas — que devem ser consideradas verdadeiras — e uma conclusão, a ser julgada CERTA ou ERRADA, a partir das premissas.

Irene passou bom tempo olhando seus tênis, seus sapatos de salto, sua blusa e sua camiseta, tentando decidir como iria vestida para uma festa. Uma hora depois, seu irmão Pedro a viu sair de casa e afirmou que ela não foi de tênis e camiseta. Conclusão: Irene deixou os tênis e a camiseta em casa.

GABARITO: ERRADO.

Como Pedro a viu sair de casa, notou que Irene não estava de tênis nem de camiseta. Sua conclusão tem como base o que Pedro viu, e não o que Irene deixou em casa.

---

239. **(2013 – UNIPAMPA – Técnico de Laboratório)** No item a seguir, é apresentado um argumento lógico, formado por uma ou mais premissas — que devem ser consideradas verdadeiras — e uma conclusão, a ser julgada CERTA ou ERRADA, a partir das premissas.

As normas bancárias exigem que, para tomar empréstimo, o cliente apresente comprovante de renda ou Declaração de Imposto de Renda. Com base nessas normas, determinado banco rejeitou a solicitação do cliente S em razão de a exigência não ter sido cumprida. Conclusão: o cliente S não apresentou comprovante de renda nem Declaração de Imposto de Renda.

GABARITO: CERTO.

Se o banco rejeitou a solicitação do cliente S em razão de a exigência não ter sido cumprida, significa que o cliente S não apresentou o comprovante de renda e também não apresentou a Declaração de Imposto de Renda.

---

240. **(2013 – UNIPAMPA – Técnico de Laboratório)** No item a seguir, é apresentado um argumento lógico, formado por uma ou mais premissas — que devem ser consideradas verdadeiras — e uma conclusão, a ser julgada CERTA ou ERRADA, a partir das premissas.

Lúcio visitou três detentos no presídio: Mateus, muito religioso, que sempre diz a verdade; Juca, ressentido, que sempre mente, não falando nunca a verdade; e Otávio, de poucas convicções, que ora mente, ora diz a verdade. Lúcio não conhece nenhum desses detentos, mas sabe que um deles será libertado amanhã. Em conversa com eles, Lúcio ouviu um deles dizer: "Amanhã eu saio da cadeia". Outro complementou: "É verdade, amanhã ele sai da cadeia". E o terceiro contestou ambos: "Sou eu que amanhã saio da cadeia!". Conclusão: quem sairá do presídio amanhã será Mateus.

GABARITO: ERRADO.

Para resolver esta questão, precisamos atribuir as frases aos personagens envolvidos e verificar se a suposição feita concatena a história. Se houver a referida concatenação, significa que fizemos a suposição certa; se não houver, a suposição está errada.

Essa técnica de interpretação é chamada de tentativa e erro. E, infelizmente, é necessário fazer todas as suposições para verificar quem sairá da cadeia.

Sabemos que Mateus só fala a verdade, Juca sempre mente, e Otávio ora fala a verdade ora mente.

Suposições	Amanhã eu saio da cadeia	É verdade, ele sai	Eu que saio
Suposição 1:	Mateus (V)	Juca (M)	Otávio (V)
Conclusão:	Mateus diz que sai. Por ser uma frase verdadeira, imaginamo-lo saindo. Porém, a frase do Juca, que sempre mente, afirmando que ele sai, confirma que Mateus não sairá. A história não concatenou, de modo que não é necessário sequer analisar a frase de Otávio.		
Suposição 2:	Mateus (V)	Juca (M)	Otávio (F)
Conclusão:	Mateus diz que sai. Por ser uma frase verdadeira, imaginamo-lo saindo. Porém, a frase do Juca, que sempre mente, afirmando que ele sai, confirma que Mateus não sairá. A história não concatenou, nem precisa analisar a frase de Otávio.		
Suposição 3:	Mateus (V)	Otávio (V)	Juca (M)
Conclusão:	Mateus diz que sai. Por ser uma frase verdadeira, imaginamo-lo saindo. A frase do Otávio, analisada como verdadeira, confirma a saída de Mateus. Como Otávio sempre mente, ao dizer que sai, é mentira. Logo, ele não sairá. A história concatenou e quem sai é Mateus.		
Suposição 4:	Mateus (V)	Otávio (F)	Juca (M)
Conclusão:	Mateus diz que sai. Por ser uma frase verdadeira, imaginamo-lo saindo. A frase do Otávio, analisada como falsa, confirma que Mateus não sairá. A história não concatenou e, por isso, nem é preciso analisar a frase de Juca.		
Suposição 5:	Juca (M)	Mateus (V)	Otávio (V)

Conclusão: Juca diz que sai. Por ser uma frase falsa, concluímos que ele não sai. A frase do Mateus, por ser verdadeira, confirma a saída de Juca.
A história não concatenou, de modo que não é preciso analisar a frase de Otávio.

Suposição 6: Juca (M) — Mateus (V) — Otávio (F)

Conclusão: Juca diz que sai. Por ser uma frase falsa, concluímos que ele não sai. A frase do Mateus confirma a saída dele. A história não concatenou, de modo que não é necessário analisar a frase de Otávio.

Suposição 7: Juca (M) — Otávio (V) — Mateus (V)

Conclusão: Juca diz que sai. Por ser uma frase falsa, concluímos que ele não sai. A frase do Otávio, analisada como verdadeira, confirma a saída de Juca.
A história não concatenou, de modo que não é necessário analisar a frase de Mateus.

Suposição 8: Juca (M) — Otávio (F) — Mateus (V)

Conclusão: Juca diz que sai. Por ser uma frase falsa, concluímos que ele não sai. A frase do Otávio, analisada como falsa, confirma que Juca não sairá. A frase de Mateus, por ser uma frase verdadeira, confirma a saída de Mateus.
A história concatenou, e quem sai é Mateus.

Suposição 9: Otávio (V) — Mateus (V) — Juca (M)

Conclusão: Otávio diz que sai. Analisando essa afirmação como verdadeira, concluímos que ele sai. A frase do Mateus, por ser verdadeira, confirma a saída de Otávio. A frase de Juca, por ser falsa, confirma que ele não sairá.
A história concatenou, e quem sai é Otávio.

Suposição 10: Otávio (F) — Mateus (V) — Juca (M)

Conclusão: Otávio diz que sai. Analisando essa afirmação como falsa, concluímos que ele não sairá. A frase de Mateus, por ser verdadeira, confirma a saída de Otávio.
A história não concatenou, de modo que não é necessário analisar a frase de Juca.

Suposição 11: Otávio (V) — Juca (M) — Mateus (V)

Conclusão: Otávio diz que sai. Analisando como essa afirmação como verdadeira, concluímos que ele sai. A frase de Juca, por ser falsa, confirma que Otávio não sairá.
A história não concatenou, de modo que não é necessário analisar a frase de Mateus.

Suposição 12: Otávio (F) — Juca (M) — Mateus (V)

Conclusão: Otávio diz que sai. Analisando essa afirmação como falsa, concluímos que ele não sai. A frase do Juca, por ser falsa, confirma que Otávio não sairá. A frase do Mateus, por ser verdadeira, afirma que ele sairá.
A história concatenou e quem sai é Mateus.

As suposições 1, 2, 4, 5, 6, 7, 10 e 11 não concatenaram a história.

As suposições 3 e 8 geram como conclusão a saída de Mateus.

A suposição 9 gera como conclusão a saída de Otávio.

Como existe uma chance para Otávio sair, e duas para Mateus sair, não podemos concluir quem sai.

241. **(2013 – TRT/10ª Região – Técnico Judiciário Área Tecnologia da Informação)** Considerando que, dos 10 postos de combustíveis de determinada cidade, exatamente dois deles cometam a infração de vender gasolina adulterada, e que sejam escolhidos ao acaso alguns desses postos para serem fiscalizados, julgue o item seguinte:

Cinco é a menor quantidade de postos que devem ser escolhidos para serem fiscalizados de modo que, com certeza, um deles seja infrator.

GABARITO: ERRADO.

Para ter certeza que um deles será infrator, a menor quantidade de postos que devem ser escolhidos é 9.

Porque 9?

O motivo é que, para ter certeza, devemos supor a pior hipótese de sorteio. Então, imagine um sorteio em que sejam escolhidos 8 postos, e todos eles não cometeram a infração. Repare que, até o momento, não temos certeza de que, neste sorteio, um deles cometeu a infração. Assim, quando for sorteado o próximo (nono sorteio), com certeza, apresentaremos um posto que cometeu a infração.

242. **(2012 – PC/CE – Inspetor de Polícia Civil 1ª Classe)** Estudo divulgado pelo Instituto de Pesquisas Econômicas Aplicadas (IPEA) revela que, no Brasil, a desigualdade social está entre as maiores causas da violência entre jovens.

Um dos fatores que evidenciam a desigualdade social e expõem a população jovem à violência é a condição de extrema pobreza, que atinge 12,2% dos 34 milhões de jovens brasileiros, membros de famílias com renda per capita de até um quarto do salário mínimo, afirma a pesquisa.

Como a violência afeta mais os pobres, é usual fazer um raciocínio simplista de que a pobreza é a principal causadora da violência entre os jovens, mas isso não é verdade. O fato de ser pobre não significa que a pessoa será violenta. Existem inúmeros exemplos de atos violentos praticados por jovens de classe média.

Internet: <http://amaivos.uol.com.br> (com adaptações).

Tendo como referência o texto, julgue o item seguinte:.

Considerando que Jorge não seja pobre, mas pratique atos violentos, é correto afirmar que Jorge é um contraexemplo para a afirmação: "Todo indivíduo pobre pratica atos violentos".

GABARITO: ERRADO.

Um contraexemplo para a afirmação: "Todo indivíduo pobre pratica atos violentos", seria encontrar um indivíduo pobre que não pratica atos violentos. Em outras palavras, o contraexemplo seria: "Pelo menos um indivíduo pobre não pratica atos violentos." E Jorge não é pobre.

Portanto, Jorge não é um contraexemplo.

243. **(2012 – TRE/RJ – Técnico Judiciário Área Operação de Computador)** Nas eleições municipais de uma pequena cidade, 30 candidatos disputam 9 vagas para a Câmara de Vereadores. Na sessão de posse, os nove eleitos escolhem a mesa diretora, que será composta por presidente, primeiro e segundo secretários, sendo proibido a um mesmo parlamentar ocupar mais de um desses cargos. Acerca dessa situação hipotética, julgue o item seguinte:

Sabendo-se que um eleitor vota em apenas um candidato a vereador, é correto afirmar que a quantidade de maneiras distintas de um cidadão escolher um candidato é superior a 50.

GABARITO: ERRADO.

O enunciado menciona a existência de 30 candidatos. Logo, um eleitor possui 30 possibilidades de escolha de 1 vereador.

Conjuntos

244. **(2014 - SUFRAMA - Administrador)** Uma pesquisa, na qual os 40 alunos de uma disciplina deveriam responder SIM ou NÃO às perguntas P1 e P2 apresentadas a eles, mostrou o seguinte resultado:

- 28 responderam SIM à pergunta P1;
- 22 responderam SIM à pergunta P2;
- 5 responderam NÃO às 2 perguntas.

Com base nessas informações, julgue o item subsecutivo:

Mais de 10 alunos responderam SIM às duas perguntas.

GABARITO: CERTO.

Sempre que existirem dois conjuntos, e o item desejar a intersecção deles, basta somar os conjuntos e subtrair do total.

28 + 22 + 5 - 40 = 15

Portanto, 15 alunos responderam SIM às duas perguntas.

245. **(2014 – Ministério da Justiça/DPF – Agente Administrativo)** A partir de uma amostra de 1.200 candidatos a cargos em determinado concurso, verificou-se que 600 deles se inscreveram para o cargo A, 400 se inscreveram para o cargo B e 400, para cargos distintos de A e de B. Alguns que se inscreveram para o cargo A também se inscreveram para o cargo B. A respeito dessa situação hipotética, julgue o item subsecutivo:

Menos de 180 candidatos se inscreveram no concurso para os cargos A e B.

GABARITO: ERRADO.

Sempre que existirem dois conjuntos, e o item desejar a intersecção deles, basta somar os conjuntos e subtrair do total.

600 + 400 + 400 – 1200 = 200

Portanto, 200 candidatos se inscreveram no concurso para os cargos A e B.

246. **(2014 – Polícia Federal – Agente de Polícia Federal)** Um batalhão é composto por 20 policiais: 12 do sexo masculino e 8 do sexo feminino. A região atendida pelo batalhão é composta por 10 quadras e, em cada dia da semana, uma dupla de policiais policia cada uma das quadras. Com referência a essa situação, julgue o item subsequente:

Se, dos 20 policiais do batalhão, 15 tiverem, no mínimo, 10 anos de serviço, e 13 tiverem, no máximo, 20 anos de serviço, então mais de 6 policiais terão menos de 10 anos de serviço.

GABARITO: ERRADO.

Sempre que existirem dois conjuntos, e o item desejar a intersecção deles, basta somar os conjuntos e subtrair do total.

$15 + 13 - 20 = 8$

Convém salientar salientar que o item visa às pessoas que possuem menos de 10 anos de serviço.

$13 - 8 = 5$.

---

247. **(2014 – CADE – Analista Técnico Administrativo)** Em uma escola, uma pesquisa, entre seus alunos, acerca de práticas esportivas de futebol, voleibol e natação revelou que cada um dos entrevistados pratica pelo menos um desses esportes. As quantidades de alunos entrevistados que praticam esses esportes estão mostradas na tabela a seguir:

esporte	futebol	voleibol	natação	voleibol e futebol	voleibol e natação	futebol e natação	futebol, voleibol e natação
nº de alunos praticantes	505	250	80	113	17	29	9

Com base nas informações e na tabela, julgue o próximo item:

Mais de 130 dos alunos praticam apenas 2 dessas atividades esportivas.

GABARITO: CERTO.

Vamos montar o diagrama dos dados apresentados na tabela. Lembrando que, para iniciar a montagem do diagrama, devemos sempre iniciar pelas maiores intersecções dos conjuntos. Vejamos os passos a seguir:

Passo 1: intersecção tripla

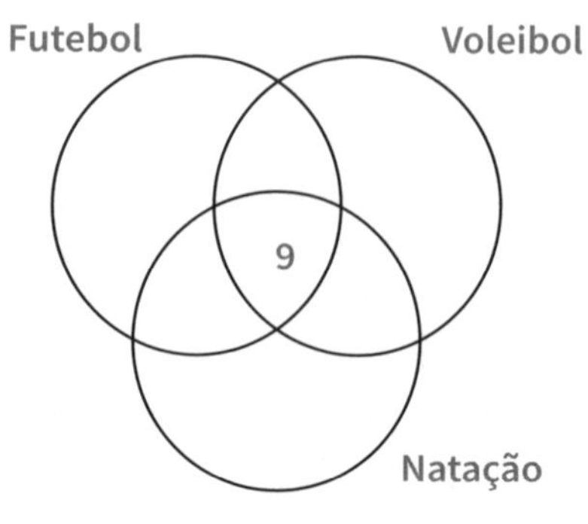

Passo 2: intersecção dupla

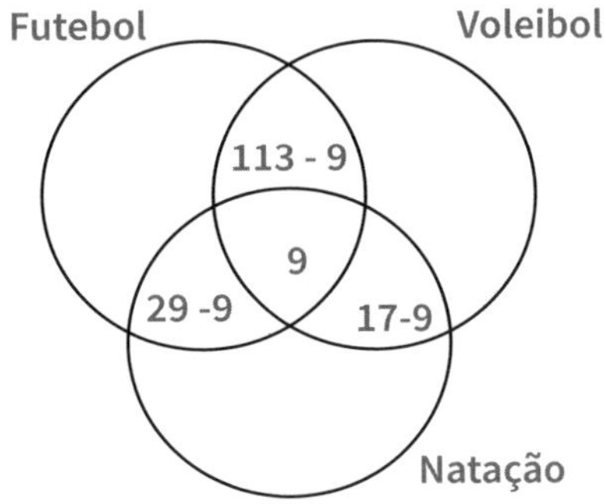

Para responder ao item, basta somar os resultados das intersecções duplas:
(113-9) + (29-9) + (17-9) = 104 + 20 + 8 = 132

---

248. **(2014 – CADE – Analista Técnico Administrativo)** Em uma escola, uma pesquisa, entre seus alunos, acerca de práticas esportivas de futebol, voleibol e natação revelou que cada um dos entrevistados pratica pelo menos um desses esportes. As quantidades de alunos entrevistados que praticam esses esportes estão mostradas na tabela a seguir:

esporte	futebol	voleibol	natação	voleibol e futebol	voleibol e natação	futebol e natação	futebol, voleibol e natação
nº de alunos praticantes	505	250	80	113	17	29	9

Com base nas informações e na tabela, julgue o próximo item:

Entre os alunos, 20 praticam voleibol e natação, mas não jogam futebol.

GABARITO: ERRADO.

Aproveitando a resolução do item anterior, basta aplicar os dados no diagrama onde está a intersecção dos alunos que praticam voleibol e natação apenas.
17-9 = 8

---

249. **(2014 – MDIC – Analista Técnico Administrativo)** Em um grupo de 2.000 empresas, 1/9 das que encerraram as atividades este ano foram abertas em anos anteriores, 1/10 das que foram abertas em anos anteriores encerraram as atividades este ano e 200 empresas não encerraram as atividades este ano e não foram abertas em anos anteriores.
Com base nessas informações, julgue o próximo item:

O número de empresas que foram abertas em anos anteriores é superior ao número de empresas que encerraram as atividades este ano.

GABARITO: CERTO.

Vamos interpretar os dados do enunciado:

Chamaremos de X o total de empresas que encerraram suas atividades este ano.

Chamaremos de Y o total de empresas que foram abertas em anos anteriores.

Através do enunciado, sabemos que 200 empresas não encerraram as atividades este ano e não foram abertas em anos anteriores. Temos também, que $\frac{1}{9} \cdot X$ são as empresas que encerraram as atividades este ano e foram abertas em anos anteriores, e que $\frac{1}{10} \cdot Y$ são as empresas que foram abertas em anos anteriores e encerraram as atividades este ano. Logo, estes dois valores são iguais.

Vamos montar diagrama dos dados deste enunciado:

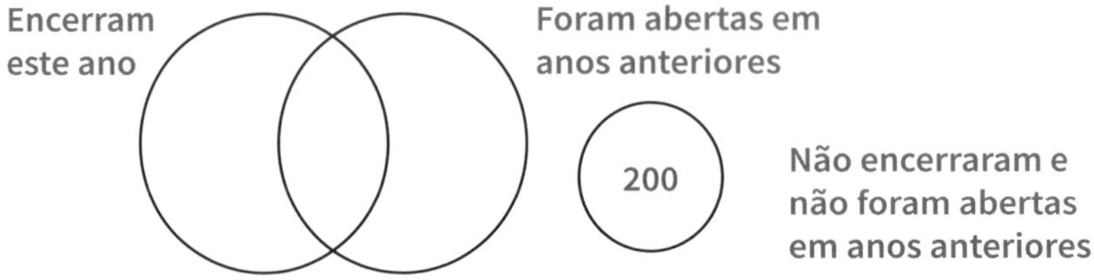

X + Y – a intersecção dos dois conjuntos + 200 = 2000

$X + Y - \frac{1}{10} \cdot Y + 200 = 2000$

Para resolver a equação anterior, precisamos de mais outra. $\frac{1}{9} \cdot X = \frac{1}{10} \cdot Y$

Assim, temos o seguinte sistema de equações para resolver:

$X + Y - \frac{1}{10} \cdot Y + 200 = 2000$

$\frac{1}{9} \cdot X = \frac{1}{10} \cdot Y$ isolando Y, temos: $Y = \frac{1}{10} \cdot X$

Substituindo o valor do Y que isolamos na primeira equação, temos:

$$x + \frac{1}{10} \cdot X - \frac{1}{10} \cdot \frac{10}{9} \cdot X + 200 = 200 \rightarrow x + \frac{1}{9} \cdot X - \frac{1}{9} \cdot X + 200 = 200 \rightarrow$$

$$\frac{9X + 10X - X + 1800 = 18000}{9} \rightarrow 9X + 10X - X + 1800 = 18000 \quad X = 900$$

Assim, possuímos agora as seguintes informações:

- 900 é o total de empresas que encerraram suas atividades este ano.

$Y = \frac{10}{9} \cdot X \quad Y = \frac{10}{9} \cdot 900 = 1000$. Assim temos:

- 1000 é o total de empresas que foram abertas em anos anteriores.

$\frac{1}{9} \cdot X \quad \frac{1}{9} \cdot 900 = 100$. Assim temos:

100 são as empresas que encerraram as atividades este ano e foram abertas em anos anteriores.

Interpretando o item:

O número de empresas que foram abertas em anos anteriores (1000) é superior ao número de empresas que encerraram as atividades este ano (900).

250. **(2014 – MDIC – Analista Técnico Administrativo)** Em um grupo de 2.000 empresas, 1/9 das que encerraram as atividades este ano foram abertas em anos anteriores, 1/10 das que foram abertas em anos anteriores encerraram as atividades este ano e 200 empresas não encerraram as atividades este ano e não foram abertas em anos anteriores.

Com base nessas informações, julgue o próximo item:

O número de empresas que encerraram as atividades este ano e que foram abertas em anos anteriores é superior a 110.

GABARITO: ERRADO.

Utilizaremos o que descobrimos da resolução do item anterior, referente ao assunto "estruturas lógicas", para resolver este item.

Interpretando o item:

O número de empresas que encerraram as atividades este ano e que foram abertas em anos anteriores é superior a 110.

O item está errado, pois o resultado corresponde a 100 empresas.

---

251. **(2014 – MDIC – Analista Técnico Administrativo)** Em um grupo de 2.000 empresas, 1/9 das que encerraram as atividades este ano foram abertas em anos anteriores, 1/10 das que foram abertas em anos anteriores encerraram as atividades este ano e 200 empresas não encerraram as atividades este ano e não foram abertas em anos anteriores.

Com base nessas informações, julgue o próximo item:

Do grupo de 2.000 empresas, metade foi aberta em anos anteriores.

GABARITO: CERTO.

Utilizaremos o que descobrimos da resolução do item anterior, referente ao assunto "estruturas lógicas", para resolver este item.

Interpretando o item:

Do grupo de 2.000 empresas, metade foi aberta em anos anteriores.

O item está correto, pois o resultado do raciocínio corresponde a 1000 empresas.

---

252. **(2014 – MDIC – Auditor de Controle Externo)** Em uma empresa, as férias de cada um dos 50 empregados podem ser marcadas na forma de trinta dias ininterruptos, ou os trinta dias podem ser fracionados em dois períodos de quinze dias ininterruptos ou, ainda, em três períodos de dez dias ininterruptos. Em (2013, depois de marcadas as férias de todos os 50 empregados, constatou-se que 23, 20 e 28 deles marcaram os trinta dias de férias ou parte deles para os meses de janeiro, fevereiro e junho, respectivamente. Constatou-se, também, que, nesse ano, nenhum empregado marcou férias para algum mês diferente dos mencionados.

Tendo como referência as informações anteriores, julgue o item que se segue:

Se apenas 6 empregados fracionaram as férias em 3 períodos de 10 dias, então mais de 10 empregados fracionaram as férias em 2 períodos de 15 dias.

GABARITO: ERRADO.

Construiremos o diagrama dos dados apresentados na tabela. Convém lembrar que, para iniciar a montagem do diagrama, devemos sempre iniciar pelas maiores intersecções dos conjuntos. Vejamos os passos, a seguir:

Passo 1: intersecção tripla

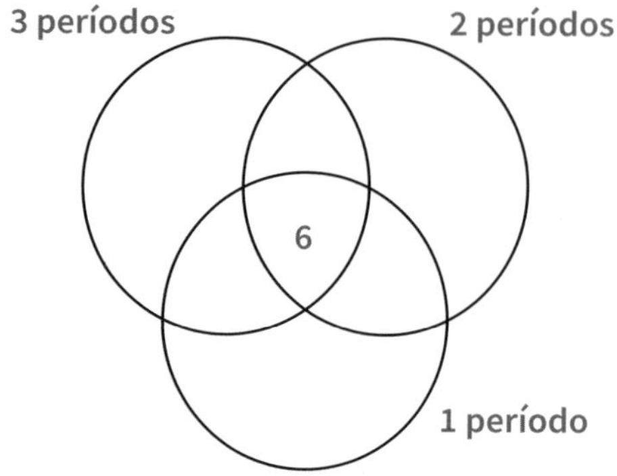

Passo 2: intersecção dupla

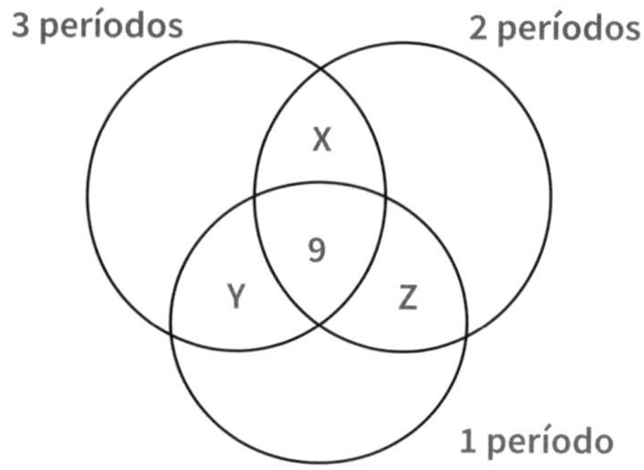

Passo 3: só o conjunto

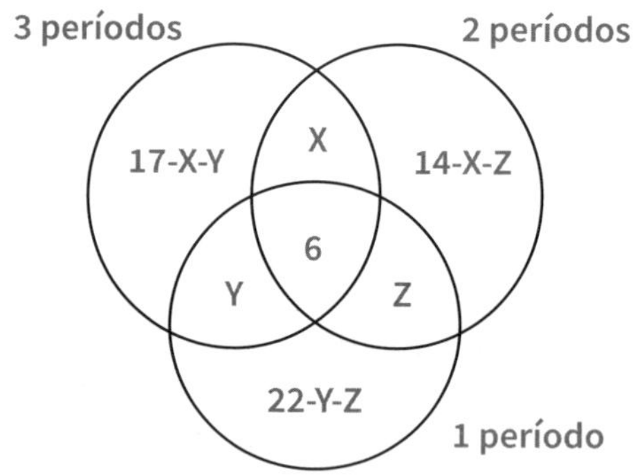

Aos somarmos os valores do passo 3, descobriremos aqueles que fracionaram suas férias em 2 períodos:

$$17 - X - Y + X + Y + 6 + 14 - X - Z + Z + 22 - Y - Z = 50$$

$$23 + 14 - X + 22 - Y - Z = 50$$

$$59 - X - Y - Z = 50$$

$$59 - 50 = X + Y + Z$$

$$X + Y + Z = 9$$

253. **(2014 – PM/CE – 1º Tenente de Polícia Militar)** Uma pesquisa realizada com um grupo de turistas que visitaram, em Fortaleza, a praia do Futuro (PF), o teatro José Alencar (TJA) e a catedral Metropolitana (CM) apresentou as seguintes informações:

- 70 turistas visitaram a PF;
- 80 turistas visitaram o TJA;
- 70 turistas visitaram a CM;
- 30 turistas visitaram apenas a PF;
- 50 turistas visitaram a CM e o TJA;
- 25 turistas visitaram a PF e a CM;
- 20 turistas visitaram esses três pontos turísticos;
- cada um dos turistas visitou pelo menos um dos três pontos turísticos.

Com base nessas informações, julgue o item a seguir:

O número de turistas que visitou a PF e o TJA é superior a 30.

GABARITO: CERTO.

Utilizando os dados da resolução do item anterior, temos:

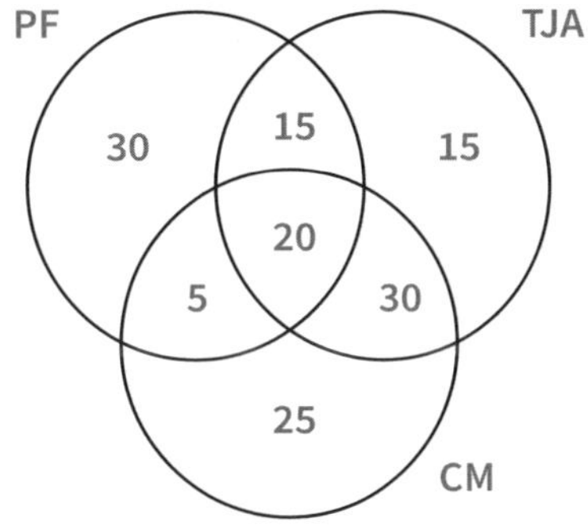

O total de turistas que visitaram PF e TJA é (15 + 20) 35.

---

254. **(2014 – PM/CE – 1º Tenente de Polícia Militar)** Uma pesquisa realizada com um grupo de turistas que visitaram, em Fortaleza, a praia do Futuro (PF), o teatro José Alencar (TJA) e a catedral Metropolitana (CM) apresentou as seguintes informações:

- 70 turistas visitaram a PF;
- 80 turistas visitaram o TJA;
- 70 turistas visitaram a CM;
- 30 turistas visitaram apenas a PF;
- 50 turistas visitaram a CM e o TJA;
- 25 turistas visitaram a PF e a CM;
- 20 turistas visitaram esses três pontos turísticos;
- cada um dos turistas visitou pelo menos um dos três pontos turísticos.

Com base nessas informações, julgue o item a seguir:

O número de turistas que visitou apenas a CM é inferior a 10.

GABARITO: ERRADO.

Utilizando os dados da resolução do item anterior, referente ao assunto "estruturas lógicas e matrizes", temos:

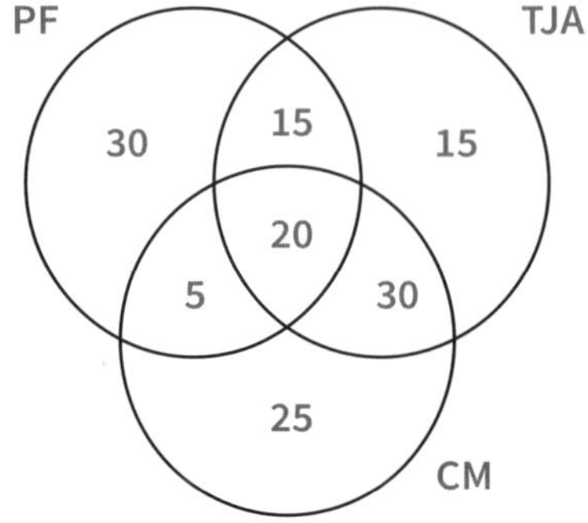

O número de turistas que visitou apenas a CM é 25.

---

255. (2014 – PM/Ceará – 1º Tenente de Polícia Militar) Uma pesquisa realizada com um grupo de turistas que visitaram, em Fortaleza, a praia do Futuro (PF), o teatro José Alencar (TJA) e a catedral Metropolitana (CM) apresentou as seguintes informações:

- 70 turistas visitaram a PF;
- 80 turistas visitaram o TJA;
- 70 turistas visitaram a CM;
- 30 turistas visitaram apenas a PF;
- 50 turistas visitaram a CM e o TJA;
- 25 turistas visitaram a PF e a CM;
- 20 turistas visitaram esses três pontos turísticos;
- cada um dos turistas visitou pelo menos um dos três pontos turísticos.

Com base nessas informações, julgue o item a seguir:

O número de turistas que visitou pelo menos dois dos três pontos turísticos é superior a 75.

GABARITO: ERRADO.

Utilizando os dados da resolução do item anterior, referente ao assunto "estruturas lógicas e matrizes", temos:

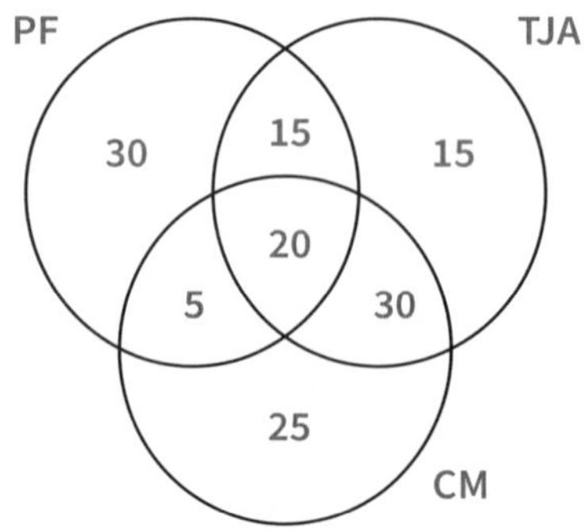

Interpretando o que o item deseja: ele deseja os turistas que visitaram ou 2 ou 3 pontos turísticos.

Assim, o número de turistas que visitou pelo menos dois dos três pontos turísticos é (15+5+30+20) 70.

256. **(2014 – SUFRAMA – Técnico em Contabilidade)** Para o conjunto $\Omega = \{1, 2, 3, 4, 5, 6, 7, 8, 9, 10\}$, se A for um subconjunto de Ω, indique por S(A) a soma dos elementos de A e considere $S(\varnothing) = 0$. Nesse sentido, julgue o item a seguir:

Se A e B forem subconjuntos de Ω, tais que $A \subset B$, então $0 \leq S(A) \leq S(B) \leq 55$.

GABARITO: CERTO.

Como $A \subset B$, o conjunto B possui todos os elementos de B, podendo ter mais outros. Assim, a soma dos elementos de B poderá ser igual ou superior à soma dos elementos de A. Assim, temos: $0 \leq S(A) \leq S(B) \leq 55$. Onde 55 é a soma de todos os elementos do conjunto Ω.

257. **(2013 – Ministério da Justiça – Administrador)** Para a tramitação de processos protocolados, determinado tribunal adota a metodologia apresentada a seguir:

- todos os processos referentes apenas à administração pública são encaminhados à seção A;
- todos os processos referentes apenas a entidades privadas são encaminhados à seção B;
- todos os processos que envolvem administração pública e privada são encaminhados à seção C e, após análise, são encaminhados à seção A ou B;
- todos os processos que chegam à seção A, provenientes de C, são, posteriormente, encaminhados para B, e todos os processos que chegam à seção B, provenientes de C, são posteriormente encaminhados para A.
- todos os processos que chegam à seção A, que não sejam provenientes diretamente da seção C, são analisados por Francisco;
- todos os processos que chegam à seção B, que não são provenientes diretamente da seção C, são analisados por Rute ou Mateus;
- Francisco, Rute e Mateus analisam apenas processos que não sejam provenientes diretamente da seção C.

Com base nessas informações, julgue o item subsequente:

Considerando que, em determinado dia, foram protocolados 50 processos, dos quais, 28 faziam referência à administração pública e 40, a entidades privadas, então, nesse dia, a quantidade de processos que faziam referência exclusivamente à administração pública foi superior a 12.

GABARITO: ERRADO.

Sempre que existirem dois conjuntos, e o item desejar a intersecção deles, basta somar os conjuntos e subtrair do total.

28 + 40 - 50 = 18

Portanto, 18 processos faziam referências à administração pública e às entidades privadas. De acordo com esse raciocínio o item estaria certo.

Todavia, é muito importante salientar que o item deseja os processos que faziam referência exclusivamente à administração pública (28 – 18), e este valor é 10.

258. **(2013 – ANS – Analista Administrativo)** Considerando que N seja o conjunto de todos os números inteiros maiores ou iguais a 1 e que, para cada m ∈ N, o conjunto A(m) seja o subconjunto de N formado por todos os números divisíveis por m, julgue o item a seguir:

O conjunto A(15) ∩ A(10) contém o conjunto A(60).

GABARITO: CERTO.

Interpretando o enunciado:

A(1): é um subconjunto de N formado por todos os números divisíveis por 1.

O próprio N

A(2): é um subconjunto de N formado por todos os números divisíveis por 2.

São todos os pares

A(3): é um subconjunto de N formado por todos os números divisíveis por 3.

3, 6, 9, 12, 15,...

A(4): é um subconjunto de N formado por todos os números divisíveis por 4.

4, 8, 12, 16,...

E assim por diante...

A(15): é um subconjunto de N formado por todos os números divisíveis por 15.

15, 30, 45, 60, 75, 90, 105, 120, 135, 150, 165, 180, 195, 210, 225, 240...

A(10): é um subconjunto de N formado por todos os números divisíveis por 10.

10, 20, 30, 40, 50, 60, 70, 80, 90, 100, 120, 130, 140, 150, 160, 170, 180....

A(15) ∩ A(10) = {30, 60, 90, 120, 150, 180, 210, 240,...}

A(60): é um subconjunto de N formado por todos os números divisíveis por 60.

60, 120, 180, 240, ...

Repare que a intersecção entre os conjuntos A(10) e A(15) possui todos os números do conjunto A(60) e outros mais. Logo, podemos concluir que O conjunto A(15) ∩ A(10) contém o conjunto A(60).

---

259. **(2013 – ANS – Analista Administrativo)** Considerando que N seja o conjunto de todos os números inteiros maiores ou iguais a 1 e que, para cada m ∈ N, o conjunto A(m) seja o subconjunto de N formado por todos os números divisíveis por m, julgue o item a seguir:

O conjunto A(6) ∪ A(8) contém o conjunto A(14).

GABARITO: ERRADO.

Interpretando o enunciado:

A(1): é um subconjunto de N formado por todos os números divisíveis por 1.

O próprio N

A(2): é um subconjunto de N formado por todos os números divisíveis por 2.

São todos os pares

A(3): é um subconjunto de N formado por todos os números divisíveis por 3.

3, 6, 9, 12, 15,...

A(4): é um subconjunto de N formado por todos os números divisíveis por 4.

4, 8, 12, 16,...

E assim por diante...

A(6): é um subconjunto de N formado por todos os números divisíveis por 6.

6,12,18,24,30,36,42,48...

A(8): é um subconjunto de N formado por todos os números divisíveis por 10.

8,16,24,32,40,48,....

$A(6) \cup A(8) = \{6, 8, 12, 16, 18, 24, 30, 32,...\}$

A(14): é um subconjunto de N formado por todos os números divisíveis por 14.

14, 28, 42, 56,...

Repare que existem elementos de A(14) que não pertencem à união dos conjuntos A(6) e A(8). Portanto, O conjunto $A(6) \cup A(8)$ não contém o conjunto A(14).

260. **(2013 – TCE/RO – Analista de Informática)** A respeito das auditorias realizadas pelos auditores A1, A2 e A3 de um tribunal de contas, concluiu-se que:

- A1 realizou 70 auditorias;
- A3 realizou 75 auditorias;
- A1 e A3 realizaram, juntos, 55 auditorias;
- A2 e A3 realizaram, juntos, 30 auditorias;
- A1 e A2 realizaram, juntos, 20 auditorias;
- das auditorias que não foram realizadas por A1, somente 18 foram realizadas por A2;
- A1, A2 e A3 realizaram, juntos, 15 auditorias.

Com base nessas informações, julgue o item a seguir:

Mais de 100 auditorias foram realizadas.

GABARITO: ERRADO.

Construiremos o diagrama dos dados apresentados no enunciado. Convém lembrar que, para iniciar a montagem do diagrama, devemos sempre iniciar pelas maiores intersecções dos conjuntos. Vejamos os passos, a seguir:

Passo 1: intersecção tripla

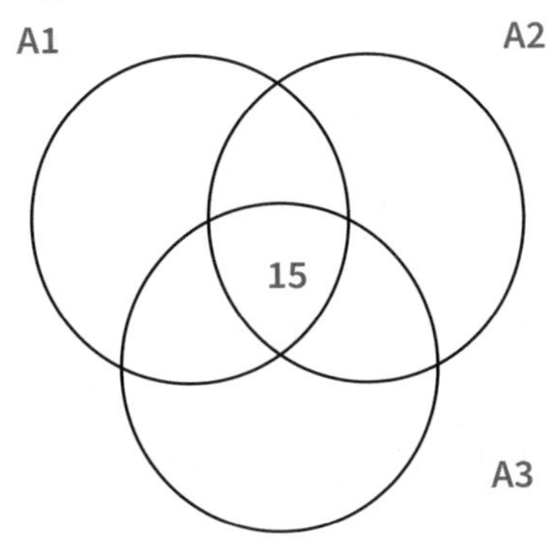

Passo 2: intersecção dupla

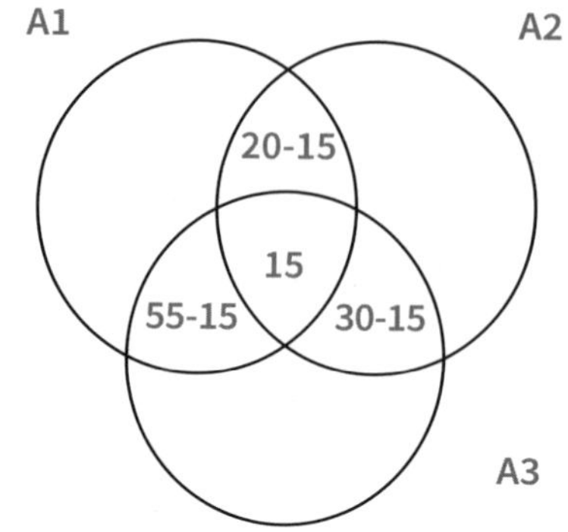

Passo 3: só o conjunto

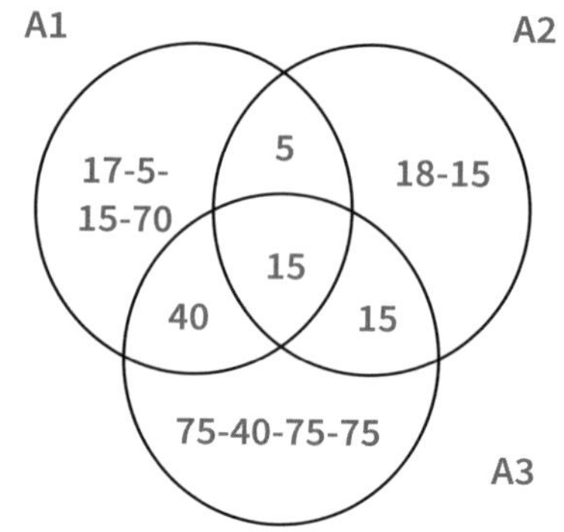

Passo 4: realizando os cálculos

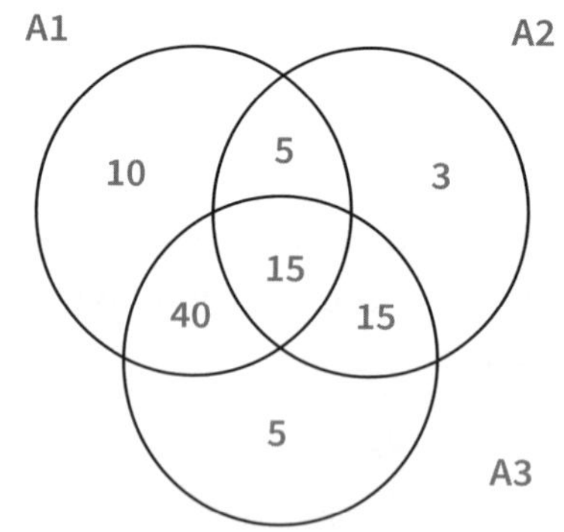

Somando os valores do passo 4:

10 + 5 + 15 + 40 + 15 + 5 + 3 = 93 auditorias foram realizadas.

---

261. **(2013 – TCE/RO – Analista de Informática)** A respeito das auditorias realizadas pelos auditores A1, A2 e A3 de um tribunal de contas, concluiu-se que:

- A1 realizou 70 auditorias;

- A3 realizou 75 auditorias;
- A1 e A3 realizaram, juntos, 55 auditorias;
- A2 e A3 realizaram, juntos, 30 auditorias;
- A1 e A2 realizaram, juntos, 20 auditorias;
- das auditorias que não foram realizadas por A1, somente 18 foram realizadas por A2;
- A1, A2 e A3 realizaram, juntos, 15 auditorias.

Com base nessas informações, julgue o item a seguir:

20 auditorias foram realizadas apenas por A1.

GABARITO: ERRADO.

Utilizando os dados da resolução do item anterior, temos:

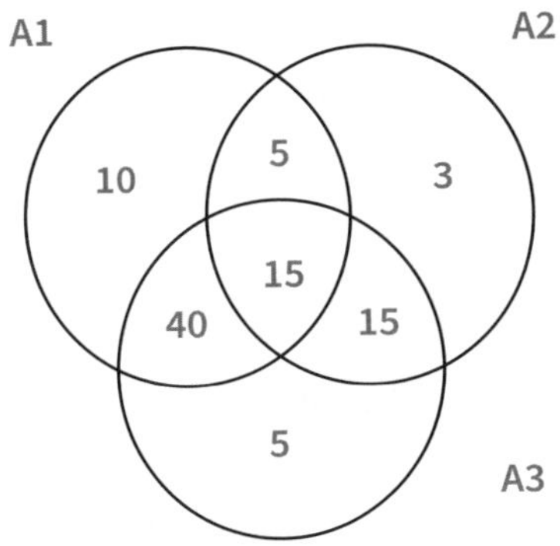

A resposta correta corresponde a 10.

---

262. **(2013 – TCE/RO – Analista de Informática)** A respeito das auditorias realizadas pelos auditores A1, A2 e A3 de um tribunal de contas, concluiu-se que:

- A1 realizou 70 auditorias;
- A3 realizou 75 auditorias;
- A1 e A3 realizaram, juntos, 55 auditorias;
- A2 e A3 realizaram, juntos, 30 auditorias;
- A1 e A2 realizaram, juntos, 20 auditorias;
- das auditorias que não foram realizadas por A1, somente 18 foram realizadas por A2;
- A1, A2 e A3 realizaram, juntos, 15 auditorias.

Com base nessas informações, julgue o item a seguir:

5 auditorias foram realizadas apenas por A3.

GABARITO: CERTO.

Utilizando os dados da resolução do item acima, temos:

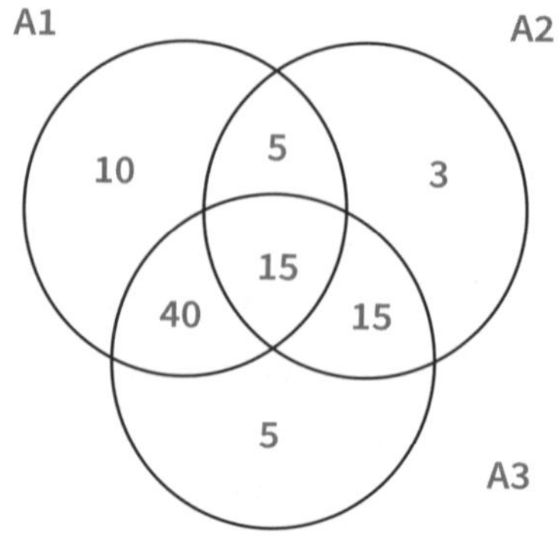

5 auditorias foram realizadas apenas por A3.

263. (2013 – TCE/RO – Analista de Informática) A respeito das auditorias realizadas pelos auditores A1, A2 e A3 de um tribunal de contas, concluiu-se que:

- A1 realizou 70 auditorias;
- A3 realizou 75 auditorias;
- A1 e A3 realizaram, juntos, 55 auditorias;
- A2 e A3 realizaram, juntos, 30 auditorias;
- A1 e A2 realizaram, juntos, 20 auditorias;
- das auditorias que não foram realizadas por A1, somente 18 foram realizadas por A2;
- A1, A2 e A3 realizaram, juntos, 15 auditorias.

Com base nessas informações, julgue o item a seguir:

23 auditorias não foram realizadas por A1.

GABARITO: CERTO.

Utilizando os dados da resolução do item acima, temos:

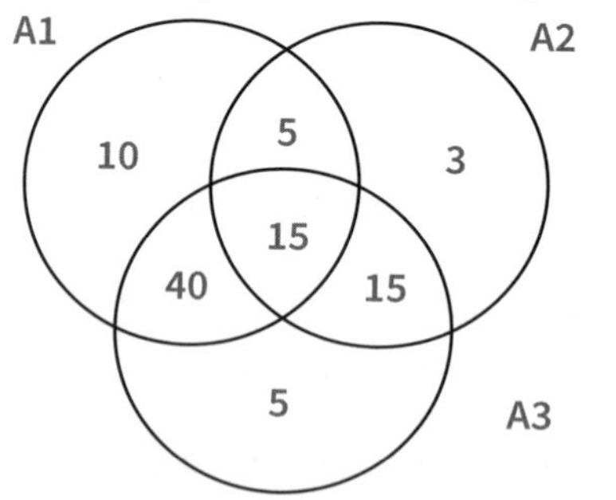

5 + 15 + 3 = 23 auditorias não foram realizadas por A1.

264. (2013 – MPOG – Analista de Negócio) Uma entrevista foi realizada com 46 empregados de uma empresa, entre os quais 24 eram do sexo masculino e 22, do feminino. Com base nessas informações, julgue o item seguinte:

Considerando que os empregados entrevistados dessa empresa pratiquem tênis ou ciclismo e que, na entrevista, tenha sido constatado que 30 funcionários gostam de praticar tênis e 28 gostam de ciclismo, é correto afirmar que a quantidade de empregados dessa empresa que gostam de praticar tênis e ciclismo é maior que 10.

GABARITO: CERTO.

Sempre que existirem dois conjuntos e o item desejar a intersecção deles, basta somar os conjuntos e subtrair do total.

30 + 28 - 46 = 12

Portanto, há 12 empregados dessa empresa, os quais gostam de praticar tênis e ciclismo.

---

265. **(2013 – MPU – Analista do MPU)** Uma pesquisa realizada com um grupo de 35 técnicos do MPU a respeito da atividade I — planejamento estratégico institucional — e da atividade II — realizar estudos, pesquisas e levantamento de dados — revelou que 29 gostam da atividade I e 28 gostam da atividade II. Com base nessas informações, julgue o item que se segue:

Infere-se dos dados que a quantidade mínima de técnicos desse grupo que gostam das duas atividades é superior a 20.

GABARITO: CERTO.

Montando o diagrama dos dados apresentados no item, temos:

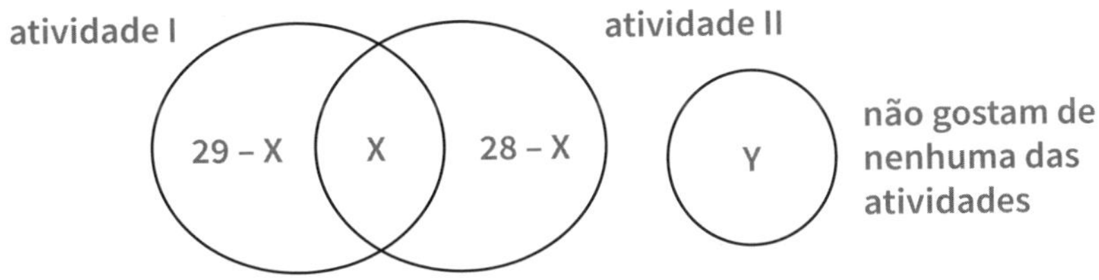

Para encontrar a quantidade mínima de técnicos desse grupo que gostam das duas atividades, deveremos supor que o valor de Y é 0. Assim temos:

Somando os dados do diagrama temos a seguinte equação:

29 - X + X + 28 – X + Y = 35

Resolvendo a equação X = 22.

---

266. **(2013 – MPU – Analista do MPU)** Uma pesquisa realizada com um grupo de 35 técnicos do MPU a respeito da atividade I — planejamento estratégico institucional — e da atividade II — realizar estudos, pesquisas e levantamento de dados — revelou que 29 gostam da atividade I e 28 gostam da atividade II. Com base nessas informações, julgue o item que se segue:

A quantidade máxima de técnicos desse grupo que não gosta de nenhuma das duas atividades é inferior a 7.

GABARITO: CERTO.

Montando o diagrama dos dados apresentados no item, temos:

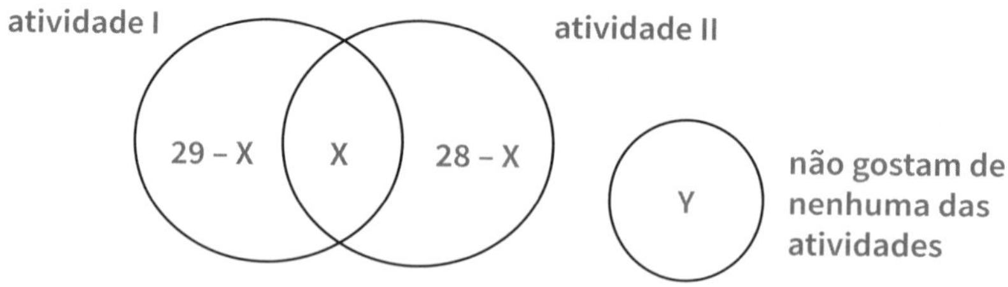

Para encontrar a quantidade máxima de técnicos desse grupo que não gosta de nenhuma das duas atividades, deveremos supor que o valor de X é 28. Assim, temos:

$29 - 28 + 28 + 28 - 28 + Y = 35$

Resolvendo a equação Y = 6.

---

267. **(2013 – MPU – Analista do MPU)** Uma pesquisa realizada com um grupo de 35 técnicos do MPU a respeito da atividade I — planejamento estratégico institucional — e da atividade II — realizar estudos, pesquisas e levantamento de dados — revelou que 29 gostam da atividade I e 28 gostam da atividade II. Com base nessas informações, julgue o item que se segue:

Se 4 técnicos desse grupo não gostam de nenhuma das atividades citadas, então mais de 25 técnicos gostam das duas atividades.

GABARITO: CERTO.

Montando o diagrama dos dados apresentados no item, temos:

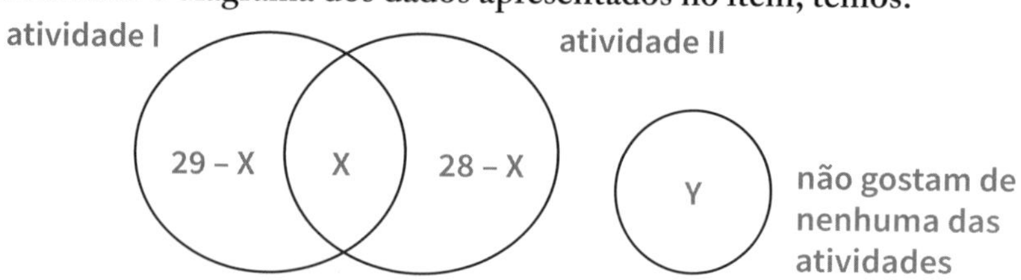

Somando os dados do diagrama temos a seguinte equação:

$29 - X + X + 28 - X + 4 = 35$

Resolvendo a equação X = 26.

---

268. **(2013 – ANTT – Técnico Administrativo)**

resposta	viaja de avião?	viaja de ônibus?
sim	850	800
não	150	200

A tabela acima apresenta o resultado de uma pesquisa, da qual participaram 1.000 pessoas, a respeito do uso de meios de transporte na locomoção entre as cidades brasileiras. Com base nessa tabela, julgue o item seguinte:

No máximo, 50 pessoas entre as pesquisadas não utilizam nenhum dos dois meios de transporte em suas viagens.

GABARITO: ERRADO.

Montando o diagrama dos dados apresentados no item, temos:

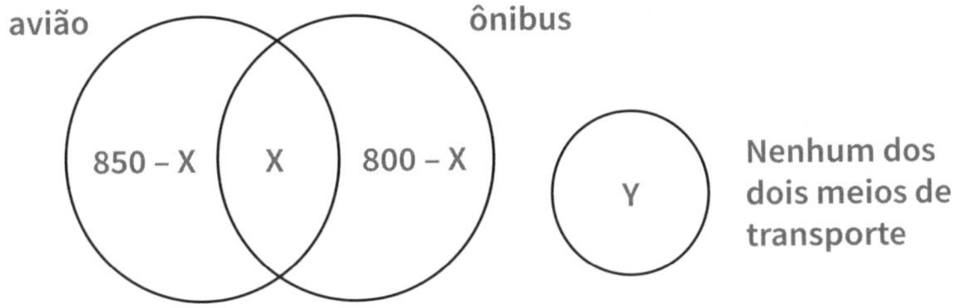

Somando os dados do diagrama, temos a seguinte equação:

$850 - X + X + 800 - X + Y = 1000$

Para verificar se o item está certo ou errado, devemos supor o maior valor que X poderá assumir, que, no caso, é 800.

Porque este valor?

Este valor advém do fato de que, no diagrama, temos 800 – X, e qualquer valor maior que 800 deixaria um resultado negativo, o que não pode ocorrer.

Assumindo X = 800, teremos o seguinte diagrama:

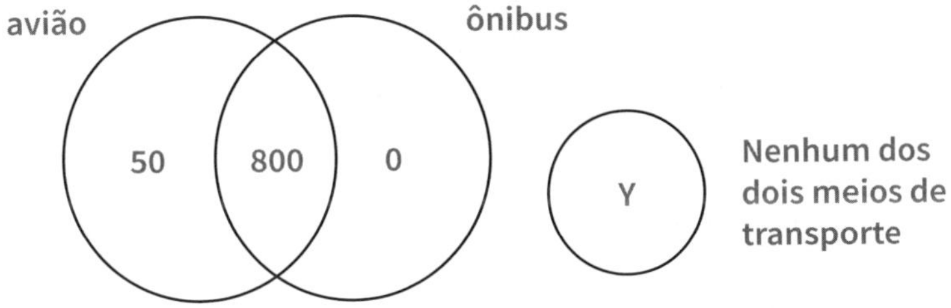

Somando os dados do diagrama, temos a seguinte equação:

$50 + 800 + 0 + Y = 1000$

Resolvendo a equação, temos Y = 150

Assim, no máximo, 150 pessoas entre as pesquisadas não utilizam nenhum dos dois meios de transporte em suas viagens.

269. (2013 – ANTT – Técnico Administrativo)

resposta	viaja de avião?	viaja de ônibus?
sim	850	800
não	150	200

A tabela acima apresenta o resultado de uma pesquisa, da qual participaram 1.000 pessoas, a respeito do uso de meios de transporte na locomoção entre as cidades brasileiras. Com base nessa tabela, julgue o item seguinte:

No mínimo, 650 pessoas, entre as pesquisadas, utilizam os dois meios de transporte em suas viagens.

GABARITO: CERTO.

Montando o diagrama dos dados apresentados no item, temos:

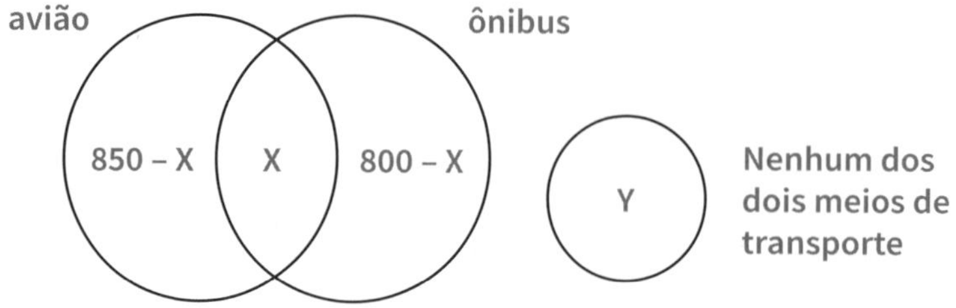

Somando os dados do diagrama, temos a seguinte equação:

850 - X + X + 800 – X + Y = 1000

Para verificar se o item está certo ou errado, devemos supor Y igual a 0.

Resolvendo a equação:

850 - X + X + 800 – X + Y = 1000

850 - X + X + 800 – X + 0 = 1000

Teremos X = 650. Assim, no mínimo, 650 pessoas, entre as pesquisadas, utilizam os dois meios de transporte em suas viagens.

---

270. **(2013 – MPU – Técnico Administrativo)** Em razão da limitação de recursos humanos, a direção de determinada unidade do MPU determinou ser prioridade analisar os processos em que se investiguem crimes contra a administração pública que envolvam autoridades influentes ou desvio de altos valores. A partir dessas informações, considerando P = conjunto dos processos em análise na unidade, A = processos de P que envolvem autoridades influentes, B = processos de P que envolvem desvio de altos valores, CP(X) = processos de P que não estão no conjunto X, e supondo que, dos processos de P, 2/3 são de A e 3/5 são de B, julgue o item a seguir:

A quantidade de processos com prioridade de análise por envolverem, simultaneamente, autoridades influentes e desvios de altos valores é inferior à de processos que não são prioritários para análise.

GABARITO: ERRADO.

Para facilitar os cálculos deste item, vamos atribuir um valor fictício de processos. No caso, o valor mais adequado para os cálculos é qualquer valor múltiplo de 15.

Por que é necessário um múltiplo de 15 para facilitar o cálculo?

A resposta corresponde ao fato de que o m.m.c. dos denominadores das frações é 15. Sendo assim, esse valor e seus múltiplos são divisíveis tanto por 3 quanto por 5.

Vamos transformar as frações em números inteiros para montar o diagrama dos conjuntos:

Supondo que o total de processos é 15, temos:

$\frac{2}{3} \cdot 15 = 10$ **. Temos 10 processos envolvendo autoridades influentes.**

$\frac{3}{5} \cdot 15 = 9$ **. Temos 9 processos envolvendo desvio de alto valores.**

Sempre que existirem dois conjuntos, e o item desejar a intersecção deles, basta somar os conjuntos e subtrair do total.

$10 + 9 - 15 = 4$

Portanto, 4 processos envolvem autoridades influentes e desvio de altos valores. E todos são prioritários para análise.

Assim, temos que 4 processos envolvem autoridades influentes e desvio de altos valores, e esse valor é superior à quantidade de processos que não são prioridades para análise, que, no caso, é zero.

RLM

271. (2013 – CNJ – Técnico Judiciário Área Programação de Sistema)

faixa etária (anos)	quantidade de serviços		
	telefonia	protocolo	reprografia
≥ 18 e < 30	2	1	2
≥ 30 e < 45	1	2	1
≥ 45 e < 65	1	3	2

A tabela mostra o quadro de servidores dos setores de telefonia, reprografia e protocolo de uma repartição pública, por faixa etária, em anos. Sabe-se que sempre que um dos servidores da telefonia não estiver trabalhando em sua função, um dos servidores do protocolo o substituirá; sempre que um dos servidores do protocolo não estiver trabalhando em sua função, um dos servidores da reprografia o substituirá; e não há previsão para substituição de servidores da reprografia. Julgue o item seguinte, acerca dos servidores dessa repartição.

Se os conjuntos A, B e C são tais que A = {servidores dos três setores com idade maior ou igual a 45 anos}, B = {servidores do setor de protocolo} e C = {servidores do setor de telefonia}, então, se AC representa o conjunto dos servidores dos três setores que não estão no conjunto A, o conjunto $A^C \cup (B \cap C)$ contém mais de 8 servidores.

GABARITO: ERRADO.

Utilizando os dados da tabela e preenchendo o diagrama a seguir:

Conjunto A possui 6 elementos. Desses, 1 também pertence ao conjunto C e 3 também pertence ao conjunto B.

Conjunto B possui 6 elementos. Desses, 3 pertencem apenas ao conjunto B.

Conjunto C possui 4 elementos. Desses, 3 pertencem apenas ao conjunto B.

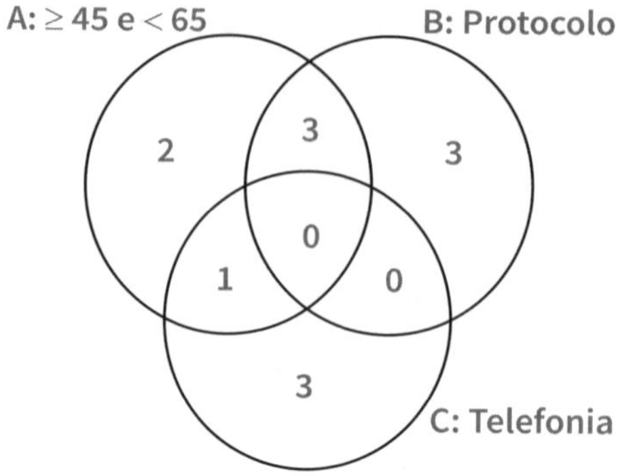

A^c são seis elementos. Aqueles que pertencem apenas ao conjunto B (3 funcionários) e apenas ao conjunto C (3 funcionários).

$B \cap C$ é vazio - observe novamente o diagrama.

Portanto, $A^C \cup (B \cap C)$ possui 6 elementos, pois o conjunto Ac possui 6 elementos e estamos fazendo a união com $B \cap C$ que não possui elementos.

---

272. **(2013 – TRT/10ª Região – Técnico Judiciário Área Tecnologia da Informação)** Considere as seguintes definições de conjuntos, feitas a partir de um conjunto de empresas, E, não vazio.

- X = conjunto das empresas de E tais que "se a empresa não entrega o que promete, algum de seus clientes estará insatisfeito";
- A = conjunto das empresas de E tais que "a empresa não entrega o que promete";
- B = conjunto das empresas de E tais que "algum cliente da empresa está insatisfeito".

Tendo como referência esses conjuntos, julgue o item seguinte:

Se $A \subset B$, então X = E.

GABARITO: CERTO.

$A \subset B$, graficamente temos:

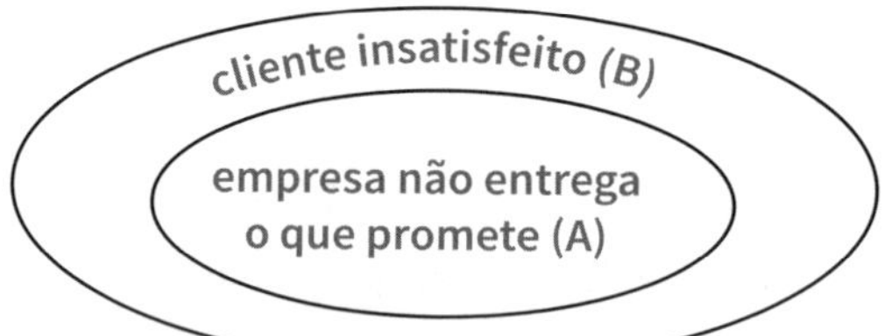

Através deste gráfico, temos que: todas as empresas de E não entregam o que prometem, por isso os clientes estão insatisfeitos; e, quando entregam o que prometem, mesmo assim os clientes ficam insatisfeitos.

Assim, temos X = E.

---

273. **(2013 – TRT/10ª Região – Técnico Judiciário Área Tecnologia da Informação)** Considere as seguintes definições de conjuntos, feitas a partir de um conjunto de empresas, E, não vazio.

- X = conjunto das empresas de E tais que "se a empresa não entrega o que promete, algum de seus clientes estará insatisfeito";

- A = conjunto das empresas de E tais que "a empresa não entrega o que promete";
- B = conjunto das empresas de E tais que "algum cliente da empresa está insatisfeito".

Tendo como referência esses conjuntos, julgue o item seguinte:

Se X = E, então A Ì B.

GABARITO: CERTO.

Como X = E. Concluímos que a empresa entrega o que promete e também não entrega o que promete.

Graficamente temos:

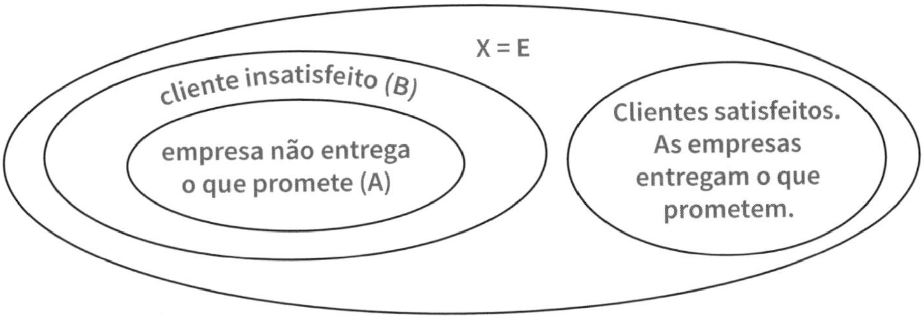

Assim, podemos concluir que $A \subset B$.

RLM

274. **(2013 – MPU – Técnico em Operação de Redes)** Considerando que os conjuntos A, B e C tenham, respectivamente, 19, 28 e 31 elementos; o conjunto $A \cap B \cap C$ tenha 4 elementos e os conjuntos $A \cap B$, $A \cap C$ e $B \cap C$ tenham, respectivamente, 11, 7 e 13 elementos, é correto afirmar que:

O conjunto $C - A \cup B$ tem menos de 18 elementos.

GABARITO: CERTO.

Construiremos o diagrama dos dados apresentados no enunciado. Convém lembrar que, para iniciar a montagem do diagrama, devemos sempre iniciar pelas maiores intersecções dos conjuntos. Vejamos os passos a seguir:

Passo 1: intersecção tripla → $A \cap B \cap C$ tenha 4 elementos

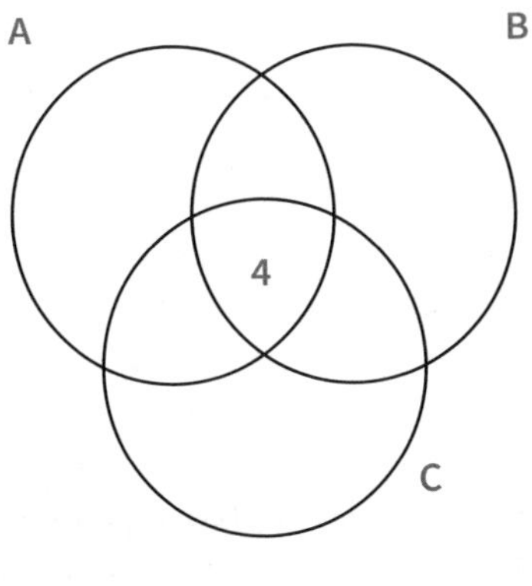

Passo 2: intersecção dupla:

$A \cap B$ = 11 elementos

$A \cap C = 7$ elementos

$B \cap C = 13$ elementos

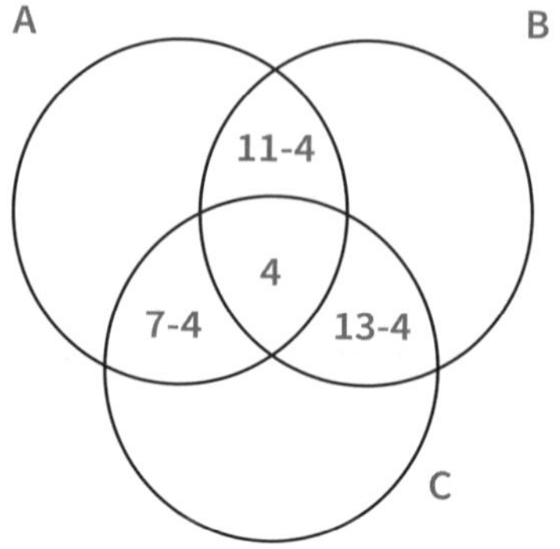

Passo 3: só o conjunto

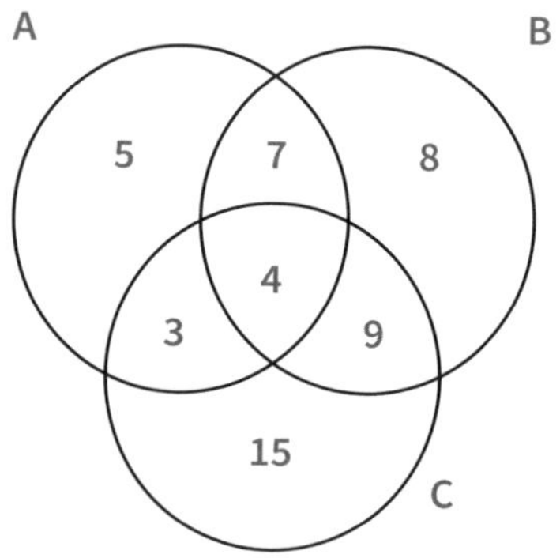

Passo 4: realizando os cáculos

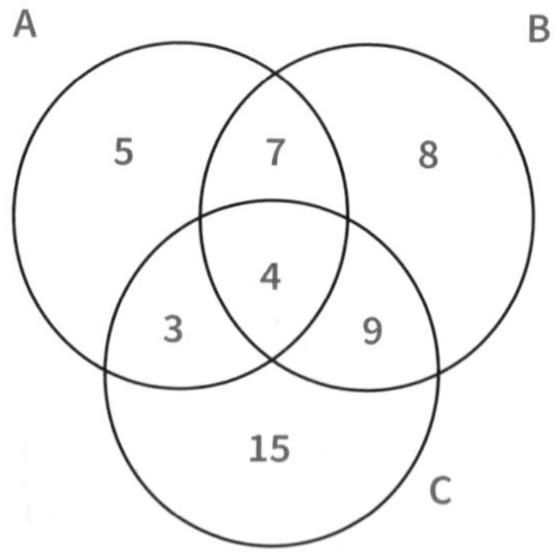

O conjunto $C - A \cup B$ tem menos de 18 elementos.

Ao observarmos o diagrama do passo 4, devemos apanhar todos os elementos de C que não pertencem à união dos conjuntos A e B. Isto é, 15 elementos.

275. **(2013 – MPU – Técnico em Operação de Redes)** Considerando que os conjuntos A, B e C tenham, respectivamente, 19, 28 e 31 elementos; o conjunto $A \cap B \cap C$ tenha 4 elementos e os conjuntos $A \cap B$, $A \cap C$ e $B \cap C$ tenham, respectivamente, 11, 7 e 13 elementos, é correto afirmar que:

O conjunto $A \cup B$ tem mais de 38 elementos.

GABARITO: ERRADO.

Aproveitando a resolução do item anterior, temos:

Passo 4: fazendo as contas

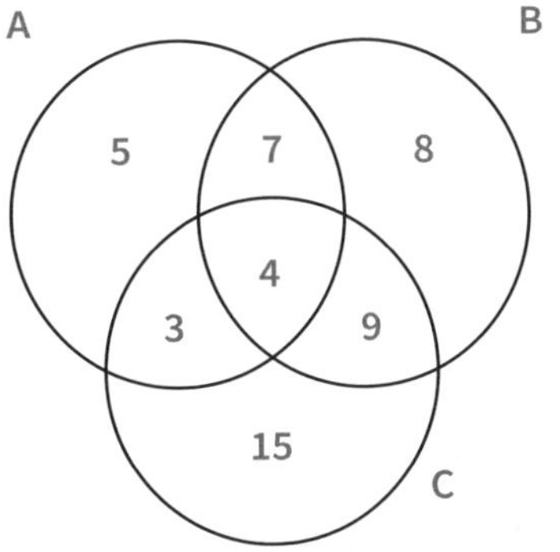

O item afirma que o conjunto $A \cup B$ tem mais de 38 elementos.

Ao observamos o diagrama do passo 4, somaremos os elementos que pertencem à união dos conjuntos A e B:

$5 + 3 + 4 + 7 + 9 + 8 = 36$ elementos.

---

276. **(2012 – DPF – Agente de Polícia Federal)** Em uma página da Polícia Federal, na Internet, é possível denunciar crimes contra os direitos humanos. Esses crimes incluem o tráfico de pessoas — aliciamento de homens, mulheres e crianças para exploração sexual — e a pornografia infantil — envolvimento de menores de 18 anos de idade em atividades sexuais explícitas, reais ou simuladas, ou exibição dos órgãos genitais do menor para fins sexuais. Com referência a essa situação hipotética e considerando que, após a análise de 100 denúncias, tenha-se constatado que 30 delas se enquadravam como tráfico de pessoas e como pornografia infantil; outras 30 não se enquadravam em nenhum desses dois crimes e que, em relação a 60 dessas denúncias, havia apenas a certeza de que se tratava de pornografia infantil, julgue o item subsequente, acerca dessas 100 denúncias analisadas.

Dez denúncias foram classificadas apenas como crime de tráfico de pessoas.

GABARITO: CERTO.

Montando o diagrama dos dados apresentados no item, temos:

Total de 100 casos

Pornografia Infantil: 60 casos

Pornografia Infantil e Tráfico de Pessoas: 30 casos

Nenhum dos dois casos: 30 casos

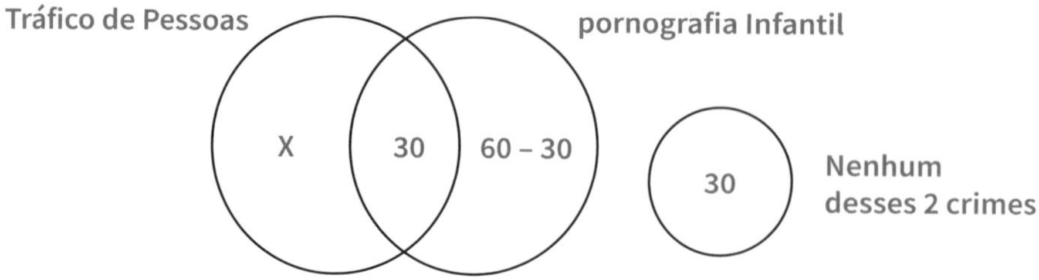

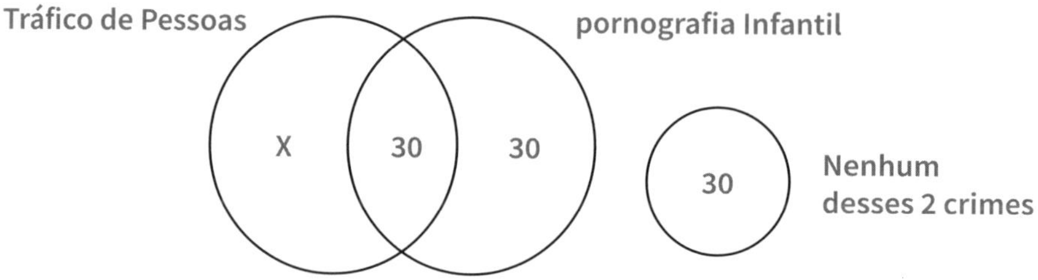

Somando os dados do diagrama acima, encontraremos o valor do X:

X + 30 + 30 + 30 = 100

Resolvendo a equação X = 10, temos 10 casos apenas de tráfico de pessoas.

277. **(2012 – DPF – Agente de Polícia Federal)** Em uma página da Polícia Federal, na Internet, é possível denunciar crimes contra os direitos humanos. Esses crimes incluem o tráfico de pessoas — aliciamento de homens, mulheres e crianças para exploração sexual — e a pornografia infantil — envolvimento de menores de 18 anos de idade em atividades sexuais explícitas, reais ou simuladas, ou exibição dos órgãos genitais do menor para fins sexuais. Com referência a essa situação hipotética e considerando que, após a análise de 100 denúncias, tenha-se constatado que 30 delas se enquadravam como tráfico de pessoas e como pornografia infantil; outras 30 não se enquadravam em nenhum desses dois crimes e que, em relação a 60 dessas denúncias, havia apenas a certeza de que se tratava de pornografia infantil, julgue o item subsequente, acerca dessas 100 denúncias analisadas.

Os crimes de tráfico de pessoas foram mais denunciados que os de pornografia infantil.

GABARITO: ERRADO.

Aproveitando os dados da resolução do item anterior, temos:

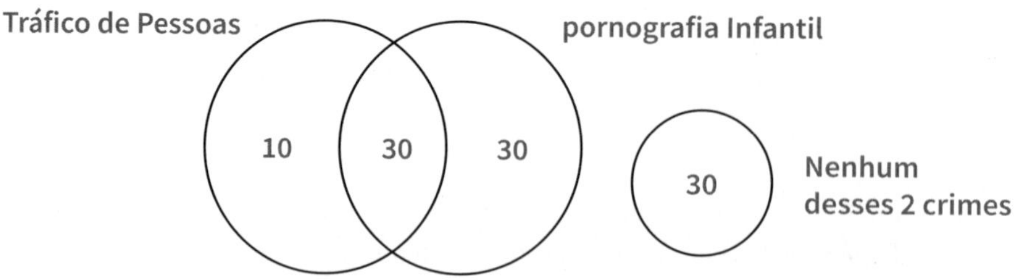

Os crimes de tráfico de pessoas foram mais denunciados que os de pornografia infantil.

Pelo diagrama acima, temos 40 casos de tráfico de pessoas e 60 casos de pornografia infantil. Assim, os casos de pornografia infantil foram mais denunciados que os de tráfico de pessoas.

278. **(2012 – PC/CE – Inspetor de Polícia Civil 1ª Classe)** Dos 420 detentos de um presídio, verificou-se que 210 foram condenados por roubo, 140, por homicídio e 140, por outros crimes. Verificou-se, também, que alguns estavam presos por roubo e homicídio. Acerca dessa situação, julgue o item seguinte:

Menos de 60 dos detentos estavam presos por terem sido condenados por roubo e homicídio.

GABARITO: ERRADO.

Sempre que existirem dois conjuntos, e o item desejar a intersecção deles, basta somar os conjuntos e subtrair do total.

210 + 140 + 140 - 420 = 70

Portanto, há 70 detentos presos por terem sido condenados por roubo e homicídio.

---

279. **(2012 – TRE/RJ – Analista Judiciário Área Análise de Sistemas)** Para cada subconjunto A de $\Omega = \{1, 2, 3, 4, 5, 6, 7, 8, 9, 10\}$, defina P(A) como o produto dos elementos de A e adote a convenção $P(\varnothing) = 1$. Com base nessa situação, julgue o item a seguir:

Se A = {1, 3, 4, 6}, então P(A) = 72.

GABARITO: ERRADO.

O conteúdo deste item é bastante denso. Infere-se que boa parte dos candidatos poderia ser levada a multiplicar todos os elementos de A. Como o produto deles (1x3x4x6) é 72, os candidatos seriam levados a responder que o item está certo.

Entretanto, em nenhum momento, o enunciado menciona que P(A) é o produto de TODOS os elementos de A. Sendo assim, P(A) poderia ser o produto de 1 com 3, isto é P(A) valeria 3.

Logo, o item está incorreto, pois se sabe que, uma vez que a primeira proposição simples for verdadeira e a segunda for falsa, isso torna a afirmação falsa.

---

280. **(2012 – TRE/RJ – Analista Judiciário Área Análise de Sistemas)** Para cada subconjunto A de $\Omega = \{1, 2, 3, 4, 5, 6, 7, 8, 9, 10\}$, defina P(A) como o produto dos elementos de A e adote a convenção $P(\varnothing) = 1$. Com base nessa situação, julgue o item a seguir:

Se A e B são subconjuntos de Ω e $A \subset B$, então $P(A) \leq P(B)$.

GABARITO: CERTO.

Segundo o item, o conjunto A está contido no conjunto B. Logo, ou A possui os mesmos elementos de B, ou B possui todos os elementos de A mais outros.

Assim, podemos afirmar que o produto dos elementos de A ou é igual ao produto dos elementos de B, ou é menor (no caso de B possuir todos os elementos de A mais outros).

Observação importante: se o conjunto Ω possuísse o elemento zero, ficaria muito difícil fazer qualquer tipo de afirmação quanto ao produto dos elementos dos subconjuntos.

---

281. **(2012 – TRE/RJ – Analista Judiciário Área Análise de Sistemas)** Para cada subconjunto A de $\Omega = \{1, 2, 3, 4, 5, 6, 7, 8, 9, 10\}$, defina P(A) como o produto dos elementos de A e adote a convenção $P(\varnothing) = 1$. Com base nessa situação, julgue o item a seguir:

Se $A \subset \Omega$ e se algum elemento de A é um número ímpar, então P(A) será, necessariamente, um número ímpar.

GABARITO: ERRADO.

Para validar ou invalidar este item, basta supor que o conjunto A possui os elementos 1 e 2. Repare que o produto deles (1.2) é um valor par (2).

Anotações

FAÇA JÁ

O diagrama lógico consiste em uma técnica de interpretação de texto a ser utilizada em exercícios que localizarmos três personagens e três coisas diferentes, para descobrir ou quatro personagens e quatro coisas diferentes para descobrir e assim por diante.

Passo1: interpretar o enunciado colocando o sinal (O), quando descobrir o que é ou pertence aquele personagem e X (xis) quando descobrir o que não pertence ou não é daquele personagem.

Passo 2: se usou (O), deve cancelar linha e coluna no diagrama.

Passo 3: procurar por colunas que possuam apenas uma célula vazia. Localizando-a, colocaremos o sinal: (O)

É importante ressaltar que, as vezes, do passo1 passamos para o passo 3 e depois fazemos o passo 2.

Veja a seguir um exercício em que aplicaremos esta técnica:

Os carros de Wagner, Flávio, Márcio e Emerson são, não necessariamente nesta ordem, um corsa, uma belina, um gol e um pálio. Um dos carros é vermelho, o outro é amarelo, um outro é preto, e o outro é branco. O carro de Flávio não é preto e não é a belina; o carro de Emerson é o Pálio;. O carro de Wagner é amarelo. O carro de Márcio não é a belina e não branco. Flávio possui um corsa vermelho. A cor do gol é:

Será cosnstruído um diagrama lógico para interpretar o enunciado.

Primeiramente, devemos montar a tabela com as informações do enunciado. (PASSO 1)

o carro de Flávio não é preto e não é a belina;

o carro de Emerson é o Pálio;

o carro de Wagner é amarelo;

o carro de Márcio não é a belina e não branco;

Flávio possui um corsa vermelho.

	corsa	belina	gol	pálio	vermel	amarel	preto	branco
Wagner						_____		
Flávio	_____	_____			_____		_____	
Márcio		_____						X
Emerson				_____				

Em seguida, aparecem as informações interpretadas pelo diagrama lógico. (PASSO 2)

Não se esqueça de que ao utilizar este sinal (O), os dados da linha e da coluna terão que ser cancelados (X).

	corsa	belina	gol	pálio	vermel	amarel	preto	branco
Wagner	_____			_____	_____	O	_____	_____
Flávio	O	X	_____	_____	O	_____	X	_____
Márcio	_____	X		_____	_____	_____		X
Emerson	_____	_____	_____	O	_____	_____		

Devemos procurar colunas com uma única célula vazia. Localizando-a, devemos colocar o sinal (O) (e não se esqueça de que ao usar o sinal (O), devemos marcar X nas linhas e colunas vazias).

	corsa	belina	gol	pálio	vermel	amarel	preto	branco
Wagner	X	_____	_____	X	X	O	X	X
Flávio	O	X	X	X	O	X	X	X
Márcio	X	X	_____	X	X	X	_____	X
Emerson	X	X	X	O	X	X	_____	_____

A cor do gol é preta. (Veja seta acima)

Diagrama de Venn (Quantificadores Universais)

Quando se trata de Raciocínio Lógico em provas de concursos, é possível perceber a existência de determinados exercícios que solicitam a negação dos quantificadores universais (Todo, Algum e Nenhum). Normalmente, estes exercícios iniciam como o termo "**Não é verdade que**" e solicitam a verdade da frase.

"TODO É" *negação* { *"PELO MENOS UM NÃO"* / *"EXISTE UM QUE NÃO É"* / *"ALGUM NÃO É"*

"NENHUM É" *negação* { *"PELO MENOS UM É"* / *"EXISTE UM QUE É"* / *"ALGUM É"*

"ALGUM É" *negação* *"NENHUM É"*

"ALGUM NÃO É" *negação* *"TODO É"*

Dica 1: Uma dica importante ao aluno consiste em que se evite o uso da terminologia "NENHUM NÃO É". Esta terminologia poderá confundir o candidato no momento da prova. Caso apareça tal terminologia em um exercício, aconselha-se a substituí-la imediatamente pela terminologia "__________________".

Dica 2: Outra dica importante ao aluno consiste em que se evite o uso da terminologia "TODO NÃO É". Esta terminologia também poderá gerar confusão no momento de resolução da prova. Caso apareça tal terminologia em um exercício, substitua-a imediatamente pela terminologia "__________________".

Aplicação:

1. A negação da frase ______________________________ ______________________________.
2. A negação da frase "Nenhum homem é forte" é ____ .
3. A negação da frase "Algum homem é forte" é ____.
4. A negação da frase "Algum homem não é forte" é ____.

Conjuntos

A regra básica para resolver as questões a seguir, relativas ao assunto "conjuntos", é sempre começar pela intersecção e ir subtraindo. Porém, cabe lembrar que não iremos subtrair a intersecção quando o enunciado utilizar o termo "apenas".

Caso haja três conjuntos, devemos iniciar pela intersecção tripla e ir subtraindo para encontrar as intersecções duplas, e de depois subtrair os achados nas intersecções tripla e duplas, para encontrar o valor do conjunto. Deve-se sempre lembrar que, caso haja o termo "apenas", não deveremos realizar a subtração.

Aplicação:

1. Em um colégio sabe-se que:
   - 80 alunos estudam Matemática.
   - 60 alunos estudam Português.
   - 20 alunos estudam Matemática e Português.

Sabendo-se que apenas são dadas aulas destas duas disciplinas, quantos alunos estudam neste colégio?

Passo 1: colocar a intersecção

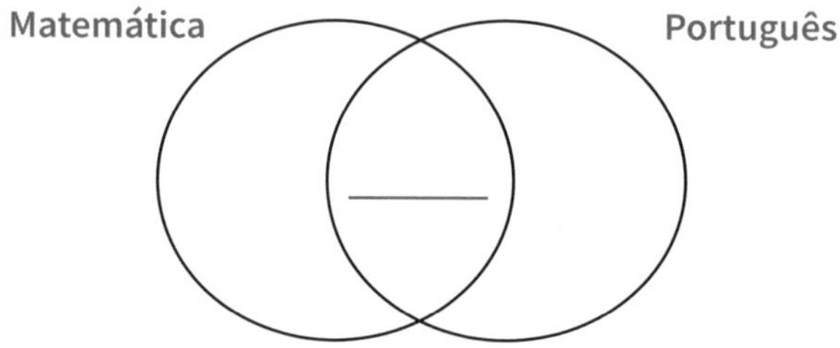

Passo 2: fazer a subtração da intersecção com o conjunto

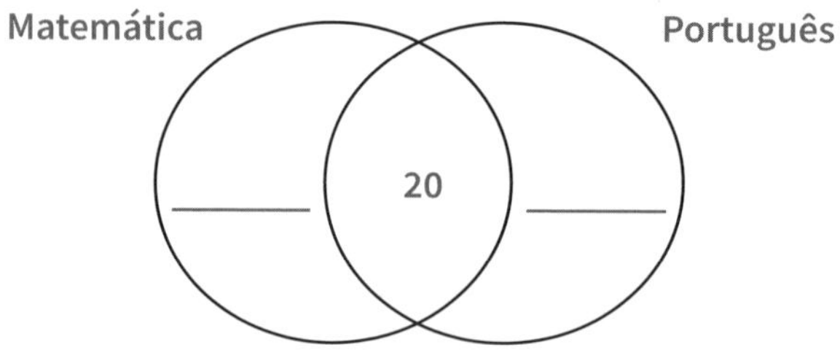

Passo 3: somar os números do diagrama de Venn

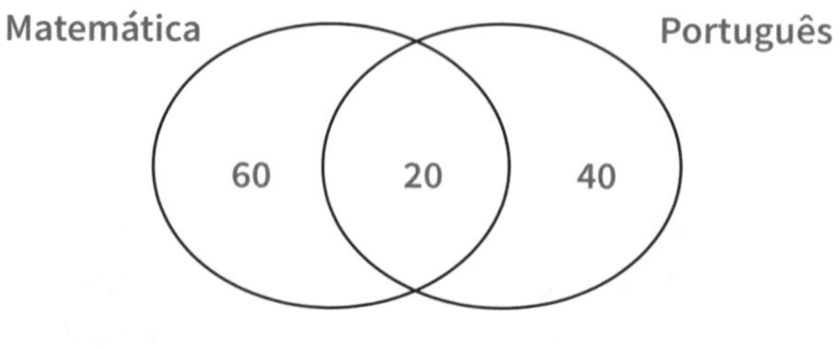

____

RLM

2. Em um colégio sabe-se que:

- 80 alunos estudam apenas Matemática.
- 60 alunos estudam apenas Português.
- 20 alunos estudam Matemática e Português.

Sabendo-se que apenas são dadas aulas destas duas disciplinas, quantos alunos estudam neste colégio?

Passo 1: colocar a intersecção

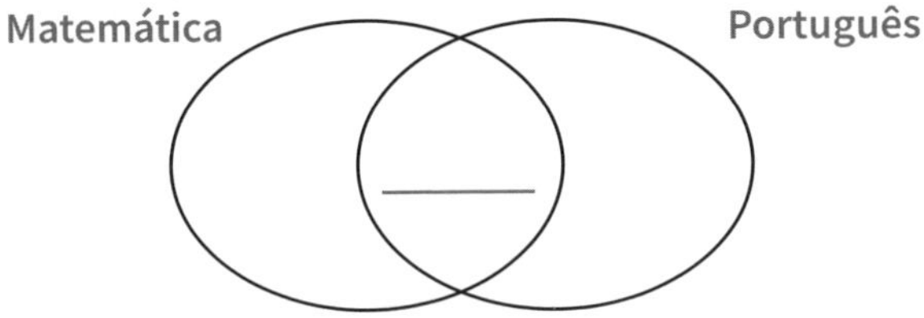

Passo 2: ____________ fazer a subtração da intersecção com o conjunto, pois o enunciado utiliza o termo ____________.

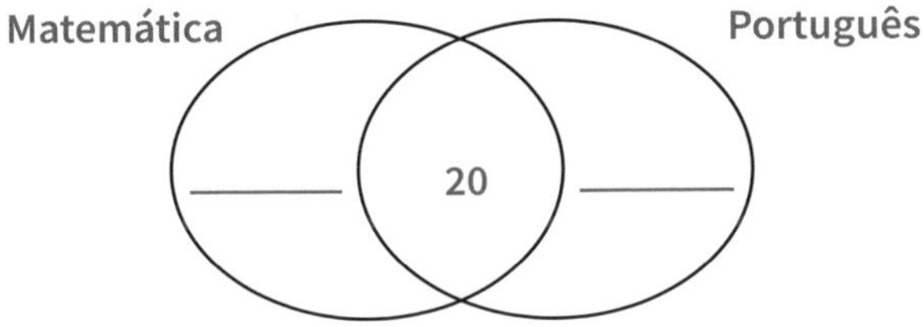

Passo 3: somar os números do diagrama de Venn

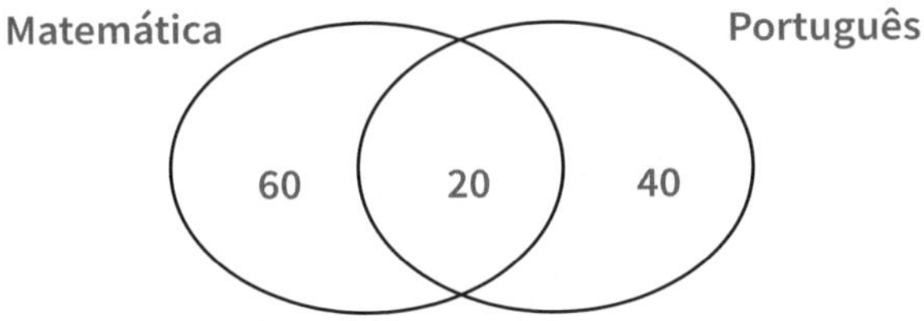

____

CAPÍTULO 3

Análise Combinatória

Probabilidade

Análise Combinatória

282. **(2014 - SUFRAMA – Analista Técnico Administrativo)** Sabendo-se que uma repartição possui 30 servidores, sendo 10 do sexo feminino, julgue o item a seguir:

A quantidade de maneiras distintas de se selecionar 5 servidores dessa repartição, de forma que 4 sejam do sexo feminino, é inferior a 4.000.

GABARITO: ERRADO.

O grande segredo deste item é descobrir se a questão é de arranjo, permutação ou combinação.

O objetivo deste item é selecionar 5 servidores. Sendo assim, a ordem de escolha não é relevante para a resolução da questão. Portanto, temos um exercício de combinação.

Uma vez identificado o tipo de análise combinatória que iremos utilizar na resolução da questão, é necessário descobrir se a combinação dar-se-á com repetição ou sem repetição. Como não podemos repetir indivíduos na escolha dos servidores, a combinação é simples.

Agora, vamos para a resolução do item:

O enunciado deseja que selecionemos 5 servidores: 4 mulheres e 1 homem.

$C_{10,4}$ e $C_{30,1}$ (não podemos esquecer que "e" multiplica e "ou" soma).

$$C_{10,4} = \frac{10!}{4! \times 6!} = \frac{10.9.8.7.6!}{4.3.2.1x6!} = 210 \qquad C_{30,1} = \frac{30!}{1! \times 29!} = \frac{30.29!}{1!x29!} = 30$$

Assim, temos 210 x 30 = 6300

283. **(2014 – CADE – Agente Administrativo)** Para se ir da parte norte de uma cidade à parte sul é necessário passar por uma ilha. A ilha está ligada à parte norte por 3 pontes de pistas duplas e, à parte sul, por 2 pontes, também de pistas duplas. Na ilha, há conexões, de pistas duplas, ligando todas as pontes de acesso à ilha, de forma que uma pessoa possa transitar livremente de uma parte à outra por essas pontes. Considerando essa descrição e que Maria esteja na parte norte da cidade, que Pedro esteja na ilha e que João esteja na parte sul, julgue o item a seguir:

Caso João queira ir para a parte da cidade em que Maria se encontra, ele poderá fazê-lo, no máximo, de 5 maneiras distintas.

GABARITO: ERRADO.

Analisando o desenho, percebe-se que João possui duas pontes para chegar à Ilha; e, da ilha para a parte Norte onde está Maria, ele possui 3 pontos.

2 x 3 = 6 maneiras distintas.

---

284. **(2014 – CADE – Agente Administrativo)** Para se ir da parte norte de uma cidade à parte sul é necessário passar por uma ilha. A ilha está ligada à parte norte por 3 pontes de pistas duplas e, à parte sul, por 2 pontes, também de pistas duplas. Na ilha, há conexões, de pistas duplas, ligando todas as pontes de acesso à ilha, de forma que uma pessoa possa transitar livremente de uma parte à outra por essas pontes. Considerando essa descrição e que Maria esteja na parte norte da cidade, que Pedro esteja na ilha e que João esteja na parte sul, julgue o item a seguir:

Para sair da ilha, visitar a parte norte, voltar à ilha, visitar a parte sul e voltar à ilha, sem passar 2 vezes pela mesma ponte, Pedro tem 12 maneiras distintas de fazê-lo.

GABARITO: CERTO.

Analisando o desenho, percebe-se que Pedro, para sair da Ilha e ir para a parte norte, possui 3 caminhos; para voltar da parte Norte para a ilha, ele possui 2 caminhos, uma vez que, segundo exigência do item, não pode passar 2 vezes pela mesma ponte; para ir da ilha para a parte Sul, existem 2 caminhos.

3 x 2 x 2 = 12 maneiras distintas.

---

285. **(2014 – CADE – Agente de Polícia Federal)** Um batalhão é composto por 20 policiais: 12 do sexo masculino e 8 do sexo feminino. A região atendida pelo batalhão é composta por 10 quadras e, em cada dia da semana, uma dupla de policiais policia cada uma das quadras.

Com referência a essa situação, julgue o item subsequente:

Se a escala dos policiais for feita de modo a diversificar as duplas que policiam as quadras, então, se determinada dupla policiar a quadra X em determinado dia, essa mesma dupla voltará a policiar a quadra X somente mais de seis meses após aquele dia.

GABARITO: CERTO.

Sabemos, pelo enunciado, que 1 dupla leva 10 dias para patrulhar 10 quadras.

Usando combinação, calcularemos quantas duplas poderão ser formadas:

$$C_{20,2} = \frac{20!}{2! \times 18!} = 190$$

Assim temos:

Duplas		dias de patrulhamento
1	-----	10
190	-----	X

Resolvendo a regra de três, temos X = 190.

Sendo assim, só depois de 191 dias é que uma dupla volta a patrulhar a mesma quadra, isto é, mais de seis meses depois.

---

286. **(2014 – TC/DF – Analista de Administração Pública)** De um grupo de seis servidores de uma organização, três serão designados para o Conselho de Ética como membros titulares, e os outros três serão os seus respectivos suplentes. Em caso de falta do membro titular no Conselho, somente poderá assumir seu lugar o respectivo suplente.

Com base na situação hipotética acima, julgue o próximos item:

Tão logo os membros titulares sejam escolhidos, haverá mais de dez maneiras de serem escolhidos os suplentes.

GABARITO: ERRADO.

O primeiro membro escolhido terá 3 opções de suplentes.

O segundo membro escolhido terá 2 opções de suplentes, pois o primeiro já escolheu um deles.

O terceiro membro escolhido terá 1 opção de suplente, pois o primeiro e o segundo já escolheram dois deles.

Sendo assim, existem 6 maneiras de serem escolhidos os suplentes.

---

287. **(2014 – TC/DF – Analista de Administração Pública)** De um grupo de seis servidores de uma organização, três serão designados para o Conselho de Ética como membros titulares, e os outros três serão os seus respectivos suplentes. Em caso de falta do membro titular no Conselho, somente poderá assumir seu lugar o respectivo suplente.

Com base na situação hipotética, julgue o próximos item:

O número de maneiras de serem selecionados os três membros titulares e seus respectivos suplentes é superior a 100.

GABARITO: CERTO.

Para escolher os 3 membros titulares, a ordem é irrelevante. Logo utiliza-se combinação para determinar quantos maneiras de selecionar os membros do Conselho.

$C_{6,3} = \frac{6!}{3! \times 3!} = 20$ **maneiras de escolher os membros do Conselho.**

Já para selecionar os suplentes, a ordem importará, pois cada membro titular possui seu respectivo suplente, conforme mencionado no item. Como a ordem importará, utilizaremos arranjo.

$3 \times 2 \times 1 = 6$ maneiras de escolher os suplentes

Finalizando, como o objetivo do item é escolher membros do Conselho e suplentes, repare que utilizamos o conectivo "e", iremos multiplicar os resultados obtidos.

$20 \times 6 = 120$ maneiras.

---

288. **(2014 – PM/CE – 1º Tenente de Polícia Militar)** Considerando que um grupamento de 60 policiais militares em que haja 15 mulheres e 45 homens seja dividido em 10 equipes de 6 militares para monitorar determinada área, julgue o item subsequente:

O número de maneiras distintas de escolher 6 militares para formarem a primeira equipe é superior a 553.

GABARITO: CERTO.

Como estamos montando uma equipe, a ordem dos membros é irrelevante. Logo, temos um item de combinação.

$C_{60,6} = \frac{60!}{6! \times 54!} = 500638602 \cdot$

---

289. **(2014 – PM/CE – 1º Tenente de Polícia Militar)** Considerando que um grupamento de 60 policiais militares em que haja 15 mulheres e 45 homens seja dividido em 10 equipes de 6 militares para monitorar determinada área, julgue o item subsequente:

Se as 2 primeiras equipes formadas forem constituídas apenas por mulheres, então o número de maneiras distintas de escolher os membros dessas equipes será igual a $\frac{15!}{6! \times 6! \times 3!}$.

GABARITO: CERTO.

Como estamos montando uma equipe, a ordem dos membros é irrelevante. Logo, temos um item de combinação.

O item deseja formar duas equipes que contenham apenas mulheres. Interpretando: desejamos que a primeira equipe só possua mulheres e a segunda também. Repare que, na interpretação, usamos o conectivo "e". Portando, devemos multiplicar as cominações.

$C_{15,6} = \frac{15!}{6! \times 9!} = 5005$

Utilizaremos apenas 9 mulheres, porque na primeira equipe que formamos, já utilizamos 6 mulheres. $C_{9,6} = \frac{9!}{6! \times 3!} = 84$

Multiplicando estas combinações e igualando ao valor afirmado pelo item, temos:

Optei por simplificar os fatoriais; é mais fácil do que apenas realizar os cálculos dos fatoriais.

$\frac{15!}{6!x9!} \cdot \frac{9!}{6!x3!} = \frac{15!}{6!x6!x3!}$ Simplificando os fatoriais

$\frac{1}{6!x1!} \cdot \frac{1}{6!x3!} = \frac{1}{6!x6!x3!}$

$\frac{1}{6!x6!x3!} = \frac{1}{6!x6!x3!}$

---

290. **(2014 – PM/CE – 1º Tenente de Polícia Militar)** Considerando que um grupamento de 60 policiais militares em que haja 15 mulheres e 45 homens seja dividido em 10 equipes de 6 militares para monitorar determinada área, julgue o item subsequente:

O número de maneiras distintas de escolher 6 militares para formarem a primeira equipe, de tal forma que essa equipe tenha pelo menos cinco mulheres, é inferior a $\frac{4!x15!}{9!x5!}$.

GABARITO: CERTO.

Como estamos montando uma equipe, a ordem dos membros é irrelevante. Logo, temos um item de combinação.

Interpretando o item, desejamos uma equipe com 5 ou 6 mulheres. Quando a equipe possuir 5 mulheres, o sexto membro será um homem.

$C_{15,5}$ e $C_{45,1}$ ou $C_{15,6}$ é inferior a $\frac{4!x15!}{9!x5!}$

$\frac{15!}{5!x10!} \cdot \frac{45!}{1!x44!} + \frac{15!}{6!x9!} < \frac{4!x15!}{9!x5!}$

$3003 . 45 + 5005 < 720720$

$140140 < 720720$

---

291. **(2013 – Ministério da Justiça – Administrador)** Para a tramitação de processos protocolados, determinado tribunal adota a metodologia apresentada a seguir:

- todos os processos referentes apenas à administração pública são encaminhados à seção A;
- todos os processos referentes apenas a entidades privadas são encaminhados à seção B;
- todos os processos que envolvem administração pública e privada são encaminhados à seção C e, após análise, são encaminhados à seção A ou B;
- todos os processos que chegam à seção A, provenientes de C, são, posteriormente, encaminhados para B, e todos os processos que chegam à seção B, provenientes de C, são posteriormente encaminhados para A.
- todos os processos que chegam à seção A, que não sejam provenientes diretamente da seção C, são analisados por Francisco;
- todos os processos que chegam à seção B, que não são provenientes diretamente da seção C, são analisados por Rute ou Mateus;

- Francisco, Rute e Mateus analisam apenas processos que não sejam provenientes diretamente da seção C.

Com base nessas informações, julgue o item subsequente:

Se, de sete processos que chegarem à seção B, apenas dois deles forem encaminhados diretamente pela seção C, então a quantidade de formas distintas de escolha do servidor (Francisco, Mateus ou Rute) que analisará esses processos será superior a 15.

GABARITO: CERTO.

Cinco processos são analisados por Mateus ou Rute. Como a ordem dos processos analisados por Mateus ou Rute é irrelevante, temos um item de combinação.

Os outros 2 processos irão para a seção C, e Francisco não analisará nenhum processo, pois ele só analisa processos da seção A.

Lembrando que "e" multiplica, e "ou" soma.

Temos as seguintes possibilidade de análise de processo:

5 Mateus e 0 Rute, ou 4 Mateus e 1 Rute, ou 3 Mateus e 2 Rute, ou 2 Mateus e 3 Rute, ou 1 Mateus e 4 Rute, ou 0 Mateus e 5 Rute.

5 Mateus e 0 Rute

$$C_{5,5} \cdot C_{0,0} \rightarrow \frac{5!}{5!x0!} = \frac{0!}{0!x0!} \rightarrow 1 \,.\, 1 = 1$$

4 Mateus e 1 Rute

$$C_{5,4} \cdot C_{1,1} \rightarrow \frac{5!}{4!x1!} = \frac{1!}{1!x0!} \rightarrow 5 \,.\, 1 = 5$$

3 Mateus e 2 Rute

$$C_{5,3} \cdot C_{2,2} \rightarrow \frac{5!}{3!x2!} = \frac{2!}{2!x0!} \rightarrow 10 \,.\, 1 = 10$$

2 Mateus e 3 Rute

$$C_{5,2} \cdot C_{3,3} \rightarrow \frac{5!}{2!x3!} = \frac{3!}{3!x0!} \rightarrow 10 \,.\, 1 = 10$$

1 Mateus e 4 Rute ou

$$C_{5,1} \cdot C_{4,4} \rightarrow \frac{5!}{1!x4!} = \frac{4!}{4!x0!} \rightarrow 5 \,.\, 1 = 5$$

0 Mateus e 5 Rute

$$C_{5,0} \cdot C_{5,5} \rightarrow \frac{5!}{0!x5!} = \frac{5!}{5!x0!} \rightarrow 1 \,.\, 1 = 1$$

1 + 5 +10 +10 + 5 + 1 = 32

---

292. **(2013 – TCE/RO – Agente Administrativo)** Considerando que, em uma pesquisa de rua, cada entrevistado responda sim ou não a cada uma de dez perguntas feitas pelos entrevistadores, julgue o item seguinte:

Será necessário entrevistar mais de mil pessoas para se garantir que duas pessoas respondam igualmente a todas as perguntas.

GABARITO: CERTO.

Como a ordem das respostas é relevante, temos um exercícios de arranjo.

Assim, temos:

$2 \times 2 \times 2 \times 2 \times 2 \times 2 \times 2 \times 2 \times 2 \times 2 = 2^{10} = 1024$ maneiras diferentes de responder à pesquisa.

Para garantir que duas pessoas respondam igualmente à pesquisa, serão necessárias 1025 pessoas.

---

293. **(2013 – TCE/RO – Agente Administrativo)** Considerando que, em uma pesquisa de rua, cada entrevistado responda *sim* ou *não* a cada uma de dez perguntas feitas pelos entrevistadores, julgue o item seguinte:

Há menos de cem maneiras de um entrevistado responder sim a três perguntas e não às demais.

GABARITO: ERRADO.

Como a ordem de como serão respondidas as perguntas é relevante, temos um exercício de arranjo. Porém, como são 10 perguntas e 10 possibilidades de escolher seus gabaritos, temos um caso especial de arranjo chamado: permutação. Como haverá repetição, a permutação se dá com repetição.

$\frac{10!}{3!x7!} = 120$. **Há 120 maneiras de responder 3 sim e o resto, não.**

---

294. **(2013 – SERPRO – Analista de Administração de Serviços de Tecnologia da Informação)** Estudos revelam que 95% dos erros de digitação de uma sequência numérica — como, por exemplo, um código de barras ou uma senha — são a substituição de um algarismo por outro ou a troca entre dois algarismos da mesma sequência; esse último tipo de erro corresponde a 80% dos casos. Considerando esses fatos e que a senha de acesso de um usuário a seu provedor de e-mail seja formada por 8 algarismos, escolhidos entre os algarismos de 0 a 9, julgue o item a seguir:

A quantidade de maneiras distintas de o usuário, ao digitar a sua senha, cometer um erro do tipo troca entre dois algarismos da própria sequência é superior a 30.

GABARITO: ERRADO.

Como a ordem da troca é irrelevante para a resolução da questão, utilizaremos combinação para resolver este item.

Temos 8 algarismos que poderão trocar dois a dois. Assim, temos:

$$C_{8,2} = \frac{8!}{2!x6!} = 28$$

---

295. **(2013 – CNJ – Analista Judiciário Área Analise de Sistema)** Em uma sala, cinco computadores para uso público (A, B, C, D e E) estão ligados em uma rede. Devido a problemas com os softwares de proteção da rede, o computador A está infectado com algum vírus; consequentemente, o computador B ou o computador C está infectado com o mesmo vírus. Se o computador C estiver infectado, então os computadores D e E também estarão infectados com o mesmo vírus. Cada computador pode ser infectado isoladamente e todas as manhãs, antes de serem disponibilizados para a utilização pública, os cinco computadores são submetidos a software antivírus que os limpa de qualquer infecção por vírus.

Considerando a situação hipotética acima e desconsiderando questões técnicas relativas à proteção e segurança de redes, julgue o item a seguir:

Se, no início de determinada manhã, os cinco computadores estiverem disponíveis para uso, e cinco pessoas entrarem na sala, ocupando todos os computadores, a quantidade de formas diferentes de essas cinco pessoas escolherem os computadores para utilização será inferior a 100.

GABARITO: ERRADO.

A ordem de utilização é relevante para a resolução do item. Logo, temos um exercício de arranjo.

Trata-se de 5 pessoas em 5 posições. Em outras palavras, distribuiremos todas pessoas em todas as posições. Temos um caso especial de arranjo chamado: permutação. Como não há repetição, a permutação é simples.

5! = 5 . 4 . 3 . 2 . 1 = 120 formas diferentes de essas cinco pessoas escolherem os computadores.

---

296. **(2013 – STF – Analista Judiciário Área Análise de Sistema de Informação)** A presidência de determinado tribunal é apoiada por seis assessorias. Para a chefia dessas assessorias, foram indicados, do quadro permanente, 4 funcionários e 8 funcionárias, todos igualmente qualificados para assumir qualquer dessas chefias. Com base nessas informações, julgue o item seguinte:

Se exatamente quatro assessorias específicas forem chefiadas por mulheres, então será superior a 400 o número de maneiras de se selecionar, entre os 12 candidatos, os funcionários para chefiarem todas as seis assessorias.

GABARITO: CERTO.

Como a ordem de quais chefias é relevante, temos um exercícios de arranjo.

__ . __ . __ . __ · __ . __

Mulheres Homens

Para a primeira chefia, podemos escolher 8 mulheres; para segunda chefia, 7; para a terceira, 6; e, para a quarta chefia, 6.

Para os homens, sobraram 2 chefias. Para uma delas, temos 4 homens e, para a outra, 3 homens.

8 . 7 . 6 . 5 . 4 . 3 = 20160

Mulheres Homens

Temos 20160 maneiras de selecionar, entre os 12 candidatos, os funcionários para chefiarem todas as seis assessorias, de acordo com as regras do item.

---

297. **(2013 – STF – Analista Judiciário Área Análise de Sistema de Informação)** A presidência de determinado tribunal é apoiada por seis assessorias. Para a chefia dessas assessorias, foram indicados, do quadro permanente, 4 funcionários e 8 funcionárias, todos igualmente qualificados para assumir qualquer dessas chefias. Com base nessas informações, julgue o item seguinte:

A quantidade de maneiras distintas de escolher os chefes das assessorias entre as pessoas indicadas é inferior a 980.

GABARITO: CERTO.

Neste item, a ordem das chefias é irrelevante. Portanto, temos um exercícios de combinação.

$$C_{12,6} = \frac{12!}{6!x6!} = 924$$

---

298. (2013 – INPI – Arquiteto/Engenheiro) Em um rebanho de 30 novilhas, 7 são marrons, 13 são malhadas, e 10 são brancas. A respeito desse rebanho, julgue o item seguinte:

A quantidade de maneiras distintas de se selecionar, nesse rebanho, duas novilhas malhadas, uma marrom e duas brancas é superior a 75.

GABARITO: ERRADO.

Como a ordem do que é solicitado no item é irrelevante, temos um exercício de combinação.

2 malhadas e 1 marrom e 2 brancas. (lembrando que "e" multiplica)

$$C_{13,2} \cdot C_{7,1} \cdot C_{10,2}$$

$$C_{13,2} = \frac{13!}{2!x11!} = 78$$

$$C_{7,1} = \frac{7!}{1!x6!} = 7$$

$$C_{10,2} = \frac{10!}{2!x8!} = 45$$

Segundo o item: $78 . 7 . 45 > 7^5$

$$24570 > 16807$$

---

299. (2013 – UNIPAMPA – Assistente em Administração) Considere que sejam oferecidas, semestralmente, 75 vagas para o ingresso de discentes em determinado curso superior de uma universidade e que, no primeiro semestre de 2009, tenham ingressado nesse curso 75 discentes — 25 do sexo masculino e 50 do sexo feminino. Com base nessas informações, julgue o item a seguir:

Caso seja necessário formar um grupo de 3 pessoas, escolhidas entre os 25 estudantes do sexo masculino, a quantidade de grupos distintos possíveis será superior a 2.500.

GABARITO: ERRADO.

Para formar grupos, a ordem é irrelevante. Temos um exercício de combinação.

$$C_{25,3} = \frac{25!}{3!.22!} = 2300$$

---

300. (2013 – TCE/RO – Auditor de Controle Externo) Considerando que uma empresa adquira 10 desktops e 10 notebooks, todos distintos, para distribuí-los entre 20 empregados — 10 homens e 10 mulheres —, de modo que cada empregado receba um único equipamento, julgue o seguinte item:

A quantidade de maneiras distintas de se distribuírem esses equipamentos, de forma que os homens recebam somente desktops, é superior a 2 × (9!)2.

GABARITO: CERTO.

Como os equipamentos são distintos, a ordem de como serão distribuídos é relevante. Portanto, temos um exercício de arranjo. Porém, como iremos utilizar os 20 equipamentos para 20 empregados, temos um caso especial de arranjo chamado: permutação. Como não há repetição, a permutação é simples.

Distribuição dos desktops para os homens: 10!

Distribuição dos notebooks para as mulheres: 10!

Como a distribuição será para os homens e para as mulheres, devemos multiplicar esses valores.

É importante lembrar que se utilizarmos o conectivo "e", devemos multiplicar; se utilizamos o conectivo "ou", devemos somar.

$10! \times 10! = (10!)^2$

O item diz que o valor que iremos calcular será superior a $2 \times (9!)^2$

$(10!)^2 > 2 \times (9!)^2 \rightarrow 10.10.\cancel{(9!)}^2 > 2 \times \cancel{(9!)}^2 \rightarrow 100 > 2$ (verdade)

---

301. (2013 – MTE – Auditor Fiscal do Trabalho) Um auditor do trabalho deve analisar 20 processos: 5 a respeito de segurança no trabalho, 7 a respeito de FGTS, e 8 a respeito de jornada de trabalho. Considerando que esses processos sejam colocados sobre a mesa de trabalho do auditor, de maneira aleatória, formando uma pilha, julgue o item que se segue:

Se processos relativos a temas idênticos ficarem juntos, então a quantidade de maneiras distintas de se formar uma pilha com essa característica será inferior a $(5!)^3 \times 7^2 \times 2^9$.

GABARITO: ERRADO.

Como os processos são distintos, a ordem de como serão distribuídos é relevante. Portanto, temos um exercício de arranjo. Porém, utilizaremos os 5, a respeito de segurança no trabalho, em 5 posições; os 7, a respeito de FGTS, em 7 posições; e os 8, a respeito de jornada de trabalho, em 8 posições. Em outras palavras, iremos distribuir todos os processos em todas as posições. Temos um caso especial de arranjo chamado: permutação. Como não há repetição, a permutação é simples.

Distribuição dos 5 a respeito de segurança no trabalho: 5!

Distribuição dos 7 a respeito de FGTS: 7!

Distribuição dos 8 a respeito de jornada de trabalho: 8!

Como a distribuição será dos 5, a respeito de segurança no trabalho; dos 7, a respeito de FGTS; e dos 8, a respeito de jornada de trabalho; devemos multiplicar esses valores.

Devemos lembrar que quanto utilizamos o conectivo "e", devemos multiplicar; quando utilizamos o conectivo "ou", devemos somar.

$5! \times 7! \times 8!$

Além disso, a ordem desses grupos é relevante, temos 3 grupos: 3!

Resposta final: $3! \times 5! \times 7! \times 8!$

O item afirma que o valor dessas maneiras de distribuir será inferior a $(5!)^3 \times 7^2 \times 2^9$

3! x 5! x 7! x 8!. < (5!)3 × 72 × 29

$6 \times \cancel{5!} \times \cancel{7}.6.\cancel{5!} \times 8.\cancel{7}.6.\cancel{5!} < (\cancel{5!})^3 \times \cancel{7^2} \times 2^9$

$6 \times 6 \times 8.6 < 512$

$1728 < 512$ (falso)

---

302. (2013 – MTE – Auditor Fiscal do Trabalho) Um auditor do trabalho deve analisar 20 processos: 5 a respeito de segurança no trabalho, 7 a respeito de FGTS e 8 a respeito de jornada de trabalho. Considerando que esses processos sejam colocados sobre a mesa de trabalho do auditor, de maneira aleatória, formando uma pilha, julgue o item que se segue:

Se os processos relativos a FGTS ficarem sempre na parte superior da pilha, então uma pilha com essa característica poderá ser formada de 13! × 7! maneiras distintas.

GABARITO: CERTO.

Como os processos são distintos, a ordem de como serão distribuídos é relevante. Portanto, temos um exercício de arranjo. Porém, utilizaremos os 5, a respeito de segurança no trabalho, em 5 posições; os 7, a respeito de FGTS, em 7 posições; e os 8, a respeito de jornada de trabalho; em 8 posições. Em outras palavras, iremos distribuir todos os processos em todas as posições. Temos um caso especial de arranjo chamado: permutação. Como não há repetição, a permutação é simples.

A única condição imposta pelo item é que os 7 processos de FGTS devem ficar na parte superior da pilha, e os 13 outros processos deverão ficar depois. Como utilizamos o conectivo "e", devemos multiplicar os valores.

7! x 13!

---

303. (2013 – ANTT – Técnico Administrativo) Em um torneio de futebol que será disputado por N times, cada time jogará exatamente uma vez contra cada um dos outros times, e o sistema de pontuação será o seguinte: o vencedor da partida receberá três pontos, o perdedor não receberá nenhum ponto e, em caso de empate, cada um dos times que disputarem a partida receberá um ponto. Com base nessa situação hipotética, julgue o item a seguir:

Se N = 12, então o número de jogos desse torneio será superior a 100.

GABARITO: ERRADO.

Como a ordem de quem joga é irrelevante, temos um item de combinação.

$C_{12,2} = \frac{12!}{2! \times 10!} = 66$ jogos

---

304. (2013 – STF – Técnico Administrativo) O colegiado do Supremo Tribunal Federal (STF) é composto por 11 ministros, responsáveis por decisões que repercutem em toda a sociedade brasileira. No julgamento de determinados processos, os ministros votam pela absolvição ou pela condenação dos réus de forma independente uns dos outros. A partir dessas informações e considerando que, em determinado julgamento, a probabilidade de qualquer um dos ministros decidir pela condenação ou pela absolvição do réu seja a mesma, julgue o item seguinte:

Se, no julgamento de determinado réu, 8 ministros votarem pela absolvição e 3 ministros votarem pela condenação, a quantidade de maneiras distintas de se atribuir os votos aos diferentes ministros será inferior a 170.

GABARITO: CERTO.

Como os votos são distintos, a ordem de como serão os votos é relevante. Portanto, temos um exercício de arranjo. Porém, como iremos utilizar os 11 votos dos 11 ministros, temos um caso especial de arranjo chamado: permutação. Como haverá repetição, a permutação é com repetição.

$$\frac{1!}{8!x3!} = 165$$

---

305. **(2013 – CNJ – Técnico Judiciário Área Programação de Sistema)**

faixa etária (anos)	quantidade de serviços		
	telefonia	protocolo	reprografia
≥ 18 e < 30	2	1	2
≥ 30 e < 45	1	2	1
≥ 45 e < 65	1	3	2

A tabela mostra o quadro de servidores dos setores de telefonia, reprografia e protocolo de uma repartição pública, por faixa etária, em anos. Sabe-se que sempre que um dos servidores da telefonia não estiver trabalhando em sua função, um dos servidores do protocolo o substituirá; sempre que um dos servidores do protocolo não estiver trabalhando em sua função, um dos servidores da reprografia o substituirá; e não há previsão para substituição de servidores da reprografia. Julgue o item seguinte, acerca dos servidores dessa repartição.

A quantidade de comissões distintas, com 4 servidores desses 3 setores, que podem ser formadas, de modo que pelo menos 3 deles tenham idade mínima de 30 anos, é superior a 300.

GABARITO: CERTO.

Como o item deseja formar comissões, a ordem dos membros é irrelevante. Temos, então, um exercício de combinação.

Um cuidado que devemos ter neste item é que o item deseja que pelo menos 3 deles tenham idade mínima de 30 anos. Em outras palavras, deveremos montar comissões com exatamente 3 servidores com idade mínima de 30 anos ou comissões com exatamente 4 servidores com idade mínima de 30 anos. Devemos lembrar que quando usamos o conectivo "ou", deveremos somar.

Temos 10 servidores com idade mínima de 30 anos e 5 servidores com menos de 30 anos. Fazendo os cálculos:

Primeiro passo: calcular a quantidade de comissões com exatamente 3 servidores com idade mínima 30 anos ou outro membro deverá possuir menos que 30 anos:

$$C_{10,3} \text{ e } C_{5,1} = \frac{10!}{3!x7!} \cdot \frac{5!}{1!x4!} = 120 \cdot 5 = 600$$

Segundo passo: calcular a quantidade de comissões com exatamente 4 servidores com idade mínima 30 anos ou outro membro deverá possuir menos que 30 anos:

$$C_{10,4} = \frac{10!}{4!x6!} = 210$$

Juntando os cálculos com o conectivo "ou": 600 + 210 = 810.

---

306. **(2013 – TRT /10ª Região – Analista Judiciário Área Tecnologia da Informação)** No concurso de loterias denominado "miniquina", o apostador pode marcar 5, 6 ou 7 dezenas em uma cartela que possui as dezenas de 01 a 15. Nesse concurso, o prêmio principal é dado ao apostador que marcar em sua cartela as cinco dezenas sorteadas aleatoriamente em uma urna.

Com relação ao concurso hipotético anteriormente apresentado, julgue o item subsequente:

Considere que o cálculo do valor a ser pago pela aposta seja feito mediante a multiplicação do valor de uma aposta de 5 dezenas, que é fixo, pela quantidade de jogos de cinco dezenas que é possível fazer com as dezenas que o apostador marcar em sua cartela. Considere, ainda, que um jogo de 5 dezenas custe R$ 3,00. Em face dessa situação, é correto afirmar que o apostador deverá pagar, caso marque 7 dezenas em sua cartela, mais de R$ 60,00.

GABARITO: CERTO.

Sabemos que o apostador marcará 7 dezenas. Assim, temos que calcular quantos jogos com 5 dezenas ele poderia fazer com essas 7 dezenas.

Usaremos combinação, pois a ordem das dezenas é irrelevante para a marcação de uma cartela.

$C_{7,5} = \frac{7!}{5!x2!} = 21$ **. Temos, então, que o apostar poderia fazer 21 jogos com as sete dezenas que ele marcará em uma cartela.**

Assim, o valor de uma cartela com 7 dezenas será igual a (21 x 3) R$ 63,00.

---

307. **(2013 – TRT/10ª Região – Técnico Judiciário Área Tecnologia da Informação)** Considerando que, dos 10 postos de combustíveis de determinada cidade, exatamente dois deles cometam a infração de vender gasolina adulterada, e que sejam escolhidos ao acaso alguns desses postos para serem fiscalizados, julgue o item seguinte:

Há mais de 15 maneiras distintas de se escolher dois postos, de modo que exatamente um deles seja infrator.

GABARITO: CERTO.

O item deseja escolher dois postos. Suponha que, obrigatoriamente, um deles tenha cometido infração. Assim, temos 2 opções de escolha de um deles ter cometido a infração, e 8 opções deles não terem cometido a infração. Como estamos fazendo a suposição de um posto cometendo infração e outro não cometendo, estamos utilizando o conectivo "e". Quando utilizamos este conectivo, devemos multiplicar os valores.

2 x 8 = 16 maneiras.

---

308. **(2013 – TRT/10ª Região – Técnico Judiciário Área Tecnologia da Informação)** Considerando que, dos 10 postos de combustíveis de determinada cidade, exatamente dois deles cometam a infração de vender gasolina adulterada, e que sejam escolhidos ao acaso alguns desses postos para serem fiscalizados, julgue o item seguinte:

Há menos de 30 maneiras diferentes de se escolher quatro postos, de modo que dois deles sejam os infratores.

GABARITO: CERTO.

Como desejamos escolher 4 postos, a ordem destas escolhas é irrelevante. Temos um exercícios de combinação.

Convém ressaltar que dois postos devem cometer infração, e os outros dois não. Como estamos utilizando o conectivo "e", devemos multiplicar os resultados.

$$C_{2,2} \times C_{8,2} = \frac{2!}{2! \times 2!} \cdot \frac{8!}{2! \times 6!} = 1 \cdot 28 = 28$$

R L M

309. (2013 – BACEN – Técnico de Segurança Institucional) A numeração das notas de papel-moeda de determinado país é constituída por duas das 26 letras do alfabeto da língua portuguesa, com ou sem repetição, seguidas de um numeral com 9 algarismos arábicos, de 0 a 9, com ou sem repetição. Julgue o próximo item, relativo a esse sistema de numeração:

Existem mais de 700 formas diferentes de se escolher as duas letras que iniciarão a numeração de uma nota.

GABARITO: ERRADO.

Como a ordem das letras é relevante para a numeração das notas, temos um exercício de arranjo.

26 x 26 = 676 escolhas.

310. (2013 – BACEN – Técnico de Segurança Institucional) A numeração das notas de papel-moeda de determinado país é constituída por duas das 26 letras do alfabeto da língua portuguesa, com ou sem repetição, seguidas de um numeral com 9 algarismos arábicos, de 0 a 9, com ou sem repetição. Julgue o próximo item, relativo a esse sistema de numeração:

Considere que o valor de determinada nota desse país seja equivalente a R$ 2,00. Nesse caso, o valor de todas essas notas em que a numeração contém pelo menos uma vogal é superior a 4 trilhões de reais.

GABARITO: ERRADO.

Como a ordem das letras é relevante para a numeração das notas, temos um exercício de arranjo.

Primeiramente, é necessário calcular a quantidade de notas respeitando as condições do item. Com esse valor calculado, basta multiplicar por 2, que saberemos o valor em reais.

O item deseja todas as notas em que a numeração contenha pelo menos uma vogal. Em outras palavras, notas com numeração com uma vogal ou duas vogais.

Notas com uma vogal: temos 5 vogais, 21 consoantes e 10 algarismos.

5 x 21 x 10 x 10 x 10 x 10 x 10 x 10 x 10 x 10 x 10 = 105.000.000.000 notas.

Notas com duas vogais: temos 5 vogais e 10 algarismos.

5 x 5 x 10 x 10 x 10 x 10 x 10 x 10 x 10 x 10 x 10 = 25.000.000.000 notas.

Somando os valores calculados, temos: (105.000.000.000 + 25.000.000.000) 130.000.000.000 notas. Calculando o valor em reais: 2 x 130.000.000.000 = R$ 260.000.000.000,00 (Duzentos e sessenta bilhões)

311. **(2012 – DPF – Agente de Polícia Federal)** Dez policiais federais — dois delegados, dois peritos, dois escrivães e quatro agentes — foram designados para cumprir mandado de busca e apreensão em duas localidades próximas à superintendência regional. O grupo será dividido em duas equipes. Para tanto, exige-se que cada uma seja composta, necessariamente, por um delegado, um perito, um escrivão e dois agentes.

Considerando essa situação hipotética, julgue o item que se segue:

Se todos os policiais em questão estiverem habilitados a dirigir, então, formadas as equipes, a quantidade de maneiras distintas de se organizar uma equipe dentro de um veículo com cinco lugares — motorista e mais quatro passageiros — será superior a 100.

GABARITO: CERTO.

Uma vez que a ordem de como as pessoas mencionadas no item sentam no carro é relevante, temos um exercício de arranjo. Porém, é importante ressaltar que estamos utilizando 5 pessoas em 5 lugares. Sendo assim, temos um caso especial de arranjo chamado: permutação. Como não há repetição, a permutação é com repetição.

Cada equipe possui 5 membros, segundo o enunciado. O item deseja quantas maneiras poderemos organizar uma equipe, dentro do veículo.

5! = 5 x 4 x 3 x 2 x 1 = 120.

312. **(2012 – DPF – Agente de Polícia Federal)** Dez policiais federais — dois delegados, dois peritos, dois escrivães e quatro agentes — foram designados para cumprir mandado de busca e apreensão em duas localidades próximas à superintendência regional. O grupo será dividido em duas equipes. Para tanto, exige-se que cada uma seja composta, necessariamente, por um delegado, um perito, um escrivão e dois agentes.

Considerando essa situação hipotética, julgue o item que se segue:

Há mais de 50 maneiras diferentes de compor as referidas equipes.

GABARITO: ERRADO.

Para formar um equipe, a ordem dos membros é irrelevante. Sendo assim, temos um exercício de combinação.

Devemos prestar atenção no fato de que cada equipe deverá possuir: um delegado, um perito, um escrivão e dois agentes. Repare que utilizamos o conectivo "e". Assim, devemos multiplicar os valores.

1 Delegado		1 Perito		1 Escrivão		2 Agentes
$C_{2,1}$	x	$C_{2,1}$	x	$C_{2,1}$	x	$C_{4,2}$

$$\frac{2!}{1!x1!} x \frac{2!}{1!x1!} x \frac{2!}{1!x1!} x \frac{2!}{1!x1!} = 2x2x2x6 = 48$$

313. **(2012 – PC/CE – Inspetor de Polícia Civil 1ª Classe)** Dos 420 detentos de um presídio, verificou-se que 210 foram condenados por roubo, 140, por homicídio e 140, por outros crimes. Verificou-se, também, que alguns estavam presos por roubo e homicídio. Acerca dessa situação, julgue o item seguinte:

A quantidade de maneiras distintas de se selecionarem dois detentos entre os condenados por outros crimes, que não roubo ou homicídio, para participarem de um programa destinado à ressocialização de detentos é inferior a 10.000.

GABARITO: CERTO.

Como vamos escolher 2 detentos, a ordem desta escolha é irrelevante. Sendo assim, temos um exercícios de combinação.

O total de detentos que cometeram outros crimes é 140.

$$C_{140,2} = \frac{140!}{2!x138!} = 9730$$

R L M

314. (2012 – TRE/RJ – Analista Judiciário Área Análise de Sistemas) A Agência Nacional de Telecomunicações (ANATEL) elevou para nove a quantidade de dígitos dos números dos telefones celulares da região de São Paulo, com o objetivo de evitar a escassez de combinações numéricas. De acordo com a ANATEL, a principal razão de se adotar o nono dígito como forma de ampliar as possibilidades numéricas para os números dos celulares é preservar a padronização da forma de discagem utilizada pelos usuários para a realização de chamadas locais e de longa distância. Com a inclusão do nono dígito, que corresponde ao algarismo 9 no início do número, ficam liberadas, para os números de celulares, as combinações com os oito algarismos dos números que só eram usados para telefones fixos e que começavam com 2, 3, 4 e 5, além do 1. O zero após o 9 não será usado, a fim de não haver confusão com as chamadas a cobrar, que são ativadas mediante o número 90.

Com base nas informações acima, julgue o próximo item:

A partir da medida anunciada, a quantidade de possíveis linhas de telefone celular na referida região será superior ao dobro da quantidade máxima que era possível antes da adoção dessa medida.

GABARITO: CERTO.

Como a ordem dos números na numeração dos telefones é relevante, temos um exercícios de arranjo.

Telefones com 8 dígitos: o primeiro número precisa ser o 9, e o segundo não poderá ser o 0. Os demais dígitos não possuem condições:

1 x 9 x 10 x 10 x 10 x 10 x 10 x 10 = 9.000.000.

Telefones com 9 dígitos: o primeiro número precisa ser o 9 e o segundo não poderá ser o 0. Os demais dígitos não possuem condições:

1 x 9 x 10 x 10 x 10 x 10 x 10 x 10 x 10 = 90.000.000.

O item afirma que a quantidade de possíveis linhas de telefone celular na referida região será superior ao dobro da quantidade máxima que era possível antes da adoção dessa medida.

Assim, temos: 90.000.000 > 2 . (9.000.000) → 90.000.000 > 18.000.000

315. (2012 – TRE/RJ – Analista Judiciário Área Análise de Sistemas) A Agência Nacional de Telecomunicações (ANATEL) elevou para nove a quantidade de dígitos dos números dos telefones celulares da região de São Paulo, com o objetivo de evitar a escassez de combinações numéricas. De acordo com a ANATEL, a principal razão de se adotar o nono dígito como forma de ampliar as possibilidades numéricas para os números dos celulares é preservar a padronização da forma de discagem utilizada pelos usuários para a realização de chamadas locais e de longa distância. Com a inclusão do nono dígito, que corresponde ao algarismo 9 no início do número, ficam liberadas, para os números de celulares, as combinações com os oito algarismos dos números que só eram usados para telefones fixos e que começavam com 2, 3, 4 e 5, além do 1. O zero após o 9 não será usado, a fim de não haver confusão com as chamadas a cobrar, que são ativadas mediante o número 90.

Com base nas informações acima, julgue o próximos item:

Caso o algarismo zero fosse admitido após o número 9, mais de dez milhões de novas linhas poderiam ser habilitadas.

GABARITO: ERRADO.

Como a ordem dos números na numeração dos telefones é relevante, temos um exercícios de arranjo.

Telefones com 9 dígitos: o primeiro número precisa ser o 9, e o segundo não poderá ser o 0. Os demais dígitos não possuem condições:

1 x 9 x 10 x 10 x 10 x 10 x 10 x 10 x 10 = 90.000.000.

Telefones com 9 dígitos: o primeiro número precisa ser o 9. Os demais dígitos não possuem condições:

1 x 10 x 10 x 10 x 10 x 10 x 10 x 10 x 10 = 100.000.000.

Assim, temos: 100.000.000 - 90.000.000 = 10.000.000 de novos telefones.

---

316. **(2012 – TRE/RJ – Técnico Judiciário Área Operação de Computador)** Nas eleições municipais de uma pequena cidade, 30 candidatos disputam 9 vagas para a Câmara de Vereadores. Na sessão de posse, os nove eleitos escolhem a mesa diretora, que será composta por presidente, primeiro e segundo secretários, sendo proibido a um mesmo parlamentar ocupar mais de um desses cargos. Acerca dessa situação hipotética, julgue o item seguinte:

A quantidade de maneiras distintas de se formar a mesa diretora da Câmara Municipal é superior a 500.

GABARITO: CERTO.

Como a ordem dos nove eleitos na mesa diretora é relevante, temos um exercício de arranjo.

9 x 8 x 7 = 504

---

317. **(2012 – TRE/RJ – Técnico Judiciário Área Operação de Computador)** Nas eleições municipais de uma pequena cidade, 30 candidatos disputam 9 vagas para a Câmara de Vereadores. Na sessão de posse, os nove eleitos escolhem a mesa diretora, que será composta por presidente, primeiro e segundo secretários, sendo proibido a um mesmo parlamentar ocupar mais de um desses cargos. Acerca dessa situação hipotética, julgue o item seguinte:

A quantidade de maneiras distintas para se formar a Câmara de Vereadores dessa cidade é igual a 30!/(9! × 21!).

GABARITO: CERTO.

Como a ordem dos nove eleitos para formar a Câmara dos Vereadores é irrelevante, temos um exercício de combinação.

$$C_{30,9} = \frac{30!}{9! \times 21!}$$

Probabilidade

318. (2014 – CADE – Analista Técnico Administrativo)

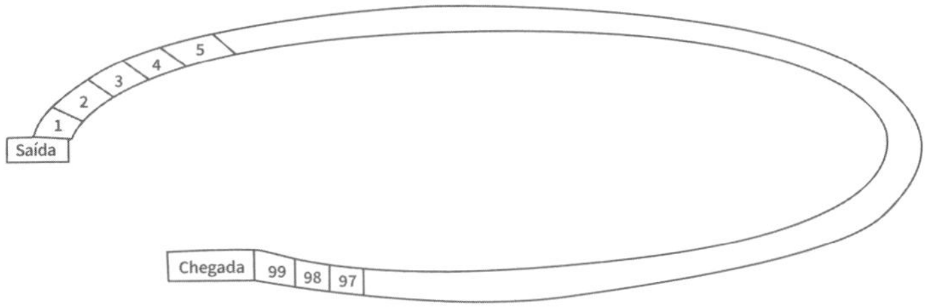

A figura ilustra parte de um jogo de tabuleiro com 100 casas, numeradas de 1 a 100, em que a centésima é denominada casa de chegada. O movimento das peças é determinado pelo jogo de um dado de seis faces numeradas de 1 a 6. Os jogadores vão se alternando no lançamento do dado e movimentando suas peças até que cheguem à casa de número 100. Para movimentar a sua peça, o jogador deverá lançar o dado e respeitar as seguintes regras:

- se o número obtido no lançamento do dado for superior a 3, o jogador deverá andar uma quantidade de casas igual a esse número;
- se o número obtido no lançamento do dado for inferior a 4, o jogador deverá andar uma quantidade de casas igual ao dobro desse número.

Tendo como referência essas informações, julgue o item seguinte, considerando que o dado utilizado seja equilibrado, isto é, a probabilidade de sair determinada face é a mesma para todas as faces.

Com um lançamento do dado, a probabilidade de que o resultado obtido permita que o jogador avance quatro casas com a sua peça é superior a 0,3.

GABARITO: CERTO.

Total de possíveis lançamentos é igual a 6.

Valor desejado de pontuação é 4: para isso, ou o jogador tira 4 ou 2. Temos, então 2 possíveis lançamentos para obter o desejado no item.

Calculando a probabilidade: $\frac{2}{6} = 0{,}3333$

---

319. (2014 – MDIC – Auditor de Controle Externo) Em uma empresa, as férias de cada um dos 50 empregados podem ser marcadas na forma de trinta dias ininterruptos, ou os trinta dias podem ser fracionados em dois períodos de quinze dias ininterruptos ou, ainda, em três períodos de dez dias ininterruptos. Em 2013, depois de marcadas as férias de todos os 50 empregados, constatou-se que 23, 20 e 28 deles marcaram os trinta dias de férias ou parte deles para os meses de janeiro, fevereiro e junho, respectivamente. Constatou-se, também, que, nesse ano, nenhum empregado marcou férias para algum mês diferente dos mencionados.

Tendo como referência as informações julgue o item que se segue:

Considere que, em 2013, nenhum empregado que trabalha na empresa há mais de 10 anos tenha marcado férias para o mês de junho, e que, no mês de maio, a empresa tenha escolhido, aleatoriamente, 2 de seus empregados para participar de um curso de formação. Nesse caso, a probabilidade de esses 2 empregados escolhidos trabalharem na empresa há mais de 10 anos é inferior a 0,2.

GABARITO: CERTO.

Sabemos que, no mês de junho, 28 empregados marcaram suas férias ou parte delas. Como são 50 empregados, podemos interpretar que (50-28) 22 empregados marcaram suas férias, ou parte delas, no meses de janeiro e fevereiro.

Sendo assim, temos os dados necessários para o cálculo desejado no item.

A probabilidade de esses 2 empregados escolhidos trabalharem na empresa há mais de 10 anos é inferior a 0,2

$$\frac{22}{50} \cdot \frac{21}{49} = \frac{462}{2450} = 0,1886$$

---

320. (2014 – CEF – Técnico Bancário) Para utilizar o autoatendimento de certo banco, o cliente deve utilizar uma senha silábica composta por três sílabas distintas. Para que possa acessar a sua conta em um caixa eletrônico, o cliente deve informar a sua senha silábica da seguinte maneira:

- primeiramente, é apresentada uma tela com 6 conjuntos de 4 sílabas distintas cada um, dos quais apenas um contém a primeira sílaba da senha do cliente, que deve, então, selecionar esse conjunto;
- em seguida, é apresentada uma segunda tela com 6 novos conjuntos de 4 sílabas distintas cada um, dos quais apenas um contém a segunda sílaba da senha do cliente, que deve, então, selecionar esse conjunto;
- finalmente, é apresentada uma terceira tela com 6 novos conjuntos de 4 sílabas distintas cada um, dos quais apenas um contém a terceira sílaba da senha do cliente, que deve, então, selecionar esse conjunto.

A informação da senha silábica só será considerada correta se cada uma das 3 sílabas que compõem essa senha for informada na ordem solicitada: a primeira sílaba deverá estar no conjunto selecionado na primeira tela; a segunda sílaba, no conjunto selecionado na segunda tela; e a terceira sílaba, no conjunto selecionado na terceira tela.

Com base nessas informações, julgue o próximo item:

Se um indivíduo conseguir visualizar e anotar os 3 conjuntos de 4 sílabas selecionados corretamente por um cliente em um terminal de autoatendimento e, em seguida, listar todas as possibilidades para a senha silábica desse cliente, para, então, escolher uma dessas possíveis senhas, a probabilidade de que essa escolha coincida com a senha do correntista será inferior a 0,01.

GABARITO: ERRADO.

Lembrando que cada conjunto possui 4 sílabas, temos que a probabilidade de este indivíduo acertar a sílaba correta é $\frac{1}{4}$ em cada conjunto.

Como são três conjuntos, temos a seguinte resposta:

$$\frac{1}{4} \cdot \frac{1}{4} \cdot \frac{1}{4} = \frac{1}{64} = 0,0156$$

---

321. (2014 – CEF – Técnico Bancário) Para utilizar o autoatendimento de certo banco, o cliente deve utilizar uma senha silábica composta por três sílabas distintas. Para que possa acessar a sua conta em um caixa eletrônico, o cliente deve informar a sua senha silábica da seguinte maneira:

- primeiramente, é apresentada uma tela com 6 conjuntos de 4 sílabas distintas cada um, dos quais apenas um contém a primeira sílaba da senha do cliente, que deve, então, selecionar esse conjunto;
- em seguida, é apresentada uma segunda tela com 6 novos conjuntos de 4 sílabas distintas cada um, dos quais apenas um contém a segunda sílaba da senha do cliente, que deve, então, selecionar esse conjunto;
- finalmente, é apresentada uma terceira tela com 6 novos conjuntos de 4 sílabas distintas cada um, dos quais apenas um contém a terceira sílaba da senha do cliente, que deve, então, selecionar esse conjunto.

A informação da senha silábica só será considerada correta se cada uma das 3 sílabas que compõem essa senha for informada na ordem solicitada: a primeira sílaba deverá estar no conjunto selecionado na primeira tela; a segunda sílaba, no conjunto selecionado na segunda tela; e a terceira sílaba, no conjunto selecionado na terceira tela.

Com base nessas informações, julgue o próximo item:

Se um cliente esquecer completamente a sua senha silábica, a probabilidade de ele acertá-la em uma única tentativa, escolhendo aleatoriamente um conjunto de sílabas em cada uma das três telas que forem apresentadas pelo terminal de autoatendimento, será inferior a 0,005.

GABARITO: CERTO.

Deve-se lembrar que são seis conjuntos e, em cada conjunto, temos 4 sílabas. Logo, o total de sílabas apresentadas em cada conjunto é 24. Assim, a probabilidade de este indivíduo acertar a sílaba correta é $\frac{1}{24}$ em cada conjunto.

Como são três conjuntos, temos a seguinte resposta:

$$\frac{1}{24} \cdot \frac{1}{24} \cdot \frac{1}{24} = \frac{1}{13824} = 0{,}0000723$$

---

322. (2013 – Ministério da Justiça – Administrador) Para a tramitação de processos protocolados, determinado tribunal adota a metodologia apresentada a seguir:

- todos os processos referentes apenas à administração pública são encaminhados à seção A;
- todos os processos referentes apenas a entidades privadas são encaminhados à seção B;
- todos os processos que envolvem administração pública e privada são encaminhados à seção C e, após análise, são encaminhados à seção A ou B;
- todos os processos que chegam à seção A, provenientes de C, são, posteriormente, encaminhados para B, e todos os processos que chegam à seção B, provenientes de C, são posteriormente encaminhados para A.
- todos os processos que chegam à seção A, que não sejam provenientes diretamente da seção C, são analisados por Francisco;
- todos os processos que chegam à seção B, que não são provenientes diretamente da seção C, são analisados por Rute ou Mateus;

- Francisco, Rute e Mateus analisam apenas processos que não sejam provenientes diretamente da seção C.

Com base nessas informações, julgue o item subsequente:

Caso dois processos sejam aleatoriamente selecionados de uma lista que contenha 10 processos relativos exclusivamente à administração pública, 10 relativos exclusivamente a entidades privadas e 20 relativos aos dois setores, a probabilidade de esses dois processos se referir exclusivamente ao setor público será igual a 3/52.

GABARITO: CERTO.

O item deseja o sorteio de dois processos. Portanto, sortearemos um processo exclusivo do setor público e outro também deste mesmo setor. Repare que utilizamos o conectivo "e". Logo, teremos que multiplicar as probabilidades. Convém ressaltar que o total de processos é 40, e que 10 deles são exclusivos do setor público.

$$\frac{10}{40} \cdot \frac{9}{39} = \frac{90}{1560} \; \textit{simplificando por 30} = \frac{3}{52}$$

---

323. **(2013 – Ministério da Saúde – Administrador)** No desenvolvimento de uma nova terapia para determinado tipo de doença, pesquisadores submeteram dois grupos distintos de pacientes a dois tipos de tratamento. No tratamento 1, a pessoa deveria tomar os medicamentos X e Y, enquanto, no tratamento 2, a pessoa deveria tomar o medicamento X ou Y. Ao analisar os resultados desse estudo, cujos dados são apresentados na tabela abaixo, observou-se que alguns desses pacientes não seguiram as recomendações médicas e cometeram erros na administração de seus medicamentos.

tratamento	total de pacientes	número de pacientes que tomaram o medicamento	
		x	y
1	20	18	15
2	20	15	13

Com base nas informações e considerando que o uso do medicamento X sempre provoca sonolência, enquanto o uso do medicamento Y sempre provoca náuseas ou tontura, julgue o item a seguir:

Se dois indivíduos forem escolhidos aleatoriamente entre os quarenta participantes dos tratamentos, então a probabilidade de pelo menos um deles ter tomado o medicamento Y será superior a 0,71.

GABARITO: CERTO.

Primeiro passo: para resolver este item, é preciso interpretar o que ele está solicitando que se calcule.

O item deseja a probabilidade de pelo menos um deles ter tomado o medicamento Y. Em outras palavras, ele deseja a probabilidade de um paciente ter tomado o medicamento Y, ou de dois pacientes terem tomado o medicamento Y.

Segundo passo: deve-se conhecer quantos tomaram o medicamento X e Y.

Tratamento 1: vamos calcular quantos tomaram X e Y ao mesmo tempo.

18 + 15 – 20 = 13

Logo, (18-13) 5 tomaram apenas X e (15-13) 2 tomaram apenas Y.

Tratamento 2: vamos calcular quantos tomaram X e Y ao mesmo tempo.

15 + 13 – 20 = 8

Logo, (15-8) 7 tomaram apenas X e (13-8) 5 tomaram apenas Y.

Total de pacientes = 40;

Tomaram apenas X = (5+7) 12

Tomaram apenas Y = (2+5) 7

Tomaram X e Y = (13+8) = 21

Tomaram Y = (7+21) = 28

Y e só X ou Y e Y (Não se esqueça de permutar X e só Y, duas opções de cálculo).

$$2\cdot\left(\frac{\cancel{28}}{\cancel{40}}\cdot\frac{12}{39}\right)+\left(\frac{\cancel{28}}{\cancel{40}}\cdot\frac{27}{39}\right)$$ simplificando por 4, teremos:

$$2\cdot\left(\frac{7}{10}\cdot\frac{\cancel{12}}{\cancel{39}}\right)+\left(\frac{7}{10}\cdot\frac{\cancel{27}}{\cancel{39}}\right)$$ simplificando por 3, teremos:

$$2\cdot\left(\frac{7}{10}\cdot\frac{4}{13}\right)+\left(\frac{7}{10}\cdot\frac{9}{13}\right)\rightarrow 2\cdot\left(\frac{28}{130}\right)+\left(\frac{63}{130}\right)\rightarrow\frac{56}{130}+\frac{63}{130}=\frac{119}{130}=0{,}9154$$

---

324. (2013 – TCE/RO – Agente Administrativo) Considerando que, em uma pesquisa de rua, cada entrevistado responda sim ou não a cada uma de dez perguntas feitas pelos entrevistadores, julgue o item seguinte:

Se um entrevistado responder à pesquisa aleatoriamente, a probabilidade de ele responder sim a pelo menos uma pergunta será superior a 99%.

GABARITO: CERTO.

Para realizar o cálculo deste item, utilizaremos a "regra do pelos um".

1 – Probabilidade do que não se quer:

A única coisa que o item não deseja é que todas as respostas seja não.

Sabendo que $\frac{1}{2}$ é a probabilidade de responder não a uma pergunta, $\left(\frac{28}{130}\right)^{10}=\frac{1}{1024}$

é a probabilidade de responder não para as 10 perguntas.

Assim, temos;

1 – Probabilidade do que não se quer:

$$1-\frac{1}{1024}+\frac{1024-1}{1024}=\frac{1023}{1024}=0{,}9990=99{,}90\%$$

---

325. **(2013 – SERPRO – Analista de Administração de Serviços de Tecnologia da Informação)** Estudos revelam que 95% dos erros de digitação de uma sequência numérica — como, por exemplo, um código de barras ou uma senha — são a substituição de um algarismo por outro ou a troca entre dois algarismos da mesma sequência; esse último tipo de erro corresponde a 80% dos casos. Considerando esses fatos e que a senha de acesso de um usuário a seu provedor de e-mail seja formada por 8 algarismos, escolhidos entre os algarismos de 0 a 9, julgue o item a seguir:

Se, ao digitar a sua senha, o usuário cometer um erro do tipo substituição de um algarismo por outro, então a probabilidade de que tal substituição ocorria no primeiro algarismo da senha será igual a 0,1.

GABARITO: ERRADO.

São 8 algarismos na senha. e o item deseja um único erro de substituição, de modo que este erro aconteça no primeiro algarismo. Assim, temos:

$$\frac{1}{8} = 0{,}125 = 12{,}5\%$$

---

326. **(2013 – MPOG – Analista de Negócio)** Uma entrevista foi realizada com 46 empregados de uma empresa, entre os quais 24 eram do sexo masculino e 22, do feminino. Com base nessas informações, julgue o item seguinte:

Se exatamente 5 entre os empregados do sexo masculino tiverem idade inferior a 20 anos e se 2 empregados forem escolhidos ao acaso entre os 46 empregados dessa empresa, então a probabilidade de esses dois empregados escolhidos serem do sexo masculino e terem idade inferior a 20 anos será maior do que 1/100.

GABARITO: ERRADO.

Temos um total de 46 empregados e, segundo o item, devemos supor que 5 empregados são do sexo masculino, com idade inferior a 20 anos.

Vamos calcular a probabilidade de dois empregados serem escolhidos e serem do sexo masculino, com idade inferior a 20:

$$\frac{\cancel{5}}{46} \cdot \frac{4}{\cancel{45}} \text{ simplificando por 5 } \frac{1}{\cancel{46}} \cdot \frac{\cancel{4}}{9} \text{ simplificando por 2 } \frac{1}{23} \cdot \frac{2}{9} = \frac{2}{207}$$

O item afirma que o cálculo feito é maior que $\frac{1}{100}$

$\frac{2}{207} > \frac{1}{100}$ **multiplicando em X, temos 200 > 207.**

---

327. **(2013 – DPF – Escrivão de Polícia Federal)** Dos 5.000 candidatos inscritos para determinado cargo, 800 foram eliminados pelos procedimentos de investigação social; 4.500 foram desclassificados na primeira etapa; 50 foram reprovados no curso de formação (segunda etapa), apesar de não serem eliminados na investigação social; 350 foram nomeados; todos os classificados na primeira etapa e não eliminados na investigação social até o momento da matrícula no curso de formação foram convocados para a segunda etapa; todos os aprovados no curso de formação e não eliminados na investigação social foram nomeados.

Tendo como referência esses dados hipotéticos, julgue o item a seguir:

Se um candidato inscrito para o referido cargo for selecionado ao acaso, então a probabilidade de ele ter sido eliminado no processo de investigação social será inferior a 20%.

GABARITO: CERTO.

Vamos organizar as informações do texto para interpretá-lo:

Total de inscritos: 5000.

Desclassificados na primeira etapa: 4500.

Todos os classificados na primeira etapa e não eliminados na investigação social, até o momento da matrícula no curso de formação, foram convocados para a segunda etapa.

Primeira conclusão:

***** Com essas três informações, temos que 500 inscritos foram para o curso de formação.**

Reprovados no curso de formação e aprovados na investigação social: 50.

Segunda conclusão:

***** Com mais essa informação, sabemos que 450 foram aprovados no curso de formação.**

Nomeados: 350.

Todos os aprovados no curso de formação e não eliminados na investigação social foram nomeados.

Terceira conclusão:

***** Com mais essas duas informações, sabemos que 100 foram aprovados na primeira frase, aprovados no curso de formação. Porém, foram eliminados na investigação social**

Eliminados na investigação social: 800.

Calculando a probabilidade do item:

$$\frac{800}{5000} = 0,16 = 16\%$$

---

328. **(2013 – Companhia de Pesquisa de Recursos Minerais – Analista em Geociências)** Uma urna contém 199 cartões, todos de igual tamanho, nas seguintes quantidades e cores: 105 cartões pretos, 89 cartões cinzentos e 5 cartões brancos. Fora da urna, há cartões brancos, iguais aos da urna, em quantidade suficiente para, até que sobrem dois cartões na urna, efetuar repetidamente o seguinte procedimento:

- retiram-se, aleatoriamente, dois cartões da urna, um de cada vez;
- se os cartões retirados forem de cores diferentes, o de cor mais escura é devolvido para a urna; e o outro, descartado;
- caso contrário, descartam-se os cartões retirados e coloca-se na urna um cartão branco.

Com base nessa situação, julgue o item seguinte:

Na primeira realização do procedimento, a probabilidade de serem descartados dois cartões pretos é superior a 25%.

GABARITO: CERTO.

Total de cartões = 199. Desses, 105 são pretos.

Deseja-se calcular a probabilidade de sortear dois cartões pretos. Assim, temos:

$$\frac{105}{199} \cdot \frac{104}{198} = \frac{10920}{39402} = 0,2771$$

---

329. (2013 – CNJ – Analista Judiciário Área Analise de Sistema) Em uma sala, cinco computadores para uso público (A, B, C, D e E) estão ligados em uma rede. Devido a problemas com os softwares de proteção da rede, o computador A está infectado com algum vírus; consequentemente, o computador B ou o computador C está infectado com o mesmo vírus. Se o computador C estiver infectado, então os computadores D e E também estarão infectados com o mesmo vírus. Cada computador pode ser infectado isoladamente e todas as manhãs, antes de serem disponibilizados para a utilização pública, os cinco computadores são submetidos a software antivírus que os limpa de qualquer infecção por vírus.

Considerando a situação hipotética acima e desconsiderando questões técnicas relativas à proteção e segurança de redes, julgue o item a seguir:

Considerando que, no início de determinada manhã, os cinco computadores estejam disponíveis para uso e que uma pessoa irá utilizar um deles com uma mídia infectada por um vírus, então, se cada um dos cinco computadores possuir a mesma probabilidade de ser escolhido pelo usuário, a probabilidade de cada computador ser infectado será igual a 1/5.

GABARITO: ERRADO.

A grande dificuldade deste item consiste em interpretarmos o que ele deseja: "a probabilidade de cada computador ser infectado". Em outras palavras, o item deseja a probabilidade de um computador ser escolhido e ser infectado.

Probabilidade de escolher um computador é: 1/5.

Probabilidade de ser infectado é 1/2.

Como estamos utilizando o conectivo "e", devemos multiplicar as probabilidades.

$$\frac{1}{5}\cdot\frac{1}{2}=\frac{1}{10}$$

---

330. (2013 – TRT/10ª Região – Analista Judiciário Área Tecnologia da Informação) No concurso de loterias denominado "miniquina", o apostador pode marcar 5, 6 ou 7 dezenas em uma cartela que possui as dezenas de 01 a 15. Nesse concurso, o prêmio principal é dado ao apostador que marcar em sua cartela as cinco dezenas sorteadas aleatoriamente em uma urna.

Com relação ao concurso hipotético apresentado, julgue o item subsequente:

Caso um apostador marque 5 dezenas em sua cartela, a chance de ele acertar exatamente uma dezena entre as 5 sorteadas será superior a 30%.

GABARITO: CERTO.

A probabilidade de acertar 1 dezena em quinze é: $\frac{1}{15}$.

Sabemos que o apostador poderá acertar qualquer uma das 5 dezenas que ele marcar. Logo, devemos multiplicar por 5 a probabilidade anteriormente calculada.

$$5\cdot\frac{1}{15}=\frac{1}{3}=0{,}3333=33{,}33\%$$

---

331. (2013 – TRT/10ª Região – Analista Judiciário Área Tecnologia da Informação) No concurso de loterias denominado "miniquina", o apostador pode marcar 5, 6 ou 7 dezenas em uma cartela que possui as dezenas de 01 a 15. Nesse concurso, o prêmio principal é dado ao apostador que marcar em sua cartela as cinco dezenas sorteadas aleatoriamente em uma urna.

Com relação ao concurso hipotético apresentado, julgue o item subsequente:

Se um apostador marcar apenas 5 dezenas em sua cartela, a probabilidade de ele ganhar o prêmio principal com essa cartela será superior a 1/3.000.

GABARITO: ERRADO.

Sabemos que probabilidade é: $\dfrac{\textit{o que eu quero}}{\textit{o que pode acontecer}}$

O que o item deseja?

Acertar as 5 dezenas marcadas: $C5{,}5 = \dfrac{5!}{5!\text{x}0!} = 1$

O que pode acontecer?

Calcularemos a quantidade de jogos que poderemos formar com 5 dezenas:

$C15{,}5 = \dfrac{15!}{5!\text{x}0!} = 3003$ **jogos com 5 dezenas.**

Calculando a probabilidade: $\dfrac{1}{3003}$.

---

332. **(2013 – TRT/10ª Região – Analista Judiciário Área Tecnologia da Informação)** No concurso de loterias denominado "miniquina", o apostador pode marcar 5, 6 ou 7 dezenas em uma cartela que possui as dezenas de 01 a 15. Nesse concurso, o prêmio principal é dado ao apostador que marcar em sua cartela as cinco dezenas sorteadas aleatoriamente em uma urna.

Com relação ao concurso hipotético apresentado, julgue o item subsequente:

As dezenas que forem sorteadas em concursos anteriores terão mais chances de serem sorteadas novamente.

GABARITO: ERRADO.

Questão de conceito de probabilidade.

Não existe qualquer relação entre sortear as dezenas já sorteadas em concursos anteriores com as dezenas que serão sorteadas em um novo concurso. Todas as dezenas possuem sempre as mesmas probabilidades de serem sorteadas em um novo concurso.

---

333. **(2013 – TRT/10ª Região – Analista Judiciário Área Tecnologia da Informação)** No concurso de loterias denominado "miniquina", o apostador pode marcar 5, 6 ou 7 dezenas em uma cartela que possui as dezenas de 01 a 15. Nesse concurso, o prêmio principal é dado ao apostador que marcar em sua cartela as cinco dezenas sorteadas aleatoriamente em uma urna.

Com relação ao concurso hipotético apresentado, julgue o item subsequente:

Se o apostador A marcar 6 dezenas em sua cartela e o apostador B marcar 5 dezenas, a probabilidade de A ganhar será seis vezes superior à de B.

GABARITO: CERTO.

Um apostador que marcar 6 dezenas criará 6 opções de jogos contra uma única opção daquele que marcar 5 dezenas. Por exemplo:

- **Jogador que marcar os números 1, 2, 3 ,4, 5 e 6. É como se ele estivesse fazendo 6 jogos: 1,2,3,4,5; 1,2,3,4,6; 1,2,3,6,5; 1,2,6,4,5; 1,6,3,4,5; 6,2,3,4,5.**

Assim, a probabilidade de A ganhar será seis vezes superior à de B.

---

334. (2013 – INPI – Arquiteto/Engenheiro) Em um rebanho de 30 novilhas, 7 são marrons, 13 são malhadas, e 10 são brancas. A respeito desse rebanho, julgue o item seguinte:
Se um desses animais for selecionado ao acaso, a probabilidade de ele ser malhado é inferior a 40%.

GABARITO: ERRADO.

Temos 13 novilhas malhadas entre as 30 novilhas do rebanho.

$$\frac{13}{30} = 0{,}4333 = 43{,}33\%$$

335. (2013 – UNIPAMPA – Assistente em Administração) Considere que sejam oferecidas, semestralmente, 75 vagas para o ingresso de discentes em determinado curso superior de uma universidade e que, no primeiro semestre de 2009, tenham ingressado nesse curso 75 discentes — 25 do sexo masculino e 50 do sexo feminino. Com base nessas informações, julgue o item a seguir:

Se dois estudantes forem escolhidos aleatoriamente entre os 75, então, a probabilidade de os dois serem do sexo feminino será superior a 0,5.

GABARITO: ERRADO.

Temos 50 mulheres entre os 75 discentes.

$$\frac{50}{75} \cdot \frac{49}{74} = \frac{2450}{5550} = 0{,}4414$$

336. (2013 – MTE – Auditor Fiscal do Trabalho) Um auditor do trabalho deve analisar 20 processos: 5 a respeito de segurança no trabalho, 7 a respeito de FGTS e 8 a respeito de jornada de trabalho. Considerando que esses processos sejam colocados sobre a mesa de trabalho do auditor, de maneira aleatória, formando uma pilha, julgue o item que se segue:

Considere que uma pilha com os 20 processos seja formada de maneira aleatória. Nesse caso, a probabilidade de o processo que está na parte superior tratar de assunto relativo a FGTS será superior a 0,3.

GABARITO: CERTO.

Temos 7 processos a respeito de FGTS entre os 20 processos.

$$\frac{7}{20} = 0{,}35$$

337. (2013 – MTE – Auditor Fiscal do Trabalho) Os convênios celebrados por um órgão enquadram-se em uma das seguintes situações:

- em execução: quando o convenente ainda não está obrigado a prestar contas ao concedente;
- aguardando prestação de contas: quando, após o período de vigência do convênio, o convenente tem determinado prazo para prestar contas;
- prestação de contas em análise: quando, após a entrega da prestação de contas pelo convenente, o órgão concedente tem determinado prazo para analisar;

- concluído: quando a prestação de contas foi analisada e aprovada;
- em instrução de tomada de contas especial (TCE): quando a prestação de contas foi analisada e rejeitada.

Considere que, dos 180 convênios celebrados pelo referido órgão neste ano, 21 estão concluídos, 10 estão em fase de instrução de TCE, 35 estão com a prestação de contas em análise, 80 estão em execução e o restante está aguardando prestação de contas. Com base nessas informações, julgue o seguinte item:

Se dois convênios entre aqueles celebrados pelo órgão neste ano forem selecionados ao acaso, a probabilidade de que ambos estejam em instrução de TCE será superior a 0,35%.

GABARITO: ERRADO.

Temos (180-21-10-35-80) 34 convênios a respeito de FGTS entre os 180 convênios.

$\frac{7}{20} = 0,35 = 35\%$

338. (2013 – ANS – Técnico Administrativo)

consultas	homens	mulheres	total
dermatologia	45	78	123
gastrenterologia	126	110	236
cardiologia	218	256	474
ortopedia	138	96	234
pneumologia	54	69	123
total	581	609	1.190

A tabela mostra as quantidades de prontuários de consultas em determinado hospital, conforme a especialidade médica. Esses 1.190 prontuários, que são de pacientes diferentes, serão escolhidos aleatoriamente para arquivamento. Com base nessas informações, é correto afirmar que a probabilidade de que o primeiro prontuário selecionado para arquivamento:

Não seja de mulher atendida na pneumologia nem de homem atendido na gastrenterologia é superior a 0,8.

GABARITO: CERTO.

Do total 1190, temos que excluir as mulheres atendidas na pneumologia (69) mais os homens atendidos na gastrenterologia (126).

Assim, temos para o cálculo da probabilidade (1190-69-126) 995 consultas.

Calculando-se a probabilidade desejada:

$\frac{995}{1190} = 0,8361$

339. (2013 – ANS – Técnico Administrativo)

consultas	homens	mulheres	total
dermatologia	45	78	123
gastrenterologia	126	110	236
cardiologia	218	256	474
ortopedia	138	96	234
pneumologia	54	69	123
total	581	609	1.190

A tabela mostra as quantidades de prontuários de consultas em determinado hospital, conforme a especialidade médica. Esses 1.190 prontuários, que são de pacientes diferentes, serão escolhidos aleatoriamente para arquivamento. Com base nessas informações, é correto afirmar que a probabilidade de que o primeiro prontuário selecionado para arquivamento:

Seja de um paciente atendido na ortopedia é superior a 0,22.

GABARITO: ERRADO.

Segundo a tabela do enunciado, temos: 138 homens mais 96 mulheres atendidas na pneumologia. Totalizando (138+96) 234 consultas realizadas na pneumologia.

Calculando a probabilidade desejada:

$$\frac{234}{1190} = 0{,}1966$$

340. (2013 – ANS – Técnico Administrativo)

consultas	homens	mulheres	total
dermatologia	45	78	123
gastrenterologia	126	110	236
cardiologia	218	256	474
ortopedia	138	96	234
pneumologia	54	69	123
total	581	609	1.190

A tabela acima mostra as quantidades de prontuários de consultas em determinado hospital, conforme a especialidade médica. Esses 1.190 prontuários, que são de pacientes diferentes, serão escolhidos aleatoriamente para arquivamento. Com base nessas informações, é correto afirmar que a probabilidade de que o primeiro prontuário selecionado para arquivamento:

Seja de uma mulher é superior a 0,53.

GABARITO: ERRADO.

Segundo dados da tabela do enunciado, temos um total de 609 mulheres.

Calculando a probabilidade desejada:

$$\frac{609}{1190} = 0,5118$$

341. (2013 – ANS – Técnico Administrativo)

consultas	homens	mulheres	total
dermatologia	45	78	123
gastrenterologia	126	110	236
cardiologia	218	256	474
ortopedia	138	96	234
pneumologia	54	69	123
total	581	609	1.190

A tabela mostra as quantidades de prontuários de consultas em determinado hospital, conforme a especialidade médica. Esses 1.190 prontuários, que são de pacientes diferentes, serão escolhidos aleatoriamente para arquivamento. Com base nessas informações, é correto afirmar que a probabilidade de que o primeiro prontuário selecionado para arquivamento:

Seja de um homem que não foi atendido na cardiologia é inferior a 0,32.

GABARITO: CERTO.

Segundo dados da tabela do enunciado, temos um total de 581 consultas de homens. O item deseja a probabilidade de sortear um homem não atendido na cardiologia (581 – 218) 363 consultas.

Calculando a probabilidade desejada:

$$\frac{363}{1190} = 0,3050$$

342. (2013 – ANTT – Técnico Administrativo)

resposta	viaja de avião?	viaja de ônibus?
sim	850	800
não	150	200

A tabela apresenta o resultado de uma pesquisa, da qual participaram 1.000 pessoas, a respeito do uso de meios de transporte na locomoção entre as cidades brasileiras. Com base nessa tabela, julgue o item seguinte:

A probabilidade de uma pessoa selecionada ao acaso entre as participantes da pesquisa não utilizar o avião em sua locomoção entre as cidades brasileiras é de 15%.

GABARITO: CERTO.

Segundo a tabela do enunciado, temos 850 pessoas utilizando avião. Logo, (1000-850) 150 pessoas não utilizam avião.

Calculando-se a probabilidade:

$$\frac{150}{1000} = 0{,}15 = 15\%$$

---

343. **(2013 – UNIPAMPA – Técnico de Laboratório)** A respeito de probabilidades, julgue o item a seguir:

Considere que Roberto juntamente com outros 19 funcionários façam o registro dos calouros na universidade e que, nesse grupo, 5 serão escolhidos para trabalhar no turno da noite. Para evitar reclamações, a escolha será feita por sorteio, escolhendo um funcionário de cada vez. Nesse caso, a probabilidade de Roberto ser o primeiro a ser escolhido é igual a 5%.

GABARITO: CERTO.

Temos 20 funcionários.

$$\frac{1}{20} = 0{,}05 = 5\%$$

---

344. **(2013 – STF – Técnico Administrativo)** O colegiado do Supremo Tribunal Federal (STF) é composto por 11 ministros, responsáveis por decisões que repercutem em toda a sociedade brasileira. No julgamento de determinados processos, os ministros votam pela absolvição ou pela condenação dos réus de forma independente uns dos outros. A partir dessas informações e considerando que, em determinado julgamento, a probabilidade de qualquer um dos ministros decidir pela condenação ou pela absolvição do réu seja a mesma, julgue o item seguinte:

A probabilidade de todos os 11 ministros votarem pela absolvição do réu é superior à probabilidade de que os votos dos 6 primeiros ministros a votar sejam pela condenação do réu e os votos dos 5 demais ministros sejam pela absolvição do réu.

GABARITO: ERRADO.

A probabilidade de um ministro votar pela absolvição é 1/2.

A probabilidade de um ministro votar pela condenação é 1/2.

A probabilidade de todos os 11 ministros votarem pela absolvição é: $\left(\frac{1}{2}\right)^{11}$.

A probabilidade de que os votos dos 6 primeiros ministros seja pela condenação é:

$$\left(\frac{1}{6}\right)^{6} \cdot \left(\frac{1}{2}\right)^{5} = \left(\frac{1}{2}\right)^{1}$$

Assim, as duas probabilidade são iguais.

---

345. (2013 – STF – Técnico Administrativo) O colegiado do Supremo Tribunal Federal (STF) é composto por 11 ministros, responsáveis por decisões que repercutem em toda a sociedade brasileira. No julgamento de determinados processos, os ministros votam pela absolvição ou pela condenação dos réus de forma independente uns dos outros. A partir dessas informações e considerando que, em determinado julgamento, a probabilidade de qualquer um dos ministros decidir pela condenação ou pela absolvição do réu seja a mesma, julgue o item seguinte:

Se os votos dos 5 primeiros ministros a votar forem pela condenação do réu, a probabilidade de o voto do sexto ministro a votar também ser pela condenação do réu será inferior a 0,02.

GABARITO: ERRADO.

A probabilidade de um ministro votar pela absolvição é 1/2.

A probabilidade de um ministro votar pela condenação é 1/2.

Assim, o sexto ministro tem como probabilidade de votar pela condenação do réu é 1/2 = 0,5.

---

346. (2013 – TRT/10ª Região – Técnico Judiciário Área Tecnologia da Informação) Considerando que, dos 10 postos de combustíveis de determinada cidade, exatamente dois deles cometam a infração de vender gasolina adulterada, e que sejam escolhidos ao acaso alguns desses postos para serem fiscalizados, julgue o item seguinte:

Se dois postos forem escolhidos aleatoriamente, a probabilidade de esses dois postos serem os infratores será inferior a 2%.

GABARITO: ERRADO.

Temos, entre os 10 postos de combustíveis, 2 postos que cometeram a infração.

$$\frac{2}{10} \cdot \frac{1}{9} = \frac{2}{90} = 0{,}0222 = 2{,}22\%$$

---

347. (2013 – BACEN – Técnico de Segurança Institucional) A numeração das notas de papel-moeda de determinado país é constituída por duas das 26 letras do alfabeto da língua portuguesa, com ou sem repetição, seguidas de um numeral com 9 algarismos arábicos, de 0 a 9, com ou sem repetição. Julgue o próximo item, relativo a esse sistema de numeração.

Considere o conjunto das notas numeradas da forma #A12345678&, em que # representa uma letra do alfabeto e &, um algarismo. Nessa situação, retirando-se, aleatoriamente, uma nota desse conjunto, a probabilidade de # ser uma vogal e de & ser um algarismo menor que 4 é inferior a 1/10.

GABARITO: CERTO.

Primeiro passo: calcular a probabilidade do símbolo # ser uma vogal: $\frac{5}{26}$.

Segundo passo: calcular a probabilidade do símbolo & ser um algarismos menor que 4: $\frac{3}{10}$.

O item deseja: a probabilidade de # ser uma vogal e de & ser um algarismo menor que 4. Como o item utiliza o conectivo "e", devemos multiplicar as probabilidades.

$$\frac{5}{26} \cdot \frac{3}{10} > \frac{1}{10} \rightarrow \frac{15}{260} > \frac{1}{10} \rightarrow 150 > 260$$

---

348. **(2013 – BACEN – Técnico de Segurança Institucional)** A prova objetiva de um concurso público é formada de itens para julgamento. O candidato deverá julgar cada um deles e marcar na folha de respostas, para cada item, o campo indicado com a letra C se julgar que o item é CERTO, ou o campo indicado com a letra E, se julgar que o item é ERRADO. Nenhum item poderá ficar sem marcação nem poderá haver dupla marcação, C e E. Em cada item, o candidato receberá pontuação positiva se acertar a resposta, isto é, se sua marcação, C ou E, coincidir com o gabarito divulgado pela organização do concurso. Nos cinco itens que avaliavam conhecimentos de matemática, um candidato fez suas marcações de forma aleatória. Nesse caso, a probabilidade de esse candidato:

acertar exatamente três desses cinco itens é inferior à probabilidade de acertar exatamente dois deles.

GABARITO: ERRADO.

A probabilidade de acertar um item é 1/2.

A probabilidade de errar um item é 1/2.

Assim, o item deseja graficamente: AAAEE > AAEEE. Como as probabilidades são iguais, não há necessidade de se efetuarem cálculos. As probabilidades serão iguais.

Vamos fazer as contas:

- **Acertar 3 itens, significar acertar 3 e errar 2.**

AAAEE $\frac{5!}{3!x2!} \cdot \left(\frac{1}{2} \cdot \frac{1}{2} \cdot \frac{1}{2} \cdot \frac{1}{2} \cdot \frac{1}{2}\right) - 0{,}3125$**. Convém ressaltar que o primeiro cálculo que fizemos determinará quantas maneiras um candidato poderá acertar 3 itens. Utilizamos permutação com repetição. Muitos autores afirmam que o modo correto deve se dar por combinação.**

- **Acertar 2 itens, significa acertar 2 e errar 3.**

AAEEE $\frac{5!}{3!x2!} \cdot \left(\frac{1}{2} \cdot \frac{1}{2} \cdot \frac{1}{2} \cdot \frac{1}{2} \cdot \frac{1}{2}\right) - 0{,}3125$**. Convém ressaltar que o primeiro cálculo que fizemos determinará quantas maneiras um candidato poderá acertar 3 itens. Utilizamos permutação com repetição. Muitos autores dizem que o modo correto deve se dar por combinação.**

---

349. **(2013 – BACEN – Técnico de Segurança Institucional)** A prova objetiva de um concurso público é formada de itens para julgamento. O candidato deverá julgar cada um deles e marcar na folha de respostas, para cada item, o campo indicado com a letra C se julgar que o item é CERTO, ou o campo indicado com a letra E, se julgar que o item é ERRADO. Nenhum item poderá ficar sem marcação nem poderá haver dupla marcação, C e E. Em cada item, o candidato receberá pontuação positiva se acertar a resposta, isto é, se sua marcação, C ou E, coincidir com o gabarito divulgado pela organização do concurso. Nos cinco itens que avaliavam conhecimentos de matemática, um candidato fez suas marcações de forma aleatória. Nesse caso, a probabilidade de esse candidato:

acertar exatamente três desses itens de matemática é inferior a 1/3.

GABARITO: CERTO.

A probabilidade de acertar um item é 1/2.

A probabilidade de errar um item é 1/2.

Acertar 3 itens, significar acertar 3 e errar 2.

AAAEE $\frac{5!}{3!x2!} \cdot \left(\frac{1}{2} \cdot \frac{1}{2} \cdot \frac{1}{2} \cdot \frac{1}{2} \cdot \frac{1}{2}\right) - 0{,}3125$. Convém ressaltar que o primeiro cálculo que fizemos determinará quantas maneiras um candidato poderá acertar 3 itens. Utilizaremos permutação com repetição. Muitos autores dizem que o modo correto deve se dar por combinação.

Assim, 0,3125 é inferior a 1/3 (0,3333).

RLM

350. (2012 – DPF – Agente de Polícia Federal) Dez policiais federais — dois delegados, dois peritos, dois escrivães e quatro agentes — foram designados para cumprir mandado de busca e apreensão em duas localidades próximas à superintendência regional. O grupo será dividido em duas equipes. Para tanto, exige-se que cada uma seja composta, necessariamente, por um delegado, um perito, um escrivão e dois agentes.

Considerando essa situação hipotética, julgue o item que se segue:

Se cinco dos citados policiais forem escolhidos, aleatoriamente e independentemente dos cargos, então a probabilidade de que esses escolhidos constituam uma equipe com a exigência inicial será superior a 20%.

GABARITO: ERRADO.

O item deseja calcular a probabilidade de sortear 5 policiais e de que estes cincos policias sejam: 1 delegado, 1perito, 1 escrivão e 2 agentes.

Probabilidade de sortear 1 delegado: temos 2 delegados de um total de 10 policiais. Assim, temos: $\frac{2}{10}$.

Probabilidade de sortear 1 perito: temos 2 peritos de um total de 9 policiais, porque 1 deles já foi sorteado. Assim, temos: $\frac{2}{9}$.

Probabilidade de sortear 1 escrivão: temos 2 escrivães de um total de 8 policiais, porque 2 deles já foram sorteados. Assim, temos: $\frac{2}{8}$.

Probabilidade de sortear 2 agentes: temos 4 agentes de um total de 7 policiais, porque 3 deles já foram sorteados para calcular a primeira probabilidade. Para calcular a segunda probabilidade, temos 3 agentes de um total de 6 policiais, porque 4 deles já foram sorteados $\frac{4}{7} \cdot \frac{3}{6}$

Além de multiplicar esses valores, é necessário calcular uma permutação com repetição, porque não existe ordem no sorteio. Se apenas multiplicarmos as probabilidades, estaríamos calculando a probabilidade de sortear, nesta ordem, delegado, perito, escrivão, agente e, finalizando, outro agente.

DPEAA $\frac{5!}{2!} = 60$ Existem 60 maneiras de sortear um delegado, um perito, um escrivão e dois agentes.

Finalizando:

$\cancel{60} \cdot \frac{2}{\cancel{10}} \cdot \frac{2}{9} \cdot \frac{2}{8} \cdot \frac{4}{7} \cdot \frac{3}{\cancel{6}}$ (Simplificando 60 com 10 e com 6)

$\frac{\not{2}}{1} \cdot \frac{\not{2}}{9} \cdot \frac{\not{2}}{\not{8}} \cdot \frac{4}{7} \cdot \frac{3}{1}$ (Simplificando 2.2.2 com 8)

$\frac{1}{1} \cdot \frac{1}{\not{9}} \cdot \frac{1}{1} \cdot \frac{4}{7} \cdot \frac{\not{3}}{1}$ (Simplificando 9 e 3 por 3) $\frac{1}{1} \cdot \frac{1}{3} \cdot \frac{1}{1} \cdot \frac{4}{7} \cdot \frac{1}{1} = \frac{4}{21} = 0{,}1904 = 19{,}4\%$

Outro jeito de resolver esta questão é através do cálculo de combinações, veja:

Sabemos que probabilidade é: $\frac{\textit{o que eu quero}}{\textit{o que pode acontecer}}$

O que o item deseja?

Ele deseja que sorteamos 1 delegado, 1 perito, 1 escrivão e 2 agentes e quantidade de sorteios que podemos fazer para ter essa equipe corresponde a 48, conforme cálculo a seguir:

$$C_{2,1} \cdot C_{2,1} \cdot C_{2,1} \cdot C_{4,2} = \frac{2!}{1!x1!} x \frac{2!}{1!x1!} x \frac{2!}{1!x1!} x \frac{4!}{2!x2!} = 2x\,2x\,2x\,6 = 48$$

O que pode acontecer?

Vamos calcular quantas equipes com 5 membros podemos formar:

$$C_{10,5} = \frac{10!}{5!x5!} = 252 \text{ equipes.}$$

Calculando a probabilidade: $\frac{48}{252} = 0{,}1904 = 19{,}04\%$.

Importante que cada aluno irá determinar qual método que mais gosta, é questão de gosto. E gosto não se discute!!!

351. **(2012 – PC/CE – Inspetor de Polícia Civil 1ª Classe)** Estudo divulgado pelo Instituto de Pesquisas Econômicas Aplicadas (IPEA) revela que, no Brasil, a desigualdade social está entre as maiores causas da violência entre jovens.

Um dos fatores que evidenciam a desigualdade social e expõem a população jovem à violência é a condição de extrema pobreza, que atinge 12,2% dos 34 milhões de jovens brasileiros, membros de famílias com renda per capita de até um quarto do salário mínimo, afirma a pesquisa.

Como a violência afeta mais os pobres, é usual fazer um raciocínio simplista de que a pobreza é a principal causadora da violência entre os jovens, mas isso não é verdade. O fato de ser pobre não significa que a pessoa será violenta. Existem inúmeros exemplos de atos violentos praticados por jovens de classe média.

Internet: <http://amaivos.uol.com.br> (com adaptações).

Tendo como referência o texto apresentado, julgue o item seguinte:

Selecionando-se ao acaso dois jovens brasileiros, a probabilidade de ambos serem atingidos pela condição de extrema pobreza será inferior a 1,5%.

GABARITO: CERTO.

12,2% é a probabilidade de jovens brasileiros serem atingidos pela condição de extrema pobreza. Assim, temos:

$0{,}122 \,.\, 0{,}122 \cong 0{,}0149 \cong 1{,}49\%$

352. (**2014 - SUFRAMA - Administrador**) Uma pesquisa na qual os 40 alunos de uma disciplina deveriam responder SIM ou NÃO às perguntas P1 e P2 apresentadas a eles, mostrou o seguinte resultado:

- 28 responderam SIM à pergunta P1;
- 22 responderam SIM à pergunta P2;
- 5 responderam NÃO às 2 perguntas.

Com base nessas informações, julgue o item subsecutivo:

Selecionando-se ao acaso um desses alunos, a probabilidade de ele ter respondido SIM a pelo menos uma das perguntas será superior a 0,9.

GABARITO: ERRADO.

Sempre que existirem dois conjuntos, e o item desejar a intersecção deles, basta somar os conjuntos e subtrair do total.

$28 + 22 + 5 - 40 = 15$

Portanto, 15 alunos responderam SIM às duas perguntas.

Para calcular a probabilidade, é preciso interpretar o enunciado e analisar o que ele pede:

Temos que calcular quantos alunos responderam sim apenas para a primeira pergunta (28-15 que é igual a 13); sim apenas para a segunda (22-15 que é igual a 7); e sim para as duas (15). Somando esses valores (13+7+15 que é igual a 35), temos quase o que o enunciado precisa.

Agora, calcularemos a probabilidade:

$\frac{35}{40} = 0,875$

---

353. (**2014 – CADE – Analista Técnico Administrativo**) Em uma escola, uma pesquisa, entre seus alunos, acerca de práticas esportivas de futebol, voleibol e natação revelou que cada um dos entrevistados pratica pelo menos um desses esportes. As quantidades de alunos entrevistados que praticam esses esportes estão mostradas na tabela a seguir:

Com base nas informações e na tabela apresentada, julgue o próximo item:

Escolhendo-se um aluno ao acaso, entre os entrevistados, a probabilidade de ele praticar natação é inferior a 10%.

GABARITO: ERRADO.

O item deseja a probabilidade de um aluno praticar natação.

Sabemos que o total de alunos que praticam natação é igual 80.

Precisamos descobrir a quantidade de alunos existentes nesta escola. Para isso, deveremos montar o diagrama dos dados do enunciado.

Construiremos o diagrama dos dados apresentados na tabela. Devemos lembrar que, para iniciar a montagem do diagrama, devemos sempre iniciar pelas maiores intersecções dos conjuntos. Veja os passos a seguir:

R L M

Passo 1: intersecção tripla

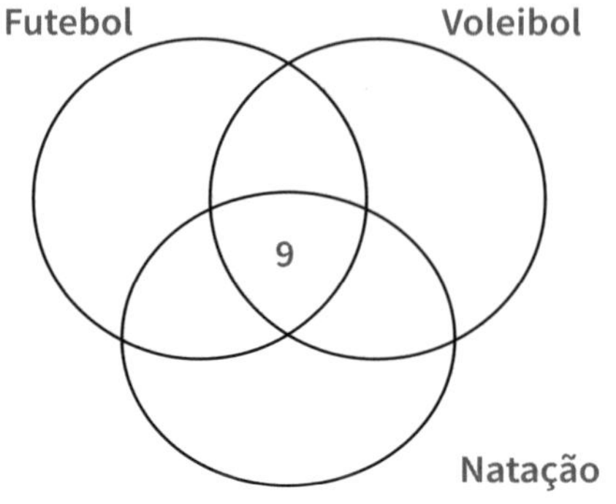

Passo 2: intersecção dupla

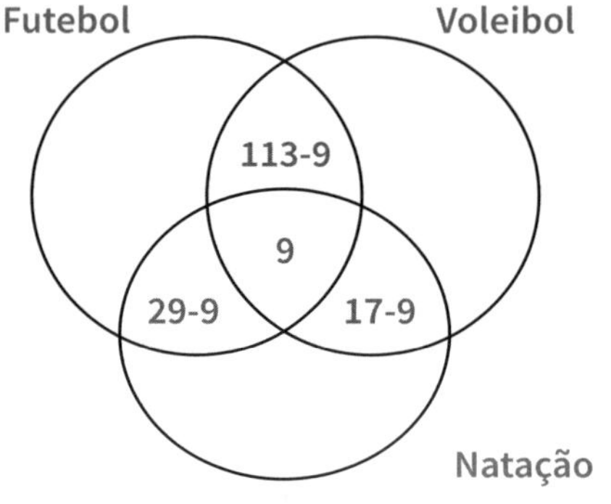

Passo 3: só o conjunto

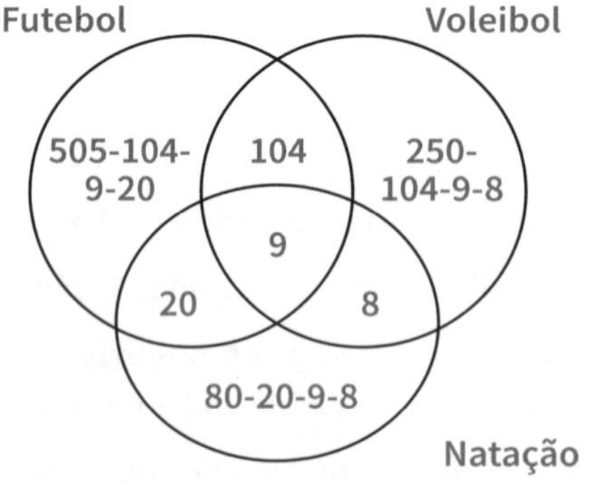

Passo 4: finalizando os cálculos

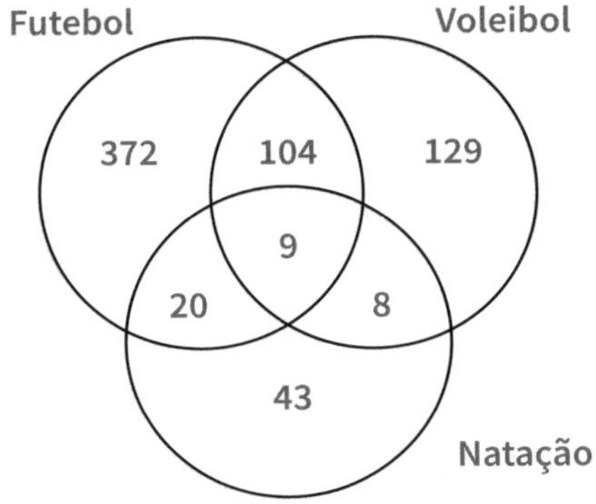

Somando os valores do passo 4, teremos o total de alunos da escola:

$372 + 104 + 9 + 20 + 129 + 8 + 43 = 685$

Calculando o solicitado no item: $\frac{80}{685} = 0{,}1168$

---

354. **(2014 – MDIC – Analista Técnico Administrativo)** Em um grupo de 2.000 empresas, 1/9 das que encerraram as atividades este ano foram abertas em anos anteriores, 1/10 das que foram abertas em anos anteriores encerraram as atividades este ano e 200 empresas não encerraram as atividades este ano e não foram abertas em anos anteriores.

Com base nessas informações, julgue o próximo item:

Se, do grupo de 2.000 empresas, for selecionada uma ao acaso, e se ela tiver sido aberta em anos anteriores, então a probabilidade de ela ter encerrado suas atividades este ano será superior a 10%.

GABARITO: ERRADO.

Vamos interpretar os dados do enunciado:

Chamaremos de X o total de empresas que encerraram suas atividades este ano.

Chamaremos de Y o total de empresas que foram abertas em anos anteriores.

Através do enunciado, sabemos que 200 empresas não encerraram as atividades este ano e não foram abertas em anos anteriores. Temos também, que $\frac{1}{9} \cdot X$ são as empresas que encerraram as atividades este ano e foram abertas em anos anteriores, e que $\frac{1}{10} \cdot Y$ são as empresas que foram abertas em anos anteriores e encerraram as atividades este ano. Logo, estes dois valores são iguais.

Vamos montar diagrama dos dados deste enunciado:

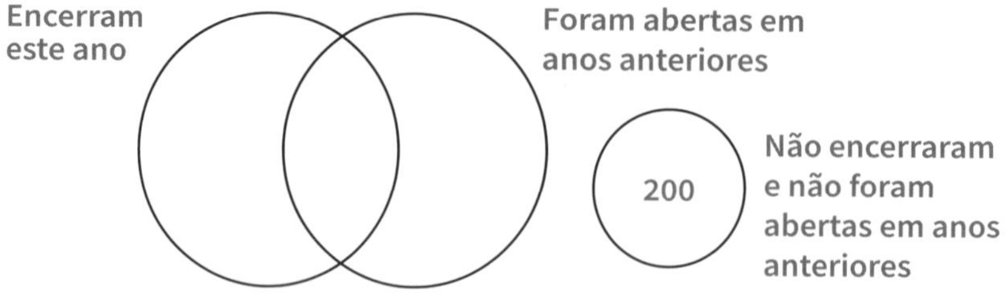

X + Y – a intersecção dos dois conjuntos + 200 = 2000

$X + Y - \frac{1}{10} \cdot Y + 200 = 2000$

Para resolver a equação anterior, precisamos de mais outra. $\frac{1}{9} \cdot X = \frac{1}{10} \cdot Y$

Assim, temos o seguinte sistema de equações para resolver:

$X + Y - \frac{1}{10} \cdot Y + 200 = 2000$

$\frac{1}{9} \cdot X = \frac{1}{10} \cdot Y$ isolando Y, temos: $Y = \frac{10}{9} \cdot X$

Substituindo o valor do Y que isolamos na primeira equação, temos:

$X + \frac{10}{9} \cdot X - \frac{1}{10} \cdot \frac{10}{9} \cdot X + 200 = 2000 \rightarrow X + \frac{10}{9} \cdot X - \frac{1}{9} \cdot X + 200 = 2000$

$\rightarrow \frac{9X + 10X - X + 1800 = 18000}{9} \rightarrow 9X + 10X - X + 1800 = 18000 \quad X = 900$

Assim, possuímos agora as seguintes informações:

- 900 é o total de empresas que encerraram suas atividades este ano.

$Y = \frac{10}{9} \cdot X \quad Y = \frac{10}{9} \cdot 900 = 1000$. Assim temos:

- 1000 é o total de empresas que foram abertas em anos anteriores.

$\frac{1}{9} \cdot X \; \frac{1}{9} \cdot 900 = 100$. Assim temos:

100 são as empresas que encerraram as atividades este ano e foram abertas em anos anteriores.

Com os dados conseguidos, temos:

A probabilidade de escolher uma empresa que foi aberta em anos anteriores e de ela ter encerrado suas atividades este ano, em relação àquelas abertas em anos anteriores, é $\frac{100}{1000} = \frac{1}{10} = 0,1 = 10\%$ ·

---

355. **(2014 – PM/CE – 1º Tenente de Polícia Militar)** Uma pesquisa realizada com um grupo de turistas que visitaram, em Fortaleza, a praia do Futuro (PF), o teatro José Alencar (TJA) e a catedral Metropolitana (CM) apresentou as seguintes informações:

- 70 turistas visitaram a PF;
- 80 turistas visitaram o TJA;

- 70 turistas visitaram a CM;
- 30 turistas visitaram apenas a PF;
- 50 turistas visitaram a CM e o TJA;
- 25 turistas visitaram a PF e a CM;
- 20 turistas visitaram esses três pontos turísticos;
- cada um dos turistas visitou pelo menos um dos três pontos turísticos.

Com base nessas informações, julgue o item a seguir:

A probabilidade de que um turista do referido grupo escolhido ao acaso tenha visitado os três pontos turísticos é superior a 0,14.

GABARITO: CERTO.

Para poder calcular a probabilidade desejada, precisamos encontrar o total de turistas que visitaram Fortaleza. Para isso, construiremos o diagrama através dos dados oferecidos no enunciado. Devemos lembrar que, para iniciar a montagem do diagrama, devemos sempre iniciar pelas maiores intersecções dos conjuntos. Veja os passos a seguir:

Passo 1: intersecção tripla e o dado que oferece apenas

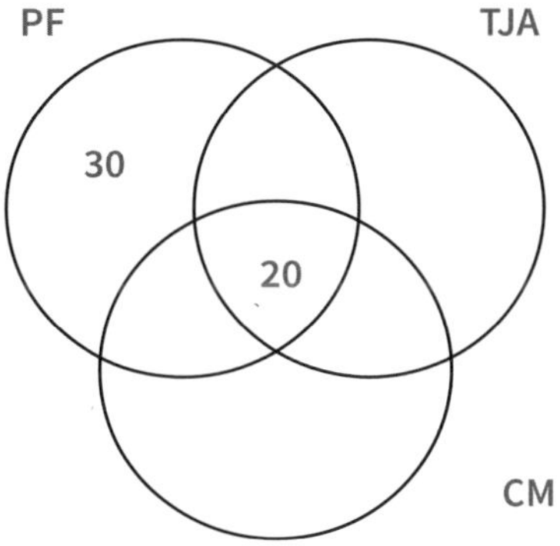

Passo 2: intersecção dupla

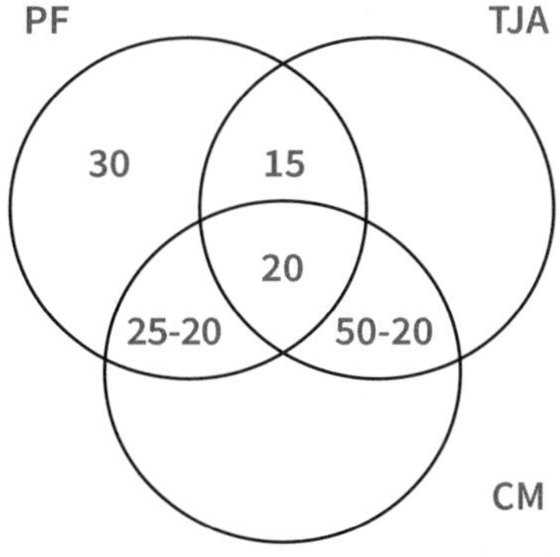

Sabemos que 70 turistas visitaram PF. No conjunto PF, já existem (30+20+5) 55 turistas. Logo, (70-55) apenas 15 turistas visitaram PF e TJA.

RLM

Passo 3: só o conjunto

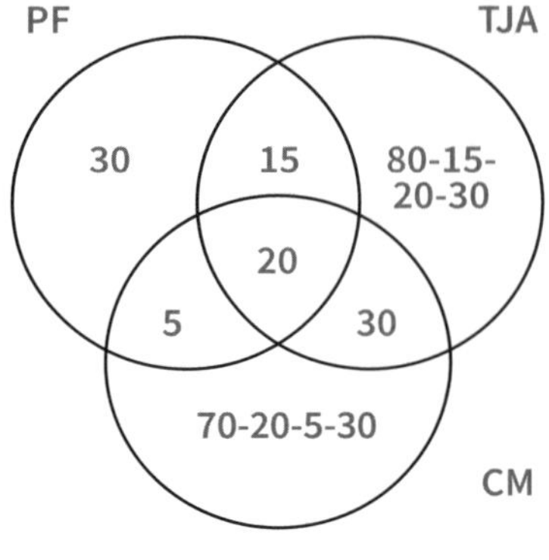

Passo 4: finalizando os cálculos

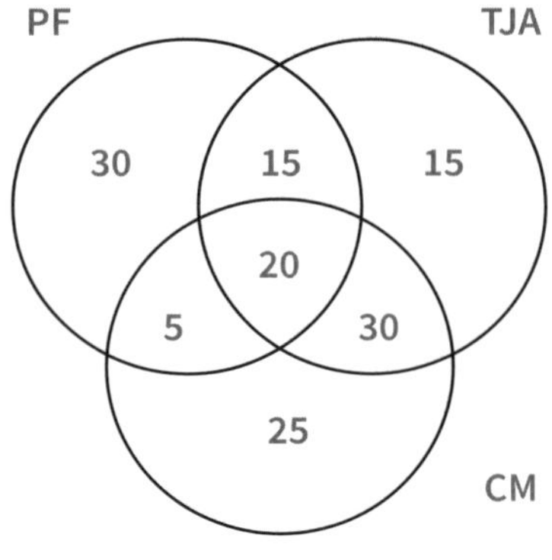

Somando-se os valores do passo 4, teremos o total de alunos da escola:

30 + 15 + 20 + 5 + 15 + 30 + 25 = 140 turistas visitaram Fortaleza.

Calculando o solicitado no item: $\frac{20}{140} = 0{,}1429$.

---

356. (2013 – MPU – Técnico Administrativo) Em razão da limitação de recursos humanos, a direção de determinada unidade do MPU determinou ser prioridade analisar os processos em que se investiguem crimes contra a administração pública que envolvam autoridades influentes ou desvio de altos valores. A partir dessas informações, considerando P = conjunto dos processos em análise na unidade, A = processos de P que envolvem autoridades influentes, B = processos de P que envolvem desvio de altos valores, $C_p(X)$ = processos de P que não estão no conjunto X, e supondo que, dos processos de P, 2/3 são de A e 3/5 são de B, julgue o item a seguir:

Selecionando-se ao acaso um processo em trâmite na unidade em questão, a probabilidade de que ele não envolva autoridade influente será superior a 30%.

GABARITO: CERTO.

Para facilitar os cálculos deste item, atribuiremos um valor fictício de processos. No caso, o valor mais adequado para os cálculos é qualquer valor múltiplo de 15.

Por que é necessário que seja um múltiplo de 15 para facilitar o cálculo?

O m.m.c. dos denominadores das frações é 15. Sendo assim, esse valor e seus

múltiplos são divisíveis tanto por 3 quanto por 5.

Vamos transformar as frações em números inteiros para montar o diagrama dos conjuntos:

Supondo que o total de processos é 15, temos:

$\frac{2}{3} \cdot 15 = 10$. Temos 10 processos envolvendo autoridades influentes.

$\frac{3}{5} \cdot 15 = 9$. Temos 9 processos envolvendo desvio de alto valores.

O item deseja a probabilidade de sortear um processo e ele não envolver autoridade influente. Sabemos que 10 processos envolvem autoridades influentes. Sendo assim, (15-10) 5 processos não envolvem autoridades influentes.

$\frac{8}{15} = 0{,}3333 = 33{,}33\%$

Caso fosse escolhido um outro valor:

Supondo que o total de processos é 30, temos:

$\frac{2}{3} \cdot 30 = 20$. Temos 20 processos envolvendo autoridades influentes.

$\frac{3}{5} \cdot 30 = 18$. Temos 18 processos envolvendo desvio de alto valores.

O item deseja a probabilidade de sortear um processo e ele não envolver autoridade influente. Sabemos que 20 processos envolvem autoridades influentes. Sendo assim, (30-20) 10 processos não envolvem autoridades influentes.

$\frac{10}{30} = 0{,}3333 = 33{,}33\%$.

Qualquer valor que for escolhido vai corresponder ao item. Todavia, é importante frisar que, caso seja escolhido um valor não múltiplo de 15, teremos muito trabalho com os cálculos.

---

357. (2013 – MPU – Técnico em Operação de Redes) Investigando o sistema computacional de uma empresa, peritos constataram que a probabilidade de *rackers* terem invadido o sistema devido a erro humano no sistema era superior a 0,6, isto é, se X for o evento "erro humano" e se Y for o evento "*rackers* invadiram o sistema", então $P(X \cap Y) > 0{,}6$. Com base nessa situação, julgue o item que se segue:

Se $P(Y) = 0{,}2$, então $P(X) > 0{,}4$.

GABARITO: CERTO.

Sabemos pelo enunciado que:

PX) é a probabilidade "erro humano"

P(Y) é a probabilidade de "rackers invadiram o sistema"

$P(X \cap Y)$ é a probabilidade de rackers terem invadido o sistema devido a erro humano no sistema.

$P(X \cap Y) > 0{,}6$

P(Y) =0,2 pelo item.

$P(X) . P(Y) = P(X \cap Y)$

$P(X) . 0{,}2 > 0{,}6$

$P(X) > \frac{0{,}6}{0{,}2}$

$P(X) > 3$

358. **(2013 – MPU – Técnico em Operação de Redes)** Investigando o sistema computacional de uma empresa, peritos constataram que a probabilidade de *rackers* terem invadido o sistema devido a erro humano no sistema era superior a 0,6, isto é, se X for o evento "erro humano" e se Y for o evento "*rackers* invadiram o sistema", então $P(X \cap Y) > 0{,}6$. Com base nessa situação, julgue o item que se segue:

É possível que a probabilidade de rackers terem invadido o sistema, dado que houve erro humano, isto é, $P(Y|X)$, seja inferior a 0,2.

GABARITO: ERRADO.

Sabemos, através do enunciado, que $P(X \cap Y) > 0{,}6$. E, com base neste conhecimento: $P(Y/X) . P(X) = P(X \cap Y)$, vamos resolver a inequação:

$P(Y/X) . P(X) > 0{,}6 \rightarrow P(Y/X) > \frac{0{,}6}{P(X)}$

Supondo $P(X) = 1$, $P(Y/X) > 0{,}6$.

Supondo $P(X) = 0{,}01$, $P(Y/X) > 600$.

Assim, P(X) não será inferior a 0,2.

359. **(2012 – PC/CE – Inspetor de Polícia Civil 1ª Classe)** Dos 420 detentos de um presídio, verificou-se que 210 foram condenados por roubo, 140, por homicídio e 140, por outros crimes. Verificou-se, também, que alguns estavam presos por roubo e homicídio. Acerca dessa situação, julgue o item seguinte:

Selecionando-se ao acaso dois detentos desse presídio, a probabilidade de que ambos tenham sido condenados por roubo ou ambos por homicídio será superior a 1/6.

GABARITO: ERRADO.

Sempre que existirem dois conjuntos, e o item desejar a intersecção deles, basta somar os conjuntos e subtrair do total.

210 + 140 + 140 - 420 = 70.

Portanto, 70 detentos estão presos por roubo e homicídio.

Calculando a probabilidade desejada pelo item (é importante ressaltar que o item deseja a probabilidade de sortear dois detentos. Portanto, devemos fazer dois cálculos de probabilidades e multiplicá-los):

$\frac{70}{420} . \frac{69}{419}$ *(simplificando por 70)* $\frac{1}{6} . \frac{69}{419} = \frac{69}{2514}$

360. (2014 - SUFRAMA – Analista Técnico Administrativo) Em um campeonato de futebol, a pontuação acumulada de um time é a soma dos pontos obtidos em cada jogo disputado. Por jogo, cada time ganha três pontos por vitória, um ponto por empate e nenhum ponto em caso de derrota. Com base nessas informações, julgue o item seguinte:

Se um time disputou 4 jogos, então a probabilidade de a pontuação acumulada desse time ser maior ou igual a 4 e menor ou igual a 7 será superior a 0,35.

GABARITO: CERTO.

Temos 3 possibilidades de resultados (Empate ,Derrota ou Vitória) e 4 partidas. Assim, um time poderá possuir no máximo 3x3x3x3 = 81 possibilidades de resultados. O item deseja que a probabilidade das seguintes pontuações: 4 ou 5 ou 6 ou 7.

Calcularemos as possibilidades de obter 4 pontos:

E E E E (temos uma permutação com repetição) $\frac{4!}{4!} = 1$ possibilidade.

D D E V (temos uma permutação com repetição) $\frac{4!}{4!} = \frac{4.3.2!}{2!} = 12$ possibilidades.

Total: 13 possibilidades para obter 4 pontos.

Probabilidade de obter 4 pontos = $\frac{13}{81}$

Calcularemos as possibilidades de obter 5 pontos:

E E D V (temos uma permutação com repetição) $\frac{4!}{4!} = \frac{4.3.2!}{2!} = 12$ possibilidades.

Total: 12 possibilidades para obter 5 pontos

Probabilidade de obter 5 pontos= $\frac{12}{81}$

Calcularemos as possibilidades de obter 5 pontos:

V V D D (temos uma permutação com repetição) $\frac{4!}{2!x2!} = \frac{4.3.2!}{2.1x2!} = 6$ possibilidades.

V E E E (temos uma permutação com repetição) $\frac{4!}{3!} = \frac{4.3!}{3!} = 4$ possibilidades.

Total: 10 possibilidades para obter 6 pontos.

Probabilidade de obter 6 pontos= $\frac{10}{81}$

Calcularemos as possibilidades de obter 7 pontos:

V V E D (temos uma permutação com repetição) $\frac{4!}{2!} = \frac{4.3.2!}{2!} = 12$ possibilidades.

Total 12 possibilidades para obter 7 pontos

Probabilidade de obter 7 pontos= $\frac{12}{81}$

O enunciado deseja obter a probabilidade de um time possuir ou 4 ou 5 ou 6 ou 7 pontos. Sendo assim, devemos somar as probabilidades calculadas. Convém lembrar que "ou" soma, e "e" multiplica.

$\frac{13}{81} + \frac{12}{81} + \frac{10}{81} + \frac{12}{81} = \frac{60}{81} = 0,7407$

361. **(2014 – Polícia Federal – Agente de Polícia Federal)** Um batalhão é composto por 20 policiais: 12 do sexo masculino e 8 do sexo feminino. A região atendida pelo batalhão é composta por 10 quadras e, em cada dia da semana, uma dupla de policiais policia cada uma das quadras. Com referência a essa situação, julgue o item subsequente:.

Caso as duplas de policiais sejam formadas aleatoriamente, então a probabilidade de que em determinado dia os policiais que policiarão determinada quadra sejam do mesmo sexo será superior a 0,5.

GABARITO: ERRADO.

Primeiro passo: calcular quantas duplas poderão ser formadas:

$$C_{20,2} = \frac{8!}{2!x18!} = 190$$

Segundo passo: calcular quantas duplas poderão ser apenas do sexo feminino e, depois, quantas duplas poderão ser apenas do sexo masculino.

Sexo feminino: $C_{8,2} = \frac{8!}{2!x6!} = 28$

Sexo masculino: $C_{12,2} = \frac{12!}{2!x10!} = 66$

Assim, temos: 66 + 28 = 94 duplas poderão realizar o patrulhamento de uma determinada quadra.

Calculando a probabilidade desejada pelo item:

$$\frac{94}{190} = 0{,}4947$$

---

362. **(2013 – SERPRO – Analista de Administração de Serviços de Tecnologia da Informação)** Estudos revelam que 95% dos erros de digitação de uma sequência numérica — como, por exemplo, um código de barras ou uma senha — são a substituição de um algarismo por outro ou a troca entre dois algarismos da mesma sequência; esse último tipo de erro corresponde a 80% dos casos. Considerando esses fatos e que a senha de acesso de um usuário a seu provedor de e-mail seja formada por 8 algarismos, escolhidos entre os algarismos de 0 a 9, julgue o item a seguir:

Se, ao digitar a senha, o usuário cometer um erro, a probabilidade de o erro dever-se à troca entre dois algarismos adjacentes da sequência será igual a 20%.

GABARITO: CERTO.

Para resolver este item, devemos calcular a probabilidade de acontecer um erro de digitação de troca entre dois algarismos adjacentes da mesma sequência. Para isso, deveremos verificar quantas trocas poderão acontecer e, em seguida, quantas trocas adjacentes poderão acontecer também.

Como a ordem da troca é irrelevante para a resolução da questão, utilizaremos combinação para resolver este item.

Temos 8 algarismos que poderão trocar dois a dois. Assim, temos:

$C_{8,2} = \frac{8!}{2!x6!} = 28$ **possibilidades de trocas.**

Trocas adjacentes 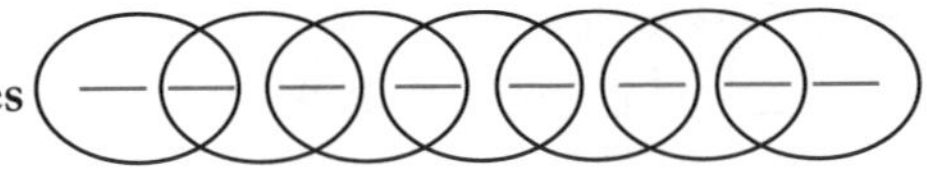 contando quantas esferas foram feitas, temos 7 possibilidades de trocas adjacentes.

Probabilidade de trocas adjacentes = $\frac{7}{28} = 0{,}25$

Finalizando o item, sabemos que a probabilidade de acontecer troca entre dois algarismos da mesma sequência é 80%, e a probabilidade de troca entre dois algarismos adjacentes é 25%, assim 0,80 . 0,25 = 0,20 = 20%.

363. **(2014 – Polícia Federal – Agente de Polícia Federal)** Um batalhão é composto por 20 policiais: 12 do sexo masculino e 8 do sexo feminino. A região atendida pelo batalhão é composta por 10 quadras e, em cada dia da semana, uma dupla de policiais policia cada uma das quadras.

Com referência a essa situação, julgue o item subsequente:

Considerando que, após concurso público, sejam admitidos novos policiais no batalhão, de modo que a quantidade dos novos policiais do sexo masculino admitidos seja igual ao triplo da quantidade de novos policiais do sexo feminino, e que, devido a essas admissões, 0,7 passe a ser a probabilidade de se escolher, ao acaso, um policial do sexo masculino desse batalhão, então, no batalhão haverá mais de 15 policiais do sexo feminino.

GABARITO: CERTO.

Sabemos do enunciado que existe 20 policiais (12 homens e 8 mulheres).

Sabemos, do item que estamos analisando, que a nova probabilidade de sortear um homem no batalhão é 0,7. Sabemos também que H = 3.M. Em que: H são os novos homens do batalhão, e M, as novas mulheres.

Então temos:

20 + H + M como sendo o total de policiais no batalhão.

12 + H o total de homens do batalhão.

$$0.70 = \frac{12 + H}{20 + H + M}$$

H = 3.M

Resolvendo este sistema de equação, encontraremos os novos homens e as novas mulheres.

Substituindo H = 3.M na primeira equação, temos:

$$0.70 = \frac{12 + 3M}{20+3M+M} \rightarrow 0.7 = \frac{12 + 3M}{20+3M+M} \rightarrow 0.7 = \frac{12+3M}{20+4M} \rightarrow 14+2.8M = 12+3M \rightarrow M = 10$$

Assim, temos (8+10) 18 mulheres no batalhão.

FAÇA JÁ

Análise Combinatória (Princípios de Contagem)

Arranjo, Combinatória e Permutação

1. **Arranjo:** quando a ordem dos termos ______________.

   Arranjo Simples: (quando ____________________ repetição dos termos).

   $$A_{n,p} = \frac{n!}{(n-p)!}$$

   Arranjo com repetição: (quando ________________ repetição dos termos).

   $$A_{n,p} = n^p$$

   Em que: n é o total de elementos fornecido pelo enunciado da questão, e p é a quantidade de termos que o enunciado deseja.

2. **Permutação:** caso particular de ______________, em que o número de elementos é ______________ ao número de termos que desejamos trocar de lugar.

   Permutação Simples: (quando ______________ repetição dos termos).

   $$P_n = n!$$

   Permutação com repetição: (quando ______________ repetição dos termos).

   $$P_n^{(\alpha, \beta, y, \ldots)} = \frac{n!}{\alpha! x \beta! x y! x \ldots}!$$

   Circular: (quando __________________________.
   Por exemplo: cinco pessoas sentadas ao redor de uma mesa).

   $$P_n = (n-1)!$$

Em que: n é o total de elementos fornecido pelo enunciado da questão e a, b e g constituem a repetição de termos (repetição de letras, números ou cores) desejados em exercícios de permutação com repetição.

3. **Combinação:** a ordem ____________________.

Combinação Simples (quando ____________ repetição de termos).

$$C_{n,p} = \frac{n!}{p!\,x(n-p)!}$$

Combinação com Repetição (quando ____________ repetição dos termos).

$$C_{n+p-1,p}$$

Para entender essa fórmula, digamos que o enunciado desejasse descobrir o total de possibilidades de uma pessoa pedir duas pizzas de um menu com 10 tipos diferentes de pizzas.

n = 10 p = 2

Desejamos fazer uma combinação em que existe a possibilidade de pedir duas pizzas iguais. Assim, temos: C____________ = C____________. Agora, é só aplicar a fórmula de combinação simples e resolver a questão.

$$probabilidade = \frac{\text{o que eu quero}}{\text{o que pode acontecer}}$$

Regra do "ou" (__________)
- Eventos excludentes: apenas somar
- Eventos não excludentes: além de somar, temos que subtrair o(s) elemento(s) comum(ns)

Regra do "e" (__________)
- com reposição
  - nesta ordem
  - sem ordem (permutar)
- sem reposição
  - nesta ordem
  - sem ordem (permutar)

CAPÍTULO 4

Psicotécnico

Outros Temas de Matemática

Psicotécnico

364. (2014 – PM/CE – 1º Tenente de Polícia Militar)

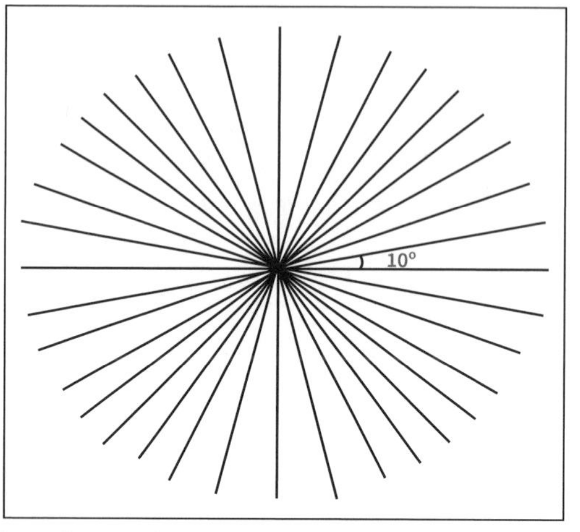

A figura ilustra um feixe de retas distintas concorrendo em um único ponto. O ângulo entre uma reta desse feixe e a seguinte é sempre de 10° Com base nessa figura, julgue o item subsequente:

A quantidade de retas desse feixe é inferior a 20.

GABARITO: CERTO.

Em cada dois quadrantes, temos 8 retas. Assim, temos (8*2) 16 retas nos 4 quadrantes. Somando as duas retas que formam o plano cartesiano, temos um total de 18 retas.

365. (2014 – PM/CE– 1º Tenente de Polícia Militar)

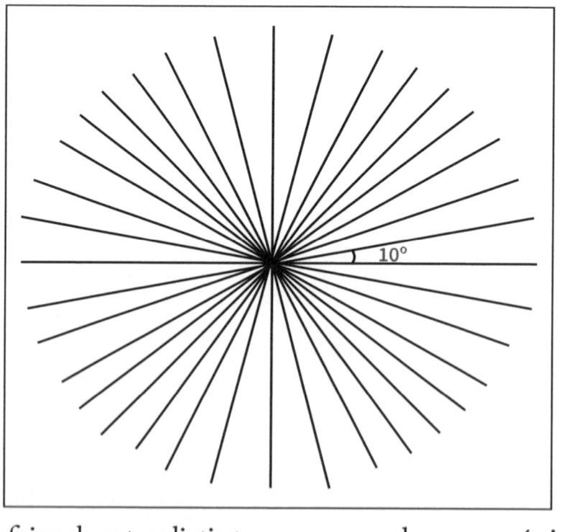

A figura ilustra um feixe de retas distintas concorrendo em um único ponto. O ângulo entre uma reta desse feixe e a seguinte é sempre de 10°. Com base nessa figura, julgue o item subsequente:

Em um conjunto de 12 retas escolhidas ao acaso nesse feixe, pelo menos 2 delas serão perpendiculares entre si.

GABARITO: CERTO.

Através da resolução do item anterior, sabemos que existem 18 retas. Dessas (18/2), 9 retas são perpendiculares entre si. Escolhendo um conjunto de 12 retas, podemos concluir que pelo menos 2 delas serão perpendiculares entre si.

366. (2014 – PM/CE – 1º Tenente de Polícia Militar)

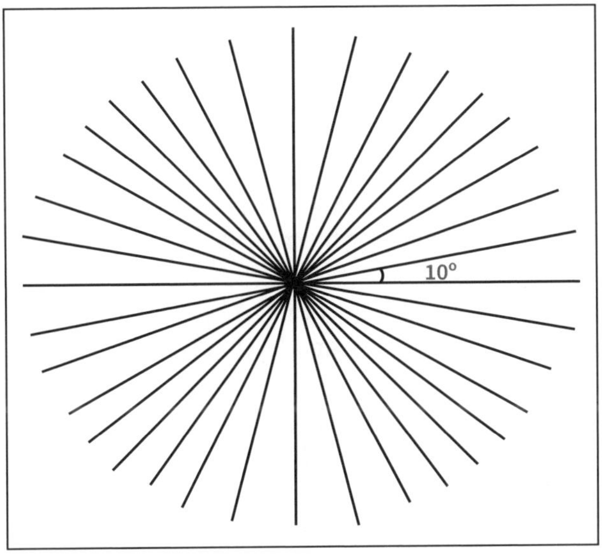

A figura ilustra um feixe de retas distintas concorrendo em um único ponto. O ângulo entre uma reta desse feixe e a seguinte é sempre de 10°. Com base nessa figura, julgue o item subsequente:

Entre 2 retas do feixe que formem um ângulo de 80°, haverá 6 retas.

GABARITO: ERRADO.

Para resolver esta questão, serão exibidas, 8 retas que formam um ângulo de 80°. Existem mais retas, mas não há necessidade de tanta precisão em se mostrarem todas. Desse modo, podemos considerar o item como errado.

367. (2014 – PM/Ceará – 1º Tenente de Polícia Militar)

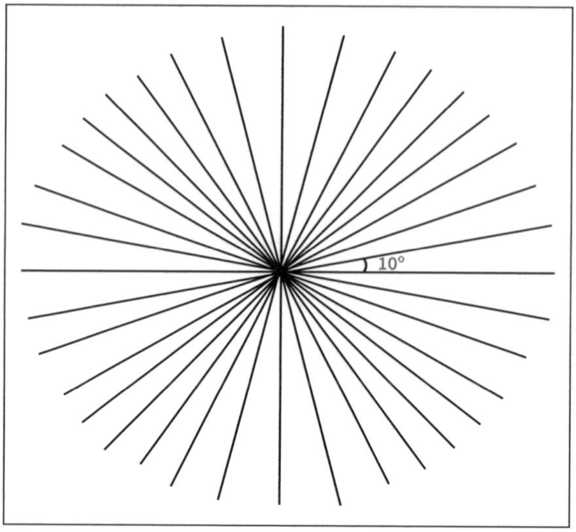

A figura ilustra um feixe de retas distintas concorrendo em um único ponto. O ângulo entre uma reta desse feixe e a seguinte é sempre de 10°. Com base nessa figura, julgue o item subsequente:

Escolhendo-se 5 retas no referido feixe de retas, é possível construir um pentágono regular de centro O e cujos vértices sejam 5 pontos localizados sobre as 5 retas escolhidas.

GABARITO: ERRADO.

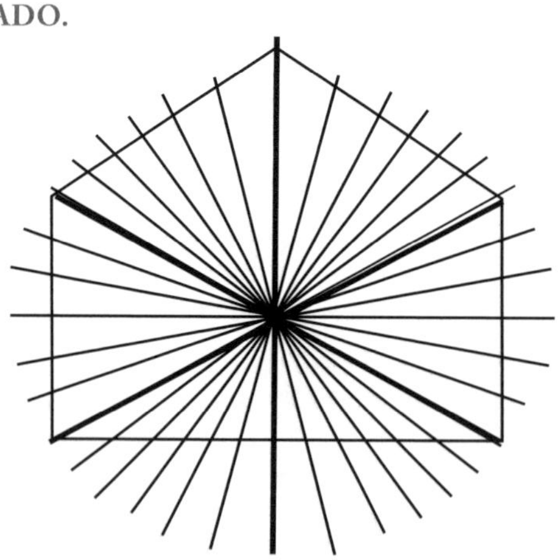

Repare, na figura, que apenas três retas poderão ficar nos vértices do pentágono.

---

368. (2013 – ANS – Analista Administrativo) Considerando que as retas R_1, R_2, R_3 e R_4 sejam distintas e estejam no mesmo plano, e que, se a reta Ri intercepta a reta R_j, P_{ij} — em que i, j = 0, 1, 2, 3, 4 e i ≠ j — denote o ponto de interseção dessas retas, julgue o item seguinte:

No caso de os pontos P_{12}, P_{13} e P_{14} existirem e $P_{12} = P_{13} = P_{14}$, então os pontos P_{34} e P_{23} também existirão e $P_{34} = P_{23}$.

GABARITO: CERTO.

Desenharemos o que se está afirmando no item para verificar se ele está certo ou errado,

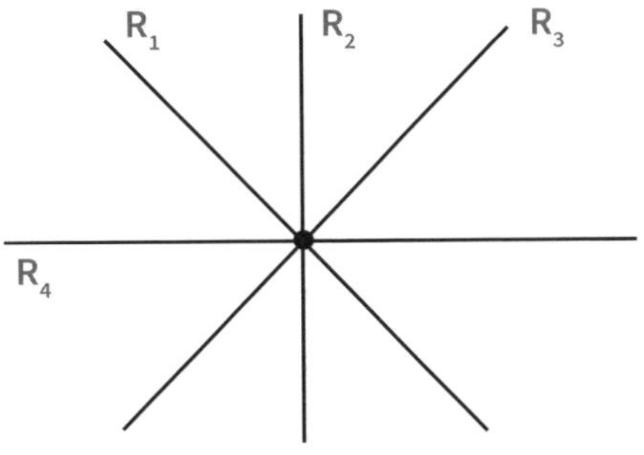

O ponto destacado pode-se chamar de : P_{12}, P_{13}, P_{14}, P_{23}, P_{24} ou P_{34}.

---

369. **(2013 - ANS - Analista Administrativo)** Considerando que as retas R_1, R_2, R_3 e R_4 sejam distintas e estejam no mesmo plano, e que, se a reta Ri intercepta a reta R_j, P_{ij} — em que i, j = 0, 1, 2, 3, 4 e i ≠ j — denote o ponto de interseção dessas retas, julgue o item seguinte:

Se R1 for perpendicular a R_2 e se R_3 for perpendicular a R4, então, no mínimo, duas dessas quatro retas serão paralelas.

GABARITO: ERRADO.

Desenharemos o que se está afirmando no item, para verificar se ele está certo ou errado.

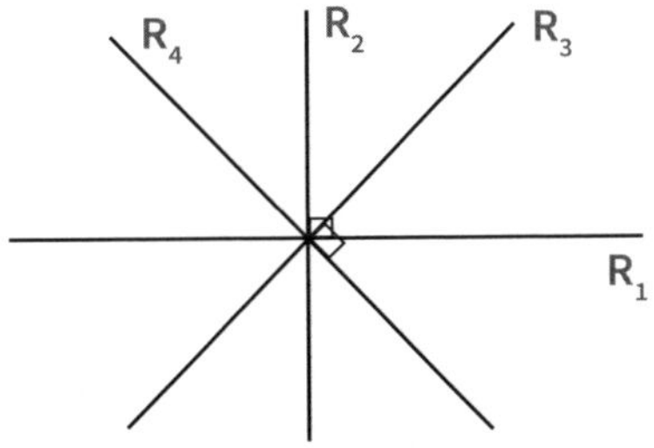

Perceba que, neste desenho, as retas não são paralelas.

---

370. **(2013 - ANS - Analista Administrativo)** Considerando que as retas R_1, R_2, R_3 e R_4 sejam distintas e estejam no mesmo plano, e que, se a reta Ri intercepta a reta R_j, P_{ij} — em que i, j = 0, 1, 2, 3, 4 e i ≠ j — denote o ponto de interseção dessas retas, julgue o item seguinte:

Se os pontos P_{12}, P_{13} e P_{23} existirem e forem distintos, então a reta R1 não poderá ser perpendicular à reta R_2.

GABARITO: ERRADO.

Desenharemos o que se está afirmando no item para verificar se ele está certo ou errado.

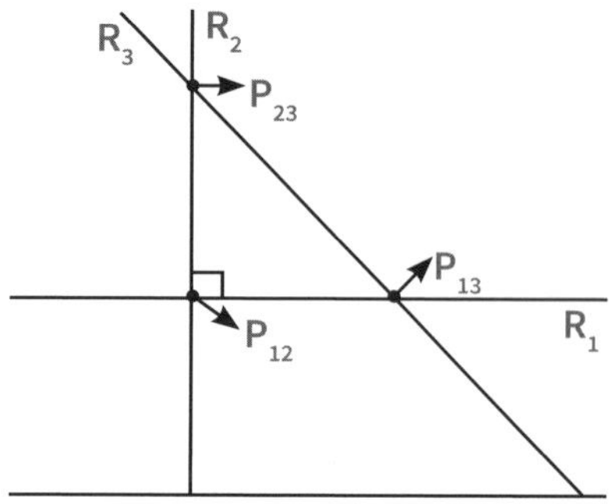

Perceba que, neste desenho, as retas R_1 e R_2 são perpendiculares entre si.

---

371. **(2013 – MPU – Analista do MPU)** Ao distribuir entre 5 técnicos do MPU determinada quantidade de processos para análise, de modo que todos recebessem quantidades iguais de processos, o chefe da unidade verificou que sobrava um processo; ao tentar distribuir igualmente entre 6 técnicos, novamente sobrou um processo, situação que se se repetiu quando ele tentou distribuir os processos igualmente entre 7 técnicos.

Considerando que $N > 1$ seja a quantidade de processos que serão analisados pelos técnicos, julgue o item seguinte, com base nas informações apresentadas.

Se P é o mínimo múltiplo comum entre 5, 6 e 7, então N é múltiplo de P.

GABARITO: ERRADO.

N não pode ser múltiplo de P, pois se fosse, a divisão por 5, 6 e 7 daria resto zero e não resto 1, conforme o enunciado menciona.

---

372. **(2013 – MPU – Analista do MPU)** Ao distribuir entre 5 técnicos do MPU determinada quantidade de processos para análise, de modo que todos recebessem quantidades iguais de processos, o chefe da unidade verificou que sobrava um processo; ao tentar distribuir igualmente entre 6 técnicos, novamente sobrou um processo, situação que se se repetiu quando ele tentou distribuir os processos igualmente entre 7 técnicos.

Considerando que $N > 1$ seja a quantidade de processos que serão analisados pelos técnicos, julgue o item seguinte, com base nas informações apresentadas.

É correto afirmar que $N > 210$.

GABARITO: CERTO.

O mínimo múltiplo comum entre 5, 6 e 7 é 210. Portanto, N tem que ser um valor maior que 210, conforme mencionado no item.

---

373. **(2013 – Companhia de Pesquisa de Recursos Minerais – Analista em Geociências)** Uma urna contém 199 cartões, todos de igual tamanho, nas seguintes quantidades e cores: 105 cartões pretos, 89 cartões cinzentos e 5 cartões brancos. Fora da urna, há cartões brancos, iguais aos da urna, em quantidade suficiente para, até que sobrem dois cartões na urna, efetuar repetidamente o seguinte procedimento:

- retiram-se, aleatoriamente, dois cartões da urna, um de cada vez;

- se os cartões retirados forem de cores diferentes, o de cor mais escura é devolvido para a urna; e o outro, descartado;
- caso contrário, descartam-se os cartões retirados e coloca-se na urna um cartão branco.

Com base nessa situação, julgue o item seguinte:

Pode-se garantir que exatamente um dos dois cartões remanescentes na urna será preto.

GABARITO: CERTO.

Façamos uma suposição de retiradas de cartões até que sobrem dois cartões na urna:

Temos 105 cartões pretos. Se retirarmos sempre 2 pretos, teremos (104 ÷ 2) 52 novos cartões brancos na urna e um preto.

Temos 89 cartões cinzentos. Se retirarmos sempre 2 cinzas, teremos (88 ÷ 2) 44 novos cartões brancos na urna e um cinza.

Após essas suposições, temos na urna:

1 cartão preto;

1 cartão cinzento; e

(5+52+44) 101 cartões brancos.

Com 101 cartões brancos, se retirarmos sempre 2 brancos, teremos (100 ÷ 2) 50 novos cartões brancos na urna e um antigo.

Com 51 cartões brancos, se retirarmos sempre 2 brancos, teremos (50 ÷ 2) 25 novos cartões brancos na urna e um antigo.

Com 26 cartões brancos, se retirarmos sempre 2 brancos, teremos (26 ÷ 2) 13 novos cartões brancos na urna.

Com 13 cartões brancos, se retirarmos sempre 2 brancos, teremos (12 ÷ 2) 6 novos cartões brancos na urna e um antigo.

Com 7 cartões brancos, se retirarmos sempre 2 brancos, teremos (6 ÷ 2) 3 novos cartões brancos na urna e um antigo.

Com 4 cartões brancos, se retirarmos sempre 2 brancos, teremos (4 ÷ 2) 2 novos cartões brancos na urna.

Com 2 cartões brancos, se retirarmos sempre 2 brancos, teremos (2 ÷ 2) 1 novo cartão branco na urna.

Assim, ficamos com 3 cartões na urna: 1 preto, 1 cinzento e 1 branco.

- **Primeira suposição: Se retirarmos 1 preto e 1 cinza, ficaremos na urna com 1 preto e 1 branco.**
- **Segunda suposição: Se retirarmos 1 preto e 1 branco, ficaremos na urna com 1 preto e 1cinza.**
- **Terceira e última suposição: Se retirarmos 1 cinza e 1 branco, ficaremos na urna com 1 preto e 1 cinza.**

Repare que, nas três suposições, mesmo ficando com dois cartões na urna, sempre ficaremos com um preto em todas as opções.

---

374. **(2013 – Companhia de Pesquisa de Recursos Minerais – Analista em Geociências)** Uma urna contém 199 cartões, todos de igual tamanho, nas seguintes quantidades e cores: 105 cartões pretos, 89 cartões cinzentos e 5 cartões brancos. Fora da urna, há cartões brancos, iguais aos da urna, em quantidade suficiente para, até que sobrem dois cartões na urna, efetuar repetidamente o seguinte procedimento:

- retiram-se, aleatoriamente, dois cartões da urna, um de cada vez;
- se os cartões retirados forem de cores diferentes, o de cor mais escura é devolvido para a urna; e o outro, descartado;
- caso contrário, descartam-se os cartões retirados e coloca-se na urna um cartão branco.

Com base nessa situação, julgue o item seguinte.

O número de cartões brancos presentes na urna, ao fim de cada repetição do procedimento, nunca é maior que ao fim da repetição anterior.

GABARITO: ERRADO.

Se retirarmos 2 cartões pretos, retornaremos um branco na urna. Assim, o número de cartões brancos aumentará. O item fala em diminuir.

Se retirarmos 2 cartões cinzentos, retornaremos um branco na urna. Assim, o número de cartões brancos aumentará. O item fala em diminuir.

E é claro que, se retirarmos um preto e um branco ou um cinzento e um branco, o número de cartões brancos diminuirá.

Mas o item fala: "O número de cartões brancos presentes na urna, ao fim de cada repetição do procedimento, nunca é maior que ao fim da repetição anterior" o erro nesta afirmação é o termo "nunca".

375. (**2013 – Companhia de Pesquisa de Recursos Minerais – Analista em Geociências**) Uma urna contém 199 cartões, todos de igual tamanho, nas seguintes quantidades e cores: 105 cartões pretos, 89 cartões cinzentos e 5 cartões brancos. Fora da urna, há cartões brancos, iguais aos da urna, em quantidade suficiente para, até que sobrem dois cartões na urna, efetuar repetidamente o seguinte procedimento:

- retiram-se, aleatoriamente, dois cartões da urna, um de cada vez;
- se os cartões retirados forem de cores diferentes, o de cor mais escura é devolvido para a urna; e o outro, descartado;
- caso contrário, descartam-se os cartões retirados e coloca-se na urna um cartão branco.

Com base nessa situação, julgue o item seguinte:

O número de cartões cinzentos descartados em cada repetição do procedimento é par.

GABARITO: ERRADO.

Se for suposta a retirada de dois cartões cinzentos, a retirada será de dois cartões cinzentos. O item estará certo, porque será descartado um número par.

Se for suposta a retirada de um cartão preto e um cinza, a retirada será de um cartão cinzento. O item estará errado, porque será descartado um número ímpar.

Há outras suposições, mas como uma delas foi contra o que se está afirmado no item, podemos dizer que ele está errado.

376. (**2013 – STF – Analista Judiciário Área Análise de Sistema de Informação**)

	C_1	C_2	C_3	C_4	C_5		C_{2000}
L_1	■	■ ●	■ ● ♦	■ ● ♦ ■		...	
L_2	●	● ♦	● ♦ ■	● ♦ ■ ●		...	

A tabela acima é formada por duas linhas, L_1 e L_2, e por 2.000 colunas, C_1, C_2, ..., $C_{2.000}$. Cada célula (C_i, L_j) dessa tabela contém uma combinação dos símbolos ♦, ● e ■, colocados seguindo um padrão definido. Com base nessas informações, julgue o item seguinte: A célula (C_{110}, L_1) contém 36 cópias do símbolo ♦.

GABARITO: CERTO.

Interpretando o quadro da questão:

Coluna 1: 1 figura.

Coluna 2: 2 figuras.

Coluna 3: 3 figuras.

Coluna 4: 4 figuras.

...

Coluna 110: 110 figuras.

O primeiro símbolo ♦ aparece na 3ª coluna, o segundo símbolo ♦ aparece na 6ª coluna, o terceiro símbolo ♦ aparece na 9ª coluna etc.

Se dividir 110 por 3, teremos como resultado inteiro o valor 36.

377. **(2013 – TRT/10ª Região – Analista Judiciário Área Tecnologia da Informação)** Em um jogo para dois jogadores constituído por uma pilha de 1.000 palitos, cada jogador retira da pilha, alternadamente e sem reposição, uma quantidade de palitos, a qual pode consistir em 1 palito, 2 palitos, 3 palitos, 4 palitos ou 5 palitos. Nesse jogo, ganha o jogador que retirar o último palito da pilha.

Acerca do jogo descrito, julgue o item que se segue:

Considere que o jogador que iniciou o jogo tenha estabelecido a seguinte estratégia: na jogada inicial, ele retirará 4 palitos e, nas jogadas seguintes, ele retirará, a cada jogada, uma quantidade de palitos que, somada à quantidade de palitos que o outro jogador acabou de retirar, seja igual a 5 ou a 10 palitos. Em face dessa situação, é correto afirmar que o jogador que iniciou o jogo terá assegurada a sua vitória.

GABARITO: ERRADO.

Não é possível assegurar a vitória, pois se sobrarem 6 palitos, quem ganha é o segundo jogador.

- **Sobrando 6 palitos:**

O primeiro jogador poderá retirar ou 1 ou 2 ou 3 ou 4 ou 5 palitos. Com qualquer quantidade que ele venha a retirar, sobrarão para o segundo jogador 5 ou menos palitos, e a vitória será dele.

A vitória só acontecerá para o primeiro jogador, se sobrarem 7 ou mais palitos.

- **Sobrando 7 palitos:**

Se o primeiro jogador retirar 1 palito, restarão 6 palitos para o segundo jogador retirar. Como ele só poderá retirar 5 ou 4 ou 3 ou 2 ou 1, com qualquer quantidade que o segundo retirar, o primeiro jogador ganhará.

- **Sobrando 8 palitos:**

Se o primeiro jogador retirar 2 palitos, sobrarão 6 palitos para o segundo jogador retirar. Como ele só poderá retirar 5 ou 4 ou 3 ou 2 ou 1, com qualquer quantidade que o segundo retirar, o primeiro jogador ganhará.

• **Sobrando 9 palitos:**

Se o primeiro jogador retirar 3 palitos, sobrarão 6 palitos para o segundo jogador retirar. Como ele só poderá 5 ou 4 ou 3 ou 2 ou 1, com qualquer quantidade que o segundo retirar, o primeiro jogador ganhará.

378. **(2013 – TRT 10ª Região – Analista Judiciário Área Tecnologia da Informação)** Em um jogo para dois jogadores constituído por uma pilha de 1.000 palitos, cada jogador retira da pilha, alternadamente e sem reposição, uma quantidade de palitos, a qual pode consistir em 1 palito, 2 palitos, 3 palitos, 4 palitos ou 5 palitos. Nesse jogo, ganha o jogador que retirar o último palito da pilha.

Acerca do jogo acima descrito, julgue o item que se segue:

Do início ao término do jogo, é possível que algum dos jogadores faça menos de 100 retiradas de palitos.

GABARITO: ERRADO.

Para possuir a menor quantidade de retirada de palitos, devemos supor que todos os jogadores retirarão sempre 5 palitos. Assim, cada jogador terá feito 100 retiradas. Caso seja retirados 4 palitos por vez, a quantidade de retiradas de palitos será superior a 100. E assim por diante.

Assim, o item afirmar que: "Do início ao término do jogo, é possível que algum dos jogadores faça menos de 100 retiradas de palitos.".

Este item está errado, pois a quantidade mínima de retiradas é 100.

379. **(2013 – MTE – Auditor Fiscal do Trabalho)**

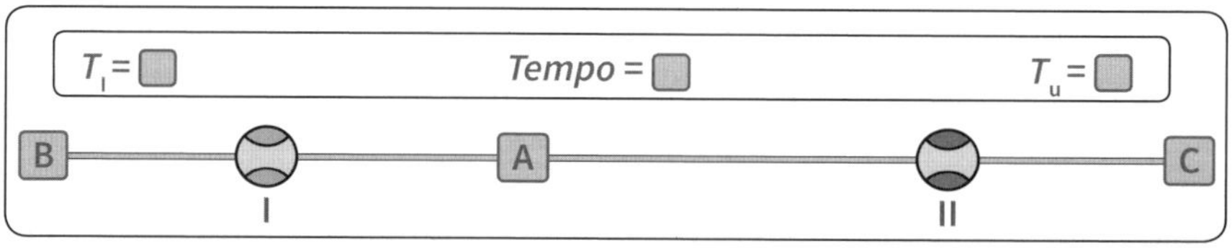

A figura ilustra um brinquedo virtual, em que duas bolas — I e II — se movimentam em uma haste a partir do momento que o brinquedo é ligado, ambas com a mesma velocidade e de maneira contínua, indo de uma extremidade à outra. A bola I se movimenta de A para B e de B para A; a bola II, de A para C e de C para A. Antes de o brinquedo ser ligado, devem ser indicados valores nos mostradores T_I e T_{II}. Indicar T_I = M significa que a bola I levará M segundos para ir de A até B; T_{II} = N significa que a bola II levará N segundos para ir de A até C. O mostrador Tempo indica há quantos segundos o brinquedo está ligado. No momento que o brinquedo é ligado, os movimentos se iniciam sempre a partir do ponto A. Com relação às funcionalidades do brinquedo descrito anteriormente, julgue o item a seguir:

Se T_I = 3 e T_{II} = 9, então, toda vez que o mostrador Tempo indicar um múltiplo de 6, as bolas I e II se encontrarão no ponto A.

GABARITO: ERRADO.

Para ir e voltar AB, a bola leva 6 segundos.

Para ir e voltar AC, a bola leva 18 segundos.

Calculando o m.m.c. entre 6 e 18, temos 18 como sendo o tempo de encontro das duas bolas no ponto A.

Portanto, o mostrador Tempo precisa indicar um múltiplo de 18 para que as bolas se encontrem no ponto A.

R L M

380. (2013 – MTE – Auditor Fiscal do Trabalho)

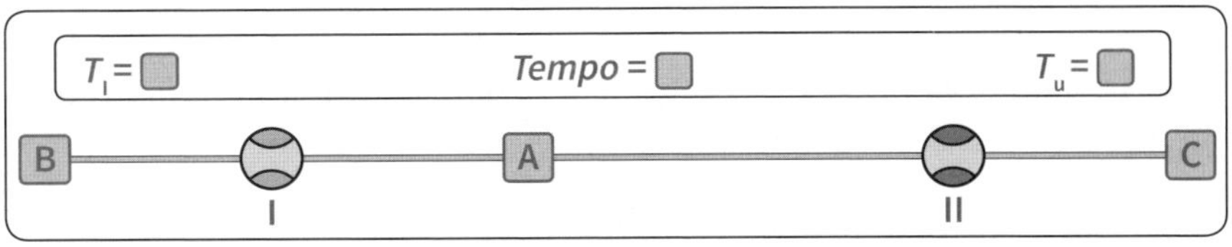

A figura ilustra um brinquedo virtual, em que duas bolas — I e II — se movimentam em uma haste a partir do momento que o brinquedo é ligado, ambas com a mesma velocidade e de maneira contínua, indo de uma extremidade à outra. A bola I se movimenta de A para B e de B para A; a bola II, de A para C e de C para A. Antes de o brinquedo ser ligado, devem ser indicados valores nos mostradores T_I e T_{II}. Indicar T_I = M significa que a bola I levará M segundos para ir de A até B; T_{II} = N significa que a bola II levará N segundos para ir de A até C. O mostrador Tempo indica há quantos segundos o brinquedo está ligado. No momento que o brinquedo é ligado, os movimentos se iniciam sempre a partir do ponto A.

Com relação às funcionalidades do brinquedo descrito anteriormente, julgue item a seguir:

Se T_I = 5 e T_{II} = 8, então, depois que o brinquedo foi ligado, as bolas nunca mais se encontrarão simultaneamente no ponto A.

GABARITO: ERRADO.

Para ir e voltar AB, a bola leva 10 segundos.

Para ir e voltar AC, a bola leva 16 segundos.

Calculando o m.m.c. entre 10 e 16, temos 80 como sendo o tempo de encontro das duas bolas no ponto A.

Portanto, o mostrador Tempo precisa indicar um múltiplo de 80 para que as bolas se encontrem no ponto A.

O item relata que as bolas nunca mais se encontrarão no ponto A.

381. (2013 – MTE – Auditor Fiscal do Trabalho)

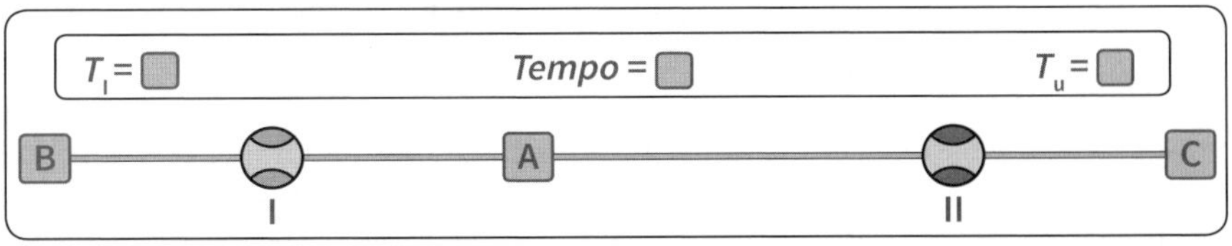

A figura ilustra um brinquedo virtual, em que duas bolas — I e II — se movimentam em uma haste a partir do momento que o brinquedo é ligado, ambas com a mesma velocidade e de maneira contínua, indo de uma extremidade à outra. A bola I se movimenta de A para B e de B para A; a bola II, de A para C e de C para A. Antes de o brinquedo ser ligado, devem ser indicados valores nos mostradores T_I e T_{II}. Indicar T_I = M significa que a bola I levará M segundos para ir de A até B; T_{II} = N significa que a bola II levará N segundos para ir de A até C. O mostrador Tempo indica há quantos segundos o brinquedo está ligado. No momento que o brinquedo é ligado, os movimentos se iniciam sempre a partir do ponto A. Com relação às funcionalidades do brinquedo descrito anteriormente, julgue o item a seguir:

Se T_I = 3, então, quando o mostrador Tempo indicar 15 segundos, a bola I estará no ponto B.

GABARITO: CERTO.

Para ir e voltar AB, a bola leva 6 segundos. Realizando novamente o mesmo percurso, a bola leva mais 6 segundos. Para completar os 15 segundos indicados no item, a bola se encontrará no ponto B.

382. (2013 – MTE – Auditor Fiscal do Trabalho)

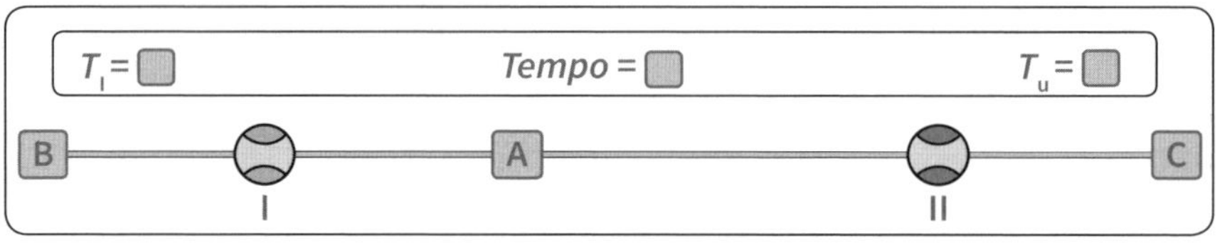

A figura ilustra um brinquedo virtual, em que duas bolas — I e II — se movimentam em uma haste a partir do momento que o brinquedo é ligado, ambas com a mesma velocidade e de maneira contínua, indo de uma extremidade à outra. A bola I se movimenta de A para B e de B para A; a bola II, de A para C e de C para A. Antes de o brinquedo ser ligado, devem ser indicados valores nos mostradores T_I e T_{II}. Indicar T_I = M significa que a bola I levará M segundos para ir de A até B; T_{II} = N significa que a bola II levará N segundos para ir de A até C. O mostrador Tempo indica há quantos segundos o brinquedo está ligado. No momento que o brinquedo é ligado, os movimentos se iniciam sempre a partir do ponto A. Com relação às funcionalidades do brinquedo descrito anteriormente, julgue o item a seguir:

Se T_{II} = 5, então, quando o mostrador Tempo indicar 64 segundos, a bola II estará mais próxima de C do que de A.

GABARITO: CERTO.

Para ir e voltar AC, a bola leva 10 segundos. Realizando o novamente o mesmo percurso, a bola leva mais 10 segundos, e assim segue.

Quando completar 60 segundos, a bola estará no ponto A. Somando-se mais 4 segundos, a bola estará praticamente no ponto C.

383. (2013 – ANTT – Técnico Administrativo) Em um torneio de futebol que será disputado por N times, cada time jogará exatamente uma vez contra cada um dos outros times, e o sistema de pontuação será o seguinte: o vencedor da partida receberá três pontos, o perdedor não receberá nenhum ponto e, em caso de empate, cada um dos times que disputarem a partida receberá um ponto.

Com base nessa situação hipotética, julgue o item a seguir:

Se N = 4 e, após o encerramento do torneio, a pontuação do time A for 5 pontos, as de B e de C forem 3 pontos cada e a D for 2 pontos, então o time A terá vencido o time D.

GABARITO: CERTO.

Para acontecerem as pontuações mencionadas no item:

O time A precisa ganhar um jogo e empatar os outros 2.

Os times B e C precisam empatar os três jogos.

O time D precisa empatar dois jogos e perder um.

Analisando estas combinações, temos o time A empatando com B e C e ganhando do Time D.

Outros Assuntos de Matemática

384. **(2013 – Departamento Penitenciário Nacional – Agente Penitenciário)** A seguir, a figura 1 apresenta o arco de circunferência $\widehat{AB}$ correspondente ao ângulo central $\frac{2\pi}{3}$ de uma circunferência de centro O e raio AO = 12 cm e a figura 2 apresenta alguns triângulos. A partir dessas informações e considerando que $\overline{XY}$ denote a distância entre os pontos X e Y, considere, ainda, as seguintes proposições:

U: o comprimento do arco $\widehat{AB}$ é maior do que $\overline{AO} + \overline{OB}$.

V: $\overline{QR} + \overline{RP} + \overline{PS} < \overline{QP} + \overline{PS}$

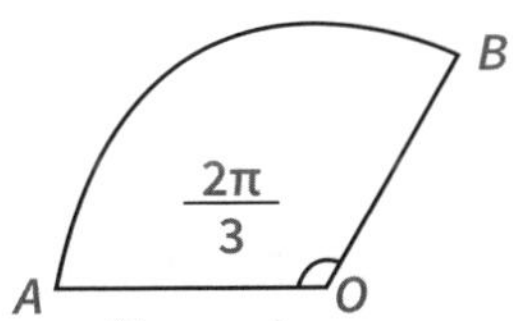

Figura 1

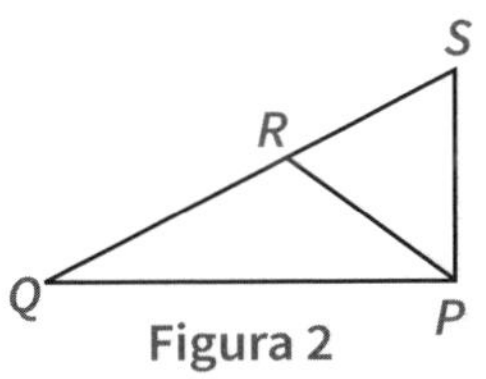

Figura 2

Com base nas informações e nas figuras acima apresentadas e tomando 3,14 como valor aproximado de π, julgue o item a seguir:

A proposição U → V é falsa.

GABARITO: CERTO.

Para resolver esta questão, o candidato precisa saber a fórmula do comprimento de um arco (l = ângulo em radianos . raio) e uma propriedade de retângulo que diz " a soma de dois lados de um triângulo sempre será maior que o outro lado".

Comprimento do arco é:

$$l = \text{ângulo em radianos.raio} = \frac{2\pi.12}{3} = \frac{2.3{,}14.12}{3} = 25{,}12$$

U: o comprimento do arco $\widehat{AB}$ é maior do que $\overline{AO} + \overline{OB}$.

U : 25,12 é maior que 12 + 12 proposição verdadeira

V: $\overline{QR} + \overline{RP} + \overline{PS} < \overline{QP} + \overline{PS}$

QR + RP < QP proposição falsa

U → V
V   F = F

No conectivo "então", uma proposição composta será falsa, apenas quando a primeira proposição simples for verdadeira e a segunda for falsa. As demais combinações tornarão a frase verdadeira.

Portanto, a frase do item está correta.

---

385. (2013 – UNIPAMPA – Assistente em Administração) Considere que sejam oferecidas, semestralmente, 75 vagas para o ingresso de discentes em determinado curso superior de uma universidade e que, no primeiro semestre de 2009, tenham ingressado nesse curso 75 discentes — 25 do sexo masculino e 50 do sexo feminino. Com base nessas informações, julgue o item a seguir:

Se a quantidade de alunos que permanecerem no curso, entre aqueles que ingressaram no primeiro semestre de 2009, decrescer, semestralmente, a partir do ingresso, em progressão aritmética, e se, ao final do segundo semestre de 2009, havia 69 estudantes no curso, então, ao final do segundo semestre de 2012, menos de 70% dos alunos que ingressaram no primeiro semestre de 2009 permaneceram no curso.

GABARITO: CERTO.

Progressão Aritmética: 75, 69,__,__,__,__,__,__.

A cada dois termos desta PA, temos um ano. Assim, desejamos o oitavo termo desta PA. A razão desta PA (69-75) é -6.

Usaremos a fórmula do termo geral de uma PA para calcular o oitavo termo.

$a_n = a_1 + (n-1).r$ $\quad a_8 = a_1 + (8-1).(-6)$ $\quad a_8 = 75 + (8-1).(-6)$ $\quad a_8 = 33$

Teremos 33 alunos no segundo semestre de 2012.

Assim, vamos calcular a porcentagem de alunos que permaneceram no curso.

75 --- 100%

33 --- X

Resolvendo a regra de três, temos que X = 44%. Assim, temos que 44% dos alunos que ingressaram no primeiro semestre de 2009 permaneceram no curso.

---

386. (2013 – UNIPAMPA – Assistente em Administração) Considere que sejam oferecidas, semestralmente, 75 vagas para o ingresso de discentes em determinado curso superior de uma universidade e que, no primeiro semestre de 2009, tenham ingressado nesse curso 75 discentes — 25 do sexo masculino e 50 do sexo feminino. Com base nessas informações, julgue o item a seguir:

Com relação aos alunos e às alunas que ingressaram no curso no primeiro semestre de 2009, considere a quantidade de alunos que moram na cidade onde se localiza a universidade é igual à metade da quantidade de alunas que não moram nessa cidade, e que a quantidade das alunas que moram na cidade é igual ao triplo da quantidade dos alunos que também moram na cidade. Nesse caso, é correto afirmar que mais de 45% dos discentes que ingressaram no curso no primeiro semestre de 2009 vieram de outras cidades.

GABARITO: CERTO.

Para resolver este item, temos que construir as equações apresentadas no item:

Chamaremos de x o número de aluno homens que moram na cidade.

Chamaremos de y o número de aluno homens que não moram na cidade.

Assim, temos: x + y = 25.

Chamaremos de a o número de aluno homens que moram na cidade.

Chamaremos de b o número de aluno homens que não moram na cidade.

Assim, temos: a + b = 25.

Interpretando a frase "...a quantidade de alunos que moram na cidade onde se localiza a universidade é igual à metade da quantidade de alunas que não moram nessa cidade ...". Temos: x = b/2

Interpretando a frase "...quantidade das alunas que moram na cidade é igual ao triplo da quantidade dos alunos que também moram na cidade.". Temos: a = 3x.

Resolvendo o sistema: $\begin{cases} x + y = 25 \\ a + b = 50 \\ x = \frac{b}{2} \ \textit{isolando } b = 2x \\ a = 3x \end{cases}$

Substituindo a terceira e a quarta equação na segunda, temos: 3x + 2x = 50, x = 10.

Como descobrimos o valor de x, iremos substituir esse valor na primeira, na terceira e na quarta equação para encontrar as outras incógnitas:

x + y = 25 → 10 + y = 25 → y = 15.

b = 2x → b = 2.10 → b = 20.

a = 3x → a = 3.10 → a = 30.

Assim, temos que (15+20) 35 alunos não moram na cidade. Vamos calcular a porcentagem que o item deseja:

75 --- 100%

35 --- X

Resolvendo a regra de três, encontraremos que X = 46,67%.

---

387. **(2013 – UNIPAMPA – Assistente em Administração)** Considere que sejam oferecidas, semestralmente, 75 vagas para o ingresso de discentes em determinado curso superior de uma universidade e que, no primeiro semestre de 2009, tenham ingressado nesse curso 75 discentes – 25 do sexo masculino e 50 do sexo feminino. Com base nessas informações, julgue o item a seguir:

Se, entre os discentes que ingressaram no curso no primeiro semestre de 2009, a média das alturas das alunas e a dos alunos forem, respectivamente, iguais a 160 cm e 180 cm, então, a média das alturas dos 75 estudantes será inferior a 1,68 m.

GABARITO: CERTO.

Para calcular a média temos que possuir a soma das alturas e dividir pelo número de elementos.

$$\frac{\text{Soma das alturas das mulheres}}{50} = 160. \quad \text{Soma das mulheres} = 160 \,.\, 50 = 8000.$$

$$\frac{\text{Soma das alturas das homens}}{25} = 180. \quad \text{Soma dos homens} = 180 \,.\, 25 = 4500.$$

$$\text{Média dos alunos} = \frac{\text{Soma das mulheres+Soma dos homens}}{75} = \frac{8000 + 4500}{75} = 166{,}67$$

---

388. (2013 – UNIPAMPA – Assistente em Administração) Considere que sejam oferecidas, semestralmente, 75 vagas para o ingresso de discentes em determinado curso superior de uma universidade e que, no primeiro semestre de 2009, tenham ingressado nesse curso 75 discentes — 25 do sexo masculino e 50 do sexo feminino. Com base nessas informações, julgue o item a seguir:

O número x = 0,666..., que representa a quantidade proporcional de estudantes do sexo feminino ingressantes no primeiro semestre de 2009 no curso em relação ao número de vagas, é tal que $6x < 4$.

GABARITO: ERRADO.

Para resolver este item, basta substituir o valor de x = 0,666... na inequação $6x < 4$ e verificar se é verdadeira ou falsa.

É importante transformar a dízima periódica em fração: 6/9 simplificando 2/3. Se não for realizado esse procedimento, o item ficará certo.

Para quem não lembra como transformar uma dízima em fração, temos:

0,1111... = 1/9. Toma-se o número que repete (1) e divide 9, pois só há uma repetição.

0,212121... = 21/99. Toma-se o número que repete (21) e divide 99, pois há duas repetições.

0,123123123... = 123/999. Toma-se o número que repete (123) e divide 999, pois há três repetições.

E assim por diante.

$6x < 4 \rightarrow 6.(\frac{2}{3}) < 4 \rightarrow 4 < 4$ **falso.**

---

389. (2013 – UNIPAMPA – Assistente em Administração)

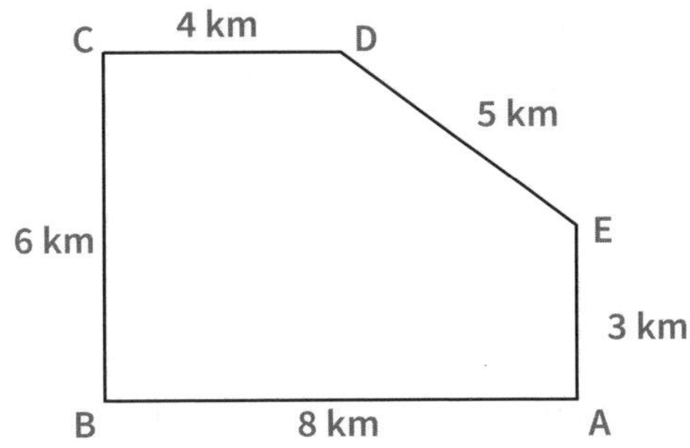

R L M

A figura ilustra um terreno limitado pela poligonal ABCDE em que os ângulos internos nos vértices A, B e C são retos; as medidas dos lados estão mostradas na figura. Para a construção de uma cerca nos limites do terreno, uma empresa recebeu R$ 100.000,00, que foram pagos no início da obra. Para cada x inteiro e 0 £ x £ 4, f(x)= 4x2 + 9x representa a porcentagem do comprimento total da cerca que foi construída em x meses. Considerando essas informações e 1,17 como valor aproximado para 1,044, julgue o item que se segue:

Se a empresa tivesse aplicado, no momento do recebimento, o valor recebido à taxa de juros compostos de 4% ao mês, então, ao término da construção, os juros auferidos por essa aplicação seriam superiores a R$ 20.000,00.

GABARITO: ERRADO.

Para resolver este item, o aluno precisa conhecer a fórmula que calcula juro composto. $J = C \, . \, [\,(1+i)^n - 1]$.

Em que:

C = 100000;

i = 4% (0,04);

t = 4 meses (é importante salientar que o total de meses para construção é de 4 meses, em virtude desta informação: $0 \leq x \leq 4$).

Informou-se, no enunciado, que 1,044 = 1,17

Substituindo estes valores na fórmula teremos:

$J = C \, . \, [\,(1+i)^n - 1] \rightarrow J = 100000 \, . \, [\,(1+0,04)4 - 1] \rightarrow J = 100000 \, . \, [1,17 - 1] \rightarrow$

$J = 100000 \, . \, 0,17 \rightarrow J = 17000$

390. (2013 – UNIPAMPA – Assistente em Administração)

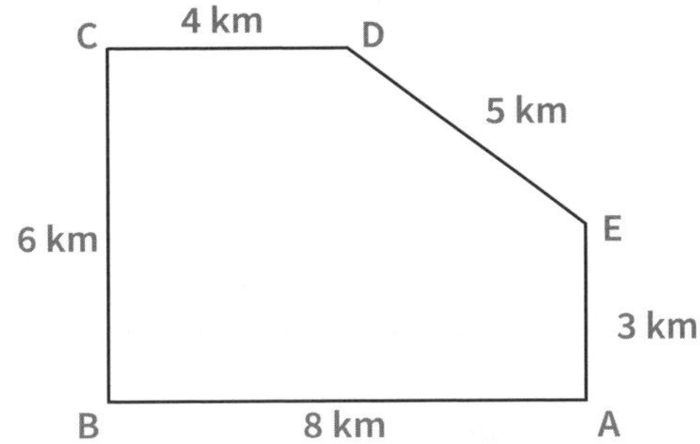

A figura ilustra um terreno limitado pela poligonal ABCDE em que os ângulos internos nos vértices A, B e C são retos; as medidas dos lados estão mostradas na figura. Para a construção de uma cerca nos limites do terreno, uma empresa recebeu R$ 100.000,00, que foram pagos no início da obra. Para cada x inteiro e $0 \leq x \leq 4$, $f(x)= 4x^2 + 9x$ representa a porcentagem do comprimento total da cerca que foi construída em x meses. Considerando essas informações e 1,17 como valor aproximado para 1,044, julgue o item que se segue:

Em 3 meses, foram construídos mais de 16 km de cerca.

GABARITO: CERTO.

Para resolver este item, basta substituir x = 3 na função: $f(x) = 4x^2 + 9x$.

$f(x) = 4x^2 + 9x$

$f(3) = 4.(3)^2 + 9.(3) \rightarrow f(3) = 4.(9) + 27 \rightarrow f(3) = 63$

---

391. (2013 – UNIPAMPA – Assistente em Administração)

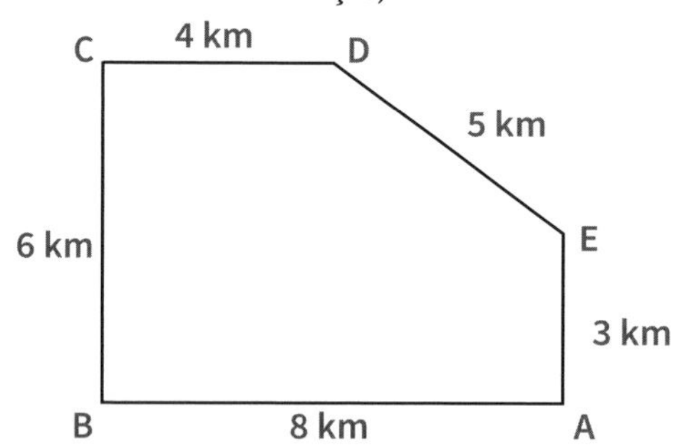

A figura ilustra um terreno limitado pela poligonal ABCDE em que os ângulos internos nos vértices A, B e C são retos; as medidas dos lados estão mostradas na figura. Para a construção de uma cerca nos limites do terreno, uma empresa recebeu R$ 100.000,00, que foram pagos no início da obra. Para cada x inteiro e $0 \leq x \leq 4$, $f(x)= 4x^2 + 9x$ representa a porcentagem do comprimento total da cerca que foi construída em x meses. Considerando essas informações e 1,17 como valor aproximado para 1,044, julgue o item que se segue:

A área do terreno é inferior a 45 km².

GABARITO: CERTO.

Para calcular a área da figura, ela será dividida em retângulos e triângulos, conforme a figura a seguir:

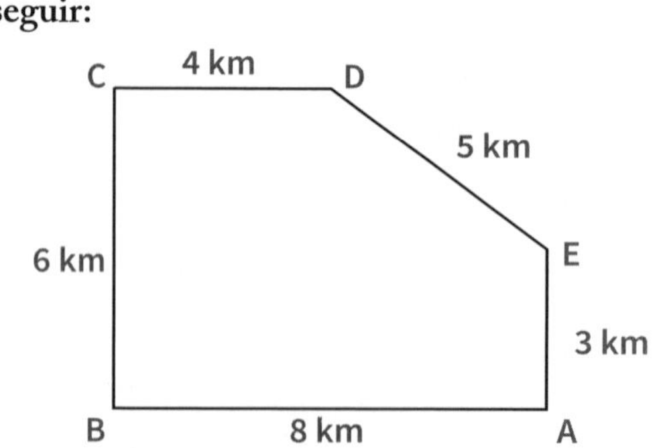

Assim temos, as seguintes figuras:

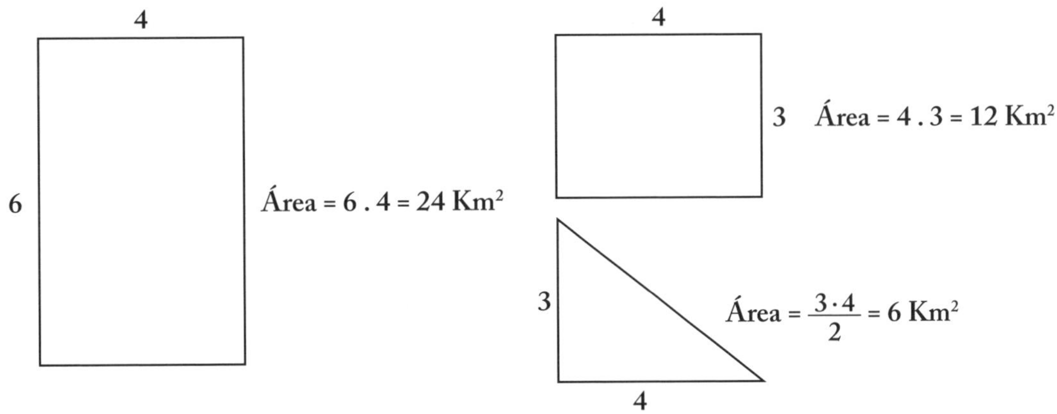

Somando as áreas (24+12+6) 42 Km^2.

---

392. (2013 – UNIPAMPA – Assistente em Administração)

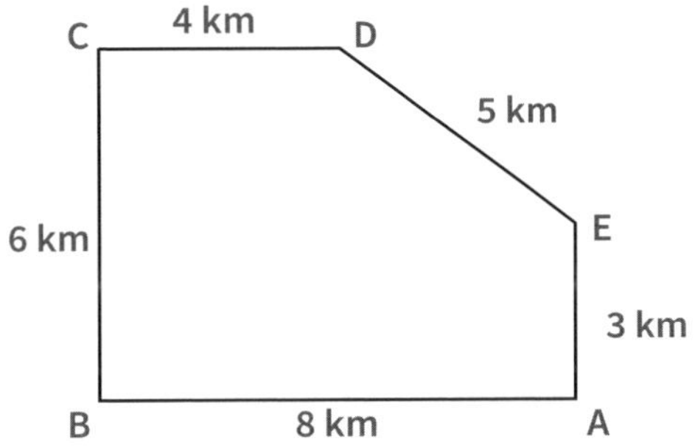

A figura ilustra um terreno limitado pela poligonal ABCDE em que os ângulos internos nos vértices A, B e C são retos; as medidas dos lados estão mostradas na figura. Para a construção de uma cerca nos limites do terreno, uma empresa recebeu R$ 100.000,00, que foram pagos no início da obra. Para cada x inteiro e $0 \leq x \leq 4$, $f(x) = 4x^2 + 9x$ representa a porcentagem do comprimento total da cerca que foi construída em x meses. Considerando essas informações e 1,17 como valor aproximado para 1,044, julgue o item que se segue:

Caso a cerca seja construída em 4 meses e se a função $g(x) = ax^2 + 5x$ representa a porcentagem do total da cerca construída pela empresa em x meses, então o valor de a será superior a 6.

GABARITO: ERRADO.

Para resolver este item, basta substituir x = 4 na função: $g(x) = ax^2 + 5x$ e verificar se a função retorna o valor 100%.

$g(x) = ax^2 + 5x$.

$g(4) = a.(4)^2 + 5.(4) \rightarrow 100 = a.(16) + 20 \rightarrow 100 - 20 = a.16 \rightarrow a = \frac{80}{16} \rightarrow a = 5$

---

393. **(2013 – BACEN – Técnico de Segurança Institucional)** A numeração das notas de papel-moeda de determinado país é constituída por duas das 26 letras do alfabeto da língua portuguesa, com ou sem repetição, seguidas de um numeral com 9 algarismos arábicos, de 0 a 9, com ou sem repetição. Julgue o próximo item, relativo a esse sistema de numeração.

Considere que, até o ano 2000, as notas de papel-moeda desse país fossem retangulares e medissem 14 cm × 6,5 cm e que, a partir de 2001, essas notas tivessem passado a medir 12,8 cm × 6,5 cm, mas tivessem mantido a forma retangular. Nesse caso, com o papel-moeda gasto para se fabricar 10 notas de acordo com as medidas adotadas antes de 2000 é possível fabricar 11 notas conforme as medidas determinadas após 2001.

GABARITO: ERRADO.

Montando a regra de três:

Notas	comprimento	largura
10	14	6,5
X	12,8	6,5

Como a largura das notas é igual, podemos ignorar essa grandeza para realizar a regra de três.

Notas	comprimento
10	14
X	12,8

Devemos verificar se as grandezas são diretamente ou inversamente proporcionais. Se forem diretamente proporcionais, basta multiplicar em x; se forem inversamente proporcionais, multiplicaremos em linha.

Como o comprimento das notas diminuiu, poderemos fazer mais notas. Grandezas diretamente proporcionais serão multiplicadas em linha.

Notas	comprimento
10	14
X	12,8

$X . 12,8 = 10 . 14$

Resolvendo esta equação, teremos X = 10,93 notas. Conseguiremos fabricar quase 11 notas.

---

394. **(2013 – ANS – Técnico Administrativo)** Para revestir uma parede com azulejos retangulares foram considerados azulejos dos tipos A, B e C. A figura mostra como os azulejos serão assentados em filas na parede e as medidas dos tipos de azulejos considerados para utilização nessa tarefa.

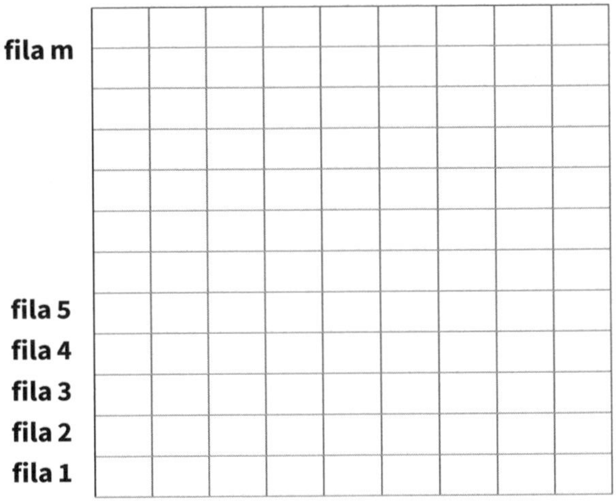

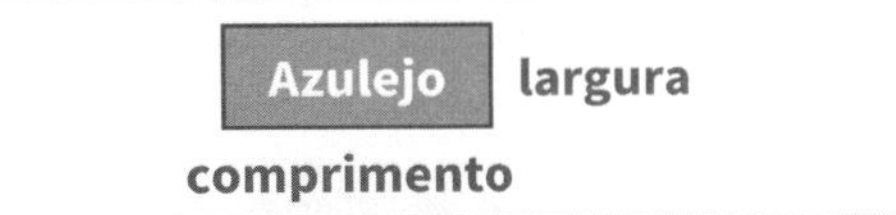

Tipos de Azulejo	Medidas (comprimento x largura)
A	12x6
B	8x3
C	4x3

Os azulejos serão assentados com a largura na direção vertical e o comprimento na direção horizontal. As medidas da largura e do comprimento de cada azulejo são dadas em u.d. = unidade de comprimento. Se forem empregados somente azulejos do tipo A, serão necessárias, exatamente, 12 filas de 10 azulejos em cada fila para revestir a parede. Com base nessas informações, e desprezando os espaços entre os azulejos (juntas), julgue o item seguinte:

É possível revestir a parede em questão utilizando 120 azulejos do tipo B e 120 azulejos do tipo C.

GABARITO: ERRADO.

Segundo o enunciado, utilizando azulejos do tipo A, formaremos 12 filas com 10 azulejos em cada. (120 azulejos no total)

A área de um azulejo do tipo A é (12x6) 72 (u.d.)^2. Como utilizamos 120 azulejos, a área da parede revestida é (120x72) 8640 (u.d.)^2.

Segundo o item, analisaremos se, para revestir a parede, poderemos utilizar 120 azulejos do tipo B e 120 azulejos do tipo C.

A área de um azulejo do tipo B é (8x3) 24 (u.d.)^2. Como utilizamos 120 azulejos, a área revestida é (120x24) 2880 (u.d.)^2.

A área de um azulejo do tipo C é (4x3) 12 (u.d.)^2. Como utilizamos 120 azulejos, a área revestida é (120x12) 1440 (u.d.)^2.

Somando a área revestida pelos azulejos tipo B com a área revestida pelos azulejos tipo C, temos: (2880+1440) 4320 (u.d.)^2. Esse valor não é igual à área da parede revestida pelos azulejos do tipo A (8640 (u.d.)^2).

395. **(2013 – ANS – Técnico Administrativo)** Para revestir uma parede com azulejos retangulares foram considerados azulejos dos tipos A, B e C. A figura mostra como os azulejos serão assentados em filas na parede e as medidas dos tipos de azulejos considerados para utilização nessa tarefa.

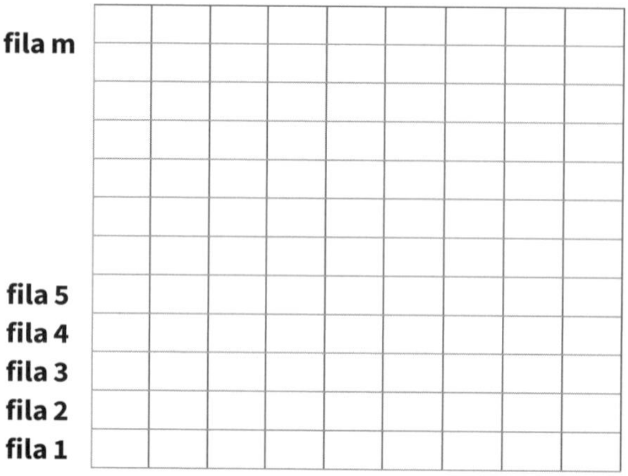

Azulejo **largura**
comprimento

Tipos de Azulejo	Medidas (comprimento x largura)
A	12x6
B	8x3
C	4x3

Os azulejos serão assentados com a largura na direção vertical e o comprimento na direção horizontal. As medidas da largura e do comprimento de cada azulejo são dadas em u.d. = unidade de comprimento. Se forem empregados somente azulejos do tipo A, serão necessárias, exatamente, 12 filas de 10 azulejos em cada fila para revestir a parede. Com base nessas informações, e desprezando os espaços entre os azulejos (juntas), julgue o item seguinte:

A altura da parede é superior a 70 u.d.

GABARITO: CERTO.

A altura de cada azulejo informado pelo enunciado é 6. São doze filas.

Assim, a altura da parede é (6 x12) 72 u.d..

---

396. (2013 – ANS – Técnico Administrativo) Para revestir uma parede com azulejos retangulares foram considerados azulejos dos tipos A, B e C. A figura mostra como os azulejos serão assentados em filas na parede e as medidas dos tipos de azulejos considerados para utilização nessa tarefa.

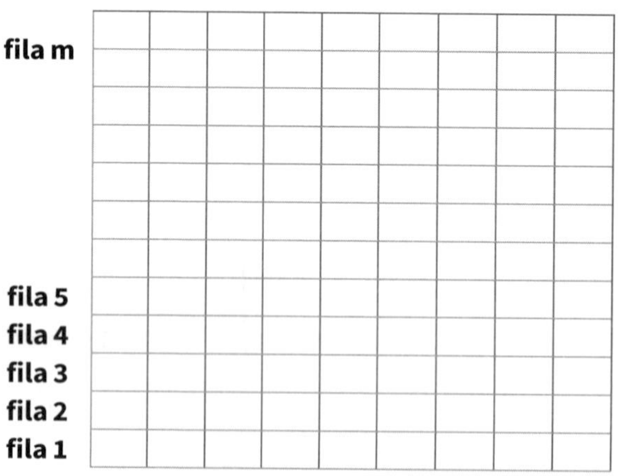

Azulejo **largura**
comprimento

Tipos de Azulejo	Medidas (comprimento x largura)
A	12x6
B	8x3
C	4x3

Os azulejos serão assentados com a largura na direção vertical e o comprimento na direção horizontal. As medidas da largura e do comprimento de cada azulejo são dadas em u.d. = unidade de comprimento. Se forem empregados somente azulejos do tipo A, serão necessárias, exatamente, 12 filas de 10 azulejos em cada fila para revestir a parede. Com base nessas informações, e desprezando os espaços entre os azulejos (juntas), julgue o item seguinte:

Se forem utilizados somente azulejos do tipo B, serão necessárias 24 filas de 15 azulejos em cada fila para revestir a parede.

GABARITO: CERTO.

Segundo o enunciado, utilizando azulejos do tipo A, formaremos 12 filas com 10 azulejos em cada. (12x10 = 120 azulejos no total)

A área de um azulejo do tipo A é (12x6) 72 $(u.d.)^2$. Como utilizamos 120 azulejos, a área da parede revestida é (120x72) 8640 $(u.d.)^2$.

Segundo o item, utilizando azulejos do tipo B, formaremos 24 filas com 15 azulejos em cada. (24x15 = 360 azulejos no total)

A área de um azulejo do tipo B é (8x3) 24 $(u.d.)^2$. Como utilizaremos 360 azulejos, a área revestida é (360x24) 8640 $(u.d.)^2$.

397. **(2013 – CNJ – Analista Judiciário Área Analise de Sistema)** Em uma sala, cinco computadores para uso público (A, B, C, D e E) estão ligados em uma rede. Devido a problemas com os softwares de proteção da rede, o computador A está infectado com algum vírus; consequentemente, o computador B ou o computador C está infectado com o mesmo vírus. Se o computador C estiver infectado, então os computadores D e E também estarão infectados com o mesmo vírus. Cada computador pode ser infectado isoladamente e todas as manhãs, antes de serem disponibilizados para a utilização pública, os cinco computadores são submetidos a software antivírus que os limpa de qualquer infecção por vírus.

Considerando a situação hipotética acima e desconsiderando questões técnicas relativas à proteção e segurança de redes, julgue o item a seguir:

Se, em determinado dia: 50% das pessoas que utilizarem o computador A também utilizarem o computador B; o computador A for utilizado por 12 usuários a mais que o computador B; e a soma de usuários de A ou B totalizar 84 usuários, então, nesse dia, o computador B será utilizado por mais de 50 usuários.

GABARITO: ERRADO.

Interpretando o item, temos duas equações:

A + B = 84

A = B + 12 (substituindo esta equação na primeira)

B + 12 + B = 84

Resolvendo esta equação temos B = 36.

Assim, temos 36 usuários usando o computador B.

Vale a pena salientar que o gabarito oficial afirma que o item está certo. Porém, ele está errado, conforme foi possível perceber na resolução realizada.

398. **(2012 – TRE/RJ – Técnico Judiciário Área Operação de Computador)** Ao iniciar uma sessão plenária na Câmara Municipal de uma pequena cidade, apenas 1/4 dos assentos destinados aos vereadores foram ocupados. Com a chegada do vereador Veron, 1/3 dos assentos passaram a ficar ocupados. Nessa situação hipotética, é correto afirmar que:

menos de cinco assentos estavam ocupados quando o vereador Veron chegou à Câmara Municipal.

GABARITO: CERTO.

Construiremos a equação dada no enunciado.

X será o total de vereadores.

$\frac{1}{4}.X$ **é o número de assentos ocupados antes da chegada do vereador Veron.**

$\frac{1}{3}.X$ **é o número de assentos ocupados depois chegada do vereador Veron.**

$\frac{1}{3}.X + 1 = \frac{1}{3}.X\,(tirando\ o\ MMC)$

$\frac{3X + 12 = 4X}{12} \rightarrow 3X + 12 = 4X \rightarrow X = 12$

Encontrado o número de vereadores, vamos verificar a quantidade de assentos ocupados quando o Vereador Veron chegou:

$\frac{1}{3}.X \rightarrow \frac{1}{3}.12 \rightarrow 4$ **assentos ficaram ocupados.**

399. **(2012 – TRE/RJ – Técnico Judiciário Área Operação de Computador)** Ao iniciar uma sessão plenária na Câmara Municipal de uma pequena cidade, apenas 1/4 dos assentos destinados aos vereadores foram ocupados. Com a chegada do vereador Veron, 1/3 dos assentos passaram a ficar ocupados. Nessa situação hipotética, é correto afirmar que:

os assentos destinados aos vereadores serão todos ocupados somente após a chegada de mais nove vereadores.

GABARITO: CERTO.

Utilizarem-se os dados da resolução do item anterior (398).

Uma vez identificada a quantidade de assentos, que são 12;

uma vez conhecida também a quantidade de assentos ocupados antes da chegada do vereador Veron, que são $(\frac{1}{4}.12)$ **3.**

Para ocupar todos os assentos, é necessária (12-3) a chegada de 9 vereadores.

400. **(2012 – TRE/RJ – Técnico Judiciário Área Operação de Computador)** Ao iniciar uma sessão plenária na Câmara Municipal de uma pequena cidade, apenas 1/4 dos assentos destinados aos vereadores foram ocupados. Com a chegada do vereador Veron, 1/3 dos assentos passaram a ficar ocupados. Nessa situação hipotética, é correto afirmar que:
há mais de 15 assentos destinados aos vereadores no plenário da Câmara.

GABARITO: ERRADO.

Através da resolução do item 15, sabe-se que a quantidade de assentos para os vereadores é 12.

FAÇA JÁ

Outros Assuntos de Matemática

Os editais de concurso, em sua maioria, abrem a possibilidade de que sejam abarcados praticamente todos os conteúdos de Matemática. Observe um trecho da ementa de um edital clássico da banca CESPE: ....*Raciocínio lógico envolvendo problemas aritméticos, geométricos e matriciais....*

Desse modo, o que se pretende evidenciar é que poderão ser cobradas questões envolvendo matrizes, progressão aritmética e geométrica, funções, problemas envolvendo equações de primeiro e de segundo graus, problemas abrangendo sistemas, e tantos outros itens que são englobados pelos estudos matemáticos.

Convém ponderar que, apesar de os editais da banca CESPE abrirem esse precedente, não é tão comum assim que sejam abordados esses temas (observe a quantidade de questões encontradas nos anos de 2013 e 2014: são poucas).

Recomenda-se ao aluno, justamente por isso, que observe as questões comentadas, principalmente aquelas em que se evidenciam as regras matemáticas de como resolver os exercícios propostos.

Em caráter exemplificativo, apresentaremos os procedimentos de resolução de um conteúdo de matemática, aleatoriamente escolhido. Trata-se de um sistema de equação. Vejamos, de forma comentada, a resolução do sistema de equação disposto a seguir:

$$\begin{cases} X + Y = 5 \\ 2.X + 3.Y = 13 \end{cases}$$

Para resolver um sistema de equação, devemos isolar uma das incógnitas de qualquer uma das duas equações e substituir na outra. Isolaremos X na primeira equação:

$$\begin{cases} X + Y = 5 \rightarrow X = \_\_\_\_\_\_\_\_ \\ 2.X + 3.Y = 13 \end{cases}$$

Agora, substituiremos a equação isolada na segunda equação:

2. ________ + 3.Y = 13 (fazendo a distributiva no parênteses)

________ + 3.Y = 13

-2.Y + 3.Y = 13 ______

____

Para encontrar o valor de X, devemos substituir o valor encontrado de Y na equação isolada de X.

X = 5 – Y

X = 5 – ________

____

Assim, X = 2 e Y = 3.

Anotações

APRESENTAÇÃO

Esta obra foi concebida principalmente aos alunos que se dedicam a estudar para provas da banca CESPE, porém cabe perfeitamente para outras bancas, pois os tópicos são os mesmos e o nível de cobrança é bem similar. Nesta obra, o aluno encontrará questões com comentários simples e diretos e também questões mais detalhadas sobre o assunto. A organização foi realizada por tópicos comuns, assim a leitura do todo de cada tópico se complementa naturalmente para a compreensão maior da matéria.

> "O concurso é o meio para mudar a sua vida, o caminho depende da sua dedicação!"

Também faz parte desta obra o Faça Já, que consiste em textos rápidos e objetivos que definem e explicam os principais tópicos dos assuntos abordados. Para tornar mais interessante e dinâmico seu estudo, esses textos possuem lacunas para que o aluno os preencha com as palavras-chave. Uso essa técnica como um caderno de acompanhamento em minhas aulas para que o aluno possa identificar e preencher as lacunas corretamente. O critério de escolha das palavras é com base nas mais presentes nas questões das provas.

Use este livro da melhor forma possível, pois o concurso está cada vez mais profissionalizado e exigente em relação aos conceitos.

Sobre o autor: Estudou Ciência da Computação na Universidade Estadual do Oeste do Paraná (Unioeste) dentro da qual iniciou sua vida letiva com cursos de informática para adolescentes junto a projetos da universidade. Ainda durante o curso, desenvolveu projeto de ensino de informática para alunos do EJA (Educação de Jovens e Adultos), sendo a maioria dos alunos com faixa etária acima dos 40 anos. Com esses projetos, muitas experiências foram importantes para construir sua didática como professor. Ao final de 2009, iniciou sua carreira no mundo dos concursos junto ao Alfa Concursos Públicos e, desde então, participa da história de inúmeras aprovações nos mais diversos concursos.

SUMÁRIO

CAPÍTULO 1

Redes

Internet, Intranet e Extranet

Firewall

Cloud Computing

Correio Eletrônico

Protocolos

Navegadores

Redes

01. (2014 – Polícia Federal - Agente de Polícia Federal) Embora apresentem abrangência ampla e sejam utilizadas para interligar cidades distintas, as redes MAN (*metropolitan area network*) não utilizam tecnologias de transmissão sem fio.

GABARITO: ERRADO.

As redes são descritas pela sua abrangência. Assim, uma LAN é uma rede local; uma MAN uma rede metropolitana; a WAN é a própria Internet, em termos de alcance. Ao determinar que uma rede é constituída por tecnologias wireless (sem fio) elas podem receber a letra W como inicial.

02. (2009 – ANAC – Analista Administrativo/Tecnologia da Informação) Os switches montam dinamicamente uma tabela de encaminhamento, na qual são associados às portas os endereços físicos dos nós a ela conectados.

GABARITO: CERTO.

Quando um dispositivo é ligado a um switch, ele se identifica pelo seu endereço MAC para o switch. Por facilidade de comunicação, o switch associa a qual das portas (conexões) está cada endereço MAC. Assim, quando uma informação é destinada a determinado MAC, o switch busca a porta em que aquele dispositivo se encontra para encaminhar o dado.

03. (2009 – CEHAP/PB – Analista de Sistemas) Em uma rede ponto a ponto (peer-to-peer), o usuário controla os próprios recursos por meio de um ponto central de controle ou de administração da rede.

GABARITO: ERRADO.

Em p2p, não existe ponto central, ou seja, um servidor principal para o qual os clientes remetem requisições.

04. (2010 – ABIN – Oficial Técnico de Inteligência) A troca de mensagens eletrônicas entre cidades geograficamente distantes não pode ser realizada por meio de uma Intranet, em razão das características dos protocolos de e-mail usados em uma rede corporativa.

GABARITO: ERRADO

Uma coisa não tem a ver com a outra. A amplitude de uma Intranet depende dos dispositivos usados para sua concepção, bem como configurações de VPNs. Contudo, nenhuma dessas definições afeta o serviço de e-mail.

05. (2015 – FUB – Contador) O cabo coaxial, meio físico de comunicação, é resistente à água e a outras substâncias corrosivas, apresenta largura de banda muito maior que um par trançado, realiza conexões entre pontos a quilômetros de distância e é imune a ruídos elétricos.

GABARITO: ERRADO.

O cabo coaxial é o mesmo cabo usado pelas antenas parabólicas e TVs a Cabo. Apesar de possuir uma grande largura de banda, ele não é 100% imune a ruídos, mesmo com blindagem. Já a fibra óptica não sofre interferência de sinais elétricos. A distância de comunicação e a velocidade também são outros fatores errados na questão. A fibra é que suporta maior velocidade que o cabo par trançado.

06. **(2015 – TRE/GO – Analista Judiciário)** A topologia de uma rede refere-se ao leiaute físico e lógico e ao meio de conexão dos dispositivos na rede, ou seja, como estes estão conectados. Na topologia em anel, há um computador central chamado *token*, que é responsável por gerenciar a comunicação entre os nós.

GABARITO: ERRADO.

Na topologia de anel não há nó central. Nó central existe no modelo Estrela e Estrela Estendida.

I N F

07. **(2013 – Polícia Federal – Escrivão da Polícia Federal)** Considere que, visando reduzir o volume de tráfego Internet em uma rede corporativa, a administração da rede tenha instalado um sistema de proxy transparente. Nessa situação, tal proxy não contribuirá para o aumento da anonimidade.

GABARITO: ERRADO

O Proxy pode reescrever o endereço IP visível para a Internet usando a tabela NAT. O fato de o proxy ser transparente significa que o usuário não sabe que proxy está entre ele e a Internet. Além disso, o proxy pode armazenar dados na rede interna, evitando, muitas vezes, que o usuário necessite se conectar à Internet para ter acesso aos dados.

08. **(2012 – Polícia Federal – Papiloscopista da Polícia Federal)** Tanto no sistema operacional Windows quanto no Linux, cada arquivo, diretório ou pasta encontra-se em um caminho, podendo cada pasta ou diretório conter diversos arquivos que são gravados nas unidades de disco nas quais permanecem até serem apagados. Em uma mesma rede, é possível haver comunicação e escrita de pastas, diretórios e arquivos entre máquinas com Windows e máquinas com Linux.

GABARITO: CERTO

A rede usa protocolos que são independentes dos sistemas operacionais usados, mas o compartilhamento de arquivos é possível graças à existência do Samba, que é um Servidor responsável por tornar possível que Windows e Linux entendam suas diferentes formas de tratar os arquivos.

09. **(2010 – TRT/21ª Região – Técnico Judiciário/Tecnologia da Informação)** O *backbone*, ou espinha dorsal da Internet, no Brasil, é administrado por empresas privadas que detêm o poder de exploração do acesso à Internet. Essas empresas, também conhecidas como provedores de acesso cobram uma taxa a pessoas físicas ou jurídicas, as quais podem, também, armazenar seus dados na rede.

GABARITO: ERRADO.

O *backbone* brasileiro é administrado pela Embratel. *Backbone* é a principal estrutura de uma rede, ou seja, a parte física que sustenta a rede como um todo, de modo que, se falhar, praticamente toda a comunicação em rede cai.

10. **(2010 – ABIN – Oficial Técnico de Inteligência/Área de Suporte a Rede de Dados)** O conteúdo web acessado pelos funcionários de uma empresa, a partir da rede corporativa, pode ser filtrado por meio da configuração de um servidor proxy, com base em listas de liberação e listas de bloqueio de acesso.

GABARITO: CERTO.

A principal função do proxy é fazer cache de rede, mas pode ser usado para controle de acesso como autenticação.

11. **(2010 – ABIN – Oficial Técnico de Inteligência/Área de Tecnologia da Informação)** A detecção de intrusão pode ser realizada por meio do uso de *honeypots*, técnica que atrai o atacante para um ambiente não crítico, onde há informações falsas e aparentemente valiosas, encorajando-o a permanecer nesse ambiente o tempo suficiente para que os administradores possam registrar e rastrear seu comportamento.

GABARITO: CERTO.

Os *honeypots* (pote de mel) são uma forma de armadilha para invasores de redes, que os distraem por um tempo. Além de proteger o ambiente real, um *honeypot* permite induzir o invasor a baixar dados imaginando estar roubando dados importantes, mas é levado a baixar vírus ou aplicativos que facilitem o seu rastreamento.

12. **(2012 – PC/AL – AL – Escrivão de Polícia)** Endereços físicos, endereços lógicos (IP), endereços de portas e endereços específicos são os quatro níveis de endereços utilizados em uma rede TCP/IP.

GABARITO: CERTO.

Endereços físicos são os endereços MAC; endereço IP são endereços da camada de rede; as portas são as portas da camada de transporte usadas pelos protocolos da camada de aplicação. Por fim, os endereços específicos são as URLs, que indicam, além do domínio, o caminho em que o recurso solicitado se encontra.

13. **(2014 – ICMBIO - Analista Administrativo)** Uma rede de dados, assim como os softwares, tem a função de transmitir informações e processá-las.

GABARITO: ERRADO.

Uma rede conecta dispositivos para a troca de informações entre eles. Ela não processa as informações, pois isso cabe aos aplicativos, junto aos computadores.

14. **(2014 – Câmara dos Deputados – Técnico Legislativo)** Quando possível, deve-se optar por conexão a rede sem fio, a qual não é vulnerável a técnicas de invasão e representa o meio de acesso à Internet mais popular e seguro.

GABARITO: ERRADO.

Uma rede cabeada, de certo modo, pode ser considerada mais segura, pois é mais fácil controlar visualmente se alguém não autorizado está se conectando a ela. Já em um ambiente sem fio, a vulnerabilidade é maior. Além disso, torna-se fácil para algum usuário mal intencionado criar uma rede falsa, na expectativa de capturar dados dos usuários que tentarem se conectar a ela.

15. **(2014 – FUB – Todos os Cargos)** Tanto o Ping quanto o Traceroute são ferramentas utilizadas na sondagem de uma rede de computadores.

GABARITO: CERTO.

O comando Ping, de "ping pong", é usado para teste de conexão. Ele utiliza o protocolo ICMP para verificar se o host do endereço de rede pretendido está disponível. Já o Tracert é usado para mapear os roteadores pelos quais um pacote passa.

16. **(2014 – FUB – Todos os Cargos)** Diversas tecnologias estão envolvidas na ligação de computadores em redes, o que gera uma pluralidade de combinações de redes.

GABARITO: CERTO.

Um ambiente de rede é um ambiente miscigenado, no qual encontramos, além de plataformas de software diferentes, também hardwares diferentes. Todavia, uma vez que usam os mesmos protocolos, conseguem se comunicar tranquilamente.

17. **(2014 – CADE - Agente Administrativo)** Tamanho físico, tecnologia de transmissão e topologia são critérios utilizados para classificar as redes de computadores.

GABARITO: CERTO.

Classificam-se as redes de acordo com sua geografia, tipo de sinal e organização topológica.

18. **(2014 – CADE- Agente Administrativo)** Para que uma rede de computadores seja classificada de acordo com o modelo cliente/servidor, faz-se necessário que tanto o cliente quanto o servidor estejam fisicamente no mesmo local.

GABARITO: ERRADO.

Eles têm que estar acessíveis pela rede lógica. Do contrário, isso inviabilizaria grande parte da própria Internet.

19. **(2013 – TRT/17ª Região – Todos os Cargos)** Uma rede *bluetooth* possui alcance ilimitado e possibilita a conexão de componentes a um computador sem a utilização de fios.

GABARITO: ERRADO.

O alcance da tecnologia Bluetooth é limitado, assim como a WI-FI. A tecnolocia Bluetooth possui 3 classes, que, dentre outras coisas, são definidas pelo alcance: Classe 1 – alcance de até 100 metros; Classe 2 – alcance de até 10 metros, esse é o padrão usado nos dispositivos portáteis; Classe 3 – alcance 1 metro.

20. **(2013 – STF- Analista Judiciário /Área Administrativa)** Tanto no caso do servidor *web* como no do servidor de correio eletrônico, é necessário haver um serviço DNS para converter nomes em endereços IPs.

GABARITO: CERTO.

O DNS é o responsável por traduzir os domínios nos respectivos endereços IPs dos servidores. Uma vez que se trabalhe com domínio, o DNS se faz necessário.

Internet, Intranet e Extranet

21. **(2013 – DEPEN – Agente Penitenciário)** A velocidade de acesso à Internet depende da ferramenta de navegação e do sistema operacional que estão sendo utilizados; o navegador Microsoft Internet Explorer, por exemplo, é acessado mais rapidamente em ambiente Windows.

GABARITO: ERRADO.

O principal fator de velocidade é o canal liberado para uso pelo provedor de acesso. Os browsers até podem obter maior eficiência em determinadas situações, mas não são fatores que pesam na velocidade de acesso à Internet. Outro fator que determina a velocidade na transmissão dos dados é a outra ponta, pois não adianta o cliente ter capacidade de download de 15MB, se o servidor consegue enviar somente a velocidade de 5MB.

22. **(2009 – Polícia Federal – Agente de Polícia Federal)** As Intranets, por serem redes com acesso restrito aos usuários de empresas, não utilizam os mesmos protocolos de comunicação usados na Internet, como o TCP/IP.

GABARITO: ERRADO.

Internet e Intranet são redes. Portanto, usam os mesmos padrões e tecnologias. Elas se diferem apenas pelo fato de uma ser pública, e a outra de acesso restrito (privado).

Texto referente às questões 23 a 26.

"A rede que interligou nossos computadores e celulares entra em uma nova fase, ainda mais ambiciosa, na qual pretende conectar tudo o que existe na Terra. O nome é didático: Internet das coisas. Coisas são carros e semáforos. Coisas são relógios, geladeiras e televisores. Coisas são até informações sobre nosso metabolismo pessoal, medidas à flor da pele. Bem-vindo a uma nova era. O ano de 2014 poderá ficar conhecido, na história da tecnologia, como o ano zero de uma revolução que começa a ocupar as vinte e quatro horas do dia de qualquer indivíduo, em casa, no trabalho, na rua." **Veja.** 31/12/2014, p. 162-3 (com adaptações).

Tendo o fragmento de texto supracitado como referência inicial e considerando as múltiplas implicações do tema que ele focaliza, julgue os itens seguintes:

23. **(2015 – FUB – Contador)** Por suas características técnicas, a rede mundial de computadores mostra-se imune à ação da censura política, razão pela qual tem sido muito utilizada por movimentos contestatórios a regimes ditatoriais, como na China e em países árabes.

GABARITO: ERRADO.

A Internet é a rede mundial de computadores sobre a qual são disponibilizados recursos e serviços. A rede é um ambiente regido por protocolos de comunicação. Contudo, os países podem e usam sua soberania para bloquear a disponibilização de conteúdos e serviços na rede, como é o caso da China e da Líbia. Porém, também existe a parte obscura da rede mundial, que se utiliza de protocolos próprios diferentes dos definidos em RFCs, transmitindo conteúdo abaixo do radar e do controle. Esse ambiente sem restrições é chamado de DeepWeb ou Internet Profunda.

O Marco Civil da Internet prevê a liberdade de expressão, obviamente, dentro dos aspectos legais.

24. **(2015 – FUB – Contador)** O surgimento da Internet, na década de 60 do século passado, deveu-se à conjugação de estudos, nos Estados Unidos da América, oriundos de universidades, empresas localizadas no Vale do Silício e laboratórios militares. Algum tempo depois, ela transpôs os limites de um empreendimento acadêmico-militar e se tornou comercial.

GABARITO: CERTO.

A Internet "chegou ao Brasil" em 1980. Seu início como rede mundial iniciou com os estudos da ARPANET até se tornar a rede pública de computadores, usada amplamente para fins comerciais, mas também para compartilhamento de conteúdo livre.

25. **(2015 – FUB – Contador)** A expressão "cidades inteligentes" é a denominação recente utilizada para definir centros urbanos que começam a funcionar como complexos laboratórios para experiências de crescente conexão, como a instalação de sensores conectados a semáforos, câmeras de segurança ou equipamentos que medem a poluição do ar.

GABARITO: CERTO.

Já faz parte do nosso cotidiano usar celulares inteligentes (smartphones), embora também existam relógios inteligentes, carros inteligentes, casas inteligentes (e, por que não, uma cidade inteligente?). Na verdade, o próprio Google Maps já oferece, em grandes centros, o mapeamento do fluxo de trânsito para indicar rotas menos movimentadas, através dos GPSs dos carros. Colegas de faculdade desenvolveram sistemas baseados em inteligência artificial para controle e monitoramento do fluxo de trânsito em Cascavel, como modelos de análise de risco de epidemia de Dengue, analisando a mobilidade humana e dos vetores.

26. **(2015 – FUB – Contador)** Uma das possibilidades dessa internet a que o texto transcrito alude é a de obter informações que se mostrem úteis para guiar com maior precisão as mais diversas políticas públicas.

GABARITO: CERTO.

Este item é bastante generalista, de modo que não há como dizer que esteja errado. Isso porque, com dados, é possível se tomar decisões mais precisas e imediatas, ao invés de ficar à mercê de experiências. Por outro lado, estamos entrando em uma era em que, cada vez mais, teremos menos privacidade, tendo nossas vidas mais conectadas e dependentes desse ambiente que é a Internet. Basta que se faça a experiência de ficar um dia inteiro sem usar o celular, de modo a conversar com outras pessoas fisicamente, não apenas virtualmente.

27. (2014 – ANTAQ – Todos os Cargos)

Ao se digitar uma palavra para busca no Google, e clicar o botão **Pesquisa Google**, serão apresentados links para várias páginas da Web que contenham a palavra digitada. Se, em vez de **Pesquisa Google**, for clicado o botão **Estou com sorte**, irá aparecer como resultado apenas o link de uma página, que é escolhido de forma aleatória entre os resultados que seriam obtidos com a busca por meio da utilização do botão **Pesquisa Google.**

GABARITO: ERRADO.

A opção Estou com sorte leva ao primeiro resultado, também conhecido como o mais relevante para a pesquisa. Tal característica gerou até mesmo brincadeiras na web: digite no Google Político Honesto e clique em Estou com sorte e leia atentamente a página.

28. (2014 – TRE/GO – Técnico Judiciário) Ao se clicar o botão ESTOU COM SORTE, o navegador é AUTOMATICAMENTE CONDUZIDO À PRIMEIRA PÁGINA DA WEB gerada pela consulta. Portanto, o tempo de procura é reduzido.

GABARITO: CERTO.

Não se pode afirmar que o tempo de busca seja drasticamente reduzido, pois o resultado pode não ser o que o usuário procurava. Mas ao invés de o usuário clicar no link, o site já é carregado.

29. (2015 – FUB – Contador) O sítio de buscas Google permite que o usuário realize pesquisas utilizando palavras e textos tanto em caixa baixa, quanto em caixa alta.

GABARITO: CERTO.

É possível que o que está descrito no item aconteça, mas para que o motor de busca diferencie maiúsculas de minúsculas, o usuário precisa usar os filtros de busca avançada.

30. (2012 – PC/AL – Agente de Polícia) Na realização de pesquisa de determinado assunto no sítio de buscas Google, as aspas indicam ao buscador que o assunto descrito fora das aspas deve ser considerado na pesquisa e o assunto descrito entre as aspas deve ser desconsiderado.

GABARITO: ERRADO.

As aspas duplas indicam que só devem ser listados links de páginas que contenham exatamente o mesmo texto descrito entre as aspas. Para não exibir páginas com determinado texto, deve-se usar o sinal de menos (-) antes da palavra.

31. (2009 – Polícia Federal – Agente de Polícia) O Google é um instrumento de busca que pode auxiliar a execução de diversas atividades, como, por exemplo, pesquisas escolares.

GABARITO: CERTO

Questão simples que aborda a funcionalidade do motor de busca do Google. Além do Google, o Bing e o Yahoo Cadê são outros grandes motores de busca. Na China, o Baidu é o maior motor de busca, podendo ser equiparado como o "Google chinês".

I N F

32. (2008 – INSS – Técnico do Seguro Social) O URL www.google.com identifica a página da Web do serviço conhecido como enciclopédia livre, no qual colaboradores voluntários de todo o mundo escrevem e submetem artigos sobre determinado tema. Esses artigos são revisados por outros colaboradores voluntários e, finalmente, são aprovados para publicação online. Essa enciclopédia livre pode ser acessada de forma gratuita por qualquer usuário com acesso à Internet.

GABARITO: ERRADO.

Enciclopédia livre é a Wikipédia. O Google é um motor de busca.

33. (2014 – ANTAQ – Todos os Cargos) O Facebook, sítio de serviço de rede de propriedade do governo dos Estados Unidos da América, permite a interação online entre pessoas.

GABARITO: ERRADO.

O Facebook não pertence ao governo, mas, sim, a uma empresa privada.

34. (2015 – TRE/GO – Técnico Judiciário /Área Administrativa) A *Big Data* pode ser utilizada na EAD para se entender as preferências e necessidades de aprendizagem dos alunos e, assim, contribuir para soluções mais eficientes de educação mediada por tecnologia.

GABARITO: CERTO.

Big Data **(megadados) é uma estrutura similar, mas diferente, a um *Datawharehouse*. Sua finalidade é a manipulação de um grande volume de dados variáveis de valor e com grande velocidade, buscando a veracidade da informação. Quanto mais dados, mais fácil se torna tomar decisões e mais precisas elas são. Esses são alguns dos aspectos estudados pelo BI (*Bussines Intelligence*).**

35. (2015 – TRE/GO – Analista Judiciário/Todos os Cargos) Em apoio à visão construcionista social, o *software* de ensino a distância Moodle, em sua versão 2.8, conta com atividades projetadas para permitir que os alunos controlem o conteúdo comum, tais como fóruns, *wikis*, glossários, bancos de dados e mensagens.

GABARITO: CERTO.

O Moodle é uma das principais ferramentas usadas para EAD pelas instituições públicas e até mesmo privadas, pelo fato de ser um software livre e por possuir uma estrutura bastante robusta e completa.

36. (2012 – PC/AL – Agente de Polícia) A rede privada virtual (VPN) do tipo site-to-site constitui-se, entre outros elementos, de um canal de comunicação criptografado entre dois gateways de rede.

GABARITO: CERTO.

A função de uma VPN é conectar dois ou mais dispositivos em uma Intranet, mesmo que estejam geograficamente distantes, logo tem que garantir o acesso restrito ao ambiente da rede.

37. (2012 – Polícia Federal – Papiloscopista) Twitter, Orkut, Google+ e Facebook são exemplos de redes sociais que utilizam o recurso scraps para propiciar o compartilhamento de arquivos entre seus usuários.

GABARITO: ERRADO.

O Twitter não oferece compartilhamento de arquivos. O Facebook permite, por inbox, tal uso, mas isso porque as mensagens do Facebook são como e-mails. Na verdade, é possível enviar de um e-mail uma mensagem, para ela aparecer nas mensagens do Facebook. Para isso, basta destinar o e-mail para usuario@facebook.com, em que usuário é o nome do usuário presente após a barra, exemplo: facebook.com/usuario.

38. (2013 – MPU – Técnico/Técnologia da Informação e Comunicação) Uma página da Internet pode ser salva em uma pasta no drive C, independentemente da origem da página.

GABARITO: CERTO.

A fim de que o que está proposto na questão aconteça, deve-se usar a opção Salvar Como no browser com a página aberta. Assim, será gerado um arquivo no formato html ou htm, e, juntamente com ele, uma pasta. Caso o usuário opte, ele pode salvar no formato mhtml ou mhtm, que salva todos os dados em um único arquivo, ou seja, sem a pasta adicional.

39. (2012 – PC/AL - Escrivão de Polícia) As VPNs (*Virtual Private Network*) são túneis criados em redes públicas para que essas redes apresentem nível de segurança equivalente ao das redes privadas. Na criação desses túneis, utilizam-se algoritmos criptográficos, devendo o gerenciamento de chaves criptográficas ser eficiente, para garantir-se segurança.

GABARITO: CERTO.

Primeiramente, se a criptografia não for eficiente, ela pode ser falha ou, simplesmente, quebrada. Uma VPN é uma forma de se conectar a uma Intranet, garantindo o princípio de acesso restrito.

40. **(2014 – ANATEL – Técnico Administrativo)** No que se refere a aplicações em gerenciamento, apresentação de imagens, execução de trabalhos em três dimensões e mídias sociais, julgue o item subsequente

A tecnologia de análise de sentimento social é um intrincado algoritmo que analisa reações em torno de um tema, marca ou pessoa, sem a necessidade de uma *hashtag*. Com imensa capacidade de processamento em tempo real, o sistema consegue identificar, filtrar e analisar os textos em português contidos nos comentários das mídias sociais acerca de determinado tema.

GABARITO: CERTO.

O texto é um fragmento de uma publicação realizada no site da IBM, responsável por desenvolver a ferramenta. Tal tecnologia tem sido usada inclusive por governos para controle de massa.

41. **(2014 – ANATEL – Técnico Administrativo)** As redes sociais têm o tamanho padrão de medidas para imagens, o que facilita a criação, pois um único arquivo de imagem pode ser utilizado para ser postado em diferentes mídias sem comprometer a aparência.

GABARITO: ERRADO.

As imagens para a web possuem formatos variados. Inclusive, há algumas técnicas de css que exibem apenas parte de uma única imagem, pois ao ser apenas uma imagem, a sua transferência do Servidor para o computador é mais rápida. Além disso, a imagem fica na cache por mais tempo, sem ser recarregada.

42. **(2014 – SUFRAMA – Todos os Cargos)** A pesquisa carro ~azul realizada no Google retornará resultados referentes a carro que não contenham a palavra azul.

GABARITO: ERRADO.

O caractere til (~) é usado na busca por sinônimos. Para realizar a busca como citado pela questão, deveria constar o caractere menos (-).

43. **(2014 – MDIC – Agente Administrativo)** A pesquisa pelo termo intitle "cloud", feita no Google, retorna todas as páginas que contenham a palavra "cloud" em sua URL.

GABARITO: ERRADO.

A questão possui dois erros: a sintaxe do comando e sua ação. A sintaxe é **intitle:cloud**, que uma vez correta, realiza busca por páginas em que, no seu título (texto que aparece na aba do navegador identificando o site), possuir a palavra cloud. Já para buscar por palavras na url, deve-se usar **inurl:cloud**.

44. (**2013 – SEE/AL – Todos os Cargos**) Para copiar um texto de um sítio da Internet, o usuário deve salvar, em seu computador, a página com o conteúdo desejado.

GABARITO: ERRADO.

Para copiar o conteúdo de um site, basta selecionar o conteúdo desejado e usar a opção copiar. Essa é a característica padrão, mas lembre que existem sites que utilizam mecanismos para dificultar a cópia.

45. (**2013 – SEE/AL – Todos os Cargos**) Sítios de busca, como o Google e o Yahoo, apresentam ferramentas e opções para que o usuário encontre artigos acadêmicos ou livros específicos.

GABARITO: CERTO.

Além de poder utilizar as opções de pesquisa avançada, o Google possui uma variação de seu buscador para pesquisar especificamente por conteúdo acadêmico. Há, por exemplo, o Google Livros, que possui um acervo de livros inteiros digitalizados e abertos para uso, além de outros que exibem parte do conteúdo como amostra grátis.

Firewall

46. (**2014 – TC/DF – Técnico de Administração Pública**) O firewall do Windows é um importante recurso utilizado para bloquear spams ou e-mails não desejados pelo usuário.

GABARITO: ERRADO.

O Firewall monitora o tráfego de dados em rede, verificando se estes condizem com os protocolos usados. Ele não possui poder de avaliação de importância ou risco que um arquivo possui.

47. (**2014 – ICMBIO – Todos os Cargos**) Um firewall filtra o tráfego de entrada e saída entre a rede interna e a externa.

GABARITO: CERTO.

É responsabilidade do Firewall monitorar o tráfego de rede: tanto o que entra como o que sai é avaliado por ele. Porém, o *Firewall* é mais restritivo em relação ao que é proveniente de fora da rede, do que o tráfego interno.

48. (**2014 – ICMBIO – Todos os Cargos**) Um *firewall* do tipo ***statefull*** não verifica o estado de uma conexão.

GABARITO: ERRADO.

Um firewall *statefull* opera pela análise do estado (*state*) da conexão.

49. (**2015 – TRE/GO – Técnico Judiciário – Área Administrativa**) Convém que todo o tráfego da rede passe por *firewall*, uma vez que a eficácia da segurança proporcionada por esse dispositivo será comprometida caso existam rotas alternativas para acesso ao interior da referida rede.

GABARITO: CERTO.

Até mesmo o conteúdo de uma DMZ (*Demilitarized Zone*) passa pelo firewall da rede.

50. **(2014 – Polícia Federal – Agente de Polícia Federal)** Embora os *firewalls* sejam equipamentos ou *softwares* utilizados no controle das conexões de uma rede, eles não protegem computadores contra ataques internos.

GABARITO: ERRADO.

O ponto crítico da questão é o entendimento do ataque interno citado, uma vez que o contexto de ação do Firewall é a rede, e a questão reforça conexão de uma rede. Os ataques internos citados são ataques na Intranet. Por outro lado, se a questão tomasse o ataque interno como aos arquivos, já não seria mais competência do Firewall.

I N F

51. **(2008 – PC/TO – Delegado de Polícia)** O firewall é o dispositivo que permite a conexão com a Internet, uma vez que é responsável pela conversão do sinal analógico em sinal digital.

GABARITO: ERRADO.

Quem converte sinal de analógico (demodularizado) para um sinal digital (modular) é o MODEM. Porém, tanto o Firewall como um Modem podem ser o gateway de uma rede.

52. **(2011 – PC/ES – Todos os Cargos)** Se, ao acessar um endereço da Internet, o sítio correspondente mostrar-se inacessível, esse problema poderá estar relacionado com o filtro de pacotes utilizado pelo administrador da rede para aumentar a segurança do ambiente.

GABARITO: CERTO.

Esse filtro pode ser feito utilizando um Firewall, como também um servidor proxy. O filtro nada mais é do que uma configuração de regras de bloqueio. Os bloqueios podem ser realizados diretamente às portas, como aos protocolos, serviços ou mesmo por análise de parte do conteúdo.

53. **(2014 – Câmara dos Deputados – Agente de Polícia Legislativa)** Quando acionado, o Firewall do Windows, software fundamental para auxiliar no controle de acesso ao computador do usuário, impede o acesso a todas as fontes externas conectadas ao computador, sendo possível configurar exceções.

GABARITO: ERRADO.

O Firewall não controla o acesso ao computador. Para isso, é utilizado o login. Claro que o Firewall monitora os acessos remotos. Além disso, o Firewall do Windows, por padrão, permite acessos de conteúdos externos. Não é necessário que o usuário o configure, apesar de ser possível configurá-lo.

54. (2014 – TJ/SE – Técnico Judiciário) O *Firewall* é um dispositivo que conecta o computador pessoal à rede mundial com garantia de segurança.

GABARITO: ERRADO.

Em Segurança da Informação, não existe plena segurança, apenas recursos mínimos recomendados e estruturas (ferramentas, recursos, práticas entre outros) que aumentam a segurança.

55. (2014 – FUB – Todos os Cargos) Em uma rede local protegida por *Firewall*, não é necessário instalar um *software* antivírus, pelo fato de o *Firewall* proteger a rede contra mensagens de *spam*, vírus e *trojans*.

GABARITO: ERRADO.

Firewall e antivírus agem em momentos e situações distintas. Um firewall não consegue apagar um vírus. Ele apenas impede que as comunicações dos *malwares* ocorram.

56. (2014 – SUFRAMA – Todos os Cargos) O Microsoft Windows 7 Ultimate possui, originariamente, um aplicativo de *Firewall*, o qual permite verificar informações provenientes da Internet, bloqueando ou permitindo que elas cheguem ao computador do usuário. Um *Firewall* pode ainda ajudar a impedir que *hackers* ou *worms* obtenham acesso ao computador por meio de uma rede de computadores.

GABARITO: CERTO.

O Firewall do Sistema Operacional é também chamado de Firewall de Host. Note que ele ajuda a impedir, pois assim como *antimalwares*, não há garantias de eficácia.

57. (2013 – STF – Analista Judiciário / Área Judiciária) Um Firewall permite detectar e bloquear acessos a anexos de e-mails suspeitos, bem como detectar e desativar vírus que contaminaram um computador ou uma rede.

GABARITO: ERRADO.

O Firewall não consegue averiguar o que está no anexo do e-mail, ou se um arquivo está contaminado por algum *malware*. Ele apenas monitora o tráfego da rede e verifica as anomalias no tráfego da rede.

58. (2014 – Polícia Federal – Agente de Polícia) A ativação do *Firewall* do Windows impede que *e-mails* com arquivos anexos infectados com vírus sejam abertos na máquina do usuário.

GABARITO: ERRADO.

Um Firewall não tem a capacidade de avaliar o conteúdo de um arquivo. É de competência do Firewall monitorar a rede e se o que está passando por ela está em desacordo com as regras estabelecidas.

59. (2013 – FUNASA – Todos os Cargos) Um Firewall é utilizado para controle de acesso lógico, bloqueando todos os arquivos infectados com vírus e programas maliciosos que tentam infiltrar-se em uma rede ou computador.

GABARITO: ERRADO.

O Firewall não consegue avaliar se um arquivo está ou não infectado por algum *malware*. Ele apenas controla o tráfego de dados pela rede.

60. **(2013 – STF- Analista Judiciário/Área Administrativa)** Considerando que, em uma rede, o computador de um usuário tenha sido infectado por um *worm* que consegue se replicar em sistemas falhos pelas portas 137 e 138, julgue o item subsequente.
Se o *Firewall* do Windows 7 for habilitado para bloquear as referidas portas para qualquer origem e destino, o serviço HTTP deixará de funcionar.

GABARITO: ERRADO.

A política de configuração do Firewall normalmente segue o princípio de bloquear tudo e, conforme necessário, as comunicações são liberadas. Já com relação às portas citadas, é preciso lembrar que o protocolo HTTP utiliza por padrão a porta 80, ou seja, o fechamento das portas citadas não irá afetar a do outro protocolo.

61. **(2013 - FUB – Assistente Em Administração)** Um *Firewall* pode ser configurado para ser um programa de antivírus, pois ajuda a proteger o computador contra um *malware.*

GABARITO: ERRADO.

O Firewall age como um complemento no processo de segurança. Ele não age como um antivírus, pois são concebidos para finalidades distintas.

INF

Cloud Computing

62. **(2014 – Polícia Federal – Agente de Polícia)** Entre as desvantagens da computação em nuvem está o fato de as aplicações terem de ser executadas diretamente na nuvem, não sendo permitido, por exemplo, que uma aplicação instalada em um computador pessoal seja executada.

GABARITO: ERRADO.

O fato de ser executado na nuvem normalmente é visto como vantagem, pois, assim, não se consomem recursos do computador do usuário. Contudo, vários serviços oferecem a opção para download de recursos adicionais, mas vale lembrar que se trata de um opcional.

63. **(2014 – Polícia Federal – Agente de Polícia Federal)** Na computação em nuvem, diversos computadores são interligados para que trabalhem de modo colaborativo, inclusive aqueles que possuam sistemas operacionais diferentes.

GABARITO: CERTO.

Uma das principais características da computação em nuvem é a de ser independente dos sistemas operacionais e dispositivos utilizados pelos usuários. Isso porque, em suma, a computação em nuvem se trata de um serviço que o usuário acessa na web (Internet), normalmente utilizando um *browser* (navegador).

64. **(2012 – Polícia Federal – Papiloscopista)** O Microsoft Office Sky Driver é uma suíte de ferramentas de produtividade e colaboração fornecida e acessada por meio de computação em nuvem (*cloud computing*).

GABARITO: ERRADO.

O Skydrive atualmente chamado de OneDrive é uma forma de armazenamento de dados na Nuvem. O erro está em usar a expressão DRIVER.

65. **(2012 – PC/AL – Escrivão de Polícia)** O conjunto de ferramentas do Google Docs permite a criação online de documentos, planilhas e apresentações.

GABARITO: CERTO.

Atualmente, o Goolge Docs faz parte do Google Disco/Drive. Ele é um exemplo de *Cloud Computing* (computação na nuvem). Já o Disco/Drive é um exemplo de armazenamento na nuvem (Cloud Storage). O Docs atua como um serviço na Nuvem que permite, inclusive, o trabalho colaborativo simultâneo.

66. **(2013 – MPU – Todos os Cargos)** Com a *Cloud Computing*, não há mais necessidade de instalar ou armazenar aplicativos, arquivos e outros dados afins no computador ou em um servidor próximo, dada a disponibilidade desse conteúdo na Internet.

GABARITO: CERTO.

Com o *Cloud Storage,* os dados ficam armazenados em servidores na Internet. Os servidores próximos citados pela questão são servidores na própria Intranet.

67. **(2012 – Polícia Federal – Papiloscopista)** O conceito de *Cloud Storage* está associado diretamente ao modelo de implantação de nuvem privada, na qual a infraestrutura é direcionada exclusivamente para uma empresa e são implantadas políticas de acesso aos serviços; já nas nuvens públicas isso não ocorre, visto que não há necessidade de autenticação nem autorização de acessos, sendo, portanto, impossível o armazenamento de arquivos em nuvens públicas.

GABARITO: ERRADO.

Quanto à nuvem privada, o que a questão afirma está correto. Já no que diz respeito à nuvem pública, também se faz necessário o controle de acesso. O fato de o serviço ser acessado por usuário e senha não o define como uma rede ou recurso privado.

68. **(2014 – TJ/SE – Técnico Judiciário)**

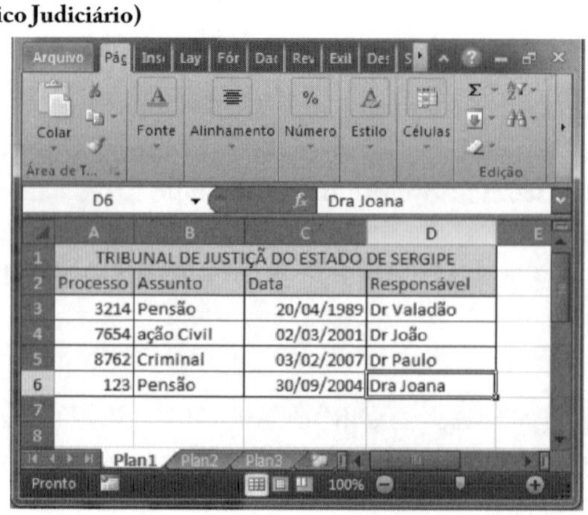

Considerando a figura acima, que ilustra um arquivo em edição no Microsoft Excel 2010, julgue o item subsequente:

Caso o arquivo seja salvo na nuvem, não se observará perda de qualidade dos dados.

GABARITO: CERTO.

Apesar de estranha, a questão não está errada. Armazenar os dados no computador ou na nuvem tem o mesmo objetivo, que é salvar o arquivo para futuro uso ou arquivamento.

69. **(2013 – MPU – Analista)** O armazenamento em nuvem, ou em disco virtual, possibilita o armazenamento e o compartilhamento de arquivos e pastas de modo seguro, ou seja, sem que o usuário corra o risco de perder dados.

GABARITO: CERTO.

É, também, de responsabilidade do serviço contratado para armazenamento dos dados a realização do backup periódico dos arquivos salvos.

70. **(2014 – ICMBIO – Todos os Cargos)** A computação na nuvem permite ao usuário alocar recursos de forma dinâmica e em tempo real, o que possibilita o ajuste entre a necessidade e os recursos.

GABARITO: CERTO.

Os serviços na nuvem são práticos e rápidos de serem expandidos. Por exemplo, pode-se citar um determinado serviço na nuvem, responsável por armazenar os arquivos de uma empresa. Se a empresa necessitar de mais espaço, basta que ela o solicite. Desse modo, logo depois de realizar o pagamento, o espaço já estará disponível para uso.

71. **(2014 – FUB – Todos os Cargos)** O Google Drive é uma ferramenta que possibilita a criação e a edição de documentos, planilhas e apresentações.

GABARITO: CERTO.

O Google Docs está vinculado ao Drive. Apesar de o Drive ser responsável pelo armazenamento, e o Docs, pelos editores, uma vez que os dois estejam integrados, pode-se afirmar que são uma coisa só.

72. **(2014 – SUFRAMA – Agente Administrativo)** Na hierarquia da computação em nuvem, o nível mais baixo é o PaaS (*Platform-as-a-Service*). Nesse nível, é disponibilizado ao usuário somente a estrutura de *hardware*, a qual inclui o processador, a memória, a energia, a refrigeração e a rede; ao passo que a estrutura de *software*, que inclui o sistema operacional, os servidores de banco de dados e os servidores *web*, fica a cargo do próprio usuário.

GABARITO: ERRADO.

O mais baixo nível é a IaaS (*Infrastructure as a Service*). PaaS é relacionado ao sistema operacional na nuvem, a exemplo o Windows Azure. Já Google Docs, Microsoft WebApps e Office 365 são exemplos de SaaS (*Software as a Sercvice*).

73. (2014 - SUFRAMA – Agente Administrativo) Windows Azure, Microsoft Office 365 e SkyDrive são exemplos, respectivamente, de IaaS, SaaS e PaaS na computação em nuvem.

GABARITO: ERRADO.

O SkyDrive, atualmente chamado de OneDrive e Google Drive/Disco, é exemplo de IaaS. O Windows Azure é Sistema Operacional, logo está para PaaS, enquanto que o Office 365 está para SaaS.

74. (2013 – TRT/17ª Região – Todos os Cargos) Um dos meios de se armazenarem dados na nuvem consiste na utilização do modelo de serviços denominado SaaS (*software as a service*). Nesse modelo, o cliente utiliza-se de aplicações, como *browser*, para acessar os servidores, e todo o controle e gerenciamento do armazenamento é realizado pelo provedor de serviço.

GABARITO: CERTO.

A questão se refere ao serviço de armazenamento que se mostra como um site para o usuário. Nesse aspecto, tem-se como exemplo o Google Drive/Disco e o Microsoft OneDrive.

Correio Eletrônico

75. (2014 – Polícia Federal – Agente de Polícia) Caso deseje imprimir uma lista de mensagens de uma pasta do Mozilla Thunderbird, o usuário deverá selecionar a lista desejada, clicar o menu Arquivo e, em seguida, clicar a opção imprimir.

GABARITO: ERRADO.

Esta questão é um tanto quanto capciosa, pois o que se deseja imprimir é a lista propriamente dita ou o conteúdo dos e-mails selecionados. Se a referência fosse aos conteúdos, então a questão está correta. Mas a Banca tomou para si a necessidade de imprimir apenas a lista ilustrada na caixa de entrada. Como o Mozilla Thunderbird não possui essa opção, a questão se torna errada.

76. (2014 – Polícia Federal – Agente de Polícia) Se um usuário do Mozilla Thunderbird receber *e-mail* de pessoa cujo nome esteja contido na lista de endereços desse usuário, o endereço de *e-mail* do remetente não será mostrado ao destinatário.

GABARITO: CERTO.

De pronto, não será exibido o endereço de e-mail, mas apenas seu nome cadastrado no catálogo de endereços. Contudo, o usuário pode visualizar o e-mail de seu contato, passando o mouse sobre o nome do referido contado.

77. (2014 – ICMBIO – Todos os Cargos) O recurso do Mozilla Thunderbird que permite agrupar e ordenar mensagens é utilizado somente quando cada mensagem tiver sido marcada por um dos filtros da opção Marcadores.

GABARITO: ERRADO.

Os filtros podem ser aplicados para buscar mensagens de um remetente ou destinatário específico. Para isso, não é necessário classificar as mensagens previamente.

78. (2014 – ICMBIO – Todos os Cargos) No Outlook Express, caso se envie uma mensagem com o uso do recurso CCo: a mais de um endereço eletrônico, a mensagem encaminhada permitirá a todos os recebedores ver a relação de destinatários.

GABARITO: ERRADO.

O objetivo do campo Cco (Com cópia oculta) é ocultar os destinatários listados neste campo dos demais destinatários, inclusive dos listados no mesmo campo.

79. (2014 – TC/DF – Todos os Cargos) Funcionalidades disponibilizadas no Mozilla Thunderbird possibilitam mover uma mensagem da caixa de entrada de uma conta para uma pasta localizada em outra conta.

GABARITO: CERTO.

Basta clicar com o botão direito do mouse sobre a mensagem e escolher a opção mover para. Na lista de opções, escolher a conta e, na sequência, a pasta para a qual se deseja mover a mensagem.

80. (2015 – FUB – Todos os Cargos) Caso o recurso Histórico de Arquivos, disponível na opção Histórico, do menu Início, do Explorador de Arquivos do Windows 8.1, seja configurado corretamente, ele fornecerá um histórico detalhado do arquivo selecionado, contendo, entre outras informações, as datas de modificação do arquivo e a relação de usuários que o acessaram.

GABARITO: ERRADO.

O Histórico de Arquivos não mostra quais foram os usuários que acessaram o arquivo. Essa ferramenta realiza uma cópia de segurança dos arquivos presentes nas pastas Documentos, Músicas, Imagens, Vídeos e Área de Trabalho e dos arquivos do OneDrive disponíveis *off-line*.

81. (2008 – INSS – Analista do Seguro Social) Considerando a situação hipotética em que João deseja enviar a José e a Mário uma mensagem de correio eletrônico por meio do Outlook Express, julgue o item abaixo.

Caso João, antes de enviar a mensagem, inclua, no campo **CC:** do aplicativo usado para o envio da mensagem, o endereço de correio eletrônico de Mário, e, no campo **Para:**, o endereço eletrônico de José, então José e Mário receberão uma cópia da mensagem enviada por João, mas José não terá como saber que Mário recebeu uma cópia dessa mensagem.

GABARITO: ERRADO.

Para que um destinatário não seja visto pelos demais, ele deve ter seu endereço de e-mail no campo Cco:, pois os que foram listados no campo Cc: são vistos por todos os outros destinos, assim como os presentes no campo Para:.

82. (2010 – ABIN - Oficial Técnico de Inteligência) A utilização dos padrões de correio eletrônico implica a geração automática, pelo IMAP (*Internet message access protocol*), de uma assinatura digital, que pode ser verificada pelo destinatário.

GABARITO: ERRADO.

Para poder assinar digitalmente um documento, é necessário previamente possuir um certificado digital. A configuração para uso da Assinatura é feita na interface, não no protocolo.

83. **(2014 – Câmara dos Deputados – Agente de Polícia Legislativa)** Ferramenta de correio eletrônico, o Outlook Express permite baixar todos os e-mails do usuário para a máquina local, sendo desnecessária a conexão à Internet para se acessar os e-mails que estejam na caixa de entrada.

GABARITO: CERTO.

Para que ocorra o que o enunciado prevê, é necessário configurar o programa com o protocolo POP, pois ele é usado para baixar as mensagens.

84. **(2000 – Polícia Federal – Agente de Polícia)** Atualmente, para que softwares de correios eletrônicos possam funcionar adequadamente, uma versão de um software navegador deverá estar instalada no computador. Dessa forma, o software Outlook Express só pode ser operado adequadamente quando associado ao Internet Explorer.

GABARITO: ERRADO.

Clientes de e-mail são programas específicos e instalados no computador do usuário, para o envio e o recebimento de mensagens de e-mail. Para usar um Cliente de e-mail, não é necessário possuir um browser.

85. **(2014 – Câmara dos Deputados – Técnico Legislativo)** Atualmente, a criptografia é utilizada automaticamente por todos os aplicativos de e-mail, em especial os usados via Web (ou Webmail).

GABARITO: ERRADO.

A nomenclatura correta é Webmail ou Cliente de e-mail. Não existe aplicativo de e-mail webmail. Ao criar um e-mail junto a um serviço de e-mail como Gmail, Hotmail, Outlook, Zoho, entre outros, o usuário pode se utilizar de duas formas para acessar sua caixa de entrada: usando um Cliente de E-mail ou o Webmail. É possível usar os dois modos simultaneamente, dependendo, é claro, das configurações do Cliente de e-mail.

86. **(2014 – ICMBIO – Todos os Cargos)** Considere-se que um servidor do ICMBio, após receber, por meio do Outlook Express, uma mensagem com o arquivo animais_extincao.doc, em anexo, tenha executado as seguintes ações: abrir o arquivo, incluir uma nova informação ao documento, salvar o arquivo e, em seguida, encaminhar a mensagem ao seu chefe imediato. Nesse caso, o chefe receberá a mensagem com o arquivo atualizado.

GABARITO: ERRADO.

Ao encaminhar um e-mail, o anexo presente no e-mail recebido é que será encaminhado. No caso, a questão não citou que o arquivo alterado tenha sido novamente anexado.

87. **(2014 – MEC – Todos os Cargos)** No Microsoft Outlook 2013, o cartão de visita reúne os principais detalhes de um contato, como telefone, e-mail e endereço, bem como permite ao usuário enviar uma mensagem instantânea, fazer uma chamada ou agendar uma reunião.

GABARITO: CERTO.

Tal funcionalidade existe desde as versões anteriores do Outlook.

---

88. **(2014 – MTE – Agente Administrativo)** O Mozilla Thunderbird fornece, entre os recursos de segurança, a integração com *software* de antivírus.

GABARITO: CERTO.

Ao receber um e-mail com um anexo, é recomendado que o anexo seja verificado com o antivírus. Assim, ao clicar com o botão direito do mouse sobre o arquivo anexo, a opção de integração mostra-se disponível. O nome da opção pode variar de acordo com o software instalado. A mesma característica de integração vale para o Windows.

---

89. **(2014 – FUB – Todos os Cargos)** O Mozilla Thunderbird permite que o usuário exclua automaticamente mensagens indesejadas por meio da utilização de filtros, ainda que não forneça a opção de bloquear *e-mails* de um domínio específico.

GABARITO: CERTO.

Uma das vantagens em se utilizar Clientes de e-mail frente aos Webmails é o conjunto de ferramentas existentes. Como as regras para organizar as caixas de entrada, que, na maioria dos webmails é limitada, nos clientes de e-mail, não possuem limite específico.

---

90. **(2014 – CADE – Todos os Cargos)** O Mozilla Thunderbird permite que cada conta de *e-mail* tenha o seu próprio local de arquivamento das mensagens.

GABARITO: CERTO.

Cada conta de e-mail, configurada em um Cliente de e-mail, tem seu conjunto de pastas, inclusive caixa de entrada. Mas uma das opções que os programas oferecem é a de unir todas as mensagens recebidas em uma única caixa de entrada.

---

91. **(2014 – CADE – Agente Administrativo)** O Mozilla Thunderbird possui recursos que permitem que uma pasta em disco seja compactada tanto de forma automática quanto de forma manual.

GABARITO: CERTO.

Tal opção é trabalhada no Mozilla Thunderbird com o nome de Condensar.

---

92. **(2014 – MDIC – Analista Técnico Administrativo)** O Outlook Express pode ser configurado para solicitar ao destinatário de um e-mail a confirmação do recebimento de uma mensagem.

GABARITO: CERTO.

Os clientes de e-mail, em geral, possuem a funcionalidade citada na questão, que poucos webmails implementam. Logo, o destino também deve ser usuário de Cliente de e-mail. Do contrário, raramente verá a notificação para a confirmação. Alguns programas de e-mail como o Outlook possuem ainda a confirmação de leitura.

---

93. (2014 – MDIC – Agente Administrativo) Ao utilizar o Mozilla Thunderbird como ferramenta de correio eletrônico, o usuário pode manter uma pasta Inbox compartilhada entre todas as suas contas de correio eletrônico.

GABARITO: CERTO.

O usuário pode optar em manter as caixas de entrada separadas ou unir todos os e-mails recebidos em uma única caixa de inbox. Ao realizar o envio, é possível escolher por qual conta de e-mail ele será enviado.

94. (2013 – STF - Analista Judiciário/Área Administrativa) Se o usuário da organização desejar configurar o cliente de correio eletrônico Microsoft Outlook para acessar o servidor de *e-mails* da organização, ele deverá escolher uma senha de até doze caracteres, devido às restrições de políticas de segurança de senhas do Microsoft Outlook.

GABARITO: ERRADO.

Quanto maior a senha, mais segura ela é. No caso, a questão apresenta um tamanho máximo para a senha. Entretanto, se o que estivesse em questão fosse o mínimo, a compreensão seria outra, pois uma vez configurado junto ao servidor Exchange, a política de segurança mais alta irá solicitar senha de, no mínimo, 10 caracteres.

95. (2013 – SEGESP/AL – Técnico Forense) Além de ser um cliente de *e-mail*, o Microsoft Outlook tem outros recursos como calendários pessoais, agendamento de grupo e gerenciamento de tarefas e de contatos.

GABARITO: CERTO.

Assim como o Thunderbird, o programa ainda conta com recurso para trabalhar com RSS. O Outlook Express é mais simples, em comparação ao Outlook, pois é uma versão de amostra grátis.

96. (2013 – FUB – Assistente em Administração) Não é possível conectar o *Microsoft Outlook Express* no servidor de *e-mail* do Google, pois esse *software* e esse servidor são incompatíveis, uma vez que são de empresas concorrentes.

GABARITO: ERRADO.

Apesar de serem concorrentes, o Outlook Express é um amostra do que o usuário pode fazer com cliente de e-mail, uma vez que não são compatíveis.

Protocolos

97. (2009 – Polícia Federal – Agente de Polícia Federal) A sigla FTP designa um protocolo que pode ser usado para a transferência de arquivos de dados na Internet.

GABARITO: CERTO.

O *File Transfer Protocol*, ou seja, o protocolo de transferência de arquivos é usado quando realizamos as operações de Download e Upload. Ele pode ainda ser utilizado por aplicativos ClienteFTP para usufruir melhor de suas características.

98. (2014 – Polícia Federal – Agente de Polícia) Os protocolos programas padronizados utilizados para estabelecer comunicação entre computadores e demais dispositivos em rede são específicos para cada sistema operacional.

GABARITO: ERRADO.

Os protocolos não são programas. Eles são regras de comunicação em rede, que padronizam como os dados são trafegados entre os interlocutores, para que, assim, o Firewall possa arbitrar os erros (desrespeitos aos protocolos). Outro ponto indicado na questão é a relação entre protocolos e Sistemas Operacionais. Em geral, os protocolos são criados para independer do SO usado. A finalidade deles é definir a comunicação em rede. Como as redes podem ser constituídas por dispositivos com sistemas diferentes, os protocolos são projetados tomando este parâmetro de cenário.

99. (2009 – Polícia Federal – Agente de Polícia Federal) Na tecnologia TCP/IP, usada na Internet, um arquivo, ao ser transferido, é transferido inteiro (sem ser dividido em vários pedaços), e transita sempre por uma única rota entre os computadores de origem e de destino, sempre que ocorre uma transmissão.

GABARITO: ERRADO.

Uma mensagem é dividida tanto pela camada de transporte como pela camada de rede. O protocolo TCP segrega a mensagem em pacotes, enquanto que a camada de rede divide em datagramas. Os pacotes podem seguir por rotas distintas até o destino, mas cabe ao TCP controlar para que todos os pacotes cheguem e em ordem.

100. (2015 – TRE/GO – Técnico Judiciário) O endereço IPv6 tem 128 bits e é formado por dígitos hexadecimais (0-F) divididos em quatro grupos de 32 *bits* cada um.

GABARITO: ERRADO.

O IPv6 é formado por 8 grupos de 4 dígitos hexadecimais, ou seja, oito grupos de 16 bits cada. O endereço IPv6 é a versão do endereço IP atualmente ativa. Porém, o IPv4 ainda é usado em paralelo, mais especificamente tunelado pelo do IPv6. O endereço IPv6 oferece 3,4 undecilhões de endereços contra 4 bilhões do IPv4.

101. (2009 – PC/ES – Agente de Polícia) Para se fazer upload e download de arquivos na intranet é necessário que o usuário tenha o sistema *zipdriver* instalado no computador.

GABARITO: ERRADO.

As operações de download e upload fazem uso do protocolo FTP e podem ser realizadas pelo browser, sem a instalação de complementos.

102. (2000 – Polícia Federal – Agente de Polícia Federal) O uso do FTP (*File Transfer Protocol*) é um recurso da Internet utilizado para transferir arquivos de um servidor ou um host para um computador-cliente. Para realizar essa transferência, é necessário que o usuário se conecte ao servidor por meio de software específico. No momento da conexão, o servidor exigirá, obrigatoriamente, uma senha que deve ser fornecida pelo usuário, da mesma forma que o usuário deve fornecer uma senha para acessar um provedor da Internet. Essa senha permite que o usuário acesse quaisquer bancos de dados que estiverem armazenados no servidor de FTP.

GABARITO: ERRADO.

O protocolo FTP é o que utilizamos ao realizar as operações de download e upload. Para tanto, não precisamos de software específico. Usamos apenas um browser que é tomado como um programa básico.

103. **(2014 - FUB - Todos os Cargos)** O navegador Google Chrome não permitirá a visualização de páginas HTTPS, caso a conexão com a Internet seja realizada por meio de uma rede sem fio.

GABARITO: ERRADO.

O protocolo usado na camada de aplicação não depende do meio físico utilizado para transportar os dados, pois a camada de enlace é que se preocupa em preparar a informação para transmitir por esse meio.

104. **(2014 - SUFRAMA - Todos os Cargos)** Uma forma de implementação de segurança na Internet envolve a utilização do protocolo HTTPS, o qual exige que o usuário seja autenticado por meio de *login* e *password* próprios. Essa combinação de *login* e *password* denomina-se assinatura digital.

GABARITO: ERRADO.

O HTTPS é a combinação dos dados multimídia criptografados com o protocolo SSL ou TLS. Assinatura digital é um processo que precisa que o usuário possua um certificado digital.

105. **(2013 - FUB - Assistente em Administração)** Ao se enviar e receber mensagens via *intranet*, o acesso a essa *intranet* será feito por meio de um servidor local conectado a uma rede local **WAN** e fazendo uso do protocolo **TCP/IP.**

GABARITO: ERRADO.

A questão mistura muitos conceitos. Primeiramente, enviar e receber mensagens via Intranet é uma ação que não especifica o tipo de mensagem: se é de e-mail, de texto, multimídia ou outro formato. Em segundo lugar, quanto ao acesso, a rede depende das suas configurações, mas normalmente não depende de um servidor, como citado pela questão. Por fim, ao usar uma rede por padrão, são utilizados os protocolos do conjunto TCP/IP.

Navegadores

106. **(2014 - Polícia Federal - Agente de Polícia)** Uma importante funcionalidade do navegador Google Chrome é a capacidade de manter o histórico de páginas visitadas pelo usuário como, por exemplo, páginas de sítios eletrônicos seguros por um período de tempo superior ao disponibilizado pelos demais navegadores.

GABARITO: ERRADO.

A questão enfatiza um programa perante outro, o que, na maioria de exemplos de questões, caracteriza uma questão errada, como esta. Além disso, esta questão faz referência ao histórico como se isso fosse muito importante. Pelo contrário, atualmente, os internautas buscam cada vez menos deixar o histórico armazenado, ao utilizar recursos como a navegação privativa.

107. (2014 – TC/DF – Técnico de Administração Pública) O Internet Explorer armazena um histórico de endereços das páginas visitadas pelo usuário, o que facilita a digitação ou a localização das páginas para futuros acessos.

GABARITO: CERTO.

A digitação é facilitada ao se exibir, na barra de endereços, os endereços das páginas acessadas, permitindo que o site desejado seja clicado na lista sugerida, tornando mais prático acessar a página.

108. (2014 – TJ/CE – Todos os Cargos) Assinale a opção correta com relação ao programa de navegação Google Chrome, em sua versão mais recente (em 2014):

a) É possível abrir um arquivo de texto qualquer pelo navegador Chrome, utilizando-se do conceito de extensões. Para isso, a extensão do arquivo deverá fazer parte do repositório do Chrome e, caso aí não esteja, ela poderá ser obtida na seção Extensões da Chrome Web Store.

b) O Chrome possui recursos que permitem a realização de pesquisa por comando de voz, sendo possível, por exemplo, pedir por meio desse comando a listagem dos tribunais de justiça estaduais.

c) A operação de limpeza do histórico de download tem de ser realizada com cautela, uma vez que, ao se apagar o histórico, os arquivos que foram baixados também serão removidos do computador.

d) O que torna o Chrome mais rápido em relação aos seus concorrentes é que todos os seus processos são executados em dependência uns dos outros, cada um colaborando na execução das tarefas dos demais.

e) Ao se utilizar o atalho CTRL + SHIFT + T no Chrome instalado em ambiente Windows, uma nova janela será aberta no modo de navegação anônima.

ALTERNATIVA B.

Os navegadores não têm como finalidade abrir arquivos de texto, ou qualquer outro formato. Contudo, o formato PDF é possível, graças à instalação de complementos da Adobe no navegador. Por outro lado, em alguns casos, o usuário tem a sensação de estar abrindo um arquivo no *browser* apesar de na verdade ser o site que abre o arquivo e o transforma em conteúdo HTML para então o navegador exibir.

O Google permite que o usuário fale o que deseja buscar. Para tanto, é necessário que o browser tenha permissões e consiga acessar o microfone para a captação do áudio.

Apagar o histórico de Downloads não apaga os arquivos, mas apenas a lista no navegador de quais foram baixados.

O Google Chrome, ao contrário dos outros navegadores usa processos independentes, ou seja, cada aba gera um processo junto ao sistema operacional, enquanto que nos demais navegadores, cada janela gera um processo independente da quantidade de abas.

A combinação CTRL + T abre uma nova aba nos principais navegadores, enquanto que CTRL + SHIFT + T reabre a última aba fechada.

109. **(2014 – TC/DF – Todos os Cargos)** A versão mais recente do Mozilla Firefox (em 2014) possibilita reabrir uma janela que tenha sido fechada acidentalmente. Para tanto, o usuário deverá adotar o seguinte procedimento: clicar o menu Histórico, clicar a opção Reabrir Janela e, em seguida, selecionar a janela que deseja reabrir.

GABARITO: CERTO.

O procedimento descrito na questão é possível, desde que não se trate de uma janela privativa. No entanto, se for uma aba de uma janela privativa e a janela não for fechada, é possível utilizar-se da combinação CTRL + SHIFT + T para reabrir a aba fechada.

110. **(2014 – Polícia Federal – Agente Administrativo)** Nas versões recentes do Mozilla Firefox, há um recurso que mantém o histórico de atualizações instaladas, no qual são mostrados detalhes como a data da instalação e o usuário que executou a operação.

GABARITO: ERRADO.

Sim existe tal histórico, porém ele não lista qual foi o usuário que realizou a atualização.

111. **(2014 – Polícia Federal – Agente Administrativo)** No Internet Explorer 10, por meio da opção Sites Sugeridos, o usuário pode registrar os sítios que considera mais importantes e recomendá-los aos seus amigos.

GABARITO: ERRADO.

Quando se começa a digitar na barra de endereços, o Internet Explorer recomenda automaticamente sites, termos de pesquisa, aplicativos ou dá sugestões de previsão de tempo e finanças. Essas sugestões são baseadas no histórico de navegação do usuário, bem como em seus pressionamentos de tecla e favoritos, a fim de que o navegador mostre resultados que possam ser mais relevantes para o usuário.

112. **(2012- Polícia Federal – Agente de Polícia)** Considerando que, para acessar uma página da Internet via conexão segura (HTTPS), um usuário tenha ficado em dúvida sobre qual software de navegação escolher, julgue os o item que se segue.

Se o certificado digital na conexão HTTPS for maior que 1.024 bits, o usuário deverá escolher o Mozilla Firefox ou o Internet Explorer, que suportariam a conexão, pois o Google Chrome trabalha somente com certificados de até 796 bits.

GABARITO: ERRADO.

Dica: uma questão que inferioriza um programa diante de outro normalmente está errada. Os navegadores atuais suportam criptografias com chaves muito maiores.

113. (2009 – Polícia Federal – Agente de Polícia Federal) Um cookie é um arquivo passível de ser armazenado no computador de um usuário, que pode conter informações utilizáveis por um website quando este for acessado pelo usuário. O usuário deve ser cuidadoso ao aceitar um cookie, já que os navegadores da Web não oferecem opções para excluí-lo.

GABARITO: ERRADO.

Os navegadores tanto permitem apagar os cookies, como possuem a funcionalidade da navegação privativa que, automaticamente, apaga os cookies quando têm sua janela fechada.

114. (2015 – TRE/GO – Analista Judiciário) No Google Chrome, é possível sincronizar, entre outros, marcadores, extensões da Web e histórico, a partir da iniciação de uma sessão no Chrome.

GABARITO: CERTO.

Tal recurso é similar ao Firefox Sync.

115. (2015 - FUB – Todos os Cargos) Para exibir uma página específica no Internet Explorer 11, sempre que uma nova guia for aberta, deve-se acessar a opção Ferramentas para Desenvolvedores, disponibilizada no menu **Ferramentas**, e, em seguida, realizar as configurações necessárias.

GABARITO: ERRADO.

Para definir uma ou mais páginas como iniciais, devemos acessar as ferramentas do Internet Explorer e selecionar a opção Opções de Internet, ou abrir a mesma opção pelo Painel de Controle do Windows. A Ferramenta para Desenvolvedores pode ser acessada pelo atalho F12.

116. (2014 – ANTAQ – Todos os Cargos)

Ao se clicar o botão , será iniciado um aplicativo online do Google, cuja função principal é a busca, na página, por elementos que ameacem a segurança do computador, tais como vírus de computador e *spyware*.

GABARITO: ERRADO.

A opção da lupa manipula o zoom da página. Ele também pode ser alterado usando as combinações CTRL + -, CTRL + + e CTRL + 0, para diminuir, aumentar o zoom e votar ao zoom de 100%. Também é possível usar a combinação CTRL + Scrool do mouse.

117. (2014 – ANTAQ – Todos os Cargos) Ao se clicar o , será iniciada uma página da Web cujo objetivo é o envio e o recebimento de mensagens de correio eletrônico.

GABARITO: ERRADO.

O botão indicado é o botão Home, que abre as páginas definidas como páginas iniciais, nas configurações do navegador.

118. (2012 – TJ/AL – Analista Judiciário) Cookie é um vírus de rede que contamina os navegadores, permitindo o acesso criminoso dos hackers aos computadores em que os navegadores foram instalados.

GABARITO: ERRADO

Cookies são pequenas informações que alguns sites armazenam no computador do usuário, para fins de identificação do usuário e suas preferências.

119. (2012 – PC/AL – Delegado de Polícia) O navegador deve ser instalado na máquina do usuário para que os serviços disponíveis na Internet sejam acessados remotamente.

GABARITO: CERTO.

O browser é o programa padrão para acesso às páginas da Internet, ou seja, é a ferramenta que acessa o principal conteúdo da Internet. Para tanto, são utilizados os protocolos do conjunto TCP/IP como: HTTP e HTTPS, além do FTP e demais usados para recursos mais específicos.

120. (2014 – Câmara dos Deputados – Técnico Legislativo) Os cookies são arquivos gravados no computador do usuário, utilizados pelos servidores web para gravar informações de navegação na Internet.

GABARITO: CERTO.

Os cookies são gravados nos navegadores. Eles guardam informações como senhas de acesso, claro que cifradas, bem como características do perfil do usuário. Os cookies são responsáveis pela sessão de navegação. Assim, para poder *logar* com duas contas de usuário diferentes, em um site, ao mesmo tempo, é necessário abrir uma sessão diferente. Para isso, não basta abrir outra janela, pois elas compartilham da mesma sessão. Os navegadores atuais contam com a navegação privativa. Ao abrir uma janela privativa, necessariamente é aberta uma nova sessão, independente da presente na janela normal.

121. (2012 – PC/AL – Escrivão de Polícia) O Google Chrome é um sítio de busca e pesquisa desenvolvido para as plataformas Windows, Linux e Mac OS X.

GABARITO: ERRADO.

Google Chrome é um browser, não um motor de busca. A Google é uma empresa que possui como principal produto o motor de Busca. Por isso, pode ser assimilado o nome da empresa diretamente ao site, tal qual o nome Mozilla (empresa) é associado ao seu principal produto Mozilla Firefox.

122. (2012 – PC/AL – Escrivão de Polícia) A barra de endereços de um navegador é o local em que se digita o endereço de IP do servidor que armazena a página HTML que se deseja acessar.

GABARITO: ERRADO.

Esta questão é bastante controversa, pois não se apresenta de forma muito clara. O que se pode afirmar sobre o assunto é que é possível acessar uma página da web digitando, na barra de endereços do browser, o seu endereço IP. Porém, nem sempre um IP levará a uma página. Às vezes, ele leva para um servidor de hospedagem que redireciona o usuário para um dos sites hospedados.

Também se pode considerar que a barra de endereços não é um espaço reservado para usar apenas o endereço IP, pois normalmente digitamos nela endereços na forma de domínio.

123. (2012 – Polícia Federal - Agente de Polícia Federal) Considerando que, para acessar uma página da Internet via conexão segura (HTTPS), um usuário tenha ficado em dúvida sobre qual software de navegação escolher, julgue o item que se segue:
O Google Chrome, o Mozilla Firefox e o Internet Explorer suportam o uso do protocolo HTTPS, que possibilita ao usuário uma conexão segura, mediante certificados digitais.

GABARITO: CERTO.

Os navegadores atuais suportam nativamente os protocolos da pilha de protocolos TCP/IP relacionados a eles, como HTTPS, HTTP e FTP entre outros.

124. (2014 – TJ/SE – Todos os Cargos) No Internet Explorer 11, o suporte a conteúdos vetoriais, como *flash player* e *shockwave* player, não está inserido nativamente no software, o que exige o uso de *plug-ins*.

GABARITO: CERTO.

É fácil lembrar-se disso, ao abrir pela primeira vez um site como o Youtube e o browser solicitar a atualização do Adobe flash player. O formato flash tende a ser usado cada vez menos, por conta das plataformas *mobile* que não têm capacidade nativa de reproduzir esse tipo de conteúdo, dado o seu alto consumo de energia no processamento. Em substituição, o HTML 5 que lança mão de novas *tags* e *scripts*, proporciona um melhor desempenho na reprodução de vídeos, com a vantagem de ser multiplataforma e não depender de *plugins*.

125. (2014 – TJ/SE – Todos os Cargos) Na versão 28 do Firefox, páginas com programas em Java podem vir a exibir uma tela em que é solicitada ao usuário permissão de execução.

GABARITO: CERTO.

Java é originalmente uma linguagem de programação. Porém, atualmente, pode ser transcrito, basicamente, como uma tecnologia, graças à sua importância. A suíte de aplicativos do BrOffice é dita multiplataforma, pois ela é executada sobre uma máquina virtual Java. Por ser uma linguagem de programação e ser usada na web, ela consegue fazer uso direto dos recursos do computador. Por isso, como medida de segurança, ao detectar que um site faz uso da tecnologia, o browser intervém, solicitando autorização do usuário para a execução da funcionalidade.

126. (2014 – MEC – Todos os Cargos) Se a funcionalidade Proteção contra Rastreamento, do Internet Explorer 10, estiver habilitada, ela ajudará a impedir que os sítios visitados pelo usuário enviem informações de sua visita a outros provedores.

GABARITO: CERTO.

O recurso não garante, porém ajuda bastante.

127. (2014 – SUFRAMA – Todos os Cargos) No Microsoft Internet Explorer 11, os recursos Proteção contra Rastreamento (*Do Not Track*) permitem que o usuário proteja sua privacidade ao limitar as informações que podem ser coletadas por terceiros a partir de sua navegação, e que expresse suas preferências de privacidade para os sítios que visite.

GABARITO: CERTO.

No Internet Explorer 11, o recurso mencionado na questão é habilitado por padrão, ao contrário do que ocorre nas versões anteriores.

128. (2014 – MTE – Contador) O navegador Google Chrome 31 possui uma camada nativa de proteção extra (*sandbox*) que é atualizada periodicamente. Como medida de segurança, não é possível ao usuário permitir que os plug-ins fora da *sandbox* acessem diretamente seu computador.

GABARITO: ERRADO.

A *sandbox* limita o acesso que alguns plug-ins têm a seu sistema. No entanto, alguns sites exigem que os plug-ins tenham acesso direto, sem *sandbox*, para realizar ações como transmitir vídeo comprado ou instalar software adicional em seu computador. Nesses casos, talvez o usuário visualize uma mensagem indicando que um plug-in deseja acessar seu computador.

129. (2014 – MTE – Contador) No Microsoft Internet Explorer 11, o recurso Filtragem ActiveX possibilita bloquear controles ActiveX e complementos do navegador web. Esses controles e complementos permitem que sítios forneçam conteúdos, como, por exemplo, vídeos, bem como podem ser utilizados para coletar informações e instalar software sem o consentimento do usuário.

GABARITO: CERTO.

O ActiveX é um recurso criado pela Microsoft para permitir que os sites utilizem recursos do computador para otimizar o desempenho para algumas funcionalidades. Porém, tal ferramenta abriu precedentes para páginas maliciosas também usarem esse recurso. Assim, com o filtro do ActiveX, o navegador avisa o usuário quando o recurso vir a ser usado pelo site, para que o usuário aceite ou negue sua execução. O ActiveX só é reconhecido pelo Internet Explorer.

130. (2014 – FUB – Todos os Cargos) No modo de navegação anônima do Google Chrome, as páginas visitadas não são registradas no histórico de navegação, embora os *cookies* sejam mantidos após as páginas terem sido fechadas.

GABARITO: ERRADO.

Os cookies e a cache são mantidos, enquanto a janela está aberta. Quando ela é fechada, eles são apagados, isso porque esses dados são essenciais para uma navegação. Sem eles, todo clique realizado em um site abriria uma requisição de senha.

131. **(2014 – SUFRAMA – Todos os Cargos)** O Google Chrome 31 possui uma opção que permite alertar se um sítio falso está tentando enganar o usuário, de modo a levá-lo a compartilhar informações, ou ainda se determinado programa é considerado malicioso.

GABARITO: CERTO.

Não só o Google Chrome, mas os outros navegadores também são dotados de recurso de proteção contra páginas falsas (*Phishings*) e maliciosas.

132. **(2014 – MDIC – Agente Administrativo)** Apesar de o Mozilla Firefox apresentar alguns motores de busca disponíveis para o usuário, é possível incluir novos motores de busca disponibilizados por sítios na Web.

GABARITO: CERTO.

O Firefox e o Chrome usam por padrão o motor de busca do Google, enquanto que o Internet Explorer usa o motor de busca do Bing. Porém, existem vários outros motores de busca que o usuário pode optar como: o google academic, wikipédia, buscapé, entre outros que fazem busca em sites específicos, além dos buscadores tradicionais como Yahoo.

133. **(2013 – FUNASA – Todos os Cargos)** O histórico da navegação realizada por um usuário do Internet Explorer pode ser visualizado por outros usuários da máquina, embora somente possa ser apagado por usuários com privilégio de administrador.

GABARITO: ERRADO.

É comum estarem erradas aquelas questões de concurso que inferiorizam ou limitam alguma funcionalidade ou ferramenta perante outra. Essa questão é um exemplo disso. Qualquer usuário pode apagar o histórico de um browser.

134. **(2013 – TRT /17ª Região – Todos os Cargos)** O Google Chrome disponibiliza medidas de segurança contra phishing e malware, que, se estiverem ativas, advertem o usuário no caso de ele acessar um sítio que possa desencadear esse tipo de ataque.

GABARITO: CERTO.

Ao contrário do Internet Explorer, que faz alarde quanto às ferramentas que possui, o Google Chrome não divulga tais opções. Todavia, ele também as possui, assim como o Mozilla Firefox.

135. **(2013 – TRT/17ª Região – Todos os Cargos)** Encontrando dificuldade de carregar páginas da Internet, ao utilizar o Google Chrome, o usuário deve limpar o *cache* e os *cookies*, para melhorar o desempenho do navegador.

GABARITO: ERRADO.

As ações sugeridas ajudam, mas não são processos obrigatórios, muito menos garantem que o browser passará a carregar normalmente as páginas.

136. (2013 – STF - Analista Judiciário/Área Jurídica) Se o navegador web da organização utilizar um certificado digital autoassinado, nem o navegador Google Chrome nem o Internet Explorer serão capazes de acessar o referido serviço web por meio do protocolo HTTPS.

GABARITO: ERRADO.

Primeiramente, deve-se considerar a ideia de Navegador Web da organização. Está evidente que nada impede que uma empresa desenvolva o próprio navegador. Entretanto, além de tal fato ser algo pouco comum, isso estaria além do edital. Em segundo lugar, quanto aos certificados, se um site usa certificado Autoassinado, será garantida apenas a confidencialidade da comunicação entre o site e o navegador do usuário. Isso porque, para que a autenticidade possa ser garantida, é necessário o uso de certificado digital.

137. (2013 – SEE/AL – Todos os Cargos) Em um computador no qual esteja instalado o sistema Windows, é obrigatório que o usuário utilize o Internet Explorer como navegador de Internet.

GABARITO: ERRADO.

Apesar de o Internet Explorer já vir instalado no Windows e ser o seu navegador padrão, o usuário pode instalar outros navegadores para utilizar, como o Mozilla Firefox, Google Chrome, Opera e Safari.

138. (2013 – SEGESP/AL – Técnico Forense) O navegador Internet Explorer 9 possui quatro zonas de segurança, entre elas a zona sites restritos que define segurança em nível de controle proibitivo a *sites* que possam danificar o computador ou informações, impedindo-os de executarem programas não permitidos pelo usuário.

GABARITO: CERTO.

A imagem a seguir, referente à janela Opções de Internet, ilustra o conceito tratado na questão.

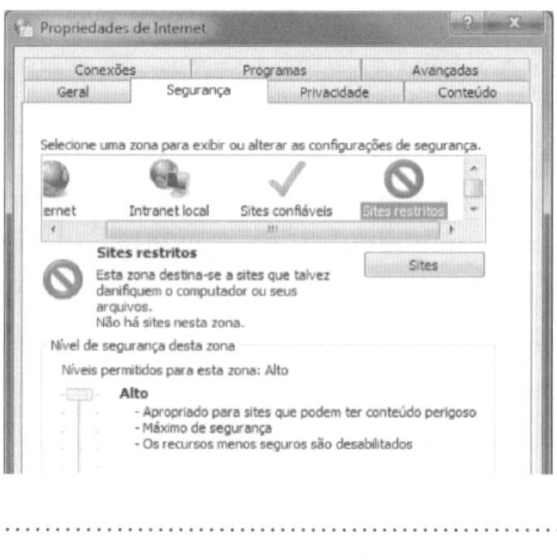

139. (2013 – SEGESP/AL – Papiloscopista)

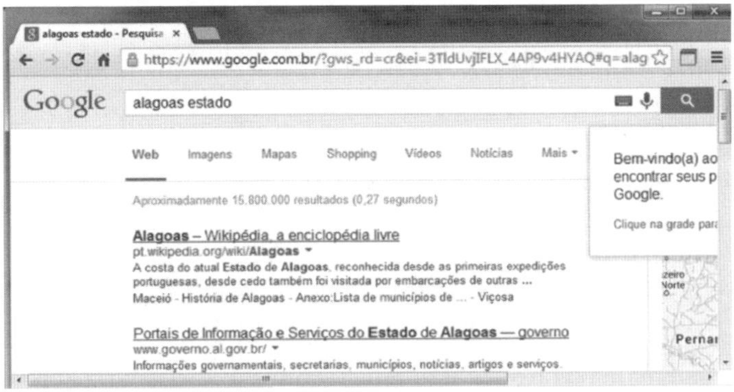

A figura acima representa uma janela do Google Chrome com a visualização de uma página da Web. Com relação a essa figura, julgueo item subsequente.

Ao se clicar o botão 🎙, as palavras **alagoas** e **estado** serão pronunciadas no alto-falante do computador por um mecanismo de síntese de voz provido pelo Google.

GABARITO: ERRADO.

A opção presente no Google serve para o inverso, ou seja, para que, ao invés de digitar o que quer procurar usando o Google, o usuário apenas fale. Assim, o microfone capta a voz e envia para o Google, que a decodifica no respectivo texto. Tal funcionalidade aparece apenas se o usuário acessar o Google usando o Google Chrome.

140. (2013 – SEGESP/AL – Papiloscopista) Caso se clique o botão 🏠, a página inicial do Google será sempre exibida.

GABARITO: ERRADO.

Será(ão) exibida(s) a(s) página(s) inicial(is) que estiver(em) definida(s) no navegador. Por acaso, pode ser a página do google, pois isso depende de qual página o usuário definiu como inicial.

141. (2013 – SEGESP/AL – Todos os Cargos)

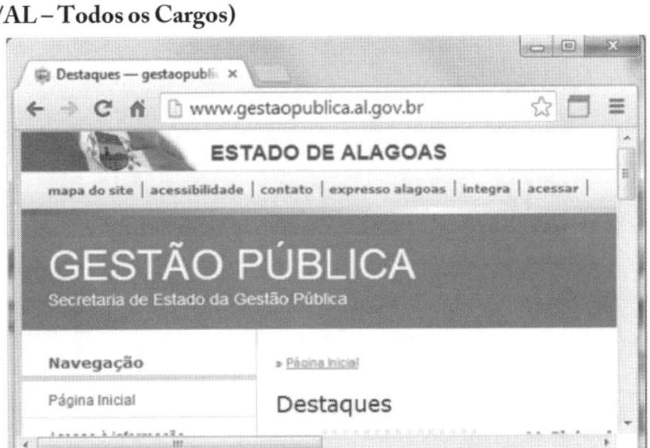

Com relação à figura acima, que ilustra uma janela do Google Chrome, com página da Web em exibição, julgue o item que se segue.

Para armazenar um conjunto de arquivos na nuvem, é suficiente clicar o botão ☆.

GABARITO: ERRADO.

O botão da estrela, presente nos navegadores, serve para adicionar a página visualizada aos favoritos.

---

142. **(2013 – SEGESP/AL – Todos os Cargos)** Ao se clicar o botão , será exibida uma lista de comandos, entre os quais o comando Zoom, que permite aumentar ou diminuir o tamanho dos elementos gráficos e de texto da página em exibição.

GABARITO: ERRADO.

O botão que possui as ferramentas indicadas é o que está à direita do representado na questão. Também é possível usar a tecla CTRL combinada com as teclas + ou – para aumentar e diminuir o zoom de exibição, respectivamente, CTRL + 0 coloca o zoom em 100%. Ainda é possível usar o *scrool* do mouse com a tecla CTRL pressionada. Tais funcionalidades são encontradas nos principais navegadores.

---

143. **(2013 – FUB – Assistente em Administração)** A função *InPrivate* permite navegar na Web sem deixar vestígios no Internet Explorer e impede que pessoas que usam o mesmo computador vejam quais sítios foram visitados por outras pessoas e o que elas procuraram na Web, mas não impede que o administrador de rede ou um hacker descubram as páginas visitadas

GABARITO: CERTO.

A navegação InPrivate abre uma nova janela que, ao ser fechada, apaga os dados de navegação. Um administrador pode usar ferramentas como o Wireshark para monitorar a rede e, assim, saber qual página os usuários estão acessando. Até mesmo em um site acessado via https, a url é visível.

Anotações

FAÇA JÁ

Redes

Paradigma de Comunicação em Redes

O paradigma de comunicação é a forma como atualmente se estabelece a relação de troca de dados entre usuário e serviços destas redes. O nome dado a este paradigma é ________________________. Desse modo, os usuários representam o ________________, e os ________________ são aqueles computadores que proveem algum serviço. Como exemplo, pode-se citar uma hospedagem de um site, disponibilizada para que o usuário tenha acesso a ela. Neste cenário, os clientes requisitam/solicitam alguma informação "servida"/provida/fornecida/enviada pelo Servidor para o seu computador.

INTERNET

De forma simplificada, a Internet é definida por ser a __________________________________, ambiente conhecido por ser de domínio ________________.

INTRANET

A Intranet é uma rede ________________, com acesso ________________ aos funcionários de uma determinada empresa e, muitas vezes, liberado somente no ambiente de trabalho e em computadores registrados na rede.

EXTRANET

Quando alguma informação de uma ________________ é aberta a clientes ou fornecedores de uma empresa, essa rede passa a ser chamada de ________________.

URL

A sigla **URL** significa ***Uniform Resource Locator***, em português **Localizador de Recursos Universal**, e especifica o

________________ de um objeto, recurso na **Internet**, em uma rede corporativa ou em uma **Intranet**.

Exemplo:

protocolo://máquina/caminho/recurso

ou

http://www.w3.org/Addressing/URL/uri-spec.html

ou

http://www.alfaconcursospublicos.com.br

Protocolos

Protocolo é uma ________________ a que dois computadores devem obedecer, quando trocam mensagens. Ou seja, trata-se de um conjunto de regras padronizado, que especifica o formato, a sincronização, o sequenciamento e a verificação de erros em comunicação de dados.

TCP/IP - *Transmission Control Protocol / Internet Protocol.* É o ________________ de protocolos de comunicação padrão para inter-redes abertas, permitindo conectar diferentes redes de pacotes.

Principais Protocolos

HTTP - *Hyper Text Transfer Protocol* (protocolo de transferência de ________________). Utiliza a porta ____________.

HTTPS - *HyperText Transfer Protocol Secure*, é uma implementação do protocolo **HTTP** sobre uma camada ____________ ou do ____________. Essa camada adicional permite que os dados sejam transmitidos através de uma conexão ________________, e que se verifique a autenticidade do servidor e do cliente através de ______________________.

O protocolo HTTPS é normalmente utilizado quando se deseja garantir o ________________ da informação trafegada.

FTP - *File Transfer Protocol* (protocolo de ____________ ________________). Utiliza as portas 20 e 21.

DNS: é o protocolo utilizado na ________________ de nomes de domínio. Ele opera sobre a porta ____________ do protocolo UDP.

TCP: é um protocolo que, diferentemente dos anteriormente citados, opera na camada de transporte, oferecendo serviços para os protocolos da camada de aplicação.

UDP: assim como o TCP, é um protocolo da camada de transporte. Todavia, ao contrário do TCP, não controla a ________________ dos dados, além de não oferecer recursos para ________________ por meio de criptografia.

Protocolo IP

O protocolo IP é o protocolo de ________________ dos computadores em uma rede. É possível digitar, na barra de endereços do computador, diretamente o endereço IP do servidor web que disponibiliza a página que se deseja acessar. O IP pode ser cobrado sobre duas versões, ____________ e ____________.

O protocolo IPv4 tem o formato de 4 grupos de 3 dígitos (Números) separados por ponto, como, por exemplo, o IP **177.71.177.229**. Além disso, cada grupo tem como valor máximo o número 255, existindo, assim, 4.294.967.296 endereços possíveis.

No IPv6, verificam-se 8 grupos de 4 dígitos ____________ ____________, ou seja, pelos valores [0,1,2,3,4,5,6,7,8,9,a,b,c,d,e,f] separados pelo dois pontos, como, por exemplo, o IP **2001:0db8:85a3:08d3:1319:8a2e:0370:7344** .

Firewall

Um Firewall pode ser uma estrutura de ________________ específico para tal finalidade como também pode ser um ________________.

Ele age ________________ as portas da rede/computador, permitindo ou negando o tráfego de dados de acordo com o protocolo associado a cada porta.

Por meio de um Firewall, é possível também ________ conteúdos (páginas da Internet), criando-se regras baseadas em seu endereço de ________ ou IP. Além disso, é possível permitir o bloqueio de protocolos específicos.

Correio Eletrônico

O serviço é baseado no modelo ____________. Logo, é preciso que se conheçam as formas de acesso usadas pelo Cliente (usuário). Dois modos são citados e comparados pelas questões: o ____________ e o ________________.

Webmail

O webmail é uma ____________ da Internet que permite consultar e enviar correio eletrônico (E-mail) usando um ________________.

A maior vantagem do webmail é o fato de não ser necessário possuir um ________________ para a leitura ou envio de correio eletrônico, sendo apenas necessário um computador ligado à Internet.

No entanto, existe o inconveniente de ter as mensagens de correio eletrônico armazenadas no ______________, o que pode limitar o número de mensagens que podemos armazenar de acordo com o servidor.

Cliente de e-mail

O Cliente de e-mail é um ________ de computador que permite enviar, receber (armazenar) e personalizar mensagens de e-mail. Utiliza os protocolos ________ para envio, ________ e ________ para recebimento. No Cliente de e-mail, os e-mails podem ser "baixados" para o computador do cliente (Protocolo ____________).

A vantagem consiste em que o usuário acessa uma única vez para ____________ os e-mails recebidos. Assim, depois de terminar de baixar os e-mails, o usuário pode se desconectar da Internet para lê-los. Este programa é muito utilizado por usuários de conexão discada e dial-up.

O Cliente de e-mail pode excluir as mensagens da caixa de entrada do ________________, de acordo com a configuração no Cliente de e-mail.

Exemplos de programas cliente e-mail: MS ________________, MS Outlook Express, Thunderbird, Eudora etc.

Protocolos de Clientes de e-mail

SMTP: é o protocolo usado para __________ das mensagens de e-mail. Para tanto, usa a porta __________.

POP: ao verificar os e-mails, o programa faz o __________ de tudo, deletando as mensagens do servidor (salvo se configurado para não fazer isso). Logo, ocupa espaço no HD do usuário.

A porta definida por padrão para este protocolo é a porta __________.

IMAP: protocolo usado para __________ as mensagens de e-mail que residem no servidor. Assim, é necessário estar __________ para visualizar novas mensagens.

A porta definida por padrão para este protocolo é a porta __________.

Motores de Busca

Os motores de busca são normalmente conhecidos por ________________ e têm como representante maior o __________. Dentre os principais motores de busca estão:

- Google;
- Yahoo;
- Cadê? O primeiro buscador nacional (comprado pelo Yahoo), pode ser chamado de Yahoo! Cadê?;
- Aonde;
- Altavista;
- MSN transformado em Bing;

INF

É importante observar que, nos navegadores atuais, os motores de busca são integrados. Com isso, podemos definir qual se deseja utilizar, por exemplo: o Google Chrome e o Mozilla Firefox utilizam como motor de busca padrão o ______________. Já o Internet Explorer utiliza o ______________.

Busca Avançada

Busca por frase exata: para realizar uma busca, em que se pretenda obter como resultado apenas páginas que contenham a exata expressão inserida no campo de busca, é necessário descrever a frase entre ______________________. Tal recurso é válido tanto para o Google como para o Bing.

Os motores de busca oferecem alguns recursos para otimizar a busca, como **operadores** ______________, também conhecidos como operadores booleanos[1]. Dentre estes operadores, podemos destacar a negação (-): ao realizar uma busca na qual se deseja encontrar resultados que sejam relacionados a determinado assunto, mas que os termos usados sejam comuns a outro, podemos utilizar o sinal de menos precedendo o termo do assunto irrelevante. Há o exemplo de uma questão que já foi cobrada em uma prova: *realizar a busca por **leite** e **cão**. Contudo se forem inseridos apenas estes termos na busca, muitos resultados serão relacionados a **gatos** e **leite**. Para que as páginas que contenham a palavra **gato** não sejam exibidas na lista de páginas encontradas, basta digitar o sinal de menos (-) antes da palavra gato (sem espaço entre o sinal e a palavra). Assim, a pesquisa a ser inserida no buscador fica **Cão Leite -Gato**.*

Também é possível realizar a busca por uma frase exata. Assim, somente serão listados os sites que contenham exatamente a mesma expressão. Para isso, basta digitar a frase desejada entre aspas duplas.

Busca por tipo de arquivo: podemos refinar as buscas a resultados que consistam apenas em determinado formato de

1 Em referência à lógica de Boole, ou seja, a lógica que se estuda para concursos.

arquivo. Para isso, devemos utilizar o operador *filetype*: assim, para buscar determinado tema, mas que seja em PDF, por exemplo, pode-se digitar ______________.

Conceitos de Navegação

Dados de Navegação

Os dados de navegação são informações armazenadas durante a navegação, a fim de auxiliar o usuário ou mesmo promover condições para o acesso a páginas da Internet.

Histórico

Acessível pela combinação de teclas de atalho __________, o histórico é a lista de registro que indica quais sites foram acessados e quando.

Lista de Sites Acessados

A lista de sites acessados apenas arrola o nome dos sites que, em algum momento, foram acessados pelo usuário. Apresentam-se, no topo da lista, os mais ______________ e ______________ acessados.

Dados de Formulários

Dados de formulário são interessantes de serem utilizados apenas em computadores pessoais, uma vez que em computadores de uso compartilhado pode levar a vazamento de informações pessoais.

Ao preencher um campo de um formulário como e-mail, o navegador pode ______________ os dados inseridos, a fim de preencher automaticamente outro formulário que venha a pedir o mesmo dado.

Cookies

Os cookies são ____________ informações que alguns ____________ armazenam no ______________ do usuário. Tais informações são utilizadas para identificar o usuário e suas preferências, dentro do site. Também são muito utilizados para gerenciar carrinhos de compras de sites de *e-commerce*.

Cache

Em termos gerais, a cache é um espaço ______________, utilizado para mitigar a diferença de velocidade entre duas estruturas. Assim, são armazenadas na cache, de modo temporário, as informações mais ________________ e frequentemente acessadas.

Nos navegadores, a cache é uma pasta que armazena os conteúdos, como imagens, vídeos, áudio e texto das páginas acessadas.

Cloud (Nuvem)

Quando falamos em uso da Nuvem, estamos nos referindo a um ______________ e não a uma aplicação ou simples programa. Assim, o que se cobra nas provas são as características desse serviço.

Os serviços na Nuvem operam com servidores ____________ ____________. Com isso, o cliente não sabe exatamente onde estão sendo processados ou armazenados seus dados, pois pode estar em apenas um servidor, em qualquer lugar do mundo, ou em vários, sendo uma parte em cada um.

Ao contratar um serviço em cloud, o cliente encontra várias opções de valores, uma vez que o recurso é de natureza ____________________, ou seja, segmentado por valores.

Outro ponto fundamental na identificação de um serviço da nuvem é a ____________________________________, uma vez que os processos e dados são armazenados na __________. Contudo, muitos dos serviços oferecem como ____________ a instalação de aplicações locais para proporcionar uma melhor experiência de uso. Ou seja, oferecem mais recursos e ferramentas para o usuário, além de, muitas vezes, tornarem o uso da estrutura mais prático.

Muitos serviços oferecem uso limitado de seus recursos, **gratuitamente,** a fim de incentivar e conquistar novos clientes.

Embora a nuvem traga inúmeras vantagens, dentre elas a praticidade e a dinamicidade, ela é um serviço ____________ ____________, pois **depende de conexão com a Internet** para operar, bem como da disponibilidade do serviço contratado.

Cloud Computing

Pode-se dizer que a computação na nuvem é uma forma de evolução do conceito de *mainframes*.

Os *mainframes* são ____________________, normalmente usados em redes privadas (Intranets) os quais são responsáveis pelo trabalho pesado de processamento de informações. De forma geral, quando se emprega o uso de *mainframes*, associa-se o uso de *thin clients* pelos usuários, ou seja, ________________, apenas pontas para iteração do usuário, pois os dados coletados e apresentados ao usuário são processados e armazenados nos *mainframes*.

A computação na nuvem é uma ideia similar que, em vez de manter supercomputadores internamente na empresa, faz uso de computadores (servidores) localizados na Internet, otimizando assim seu uso.

Nesta forma de computação, o usuário apenas envia os dados via conexão com a ______________ para os servidores, que trabalham esta informação e devolvem-lhe a resposta, o que possibilita que o dispositivo que o usuário utilizou seja mais simples, como um celular, um netbook, um tablete ou mesmo um computador convencional. Assim, esses dispositivos não precisão possuir alta capacidade de desempenho, pois se tornam apenas uma interface com o usuário.

Cloud Storage

O ________________ na nuvem é uma extensão da computação na nuvem. Trata-se de uma forma bastante interessante de se manter o ______________ de dados, como também de compartilhar informações. O Google Disco e o Microsoft Skydrive são exemplos dessa abordagem. Esses serviços oferecem ao usuário a criação de contas de armazenamento, que

I N F

podem ser ________________ com uma pasta do computador do usuário, assim como o serviço do Dropbox. Contudo, o serviço de forma gratuita é limitado em espaço, mas pode ser adquirido mais espaço, se necessário.

Para fazer uso dos serviços de Cloud Storage e Cloud Computing, na maioria dos casos, não é necessário que usuário instale aplicativos extras. A exemplo o Gloogle Disco e do Microsoft Skydrive, o usuário pode fazer uso dos serviços diretamente ________________ (por intermédio de um navegador), sem instalar ferramentas específicas para isso.

Anotações

CAPÍTULO 2

Sistemas Operacionais

Windows

Linux

Backup

Sistemas Operacionais

144. (2014 – Polícia Federal – Agente de Polícia Federal) Comparativamente a computadores com outros sistemas operacionais, computadores com o sistema Linux apresentam a vantagem de não perderem dados caso as máquinas sejam desligadas por meio de interrupção do fornecimento de energia elétrica.

GABARITO: ERRADO.

Uma dica preciosa para as provas da CESPE: se houver uma comparação, em que algum software ou ferramenta é inferiorizado diante de outro, há grandes chances de esta questão estar errada. A questão acima é um exemplo disso. O núcleo da questão está na afirmação de perda de dados quando o computador for desligado de forma inesperada. Assim, o que devemos analisar é que informações serão perdidas. As informações perdidas serão aquelas que ainda não foram salvas em disco rígido, ou seja, que estão apenas na memória RAM, que por ser uma memória volátil perde os dados em caso de falta de energia. Portanto, independente de sistema operacional, o resultado seria o mesmo.

145. (2014 – Polícia Federal – Agente de Polícia Federal) Funcionalidades disponibilizadas no aplicativo PuTTY permitem que os usuários acessem um computador com sistema operacional Linux a partir de um computador com sistema Windows, bem como permitem a execução remota de comandos.

GABARITO: CERTO.

O PuTTY é um cliente SSH e Telnet, ou seja, um aplicativo para realizar conexões remotas utilizando esses protocolos.

146. (2013 - DEPEN – Agente) Os computadores atuais permitem a instalação de mais de um sistema operacional, sendo possível ao usuário escolher, toda vez que iniciar o computador, entre o Windows e outro sistema operacional que esteja instalado.

GABARITO: CERTO.

Quando um computador possui dois sistemas operacionais diferentes, afirma-se que ele possui Dual Boot. Nessas circunstâncias, são usados gerenciadores de Boot como GRUB ou LILO. Ao instalar o Linux, ele instala o gerenciador de Boot. A escolha do gerenciador depende da distribuição Linux usada.

147. (2012 – PC/AL – Agente de Polícia) Arquivos com extensão do tipo .exe, .com e .bat não podem ser ocultados no sistema operacional.

GABARITO: ERRADO.

É possível ocultar qualquer tipo de arquivo. Nos casos citados, é comum a ocultação de vírus executáveis como forma de disfarçá-los. No Linux, para ocultar um arquivo, basta usar um ponto antes do nome do arquivo.

148. (2015 – TRE/GO –Técnico Judiciário) Os documentos pessoais dos usuários, quando se requer segurança em seu acesso, devem ficar armazenados em locais específicos: no ambiente Windows, na pasta /Windows/system; no Linux, no diretório /bin. Em ambos os casos, a organização dos arquivos se dá por meio de acesso restrito da raiz até a folha.

GABARITO: ERRADO.

Dois erros estão presentes na questão: 1º, no Windows, usa-se a barra invertida para separar diretórios (\); 2º, não é recomendado salvar os arquivos de usuário nas pastas reservadas para os arquivos do sistema. O diretório /bin armazena os binários executáveis do Linux, bem como os comandos básicos como pwd, cd, ls, entre outros.

149. (2012 – PC/AL – Agente de Polícia) Caso o sistema operacional, ao se instalar um hardware em um computador, não reconheça automaticamente esse dispositivo, o problema será sanado ao se instalar o driver correspondente ao dispositivo, o que permitirá que o sistema operacional utilize o hardware em questão.

GABARITO: CERTO

O Sistema Operacional é quem interage com o hardware. Logo, ele é que mais precisa do Driver, pois este contém a informação sobre como o dispositivo funciona.

150. (2012 – PC/AL – Agente de Polícia) Ao se ligar um computador convencional, a BIOS (*Basic Input Output System*), responsável pelos drives do kernel do sistema operacional, carrega o disco rígido e inicia o sistema operacional.

GABARITO: ERRADO.

O BIOS é o Sistema Básico de Entrada e Saída. Ele é responsável pela rotina de inicialização do computador, realizando os testes de compatibilidade e confiabilidade. Kernel é o núcleo do sistema operacional..

151. (2012 – PC/AL – Agente de Polícia) O diretório /dev do Linux é equivalente ao diretório C:\Windows\System32\drivers.

GABARITO: CERTO

O diretório /dev é responsável por armazenar os devices, ou seja, os drivers dos dispositivos assim como a pasta ..\drivers do Windows.

152. (2012 – PC/AL –Delegado de Polícia) No Internet Explorer (IE), por meio da opção Histórico, obtém-se o registro dos acessos já realizados pelos usuários do IE durante determinado período de tempo.

GABARITO: CERTO

O histórico registra que página foi aberta e quando isso ocorreu. Para exibir o histórico, basta teclar CTRL + H.

153. (2010 – ABIN – Oficial Técnico de Inteligência) Sempre que se procede à instalação do sistema operacional Linux, é necessário definir uma partição no disco rígido destinada à memória virtual, a fim de evitar o comprometimento do correto funcionamento do sistema.

GABARITO: ERRADO

A memória virtual é a Swap. É recomendado que se crie uma partição própria para a Área de Troca, mas isso não é obrigatório. No Windows, o usuário tem acesso direto a essa opção. Já, durante a instalação do Linux, o usuário pode definir se quer criar uma partição de Swap e o seu tamanho.

154. (2014 – TJ/SE – Todos os Cargos) No Windows 7 e em suas versões superiores, o ambiente gráfico é nativo do sistema operacional. O ambiente gráfico no Windows, assim como no Linux, funciona como um servidor de gráficos e é denominado *prompt* de comando gráfico.

GABARITO: ERRADO.

A interface visual dos sistemas operacionais é chamada de GUI (*Graphic User Interface*) ou apenas UI (*User Interface*). O prompt de comando, assim como o terminal Linux, é uma interface de comandos de texto.

155. (2014 – TJ/SE – Todos os Cargos) Os computadores com sistema operacional Linux não são afetados por vírus; os que têm sistemas Windows são vulneráveis a vírus, por falhas específicas de *kernel*.

GABARITO: ERRADO.

Também existem vírus para Linux, mas em quantidade consideravelmente pequena comparada ao Windows. O motivo é que a maioria dos usuários de computadores usa Windows. Assim, ao se criar um malware, é mais interessante para o invasor desgastar seu tempo em criar algo que tenha maior probabilidade de êxito. Outro fator importante é o fato de os programas feitos para Windows não serem compatíveis como o Linux, por padrão. Isso porque a forma dos programas Linux é diferente. Contudo, ao olhar para o Android (sistema operacional dos dispositivos móveis) que foi baseado no Linux, encontramos uma presença elevada de vírus disponíveis, uma vez que a quantidade de usuários é maior.

156. (2014 – TC/DF – Todos os Cargos) Na transferência de arquivos entre dois computadores em rede, não existe diferença na forma como os computadores nomeiam os arquivos envolvidos nesse processo.

GABARITO: ERRADO.

Uma diferença é o uso do caractere que, no Linux, é possível, ao contrário do que ocorre com o Windows. A barra usada na descrição do caminho de uma pasta/arquivo também é diferente entre os dois sistemas. Por isso, existe o servidor SAMBA, que é um servidor que utiliza o protocolo SMB para realizar a compatibilidade entre os diferentes Sistemas Operacionais, possibilitando a comunicação em rede entre eles.

157. **(2014 - FUB – Todos os Cargos)** Um arquivo executável pode possuir extensões nos formatos .exe e .bat, conforme o sistema operacional utilizado.

GABARITO: CERTO.

O sistema operacional em questão é o Windows, pois os executáveis no Linux sequer precisam de extensão.

158. **(2014 – CADE – Todos os Cargos)** Os atributos de um arquivo podem ser alterados para permitir que somente o seu proprietário possa editá-lo e os demais usuários possam apenas lê-lo.

GABARITO: CERTO.

No Linux, usa-se o comando chmod para se realizar o que a questão propõe. Mas, no Windows, também é possível realizar a configuração pelas propriedades do arquivo.

159. **(2014 – Polícia Federal –Agente Administrativo)** O DualBoot permite que dois sistemas operacionais sejam instalados e utilizados simultaneamente em uma mesma máquina.

GABARITO: ERRADO.

Dual boot significa que, em um mesmo computador, existem dois sistemas operacionais instalados. Contudo, o usuário terá de escolher, no momento do boot, qual dos sistemas irá utilizar. Ou seja, não é possível carregar os dois sistemas ao mesmo tempo, como sistemas principais, embora existam as máquinas virtuais. Porém, isso já foge ao que os editais propõem.

160. **(2013 – FUNASA – Todos os Cargos)** O sistema operacional, além de controlar o armazenamento dos dados, é visível ao usuário por meio das interfaces de gerenciamento de recursos do computador, como memória, periféricos e CPU.

GABARITO: CERTO.

Cuidado: o termo visível não é aplicado no sentido de que o usuário enxerga o sistema operacional, mas no sentido de percepção de sua existência e responsabilidade, através das ações que ele realiza. É responsabilidade do sistema operacional controlar o computador como um todo.

161. **(2013 – STF – Analista Judiciário/Área Judiciária)** A fim de evitar incompatibilidades no uso do sistema, não é permitida a instalação de diferentes sistemas operacionais em um computador que possui dois discos rígidos ou um único disco dividido em partições.

GABARITO: ERRADO.

É plenamente possível possuir mais de um sistema operacional instalado no computador, seja em dois HDs fisicamente diferentes ou em duas partições. No caso de se ter um dual boot em HD particionado na BIOS, basta indicar o HD como primário e, logo na sequência da execução do BIOS, será aberto o gerenciador de boot para que o usuário escolha qual sistema deseja utilizar. Já no caso de dois HDs distintos, o usuário pode ter de configurar a BIOS toda vez que quiser trocar de sistema operacional.

I N F

162. **(2013 - SEGESP/AL - Técnico Forense)** Diferentemente do Linux, o Windows permite que o usuário crie sua própria versão de sistema operacional mediante a alteração do código-fonte do programa.

GABARITO: ERRADO.

O Linux, por ser software livre, tem seu código-fonte aberto. Logo, o usuário que desejar e possuir conhecimento necessário, pode alterar o código-fonte e compilar sua versão modificada em uma nova versão do sistema operacional. O Windows, por sua vez, é software proprietário. Portanto, seu código-fonte é fechado.

163. **(2013 - SEGESP/AL - Técnico Forense)** Além de servir de plataforma para outros *softwares*, outra função básica dos sistemas operacionais é gerenciar e controlar o *hardware*.

GABARITO: CERTO.

O Sistema Operacional é o principal software de um computador, pois ele é o responsável por tornar o equipamento funcional e acessível ao usuário, como também oferecer uma estrutura para que o usuário utilize programas específicos para atividades de interesse do usuário.

Windows

164. **(2015 - TRE/GO - Técnico Judiciário)** Se, devido a razões de segurança, o usuário que tiver produzido um arquivo no Word 2013 desejar remover as propriedades e informações desse arquivo — como, por exemplo, autoria, tamanho e data de criação —, ele poderá fazê-lo por meio de funcionalidades do Windows Explorer do Windows 8.

GABARITO: ERRADO.

A questão exige a atenção do candidato para os detalhes. Neste caso, o detalhe é a data de criação, pois é possível, tanto pelo Word como pelo Windows, remover dados pessoais de um documento. Porém, a data de criação de um arquivo não pode ser alterada por padrão. Todavia, é possível se utilizar de outros métodos para alterar os metadados do arquivo, a fim de alterar sua data de criação.

165. **(2014 - Polícia Federal - Agente de Polícia)** No Windows 8, ao se clicar, com o botão direito do *mouse*, sobre o nome de um arquivo do PowerPoint e, em seguida, selecionar a opção Mostrar, o referido arquivo será aberto para uma visualização rápida; se, após esse procedimento, qualquer tecla for pressionada, o arquivo será fechado.

GABARITO: ERRADO.

O Windows 7 já apresentava funcionalidades integradas com o Microsoft Office junto à pré-visualização de um arquivo. No Windows 8, tal funcionalidade fora melhorada para ser mais intuitiva. Contudo, o que está em exibição é uma apresentação de slides, assim para finalizá-la é necessário utilizar a tecla ESC. Logo, não será qualquer tecla como a questão sugere.

166. **(2014 – Polícia Federal – Agente de Polícia)** Com relação ao sistema operacional Windows e aos ambientes Microsoft Office e BrOffice, julgue o próximo item.

No Windows Explorer, a ação de renomear um arquivo pode ser realizada por meio da opção Renomear, que é acionada com o botão direito do mouse, bem como por meio de um duplo clique pausado.

GABARITO: CERTO.

O duplo clique pausado, a que se refere a questão, é um clique e depois outro, demorando alguns instantes para realizar o segundo clique. Também pode ser realizada a operação por meio do atalho F2.

167. **(2014 – CAIXA - Médico do Trabalho)** O Painel de Controle do Windows dá acesso a opções como, por exemplo, instalar e desinstalar programas, que é a ferramenta de uso recomendado para se instalar ou remover um programa adequadamente.

GABARITO: ERRADO.

Cuidado: no Windows 7, a opção presente no painel de controle é Programas e Recursos, pela qual é possível remover ou alterar programas. Ou seja, não se oferece a opção para instalar, existente em versões anteriores.

168. **(2014 - CAIXA - Médico do Trabalho)** No Windows Explorer, a opção **Propriedades**, disponível por meio de um clique com o botão direito do mouse sobre uma pasta, é utilizada para apresentar o conteúdo de uma pasta, ou seja, quais e quantos arquivos existem dentro dela, assim como os formatos dos arquivos.

GABARITO: ERRADO.

Nesta questão, é preciso atentar para as palavras quais e quantos. É possível apresentar quantos arquivos existem dentro de uma pasta, mas não quais arquivos são. Para ver os arquivos, é necessário abrir a referida pasta.

169. **(2014 – TC/DF – Todos os Cargos)** No Windows 8, o recurso Otimizar Unidades permite otimizar tanto um computador quanto uma unidade de rede para melhorar seu desempenho.

GABARITO: ERRADO.

O termo Unidades é utilizado para referenciar unidades de armazenamento. Logo, ele se torna incoerente ao citar redes. Tal ferramenta é o Desfragmentador de Disco que teve seu nome alterado. O objetivo da ferramenta é organizar os pedaços dos arquivos, de maneira contínua no HD, tornando mais rápida a leitura futura desses arquivos.

170. **(2014 – Polícia Federal – Agente de Polícia)** No Windows, não há possibilidade de o usuário interagir com o sistema operacional por meio de uma tela de computador sensível ao toque.

GABARITO: ERRADO.

O Windows 7 já trouxe muitas melhorias no reconhecimento e no uso de dispositivos touchscreen. Já o Windows 8 é desenhado para esse tipo de dispositivo.

171. **(2014 – Câmara dos Deputados - Técnico Legislativo)** O menu Iniciar do Windows pode ser configurado de acordo com as preferências do usuário, por meio da opção Propriedades, acionada com o botão direito do mouse sobre a barra de tarefas da área de trabalho.

GABARITO: CERTO.

Salienta-se que o que se propõe na questão é possível por meio do clique com o botão direito do mouse sobre o próprio botão Iniciar, escolhendo a opção Propriedades. Ainda se pode utilizar a opção disponível no Painel de Controle.

172. **(2015 – FUB – Todos os Cargos)**

Considerando a figura, que ilustra a interface inicial do sistema operacional Windows 8.1, julgue o item a seguir:

Caso o usuário deseje consultar uma lista de aplicativos recentes usando o *mouse*, ele deverá mover o ponteiro do mouse para o canto superior esquerdo e, em seguida, para baixo, na borda ou, ainda, utilizar o teclado, pressionando simultaneamente as teclas < *Windows* > e < *Tab* >.

GABARITO: CERTO.

A combinação ALT + TAB também pode ser usada para alternar entre as janelas dos programas abertos. Se mantiver a tecla Windows e pressionar duas vezes o TAB, será alternado para outro programa aberto ou o mesmo (depende da quantidade de programas abertos). Tal funcionalidade também existe no Windows 7, desde que os efeitos do AERO estejam habilitados.

173. **(2015 – FUB – Todos os Cargos)**

Entre as formas de liberar espaço na unidade de um computador com Windows 8.1 inclui-se desinstalar aplicativos desnecessários na área de trabalho, ação que pode ser realizada por meio da funcionalidade Programas e Recursos.

GABARITO: CERTO.

Primeiramente, deve-se ressaltar que o fato de desinstalar um programa desnecessário do computador tende a liberar espaço do HD. Já com relação à estrutura do Windows 8, ao instalar programas, normalmente ao final do processo, questiona-se ao usuário se ele deseja criar um atalho na área de trabalho. Ao desinstalar o

programa, o atalho é removido junto, se os processos forem realizados de forma correta. A opção Programas e Recursos também é encontrada junto ao Painel de Controle do Windows.

174. **(2015 – FUB – Todos os Cargos)** No Windows 8.1, com o uso do *mouse*, mesmo que esteja na tela Iniciar ou em um aplicativo do Windows Store, o usuário tem como acessar a barra de tarefas.

GABARITO: CERTO.

Trata-se de uma atualização do Windows 8.1. Basta posicionar o mouse na borda inferior da tela.

175. **(2015 – FUB – Todos os Cargos)** No Windows 8.1, o acesso aos programas e configurações ocorre por meio de ícones existentes na área de trabalho, a partir do toque na tela nos dispositivos *touch screen*, uma vez que, nesse *software*, foram eliminados o painel de controle e o menu Iniciar

GABARITO: ERRADO.

O menu Iniciar volta ao Windows 8.1, após muita reclamação dos usuários diante de sua ausência no Windows 8. Já o Windows 10 apresenta uma proposta híbrida entre tela inicial e menu Iniciar. Quanto ao Painel de Controle, ele ainda existe no Windows, com o detalhe de que, no Windows 8.1, existem vários atalhos novos para as suas funcionalidades.

176. **(2015 – TRE/GO – Técnico Judiciário)** No Windows 7, todos os arquivos de usuários que não requeiram segurança devem estar associados a uma das bibliotecas-padrão (Documentos, Músicas, Imagens e Vídeos), haja vista que não é possível criar novas bibliotecas para outras coleções.

GABARITO: ERRADO.

As bibliotecas citadas são padrão. Porém, o usuário pode criar outras bibliotecas e incluir pastas às já existentes.

177. **(2012 – PC/AL – Delegado de Polícia)** A pasta Arquivos de Programas do ambiente Windows é o espaço em que são armazenados os programas instalados de fábrica, sendo esse espaço destinado exclusivamente para o armazenamento desses programas.

GABARITO: ERRADO.

Os programas, em sua maioria, ao serem instalados, copiam seus arquivos necessários para o funcionamento na pasta Arquivos de Programas. Desse modo, não se trata apenas os programas de fábrica, como afirma a questão.

178. **(2012 –TRE/RJ –Técnico Judiciário)** No Windows 7, a funcionalidade Readyboost possibilita a utilização de memórias do tipo flash com a finalidade de melhorar o desempenho do computador.

GABARITO: CERTO.

Apesar de ser um recurso disponível nas versões, a partir da Professional do Windows, quando conectamos um pendrive ou um cartão de memória ao computador, podemos nos deparar com uma mensagem solicitando se desejamos utilizar aquele dispositivo para melhorar o desempenho do Windows. Isso é a Readyboost. Essa funcionalidade usa a memória externa como uma extensão da memória RAM do computador.

---

179. **(2013 – Polícia Federal -Delegado)** Para se excluir um atalho, é suficiente arrastá-lo para a lixeira.

GABARITO: CERTO.

Contudo, apagar um atalho não irá apagar o arquivo original. Um atalho no Windows possui o tamanho de 1KB.

---

180. **(2014 – TJ/SE – Todos os Cargos)** No Windows 8.1, Microsoft Essentials é o ambiente de acesso à Internet.

GABARITO: ERRADO.

O Microsoft Security Essencials no Windows 7 existe como ferramenta individual. Já no Windows 8, ele faz parte do Windows Defender, tornando-se uma ferramenta *antimalware* e *antispyware*. Ambiente de acesso à Internet são os browsers como Internet Explorer, Mozilla Firefox e Google Chrome.

---

181. **(2014 – TJ/SE – Todos os Cargos)** A pasta Arquivos de Programas, no Windows 7 Professional, normalmente localizada no disco C, é o local recomendado para instalação de aplicativos nessa versão do sistema operacional.

GABARITO: CERTO.

A pasta mencionada na questão se refere à pasta-padrão que os programas buscam ao serem instalados. Entretanto, alguns programas oferecem a opção para o usuário escolher outro destino para sua instalação.

---

182. **(2014 – FUB – Todos os Cargos)** Por meio de funcionalidades encontradas em Rede e Internet no Painel de Controle, é possível excluir o histórico de navegação e *cookies* do navegador de Internet instalado no computador.

GABARITO: CERTO.

Vale lembrar que a ação mencionada na questão se realiza por meio da janela Opções da Internet, também acessível pelo Internet Explorer. As questões geralmente abordam o computador na sua forma padrão, ou seja, com apenas o Internet Explorer instalado. Porém, as questões também podem apontar para um caso específico em que outro navegador seja o padrão.

---

183. (2014 – TJ/SE – Todos os Cargos) O Windows 7 Professional permite que qualquer usuário sem poderes administrativos instale ou desinstale drivers de dispositivo.

GABARITO: ERRADO.

Somente usuários com privilégios de administrador é que podem realizar a instalação dos drivers. Porém, alguns aplicativos podem ser instalados sem a permissão do administrador, mas somente serão instalados para o usuário que realizou a instalação, ou seja, o aplicativo não estará disponível para os demais usuários.

184. (2014 – TC/DF – Técnico de Administração Pública) No Windows Explorer, a ação de renomear um arquivo pode ser realizada por meio da opção Renomear, que é acionada com o botão direito do mouse, bem como por meio de um duplo clique pausado.

GABARITO: CERTO.

O duplo clique pausado normalmente é usado pelo usuário sem querer. Explicaremos como ele é: quando clicamos sobre um arquivo ou pasta, realizamos a sua seleção. Depois de selecionar um arquivo ou pasta, aguardar 2 segundos e clicar novamente sobre o mesmo item, foi realizado o duplo clique pausado. Também é possível renomear um arquivo teclando F2 após selecionar o mesmo.

INF

185. (2014 – TJ/CE – Todos os Cargos) No Windows 7 e nos softwares do Microsoft Office, o atalho composto pelas teclas ALT + TAB é muito utilizado para:

a) Fechar um arquivo de texto sem se ter de acessar a opção Fechar ou a opção Sair, disponíveis no menu Arquivo do Word.

b) Salvar um documento ou planilha com outro nome ou em formato PDF.

c) Imprimir um arquivo de texto sem ter de acessar a opção Imprimir, disponível no menu Arquivo do Word.

d) Alternar entre páginas de um documento do Word ou de outros aplicativos da suíte Microsoft Office.

e) Alternar entre janelas de aplicativos abertos no computador, independentemente de serem ou não da suíte MSOffice.

GABARITO: E.

Alt + Tab, assim como, Windows + Tab alternam entre as janelas dos programas abertos. Ao se utilizar a tecla SHIFT, combinada com as sequências citadas, é possível alternar a lista em ordem inversa. Para fechar um arquivo, usa-se CTRL + W, ou CTRL + F4. Há programas em que também se usa o CTRL + Q. Deve-se destacar que essas combinações com a tecla CTRL dependem do programa e não do Windows.

186. (2014 – MEC – Atividades Técnicas de Complexidade Intelectual) Em um computador com o sistema Windows 8, se o usuário, por meio da funcionalidade Explorador de Arquivos, tentar abrir um arquivo que já esteja aberto, ele receberá uma mensagem informando que não poderá abri-lo, pois está em execução.

GABARITO: ERRADO.

Ao tentar abrir um arquivo já aberto, o usuário será apenas direcionado à janela do programa em que o arquivo está aberto. Não é possível renomear, apagar ou mover um arquivo aberto. Copiar é possível, mas será copiada a última versão salva.

187. **(2014 – Câmara Dos Deputados – Técnico Legislativo)** Usando-se tanto o teclado quanto o *mouse*, é possível executar atalhos de comandos do Windows, mas as teclas podem variar de comando, conforme o aplicativo usado.

GABARITO: CERTO.

É necessário ter cuidado no que diz respeito aos atalhos, pois apesar de não serem comuns nas provas da CESPE, quando aparecem, são os mais incomuns. Nesse caso, convém observar quais são os atalhos do Sistema Operacional que serão executados, independentemente do aplicativo aberto. É importante também observar os atalhos que pertencem à aplicação.

188. **(2014 – Médico do Trabalho))** No Windows Explorer, quando se arrasta um arquivo de um local para outro disco diferente do atual, uma cópia desse arquivo é criada no novo local e a antiga permanece guardada no local de origem.

GABARITO: CERTO.

Caso o usuário, ao realizar o procedimento citado, deseje que, ao invés de copiar, seja recortado o arquivo, deve arrastar e soltar o arquivo com a tecla SHIFT pressionada.

189. **(2014 – FUB – Todos os Cargos)** Funcionalidades disponibilizadas em Contas de Usuário, do Painel de Controle do Windows 7, possibilitam alterar as permissões das contas existentes no computador, se o responsável pelas alterações tiver poderes administrativos.

GABARITO: CERTO.

Se um usuário for o administrador, ele pode remover contas de outros usuários como também criá-las.

190. **(2014 – FUB – Todos os Cargos)** As funcionalidades encontradas em Programas, do Painel de Controle do Windows 7, não permitem alterar as configurações-padrão para a mídia ou os dispositivos.

GABARITO: ERRADO.

É possível utilizar a opção Programas Padrão presente na categoria Programas.

191. **(2014 – MTE – Contador)** O Microsoft Windows 7 Ultimate oferece duas ferramentas de becape: a de Arquivos, que permite fazer cópias dos arquivos de dados dos usuários; e a de Imagem do Sistema, que oferece a capacidade de criar uma imagem do sistema.

GABARITO: CERTO.

A imagem do sistema preocupa-se em salvar os arquivos de instalação dos programas. Ela é muito usada para realizar a instalação dos programas em vários

computadores iguais. Ou seja, no primeiro, são realizadas todas as instalações manuais. Na sequência, é feita uma imagem desse computador que, depois, é recuperada nos demais, facilitando a instalação. Ao realizar o backup de seus arquivos, o usuário escolhe quais arquivos ele deseja que sejam salvos.

192. **(2014 – FUB – Todos os Cargos)** Em um computador com o sistema Windows 7 Professional, a pasta Documentos, localizada na pasta Bibliotecas, no Windows Explorer, indica o local físico dentro do sistema de arquivos do sistema operacional.

GABARITO: ERRADO.

As bibliotecas não são pastas efetivamente. Em uma mesma biblioteca, podem estar incluídas pastas que estão fisicamente em outras pastas, inclusive outras unidades de armazenamento. Uma biblioteca é um concentrador que objetiva mostrar, dentro de uma única "pasta", o que está armazenado em várias outras.

193. **(2014 – FUB – Todos os Cargos)** Para se iniciar uma pesquisa de arquivos no Windows 8.1, é suficiente pressionar simultaneamente as teclas Windows + F.

GABARITO: CERTO.

Ao teclar no atalho indicado, é aberta a janela do Windows Explorer (no caso do Windows 8, o Explorador de Arquivos), com o campo de pesquisa aberto, aguardando o usuário inserir as informações.

194. **(2014 – SUFRAMA – Todos os Cargos)** No Windows 7, uma forma de organizar arquivos e pastas é distribuí-los em bibliotecas nas quais uma pasta é um contêiner que serve para armazenar arquivos ou outras pastas. As bibliotecas-padrão dessa versão do Windows são: documentos, imagens, músicas e vídeos.

GABARITO: CERTO.

As bibliotecas são uma janela de visão para olhar arquivos em um único lugar, mas que, fisicamente, estão em pastas separadas.

195. **(2014 – SUFRAMA – Todos os Cargos)** Uma desvantagem da opção Restauração do Sistema, do Windows 7, é que ela afeta os arquivos pessoais — a exemplo de e-mail, documentos ou fotos — que tenham sido modificados ou criados entre o ponto de restauração e a data da recuperação.

GABARITO: ERRADO.

A restauração do sistema não afeta os arquivos do usuário, apenas arquivos de instalação dos programas.

196. **(2014 – MDIC – Analista Técnico Administrativo)** O compartilhamento de pastas no Windows pode ser feito por qualquer perfil de usuário do sistema operacional, por meio da opção Compartilhar esta pasta do menu Compartilhamento, acionada por meio do botão direito do mouse sobre a unidade que se deseja compartilhar.

GABARITO: ERRADO.

A opção exibida ao clicar com o botão direito do mouse sobre uma pasta é compartilhar com. Um usuário só pode compartilhar pastas das quais ele seja dono.

---

197. (2014 – MDIC – Analista Técnico Administrativo) No ambiente Windows, a criação de atalhos no desktop permite o acesso direto a um programa ou arquivo por meio de um ícone, sem que seja necessário utilizar as entradas presentes no botão Iniciar.

GABARITO: CERTO.

Um atalho é um link que aponta para o arquivo ou programa, a fim de criar um caminho mais rápido para sua abertura. O atalho possui tamanho de 1KB.

---

198. (2014 – MDIC – Agente Administrativo) No Windows 7, ao se colocar o computador no estado de hibernação, os arquivos abertos são salvos e o computador é desligado como forma de economizar energia.

GABARITO: CERTO.

O modo de hibernação copia os dados da memória RAM para o HD e desliga o computador. O objetivo dessa opção é retornar ao trabalho mais rapidamente do que ter de ficar desligando efetivamente o computador. Já no modo de suspensão, os dados ficam na memória RAM, e o computador fica ligado, porém, com baixo consumo. O modo de suspensão oferece um retorno mais rápido que a hibernação.

---

199. (2013 – FUNASA– Todos os Cargos) O compartilhamento de uma pasta por meio do Windows Explorer a torna visível para usuários conectados a determinados tipos de rede, quais sejam: grupo doméstico, grupo de trabalho ou domínio.

GABARITO: CERTO.

Ao compartilhar uma pasta, o usuário determina qual o ambiente de compartilhamento, também chamado de Grupo ou Domínio. O termo domínio também se aplica a uma rede interna, porém, com um significado um pouco diferente do usado na Internet. Ele identifica uma estrutura lógica de sub-rede.

---

200. (2013 – STF- Analista Judiciário/Área Administrativa) Atributos como tamanho e data de criação do arquivo são parâmetros que o usuário pode utilizar no Windows 7 para procurar arquivos no disco local.

GABARITO: CERTO.

Além desses, existem diversas outras propriedades que podem ser utilizadas, tais como tipo, data de modificação, álbum, classificação, título, etc. Esses parâmetros são exibidos ao utilizar o modo de exibição detalhes no Windows Explorer, podendo, inclusive, ser classificados, clicando-se no título da coluna.

---

201. (2013 – STF- Analista Judiciário/Área Administrativa) O Windows 7 não possui serviço de indexação de arquivos.

GABARITO: ERRADO.

A busca por arquivos no Windows 7 se mostra mais rápida do que no Windows XP, justamente, porque ele utiliza indexação. Indexar, em informática, significa criar uma lista, com informações como palavras-chave dos dados mais importantes, mais recentemente e frequentemente abertos. A finalidade é que, quando for realizada uma busca, ela seja feita primeiramente nesse índice, ao invés de ler todo o arquivo à procura dos termos. Cuidado para não confundir indexação com cache; a cache armazena os arquivos propriamente ditos.

202. (2013 – STF- Analista Judiciário – Área Administrativa) Ao se apagar um arquivo usando simultaneamente as teclas SHIFT + DELETE o arquivo será movido para a lixeira do Windows.

GABARITO: ERRADO.

A combinação SHIFT + DEL remove o arquivo permanentemente, sem passar pela lixeira. Ao pagar um arquivo usando Delete, excluindo-o, ou ainda arrastando-o para dentro da lixeira, aí sim ele é movido para ela.

203. (2013 – SEE/AL – Todos os Cargos) No Windows, um meio de organização dos arquivos é salvá-los em subpastas criadas por categorias, como, por exemplo, as subpastas Aprovados e Reprovados na pasta Turma A.

GABARITO: CERTO.

O conceito cobrado pela questão é referente apenas à possibilidade de criar subpastas e trabalhar com essa hierarquia junto ao Windows Explorer. Outro ponto que deve ser observado, nesse tipo de questão, refere-se às regras de nomenclatura de arquivos e pastas.

204. (2013 – SEGESP/AL – Técnico Forense) Se for configurado corretamente, o Microsoft Security Essentials é um *firewall* que protege o computador contra invasões pela rede privada ou pela Internet.

GABARITO: ERRADO.

No Windows 7, o Microsoft Security Essencials é o antimalware que o usuário pode instalar por intermédio das atualizações opcionais do Windows. O Windows Defender é um antispyware que é instalado junto às atualizações normais. Já no Windows 8, os dois programas foram integrados em um que já é instalado junto ao sistema operacional.

205. (2013 – SEGESP/AL – Papiloscopista)

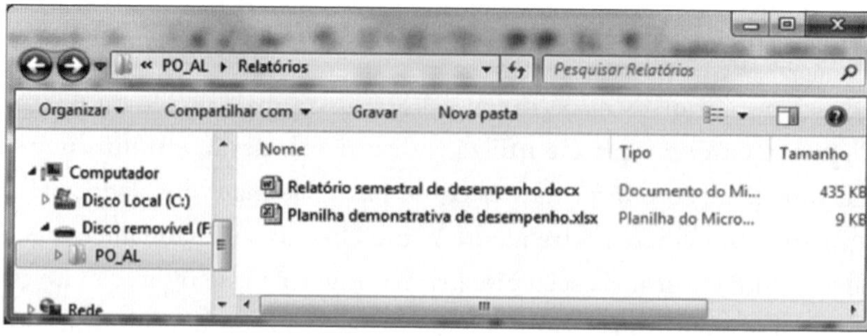

Ao se clicar o botão , a ordem em que os dois arquivos da pasta estão exibidos será trocada.

GABARITO: ERRADO.

O botão atualizar apenas atualiza a exibição. É útil quando algum arquivo foi movido, colado ou alterado para que seja exibido caso o Windows demore para renovar a informação na tela. Os atalhos CTRL + R e F5 produzem o mesmo efeito. Para mudar a ordem de exibição, o usuário pode, dentre outras opções, clicar no título da coluna que desejar usar como critério de classificação.

206. (2013 – SEGESP/AL – Papiloscopista) Ao se clicar o ícone:

Planilha demonstrativa de desempenho.xlsx e, em seguida, o botão , o arquivo Planilha demonstrativa de desempenho será movido para a Área de Trabalho do Windows.

GABARITO: ERRADO.

O botão representado é o botão voltar que volta para o local/diretório que estava aberto no Windows Explorer, antes de abrir o diretório atual (Relatórios).

207. (2013 – SEGESP/AL – Todos os Cargos)

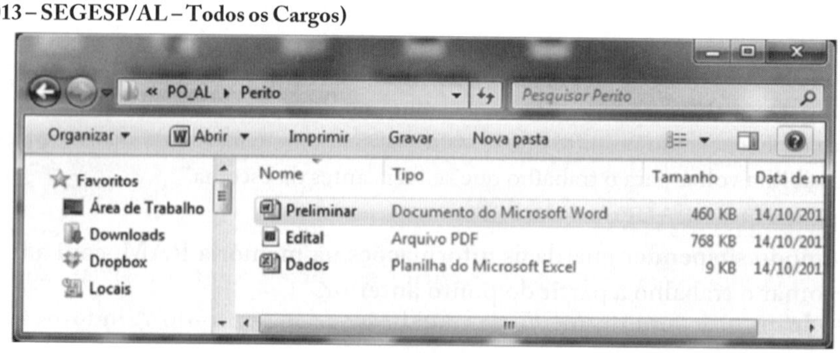

A figura anterior mostra uma janela do Windows 7 exibindo os arquivos contidos na pasta Perito. Com relação a essa figura e ao Windows 7, julgue o item subsequente:

O ícone **Edital** é um arquivo do editor de texto WordPad.

GABARITO: ERRADO.

O ícone ilustra um arquivo no formato PDF e pode ser observado na coluna Tipo, exibida na figura.

208. **(2013 – SEGESP/AL – Todos os Cargos)** Ao se clicar o ícone **Dados**, e, em seguida o ícone , serão exibidos dados estatísticos do arquivo, tais como o seu tamanho, em bytes, o autor, e a data da última modificação.

GABARITO: ERRADO.

Se o Microsoft Excel estiver instalado no computador, será exibido o conteúdo da pasta de trabalho selecionada.

209. **(2013 – FUB – Assistente em Administração)** No Windows 7, diferentemente de versões anteriores, não é possível empregar a ferramenta *Restauração do Sistema*, pois nessa versão as melhorias corrigiram erros no sistema operacional.

GABARITO: ERRADO.

A Restauração do Sistema ajuda a restaurar arquivos do sistema do computador para um ponto anterior no tempo. É uma forma de desfazer alterações do sistema no computador, sem afetar os arquivos pessoais. Ela não é destinada a fazer backup de arquivos pessoais. Portanto, não pode ajudar a recuperar um arquivo pessoal que foi excluído ou danificado.

210. **(2013 – FUB – Auxiliar em Administração)** Acerca do sistema operacional Windows 7 Home, julgue o que se segue:
Embora seja um sistema operacional monousuário, o sistema em questão permite a execução de várias tarefas simultâneas.

GABARITO: ERRADO.

O sistema Windows 7 é multiusuário e multitarefa, ou seja, permite mais de uma sessão de usuário simultânea e a execução de várias tarefas ao mesmo tempo.

211. **(2013 –FUB – Auxiliar em Administração)** Ao se clicar o botão Iniciar e selecionar a opção Suspender, o sistema alterna para o estado de economia de energia, interrompendo as tarefas em execução. Esse estado permite que se volte rapidamente para o *status* de energia plena, mas impossibilita voltar para o trabalho que se fazia antes da escolha.

GABARITO: ERRADO.

O modo suspender guarda as informações na memória RAM, com a intenção de retomar o trabalho a partir do ponto anterior.

212. **(2013 – FUB – Assistente em Administração)** No Windows 8, uma das novidades são as barras localizadas nas extremidades da tela, de modo a tornar mais curto o caminho para se executar algumas tarefas, como o compartilhamento de arquivos, por exemplo.

GABARITO: CERTO.

A questão se refere à barra Charms, localizada à direita da tela do Windows 8. Ela é exibida ao posicionar o mouse na lateral direita da tela.

Backup

213. **(2014 – ICMBIO – Todos os Cargos)** O uso do becape do tipo incremental permite que sejam copiados apenas os arquivos gravados desde o último becape normal ou incremental.

GABARITO: CERTO.

O becape incremental salva os arquivos novos ou alterados após o último becape, seja ele qual for. Após a realização da cópia dos arquivos, o Flag Arquive é desmarcado (ajustado) para que possa ser feito o controle de quais arquivos já foram salvos no becape.

214. **(2014 – Polícia Federal – Agente de Polícia)** Imediatamente após a realização de um becape incremental utilizando-se um software próprio de becape, há expectativa de que esteja ajustado o flag archive de todos os arquivos originais que foram copiados para uma mídia de becape.

GABARITO: CERTO.

A palavra *ajustado* torna a questão confusa para aqueles que sabem mais, pois ela foi empregada na questão com o entendimento de ser colocado o valor esperado no flag archive, o que está correto. Após a realização do becape incremental, o flag archive é marcado como 0, para assim, indicar que o arquivo foi incluído em um becape. Quando alteramos o arquivo, esse flag archive é marcado com 1. Ao realizar o becape incremental, são armazenados apenas os arquivos marcados com 1.

215. **(2012 – PC/AL – Delegado de Polícia)** A cópia de segurança de pastas e arquivos, também denominada becape, deve ser feita com determinada periodicidade, em locais seguros, distintos do local em que os dados foram salvos originalmente, a fim de permitir a recuperação dos dados salvos em caso de perdas.

GABARITO: CERTO.

A periodicidade de um becape depende do usuário e a importância do dado para ele, bem como a frequência com que o dado é modificado. Realizar uma cópia dos arquivos para outra pasta, dentro do mesmo HD, não caracteriza um becape, pois se o HD vier a apresentar defeito, os dados serão perdidos.

216. **(2008 – PC/TO – Escrivão)** Para se fazer o backup de um arquivo de dados, com 500 Mb é suficiente utilizar um CD comercial padrão.

GABARITO: CERTO.

O CD convencional possui capacidade de armazenar 700MB, enquanto um DVD pode armazenar 4,7GB. Ao realizar um backup, não é necessário usar o anterior, independente de qual seja o tipo de backup, pois as indicações para que um arquivo faça ou não parte do backup estão no próprio arquivo a ser salvo.

217. (2014 – TJ/SE – Técnico Judiciário) O procedimento de becape pode ser realizado tanto para um arquivo individual quanto para um conjunto de arquivos, ou até mesmo para um HD inteiro.

GABARITO: CERTO.

O Windows possui recursos que auxiliam da realização de becapes. Todavia, se o usuário preferir, ele pode recorrer a uma ferramenta específica para efetuar suas cópias de segurança. Ao efetuar o becape, o usuário determina que arquivos e pastas irão compor o becape, que podem ser apenas alguns ou todos de um HD. Dentre os tipos de becape, existe o que realiza uma cópia exata do HD.

218. (2014 – FUB – Todos os Cargos) A realização de becape dos dados de um computador de uso pessoal garante que o usuário recuperará seus dados, caso ocorra algum dano em seu computador.

GABARITO: ERRADO.

Em informática, nada é garantido: e se a mídia em que o becape foi armazenado estiver corrompida, ou foi danificada, perdida, ou até mesmo contaminada pelo mesmo vírus? Um becape é como um seguro do carro: faz-se o seguro, mas se espera nunca precisar dele.

I N F

219. (2014 – MDIC – Analista Técnico Administrativo) O becape diário é a cópia de segurança dos arquivos alterados em uma data específica; portanto, nesse tipo de becape, evita-se a cópia de todos os arquivos armazenados.

GABARITO: CERTO.

Uma vez que o becape é realizado diariamente, não se faz necessário salvar o que não foi alterado, pois basta resgatar os becapes dos dias anteriores, caso necessário.

220. (2014 – MDIC – Agente Administrativo) A definição e a execução de procedimentos regulares e periódicos de becape dos dados de um computador garante a disponibilidade desses dados após eventuais ocorrências de desastres relacionados a defeitos tanto de hardware quanto de software.

GABARITO: ERRADO.

Cuidado com a palavra "garante", no universo de segurança de informação. É muito complicado afirmar que é possível garantir a plena segurança. O princípio do becape é o de amenizar uma possível perda de informações. Porém, se o becape também for perdido, não há mais o que se recuperar.

221. (2013 – SEE/AL – Todos os Cargos) É importante salvar o arquivo periodicamente durante a sua edição e, após a sua conclusão, armazená-lo em mídia distinta da original, a fim de criar um becape das informações e evitar a perda do conteúdo.

GABARITO: CERTO.

Apesar de muitos programas possuírem o recurso auto recuperação, é recomendado que o usuário salve com frequência as alterações realizadas em um arquivo, para amenizar a perda de informações, caso o computador venha a desligar repentinamente. Para que se caracterize um becape, é necessário salvar uma cópia do arquivo em dispositivo de armazenamento diferente do que se encontra o arquivo original.

222. (**2013 – FUB – Assistente em Administração**) Caso um professor queira fazer becape de arquivos diversos de suas aulas em destino seguro, fora do disco rígido de seu computador, e esses arquivos ocupem dois gigabaites de espaço em disco, será recomendável que ele opte pela utilização de um CD, desde que ele grave seus arquivos em seu formato original, ou seja, que não empregue recursos de compressão ou de criptografia de dados.

GABARITO: ERRADO.

Um DVD seria o recomendado no lugar do CD, pois o DVD-R possui 4,7 GB de capacidade, contra 700MB do CD-R.

Linux

223. (**2013 – MPU – Todos os Cargos**) Os arquivos salvos no Linux são guardados na pasta escolhida pelo usuário e, automaticamente, na pasta backup, o que facilita a integridade dos dados. No Linux, os arquivos salvos na pasta escolhida pelo usuário são automaticamente salvos na pasta backup, o que preserva a integridade dos dados.

GABARITO: ERRADO.

Tanto no Windows quanto no Linux, é necessário que o usuário configure a rotina e o tipo de backup desejado. Entretanto, vale lembrar que o simples fato de manter o mesmo arquivo em duas unidades de armazenamento distintas já caracteriza um backup.

224. (**2014 – Polícia Federal – Agente de Polícia**) As rotinas de inicialização GRUB e LILO, utilizadas em diversas distribuições Linux, podem ser acessadas por uma interface de linha de comando.

GABARITO: CERTO.

Está questão é capciosa, pois o termo acessado causa dualidade de interpretação. Tais aplicativos são iniciados antes do próprio Sistema Operacional e não são acessados pelo terminal do Linux diretamente, apesar de ser possível sua configuração por meio de tal. O GRUB pode ser acessado antes do Boot, já o LILO não.

225. (**2014 – TJ/SE – Técnico Judiciário**) Com relação ao sistema operacional Linux, assinale a opção correta: Para acessar o diretório /TJCE por meio do Linux, o usuário pode fazer uso dos comandos cd /TJCE ou cd /tjce.

a) Por questões de segurança, no sistema Linux, um usuário simples pode fazer parte do grupo de qualquer outro usuário, mas não pode ser adicionado ao grupo root.

b) No Linux, um usuário pode abrir diversas sessões de trabalho, embora não lhe seja permitido manter abertas sessões no modo texto e no modo gráfico em um mesmo computador.

c) No sistema Linux, é possível criar arquivos com nomes extensos, como, por exemplo: Tabelas_de_Custas_Processuais_do_Tribunal_de_Justica_do_Estado_do_Ceara.odt.

d) As informações referentes às configurações de um programa são armazenadas em arquivos de texto no sistema Linux, em um único local: /etc/config.

GABARITO: D.

O Linux diferencia o uso de maiúsculas de minúsculas, ou seja, considera as letras como caracteres diferentes. Já o Windows considera-as como o mesmo caractere. O diretório /etc. armazena arquivos de configuração, mas não todos. Assim como no Windows, um arquivo pode ter um nome extenso, desde que dentro dos limites. Um usuário no Linux pode fazer parte do grupo de usuário com poderes administrativos, chamado de root.

No Linux é possível usar múltiplas sessões e, inclusive, manipulá-las por uma interface de texto e gráfico. Para tanto, utilizam-se as teclas de atalho ALT + (tecla de função), Exemplo: ALT + F1 para ir para uma tela em que é possível iniciar uma sessão diferente da que se exibe ao teclar ALT + F7.

226. **(2014 – MTE – Agente Administrativo)** Os ambientes Linux e Windows têm estruturas de diretórios semelhantes, como, por exemplo, o diretório /bin, que no Linux é responsável por manter os principais comandos do sistema.

GABARITO: ERRADO.

O diretório "/bin" armazena os executáveis de alguns comandos básicos do sistema LINUX, como o su, tar, cat, rm, pwd etc. Já no Windows, a estrutura dos diretórios é diferente: alguns diretórios têm objetivos parecidos, mas a estrutura como um todo é diferente.

227. **(2014 – MTE – Agente Administrativo)** No ambiente Linux, é possível manter um único arquivo em um servidor e compartilhá-lo com vários usuários, eliminando-se cópias desnecessárias desse arquivo.

GABARITO: CERTO.

O que foi afirmado na questão também vale para o Windows. Contudo, tal recurso não será usado apenas para um arquivo. Outro ponto a considerar é que a estrutura que precisa ser compartilhada é a pasta que contém os arquivos. Por consequência, os arquivos dentro dela serão compartilhados.

228. **(2014 – Polícia Federal – Agente Administrativo)** No ambiente Linux, é possível utilizar comandos para copiar arquivos de um diretório para um pen drive.

GABARITO: CERTO.

Podem-se usar linhas de comando no terminal como cp, ou usar gerenciadores de arquivos com interface gráfica como Konqueror e Nautilus.

229. **(2015 – TRE/GO – Analista Judiciário)** No Linux, o comando cd /etc/teste cria o diretório teste dentro do diretório /etc.

GABARITO: ERRADO.

O comando cd (de *change directory*) permite navegar entre os arquivos e pastas. No caso, ele abrirá a pasta teste contida na pasta. Para criar o diretório, o comando é mkdir (de *make directory*). Assim, seu uso é mkdir /etc/teste.

230. (2015 - TRE/GO - Analista Judiciário) No Linux, todo arquivo executável tem como extensão o sufixo .exe.

GABARITO: ERRADO.

No Linux, os executáveis podem usar a extensão .bin, ou sequer possuíem extensão, pois o Linux gerencia de modo diferente do Windows seus Executáveis. Vale observar que arquivos.COM e .BAT do Windows também são executáveis e muito explorados por malwares.

231. (2015 -TRE/GO - Técnico Judiciário) No Linux, quando há mais de um administrador na rede, eles devem, sempre que possível, utilizar a conta *root* diretamente. Esse procedimento permite que os administradores tenham os privilégios mais elevados, sem restrição, para acessar o sistema e para executar aplicativos.

GABARITO: ERRADO.

Como medida de segurança, não é recomendado usar o usuário root. Contudo, é possível atribuir os papeis de super admin a mais de um usuário.

232. (2012 - ANATEL - Técnico Administrativo) No Linux o comando diff é usado para comparar arquivos de texto.

GABARITO: CERTO.

O comando diff mostra as diferenças entre dois arquivos de texto ou do conteúdo de dois diretórios.

233. (2012 - ANATEL - Técnico Administrativo) No Linux, o diretório /bin contém programas do sistema que são utilizados pelos usuários, não sendo necessário, para que esses programas sejam executados, que eles possuam a extensão .exe.

GABARITO: CERTO

Os executáveis no Linux são diferentes dos usados no Windows. É por isso que vírus que atacam o Windows raramente funcionam (causam algum prejuízo) no Linux. No diretório /bin, também ficam os comandos básicos utilizados no terminal como cp, ls, pwd, dentre outros.

234. (2011- CBM/DF - Bombeiro) Em algumas das distribuições do Linux disponíveis na Internet, pode-se iniciar o ambiente gráfico por meio do comando **startx.**

GABARITO: CERTO.

O Linux possui o modo texto e o modo gráfico. No modo gráfico, o Servidor X é a estrutura base para que GUIs (Interfaces Gráficas do Usuário) possam ser utilizadas. O usuário pode ainda alternar entre o ambiente gráfico e de texto, por meio dos atalhos Atl + F1 e Alt + F7.

235. (2014 - TJ/SE - Todos os Cargos) No Linux, ambientes gráficos são executados por meio de um servidor, geralmente Xwindows ou X11, o qual fornece os elementos necessários para uma interface gráfica de usuário.

GABARITO: ERRADO.

Esta questão está errada, porém, o gabarito oficial foi mantido considerando-a certa. O erro da questão está em usar o nome no plural (XWindows), pois leva quem tem mais conhecimento a errar a resposta, uma vez que o nome certo é XWindow.

Já no que diz respeito à estrutura do servidor X, como base para a execução dos ambientes gráficos do Linux (Gnome, KDE, XFCE, FluxBox, Black Box, Cinnamon e Mate) o item está correto.

---

236. **(2014 – ICMBIO – Todos os Cargos)** Constitui desvantagem do Linux o fato de sua instalação ser aceita apenas em arquiteturas de hardware consideradas incomuns

GABARITO: ERRADO.

O Linux, assim como o Windows, é desenvolvido para hardwares genéricos, ou seja, independente do fabricante ou modelo de placa mãe, processador, HD, entre outros. Já o Mac Os é um pouco mais restrito. Ele é criado para operar em alguns modelos apenas. Dessa forma, ele consegue explorar o máximo do equipamento otimizando seu uso.

---

237. **(2014 – MEC – Contador)** Em um computador com o sistema operacional Linux, é possível criar várias contas de usuários e armazenar os dados de configuração referentes a essas contas em um único diretório — /home/users.

GABARITO: ERRADO.

Cada usuário terá uma pasta distinta, dentro do diretório /home, ficando com a seguinte estrutura: /home/usuario1, /home/usuario2 e, assim por diante. A pasta do usuário é criada automaticamente, ao criar a conta de usuário.

---

238. **(2014 – FUB – Todos os Cargos)** No ambiente Linux, os comandos executados por um usuário são interpretados pelo programa *shell*.

GABARITO: CERTO.

Shell ou Shell Script, também conhecido como terminal Linux, é a interface de linhas de comandos do Linux.

---

239. **(2014 – FUB – Todos os Cargos)** Os programas e aplicativos do Linux são os mesmos nas diversas distribuições existentes, o que o caracteriza como um sistema operacional de fácil utilização.

GABARITO: ERRADO.

Existem várias diferenças relevantes, a começar pela execução de pacotes. Existem distribuições baseadas em .deb; outras em .rpm; umas usam o instalador YUM; outras o APT-GET. De acordo com a interface gráfica, também há diferença, e talvez a mais perceptível pelo usuário leigo: os aplicativos desenvolvidos para a interface KDE têm a letra K na inicial do nome, como a Kcal e o Kedit. Já o Gnome usa programas diferentes, como Gedit e simplesmente calc (calculadora).

---

240. (2014 – CADE – Todos os Cargos) No ambiente Linux, um pacote é definido como um arquivo que contém os arquivos binários necessários para a instalação de um aplicativo.

GABARITO: CERTO.

No Linux, usa-se a referência aos executáveis como arquivos binários, às vezes até com extensão .bin.

241. (2014 – CADE – Todos os Cargos) Quando executado no console do Linux, o comando **vi** possibilita alterar o modo de acesso, ou seja, as permissões de um arquivo ou diretório.

GABARITO: ERRADO.

Para alterar as permissões de um arquivo, ou seja, quem pode alterá-lo, usa-se o comando chown (de *change owner*) e o comando chmod para os níveis de acesso. Já o vi é um editor de texto simples que "roda" no próprio terminal Shell.

242. (2014 – Polícia Federal - Administrador) Por ser o Linux o *kernel*, ou seja, o sistema operacional em si, para que ele funcione, será necessária a sua instalação em conjunto com outros aplicativos ou utilitários, especialmente em distribuições como Debian e Ubuntu.

GABARITO: CERTO.

As distribuições Linux são como personalizações do sistema. Na verdade, são estruturas de funcionamento completas para dar suporte aos aplicativos da compilação.

243. (2013 – TRT/17ª Região – Todos os Cargos) O sistema Linux pode ser inicializado no modo manual, sendo necessária, nessa situação, uma interferência do operador antes da execução completa dos *scripts* de inicialização do modo automático.

GABARITO: CERTO.

O modo manual é usado normalmente quando se deseja detectar alguma falha na inicialização. Assim, a cada comando executado para o boot, o sistema aguarda confirmação do usuário. A inicialização será mostrada passo a passo, com interface de texto.

244. (2013 – SEGESP/AL – Técnico Forense) Em ambiente Linux, o comando **mv** é utilizado para mover ou renomear um ou mais arquivos e diretórios, o que facilita a organização das informações.

GABARITO: CERTO.

O comando mv (todo em minúsculo, pois o Linux é Case sensitive) pode ser usado para renomear um arquivo ou pasta, além de movê-los. O comando rm remove, e o cp é usado para copiar.

FAÇA JÁ

Sistemas operacionais

Sistema Operacional (SO)

O Sistema Operacional é o ________________ do computador, responsável pelo controle do equipamento em si, gerenciando o uso dos dispositivos (memória, driver's), demais programas (processadores de texto, planilhas de cálculo) e outros periféricos, tais como impressoras e scanners, discos, entre outros.

Existem diversos tipos e versões de Sistemas Operacionais no mundo. Dentre eles, podemos citar, para conhecimento: ________________, **Linux, Unix, Netware, Windows 2000, Windows XP, MacOS, DOS,** entre outros.

Características

No momento em que ligamos o computador, a ____________ (Sistema Básico de Entrada e Saída) acorda. Logo que o Sistema Operacional é "requisitado" pela BIOS, ela deixa de funcionar (volta a dormir), e ele é carregado de onde estava gravado para a memória ____________.

Partes do Sistema Operacional

Núcleo: o núcleo do sistema Operacional é real o responsável pelo gerenciamento do hardware, conforme se observou. Ele é conhecido como ________________.

Interface: um SO composto somente de núcleo não é nada usual para leigos. Para facilitar a interação com o computador, foi criada uma Interface Gráfica para/de Usuário. Esta interface são as ________________ nas quais se visualizam os programas. Na maioria das vezes, as bancas de concurso apenas citam as Interfaces Gráficas de Usuário de forma abreviada **GUI** (*Graphic User Interface*).

Enquanto o Windows possui __________ __________ GUI, o Linux suporta várias GUIs. As principais são o

INF

________________ e ________________. Porém, existem diversas outras como: Xfce, BlackBox e fluxbox. Uma GUI pode ser encontrada também como sendo um ________ de ________.

Sistema Operacional Windows

Área de Trabalho

Também conhecida como ______________, é a base de uso do Windows 7. Isso porque, a partir dela, tem-se acesso aos recursos e ferramentas do Windows. Entretanto, não se deve confundir desktop com diretório Raiz.

A Área de Trabalho é composta de:

- ______________: pequenos elementos gráficos que representam documentos e/ou aplicações. O clique ou duplo clique no ícone inicia o objeto a que está relacionado.
- ______________: a barra de tarefas pode ser subdividida em:
  - Programas fixados na barra de tarefas: neste espaço, podem ser inseridos ícones dos programas. Criada principalmente para aqueles aplicativos que são utilizados com frequência, para tirar proveito da característica da barra de tarefas em ficar sobre as demais janelas. Com o AERO ativo, exibe o efeito de miniatura das janelas abertas no programa em que o mouse estiver sobre. Inclusive, nestas miniaturas, é possível assistir a um filme que esteja "rodando".
  - Botão mostrar/ocultar ________________: este botão minimiza todas as janelas não minimizadas da janela quando acionado. Acionando-o novamente, ele irá restaurar as janelas anteriormente minimizadas em decorrer de seu acionamento. A combinação ________________ também pode ser utilizada para acionar essa opção.

Obs.: No Windows 7, este botão passou a ser um retângulo, no canto inferior direito da barra de tarefas, ao lado do relógio e da data 

. Este botão realiza a mesma operação que

realizava antes, quando estão ativos os recursos de transparência do AERO. Ao posicionar o cursor do mouse sobre ele, tem-se um efeito do ________________, o **AERO PEEK**, que mostra apenas as bordas das janelas abertas e a janela de forma transparente, com a finalidade de visualizar a área de trabalho.

- Área de notificação: este é o espaço que o sistema operacional utiliza para notificar o usuário de novas conexões de hardware, impressões em processo, atualizações, falhas de segurança, conexões de rede entre outras notificações. Ela é a Área onde fica o relógio e, no caso do Windows 7, a data também.
- ________________: opção "Inicial" do Windows, através da qual podemos acessar todos os programas instalados no computador e alguns locais e pastas;
- Gadgets: são ________________________ que, no Vista, ficam localizados, obrigatoriamente, na Barra Lateral. Já no Windows 7, os *gadgets* ganharam liberdade e são associados à área de trabalho de forma livre, podendo ficar em qualquer posição.

I N F

Acessórios do Windows 7

Os acessórios estão disponíveis no menu Iniciar pela opção ________________________________. Dentre eles, temos:

- Bloco de Notas;
- Calculadora;
- Executar;
- Ferramenta de Captura;
- Notas autoadesivas;
- Painel de entrada de expressões matemáticas;
- Paint;
- Prompt de Comando;
- Windows Explorer;
- WordPad.

Estrutura de Diretórios

Uma estrutura de diretórios é como o Sistema Operacional organiza os arquivos, separando-os de acordo com sua finalidade.

O termo diretório é um sinônimo para ______________,
que se diferencia apenas por ser utilizado, em geral, quando se cita alguma pasta **Raiz** de um dispositivo de armazenamento ou partição.

Quando citamos o termo Raiz, estamos fazendo uma alusão a uma estrutura que se parece com uma ______________
que parte de uma raiz e cria vários galhos, que são as pastas, de modo que as folhas dessa árvore são os arquivos.

Dessa maneira, observamos que o **diretório Raiz do Windows** é o diretório ______________, enquanto que o **diretório Raiz do Linux** é o ______________.

Podemos ser questionados com relação à equivalência dos diretórios do Windows em relação ao Linux.

Principais Diretórios Windows

C:\windows	Armazena os arquivos do ______________________________.
C:\Arquivos de Programas	Armazena os arquivos dos ______________ instalados no Computador.
C:\Usuários	Armazena as configurações, arquivos e pastas de cada usuário do sistema.

Nomenclatura de Arquivos e Pastas

Ao definir um nome para um arquivo ou pasta, é possível perceber que alguns caracteres não podem ser utilizados.

São eles: ______________.

Mas além dos caracteres, o tamanho do nome do arquivo e pasta é restrito a, no máximo, 260 caracteres. Cuidado: o nome de um arquivo ou pasta não é apenas a identificação direta que atribuímos a eles, mas, sim, o caminho completo desde o
______________________, até a extensão do arquivo.

C:\Pasta\Pasta\Arquivo.extensão

Ferramentas de Sistema

Limpeza de Disco

A limpeza de disco apaga os arquivos ________________, como, por exemplo, arquivos da lixeira, da pasta temporários da internet e, no caso do Windows Vista e do Windows 7, as miniaturas.

Desfragmentador

É responsabilidade do Desfragmentador ____________ ________________ os dados dentro do HD, de forma ________________ para que o acesso às informações em disco seja realizado mais rapidamente.

Restauração de Sistema

Restauração do Sistema retorna o sistema ____________ ____________________________. Esse processo restaura somente ________________, ou seja, os arquivos criados entre um ponto de restauração e outro não são afetados. Um ponto de restauração é criado pelo sistema antes de instalar um novo programa, mas também pode ser criado manualmente pelo ________________.

ScanDisk

O ScankDisk é o responsável por verificar o HD em busca de ________________. Às vezes, ele consegue corrigi-las.

Backup

Um backup consiste em uma ____________________ dos **Arquivos**, que deve ser feita ________________, preferencialmente em uma unidade de armazenamento ________________ do computador.

Apesar do nome **cópia de segurança**, um backup não impede que os dados sejam acessados por outros usuários. Ele é apenas uma salvaguarda dos dados para amenizar os ________________ de uma perda.

I N F

Completo/Normal

Também chamado de Backup Total, é aquele em que ______________ são salvos em uma única cópia de segurança. É indicado para ser feito com menor frequência, pois é o mais demorado para ser processado, como também para ser recuperado. Contudo, localizar um arquivo fica mais fácil, pois se tem apenas uma cópia dos dados.

Diferencial

Este procedimento de backup grava os dados alterados desde o último backup ______________. Assim, no próximo backup diferencial, somente são salvos os dados modificados desde o último backup ______________. No entanto, esse backup é mais lento de ser processado do que o backup incremental. Todavia, é mais rápido de ser restaurado do que o incremental, pois é necessário apenas restaurar o último backup ______________ e o último backup ______________.

Incremental

Neste tipo de backup, são salvos apenas os dados que foram alterados ______________ realizada. Este procedimento é mais rápido de ser processado. Contudo, leva mais tempo para ser restaurado, pois envolve restaurar todos os backups anteriores. Os arquivos gerados são menores do que os gerados pelo backup diferencial.

Backup Diário

Um backup diário copia todos os arquivos selecionados que foram modificados no dia de execução do backup diário. Os arquivos ______________ como arquivos que passaram por backup (o atributo de arquivo não é desmarcado).

Backup de Cópia

Um backup de cópia copia todos os arquivos selecionados, mas não os marca como arquivos que passaram por backup (ou seja, o atributo de arquivo não é desmarcado). A cópia é útil caso se deseje realizar o backup de arquivos entre os backups normal e incremental, pois ela ______________________ outras operações de backup.

Linux

O Sistema Operacional Linux é ____________________, ou seja, difere os caracteres maiúsculos e minúsculos, enquanto que o Windows não os diferencia. Assim, no Linux, é possível criar uma pasta com o nome EXEMPLO e outra com o nome Exemplo, pois para o Linux são duas pastas distintas. Já no Windows, isso não é possível.

Distribuição Linux

Quando se fala em uma distribuição Linux, na verdade se está falando de um sistema que utiliza o _________________, com variações na interface e nos modos de operação. Se atualmente existem diversas distribuições Linux, mais de 200 oficiais, isso se dá graças às _______________ liberdades de software garantidas pela licença de software Livre.

Uma distribuição livre é uma personalização feita a partir de outra distribuição que, ao atingir maturidade, é consolidada como uma distribuição.

Terminal

O terminal é uma interface ______________________, também conhecido como um interpretador de comandos, presente no ______________________________. Proporciona uma maior robustez e segurança na manipulação dos comandos por utilizar os mesmos comandos na maioria das distribuições Linux.

Um exemplo de terminal citado nas provas de concursos é o __________________. O terminal Linux possui uma interface similar à interface do Dos.

INF

Principais Comandos

Comando	Ação
ls	________________ o conteúdo do diretório atual (equivalente ao comando **dir** do Dos).
cd	________________ entre os diretórios.
chmod	Permite mudar a ________________ de Arquivos e Pastas (os níveis de permissão não são cobrados).
cp	________________ arquivos ou pastas.
mkir	________________ arquivos/diretórios.
mv	________________ arquivos e pastas.
rm	________________ arquivos e pastas.

Sistema de Diretórios Linux

- / = Diretório ________________ do Linux equivalente ao c:\ do Windows.
- **/home** = Armazena diretórios e arquivos de trabalho dos ________________ comuns do sistema equivalente à pasta *Document and Settings* do Windows.
- **/bin** = Contém aplicativos e utilitários do ________________, como os comandos básicos do sistema su, tar, cat, rm, pwd.
- **/sbin**= Contém ferramentas de configuração e de manutenção do sistema. Alguns aplicativos acessíveis apenas ao ________________ são instalados neste diretório.
- **/lib** = Contém as ________________s compartilhadas e os módulos do kernel.
- **/dev** = Contém os ________________ dos dispositivos instalados no sistema.
- **/etc** = Contém todos os arquivos de ________________ do sistema equivale aos registros do Windows (Reg).

CAPÍTULO 3

Editores de Planilhas

Editores de Apresentação

Editores de Planilhas

245. (2014 - CEF - Médico do Trabalho)) No Excel, ao se selecionar uma célula que contém um valor numérico e, em seguida, clicar o botão **Estilo de Porcentagem**, o valor será multiplicado por 100 e o símbolo % será colocado ao lado do valor resultante.

GABARITO: CERTO.

Se a célula já possuir o valor, está correto. Mas se a ação for feita antes de inserir o valor na célula, o valor não é multiplicado por 100. Logo, a ordem em que as operações são realizadas afeta no resultado final.

246. (2015 – TRE/GO – Técnico Judiciário) No Microsoft Excel 2013, as fórmulas sempre começam com o sinal =.

GABARITO: CERTO.

Vale acrescentar que é possível iniciar com os caracteres +, - ou @, que o programa irá entender a intenção de cálculo do conteúdo que seguir o caractere. Mas, mesmo que o usuário utilize algum dos caracteres citados, o programa irá apresentar o sinal de igual como forma padrão.

247. (2015 – TRE/GO – Técnico Judiciário) No Excel 2013, a ferramenta Tabela Dinâmica permite converter dados em gráficos ou minigráficos dinâmicos com formatação condicional a partir dos dados selecionados.

GABARITO: ERRADO.

A manipulação de tabelas dinâmicas é um recurso avançado dos editores de planilha. Elas permitem o cruzamento de dados e sua filtragem, resumindo os dados aos que interessam. Como ocorre com todo dado de uma planilha, é possível gerar um gráfico a partir deles. Já a formatação condicional possui outra finalidade: formatar as células que atendam às condições estipuladas por regras como: igualdade, maior que ou menor que, entre outras.

A questão foi anulada na prova, por cobrar conteúdo além do previsto pelo edital.

248. (2015 - TRE/GO – Técnico Judiciário) No BrOffice Calc 3, a opção Atingir Metas do menu Ferramentas permite formatar de maneira condicional a cor de uma célula (fundo e fontes), ao se atingir determinado valor ou meta.

GABARITO: ERRADO.

Para formatar as células, dada uma condição, deve-se usar a formatação condicional. O recurso Atingir Meta permite encontrar o valor de X em expressões como 3X+10=100.

249. (2015 - TRE/GO – Analista Judiciário) No Excel, o comando Atingir Metas, que utiliza um método interativo para definir o valor que atenda a determinada situação proposta, pode ser utilizado para problemas de mais de uma variável.

GABARITO: ERRADO.

A Ferramenta Atingir Meta permite encontrar o valor de apenas uma variável por expressão.

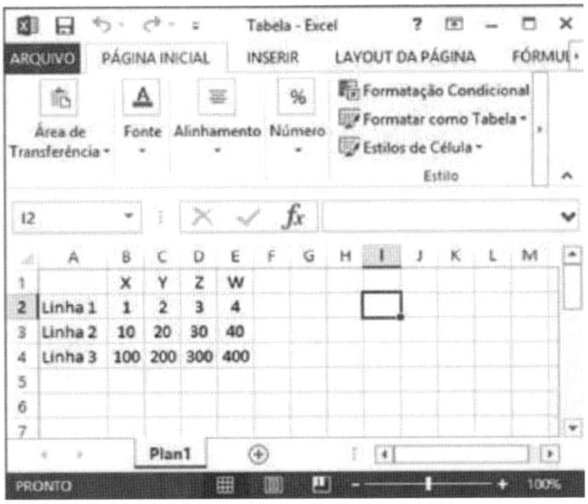

Considere a planilha acima para resolver os itens 250 e 251:

250. (2014 – ANTAQ – Todos os Cargos) Para se selecionar as células de B1 a E1, é suficiente realizar a seguinte sequência de ações: clicar a célula B1, pressionar e manter pressionada a tecla SHIFT, clicar a célula E1.

GABARITO: CERTO.

A tecla SHIFT pode ser usada em conjunto com o mouse para a seleção contínua de dados, também chamada de seleção em blocos. Já a tecla CTRL é usada para seleção aleatória.

251. (2014 – ANTAQ – Todos os Cargos). A figura abaixo mostra uma janela do Excel 2013 em um computador com o Sistema Operacional Windows 8. A respeito dessa figura e do Excel.

Se o usuário clicar a célula F2, digitar =$B2+D$3 e, em seguida teclar **ENTER**, o conteúdo da célula F2 será 31, a soma dos conteúdos das células B2 e D3. Se, em seguida, o usuário clicar a célula F2; pressionar e manter pressionada a tecla **CTRL**; teclar a tecla **C**, liberando em seguida a tecla **CTRL**; clicar a célula G3; pressionar e manter pressionada a tecla **CTRL**; teclar a tecla **V**, liberando em seguida a tecla **CTRL**, a célula G3 passará a conter o número 50, soma dos conteúdos das células B3 e E3.

GABARITO: CERTO.

O deslocamento de F2 para G3 é de uma coluna e uma linha. Porém, a fórmula em F2 possui $. Assim, os valores ao lado direito do sinal não podem ser alterados. Desse modo, a fórmula presente em G3 será =$B3+E$3.

252. (2014 – ANATEL – Analista Administrativo) No Excel 2010, a média geométrica dos valores contidos nas células A1, B1, C1, D1 e E1 pode ser obtida pela fórmula seguinte: =MÉDIA(A1:C1;D1;E1).

GABARITO: ERRADO.

A função MÉDIA calcula a média aritmética dos valores. Para calcular a média geométrica, deve-se usar a função =MÉDIA.GEOMÉTRICA( ), lembrando que ainda existem as funções MÉDIA.HARMÔNICA( ) e MÉDIA.INTERNA( ).

253. **(2012 – Polícia Federal – Agente de Polícia)** Um usuário que deseja que todos os valores contidos nas células de B2 até B16 de uma planilha Excel sejam automaticamente formatados para o tipo número e o formato moeda (R$) pode fazê-lo mediante a seguinte sequência de ações: selecionar as células desejadas; clicar, na Aba Página Inicial do Excel, a opção Formato de Número de Contabilização; e, por fim, selecionar a unidade monetária desejada.

GABARITO: CERTO.

O formato Contábil difere do formato Moeda no alinhamento do R$. Este sinal, no formato moeda, fica junto ao valor, enquanto que o contábil mantém o R$ alinhado à esquerda e o valor à direita. A unidade monetária a que se refere a questão é uma dentre: R$ (real), $ (dólar) ou € (euro).

---

254. **(2012 – Polícia Federal – Agente de Polícia)** Em uma planilha Excel, para somar os valores contidos nas células de B2 até B16 e colocar o resultado na célula B17, é suficiente que o usuário digite, na célula B17, a fórmula =SOMA(B2:B16) e tecle "ENTER".

GABARITO: CERTO.

Uma vez usada a palavra *suficiente*, a questão deverá descrever todos os detalhes para realizar o procedimento. O uso de : na função indica um intervalo, ou seja, será realizada a soma de B2 Até B16, inclusive.

---

255. **(2011 – PC/ES – Todos os Cargos)** Em uma planilha eletrônica, preenchendo-se qualquer valor numérico nas células B3 e B4, o resultado da fórmula =SE(B3>SOMA(B3:B4), OK, NC) será sempre NC.

GABARITO: ERRADO.

O primeiro passo, antes de avaliar a própria lógica da função, é observar se ela está sintaticamente correta. Desse modo, poupamos trabalho em questões como essa, que já está errada por não usar as aspas duplas para apresentar os textos OK e NC. Além disso, se o valor de B4 for negativo e B3 positivo, a soma de B3 com B4 será menor que o próprio B3.

---

256. **(2011 – TJ/ES – Todos os Cargos)** Em uma planilha em edição no Calc, se houver um número em uma célula e se, a partir dessa célula, a alça de preenchimento for levada para as células adjacentes, será replicado o valor na sequencia de células sinalizadas.

GABARITO: ERRADO.

Quem repete os valores é o Excel. O Calc cria uma lista que incrementa um a cada célula. Assim, se a célula selecionada possuir o número 5, ao arrastar para baixo ou para a direita, o valor da próxima célula seria 6, depois 7 e, assim por diante. Outro fator importante que deve ser levado em consideração, sobre a alça de preenchimento, é que ela só pode ser usada na horizontal ou na vertical, jamais na diagonal.

Considerando a figura, que ilustra um arquivo em edição no Microsoft Excel 2010, as questões 257, 258, 259 e 260.

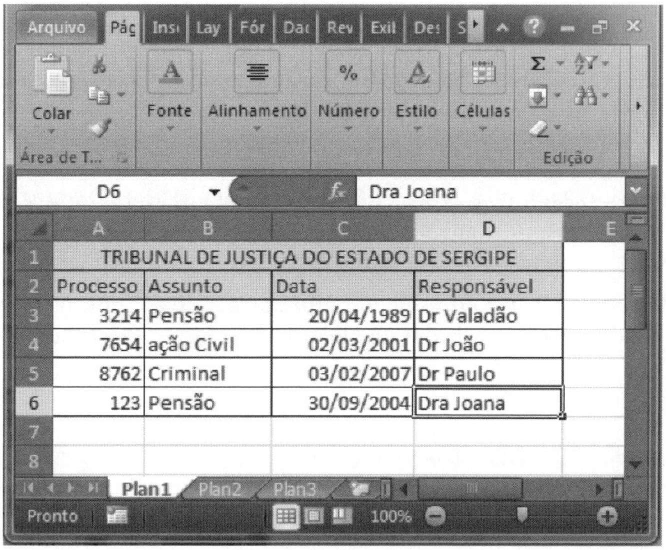

257. (2014 – TJ/SE – Técnico Judiciário) Caso a referida planilha seja copiada para o Word, será necessário reformatar suas bordas e o formato de data.

GABARITO: ERRADO.

Com relação ao formato do conteúdo das células, a suíte de aplicativos do Microsoft Office é integrada. Já no que diz respeito às margens das células, em alguns casos, o usuário precisará reformatar no Word.

258. (2014 – TJ/SE – Técnico Judiciário) Após ter sido salvo no ambiente Windows, na pasta Arquivos de Programas, o arquivo não poderá ser editado no ambiente Linux.

GABARITO: ERRADO.

Um fato a se considerar é o programa em uso; outro fato é o sistema operacional usado como base para o programa. É claro que o sistema é fator decisivo no uso do programa, mas cada programa possui os próprios formatos de arquivo, independentemente do sistema operacional. Nesse caso, é plenamente possível abrir o arquivo XLSX do Excel 2010 no BrOffice Calc, presente no Linux, pois há compatibilidade entre os editores de planilha.

259. (2014 – TJ/SE – Técnico Judiciário) O Excel 2010 possui uma função que permite enviar por e-mail uma cópia do arquivo no formato pdf.

GABARITO: CERTO.

Cuidado: a palavra *função* foi usada no aspecto de *opção*, não no sentido de *fórmula*. Por meio das opções presentes no menu Arquivo --> Salvar e Enviar, o usuário pode utilizar uma das opções disponíveis para enviar o arquivo como anexo de um e-mail, seja no formato PDF ou no formato padrão do programa.

260. (2014 – TJ/SE – Técnico Judiciário) Uma vez salvo no formato pdf, o arquivo poderá ser visualizado utilizando-se o navegador Internet Explorer.

GABARITO: CERTO.

Esta colocação é "delicada", pois faz entender que o navegador é o programa adequado para a finalidade, quando, na verdade, não é. Contudo, os navegadores conseguem abrir arquivos no formato PDF graças aos plug-ins do Adobe Reader.

261. (2014 – ICMBIO – Todos os Cargos) No BrOffice Calc, é possível fazer a cópia de uma planilha para uso tanto no mesmo arquivo quanto em outro arquivo do Calc.

GABARITO: CERTO.

Além de copiar o conteúdo selecionado da planilha, é possível duplicar a planilha, usando-se das opções exibidas ao clicar com o botão direito do mouse sobre a guia da planilha.

262. (2014 – Câmara dos Deputados – Técnico Legislativo) Ferramenta essencial para a realização de cálculos simples ou avançados, a calculadora do Windows é acionada por meio de opção do menu da ferramenta Excel, que oferece opção de cálculos em planilhas.

GABARITO: ERRADO.

Primeiramente, o Excel não possui mais o menu ferramentas. Em segundo lugar, não há opção no Excel para abrir a calculadora do Windows.

263. (2014 – MTE – Contador) No Microsoft Excel 2013, ao se clicar o botão *Análise Rápida*, as funcionalidades disponibilizadas permitem criar diferentes tipos de gráficos, incluindo gráficos de linhas e colunas, ou, ainda, adicionar gráficos de miniatura.

GABARITO: CERTO.

Ao selecionar o conjunto de dados da planilha, irá aparecer no canto inferior direito o ícone do botão Análise Rápida  **. Tal funcionalidade torna muito mais produtiva a manipulação de planilhas e a visualização das informações em outros formatos. Os minigráficos também são chamados de gráficos Sparkline.**

Considerando a tabela elaborada no Excel, julgue as questões 264, 265, 266, 267.

	A	B	C	D	E
1	Material	Unidade	Valor unitário	Quantidade	Valor total
2	Cimento	Saco	R$ 20,00	20,00	R$ 400,00
3	Areia	m^3	R$ 80,00	10,00	R$ 800,00
4	Brita	m^3	R$ 70,00	10,00	R$ 700,00
5	Azulejo	m^2	R$ 25,00	40,00	R$ 1.000,00

264. (2014 – FUB – Engenharia Civil) Para se digitar m^3, conforme consta nas unidades de medida de areia e brita, basta que se digitem nas respectivas células, simultaneamente, as teclas <M> <Ctrl> <Alt> <3>.

GABARITO: CERTO.

A combinação CTRL + ALT equivale a pressionar a tecla Alt Gr (Alt à direita da barra de espaço). Tal opção pode ser usada de 1 a 3.

265. **(2014 – FUB – Engenharia Civil)** Para se calcular o valor constante na célula E2, basta digitar nela o comando =C2*D2 e teclar ENTER.

GABARITO: CERTO.

Ao operar valores de células com formatos como percentual, moeda, contábil e número, o formato é mantido para o resultado. Tal operação também pode ser calculada pela função =MULT(C2;D2).

266. **(2014 – FUB – Engenharia Civil)** Se os valores na coluna E foram calculados por meio de uma fórmula, então, ao se copiar a tabela anterior e colá-la em um arquivo aberto do Word, mantendo-se a formatação original, as fórmulas também serão copiadas.

GABARITO: ERRADO.

A princípio, ao simplesmente colar a tabela, serão colados apenas os valores, pois as tabelas trabalham com fórmulas diferentes das planilhas.

267. **(2014 – FUB – Engenharia Civil)** Ao se copiar a tabela anterior e colá-la como imagem em um arquivo aberto do Word, os valores nas colunas podem ser alterados por outros valores.

GABARITO: ERRADO.

Uma vez que seja gerada uma imagem da planilha, a imagem não poderá ser editada como uma tabela ou mesmo planilha. Tal opção também está disponível para a colagem de gráficos.

268. **(2014 – FUB – Todos os Cargos)** Por meio do recurso Preenchimento Relâmpago do Excel, é possível identificar um padrão utilizado no preenchimento de algumas células e preencher as demais células com base nesse padrão.

GABARITO: CERTO.

O preenchimento relâmpago é uma das novidades do Excel 2013, em termos de reconhecimento de expressões regulares. Ela possui várias aplicabilidades. Dentre as que se destacam, estão a composição e a decomposição de valores contidos em células de uma coluna, em outra coluna rapidamente.

269. **(2014 – Polícia Federal – Engenheiro Civil)** No Excel, o comando Classificar de A a Z aplicado a determinada linha de uma planilha ordena os conteúdos das células dessa linha em ordem alfabética da esquerda para a direita.

GABARITO: ERRADO.

A opção citada pela questão classifica apenas as colunas. Para classificar as linhas, deve-se usar o comando presente na janela classificar e filtrar, personalizando as opção, de acordo com o necessário.

270. (2014 – Polícia Federal - Agente Administrativo) No Excel 2010, por meio do comando =AGREGAR(C5:C10) é possível determinar a quantidade de células, de C5 a C10, que possuem conteúdos numéricos.

GABARITO: ERRADO.

A função que retorna o número de células cujo conteúdo é numérico é =CONT.NÚM( ). A função AGREGAR existe a partir do Excel 2010. Ela permite usar funções que apresentariam erro por falta de parâmetros, como MÍNIMO, MÁXIMO, PERCETIL, MAIOR, MENOR e DESVPAD.

---

271. (2014 – Polícia Federal - Agente Administrativo) No Microsoft Excel, a opção Congelar Painéis permite que determinadas células, linhas ou colunas sejam protegidas, o que impossibilita alterações em seus conteúdos.

GABARITO: ERRADO.

A opção Congelar Painéis não bloqueia a alteração do conteúdo das células. Ela apenas fixa linhas e/ou colunas de uma planilha para que fiquem sempre visíveis, mesmo quando a barra de rolagem é usada. A intenção dessa ferramenta é deixar os títulos das linhas e colunas aparentes, mesmo quando o usuário observar o meio da planilha.

Considerando a figura, que mostra uma janela do Excel 2010 com uma planilha em processo de edição, julgue as questões 272 e 273.

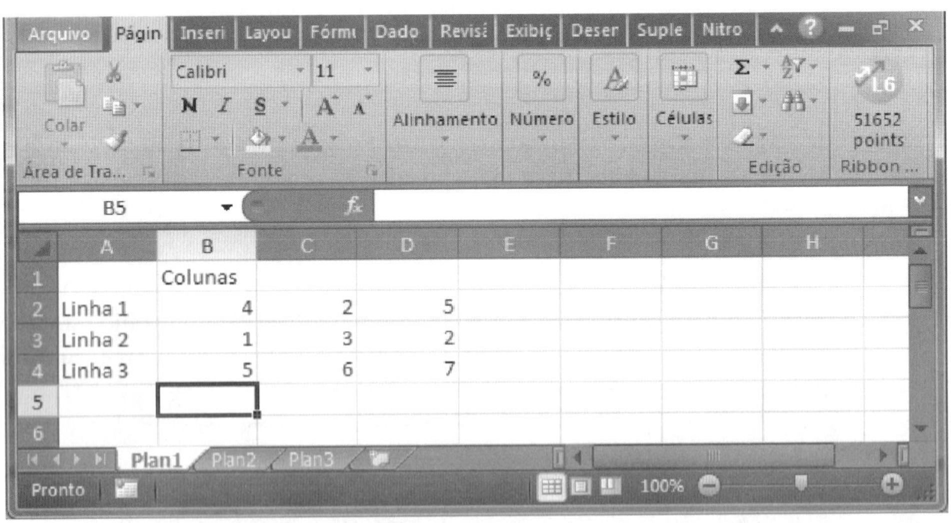

272. (2013 – SEE/AL – Secretário Escolar) A seguinte sequência de ações fará aparecer o número 7 na célula E2 e o número 8 na célula F3: clicar a célula E2; digitar a fórmula =B$2+$C3 e, em seguida, teclar ENTER; clicar novamente a célula E2 e copiar seu conteúdo por meio das teclas de atalho CTRL + C clicar a célula F3 e, em seguida, colar nessa célula o conteúdo da área de transferência por meio das teclas de atalho CTRL + V.

GABARITO: CERTO.

Primeiramente, é necessário marcar os cifrões e o que está à sua direita, na fórmula =B$2+$C3, pois estas informações não podem ser alteradas. Na sequência, deve-se calcular o deslocamento de E2 para F3, ou seja, uma linha e uma coluna a mais. Por fim, é preciso aplicar o deslocamento encontrado na fórmula, a fim de descobrir a fórmula presente em F3. Portanto, ficamos com =C$2+$C4, que resulta em 8.

273. **(2013 - SEE/AL - Secretário Escolar)** Para mesclar as células B1, C1 e D1 de modo que a célula resultante passe a ter o conteúdo da célula B1, centralizado na nova célula mesclada, é suficiente realizar a seguinte sequência de ações: clicar a célula B1; pressionar e manter pressionada a tecla SHIFT; clicar a célula D1, liberando então a tecla SHIFT; clicar o botão .

GABARITO: CERTO.

A questão está correta, pois a ferramenta acionada foi Mesclar e Centralizar. Se a ferramenta Mesclar Células fosse usada, ainda faltaria centralizar o conteúdo da célula.

A figura mostra uma planilha do Excel 2010, na qual constam notas de alunos de uma turma escolar. Considerando essa figura, os conceitos relativos ao ambiente Windows e os modos de utilização de aplicativos nesse ambiente, julgue as questões 274, 275, 276, 277.

274. **(2013 - SEE-AL - Todos os Cargos)** Considere que a nota da prova tenha peso três e que os trabalhos tenham peso um. Nessa situação, a fórmula correta para calcular a média de João é =(3*B2+C2)/4.

GABARITO: CERTO.

É comum encontrar questões de matemática embutidas em questões de informática, até mesmo quando o edital não prevê matemática. Por isso, é importante revisar rapidamente conteúdos de matemática do Ensino Médio. A fórmula, neste caso, é a usada para calcular a média ponderada, ou seja, está correta com os pesos citados, pois o peso 3 significa que a nota da prova equivale à nota de 3 provas.

275. **(2013 – SEE/AL – Todos os Cargos)** Para colocar os nomes dos alunos em ordem alfabética, é suficiente pressionar a ferramenta .

GABARITO: ERRADO.

Primeiramente, o erro se justifica porque o botão apresentado é o presente na aba página inicial. Assim, ao ser acionado, será exibida uma lista de opções, não sendo o suficiente clicar nele para obter o resultado sugerido. Outro fator é a seleção das células que envolve células mescladas e, portanto, depende da seleção manual.

276. **(2013 – SEE/AL – Todos os Cargos)** Considere que o usuário tenha salvado e fechado o arquivo correspondente à planilha indicada na figura. Nessa situação, é possível abrir esse arquivo por meio da opção documentos recentes, presente no menu Iniciar do Windows.

GABARITO: CERTO.

A questão aborda a possibilidade de visualizar os documentos recentes no botão Iniciar. No Windows XP, existe a opção específica Recentes. Já no Windows 7, os últimos documentos abertos em um programa são exibidos no botão Iniciar, quando o programa usado para abri-lo esteja visível.

277. **(2013 – SEE/AL – Todos os Cargos)** É possível automatizar a resposta relativa à aprovação do aluno João, quando sua média for maior que 5, utilizando-se da função lógica SE para compor a fórmula =SE(D2>5; "sim" ; "nao").

GABARITO: CERTO.

A função SE realiza uma tomada de decisão perante um teste lógico. Neste caso, o teste lógico é a comparação se a nota da média em D2 é maior que 5. Uma vez que a condição seja satisfeita, ou seja, que o valor presente em D2 seja maior que 5, o Excel irá executar a ação transcrita na segunda parte da função, entre os ; (ponto e vírgula), que apresenta o texto "sim". Do contrário, a resposta seria "não". As aspas são necessárias junto à função para descrever o texto. Contudo, não irão aparecer no resultado.

278. **(2013 – SEGESP/AL – Técnico Forense)** Tanto no Microsoft Excel quanto no BrOffice Calc, o uso da fórmula =média(A1;A20) resulta na média aritmética dos conteúdos numéricos de todas as células entre A1 e A20.

GABARITO: ERRADO.

O uso do operador de referência ; (ponto e vírgula) corresponde à leitura E, ou seja, a fórmula apresentada irá calcular a média de A1 E A20 apenas. A fórmula que calcula a média de A1 ATÉ A20 é =média(A1:A20).

A figura apresenta uma janela do Excel 2010 com parte de uma planilha que contém dados de times de um campeonato de futebol. Com relação a essa figura, julgue as questões 279, 280 e 281.

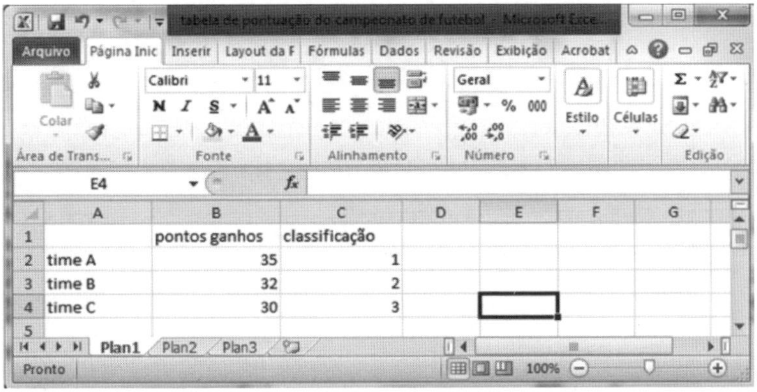

279. (2013 – SEGESP/AL – Papiloscopista) O botão  possui funcionalidades que podem ser utilizadas para excluir todos os elementos da célula ou remover seletivamente a formatação, o conteúdo ou os comentários.

GABARITO: CERTO.

Cuidado: no Word, há um botão similar junto ao bloco fonte para limpar apenas a formatação do texto. Já no caso apresentado, o nome do botão é Limpar. Ao ser clicado, exibe o conjunto de opções ilustradas a seguir:

280. (2013 – SEGESP/AL – Papiloscopista) Ao se clicar a célula B1 e, em seguida, o botão , será aplicado negrito ao conteúdo dessa célula. Se, em seguida, for clicado o botão  e a célula C1, será aplicado negrito também à célula C1.

GABARITO: CERTO.

O pincel de formatação copia a formatação predominante da célula selecionada. Ao clicar sobre outra célula na sequência, aplica/cola a formatação copiada.

281. (2013 – SEGESP/AL – Papiloscopista) Ao se selecionar as células B2, B3 e B4 e se clicar o botão , os conteúdos das células selecionadas serão reordenados em ordem decrescente.

GABARITO: ERRADO.

O botão apresentado é usado para aumentar o tamanho da fonte do texto/célula selecionado. Cuidado: muitos atalhos usados no Word não funcionam no Excel.

Com base na figura, que mostra uma janela do Excel 2010 em processo de edição, julgue as questões 282 e 283.

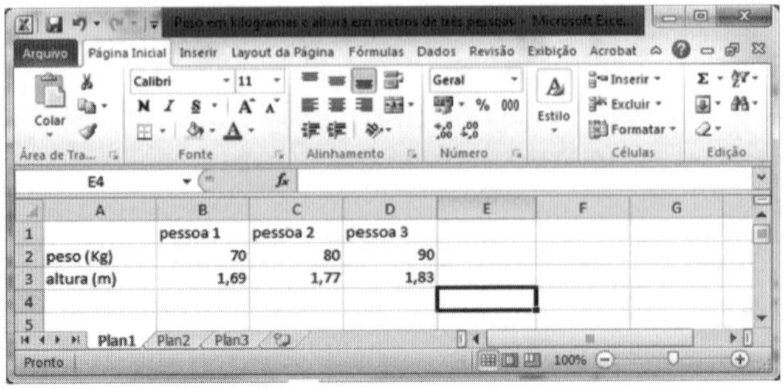

	A	B	C	D	E	F	G
1		pessoa 1	pessoa 2	pessoa 3			
2	peso (Kg)	70	80	90			
3	altura (m)	1,69	1,77	1,83			
4							

282. **(2013 – SEGESP/AL –Todos os Cargos)** Para se aplicar negrito aos conteúdos das células B2, C2 e D2, é suficiente clicar o centro da célula B2, pressionar e manter pressionada a tecla SHIFT, clicar o centro da célula D2, liberar a tecla SHIFT e clicar **N**.

GABARITO: CERTO.

A tecla SHIFT é usada em conjunto com o mouse para realizar a seleção contínua, enquanto que a tecla CTRL é usada para realizar a seleção aleatória.

283. **(2013 – SEGESP/AL –Todos os Cargos)** Ao se digitar, na célula E2, a expressão =B2+C2+D2/3 e, em seguida, pressionar a tecla ENTER, aparecerá na célula E2, o número 80.

GABARITO: ERRADO.

O resultado exibido será 180. Para que apareça 80, a fórmula deveria ser =(B2+-C2+D2)/3.

Com relação ao Microsoft Excel 2010 e à figura acima, que apresenta uma planilha em edição nesse software, julgue as questões 284, 285 e 286.

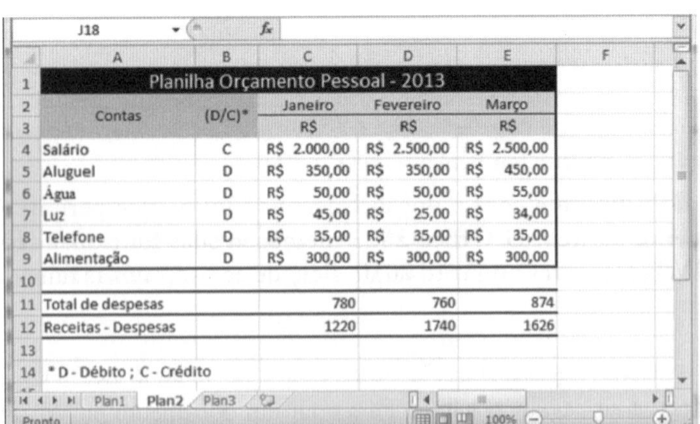

	A	B	C	D	E
1	Planilha Orçamento Pessoal - 2013				
2	Contas	(D/C)*	Janeiro	Fevereiro	Março
3			R$	R$	R$
4	Salário	C	R$ 2.000,00	R$ 2.500,00	R$ 2.500,00
5	Aluguel	D	R$ 350,00	R$ 350,00	R$ 450,00
6	Água	D	R$ 50,00	R$ 50,00	R$ 55,00
7	Luz	D	R$ 45,00	R$ 25,00	R$ 34,00
8	Telefone	D	R$ 35,00	R$ 35,00	R$ 35,00
9	Alimentação	D	R$ 300,00	R$ 300,00	R$ 300,00
10					
11	Total de despesas		780	760	874
12	Receitas - Despesas		1220	1740	1626
13					
14	* D - Débito ; C - Crédito				

284. **(2013 - FUB – Assistente em Administração)** A fórmula =SOMASE($B$4:$B$9;"D";C4:C9) pode ser utilizada para se inserir, na célula C11, o total das despesas do mês de janeiro.

GABARITO: CERTO.

Esta questão é bastante interpretativa, pois o candidato deve entender a planilha de tal modo que note, na coluna B, a identificação do que é despesa e do que é entrada. Já quanto ao uso da função, tal função é usada para somar os valores que atendem ao critério descrito entre os ; (ponto e vírgula). No caso, a função dada pode ser lida como: realizar a soma dos valores de C4 até C9 que na coluna B, de B4 até B9 tenham como conteúdo o texto "D".

285. **(2013 - FUB – Assistente em Administração)** Ao se selecionar as células **C2** e **D2** e, com o mouse, arrastar a alça de preenchimento até a célula **H2**, os meses de março a junho serão incluídos automaticamente nas células de **E2** a **H2**, respectivamente.

GABARITO: CERTO.

O resultado também poderia ser obtido selecionando apenas a célula D2, pois quando o conteúdo da célula for o nome de um mês do ano, seja completo ou apenas as três primeiras letras, ao arrastar pela alça de preenchimento, as células serão preenchidas com a sequência. O mesmo vale para os dias da semana.

I N F

286. **(2013 - FUB – Assistente em Administração)** O caractere D poderia ter sido inserido simultaneamente nas células de **B6** a **B9**, mediante o seguinte procedimento: selecionar as células de **B5** a **B9**, digitar o caractere **D** e, em seguida, pressionar a combinação de teclas **CTRL** e **ENTER.**

GABARITO: CERTO.

Tal característica é necessária, principalmente para manipular funções matriciais. O mesmo resultado seria obtido caso fosse inserido em B5 e a alça de preenchimento arrastada para as células abaixo.

Editores de Texto

287. **(2014 – Polícia Federal – Agente de Polícia)** No Word 2013, a partir de opção disponível no menu Inserir, é possível inserir em um documento uma imagem localizada no próprio computador ou em outros computadores a que o usuário esteja conectado, seja em rede local, seja na Web.

GABARITO: CERTO.

O Word 2013 conta com a opção Imagens Online que permite inserir imagens diretamente da web. O Office 2013 melhorou suas funcionalidades de interação com a Web, presentes no Word 2010, além de acrescer novas funcionalidades como a citada.

288. **(2014 – Polícia Federal – Agente de Polícia)** Para criar um documento no Word 2013 e enviá-lo para outras pessoas, o usuário deve clicar o menu Inserir e, na lista disponibilizada, selecionar a opção Iniciar Mala Direta.

GABARITO: ERRADO.

O primeiro erro está em afirmar que a opção mala direta encontra-se na aba Inserir, sendo que ela é localizada na aba Correspondências. Outro ponto é a vinculação da opção Mala Direta com o envio do documento para outro usuário, pois esta não é a finalidade da opção. Apesar dos erros citados, a questão faz relembrar a integração do Microsoft Office. Assim, é possível utilizar os recursos do Menu Arquivo para enviar o arquivo em edição por e-mail, de modo que o programa salva automaticamente o arquivo e o coloca como anexo da mensagem. Para tanto, o cliente de e-mail padrão é aberto.

289. **(2014 – Polícia Federal – Agente de Polícia)** No Word 2013, ao se selecionar uma palavra, clicar sobre ela com o botão direito do *mouse* e, na lista disponibilizada, selecionar a opção Definir, será mostrado, desde que estejam satisfeitas todas as configurações exigidas, um dicionário contendo significados da palavra selecionada.

GABARITO: CERTO.

O dicionário de significados foi incluído como novidade na versão 2013 do Microsoft Office. As condições exigidas que a questão cita são: o programa estar corretamente instalado, como estar conectado à Internet, uma vez que tal recurso realiza a pesquisa dos significados online.

290. **(2015 – TRE/GO – Analista Judiciário)** No BrOffice Writer 3, a opção Marcador do menu Inserir permite que o fundo de um texto seja pintado com cor diferenciada, de forma similar a um marcador de texto.

GABARITO: ERRADO.

Os marcadores ou indicadores do BrOffice Writer são pontos para serem apontados por *hiperlinks*, permitindo, assim, a navegação dentro do documento de texto.

291. **(2014 - TC/DF - Técnico em Administração Público)** Ao se selecionar texto de documento do Word com o uso do mouse, a combinação das teclas CTRL + X permite que esse texto seja copiado para a área de transferência, podendo ser colado em outro documento.

GABARITO: ERRADO.

Cuidado: CTRL + X recorta o texto selecionado, ou seja, move-o para a Área de Transferência, ao invés de copiar. Assim, o erro está em utilizar a expressão *copiar*.

292. **(2014 – TJ/CE – Técnico)** Assinale a opção correta a respeito do Microsoft Office 2013:

a) Uma forma otimizada de adicionar uma linha ou coluna em uma tabela no Word é posicionar o cursor no local onde se deseja inseri-la e aguardar alguns segundos; em seguida, aparecerá uma caixa de diálogo na qual o usuário deve informar a quantidade de linhas ou colunas a serem inseridas.

b) Por padrão, quando o Word é aberto, a primeira tela mostrada é uma página em branco, o que já acontecia nas versões anteriores desse editor de texto.

c) Um novo recurso do Word é o Modo de Leitura, disponível no menu Exibição, que permite ao usuário uma leitura mais agradável do documento, com a possibilidade, inclusive, de editá-lo.

d) A principal vantagem do Excel é que todas as pastas de trabalho criadas pertencem a uma única janela, o que facilita o gerenciamento do programa.

e) No PowerPoint, uma apresentação pode ser executada automaticamente com base no registro do tempo de exibição de cada eslaide definido a partir da opção Testar Intervalos, disponível no menu Apresentação de Slides.

GABARITO: E.

O Microsoft Office 2013 traz novidades no que diz respeito à inserção e à manipulação de tabelas. Contudo, o que é exibido é um botão com sinal de + para inserir uma linha ou coluna no local indicado. Não aparece uma janela de diálogo, como sugere a questão.

O Word 2013 abre inicialmente a opção para escolher que tipo de documento se deseja trabalhar. O modo Leitura existe desde várias versões atrás.

No Microsoft Office 2013, ao abrir um dos seus aplicativos, é aberta uma tela para que o usuário escolha se deseja criar um documento em branco ou a partir de algum modelo existente. Tal característica existia nas versões mais antigas (antes mesmo da versão 2003), e volta a ser usada como forma de chamar a atenção do usuário aos modelos existentes.

O modo Leitura não é uma novidade. Ele existe desde muitas versões anteriores do Word. Outro ponto a se observar é o fato de que, ao abrir um documento, ele pode ser aberto diretamente no modo de leitura, no qual a edição mostra-se desabilitada, cabendo ao usuário ativá-la.

Uma das novidades do Excel 2013 é o fato de as pastas de trabalho serem individualizadas por padrão, ou seja, cada uma em uma janela. Na versão 2010, tal possibilidade existia. Porém, se o usuário abrisse manualmente outra janela do programa, antes de abrir um arquivo.

293. **(2014 - CEF – Médico do Trabalho)** No Word, a inserção de cabeçalho ou rodapé em um documento faz com que todas as páginas do documento tenham os mesmos dados constantes nesses campos. Para que uma página possa receber outro tipo de cabeçalho, a configuração de seções diferentes deve ser feita anteriormente.

GABARITO: CERTO.

Tanto o cabeçalho e o rodapé como as configurações de páginas podem ser diferentes em um mesmo documento. Mas, em ambos os casos, é necessário inserir outras seções no documento em edição. É indicado inserir a seção antes, pois for alterado o conteúdo do cabeçalho antes, as demais páginas serão alteradas.

294. **(2014 – TC/DF – Todos os Cargos)** Com relação ao sistema operacional Windows 8.1 e ao editor de textos Microsoft Office 2013, julgue o item a seguir.

A ferramenta Pincel de Borda, disponível no Word, permite que o usuário, ao formatar uma tabela, escolha, por exemplo, a espessura, o estilo e as cores das bordas dessa tabela.

GABARITO: CERTO.

Tal ferramenta encontra-se na aba Design, exibida ao se trabalhar com tabelas. Essa ferramenta é similar ao Pincel de Formatação e ao Pincel de Animação. Vale lembrar que os pincéis não copiam conteúdo.

295. **(2014 – TC/DF – Todos os Cargos)** Por meio da ferramenta Tabelas Rápidas, disponibilizada no Word, o usuário pode criar ou personalizar teclas de atalho para a inserção instantânea de tabelas.

GABARITO: ERRADO.

As tabelas rápidas são layouts de tabelas prontas, como calendários, matrizes e tabelas com títulos em colunas e/ou linhas.

296. **(2015 – FUB – Contador)** Os programas do Office 2013 permitem classificar somente dados do tipo texto, em ordem alfabética, e do tipo número, de forma crescente ou decrescente.

GABARITO: ERRADO.

Também é possível classificar datas em tabelas do Word. Já em Planilhas, é possível classificar os diversos formatos de célula que o programa trabalha. Em uma planilha com conteúdo mesclado, são ordenadas, de modo crescente, células do tipo: Texto, Percentual, Fração, Hora, Número, Moeda, Contábil, Data, Científico, Lógico e Vazias.

297. **(2015 – FUB – Contador)** Caso o usuário, ao abrir um documento do Word 2013, altere o modo de exibição para Rascunho, objetos como cabeçalhos e rodapés, por exemplo, não serão mostrados e ele terá acesso somente ao texto do documento.

GABARITO: CERTO.

O modo Rascunho tem por objetivo uma visualização inicial de um documento, sem se preocupar com aspectos estruturais ou de formatação específica. Seu ponto auge é o texto pelo texto. Já o modo Layout de Impressão é o padrão para a edição de textos, pois exibe de modo mais fiel ao resultado final impresso.

298. **(2015 – TRE/GO – Técnico Judiciário)** Além de permitir a abertura de arquivos .doc e sua conversão para o formato .pdf, o Microsoft Word 2013 é compatível com arquivos em formato .odt (*OpenDocument Text*).

GABARITO: CERTO.

O Office 2013 consegue abrir e salvar arquivos nos formatos padrões da versão 2003, bem como do BrOffice. Quanto ao formato PDF, o Office 2013 realiza uma manobra para abrir os arquivos PDFs e possibilitar sua "edição", copiando o conteúdo do PDF para o programa. Ao salvar, sobrescreve o arquivo PDF "aberto". (A questão foi anulada na prova, pois o edital não previa Microsoft Office, mas apenas BrOffice).

299. **(2013 – Polícia Federal – Escrivão de Polícia)** Título, assunto, palavras-chave e comentários de um documento são metadados típicos presentes em um documento produzido por processadores de texto como o BrOffice e o Microsoft Office.

GABARITO: CERTO.

Metadados ou metafiles são características. São também intituladas de propriedades de um documento. Dentre as propriedades de um documento de texto, encontramos as citadas, como também a data de criação, a data de modificação, a data de Abertura, o Autor, a Empresa, dentre inúmeras outras.

---

300. **(2014 – ANTAQ - Técnico em Regulação de Serviços de Transportes Aquaviários)** Ao se aplicar um clique duplo em algum lugar da primeira linha de texto e clicar o botão ~~abc~~, toda essa linha será apagada.

GABARITO: ERRADO.

O botão ilustrado é o botão tachado. Ele aplica um risco à meia altura da linha do texto selecionado. Porém, não existe funcionalidade para o clique duplo sobre o botão. Como resultado, o texto selecionado fica exatamente como estava ao ser selecionado.

INF

---

301. **(2014 – ANTAQ - Técnico em Regulação de Serviços de Transportes Aquaviários)** Ao se aplicar um clique triplo em qualquer lugar de uma das linhas do texto, todo o parágrafo correspondente será selecionado. Se, em seguida, for clicado o botão S, todo o parágrafo será sublinhado; ao se clicar novamente o mesmo botão, o sublinhado será retirado.

GABARITO: CERTO.

O primeiro ponto a se observar, nessa questão, é a seleção do texto: um clique simples sobre uma palavra posiciona o Pipe (cursor intermitente de inserção de texto) na referida palavra; um clique duplo sobre uma palavra qualquer seleciona a palavra; já o clique triplo sobre uma palavra seleciona o parágrafo. Depois de identificada a seleção realizada, o uso do sublinhado se resume à sua ativação e desativação, logo na sequência.

---

302. **(2014 – ANATEL – Analista Administrativo)** Para converter um documento do Word 2010 em uma página da *web* de arquivo único, deve-se salvar o documento com a extensão *.htm* ou *.html*.

GABARITO: ERRADO.

Ao salvar nos formatos htm ou html, é gerado o arquivo nesse formato mais uma pasta contendo as imagens e outras informações. Desse modo, não é gerado um arquivo único. Para manipular um arquivo único, podemos usar o formato mhtm ou mhtml.

---

303. **(2014 – ANATEL – Analista Administrativo)** No menu Revisão do Microsoft Word 2010, a opção Contar Palavras informa a quantidade de palavras, de caracteres, de parágrafos, de linhas, como também o número de páginas no documento.

GABARITO: CERTO.

No Word, o uso da ferramenta Contar Palavras pode ser realizado selecionando previamente parte do texto para que as informações listadas na janela sejam sobre o trecho selecionado. Como o usuário pode não selecionar conteúdo, os valores serão relativos ao documento todo. O mesmo resultado é obtido se todo o documento for previamente selecionado.

A imagem a seguir ilustra a janela da ferramenta Contar Palavras.

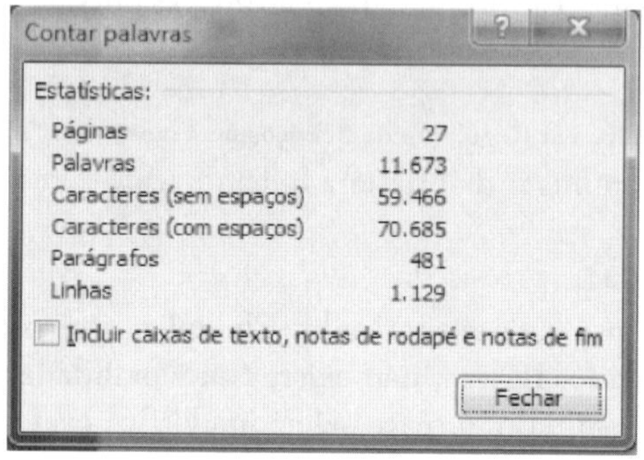

304. (**2013 – Polícia Federal – Escrivão de Polícia**) Para se editar um documento em formato PDF no Word 2013, é necessário que o documento seja composto exclusivamente de texto.

GABARITO: ERRADO.

O Word não edita PDF. Contudo, o Office 2013 possui uma funcionalidade que permite "abrir" arquivos PDF. Isso porque, na verdade, ele copia o conteúdo em PDF em um documento novo para ser editado e, ao salvar como, ele sobrepõe o arquivo PDF "aberto".

305. (**2014 – TC/DF – Todos os Cargos**) Para gerar um sumário de um documento do Word 2013, o usuário deve definir as entradas do índice por meio da utilização dos estilos disponíveis na Aba Página Inicial. (Adaptada)

GABARITO: CERTO.

Ao inserir um sumário (aba Referências -> Sumário) em um documento, ele irá listar os títulos e suas respectivas páginas de ocorrência. Todavia, para tanto, é necessário apontar para o programa o que é um título, pois ele não é capaz de deduzir.

306. (**2014 – TC/DF – Todos os Cargos**) Por meio da ferramenta Tabelas Rápidas, disponibilizada no Word, o usuário pode criar ou personalizar teclas de atalho para a inserção instantânea de tabelas.

GABARITO: ERRADO.

As tabelas rápidas consistem em um conjunto de estilos de formatação para tabelas. Alguns dos estilos destacam os títulos das linhas e/ou colunas, como também existem os estilos de calendário.

307. **(2014 – MEC – Todos os Cargos)** Ao se pressionar, simultaneamente, as teclas CTRL + F11 no BrOffice Writer, serão mostrados os caracteres não imprimíveis.

GABARITO: ERRADO.

A combinação correta é CTRL + F10, enquanto que no Word é CTRL + *. Porém, como o asterisco está sobre o número 8, é necessário usar a tecla SHIFT em conjunto.

308. **(2014 – CEF – Médico do Trabalho)** No Word, a opção de quebra de seção do tipo contínua, ao ser acionada, faz que o cursor seja deslocado para a página seguinte e uma nova seção seja criada.

GABARITO: ERRADO.

Uma quebra de seção contínua normalmente mantém o cursor na mesma página em que estava. Já a quebra de próxima página, necessariamente, irá posicioná-lo na página seguinte.

Considerando a figura, que ilustra uma janela do Microsoft Word 2013 com um documento em edição, em um computador com o sistema operacional Windows 7 Professional, julgue os itens 309, 310, 311, e 312.

309. **(2014 - FUB - Contador)** - Para adicionar, ao documento em edição no Microsoft Word 2013, o nome de um autor, é correto adotar o seguinte procedimento: clicar o menu Arquivo e, na lista disponibilizada, clicar a opção Adicionar um autor.

GABARITO: CERTO.

Tal opção já existia na versão 2010. Ela é uma característica da interface Backstage do Office, que integra recursos. Neste caso, o recurso integrado se refere às propriedades do documento.

310. (2014 – FUB – Todos os Cargos) O ícone , na barra de ferramentas de acesso rápido do Word 2013, indica que o documento em edição foi enviado para uma impressora e a impressão ocorreu sem falhas.

GABARITO: ERRADO.

O ícone indicado é o ícone da Impressão Rápida que, ao ser clicado, envia o documento para a impressora que estiver definida como padrão. O sinal de checado indica apenas que a impressora está conectada, mas não há feedback de conclusão ou êxito na impressão.

311. (2014 – FUB – Todos os Cargos) Ao se clicar, com o botão esquerdo do *mouse*, em 60 PALAVRAS, na barra de *status*, serão mostradas informações como o número de caracteres com e sem espaço, as linhas e os parágrafos do documento.

GABARITO: CERTO.

Ao clicar sobre o espaço indicado, será aberta a janela Contar Palavras. Tal opção existe desde as versões anteriores do Microsoft Office. A contagem será apresentada a respeito do texto selecionado. Se o texto não estiver selecionado, as estatísticas são relativas ao documento inteiro.

312. (2014 – FUB – Todos os Cargos) No Word, não é possível a personalização de um conjunto de fontes, dado que os documentos nele editados possuem visual padronizado.

GABARITO: ERRADO.

Além de alterar os estilos de formatação padrão do Word, o usuário pode criar os próprios modelos de formatação.

313. (2014 – SUFRAMA – Todos os Cargos) O Microsoft Word 2013 permite inserir vídeos do YouTube para serem assistidos diretamente no documento.

GABARITO: CERTO.

Essa é outra novidade presente no Microsoft Office 2013: a inserção de vídeos on-line.

314. (2014 – Polícia Federal – Agente de Polícia) O Microsoft Word apresenta a opção de criar documentos em colaboração, que permite que duas ou mais pessoas possam revisar e alterar um mesmo documento. Para tanto, o Word oferece modos de marcação e destaque para as partes do texto alteradas.

GABARITO: CERTO.

O recurso em questão é o Controle de Alteração, presente na aba Revisão. Ao ativá-lo, todas as alterações feitas no documento ficam marcadas. Assim, o usuário salva o documento após as sugestões e o encaminha para escritor aceitar ou não as alterações. Embora pareça um recurso novo, o controle de alterações já existe desde versões anteriores a 2003.

315. **(2013 – TRT/ 17ª Região – Todos os Cargos)** O BrOffice Writer não permite a capitulação de uma palavra ou de um conjunto de texto.

GABARITO: ERRADO.

Tanto no Libre Office como Word é possível usar a funcionalidade da letra capitular. É preciso ter cautela para não confundir *capitular* com *versalete*, pois a ferramenta capitular deixa uma letra ou palavra gigante ocupando espaço de várias linhas de texto, enquanto que versalete deixa todo o texto em caixa alta destacando, ligeiramente, as iniciais do período.

316. **(2013 – TRT /17ª Região – Todos os Cargos)** No BrOffice Writer, consta o recurso autocompletar, que utiliza um dicionário de palavras. A inclusão de novas palavras a esse dicionário está condicionada ao tamanho da palavra, não sendo possível nele inserirem-se palavras com mais de dez letras.

GABARITO: ERRADO.

O autocompletar é um recurso do Writer que se baseia nas palavras mais usadas em um documento. Assim, conforme o usuário inicia a sua digitação, o programa sugere o complemento com o intuito de agilizar a digitação. Atualmente, um recurso similar é encontrado nos celulares ao digitar um texto.

317. **(2013 – STF – Analista Judiciário/Área Judiciária)** No Word 2010, as informações de um documento podem ser protegidas/desprotegidas, por meio de senha, de modo a restringir/permitir a determinados usuários os processos de formatação e de edição do texto. Por meio dessa opção, é possível atribuir funções específicas apenas aos usuários aos quais foi concedida permissão.

GABARITO: CERTO.

Ao usar a opção Restringir Edição, presente na Aba Revisão, ou Proteger Documento, presente no Menu Arquivo, o usuário pode adicionar outros usuários e determinar quais permissões cada um possui sobre o arquivo. No Writer, tal opção fica junto ao menu Arquivo, opção propriedades, aba Segurança.

318. **(2013 – STF – Analista Judiciário/Área Judiciária)** Antes de iniciar um processo de revisão de um texto no Word 2010, deve-se marcar a opção Controlar Alterações, no menu Revisão, para que o trecho apagado ou alterado seja destacado no texto.

GABARITO: CERTO.

O controle de alterações é uma ferramenta que existe desde versões anteriores do Word, mas como ficava "escondida" no Menu Ferramentas, era pouco usada. Ao adotar a interface Ribbon para o Office, a Microsoft tornou mais acessíveis as ferramentas. Quando se realiza uma inserção com o controle de alterações ativo, ela fica sublinhada. Ao excluir um texto, ele fica com aspecto tachado.

319. **(2013 – SEGESP/AL – Técnico Forense)** Diferentemente do que ocorre no BrOffice Writer, o uso simultâneo das teclas **CTRL e W** em um texto em edição no Microsoft Word, causa o fechamento do arquivo.

GABARITO: ERRADO.

Em ambos os programas, o resultado será o mesmo: o fechamento do documento em edição, sem fechar o programa. A fim de obter o mesmo resultado, é possível usar o atalho CTRL + F4.

A figura mostra uma janela do Word 2010 com um texto em processo de edição. Com relação a essa figura e ao Word 2010, julgue as questões 320, 321 e 322.

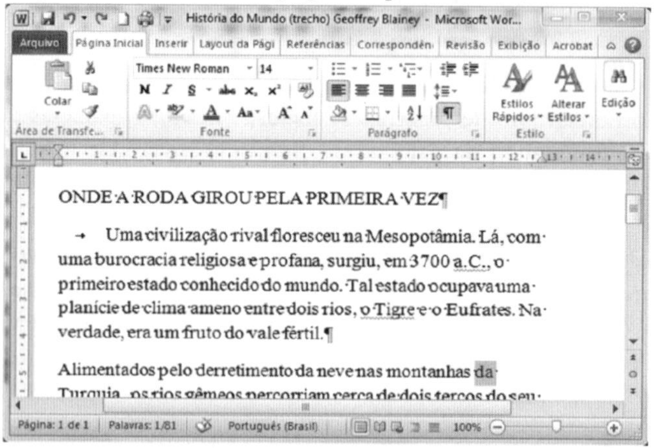

320. (2013 – SEGESP/AL – Papiloscopista) Um clique triplo entre as letras O e D da palavra RODA fará com que toda a frase ONDE A RODA GIROU PELA PRIMEIRA VEZ seja selecionada.

GABARITO: CERTO.

Tanto no Word como no Writer, um clique simples sobre uma palavra posiciona o cursor sobre a palavra; um clique duplo seleciona a palavra; e um triplo, o parágrafo.

321. (2013 – SEGESP/AL – Papiloscopista) A seguinte sequência de ações permitirá copiar a palavra "fértil" em outro ponto do texto: aplicar um clique duplo sobre a palavra "fértil"; clicar o botão ; clicar no local onde se deseja colocar a cópia da palavra; clicar o botão .

GABARITO: CERTO.

É frequente encontrar questões da CESPE que façam uso do recurso copiar e colar. Conforme foi possível verificar no comentário da questão anterior, todos os passos foram descritos corretamente.

322. (2013 – SEGESP/AL – Papiloscopista) Ao se clicar o botão , as marcas de parágrafo e outros símbolos de formatação exibidos no texto serão ocultados.

GABARITO: CERTO.

O botão mostrar tudo, ao ser ativado, exibe os caracteres não imprimíveis. Para ocultá-los, basta desativar o botão. Também é possível usar a combinação CTRL + SHIFT + * para executar essa ação no Word, e CTRL + F10, no LibreOffice Writer.

A figura ilustra uma janela do Word 2010, com parte de um texto em processo de edição. A esse respeito, julgue as questões 323, 324 e 325.

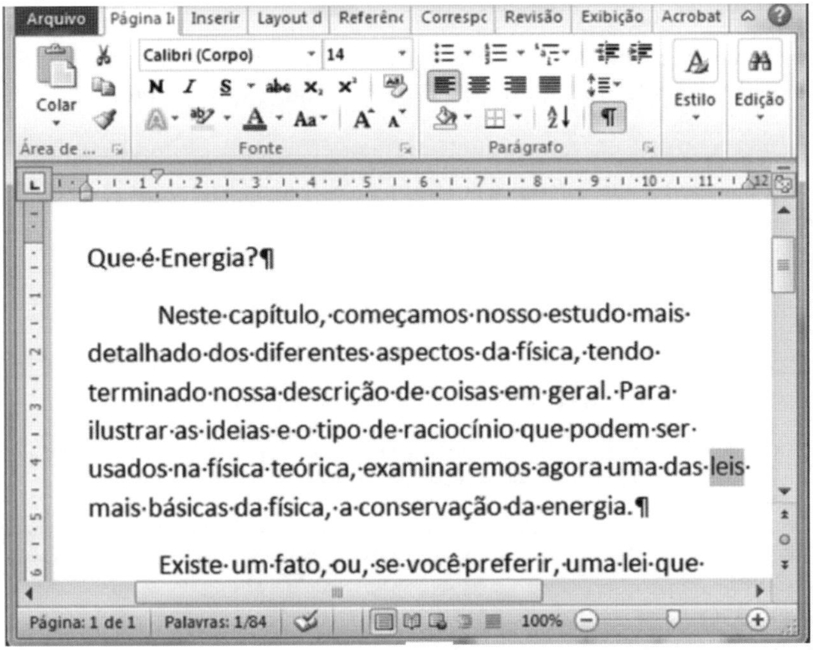

323. (2013 – SEGESP/AL – Todos os Cargos) Ao se aplicar um clique duplo na palavra Energia, ela será selecionada e, caso se acione, com a palavra ainda selecionada, as teclas de atalho CTRL + S o termo será sublinhado. Para desfazer essa formatação, basta clicar o botão S, com a palavra selecionada.

GABARITO: CERTO.

Também seria obtido o mesmo resultado usando novamente o atalho. Já no Writer, o atalho é CTRL + U, pois CTRL + S no Writer salva o documento.

324. (2013 – SEGESP/AL – Todos os Cargos) Para centralizar a primeira linha do texto, é suficiente posicionar o cursor em qualquer palavra dessa linha e, em seguida, clicar o botão .

GABARITO: CERTO.

Para aplicar as propriedades de parágrafo, não é necessário selecionar cada palavra dele, basta o cursor intermitente estar dentro do parágrafo que, ao acionar a formatação, ela será aplicada ao parágrafo inteiro.

325. (2013 – SEGESP/AL – Todos os Cargos) Em todo o texto apresentado, utiliza-se fonte Arial.

GABARITO: ERRADO.

Basicamente, basta observar que o texto selecionado já não está formatado com Arial, mas com a fonte-padrão do Word, Calibri.

326. **(2013 – MPU – Técnico/Tecnologia da Informação e Comunicação)** No Microsoft Word, é possível combinar e automatizar comandos por meio do recurso de gravação de macros.

GABARITO: CERTO.

O recurso de gravação de macros pode ser encontrado tanto na aba Exibição como na aba Desenvolvedor. A questão já define o que é uma macro.

Com base na figura, que apresenta um texto em edição no Microsoft Word 2010, julgue as questões 327, 328, 329 e 330.

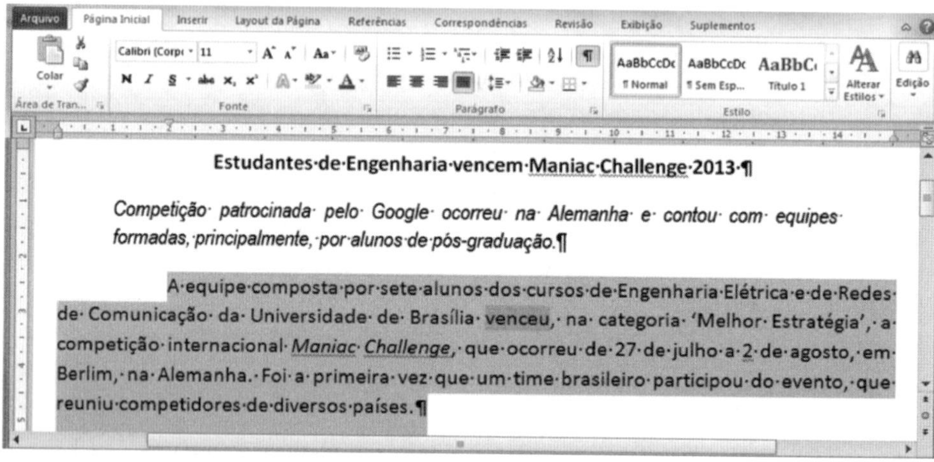

327. **(2013 – FUB – Assistente de Administração)**

Na figura em apreço, o parágrafo selecionado no texto está formatado com recuo de 2 cm na primeira linha, justificação (alinhamento das margens esquerda e direita) e estilo Normal.

GABARITO: CERTO.

Para saber a configuração do recuo, devemos observar a régua. Como apenas a primeira linha está mais à direita, para saber o valor do recuo especial de primeira linha, basta olhar o marcador 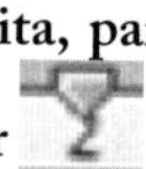 presente sobre o número 2 na régua.

O recuo esquerdo e o direito estão zerados, pois estão junto às marcações das margens. O botão de alinhamento de parágrafo selecionado é o justificado, bem como o estilo normal no bloco estilo.

328. **(2013 – FUB – Assistente de Administração)** Na situação mostrada na figura, ao se clicar o ícone 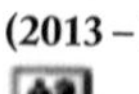, tanto as formatações de fonte do parágrafo selecionado no texto quanto o realce utilizado na palavra "venceu" serão eliminados.

GABARITO: ERRADO.

A ferramenta Limpar Formatação não remove o Realce do texto, embora remova todas as outras formatações de Fonte e Parágrafo. Cuidado: no Word 2013 o ícone sofreu uma alteração considerável.

329. (2013 – FUB – Auxiliar em Administração) Em uma tabela criada no Word que contenha, por exemplo, as quantidades de vagas ofertadas e de vagas ocupadas em cada um de quatro setores de uma empresa, podem-se utilizar recursos do próprio Word para obter os totais gerais de vagas oferecidas e de vagas ocupadas, sem que seja necessário recorrer ao Excel para isso.

GABARITO: CERTO.

Apesar de poucas e simples, o Word possui fórmulas para manipular tabelas.

330. (2013 – FUB – Auxiliar em Administração) O Word 2013 não permite, por exemplo, cortar partes nem aplicar efeitos de sombra em imagens selecionadas, pois esse editor de textos não é dotado de recursos para esse tipo de tratamento de imagens.

GABARITO: ERRADO.

O Microsoft Office possui algumas funcionalidades de tratamento de imagens, como correção de nitidez, remoção de fundo de imagem, contraste e brilho, entre outras. Tais opções são exibidas, ao selecionar uma imagem no documento em edição, na aba Formatar.

Editores de Apresentação

331. (2014 – TC/DF – Técnico de Administração Pública) Após elaborar uma apresentação de eslaides no Impress, o usuário poderá exportá-la para o formato PDF, opção que permite a anexação da apresentação a um documento em formato PDF e sua leitura por qualquer editor de textos.

GABARITO: ERRADO.

O BrOffice possui a opção Exportar como PDF. Todavia, nem o próprio BrOffice não consegue abrir arquivos no formato PDF. Quanto ao Word 2013, ele utiliza de artifícios para trabalhar com arquivos em formato PDF que causam controvérsias, pois o arquivo não é efetivamente o mesmo que o programa abre e edita, mas uma cópia de seu conteúdo. Ao finalizar o arquivo e o salvar, o Office realiza outra manobra ao sobrepor o arquivo PDF aberto.

332. (2014 – Câmara dos Deputados - Técnico Legislativo) O Impress e o Writer são aplicativos de edição de textos do Unix e, portanto, não podem ser utilizados em sistemas operacionais Windows.

GABARITO: ERRADO.

O BrOffice assim como o LibreOffice e o Open Office possuem versões para Windows e Linux. Justamente por isso, são chamados de multiplataforma. Na verdade, o BrOffice é uma suíte de aplicativos que "roda" sobre uma máquina virtual Java, o que lhe confere essa versatilidade.

333. (2013 – MPU – Analista) O LibreOffice é uma suíte de escritório livre, criada para ser executada exclusivamente no ambiente Linux e oferecer todas as funções esperadas de uma suíte profissional: editor de textos, planilha, apresentação, editor de desenhos e banco de dados.

GABARITO: ERRADO.

O Libre Office possui versões para Windows, Linux e Mac OS.

334. (2012 – Polícia Federal – Papiloscopista) O BrOffice 3, que reúne, entre outros softwares livres de escritório, o editor de texto Writer, a planilha eletrônica Calc e o editor de apresentação Impress, é compatível com as plataformas computacionais Microsoft Windows, Linux e MacOS-X.

GABARITO: CERTO.

O BrOffice também pode ser chamado tomado como o LibreOffice, uma vez que o projeto BrOffice foi descontinuado. Os usuários podem utilizar também o Apache Open Office.

335. (2011 – Correios – Todos os Cargos) No aplicativo Impress, do pacote BrOffice.org, para se inserir um novo eslaide na apresentação que esteja sendo editada, é necessário realizar a seguinte sequência de ações: clicar o menu Arquivo, clicar a opção Novo, e, por fim, clicar opção Slide.

GABARITO: ERRADO.

A opção Novo, presente no menu Arquivo, serve para criar uma nova apresentação. Ela não tem por função inserir um eslaide na apresentação em edição.

336. (2012 – PC/AL – Escrivão de Polícia) Para iniciar a configuração de um eslaide mestre no aplicativo Impress do BrOffice, deve-se clicar Slide mestre e, em seguida, Formatar.

ERRADO

Faltou indicar onde encontrar o eslaide mestre. No Impress, ele é encontrado no menu Exibir. Vale lembrar que, além do eslaide mestre, temos o modo Notas Mestre que é equivalente ao modo Anotações Mestre do PowerPoint.

337. (2014 - MDIC – Agente Administrativo) Para se incluir um arquivo de vídeo no formato MPEG em uma apresentação em elaboração no PowerPoint 2010, é necessário converter o arquivo para o formato AVI ou WMV.

GABARITO: ERRADO.

O PowerPoint 2010 suporta os formatos: swf , asf, avi, mp4, mov, mpeg 2, mpg ou mpeg e wmv. O formato swf é o formato de vídeo do flash player, enquanto o wmv é o Windows Media Vídeo.

Acerca da figura, que mostra uma janela do PowerPoint 2010 com uma apresentação em processo de edição, julgue o item a seguir:

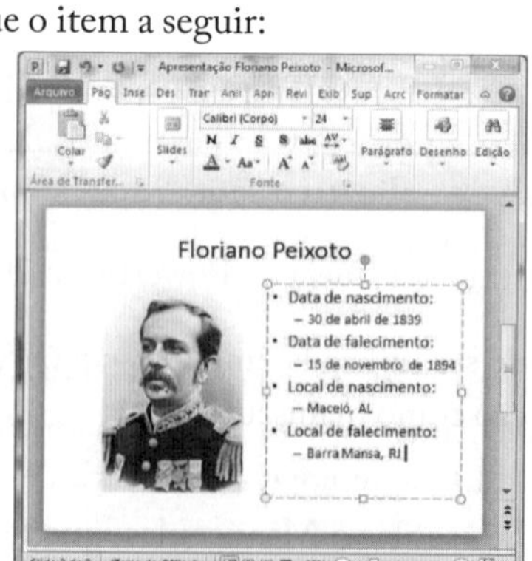

338. **(2013 – SEE/AL – Secretário Escolar)** Ao se clicar o botão , será exibido o primeiro *slide*, que ocupará toda a tela do computador.

GABARITO: ERRADO.

O botão indicado, na verdade, é o ícone que expande as opções do bloco slide, presente ao lado do bloco área de transferência. Logo, não irá realizar a ação descrita, pois apenas exibe as ferramentas do bloco. Para exibir o primeiro slide no modo de exibição, o usuário pode lançar mão da tecla F5 que inicia a apresentação a partir do primeiro slide.

339. **(2013 – SEGESP/AL – Técnico Forense)** No Microsoft PowerPoint, o slide mestre facilita a criação de apresentações com mais de um estilo e com temas diferentes.

GABARITO: CERTO.

O slide mestre é uma espécie de modelo de slide. Nele são configuradas as formatações de fonte e fundo para cada layout de slide. Também é possível utilizar mais de um slide mestre por apresentação, desde que sejam inseridas seções.

340. **(2013 – SEGESP/AL – Todos os Cargos)**

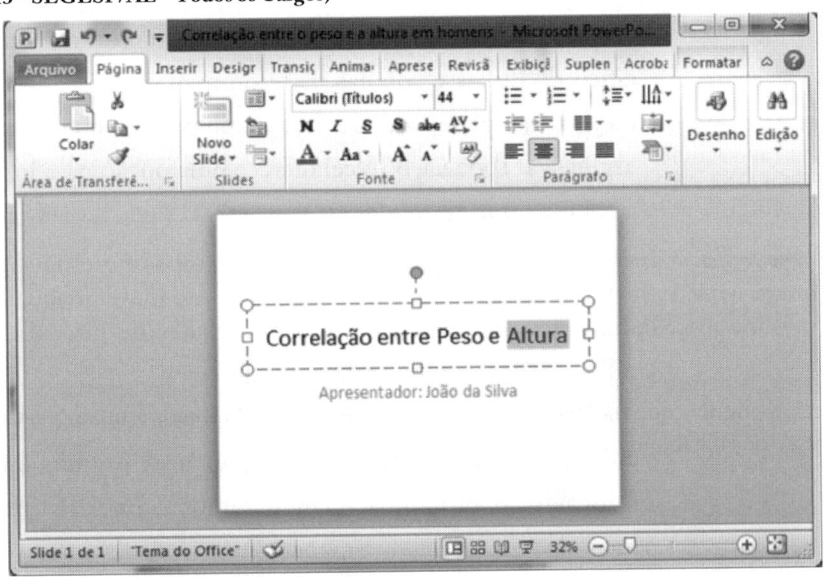

A partir da figura, que mostra uma janela do PowerPoint 2010, julgue o item a seguir:

A ferramenta  pode ser utilizada em uma sequência de ações que permite definir todas as letras de uma seleção como maiúsculas.

GABARITO: CERTO.

A opção indicada é Maiúsculas e Minúsculas, que também pode ser utilizada pelo atalho SHIFT + F3.

FAÇA JÁ

Suítes de Escritório

Editores de Planilhas

Um arquivo do Excel é uma ____________________, composta por uma ou mais ________________.

No Excel 2013, cada pasta de Trabalho opera em uma ________________ diferente. Assim, é possível utilizar recursos como o AERO SNAP para exibir duas janelas do Excel, ________________ na tela.

Em uma tabela, o comportamento é diferente do comportamento em uma planilha. Em uma planilha, as células possuem ________________ que podem ser referenciados em fórmulas e funções.

Contudo, as planilhas já são criadas com um número específico de linhas e colunas. Este número é ________________, ou seja, não podemos criar novas linhas ou colunas, muito menos excluí-las. Todavia, o Excel oferece uma opção para inserir linhas e colunas, que, na verdade, ________________ seus conteúdos.

Células de Absorção

Uma das principais funcionalidades de um editor de planilhas é permitir a realização de ________________ matemáticos e operar com diversas funções lógicas, não somente com números, mas também com textos. Contudo, é necessário informar ao programa quando temos a intenção de realizarmos alguma destas operações. Para isso, devemos utilizar um ________________ antes das fórmulas e funções.

Dentre os símbolos utilizados para iniciar uma Fórmula ou Função, o mais conhecido e cobrado é o sinal de ________________. Porém, ele não é o único que pode ser utilizado. Na tabela a seguir, estão descritos os demais sinais que podem ser utilizados.

Fórmulas	Exemplo	Funções	Exemplo
=	=5+5	=	=SOMA(A1:A5)
+	+5+5	+	+SOMA(A1:A5)
-	-5+5	-	-SOMA(A1:A5)
		@	@SOMA(A1:A5)

Operadores

Existem __________ tipos de operadores para cálculo nos editores de planilha.

Operadores Aritméticos

Os principais operadores são ilustrados na tabela a seguir:

Operador	Ação	Exemplo	Resultado
+	____________________	=5+5	10
-	____________________	=5-5	0
*	____________________	=5*5	25
/	____________________	=5/5	1
%	____________________	=200 * 10%	20
^	____________________	=2^3	8

O operador **%** equivale a uma divisão por 100.

Operador de Texto

O operador de texto é o __________ que realiza a operação de ______________, ou seja, ______________ os dados das células indicadas na célula em que foi inserida a fórmula.

Operadores de Referência

Em conjunto com o uso de funções, necessitamos utilizar um indicador pra especificar os ______________ que devem ser considerados em uma função. A tabela a seguir mostra o sinal e como o devemos ler em uma expressão:

;	________________	União
:	________________	Intervalo

Ex.: dadas as funções =SOMA(A3:A6)
=SOMA(A3;A6)

Na primeira função, será apresentado o resultado da soma dos valores das células ________________. Enquanto que, na segunda, será apenas calculada a soma dos valores das ________________.

Operadores de Comparação

Operador	Símb.	Exemplo de uso	Resultado
Menor que	<	**=7<10**	________________
Maior que	>	=7>10	________________
Igual a	=	**=7=10**	________________
Maior ou igual a	>=	=7>=10	________________
Menor ou igual a	<=	**=7<=10**	________________
Diferente de	<>	=7<>10	________________

Alça de Preenchimento

A alça de preenchimento é um dos recursos que mais possui possibilidades de uso e, por consequência, respostas diferentes. Ela também é conhecida pela descrição de Arrastar pelo canto ________________.

Quando uma única célula está selecionada e o seu conteúdo é um valor numérico, ao clicar sobre a alça de preenchimento e arrastar, seja na horizontal ou na vertical, em qualquer sentido, **exceto** ________________, no Excel o valor presente na célula é ________________ para as demais, sobre as quais foi arrastada a alça. No Calc, as células serão preenchidas com a ________________.

Já em uma situação em que existem duas células adjacentes, tanto no Calc como no Excel, selecionadas contendo valores numéricos diferentes entre si, ao se arrastar pela alça de preenchimento, as células serão preenchidas com uma ____, cuja razão é a diferença entre os dois valores selecionados.

Mas devemos nos lembrar da exceção do Excel, em que se forem duas células selecionadas, uma abaixo da outra, ao arrastar na horizontal, as células são preenchidas com o _____________________________. Caso sejam duas células uma ao lado da outra, as selecionadas, ao arrastar na vertical, também apenas será copiado o valor das células selecionadas.

Quando o conteúdo de uma única célula selecionada for um texto, esse será copiado para as demais células. Mas se o conteúdo, mesmo sendo um texto, fizer parte de uma ____________________ pelo programa, as células serão preenchidas com o próximo valor da série. Por exemplo, se **Janeiro** for o conteúdo inserido na célula, então, ao arrastar pela alça de preenchimento para a direita ou para baixo, a célula adjacente será preenchida com ____________________. Por outro lado, se for arrastada para cima ou para a esquerda, a célula ____________________ será preenchida com **Dezembro.** O mesmo vale para as sequências **Jan, Seg** e **Segunda-feira.** Atenção: A, B, C não são conhecidos como série nos programas, mas o usuário pode criá-las.

Visualizar Quebra de Página

Por meio da opção de Visualização da Quebra de Página, podemos averiguar e definir como ficará ____________________ o conteúdo nas páginas a serem impressas.

Imprimir Títulos

A opção Imprimir Títulos é muito útil quando é preciso imprimir uma planilha em várias ____________________, pois, ao usá-la, o programa automaticamente repete a linha e/ou a coluna dos títulos a cada ________________, para facilitar a identificação dos dados.

Área de Impressão

É possível selecionar as células da planilha com o intuito de definir o espaço que será impresso.

Quebras

Por meio da opção quebras também é possível definir o que será impresso em cada página.

Endereçamento de Células

Para endereçar uma célula, podemos utilizar três modos diferentes: ________________, ________________ e ________________.

Os modos de endereçamento não mudam em nada o ________________ ou qual célula está sendo utilizada, apenas influenciam a ação de copiar a célula com um endereço para outra célula.

Funções

O Excel oferece diversas funções para a realização de operações e cálculos. A fim de auxiliar o usuário a encontrar a função necessária, o programa as separa em grupos, separadas em uma biblioteca de funções. O recurso citado pode ser encontrado na aba ________________.

Categorias

- Financeira;
- Lógica;
- Texto;
- Data e Hora;
- Pesquisa e Referência;
- Matemática e Trigonométrica;
- Mais funções:
- Estatística;
- Engenharia;
- Cubo;

- Informações;
- Compatibilidade
- Web.

Também é possível inserir uma função por meio do botão ____________________, presente nesta mesma aba.

Dentre as tantas funções existentes no programa, vamos destacar as principais, ou seja, as que têm maior probabilidade de serem cobradas em provas.

INF

Soma

A função Soma apresenta o resultado da ____________________ dos valores contidos nas células indicadas no espaço de parâmetros da mesma.

Logo, tomando o recorte da planilha a seguir e seus dados, ao inserir a função =SOMA(A1:A5), obtemos como resposta o valor ____________________.

	A	B	C
1	7	3	
2	3	7	
3		7	
4	7	3	
5	3	5	
6			
7			

Média

O cálculo da média é a obtenção do resultado da soma de um conjunto de valores e dividir essa soma pelo total de ____________________ desse conjunto.

A sintaxe da função é:

=MÉDIA(<parâmetros>**)**

Em que os <parâmetros> são o conjunto de endereços das células que serão consideradas. Dada a figura anterior, consideremos a função: **=MÉDIA(A1:A5).** O resultado dessa função será ________, pois a função Média ignora células vazias.

	A	B	C
1	7	3	
2	3	7	
3		7	
4	7	3	
5	3	5	
6			
7			

Mediana

A mediana calcula o elemento ______________ de um conjunto de dados. Mas, cuidado: é uma função estatística que considera os valores ordenados. Assim, ao aplicar a função:

=MED(B1:B5)

Obteremos como resposta o valor ______________, pois se encontra no centro do conjunto de dados. Já no caso de aplicar a função:

=MED(A1:A5)

A resposta será ______________, porque, quando o conjunto de dados possui uma quantidade par de elementos, a mediana corresponde à média dos dois elementos centrais do conjunto.

Mod

A função MOD calcula o ______________ **de uma divisão** ______________. Desta forma, ao aplicar a função:

=MOD(A1;A2), teremos como resposta ______________, uma vez que 7 divididos por 3 resulta em 2 e sobra 1.

Potência

Esta função calcula um valor elevado a outro. A sintaxe desta função é a seguinte:

=POTÊNCIA(<número>**;**<potência>**)**

Como exemplo temos:

=POTÊNCIA(2;3)

Que resulta em ________. Ainda podemos comparar com o uso do operador de potenciação:

=2^3

Máximo

A função Máximo retorna o valor mais ______________ do conjunto de dados especificados, ao aplicar a função para o conjunto de dados inicial.

=MÁXIMO(B1:B5)

A resposta será ________.

Maior

A função Maior possui dois campos em sua sintaxe.

=MAIOR(<intervalo>;<Número de Ordem>)

Ao aplicar:

=MAIOR(B1:B5;3)

Podemos entender como a busca pelo ______________ maior número de B1 até B5.

Mínimo

Esta função resulta no valor mais ______________ de um conjunto de dados. Logo, ao aplicar:

=MÍNIMO(B1:B5)

A resposta obtida será ________.

Menor

Assim como a função Maior, a função Menor possui dois campos obrigatórios, seja o exemplo:

=MENOR(B1:B5;4)

Em que se lê: quarto menor número de B1 até B5, que resulta em ________.

Agora

Outro grupo de funções é o das funções de data, no caso específico, a função Agora é um exemplo.

Esta função não recebe parâmetros, apenas é escrita:

=AGORA( )

Seu resultado é a expressão da ________________________ atual, ou seja, do momento em que foi inserida.

Hoje

A função Hoje retorna apenas à ________________ atual. Para usá-la, basta inserir =HOJE( ) e a data será impressa na célula.

Dias

A função DIAS retorna à ________________ entre duas datas em ________________.

=DIAS(<data_Final> ; <data_Inicial>)

Cont.Núm

Esta função realiza a contagem de células cujo conteúdo é um ________________ ________________. Sua sintaxe apresenta-se da seguinte forma:

=CONT.NÚM(A1:A5)

Para o conjunto de dados inicial, a resposta será ________________, pois uma célula está vazia.

Cont.Se

Enquanto a função Cont.num contabiliza a quantidade de células de conteúdo numérico a função Cont.se conta a quantidade de células que possuem conteúdo que atendam a um ________________ fornecido como parâmetro.

=CONT.SE(<intervalo>;<Critério>)

Assim, se aplicarmos:

=CONT.SE(B1:B5; "=7")

A resposta obtida será ________________, pois existem apenas duas células com conteúdo igual a 7. Observe atentamente a necessidade do uso das aspas duplas.

SomaSe

Por meio da função SomaSe, podemos realizar a soma apenas das células que interessam.

Sua sintaxe é apresentada de seguinte forma:

=SOMASE(<intervalo a ser comparado> ; <critério> ; <intervalo a ser somado>)

Para isso, utilizaremos o conjunto de dados a seguir:

	A	B	C	D
1	7	3	A	
2	3	7	A	
3		3	B	
4	7	7	C	
5	3	5	A	
6		5	C	
7				

Ao utilizar a função:

=SOMASE(C1:C6; "=A"; B1:B6)

A resposta será __________, pois corresponde à soma das células presentes na coluna __________ que estão na mesma linha das células da coluna __________ que tem como conteúdo o texto comparado "A".

SE

A função SE também é conhecida como ____________ ____________. Esta função é utilizada para a tomada de decisões, pois permite analisar os dados e realizar uma ação de acordo com o que for encontrado.

A sintaxe da função possui por padrão três campos:

=SE(<teste lógico> ; <ação caso teste ______________> ; <ação caso teste ______________>)

Assim, dado o exemplo:

=SE(7>5;"verdade";"falso")

A resposta será ____________, pois é o texto expresso na ação. Caso a condição seja verdadeira, como 7 é maior do 5, isso se confirma.

=SE(7<5; "verdade"; "falso")

Como 7 não é menor do que 5, a condição é ____________ e que leva ao resultado Falso.

Word 2013

Tela de Abertura

Uma das novidades – não tão nova assim – presente no Office 2013, é a exibição de uma tela de abertura ao iniciar algum programa da suíte, ao invés de iniciar diretamente com um

____

Nessa janela, o usuário tem acesso à lista dos documentos __________ recentemente no programa, bem como pode criar um __________ documento, ou um documento em branco, ou a partir de um ________ a ser baixado da Internet.

Janela do Programa

A janela do Word 2013 não possui mudanças muito significativas em comparação com a do Word 2010. A tela de edição principal, no modo de exibição Layout de Impressão, padrão do Word, apresenta uma nova aba: ______________.

Também é novidade a maior integração com a ____________. Para tanto, o usuário pode logar com sua conta da Microsoft (hotmail ou outlook). Uma vez logado, o nome do usuário é imediatamente associado às propriedades do documento como autor do mesmo.

Barra de título: nesta barra, são apresentadas as informações sobre o __________ do documento em edição e seu __________, bem como o nome do programa que, no caso da figura, indica Microsoft Word.

Menu Arquivo: a versão 2013 modifica novamente o menu arquivo. Contudo, mantém a interface ________________.

Faixa de Opções: é possível aumentar a área útil da tela fazendo com que as opções só sejam exibidas quando se clicar na opção na Faixa de opções. Basta utilizar o ______________ do mouse sobre uma das Guias.

Barra de Status: nela, são apresentadas algumas informações como ____________________ da página atual e total, total de palavras selecionadas e no documento inteiro.

Modos de Exibição: apenas ____________________ dos modos de exibição que o Word oferece estão dispostos nesse espaço para acesso rápido.

Zoom: o zoom também pode ser alterado utilizando-se a combinação da roda do mouse (*scroll*) enquanto mantém-se pressionada a tecla ____________________.

Barra de Ferramentas de Acesso Rápido

O Botão Desfazer : permite voltar uma ou mais ações realizadas no programa, cuja tecla de atalho é a famosa combinação ____________________.

O botão Repetir : esta opção ____________________ a última ação realizada, como aplicar negrito a um texto, ou mudar a cor de uma fonte, a combinação de teclas de atalho para esta opção é ____________________ no Word 2013.

O Botão Refazer : este botão só é exibido quando o ____________________ é acionado, permitindo retroceder uma ação desfeita. As teclas de atalho são as mesmas do botão Repetir, até porque, aparecem no lugar dele.

Menu Arquivo

Por padrão, ao abrir o menu Arquivo, ele apresenta a opção ____________________ selecionada, a qual oferece dois conjuntos de opções: ferramentas de geração de documento e as propriedades do documento em edição.

Opção Informações

Na janela de informações, temos acesso a um dos conjuntos de opções mais importante (em termos de concurso) do Menu Arquivo.

Opção Proteger Documento

Marcar Como Final: a opção serve para salvar o arquivo como ____________________. Assim, ajuda a evitar que sejam feitas alterações no arquivo, ou seja, desabilita ou desativa a inserção de texto, a edição e as marcas de controle. Além disso, define o "Status" do documento como ____________.

Criptografar com Senha: por meio desta opção, é possível se definir uma senha para que o documento possa ser acessado. Contudo, vale ressaltar que a criptografia realizada pela opção Criptografar com Senha **não tem** relação com ____________ ____________.

Restringir Edição: por intermédio da opção Restringir Edição, é possível escolher dentre três opções de ação:

Restrições de ____________: pela qual é possível limitar as opções de formatação, permitindo apenas que haja a escolha, dentre um conjunto de estilos selecionados, no momento da ativação do recurso.

Restrições de ____________: esta opção está relacionada às ferramentas de controle de edição, como controle de alterações e comentários, até mesmo preenchimento de formulários. Com ela, o usuário pode limitar a que opções outro usuário que acessar o documento pode realizar. Ainda é possível determinar apenas ____________ do documento, para que possam ser editadas, protegendo, assim, o resto das alterações.

Aplicar ____________: depois de configuradas as opções de um ou ambos os itens supracitados, a opção Sim, Aplicar Proteção fica habilitada. Com isso, será aberta uma janela para determinar uma senha ou para que seja utilizado um ID (e-mail) de usuários.

Restringir Permissão por Pessoas: esta opção permite limitar o acesso ao documento utilizando como critério ____________ do Windows Live ID ou uma conta do Microsoft Windows.

Adicionar uma Assinatura Digital: através desta opção, é possível se assinar digitalmente o documento em edição, a fim de garantir a ______________ e a ______________ do mesmo, por consequência, também, o Não Repúdio. Contudo, é necessário possuir ________________________ para realizar este procedimento.

Opção Verificando Problemas

Inspecionar Documento: esta opção também pode ser citada como Inspetor do documento que possibilita diversas opções, com a finalidade de buscar no documento por dados ____________________________, informações ocultas, marcas, comentários, estruturas de controle, dentre outras, para que possam ser facilmente removidas, com o auxilio desta opção.

Verificar Acessibilidade: permite verificar se a estrutura do elemento possui recursos ou formatações que dificultem a leitura por pessoas com ______________, por exemplo, documentos que serão lidos por leitores de telas, utilizados por pessoas com baixa visão ou ausência de visão.

Verificar Compatibilidade: esta opção permite verificar se o documento possui estruturas que não existem nas versões anteriores do Word. Assim, quando o documento for salvo em .DOC, não apresentará ______________ de compatibilidade.

Opção Recente

A opção Recente exibe, especificamente, os documentos. Os ______________________ de origem dos arquivos também são apresentados, permitindo, inclusive, abrir outros arquivos presentes na referida pasta.

Opção Novo

Já a opção Novo abre no próprio menu Arquivo as opções de criação de um novo documento.

É possível criar um arquivo com base em outro arquivo já existente, ou mesmo em um ______________________ da Internet.

Opção Imprimir

O Word 2013 apresenta diretamente no Menu Arquivo à Imprimir as propriedades da Impressão, que também podem ser acessadas por meio da combinação de teclas ______________.

Opção Salvar e Enviar

Deve-se atentar à integração com o Microsoft ________________, bem como à integração com a ferramenta SharePoint e os gerenciadores de Blogs como o WordPress.

A opção **Enviar por e-mail** irá abrir o Cliente de e-mail ________________ instalado que, provavelmente, será o Outlook 2013, presente na suíte de aplicativos do Office 2013, com o documento em edição já anexado para o efetivo envio da mensagem. Por meio da opção, é possível se escolher, inclusive, qual será o formato do arquivo em anexo: DOCX, _____________ ou XPS.

Aba Página Inicial

Na Aba Página Inicial do Word 2013, encontramos as opções divididas nos blocos: ______________________________

_____________________________.

Bloco Área de Transferência

A Área de Transferência é uma área ______________, em que são colocadas as estruturas (textos, imagens etc.) que são ________________ de algum lugar, seja um documento, página da Internet, ou mesmo do Sistema Operacional, para que possam ser ______________.

Vale lembrar que a área de transferência fica em memória ________________. Portanto, quando o computador é desligado, ela é ______________.

Opção Colar

No bloco ____________, encontra-se a opção Colar de forma equivalente a utilizar as teclas de atalho ________________. Já, ao se clicar na parte inferior, o Word exibe uma lista de opções de colagem, bem como dá acesso à opção Colar especial.

Pincel de Formatação

O Pincel de Formatação permite realizar a cópia de ________________ de um trecho de texto previamente selecionado e aplicar em outro trecho de texto a ser selecionado *a posteriori* clique no botão pincel.

Bloco Fonte

Neste bloco, são encontradas as ferramentas mais usadas durante a ______________ de um documento, as opções relacionadas à formatação de Fonte.

Tipo/Nome da Fonte

Esta opção permite alterar a ________________ da fonte, ou seja, o seu traço. Ao alterar o tipo da fonte, ela pode sofrer alteração no seu tamanho, no entanto, mantendo o mesmo valor numérico de tamanho de fonte. Por padrão, o estilo normal do Word 2013, a fonte pré-definida, é a ____________.

Tamanho da Fonte

A opção de tamanho de fonte oferece um campo, para definir o tamanho das letras de um texto selecionado. É possível também se selecionar o tamanho pela alça.

Aumentar e Diminuir Fonte

Também é possível controlar o tamanho das fontes pelos botões Aumentar fonte e Diminuir fonte, que alteram o tamanho da fonte de um texto, previamente selecionado, de acordo com os valores da lista disponibilizada na alça tamanho da fonte. Também se podem acionar estas opções por meio das teclas de atalho ________________ para aumentar o tamanho da fonte como ________________ para diminuir o tamanho da fonte.

INF

Bloco Parágrafo

Na Aba ________________, encontram-se também as opções de formatação de parágrafo mais utilizadas, como ilustrado a seguir.

Algumas opções menos frequentemente usadas estão no bloco parágrafo da Aba Layout de Página.

Marcadores

A opção Marcadores permite acrescentar ____________, caracteres ou mesmo imagens, como uma foto do usuário, como itens de marcação de tópicos para cada parágrafo.

Numeração

Cuidado com a diferença entre os marcadores e a numeração. A finalidade de ambos é similar. Porém, a Numeração segue uma ________________ que pode ser numérica, utilizando-se números romanos maiúsculos ou minúsculos, letras maiúsculas ou minúsculas ou ainda números arábicos.

Classificar

Uma vez clicado o botão Classificar, é aberta uma janela pela qual é possível ________________ as regras de classificação, que podem ser por colunas, em caso de tabelas. Os tipos de dados que podem ser selecionados, de maneira que o programa possa classificá-los em ordem ________________ e ou ________________, são: ________________.

Mostrar Tudo

A opção Mostrar Tudo é responsável por exibir os caracteres ________________, que auxiliam na edição de um documento, ao exibir marcas de edição, espaços e marcações de Parágrafos. Esta opção é muito importante para que se possa definir onde inicia e onde termina um parágrafo no texto.

Alinhamentos de Parágrafo

Muito cuidado com as opções de alinhamento, pois existe também o alinhamento de ____________, que oferece opções diferentes das do alinhamento de parágrafo, porém para fins similares.

Os alinhamentos são: ________________________________

________________. Também é possível acionar tais opções, por meio das respectivas teclas de atalho: CTRL+Q, CTRL+E, CTRL+G, CTRL+J.

Espaçamento entre Linhas

A opção Espaçamento entre Linhas, disponível no bloco Parágrafo, apresenta alguns valores que não são ilustrados diretamente na janela Propriedades de Parágrafo, como 1,15. Contudo, é possível chegar a ela de maneira manual, como selecionar a opção ____________ e, em seguida, digitar o valor 1,15.

Sombreamento

A opção sombreamento permite atribuir uma cor de ____________________________ a um parágrafo.

Bordas

Também é possível se atribuir uma borda a um parágrafo, como também à ____________ do documento. A opção Bordas, pode ser utilizada tanto para aplicar uma borda a um parágrafo, como a uma ____________, caso esteja selecionada.

Bloco Estilos

Os estilos de formatação são uma importante ferramenta, que auxilia e otimiza o processo de edição de documentos que devam obedecer a padrões de formatação. Além disso, tais estilos são necessários para a inserção de ________________ automático.

O Office 2007 inovou muitos estilos, como também melhorou alguns, estes foram mantidos no Office 2013. O estilo padrão apresentado é o estilo Normal, que define, por exemplo, a fonte como ______________, tamanho ______________, espaçamento entre linhas múltiplo de 1,15, e espaço após o parágrafo de 10pt.

Aba Inserir

Bloco Páginas

No Bloco Páginas é onde se encontra uma das ________________ possíveis de se inserir em um documento e, justamente, a que pode ser alvo de confusão no momento da prova. Isso porque, na Aba Inserir, é encontrada apenas a opção Quebra de Página. As demais ficam na aba ________________.

Bloco Tabelas

No bloco Tabelas, é disponibilizada apenas a opção Tabela, por meio da qual podemos tanto inserir uma Tabela no documento em edição, como uma ________________.

Opção Tabela

Ao clicar na opção Tabela, é aberto o menu Dropdown, no qual se pode observar a opção ______________, que permite inserir uma planilha no documento. É preciso, porém, atentar para o fato de que a estrutura de planilhas é diferente da estrutura de uma tabela.

Bloco Links

No bloco Links, são disponibilizadas três opções: ______________, ______________ e ______________ ________________. A opção hiperlink tem como tecla de atalho a combinação ______________.

Bloco Cabeçalho e Rodapé

A estrutura de cabeçalho e rodapé é utilizada, principalmente, quando se deseja inserir uma informação em várias páginas de um documento, como numeração de páginas ou uma figura.

Entretanto, em um mesmo documento é possível utilizar cabeçalhos e rodapés diferentes, pois essas estruturas são as mesmas para ________________.

Bloco Texto

No bloco Texto, devemos destacar a opção WordArt e Linha de Assinatura.

A opção WordArt, desde o Office 2010, mudou sua forma de formatação e estrutura. Ela gera agora resultado similar ao obtido pela opção ________________, da Aba Página Inicial.

Já a opção Linha de Assinatura, permite inserir uma ________________ no documento em edição. Contudo, para isso, é necessário possuir um ________________. Esta opção também pode ser utilizada para inserir as linhas normalmente usadas para posterior assinatura manual.

Aba Layout de Página

A aba Layout de Página é muito importante durante a edição de um documento. A versão do Word 2013 removeu alguns blocos desta aba, criando a aba ________________.

Na Aba Layout de Página, são disponibilizados os blocos: Configurar Página; ________________ e Organizar.

Bloco Configurar Página

O bloco Configurar Página é um dos principais blocos da Aba Layout de Página. Por meio dele, podemos alterar as configurações de: Margens; ________________; Tamanho; Colunas; Quebras; Números de Linhas e Hifenização.

Vale ressaltar que as configurações de página podem ser diferentes em um mesmo documento, pois a configuração é aplicada à ________________. Desse modo, é possível, em um mesmo documento, trabalhar com páginas na orientação Retrato e Paisagem Intercaladas.

Aba Referências

A guia Referências dispõe os blocos: _______________; Notas de Rodapé; Citações e Bibliografia; Legendas; Índice e Índice de Autoridades.

Bloco Sumário

Através do Bloco Sumário, pode-se ter acesso à opção Sumário, a fim de realizar a inserção do Sumário _______________, no documento em edição. Convém lembrar que o sumário depende da utilização dos _______________ de título ao longo do documento, para poder listar tais títulos e as referidas páginas em que aparecem.

Bloco Notas de Rodapé

Por meio do bloco Notas de Rodapé, é possível inserir tanto notas de Rodapé como Notas de _______________. A diferença é que as notas de rodapé são exibidas no rodapé das páginas em que são citadas, já as notas de fim podem ser configuradas para aparecerem no fim da _______________ ou no fim do documento.

Aba Correspondências

A aba Correspondências é bastante utilizada por escritórios. Isso porque é nessa aba que se encontram as opções de trabalhar com _______________ para a geração de envelopes e etiquetas, de forma facilitada e dinâmica. Em bancas de concursos, é comum se questionar sobre como montar a lista de "contatos" para se trabalhar com mala direta. Para isso, é possível se criar a lista, utilizando o _______________ ou o _______________.

Aba Revisão

A Aba Revisão oferece opções de correção e controle do conteúdo do documento, por meio dos blocos: Revisão de Texto; Idioma; Comentários; _______________; Alterações; Comparar e Proteger, conforme ilustrado a seguir.

Bloco Revisão de Texto

Neste Bloco é que se encontra a ferramenta Ortografia e Gramática, que pode ser acionada por meio da tecla de atalho __________, bem como com a ferramenta Pesquisar.

Bloco Idioma

Outra novidade do Word 2013 é a opção __________, disponível no bloco Idioma, que permite traduzir um texto selecionado utilizando a ferramenta de tradução online da Microsoft. Obviamente, advém a necessidade de estar conectado à Internet.

Bloco Controle

O bloco Controle é uma excelente ferramenta a para correção de documentos, de forma que o escritor, ao terminar seu trabalho, ativa a opção __________________, salva o documento, e o envia para um corretor. Este, se necessário, apagará trechos do texto ou realizará a inserção de novas estruturas. Estas ações são __________ no documento, como ilustrado na sequência, de forma que o corretor, ao terminar se trabalho, salva novamente o documento e o envia ao escritor para que __________ ou não as alterações realizadas.

~~Texto·a·ser·excluído·~~Inserir·este·texto·do·documento,·para·o·exemplo.¶

Bloco Comparar

O bloco Comparar oferece a opção Comparar, pela qual é possível escolher dentre as opções: Comparar... ou Combinar...

A opção Comparar permite comparar versões diferentes de um __________________, a fim de destacar as diferenças. Já a opção Combinar serve para combinar as diferentes __________ de alteração que várias pessoas fizeram, com base no mesmo documento.

Bloco Proteger

A opção Restringir Edição, disponível no Bloco Proteger, é a mesma apresentada no ____________________.

Aba Exibição

As opções encontradas nesta guia estão relacionadas a itens que se remetem à forma de apresentação da janela, do zoom, entre outas visões. A aba é composta pelos blocos: Modos de Exibição de Documento; Mostrar; Zoom; Janela e ____________________.

Bloco Modos de Exibição

Um dos principais da Aba Exibição, em relação à cobrança nas provas, pois neste bloco são disponibilizados os cinco modos de exibição da janela do Word: Layout de ____________; Leitura em Tela Inteira; Layout da ____________; Estrutura de ____________ e Rascunho.

O modo Layout de ____________ é o padrão. Quando ele está ativado, é possível visualizar os limites das páginas, e as réguas são exibidas tanto da horizontal como da vertical.

No modo Layout da Web, não há a divisão em páginas e apenas aparece a régua da ____________.

A Estrutura de Tópicos exibe o texto com um marcador para cada parágrafo, como ilustrado a seguir:

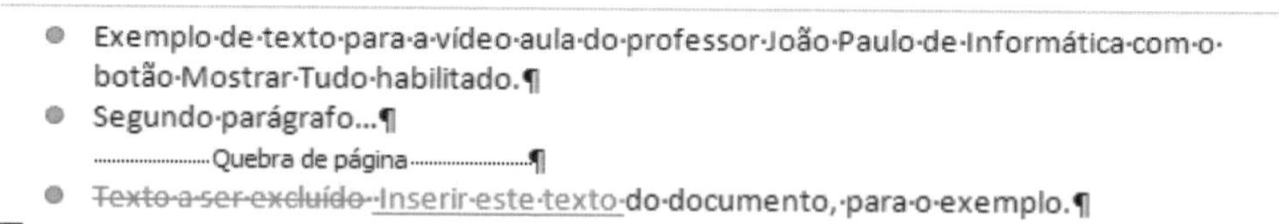

O modo Rascunho é o mais simples: as ____________ são omitidas, e apenas o ____________ é exibido.

Bloco Zoom

Por meio deste bloco, é possível se alternar entre os diversos níveis de zoom do documento.

Bloco Janela

As opções deste bloco estão associadas à visualização da janela do programa.

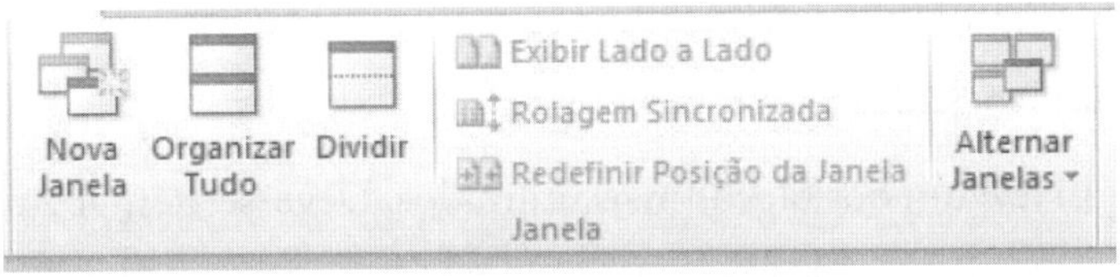

A opção mais usual é a opção Dividir, que permite dividir a tela em ____________, de forma a possibilitar a visualização de duas partes distantes de um mesmo documento simultaneamente, como ver a primeira e a última página de um documento com várias páginas.

Aba Inserir

Bloco Ilustrações

A novidade do bloco Ilustrações é a opção ____________, que permite inserir uma imagem de uma janela de programa aberto, ou ainda, inserir recorte da tela do computador.

Uma das novidades do Office 2013 é a possibilidade de incorporar recursos de aplicativos disponíveis na Windows ____________, como também a opção ____________.

Mas devemos tomar cuidado com a opção Comentário que, além de existir na aba __________________, passa a existir também na aba __________________.

PowerPoint 2013

O PowerPoint é o editor de Apresentações de Slides da __________________. Algumas provas podem citar o termo slides em português __________________.

O PowerPoint possui dois formatos principais: um relacionado à edição dos slides (______________) e outro que abre diretamente no modo de exibição (PPSX).

Aba Página Inicial

Ao comparar a Página Inicial do Word com o PowerPoint, é possível notar algumas diferenças, como o bloco ______________ e o Bloco Desenho, como também algumas diferentes opções nos Blocos Fonte e Parágrafo.

Bloco Slides

Este é um dos blocos mais utilizados. Deve-se atentar à opção Novo Slide. Ela apresenta uma seta para baixo, o que significa que um menu Dropdown será aberto, permitindo que seja selecionado o ______________ do slide a ser inserido.

Contudo, é possível mudar o **Layout** (organização) de um slide mesmo após sua inserção, bastando, para tanto, selecionar o slide desejado e alterar seu layout pela opção ____________________.

Bloco Fonte

O bloco Fonte apresenta as opções: sombra de texto e espaçamento entre ______________, que não aparecem no Word.

A opção ______________, indicada pela letra S mais espessa, permite aplicar um efeito de sombra que dá destaque ao texto, dando a impressão de volume.

Bloco Parágrafo

Neste bloco, há novas funcionalidades como: Colunas, Direção do Texto, Alinhar Texto e Converter em SmartArt.

A opção ______________ permite formatar uma caixa de texto selecionada para que exiba seu texto em diversas colunas.

A opção ______________ permite alterar a forma como um texto é exibido no PowerPoint, a fim de causar um efeito mais chamativo.

As opções encontradas, ao clicar na opção Direção do Texto, são: Horizontal; Girar em 90º; girar em 270º e Empilhado.

Também é possível alinhar o texto verticalmente na caixa de texto. Para isso, pode-se utilizar a opção ______________.

As opções são: Em Cima, No Meio e Embaixo.

O recurso ______________ também existe no Word. Contudo, no PowerPoint, é possível converter uma estrutura de um texto, em parágrafo ou tópicos, em um esquema do SmartArt.

Bloco Desenho

O bloco Desenho é o substituto da barra de ferramentas de desenho, encontrada no Microsoft Office 2003. Nele, encontramos as mesmas opções e algumas a mais.

Formas

A opção Formas permite inserir um ______________ no documento em edição que pode ser dimensionado e preenchido.

Organizar

A opção Organizar oferece recursos de posicionamento dos objetos em relação a outros, como ordená-los um a frente do outro, ou seja, controlar a sobreposição dos itens. Como também podemos ______________ os itens para movimentá-los e dimensiona-los de maneira uniforme.

Aba Inserir

Na aba Inserir são disponibilizadas inúmeras opções de estruturas que podem ser inseridas na apresentação em edição.

Álbum de fotografias

Pode-se enfatizar a opção Álbum de Fotografias, opção que permite criar rapidamente um álbum de fotos, por meio da seleção de uma ______________ contendo as imagens, colocando apenas uma foto por slide ou mais.

SmartArt

O recurso SmartArt permite criar ______________ organizacionais. Tal recurso passou a existir a partir da versão 2007 do MsOffice.

Gráficos

Com relação aos gráficos, convém lembrar que eles necessitam de uma ________________ com os dados que serão representados no gráfico.

Ação

Por meio do botão Ação, podemos criar interações em meio à apresentação de slides, como navegar de modo ______________ entre os slides.

Cabeçalho e Rodapé

A estrutura de cabeçalho e rodapé requer maior atenção. Isso porque, no Word, ela opera de modo diferente do que no PowerPoint. Nos ______________, também podemos trabalhar com rodapé, mas não com cabeçalhos, apesar de a ferramenta possuir este nome. Na verdade, isso ocorre porque o cabeçalho pode ser inserido no formato das ____________________.

Nos folhetos e anotações, o cabeçalho ocupa o canto superior ______________, enquanto que o rodapé usa o campo inferior esquerdo. Na posição superior direita, podemos exibir a ______________, enquanto que no canto inferior direto, temos o espaço para o ______________.

Bloco Mídia

É possível inserir, em uma apresentação de slides, um ______________, como também um arquivo de ______________.

Aba Design

Através desta aba é possível mudar a configuração de um slide, colocando-o com ______________ diferente do padrão, paisagem, ou mesmo mudar suas dimensões. Pode-se ainda alterar o conjunto de cores de fundo e fontes, por meio dos ______________.

Aba Transações

Na Aba Transições, encontram-se as opções referentes à ________________ dos slides durante a apresentação. No Office 2013, existem diversos novos efeitos que proporcionam uma melhor qualidade visual à apresentação. Também é possível configurar ___________________ para cada slide e para o efeito de transição, por meio das opções disponibilizadas no bloco Intervalo.

Aba Animações

Na aba Animações são encontradas opções que podem ser aplicadas a _______________ em um slide, como figuras e textos. É possível também configurar o tempo de uma troca de slides, bem como a duração de uma _______________.

Aba Apresentação de Slides

Na aba Apresentação, podemos configurar a apresentação como um todo.

A opção do começo exibe a apresentação de slides a partir do primeiro slide. A tecla de atalho correspondente é a tecla ___________________. Já a opção do Slide atual exibe a apresentação a partir do slide selecionado. A tecla de atalho para esta opção é __________________.

Uma das melhorias do Office 2013 é a sua integração com recursos Online, como a opção ___________________ que possibilita disponibilizar uma apresentação de slides para que possa ser visualizada via Internet enquanto é exibida. Para tanto, é necessário utilizar uma Windows Live ID.

Outra opção Interessante é a opção Modo de Exibição de _______________ que permite, quando um monitor e um projetor, ou mesmo dois monitores conectados ao computador, exibir a apresentação em um (normalmente no projetor) e no outro monitor uma tela de acompanhamento que exibe as ______________ de cada slide, a sua miniatura e o tempo decorrido do início da apresentação.

Bloco Configurar Apresentação

Configurar Apresentação de Slides

A configuração de uma apresentação permite definir se a apresentação será exibida em tela inteira ou na forma de ______________. Define-se também a forma de ______________ dos slides e quais serão eles.

Ocultar Slide

Essa opção permite ocultar o slide ______________. Tal slide também não é exibido na apresentação.

Testar Intervalos

Esse recurso é muito utilizado para animações com textos com transição ______________. Uma vez acionada essa função, a apresentação de slides é iniciada. A cada vez que um slide é avançado, o tempo é ______________, a fim de que esse tempo seja usado na exibição dos slides.

Anotações

CAPÍTULO 4

Segurança da Informação

Malwares

Hardware

Segurança da Informação

341. **(2014 - TC/DF - Técnico de Administração Pública)** O controle de acesso biométrico é uma das formas de aumentar a segurança no acesso à rede por meio do uso de palavras-chave que identificam características biológicas do usuário para a formação de senhas alfanuméricas seguras.

GABARITO: ERRADO.

Uma leitura Biométrica pode ser realizada por um scanner digital ou mesmo de retina, pois se baseia em traços biológicos que são capazes de distinguir um indivíduo dentre bilhões. Ela é uma forma de acesso usada de modo alternativo ao uso de senhas.

---

342. **(2014 - TJ/CE - Todos os Cargos)** Um certificado digital é um arquivo no computador que identifica o usuário. Acerca desse assunto, assinale a opção correta.

a) Os aplicativos de e-mail ainda não possuem recursos que possibilitem a utilização da tecnologia do certificado digital.

b) Por questões de segurança, a chave pública do usuário não faz parte do certificado digital.

c) Mesmo que um sítio eletrônico possua uma área restrita, não há como programá-lo de modo a que ele exija do usuário a apresentação de certificado digital.

d) Na prática, os certificados digitais não podem ser utilizados por um tribunal de justiça para comprovar a autoria, por exemplo, de um processo eletrônico.

e) Um certificado digital pode ser emitido tanto para uma pessoa quanto para um computador.

GABARITO: E.

É perfeitamente possível usar certificados digitais no envio de e-mails, principalmente ao utilizar uma Assinatura Digital que requer que o emissor possua certificado digital.

Dentre as informações armazenadas e disponibilizadas pelo servidor de chaves públicas, é a própria chave pública dos usuários.

A definição de uso ou não de certificado digital fica por conta do próprio site.

Na prática, os advogados precisam possuir certificado digital, justamente, para garantir que o processo foi protocolado por eles.

Um certificado digital pode ser usado para comprovar a autoria de uma informação, como também para promover o sigilo da mesma. Um certificado pode ter a forma de um aplicativo que funciona apenas no computador específico. Assim, pode-se dizer que ele foi emitido para aquele computador específico.

---

343. **(2014 - MTE - Agente Administrativo)** No âmbito organizacional, a segurança da informação deve ser vista como um processo responsável por tratar exclusivamente a informação pertencente à área de tecnologia.

GABARITO: ERRADO.

A Segurança da Informação é mais antiga que a própria Informática. Ela abrange todo o fluxo de dados, desde a aquisição ou geração, ao seu armazenamento e descarte, independentemente da forma dessa informação.

---

344. **(2014 – MTE – Agente Administrativo)** Em ambientes corporativos, um dos procedimentos de segurança adotado é o monitoramento de acessos dos empregados à Internet, cujo objetivo é permitir que apenas os sítios de interesse da organização sejam acessados.

GABARITO: CERTO.

Uma das prerrogativas é o monitoramento da rede. Um dado que torna a questão confusa consiste em associar o monitoramento com a operação de barrar acessos. Tal monitoramento normalmente é feito por um *proxy*, e o controle de acesso pode ser feito pelo *proxy* como por um Firewall.

---

345. **(2014 – ICMBIO – Todos os Cargos)** Biometria é uma forma de se identificar o comportamento, garantindo a segurança dos usuários de Internet.

GABARITO: ERRADO.

É incoerente afirmar que a impressão digital define o comportamento de um ser humano. Além disso, não se pode afirmar que a segurança garantida pela Biometria é absoluta. A biometria é usada para identificar quem é o indivíduo através de marcas/expressões biológicas únicas. Num futuro breve, além dos *scanners* de digitais e de retina, pode-se esperar a análise biométrica do DNA.

---

346. **(2012 – PC/AL – Delegado de Polícia)** O uso da informação por meio de infraestruturas computacionais apoiadas por redes de computadores de alta velocidade revolucionou o cenário das tecnologias da informação. A realização diária de muitas atividades depende, cada vez mais, das tecnologias da informação. Tendo essas informações como referência inicial, julgue o item a seguir: As assinaturas digitais — uma das ferramentas empregadas para aumentar a segurança em redes por meio da certificação da autenticidade do emissor e do receptor dos dados — podem ser utilizadas tanto por usuários finais de serviços de redes como por servidores de arquivos ou de aplicações.

GABARITO: CERTO.

A assinatura digital garante a Autenticidade e a Integridade dos dados enviados. Vale lembrar que, para poder assinar digitalmente um documento, é necessário possuir certificado digital.

---

347. **(2014 – Polícia Federal – Agente Administrativo)** Um dos objetivos da segurança da informação é manter a integridade dos dados, evitando-se que eles sejam apagados ou alterados sem autorização de seu proprietário.

GABARITO: CERTO.

Os princípios da segurança da informação são: Disponibilidade, Integridade, Confidencialidade e Autenticidade. A Integridade, por sua vez preza por garantir a não alteração.

---

348. (2015 – FUB – Conhecimentos Básicos) Os *Sniffers*, utilizados para monitorar o tráfego da rede por meio da interceptação de dados por ela transmitidos, não podem ser utilizados por empresas porque violam as políticas de segurança da informação.

GABARITO: ERRADO.

Um *Sniffer* como *WireShark* permite copiar os dados trafegados. Porém, se eles estiverem cifrados, não podem ser entendidos pelo usuário, a menos que se quebre a criptografia ou se conheça a chave necessária. Outro ponto a se pensar refere-se a uma rede de uma instituição pública. Deve-se considerar que a rede pertence à instituição. Logo, presume-se que os dados que passam por ela são de caráter da empresa. Se o usuário fizer uso deles para fins próprios, que não interessem ao órgão, ele estará cometendo improbidade administrativa. Portanto, uma empresa pode usar um *Sniffer* com a intenção de averiguar se os usuários estão dando o devido uso a rede.

---

349. (2015 – TRE/GO – Analista Judiciário) Quanto à segurança da informação, sugere-se que se crie um disco de recuperação do sistema, assim como se desabilite a autoexecução de mídias removíveis e de arquivos anexados.

GABARITO: CERTO.

A autoexecução de mídias removíveis como CDs e Pendrives favorece a disseminação de *Worms* que exploram essa característica do Windows. Por isso, desabilitar tal propriedade ajuda a proteger o computador. O mesmo vale para o download de arquivos anexados às mensagens de e-mails.

Já a restauração do sistema tem por objetivo facilitar a recuperação do computador ao seu estado funcional, após algum ataque, ou mesmo problema de atualização.

---

350. (2012 – Polícia Federal – Papiloscopista) As senhas, para serem seguras ou fortes, devem ser compostas de pelo menos oito caracteres e conter letras maiúsculas, minúsculas, números e sinais de pontuação. Além disso, recomenda-se não utilizar como senha nomes, sobrenomes, números de documentos, placas de carros, números de telefones e datas especiais.

GABARITO: CERTO.

A definição apontada na questão é apontada pela ISO 27.001. Desse modo, existem definições mínimas de segurança. A mesma ISO descreve boas práticas de segurança a serem seguidas. É cada vez mais comum, nas provas, a abordagem dos apontamentos presentes nas ISOs 27.001 e 27.002.

---

351. (2012 – Polícia Federal – Papiloscopista) Uma boa prática para a salvaguarda de informações organizacionais é a categorização das informações como, por exemplo, os registros contábeis, os registros de banco de dados e os procedimentos operacionais, detalhando os períodos de retenção e os tipos de mídia de armazenagem e mantendo as chaves criptográficas associadas a essas informações em segurança, disponibilizando-as somente para pessoas autorizadas.

GABARITO: CERTO.

Esta questão está relacionada ao gerenciamento da informação. São reforçados os princípios que preveem que as senhas são de uso pessoal e intransferível.

352. **(2012 – Polícia Federal – Papiloscopista)** Os sistemas IDS (*intrusion detection system*) e IPS (*intrusion prevention system*) utilizam metodologias similares na identificação de ataques, visto que ambos analisam o tráfego de rede em busca de assinaturas ou de conjunto de regras que possibilitem a identificação dos ataques.

GABARITO: CERTO.

Como seus nomes já sugerem, um dos sistemas age na detecção de invasores enquanto estes tentam realizar a invasão (IDS); o outro sistema age na prevenção contra a invasão, fechando possíveis brechas e plantando armadilhas para possíveis invasores.

353. **(2013 – MPU – Analista)** *Phishing* é a técnica de criar páginas falsas, idênticas às oficiais, para capturar informações de usuários dessas páginas.

GABARITO: CERTO.

Via de regra, um *Phishing* não é considerado um malware, pois, para o usuário, ele aparece na forma de um site ou de um e-mail falso. Desse modo, não chega a ser instalado ou executado no computador do usuário.

354. **(2013 – PC/BA – Escrivão de Polícia)** A possibilidade de 'roubo de identidade' é problema de segurança comum relacionado ao uso de redes sociais, visto que dados para construção de perfis falsos de usuário são facilmente acessíveis a potenciais 'criminosos digitais'.

GABARITO: CERTO.

São os famosos *Fakes* que são criados para diversas finalidades, como descobrir infidelidades, ou mesmo, realizar ataques de engenharia social, dentre outras possibilidades.

355. **(2008 – INSS – Analista do Seguro Social)** A assinatura digital é um exemplo de controle lógico.

GABARITO: CERTO.

A assinatura digital garante a Autenticidade e a Integridade de um documento digital. Controles físicos são portas com controle de acesso, cofres, seguranças (pessoas), entre outros meios físicos. Contudo, para assinar um documento digitalmente, é necessário possuir um Certificado Digital, a fim de assinar o resumo Hash com a chave privada do remetente.

356. **(2008 – INSS – Analista do Seguro Social)** A assinatura digital, por meio de um conjunto de dados criptografados associados a um documento, garante a integridade e confidencialidade do documento.

GABARITO: ERRADO.

A assinatura digital garante os princípios da Autenticidade e da Integridade.

357. (2012- PC/AL – Escrivão de Polícia) Os *Phishings*, usados para aplicar golpes contra usuários de computadores, são enviados exclusivamente por meio de e-mails. Os navegadores, contudo, têm ferramentas que, algumas vezes, identificam esses golpes.

GABARITO: ERRADO.

Um *Phishing* é um e-mail ou página falsa que busca capturar dados do usuário e enviar a terceiros. Um *Phishing* não é um malware, por não ser um software. Atualmente, os browsers possuem filtros *antiphishing*.

358. (2014 – TJ/SE – Técnico Judiciário) Embora as redes sociais ofereçam muitas facilidades de comunicação, é imprescindível que seus usuários adotem hábitos de segurança, como, por exemplo, o de manter, em seus computadores, antivírus atualizado, para evitar contaminações.

GABARITO: CERTO.

Faz parte das prerrogativas mínimas de segurança manter o Sistema Operacional atualizado, assim como o Antivírus e Antispyware. Convém também manter o Firewall sempre ativo.

359. (2014 – TC/DF – Todos os Cargos) Normalmente, mensagens de *e-mail* passam por vários roteadores e equipamentos de rede antes de chegarem ao seu destinatário final; por isso, para se aumentar a segurança da informação, essas mensagens podem ser criptografadas.

GABARITO: CERTO.

É preciso considerar que qualquer dado passa por vários roteadores. Apesar de um roteador operar na camada de rede, algum usuário mal intencionado pode tentar capturar o que é transmitido pela rede. Se o que está trafegando estiver criptografado, o interceptador terá mais dificuldades em descobrir o real conteúdo trafegado.

360. (2014 - CEF - Médico do Trabalho) Quando um documento assinado digitalmente sofre algum tipo de alteração, automaticamente a assinatura digital vinculada ao documento torna-se inválida.

GABARITO: CERTO.

O que é cifrado é o resumo gerado a partir do documento original, a fim de garantir tanto a Autenticidade como a Integridade do documento.

361. (2014 - CEF - Médico do Trabalho) A autoridade certificadora raiz é responsável por emitir e administrar os certificados digitais dos usuários, ou seja, ela possui todas as chaves privadas dos usuários dos certificados que ela emite.

GABARITO: ERRADO.

O primeiro aspecto a se considerar é que as autoridades certificadoras não armazenam as chaves privadas. Elas apenas as emitem para seus clientes e armazenam as chaves públicas relacionadas. O segundo aspecto se refere ao fato de que as autoridades certificadoras raiz emitem certificado digital para outras autoridades certificadoras. No Brasil, a autoridade certificadora raiz é o ICP-Brasil.

362. **(2014 - FUB - Contador)** A implantação de procedimentos de segurança nas empresas consiste em um processo simples, não sendo necessário, portanto, que sua estrutura reflita a estrutura organizacional da empresa.

GABARITO: ERRADO.

A implantação deve seguir uma série de parâmetros definidos pelos ISO da série 27.000, como 27.001 e 27.002. Trata-se de um processo não muito simples e que não reflete necessariamente o organograma da empresa.

363. **(2014 – Polícia Federal – Agente de Polícia)** *Phishing* é um tipo de *prática maliciosa* que, por meio de uma mensagem de *e-mail*, solicita informações confidenciais ao usuário, fazendo-se passar por uma entidade confiável conhecida do destinatário.

GABARITO: CERTO.

Os *Phishings* do tipo e-mail são os mais antigos, seu objetivo é induzir o usuário a fornecer dados, acreditando estar respondendo a algo real. São comuns os e-mails sobre declaração de imposto de renda, serviços de e-mail fechando contas, entre outros.

364. **(2013 – FUNASA – Todos os Cargos)** Os certificados digitais contêm uma chave pública, informações acerca da identidade do remetente de uma mensagem e a assinatura da autoridade certificadora que gerou o certificado.

GABARITO: CERTO.

A chave pública fica no servidor de chaves públicas, juntamente com sua identificação, ou seja, quem é o dono, número de série, data de validade, entre outras informações que variam do tipo de certificado. Quando um usuário solicita a chave pública de um site (automaticamente), o site a envia assinada com a chave privada da autoridade certificadora (informação que, em outro momento, foi fornecida ao site pela própria AC). Assim, o usuário tem a verificação da autenticidade do certificado.

365. **(2013 – TRT /17ª Região – Todos os Cargos)** A assinatura digital, que é um método de autenticação da informação, permite que um documento ou uma versão reduzida do documento (*digest message*) seja assinado eletronicamente.

GABARITO: CERTO.

A assinatura digital garante a Integridade, a Autenticidade e, por consequência, o não repúdio da informação. Logo, pode ser entendido como método de autenticação. Deve-se ter cuidado com tais termos! A versão reduzida citada é o próprio resumo HASH da mensagem.

366. **(2013 – TRT /17ª Região – Todos os Cargos)** O fator de segurança da biometria é menor que o fator de segurança de outras soluções de identificação, *como*, por exemplo, o uso de cartões e de senhas.

GABARITO: ERRADO.

Para resolver essa questão, basta refletir: é mais fácil alguém copiar um cartão, roubar uma senha ou copiar uma digital. As senhas e os cartões são mais fáceis de serem copiados (Todavia, não se pode afirmar, com absoluta certeza, que uma digital seja impossível de ser copiada. Copiá-la, no entanto, seria um procedimento muito mais difícil).

367. (2013 – STF- Analista Judiciário/Área Jurídica) Assinaturas digitais são recursos que substituem a biometria e garantem que o documento possa conter uma imagem com assinatura gráfica ou rubrica do remetente.

GABARITO: ERRADO.

Uma assinatura digital é um processo que garante os princípios de Integridade e Autenticidade. Para tanto, é necessário possuir certificado digital. Já a biometria é apenas uma informação biológica que identifica um indivíduo. O uso de assinaturas ou rubricas, na forma de imagem, é chamado de assinatura digitalizada. Isso é algo que, em termos de segurança, não se recomenda usar, pois não oferece garantias; pelo contrário, viabiliza que alguém use a imagem para fraudar uma assinatura em documentos.

Malwares

368. (2014 – MTE – Contador) Quando ativado na máquina, a principal característica do vírus *time bomb* é a sua capacidade de remover o conteúdo do disco rígido em menos de uma hora.

GABARITO: ERRADO.

Um dos vírus baseados em time é o *Sexta-Feira 13*, que é ativado somente nessas datas. Um dos vírus conhecidos que apaga os dados é o *I love You*.

369. (2015 – TRE/GO – Analista Judiciário) *Botnet* é uma rede formada por inúmeros computadores zumbis e que permite potencializar as ações danosas executadas pelos *bots*, os quais são programas similares ao *worm* e que possuem mecanismos de controle remoto.

GABARITO: CERTO.

***A Botnet* ou *rede zumbi* é amplamente usada pelos crackers para realizar ataques como o de DDoS (*Distributed Denied of Service*) Negação de Serviço Distribuída. Pode-se dizer que o *bot* é a estrutura mais simples, e o *worm* possui as mesmas características e outras mais.**

370. (2013 – Polícia Federal – Escrivão de Polícia) Para tratar um computador infestado por pragas virtuais do tipo pop-up e barra de ferramenta *indesejada*, é mais indicado o uso de aplicativos com funções de antispyware que aplicativos com função de antivírus. Em ambos os casos, a eficácia da remoção depende da atualização regular das assinaturas de malwares.

GABARITO: CERTO.

Alguns antivírus possuem antispyware, mas normalmente são instalados os dois, pois um complementa o outro. O Antispyware é mais eficiente na identificação de *Keyloggers, Screenloggers* e *Adwares* do que o Antivírus.

371. (2014 – Polícia Federal – Agente de Polícia) Os *hijackers* são exemplos de códigos maliciosos que, sem que os usuários percebam, invadem computadores e, por exemplo, modificam o registro do Windows.

GABARITO: ERRADO.

Os *hijackers* capturam e modificam os browsers, fixando páginas iniciais e abrindo janelas durante a navegação do usuário.

372. **(2014 – Polícia Federal – Agente de Polícia)** Computadores infectados por *bots* podem ser controlados remotamente bem como podem atacar outros computadores sem que os usuários percebam.

GABARITO: CERTO.

***Bots* ou *Robots* são malwares cuja finalidade é controlar o computador do usuário a distância. São normalmente utilizados para usar o computador do usuário, a fim de realizar ataques a outros computadores diretamente, ou, em conjunto, realizar ataques do tipo DDoS.**

373. **(2012 – Polícia Federal – Papiloscopista)** A fim de se proteger do ataque de um spyware — um tipo de vírus (malware) que se multiplica de forma independente nos programas instalados em um computador infectado e recolhe informações pessoais dos usuários —, o usuário deve instalar softwares antivírus e antispywares, mais eficientes que os firewalls no combate a esse tipo de ataque.

GABARITO: ERRADO.

Os Spywares não se multiplicam de forma independente. Eles ou fazem parte de um trojan, ou são instalados diretamente na máquina por usuários mal intencionados. Os Worms é que se multiplicam automaticamente.

374. **(2008 – PC/TO – Delegado de Polícia)** Trojan é um programa que age utilizando o princípio do cavalo de Troia. Após ser instalado no computador, ele libera uma porta de comunicação para um possível invasor.

GABARITO: CERTO.

O nome *Trojan Horse* surge por conta da história da guerra entre Troia e Grécia, em que os gregos deram aos troianos um cavalo recheado de soldados que abriram os portões da cidade, durante a madrugada, para que os gregos pudessem invadir Troia.

375. **(2014 – TJ/SE – Analista)** Para tentar prevenir uma infecção por vírus ou malware, algumas ferramentas de antivírus procedem à detecção por heurística, técnica de detecção de vírus baseada no comportamento anômalo ou malicioso de um software.

GABARITO: CERTO.

Heurística é uma lógica de raciocínio baseada em histórico de informações e de comportamentos. No caso dos malwares, é a técnica na qual os antivírus se baseiam nas ações típicas dos malwares. Isso ocorre para que, ao se detectar um arquivo ou programa e se encontrar tal comportamento, no mínimo, coloque-se o arquivo sob suspeita, movendo-o para uma quarentena ou sandbox.

376. **(2012 – Banco da Amazônia – Técnico Científico)** As ferramentas de antivírus que realizam a verificação do tipo heurística detectam somente vírus já conhecidos, o que reduz a ocorrência de falsos positivos.

GABARITO: ERRADO.

Se o objetivo consistir em procurar por malwares já conhecidos, não é necessário usar heurísticas. Basta realizar a busca pelo que se conhece. A técnica é empregada para auxiliar na proteção contra as pragas maliciosas ainda não conhecidas.

377. (2014 – TJ/SE – Técnico Judiciário) Para evitar a contaminação de um arquivo por vírus, é suficiente salvá-lo com a opção de compactação.

GABARITO: ERRADO.

Os compactadores são utilitários que visam reduzir o tamanho de um ou mais arquivos, embora nem sempre sejam eficazes. Por mais que o arquivo possua senha, não é competência dos compactadores proteger o documento contra malwares.

---

378. (2014 – TJ/CE – Todos os Cargos) Acerca de noções de vírus, *Worms* e pragas virtuais, assinale a opção correta:

a) Os programas spywares possibilitam que aquilo que foi digitado e até mesmo o que foi visualizado na tela do computador seja capturado e enviado ao e-mail do cibercriminoso.

b) O *Rootkit*, um vírus transmitido remotamente, pode ser facilmente identificado pelo usuário por permanecer visível no computador.

c) Um vírus de boot é um tipo de vírus que se propaga durante a inicialização do computador e não por meio de pendrives.

d) *Botnets* são *Worms* que infectam dispositivos para armazenamento, como, por exemplo, um disco de um computador, que, uma vez infectado, não consegue mais ser inicializado até que seja formatado.

e) Um tipo de vírus muito difundido na Web é o *Hijacker*, cuja característica principal é infectar arquivos do Microsoft Word.

GABARITO: A.

O Cert Br define três tipos de spywares: *Keyloggers, Screenloggers* e *Adwares*, cuja finalidade é capturar os dados do usuário e enviar a terceiros. Um *RootKit* é um malware que esconde (altera) outros malwares. Logo, pode ser considerado como um dos de mais difícil detecção.

Um Vírus de Boot ataca o processo de boot do sistema operacional. Nesse momento, é muito difícil que ele se propague.

***Botnets* são redes de computadores que estão sob o controle de invasores. Enquanto que os *Worms*, muitas vezes, são usados para se criar essas redes.**

Os vírus que têm como principal alvo as suítes de escritório são conhecidos como vírus de macro. No entanto, nem todo vírus que ataca o Office é de macro.

***Hijacker* é um malware que assume o controle do navegador e fica abrindo páginas não solicitadas durante a navegação. Não se deve confundi-lo com pop-up.**

---

379. (2014 – ICMBIO – Todos os Cargos) As verificações de antivírus em um arquivo ocorrem com base na comparação entre o nome do arquivo e o banco de dados de vacinas, visto que os antivírus não possuem recursos para analisar o conteúdo dos arquivos.

GABARITO: ERRADO.

Além de avaliar o conteúdo dos arquivos, os antimalwares também contam com recursos como heurísticas para encontrar vírus que ainda não fazem parte da base de vírus conhecidos.

---

380. **(2014 –MEC – Todos os Cargos)** A ação de Worms pode afetar o desempenho de uma rede de computadores.

GABARITO: CERTO.

O principal meio usado pelos *Worms* para se espalhar é a rede. Além de poder controlar o computador do usuário a distância, ou seja, mediante acesso remoto, usando a rede.

381. **(2014 - MTE – Contador)** Os antivírus são ferramentas capazes de detectar e remover os códigos maliciosos de um computador, como vírus e *Worms*. Tanto os vírus quanto os *Worms* são capazes de se propagarem automaticamente por meio da inclusão de cópias de si mesmo em outros programas, modificando-os e tornando-se parte deles.

GABARITO: ERRADO.

Os vírus é que infectam outros arquivos, tornando-se parte deles. Já os *Worms* existem independentemente de outro arquivo e criam cópias exatas de si.

382. **(2014 – FUB – Todos os Cargos)** Computadores podem ser infectados por vírus mesmo que não estejam conectados à Internet.

GABARITO: CERTO.

Mesmo não estando conectado à Internet, o computador possui usuários, e esses podem, por exemplo, conectar um pendrive contaminado ao computador.

383. **(2014- CADE – Todos os Cargos)** O computador utilizado pelo usuário que acessa salas de bate-papo não está vulnerável à infecção por *Worms*, visto que esse tipo de ameaça não se propaga por meio de programas de *chat*.

GABARITO: ERRADO.

É comum a troca de arquivos em salas de bate-papo, o que abre caminho para a troca de malwares também.

384. **(2014- CADE – Todos os Cargos)** Os vírus de computador podem apagar arquivos criados pelo editor de texto, no entanto são incapazes de infectar partes do sistema operacional, já que os arquivos desse sistema são protegidos contra vírus.

GABARITO: ERRADO.

Os vírus que atacam os arquivos dos editores de texto normalmente são vírus de Macro. Porém, a questão não cita um tipo específico, mas aborda os vírus como um todo. Assim, com base na característica dos vírus de infectar outros arquivos, principalmente do Sistema Operacional, temos como errada a questão.

385. **(2014 – MDIC – Analista Técnico Administrativo)** Um *backdoor* (porta dos fundos) é um programa de computador utilizado pelo administrador de rede para realizar a manutenção remota da máquina de um usuário.

GABARITO: ERRADO.

Um *backdoor* é uma brecha criada no computador para acesso por terceiro, sem o consentimento do usuário. Um *backdoor* é considerado um malware. Administradores de rede realizam acesso remoto ou usando a própria ferramenta de Área de Trabalho Remota do Windows ou por aplicativos como o Teamviewer (um dos mais populares).

386. **(2014 – MDIC – Agente Administrativo)** O comprometimento do desempenho de uma rede local de computadores pode ser consequência da infecção por um worm.

GABARITO: CERTO.

O principal meio escolhido pelos *Worms* para se replicar é a rede. Por isso, enquanto tentam se replicar, eles aumentam o volume de tráfego na rede, possivelmente tornando-a mais lenta. Há também o acesso remoto que os *Worms* possibilitam, ao abrir portas para que um terceiro controle o computador do usuário. Tal controle também se dá pela rede.

387. **(2014 – MDIC – Agente Administrativo)** Os antivírus, além da sua finalidade de detectar e exterminar vírus de computadores, algumas vezes, podem ser usados no combate a spywares.

GABARITO: CERTO.

A grande maioria dos antivírus já possui a característica integrada de proteção contra vírus e contra programas espiões (antipspywares). O principal exemplo é o Windows Defender que, até o Windows 7, era apenas um antispyware. Todavia, no Windows 8, foi integrado a ele o Microsoft Security Essencials, que é antimalware.

388. **(2013 – STF- Analista Judiciário/Área Administrativa)** Considerando que, em uma rede, o computador de um usuário tenha sido infectado por um *Worm* que consegue se replicar em sistemas falhos pelas portas 137 e 138, julgue o item subsequente:

Antivírus modernos e atualizados podem detectar *Worms* se sua assinatura for conhecida.

GABARITO: CERTO.

Um antivírus é projetado justamente para cumprir o que está proposto na questão. Embora mesmo não conhecendo a assinatura do malware, o antivírus pode se utilizar de outras técnicas para identificá-los, como a heurística.

389. **(2013 – SEGESP/AL – Técnico Forense)** Um computador que apresenta reinicializações inexplicáveis ou lentidões excessivas no processamento de comandos pode estar infectado com algum *malware*, como vírus ou *spyware*.

GABARITO: CERTO.

Spywares podem causar lentidão, uma vez que monitoram as ações dos outros aplicativos e do usuário. Os vírus, além de tornar o computador lento, podem forçar sua reinicialização, entre outras tarefas.

Hardware

390. (2014 – ICMBIO – Todos os Cargos) O nobreak, equipamento programado para ser acionado automaticamente na falta de energia elétrica, oferece disponibilidade e segurança aos computadores.

GABARITO: CERTO.

No que diz respeito a manter os computadores ligados, pode-se afirmar que os nobreaks oferecem segurança, pois evitam desligamentos repentinos que poderiam causar danos ou mesmo a perda de dados.

391. (2009 – Polícia Federal – Escrivão de Polícia) Considere que um usuário tenha editado um arquivo em Word e deseje salvá-lo. Com relação a essa situação, julgue os itens seguintes.

Se o tamanho do arquivo for inferior a 1 MB, o usuário poderá salvá-lo na memória ROM do computador.

GABARITO: ERRADO.

A memória ROM, normalmente abordada em questões de concursos, é uma pequena memória onde fica armazenado o BIOS. Logo, não é um local indicado para salvar arquivos como DOC.

392. (2009 – Polícia Federal – Escrivão de Polícia) ROM é um tipo de memória não volátil, tal que os dados nela armazenados não são apagados quando há falha de energia ou quando a energia do computador é desligada.

GABARITO: CERTO.

Existem vários tipos de memória ROM. Mas o fato de não ser volátil é uma característica de todas. A memória RAM, por sua vez, é uma memória volátil. Desse modo, ao deixar de ser alimentada por energia, ela perde os dados presentes nela.

393. (2009 – Polícia Federal – Agente de Polícia Federal) Existem dispositivos do tipo pendrive que possuem capacidade de armazenamento de dados superior a 1 bilhão de bytes. Esses dispositivos podem comunicar-se com o computador por meio de porta USB.

GABARITO: CERTO.

1 GB equivale a 1.073.741.824 Bytes, ou seja, um pendrive consegue armazenar tal quantidade de dados. Além disso, é comum encontrarmos pendrives de 32GB.

394. (2010 – ABIN – Oficial Técnico de Inteligência) Os dispositivos de entrada e saída (E/S) são, normalmente, mais lentos do que o processador. Para que o processador não fique esperando pelos dispositivos de E/S, os sistemas operacionais fazem uso de interrupções, que são sinais enviados do dispositivo de E/S ao processador.

GABARITO: CERTO.

Enquanto "espera" pela entrada ou saída dos dados, o processador realiza as demais tarefas pendentes. Quando ocorre uma entrada, o Sistema Operacional envia uma instrução de interrupção para avisar o processador. Assim, ele pode processar o dado recebido.

395. (2012 – PC/AL – Delegado de Polícia) Os mainframes, computadores com alta capacidade de armazenamento de dados, têm baixa capacidade de memória, não sendo indicados para o acesso simultâneo de diversos usuários.

GABARITO: ERRADO.

Os mainframes são supercomputadores com alto poder computacional e memória. São normalmente usados em ambientes em que os computadores dos usuários são mais simples ou que são *thin client*, ou seja, computadores sem poder computacional, servindo meramente como terminais para interação com o usuário. Desse modo, o mainframe é o responsável por processar todos os dados.

396. (2012 – PC/AL – Escrivão de Polícia) Uma instrução de máquina é um grupo de bites que indica ao registrador uma operação ou ação que ele deve realizar.

GABARITO: ERRADO.

O termo correto é *bits*. Além disso, uma instrução de máquina é a linguagem mais próxima que o hardware do computador executa. Ela é chamada de *Assembly*.

397. (2012 – PC/AL – Escrivão de Polícia) O fabricante de dispositivo de E/S deve fornecer um driver de dispositivo (*device driver*) específico para cada sistema operacional a que dá suporte.

GABARITO: CERTO.

Cada dispositivo possui o seu driver próprio, que deve ser escrito de acordo com as especificações de cada Sistema Operacional, inclusive, para as suas variações como 32 e 64 bits.

398. (2008 – PC/TO – Delegado de Polícia) O disco rígido ou HD (hard disk) é o dispositivo de armazenamento de dados mais usado nos computadores. Nele, é possível guardar não só os arquivos como também todos os dados do sistema operacional, imprescindíveis para a utilização do computador.

GABARITO: CERTO.

O HD ainda é a melhor solução em termos de armazenamento de dados de acesso recorrente. Atualmente, existem HDs mais rápidos que utilizam apenas energia para guardar os dados, são os chamados HDs de Estado Sólido (SSDs). As fitas magnéticas ainda são usadas, mas para fins de backup, por serem lentas em acesso frequente.

399. (2012 – PC/AL – Delegado de Polícia) A memória RAM (*Random Access Memory*) permite apenas a leitura de dados, pois é gravada pelos fabricantes, não podendo ser alterada.

GABARITO: ERRADO.

A memória RAM é uma memória volátil, descrita como de leitura e escrita. Ela também é conhecida como memória Principal ou de trabalho, pois é ela quem mantém os dados dos programas ativos. As memórias ROM são memórias apenas de leitura.

400. **(2014 – FUB – Todos os Cargos)** Para armazenar um único arquivo com tamanho de 650 MB, pode-se utilizar uma mídia DVD, já que um CD-R convencional não suporta arquivos com mais de 600 MB.

GABARITO: ERRADO.

Um CD-R convencional suporta 700MB. Um DVD-R suporta 4,7 GB, enquanto que um DVD-DL suporta 8,5GB. Já os BD suportam 25GB.

Anotações

FAÇA JÁ

Segurança da Informação e Hardware

Segurança da Informação

A segurança da Informação é maior do que a própria informática. Ela condiz com os procedimentos que envolvem a informação, seja qual for seu formato: digital ou impresso.

A segurança da informação deve estar presente em todas as etapas do ________________ dos dados (documentos): criação/aquisição/seleção, transporte, armazenamento, manuseio, organização, recuperação e eliminação.

A ISO 27002 (conhecida antes como ISO 17799) é uma ________________ internacional, contendo controles para a segurança da Informação. É uma norma que trata das melhores práticas de segurança da informação.

Nesse âmbito de segurança, alguns princípios devem ser buscados.

Princípios Básicos da Segurança da Informação - P.B.S.I:

D________________	Garante que esteja ________________
I________________	Garante a não ____________________________
C________________	Garante o ________________ do dado
A________________	Garante o ________________ do dado

Disponibilidade

Garante que um sistema de informações estará sempre ________________ aos usuários que dele necessitarem.

Integridade

A integridade é a garantia de que um dado não sofreu ________________ durante a transmissão.

A integridade é garantida com o uso de uma

função ______________. A função HASH gera um ______________ do dado do qual se deseja garantir a integridade. Por exemplo, temos uma mensagem que será enviada a determinado destino e queremos garantir que ninguém, durante a transmissão, possa alterá-la. Então, utilizamos a função HASH para gerar um resumo desta mensagem. Este resumo tem um tamanho fixo e é composto por dígitos hexadecimais. Enviamos este código HASH ______________ com a mensagem. Existe ______________ um código HASH para cada mensagem. Se uma vírgula for alterada na mensagem original, o código HASH será ______________. Desta forma, ao receber uma mensagem e o resumo dela, o destino ______________ novamente um resumo desta mensagem e o compara com o recebido. Não há como, a partir de um código HASH, gerar a mensagem original.

Confidencialidade

Confidencialidade é o princípio que garante o ______________ de um dado, ou seja, assegura que somente o ______________ do dado é que pode acessá-lo e entendê-lo.

Autenticidade

É responsável por garantir a identidade do ______________ do dado. "Assegurar que é ______________ diz ser."

Não Repúdio

É o princípio que ______________, pois uma vez que se usa da estrutura para garantir a autenticidade, não se pode ______________ o vínculo.

Procedimentos de Segurança

Os procedimentos de segurança tratam dos requisitos básicos para a segurança, bem como das precauções por parte dos ______________.

Programas Básicos

Dentre as prerrogativas de segurança, é necessário que o computador:

- Possua um programa ________________ ou anti-malware instalado e atualizado.
- Mantenha o ________________ sempre ativo.
- Mantenha o ________________ sempre atualizado.

Política de Mesa Limpa

Uma política de "mesa limpa" é uma forma eficaz para reduzir os riscos de ________________ não autorizado, perda ou dano à informação, durante e fora do horário normal de trabalho. Assim, os seguintes procedimentos devem ser adotados:

- Papéis e mídias de computador devem ser ________________, quando não estiverem sendo utilizados, em lugares adequados, com fechaduras ou outras formas seguras de mobiliário, especialmente fora do horário normal de trabalho.
- Informações sensíveis ou críticas ao negócio, quando não requeridas, devem ser ________________ em local distante, de forma ________________ e fechada, de preferência em um cofre ou arquivo resistente a fogo, especialmente quando o escritório estiver vazio.
- Pontos de recepção e envio de ________________ e máquinas de fax e telex não assistidas devem ser protegidos.
- Equipamentos de reprodução (fotocopiadoras, "scanners" e máquinas fotográficas digitais) devem ser travados ou de alguma forma protegidos contra o uso ________________, fora do horário de trabalho.
- Informações sensíveis e classificadas,

quando impressas, devem ser imediatamente ______________ da impressora e fax.

Política de Tela Limpa

A política de "tela limpa" é uma forma eficaz para reduzir os riscos de acesso não autorizado, perda ou dano à informação, durante e fora do horário normal de trabalho. Assim, os seguintes procedimentos devem ser adotados:

- Os computadores ________________, terminais de computador e impressoras devem ser ________________ quando desassistidos.
- Equipamentos devem ser protegidos por mecanismo de travamento de ________________ e ________________________ controlados por ________________, chaves ou outros mecanismos de autenticação quando não estiverem em uso.
- Se uma sessão estiver ociosa por mais de 15 minutos, exigir que o usuário ________________ a senha para reativar o terminal.

Boas Práticas de Segurança

Dentre as boas práticas, destacam-se o uso de senhas com, pelo menos, três tipos de caracteres e, no mínimo, de ________ dígitos. As senhas são de caráter ________________________.

Durante a navegação nas páginas da Internet, não se deve clicar em qualquer link ou mensagem.

Deve-se escanear arquivos com antivírus antes de abri-los.

Convém realizar rotinas de backup e verificação de malwares.

Criptografia

Criptografia: é a arte de escrever em ________________. É uma técnica utilizada para garantir o ________________ de uma mensagem. Os métodos de criptografia atuais baseiam-se no uso de uma ou mais ________________. Uma chave é uma sequencia de caracteres, que pode conter letras, dígitos e símbolos (como uma ________________), e que é convertida em um número, utilizado pelos métodos de criptografia para codificar e decodificar as mensagens.

C K H Z E N P

A L F A C O N

Criptografia de Chave Simétrica:

Neste método, faz-se o uso de uma ________________, tanto para cifrar, quanto para decifrar as mensagens. Ele é mais rápido do que o método de chaves Assimétricas. Porém, precisa de alguma forma segura de ________________ a chave entre indivíduos que desejam trocar informações criptografadas com essa chave.

Criptografia de Chave Assimétrica:

Neste método, utilizamos ________________: uma ________________, que fica disponível para todos; e uma ________________, que somente o dono conhece. As mensagens criptografadas com a chave pública só podem ser decifradas com a chave ________________ correspondente. Ou seja, uma mensagem criptografada com uma chave de um usuário poderá ser aberta somente pela outra chave do ________________ usuário.

Confidencialidade:

Para que o sigilo de uma informação seja garantido, precisamos garantir que somente o ________________ da informação poderá entendê-la. Existe uma chave que somente o dono conhece, a sua chave ________________. Se um dado é criptografado com a chave pública de um usuário, somente pode ser decriptografada pela chave privada do mesmo usuário. Assim, quando desejamos manter o sigilo de um dado, devemos cifrar este dado com a chave pública do destino.

Autenticidade:

No processo de autenticação, as chaves são aplicadas de forma ________________ ao da confidencialidade. O remetente de uma mensagem utiliza sua chave ________________ para criptografá-la. Assim, garante que somente ele poderia ter realizado esta criptografia, pois parte do princípio de que somente ele conhece sua chave privada. Em decorrência desta regra de segurança, em que o usuário de uma chave privada se compromete a manter sigilo desta chave, o conceito de ________________ é associado. Tal conceito nega ao usuário o direito de dizer que alguém enviou a mensagem tentando se passar por ele.

Certificado Digital

O Certificado digital é um documento eletrônico assinado digitalmente e cumpre a função de associar uma pessoa ou entidade a uma chave ________________.

Um certificado normalmente assimila as seguintes informações a um usuário:

- ________________ da pessoa ou entidade a ser associada à chave pública.
- Período de ________________ do certificado.
- Chave ________________.
- Nome e ________________ da entidade que assinou o certificado.
- Número de ________________.

Autoridade de Registro (AR): é a responsável por prover um ________________ entre um usuário e uma AC. Ela é responsável por conferir as informações do usuário e enviar a requisição do certificado para a AC.

Autoridade Certificadora (AC): é responsável pela ________________, renovação, revogação de certificados digitais e emissão da lista de certificados revogados (LCR), além das regras de publicação dos certificados digitais e LCR. Uma autoridade certificadora pode ser uma empresa, organização ou indivíduo, público ou privado.

I N F

Assinatura Digital garante exatamente e somente estes dois princípios: a ________________ e a ________________. No processo de assinatura digital, o documento não sofre alteração, ou seja, **não é** ________________, mas somente o ________________ (resumo) gerado deste dado que é criptografado com a chave ________________ do autor da mensagem.

Malwares

Também conhecido como software ________________, é um programa que possui objetivos ilícitos ou ________________ ________________.

Tipos de malwares

Vírus

Um vírus tem por características:

- ________________ os arquivos do computador do usuário, principalmente, arquivos do sistema.
- ________________________, como executar o arquivo ou programa que está contaminado com o vírus.

Tem finalidades diversas, dentre as quais se destaca por **danificar** tanto arquivos e o sistema operacional, como também as peças.

Worm (verme)

O *Worm* é, por vezes, citado por verme, como forma de confundir o concursando.

Características:

- ________________ para executar. Ele executa automaticamente, como por exemplo, no momento que um pendrive é conectado a um computador, ele é contaminado ou contamina o computador.
- Um *Worm* tem como finalidade ________________.
- ________________ outros arquivos, apenas

____________________ em vários locais. Isso pode encher o HD do usuário. Outra forma de se replicar utilizada se dá através da exploração de ____________________ dos programas, principalmente os clientes de e-mail, enviando por e-mail cópias de si para os contratos do usuário, armazenados no cliente de e-mail.

- Usado em ataques de ____________________, ou seja, negação de serviço.
- Estado zumbi.

Trojan Horse (Cavalo de Troia)

Características:

- Um Cavalo de Troia é recebido pelo usuário como um ____________________.
- ____________________.
- Podemos considerá-lo em essência como um ____________________ para a contaminação do computador por outras pragas.
- Executa as tarefas que diz como um disfarce.

Spyware

Também conhecido como software ____________________.

O spyware tem por finalidade ____________________ do usuário e enviá-los para terceiros.

Existem dois tipos de spywares os ____________________ e os ____________________.

***KeyLogger*:** Key = chave, Log = registro de ações.

O *KeyLogger* é um spyware que tem por característica capturar os dados ________________ pelo usuário. Na maioria das situações o *KeyLogger* não captura o que é digitado a todo instante, mas sim o que é digitado após alguma ação prévia do usuário como por exemplo abrir uma página de um banco ou de uma mídia social.

ScreenLogger: Sreen = Tela

O *ScreenLogger* é uma evolução do

Captura ________________ do computador a cada clique do mouse.

Muitos serviços de *Internet Banking*[2] utilizam um ________________, no qual o usuário clica nos dígitos de sua senha ao invés de digitar. Assim, ao forçar que o usuário não utilize o teclado, essa ferramenta de segurança ajuda a evitar roubos de senhas por *KeyLoggers*. Por outro lado, foi criado o *ScreenLogger* que captura imagens. Então, como forma de oferecer uma segurança maior, alguns bancos utilizam um dispositivo chamado de ________________.

O *Token* é um dispositivo que gera uma ________________ ________________ aleatória que, uma vez utilizada para acessar a conta, torna-se inválida para novos acessos. Desse modo, mesmo sendo capturada a chave, ela se torna inútil ao invasor.

Hijacker

O *Hijacker* é um malware que tem por finalidade ________________ o navegador do usuário, principalmente o Internet Explorer.

Backdoors

O *Backdoor*, basicamente, é uma ________________ para um ataque futuro ao computador do usuário.

---

2 Internet Banking: acesso à conta bancária pela Internet para realizar algumas movimentações e consultas.

Um *Backdoor* pode ser inserido no computador do usuário por meio de *Trojan Horse*, como também pode ser um programa adulterado recebido de fonte pouco

Rootkis

RootKit vem de *Root* = administrador do ambiente Linux. *Kit* = conjunto de ferramentas e ações.

Um *Rootkit* ______________________ aplicativos do Sistema, como gerenciadores de arquivos, com o intuito de ____________________ arquivos e programas maliciosos que estejam presentes no computador. Através dele também o invasor poder criar *Backdoors* no computador, para que possa voltar a atacar o micro, sem se preocupar em ter de contaminá-lo novasugmente.

Ataques

Nem todos os ataques são realizados por malwares. Atualmente, existem duas práticas muito comuns, utilizadas pelos criminosos cibernéticos para obter dados do usuário e realizar invasões.

Phishing

Phishing é uma expressão derivada do termo ____________________ em inglês, pois o que esse tipo de ataque faz é induzir o usuário a informar seus dados pessoais, através de ____________________ da Internet ou ____________________ falsos.

Podemos identificar a página do tipo *Phishing* pelo endereço do site na barra de ____________________ do navegador, pois a página de *Phishing* possui um endereço parecido, mas ____________________ do endereço desejado. Por exemplo, é comum se ouvir falar de alguém que teve sua conta do Orkut[3] hackeada[4]. Esse ataque procede a partir de um recado que o usuário recebe em sua conta no Orkut.

---

3 Orkut: Mídia Social do Google, definida erroneamente como rede social, assim como as demais.

4 Hackear: termo utilizado como sinônimo para invasão ou roubo.

Pharming

O *Pharming* é uma evolução do __________, uma forma de deixar o *Phishing* mais difícil de ser identificado. O *Pharming*, na maioria das questões de concurso, é cobrado com relação aos seus sinônimos: *DNS* __________, *Cache Poisoning*, __________ de DNS, sequestro de Cache, __________ de DNS e Envenenamento de Cache.

Negação de Serviço (DoS e DDoS)

Um ataque de negação de serviço se dá quando um servidor ou serviço recebe mais solicitações do que é capaz de suprir.

DoS (*Denial of Service*) é um ataque __________, geralmente com o intuito de tornar um serviço inoperante para o usuário.

DDoS (*Distributed Denial of Service*) é um ataque realizado em __________, utiliza-se de vários computadores contaminados com um malware que dispara solicitações de acesso a determinados sites ou serviços, derrubando o serviço. Muitas vezes, enquanto o servidor tenta suprir a demanda, ele se torna vulnerável a inserções de códigos maliciosos.

SPAM

Spam é uma prática que tem como finalidade divulgar __________ por e-mail, ou mesmo utilizar de e-mails que chamem a atenção do usuário e o incentivem a encaminhar essa mensagem para inúmeros outros contatos. A finalidade é que, com isso, seja angariada uma lista de contatos que pode ser vendida na Internet ou mesmo utilizada para encaminhar mais propagandas.

Geralmente, um *spammer* utiliza-se de e-mail com temas como: filantropia, __________ (boatos), lendas urbanas, ou mesmo assuntos polêmicos.

Hardware

Dispositivos

O hardware é a parte ________________ do computador, trata-se das peças que o compõem. Pode ser também chamado de Dispositivos ou mesmo ________________.

As questões relacionadas ao hardware envolvem, em sua maioria, a finalidade de cada dispositivo, a sua função em meio ao conjunto. Sendo assim, vejamos as classificações dos dispositivos:

Entrada: são aqueles que nos permitem passar uma informação para ________________ do computador.

Saída: são os dispositivos que apresentam alguma informação ao ________________.

Entrada e Saída: aqueles que possuem simultaneamente as funcionalidades de entrada e saída de dados.

Armazenamento: são os dispositivos que permitem manter os dados, mesmo quando não são alimentados por energia.

INF

Anotações

Anotações

Apresentação

O Direito Constitucional é, para o cidadão, de extrema importância, pois saber e conhecer os seus direitos é fundamental. A Constituição pode ser considerada como um manual para o cidadão brasileiro, pois lá estão elencados nossos direitos fundamentais, nossas garantias constitucionais, os limites que irão ser impostos aos órgãos que compõem nosso país, bem como competências e limites de cada ente da federação.

Com esse pensamento, procurei distribuir os conteúdos da obra em diferentes tópicos, com destaque especial para os Direitos Individuais e Sociais do cidadão, os conceitos e as definições de nacionalidade, bem como as funções e atribuições dos poderes executivo, legislativo e judiciário. Destaque, ainda, para as funções essenciais da justiça, o controle da constitucionalidade e os principais aspectos relacionados à administração pública. Esses e diversos outros temas foram abordados no decorrer da obra, de forma simples e direta para sua compreensão e entendimento.

> “Todo o poder emana do povo, que o exerce por meio de representantes eleitos ou diretamente, nos termos desta Constituição.”

Atualmente trabalho em concursos públicos em diversas cidades, com destaque para Londrina, Maringá, Joinville, Porto Alegre, Campos dos Goytacazes, São Paulo e, atualmente, atuo em Curitiba.

Sobre o autor: Professor da disciplina de Direito Constitucional. É graduado em Direito pela Universidade Estadual de Londrina/PR. Atua na área de concursos públicos há 17 anos, nas regiões de Londrina, Maringá, Joinville, Porto Alegre, Campos dos Goytacazes, São Paulo e Curitiba.

SUMÁRIO

CAPÍTULO 1

Teoria Constitucional

Princípios Fundamentais

Teoria Constitucional

01. (2014 - FUB - Contador) Com relação às constituições em seus sentidos formal e material, julgue o item a seguir:

As normas que integram uma constituição escrita possuem hierarquia entre si, de modo que as normas materialmente constitucionais ostentam maior valor hierárquico que as normas apenas formalmente constitucionais.

GABARITO: ERRADO.

A ideia que se deve ter é que não existe hierarquia entre as normas constitucionais. Desta forma, a norma materialmente constitucional, por si, não é superior hierarquicamente à norma formalmente constitucional. Esta é a razão pela qual o item está errado.

02. (2015 - TRE/GO - Técnico Judiciário/Área Administrativa) Quanto ao conceito de Constituição e aos direitos individuais e de nacionalidade, julgue o seguinte item:

Devido ao status que tem uma Constituição dentro de um ordenamento jurídico, a entrada em vigor de um novo texto constitucional torna inaplicável a legislação infraconstitucional anterior.

GABARITO: ERRADO.

O antigo ordenamento constitucional é totalmente inaplicável com o surgimento de uma nova Constituição. Já a legislação infraconstitucional pode ser ou não recepcionada. Vai depender da compatibilidade material de tal legislação com a nova Constituição. Se for materialmente, compatível será recepcionada. Em caso contrário, não será recepcionada.

03. (2015 - TRE/GO - Analista Judiciário/Área Administrativa) Julgue o item que se segue, no que concerne aos direitos e garantias fundamentais e à aplicabilidade das normas constitucionais.

Ninguém será privado de direitos por motivo de convicção política, salvo se as invocar para eximir-se de obrigação legal a todos imposta e recusar-se a cumprir prestação alternativa, fixada em lei. Essa norma constitucional, que trata da escusa de consciência, tem eficácia contida, podendo o legislador ordinário restringir tal garantia.

GABARITO: CERTO.

É preciso observar a norma de eficácia contida. Ela gera efeitos, mas uma norma infraconstitucional pode restringir (conter) a eficácia do dispositivo. Verifica-se que a norma apresentada no item realmente pode ter estas condições.

04. (2015 - TRE/GO - Analista Judiciário/Área Administrativa) Em relação ao Poder Judiciário e às funções essenciais à justiça, julgue o seguinte item:

Ao Conselho Nacional de Justiça cabe o controle da atuação jurídica, administrativa e financeira do Poder Judiciário e do cumprimento dos deveres funcionais dos juízes e servidores vinculados ao Poder Judiciário.

GABARITO: ERRADO.

O Conselho Nacional de Justiça não tem função jurisdicional, apenas fiscalizadora, consoante determina o Art.103-b, § 4º da CF. Desta forma, o item está errado quando menciona o controle da atuação jurídica.

05. (2014 - ANTAQ - Cargos 5 e 6) Julgue o item a seguir, com relação à aplicabilidade das normas constitucionais:
É norma de eficácia contida o dispositivo constitucional segundo o qual é livre o exercício de qualquer trabalho, ofício ou profissão, atendidas as qualificações profissionais que a lei estabelecer.

GABARITO: CERTO.

Para vários autores, o dispositivo constitucional contido no item é o exemplo típico de norma de eficácia contida (Art. 5º, XIII da CF). A lei poderá conter ou restringir a atuação do texto constitucional.

06. (2014 - TJ/SE - Técnico Judiciário/Área Judiciária) Acerca dos direitos fundamentais e do conceito e da classificação das constituições, julgue o item a seguir.
Diferentemente das constituições sintéticas, as quais se limitam às regras básicas constitucionais, as constituições semânticas extrapolam o essencial para constitucionalizar variadas matérias adicionais e estabelecer, de forma dirigente, objetivos a serem atingidos pelo legislador ordinário.

GABARITO: ERRADO.

Uma constituição do tipo sintética não tem espaço para muitos assuntos, uma vez que trata somente dos assuntos essenciais, organização do Estado, direitos e garantias essenciais. Já as semânticas tentam manter o governante de plantão. Elas são utilizadas para legitimar o mandatário, justificar a dominação.

07. (2014 - TJ/SE - Técnico Judiciário/Área Judiciária) Acerca dos direitos fundamentais e do conceito e da classificação das constituições, julgue o item a seguir:
Normas materialmente constitucionais encerram disposições a respeito de matéria tipicamente constitucional, isto é, de elementos inerentes à constituição, ao passo que as normas formalmente constitucionais, embora não tratem de matéria constitucional, são constitucionais, do ponto de vista eminentemente formal, somente porque integram a constituição.

GABARITO: CERTO.

Nota-se que este item possui um apurado nível de elaboração. Considera-se material constitucional, quando o assunto abordado está relacionado à Constituição, por exemplo, com relação aos direitos individuais. De outra feita, serão formalmente constitucionais todos os dispositivos positivados no texto constitucional, mesmo que o conteúdo destes dispositivos seja materialmente constitucional.

08. (2014 - TJ/SE - Técnico Judiciário/Área Judiciária) Julgue o item seguinte, em relação à organização político-administrativa da República Federativa do Brasil:
O poder constituinte dos estados, dada a sua condição de ente federativo autônomo, é soberano e ilimitado.

GABARITO: ERRADO.

Os elementos apresentados no item estão relacionados com o Poder Constituinte Originário. Este, sim, tem as condições apresentadas. O Poder Constituinte dos Estados é o Derivado Decorrente. E, como é derivado, não é autônomo, nem soberano e, tampouco, ilimitado.

09. **(2014 - TC/DF - Técnico de Administração Pública)** A respeito das classificações das constituições e dos princípios fundamentais previstos na CF, julgue o item a seguir:
A constituição material, escrita e rígida, como a CF, consiste em um documento escrito formado por normas substancialmente constitucionais que só podem ser alteradas por meio de processo legislativo especial e mais dificultoso.

GABARITO: ERRADO.

Este item requer muita atenção por parte do candidato. Nota-se que ele está abordando a constituição material escrita e rígida. O exercício afirma que escrita é aquela constituição que se compõe de um documento único. O item ainda afirma que material é substancial e possui as normas substancialmente constitucionais. Já quanto à constituição rígida, diz-se que é aquela que tem um processo legislativo especial dificultoso. Todas essas afirmações estão corretas. Mas o erro do item concentra-se em afirmar que a Constituição brasileira é material. A nossa Constituição é, sim, formal.

10. **(2014 - TC/DF - Técnico de Administração Pública)** A respeito das classificações das constituições e dos princípios fundamentais previstos na CF, julgue o item a seguir:
Ao implementar ações que visem reduzir as desigualdades sociais e regionais e garantir o desenvolvimento nacional, os governos põem em prática objetivos fundamentais da República Federativa do Brasil.

GABARITO: CERTO.

Os objetivos, como o próprio nome diz, são metas que devem ser desenvolvidas por parte do Estado. A fim de facilitar a memorização, o candidato necessita realizar a associação entre objetivos e metas. Ao serem observados atentamente os itens que estão contidos no item, depreende-se que eles consistem em metas. Dessa maneira, é possível que sejam objetivos. Eventualmente, pode-se associar a possibilidade de os objetivos serem introduzidos com verbo. Desse modo, é preciso ficar atento: se o período iniciar com verbo, deve-se considerar a possibilidade de que seja um objetivo.

11. **(2014 - Câmara dos Deputados - Analista Legislativo)** À luz da doutrina atual relativa ao poder constituinte, julgue o item a seguir:
Com o advento de uma nova ordem constitucional, é possível que dispositivos da constituição anterior permaneçam em vigor com o status de leis infraconstitucionais, desde que haja norma constitucional expressa nesse sentido.

GABARITO: CERTO.

O Poder Constituinte Originário tem por características ser autônomo, ilimitado, inicial. A característica de ser autônomo faz com que ele não esteja preso a situações do ordenamento anterior. Se um novo ordenamento constitucional apresenta dispositivos da Constituição anterior, eles continuariam em vigor, mas com status infraconstitucional. Tal deve ser cumprido, ante a característica de ser autônomo e incondicionado.

12. (2014 - Câmara dos Deputados - Analista Legislativo) À luz da doutrina atual relativa ao poder constituinte, julgue o item a seguir:
Segundo a doutrina, os procedimentos de reforma constitucional classificam-se em emenda e revisão, não tendo este último sido aceito pela Constituição Federal de 1988 (CF).

GABARITO: ERRADO.

Pode-se notar que há equívocos neste item. O Poder Constituinte Derivado teve, em nosso Texto Maior, duas possibilidades: o Reformador que temos no Art. 60 da CF, que são as conhecidas Emendas Constitucionais; e as emendas de revisão, que estão dispostas no Art. 3º, do Ato das Disposições Constitucionais Transitórias.

13. (2014 - Câmara dos Deputados - Analista Legislativo) À luz da doutrina atual relativa ao poder constituinte, julgue o item a seguir:
O titular do poder constituinte é o povo, que, no Brasil, engloba tanto os brasileiros natos quanto os naturalizados.

GABARITO: CERTO.

O titular do poder constituinte é o povo. Originariamente, o titular era o Estado. É preciso tomar cuidado, pois, na doutrina atual, a referida titularidade compete ao povo. O povo é o conjunto de pessoas que tem as mesmas tradições e fala a mesma língua. Portanto, o brasileiro nato e o naturalizado fazem parte do povo.

14. (2014 - Câmara dos Deputados - Analista Legislativo) À luz da doutrina atual relativa ao poder constituinte, julgue o item a seguir:
O poder constituinte originário tem o condão de instaurar uma nova ordem jurídica por meio de uma nova constituição ou mesmo de um ato institucional.

GABARITO: CERTO.

O PCO tem por características ser inicial, incondicional e ilimitado juridicamente. Temos um PCO quando surge o país, quando se realiza uma revolução ou ainda através de uma assembleia nacional constituinte.

15. (2014 - Câmara dos Deputados - Analista Legislativo) Em relação ao poder constituinte e ao direito intertemporal, julgue o item que se segue:
Considere que, por emenda constitucional, tenha sido expressamente revogada a previsão do voto direto, secreto, universal e periódico como cláusula pétrea e que, em seguida, nova emenda tenha estabelecido o voto censitário e aberto. Nessa situação, as mudanças efetivadas, apesar de questionáveis socialmente, estão de acordo com o ordenamento constitucional brasileiro vigente.

GABARITO: ERRADO.

Para responder a esse item, temos que conhecer a dupla revisão, que a maioria da doutrina não admite. Como existe uma cláusula pétrea proibindo a mudança, primeiramente, esse dispositivo é revogado, para depois emendar, a fim de praticar os atos que se deseja realizar. Isso não é possível. Isso é uma limitação implícita ao poder de emenda.

16. **(2014 - Câmara dos Deputados - Analista Legislativo)** Em relação ao poder constituinte e ao direito intertemporal, julgue o item que se segue:

Considere que lei editada sob a égide de determinada Constituição apresentasse inconstitucionalidade formal, apesar de nunca de ter sido declarada inconstitucional. Nessa situação, com o advento de nova ordem constitucional, a referida lei não poderá ser recepcionada pela nova constituição, ainda que lhe seja materialmente compatível, dado o vício insanável de inconstitucionalidade.

GABARITO: CERTO.

É preciso atentar para o raciocínio utilizado na composição do item: uma lei que é inconstitucional não deve gerar efeitos. Mesmo que um novo ordenamento Constitucional, não seja compatível com este dispositivo, ante a inconstitucionalidade originária. Ele não deve permanecerem nosso ordenamento.

17. **(2014 - Câmara dos Deputados - Analista Legislativo)** Em relação ao poder constituinte e ao direito intertemporal, julgue o item que se segue:

Suponha que uma lei infraconstitucional tenha sido revogada pelo advento de uma nova ordem constitucional, por ser com ela incompatível. Nessa situação, com a entrada em vigor de uma terceira ordem constitucional, ainda que seja compatível com ela, a referida lei infraconstitucional não poderá ser restaurada, salvo se houver disposição constitucional expressa nesse sentido.

GABARITO: CERTO.

A ideia do item é a da repristinação, ou seja, a restauração de uma lei que já havia sido revogada. Não temos, em nosso ordenamento, esta possibilidade, salvo se houver disposição expressa.

18. **(2014 - Câmara dos Deputados - Analista Legislativo)** Com base nos princípios e métodos de interpretação constitucional, julgue o seguinte item:

Sendo a Constituição, em essência, uma lei, os conflitos entre normas constitucionais e infraconstitucionais devem ser resolvidos a partir de uma ponderação de valores no caso concreto, em atenção ao princípio da proporcionalidade.

GABARITO: ERRADO.

Havendo um conflito entre uma norma constitucional e uma norma infraconstitucional, este não será solucionado pelo princípio da proporcionalidade. A norma constitucional é hierarquicamente superior à norma infraconstitucional. Portanto, é a norma constitucional que deverá prevalecer.

19. **(2014 - Câmara dos Deputados - Analista Legislativo)** Com base nos princípios e métodos de interpretação constitucional, julgue o seguinte item:

Caso determinada norma infraconstitucional seja interpretada como inconstitucional, deve-se conferir-lhe, para evitar a declaração de inconstitucionalidade do ato normativo, uma nova interpretação, ainda que mediante ampliação de seu alcance, para torná-la compatível com a Constituição.

GABARITO: CERTO.

Na interpretação, nota-se que a Constituição objetiva dar uma interpretação que preserve a lei dentro do ordenamento jurídico. É importante mencionar que o gabarito foi alterado. Originalmente, foi considerada errado o item. No gabarito definitivo, ele foi considerado certo.

20. **(2014 - Câmara dos Deputados - Analista Legislativo)** Segundo essa regra de interpretação, as normas constitucionais devem ser vistas não como normas isoladas, mas como preceitos integrados em um sistema unitário de regras e princípios, que é instituído na e pela própria Constituição.

Com base nas informações acima, julgue o item seguinte:

O texto enuncia o princípio da unidade da Constituição, segundo o qual a norma constitucional deve ser interpretada como um sistema unitário de regras e princípios, afastando-se aparentes antinomias.

GABARITO: CERTO.

A ideia do princípio da unidade é a de que não seja observado o dispositivo constitucional isoladamente. A Constituição deve ser tratada como um sistema. O exemplo é o Art. 5º, XI da CF fala da liberdade de reunião. Contudo, nos Arts. 136 e 137, que trata do estado de defesa e sítio, a liberdade de reunião pode sofrer restrição.

21. **(2014 - Câmara dos Deputados - Analista Legislativo)** Julgue o próximo item, relativo à aplicabilidade das normas constitucionais:

As normas constitucionais de eficácia contida gozam de eficácia plena enquanto não houver restrição, podendo seus efeitos ser limitados apenas pela atuação do legislador infraconstitucional.

GABARITO: ERRADO.

O erro do item é afirmar que a limitação pode se dar apenas pelo legislador infraconstitucional. Além disso, situações metajurídicas também podem permitir a limitação. Há de se considerar ainda o fato de as normas constitucionais poderem limitar tal atuação.

22. **(2014 - Câmara dos Deputados - Analista Legislativo)** De acordo com as noções gerais e os princípios fundamentais do Direito Constitucional positivo brasileiro, julgue o item subsequente. Nesse sentido, considere que as siglas CF e STF, sempre que utilizadas, referem-se, respectivamente, à Constituição Federal de 1988 e ao Supremo Tribunal Federal.

Ocorre o fenômeno da não recepção de lei ordinária quando, a despeito da compatibilidade material, a nova ordem constitucional exige que a matéria por ela regulada seja disciplinada por lei complementar.

GABARITO: ERRADO.

A ideia da recepção ou da não recepção está relacionada à compatibilidade material e, não, à formal, como proposto no item. Se o status do ato normativo mudou com o mais recente ordenamento constitucional, isso não tem relevância quando tratamos de recepção. Entretanto, se o assunto do ato não for materialmente compatível com a nova Constituição, verifica-se a não recepção da lei.

23. **(2014 - Câmara dos Deputados - Analista Legislativo)** De acordo com as noções gerais e os princípios fundamentais do direito constitucional positivo brasileiro, julgue o item subsequente. Nesse sentido, considere que as siglas CF e STF, sempre que utilizadas, se referem, respectivamente, à Constituição Federal de 1988 e ao Supremo Tribunal Federal.

De acordo com a corrente doutrinária majoritária, o município é titular, nos limites estabelecidos pela CF, do poder constituinte derivado decorrente.

GABARITO: ERRADO.

O Poder Constituinte Derivado Decorrente é o poder que tem o Estado-Membro de organizar a própria Constituição. Desse modo, o item está errado pois o referido Poder Constituinte não se refere aos municípios, como sugere o item está errado.

24. **(2014 - Câmara dos Deputados - Analista Legislativo)** À luz dos princípios fundamentais de direito constitucional positivo brasileiro, julgue o item a seguir:

Quando um estado da Federação deixa de invocar a proteção de Deus no preâmbulo de sua Constituição, contraria a CF, pois tal invocação é norma central do direito constitucional positivo brasileiro.

GABARITO: ERRADO.

A jurisprudência do STF entende que o preâmbulo da Constituição serve para interpretação e integração do texto constitucional, mas não para o controle de constitucionalidade. Desta forma, não é obrigatório que a Constituição Estadual tenha um preâmbulo. E, por conseguinte, o preâmbulo não é de reprodução obrigatória para os Estados.

25. **(2014 - Câmara dos Deputados - Analista Legislativo)** A respeito de princípios fundamentais e de direitos e garantias fundamentais, julgue o próximo item:

Tem eficácia contida o dispositivo constitucional que estabelece a liberdade de exercício profissional.

GABARITO: CERTO.

O exemplo típico de uma norma de eficácia contida é exatamente o item apresentado o Art. 5º, inciso XIII. É livre o exercício de qualquer trabalho, ofício ou profissão, atendidas as qualificações que a lei estabelecer. No primeiro momento, é livre. Desse modo, há eficácia plena. Todavia, pode-se criar uma lei contendo, restringindo, reduzindo a atuação do dispositivo constitucional.

26. **(2014 - Instituto Rio Branco - Diplomata)** Considerando que as constituições classificam-se quanto à origem em históricas ou dogmáticas, deve-se considerar a Constituição Federal de 1988 (CF) uma constituição histórica, uma vez que surgiu no bojo de um processo de reconquista democrática e de retomada dos ideais da Constituição de 1946.

GABARITO: ERRADO.

A atual Constituição brasileira é dogmática, pois é escrita, em um documento único, elaborada em um determinado momento com as ideias principais daquela época. Uma constituição histórica não é feita num documento único.

27. (2014 - SUFRAMA - Agente Administrativo) Acerca da classificação das constituições e dos princípios fundamentais, julgue o item a seguir, considerando que a CF corresponde à Constituição Federal de 1988:

Quanto à estabilidade, a CF pode ser classificada como rígida, já que o processo de alteração das normas constitucionais é mais dificultoso que o procedimento ordinário de criação das leis. As constituições flexíveis, por outro lado, podem ser modificadas por meio dos mesmos procedimentos de elaboração das demais leis, o que afeta seu caráter de superioridade hierárquica no ordenamento jurídico

GABARITO: CERTO.

Quanto à estabilidade, temos as constituições rígidas e flexíveis. As primeiras exigem um processo mais difícil de ser aprovado que as constituições flexíveis. Estas últimas poderão ser alteradas com o quórum de uma lei. No Brasil, a Constituição, para ser emendada, precisa de 3/5 em dois turnos.

28. (2014 - SUFRAMA - Cargo 3 e 4) Em relação à aplicabilidade das normas constitucionais e às atribuições e responsabilidades do presidente da República, julgue o item a seguir:

A norma constitucional que assegura o direito de greve aos servidores públicos tem eficácia contida, uma vez que a produção de seus efeitos depende de normas infraconstitucionais integrativas.

GABARITO: ERRADO.

O direito de greve do servidor é uma norma de eficácia limitada. Antes da lei regulamentando o direito, os efeitos não poderão ser integralmente realizados.

29. (2014 - Polícia Federal - Administrativo) Acerca dos direitos e garantias fundamentais, da aplicabilidade das normas constitucionais e da organização do poder judiciário, julgue o item seguinte:

A prestação de assistência religiosa nas entidades civis e militares de internação coletiva pode ser considerada exemplo de norma constitucional de eficácia limitada.

GABARITO: CERTO.

Ao verificar o disposto no Art. 5º, VII da CF, observa-se que a prestação apresentada no item será assegurada nos termos da lei. Desta forma, a lei é que apresentará o campo de atuação do dispositivo constitucional, configurando, desta forma, uma norma de eficácia limitada.

30. (2014 - MDIC - Analista Técnico/Administrativo) Considerando as disposições da CF sobre direitos e garantias fundamentais, direitos e deveres individuais e coletivos, direitos sociais, direitos de nacionalidade, direitos políticos e partidos políticos, julgue o item que se segue:

Sendo a liberdade profissional norma constitucional programática, não pode a lei infraconstitucional impor condições ao seu exercício.

GABARITO: ERRADO.

O dispositivo apresentado no item não é uma norma programática. Além disso, tal dispositivo pode, sim, ser condicionado por lei infraconstitucional (Art. 5º, XIII da CF).

31. **(2014 - MDIC - Agente Administrativo)** Com referência à CF, aos direitos e garantias fundamentais, à organização político-administrativa, à administração pública e ao Poder Judiciário, julgue o item subsecutivo:
A CF é classificada como escrita, promulgada, analítica, formal e semirrígida.
GABARITO: ERRADO.

O erro encontrado no item consiste em informar que a Constituição brasileira é semirrígida. A doutrina aponta que somente a primeira Constituição nossa foi semirrígida. A atual Constituição é considerada como rígida.

32. **(2013 - STF - Técnico Judiciário/Tecnologia da Informação)** Acerca dos direitos e garantias fundamentais, dos direitos sociais, dos princípios que regem a administração pública e da disciplina constitucional dos servidores públicos, julgue o item que se segue:
A norma constitucional que trata do direito de greve do servidor público é considerada pela literatura e pela jurisprudência como norma de eficácia limitada.
GABARITO: CERTO.

O caso presente no item é um dos exemplos clássicos tratados vários autores. Convém lembrar que, para caber mandado de injunção, a norma deve ser de eficácia limitada. Atualmente, os servidores públicos podem fazer greve, amparados por um mandado de injunção.

33. **(2013 - STF - Analista Judiciário/Área Administrativa)** Acerca do Estado federal brasileiro, tendo como referência a Constituição Federal de 1988 (CF), julgue o item a seguir:
Dada a subordinação dos entes federados à força normativa da CF, seu preâmbulo deve ser obrigatoriamente reproduzido nas constituições estaduais.
GABARITO: CERTO.

O preâmbulo da CF não é de reprodução obrigatória para as Constituições estaduais. O preâmbulo não é parte integrante da Constituição. Ele é utilizado para a interpretação e a integração do texto constitucional.

34. **(2013 - STF - Técnico Judiciário/Área Administrativa)** Acerca das disposições constitucionais pertinentes ao Conselho Nacional de Justiça (CNJ), julgue o item a seguir:
Quanto ao modo de elaboração, a vigente CF é uma Constituição histórica, pois configura a retomada de valores e preceitos constantes das Constituições democráticas de 1934 e 1946.
GABARITO: ERRADO.

A CF de 1988 não é do tipo histórica, mas, sim, dogmática. Tal Constituição tem como base os valores da sociedade naquele determinado momento.

35. **(2013 - ANCINE - Todos os Cargos)** Em relação aos direitos fundamentais, aos remédios constitucionais e à organização político-administrativa do Estado, julgue o item subsecutivo:
Dado o fato de só poder ser alterada via emenda constitucional, a Constituição Federal de 1988 (CF) pode ser classificada como rígida.

GABARITO: CERTO.

Para a doutrina majoritária, a atual Constituição brasileira é classificada como rígida. É importante mencionar que o professor Alexandre de Moraes classifica a nossa como super-rígida.

---

36. **(2013 - SEGESP/AL - Técnico Forense)** Com relação aos princípios constitucionais e aos direitos e garantias fundamentais, julgue o item a seguir:

Ao contrário das regras jurídicas, os princípios, aí incluídos os que têm assento constitucional, não dispõem de normatividade, e nesse sentido são considerados fontes secundárias e subsidiárias do direito.

GABARITO: ERRADO.

Os princípios não são fontes secundárias, mas primárias. Eles também possuem normatividade.

---

37. **(2013 - SEGESP/AL - Papiloscopista)** No que se refere à aplicabilidade das normas constitucionais, julgue o item que se segue:

É de natureza programática a norma constitucional mediante a qual se confere competência à União para elaborar e executar planos nacionais e regionais de ordenação do território e de desenvolvimento econômico e social.

GABARITO: CERTO.

É preciso atentar que uma norma programática traz um comando (programa) a ser desenvolvido por parte do Estado. O dispositivo apresentado realmente apresenta esta estrutura. Convém ainda ressaltar que as normas programáticas são de eficácia limitada.

---

38. **(2013 - FUB - Áreas 17,19,21 e 24)** A respeito da classificação da Constituição, julgue o item subsequente:

No que se refere ao objeto, é correto afirmar que a Constituição Federal de 1988 é social.

GABARITO: ERRADO.

O objeto de uma constituição, segundo o professor Dirley Cunha, é a organização fundamental do Estado.

---

39. **(2013 - FUB - Áreas 17,19,21 e 24)** Com relação ao conceito, à classificação e aos princípios fundamentais da Constituição Federal de 1988 (CF), julgue o item a seguir:

A constituição é outorgada quando é externada com a participação dos cidadãos, uma vez que as normas constitucionais são estatuídas pela deliberação majoritária dos agentes do poder constituinte.

GABARITO: ERRADO.

A constituição outorgada é aquela imposta. Não é aquela decorrente da vontade popular, a qual é conhecida como promulgada - Constituição brasileira de 1988, por exemplo.

---

40. (2013 - FUB -Áreas 17,19,21 e 24) Com relação ao conceito, à classificação e aos princípios fundamentais da Constituição Federal de 1988 (CF), julgue o item a seguir:
A CF, no que diz respeito à forma, é uma constituição consuetudinária.
GABARITO: ERRADO.

Quanto à forma, a nossa Constituição é um documento escrito, realizado em documento único.

41. (2013 - CPRM - Analista em Geociências) Acerca dos direitos fundamentais e da aplicabilidade das normas constitucionais, julgue o item que se segue:
O direito à educação, constitucionalmente previsto, possui caráter programático e classifica-se como norma de eficácia contida, pois possui aplicabilidade direta e imediata, mas não integral, devendo o Estado integralizá-la por meio de normas infraconstitucionais.
GABARITO: ERRADO.

Convém não esquecer que uma norma programática é considerada uma norma de eficácia limitada; não é contida, como se apresenta no item.

42. (2013 - DEPEN - Agente Penitenciário) Segundo a Constituição Federal de 1988, é assegurada a prestação de assistência religiosa nas entidades civis e militares de internação coletiva. Entretanto, tal norma é de eficácia limitada, pois depende de complementação de lei ordinária ou complementar para ser aplicada.
GABARITO: ERRADO.

Não é uma norma de eficácia limitada, mas sim, norma de eficácia contida (Art. 5º, VII da CF).

43. (2013 - DEPEN - Agente Penitenciário) O princípio da máxima efetividade, invocado no âmbito dos direitos fundamentais, determina que lhes seja atribuído o sentido que confira a maior efetividade possível, com vistas à realização concreta de sua função social.
GABARITO: CERTO.

A ideia da máxima efetividade é que a norma tenha uma interpretação elastecida. É fato que não pode subverter o que o legislador constituinte originário determinou.

44. (2013 - DEPEN - Agente Penitenciário) Do ponto de vista material, o que importa para definir se uma norma tem ou não caráter constitucional será a forma como ela tenha sido introduzida no ordenamento jurídico, independentemente do conteúdo dessa norma.
GABARITO: ERRADO.

O item inverte o conteúdo material com o conteúdo formal. Para o conteúdo material, não é relevante a forma como foi introduzida, mas, sim, a matéria de que trata.

45. (2013 - TCE/RO - Agente Administrativo) Ao determinar que os cargos, os empregos e as funções públicas sejam acessíveis aos brasileiros que preencham os requisitos estabelecidos em lei, a CF estabelece norma de eficácia limitada.

GABARITO: ERRADO.

O dispositivo apresentado no item não é considerado uma norma de eficácia limitada, mas, sim, norma de eficácia contida. A lei poderá determinar as condições para que seja possível exercer cargo, emprego ou função pública.

46. **(2013 - DEPEN - Especialista)** Normas programáticas, que não são de aplicação imediata, explicitam comandos-valores e têm como principal destinatário o legislador.

GABARITO: CERTO.

Uma norma programática, como o nome diz, é um programa que será desenvolvido por parte do Estado. É importante lembrar que são normas programáticas as normas de eficácia limitada.

47. **(2013 - DEPEN - Especialista)** As normas constitucionais de eficácia contida são aquelas em que o constituinte tenha regulado suficientemente os interesses relativos a determinado assunto, mas tenha possibilitado que a competência discricionária do poder público restrinja o assunto, nos termos que a lei estabelecer ou nos termos de conceitos gerais nelas enunciados.

GABARITO: CERTO.

Diferentemente das normas eficácia limitada, as normas de eficácia contida são imediatas. Mas a legislação pode conter, restringir ou reduzir a atuação do dispositivo.

DCON

48. **(2013 - TCE/RO - Contador)** Constitui exemplo de norma programática a norma constitucional que impõe ao Estado o dever de apoiar e incentivar a valorização e a difusão das manifestações culturais.

GABARITO: CERTO.

A norma programática é um programa que será desenvolvido para o Estado, ou como a Banca CESPE já abordou, de modo direcionado para o legislador. A situação apresentada no item é uma norma programática (Art. 215 da CF).

49. **(2013 - TCE/RO - Contador)** A norma constitucional que estabelece a inviolabilidade do sigilo das comunicações telefônicas, salvo por ordem judicial, nas hipóteses e na forma que a lei estabelecer para fins de investigação criminal ou instrução processual penal, é exemplo de norma de eficácia limitada.

GABARITO: ERRADO.

O dispositivo citado no item é uma norma de eficácia contida. A lei poderá restringir ou conter a atuação do item constitucional (Art. 5º, XII da CF).

50. **(2013 - IBAMA - Analista Administrativo)** A respeito das normas de eficácia plena e limitada, julgue o item seguinte:
A liberdade de reunião é uma norma de eficácia plena e não pode sofrer restrições ou suspensões em seu cumprimento.

GABARITO: ERRADO.

Para a CESPE, o direito de reunião é considerado uma norma de eficácia contida.

---

51. (2013 - IBAMA - Analista Administrativo) A respeito das normas de eficácia plena e limitada, julgue o item seguinte:

Uma norma constitucional que ainda necessita de edição de lei para estabelecer a forma na qual deve ser cumprida é denominada norma constitucional de eficácia limitada.

GABARITO: CERTO.

Uma norma de eficácia limitada necessita de um ato normativo para gerar os efeitos essenciais.

Princípios Fundamentais

52. (2015 - FUB - Contador) Com base nas disposições da Constituição Federal de 1988 (CF), julgue o item seguinte:

O regime político adotado na CF caracteriza a República Federativa do Brasil como um estado democrático de direito em que se conjuga o princípio representativo com a participação direta do povo por meio do voto, do plebiscito, do referendo e da iniciativa popular.

GABARITO: CERTO.

É imprescindível lembrar que o Brasil tem como forma de Estado a Federação; como forma de Governo a República; e como regime de Governo a Democracia. Isto posto, temos que lembrar que a nossa democracia é a semidireta, com representantes eleitos diretamente, através dos elementos apresentados no item e reproduzidos no Art.14 da Carta Magna.

---

53. (2014 - ANTAQ - Cargos 1 a 4) Julgue o item a seguir, com relação aos princípios fundamentais da Constituição Federal de 1988 e à aplicabilidade de suas normas.

A concessão de asilo político é princípio norteador das relações internacionais brasileiras, conforme expressa disposição do texto constitucional.

GABARITO: CERTO.

Entre os princípios de relação internacional, temos a concessão do asilo político como um princípio fundamental. Art. 4º, X, da CF garante tal princípio.

---

54. (2014 - TJ/SE - Analista Judiciário) Julgue o item a seguir, a respeito da teoria dos direitos fundamentais e dos princípios fundamentais na Constituição Federal de 1988 (CF).

A dignidade da pessoa humana, princípio fundamental da República Federativa do Brasil, promove o direito à vida digna em sociedade, em prol do bem comum, fazendo prevalecer o interesse coletivo em detrimento do direito individual.

GABARITO: ERRADO.

A ideia da dignidade da pessoa humana é garantir ao indivíduo direitos, em face do Estado todo poderoso. Tudo o que se apresenta no item está certo, mas não possui relação direta com o princípio da dignidade da pessoa humana.

---

55. (2014 - TJ/SE - Analista Judiciário) Julgue o item a seguir, a respeito da teoria dos direitos fundamentais e dos princípios fundamentais na Constituição Federal de 1988 (CF).
O pluralismo político traduz a liberdade de convicção filosófica e política, assegurando aos indivíduos, além do engajamento pluripartidário, o direito de manifestação de forma apartidária.

GABARITO: CERTO.

O pluralismo político significa mais do que apenas a existência de vários partidos. O assunto que questão apresenta relaciona-se, na verdade, à liberdade de pensamento. E, para tanto, não é necessário estar engajado a partido político. Presenciamos, recentemente, manifestações populares que rechaçavam determinados partidos que desejavam se aproveitar da manifestação.

56. (2014 - TC/DF - Técnico de Administração Pública) A respeito das classificações das constituições e dos princípios fundamentais previstos na CF, julgue o item a seguir:
Ao implementar ações que visem reduzir as desigualdades sociais e regionais e garantir o desenvolvimento nacional, os governos põem em prática objetivos fundamentais da República Federativa do Brasil.

GABARITO: CERTO.

O Art. 3º da CF apresenta os objetivos da RFB. As duas situações apresentadas no item representam objetivos. Para facilitar identificação dos objetivos, convém observar que normalmente vão começar por verbos. Cuidado! Já se constatou a FCC modificando essa regra. Mas, normalmente, verifica-se o padrão relacionado ao aparecimento dos verbos.

57. (2014 - TC/DF - Técnico de Administração Pública) Acerca da administração pública e dos poderes da República, julgue o item subsequente:
Sendo os Poderes da República independentes e harmônicos entre si, as ações praticadas pelo Poder Executivo não se submetem ao crivo do Poder Legislativo, submetendo-se apenas excepcionalmente à apreciação do Poder Judiciário, no caso de os atos exorbitarem a competência constitucionalmente estabelecida.

GABARITO: ERRADO.

É possível constatar que há, de acordo com o Art. 2º da Constituição, a ideia da separação de Poderes. Eles são independentes e harmônicos entre si. Mas o item erra quando afirma que o Poder Executivo não se submete ao crivo do Poder Legislativo. Várias matérias do Art. 48 são atos do Presidente, os quais o Congresso tem que aprovar. Ademais caso o presidente da República exorbite o poder regulamentar poderá o Congresso Nacional sustar os atos que exorbitem a delegação (Art. 49, V da CF).

58. (2014 - Câmara dos Deputados - Técnico Legislativo) É compatível com a CF a criação, por estado-membro, de órgão de controle administrativo do Poder Judiciário, com a participação de representantes de todos os três poderes.

GABARITO: ERRADO.

É inconstitucional a criação, por Constituição estadual, de órgão de controle administrativo do Poder Judiciário do qual participem representantes de outros Poderes ou entidades. (Súmula 649 do STF).

59. **(2014 - Câmara dos Deputados - Analista Legislativo)** Acerca dos direitos e garantias fundamentais e dos princípios constitucionais, julgue o item subsequente:
A República Federativa do Brasil, constituída como Estado democrático de direito, visa garantir o pleno exercício dos direitos e garantias fundamentais, incluindo-se, entre seus fundamentos, a cidadania e a dignidade da pessoa humana.

GABARITO: CERTO.

Para responder a este item, é preciso conhecer os fundamentos (Art. 1º, da CF), bem como a cidadania e a dignidade da pessoa humana.

60. **(2014 - Câmara dos Deputados - Analista Legislativo)** Em relação à lei orgânica municipal e à autonomia municipal, julgue o item subsequente:
Suponha que uma constituição estadual tenha previsto como cláusula tipificadora de ilícito político-administrativo o não comparecimento de prefeito municipal perante a câmara de vereadores, em caso de ter sido ele convocado. Nesse caso, a cláusula é constitucional, dado o princípio da simetria.

GABARITO: ERRADO.

Não é possível um Poder submeter outro Poder aos seus comandos, ferindo a separação de Poderes. Ademais, o Estado-Membro não dispõe de competência para instituir, mesmo na própria Constituição. STF - ADI: 687 PA, Relator: CELSO DE MELLO, Data de Julgamento: 02/02/1995, Tribunal Pleno, Data de Publicação: DJ 10-02-2006

61. **(2014 - Câmara dos Deputados - Analista Legislativo)** À luz dos princípios fundamentais de direito constitucional positivo brasileiro, julgue o item a seguir:
Se, em certa ação judicial, o juízo competente impuser ao Poder Executivo determinada obrigação, sob pena de multa diária pelo seu descumprimento, tal imposição não ofenderá o princípio da separação dos poderes.

GABARITO: CERTO.

Diferentemente do que está apresentado no item, a possibilidade de o Poder Judiciário infligir multas ao Poder Executivo pode, em verdade, reforçar os princípios da separação dos Poderes. A ideia da separação dos Poderes está fixada na ideia de freios e contrapesos. O Poder Judiciário, no sentido de impedir que o Executivo cometa abusos, pode aplicar multas a outro Poder. Tal situação está de acordo com a separação de Poderes.

62. **(2014 - Câmara dos Deputados - Analista Legislativo)** A respeito de princípios fundamentais e de direitos e garantias fundamentais, julgue o próximo item:

A democracia brasileira é indireta, ou representativa, haja vista que o poder popular se expressa por meio de representantes eleitos, que recebem mandato para a elaboração das leis e a fiscalização dos atos estatais.

GABARITO: ERRADO.

No Brasil, a democracia é semidireta. O Art. 1º, parágrafo único da CF relata que o poder político é exercido de forma direta e indireta.

63. **(2014 - Câmara dos Deputados - Analista Legislativo)** Com referência à organização do Estado e dos poderes, julgue o item subsequente:

Não poderá ser objeto de deliberação a proposta de emenda constitucional tendente a abolir a forma federativa de governo, por se tratar de cláusula pétrea.

GABARITO: ERRADO.

Este item requer atenção diferenciada por parte do aluno. É cláusula pétrea a forma federativa de Estado e, não, de Governo. Federação é uma forma de Estado, como o Estado Unitário. Como forma de Governo, temos a Monarquia e a República. Cuidado!

64. **(2014 - Instituto Rio Branco - Diplomata)** A ordem constitucional brasileira não admite o chamado direito de secessão, que possibilita que os Estados, o Distrito Federal e os Municípios se separem do Estado Federal, preterindo suas respectivas autonomias, para formar centros independentes de poder.

GABARITO: CERTO.

Uma das diferenças da Federação para a Confederação é que naquela os entes que a compõem não têm o direito de secessão. Não podem romper com o vínculo federativo. Os entes que compõem a Federação não são soberanos, mas autônomos, não podendo se separar.

65. **(2014 - CADE - Analista Técnico-Administrativo)** Acerca da organização do Estado e da Administração Pública, julgue o item seguinte:

A organização político-administrativa da República Federativa do Brasil compreende os entes da Federação, que possuem a tríplice capacidade da autonomia: auto-organização, autogoverno e autoadministração.

GABARITO: CERTO.

Uma das características da Federação é a autonomia de que gozam os Estados-Membros. Essa autonomia permite que os Estados possam escolher seus governantes. O governante eleito tem a direito de direcionar o seu governo. Este Estado tem a própria Constituição.

66. (2014 - SUFRAMA - Agente Administrativo) Acerca da classificação das constituições e dos princípios fundamentais, julgue o item a seguir, considerando que a CF corresponde à Constituição Federal de 1988.

O Poder Executivo federal é exercido pelo Presidente da República e tem como um de seus fundamentos a soberania.

GABARITO: ERRADO.

A soberania é um dos fundamentos da República Federativa do Brasil. Não é um fundamento do Presidente da República.

---

67. (2014 - SUFRAMA - Agente Administrativo) Acerca da classificação das constituições e dos princípios, julgue o item a seguir, considerando que a CF corresponde à Constituição Federal de 1988:

A CF propugna, de forma específica, a integração econômica, política, social e cultural do Brasil com os povos da América Latina.

GABARITO: CERTO.

É preciso conhecer o parágrafo único do Art. 1º da Constituição. Em tal dispositivo, é apresentado o assunto elencado no item.

---

68. (2014 - SUFRAMA - Administrador) Julgue o item a seguir, acerca da organização político-administrativa do Estado, da Administração Pública e dos servidores públicos.

De acordo com a CF, as atribuições dos entes federativos são separadas, de tal modo que caracterizam um federalismo dual, ou seja, cada ente da Federação brasileira tem competências distintas, não se podendo falar em cooperação entre eles.

GABARITO: ERRADO.

Para a doutrina, o federalismo dual está ligado à ideia de cooperação entre os entes: a União e os Estados-Membros. Estes entes estão em um mesmo plano. Não pode ser imaginada uma hierarquia entre a União e os Estados-Membros.

---

69. (2014 - Polícia Federal - Administrador) No que se refere aos princípios fundamentais e à organização do Estado brasileiro, julgue o próximo item:

A República Federativa do Brasil, formada pela união indissolúvel dos estados, municípios e Distrito Federal (DF), adota a federação como forma de Estado.

GABARITO: CERTO.

O item está em consonância com o Art. 1º da CF.

---

70. (2014 - Polícia Federal - Administrador) No que se refere aos princípios fundamentais e à organização do Estado brasileiro, julgue o próximo item:

O estabelecimento pela CF de que todo o poder emana do povo, que o exerce por meio de representantes eleitos ou diretamente, nos seus termos, evidencia a adoção da democracia semidireta ou participativa.

GABARITO: CERTO.

Este item possui coerência em todas as afirmações apresentadas. O Art. 1º, parágrafo único da CF informa que todo poder emana do povo e será exercido direta e indiretamente. Esta é a chamada democracia semidireta. Isso significa que o poder não será somente exercido pelos nossos representantes, ou ainda, somente pela população. Por isso, essa forma de organização é chamada de participativa.

71. **(2014 - MDIC - Analista Técnico-Administrativo)** Considerando as disposições da CF sobre direitos e garantias fundamentais, direitos e deveres individuais e coletivos, direitos sociais, direitos de nacionalidade, direitos políticos e partidos políticos, julgue os itens que se seguem.

A União, entre cujos fundamentos se inclui a soberania, é formada pelos estados, pelos municípios e pelo Distrito Federal.

GABARITO: ERRADO.

A soberania não é fundamento da União, mas, sim, da República Federativa do Brasil. A República que é composta pelos Estados, Municípios e pelo Distrito Federal. A União faz parte da Organização Político Administrativa da República Federativa do Brasil.

72. **(2013 - STF - Técnico Judiciário/Área Administrativa)** Acerca das disposições constitucionais pertinentes ao Conselho Nacional de Justiça (CNJ), julgue o item a seguir:

Embora os valores da livre iniciativa não estejam incluídos entre os princípios fundamentais da República Federativa do Brasil, a CF reserva à livre concorrência a qualidade de regra programática sobre a qual se assentam as ordens econômica e social.

GABARITO: ERRADO.

A livre iniciativa é um dos fundamentos da RFB (Art. 1º, IV da CF).

73. **(2013 - TRT/17ª Região/ES - Analista Judiciário/Oficial de Justiça Avaliador)** Julgue o item que se segue, a respeito dos princípios fundamentais:

Os valores sociais do trabalho e da livre iniciativa constituem fundamentos da República Federativa do Brasil.

GABARITO: CERTO.

Este item tem sua resposta amparada na análise do Art. 1º, IV da CF.

74. **(2013 - TRT/17ª Região/ES - Analista Judiciário/Oficial de Justiça Avaliador)** Julgue o item que se segue, a respeito dos princípios fundamentais:

A Constituição Federal de 1988 (CF) não prevê expressamente o princípio da concessão de asilo político.

GABARITO: ERRADO.

Entre os princípios de relação internacional, elencados no Art. 4º, X da CF, tem-se a concessão do asilo político.

75. **(2013 - ANCINE - Todos os Cargos)** A respeito dos direitos fundamentais e dos remédios constitucionais, julgue o item seguinte:
A Constituição Federal de 1988 (CF) prevê expressamente a prevalência dos direitos humanos como sendo um dos objetivos fundamentais da República Federativa do Brasil.
GABARITO: ERRADO.

A prevalência dos direitos humanos é um princípio de relação internacional da RFB (Art. 4º, II da CF).

76. **(2013 - SEGESP/AL - Técnico Forense)** A respeito dos princípios fundamentais da CF, julgue o item seguinte:
O princípio democrático é pertinente aos regimes políticos, evidenciado pela titularidade do poder estatal pelos cidadãos e exercido por meio da representação política, com o fim de atender interesses populares
GABARITO: CERTO.

O Brasil adota como regime de governo a democracia. Tal regime desponta a vontade do povo, representado pelos cidadãos que são os titulares dos direitos políticos.

77. **(2013 - BACEN - Técnico)** Em relação aos princípios fundamentais e aos direitos e garantias fundamentais estabelecidos na Constituição Federal de 1988 (CF), julgue o item que se segue:
Entre os princípios fundamentais da República Federativa do Brasil inclui-se o princípio democrático, que se refere ao exercício direto e indireto do poder pelo povo.
GABARITO: CERTO.

O Brasil adota como regime de governo a democracia (Art. 1º, caput da CF). Isto faz com que seja permitida a participação popular, tanto de forma direta, como indireta.

78. **(2013 - TCE/RS - Oficial de Controle Externo)** À luz do disposto na Constituição Federal de 1988 (CF), julgue o item seguinte, a respeito dos princípios fundamentais.
A independência nacional, a defesa da paz e a concessão de asilo político são princípios que regem as relações internacionais da República Federativa do Brasil.
GABARITO: CERTO.

Para responder o item, basca conhecer o teor do Art. 4º da CF. Os três princípios apresentados são de relação internacional.

79. **(2013 - TCE/RS - Oficial de Controle Externo)** À luz do disposto na Constituição Federal de 1988 (CF), julgue o item seguinte, a respeito dos princípios fundamentais:
Os objetivos fundamentais da República Federativa do Brasil incluem a igualdade de direitos entre o trabalhador com vínculo empregatício permanente e o trabalhador avulso.

GABARITO: ERRADO.

A situação apresentada no item não é um objetivo da RFB (Art. 3º, da CF), mas, sim, um direito social (Art. 7º, XXXIV da CF).

80. **(2013 - TCE/RO - Agente Administrativo)** A dignidade da pessoa humana, a construção de uma sociedade livre, justa e solidária e a prevalência dos direitos humanos são princípios fundamentais da República Federativa do Brasil.

GABARITO: CERTO.

Os assuntos apresentados no item, realmente, são considerados princípios fundamentais da RFB, na ordem, fundamento, objetivo e princípio de relação internacional (Arts. 1º, 3º e 4º da CF).

81. **(2013 - MS - Administrador)** Considerando as disposições constitucionais a respeito dos princípios fundamentais, julgue o item a seguir:

Com a promulgação da Emenda Constitucional n.º 73/2013, são considerados Poderes da União, independentes e harmônicos entre si, o Legislativo, o Executivo, o Judiciário e o Tribunal de Contas.

GABARITO: ERRADO.

A separação dos Poderes está apresentada no Art. 2º da CF. Não temos o Tribunal de Contas como membro desta separação de Poderes. Ademais, a EC 73, não tem relação nenhuma com a situação apresentada no item.

82. **(2013 - MS - Administrador)** Considerando as disposições constitucionais a respeito dos princípios fundamentais, julgue o item a seguir:

A República Federativa do Brasil rege-se em suas relações internacionais de acordo com o princípio da não intervenção.

GABARITO: CERTO.

O Art. 4º da CF apresenta os princípios de relação internacional da RFB. (No Art. 4º, IV da CF, temos a não intervenção.)

FAÇA JÁ

Teoria Constitucional

Conceito Sociológico representante dessa visão de Constituição é ______________________, segundo o qual a constituição de um País é, em essência, ______________________ ______________________ que regem nesse País.

Normas de Eficácia Plena: ______________________ a ______________ ______________ da ______________________, **produzem**, ou têm possibilidade de produzir, **todos os efeitos** essenciais, relativamente aos interesses, comportamentos e situações que o legislador constituinte, direta e normativamente, quis regular. ______________ **exigem** a **elaboração de novas normas** legislativas que lhes completem o alcance e o sentido, ou lhes fixem o conteúdo, porque já se apresentam suficientemente explícitas na definição dos interesses nelas regulados. São normas de ______________________, ______________________.

- ______________________: exige um ______________________ para modificação do seu texto, ______________________ do que o processo de elaboração das demais leis do ordenamento. Nem toda constituição escrita será, necessariamente, ______________________.

Princípio da Máxima Efetividade. Ao interpretar a Constituição de forma a atribuir à norma constitucional a ______________________ efetividade possível. No caso de dúvidas deve-se preferir a interpretação que lhes reconheça ______________________ eficácia.

Princípios Fundamentais

- A ______________________ consiste na união de coletividades regionais autônomas (estados federados, estados-membros ou estado). Refere-se a uma forma de ______________________.

- A República Federativa do Brasil, formada pela união ______________ dos ______________________ ______________, constitui-se em Estado ______________ de Direito e tem como fundamentos:

- Todo o poder emana do ______________, que o exerce por meio de __________ ______________ ou ______________, nos termos desta Constituição.

- São Poderes da __________, independentes e __________ entre si, o __________, o __________ e o __________.

- Constituem objetivos fundamentais da República Federativa do Brasil: construir uma sociedade ______________ e solidária; garantir o desenvolvimento __________; erradicar a __________ e a marginalização e reduzir as desigualdades sociais e __________.

- A República Federativa do Brasil rege-se nas suas relações internacionais pelos seguintes princípios: __________ nacional; prevalência dos ______________.

- A República Federativa do Brasil buscará a integração __________, política, __________ e cultural dos povos da América ______________, visando à formação de uma comunidade ________________ de nações.

CAPÍTULO 2

Direitos Individuais

Direitos Individuais

83. (2015 - TRE/GO - Técnico Judiciário/Área Administrativa) Quanto ao conceito de Constituição e aos direitos individuais e de nacionalidade, julgue o seguinte item:

O cidadão brasileiro, nato ou naturalizado, com capacidade eleitoral ativa, tem legitimidade para propor ação popular.

GABARITO: CERTO.

A ação popular é um remédio constitucional que só pode ser proposto pelo cidadão, conforme determina o Art. 5º, LXXIII da CF. O cidadão é o titular ativo dos direitos políticos.

84. (2013 - TRE/GO - Analista Judiciário/Área Administrativa) Julgue o item que se segue, no que concerne aos direitos e garantias fundamentais e à aplicabilidade das normas constitucionais.

Qualquer associação legalmente constituída e em funcionamento há pelo menos um ano é parte legítima para propor ação popular que vise à anulação de ato lesivo ao patrimônio público ou ao meio ambiente.

GABARITO: ERRADO.

Quem pode propor uma ação popular é o cidadão, conforme determina o Art. 5º, LXXIII, da CF. Como o item apresenta a associação como legitimada, o item está errado.

85. (2015 - DPU - Defensor Público Federal de Segunda Categoria) No tocante aos direitos e garantias fundamentais, julgue o próximo item:

Não viola a cláusula do devido processo legal a exigência de arrolamento prévio de bens para fins de admissibilidade de recurso administrativo.

GABARITO: ERRADO.

Para resolver este item, convém conhecer o teor da Súmula Vinculante 21. Tal súmula apresenta posição contrária. A exigência de depósito contraria a isonomia e o devido processo legal.

86. (2015 - DPU - Defensor Público Federal de Segunda Categoria) No tocante aos direitos e garantias fundamentais, julgue o próximo item:

O direito à liberdade de expressão representa um dos fundamentos do Estado democrático de direito e não pode ser restringido por meio de censura estatal, salvo a praticada em sede jurisdicional.

GABARITO: ERRADO.

O erro do item está na ressalva, ainda que em sede jurisdicional, não é admitida a censura estatal Rcl 18.566-MC/SP.

87. (2015 - DPE/PE - Defensor Público) Acerca do mandado de injunção, julgue o item seguinte:

A jurisprudência do STF acerca do mandado de injunção evoluiu para admitir que, além de declarar omisso o Poder Legislativo, o próprio tribunal edite a norma geral de que depende o exercício do direito invocado pelo impetrante.

GABARITO: CERTO.

A partir do MI 708 DF, de 25.10.07, o STF passou a adotar a chamada teoria concretista. Além de declarar a omissão, o Poder Judiciário edita o ato faltante, enquanto não vier a norma correspondente.

---

88. **(2014 - Polícia Federal - Agente de Polícia Federal)** O agente poderá acessar o conteúdo de correspondências encontradas no escritório profissional do investigado, uma vez que está prevista na CF, de forma expressa, a possibilidade de violação do sigilo das correspondências quando houver ordem judicial em processo penal.

GABARITO: ERRADO.

No Art. 5º, XI da CF, está expressa a violação do sigilo telefônico. Como o item afirma que a violação de sigilo da correspondência é que está expressa, o item não se sustenta.

---

89. **(2014 - Polícia Federal - Agente de Polícia Federal)** Um agente da Polícia Federal foi escalado para atuar em operação para cumprimento de mandado judicial de prisão e de busca e apreensão, durante o dia, de documentos no escritório profissional do investigado.

A respeito da atuação do agente na situação descrita acima, julgue o item a seguir.

Mesmo que o investigado ofereça resistência à ordem de prisão, não será possível o uso de algemas para conduzi-lo, uma vez que a CF garante que nenhum cidadão será submetido a tratamento desumano ou degradante.

GABARITO: ERRADO.

O item traz informações equivocadas. A Súmula Vinculante 11 trata do uso de algemas. É possível tal uso quando houver a necessidade, devendo a autoridade posteriormente justificá-lo.

---

90. **(2014 - Polícia Federal - Agente de Polícia Federal)** Um agente da Polícia Federal foi escalado para atuar em operação para cumprimento de mandado judicial de prisão e de busca e apreensão, durante o dia, de documentos no escritório profissional do investigado.

A respeito da atuação do agente na situação descrita acima, julgue o item a seguir:

Mesmo sem o consentimento do proprietário, é permitido ao agente entrar no escritório profissional onde se encontrem os objetos de busca e apreensão.

GABARITO: CERTO.

Para entrar em escritório de investigado durante o dia, mesmo sem o consentimento do proprietário, é necessária ordem judicial. Como no texto está presente tal ordem, é constitucional o ato realizado.

---

91. **(2014 - ANTAQ - Técnico Administrativo)** A respeito dos direitos e garantias fundamentais, julgue o item seguinte:

Os partidos políticos adquirem personalidade jurídica mediante o registro de seus estatutos no Tribunal Superior Eleitoral.

GABARITO: ERRADO.

A determinação constitucional serve para que os partidos primeiro adquiram personalidade jurídica, de acordo com lei civil. (Ato contínuo, o registro no TSE. Art. 17, § 2º da CF.)

92. (2014 - ANTAQ - Técnico Administrativo) A respeito dos direitos e garantias fundamentais, julgue o item seguinte:

O direito fundamental à razoável duração do processo só pode ser exigido no âmbito judicial.

GABARITO: ERRADO.

Entre as várias alterações da Emenda Constitucional nº 45, foi acrescido ao Art. 5º, o inciso LXXVIII. Tal dispositivo determina que os processos administrativos e judiciais deverão ter uma razoável duração do processo.

93. (2014 - ANATEL - Cargos 13, 14 e 15) A respeito do direito constitucional, julgue o item que se segue considerando que a sigla CF refere-se à Constituição Federal de 1988.

Em respeito ao princípio da dignidade humana, previsto na CF, caso o Brasil seja signatário de determinado tratado sobre direitos humanos, o referido tratado será recepcionado automaticamente como emenda constitucional.

GABARITO: ERRADO.

A reforma do Poder Judiciário (EC 45) acrescentou o § 3º em seu Art. 5º. Tal dispositivo determina que, para um tratado internacional ser equivalente a uma emenda constitucional, devem estar presentes três requisitos: 1. Ser sobre direitos humanos. 2. Ser aprovado por 3/5. 3. Dois Turnos.

94. (2014 - ANATEL - Cargos 13, 14 e 15) A respeito do direito constitucional, julgue o item que se segue considerando que a sigla CF refere-se à Constituição Federal de 1988.

Um estrangeiro residente no Brasil, após ir ao jogo da final da Copa do Mundo de 2014, foi preso pela polícia, durante uma briga, na saída do estádio. Nessa situação, independentemente da intervenção de qualquer autoridade consular de seu país, o estrangeiro poderá impetrar diretamente um pedido de habeas corpus.

GABARITO: CERTO.

Uma das características dos direitos fundamentais é que eles são universais. Desta forma, um estrangeiro poderá se utilizar de um remédio constitucional. No caso do item, o *Habeas Corpus* pode ser utilizado por qualquer pessoa. Portanto, um estrangeiro não está alijado de se beneficiar de tal direito.

95. (2014 - TJ/SE - Técnico Judiciário/Área Judiciária) Acerca dos direitos fundamentais e do conceito e da classificação das constituições, julgue o item a seguir:

Os direitos fundamentais têm o condão de restringir a atuação estatal e impõem um dever de abstenção, mas não de prestação.

GABARITO: ERRADO.

Nas chamadas gerações ou dimensões de direito, temos a primeira geração relacionada aos direitos civis e políticos. Esta geração apresenta uma abstenção do Estado. Já na segunda geração, relacionada aos direitos sociais, culturais e econômicos, o Estado deve fazer, agir, para concretizar tais direitos. Convém observar que os direitos fundamentais vão do Art. 5º até o Art. 17. Desta forma, alguns direitos fundamentais implicam uma obrigação do Estado, um "fazer" por parte do Estado.

---

96. **(2014 - TJ/SE - Analista Judiciário)** A respeito da organização político-administrativa da República Federativa do Brasil, julgue o próximo item:
No julgamento de crimes dolosos contra a vida, a competência do Tribunal do Júri deve prevalecer à de eventual foro por prerrogativa de função, fixado por constituição estadual.

GABARITO: CERTO.

O texto estava de acordo com a Súmula 721 do STF. Mas o importante é que, em abril de 2015, o STF converteu esta súmula em súmula vinculante. Agora, é a Súmula Vinculante 25. Como se sabe, a súmula vinculante conecta o Poder Executivo e os demais órgãos do Poder Judiciário. É preciso atentar para essa mudança!

---

97. **(2014 - TC/DF - Técnico de Administração Pública)** À luz das normas constitucionais e da jurisprudência do STF, julgue o seguinte item:
Conforme jurisprudência do STF, em respeito ao princípio da isonomia, a administração pública não pode remarcar a data de realização de teste de aptidão física de candidato impossibilitado, em virtude de problema temporário de saúde certificado por atestado médico, de realizá-lo na data previamente agendada, caso o edital do certame expressamente proíba a remarcação.

GABARITO: CERTO.

O STF realmente decidiu, neste sentido, no RE 630733, em maio de 2013.

---

98. **(2014 - TC/DF - Técnico de Administração Pública)** Com base nas normas constitucionais relativas aos direitos e garantias fundamentais e na jurisprudência do STF acerca dessa matéria, julgue o próximo item:
É livre o exercício das profissões, podendo a lei exigir inscrição em conselho de fiscalização profissional apenas quando houver potencial lesivo na atividade, o que não ocorre com a profissão de músico, por exemplo.

GABARITO: CERTO.

A jurisprudência do Supremo compreende o que está descrito no item, há muito tempo. Vale ressaltar que, além do item que está sendo analisado, as Bancas CESPE e a ESAF abordaram esse tema em itens anteriores. O artigo 5º, XIII afirma que é livre o exercício de qualquer trabalho, ofício ou profissão, atendidas as qualificações que a lei impuser. Mas há algumas atividades que não necessitam de registro para que possam ser exercidas. São aquelas que não causam dano à sociedade. Há, porém, outras atividades que carecem de registro. Vide o RE 414426, Relator(a): Min. ELLEN GRACIE.

---

99. (2014 - TC/DF - Técnico de Administração Pública) Com base nas normas constitucionais relativas aos direitos e garantias fundamentais e na jurisprudência do STF acerca dessa matéria, julgue o próximo item:

Embora a casa seja asilo inviolável do indivíduo, em caso de flagrante delito, é permitido nela entrar, durante o dia ou à noite, ainda que não haja consentimento do morador ou determinação judicial para tanto.

GABARITO: CERTO.

De acordo com o Art. 5º, inciso XI, da Constituição, existem algumas hipóteses em que é possível entrar na casa do morador sem o consentimento dele. A pergunta aborda o flagrante delito. Em caso de flagrante delito, é possível entrar em uma residência tanto durante o dia, como à noite. E esta é realmente uma das exceções que a Constituição admite.

100. (2014 - TC/DF - Auditor de Controle Externo) No que se refere a direitos e garantias fundamentais, julgue o item subsecutivo:

No entendimento do STF, a garantia do devido processo legal não torna obrigatória a defesa técnica por advogado no âmbito dos processos administrativos disciplinares que envolvam servidores públicos.

GABARITO: CERTO.

Antigamente, havia posicionamento de Tribunais Superiores, segundo os quais era necessária a defesa técnica, ou seja, contratar advogado no processo administrativo disciplinar. Agora, com o teor da Súmula Vinculante 14, a ausência de defesa técnica não anula o processo administrativo disciplinar.

101. (2014 - MEC - Todos os Cargos) Acerca dos direitos e garantias fundamentais previstos na CF, julgue o item subsequente:

O mandado de injunção é impróprio para pleitear em juízo direito individual líquido e certo decorrente de norma constitucional autoaplicável.

GABARITO: CERTO.

É preciso considerar que o mandado de injunção destina-se a casos de falta de norma regulamentadora que torne inviável o direito constitucional ou relativo à nacionalidade, à cidadania, à soberania. Portanto, o remédio para direito líquido e certo seria um mandado de segurança. Ademais, não cabe mandado de injunção se a norma é autoaplicável, se há mandado de injunção, se há norma de eficácia limitada.

102. (2014 - Câmara dos Deputados - Técnico Legislativo) Os direitos e garantias individuais previstos na CF têm caráter absoluto.

GABARITO: ERRADO.

De acordo com a jurisprudência do Supremo e da doutrina majoritária, não existem direitos absolutos. Todos os direitos podem, num caso concreto, vir a sofrer algum tipo de restrição. Deve ser usado para resolver esse caso concreto o princípio da ponderação.

103. (2014 - Câmara dos Deputados - Analista Legislativo) Julgue o próximo item, relativo à aplicabilidade das normas constitucionais:

Conforme entendimento do STF, não é possível o exercício do direito de resposta com o intuito de retificar matéria publicada em jornal impresso, por ser tal direito destituído de eficácia plena, dada a não recepção da Lei de Imprensa pela CF.

GABARITO: ERRADO.

O STF entendeu que o Art. 5º, V da CF tem eficácia plena, não necessitando de lei para gerar seus efeitos principais. ADPF 130 Rel. Min. Carlos Britto, j. 30.04.2009, Plenário, DJE de 06.11.2009.

---

104. (2014 - Câmara dos Deputados - Analista Legislativo) No que se refere aos remédios constitucionais, julgue o seguinte item, com base na jurisprudência do STF:

A legitimidade ativa do *habeas data*, destinado a assegurar o conhecimento de informações relativas ao impetrante constantes de registros ou banco de dados, está adstrita às pessoas físicas.

GABARITO: ERRADO.

As pessoas jurídicas também podem propor um *Habeas Data*. O remédio constitucional destina-se para obter informações. Não está restrito a pessoas físicas.

---

105. (2014 - Câmara dos Deputados - Analista Legislativo) No que se refere aos remédios constitucionais, julgue o seguinte item, com base na jurisprudência do STF:

Considere que seja publicada, no sítio eletrônico do CNJ, matéria com informações sobre processos judiciais em que José figure como réu. Nessa situação, José poderá valer-se de *habeas corpus* para pleitear a retirada da reportagem do referido sítio, de forma definitiva.

GABARITO: ERRADO.

O *Habeas Corpus* é um remédio constitucional é utilizado para liberdade de locomoção. A situação apresentada no item não tem relação com liberdade de locomoção, razão pela qual o item está incorreto.

---

106. (2014 - Câmara dos Deputados - Analista Legislativo) No que se refere aos remédios constitucionais, julgue o seguinte item, com base na jurisprudência do STF:

Caso determinada autoridade aja no exercício de competência delegada, eventual mandado de segurança que questione o ato praticado deve ser impetrado contra essa autoridade, e não contra a que tenha delegado a prática do ato.

GABARITO: CERTO.

Para responder o item proposta, você deve conhecer o teor da Súmula 510 do STF, vejamos: *Praticado o ato por autoridade, no exercício de competência delegada, contra ela cabe o mandado de segurança ou a medida judicial.*

---

107. (2014 - Câmara dos Deputados - Analista Legislativo) No que se refere aos remédios constitucionais, julgue o seguinte item, com base na jurisprudência do STF.

Suponha que um partido político representado na Câmara dos Deputados por apenas um deputado federal pretenda impetrar mandado de segurança coletivo para a defesa dos interesses de seus integrantes. Nessa situação, o partido político, ainda que não tenha representante no Senado Federal, terá legitimidade ativa para o ajuizamento da ação.

DCON

GABARITO: CERTO.

Para ter legitimidade a fim de entrar com Mandado de Segurança Coletivo, um partido político deve ter representante no Congresso Nacional. Esse assunto é frequente em provas. As Bancas dizem ser necessário um representante em cada Casa (um na Câmara e outro no Senado).

108. **(2014 - Câmara dos Deputados - Analista Legislativo)** Acerca dos direitos e garantias fundamentais e dos princípios constitucionais, julgue o item subsequente:

Segundo a jurisprudência do STF, é necessária autorização judicial prévia para o repasse de informações sobre movimentações bancárias de um cidadão à administração tributária.

GABARITO: CERTO.

O STF tem o posicionamento segundo o qual se necessita de cláusula de reserva de jurisdição para determinar a quebra do sigilo bancário. RE nº 38.980-8/PR; Relator Ministro Marco Aurélio; Julgamento em 15/12/2010; D.J., em 09/05/2011.

109. **(2014 - Câmara dos Deputados - Analista Legislativo)** Considerando o regime constitucional dos direitos e garantias fundamentais, julgue o item a seguir:

Caso, em audiência de instrução e julgamento de processo criminal, o magistrado determine, de forma fundamentada e para garantir a segurança das pessoas presentes ao ato, que o réu utilize algemas, este poderá se valer de reclamação constitucional para o STF, com a finalidade de demonstrar que a situação fática apontada pelo juiz para justificar a necessidade do uso de algemas é inverídica.

GABARITO: ERRADO.

O exercício do uso de algemas foi apresentada pelo colendo STF na Súmula Vinculante 11. As pessoas podem ser algemadas, mas, será necessário justificar por escrito a necessidade das algemas, sob pena de nulidade da prisão e responsabilidade de quem praticou o ato.

110. **(2014 - Câmara dos Deputados - Analista Legislativo)** Considerando o regime constitucional dos direitos e garantias fundamentais, julgue o item a seguir:

Em uma execução fiscal, se o juiz da causa, ao constatar o desaparecimento de certo bem objeto de penhora, determinar a prisão do correspondente depositário judicial, essa ordem de prisão, segundo o STF, será válida, uma vez que somente se proíbe a prisão do depositário infiel contratual.

GABARITO: ERRADO.

A Corte Maior fixou entendimento de não ser possível prender o depositário infiel, qualquer que seja a modalidade do depósito. Tal entendimento está exposto na Súmula Vinculante 25.

111. **(2014 - Câmara dos Deputados - Analista Legislativo)** Considerando o regime constitucional dos direitos e garantias fundamentais, julgue o item a seguir:

A CF determina que os crimes de racismo, a prática da tortura e o terrorismo são imprescritíveis, inafiançáveis e insuscetíveis de graça ou anistia.

GABARITO: ERRADO.

Dos crimes apresentados no item, somente o racismo é imprescritível. Além disso, tal crime não é insuscetível de graça ou anistia, Art. 5º, XLII e XLIII da CF.

---

112. (**2014 - Câmara dos Deputados - Analista Legislativo**) À luz dos princípios fundamentais de direito constitucional positivo brasileiro, julgue o item a seguir:

Interceptações telefônicas — comumente chamadas de grampos — e gravações ambientais realizadas por autoridade policial, sem autorização judicial, ainda que em situações emergenciais, constituem violações aos princípios estruturantes do estado democrático de direito e da dignidade da pessoa humana.

GABARITO: CERTO.

Para ser admitida uma das gravações apresentadas no item, é necessária autorização judicial, conforme determina o Art. 5º, XI da CF. Como o item informa a ausência de tal autorização, temos que é abusiva a gravação.

---

113. (**2014 - Câmara dos Deputados - Analista Legislativo**) Julgue o item seguinte, relativo aos direitos e garantias fundamentais:

Considere a seguinte situação hipotética:

João, brasileiro nato, durante viagem a determinado país estrangeiro, cometeu um crime e, depois disso, regressou ao Brasil. Em seguida, o referido país requereu a extradição de João. Nessa situação hipotética, independentemente das circunstâncias e da natureza do delito, João não poderá ser extraditado pelo Brasil.

GABARITO: CERTO.

O brasileiro nato não pode ser extraditado do Brasil. O Art. 5º, LI da CF, informa que o brasileiro não será extraditado, salvo o naturalizado. E, ainda assim, o naturalizado só pode ser extraditado em duas situações (Crime comum antes da naturalização e Tráfico ilícito de entorpecentes (Art. 5, LI da CF)).

---

114. (**2014 - Câmara dos Deputados - Analista Legislativo**) Julgue o item seguinte, relativo aos direitos e garantias fundamentais:

Para que uma entidade de classe ajuíze mandado de segurança coletivo em favor de seus associados, além do prazo mínimo de um ano de regular existência dessa entidade, é necessário que ela conte com autorização da respectiva assembleia.

GABARITO: ERRADO.

O Texto Maior determina que, para propor mandado de segurança coletivo, a associação deve ter um ano, pelo menos, de funcionamento. Contudo, não exige a referida autorização. Lembremos que quando a associação impetra um mandado de segurança coletivo, ela age como um substituto processual.

---

115. (**2014 - Câmara dos Deputados - Analista Legislativo**) Julgue o item seguinte, relativo aos direitos e garantias fundamentais:

Se o poder público tiver a intenção de condicionar o exercício de determinada profissão a certas exigências, e se tais exigências forem estabelecidas mediante lei formal, elas serão constitucionais, pois o Estado tem discricionariedade para eleger as restrições que entenda cabíveis para todos os ofícios ou profissões, desde que o faça por lei federal.

GABARITO: ERRADO.

Convém compreender que nem todas as profissões devem ser condicionadas pelo Estado. Em regra, trata-se da liberdade para o exercício do trabalho, ofício ou profissão (Art. 5º, XIII, CF). Verifica-se uma incursão do Estado, somente naquelas atividades que possam causar risco à sociedade. Neste sentido, o STF decidiu RE 414.426, Rel. Min. Ellen Gracie, julgamento em 1-8-2011.

116. **(2014 - Câmara dos Deputados - Analista Legislativo)** A respeito de princípios fundamentais e de direitos e garantias fundamentais, julgue o próximo item:

Historicamente, os direitos fundamentais de primeira dimensão pressupõem dever de abstenção pelo Estado, ao contrário dos direitos fundamentais de segunda dimensão, que exigem, para sua concretização, prestações estatais positivas.

GABARITO: CERTO.

A primeira geração ou primeira dimensão dos direitos visava criar direitos para o indivíduo, em face do Estado. A primeira geração era chamada de direitos negativos, porque era uma abstenção por parte do Estado. O Estado deveria deixar de fazer, como exemplo de direitos de primeira geração dos direitos civis e políticos. Realmente, a segunda geração era um "fazer" por parte do Estado. Como exemplo de direito de segunda geração, temos os direitos sociais, culturais e econômicos.

117. **(2014 - Câmara dos Deputados - Analista Legislativo)** A respeito de princípios fundamentais e de direitos e garantias fundamentais, julgue o próximo item:

As associações legalmente constituídas e em funcionamento há pelo menos um ano poderão impetrar, em nome próprio, mandado de segurança coletivo em favor de seus associados, independentemente da autorização expressa destes.

GABARITO: CERTO.

Quando as associações impetram um Mandado de Segurança Coletivo, elas o propõe como substituto processual e, não, como representante processual. Desta forma, não necessitam da autorização expressa dos associados.

118. **(2014 - SUFRAMA - Agente Administrativo)** Julgue o item a seguir, no que se refere aos direitos e garantias fundamentais, à organização político-administrativa do Estado brasileiro e à administração pública.

Caso José, servidor público, responda a processo administrativo disciplinar, deverá ser assegurado a ele o contraditório e a ampla defesa, conforme garantia expressa da CF.

GABARITO: CERTO.

A Constituição, de forma expressa, garante que o servidor público tenha assegurado o contraditório e a ampla defesa em um PAD. Tal situação está amparada pelo Art. 5º, LV da CF.

119. (2014 - SUFRAMA - Agente Administrativo) Com base nas normas constitucionais relativas ao Poder Executivo, à administração pública e aos direitos e garantias fundamentais, julgue o seguinte item:
A CF admite que tratados internacionais de direitos humanos, desde que aprovados por quórum especial no Congresso Nacional, sejam incorporados com a mesma hierarquia das emendas constitucionais, o que se coaduna com o princípio da prevalência dos direitos humanos que rege a República Federativa do Brasil em suas relações internacionais.

GABARITO: CERTO.

Com a redação do § 3º do Art. 5º da CF, introduzido pela EC 45, é possível, atualmente, um tratado internacional sobre direitos humanos ter status constitucional. Para isso, tal tratado precisa ser aprovado no Congresso Nacional com o mesmo quórum de uma EC. Ou seja, 3/5 em 2 turnos.

120. (2014 - SUFRAMA - Administrador) No que concerne aos direitos e garantias fundamentais, julgue o item que se segue. Nesse sentido, considere que a sigla CF, sempre que empregada, refere-se à Constituição Federal de 1988.
Os direitos previstos na CF alcançam tanto as pessoas naturais, brasileiras ou estrangeiras, no território nacional, como as pessoas jurídicas.

GABARITO: CERTO.

Os direitos constitucionais têm uma aplicação abrangente. Tais direitos serão assegurados para pessoas físicas e jurídicas, nacionais ou estrangeiras. É importante perceber que nem todos os direitos são assegurados a todas as pessoas elencadas no item. Por exemplo, o *Habeas Corpus* não terá como beneficiária uma pessoa jurídica. Mas, uma pessoa jurídica poderá ser o sujeito ativo do *Habeas Corpus*.

121. (2014 - SUFRAMA - Administrador) Julgue o item a seguir, acerca da organização político-administrativa do Estado, da administração pública e dos servidores públicos:
Em decorrência da regra constitucional que prevê o tratamento isonômico e segundo a qual todos são iguais perante a lei, a administração pública deve atuar sem favoritismo ou perseguição e tratar todos de modo igual, sem fazer qualquer tipo de discriminação.

GABARITO: ERRADO.

Há dois tipos de isonomia. A isonomia formal temos o caput do Art. 5 (todos são iguais perante a lei...), já a isonomia material, todos não devem ser tratados de forma igual. Na verdade, o igual deve ser tratado de forma igual, e o desigual deve ser tratado de forma desigual, na medida da sua desigualdade. Para exemplificar esta situação, o STF já decidiu assim, no seguinte julgado: AI no 443.315/RJ-AgR, Primeira Turma, Relatora a Ministra Cármen Lúcia, DJ de 16/2/07.

122. (2014 - SUFRAMA - Administrador) No que concerne aos direitos e garantias fundamentais, julgue o item que se segue:
O princípio da legalidade, também chamado de princípio da reserva legal, exige que os comportamentos humanos regulados pelo direito sejam disciplinados por meio de lei.

D C O N

GABARITO: ERRADO.

Não é possível confundir legalidade com reserva legal. Conforme ensina o professor Alexandre de Moraes, na obra Direito Constitucional: *O princípio da legalidade é de abrangência mais ampla do que o princípio da reserva legal. Por ele fica certo que qualquer comando jurídico impondo comportamento forçados há de provir de uma das espécies normativas devidamente elaboradas, conforme as regras de processo legislativo constitucional. Por outro lado, encontramos o princípio da reserva legal. Este opera de maneira mais restrita e diversa (...). Este é, portanto, de menor abrangência, mas de maior densidade ou conteúdo, visto exigir o tratamento de matéria exclusivamente pelo legislativo, sem participação do Executivo."*

123. **(2014 - SUFRAMA - Administrador)** No que concerne aos direitos e garantias fundamentais, julgue o item que se segue:

O devido processo legal tem como corolários os direitos à ampla defesa e ao contraditório, os quais deverão ser assegurados aos litigantes nos processos judiciais. Tais direitos, porém, não se aplicam ao processo administrativo.

GABARITO: ERRADO.

O contraditório e a ampla defesa deverão ser observados tanto nos processos judiciais quanto nos administrativos. Leitura literal do Art. 5º, LV da CF.

124. **(2014 - SUFRAMA - Administrador)** No que concerne aos direitos e garantias fundamentais, julgue o item que se segue:

O direito à vida, assim como todos os demais direitos fundamentais, é protegido pela CF de forma não absoluta.

GABARITO: CERTO.

Entre as características dos direitos fundamentais, verifica-se que não há direitos absolutos. Portanto, o direito à vida não é absoluto, uma vez que o próprio Texto Maior admite a pena de morte.

125. **(2014 - SUFRAMA - Administrador)** A respeito da organização político-administrativa do Estado, da administração pública e dos servidores públicos, julgue o item subsequente:

É possível que edital de concurso público preveja a participação de concorrentes de determinado sexo em detrimento do outro.

GABARITO: CERTO.

Tal situação apresentada no item está em consonância com a ideia de isonomia material. O tema pode ser tratado em determinado concurso, no que tange às diferenças entre homens e mulheres, se esta diferença estiver amparada no princípio da razoabilidade. Exemplo: Concurso para uma prisão feminina. É razoável que haja vagas somente para mulheres.

126. **(2014 - Polícia Federal - Agente Administrativo)** No que se refere aos direitos e às garantias fundamentais, julgue o seguinte item:

O terrorismo, o racismo, a tortura e o tráfico ilícito de entorpecentes são crimes hediondos, inafiançáveis e insuscetíveis de graça e anistia.

GABARITO: ERRADO.

O racismo não é insuscetível de graça e anistia (Art. 5º, XLIII da CF).

127. **(2014 - Polícia Federal - Administrador)** Acerca dos direitos e garantias fundamentais, da aplicabilidade das normas constitucionais e da organização do poder judiciário, julgue o item seguinte:

No que se refere aos direitos e deveres individuais e coletivos, a CF incorpora o princípio da irretroatividade irrestrita da lei penal, em respeito ao princípio da legalidade.

GABARITO: ERRADO.

Em regra, a Lei Penal não retroagirá. Contudo, em benefício do réu, a lei poderá, sim, retroagir (Art. 5º, XL da CF).

128. **(2014 - MDIC - Agente Administrativo)** Com referência à CF, aos direitos e garantias fundamentais, à organização político-administrativa, à administração pública e ao Poder Judiciário, julgue o item subsecutivo:

Terá legitimidade para impetrar mandado de segurança coletivo o partido político que tenha, no mínimo, um representante na Câmara dos Deputados e um no Senado Federal.

GABARITO: ERRADO.

O mandado de segurança coletivo poderá ser impetrado por um partido político. Tal partido deverá ter representatividade no Congresso Nacional. Basta um parlamentar em qualquer das Casas.

129. **(2013 - STF - Analista Judiciário/Área Administrativa)** Julgue o item subsequente, com relação aos direitos e garantias fundamentais, aos remédios constitucionais e à aplicabilidade das normas constitucionais.

Considerando-se que o art. 5.º da CF prevê que todos são iguais perante a lei, sem distinção de qualquer natureza, garantindo-se aos brasileiros e aos estrangeiros residentes no país a inviolabilidade do direito à vida, à liberdade, à igualdade, à segurança e à propriedade, é correto afirmar que aos estrangeiros não residentes no Brasil não se garantem esses direitos.

GABARITO: ERRADO.

O cuidado que se deve ter é que ao se objetivar o sucesso em uma prova da CESPE, não se deve ficar preso apenas ao texto literal da CF. Em algumas questões, apesar do texto expresso dizer de uma forma, deve-se interpretar o item com base nos princípios constitucionais. O estrangeiro não residente tem certamente assegurados os direitos citados no item.

130. **(2013 - STF - Analista Judiciário/Área Administrativa)** Julgue o item subsequente, com relação aos direitos e garantias fundamentais, aos remédios constitucionais e à aplicabilidade das normas constitucionais.

De acordo com o STF, o *habeas data* não pode ser utilizado para garantir o conhecimento de informações concernentes a terceiros.

GABARITO: CERTO.

A lei do *habeas data* e a Jurisprudência do STF convergem no sentido da impossibilidade de se obter informações de terceiros. O próprio texto da CF informa que é informação relativa à pessoa do condenado.

131. (2013 - STF - Técnico Judiciário/Segurança Judiciária) Acerca dos direitos e garantias fundamentais, dos direitos sociais, dos princípios que regem a administração pública e da disciplina constitucional dos servidores públicos, julgue o item que se segue:

Em virtude do princípio da publicidade e do direito de acesso à informação, o Estado não poderá possuir documentos sigilosos.

GABARITO: ERRADO.

O Estado poderá possuir documentos sigilosos quando forem imprescindíveis à defesa do Estado ou da sociedade (Art. 5º, XXXIII da CF).

132. (2013 - TRT 17ª Região/ES - Analista Judiciário/Área Administrativa) A respeito dos direitos e das garantias fundamentais, da partição de competências na Constituição Federal (CF) e do regime de regulação constitucional dos servidores públicos, julgue o item a seguir:

As normas definidoras dos direitos individuais são especificamente determinadas em números fechados e não admitem interpretação extensiva ou ampliativa

GABARITO: ERRADO.

O item está errado por contrariar o disposto no Art. 5º, § 2º da CF. Os direitos individuais não têm um rol taxativo, visto não excluir outros decorrentes dos princípios adotados pela Constituição e de tratados internacionais de que o Brasil faça parte.

133. (2013 - STF - Todos os Cargos) Tendo a CF assegurado o direito à ampla defesa e ao contraditório nos processos administrativos disciplinares, o STF considera que a ausência de defesa técnica realizada por advogado gera nulidade desse tipo de processo.

GABARITO: ERRADO.

Este era o posicionamento do STJ, mas o STF editou a Súmula Vinculante 5, que informa que não gera nulidade a ausência de defesa técnica quando regularmente intimado.

134. (2013 - ANCINE - Especialista em Regulação Atividade Cinematográfica e Audiovisual - Área 3) Considerando os direitos sociais e os direitos e garantias fundamentais, julgue o item seguinte:

Tanto os direitos sociais quanto os direitos e garantias individuais impõem ao Estado uma obrigação de não fazer, ou seja, uma postura deliberadamente omissiva que visa resguardar a esfera de liberdade individual e coletiva dos cidadãos.

GABARITO: ERRADO.

A ideia dos direitos de segunda geração ou dimensão era criar para o Estado uma obrigação, um "fazer". Isso vem notabilizado pela Constituição Mexicana, de 1917, pela de Weimar, de 1919, e, no Brasil, pela Constituição de 1934. Nesses casos, os direitos sociais trazem obrigações para o Estado. A primeira geração, que são os direitos individuais, impunham uma abstenção por parte do Estado.

135. (2013 - ANCINE - Todos os Cargos) Em relação aos direitos fundamentais, aos remédios constitucionais e à organização político-administrativa do Estado, julgue o item subsecutivo:

Constituem os chamados direitos de primeira geração os direitos civis e sociais, caracterizados pelo valor da liberdade, enquanto os denominados direitos de segunda geração são aqueles relacionados aos direitos econômicos, políticos e culturais, decorrentes do ideal da igualdade, e os chamados direitos de terceira geração são representados pelos direitos correlacionados ao valor da solidariedade ou fraternidade.

GABARITO: ERRADO.

O erro do item é relacionar os direitos sociais como sendo de primeira geração, quando, em verdade, eles são considerados direitos de segunda geração.

136. (2013 - ANCINE - Todos os Cargos) Em relação aos direitos fundamentais, aos remédios constitucionais e à organização político-administrativa do Estado, julgue o item subsecutivo:

Caso fotos íntimas com cenas de nudez de determinada pessoa cujo computador tenha sido invadido por um hacker sejam por este divulgadas na Internet, caracterizando essa situação flagrante violação da imagem e da honra dessa pessoa e acarretando a esta a sua demissão do emprego, ela poderá pleitear indenização pelos danos morais advindos, devendo ser significativo o valor da indenização, para amenizar o constrangimento sofrido e porque esse é o único meio de reparação civil previsto em lei para situações como essa.

GABARITO: ERRADO.

O equívoco do item consiste em informar que a indenização seria o único meio previsto para a reparação. Também é previsto o direito de resposta proporcional ao agravo (Art. 5º, V da CF).

D C O N

137. (2013 - ANCINE - Todos os Cargos) Em relação aos direitos fundamentais, aos remédios constitucionais e à organização político-administrativa do Estado, julgue o item subsecutivo:

O mandado de segurança que vise anular ato lesivo ao patrimônio público ou a entidade de que o Estado participe, à moralidade administrativa, ao meio ambiente ou ao patrimônio histórico e cultural substitui a ação popular, já que fará que cesse a ilegalidade.

GABARITO: ERRADO.

O mandado de segurança tem caráter subsidiário. Desta forma, se é possível entrar com ação popular, não se poderá entrar com o mandado de segurança. Aliás, neste particular, figura-se a Súmula 101 do STF, que traz informações exatamente neste sentido.

138. (2013 - ANCINE - Todos os Cargos) A respeito dos direitos fundamentais e dos remédios constitucionais, julgue o item seguinte:

Se uma agência reguladora indeferir administrativamente, de forma errônea, o pleito legítimo de um servidor relativo à sua progressão na carreira, será possível a esse servidor alcançar a referida pretensão por meio de impetração de mandado de segurança para reaver todos os efeitos financeiros pretéritos daí advindos.

GABARITO: ERRADO.

O mandado de segurança não se presta para o impetrante reaver parcelas pretéritas. Somente as parcelas a partir do ajuizamento da inicial. Assim assenta o Art. 14, § 4º da Lei 12.016/2009 (Lei do Mandado de Segurança).

139. (2013 - ANCINE - Todos os Cargo) A respeito dos direitos fundamentais e dos remédios constitucionais, julgue o item seguinte:

Se um servidor público, em procedimento administrativo disciplinar instaurado pela autoridade competente, para apurar denúncia de cometimento de ilegalidade no desempenho de suas funções, optar por exercer sua impugnação apenas com suas próprias justificativas, por meio de autodefesa, ausência de defesa técnica por meio de advogado, nesse caso, não afrontará o postulado constitucional da ampla defesa.

GABARITO: CERTO.

Preciso conhecer a Súmula Vinculante 5. Não há necessidade de ter uma defesa técnica em um PAD. Pode-se realizar a autodefesa.

140. (2013 - ANCINE - Todos os Cargos) Com referência à organização político-administrativa, à administração pública, aos servidores públicos e à cultura e comunicação, julgue o item a seguir:

O princípio da inafastabilidade da jurisdição, previsto na CF, pode ser utilizado para prevenir ameaça de lesão a direito, por meio da censura prévia, com o intuito de evitar eventuais danos à imagem e à honra dos cidadãos, sem que isso caracterize cerceamento do direito à liberdade de imprensa.

GABARITO: ERRADO.

A censura prévia não é admitida atualmente em nosso ordenamento (Art. 5º, IX da CF). A inafastabilidade da jurisdição é encontrada no Art. 5º, XXXV da CF.

141. (2013 - SEGESP/AL - Técnico Forense) Com relação aos princípios constitucionais e aos direitos e garantias fundamentais, julgue o item a seguir:

A Constituição Federal de 1988 (CF) consagra a liberdade de consciência, crença religiosa e convicção filosófica ou política, mas prevê privação de direitos ao indivíduo que, em nome dessas convicções, se recusar a cumprir obrigação legal a todos imposta ou prestação alternativa, fixada em lei.

GABARITO: CERTO.

O jurista e professor José Afonso da Silva chama este dispositivo (Art. 5º, VIII da CF) de escusa de consciência. Alguém só será privado de direitos, alegando imperativo ou objeção de consciência, ao não cumprir a obrigação legal e não cumprir a prestação alternativa.

142. (2013 - SEGESP/AL - Técnico Forense) Com relação aos princípios constitucionais e aos direitos e garantias fundamentais, julgue os itens a seguir:

O estabelecimento de limite de idade para a inscrição em concurso público não fere o princípio da igualdade, desde que a limitação se justifique em face da natureza e das atribuições do cargo a ser preenchido.

GABARITO: CERTO.

É necessário seguir o princípio da razoabilidade. Em algumas situações, é razoável o estabelecimento de um limite de idade para determinados cargos, não para todos. Tal fixação não fere a isonomia.

143. (2013 - PO/AL - Papiloscopista) Com base no disposto na Constituição Federal de 1988, julgue o próximo item, relativos a direitos e garantias fundamentais:

A proteção conferida à honra e à imagem das pessoas não se estende às pessoas jurídicas, por se tratar de proteção inerente à pessoa física.

GABARITO: ERRADO.

Pessoas jurídicas também podem sofrer lesão à sua honra ou à sua imagem. Desta forma, poderão pleitear a própria proteção.

144. (2013 - MPU - Técnico/Tecnologia da Informação e Comunicação) Embora os direitos e as garantias fundamentais se destinem essencialmente às pessoas físicas, alguns deles podem ser estendidos às pessoas jurídicas.

GABARITO: CERTO.

Alguns dos direitos do Art. 5º são realmente assegurados às Pessoas Jurídicas. Convém relembrar, entretanto, que nem todos os direitos são assegurados.

145. (2013 - BACEN - Técnico) Em relação aos princípios fundamentais e aos direitos e garantias fundamentais estabelecidos na Constituição Federal de 1988 (CF), julgue o item que se segue:

A criação de sindicatos depende de autorização prévia do Estado, já que na CF é prevista a regra da liberdade sindical condicionada.

GABARITO: ERRADO.

Os sindicatos, assim como as associações, serão criados sem interferência estatal em sua criação. Não se necessita de autorização do Estado para criar um sindicato (Art. 8º, I da CF).

146. (2013 - BACEN - Técnico) Em relação aos princípios fundamentais e aos direitos e garantias fundamentais estabelecidos na Constituição Federal de 1988 (CF), julgue o item que se segue:

O princípio constitucional da igualdade garante a todos o direito ao tratamento idêntico no âmbito da elaboração e da aplicação da lei, sendo proibido qualquer tipo de tratamento normativo diferenciado.

GABARITO: ERRADO.

O princípio da isonomia não pressupõe que todos serão sempre tratados de forma igual. É admitida a chamada "discriminação positiva". Ou seja, é possível tratar de modo diferente, exatamente no sentido de diminuir a desigualdade. Um exemplo disso são as ações afirmativas.

147. (2012 - BACEN - Técnico) Em relação aos princípios fundamentais e aos direitos e garantias fundamentais estabelecidos na Constituição Federal de 1988 (CF), julgue o item que se segue:

É juridicamente possível a requisição, diretamente pelo Ministério Público, de informações bancárias de cidadãos brasileiros, dada a inexistência de proteção constitucional específica do sigilo bancário.

GABARITO: ERRADO.

O Ministério Público não pode agir conforme o que está apresentado no item. Ao interpretarmos o Art. 5º, XII da CF, verificamos que, no Brasil, não é possível, sem ordem judicial, ter acesso aos dados bancários.

148. (2013 - PC/DF - Escrivão de Polícia) À luz da Constituição Federal de 1988 (CF), julgue o item que se segue, acerca de direitos e garantias fundamentais:

Uma lei complementar não pode subtrair da instituição do júri a competência para julgamento dos crimes dolosos contra a vida.

GABARITO: CERTO.

O Tribunal do Júri tem *status* constitucional. Desta forma, não é possível que uma lei de qualquer formato possa reduzir as atribuições de uma norma constitucional. Ademais, o Art. 5º, XXXVIII que trata do Tribunal é uma cláusula pétrea, portanto, não pode ser modificado no sentido de seduzir suas atribuições.

149. (2013 - PC/DF - Escrivão de Polícia) À luz da Constituição Federal de 1988 (CF), julgue o item que se segue, acerca de direitos e garantias fundamentais:

Havendo iminente perigo público, a autoridade competente poderá usar de propriedade particular, assegurada ao proprietário indenização ulterior se houver dano.

GABARITO: CERTO.

O candidato precisa tomar cuidado para não confundir o iminente perigo público com a desapropriação. Nesta última, em regra, haverá indenização prévia e em dinheiro. Já no primeiro item, poderá haver uma indenização, se houver dano, e a indenização será posterior (ulterior).

150. (2013 - FUB - Administrador) Julgue o item seguinte, acerca dos direitos e garantias fundamentais:

A imunidade contra a autoincriminação é traduzida como garantia constitucional e consiste no direito de deixar de responder a uma indagação de autoridade pública, cuja resposta possa advir ao declarante a imputação de uma infração penal.

GABARITO: CERTO.

Em decorrência do princípio da presunção de inocência, um indivíduo não é obrigado a produzir prova contra si mesmo. A ideia da não autoincriminação decorre disso.

151. (2013 - BACEN - Analista/Gestão e Análise Processual) No que se refere aos princípios fundamentais da Constituição Federal de 1988 (CF) e aos direitos e garantias fundamentais, julgue o item seguinte:

De acordo com a CF, é direito fundamental do cidadão a livre associação para fins lícitos. Todavia, pode a administração pública, a bem do interesse público, intervir no funcionamento de associações civis e suspender temporariamente suas atividades.

GABARITO: ERRADO.

As associações somente poderão ser compulsoriamente suspensas por determinação judicial. Administrativamente, não é possível a ingerência em uma associação (Art. 5º, XIX, da CF).

---

152. **(2013 - CPRM - Analista em Geociências)** Acerca dos direitos fundamentais e da aplicabilidade das normas constitucionais, julgue o item que se segue:

Considere a seguinte situação hipotética:

João foi condenado criminalmente, além de ter que pagar uma indenização por danos materiais, por ter colidido seu veículo, estando alcoolizado, contra a casa de José. Entretanto, João faleceu no curso do processo judicial. Nessa situação hipotética, embora a pena não possa passar da pessoa do acusado, a obrigação de reparar o dano poderá ser estendida aos sucessores de João até o limite do valor do patrimônio transferido.

GABARITO: CERTO.

A reparação do dano e o perdimento de bens podem ser estendidos aos sucessores e contra eles executada até o montante do patrimônio transferido (Art. 5º, XLV da CF).

---

153. **(2013 - MPOG - Todos os Cargos)** A respeito dos direitos e garantias fundamentais, julgue o item subsequente:

A escusa de consciência por motivos religiosos, filosóficos ou políticos é protegida constitucionalmente, exceto nos casos de invocação para se eximir de obrigação legal imposta a todos e de recusa de cumprimento de prestação alternativa fixada em lei.

GABARITO: CERTO.

A ideia é a proteção da intimidade. Mas é possível a chamada escusa de consciência (Art. 5º, VIII da CF).

---

154. **(2013 - MPOG - Todos os Cargos)** A respeito dos direitos e garantias fundamentais, julgue o item subsequente:

Os tratados e convenções internacionais de direitos humanos podem ser internalizados com *status* constitucional, desde que sejam aprovados, pela Câmara dos Deputados e pelo Senado Federal, em dois turnos, por três quintos dos votos dos respectivos membros de cada Casa.

GABARITO: CERTO.

Um tratado internacional poderá ser equiparado a uma Emenda Constitucional. Mas, para isso, devem estar presentes três requisitos, os quais são estes: *os tratados e convenções internacionais sobre **direitos humanos** que forem aprovados, em cada Casa do Congresso Nacional, em **dois turnos**, por **três quintos** dos votos dos respectivos membros* **(Art. 5º, § 3º da CF).**

---

155. (2013 - MPOG - Todos os Cargos) A respeito dos direitos e garantias fundamentais, julgue o item subsequente:

O habeas data, importante ação constitucional, assegura o conhecimento de informações relativas à pessoa do impetrante, constantes de registro ou banco de dados de entidades governamentais ou de caráter público, mas veda ao impetrante a retificação desses dados.

GABARITO: ERRADO.

O *Habeas Data* tem duas funções: obter informações e retificar estas informações.

---

156. (2013 - MPOG - Todos os Cargos) A respeito dos direitos e garantias fundamentais, julgue o item subsequente:

A passeata pacífica, sem armas, realizada em local público, é protegida pelo direito constitucional à liberdade de reunião, porém está condicionada à prévia autorização da autoridade competente, de modo a não frustrar outra reunião anteriormente convocada para o mesmo local.

GABARITO: ERRADO.

Para o direito de reunião, devem estar preenchidos alguns requisitos. Entre estes requisitos, não está a necessidade de uma autorização de autoridade.

---

157. (2013 - MPOG - Todos os Cargos) A respeito dos direitos e garantias fundamentais, julgue o item subsequente:

O contraditório e a ampla defesa são direitos constitucionais assegurados aos servidores públicos no âmbito de processo administrativo disciplinar.

GABARITO: CERTO.

Da análise do texto constitucional (Art. 5º, LV da CF), verifica-se que o contraditório e a ampla defesa ocorrerão tanto para os processos judiciais quanto para os processos administrativos.

---

158. (2013 - DEPEN - Agente Penitenciário) Segundo entendimento dominante no STF, são lícitas as provas produzidas em interceptações telefônicas decretadas por decisões judiciais, quando tais decisões forem amparadas apenas em denúncia anônima.

GABARITO: ERRADO.

O Poder Judiciário não pode determinar a interceptação telefônica apenas por denúncia anônima.

---

159. (2013 - DEPEN - Agente Penitenciário) Entre os direitos constitucionais garantidos às presidiárias incluem-se o respeito à integridade física e moral; as condições para que possam permanecer com seus filhos durante o período de amamentação; e o cumprimento da pena em estabelecimento distinto ao dos apenados do sexo masculino.

GABARITO: CERTO.

As três situações apresentadas no item estão certas, segundo o Art. 5º da CF, incisos XLVIII, XLIX e L.

---

160. (2013 - DEPEN - Agente Penitenciário) Segundo a Constituição Federal, ninguém será submetido a tratamento desumano ou degradante. Com base nessa regra, o STF tem entendimento firmado no sentido de que é ilegal o uso de algemas, devendo o Estado assegurar outros meios para evitar a fuga de presos e o perigo à integridade física de terceiros.

GABARITO: ERRADO.

De acordo com a Súmula Vinculante 11, é possível o uso de algemas. Mas, a autoridade precisa justificar tal uso por escrito.

161. (2013 - MJ - Analista Técnico/Administrativo) No tocante à aplicabilidade e à eficácia dos direitos fundamentais, julgue o item seguinte:

Segundo jurisprudência firmada pelo STF mediante aprovação de súmula vinculante acerca da matéria, somente será admissível o uso de algemas quando houver necessidade de transporte do preso para ser conduzido até delegacia, presídio ou mesmo sala de audiências, justamente pelo fato de se expor a perigo a autoridade policial, colocando em risco a sua integridade física.

GABARITO: ERRADO.

O uso de algemas não está adstrito apenas à hipótese apresentada no item (Súmula Vinculante: *Só é lícito o uso de algemas em casos de resistência e de fundado receio de fuga ou de perigo à integridade física própria ou alheia, por parte do preso ou de terceiros, justificada a excepcionalidade por escrito, sob pena de responsabilidade disciplinar, civil e penal do agente ou da autoridade e de nulidade da prisão ou do ato processual a que se refere, sem prejuízo da responsabilidade civil do Estado*).

162. (2013 - TCE/RO - Analista de Informática) No que se refere aos direitos e garantias fundamentais previstos na Constituição Federal de 1988 (CF), julgue o próximo item:

O direito de resposta proporcional ao agravo tem abrangência ampla e aplica-se a todas as ofensas, ainda que elas não sejam de natureza penal.

GABARITO: CERTO.

Para caber o direito de resposta, não é necessário que esteja titulado no Código Penal. É necessário que a pessoa tenha se sentido ofendida pela situação.

163. (2013 - DEPEN - Especialista) Somente para o acusado da prática de crime de terrorismo ou de traição em tempo de guerra é previsto o julgamento por juízo de exceção.

GABARITO: ERRADO.

Não existe a possibilidade do juízo ou tribunal de exceção. Não há tribunal de exceção, sem exceção!

164. (2013 - DEPEN - Especialista) Entende-se como princípio da legalidade na vida civil o fato de ninguém ser obrigado a fazer ou deixar de fazer alguma coisa senão em virtude de lei.

GABARITO: CERTO.

Para o particular, ninguém é obrigado a fazer ou deixar de fazer algo, a não ser em virtude de Lei, segundo o Art. 5º, II da CF.

165. (2013 - DEPEN - Especialista) Constitui crime inafiançável e imprescritível a ação contra a ordem constitucional e o Estado democrático praticada por grupos armados, civis ou militares.

GABARITO: CERTO.

O texto constitucional informa que é inafiançável e imprescritível a situação apresentada no item (Art. 5º, XLIV da CF).

166. (2013 - DEPEN - Especialista) Toda reunião pacífica, sem armas, em locais abertos ao público, pode ser realizada independentemente de autorização, desde que não frustre outra reunião anteriormente convocada para o mesmo local e que haja aviso prévio à autoridade competente.

GABARITO: CERTO.

Para o exercício da liberdade de reunião, não há necessidade de autorização, mas, sim, de prévio aviso para não frustrar outra reunião marcada para o mesmo lugar (Art. 5º, XVI da CF).

FAÇA JÁ

Direitos Individuais

- homens e ______________ são iguais em ______________ e obrigações, nos termos desta ______________;

- é livre a expressão da atividade intelectual, ______________ , científica e de comunicação, ______________ de censura ou ______________;

- é ______________ o sigilo da correspondência e das comunicações telegráficas, de dados e das comunicações ______________, salvo, no ______________ caso, por ordem ______________, para fins de investigação criminal ou instrução de processual penal.

- as associações só poderão ser compulsoriamente ____________________ ou ter suas atividades suspensas por __________________, exigindo-se, no primeiro caso, o __________________;

- todos têm direito a receber dos órgãos __________________ informações de seu interesse __________________, ou de interesse __________________ ou geral, que serão prestadas no prazo da lei, sob pena de responsabilidade, ressalvadas aquelas cujo __________________ seja imprescindível à segurança da sociedade e do Estado;

- a __________________ não excluirá da apreciação do __________________ lesão ou __________________ a direito;

- são __________________ no processo as provas obtidas por meios __________________.

- Os tratados e convenções internacionais sobre __________________ que forem aprovados, em cada Casa do Congresso Nacional, em __________________, por __________________ dos votos dos respectivos membros, serão equivalentes às ______________________________.

D
C
O
N

CAPÍTULO 3

Direitos Sociais

Nacionalidade

Direitos Políticos

Organização Política e Administrativa

Direitos Sociais

167. (2015 - FUB - Contador) Julgue o item seguinte, com relação aos direitos sociais e políticos:

As ações afirmativas do Estado na área da educação visam garantir o direito social do cidadão, direito fundamental de segunda geração, e assegurar a isonomia material.

GABARITO: CERTO.

É necessário, primeiramente, que sejam retomadas as gerações de direito. (Convém recordar do lema da Revolução Francesa: *Liberdade, igualdade e fraternidade.*) A primeira geração trata dos direitos civis e políticos. A segunda, dos direitos sociais, culturais e econômicos. A terceira, dos direitos difusos. Pois bem, então os direitos sociais são realmente de segunda geração. A segunda geração está relacionada à isonomia? Novamente, trazemos à tona o lema da Revolução Francesa: *Liberdade, Igualdade e Fraternidade.* Cabe, nesse momento, um questionamento: o que é a igualdade material? De acordo com a igualdade material, não se deve tratar todos da mesma forma. Mas, tratar os iguais de forma igual, e os desiguais, de forma desigual, na medida da sua desigualdade. Como exemplo disso, podem ser citadas as ações afirmativas que reforçam a igualdade material. Tais ações destacam os direitos sociais.

168. (2015 - FUB - Enfermeiro do trabalho) No que diz respeito a direitos sociais relacionados ao trabalho, julgue o item a seguir:

Cabe ao sindicato a defesa dos direitos e interesses coletivos ou individuais da categoria a que representa, inclusive no que diz respeito a questões administrativas.

GABARITO: CERTO.

O sindicato defende o direito individual e coletivo e questões administrativas ou judiciais, conforme determina Art. 8º, III da CF.

169. (2015 - FUB - Enfermeiro do Trabalho) No que diz respeito a direitos sociais relacionados ao trabalho, julgue o item a seguir:

A realização de trabalho noturno, perigoso ou insalubre por menor de dezoito anos de idade é permitida desde que o empregador pague a esse trabalhador adicional pecuniário.

GABARITO: ERRADO.

Não existe possibilidade legal para o trabalho de menor de 18 anos nas atividades apresentadas no item. (Leitura na íntegra do Art. 7º, XXXIII da CF.)

170. (2015 - DPE/PE - Defensor Público) Em relação à efetivação dos direitos sociais, julgue o item a seguir:

Conforme jurisprudência do STJ, o juiz pode determinar o bloqueio de verbas públicas para garantir o fornecimento de medicamentos.

GABARITO: CERTO.

O candidato deverá conhecer o teor de julgado do STJ para responder corretamente o item, REsp 1.069.810-RS, Rel. Min. Napoleão Nunes Maia Filho, julgado em 23/10/2013. Esta decisão esclarece que o magistrado, tendo em vista o dever do Estado de cumprir o dever de fornecer medicamento, pode, para cumprir tal obrigação, até bloquear verbas do Estado.

171. (**2015 - DPE/PE - Defensor Público**) Em relação à efetivação dos direitos sociais, julgue o item a seguir:

De acordo com o entendimento do STF, é inadmissível que o Poder Judiciário disponha sobre políticas públicas de segurança, mesmo em caso de persistente omissão do Estado, haja vista a indevida ingerência em questão, que envolve a discricionariedade do Poder Executivo.

GABARITO: ERRADO.

É imprescindível perceber a ideia da separação de Poderes. Contudo, se o Estado não executa o seu papel adequadamente, em tema tão caro que é a segurança pública, pode, sim, o Judiciário executar tal mister. Assim, já se manifestou o STF: (RE-AgR 559.646/PR, Segunda Turma, Rel. Min. Ellen Gracie, DJe 24.6.2011).

172. (**2014 - Câmara dos Deputados - Analista Legislativo**) No que se refere a direitos sociais individuais e coletivos dos trabalhadores, julgue o seguinte item:

A criação de sindicatos independe de autorização estatal, ressalvado o registro no órgão competente, sendo vedado ao sindicato que represente a mesma categoria profissional abranger a mesma base territorial de outro.

GABARITO: CERTO.

De acordo com o Art. 8º, I e II da CF, não é necessária autorização estatal para a criação de sindicatos. Deve o sindicato registrar-se no órgão estatal competente. Além disso, não pode haver mais de um sindicato na mesma base territorial.

173. (**2014 - Câmara dos Deputados - Analista Legislativo**) Acerca do direito administrativo brasileiro, julgue o item a seguir:

Em decorrência do modelo de Estado federal adotado no Brasil, os territórios federais não possuem autonomia, ao contrário do que ocorre com os municípios, ainda que estes não contem com Poder Judiciário próprio.

GABARITO: CERTO.

Da análise do Art. 18 da CF, os territórios não possuem autonomia. Já os municípios, com base no artigo mencionado, têm autonomia.

174. (**2014 - MDIC - Agente Administrativo**) Com referência à CF, aos direitos e garantias fundamentais, à organização político-administrativa, à administração pública e ao Poder Judiciário, julgue o item subsecutivo:

A CF prevê o direito de greve na iniciativa privada e determina que cabe à lei definir os serviços ou atividades essenciais e dispor sobre o atendimento das necessidades inadiáveis da comunidade

GABARITO: ERRADO.

A CF aceita o direito de greve. Contudo, para as chamadas atividades essenciais, o Texto Maior apresenta maiores condições para que a greve seja exercida (Art. 9º, § 1º CF).

175. (**2013 - STF - Técnico Judiciário/Área Administrativa**) Acerca dos direitos de nacionalidade e dos direitos sociais, julgue o item seguinte:

A CF expressamente estabelece serem direitos sociais a educação, a saúde, o lazer, a busca do bem-estar e a proteção à infância e à adolescência, além da assistência aos deficientes, na forma da lei.

GABARITO: ERRADO.

Ao estudar o Art. 6º da CF, será possível perceber que a busca do bem-estar, a proteção à adolescência e a assistência aos deficientes não são considerados direitos sociais.

176. (**2013 - TRT/17ª Região/ES - Analista Judiciário/Oficial de Justiça Avaliador**) Acerca dos direitos e garantias fundamentais estabelecidos na CF, julgue o item seguinte:

O trabalhador aposentado tem direito de permanecer filiado a seu sindicato e, fazendo-o, pode ser votado nas eleições para a direção da organização.

GABARITO: CERTO.

Este assunto é de abordagem frequente em concursos. O candidato precisa saber que o aposentado pode participar de sindicato. Para isto, deve estar filiado. Preenchido este requisito, ele poderá votar e ser votado em seu sindicato.

177. (**2013 - SEGESP/AL - Técnico Forense**) Acerca dos direitos sociais, julgue o item que se segue:

Os menores de dezoito anos de idade não podem exercer qualquer trabalho, ofício ou profissão, salvo na condição de aprendiz, a partir dos dezesseis anos de idade.

ERRADO

Os menores de 18 anos não podem trabalhar em atividades noturnas, insalubres ou perigosas. O aprendiz pode trabalhar a partir dos 14 anos (Art. 7º, XXXIII da CF).

178. (**2013 - SEGESP/AL - Técnico Forense**) Acerca dos direitos sociais, julgue o item que se segue:

A CF estabelece tratamento diferenciado entre trabalhador com vínculo empregatício permanente e trabalhador avulso. Assim, os direitos sociais constantes do texto constitucional são aplicáveis apenas aos trabalhadores urbanos e rurais que tenham relação formal de emprego.

GABARITO: ERRADO.

Os trabalhadores avulsos e os com vínculo empregatício permanente têm os mesmos direitos (Art. 7º, XXXIV da CF).

179. (2013 - MC - Todos os Cargos) Com referência ao Poder Executivo, julgue o item subsequente:
O projeto de lei específica que vise à diminuição da remuneração dos servidores públicos violará o princípio da irredutibilidade salarial, previsto no capítulo que regulamenta os direitos sociais.

GABARITO: CERTO.

O texto constitucional, em seu Art. 7º, IV da CF, trata da irredutibilidade salarial.

Nacionalidade

180. (2015 - TRE/GO - Técnico Judiciário/Área Administrativa) Quanto ao conceito de Constituição e aos direitos individuais e de nacionalidade, julgue o seguinte item:
São brasileiros natos os nascidos no estrangeiro, de pai brasileiro ou mãe brasileira que esteja no exterior a serviço do Brasil ou de organização internacional.

GABARITO: ERRADO.

O final do item tornou-o errado. A primeira parte do item está correta: o brasileiro será nato se nascer fora do País, mas, de pai ou mãe brasileira a serviço da República Federativa do Brasil, Art.12, I, b, da CF. Contudo, não encontra guarida na Constituição participar de organização internacional, como condição para ser brasileiro nato.

181. (2014 - TC/DF - Técnico de Administração Pública) À luz das normas constitucionais e da jurisprudência do STF, julgue o seguinte item:
Cidadão português que legalmente adquira a nacionalidade brasileira não poderá exercer cargo da carreira diplomática, mas não estará impedido de exercer o cargo de ministro de Estado das Relações Exteriores.

GABARITO: CERTO.

Para resolver esse item, é preciso conhecer os cargos privativos de brasileiro nato, Art. 12, § 3º, da CF. Para ser membro de carreira diplomática, nesse dispositivo citado, realmente, é necessário ser brasileiro nato. Já o cargo de Ministro das Relações Exteriores não é privativo de brasileiro nato. O único cargo de Ministro de Estado que é privativo para brasileiro nato é o de Ministro da Justiça.

182. (2014 - Polícia Federal - Agente Administrativo) No que se refere aos direitos e às garantias fundamentais, julgue o seguinte item:
Considere que uma criança tenha nascido nos Estados Unidos da América (EUA) e seja filha de pai americano e de mãe brasileira, que trabalhava, à época do parto, na embaixada brasileira nos EUA. Nesse caso, a criança somente será considerada brasileira nata se for registrada na repartição brasileira competente nos EUA.

GABARITO: ERRADO.

Conforme determina o Art. 12, I, c da CF, o registro em repartição competente é uma das possibilidades da criança se tornar nata pelo critério do jus sanguini, mas, não é o único, razão pela qual, o item está errado.

183. (2014 - MDIC - Agente Administrativo) No que se refere aos Poderes Legislativo, Executivo e Judiciário, bem como às funções essenciais à justiça, julgue o seguinte item:

Considere que Ana, cidadã brasileira, casada com Vladimir, cidadão russo, ocupe posto diplomático brasileiro na China quando Victor, filho do casal, nascer. Nessa situação, Victor será considerado brasileiro nato.

GABARITO: CERTO.

Convém relembrar a hipótese do Art. 12, I, b da CF. Quando um brasileiro estiver fora do País, a serviço da República Federativa do Brasil, e vier a nascer um filho deste brasileiro, a criança será brasileira nata.

184. (2013 - STF - Analista Judiciário/Área Judiciária) Ainda a respeito dos direitos fundamentais, julgue o seguinte item:

De acordo com o STF, uma vez concedida a naturalização pelo Ministro de Estado da Justiça, a revisão desse ato somente pode ser feita mediante processo judicial, e não administrativamente.

GABARITO: CERTO.

A posição do STF tem como premissa o Art. 12, § 4º, I da CF. Para cancelamento da naturalização, é necessária, nesta hipótese, uma decisão judicial. Desta forma, não é possível a modificação da naturalização administrativamente. Neste sentido, é o seguinte julgado do STF: RMS 27.840, rel. p/ o ac. min. Marco Aurélio, julgamento em 7-2-2013.

185. (2013 - STF - Técnico Judiciário/Área Administrativa) Acerca dos direitos de nacionalidade e dos direitos sociais, julgue o item seguinte:

A naturalização de uma pessoa que tenha adquirido a nacionalidade brasileira poderá ser cancelada por ato do presidente da República, na condição de chefe de Estado, com a indicação dos fatos e fundamentos jurídicos que embasarem sua decisão.

GABARITO: ERRADO.

Para ocorrer o cancelamento da naturalização, este deverá ocorrer por decisão judicial e não pela via administrativa (Art. 12, § 4º, I da CF). Para não deixar dúvidas, o STF confirmou tal posição (RMS 27.840/DF, rel. Min. Ricardo Lewandowski, 07.02.2013).

186. (2013 - TRT 17ª Região/ES - Analista Judiciário/Oficial de Justiça Avaliador) Acerca dos direitos e garantias fundamentais estabelecidos na CF, julgue o item seguinte:

Considera-se brasileiro naturalizado o estrangeiro de qualquer nacionalidade casado com brasileiro nato por mais de cinco anos.

GABARITO: ERRADO.

Não temos no texto constitucional a possibilidade de aquisição da nacionalidade com o casamento. Para confirmar as hipóteses de brasileiro naturalizado verifique o Art. 12, II da CF.

187. (2013 - TRT/17ª Região/ES - Técnico Judiciário/Área Administrativa) Julgue o item a seguir, acerca dos direitos sociais e dos direitos de nacionalidade:

Sempre que um brasileiro tornar-se nacional de outro país, deve-se declarar perdida sua nacionalidade brasileira.

GABARITO: ERRADO.

Em regra, adquirindo outra nacionalidade, o brasileiro perderá a sua nacionalidade. O equívoco do item é cravar que sempre perderá. Na verdade, o Art.12, § 4º da CF apresenta duas situações em que, mesmo adquirindo outra nacionalidade, o brasileiro manterá a nacionalidade brasileira.

---

188. (2013 - SEGESP/AL - Técnico Forense) A respeito de nacionalidade, julgue o item a seguir:

Como regra geral para a outorga da nacionalidade originária, o Brasil adota o critério do ius solis, ou critério da territorialidade, admitindo, porém, em algumas situações, o critério do ius sanguinis (origem sanguínea).

GABARITO: CERTO.

A nacionalidade brasileira é obtida pelo nascimento, *ius soli*, ou pelo sangue, *ius sanguinis*, (Art. 12, I e II da CF).

---

189. (2013 - MPU - Técnico/Tecnologia da Informação e Comunicação) Considere que Gabriel, brasileiro nato, ao retornar para o Brasil após ter residido alguns anos nos Estados Unidos da América (EUA), tenha descoberto que fora condenado criminalmente pela justiça americana por tráfico ilícito de entorpecentes. Nessa situação hipotética, Gabriel poderá ser extraditado mediante pedido formal dos EUA.

GABARITO: ERRADO.

O brasileiro nato não pode ser extraditado. A hipótese apresentada no item permite que o brasileiro naturalizado possa vir a ser extraditado.

---

190. (2013 - FUB - Técnico de TI) No que concerne aos direitos e garantias fundamentais, julgue o item a seguir:

O cargo de Capitão do Exército Brasileiro somente poderá ser exercido por brasileiro nato.

GABARITO: CERTO.

Existem cargos que são privativos do brasileiro nato (Art. 12, § 3º da CF). Entre estes cargos, está o de Oficial das Forças Armadas. E, como Capitão é um Oficial, deve ser privativo de brasileiro nato.

---

191. (2013 - FUB - Técnico de TI) No que concerne aos direitos e garantias fundamentais, julgue o item a seguir:

Se um casal de cidadãos italianos que, por motivo de trabalho, resida no Brasil e tiver um filho em território brasileiro, esse filho será considerado como brasileiro nato.

GABARITO: CERTO.

Para ser considerado brasileiro nato, uma das condições é a de que a criança nasça no Brasil. Em regra, se a criança nasceu no Brasil, será nata. Apenas não será nata nascendo aqui, se os pais forem estrangeiros e um deles esteja a serviço de seu país (Art. 12, I, a, da CF). Como a situação apresentada no item não é esta, a criança será brasileira nata.

192. **(2013 - FUB - Administrador)** Julgue o item seguinte, acerca dos direitos e garantias fundamentais:

À luz dos preceitos constitucionais, é possível que uma pessoa detenha a nacionalidade brasileira, mas não possa exercer a sua cidadania.

GABARITO: CERTO.

Não podemos confundir nacionalidade com cidadania. A pessoa pode ter duas ou até mais nacionalidades e não possuir cidadania nenhuma. Cidadão é o titular ativo dos direitos políticos. Se for menor de 16 anos, por exemplo, pode ter nacionalidade brasileira, mas não será cidadão brasileiro.

193. **(2013 - FUB - Administrador)** Julgue o item seguinte, acerca dos direitos e garantias fundamentais:

Um cidadão naturalizado brasileiro não pode ser eleito para o cargo de senador da República.

GABARITO: ERRADO.

Senador não é um dos cargos privativos de brasileiro nato (Art. 12, § 3º da CF). Já a Presidência do Senado, sim, é privativa de brasileiro nato.

Direitos Políticos

194. **(2015 - FUB - Contador)** Julgue o item seguinte, com relação aos direitos sociais e políticos:

O analfabeto, embora inelegível, possui a faculdade de alistar-se e de votar.

GABARITO: CERTO.

Consoante dispõe o Art. 14, § 1º da CF, o analfabeto pode alistar-se e votar de forma facultativa.

195. **(2015 - FUB - Técnico em TI)** Julgue o item seguinte, com relação aos direitos sociais e políticos:

Os direitos políticos são titularizados e livremente exercidos por todos os brasileiros e garantem a participação na vida política e a influência nas decisões públicas.

GABARITO: ERRADO.

Os direitos políticos são exercidos por cidadãos. Cidadãos são os titulares ativos dos direitos políticos, ou seja, pessoas que podem votar. O item está incorreto, pois os direitos políticos não são exercidos livremente por todos os brasileiros.

196. (2015 - TRE/GO - Técnico Judiciário/Área Administrativa) Julgue o item subsecutivo, referente aos direitos políticos e à organização político-administrativa do Estado brasileiro.
Em respeito à autonomia dos entes da Federação, a Constituição Federal autoriza a criação de partido político estadual, desde que seja feito o devido registro dos estatutos do partido no tribunal regional eleitoral correspondente no prazo legal.

GABARITO: ERRADO.

Da análise do Art. 17, I, da CF, o partido político precisa ter caráter nacional. Ademais, o registro deve ser realizado junto ao TSE, conforme dispõe o Art. 17, § 2º da CF.

197. (2015 - TRE/GO - Analista Judiciário/Área Administrativa) Julgue o item que se segue, no que concerne aos direitos e garantias fundamentais e à aplicabilidade das normas constitucionais:
A norma constitucional que consagra o princípio da anterioridade eleitoral não pode ser abolida por tratar-se de uma garantia individual fundamental do cidadão-eleitor.

GABARITO: CERTO.

Realmente, o item apresentado está em consonância com a Jurisprudência do STF. Deve-se observar a ADI 3.685, Rel. Min. Ellen Gracie, julgamento em 22-3-2006, Plenário, DJ de 10-8-2006.

198. (2015 - TRE/GO - Analista Judiciário/Área Administrativa) Julgue o item que se segue, no que concerne aos direitos e garantias fundamentais e à aplicabilidade das normas constitucionais:
O direito de antena, previsto pela Constituição Federal (CF), assegura aos partidos políticos a propaganda partidária mediante o acesso gratuito ao rádio e à televisão, na forma da lei.

GABARITO: CERTO.

Necessita do conhecimento da Jurisprudência do STF, em especial da ADI 4.617, rel. min. Luiz Fux, julgamento em 19-6-2013. O item foi elaborado com base na referida decisão.

199. (2015 - TRE/GO - Analista Judiciário/Área Administrativa) Julgue o item que se segue, no que concerne aos direitos e garantias fundamentais e à aplicabilidade das normas constitucionais:
Suponha que José, casado com Míriam e prefeito de um município brasileiro, venha a falecer dois anos após ter sido eleito. Nessa situação, Míriam pode se candidatar e se eleger ao cargo antes ocupado por seu marido nas eleições seguintes ao falecimento.

GABARITO: CERTO.

O Chefe do Executivo pode ser candidato à reeleição. Se ele pode ser candidato à reeleição, o cônjuge pode ser candidato no lugar do cônjuge. E, no caso apresentado, o Chefe do Executivo faleceu, não podendo alegar que a prefeitura está sendo utilizada para eleger o cônjuge. Interpretação do Art. 14, § 5º da CF.

200. (TRE/GO - Analista Judiciário/Área Judiciária) No que se refere às disposições constitucionais, julgue o item a seguir:
Caso seja publicada e passe a viger em fevereiro de 2018, lei que altere o processo eleitoral poderá ser aplicada a pleito eletivo que ocorra em outubro desse mesmo ano.

GABARITO: ERRADO.

O desfecho do item se verifica no Art. 16 da CF: o conhecido princípio da anterioridade eleitoral. Alterada a lei que modifique o processo eleitoral, esta só será aplicada um ano após a sua promulgação.

---

201. **(2014 - ANTAQ - Técnico Administrativo)** A respeito dos direitos e garantias fundamentais, julgue o item seguinte:

A lei que alterar o processo eleitoral deverá entrar em vigor na data de sua publicação, não se aplicando os seus dispositivos à eleição que ocorrer em até um ano da data de sua vigência.

GABARITO: CERTO.

O item apresenta o texto do Art. 16 da CF, conhecido como princípio da anterioridade eleitoral. A mudança do processo eleitoral realmente entra em vigor quando de sua publicação. Mas, para aplicar a nova lei eleitoral, é necessário esperar um período. Tal período é de um ano da vigência.

---

202. **(2014 - Câmara dos Deputados - Técnico Legislativo)** Considere que determinado governador de Estado esteja em seu primeiro mandato eletivo (2011-2014) e pretenda candidatar-se à reeleição para o mandato 2015-2018. Considere, ainda, que, em 2012, ele e sua esposa tenham rompido o vínculo conjugal. Nessa situação hipotética, caso seja confirmada a candidatura à reeleição, a ex-esposa não poderá candidatar-se, no ano de 2014, ao cargo de deputada estadual no estado em que seu ex-esposo é governador.

GABARITO: CERTO.

Apesar de o casal ter rompido o vínculo conjugal, a esposa não poderá se candidatar na eleição referida no item. A fundamentação disto está na Súmula Vinculante 18 que proíbe o ex-cônjuge de ser candidato onde o outro cônjuge é o Chefe do Executivo.

---

203. **(2013 - TRT/17ª Região/ES - Analista Judiciário/Oficial de Justiça Avaliador)** Acerca dos direitos e garantias fundamentais estabelecidos na CF, julgue o item seguinte:

O alistamento eleitoral e o voto são facultativos para os maiores de sessenta anos de idade.

GABARITO: ERRADO.

Será facultativo para os maiores de setenta anos e não sessenta, como apresentado. Leitura do Art. 14, § 1º, inciso I, alínea b da CF.

---

204. **(2013 - PG/DF - Procurador)** Acerca da disciplina constitucional e legal referente à composição dos cargos públicos, julgue o seguinte item:

Caso já ocupe o cargo de deputado distrital, filho de governador do estado torna-se elegível para o mesmo cargo na eleição subsequente.

GABARITO: CERTO.

Em regra, o parente até segundo grau do Chefe do Executivo não poderá ser candidato na jurisdição do parente. É a chamada inelegibilidade reflexa (Art. 14, § 7º da CF). Contudo, o final do dispositivo admite que o parente seja candidato na mesma jurisdição, quando detentor de mandato eletivo e candidato à reeleição, que é a situação exposta no item.

---

205. (2013 - PG/DF - Procurador) Acerca da disciplina constitucional e legal, referente à composição dos cargos públicos, julgue o seguinte item:

O governador do DF é inelegível para quaisquer outros cargos, a não ser que renuncie a seu mandato com uma antecedência mínima de seis meses em relação à data do pleito.

GABARITO: CERTO.

O Chefe do Executivo, para ser candidato a outro cargo, deverá renunciar ao cargo pelo menos seis meses antes do pleito (Art. 14, § 6º da CF).

206. (2013 - PG/DF - Procurador) Acerca da disciplina constitucional e legal referente à composição dos cargos públicos, julgue o seguinte item:

Filho de governador de Estado é inelegível para qualquer cargo eletivo em âmbito nacional.

GABARITO: ERRADO.

O impedimento que o parente do Chefe do Executivo possui, pela inelegibilidade reflexa, restringe a jurisdição deste Chefe do Executivo. No caso apresentado, o parente do Governador não será candidato somente na jurisdição do Governador. Portanto, poderia ser candidato.

207. (2013 - CPRM - Analista em Geociências) Acerca dos direitos fundamentais e da aplicabilidade das normas constitucionais, julgue o item que se segue:

O eleitor que, após o trâmite regular de processo judicial, tiver condenação criminal transitada em julgado terá seus direitos políticos suspensos apenas enquanto durarem os efeitos da condenação.

GABARITO: CERTO.

A condenação criminal transitada em julgado é uma das hipóteses de suspensão dos direitos políticos. O próprio texto constitucional afirma que a suspensão ocorrerá "enquanto durarem seus efeitos" (Art. 15, III da CF).

208. (2013 - DEPEN - Agente Penitenciário) A condenação criminal transitada em julgado acarreta a perda dos direitos políticos, independentemente de manifestação expressa na decisão condenatória.

GABARITO: ERRADO.

Não é hipótese de perda, mas, sim, de suspensão dos direitos políticos a condenação criminal transitada em julgado (Art. 15, III da CF).

Organização Política e Administrativa

209. (2014 - ANTAQ - Técnico Administrativo) Acerca da organização político-administrativa e da administração pública, julgue o próximo item:

Não há previsão constitucional para a iniciativa popular de leis no processo legislativo estadual.

GABARITO: ERRADO.

O texto constitucional determina que, em âmbito estadual, a iniciativa popular será fixada de acordo com a lei estadual. Vide o Art. 27, § 4º da CF.

210. **(2014 - ANTAQ - Técnico Administrativo)** Acerca da organização político-administrativa e da administração pública, julgue o próximo item:

São considerados bens da União, os lagos, os rios e quaisquer correntes de água em terrenos que sirvam de limites com outros países ou se estendam a território estrangeiro ou dele provenham.

GABARITO: CERTO.

Está certo o item, de acordo com o Art. 20, III da CF. Os bens da União, presentes no Art. 20, não podem ser confundidos com os bens dos Estados, presentes no Art. 26.

211. **(2014 - ANATEL - Cargos 13, 14 e 15)** Acerca da organização político-administrativa do Estado e da administração pública, julgue o item a seguir:

A forma federativa de Estado adotada pela CF consiste na descentralização política e na soberania dos estados-membros, os quais são capazes de se auto-organizar mediante a elaboração de constituições estaduais.

GABARITO: ERRADO.

O equívoco do item consiste em afirmar que os Estados Membros possuem soberania. A soberania é um fundamento da República Federativa do Brasil, Art. 1º, I, da CF. Os Estados possuem autonomia, consoante apresenta o Art. 18 da CF.

212. **(2014 - TJ/SE - Técnico Judiciário/Área Judiciária)** Julgue o item seguinte, em relação à organização político-administrativa da República Federativa do Brasil.

A despeito de serem entes federativos, os territórios federais carecem de autonomia.

GABARITO: ERRADO.

O território não faz parte da federação. De acordo com o Art. 18 da CF, a organização político-administrativa da RFB é composta pela União, Estados, DF e Municípios, todos autônomos. O território está no Art. 18, § 2º da CF. Ele não possui a autonomia, pois faz parte da União. É considerada uma autarquia *sui generes*.

213. **(2014 - TJ/SE - Analista Judiciário)** A respeito da organização político-administrativa da República Federativa do Brasil, julgue o próximo item:

O princípio da simetria relativiza a autonomia dos estados, do Distrito Federal e dos municípios ao fixar, ainda que de maneira não absoluta, a obrigação, para esses entes, de reprodução do modelo de organização e de relação entre poderes estabelecidos pela CF em âmbito federal.

GABARITO: CERTO.

Os Estados têm autonomia, eles têm autogoverno, autoadministração e autolegislação. Mas, em vários aspectos, o Estado deve seguir o mesmo modelo do Poder Executivo Federal. Este é o chamado princípio da simetria. Desta forma, a autonomia dos Estados fica mitigada.

214. (2014 - TC/DF - Analista de Administração Pública/Sistemas de TI) Acerca da organização político-administrativa do Estado Federal brasileiro e da administração pública, julgue o seguinte item:
A autonomia dos estados-membros caracteriza-se pela sua capacidade de auto-organização, autolegislação, autogoverno e autoadministração, ao passo que a soberania da União manifesta-se em todos esses elementos e, ainda, no que concerne à personalidade internacional.

GABARITO: ERRADO.

O erro do item está em afirmar que os Estados têm personalidade internacional. A República Federativa do Brasil é soberana, já os Estados têm autonomia.

---

215. (2014 - TC/DF - Analista de Administração Pública/Sistemas de TI) Acerca da organização político-administrativa do Estado Federal brasileiro e da administração pública, julgue o seguinte item:
É vedado à LODF definir os crimes de responsabilidade do governador.

GABARITO: ERRADO.

De acordo com a Súmula 722 do STF, os Estados não podem criar crimes de responsabilidade. Isso é tarefa da União.

---

216. (2014 - Câmara dos Deputados - Técnico Legislativo) Conforme dispositivo da CF, as terras ocupadas, em passado remoto, por população indígena são bens da União.

GABARITO: CERTO.

Este item está amparado quase que literalmente no Art. 20, XI da CF.

---

217. (2014 - Câmara dos Deputados - Analista Legislativo) A respeito da organização do Estado brasileiro e do federalismo, julgue o item que se segue:
O federalismo no Brasil é caracterizado como federalismo por agregação, tendo surgido a partir da proclamação da República e se consolidado por meio da Constituição de 1891.

GABARITO: ERRADO.

O federalismo brasileiro caracteriza-se por segregação ou desagregação. Convém ressaltar que éramos um Estado unitário. Depois disso, foi criada a federação brasileira, de dentro para fora. Federalismo por agregação é o que aconteceu nos USA, em que existiam as treze colônias e elas se juntaram de fora para dentro, criando outro tipo de federação.

---

218. (2014 - Câmara dos Deputados - Analista Legislativo) A respeito da organização do Estado brasileiro e do federalismo, julgue o item que se segue:
No federalismo orgânico, há uma presença marcante do ente federal, em detrimento das unidades federadas.

GABARITO: CERTO.

A ideia, neste caso, é que se pense que o importante é o todo. Os Estados são partes deste todo maior e que deve ser preservado.

D C O N

219. **(2014 - Câmara dos Deputados - Analista Legislativo)** No que se refere à criação e à extinção dos municípios, julgue o item a seguir, à luz da Constituição Federal e dos precedentes do STF.

Se o legislador constituinte de determinado estado da Federação pretender alterar a Constituição estadual para redefinir os limites territoriais do município ALFA, desmembrando-o e incorporando parte de sua área à do município limítrofe DELTA, será dispensável a prévia consulta, mediante plebiscito, às populações de ambos os municípios.

GABARITO: ERRADO.

É necessária a oitiva dos municípios envolvidos no processo de desmembramento ou incorporação. De acordo com o Art. 18, § 4º da CF.

220. **(2014 - Câmara dos Deputados - Analista Legislativo)** No que se refere à criação e à extinção dos municípios, julgue o item a seguir, à luz da Constituição Federal e dos precedentes do STF:

Caso algum dos distritos de determinado município queira emancipar-se, o que resultará na criação de um novo município, somente haverá consulta plebiscitária após a divulgação dos estudos de viabilidade municipal apresentados e publicados na forma da lei.

GABARITO: CERTO.

O Art. 18, § 4º da CF, determina que, entre outros requisitos para a criação de municípios, é necessário um estudo de viabilidade.

221. **(2014 - Câmara dos Deputados - Analista Legislativo)** No que se refere à criação e à extinção dos municípios, julgue o item a seguir, à luz da Constituição Federal e dos precedentes do STF:

Considere que, em 1999, quando da criação de determinado município, por lei estadual, no Estado do Rio Grande do Sul, tenha sido atendido o que estabelecia a Constituição estadual, mas não o que dispunha a Emenda Constitucional n.º 15/1996. Nessa situação hipotética, o município criado deve ser extinto e deve ser realizado um novo processo para sua criação, obedecendo-se aos preceitos estabelecidos na CF.

GABARITO: ERRADO.

Apesar da criação de municípios no caso concreto não ter respeitado o dispositivo constitucional. O Art. 96 do ADCT regularizou a situação apresentada no item.

222. **(2004 - Câmara dos Deputados - Analista Legislativo)** Em relação à lei orgânica municipal e à autonomia municipal, julgue o item subsequente:

Aos municípios compete explorar e regulamentar a prestação de serviços de transporte intermunicipal.

GABARITO: ERRADO.

Deve-se observar que os municípios não cuidam de transporte intermunicipal. Deve ser o Estado o responsável por isso. Este é o princípio da predominância do interesse.

223. **(2014 - Câmara dos Deputados - Analista Legislativo)** Em relação à lei orgânica municipal e à autonomia municipal, julgue o item subsequente:

Será constitucional lei municipal que dispuser sobre a organização dos serviços funerários locais, pois tais serviços constituem necessidades imediatas do município.

GABARITO: CERTO.

A jurisprudência do STF atua no sentido de que pode o Município disciplinar a situação apresentada no item. Realça o Art. 30, V da CF, que o município organiza e presta diretamente serviços de interesse local. Aduz ainda o julgado que: *Os municípios podem, por conveniência coletiva e por lei própria, retirar a atividade dos serviços funerários do comércio comum.* (RE 387990/SP).

224. **(2014 - Câmara dos Deputados - Analista Legislativo)** Em relação à lei orgânica municipal e à autonomia municipal, julgue o item subsequente:

As prescrições na Constituição Federal referentes à perda do mandato de governador aplicam-se também ao prefeito, sendo, portanto, de reprodução obrigatória nas leis orgânicas municipais.

GABARITO: CERTO.

O STF, na ADI 336, firmou o entendimento de que a perda do mandato do Prefeito deve seguir as regras da perda do mandato da Governador, dispostas no Art. 28, § 1º da CF.

225. **(2014 - Câmara dos Deputados - Analista Legislativo)** Em relação à lei orgânica municipal e à autonomia municipal, julgue o item subsequente:

Considere que determinada lei municipal tenha imposto que as instituições financeiras situadas em seu território instalassem, em suas agências, câmeras filmadoras, instalações sanitárias, cadeiras de espera e bebedouro. Nessa situação hipotética, a referida lei seria inconstitucional, por extrapolar a autonomia municipal.

GABARITO: ERRADO.

Um item que envolve a jurisprudência do STF. A fundamentação é o Art. 30, I, da CF. Neste caso, o item basicamente usou a ementa da AI 347.717-AgR, Rel. Min. Celso de Mello, julgamento em 31-5-2005.

226. **(2014 - Câmara dos Deputados - Analista Legislativo)** Em relação à lei orgânica municipal e à autonomia municipal, julgue o item subsequente:

É compatível com a CF regra constante em Constituição estadual que imponha aos municípios o encargo de transportar da zona rural para a sede do município alunos carentes matriculados a partir do 6.° ano do ensino fundamental.

GABARITO: ERRADO.

A solução do item está no Princípio da Predominância do Interesse. A Constituição estadual não tem o condão de obrigar o Município a realizar o apresentado no item. Invade a competência municipal. Neste sentido é a ADI 370, do STF.

227. (2014 - Câmara dos Deputados - Analista Legislativo) Em relação à lei orgânica municipal e à autonomia municipal, julgue o item subsequente:

A vocação sucessória dos cargos de prefeito e vice-prefeito põe-se no âmbito da autonomia política local, em caso de dupla vacância, ou seja, está sob o domínio normativo da lei orgânica municipal.

GABARITO: CERTO.

O assunto envolve a autonomia do município. Quem regula a sucessão no município é a própria lei orgânica. Mais uma vez, o Art. 30, I, da CF é a fundamentação do item. Na ADI 3549 GO Relator(a): Min. CÁRMEN LÚCIA Julgamento: 17/09/2007, o Constituição do Estado de Goiás regulamentava a sucessão no município. O STF considerou inconstitucional tal dispositivo, pela intromissão da referida Constituição na autonomia municipal.

228. (2014 - Câmara dos Deputados - Analista Legislativo) A respeito dos cargos de prefeito e vice-prefeito, julgue o item que se segue:

Se um prefeito municipal cometer um crime comum durante o exercício do mandato eletivo, ele será julgado originalmente pelo tribunal de justiça do respectivo estado.

GABARITO: CERTO.

A solução do item encontra-se encetada no Art. 29, X da CF. Mas, o candidato precisa conhecer, para outras provas, o conteúdo da Súmula 702, do STF: *a competência do tribunal de justiça para julgar prefeitos restringe-se aos crimes de competência da justiça comum estadual; nos demais casos, a competência originária caberá ao respectivo tribunal de segundo grau.*

229. (2014 - Câmara dos Deputados - Analista Legislativo) A respeito dos cargos de prefeito e vice-prefeito, julgue o item que se segue:

É compatível com a CF regra de constituição estadual que fixe limites a serem observados pela câmara municipal no estabelecimento dos subsídios de prefeito e de vice-prefeito, uma vez que essa regra apenas estabelece parâmetros a serem observados pelos municípios do estado.

GABARITO: ERRADO.

Verificamos, neste material, várias questões com contendo as mesmas ideias presentes neste item (Art. 30, I da CF, autonomia dos municípios). A Constituição estadual não tem o condão de fixar os limites do subsídio do Prefeito.

230. (2014 - Câmara dos Deputados - Analista Legislativo) A respeito dos cargos de prefeito e vice-prefeito, julgue o item que se segue:

Considere que, após dois mandatos consecutivos (entre 2005 e 2012), determinado prefeito municipal tenha decidido aposentar-se (no ano de 2013), tendo, pois, deixado de ocupar cargo público. Nessa situação, se, em 2014, esse indivíduo for réu em ação por suposto crime de responsabilidade cometido durante o mandato eletivo, essa ação deverá ser trancada, pois o seu mandato já foi extinto.

GABARITO: ERRADO.

Qual a lógica do item? O ex-prefeito foi acusado de ter praticado crimes na época em que era prefeito. Desta forma, a aposentadoria não impede instauração do processo. Neste sentido, é a Súmula 703 do Colendo STF: ***A extinção do mandado de prefeito não impede a instauração de processo pela prática dos crimes previstos no Art. 1º do Decreto-Lei 201/1967.***

---

231. **(2014 - Câmara dos Deputados - Analista Legislativo)** Com relação à câmara municipal, julgue o item subsecutivo:

Considere que determinado vereador tenha tomado posse na respectiva câmara municipal e, em seguida, tenha sido nomeado secretário de infraestrutura, obras e serviços do mesmo município. Nessa situação, o vereador poderá acumular os cargos e a remuneração de vereador e secretário municipal, se houver compatibilidade de horários.

GABARITO: ERRADO.

É fato que o Texto Maior não dispõe da situação apresentada no item. O texto fala sobre vereador que se transforma em secretário e acumula as remunerações. Contudo, dispõe a Constituição, em seu Art. 29, IX, que a Lei Orgânica deve, naquilo que for compatível, seguir o Texto Maior. Vide RE 497554 / PR - PARANÁ. Neste sentido, não é aceitável a situação apresentada no item.

---

232. **(2014 - Câmara dos Deputados - Analista Legislativo)** Com relação à câmara municipal, julgue o item subsecutivo:

A fixação do subsídio dos vereadores cabe à câmara municipal, que deve fixá-lo, em cada legislatura, para a legislatura subsequente, respeitando o que dispõem a lei orgânica municipal e a CF.

GABARITO: CERTO.

O item apresentado está em consonância com o disposto no Art. 29, VI, da Carta Maior.

---

233. **(2014 - Câmara dos Deputados - Analista Legislativo)** Acerca do municipalismo, julgue o próximo item:

O município, como entidade político-administrativa de terceiro grau, na ordem descendente do sistema federal brasileiro, é entidade intraestatal rígida, tal qual a União e o estado-membro.

GABARITO: CERTO.

Normalmente, uma federação é de segundo grau, composta pela União e pelos Estados-Membros. Contudo, no Brasil, realmente há uma federação de terceiro grau, uma vez que os municípios fazem parte da federação.

---

234. **(2014 - Câmara dos Deputados - Analista Legislativo)** Julgue o seguinte item, relativo à fiscalização do município:

Considere que determinado estado da Federação, mediante autônoma deliberação e com o objetivo de auxiliar as câmaras municipais no exercício de seu poder de controle externo, tenha instituído um órgão estadual denominado tribunal de contas dos municípios. Com base nessas informações, é correto afirmar que a criação do tribunal é incompatível com a CF.

GABARITO: ERRADO.

Este item pode levar o candidato a confundir os §§ 1º e 4º do Art. 30, da CF. No auxílio do Legislativo municipal, é permitido criar Conselho ou Tribunal de Contas Municipal (Art. 30, § 1). Já o Art. 30, § 4º veda a criação de Tribunais de Contas Municipais.

Convém observar o julgado esclarecedor: *Municípios e Tribunais de Contas. A Constituição da República impede que os Municípios criem os seus próprios Tribunais, Conselhos ou órgãos de contas municipais (CF, Art. 31, § 4º), mas permite que os Estados-Membros, mediante autônoma deliberação, instituam órgão estadual denominado Conselho ou Tribunal de Contas dos Municípios* RTJ 135/457, Rel. Min. Octavio Gallotti - ADI 445/DF, Rel. Min. Néri da Silveira.

---

235. **(2014 - Câmara dos Deputados - Analista Legislativo)** Julgue o seguinte item, relativo à fiscalização do município:

Realizada a prestação anual de contas pelo prefeito, ele não poderá ser penalmente responsabilizado por atos de gestão se a câmara municipal tiver aprovado a prestação das contas.

GABARITO: ERRADO.

Não é porque o Legislativo municipal deu o aval das contas do Prefeito, que este está livre, caso tenha cometido irregularidades em sua gestão. Neste sentido, é Inq 1.070, Rel. Min. Sepúlveda Pertence, julgamento em 24-11-2004, Plenário, DJ de 1º-7-2005.

---

236. **(2014 - Câmara dos Deputados - Analista Legislativo)** De acordo com as noções gerais e os princípios fundamentais do direito constitucional positivo brasileiro, julgue o item subsequente. Nesse sentido, considere que as siglas CF e STF, sempre que utilizadas, se referem, respectivamente, à Constituição Federal de 1988 e ao Supremo Tribunal Federal.

As terras indígenas tratadas pela CF se submetem ao princípio fundamental da soberania da República Federativa do Brasil, fazendo parte do território brasileiro.

GABARITO: CERTO.

A observação literal do Art. 20, XI da CF soluciona o item. As terras indígenas são bens da União, portanto, estão sob o bojo da República Federativa do Brasil.

---

237. **(2014 - SUFRAMA - Agente Administrativo)** Julgue o item a seguir no que se refere aos direitos e garantias fundamentais, à organização político-administrativa do Estado brasileiro e à administração pública.

Considere que tenha sido aberta licitação para a compra de cadeiras e mesas destinadas a mobiliar uma autarquia do estado do Amazonas e que uma lei estadual exija que os móveis a serem adquiridos tenham sido fabricados na ZFM. Nessa situação, é correto afirmar que, de acordo com a jurisprudência do STF, a lei estadual viola a CF, já que esta proíbe que os entes federativos criem distinções entre brasileiros ou preferências entre si.

GABARITO: CERTO.

A própria Constituição, em seu Art. 19, III da CF, determina, ante o princípio da isonomia, esta proibição.

---

238. **(2014 - Polícia Federal - Agente Administrativo)** A União, os estados, o Distrito Federal **(DF)** e os municípios compõem a organização político-administrativa da República Federativa do Brasil, cabendo aos municípios promover, no que couber, o adequado ordenamento territorial, mediante, por exemplo, planejamento e controle do parcelamento do solo urbano.

GABARITO: CERTO.

O Art. 18 da CF confirma que os municípios compõe a organização político-administrativa da República Federativa do Brasil. E, a parte final do item também está de acordo com o texto constitucional (Art. 30, VIII da CF).

239. **(2014 - MDIC - Analista Técnico/Administrativo)** No que se refere à organização político-administrativa do Estado e ao Poder Legislativo, julgue o próximo item:

A CF estabelece inviolabilidades apenas para parlamentares federais e estaduais, não dispondo os vereadores de tal prerrogativa.

GABARITO: ERRADO.

Os vereadores gozam da chamada imunidade material (Art. 29, IX da CF).

240. **(2014 - PGE/BA - 2014 - Procurador do Estado)** No que concerne ao estatuto constitucional da União, dos estados, dos municípios, do Distrito Federal (DF) e dos territórios, julgue o item seguinte:

A CF autoriza a divisão de territórios em municípios.

GABARITO: CERTO.

O Art. 33 da CF autoriza aos territórios a divisão em municípios. É importante saber que o Distrito Federal não pode ser dividido em municípios (Art. 32 da CF).

D C O N

241. **(2013 - STF - Técnico Judiciário/Área Administrativa)** No que tange à organização político-administrativa do Estado brasileiro, julgue o item que se segue:

Compete à União, por expressa disposição constitucional, a instituição de diretrizes para o desenvolvimento urbano, inclusive habitação, saneamento básico e transportes urbanos.

GABARITO: CERTO.

É competência exclusiva da União a instituição de diretrizes para os assuntos apresentados no item (Art. 21, XX da CF).

242. **(2013 - STF - Técnico Judiciário/Área Administrativa)** No que tange à organização político-administrativa do Estado brasileiro, julgue o item que se segue:

A CF inovou ao elevar os municípios e os territórios à condição de entes federativos dotados de autonomia político-administrativa

GABARITO: ERRADO.

Os territórios não são entes federativos, visto não serem dotados de autonomia. De acordo com o Art. 18, § 2º da CF, o território vai pertencer à União.

243. (2013 - TRT/17ª Região/ES - Analista Judiciário/Área Administrativa) A respeito dos direitos e das garantias fundamentais, da partição de competências na Constituição Federal (CF) e do regime de regulação constitucional dos servidores públicos, julgue o item a seguir:
De acordo com a CF, os Estados-Membros possuem competência legislativa residual.
GABARITO: CERTO.

O Art. 25, § 1º da CF, informa que o Estado legisla naquilo que não for proibido pela CF. Desta forma, a competência do Estado é residual ou remanescente.

244. (2013 - TRT/17ª Região/ES - Técnico Judiciário/Área Administrativa) Acerca da criação de municípios, julgue o item seguinte:
As regras constitucionais relativas à criação de municípios aplicam-se também ao desmembramento de municípios.
GABARITO: CERTO.

Com relação aos municípios, verificam-se as mesmas regras para a criação, incorporação, fusão e desmembramento de municípios (Art. 18, § 4º da CF).

245. (2013 - AGU - Procurador Federal) Julgue o item a seguir, relacionado às competências da União e dos Estados-Membros.
A União é pessoa jurídica de direito público interno à qual incumbe exercer prerrogativas do Estado federal brasileiro, como, por exemplo, assegurar a defesa nacional e permitir, nos casos previstos em lei complementar, que forças estrangeiras transitem pelo território nacional ou nele permaneçam temporariamente.
GABARITO: CERTO.

Entre as atribuições da União está permitir que tropas estrangeiras transitem em nosso território (Art. 21, IV da CF). A União é pessoa jurídica de direito público interno. É preciso ter cuidado para não confundir a União com a República Federativa do Brasil.

246. (2013 - ANCINE - Área 3) Em relação ao sistema de repartição de competências entre os entes federativos, julgue o item seguinte:
Aos municípios estão destinadas apenas competências de caráter suplementar, tanto no âmbito material quanto no legislativo.
GABARITO: ERRADO.

É verdade que o município possui competência suplementar (Art. 30, II da CF). Mas, ao verificar os outros incisos do referido artigo, é possível perceber que o município possui várias competências próprias. Em destaque, está a competência de cuidar de questões de interesse local.

247. (2013 - ANCINE - Todos os Cargos) Em relação aos direitos fundamentais, aos remédios constitucionais e à organização político-administrativa do Estado, julgue o item subsecutivo:
Regiões metropolitanas, aglomerações urbanas e microrregiões constituídas por agrupamentos de municípios limítrofes somente podem ser instituídas por meio de emenda constitucional.

GABARITO: ERRADO.

A criação das áreas citadas no item não será feita por emenda constitucional, mas, sim, por lei complementar, conforme determina o Art. 25, § 3º da CF.

248. **(2013 - ANCINE - Todos os Cargos)** Com referência à organização político-administrativa, à administração pública, aos servidores públicos e à cultura e comunicação, julgue o item a seguir:
A CF dispõe que os estados poderão, mediante lei complementar, instituir regiões metropolitanas, aglomerações urbanas e microrregiões, constituídas por agrupamentos de municípios limítrofes, os quais terão personalidade jurídica própria, cujas decisões passam a se tornar obrigatórias, o que implica uma limitação da autonomia municipal.

GABARITO: ERRADO.

As áreas apresentadas no item não gozam de personalidade jurídica própria, não importando limitação da autonomia municipal.

249. **(2013 - SEGESP/AL - Papiloscopista)** A respeito da organização político-administrativa do Estado, julgue o item a seguir:
A exploração direta ou indireta dos serviços locais de gás canalizado é competência administrativa do município.

GABARITO: ERRADO.

A exploração direta ou por concessão de gás canalizado é uma competência do Estado (Art. 25, § 2º da CF).

250. **(2013 - SEGESP/AL - Papiloscopista)** A respeito da organização político-administrativa do Estado, julgue o item a seguir:
Cabe à União a organização e a manutenção do Poder Judiciário e do Ministério Público do Distrito Federal.

GABARITO: CERTO.

O texto do item está em consonância com o disposto no Art. 21, XIII da CF. Competência exclusiva da União.

251. **(2013 - MPU - Técnico/Tecnologia da Informação e Comunicação)** O constituinte originário atribuiu caráter de ente federativo aos municípios e territórios federais, ainda que lhes tenha conferido autonomia limitada, caracterizada pela ausência de Poder Judiciário, Ministério Público (MP) e defensoria pública nessas esferas de governo.

GABARITO: ERRADO.

Os territórios não fazem parte de federação, visto não possuírem autonomia. O território faz parte da União (Art. 18, § 2º da CF).

252. **(2013 - PC/DF - Escrivão de Polícia)** A respeito do Ministério Público e da defensoria pública, julgue o item seguinte:
Organizar e manter a Defensoria Pública do Distrito Federal são competências da União.

GABARITO: ERRADO.

Atenção! A partir da EC 69/2012, passou a ser competência do próprio DF, e não mais da União, organizar e manter a sua Defensoria Pública (Art. 21, XIII da CF). Da análise do dispositivo citado, não se vê como obrigação da União tal tarefa.

253. **(2013 - BACEN - Analista/Gestão e Análise Processual)** A respeito da organização do Estado e dos poderes, julgue o item subsequente:

A autonomia dos entes federativos permite que os estados e o Distrito Federal (DF) instituam regimes próprios de previdência, podendo adotar princípios e padrões estruturantes diversos daqueles definidos pela União, conforme critérios específicos estabelecidos pelas constituições, no caso dos estados, e pela lei orgânica, no caso do DF.

GABARITO: ERRADO.

Na verdade, os entes que compõem a federação deverão seguir as determinações fixadas na CF. Não há amparo constitucional para análise diversa.

254. **(2013 - BACEN - Analista/Gestão e Análise Processual)** A respeito da organização do Estado e dos poderes, julgue o item subsequente:

A autonomia dos entes federativos permite que os estados e o Distrito Federal (DF) instituam regimes próprios de previdência, podendo adotar princípios e padrões estruturantes diversos daqueles definidos pela União, conforme critérios específicos estabelecidos pelas constituições, no caso dos estados, e pela lei orgânica, no caso do DF.

GABARITO: ERRADO.

Os entes que compõem a federação deverão seguir as determinações fixadas na CF. Não há amparo constitucional para análise diversa.

255. **(2013 - TCU - Auditor Federal de Controle Externo)** Considerando a disciplina constitucional atinente ao Estado federal brasileiro, julgue o próximo item:

Os territórios federais não se configuram como entes federativos, alçados que estão à categoria de autarquia territorial da União, de modo que, caso um território federal venha a ser criado, esse não terá Poder Legislativo próprio nem disporá de representação na Câmara dos Deputados ou no Senado Federal.

GABARITO: ERRADO.

Temos dois erros no item. Primeiro,os territórios não são entes federativos, eles pertencem à União. Segundo, os territórios terão 4 deputados. (Art. 45, § 2º da CF).

256. **(2013 - CPRM - Analista em Geociências)** No que se refere à organização político-administrativa do Estado e à administração pública, julgue o item a seguir:

O Brasil adotou a forma republicana de governo e o modelo federativo de Estado que se embasa na autonomia e na soberania dos estados-membros, expressa pela capacidade destes de se auto-organizarem por meio das constituições estaduais.

GABARITO: ERRADO.

No Brasil, existe a forma de governo "república" e a forma de estado "federação". Os Estados podem se auto-organizarem pelas suas constituições estaduais. Contudo, estes entes têm autonomia e não soberania como apresentado no item. Soberana é a República Federativa do Brasil e, não, os Estados-Membros.

257. **(2013 - MPOG - Todos os Cargos)** No que se refere à organização político-administrativa do Estado e à administração pública, julgue o item a seguir:

Em matéria orçamentária, a União exerce competência legislativa concorrente, limitando-se a estabelecer normas gerais.

GABARITO: CERTO.

Na competência concorrente, a União fixa as normas gerais. O orçamento é uma competência concorrente (Art. 24, II da CF).

258. **(2013 - TCE/RO - Analista de Informática)** A respeito do Estado federal brasileiro, julgue o item subsecutivo:

De acordo com a CF, é necessária a consulta da população diretamente interessada, no caso de instituição, pelo estado-membro, de regiões metropolitanas, que são formadas por agrupamento de municípios.

GABARITO: ERRADO.

Para a criação de regiões metropolitanas, não há a necessidade de ouvir as populações interessadas (Art. 25, § 2º da CF).

259. **(2013 - DEPEN - Especialista)** Os estados podem incorporar-se entre si, subdividir-se ou desmembrar-se para se anexarem a outros, ou formarem novos estados ou territórios federais, mediante aprovação da população diretamente interessada, por meio de plebiscito, ficando dispensada a atuação do Congresso Nacional.

GABARITO: ERRADO.

O item, ao dispensar a atuação do Congresso Nacional, tornou-se errado. O texto constitucional exige que o CN participe, através de uma lei complementar (Art. 18, § 3º da CF).

FAÇA JÁ

____

- São direitos sociais a educação, a saúde, ______________ ______________, o trabalho, a ______________, o lazer, a segurança, a previdência social, a proteção à maternidade e à infância, a assistência aos desamparados, na forma desta Constituição.

- salário mínimo , fixado em lei, ______________, capaz de atender a suas necessidades vitais básicas e às de sua família com ______________ , saúde, lazer, vestuário, higiene, transporte e previdência social, com reajustes periódicos que lhe preservem o poder aquisitivo, sendo ______________ sua vinculação para qualquer fim;

- salário-família pago em razão do ______________ do trabalhador de ______________ nos termos da lei;

- jornada de ______________ horas para o trabalho realizado em turnos ______________ de revezamento, salvo ______________;

- gozo de férias anuais ______________ com, pelo menos, ______________ a mais do que o salário normal;

- é ______________ a criação de ______________ organização sindical, em qualquer grau, representativa de categoria profissional ou econômica, na ______________, que será definida pelos trabalhadores ou empregadores interessados, não podendo ser ______________ à área de um Município;

- ação, quanto aos créditos resultantes das relações de trabalho, com prazo ______________ para os trabalhadores urbanos e rurais, até o limite de ________________ após a extinção do contrato de trabalho;

- duração do trabalho normal não superior a ___________ diárias e ________________ semanais, facultada a compensação de horários e a redução da jornada, mediante _______________ ________________ de trabalho;

____

- São brasileiros natos os nascidos na República Federativa do Brasil, ainda que de pais ________________, desde que estes não estejam ________________________;

-São brasileiros natos os nascidos no ________________ de pai brasileiro ou de mãe brasileira, desde que sejam registrados em repartição brasileira competente ou venham a residir na República Federativa do Brasil e optem, em ________________, ________________ de atingida a ________________, pela nacionalidade brasileira.

- São brasileiros naturalizados, os que, na forma da lei, adquiram a nacionalidade brasileira, exigidas aos originários de países de ______________________ apenas residência por _____________________ e _______________________;

- Será declarada a perda da nacionalidade do brasileiro que tiver cancelada sua ________________, por ________________, em virtude de ________________ ao interesse nacional;

- Aos ________________ com residência ________________ no País, se houver ________________ em favor de brasileiros, serão atribuídos os direitos inerentes ao brasileiro, salvo os casos previstos nesta Constituição.

- São símbolos da República Federativa do Brasil a bandeira, o ________________, as armas e o ________________.

____

- A soberania popular será exercida pelo ______________ e pelo ______________ e secreto, com valor ______________ ______________, e, nos termos da lei, mediante:

- São inelegíveis os inalistáveis e os ______________.

- Para concorrerem a outros cargos, o ______________ ______________, ______________ e do ______________ e os ______________ devem renunciar aos respectivos mandatos até ______________ antes do pleito.

- O militar alistável é ______________, se contar ______________ de dez anos de serviço, deverá ______________ da atividade;

- O mandato eletivo poderá ser impugnado ante a Justiça Eleitoral no prazo de ______________ contados da ______________, instruída a ação com provas de abuso do poder econômico, corrupção ou fraude.

- É vedada a ______________ de direitos políticos, cuja ______________ ou ______________ só se dará nos casos de: ______________ da naturalização por sentença transitada em julgado;

- A lei que alterar o processo eleitoral entrará em vigor na data de ______________, ______________ se aplicando à eleição que ocorra ______________ da data de sua ______________.

____

- Os ______________ podem incorporar-se entre si, subdividir-se ou desmembrar-se para se anexarem a outros, ou formarem novos Estados ou Territórios Federais, mediante aprovação da ______________, através de ________________, e do ________________, por ________________.

- O número de Deputados à Assembléia Legislativa corresponderá ao ________________ da representação do Estado na Câmara dos Deputados e, atingido o número de ________________, será acrescido de tantos quantos forem os Deputados Federais acima de ________________.

- O Distrito Federal, ________________, reger- se-á por ________________, votada em ________________ com interstício mínimo de ________________, e aprovada por ________________ da Câmara Legislativa, que a promulgará, atendidos os princípios estabelecidos nesta Constituição.

Anotações

CAPÍTULO 4

Repartição e Competência

Poder Legislativo

Repartição e Competência

260. (2015 - CGE/PI - Auditor Governamental) Acerca das disposições referentes à administração pública, às competências constitucionais dos entes federados e ao Poder Judiciário, julgue o item a seguir:

Entre as competências constitucionais conferidas aos estados federados incluem-se proporcionar os meios de acesso à cultura, à educação e à ciência; explorar diretamente, ou mediante autorização, concessão ou permissão, os portos fluviais e lacustres; legislar sobre assistência jurídica e defensoria pública bem como sobre a proteção e a integração social das pessoas portadoras de deficiência.

GABARITO: ERRADO.

Se ocorrer mediante autorização, concessão ou permissão, verifica-se a competência exclusiva. Tal competência é da União. Mas, o mais importante é perceber que o Art. 23, V, foi alterado pela EC 85, acrescentando alguns itens àqueles do item. O candidato deve atentar para a novidade.

261. (2015 - TRE/GO - Técnico Judiciário/Área Administrativa) Julgue o item subsecutivo, referente aos direitos políticos e à organização político-administrativa do Estado brasileiro:

É competência privativa da União legislar acerca do direito eleitoral.

GABARITO: CERTO.

Conforme determina o Art. 22, I da CF, é convém relembrar que a competência privativa pode ser delegada aos Estados por Lei Complementar.

262. (2015 - TRE/GO - Analista Judiciário/Área Administrativa) Julgue o item a seguir, relativo à organização político-administrativa do Estado brasileiro, às disposições gerais dos servidores públicos e ao processo legislativo.

Compete à União, aos estados e ao Distrito Federal legislar concorrentemente sobre direito eleitoral e, no âmbito dessa legislação concorrente, a competência da União está limitada ao estabelecimento de normas gerais.

GABARITO: ERRADO.

Direito eleitoral é competência privativa, Art. 22, I, da CF, razão pela qual não é concorrente. A partir daí, o restante do item torna-a incorreta.

263. (TRE/GO - Analista Judiciário - Área Judiciária) Acerca da administração pública, da organização dos Poderes e da organização do Estado, julgue o item que se segue:

Considere que, prevista competência concorrente para legislar sobre determinada matéria de interesse público e inexistindo lei federal que o fizesse, o estado de Goiás tenha editado lei contendo normas gerais sobre tal matéria. Nessa situação, lei federal superveniente sobre a matéria não revogará a lei estadual, cuja eficácia será suspensa apenas no que contrariar a lei federal.

GABARITO: CERTO.

Na competência concorrente, a norma geral é feita pela União e os Estados atendem às peculiaridades. Se a União não fizer a norma geral, os Estados poderão legislar para atender às peculiaridades, Art. 24, parágrafos 3 e 4 da CF. A sobrevinda da norma da União tem o efeito de suspender a norma Estadual, no que for contrária.

264. (2014 - ANTAQ - Técnico Administrativo) Acerca da organização político-administrativa e da administração pública, julgue o próximo item:

Aos estados-membros da Federação compete explorar, diretamente ou mediante autorização, concessão ou permissão, os portos marítimos, fluviais e lacustres.

GABARITO: ERRADO.

A competência apresentada no item é administrativa. Tal competência é a chamada exclusiva da União, razão pela qual o item está errado. Tal dispositivo é o Art. 21, XII da CF.

265. (2014 - ANATEL - Cargos 13, 14 e 15) Acerca da organização político-administrativa do Estado e da administração pública, julgue o item a seguir:

Considere que determinado estado tenha editado norma geral sobre matéria de competência concorrente, ante a ausência de normas gerais editadas pela União. Nessa situação, se a União, posteriormente, editar lei estabelecendo normas gerais sobre a mesma matéria, a referida lei estadual será suspensa, no que for contrária à lei federal.

GABARITO: CERTO.

Para o Estado não ser prejudicado ante a inércia da União em publicar a norma geral, pode o ele exercer a competência legislativa plena. Ao ser instituída a norma geral da União, se tal dispositivo contrariar a norma estadual, esta ficará com a eficácia suspensa, no que for contrária.

266. (2014 - TJ/SE - Analista Judiciário) A respeito da organização político-administrativa da República Federativa do Brasil, julgue o próximo item:

A repartição de competências entre os entes federativos atribui à União competência ampla e, aos estados, competência residual, motivo por que lei federal é hierarquicamente superior à lei estadual.

GABARITO: ERRADO.

Uma ideia recorrente nas provas é a que se refere à competência federal ser sempre superior à lei estadual. Não existe este tipo de hierarquia. Existe interesse nacional, referente à União, e existe interesse regional, quando compete ao Estado legislar. É preciso lembrar, ainda, que o Estado também possui competências próprias, Art. 25, §§ 2º e 3º, da CF.

267. (2014 - TC/DF - Técnico de Administração Pública) À luz das normas constitucionais e da jurisprudência do STF, julgue o seguinte item:

Não contrariaria a CF norma distrital que proibisse, com base no princípio da isonomia, a cobrança pelo uso de estacionamento nos *shopping* centers situados no DF, com vistas à promoção do lazer e da cultura, uma vez que o DF agiria, nessa situação, no exercício da competência concorrente a ele conferida para legislar sobre direito urbanístico.

GABARITO: ERRADO.

Este item não está tratando de direito urbanístico. Ela trata de direito civil, porque estacionamento de *shopping* está relacionado à propriedade. Então, uma lei estadual não pode proibir que se cobre por estacionamento, é o que entende o Supremo Tribunal Federal.

---

268. (2014 - TC/DF - Técnico de Administração Pública) À luz das normas constitucionais e da jurisprudência do STF, julgue o seguinte item:

Não ofenderia a CF lei distrital que versasse sobre a concessão, aos estudantes regulares do DF, de 50% de desconto no valor cobrado em ingressos para eventos esportivos, culturais e de lazer, já que é concorrente, entre a União, os estados e o DF, a competência para legislar sobre direito econômico.

GABARITO: CERTO.

As ideias dispostas no item estão em consonância com a jurisprudência do Supremo, de modo que a Mais Alta Corte entendeu que é lícita lei distrital que dá desconto de 50% para atividades culturais, de lazer e esportivas. Direito econômico é concorrente, e o Estado pode legislar sobre este assunto.

---

269. (2014 - TC/DF - Auditor de Controle Externo) Em relação à competência legislativa estabelecida na Constituição Federal de 1988 (CF), julgue o item a seguir:

A edição de normas gerais sobre licitações e contratos administrativos, em todas as modalidades, é competência privativa da União.

GABARITO: CERTO.

O Art. 22, XXVII, da CF dispõe ser competência privativa da União, legislar sobre normas gerais de licitação.

---

270. (2014 - Câmara dos Deputados - Técnico Legislativo) Lei distrital que submeta as desapropriações, no âmbito do Distrito Federal, à aprovação prévia da Câmara Legislativa será inconstitucional, pois, além de violar o princípio da separação dos poderes, invadirá a competência legislativa da União.

GABARITO: CERTO.

A primeira ideia que a gente tem que lembrar para resolver esse item é o Art. 2º da Constituição. A ideia de separação de poderes, ao determinar que uma desapropriação passe pela aprovação do legislativo fere a separação de poderes. Ademais legislar sobre desapropriação é de iniciativa privativa da União Art. 22, II da CF. Então esse item fere o Art. 22, II da Constituição.

---

271. (2014 - Câmara dos Deputados - Técnico Legislativo) Será constitucional lei estadual que obrigue a instalação de cinto de segurança em veículos de transporte coletivo.

GABARITO: ERRADO.

O item fala sobre lei estadual que obriga a instalação de cinto de segurança no transporte coletivo. Você tem que lembrar que trânsito e transporte é competência é privativa da União Art. 22, XI da CF. Até o estado pode legislar sobre as matérias deste artigo. Desde que haja autorização por lei complementar, o que inexiste no caso concreto. Razão pela qual o estado não vai poder legislar sobre esse assunto. ADI 874, Relator(a): Min. GILMAR MENDES.

272. (2014 - Câmara dos Deputados - Analista Legislativo) A respeito da organização do Estado brasileiro e do federalismo, julgue o item que se segue:

Na hipótese de lei estadual que disponha sobre a comercialização de produtos por meio de embalagens reutilizáveis, entende o STF não haver inconstitucionalidade formal da norma por vício de competência legislativa, uma vez que, não havendo norma geral da União para regular a matéria, os estados-membros estão autorizados a legislar supletivamente sobre normas de defesa do consumidor.

GABARITO: CERTO.

O STF entende que o caso exposto está relacionado com os incisos V e VIII do Art. 24 da CF. E, portanto, no caso da competência concorrente pode o Estado suplementar a legislação. Art. 24, § 2º da CF. ADI 2818/RJ, rel. Min. Dias Toffoli, 9/5/2013.

273. (2014 - Câmara dos Deputados - Analista Legislativo) A respeito da organização do Estado brasileiro e do federalismo, julgue o item que se segue:

De acordo com o STF, é inconstitucional lei estadual que autorize a utilização, pela polícia militar, de veículos apreendidos e não identificados quanto à procedência e à propriedade exclusivamente no trabalho de repressão penal, por infringir competência privativa da União para legislar sobre trânsito e direito processual penal.

GABARITO: ERRADO.

Para responder este item, é preciso conhecer a decisão do STF na ADI 3327-ES. O STF considerou constitucional a situação acima apresentada.

274. (2014 - Câmara dos Deputados - Analista Legislativo) No que se refere aos poderes da República e à organização do Estado, julgue o item que se segue. Nesse sentido, considere que a sigla TCU, sempre que utilizada, se refere ao Tribunal de Contas da União.

Lei complementar estadual que conceda, independentemente de qualquer ato formal de licença ou autorização, porte de arma aos procuradores do Estado usurpará competência legislativa privativa da União.

GABARITO: CERTO.

Compete a União privativamente legislar sobre normas gerais sobre material bélico, em consonância com o determinado no Art. 22, XXI, da CF. Desta forma, o Estado somente poderia legislar sobre o tema se houvesse delegação da União, através de Lei Complementar. O que não foi demonstrado no item.

275. (2014 - Câmara dos Deputados - Analista Legislativo) A respeito da organização do Estado e dos poderes, julgue o item:

Se um estado da Federação editar norma que proíba revista íntima em empregados de estabelecimentos situados em seu território, tal norma, ainda que proteja a dignidade do trabalhador, será inconstitucional, pois tratará de matéria de competência privativa da União.

GABARITO: CERTO.

O Art. 22, I da CF impõe ser competência privativa da União legislar sobre direito do trabalho. Razão pela qual, por mais bem-intencionada seja a lei estadual, esta fere o texto constitucional. Assim, entendeu o STF: (ADI 2.947, Rel. Min. Cezar Peluso, julgamento em 5-5-2010).

276. (2014 - Câmara dos Deputados - Analista Legislativo) A respeito da organização do Estado e dos poderes, julgue o item:

Se uma constituição estadual caracterizar como crime de responsabilidade a ausência injustificada de secretário de Estado convocado pela assembleia legislativa para dar explicações sobre fato relevante, essa norma será constitucional, uma vez que a CF assim dispõe em relação aos ministros de Estado.

GABARITO: ERRADO.

O entendimento firmado pelo STF é que os Crimes de Responsabilidade são da competência legislativa da União (ADI 132 RO). Desta forma, carece de competência o Estado para tratar de tal assunto.

277. (2014 - Câmara dos Deputados - Analista Legislativo) Com referência à organização do Estado e dos poderes, julgue o item subsequente:

A criação de lei estadual sobre sistemas de consórcios e sorteios, bingos e loterias deve ater-se a aspectos suplementares, haja vista a existência de norma geral no âmbito federal.

GABARITO: ERRADO.

O assunto apresentado no item trata de uma matéria da competência privativa da União (Art. 22, XX). O Estado poderá suplementar a legislação federal no caso de uma competência concorrente (Art. 24, § 2º da CF).

278. (2014 - Câmara dos Deputados - Analista Legislativo) Com referência à organização do Estado e dos poderes, julgue o item subsequente:

Não fere o pacto federativo a edição de lei complementar, pelo Congresso Nacional, que autorize os estados a legislar sobre questões específicas abrangidas em matéria de competência legislativa privativa da União.

GABARITO: CERTO.

Para o deslinde do item, deve-se considerar o Art. 22, parágrafo único da CF. A competência privativa da União pode ser delegada aos Estados, desde que o Congresso autorize mediante uma Lei complementar para tratar de questões específicas.

279. (2014 - Câmara dos Deputados - Analista Legislativo/Consultor de Orçamento e Fiscalização Financeira) Com base nas normas sobre processo legislativo constantes da Constituição Federal de 1988 (CF), julgue o item que segue:

A competência para legislar sobre orçamento pertence privativamente à União, cabendo aos estados e ao Distrito Federal editar normas sobre aspectos específicos relacionados à questão orçamentária, desde que autorizados por lei complementar federal.

GABARITO: ERRADO.

Legislar sobre orçamento está no Art. 24, II da CF. Tal assunto é uma competência concorrente. Conforme o item apresenta ser competência privativa da União.

---

280. (2014 - Câmara dos Deputados - Analista Legislativo) Considerando os fundamentos de direito constitucional relacionados ao meio ambiente e aos povos indígenas, julgue item que se segue:

O meio ambiente ecologicamente equilibrado, bem de uso comum da sociedade, constitui direito difuso, e, por sua relevância, o legislador constituinte reservou à União a competência privativa para legislar acerca da matéria.

GABARITO: ERRADO.

O meio ambiente é competência concorrente entre a União, Estados e DF, conforme determina o Art. 24, VI da CF.

---

281. (2014 - Instituto Rio Branco - Diplomata) A CF dispõe que o rol de competências legislativas do Distrito Federal compreende a totalidade das competências legislativas concernentes aos estados e aos municípios.

GABARITO: ERRADO.

A princípio, por força do Art. 32, § 1º da CF, o Distrito Federal tem competência legislativa dos Estados e dos Municípios. Contudo, a competência que tem o Estado para organizar o Poder Judiciário e o Ministério Público não é equivalente para o DF. No Distrito Federal será a União que cuidará disso, conforme determina o Art. 21, XIII da CF.

---

282. (2014 - SUFRAMA - Agente Administrativo) De acordo com as normas constitucionais, julgue o item a seguir, a respeito da organização político-administrativa:

Compete à União e aos estados assegurar a defesa nacional. Entretanto, cabe exclusivamente à União manter relações com Estados estrangeiros e participar de organizações internacionais, situações nas quais representa a República Federativa do Brasil.

GABARITO: ERRADO.

Quem deve assegurar a defesa nacional é a União de forma exclusiva. Como o item determina que os Estados também participam desta matéria, ela está incorreta.

---

283. (2014 - SUFRAMA - Agente Administrativo) Julgue o item a seguir, no que se refere aos direitos e garantias fundamentais, à organização político-administrativa do Estado brasileiro e à administração pública:

Se uma lei estadual regular aspectos específicos sobre o comércio de bebidas entre dois estados da Federação, essa lei estadual estará invadindo a competência privativa da União de legislar sobre a matéria, ainda que tenha havido autorização mediante lei complementar.

GABARITO: ERRADO.

O erro do item é apontar a proibição do estado legislar sobre o assunto tendo havido lei complementar autorizando. O Art. 22, parágrafo único da CF, permite aos estados tratarem sobre questões específicas da matéria quando houver autorização mediante lei complementar.

284. (2014 - Polícia Federal - Administrador) No que diz respeito à organização político-administrativa do Estado e aos servidores públicos, julgue o item subsequente:

Lei estadual que autorize a utilização, pela polícia civil do estado, de armas de fogo apreendidas invade a competência privativa da União para legislar sobre material bélico, que, complementada pela competência para autorizar e fiscalizar a produção de material bélico, abrange a disciplina sobre a destinação de armas apreendidas.

GABARITO: CERTO.

É competência privativa da União, tratar de normas gerais sobre material bélico (Art. 22, XXI da CF). Já autorizar e fiscalizar a produção de material bélico é competência exclusiva da União (Art. 21, VI da CF). Como no item não informa que ouve delegação para o estado tratar da matéria. A referida lei invade sim, competência da União.

285. (2014 - Polícia Federal - Administrador) No que diz respeito à organização político-administrativa do Estado e aos servidores públicos, julgue o item subsequente:

Compete à União, aos estados, ao DF e aos municípios legislar concorrentemente sobre direito penitenciário, cabendo à União apenas o estabelecimento de normas gerais.

GABARITO: ERRADO.

Os municípios não têm a chamada competência concorrente elencada no Art. 24 da CF. Estas competências são para União, Estados e o Distrito Federal apenas.

286. (2014 - MDIC - Analista Técnico - Administrativo) Considerando as disposições da CF sobre direitos e garantias fundamentais, direitos e deveres individuais e coletivos, direitos sociais, direitos de nacionalidade, direitos políticos e partidos políticos, julgue o item que se segue:

Será inconstitucional lei estadual que assegure ao consumidor o direito de obter informações sobre a qualidade de produto combustível, por tratar de matéria da competência privativa da União, qual seja, direito comercial e comércio.

GABARITO: ERRADO.

O assunto do item é produção e consumo. Tal matéria é de competência concorrente, podendo o estado legislar sobre isto. Neste sentir, o STF já se posicionou (ADI: 1980 PR , Relator: Min. CEZAR PELUSO, 16/04/2009).

287. **(2014 - MDIC - Agente Administrativo)** Com referência à CF, aos direitos e garantias fundamentais, à organização político-administrativa, à administração pública e ao Poder Judiciário, julgue o item subsecutivo:
No âmbito da competência privativa da União, lei complementar poderá autorizar os estados e os municípios a legislarem sobre questões específicas de comércio exterior.
GABARITO: ERRADO.

Pela lógica já seria estranho o município legislar sobre comércio exterior, não? De qualquer forma, o próprio texto da lei maior, dispõe que legislar sobre comércio exterior é competência privativa da União que poderá ser delegado apenas aos Estados (Art. 22, VIII e parágrafo único).

288. **(2013 - FUNASA - Todos os Cargos)** Julgue o item que se segue, a respeito da organização político-administrativa e da administração pública:
Considere que um estado-membro pretenda legislar sobre matéria de interesse público de competência concorrente da União. Se, em análise realizada pela assembleia legislativa, for constatada a inexistência de lei federal que trate de normas gerais a respeito da matéria, o estado-membro poderá exercer a competência legislativa de forma plena tratando, inclusive, sobre normas gerais.
GABARITO: CERTO.

Na competência concorrente a ausência de lei geral feita pela União, permite que o Estado possa exercer a competência legislativa plena, para atender as suas peculiaridades.

289. **(2013 - ANS - Especialista em Regulação de Saúde Suplementar)** Com relação ao direito constitucional, julgue o item que se segue. Considere que a sigla CF, sempre que empregada, refere-se à Constituição Federal de 1988.
A proteção à saúde é matéria de competência legislativa privativa da União.
GABARITO: ERRADO.

A saúde é competência concorrente e não privativa.

290. **(2013 - TRT/17ª Região/ES - Analista Judiciário/Área Administrativa)** No que se refere aos poderes executivo, legislativo e judiciário e às funções essenciais à justiça, julgue o item a seguir:
A todos os entes federados compete zelar pela guarda da Constituição e das instituições democráticas
GABARITO: CERTO.

Na chamada competência comum os entes devem entre outras atribuições zelar pela guarda da Constituição e das instituições democráticas (Art. 23, I da CF).

291. **(2013 - PO/AL - Papiloscopista)** Com relação à organização político-administrativa do Estado brasileiro, julgue o item subsecutivo:
Considere que tenha sido editada lei estadual que previa o cancelamento de multas de trânsito impostas aos motoristas em certa rodovia estadual. Nessa situação, a despeito de a competência para legislar sobre trânsito e transporte ser privativa da União, a criação dessa lei é constitucional, haja vista que as multas canceladas foram emitidas em rodovia estadual, e não em federal.

GABARITO: ERRADO.

Não tendo havido a delegação permitida no Art. 22, parágrafo único da CF. Será a União a competente para poder legislar sobre trânsito e transporte. Por tal sentir, o estado não pode cancelar as citadas multas.

292. **(2013 - MTE - Auditor Fiscal do Trabalho)** Um Estado-Membro não pode editar norma específica de defesa do consumidor, por se tratar, segundo a CF, de tema inserido na competência privativa da União.

GABARITO: ERRADO.

A defesa do consumidor não é uma competência privativa, mas concorrente entre União, Estados e o DF (Art. 24, VIII da CF).

293. **(2013 - MTE - Auditor Fiscal do Trabalho)** Caso determinado estado-membro edite lei disciplinando o exercício da atividade laboral de transporte de bagagens nos terminais rodoviários de sua jurisdição, ele invadirá a competência privativa da União para legislar sobre direito do trabalho.

GABARITO: CERTO.

Ao verificar o Art. 22, I, da CF, tem-se que legislar sobre direito do trabalho é uma competência privativa da União. Desta forma, o Estado somente poderia legislar se houver uma delegação por lei complementar permitindo tal situação. Como o item não informa esta possibilidade, o Estado invade a competência da União.

294. **(2013 - TCE/RO - Analista de Informática)** A respeito do Estado federal brasileiro, julgue o item subsecutivo:

Compete privativamente à União legislar sobre processo do juizado de pequenas causas.

GABARITO: ERRADO.

É competência concorrente e, não, privativa da União legislar sobre Juizado de Pequenas Causas (Art. 24, X da CF).

295. **(2013 - DEPEN - Especialista)** No âmbito da legislação concorrente, a competência da União para legislar sobre normas gerais exclui a competência suplementar dos Estados.

GABARITO: ERRADO.

Na competência concorrente, a União, ao legislar, suspende a eficácia da norma estadual que lhe for contrária (Art. 24, §§ 3º e 4º da CF).

296. **(2013 - DEPEN - Especialista)** Compete à União, aos Estados e ao Distrito Federal legislar concorrentemente sobre competência das Polícias Federal, Rodoviária Federal e Ferroviária Federal.

GABARITO: ERRADO.

Tais assuntos mencionados no item são de competência privativa da União e, não, concorrente.

Poder Legislativo

297. (2015 - CGE/PI - Auditor Governamental) No que se refere à administração pública, aos direitos políticos e às comissões parlamentares de inquérito (CPIs), julgue o item que se segue:

É vedada a criação de CPI por assembleia legislativa estadual para investigar fato certo e determinado relativo ao Poder Executivo do referido estado-membro.

GABARITO: ERRADO.

A Comissão Parlamentar de Inquérito (CPI) criada no Art. 58, § 3º da CF, tem poderes investigatórios das autoridades judiciárias. Tem prazo certo e cuida de fatos determinados. Pelo princípio da simetria, em âmbito estadual, a Assembleia Legislativa de um Estado pode criar uma CPI, mas para investigar algo relacionado com o Estado-Membro. Desta forma, está equivocada o item ao afirmar que não é possível uma CPI estadual investigar fato certo e determinado sobre o Poder Executivo estadual.

298. (2015 - TRE/GO - Técnico Judiciário/Área Administrativa) A respeito dos Poderes Legislativo e Executivo e do regime constitucional da administração pública, julgue o item a seguir:

É da competência exclusiva do Congresso Nacional convocar plebiscito, caso em que é desnecessária a sanção do presidente da República.

GABARITO: CERTO.

Determina o Art. 49, XV da CF, que é competência exclusiva do Congresso Nacional autorizar referendo e convocar plebiscito. Não se pode esquecer que a competência do Art. 49 é realizada por decreto legislativo, não necessitando, portanto, de sanção do Presidente.

299. (2014 - ANTAQ - Cargos 5 e 6) Acerca das atribuições do Congresso Nacional e do presidente da República, bem como a respeito do processo legislativo, julgue o próximo item:

Cabe ao Congresso Nacional autorizar por lei complementar a criação de ministérios e órgãos da administração pública, podendo o chefe do Executivo dispor, mediante decreto, sobre a extinção desses órgãos, desde que estejam vagos.

GABARITO: ERRADO.

Em primeiro lugar, não é exigida lei complementar para criação de ministérios e órgãos, Art. 48, XI da CF. Além disso, por decreto, o Chefe do Executivo não pode extinguir estes órgãos, Art. 84, VI, II da CF.

300. (2014 - ANTAQ - Cargos 1 a 4) Acerca das atribuições do Congresso Nacional e do presidente da República, bem como a respeito do processo legislativo, julgue o item subsecutivo:

A Constituição autoriza o presidente da República, o STF, os tribunais superiores e o Procurador-Geral da República a solicitar, ao Congresso Nacional, regime de urgência para apreciação de projetos de sua iniciativa.

GABARITO: ERRADO.

Com a leitura do Art. 64, § 1º da CF, constata-se que somente o Presidente da República poderá solicitar urgência em projetos de sua iniciativa, restando incorreto o que se refere aos outros órgãos ou pessoas referidos no item.

301. (2014 - ANTAQ - Técnico Administrativo) Com relação aos poderes da República, julgue o item subsequente:

As comissões parlamentares de inquérito são criadas pela Câmara dos Deputados e pelo Senado Federal, em conjunto ou separadamente, para a apuração de fato determinado e por prazo certo, devendo suas conclusões, se for o caso, ser encaminhadas ao Ministério Público, para que promova a responsabilidade civil ou criminal dos infratores.

GABARITO: CERTO.

O item apresenta o texto literal do Art. 58, § 3º da CF. Esses detalhes foram anteriormente abordados em provas. A CPI cuida de fato determinado. Ela tem prazo certo.

302. (2014 - ANATEL - Cargos 13, 14 e 15) Com relação aos Poderes da República e às funções essenciais à justiça, julgue o item subsequente:

Considere que uma agência reguladora, ao editar um ato regulamentar, tenha criado uma obrigação não prevista em lei. Nessa situação, compete ao Senado Federal sustar o referido ato.

GABARITO: ERRADO.

Compete ao Congresso Nacional sustar os atos que exorbitem o poder regulamentar ou a delegação legislativa. Como o item determina que o Senado suste o ato, está errado. É importante ainda lembrar que uma agência reguladora tem status de autarquia.

303. (2014 - TJ/SE - Técnico Judiciário/Área Judiciária) Com relação à organização dos Poderes Legislativo e Judiciário e ao Conselho Nacional de Justiça, julgue o item que se segue:

Desde a expedição do diploma, a imunidade formal protege o parlamentar contra a prisão, inclusive a civil, ressalvada a hipótese de flagrante de crime inafiançável.

GABARITO: CERTO.

Para resolver este item, convém conhecer o Art. 53 da CF. Este dispositivo trata da imunidade parlamentar. Em seu § 2º, ele informa que, em regra, o parlamentar não estaria sujeito à prisão, com a ressalva acima apresentada. Diz ainda que, mesmo nestas condições, os autos serão remetidos à Casa respectiva em 24 horas para os parlamentares decidirem sobre a prisão.

304. (2014 - TJ/SE - Analista Judiciário) Acerca dos Poderes Executivo e Legislativo, julgue o item subsecutivo:

Segundo o Supremo Tribunal Federal (STF), a comissão parlamentar de inquérito cuja criação haja sido regularmente aprovada no âmbito do Poder Legislativo, a partir de requerimento da minoria, não pode ter a sua instalação embaraçada pela falta de indicação de membros pelos líderes partidários.

GABARITO: CERTO.

A ideia central neste item é "a maioria não pode tudo". Foi autorizada a criação de uma CPI, e a composição deve seguir a proporcionalidade da casa. Os partidos que têm a maioria dos parlamentares não fazem as nomeações inviabilizando a instauração da comissão, ferindo o direito das minorias (Vide MS 26441 DF).

305. (2014 - TC/DF - Técnico de Administração Pública) À luz das normas constitucionais e da jurisprudência do STF, julgue o seguinte item:

Somente após o voto da maioria absoluta dos membros da Câmara dos Deputados, o STF poderá receber denúncia criminal contra deputado federal por crime ocorrido após a diplomação.

GABARITO: ERRADO.

De acordo com o Art. 53, § 3º da Constituição, os processos contra os parlamentares poderão ser sustados, se a maioria absoluta da Casa assim autorizar, desde que sejam processos após a diplomação. Como o item afirma que precisa da maioria absoluta para o Supremo receber a denúncia, ela está incorreta.

306. (2014 - TC/DF - Analista de Administração Pública/Sistemas de TI) A respeito dos Poderes Executivo e Legislativo, julgue o item a seguir:

Ao tomarem conhecimento de qualquer irregularidade, os responsáveis pelo controle interno dos três poderes da União devem comunicá-la ao TCU, sob pena de responsabilização solidária com o infrator.

GABARITO: CERTO.

Este item é letra do Art. 74, § 1º da CF.

307. (2014 - TC/DF - Analista de Administração Pública/Sistemas de TI) A respeito dos Poderes Executivo e Legislativo, julgue o item a seguir:

Cabe ao Congresso Nacional, com a sanção do presidente da República, apreciar os atos de concessão e renovação de concessão de emissoras de rádio e televisão, sendo essa atuação conjunta exemplo prático da aplicação da doutrina dos freios e contrapesos.

GABARITO: ERRADO.

O assunto tratado neste item é muito frequente em provas, porque se está tentando mudar competência do Congresso Nacional por meio de lei, com a competência que o Congresso Nacional faz por decreto legislativo. O assunto do item é o do Art. 49, então, é feito por decreto legislativo, não necessitando da sanção do Presidente, que é matéria do Art. 48.

308. (2014 - TC/DF - Auditor de Controle Externo) No que se refere a direitos e garantias fundamentais, julgue o item subsecutivo:

O TCDF, no exercício do controle externo, não pode determinar a suspensão de benefícios garantidos por decisão judicial transitada em julgado, ainda que o direito reconhecido pelo judiciário esteja em desconformidade com jurisprudência dominante do STF.

GABARITO: CERTO.

Convém observar o seguinte trecho deste julgado: ***O Tribunal de Contas da União não dispõe, constitucionalmente, de poder para determinar a suspensão de benefícios garantidos por sentença revestida da autoridade da coisa julgada (RTJ 194/594), ainda que o direito reconhecido pelo Poder Judiciário não tenha o beneplácito da jurisprudência prevalecente no âmbito do Supremo Tribunal Federal, pois a 'res judicata' em matéria civil só pode ser legitimamente desconstituída mediante ação rescisória. Precedentes.*** **(MS 28.572 MC, Rel. Min. Celso de Mello, DJe 13/4/10)**

---

309. (2014 - TC/DF - Auditor de Controle Externo) No que se refere a direitos e garantias fundamentais, julgue o item subsecutivo:

O TCDF possui competência constitucional para determinar diretamente a quebra dos sigilos bancário e fiscal, desde que tal medida esteja relacionada ao controle externo.

GABARITO: ERRADO.

Para responder o item, deve-se considerar a determinação do STF: ***A Lei Complementar nº 105, de 10/1/01 não conferiu ao Tribunal de Contas da União poderes para determinar a quebra do sigilo bancário de dados constantes do Banco Central do Brasil. O legislador conferiu esses poderes ao Poder Judiciário (Art. 3º), ao Poder Legislativo Federal (Art. 4º), bem como às Comissões Parlamentares de Inquérito, após prévia aprovação do pedido pelo Plenário da Câmara dos Deputados, do Senado Federal ou do Plenário de suas respectivas Comissões Parlamentares de Inquérito (§§ 1º e 2º do Art. 4º).*** **MS 22.801. Como o TCU não pode, pelo princípio da simetria, determinar diretamente a quebra dos sigilos bancário e fiscal, os outros Tribunais de Contas também estão impossibilitados de realizar tal procedimento.**

---

310. (2014 - TC/DF - Auditor de Controle Externo) Julgue o item seguinte, relativo aos tribunais de contas:

Caso constate ilegalidade na execução de contrato administrativo, o tribunal de contas deverá assinar prazo para a adoção das providências necessárias ao cumprimento da lei, podendo sustar, se não atendido, a execução do referido contrato.

GABARITO: ERRADO.

Para se responder a esse item, é necessário conhecer os incisos IX e X do Art. 71 e §§ 1º e 2º do mesmo dispositivo condicional. Num primeiro momento, o TCU dá prazo para sustar atos administrativos; para contratos administrativos, não. É o Congresso Nacional que realizará esse ato.

---

311. (2014 - TC/DF - Auditor de Controle Externo) Julgue o item seguinte, relativo aos tribunais de contas.

As competências constitucionais dos tribunais de contas incluem a apreciação da legalidade dos atos de admissão de pessoal, para fins de registro, e as nomeações para cargos de provimento em comissão.

GABARITO: ERRADO.

De acordo com o Art. 71, III da Constituição, o TCU aprecia para fins de registro, a contratação de pessoal a qualquer título, salvo os casos em comissão.

312. (**2014 - TC/DF - Auditor de Controle Externo**) Julgue o item seguinte, relativo aos Tribunais de Contas.

Conforme entendimento do STF, é possível a criação de procuradoria especial no âmbito de tribunal de contas, com competência para representá-lo judicialmente nos casos em que este necessite praticar, em juízo e em nome próprio, atos processuais na defesa de sua autonomia e independência em face dos demais poderes e para exercer a atividade de consultoria e assessoramento jurídico aos órgãos do tribunal.

GABARITO: ERRADO.

O colendo STF reconheceu a possibilidade da criação de tais procuradorias. (Vide a ADI 94, Relator(a): Min. Gilmar Mendes.)

313. (**2014 - Câmara dos Deputados - Técnico Legislativo**) A CF conferiu às Mesas da Câmara dos Deputados e do Senado Federal o direito de requerer informações aos ministros de Estado, mas não o conferiu a parlamentares individualmente.

GABARITO: CERTO.

O Art. 50 da CF determina que esta convocação pode ser realizada pelas Mesas referidas no item e, ainda, pelas comissões. Entretanto, não permitiu que os parlamentares isoladamente pudessem realizar o mesmo ato.

314. (**2014 - Câmara dos Deputados - Analista Legislativo**) De acordo com o STF, julgue o próximo item, relativo ao controle externo realizado a cargo do Congresso Nacional, com o auxílio do TCU:

O TCU, em sede de tomada de contas especial, não se vincula ao resultado de processo administrativo disciplinar, ainda que nesse processo tenha ocorrido a absolvição.

GABARITO: CERTO.

O STF entende que o PAD será levado em conta, contudo, não vincula o TCU. (Veja o MS 27.867 / DF, Dias Toffoli, 2012.)

315. (**2014 - Câmara dos Deputados - Analista Legislativo**) De acordo com o STF, julgue o próximo item, relativo ao controle externo realizado a cargo do Congresso Nacional, com o auxílio do TCU:

O TCU não possui competência para sustar contratos administrativos, devendo tal conduta ser adotada diretamente pelo Congresso Nacional. Entretanto, possui o TCU competência para determinar à autoridade administrativa que promova a anulação do contrato e, se for o caso, da licitação de que se originou.

GABARITO: CERTO.

Esta é mais um no item que poderá ser respondido com base na Jurisprudência do STF. (Veja o MS 23.550, Rel. p/ o ac. Min. Sepúlveda Pertence, julgamento em 4-4-2002.)

316. **(2014 - Câmara dos Deputados - Analista Legislativo)** Julgue o item a seguir, referente à perda de mandato do parlamentar.

O entendimento mais recente do STF é de que, havendo a suspensão dos direitos políticos do parlamentar condenado criminalmente por decisão judicial transitada em julgado, ocorre como efeito do trânsito em julgado, a perda automática do mandato do parlamentar.

GABARITO: ERRADO.

Este item é de difícil resolução, tendo em vista o STF ter decidido de uma forma e, logo depois, ter mudado o posicionamento. Atualmente, o STF entende que não ocorre a perda automática do mandato. (Vide AP 565 Rel. min. Cármen Lúcia, julgamento em 8-8-2013.)

---

317. **(2014 - Câmara dos Deputados - Analista Legislativo)** Acerca do processo legislativo e do Poder Legislativo, julgue o item a seguir:

A CF estabelece hipóteses nas quais compete ao Senado Federal aprovar, em votação aberta e após arguição pública, a escolha de magistrados.

GABARITO: ERRADO.

O Senado tem que aprovar a escolha de alguns magistrados. Esta escolha é feita depois da arguição pública. Contudo, será em uma votação secreta, diferentemente do apresentado no item, conforme dispõe o Art. 52, III, da CF.

---

318. **(2014 - Câmara dos Deputados - Analista Legislativo)** No que se refere aos poderes da República e à organização do Estado, julgue o item que se segue. Nesse sentido, considere que a sigla TCU, sempre que utilizada, se refere ao Tribunal de Contas da União.

Considere que, no ano de 2012, tenha chegado ao TCU o processo administrativo de concessão da aposentadoria de Maria e que, em janeiro de 2014, esse tribunal tenha julgado ilegal o ato concessivo. Nessa situação hipotética, e de acordo com entendimento do STF, o TCU não estaria obrigado a garantir a Maria a ampla defesa e o contraditório no procedimento relativo ao caso.

GABARITO: CERTO.

O TCU deve apreciar tais atos e, em regra, deve garantir o contraditório e a ampla defesa. Contudo, tratando-se de aposentadoria, reforma e pensão, não está o Tribunal obrigado. Tal posição está firmada na Súmula Vinculante 3.

---

319. **(2014 - Câmara dos Deputados - Analista Legislativo)** No que se refere aos poderes da República e à organização do Estado, julgue o item que se segue. Nesse sentido, considere que a sigla TCU, sempre que utilizada, se refere ao Tribunal de Contas da União.

A titularidade da função de controle externo da União pertence ao TCU, ao qual compete realizar a fiscalização contábil, financeira, orçamentária, operacional e patrimonial das entidades da administração direta e indireta.

GABARITO: ERRADO.

Tanto no *caput* do Art. 70, como no *caput* do Art. 71, ambos da Constituição, verifica-se que o controle externo será realizado pelo Congresso Nacional. O TCU auxilia o Congresso Nacional.

---

320. (2014 - Câmara dos Deputados - Analista Legislativo) A respeito da organização do Estado e dos Poderes, julgue o item:

Caso o Congresso Nacional edite uma lei prevendo a liberação do uso de certas substâncias entorpecentes e estabeleça que ela só terá eficácia após aprovação em referendo popular, a competência para deflagrar a realização do citado referendo será do próprio Congresso Nacional.

GABARITO: ERRADO.

O erro do item concentra-se no fato de que o texto informa que o Congresso Nacional tem competência para deflagrar. Contudo, o texto constitucional dispõe que o Congresso Nacional tem competência apenas para autorizar e, não, deflagrar - Art. 49, XV da CF. (ADI 3.112, voto do Rel. Min. Ricardo Lewandowski, julgamento em 2-5-2007.)

321. (2014 - Câmara dos Deputados - Analista Legislativo) A respeito da organização do Estado e dos poderes, julgue o item:

Se um deputado federal emitir sua opinião, fora do Congresso Nacional, e determinado cidadão sentir-se ofendido por tal opinião, nada poderá ser feito, no âmbito legal, em defesa do cidadão, pois, nesse caso, o deputado será inviolável civil e penalmente pela sua opinião, por possuir imunidade parlamentar material absoluta.

GABARITO: ERRADO.

Fora do Congresso Nacional, os parlamentares podem ter imunidade material. Mas ela não será absoluta. Portanto, fora do recinto a imunidade material não será absoluta, o Parlamentar terá que ter em sua manifestação relação com o mandato. Convém verificar se tal manifestação tem relação com o mandato. Neste sentido, o STF já decidiu: Inq 2.134, Rel. Min. Joaquim Barbosa, julgamento em 23-3-2006.

D C O N

322. (2014 - Câmara dos Deputados - Analista Legislativo) Julgue o item seguinte, referente ao processo legislativo e ao controle preventivo de constitucionalidade:

Sempre que uma proposta de emenda à Constituição for apresentada, sua tramitação deverá iniciar-se, necessariamente, na Câmara dos Deputados.

GABARITO: ERRADO.

A Casa iniciadora para o processo legislativo da emenda constitucional não será sempre a Câmara dos Deputados. Vai depender de quem foi o autor da PEC. Por exemplo, sendo a iniciativa do Senado Federal, esta proposta será feita perante o Senado Federal. Da mesma forma, se for por mais da metade das Assembleias Legislativas dos Estados, será proposta perante o Senado Federal. Cabe, ainda, frisar, que o Presidente da República também pode ter como Casa iniciadora o Senado Federal.

323. (2014 - Câmara dos Deputados - Analista Legislativo/Consultor Legislativo) Com relação às atribuições da União, julgue o item que se segue. Nesse sentido, considere que a sigla CF, sempre que empregada, se refere à Constituição Federal de 1988.

Cabe ao Congresso Nacional, por meio de lei, dispor sobre a organização do Ministério Público e da Defensoria Pública do Distrito Federal.

GABARITO: ERRADO.

Até algum tempo, este item estaria certo. Contudo, a EC 69/12 tirou está competência do Congresso. Convém a análise do Art. 21, XIII, ou ainda, do Art. 48, IX, ambos da CF.

324. (2014 - Câmara dos Deputados - Analista Legislativo/Consultor Legislativo) Com relação às atribuições da União, julgue o item que se segue. Nesse sentido, considere que a sigla CF, sempre que empregada, se refere à Constituição Federal de 1988.

O ato de declarar guerra a outro país é de competência do presidente da República, mas deve ser autorizado pelo Congresso Nacional, por meio de lei.

GABARITO: ERRADO.

O cuidado que se deve ter para a resolução deste item refere-se ao o final dele. Realmente, a declaração de guerra é ato do Presidente da República. Também é necessário que o Congresso autorize tal ato. Contudo, isso não se dá por Lei, mas sim, por Decreto Legislativo. As matérias do Art. 49 da CF, são por Decreto Legislativo. As matérias do Art. 48 é que se dão por Lei.

325. (2014 - Câmara dos Deputados - Analista Legislativo/Consultor Legislativo) Com relação às atribuições da União, julgue o item que se segue. Nesse sentido, considere que a sigla CF, sempre que empregada, se refere à Constituição Federal de 1988.

Consoante a CF, competem exclusivamente ao Congresso Nacional a fiscalização e o controle dos atos do Pode Executivo, cabendo-lhe, inclusive, escolher os ministros do Tribunal de Contas da União.

GABARITO: ERRADO.

O item mostra-se equivocada ao informar que compete ao Congresso Nacional escolher os Ministros do TCU. De acordo com o Art. 49, XIII, da CF, o Congresso Nacional escolhe apenas 2/3 do Tribunal. A primeira parte do item está de acordo com o Art. 49, X da CF.

326. (2014 - Câmara dos Deputados - Analista Legislativo/Consultor Legislativo) A respeito dos poderes das comissões do Congresso Nacional, julgue o item subsequente:

Às comissões permanentes da Câmara dos Deputados é dado o poder de convocar ministros de Estado, bem como autoridades e cidadãos.

GABARITO: ERRADO.

Para solucionar o item, é mister analisar o Art. 50 da CF. Ele informa que a comissão da Câmara dos Deputados poderá convocar Ministros de Estado e pessoas diretamente ligadas à Presidência da República. Porém, não autoriza convocar outras autoridades e, muito menos, os cidadãos.

327. (2014 - Câmara dos Deputados - Analista Legislativo/Consultor Legislativo) A respeito dos poderes das comissões do Congresso Nacional, julgue o item subsequente:

Apesar de a CF atribuir às comissões parlamentares de inquérito (CPIs) poderes de investigação próprios das autoridades judiciárias, o Poder Judiciário tem entendido que nem todos os poderes dessa natureza são atributos das CPIs.

GABARITO: CERTO.

A CPI não pode fazer tudo o que o Juiz determinou. A doutrina chama de cláusula de Reserva de Jurisdição. Alguns atos somente podem ser realizados se a Justiça autorizar.

328. **(2014 - Polícia Federal - Administrador)** Em relação aos Poderes Legislativo e Executivo e à segurança pública, julgue o item que se segue:

Considere que o Congresso Nacional, para evitar eventual compromisso gravoso ao patrimônio nacional, resolva definitivamente acerca de um tratado internacional. Nessa situação, o ato legislativo, por ser definitivo, deve ser sancionado pelo presidente da República.

GABARITO: ERRADO.

A situação apresentada no item está localizada na CF, em seu Art. 49, I. Os dispositivos do Art. 49 da CF são feitos mediante o ato normativo, chamado Decreto Legislativo. Tal ato normativo não necessita da sanção presidencial. A sanção será devida para as leis e, não, para os decretos legislativos.

329. **(2014 - MDIC - Analista Técnico-Administrativo)** No que se refere à organização político-administrativa do Estado e ao Poder Legislativo, julgue o próximo item:

É de competência exclusiva do Congresso Nacional o julgamento das contas prestadas anualmente pelo presidente da República, cabendo ao Tribunal de Contas da União emitir parecer prévio sobre essas contas.

GABARITO: CERTO.

Para apoiar a resolução do item, convém saber de dois dispositivos da CF. O primeiro é o Art. 49, IX, que aborda o julgamento das contas do Presidente. O outro é o Art.71, I, que determina o parecer prévio.

330. **(2014 - MDIC - Analista Técnico-Administrativo)** Com relação ao Poder Legislativo, ao Poder Judiciário e às funções essenciais à justiça, julgue o item subsequente:

As comissões parlamentares de inquérito regularmente criadas possuem poderes de investigação próprios das autoridades judiciais e policiais.

GABARITO: ERRADO.

A CPI está regulada no Art. 58, § 3º da CF. Em tal dispositivo, declara-se que as comissões terão poderes de investigação próprios das autoridades judiciais, apenas. Tais comissões não terão poderes próprios de autoridades policiais, como se afirma erroneamente no item.

331. **(2014 - MDIC - Agente Administrativo)** No que se refere aos Poderes Legislativo, Executivo e Judiciário, bem como às funções essenciais à justiça, julgue o seguinte item:

Constitui competência exclusiva do Congresso Nacional a sustação dos atos normativos do Poder Executivo que exorbitem do poder regulamentar ou dos limites de delegação legislativa.

GABARITO: CERTO.

Para responder a este item, é necessário saber sobre o Art. 49, V da CF.

332. **(2013 - STF - Técnico Judiciário/Tecnologia da Informação)** Julgue o item a seguir, relativo aos Poderes Executivo, Legislativo e Judiciário e às possíveis relações entre eles.
Uma legislatura compreende quatro sessões legislativas ordinárias.
GABARITO: CERTO.

O Art. 44, parágrafo único, informa que a legislatura tem duração de quatro anos. Portanto, em uma legislatura, há quatro sessões legislativas ordinárias. A sessão legislativa ordinária é anual, no período de 2 de fevereiro até 22 de dezembro (Art.57 da CF).

333. **(2013 - STF - Técnico Judiciário/Área Administrativa)** Acerca da disciplina constitucional atinente ao Congresso Nacional, julgue o item a seguir:
Na sessão legislativa extraordinária, o Congresso Nacional somente deliberará sobre as matérias que constem da pauta da convocação. Entretanto, se houver medidas provisórias em vigor na data da convocação, serão elas automaticamente incluídas no rol das matérias a serem apreciadas.
GABARITO: CERTO.

Em regra, havendo uma convocação extraordinária, deverá o Congresso Nacional tratar da pauta da convocação. As medidas provisórias serão incluídas na pauta da convocação (Art. 57, § 8º da CF).

334. **(201 - STF - Técnico Judiciário/Área Administrativa)** Acerca da disciplina constitucional atinente ao Congresso Nacional, julgue os itens a seguir:
No caso de o presidente da República, dentro de sessenta dias após a abertura da sessão legislativa, deixar de apresentar ao Congresso Nacional suas contas relativas ao exercício anterior, caberá à Câmara dos Deputados proceder à tomada de contas.
GABARITO: CERTO.

O item reproduz o disposto no Art. 51, II da CF. É a Câmara e, não, o Senado que procederá à tomada de contas, no caso apresentado.

335. **(2013 - TRT 17ª Região/ES - Analista Judiciário/Área Administrativa)** Compete ao Senado aprovar a escolha do ministro do Supremo Tribunal Federal e à Câmara dos Deputados apreciar a indicação do procurador-geral da República.
GABARITO: ERRADO.

Para o deslinde correto do item, é preciso conhecer o Art. 52, III da CF. O citado dispositivo informa que compete ao Senado Federal aprovar, por voto secreto e arguição pública, as duas autoridades apresentadas.

336. **(2013 - TRT 17ª Região/ES - Técnico Judiciário/Área Administrativa)** No tocante ao Poder Legislativo, julgue o item subsecutivo:
Deputado ou senador que receba informações relacionadas ao exercício do seu mandato não é obrigado a testemunhar sobre elas nem sobre as pessoas que lhe confiaram ou receberam dele tais informações.

GABARITO: CERTO.

Entre as prerrogativas que os parlamentares possuem, está a garantia de não ser obrigado a testemunhar sobre informações que tenha recebido em razão do mandato (Art. 53, § 6º da CF).

337. (2013 - TRT/17ª Região/ES - Técnico Judiciário/Área Administrativa) No tocante ao Poder Legislativo, julgue o item subsecutivo:

Ainda que as imunidades parlamentares sejam prerrogativas funcionais e não prerrogativas pessoais do detentor do mandato, elas alcançam os suplentes que não estejam em seu efetivo exercício.

GABARITO: ERRADO.

Como o próprio item aponta, a imunidade é uma prerrogativa funcional e, não, pessoal. Desta forma, o suplente não goza de imunidade. Ele somente tem imunidade ao assumir, mas, neste caso, ele não será mais suplente.

338. (2013 - PG/DF - Procurador) Julgue o item que se segue, à luz das disposições constitucionais sobre a repartição de competências, o processo legislativo e a questão federativa.

Será considerado formalmente inconstitucional projeto de lei distrital de iniciativa parlamentar que confira aumento de remuneração aos servidores do governo do DF.

GABARITO: CERTO.

A primeira coisa que é necessário lembrar é que será da iniciativa do Chefe do Executivo a lei que concede aumento aos servidores públicos. Visto isto, pelo princípio da simetria, no âmbito do DF, quem poderá conceder o referido aumento será o Governador do DF e, não, um parlamentar.

339. (2013 - PG/DF - Procurador) Acerca da disciplina constitucional e legal referente à composição dos cargos públicos, julgue o seguinte item:

Em razão do princípio da simetria, a Constituição estadual deve reproduzir a CF em relação à norma que rege a composição do Tribunal de Contas da União.

GABARITO: CERTO.

O STF entende que, para os TCE, estes deverão seguir a proporcionalidade da composição do TCU, tomando por base o princípio da simetria. Mas, no TCU, há nove Ministros e, no TCE, há sete Conselheiros. Desta forma, no TCE, dois terços serão escolhidos pelo legislativo, e um terço restante, pelo Governador.

340. (2013 - PG/DF - Procurador) Com relação ao estatuto jurídico dos tratados internacionais no direito brasileiro, julgue o próximo item:

Ao Congresso Nacional é vedado rejeitar tratado internacional que, firmado pelo presidente da República, verse sobre direitos humanos.

GABARITO: ERRADO.

Ao se analisar o Art. 49, I da CF, verifica-se que compete ao Congresso Nacional resolver sobre tratados internacionais. Desta forma, pode, sim, o Congresso Nacional rejeitar um tratado internacional.

341. (2013 - AGU - Procurador Federal) Julgue o item a seguir, que trata da organização de instituições do Estado brasileiro e de seu funcionamento.
Nos termos da CF, compete privativamente ao Senado Federal processar e julgar o procurador-geral da República nos crimes de responsabilidade e nas infrações penais comuns.
GABARITO: ERRADO.

O Senado Federal não julga autoridades por crime comum, somente por crime de responsabilidade.

342. (2013 - Advocacia Geral da União - Procurador Federal) Ainda sobre a organização e o funcionamento de diversas instituições públicas brasileiras, julgue o item seguinte:
O Congresso Nacional, mediante delegação, atribuiu ao Senado Federal a competência para suspender a execução do todo ou de parte de lei declarada inconstitucional por decisão definitiva do STF.
GABARITO: ERRADO.

Não existe a delegação do Congresso Nacional para o Senado tratar desta matéria. O Senado tem a competência determinada pela própria CF (Art. 52, X da CF).

343. (2013 - ANCINE - Especialista em Regulação Atividade Cinematográfica e Audiovisual - Área 3) Com relação ao Poder Legislativo, julgue o item a seguir:
Enquanto o Senado Federal compõe-se de representantes dos estados e do Distrito Federal, eleitos pelo sistema majoritário, a Câmara dos Deputados compõe-se de representantes do povo, eleitos pelo sistema proporcional, em cada estado, em cada território e no Distrito Federal.
GABARITO: CERTO.

Este item requer a análise dos Arts. 45 e 46 da CF. Cuidado com o sistema proporcional e majoritário eles sempre vem trocados. Em caso de haver territórios, haverá quatro deputados por território.

344. (2013- SEGESP/AL - Papiloscopista) No que diz respeito ao Poder Legislativo, julgue o item seguinte:
Compete à comissão parlamentar de inquérito indiciar as pessoas investigadas que tenham cometido infrações penais apuradas nos inquéritos.
GABARITO: ERRADO.

A CPI não tem o poder de indiciar os seus investigados. Ela investiga e encaminha as suas conclusões para o Ministério Público (Art. 58, § 3º).

345. (2013 - SEGESP/AL - Papiloscopista) No que diz respeito ao Poder Legislativo, julgue o item seguinte:
O Congresso Nacional é titular de atribuição investigatória.
GABARITO: CERTO.

O exemplo mais fácil para se memorizar é a CPI (Art. 58, § 3º da CF).

346. (2013 - BACEN - Técnico) Julgue o item a seguir, a respeito dos Poderes da União:
As disposições do Congresso Nacional sobre matéria financeira, cambial e monetária, instituições financeiras e suas operações independem de sanção presidencial.
GABARITO: ERRADO.

As matérias elencadas no item dependem de sanção presidencial (Art. 48, XIII da CF).

347. (2013 - PC/DF - Escrivão de Polícia) Julgue o item a seguir, com base nas normas constitucionais brasileiras que regulam o Poder Legislativo:
Como regra, as deliberações de cada casa do Congresso Nacional e de suas comissões serão tomadas por maioria dos votos, presente a maioria absoluta de seus membros.
GABARITO: CERTO.

Para ser aprovada uma lei, é necessário o quórum de maioria simples (maioria dos presentes), desde que presente a maioria absoluta (maioria do total). Assim, determina o Art. 47 da CF.

348. (2013 - PC/DF - Escrivão de Polícia) Julgue o item a seguir, com base nas normas constitucionais brasileiras que regulam o Poder Legislativo.
Compete ao Congresso Nacional, com a sanção do Presidente da República, dispor, entre outras matérias, sobre telecomunicações, radiodifusão, sistema tributário, arrecadação e distribuição de rendas.
GABARITO: CERTO.

Os assuntos apresentados no item são matérias que o Congresso Nacional necessita da sanção do Presidente da República (Art. 48, I e XII da CF).

349. (2013 - TCE/RS - Oficial de Controle Externo) A respeito da organização dos Poderes da República Federativa do Brasil, julgue o próximo item:
Tanto Deputados Federais quanto Senadores não poderão manter contratos com empresas concessionárias de serviços públicos após a diplomação, devendo encerrar contratos previamente acordados.
GABARITO: ERRADO.

Os parlamentares citados poderão firmar contratos que tiverem cláusulas uniformes, como é o caso de um contrato bancário.

350. (2013 - TCU - Auditor Federal de Controle Externo) Os Ministros de Estado devem ser julgados pela prática de crimes de responsabilidade pelo Supremo Tribunal Federal, salvo se esses crimes tiverem sido cometidos de modo conexo aos praticados pelo presidente da República, caso em que o julgamento competirá ao Senado Federal.
GABARITO: CERTO.

Este item pode ser respondia a partir do amparo de dois dispositivos constitucionais diferentes. O Art. 52, I da CF, ou, ainda, o Art. 102, I, c da CF. Mas, a resposta está mesmo no primeiro dispositivo apresentado.

351. (2013 - TCU - Auditor Federal de Controle Externo) Compete exclusivamente ao Congresso Nacional escolher dois terços dos membros do Tribunal de Contas da União, além de aprovar, por voto secreto, a escolha dos ministros do TCU indicados pelo Presidente da República.

GABARITO: ERRADO.

O item está dividido em duas partes. A primeira parte está correta. Compete ao CN a escolha de dois terços do TCU (Art. 49 XIII da CF e Art. 73, § 2º, II da CF). Contudo, o final do item está errado. Compete ao Senado Federal e, não, ao Congresso Nacional a aprovação do restante do TCU (Art. 52, III da CF).

352. (2013 - TCU - Auditor Federal de Controle Externo) Nas convocações extraordinárias do Congresso Nacional, serão automaticamente incluídas na pauta da convocação as medidas provisórias que estejam em vigor.

GABARITO: CERTO.

A pauta da convocação extraordinária será uma pauta fechada, com a inclusão das medidas provisórias (Art. 57, § 8º da CF).

353. (2013 - CPRM - Analista em Geociências) Julgue o item a seguir, relativo aos Poderes Executivo, Legislativo e Judiciário.

De acordo com o STF, embora tenha poderes de investigação próprios das autoridades judiciais, a comissão parlamentar de inquérito não possui competência para determinar a interceptação telefônica.

GABARITO: CERTO.

A interceptação telefônica, por ferir o direito da intimidade, somente pode ser decretada pelo Poder Judiciário. Desta forma, a CPI não tem este poder. A CPI pode determinar a quebra do sigilo bancário, que é ter acesso à conta telefônica, mas não, a interceptação telefônica.

354. (2013 - MPOG - Todos os Cargos) Julgue o item seguinte, relativo aos Poderes Legislativo e Executivo e às funções essenciais à justiça:

Caso se constate a existência de ilegalidade na execução de contrato administrativo no âmbito de determinado ministério, caberá ao Tribunal de Contas da União solicitar a adoção de medidas saneadoras, sob pena de sustação do contrato pelo referido tribunal.

GABARITO: ERRADO.

Se o item abordasse um ato administrativo, o TCU poderia determinar as medidas. Mas como o item fala em contratos administrativos, num primeiro momento, o TCU deverá informar o Congresso Nacional para adotar as medidas cabíveis (Art. 71, § 1º da CF).

355. (2013 - TCE/RO - Agente Administrativo) Cada estado-membro e o Distrito Federal possuem três senadores. Os Senadores são eleitos pelo sistema majoritário e gozam de imunidade material e formal. Somente brasileiro nato poderá ser presidente do Senado Federal. É da competência privativa do Senado Federal escolher dois terços dos membros do TCU.

GABARITO: ERRADO.

Os vários apontamentos feitos no item estão corretos, com exceção do último. A escolha de dois terços do TCU não é feita pelo Senado Federal, mas, sim, pelo CN (Art. 49, XIII da CF).

356. (2013 - TCE/RO - Analista de Informática) No que concerne à atuação dos poderes da República, julgue o item subsequente:

Em determinadas hipóteses, as comissões parlamentares de inquérito podem, independentemente de autorização judicial, determinar a quebra de sigilos bancário e fiscal.

GABARITO: CERTO.

A quebra de sigilos bancário e fiscal pode ser diretamente determinada por uma CPI. Nestas hipóteses, não há necessidade de determinação judicial.

357. (2013 - TCE/RO - Analista de Informática) No que se refere aos tribunais de contas, julgue o item subsecutivo:

O modelo federal de organização, composição e fiscalização do tribunal de contas, fixado pela CF, é de observância obrigatória pelos estados.

GABARITO: CERTO.

De acordo com o *caput* do Art. 75 da CF, os TCEs devem seguir as ideias apresentadas na CF para o TCU.

358. (2013 - MS - Administrador) Com relação a deputados e senadores, julgue o item subsequente:

Perderá o mandato o deputado federal ou senador que tiver os direitos políticos suspensos

GABARITO: CERTO.

O parlamentar perderá o mandato se tiver os direitos políticos suspensos (Art. 55, IV da CF).

359. (2013 - MS - Administrador) Com relação a deputados e senadores, julgue o item subsequente:

O órgão responsável pelo julgamento de deputados e senadores, a partir do momento da expedição de seus diplomas, é o Superior Tribunal de Justiça.

GABARITO: ERRADO.

O foro por prerrogativa de função do parlamentar é o STF e, não, o STJ (Art. 53, § 1º da CF).

360. (2013 - ANS - Especialista em Regulação de Saúde Suplementar) Com relação ao direito constitucional, julgue o item que se segue. Considere que a sigla CF, sempre que empregada, refere-se à Constituição Federal de 1988.

A instituição de comissão parlamentar de inquérito com o objetivo de investigar denúncias de corrupção no âmbito de uma agência reguladora violaria o princípio da separação dos poderes.

GABARITO: ERRADO.

Não há violação de separação de Poderes. Do contrário, o poder de investigação da CPI ficaria muito limitado.

FAÇA JÁ

____

- Compete à União manter relações com ____________ ____________________ e participar de organizações __________;

- organizar e manter o ____________________, o ________________ e a ______________ do Distrito Federal e dos Territórios;

- Compete à União exercer a classificação, para ________________, de diversões públicas e de programas de ________________;

- Compete privativamente à União legislar sobre: direito ________, comercial, ________, processual, ________, agrário, marítimo, aeronáutico, espacial e do ________;

- Lei ________________ poderá autorizar os __________ a legislar sobre questões ____________ das matérias relacionadas neste artigo.

- É competência comum da União, dos Estados, do Distrito Federal e dos Municípios: cuidar da __________ e ____________________, da proteção e garantia das pessoas ________________________;

- Inexistindo lei federal sobre ________________, os ______________ exercerão a competência legislativa ____________, para atender a suas peculiaridades.

- Cabe aos __________ explorar diretamente, ou mediante ______________, os serviços locais de ____________, na forma da __________, __________ a edição de medida provisória para a sua regulamentação.

____

- O Senado Federal compõe-se de representantes dos ____ ______________________________, eleitos segundo o princípio ____________________.

É da competência exclusiva do Congresso Nacional: resolver definitivamente sobre ______________________ ____________ que acarretem encargos ou ____________ ______________ ao patrimônio nacional;

- Compete ao Congresso Nacional transferência temporária da ________________________________;

- Compete privativamente à Câmara dos Deputados: proceder à tomada de contas do ____________________, quando não apresentadas ao ______________________ dentro de ______________________ após a abertura da ____________________;

- Compete ao Senado Federal __________ a execução, no ______________, de lei declarada ______________ por decisão ____________ do ______________;

- Os Deputados e Senadores são __________, __________ e __________, por quaisquer de suas ______________ ______________.

- Os __________ não poderão desde a __________ __________: firmar ou manter contrato com pessoa jurídica de direito público, autarquia, empresa pública, sociedade de economia mista ou empresa concessionária de serviço público, salvo quando o contrato ______________________;

CAPÍTULO 5

Processo Legislativo

Poder Executivo

Poder Judiciário

Processo Legislativo

361. (2015 - TRE/GO - Analista Judiciário/Área Administrativa) Julgue o item a seguir, relativo à organização político-administrativa do Estado brasileiro, às disposições gerais dos servidores públicos e ao processo legislativo.

Embora a CF permita ao ocupante da Presidência da República a adoção de medidas provisórias com força de lei em casos de relevância e urgência, o texto constitucional proíbe a edição desse tipo de instrumento com relação ao direito eleitoral.

GABARITO: CERTO.

Da leitura do Art. 62, § 1º da CF, inferem-se as matérias que são proibidas de serem tratadas por medida provisória. Este assunto é recorrente em provas que têm como tema o processo legislativo. Entre estas vedações, encontra-se o assunto relativo ao Direito Eleitoral.

---

362. (2014 - TC/DF - Analista de Administração Pública/Sistemas de TI) A respeito dos Poderes Executivo e Legislativo, julgue o item a seguir:

O veto do Presidente da República a projeto de lei será apreciado em sessão unicameral, somente podendo ser rejeitado pelo voto da maioria absoluta dos congressistas.

GABARITO: ERRADO.

Sanção e veto estão dispostos no Art. 66 da Constituição. Veto é um ato do Presidente quando ele não concorda com a lei. O veto do Presidente precisa retornar ao Congresso para deliberar sobre o ato. Então, é possível derrubar o veto. O quórum realmente é de maioria absoluta. Entretanto, diferentemente do que consta no item, não se trata de uma sessão unicameral, é uma sessão conjunta (Art. 66, § 4º da CF).

---

363. (2014 - Câmara dos Deputados - Analista Legislativo) Acerca do processo legislativo e do Poder Legislativo, julgue o item a seguir:

Considere que, após iniciativa parlamentar, tenha tramitado e tenha sido aprovado, no Congresso Nacional, projeto de lei que trate de matéria de iniciativa privativa do presidente da República. Nessa situação hipotética, segundo o STF, a ulterior sanção do projeto de lei pelo chefe do Poder Executivo não sanará vício de inconstitucionalidade formal.

GABARITO: CERTO.

Não sana o vício, posto que contraria o texto expresso da constituição.

---

364. (2014 - Câmara dos Deputados - Analista Legislativo) Acerca do processo legislativo e do Poder Legislativo, julgue o item a seguir:

Proposta de emenda constitucional a respeito da extinção do voto obrigatório pode ser objeto de deliberação do Congresso Nacional.

GABARITO: CERTO.

A Constituição apresenta limites ao poder de reforma do texto constitucional. Entre estas limitações, temos a chamada limitação material (Art. 60, § 4º). Existe também a limitação do voto. Contudo, o que a lei maior veda é apresentar uma emenda tendente a abolir o voto direto, secreto, universal e periódico. O item sugere transformar o voto em facultativo. Tal situação não está proibida pela Constituição.

---

365. (2014 - Câmara dos Deputados - Analista Legislativo) Julgue o item seguinte, referente ao processo legislativo e ao controle preventivo de constitucionalidade.

De acordo com o entendimento do Supremo Tribunal Federal, caso o processo de aprovação de uma proposta de emenda à Constituição esteja incompatível com as disposições constitucionais que disciplinam o processo legislativo, apenas o parlamentar — deputado federal ou senador — terá legitimidade para impetrar mandado de segurança com a finalidade de coibir os atos praticados durante o processo de aprovação.

GABARITO: CERTO.

O processo legislativo deve seguir as regras fixadas na Constituição. Desta forma, se forem feridos os dispositivos da Constituição, verifica-se a incondicionalidade nesse processo legislativo. Como o titular do processo legislativo é o parlamentar, havendo uma lesão neste processo, somente o parlamentar vai poder questionar, porque estará sendo ferido um direito líquido e certo. O remédio é um mandado de segurança, e somente o parlamentar tem legitimidade para propor tal remédio constitucional. MS 20.257/DF, Min. Moreira Alves (*leading case*) (RTJ 99/1031).

366. (2014 - Câmara dos Deputados - Analista Legislativo) Julgue o item seguinte, referente ao processo legislativo e ao controle preventivo de constitucionalidade.

Se o presidente da República editar determinada medida provisória, os requisitos constitucionais de relevância e urgência apenas em caráter excepcional submeter-se-ão ao crivo do Poder Judiciário, por força do princípio da separação dos poderes.

GABARITO: CERTO.

A princípio, quem tem que verificar pressupostos constitucionais da medida provisória é o Poder Executivo. Isso se dá apenas em caráter excepcional, como menciona o item. O Poder Judiciário verificará se estarão presentes a relevância e a urgência.

367. (2014 - Câmara dos Deputados - Analista Legislativo) Com referência à organização do Estado e dos poderes, julgue o item subsequente:

Comissão mista de congressistas deverá analisar e dar parecer acerca das medidas provisórias antes da deliberação do plenário de cada uma das casas do Congresso Nacional, e é incabível sanção presidencial em caso de aprovação integral do texto.

GABARITO: CERTO.

A primeira parte do item será resolvida pelo Art. 62, § 9º da CF. A medida provisória deve passar por uma comissão mista do Congresso, antes de ser analisada a deliberação pelas Casas. O final do item está certo também. É o Presidente quem propõe a Medida Provisória. Se tal medida não foi alterada, o texto foi o apresentado pelo próprio Presidente, razão pela qual é desnecessária a sanção presidencial.

368. (2014 - Câmara dos Deputados - Analista Legislativo/Consultor de Orçamento e Fiscalização Financeira) Com base nas normas sobre processo legislativo constantes da Constituição Federal de 1988 (CF), julgue o item que segue:

Nem todos os assuntos podem ser objeto de lei delegada, como, por exemplo, a matéria relativa à legislação sobre planos plurianuais, diretrizes orçamentárias e orçamentos.

DCON

GABARITO: CERTO.

As matérias proibidas de serem tratadas por lei delegada estão apresentadas no Art. 68, § 1º da CF. Porém, atenção! A maioria destas matérias também não cabe para Medida Provisória. Todavia, existem alguns assuntos que não estão adequados para a Lei Delegada, mas que se regulam conforme Medida Provisória. É razoável organizar um quadro comparativo para perceber estas diferenças.

369. **(2014 - Câmara dos Deputados - Analista Legislativo/Consultor de Orçamento e Fiscalização Financeira)**

Com base nas normas sobre processo legislativo constantes da Constituição Federal de 1988 (CF), julgue o item que segue:

A matéria constante de proposta de emenda constitucional rejeitada ou havida por prejudicada somente poderá ser reapresentada, na mesma sessão legislativa, mediante requerimento da maioria absoluta dos membros de qualquer das Casas do Congresso Nacional.

GABARITO: ERRADO.

Não é possível reapresentar a matéria, na mesma sessão legislativa. (Projeto de Emenda Constitucional. Assim dispõe o Art. 60, § 5º da CF.)

370. **(2014 - Câmara dos Deputados - Analista Legislativo/Consultor de Orçamento e Fiscalização Financeira)**

Com base nas normas sobre processo legislativo constantes da Constituição Federal de 1988 (CF), julgue o item que segue:

A CF admite que se modifiquem, por meio de emendas parlamentares, projetos de lei elaborados pelo chefe do Poder Executivo no exercício de sua iniciativa reservada, mas veda, por inteiro, as emendas que ensejem aumento de despesa pública.

GABARITO: ERRADO..

A Constituição admite que o projeto de iniciativa do Chefe do Poder Executivo pode ser emendado, ainda que implique aumento de despesa pública, quando estiver em consonância com o Art. 166, §§ 3º e 4º da CF. Assim, dispõe o Art. 63, I da CF.

371. **(2014 - Câmara dos Deputados - Analista Legislativo/Consultor de Orçamento e Fiscalização Financeira)**

Ainda com relação ao processo legislativo, julgue o item a seguir:

Caso um deputado federal apresente projeto de lei versando sobre matéria tributária, ela será incompatível com a CF, pois a referida iniciativa, independentemente de seu conteúdo, é privativa do chefe do Poder Executivo.

GABARITO: ERRADO.

Convém lembrar que matéria tributária não é privativa do Presidente, a não ser matéria tributária dos Territórios, conforme apresenta o Art. 61, § 1º, II, "b" da CF.

372. **(2014 - Câmara dos Deputados - Analista Legislativo/Consultor de Orçamento e Fiscalização Financeira)**

Ainda com relação ao processo legislativo, julgue o item a seguir:

Se o Congresso Nacional editar uma lei complementar (LC) instituidora de certa obrigação tributária, posteriormente, uma lei ordinária poderá revogar dispositivos dessa LC, desde que tais dispositivos sejam materialmente ordinários.

GABARITO: CERTO.

Apesar de ter sido aprovada como lei complementar, o assunto tratado no item é regulamentado por lei ordinária. Desta forma, poderá ser posteriormente modificado por lei ordinária.

373. **(2014 - CADE - Bibliotecário)** Considerando os Poderes da República e as funções essenciais à justiça, julgue o próximo item:
O decreto legislativo é espécie legislativa criada sem a exigência de sanção do presidente da República. Por outro lado, a lei ordinária exige, no processo de sua elaboração, a manifestação do presidente da República por meio da sanção ou do veto.

GABARITO: CERTO.

O ato normativo que exige a sanção do Presidente da República é a lei. Já no Decreto Legislativo, na Resolução ou na Emenda Constitucional, não é necessária a sanção do Presidente para entrar em nosso ordenamento. A resposta relativa ao Decreto está no Art. 48 da Constituição. Em tal dispositivo, afirma-se que não será necessária sanção nas hipóteses dos Arts. 49, 51 e 52. Tais artigos são regulados por Decreto Legislativo e por Resolução.

374. **(2014 - MDIC - Analista Técnico/Administrativo)** No que se refere à organização político-administrativa do Estado e ao Poder Legislativo, julgue o próximo item:
Se um projeto de lei ordinária de iniciativa parlamentar invadir a iniciativa privativa do presidente da República, a sanção desse projeto pelo chefe do Poder Executivo federal sanará o vício deflagrado no processo legislativo.

GABARITO: ERRADO.

Está equivocado o item, visto que não é permitido a ninguém descumprir a Constituição, muito menos ao Presidente. Se o Texto Maior determina que seja o Presidente a apresentar o projeto de lei, não pode, posteriormente, o Presidente sancionar tal projeto que não tenha sido apresentado por ele. Não é possível, em tal hipótese, sanar o vício de iniciativa.

375. **(2013 - PG/DF - Procurador)** Com relação ao estatuto jurídico dos tratados internacionais no direito brasileiro, julgue o próximo item:
Os tratados internacionais se incorporam ao ordenamento jurídico brasileiro com o status de emenda constitucional.

GABARITO: ERRADO.

Em regra, os tratados internacionais têm status de lei ordinária. Para ter *status* de emenda constitucional, devem se referir aos direitos humanos, ser aprovados por três quintos dos votos e em dois turnos.

376. **(2013 - PG/DF - Procurador)** Com relação ao estatuto jurídico dos tratados internacionais no direito brasileiro, julgue o próximo item:
Os tratados sobre direitos humanos incorporados ao direito pátrio e em conformidade com a CF revogam as leis ordinárias conflitantes.

GABARITO: CERTO.

O STF adota a posição segundo a qual um tratado internacional sobre direitos humanos tem *status* supralegal, ou seja, ele está é superior a uma lei ordinária, podendo revogá-la.

377. **(2013 - SEGESP/AL - Papiloscopista)** No que diz respeito ao Poder Legislativo, julgue os itens seguintes.

Ainda que um veto tenha sido rejeitado pelo Congresso Nacional, o presidente da República deverá promulgar a lei.

GABARITO: CERTO.

A promulgação é um ato do Presidente da República. No Congresso Nacional, ao se superar o veto do Presidente, o projeto de lei retornará para o Presidente promulgá-lo. Acontece que, pelo texto constitucional, o Presidente não está obrigado a promulgar o referido projeto de lei (Art. 66, § 5º da CF).

378. **(2013 - PC/DF - Escrivão de Polícia)** Considerando o disposto na CF, acerca do Poder Executivo, julgue o próximo item:

Compete privativamente ao presidente da República vetar, total ou parcialmente, emendas constitucionais.

GABARITO: ERRADO.

O processo legislativo da EC não tem a participação do Presidente da República. Ele apenas pode ser um dos legitimados. Mas, passada esta fase, o Presidente da República não tem mais participação na EC.

379. **(2013 - BACEN - Analista/Gestão e Análise Processual)** A respeito da organização do Estado e dos poderes, julgue o item subsequente:

Conforme a CF, o controle externo da União e das entidades da administração direta e indireta, referente à fiscalização contábil, financeira, orçamentária, operacional e patrimonial, é exercido pelo Congresso Nacional.

GABARITO: CERTO.

Da análise do *caput* do Art. 70 da CF, infere-se que compete ao CN fazer a fiscalização, conforme se afirmou no item.

380. **(2013 - MPOG - Todos os Cargos)** Julgue o item seguinte, relativo aos Poderes Legislativo e Executivo e às funções essenciais à justiça:

É vedada pela Constituição Federal a edição de medida provisória pelo presidente da República para dispor sobre matéria orçamentária, ressalvada a abertura de créditos extraordinários.

GABARITO: CERTO.

Entre as matérias proibidas, está a matéria orçamentária. Exceção do Art. 167, § 3º da CF (Art. 62, § 1º, letra "d" da CF).

381. (2013 - ANS - Especialista em Regulação de Saúde Suplementar) Com relação ao direito constitucional, julgue o item que se segue. Considere que a sigla CF, sempre que empregada, refere-se à Constituição Federal de 1988.

Seria inconstitucional medida provisória que alterasse alíquotas da taxa de saúde suplementar, haja vista que a CF veda a edição de medida provisória em matéria tributária.

GABARITO: ERRADO.

É possível edição de MP sobre matéria tributária (Art. 62 da CF).

Poder Executivo

382. (2014 - ANTAQ - Técnico Administrativo) Com relação aos Poderes da República, julgue o item subsequente:

É de competência privativa do presidente da República a celebração de tratados, convenções e atos internacionais, sujeitos a referendo do Congresso Nacional.

GABARITO: CERTO.

O item é verdadeiro, de acordo com o apresentado no Art. 84, VIII da CF.

383. (2014 - ANATEL - Cargos 13, 14 e 15) Com relação aos Poderes da República e às funções essenciais à justiça, julgue o item subsequente:

Considere que o presidente da República, na presença de policiais que o escoltavam, tenha cometido uma tentativa de homicídio contra um servidor. Nessa situação, mesmo tendo presenciado o delito, os policiais não poderão efetuar a prisão em flagrante do presidente da República.

GABARITO: CERTO.

Uma das imunidades que o Presidente da República possui é a de não poder ser preso, enquanto não sobrevier sentença condenatória. Tal situação está apresentada no Art. 86, § 3º da CF.

384. (2014 - TJ/SE - Analista Judiciário) Acerca dos Poderes Executivo e Legislativo, julgue o item subsecutivo:

Compete privativamente ao presidente da República conceder indulto e anistia.

GABARITO: ERRADO.

Entre as competências do Presidente da República, realmente, está a de conceder indulto. Contudo, anistia não é uma competência do Presidente, mas, sim, do Congresso Nacional, Art. 48, VIII da CF.

385. (2014 - TC/DF - Analista de Administração Pública/Sistemas de TI) A respeito dos Poderes Executivo e Legislativo, julgue o item a seguir:

Dispor sobre a organização da administração federal é atribuição privativa do presidente da República, que somente poderá ser exercida pelo próprio ou, durante seus impedimentos, por quem o substituir na presidência, vedada a delegação.

GABARITO: ERRADO.

Algumas atribuições do Presidente da República podem ser delegadas. Tais assuntos estão no parágrafo único do Art. 84, da CF. O item está errado porque informa que só o Presidente e o Vice-Presidente poderiam tratar dessas matérias.

386. **(2014 - TC/DF - Analista de Administração Pública/Sistemas de TI)** Acerca da organização político-administrativa do Estado Federal brasileiro e da administração pública, julgue o seguinte item:

O presidente da República pode dispor, mediante decreto autônomo, acerca da organização e do funcionamento da administração federal, vedados o aumento de despesa e a criação ou extinção de órgãos públicos.

GABARITO: CERTO.

Para responder a esse item é preciso conhecer o Art. 84, IV e o 84, VI da Constituição. Os decretos normalmente necessitam de lei para serem criados. Decreto é um ato do Presidente da República. Mas, presentemente, é admitido o decreto autônomo, que é um decreto sem uma lei. No Art. 84, afirma-se que o decreto autônomo não aumenta despesa nem cria órgão ou ministério, conforme o item dispôs.

387. **(2014 - Câmara dos Deputados - Técnico Legislativo)** O presidente da República pode delegar a ministro de Estado a competência para aplicar pena de demissão a servidores públicos federais.

GABARITO: CERTO.

As matérias do Art. 84 da Constituição são matérias da competência privativa do Presidente. Portanto, só o Presidente deve tratar dessas matérias. Entretanto, ele pode delegar o que consta nos incisos VI, XII e XXV, primeira parte. No inciso XXV do Art. 84, ele menciona prover e extinguir cargos públicos federais na forma da lei. A primeira parte é prover, então, o que pode ser delegado seria o provimento. Entretanto, há o posicionamento do Supremo que informa que pode ser delegada a demissão. MS 25518, Rel: Min. Sepúlveda Pertence.

388. **(2014 - Câmara dos Deputados - Técnico Legislativo)** A CF autoriza o presidente da República a criar cargos e extinguir órgãos públicos por meio de decreto.

GABARITO: ERRADO.

O Art. 84, VI da CF permite ao Presidente tratar de vários assuntos da administração pública, mediante decreto. Contudo, com relação aos assuntos do item, o inciso mencionado está expressamente proibido.

389. **(2014 - Câmara dos Deputados - Técnico Legislativo)** Afrontaria a CF dispositivo de Constituição estadual que previsse que a ausência do país do governador e do vice-governador, por qualquer prazo, dependeria de prévia licença da assembleia legislativa.

GABARITO: CERTO.

O Presidente da República, se for ficar ausente por um período superior a 15 dias, tem que pedir autorização do Congresso Nacional. Seguindo o princípio da simetria, em âmbito estadual, a Assembleia Legislativa tem que seguir o mesmo período. Contudo, o item informa que o Governador precisa de licença por qualquer prazo.

390. (**2014 - Câmara dos Deputados - Analista Legislativo**) Julgue o item que se segue, relativo ao presidente e ao vice-presidente da República.

Compete privativamente ao presidente da República vetar projetos de lei, total ou parcialmente, devendo o veto ser apreciado em sessão conjunta e só podendo ser rejeitado pelo voto da maioria absoluta dos deputados e senadores, em votação aberta.

GABARITO: CERTO.

O item é verdadeiro. Todavia, o veto se dava em voto secreto, e a EC 76 instituiu a votação aberta.

391. (**2014 - Câmara dos Deputados - Analista Legislativo**) Julgue o item que se segue, relativo ao presidente e ao vice-presidente da República:

Constitui crime de responsabilidade o ato do presidente da República que atente contra o cumprimento das decisões judiciais. Nesse caso, deverá o presidente ser submetido a julgamento perante o Senado Federal, desde que admitida a acusação por dois terços da Câmara dos Deputados.

GABARITO: CERTO.

Para resolver este item, deve-se conhecer dois dispositivos da CF. O primeiro está no Art. 85, VII. Este dispositivo trata dos crimes de responsabilidade do Presidente da República. E, para poder processar o Presidente da República, é necessário que a Câmara dos Deputados autorize, pelo quórum qualificado de 2/3.

392. (**2014 - Câmara dos Deputados - Analista Legislativo**) Julgue o item que se segue, relativo ao presidente e ao vice-presidente da República.

Na hipótese de impedimento do presidente e do vice-presidente da República, o presidente do Senado Federal deverá ser chamado ao exercício da presidência da República.

GABARITO: ERRADO.

A resposta do item está no Art. 80 da CF. A ordem de substituição do Presidente e do Vice-Presidente será: Presidente da Câmara, do Senado e do Supremo.

393. (**2014 - Câmara dos Deputados - Analista Legislativo**) Com relação à Advocacia-Geral da União, ao Ministério Público e à defensoria pública, julgue o próximo item:

O advogado-geral da União poderá, por delegação do presidente da República, prover cargos públicos federais, na forma da lei.

GABARITO: CERTO.

O item tem a sua solução com base no Art. 84, parágrafo único da CF. Tal dispositivo apresenta situações que o Presidente da República pode delegar suas atribuições. A matéria apresentada no item é uma delas.

394. **(2014 - Câmara dos Deputados - Analista Legislativo/Consultor Legislativo)** Com base nas normas constitucionais relativas aos poderes do presidente da República, julgue o seguinte item: O Presidente da República pode, mediante decreto, extinguir cargos públicos que estejam vagos.

GABARITO: CERTO.

A Constituição, em seu Art. 84, VI, dispõe que é permitido, mediante decreto, extinguir cargos públicos, quando vagos. Deve-se tomar cuidado com os termos "criar" e "extinguir". Ele apenas pode extinguir cargos, desde que estejam vagos.

395. **(2014 - Câmara dos Deputados - Analista Legislativo/Consultor Legislativo)** Com base nas normas constitucionais relativas aos poderes do presidente da República, julgue o seguinte item: Compete exclusivamente ao presidente da República a promulgação de leis federais.

GABARITO: ERRADO.

A princípio, será o Presidente da República que irá promulgar uma lei. Contudo, da análise do Art. 66, § 7º da CF, observa-se que se o Presidente não promulgar a lei, em 48 horas, o Presidente do Senado deve promulgá-la e, se este não o fizer, no mesmo período, o Vice-Presidente do Senado deverá fazê-lo. Portanto, não é exclusiva do Presidente a promulgação da lei.

396. **(2014 - Câmara dos Deputados - Analista Legislativo)** No que se refere aos preceitos constitucionais acerca da política agrícola e fundiária e reforma agrária, julgue o seguinte item:

A usucapião constitucional *pro labore* consiste na aquisição de imóvel rural por aquele que, não sendo proprietário de outros imóveis, possua como sua, por cinco anos ininterruptos, sem oposição, área de terra pública ou privada, em zona rural, não superior a cinquenta hectares, tornando-a produtiva por seu trabalho ou de sua família e tendo nela sua moradia.

GABARITO: ERRADO.

Num primeiro momento, o candidato pode imaginar como certo o item, tomando por base o disposto no Art. 191 da CF. Contudo, o Art. 183, § 2º da CF proíbe a aquisição por usucapião de imóveis públicos.

397. **(2014 - Câmara dos Deputados - Analista Legislativo)** No que se refere aos preceitos constitucionais acerca da política agrícola e fundiária e reforma agrária, julgue o seguinte item:

Considere que João seja proprietário de dois imóveis rurais, de pequeno e médio portes, e que tenha sido determinada a desapropriação da propriedade de pequeno porte para fins de reforma agrária, em razão de o agricultor nada produzir nele. Nesse caso, a desapropriação infringe preceito constitucional e pode ser contestada por João, pois são insuscetíveis de desapropriação para fins de reforma agrária a pequena e a média propriedade rural.

GABARITO: ERRADO.

Não pode ser objeto de desapropriação para reforma agrária a situação apresentada na questão, se o proprietário somente tenha uma propriedade. No caso apresentado, o proprietário tem dois imóveis, razão pela qual poderá ser desapropriado o imóvel, consoante apresenta o Art. 185, I da CF.

398. **(2014 - Câmara dos Deputados - Analista Legislativo)** No que se refere aos preceitos constitucionais acerca da política agrícola e fundiária e reforma agrária, julgue o seguinte item:
É requisito para o cumprimento da função social da propriedade o fato de sua exploração favorecer o bem-estar dos proprietários.

GABARITO: CERTO.

O Art. 186 apresenta os requisitos para o cumprimento da função social da propriedade. Em seu inciso VI, há o requisito de que a exploração deve favorecer o bem-estar dos proprietários.

399. **(2014 - Câmara dos Deputados - Analista Legislativo)** Considerando os fundamentos de direito constitucional relacionados ao meio ambiente e aos povos indígenas, julgue o item que se segue:
Como forma de garantia da efetividade do direito ao meio ambiente, incumbe ao poder público definir espaços territoriais a serem especialmente protegidos, devendo a delimitação de tais espaços, bem como sua alteração ou supressão, ocorrer somente mediante a edição de lei específica.

GABARITO: ERRADO.

O item está de acordo com o texto constitucional, em seu Art. 225, II.

400. **(2014 - CADE - Bibliotecário)** Considerando os Poderes da República e as funções essenciais à justiça, julgue o próximo item:
Se o presidente da República, que possui prerrogativa de foro em razão da função, praticar crime de responsabilidade, será julgado pelo Senado Federal, porém, se praticar qualquer crime comum, independentemente de ter sido praticado em razão da função, será julgado pelo STF.

GABARITO: ERRADO.

O Presidente, durante o mandato, não será processado por atos estranhos ao exercício do mandato (Art. 86, § 4º da CF). Desta forma, quando o item informa que o STF *julgará, independente de ter sido praticado em razão da função*, deixa errado o item.

401. **(2014 - SUFRAMA - Agente Administrativo)** Com base nas normas constitucionais relativas ao Poder Executivo, à administração pública e aos direitos e garantias fundamentais, julgue o seguinte item:
A competência conferida ao presidente da República para expedir decretos e regulamentos para a fiel execução da lei vincula-se ao princípio da legalidade que rege a atuação da administração pública.

DCON

GABARITO: CERTO.

A Constituição informa no Art. 84, IV, que o Presidente pode expedir decretos para a fiel execução da lei. Desta forma, o chamado decreto regulamentar está vinculado à existência de uma lei.

402. **(2014 - SUFRAMA - Administrador)** Em relação à aplicabilidade das normas constitucionais e às atribuições e responsabilidades do presidente da República, julgue o item a seguir:

Uma vez que o Brasil adotou o sistema presidencialista, as funções de chefe de Estado e de chefe de governo acumulam-se na figura do presidente da República, competindo-lhe, privativamente, expedir decretos e regulamentos para fiel execução da lei.

GABARITO: CERTO.

Uma das características do presidencialismo é a chefia ser unipessoal. O Presidente acumula as funções de Chefe de Governo e de Chefe de Estado. Compete ao Presidente expedir decretos na forma do item acima exposta (Art. 84, IV da CF).

403. **(2014 - SUFRAMA - Administrador)** Em relação à aplicabilidade das normas constitucionais e às atribuições e responsabilidades do presidente da República, julgue o item a seguir: A Constituição Federal de 1988 (CF) prevê foro por prerrogativa de função para o presidente da República, de modo que somente o STF poderá processar e julgar ações populares que o tenham como réu.

GABARITO: ERRADO.

O Presidente da República tem foro por prerrogativa de função. Mas, convém notar que tal foro existe para o julgamento de crimes. A ação popular tem natureza civil. Desta forma, as ações populares e ações civis públicas contra o Presidente da República não terão tal foro. Não será o STF o competente para o julgamento.

404. **(2014 - Polícia Federal - Agente Administrativo)** Compete privativamente ao presidente da República a concessão de indulto, podendo essa competência, entretanto, ser delegada a outras autoridades, como, por exemplo, a ministro de Estado.

GABARITO: CERTO.

A concessão de indulto é uma das atribuições do Presidente da República. E, consoante apresentado no item esta atribuição, o Presidente pode delegá-la. O parágrafo único do Art. 84 da CF informa para quem pode o Presidente delegar. O Ministro de Estado é uma das pessoas a quem poderão ser delegadas tais competências.

405. **(2014 - MDIC - Analista Técnico-Administrativo)** No que se refere à organização político-administrativa do Estado e ao Poder Legislativo, julgue o próximo item:

Dada a atribuição constitucional do presidente da República para dispor sobre a organização e o funcionamento da administração pública federal, decreto presidencial poderá dispor sobre a criação de cargos públicos federais remunerados, estabelecendo suas respectivas remunerações e competências.

GABARITO: ERRADO.

Entre as atribuições do Presidente da República, está a de expedir decretos. Contudo, o Presidente não dispõe de poder para expedir decretos para criar ou extinguir cargos ou funções públicas (Art. 84, VI da CF).

---

406. (2014 - MDIC - Agente Administrativo) No que se refere aos Poderes Legislativo, Executivo e Judiciário, bem como às funções essenciais à justiça, julgue o seguinte item:

Compete ao ministro de Estado exercer a orientação, a coordenação e a supervisão dos órgãos e das entidades da administração federal e estadual concernentes à sua área de competência.

GABARITO: ERRADO.

Em face da autonomia dos entes da federação, os Ministros de Estado não podem interferir na atuação dos Estados-Membros (Art. 87, parágrafo único, I da CF).

---

407. (2013 - STF - Técnico Judiciário/Área Administrativa) Julgue o item a seguir, acerca das atribuições dos ministros de Estado:

Aos ministros de Estado compete referendar os atos e decretos assinados pelo presidente da República, bem como expedir instruções para a execução de leis, decretos e regulamentos.

GABARITO: CERTO.

De acordo com os incisos do Art. 87 da CF, as atribuições apresentadas no item são funções dos Ministros de Estado.

---

408. (2013 - TRT/17ª Região/ES - Analista Judiciário/Área Administrativa) O presidente da República pode dispor sobre a organização da administração pública por decreto autônomo, dispensado o exame pelo Congresso Nacional, quando não ocorrer aumento de despesa ou criação ou extinção de órgão público.

GABARITO: CERTO.

Até 2001, não era admitido, em nosso ordenamento, o decreto autônomo, mas a partir da EC 32, foi alterado o Art. 84, VI da CF. Nesse dispositivo, podemos ter o decreto autônomo, exatamente se não apresentar aumento de despesa, ou criação ou extinção de órgão público.

---

409. (2013 - TRT/17ª Região/ES - Analista Judiciário/Oficial de Justiça Avaliador) Em relação ao Poder Executivo, julgue o item subsequente:

Enquanto não sobrevier sentença condenatória referente a infrações comuns, o Presidente da República não poderá ser preso, ressalvadas as hipóteses de prisão em flagrante por crime inafiançável.

GABARITO: ERRADO.

O Presidente da República não pode ser preso enquanto não sobrevier sentença condenatória. Esta é a única possibilidade de prender o Presidente da República (Art. 86, § 4º da CF).

---

410. **(2013 - TRT 17ª Região/ES - Analista Judiciário/Oficial de Justiça Avaliador)** Em relação ao Poder Executivo, julgue o item subsequente:

Se, após admissão da Câmara dos Deputados, for recebida denúncia de crime comum no Supremo Tribunal Federal contra o Presidente da República, este ficará suspenso de suas funções.

GABARITO: CERTO.

O Presidente da República poderá ficar suspenso de suas funções em razão de crime comum. Para que ocorra tal situação, deverá ser recebida denúncia do crime pelo STF.

411. **(2013 - TRT 17ª Região/ES - Técnico Judiciário/Área Administrativa)** No que se refere à responsabilidade do presidente da República, julgue o próximo item:

No caso de o presidente da República vir a praticar ilícitos penais, civis ou tributários durante a vigência de seu mandato, sem qualquer relação com a função presidencial, ele não poderá ser responsabilizado, haja vista a imunidade presidencial que implica a suspensão do curso da prescrição relacionada a esses ilícitos, enquanto durar o mandato.

GABARITO: ERRADO.

A imunidade do Presidente se restringe a ilícitos penais. Ela não se estende a ilícitos civis, administrativos ou tributários.

412. **(2013 - AGU - Procurador Federal)** Considerando os fundamentos do Estado federal brasileiro e o princípio da separação dos poderes, julgue o próximo item:

A CF atribui grande relevância ao princípio da separação dos poderes, que constitui cláusula pétrea. Nesse sentido, o texto constitucional considera que os atos do presidente da República atentatórios à separação dos poderes configuram crime de responsabilidade, e que a União possui a prerrogativa de intervir nos estados e no DF a fim de garantir o livre exercício de qualquer dos poderes.

GABARITO: CERTO.

O Texto Maior determina que é crime de responsabilidade do Presidente da República a situação apresentada no item (Art. 85, III da CF). Na mesma compreensão, dispõe sobre a intervenção em Estados e no DF (Art. 34, IV da CF).

413. **(2013 - AGU - Procurador Federal)** Julgue o item a seguir, que trata da organização de instituições do Estado brasileiro e de seu funcionamento.

Compete privativamente ao presidente da República declarar guerra em caso de agressão estrangeira e celebrar a paz, desde que, em ambos os casos, ocorra prévia autorização do Senado Federal.

GABARITO: ERRADO.

Não é o Senado Federal que dará autorização para a decretação de guerra ou paz, mas, sim, o Congresso Nacional (Art. 49, II da CF).

414. (2013 - PO/AL - Papiloscopista) A respeito do Poder Executivo, julgue o item subsequente:
A concessão de indulto a presos é uma atribuição do presidente da República que pode ser delegada a um ministro de Estado.

GABARITO: CERTO.

Em regra, as competências do Presidente da República são indelegáveis. Contudo, o Art. 84, XII pode ser delegado aos Ministros de Estado (Art. 84, parágrafo único da CF).

415. (2013 - PC/DF - Escrivão de Polícia) Julgue o item a seguir, com base nas normas constitucionais brasileiras que regulam o Poder Legislativo:
Compete privativamente ao Senado Federal autorizar, por dois terços de seus membros, a instauração de processo contra o presidente e o vice-presidente da República.

GABARITO: ERRADO.

A competência para autorizar a abertura de processo contra o Presidente da República não será do Senado, mas, sim, da Câmara dos Deputados (Art. 51, I da CF).

416. (2013 - PC/DF - Escrivão de Polícia) Considerando o disposto na CF acerca do Poder Executivo, julgue o próximo item:
Caso cometa infrações comuns, o presidente da República não estará sujeito à prisão, enquanto não sobrevier sentença condenatória.

GABARITO: CERTO.

Não existe a possibilidade de prisão do Presidente da República, salvo no caso de sentença condenatória. Convém lembrar que não há prisão cautelar, provisória, por pronúncia, preventiva ou fragrante de Presidente (Art. 86, § 3º da CF).

417. (2013 - PC/DF - Escrivão de Polícia) Considerando o disposto na CF acerca do Poder Executivo, julgue o próximo item:
Se cometer crime eleitoral, o presidente da República será suspenso de suas funções até o julgamento final do respectivo processo. Nesse caso, a denúncia do fato ao Tribunal Superior Eleitoral e o seu acolhimento por esse tribunal serão requisitos legais para a instauração do processo.

GABARITO: ERRADO.

Deve-se observar que a suspensão das funções do Presidente da República dar-se-á nas infrações penais comuns, se recebida a denúncia ou queixa-crime pelo Supremo Tribunal Federal. Neste sentido, serão consideradas todas as infrações, inclusive as eleitorais, quando o STF receber a denúncia ou queixa-crime (Art. 86, § 1º, I da CF).

418. (2013 - TCE/RS - Oficial de Controle Externo) A respeito da organização dos poderes da República Federativa do Brasil, julgue o próximo item:
Se o presidente da República atentar contra decisões judiciais poderá ser julgado pelo Supremo Tribunal Federal, exigida a prévia autorização de dois terços dos membros da Câmara dos Deputados.

GABARITO: ERRADO.

A situação apresentada no item é configuradora de um crime de responsabilidade do Presidente da República. Neste caso, o Presidente será responsabilizado perante o Senado Federal (Art. 52, I da CF). E, não, perante o STF.

419. (2013 - TCU - Auditor Federal de Controle Externo) O presidente da República poderá dispor, mediante decreto, sobre a organização e o funcionamento da administração federal e sobre a extinção de cargos vagos e de órgãos públicos em processo de fusão, incorporação ou dissolução.

GABARITO: ERRADO.

O Presidente da República não pode extinguir órgãos públicos mediante decretos (Art. 84, VI da CF).

420. (2013 - CPRM - Analista em Geociências) Julgue o item a seguir, relativo aos Poderes Executivo, Legislativo e Judiciário.

O presidente da República acumula as funções de chefe de Estado e de chefe de governo, e suas atribuições constitucionais são indelegáveis.

GABARITO: ERRADO.

As atribuições do Presidente da República (Art. 84 da CF), somente o Presidente pode tratar. Contudo, o parágrafo único do Art. 84 apresenta três incisos que o Presidente da República poderá delegar.

421. (2013 - MPOG - Todos os Cargos) Julgue o item seguinte, relativo aos Poderes Legislativo e Executivo e às funções essenciais à justiça.

Os ministros de Estado poderão prover os cargos públicos de sua pasta, desde que o presidente da República delegue a competência para tanto.

GABARITO: CERTO.

O parágrafo único do Art. 84 da CF informa que algumas matérias de competência do Presidente da República poderão ter suas atribuições delegadas para os Ministros de Estado. Entre estas matérias, está a de prover cargos públicos.

422. (2013 - MC - Todos os Cargos) Com referência ao Poder Executivo, julgue o item subsequente:

Os atos do presidente da República que atentem contra a probidade da administração serão considerados crimes de responsabilidade, definidos em lei especial, e serão julgados pelo Senado Federal, após admitida a acusação por dois terços da Câmara dos Deputados.

GABARITO: CERTO.

O Presidente pode responder por crimes em dois "lugares". Se o crime for de responsabilidade, será no Senado. Mas, em qualquer caso, cabe à Câmara dos Deputados, admitir a acusação por um quórum qualificado de 2/3.

423. (2013 - TCE/RO - Analista de Informática) No que concerne à atuação dos poderes da República, julgue o item subsequente:
Os crimes comuns praticados pelo presidente da República serão processados perante o Supremo Tribunal Federal (STF), hipótese em que o presidente ficará afastado de suas funções desde o recebimento da denúncia ou queixa-crime.

GABARITO: CERTO.

O Presidente da República tem foro por prerrogativa de função. Para processar por crime comum, o STF tem que receber a denúncia ou queixa-crime. A partir daí, o Presidente ficará afastado (Art. 86 *caput* da CF).

424. (2013 - DEPEN - Especialista) Admitida a acusação contra o presidente da República pela prática de crime de responsabilidade por dois terços da Câmara dos Deputados, será ele submetido a julgamento perante o Supremo Tribunal Federal.

GABARITO: ERRADO.

O tema desta pergunta é recorrente. O Presidente da República, se sofrer processo por crime de responsabilidade, será julgado perante o Senado Federal e, não, pelo STF (Art. 52, I e 86 da CF).

425. (2013 - DEPEN - Especialista) Compete privativamente ao presidente da República celebrar tratados, convenções e atos internacionais, sujeitos a referendo do Congresso Nacional.

GABARITO: CERTO.

Esta é uma das atribuições do Presidente da República (Art. 84, VIII da CF).

D C O N

Poder Judiciário

426. (2015 - CGE/PI - Auditor Governamental) Acerca das disposições referentes à administração pública, às competências constitucionais dos entes federados e ao Poder Judiciário, julgue o item a seguir:
O Supremo Tribunal Federal poderá, após reiteradas decisões sobre matéria constitucional, aprovar súmula que, a partir de sua publicação na imprensa oficial, terá efeito vinculante em relação aos demais órgãos do Poder Judiciário e à administração pública direta e indireta nas esferas federal, estadual e municipal.

GABARITO: CERTO.

Esta é a leitura do Art. 103-A da CF. Os Tribunais podem editar súmulas. Mas somente o STF pode editar súmulas com efeito vinculante. Ficam vinculados o Poder Executivo e os demais órgãos do Poder Judiciário.

427. (2015 - TRE/GO - Técnico Judiciário/Área Administrativa) A respeito dos Poderes Legislativo e Executivo e do regime constitucional da administração pública, julgue o item a seguir:
Ao ocupante da Presidência da República compete privativamente nomear, para compor determinado tribunal regional eleitoral, dois juízes escolhidos entre seis advogados de notável saber jurídico e idoneidade moral, indicados pelo Tribunal de justiça desse estado.

GABARITO: CERTO.

Teor do Art. 120, § 1º, III da CF.

428. (2015 - TRE/GO - Técnico Judiciário/Área Administrativa) Em relação ao Poder Judiciário e ao Ministério Público, julgue o item subsequente:

A inconstitucionalidade de uma lei pode ser declarada por um tribunal reunido em maioria simples ou por comissão criada nesse tribunal para julgar o caso.

GABARITO: ERRADO.

A solução do item está apresentada no Art. 97 da CF, a cláusula de reserva de plenário. Primeiramente, o Tribunal só pode decidir por maioria absoluta. Ademais, em regra, a declaração de inconstitucionalidade num Tribunal deve ser adotada pelo seu pleno ou pelo seu órgão especial, se houver.

429. (2015 - TRE/GO - Técnico Judiciário/Área Administrativa) Em relação ao Poder Judiciário e ao Ministério Público, julgue o item subsequente.

Das decisões do Tribunal Superior Eleitoral que negarem habeas corpus e mandado de segurança cabe recurso ao Supremo Tribunal Federal.

GABARITO: CERTO.

A resposta está em consonância com o disposto no Art. 121, § 3º, da CF.

430. (2015 - TRE/GO - Técnico Judiciário/Área Administrativa) Em relação ao Poder Judiciário e ao Ministério Público, julgue o item subsequente:

Embora os membros da justiça eleitoral sejam inamovíveis, essa garantia não se estende aos integrantes das juntas eleitorais.

GABARITO: ERRADO.

Tanto os membros da Justiça Eleitoral, como os membros das Juntas Eleitorais gozam da inamovibilidade, assim regula o Art.121, § 1º da CF.

431. (2015 - TRE/GO - Técnico Judiciário/Área Administrativa) Acerca do alistamento eleitoral e da organização da justiça eleitoral, julgue o próximo item:

O Tribunal Superior Eleitoral compõe-se de, no mínimo, sete membros, entre os quais estão dois representantes do Ministério Público Federal.

GABARITO: ERRADO.

A composição do TSE está apresentada no Art. 119 da CF. Nela não encontramos membros do Ministério Público Federal, conforme apresenta o item.

432. (2015 - TRE/GO - Técnico Judiciário/Área Administrativa) Acerca do alistamento eleitoral e da organização da justiça eleitoral, julgue o próximo item:

De acordo com a Constituição Federal de 1988, os órgãos da justiça eleitoral são: o Tribunal Superior Eleitoral, os tribunais regionais eleitorais, os juízes eleitorais e as juntas eleitorais

GABARITO: CERTO.

O Art. 118 da CF apresenta os órgãos da Justiça Eleitoral que são, realmente, os apresentados no texto do item.

---

433. (2015 - TRE/GO - Analista Judiciário/Área Administrativa) Em relação ao Poder Judiciário e às funções essenciais à justiça, julgue o seguinte item:

Ao Conselho Nacional de Justiça cabe o controle da atuação jurídica, administrativa e financeira do Poder Judiciário e do cumprimento dos deveres funcionais dos juízes e servidores vinculados ao Poder Judiciário.

GABARITO: ERRADO.

O Conselho Nacional de Justiça não tem função jurisdicional, apenas fiscalizadora, consoante determina o Art.103-B, § 4º da CF. Desta forma, o item está errado quando menciona o controle da atuação jurídica.

---

434. (2015 - DPE/PE - Defensor Público) Com relação ao Conselho Nacional de Justiça, julgue o seguinte item:

O Conselho Nacional de Justiça não tem qualquer competência sobre o STF e seus ministros.

GABARITO: CERTO.

O item está certo, em consonância com o decidido na ADI 3.367/DF. Na mencionada decisão, o Supremo exclui da fiscalização do CNJ os Ministros e o próprio STF.

---

435. (2015 - DPE/PE - Defensor Público) Com relação ao Conselho Nacional de Justiça, julgue o seguinte item:

Pelo princípio da simetria, os Estados-Membros poderão instituir, por meio de sua Constituição estadual, conselho destinado ao controle da atividade administrativa, financeira ou disciplinar de suas respectivas justiças estaduais.

GABARITO: ERRADO.

Entende o STF que não é possível aos estados terem órgãos de controle do Poder Judiciário. O argumento seria a separação de poderes. Assim foi decidido na ADI 137 PA.

---

436. (2015 - DPE/PE - Defensor Público) De acordo com a CF, julgue o próximo item:

Compete, originariamente, ao STF processar e julgar a homologação de sentenças estrangeiras.

GABARITO: ERRADO.

Tal competência é do STJ, Art.105, I, i da CF. Este item é recorrente em provas. O mesmo dispositivo ainda menciona a concessão do *exequatur*, as cartas rogatórias. O STJ concede o *exequatur*, mas é o Juiz Federal que irá cumprir esta determinação, de acordo com o Art. 109, X, da CF.

---

437. (2014 - ANTAQ - Cargos 5 e 6) Com relação ao Poder Judiciário, julgue o item subsequente:
Cabe exclusivamente ao presidente do STF, no âmbito da União, encaminhar as propostas orçamentárias dos tribunais superiores ao Poder Executivo.

GABARITO: ERRADO.

O texto constitucional determina que os Presidentes do STF e dos Tribunais Superiores, no âmbito da União, encaminharão as propostas orçamentárias, Art. 99, § 2º, I, da CF.

438. (2014 - ANTAQ - Técnico Administrativo) Com relação aos poderes da República, julgue o item subsequente:
O estatuto da magistratura deve ser regulado por lei complementar, cuja proposição é de iniciativa do Supremo Tribunal Federal.

GABARITO: CERTO.

Da leitura do Art. 93, *caput* da CF, verifica-se como correto o item. Percebe-se que somente o STF pode propor o Estatuto da Magistratura. E, em 2013, outra banca apresentou uma questão dizendo que seria uma lei e não uma lei complementar que poderia apresentar o Estatuto da Magistratura. O candidato precisa tomar cuidado com tais ponderações.

439. (2014 - ANATEL - Cargos 13, 14 e 15) Com relação aos Poderes da República e às funções essenciais à justiça, julgue o item subsequente:
Em decorrência do princípio da separação dos poderes, súmulas vinculantes editadas pelo Supremo Tribunal Federal têm sua eficácia restrita a atos e decisões na esfera do Poder Judiciário.

GABARITO: ERRADO.

Na leitura do Art.103-A, *caput* da CF, existe a informação de que o efeito vinculante será para a Administração Pública Federal, estadual e municipal, direta e indireta e demais órgãos do Poder Judiciário.

440. (2014 - TJ/SE - Técnico Judiciário/Área Judiciária) Com relação à organização dos Poderes Legislativo e Judiciário e ao Conselho Nacional de Justiça, julgue o item que se segue:
O Conselho Nacional de Justiça, embora seja órgão do Poder Judiciário, não possui competência jurisdicional, cabendo-lhe a supervisão administrativa e financeira daquele poder.

GABARITO: CERTO.

A função do referido conselho realmente é a fiscalização administrativa, financeira e disciplinar do Poder Judiciário. Não é função jurisdicional. Art. 103-b, § 4º da CF.

441. (2014 - TC/DF - Técnico de Administração Pública) Acerca da administração pública e dos poderes da República, julgue os item subsequente:
Além dos juízes oriundos dos tribunais regionais federais e dos desembargadores advindos dos tribunais de justiça, comporão o STJ, na proporção de um quinto de suas vagas, advogados e membros do Ministério Público com mais de dez anos de atividade efetiva e mais de dez anos de carreira, respectivamente.

GABARITO: ERRADO.

A regra do quinto constitucional consiste em permitir que advogados e membros do Ministério Público façam parte de alguns Tribunais. Entretanto, o STF não segue a regra do quinto constitucional. De acordo com o Art. 104 da Constituição Federal, o STJ tem o terço constitucional, um terço dos membros é composto de advogados e membros do Ministério Público.

442. **(2014 - TC/DF - Técnico de Administração Pública)** Acerca da administração pública e dos poderes da República, julgue o item subsequente:

A CF prevê expressamente que o subsídio dos parlamentares federais e do presidente da República seja igual ao dos ministros do STF, previsão essa que atende ao princípio da moralidade.

GABARITO: ERRADO.

O item encontra-se errado, uma vez que não há previsão expressa para que Parlamentares federais e o Presidente da República ganhem a mesma coisa que os Ministros do Supremo. Ademais, o item cita o princípio da moralidade, fato que corrobora ainda mais para que o item seja considerado incorreto.

443. **(2014 - Câmara dos Deputados - Analista Legislativo)** No que se refere ao Poder Judiciário e à magistratura, julgue o item subsequente:

Não é permitido aos juízes dedicar-se à atividade político-partidária, salvo se licenciados.

GABARITO: ERRADO.

O juiz não pode realmente dedicar-se atividade à político-partidária. O item está errado, porque apresenta uma ressalva. Tal ressalva não existe no texto promocional, Art. 95, III da CF.

444. **(2014 - Câmara dos Deputados - Analista Legislativo)** No que se refere ao Poder Judiciário e à magistratura, julgue o item subsequente:

De acordo com o STF, compete à justiça federal o julgamento de ação de complementação de aposentadoria a cargo de ex-empregador.

GABARITO: ERRADO.

Diante do caso apresentado no item, complemento de aposentadoria a cargo de ex-empregador, o competente para julgar não é Justiça Federal e, sim, a Justiça do Trabalho. AG.REG. NO R.E. 716.896 DISTRITO FEDERAL.

445. **(2014 - Câmara dos Deputados - Analista Legislativo)** No que se refere ao Poder Judiciário e à magistratura, julgue o item subsequente:

É o STF o tribunal competente para julgar, originariamente, as causas entre a União e os estados, a União e o Distrito Federal, ou entre uns e outros, inclusive as causas em que figurem respectivas entidades da administração indireta, não lhe competindo, todavia, julgar relação jurídica subjetiva processual que envolva como parte o município.

GABARITO: CERTO.

Mais um item da CESPE que envolve a jurisprudência do STF. Tal decisão, de 2010, realmente informa que Município não está englobado no Art. 102, I, f da CF. (ACO 1342 AgR/Rj, Pleno, Rel. Min. Marco Aurélio, j. 16/06/2010)

446. **(2014 - Câmara dos Deputados - Analista Legislativo)** No que se refere ao Poder Judiciário e à magistratura, julgue o item subsequente:

De acordo com o STF, a garantia da inamovibilidade não alcança juízes substitutos, ainda que assegurados pelo instituto da vitaliciedade.

GABARITO: ERRADO.

De acordo com mandado de segurança de relatoria do Ministro Ricardo Lewandowski, a garantia da inamovibilidade engloba toda a magistratura e, não somente o juiz titular. Desta forma, o juiz substituto também tem garantida a inamovibilidade. (MS 27.958, Rel. Min. Ricardo Lewandowski, j. 17.05.2012)

447. **(2014 - Câmara dos Deputados - Analista Legislativo)** Otto, cidadão alemão, adquiriu a nacionalidade brasileira após ingressar com pedido no Ministério da Justiça. Posteriormente, por considerar que Otto não reunia os requisitos constitucionais que lhe dariam direito à nacionalidade derivada, o Ministro da Justiça cancelou o ato de naturalização.

Considerando essa situação hipotética, julgue o item seguinte:

Competirá ao STJ analisar mandado de segurança que seja impetrado contra o referido ato do ministro da Justiça.

GABARITO: CERTO.

Apesar de ser texto expresso da Constituição, o órgão do Poder Judiciário que irá julgar remédios constitucionais sempre traz dificuldade para o candidato. O caso apresentado tem resposta no Art. 105, I, b, da CF.

448. **(2014 - Polícia Federal - Administrador)** Acerca dos direitos e garantias fundamentais, da aplicabilidade das normas constitucionais e da organização do Poder Judiciário, julgue o item seguinte:

Em caso de grave violação dos direitos internacionais, o procurador-geral da República, com a finalidade de assegurar o cumprimento de obrigações decorrentes de tratados de direitos internacionais dos quais o Brasil seja signatário, poderá suscitar, perante o Supremo Tribunal Federal, em qualquer fase do inquérito ou processo, incidente de deslocamento de competência para a Justiça Federal.

GABARITO: ERRADO.

Itens como esse exigem muito cuidado. Geralmente, quando abordam esse assunto, as bancas trocam os nomes dos órgãos Superior Tribunal de Justiça e STF. Justamente nesse ponto está o erro do item: não será o Supremo Tribunal Federal, mas o Superior Tribunal de Justiça que decidirá sobre o deslocamento para a Justiça Federal (Art. 109, V-a e § 5º do Art. 109 da CF).

449. (2014 - MDIC - Analista Técnico/Administrativo) Com relação ao Poder Legislativo, ao Poder Judiciário e às funções essenciais à justiça, julgue o item subsequente:

O Conselho Nacional de Justiça, a quem compete zelar pela autonomia do Poder Judiciário e pelo cumprimento do Estatuto da Magistratura, pode expedir atos regulamentares, no âmbito de sua competência, ou recomendar providências.

GABARITO: CERTO.

O Art. 103-B da CF trata do CNJ. Entre as atribuições deste Conselho, encontram-se os assuntos abordados no item (Art. 103-b, § 4º, I da CF).

450. (2014 - MDIC - Agente Administrativo) No que se refere aos Poderes Legislativo, Executivo e Judiciário, bem como às funções essenciais à justiça, julgue o seguinte item:

A criação do Conselho Nacional de Justiça, que instituiu uma nova instância de recurso judicial, pode ser considerada uma aplicação do princípio do contraditório e da ampla defesa.

GABARITO: ERRADO.

O CNJ não tem natureza jurisdicional. É a interpretação que deve ser feita do Art. 92, § 2º da CF. O CNJ faz parte do Poder Judiciário. Ele atua em todo o território nacional. Contudo, não possui jurisdição e não é uma nova instância de recurso judicial.

451. (2014 - PGE/BA - Procurador do Estado) Os tribunais regionais federais não podem funcionar de forma descentralizada, ressalvada a justiça itinerante.

GABARITO: ERRADO.

Primeiramente, é preciso considerar que os TRFs podem funcionar de forma descentralizada (Art. 107, § 3º da CF). Em seguida, não se pode confundir a ideia de descentralização com a de justiça itinerante. É admitida a justiça itinerante. Contudo, esta não tem relação com o funcionamento descentralizado.

452. (2014 - PGE/BA - Procurador do Estado) O tribunal regional eleitoral deve eleger seu vice-presidente entre os juízes federais.

GABARITO: ERRADO.

Tanto o Presidente quanto o Vice-Presidente do TRE deverão ser desembargadores do Tribunal de Justiça (Art. 120, § 1º da CF).

453. (2014 - PGE/BA - Procurador do Estado) Compete ao STJ processar e julgar, originariamente, o conflito de competência instaurado entre juiz federal e juiz do trabalho.

GABARITO: CERTO.

O conflito de competência entre juízes vinculados a tribunais diferentes deverá ser solvido pelo STJ (Art. 105, I, d da CF).

454. (2014 - PGE/BA - Procurador do Estado) A função de ministro-corregedor do Conselho Nacional de Justiça deve ser exercida por ministro do STJ.

GABARITO: CERTO.

Em consonância com o disposto no Art. 103-B, § 5º da CF, a função de Ministro-Corregedor do Conselho Nacional de Justiça deve ser exercida por Ministro do STJ.

455. (2013 - STF - Técnico Judiciário/Tecnologia da Informação) Julgue o item a seguir, acerca da disciplina constitucional do Supremo Tribunal Federal (STF), dos demais órgãos do Poder Judiciário e do Conselho Nacional de Justiça (CNJ).

Caso uma cidadã brasileira deseje que sentença do seu divórcio de um cidadão suíço, proferida por tribunal cível da cidade de Lausanne, na Suíça, tenha efeitos no Brasil, tal sentença deverá ser homologada pelo Superior Tribunal de Justiça (STJ).

GABARITO: CERTO.

O item está de acordo com a CF. Todavia, é preciso tomar cuidado, pois nem sempre pode aparecer uma questão afirmando que será o STF que deverá homologar tal sentença (Art. 105, I, i da CF).

456. (2013 - STF - Técnico Judiciári/Tecnologia da Informação) Julgue o item a seguir, acerca da disciplina constitucional do Supremo Tribunal Federal (STF), dos demais órgãos do Poder Judiciário e do Conselho Nacional de Justiça (CNJ).

O CNJ tem competência para apreciar, de ofício ou mediante provocação, a legalidade de atos administrativos praticados por membros do Poder Judiciário, exercendo sobre este último um controle externo.

GABARITO: ERRADO.

O equívoco do item é informar que o CNJ realiza um controle externo. De acordo com o Art. 92 da CF, o CNJ faz parte do Poder Judiciário. Desta forma, ele faz um controle interno do Poder Judiciário.

457. (2013 - STF - Técnico Judiciário/Tecnologia da Informação) Julgue o item a seguir, relativo aos Poderes Executivo, Legislativo e Judiciário e às possíveis relações entre eles.

Caso o vice-presidente da República cometa crime de responsabilidade, esse fato deverá ser processado e julgado pelo Senado Federal. O presidente do STF atuará como presidente do Senado Federal na correspondente sessão de julgamento.

GABARITO: CERTO.

É preciso ter conhecimento do Art. 52, em seu inciso primeiro, parágrafo único, para responder o item. É interessante perceber que, neste julgamento, o Chefe de um Poder presidirá outro Poder e tal situação não fere a separação de Poderes, visto ser uma determinação constitucional.

458. (2013 - STF - Analista Judiciário/Área Judiciária) Com relação ao tratamento constitucional dos direitos e garantias fundamentais, julgue o item subsequente:

A Justiça Federal comum possui competência para processar e julgar as causas em que sociedades de economia mista federal forem interessadas na condição de autoras, rés, assistentes ou oponentes, exceto as de falência, as de acidentes de trabalho e as sujeitas à Justiça Eleitoral e à Justiça do Trabalho.

GABARITO: ERRADO.

As sociedades de economia mista federal não são julgadas pela Justiça Federal. A União, autarquias e empresas públicas federais não devem ser julgadas na Justiça Federal (Art. 109 da CF).

459. (2013 - STF - Analista Judiciário/Área Judiciária) Ainda a respeito de controle de constitucionalidade, julgue o item a seguir:

A repercussão geral de questão constitucional objeto de recurso extraordinário, reconhecida pelo plenário virtual do STF, não poderá ser, posteriormente, rejeitada pelo plenário presencial sob o argumento de se tratar de matéria infraconstitucional.

GABARITO: ERRADO.

Para responder este item a contento, é necessário conhecer o seguinte julgado do STF: RE 607607 ED/RS, rel. Min. Luiz Fux, 2.10.2013. O Tribunal entendeu que, mesmo após o plenário virtual ter reconhecido a repercussão geral, é possível o plenário do STF, em deliberação presencial, não conhecer de recurso extraordinário ao fundamento de tratar-se de matéria de índole infraconstitucional.

460. (2013 - STF - Analista Judiciário/Área Judiciária) A respeito da organização do Estado e do Poder Judiciário, julgue o item a seguir, de acordo com a jurisprudência do STF:

Em razão de ausência de previsão expressa na Constituição Federal de 1988 (CF), na hipótese de promoção, por merecimento, de juízes federais para Tribunal Regional Federal, o presidente da República não está vinculado a escolher o nome que figurar em lista tríplice por três vezes consecutivas ou cinco alternadas.

GABARITO: ERRADO.

Existe previsão expressa no texto constitucional, acerca da obrigatoriedade da promoção do juiz que figure três vezes consecutivas ou cinco alternadas na lista de merecimento (Art. 93, II, a da CF).

461. (2013 - STF - Analista Judiciário/Área Administrativa) Julgue o item subsecutivo, no que se refere ao Supremo Tribunal Federal (STF), a sua relação com os demais poderes republicanos e à organização do Poder Judiciário brasileiro.

Compete originariamente ao STF julgar as ações propostas contra o Conselho Nacional do Ministério Público.

GABARITO: CERTO.

De acordo com o texto constitucional (Art. 102, I, r da CF) é o STF o competente para julgar ação do CNMP e CNJ.

462. (2013 - STF - Técnico Judiciário/Área Administrativa) Com relação aos órgãos do Poder Judiciário, julgue o item que se segue:

Os ministros do Supremo Tribunal Federal e os membros do Conselho Nacional de Justiça e do Conselho Nacional do Ministério Público serão processados e julgados pelo Senado Federal nos crimes de responsabilidade.

GABARITO: CERTO.

Orientação expressa do texto constitucional em seu Art. 52, II. É necessário saber quais autoridades devem ser julgadas por crime de responsabilidade no Senado e nos Tribunais.

463. (2013 - STF - Técnico Judiciário/Área Administrativa) Com relação aos órgãos do Poder Judiciário, julgue o item que se segue:

Processar e julgar membro de Tribunal Regional Federal, de Tribunal Regional Eleitoral e do Trabalho, nos crimes comuns, cabe originariamente ao Superior Tribunal de Justiça.

GABARITO: CERTO.

A CF, em seu Art. 105, I, a, dispõe ser competência do STJ julgar os membros dos Tribunais citados no item.

464. (2013 - STF - Técnico Judiciário/Área Administrativa) Com relação aos órgãos do Poder Judiciário, julgue o item que se segue:

Insere-se na esfera das competências privativas do Poder Executivo da União e dos estados a iniciativa de, a requerimento do tribunal interessado, propor ao Poder Legislativo respectivo a alteração da organização e da divisão judiciárias.

GABARITO: ERRADO.

A iniciativa de propor a alteração da organização e da divisão judiciárias deve ser do próprio Poder Judiciário competente. Assim determina o Art. 96, II, d da CF.

465. (2013 - STF - Técnico Judiciário/Área Administrativa) Acerca das disposições constitucionais pertinentes ao Conselho Nacional de Justiça (CNJ), julgue o item a seguir:

Compete ao CNJ rever, de ofício ou mediante provocação, os processos disciplinares de juízes e membros de tribunais julgados há menos de um ano.

GABARITO: CERTO.

Texto literal da Constituição Art. 103-b, § 4º, V.

466. (2013 - TRT/17ª Região/ES - Analista Judiciário/Área Administrativa) No que se refere aos Poderes Executivo, Legislativo e Judiciário e às funções essenciais à justiça, julgue o item seguinte:

Ao Supremo Tribunal Federal compete, originariamente, processar e julgar o Presidente da República nos crimes de responsabilidade.

GABARITO: ERRADO.

Consegue-se responder a este item com base em dois artigos. Primeiramente, se for conhecido o Art. 102, I da CF, a competência originária do STF, será possível inferir que a matéria apresentada no item não está entre as competências. Em segundo lugar, na competência do Senado Federal, Art. 52, será verificada a citada competência, Art. 52, I da CF.

---

467. **(2013 - TRT/17ª Região/ES - Analista Judiciário/Área Administrativa)** No que se refere aos Poderes Executivo, Legislativo e Judiciário e às funções essenciais à justiça, julgue o item seguinte:

É vedada a participação de magistrados no Conselho Nacional de Justiça, por ser este um órgão de controle externo do Poder Judiciário.

GABARITO: ERRADO.

A maior parte da composição do CNJ é composta de magistrado. Nove dos quinze membros são magistrados. Ademais, o CNJ é um órgão interno e não externo do Poder Judiciário.

---

468. **(2103 - TRT/17ª Região/ES - Analista Judiciário/Oficial de Justiça Avaliador)** Julgue o item a seguir, no que se refere ao Poder Judiciário:

Conforme a CF, o Tribunal Superior do Trabalho e as juntas de conciliação e julgamento são órgãos da Justiça do Trabalho.

GABARITO: ERRADO.

Os órgãos da Justiça do Trabalho são os Tribunais e os Juízes do Trabalho (Art. 93, IV da CF).

---

469. **(2013 - TRT/17ª Região/ES - Analista Judiciário/Oficial de Justiça Avaliador)** Julgue o item a seguir, no que se refere ao Poder Judiciário:

Compete ao Superior Tribunal de Justiça processar e julgar, originariamente, nos crimes comuns e nos de responsabilidade, os membros dos conselhos ou tribunais de contas dos municípios.

GABARITO: CERTO.

O STJ deve julgar, tanto por crime comum como de responsabilidade, os membros dos Tribunais de Contas Estaduais e Municipais (Art. 105, I, a da CF).

---

470. **(2013 - TRT/17ª Região/ES - Analista Judiciário/Oficial de Justiça Avaliador)** Julgue o item a seguir, no que se refere ao Poder Judiciário:

Os tribunais regionais federais são compostos por pelo menos sete juízes, nomeados pelo presidente da República entre brasileiros com mais de trinta e menos de sessenta e cinco anos de idade.

GABARITO: CERTO.

O item está em consonância com o Art. 107 da CF. É preciso memorizar a composição e a idade dos membros do TRF. Os juízes do TRF deverão ter, no mínimo, 30 e, no máximo, 65 anos. Tal Tribunal será composto por, pelo menos, sete juízes.

---

471. (2013 - TRT 17ª Região/ES - Técnico Judiciário/Área Administrativa) Com relação ao Supremo Tribunal Federal (STF) e às ouvidorias de justiça, julgue o item que se segue:
A competência para processar e julgar uma ação em que todos os membros da magistratura sejam direta ou indiretamente interessados pertence, originariamente, ao STF.
GABARITO: CERTO.

O texto constitucional expressamente determina ser o STF o responsável para o julgamento da situação apresentada no item (Art. 102, I, n da CF).

---

472. (2013 - TRT - 17ª Região/ES - Técnico Judiciário/Área Administrativa) Com relação ao Supremo Tribunal Federal (STF) e às ouvidorias de justiça, julgue o item que se segue:
A Constituição Federal (CF) determina a criação, por iniciativa dos tribunais de todo o país, de ouvidorias de justiça com competência para receber reclamações e denúncias de qualquer pessoa interessada, desde que dirigida contra órgãos ou serviços auxiliares do Poder Judiciário, excluídos os juízes individualmente considerados.
GABARITO: ERRADO.

As ouvidorias serão criadas pela União, inclusive no DF e nos Territórios e, não, pelos Tribunais, como apresentado pelo item. Além disso, os juízes não estão excluídos de receber denúncias ou reclamações.

---

473. (2013 - PG/DF - Procurador) Julgue o item que se segue, à luz das disposições constitucionais sobre a repartição de competências, o processo legislativo e a questão federativa.
Compete ao TJDFT julgar o governador do DF nos crimes comuns.
GABARITO: ERRADO.

Os membros dos Tribunais de Justiça serão julgados por crime comum ou crime de responsabilidade pelo STJ (Art. 105, I, a da CF).

---

474. (CESPE. 2013 - AGU - Procurador Federal) Julgue o item a seguir, que trata da organização de instituições do Estado brasileiro e de seu funcionamento:
Os membros do Conselho Nacional de Justiça e os membros do Conselho Nacional do Ministério Público serão, todos eles, nomeados pelo Presidente da República e exercerão os seus respectivos mandatos por dois anos, admitida somente uma recondução.
GABARITO: ERRADO.

Os Presidentes dos Conselhos têm determinação constitucional, razão pela qual não precisam ser nomeados pelo Presidente da República. O Presidente do CNJ será o Presidente do STF, e o do CNMP será o PGR.

---

475. (2013 - AGU - Procurador Federal) Julgue o item a seguir, que trata da organização de instituições do Estado brasileiro e de seu funcionamento.
De acordo com a CF, os julgamentos dos órgãos do Poder Judiciário serão públicos e todas as decisões administrativas dos tribunais ocorrerão em sessões públicas.
GABARITO: CERTO.

Convém conhecer o Art. 93, X da CF.

---

476. (2013 - ANCINE - Especialista em Regulação Atividade Cinematográfica e Audiovisual - Área 3) Julgue o item subsequente, com relação ao controle jurisdicional de constitucionalidade e à súmula vinculante.

A prerrogativa quanto à provocação para aprovar, rever ou cancelar súmula vinculante pertence aos mesmos órgãos e pessoas que têm competência para propor a ação direta de inconstitucionalidade.

GABARITO: ERRADO.

Quem pode propor uma ação direta de inconstitucionalidade pode provocar a edição de uma súmula vinculante. Contudo, a lei pode determinar que outros órgãos ou pessoas também possam fazer tal provocação (Art.103-A, § 2º da CF).

477. (2013 - SEGESP/AL - Papiloscopista) A respeito do Poder Judiciário, julgue o item seguinte:

Uma causa em que um Estado estrangeiro for litigar contra um município deverá ser proposta na justiça federal.

GABARITO: CERTO.

O texto constitucional afirma que em se tratando de Município ou pessoa domiciliada no País contra Estado ou organismo internacional será o juiz federal que irá julgar (Art. 109, II da CF). Contra os outros entes da federação, a ação será proposta no STF.

478. (2013 - SEGESP/AL - Papiloscopista) A respeito do Poder Judiciário, julgue o item seguinte:

O Poder Judiciário municipal é representado pelo juiz de direito em exercício na comarca.

GABARITO: ERRADO.

Não há Poder Judiciário municipal. Os Municípios fazem parte da federação, contudo, não possuem todos os mesmos elementos. Por exemplo, não são dotados de Poder Judiciário.

479. (2013 - SEGESP/AL - Papiloscopista) A respeito do Poder Judiciário, julgue o item seguinte:

A Justiça do Trabalho é um órgão jurisdicional integrante do ordenamento normativo federal.

GABARITO: CERTO.

A Justiça do Trabalho é um órgão federal. Tanto é assim, um concursando pode ser aprovado para o TRT em São Paulo e, depois, permutar para qualquer outro Estado.

480. (2013 - PC/DF - Escrivão de Polícia) No que diz respeito ao Poder Judiciário, julgue o item subsecutivo:

O juiz não poderá exercer a advocacia no juízo ou tribunal do qual se afastou, antes de decorridos três anos do afastamento do cargo por aposentadoria ou exoneração.

GABARITO: CERTO.

Este item é chamado pela doutrina de quarentena de saída. O juiz poderá advogar, mas não no juízo ou tribunal do qual se afastou. O período que ele não poderá advogar é de três anos. O afastamento poderá se dar por aposentadoria ou exoneração (Art. 95, Parágrafo Único, V da CF).

481. (2013 - PC/DF - Escrivão de Polícia) No que diz respeito ao Poder Judiciário, julgue o item subsecutivo:

O Conselho Nacional de Justiça será presidido pelo Presidente do Supremo Tribunal Federal, e, nas suas ausências e impedimentos, pelo vice-presidente desse tribunal.

GABARITO: CERTO.

Houve uma discussão sobre quem substituiria o Presidente do CNJ na sua ausência, mas a EC 61/2009 solucionou o impasse, informando que deve ser o Vice-Presidente do STF o responsável por presidir o CNJ (Art.103-B, § 1º da CF).

482. (2013 - MTE - Auditor Fiscal do Trabalho) Um tribunal de justiça estadual aplicou penalidade a determinado juiz em decorrência de processo administrativo disciplinar, e o CNJ, seis meses após o referido julgamento, procedeu à revisão do processo disciplinar, de ofício. Nessa situação, o CNJ extrapolou sua competência constitucional, por rever, de ofício, processo disciplinar instaurado contra o juiz, que fora devidamente julgado.

GABARITO: ERRADO.

O CNJ pode rever processos disciplinares julgados há menos de um ano. Como o item afirma que foi revisto há menos de 6 meses, e que o CNJ extrapolou sua competência, o item está errado (Art. 103-B, § 4º, V da CF).

483. (2013 - TCU - Auditor Federal de Controle Externo) O CNJ, órgão do Poder Judiciário, possui, entre outras prerrogativas, as atribuições de zelar pelo cumprimento do Estatuto da Magistratura, o que lhe permite expedir atos regulamentares, no âmbito de sua competência, ou recomendar providências.

GABARITO: CERTO.

Entre as atribuições do CNJ está a de expedir resoluções (Art. 103-B, § 4º, I, da CF).

484. (2013 - CPRM - Analista em Geociências) Julgue o item a seguir, relativo aos Poderes Executivo, Legislativo e Judiciário.

O Conselho Nacional de Justiça possui natureza exclusivamente administrativa, e seus atos estão sujeitos ao controle jurisdicional do STF.

GABARITO: CERTO.

O CNJ não tem função jurisdicional (Art. 92, § 2º da CF). A função do CNJ é fiscalizar administrativamente, funcionalmente e disciplinarmente as pessoas que fazem parte do Poder Judiciário (Art. 103-B, § 4º da CF).

485. (2013 - TCE/RO - Agente Administrativo) O Conselho Nacional de Justiça e o TCU são órgãos internos do Poder Judiciário, porém, não possuem jurisdição, sendo apenas órgãos administrativos de fiscalização externa dos demais órgãos.

GABARITO: ERRADO.

O TCU não faz parte do Poder Judiciário. Ele é órgão auxiliar do Poder Legislativo (Art. 71 da CF). Já o CNJ faz parte do Poder Judiciário (Art. 92 da CF).

486. (2013 - MJ - Analista Técnico-Administrativo) Em relação às atribuições e às competências dos Poderes Executivo, Legislativo e Judiciário, julgue o próximo item:
O Superior Tribunal de Justiça tem competência para processar e julgar originariamente mandado de segurança contra seus próprios atos.
GABARITO: CERTO.

Para responder a este item, convém recordar do Art. 105, I, b da CF.

487. (2013 - MJ - Analista Técnico-Administrativo) Em relação às atribuições e às competências dos Poderes Executivo, Legislativo e Judiciário, julgue o próximo item:
O Presidente do Conselho Nacional de Justiça será o Presidente do STF; e, nas suas ausências e impedimentos, o substituto será o Presidente do Superior Tribunal de Justiça.
GABARITO: ERRADO.

Com a nova redação do Art. 103-B, § 1º da CF, nas ausências do Presidente do STF, em substituição no CNJ, assume o Vice-Presidente do STF.

488. (2013 - TCE/RO - Analista de Informática) No que concerne à atuação dos poderes da República, julgue o item subsequente:
O Conselho Nacional de Justiça não pode apreciar de ofício a legalidade de ato administrativo praticado por membro do Poder Judiciário, mas, uma vez provocado, pode desconstituí-lo ou revê-lo, sem prejuízo da competência do Tribunal de Contas da União (TCU).
GABARITO: ERRADO.

Dentre as atribuições do CNJ, está a de apreciar, de ofício ou por provocação, a legalidade de ato administrativo praticado por membro do Poder Judiciário (Art. 103-B, § 4º, B da CF).

489. (2013 - DEPEN - Especialista) Apesar de competir ao Conselho Nacional de Justiça, o controle da atuação administrativa e financeira do Poder Judiciário e do cumprimento dos deveres funcionais dos juízes, o texto constitucional não reconhece esse órgão como integrante do Poder Judiciário.
GABARITO: ERRADO.

Apesar do CNJ possuir, em seus quadros, membros que não sejam oriundos do Poder Judiciário, o CNJ faz parte, sim, do Poder Judiciário, conforme apresenta o Art. 92 da CF.

FAÇA JÁ

Processo Legislativo

- A Constituição não poderá ser emendada na vigência de ____________________, de ____________________ ou de ____________________.

- A iniciativa popular pode ser exercida pela apresentação à ____________________ de projeto de lei subscrito por, no mínimo, ____________________ do ____________________ nacional, distribuído pelo menos por ____________________, com não menos de ____________________ dos eleitores de cada um deles.

- Prorrogar-se-á uma ____________________ por igual período a vigência de medida provisória que, no prazo de ____________________, contado de sua publicação, não tiver a sua votação encerrada nas ____________________ do Congresso Nacional.

- Se o Presidente da República considerar o projeto, no todo ou em parte, inconstitucional ou contrário ao interesse público, vetá-lo-á ____________________ ou ____________________, no prazo de ____________________, contados da data do recebimento, e comunicará, dentro de ____________________, ao Presidente do Senado Federal os motivos do veto.

- A matéria constante de projeto de lei ____________________ somente poderá constituir objeto de novo projeto, na ____________________, mediante proposta da ____________________ dos membros de qualquer das Casas do ____________________.

Poder Executivo

- A eleição do Presidente e do Vice-Presidente da

República realizar-se-á, simultaneamente, no ______________, ______________ em primeiro turno, e no ______________ ______________ outubro, em segundo turno, ______________, do ano anterior ao do término do mandato presidencial vigente.

- Em caso de ______________ do Presidente e do Vice-Presidente, ou vacância dos respectivos cargos, serão sucessivamente chamados ao exercício da Presidência o Presidente da ______________, o do ______________ e o do ______________.

- Em caso de impedimento do Presidente e do Vice-Presidente, ou vacância dos respectivos cargos, serão sucessivamente chamados ao exercício da Presidência o ______________ ______________, o do ______________ e o do ______________ ______________.

- Admitida a acusação contra o Presidente da República, por ______________ da ______________, será ele submetido a julgamento perante o ______________ ______________, ______________, ou perante o ______________.

____

- Lei ______________, de iniciativa do ______________ ______________, disporá sobre o ______________.

- o juiz ______________ residirá na respectiva ______________, salvo ______________;

- o ato de remoção, disponibilidade e aposentadoria do magistrado, por ______________, fundar-se-á em decisão por voto da ______________ do respectivo tribunal ou do ______________, assegurada ampla defesa;

DCON

- Um ________ dos lugares dos Tribunais Regionais Federais, dos Tribunais dos Estados, e do Distrito Federal e Territórios será composto de membros, do ________ ________, com ________ de carreira, e de ________ de notório saber jurídico e de reputação ilibada, com ________ de efetiva atividade profissional, indicados em lista ________ pelos órgãos de representação das respectivas classes.

- O Supremo Tribunal Federal compõe-se de ________ ________, escolhidos dentre cidadãos com ________ de idade, de notável saber jurídico e ________.

Anotações

DCON

CAPÍTULO 6

Funções Essenciais da Justiça

Controle de Constitucionalidade

Administração Pública

Outros Temas

Funções Essenciais da Justiça

490. (2015 - TRE/GO - Analista Judiciário/Área Administrativa) Em relação ao Poder Judiciário e às funções essenciais à justiça, julgue o seguinte item:

O Ministério Público Eleitoral é parte integrante do Ministério Público da União, tem estrutura própria e é composto por procuradores investidos no serviço público mediante aprovação em concurso próprio para a respectiva carreira.

GABARITO: ERRADO.

O Ministério Público Eleitoral integra o Ministério Público Federal. Da leitura do Art. 128 da CF, conclui-se que os ramos do MPU são: MPF, MPT, MPDFT e MPM.

491. (2015 - DPE/PE - Defensor Público) No que se refere ao tratamento conferido pela CF à DP, julgue o seguinte item:

A autonomia funcional e administrativa conferida à DP não impede sua vinculação à secretaria de justiça do estado ao qual pertença, caso exista tal previsão na respectiva lei complementar estadual.

GABARITO: ERRADO.

A Constituição Federal deu às defensorias públicas estaduais autonomia administrativa e funcional. Desta forma, é inconstitucional a lei dispondo em sentido diverso. Ademais, tem no Art. 143, parágrafo segundo da CF, que a iniciativa do orçamento é privativa à própria defensoria pública. Tem-se, ainda, a jurisprudência do STF neste sentido (ADI 3569, Rel. Min. Sepúlveda Pertence, julgado em 02/04/2007).

492. (2015 - DPE/PE - Defensor Público) No que se refere ao tratamento conferido pela CF à DP, julgue o seguinte item:

Aos defensores públicos empossados após a promulgação da CF é permitido o exercício da advocacia privada, desde que não conflitante com o exercício de suas atribuições institucionais.

GABARITO: ERRADO.

O texto constitucional veda expressamente que o DPU exerça a advocacia fora das atribuições do Art. 134, § 1º da CF. O item comete um equívoco ao informar que podem advogar os defensores públicos.

493. (2014 - ANATEL - Cargos 13, 14 e 15) Com relação aos Poderes da República e às funções essenciais à justiça, julgue o item subsequente:

Cabe à Advocacia-Geral da União a representação judicial e extrajudicial não apenas do Poder Executivo, mas também dos Poderes Legislativo e Judiciário.

GABARITO: CERTO.

A AGU representa judicial e extrajudicialmente a União. E, como são Poderes da União o Executivo, o Legislativo e o Judiciário, realmente, a AGU vai representá-los tanto judicial, quanto extrajudicialmente.

494. (2014 - TJ/SE - Analista Judiciário) A respeito dos Poderes Executivo e Legislativo e das funções essenciais à justiça, julgue o item que se segue:

Essencial à justiça, a defensoria pública é competente para a defesa dos necessitados, não havendo, porém, óbice a que a legislação infraconstitucional amplie essa competência para defesa de sujeitos não hipossuficientes.

GABARITO: ERRADO.

Não existe determinação constitucional permitindo tal procedimento. O dispositivo acerca da defensoria pública é o Art. 134 da CF.

---

495. (2014 - TJ/SE - Analista Judiciário). A respeito dos Poderes Executivo e Legislativo e das funções essenciais à justiça, julgue o item que se segue:

O Conselho Nacional do Ministério Público tem competência para apreciar e desconstituir, inclusive de ofício, atos administrativos praticados pelos membros do Parquet.

GABARITO: CERTO.

O CNMP, assim como o CNJ, tem a competência de desconstituir atos administrativos. Os conselhos não têm atribuições jurisdicionais. A competência do CNMP está no Art.130-A da CF.

---

496. (2014 - Câmara dos Deputados - Analista Legislativo) Com relação à Advocacia-Geral da União, ao Ministério Público e à defensoria pública, julgue o próximo item:

Segundo o STF, o Ministério Público Estadual não possui legitimidade para propor originariamente reclamação perante o STF, ainda quando atue no desempenho de suas prerrogativas institucionais, pois compete ao procurador-geral da República exercer as funções do Ministério Público perante o STF.

GABARITO: ERRADO.

O MP pode diretamente propor reclamação perante o STF, vide Recurso Extraordinário nº 593.727/MG.

---

497. (2014 - Câmara dos Deputados - Analista Legislativo) Com relação à Advocacia-Geral da União, ao Ministério Público e à defensoria pública, julgue o próximo item:

De acordo com o STF, reveste-se de constitucionalidade lei estadual que equipara o defensor público-geral estadual a secretário de estado-membro.

GABARITO: ERRADO.

Não é possível equiparar estes dois agentes. O Defensor Público é membro de carreira. Ademais, este não pode ser equiparado a um Secretário de Estado. Assim entendeu o STF, ADI 2.903, Rel. Min. Celso de Mello, julgamento em 1º-12-2005, Plenário, DJE de 19-9-2008.

---

498. (2014 - Câmara dos Deputados - Analista Legislativo) Acerca do processo legislativo e do Poder Legislativo, julgue o item a seguir:

Cabe ao Ministério Público deflagrar o processo legislativo de lei referente à criação e extinção de cargos de seus membros e de seus servidores auxiliares.

GABARITO: CERTO.

Tal processo deve caber realmente ao Ministério Público, conforme determina o Art. 127, § 2º da CF.

499. (2014 - CADE - Bibliotecário) Considerando os Poderes da República e as funções essenciais à justiça, julgue o próximo item:

A promoção de ação de inconstitucionalidade e a representação ao STF para fins de intervenção da União em um estado da Federação constituem funções institucionais do Ministério Público.

GABARITO: CERTO.

Extrai-se a solução do item pela leitura do Art. 129, IV da CF.

500. (2014 - MDIC - Analista Técnico-Administrativo) Com relação ao Poder Legislativo, ao Poder Judiciário e às funções essenciais à justiça, julgue o item subsequente:

São princípios institucionais do Ministério Público a unidade, a indivisibilidade e a independência funcional.

GABARITO: CERTO.

Leitura do texto do Art. 127, § 1º da CF.

501. (2014 - MDIC - Agente Administrativo) No que se refere aos Poderes Legislativo, Executivo e Judiciário, bem como às funções essenciais à justiça, julgue o seguinte item:.

A CF garante autonomia funcional e administrativa à defensoria pública estadual e ao Ministério Público.

GABARITO: CERTO.

As autonomias informadas no item estão apresentadas, respectivamente, nos Art. 134, § 2º e Art. 127, § 2º, ambos da CF.

502. (2013 - FUNASA - Todos os Cargos) Em relação ao Poder Executivo e às funções essenciais à justiça, julgue o item subsequente:

A Advocacia-Geral da União é instituição essencial à justiça, sendo uma de suas principais funções a representação judicial e extrajudicial da União, englobando-se, portanto, os Poderes Executivo, Legislativo e Judiciário.

GABARITO: CERTO.

Ressalta-se que, para resolver este item, é necessária a leitura do Art. 2º da CF. Tal dispositivo determina que são Poderes da União o Legislativo, o Executivo e o Judiciário. Deve-se, ainda, conhecer o Art. 131 da CF. Este artigo preceitua que a Advocacia-Geral da União representa judicial e extrajudicialmente a União.

503. (2013 - FUNASA - Todos os Cargos) Em relação ao Poder Executivo e às funções essenciais à justiça, julgue o item subsequente:

Em razão dos princípios da unidade e da indivisibilidade, não se permite o ajuizamento de ações civis públicas por terceiros nos casos em que o Ministério Público for legitimado para propô-las.

GABARITO: ERRADO.

O Ministério Público é um dos legitimados para propor uma ação civil pública (Art. 129, III da CF). Mas, diverso do apresentado no item, não estão proibidos de apresentarem outras ações civis públicas, caso o Ministério Público já tiver apresentado a referida ação (Art. 129, § 1º da CF).

504. (2013 - STF - Técnico Judiciário/Área Administrativa) Julgue o item seguinte, acerca do Ministério Público (MP):

Caso o MP deixe de elaborar e encaminhar sua proposta orçamentária dentro do prazo estabelecido na lei de diretrizes orçamentárias, caberá ao Poder Legislativo considerar, para fins de consolidação da proposta orçamentária anual, a média dos valores destinados ao MP nos últimos cinco anos.

GABARITO: ERRADO.

Não encaminhando a proposta orçamentária dentro do prazo legal, caberá ao Poder Executivo e, não, ao Legislativo considerar os valores da lei orçamentária vigente.

505. (2013 - TRT/17ª Região/ES - Analista Judiciário/Área Administrativa) A defensoria pública estadual detém autonomia funcional e administrativa, assim como a iniciativa de sua proposta orçamentária.

GABARITO: CERTO.

O item apresentado está em consonância com o disposto no Art. 134, § 2º da CF.

506. (2013 - TRT/17ª Região/ES - Técnico Judiciário/Área Administrativa) Com relação ao Ministério Público, julgue o item a seguir:

Compete ao Ministério Público, no exercício de suas funções institucionais, o controle externo da atividade policial, a requisição de diligências investigatórias e a instauração de inquérito policial, indicados os fundamentos jurídicos de suas manifestações processuais.

GABARITO: ERRADO.

O erro do item é bem discreto: não compete ao MP a instauração de inquérito policial; o MP requisita a instauração.

507. (2013 - AGU - Procurador Federal) Julgue o item a seguir, que tratam da organização de instituições do Estado brasileiro e de seu funcionamento.

Os membros do Ministério Público da União não poderão exercer atividade político-partidária, salvo se prévia e expressamente licenciados para esse fim pelo Conselho Superior do Ministério Público.

GABARITO: ERRADO.

O equívoco do item é apresentar a exceção. Os membros do MP não podem exercer atividade político-partidária.

D C O N

508. (2013 - PO/AL - Papiloscopista) Com relação às funções essenciais à justiça, julgue o item subsecutivo:

Há previsão legal para a criação e organização de defensorias públicas municipais.

GABARITO: ERRADO.

Não existe previsão legal para defensoria pública municipal, somente para a defensoria da União e a dos Estados (Art. 134 e parágrafos, da CF).

509. (2013 - PO/AL - Papiloscopista) Acerca das funções essenciais à justiça, julgue o próximo item:

Considere que tenha sido editada lei estadual que estabelecia a subordinação administrativa da defensoria pública estadual ao governador do estado. Nessa situação, a criação dessa lei é inconstitucional, dado que a defensoria pública é dotada de autonomia funcional e administrativa.

GABARITO: ERRADO.

A defensoria pública seja estadual ou da União possui autonomia funcional e administrativa. Não podendo, portanto, ser subordinada ao governador (Art. 134, §§ 2º e 3º da CF).

510. (2013 - PC/DF - Escrivão de Polícia) A respeito do Ministério Público e da defensoria pública, julgue o item seguinte:

Os Ministérios Públicos dos estados formarão lista tríplice entre integrantes da carreira para escolha de seu procurador-geral, que será nomeado pelo chefe do Poder Executivo federal.

GABARITO: ERRADO.

Quem irá nomear o Chefe do Ministério Público do Estado (Procurador-Geral de Justiça) será o Chefe do Poder Executivo Estadual e, não, federal, como apresentado no item (Art. 128, § 3º da CF).

511. (2013 - PC/DF - Escrivão de Polícia) A respeito do Ministério Público e da defensoria pública, julgue o item seguinte:

O Ministério Público da União é chefiado pelo procurador-geral federal, nomeado pelo presidente da República, entre integrantes da carreira, maiores de trinta e cinco anos, após a aprovação do Senado Federal.

GABARITO: ERRADO.

O chefe do Ministério Público da União é o Procurador-Geral da República (Art.128, § 1º da CF).

512. (2013 - TCU - Auditor Federal de Controle Externo) Diferentemente das defensorias públicas estaduais, a Defensoria Pública da União não dispõe de autonomia funcional e administrativa.

GABARITO: ERRADO.

Este item visa verificar se o candidato mantém-se atualizado em seus estudos. A resposta foi modificada pela EC 74/2013. Presentemente, o texto constitucional dá à DPU a mesma autonomia que a DPE (Art. 134, § 3º da CF).

513. (2013 - MPOG - Todos os Cargos) Julgue o item seguinte, relativo aos Poderes Legislativo e Executivo e às funções essenciais à justiça.

Compete à Advocacia-Geral da União a representação judicial e extrajudicial da União, bem como a realização de atividades de consultoria e assessoramento jurídico dos Poderes Executivo, Legislativo e Judiciário.

GABARITO: ERRADO.

O erro do item concentra-se na inversão da ordem das funções: a Advocacia-Geral da União faz a consultoria e o assessoramento do Poder Executivo e representa judicial e extrajudicialmente a União (Art. 131, caput da CF).

514. (2013 - TCE/RO - Agente Administrativo) O Ministério Público abrange o Ministério Público da União, que compreende o Ministério Público Federal, o Ministério Público Militar, o Ministério Público do Distrito Federal e Territórios, mas não abrange o Ministério Público junto ao TCU nem o Ministério Público do Trabalho.

GABARITO: ERRADO.

O Ministério Público do Trabalho faz parte, sim, do MPU (Art. 128 da CF).

515. (2013 - TCE/RO - Analista de Informática) A respeito das funções essenciais à justiça, julgue o próximo item:

A CF autoriza expressamente a contratação temporária de advogados para o exercício das funções de defensor público, em situações excepcionais.

GABARITO: ERRADO.

O cargo de defensor público deve ser ocupado por pessoa que foi aprovada em concurso público. Não é permitido o exercício da função de defensor público por advogado contratado temporariamente para a função (Art. 134, § 1º da CF).

516. (2013 - TCE/RO - Analista de Informática) A respeito das funções essenciais à justiça, julgue o próximo item:

O Ministério Público não está sujeito à fiscalização do Tribunal de Contas, devido à sua autonomia administrativa e financeira e à missão que lhe foi atribuída pela CF.

GABARITO: ERRADO.

O TCU fiscaliza o Ministério Público, sim. Não é porque o Ministério Público tem autonomia, que não será fiscalizado pelo TCU. Deve-se lembrar que os Poderes também têm autonomia e, ainda assim, são fiscalizados pelo TCU.

Controle de Constitucionalidade

517. (2015 - TRE/GO - Analista Judiciário/Área Judiciária) Com base no disposto na Constituição Federal e na jurisprudência do Supremo Tribunal Federal, julgue o item a seguir, referente a controle de constitucionalidade:

Considere que um deputado federal tenha impetrado, perante o Supremo Tribunal Federal, mandado de segurança em face de proposta de emenda à Constituição em tramitação na Câmara dos Deputados, por entender que a proposta tendia a abolir o voto direto, secreto, universal e periódico. Nessa situação, ainda que haja a perda superveniente do mandato parlamentar, será possível o prosseguimento do feito, já que a atualidade do mandato só é exigida para a instauração da ação.

GABARITO: ERRADO.

Este é o chamado controle preventivo de constitucionalidade. Ele taca o ato que ainda não está em nosso ordenamento. O parlamentar é o titular do mandado de segurança, visto que deve ter um processo legislativo de acordo com a Constituição. Se o parlamentar que impetrou o remédio constitucional deixar de sê-lo, a ação estará prejudicada.

518. (2014 - TC/DF - Auditor de Controle Externo) Acerca do controle de constitucionalidade das leis, julgue o item a seguir:

O procurador-geral do Ministério Público junto ao TCDF possui legitimidade para ingressar com ação direta de inconstitucionalidade no STF.

GABARITO: ERRADO.

Os legitimados para proporem a ADI estão elencados no Art. 103 da CF. Quem pode propor a ADI é o Procurador-Geral da República.

519. (2014 - TC/DF - Auditor de Controle Externo) Acerca do controle de constitucionalidade das leis, julgue o item a seguir:

De acordo com entendimento sumulado do STF, os tribunais de contas, no exercício de suas atribuições, podem deixar de aplicar uma lei inconstitucional. Nesse caso, a decisão do tribunal de contas terá eficácia vinculante e efeito erga omnes.

GABARITO: ERRADO.

O Tribunal de Contas da União pode deixar de aplicar uma lei, se ela for considerada inconstitucional, dentro de suas atribuições, ou seja, é o chamado controle difuso de constitucionalidade no controle abstrato. É o que determina a Súmula 347 do STF.

520. (2014 - Câmara dos Deputados - Analista Legislativo) No que se refere ao controle de constitucionalidade das normas, julgue o próximo item, com base na jurisprudência do STF:

Suponha que um partido político representado por dois deputados federais tenha ajuizado ADI perante o STF e que, durante o trâmite da ação e em virtude de novas eleições, o partido tenha ficado sem representação no Congresso Nacional. Nessa situação, poderá a Corte prosseguir no julgamento da ADI, visto que a legitimidade ativa deve ser aferida no momento da propositura da ação.

GABARITO: CERTO.

Há alguns anos, a jurisprudência do STF foi modificada. Agora, realmente, a representatividade da ADI deve ser verificada como apresenta no item, no ajuizamento da ação.

521. **(2014 - Câmara dos Deputados - Analista Legislativo)** No que se refere ao controle de constitucionalidade das normas, julgue o próximos item, com base na jurisprudência do STF:

Considere que seja ajuizada perante o STF ADPF cujo objeto seja a declaração de inconstitucionalidade de norma federal por ofensa a dispositivos constitucionais. Nessa situação, estando presentes todos os requisitos de admissibilidade da ADI, poderá o tribunal conhecer do pedido como ação direta, em atenção ao princípio da fungibilidade.

GABARITO: CERTO.

O STF tem admitido o princípio da fungibilidade em ações no controle abstrato de constitucionalidade. É preciso lembrar que a ADPF só pode ser utilizada em caráter subsidiário. Desta forma, em algumas situações, o STF recebe como ADI. É o caso da ADI 349 MC/DF (DJU de 24.9.90).

522. **(2014 - Câmara dos Deputados - Analista Legislativo)** No que se refere ao controle de constitucionalidade das normas, julgue o próximo item, com base na jurisprudência do STF:

Em se tratando de julgamento de recurso extraordinário, a declaração, por turma do STF, da inconstitucionalidade incidental de determinada norma não constitui ofensa à clausula de reserva de plenário desde que a norma já tenha sido declarada inconstitucional pelo plenário da Corte Suprema.

GABARITO: CERTO.

O item refere-se à chamada "cláusula de reserva de plenário". Esse dispositivo informa que a declaração de inconstitucionalidade só pode ser realizada pelo pleno ou pelo órgão especial. Os órgãos fracionários do Tribunal não podem declarar a inconstitucionalidade. Mas o dispositivo tem exceções na jurisprudência do Supremo. A primeira exceção ocorre se o pleno do Tribunal já tiver resolvido um caso. A segunda exceção, se órgão especial já tiver resolvido. Por fim, a terceira exceção ocorre se o pleno do Supremo Tribunal já tiver resolvido o assunto. O item apresentada informa a última situação.

523. **(2014 - Câmara dos Deputados - Analista Legislativo)** Julgue o item seguinte, referente ao processo legislativo e ao controle preventivo de constitucionalidade:

O fato de um projeto de lei ser aprovado e, após seu encaminhamento para sanção do presidente da República, sofrer veto presidencial com fundamento na inconstitucionalidade do ato objeto de deliberação comprova a existência, no ordenamento legislativo brasileiro, de controle preventivo de constitucionalidade, ao lado do consagrado sistema jurisdicional, normalmente de caráter repressivo.

GABARITO: CERTO.

No ordenamento constitucional brasileiro temos dois tipos de controle de constitucionalidade: o preventivo e o repressivo. O controle preventivo é feito pelo Legislativo e pelo Executivo, excepcionalmente, pelo Poder Judiciário. No caso apresentado no item, aborda-se o veto, que é uma possibilidade de controle preventivo. Isso porque o ato normativo ainda não entrou no nosso ordenamento jurídico. Por isso, é preventivo, feito pelo Poder Executivo.

524. **(2014 - Instituto Rio Branco - Diplomata)** No sistema constitucional brasileiro, cabe ao Supremo Tribunal Federal exercer o controle de constitucionalidade concentrado apenas em ações de sua competência originária e por via de ação direta.

GABARITO: ERRADO.

O STF cuida originalmente do chamado controle abstrato de constitucionalidade. Desta feita, cabe ao STF apreciar e julgar além da mencionada ADI, a ADC, ADI(o) e ADPF.

525. **(2014 - MDIC - Analista Técnico-Administrativo)** Com relação ao Poder Legislativo, ao Poder Judiciário e às funções essenciais à justiça, julgue o item subsequente:

Se uma turma de um Tribunal Regional Federal, ainda que não tenha declarado expressamente determinada lei inconstitucional, afastar a sua aplicação em julgamento de um caso concreto, tal decisão violará cláusula constitucional de reserva de plenário.

GABARITO: CERTO.

Para resolver este item, deve-se conhecer a Súmula Vinculante 10. Tal súmula relata exatamente o que está apresentado no item.

526. **(2014 - MDIC - Agente Administrativo)** No que se refere aos Poderes Legislativo, Executivo e Judiciário, bem como às funções essenciais à justiça, julgue o seguinte item:

Caso o Senado Federal suspenda a execução de lei declarada inconstitucional, em sede de controle difuso, pelo Supremo Tribunal Federal, não haverá óbice no ordenamento jurídico brasileiro para que, posteriormente, o Senado Federal, por motivos de conveniência política, anule a resolução que efetuar tal suspensão.

GABARITO: ERRADO.

O Senado não está obrigado a suspender a lei declarada inconstitucional pelo STF, em razão da separação dos Poderes. Contudo, suspensa a lei, ele não pode anular o ato proferido.

527. **(2013 - STF - Analista Judiciário/Área Judiciária)** Acerca do sistema brasileiro de controle de constitucionalidade, julgue o item que se segue:

A arguição de descumprimento de preceito fundamental é instrumento de controle concentrado de constitucionalidade que possui caráter subsidiário ou residual, só podendo ser utilizada quando não houver qualquer outro meio eficaz de sanar a lesividade.

GABARITO: CERTO.

Pela leitura da Lei nº 9.882/99, tem-se, em seu Art. 4º, § 1º, o caráter subsidiário da ADPF.

528. (2013 - STF - Analista Judiciário/Área Judiciária) Acerca do sistema brasileiro de controle de constitucionalidade, julgue o item que se segue:

Ao julgar procedente uma ação direta de inconstitucionalidade, o STF poderá, por maioria de dois terços de seus membros, realizar a modulação dos efeitos da declaração de inconstitucionalidade.

GABARITO: CERTO.

A modulação de efeitos da declaração de inconstitucionalidade está apresentada no Art. 27 da Lei nº 9.868/99. É importante perceber que a modulação necessita de um quórum qualificado de 2/3 dos membros do STF.

529. (2013 - STF - Analista Judiciário/Área Judiciária) Pela teoria da inconstitucionalidade por reverberação normativa, a norma dependente daquela declarada inconstitucional em processo anterior também estará eivada do vício da inconstitucionalidade, haja vista a relação de instrumentalidade existente entre elas.

GABARITO: CERTO.

Inconstitucionalidade por reverberação normativa, ou inconstitucionalidade por atração, ou ainda, consequencial ou por arrastamento, significa que uma norma que tem por fundamento outra norma declarada inconstitucional, estará também eivada de inconstitucionalidade. Exemplificando: declarada a inconstitucionalidade de uma lei, o eventual decreto que regulamentou a mencionada lei também será declarado inconstitucional, por atração ou arrastamento.

530. (2013 - STF - Analista Judiciário/Área Judiciária) Constitui requisito da petição inicial da ação declaratória de constitucionalidade a indicação da existência de controvérsia judicial relevante sobre a aplicação da disposição objeto da ação declaratória. Essa controvérsia pode ser caracterizada pela demonstração do simples desacordo entre os tribunais acerca da aplicação da norma.

GABARITO: ERRADO.

A primeira parte do item está de acordo com o texto da Lei (Art. 14, III, da Lei nº 9.869/99). Mas, como o próprio item menciona, para ser devida a ADC, deve haver uma controvérsia judicial relevante. O simples desacordo entre os Tribunais, acerca da aplicação da norma, não caracteriza controvérsia judicial relevante.

531. (2013 - STF - Analista Judiciário/Área Administrativa) Julgue o item subsecutivo, no que se refere ao Supremo Tribunal Federal (STF), à sua relação com os demais poderes republicanos e à organização do Poder Judiciário brasileiro.

Cabe ação direta de inconstitucionalidade contra resolução do Senado Federal que, ao suspender a execução de lei declarada inconstitucional pelo STF, extrapole os limites da decisão a que faz referência.

DCON

GABARITO: CERTO.

O STF concedeu medida cautelar em ADI, no sentido de sustar os efeitos de Resolução do Senado que, com base no Art. 52, X do texto maior, extrapolou seus limites (ADI 3.929-MC, Rel. Min. Ellen Gracie, julgamento em 29-8-2007).

532. **(2013 - PG/DF - Procurador)** A respeito do sistema de controle de constitucionalidade de leis no âmbito da União e do DF, julgue o seguinte item:
O TJDFT pode realizar controle de constitucionalidade de lei federal.

GABARITO: CERTO.

Normalmente, o Tribunal de Justiça realiza um controle de constitucionalidade em face da Constituição Estadual. Mas, no chamado controle difuso, pode, sim, o TJ realizar o controle em face de uma lei federal.

533. **(2013 - PG/DF - Procurador)** A respeito do sistema de controle de constitucionalidade de leis no âmbito da União e do DF, julgue o seguinte item:
A aferição de inconstitucionalidade de lei distrital em face da CF, em controle concentrado, compete ao STF.

GABARITO: CERTO.

O controle de constitucionalidade concentrado em face da CF será feito pelo STF, seja na ADI, ADC, ADI(O) ou ADPF.

534. **(2013 - AGU - Procurador Federal)** Com referência à declaração de inconstitucionalidade sem redução de texto e à interpretação conforme a Constituição, julgue o item consecutivo:
Na ação direta de inconstitucionalidade por omissão, a legitimidade passiva restringe-se ao Poder Legislativo inadimplente, ao qual será estipulado prazo para adotar as providências cabíveis no sentido de suprir a omissão.

GABARITO: ERRADO.

A omissão não é só do Poder Legislativo. Tal falta pode ser dos outros Poderes.

535. **(2013 - AGU - Procurador Federal)** Com referência à declaração de inconstitucionalidade sem redução de texto e à interpretação conforme a Constituição, julgue o item consecutivo:
A declaração de inconstitucionalidade sem redução de texto, assim como a interpretação conforme a Constituição, apresenta eficácia erga omnes e efeito vinculante relativamente aos órgãos do Poder Judiciário e à administração pública federal, estadual e municipal.

GABARITO: CERTO.

As situações apresentadas no item tratam de controle de constitucionalidade pela via abstrata. Tais mecanismos têm o chamado efeito vinculante. E o efeito vinculante destina-se aos órgãos apresentados no item.

536. **(2013 - TCU - Auditor Federal de Controle Externo)** Com referência ao controle de constitucionalidade, julgue o próximo item:
Os órgãos fracionários dos tribunais submeterão ao plenário ou ao seu órgão especial, a arguição de inconstitucionalidade de determinada norma, ainda que estes já tenham se pronunciado acerca da questão suscitada.

GABARITO: ERRADO.

A regra é a cláusula de reserva de plenário (Art. 97 da CF). Para a declaração de inconstitucionalidade, deverá passar pelo pleno ou pelo órgão especial do Tribunal. Mas a regra tem exceções. Uma delas é se o plenário do Tribunal já tiver anteriormente se manifestado sobre o assunto.

Administração Pública

537. **(2015 - FUB - Técnico em TI)** Com relação aos servidores públicos, julgue o próximo item, de acordo com a Constituição Federal de 1988:

Para o cálculo de benefício previdenciário, o tempo de serviço do servidor afastado para investidura em mandato eletivo continua a ser contado como se em exercício estivesse.

GABARITO: CERTO.

A solução do item é tratada pela leitura do disposto no Art. 38, IV, da CF.

538. **(2015 - CGE/PI - Auditor Governamental)** No que se refere à administração pública, aos direitos políticos e às comissões parlamentares de inquérito (CPIs), julgue o item que se segue:

Os servidores nomeados para cargo de provimento efetivo em virtude de concurso público são estáveis após dois anos de efetivo exercício.

GABARITO: ERRADO.

A estabilidade do servidor público ocorre quando este completar três anos de efetivo exercício, diferentemente do apresentado no item. O item está incorreto, conforme apresenta o Art. 41, da CF.

539. **(2015 - CGE/PI - Auditor Governamental)** Acerca das disposições referentes à administração pública, às competências constitucionais dos entes federados e ao Poder Judiciário, julgue o item a seguir:

Os cargos, empregos e funções públicas são acessíveis apenas a brasileiros natos e naturalizados que preencham os requisitos estabelecidos em lei.

GABARITO: ERRADO.

Os cargos públicos poderão ser acessíveis aos brasileiros e, também, aos estrangeiros na forma da lei, de acordo com o Art. 37, I, da CF.

540. **(2015 - CGE/PI - Auditor Governamental)** Acerca das disposições referentes à administração pública, às competências constitucionais dos entes federados e ao Poder Judiciário, julgue o item a seguir:

Na Constituição Federal de 1988 (CF), não está prevista a exigência de depósito ou de arrolamento prévio de dinheiro ou de bens para que seja admitido recurso administrativo.

GABARITO: CERTO.

O problema deste item é que ela realmente não está no texto da Constituição. Esta disposição está elencada na Súmula Vinculante 21. Convém conhecer o teor da súmula.

541. (2015 - FUB - Técnico em TI) No que diz respeito aos servidores públicos segundo disposições da CF, julgue o item subsequente:
Os subsídios e as remunerações dos servidores públicos federais, incluídas as verbas de qualquer natureza, mesmo indenizatórias, não podem exceder o subsídio mensal dos ministros do Supremo Tribunal Federal (STF).
GABARITO: ERRADO.

O teto remuneratório é o do Ministro do STF. Contudo, parcelas indenizatórias não estão inclusas neste teto, posto terem a finalidade de reembolsar uma despesa, conforme dispõe Art. 37, § 11 da CF.

542. (2015 - FUB - Técnico em TI) No que diz respeito aos servidores públicos segundo disposições da CF, julgue o item subsequente:
Há na CF dispositivo que autoriza a vinculação do reajuste do subsídio dos secretários de estado ao subsídio do governador como forma de se evitar discrepâncias remuneratórias.
GABARITO: ERRADO.

O Art. 37, XIII da CF veda a vinculação e a equiparação de quaisquer parcelas remuneratórias. A ideia é evitar que o aumento de uma categoria faça com que outra categoria tenha o mesmo aumento. Desta forma, a Administração tem liberdade para dar o aumento, sem ficar preocupada que outra categoria vincule o aumento.

543. (2015 - TRE/GO - Técnico Judiciário/Área Administrativa) Julgue o item a seguir, referente à responsabilidade civil do Estado e licitações.
De acordo com a Constituição Federal, somente as pessoas jurídicas de direito público responderão pelos danos que seus agentes, nessa qualidade, causarem a terceiros.
GABARITO: ERRADO.

O item está errado, posto não serem somente as pessoas jurídicas de direito público, mas também as de direito privado que responderão, consoante determina o Art. 37, § 6º da CF.

544. (2015 - TRE/GO - Técnico Judiciário/Área Administrativa) A respeito dos Poderes Legislativo e Executivo e do regime constitucional da administração pública, julgue o item a seguir:
Considere que Afonso seja servidor do Tribunal Regional Eleitoral do Estado de Goiás e tenha sido eleito como deputado estadual. Nessa situação, se houver compatibilidade de horário entre suas atividades no tribunal e sua atuação como deputado, Afonso pode acumular os dois cargos e receber as vantagens e as remunerações a eles referentes.
GABARITO: ERRADO.

O cargo eletivo refere-se ao cargo de Deputado. Afonso terá que se afastar do cargo, de acordo com o Art. 38, I, da CF.

545. (2015 - TRE-GO - Analista Judiciário/Área Administrativa) Julgue o item a seguir, relativo à organização político-administrativa do Estado brasileiro, às disposições gerais dos servidores públicos e ao processo legislativo:

O ato de improbidade administrativa praticado por servidor público, quando apurado e reconhecido mediante devido processo administrativo, resulta na cassação dos direitos políticos.

GABARITO: ERRADO.

Este item pode ser resolvido por dois dispositivos diferentes na Constituição. Primeiro, o Art. 15 da CF informa que é vedada a cassação de direitos políticos. Ademais, o Art. 37, § 4º da CF determina que os atos de improbidade importam na suspensão dos direitos políticos. Portanto, em razão de qualquer uma das duas soluções, o item apresentada não se sustenta.

546. (2015 - TRE/GO - Analista Judiciário/Área Judiciária) Acerca da administração pública, da organização dos poderes e da organização do Estado, julgue o item que se segue:

Caso preencha os requisitos de idade e contribuição, o indivíduo que trabalhe por vários anos em determinado Tribunal Regional Eleitoral ocupando, exclusivamente, cargo em comissão terá direito à aposentadoria estatutária se decidir se aposentar voluntariamente.

GABARITO: ERRADO.

Há de se concordar que seria muito simples, para o servidor, aposentar-se como estatutário, se sempre trabalhou em cargo comissionado. Desta forma, está errado o item, visto que a Constituição afirma que o servidor não entrará no regime próprio. Ele irá se aposentar pelo regime geral da previdência, conforme dispõe o Art. 40, § 14 da CF.

547. (2015 - DPE/PE - Defensor Público) Julgue o item que se segue, relativo aos servidores públicos:

De acordo com a jurisprudência do STF, o princípio da isonomia não justifica o aumento de vencimento de servidor público por decisão judicial.

GABARITO: CERTO.

Não cabe ao Poder Judiciário, que não tem função legislativa, aumentar vencimentos de servidores públicos sob o fundamento de isonomia. Tal argumento está apresentado na Súmula Vinculante 37.

548. (2014 - ANTAQ - Cargos 5 e 6) No que diz respeito às disposições constitucionais acerca dos servidores públicos e da organização do Estado brasileiro, julgue o item subsequente:

A remuneração dos servidores públicos somente poderá ser fixada ou alterada por lei específica, observada a iniciativa privativa em cada caso, assegurada revisão geral anual, sempre na mesma data e sem distinção de índices.

GABARITO: CERTO.

Consoante determina o Art. 37, X, da CF, somente por lei específica será feita a remuneração dos servidores. O restante do item também está de acordo com o mencionado dispositivo.

549. (2014 - ANTAQ - Técnico Administrativo) Acerca da organização político-administrativa e da administração pública, julgue o próximo item:

O agente público condenado por ato de improbidade administrativa está sujeito à suspensão dos direitos políticos, à perda da função pública, à indisponibilidade de seus bens e ao ressarcimento dos prejuízos causados ao erário, na forma e gradação previstas em lei, sem prejuízo da ação penal cabível.

GABARITO: CERTO.

O item está errado, em consonância com o Art. 37, § 4º da CF. É preciso memorizar as consequências da improbidade administrativa. Em várias provas, as bancas podem trocar as penas, a fim de confundir os candidatos.

550. (2014 - ANATEL - Cargos 13, 14 e 15) A respeito do direito constitucional, julgue o item que se segue, considerando que a sigla CF refere-se à Constituição Federal de 1988:

Considere que, após uma operação da Polícia Federal, determinado servidor público tenha sido preso, processado em juízo e condenado definitivamente por improbidade administrativa. Nessa situação, um dos possíveis efeitos da pena será a suspensão dos direitos políticos do referido servidor.

GABARITO: CERTO.

Conforme já se observou em outras questões da CESPE, entre as punições possíveis temos a suspensão dos direitos políticos (Art. 37, § 4º da CF).

551. (2014 - MEC - Todos os Cargos) Com base na CF e na jurisprudência do STF, julgue o item subsecutivo acerca do exercício do direito de greve no serviço público.

É lícito o desconto dos dias não trabalhados pelo servidor público que se ausenta do serviço para participar de movimento grevista de sua categoria.

GABARITO: CERTO.

A Jurisprudência do STF admite o desconto dos dias parados em razão de Greve. RE 399338 AgR, Relator(a): Min. CÁRMEN LÚCIA, Primeira Turma, julgado em 01/02/2011.

552. (2014 - MEC - Todos os Cargos) Com base na CF e na jurisprudência do STF, julgue o item subsecutivo acerca do exercício do direito de greve no serviço público.

Segundo a jurisprudência do STF, o servidor público em estágio probatório que se ausenta do serviço para a participação em movimento grevista incorre em falta grave.

GABARITO: ERRADO.

O entendimento do Supremo é que a simples participação em movimento grevista não se converte em falta injustificada (RE 226.966, Rel. p/ o ac. Min. Cármen Lúcia, julgamento em 11-11-2008, Primeira Turma, DJE de 21-8-2009).

553. (2014 - MEC - Todos os Cargos) Com base na CF e na jurisprudência do STF, julgue o item subsecutivo acerca do exercício do direito de greve no serviço público:
O exercício do direito de greve no serviço público federal é legítimo, mesmo sem a regulamentação por lei específica.

GABARITO: CERTO.

A um mandado de injunção famoso é o de número 712, que admite o direito de greve do servidor público. Mesmo sem a lei respectiva, esta é a fundamentação do item (MI 712 / PA - Relator(a): Min. EROS GRAU - 25/10/2007).

---

554. (2014 - Câmara dos Deputados - Técnico Legislativo) Prescinde de previsão legal a exigência de aprovação em exame psicotécnico para habilitação de candidato a cargo público.

GABARITO: ERRADO.

O exame psicotécnico é válido como um dos requisitos para o candidato ser aprovado em concurso público. Porém, não basta que isso conste do edital do concurso. Deve ainda constar em lei. Esse é o teor da Súmula 686 do colendo STF.

---

555. (2014 - Câmara dos Deputados - Técnico Legislativo) De acordo com a CF, lei estadual não pode criar cargos em comissão com atribuições meramente técnicas.

GABARITO: CERTO.

Do teor do Art. 37, V da CF, os cargos em comissão são só destinados para direção chefia e assessoramento, não sendo possível que os cargos técnicos sejam ocupados por comissionados.

---

556. (2014 - Câmara dos Deputados - Técnico Legislativo) Os requisitos de idade e tempo de contribuição para a aposentadoria voluntária de professor de universidade federal que nunca exerceu qualquer outra atividade laboral devem ser reduzidos em cinco anos.

GABARITO: ERRADO.

O servidor, para se aposentar, tem que apresentar uma idade mínima e um tempo de contribuição. Estes requisitos são reduzidos em cinco anos, se for professor. Mas depende do tipo de professor. Isso está no Art. 40, § 5º. Tem redução professor de educação infantil, ensino fundamental ou médio. O item fala de professor universitário. Esse professor não tem essa redução de cinco anos.

---

557. (2014 - Câmara dos Deputados - Analista Legislativo) A respeito dos cargos de Prefeito e Vice-Prefeito, julgue o item que se segue:
Empregado remunerado em empresa pública estadual, eleito Vice-Prefeito de determinado município não poderá acumular a remuneração decorrente do emprego público com o subsídio do mandato eletivo.

GABARITO: CERTO.

De acordo com o Art. 38, II da CF, não é permitida a acumulação no caso apresentado.

D C O N

558. **(2014 - Câmara dos Deputados - Analista Legislativo)** A respeito da organização do Estado e dos poderes, julgue o item:

Cidadão que tenha sido aprovado em concurso público para certo cargo público, ainda que não haja previsão no edital do concurso, poderá ser nomeado para quadro diverso daquele para o qual foi aprovado, se o novo cargo tiver a mesma nomenclatura, atribuições iguais e idêntica remuneração daquele previsto no referido edital, haja vista já ter sido atendido, nessa situação, o requisito constitucional de aprovação prévia em concurso público.

GABARITO: ERRADO.

O colendo STF entendeu que em homenagem ao princípio da publicidade, que a ausência no edital de disposição que permite à Administração deslocar um aprovado em concurso para cargo diverso é inconstitucional (MS 26.294, Rel. Min. Ricardo Lewandowski, julgamento em 23-11-2011).

559. **(2014 - Instituto Rio Branco - Diplomata)** O controle de legalidade dos atos da administração pública somente pode ser processado pelos órgãos do Poder Judiciário.

GABARITO: ERRADO.

De acordo com a orientação do STF, é possível à própria Administração Pública rever seus atos (Súmula 346, STF).

560. **(2014 - CADE - Agente Administrativo)** Acerca da organização do Estado e da administração pública, julgue o item seguinte:

Um bacharel em direito, analista jurídico do Ministério Público Federal, ocupante de cargo privativo da área jurídica, poderá, se houver compatibilidade de horários, acumular outro cargo público, desde que também privativo da área jurídica, ou um cargo de professor.

GABARITO: ERRADO.

A regra é a impossibilidade de acumular cargos públicos. Entre as exceções que estão dispostas no Art. 37, XVI da CF, não se encontra apresentada no item. Não é possível acumular dois cargos da área jurídica.

561. **(2014 - SUFRAMA - Agente Administrativo)** Julgue o item a seguir, no que se refere aos direitos e garantias fundamentais, à organização político-administrativa do Estado brasileiro e à administração pública.

Considere que um servidor da SUFRAMA tenha sido eleito deputado federal pelo estado do Acre. Nessa hipótese, enquanto estiver no exercício do mandato eletivo, o servidor deverá ficar afastado de seu cargo, sendo-lhe facultado optar pela remuneração deste último.

GABARITO: ERRADO.

O servidor que for eleito ficará afastado da função como menciona o item. Contudo, não poderá optar pela remuneração do cargo que ocupava. Só é possível esta opção se for eleito Prefeito ou, eventualmente, Vereador. Como no caso em tela o servidor foi eleito Deputado, não lhe é dado esta opção.

562. (2014 - SUFRAMA - Agente Administrativo) Julgue o item a seguir, no que se refere aos direitos e garantias fundamentais, à organização político-administrativa do Estado brasileiro e à administração pública:

Considere que Emanuel, servidor da SUFRAMA, tenha sido aprovado em concurso público para analista administrativo em outra autarquia federal e passe a acumular os dois cargos, ambos com jornada semanal de 40 horas. Nessa situação, uma vez que as duas autarquias compõem a administração indireta, não há violação do dispositivo constitucional que veda a acumulação de cargos no serviço público.

GABARITO: ERRADO.

É vedada aos servidores, na condição apresentada no item, a acumulação de cargos. Mesmo sendo Administração indireta, a vedação permanece, consoante determina o Art. 37, XVII da CF.

563. (2014 - SUFRAMA - Agente Administrativo) Julgue o item a seguir, acerca da organização político-administrativa do Estado, da administração pública e dos servidores públicos.

Considerando que a remuneração dos servidores públicos deve ser prevista em lei específica, a fixação de seus vencimentos não pode ser objeto de convenção coletiva de trabalho.

GABARITO: CERTO.

Para responder a este item é necessário conhecer o teor da Súmula 679 do STF, que é basicamente reproduzida no item, além do Art. 37, X da CF.

564. (2014 - SUFRAMA - Analistas de Sistemas) A respeito da organização político-administrativa do Estado, da administração pública e dos servidores públicos, julgue o item subsequente:

As regras constitucionais de cumulação de vencimentos no setor público são igualmente obrigatórias nos estados e municípios da Federação.

GABARITO: CERTO.

O dispositivo constitucional que trata dos vencimentos do servidor público está firmado no Art. 37 da CF. Tal dispositivo elenca os Estados e Municípios também.

565. (2014 - SUFRAMA - Analista de Sistemas) A respeito da organização político-administrativa do Estado, da administração pública e dos servidores públicos, julgue o item subsequente:

A CF, no intuito de proteger a moralidade administrativa, exige que toda compra realizada pelo poder público seja precedida de licitação.

GABARITO: ERRADO.

O texto constitucional excepciona situações previstas em lei (Art. 37, XXI da CF).

566. (2014 - Polícia Federal - Agente Administrativo) De acordo com a CF, a prática de ato de improbidade administrativa por agente público implica a perda da função pública e a suspensão dos direitos políticos, sem prejuízo da ação penal cabível.

GABARITO: CERTO.

Entre as sanções que o agente público sofrerá pela prática de improbidade administrativa, estão as apresentadas no item (Art. 37, § 4º da CF).

567. (2014 - MDIC - Analista Técnico-Administrativo) No que se refere à organização político-administrativa do Estado e ao Poder Legislativo, julgue o próximo item:
Conforme a CF, é facultado aos entes federativos estabelecer regime de previdência complementar aos seus respectivos servidores titulares de cargo efetivo, o qual somente poderá ser aplicado aos referidos servidores que, tendo ingressado no serviço público até a data da publicação do ato de instituição de tal regime, optem expressa e previamente por dele participar.

GABARITO: CERTO.

O item está de acordo com o texto constitucional (Art. 40, §§ 14 e 16).

568. (2013 - FUNASA - Todos os Cargos) Julgue o item que se segue, a respeito da organização político-administrativa e da administração pública.
A paridade plena entre servidores ativos e inativos constitui garantia constitucional, de forma que quaisquer vantagens pecuniárias concedidas aos servidores ativos estendem-se aos inativos.

GABARITO: ERRADO.

Não temos a referida paridade entre servidores ativos e inativos. É possível que tenha sido dada uma vantagem em razão da atividade. Tal vantagem não poderá ser estendida aos inativos. Para confirmar tal posição, o colendo STF já decidiu assim no RE 611408 DF (STF).

569. (2013 - STF - Analista Judiciário/Área Administrativa) No que se refere à administração pública e às normas constitucionais que disciplinam o regime jurídico dos servidores públicos, julgue o item seguinte:
A declaração de desnecessidade de cargo público, derivada de juízo de oportunidade e conveniência da administração pública, deve ser realizada mediante lei ordinária específica.

GABARITO: ERRADO.

O colendo STF já assentou a desnecessidade de lei ordinária, para realizar a declaração informada no item (STF - RE: 194082 SP, Relator: Min. MENEZES DIREITO, 22/04/2008, Primeira Turma).

570. (2013 - STF - Técnico Judiciário/Área Administrativa) Com relação aos servidores públicos, julgue o item a seguir:
Aos servidores titulares de cargos efetivos, é vedada a percepção de mais de uma aposentadoria à conta do regime de previdência próprio de que eles desfrutem.

GABARITO: ERRADO.

Se o servidor puder acumular os cargos, é permitida a acumulação de aposentadorias, consoante determina o Art. 40, § 6º da CF.

571. (2013 - TRT/17ª Região/ES - Analista Judiciário/Área Administrativa) A respeito dos direitos e das garantias fundamentais, da partição de competências na Constituição Federal (CF) e do regime de regulação constitucional dos servidores públicos, julgue o item a seguir:

As funções de confiança devem ser exercidas unicamente por quem não ocupa cargo de servidor público efetivo.

GABARITO: ERRADO.

Conforme está posto no Texto Maior, funções de confiança deverão ser exercidas exclusivamente por servidores ocupantes de cargo efetivo (Art. 37, V da CF).

572. (2013 - TRT/17ª Região/ES - Analista Judiciário/Oficial de Justiça Avaliador) Considerando o disposto na CF acerca da administração pública, julgue o item subsecutivo:

Os valores do benefício previdenciário de servidor público afastado da administração direta, autárquica e fundacional para o exercício de mandato eletivo serão determinados como se ele estivesse em exercício.

GABARITO: CERTO.

Apesar de o servidor estar exercendo mandato eletivo, para fins previdenciários, será como se estivesse em exercício. Assim determina o Art. 38, V da CF.

573. (2013 - TRT/17ª Região/ES - Analista Judiciário/Oficial de Justiça Avaliador) Considerando o disposto na CF acerca da administração pública, julgue o item subsecutivo:

A lei reservará percentual dos cargos e empregos públicos para idosos e pessoas portadoras de deficiência, definindo os critérios de sua admissão.

GABARITO: ERRADO.

O Texto Maior preceitua que a lei reservará um percentual para os portadores de deficiência, mas, não, para os idosos (Art. 37, VIII da CF).

574. (2013 - AGU - Procurador Federal) Acerca das regras sobre aposentadoria aplicáveis aos servidores públicos e dos princípios constitucionais da administração pública, julgue o item a seguir:

Aos servidores detentores de emprego público, aos temporários e aos que ocupem exclusivamente cargo em comissão aplica-se o regime geral de previdência social, e, não, o chamado regime previdenciário especial.

GABARITO: CERTO.

Nos casos apresentados no item, o servidor não é detentor de um cargo efetivo, razão pela qual não ele não deverá ir para o regime próprio da previdência, mas, sim, para o regime geral.

575. (2013 - TCE/RS - Oficial de Controle Externo) À luz da CF, julgue o item subsequente, acerca da organização do Estado:

A proibição de investidura em cargo ou emprego público sem prévia aprovação em concurso público de provas ou de provas e títulos decorre do princípio da moralidade, expressamente constante na CF.

GABARITO: ERRADO.

Na verdade, não é o princípio da moralidade, mas, sim, o da impessoalidade e o da isonomia que fazem com que a pessoa se submeta ao concurso público.

576. (2013 - TCE/RS - Oficial de Controle Externo) À luz da CF, julgue o item subsequente, acerca da organização do Estado:
A vinculação do salário de servidor público ao salário mínimo, para fins de aumento salarial, não ofende o princípio da legalidade.
GABARITO: ERRADO.

O salário mínimo não deve servir como indexador salarial, salvo nas hipóteses previstas na CF (Art. 7º, IV da CF e Súmula Vinculante 4).

577. (2013 - CPRM - Analista em Geociências) No que se refere à organização político-administrativa do Estado e à administração pública, julgue o item a seguir:
Embora os estrangeiros não gozem de direitos políticos, a Constituição Federal de 1988 (CF) previu para estes a possibilidade de acesso a cargos, empregos e funções públicas.
GABARITO: CERTO.

É permitido aos estrangeiros ocuparem cargos públicos na forma da lei (Art. 37, I da CF).

578. (2013 - MPOG - Todos os Cargos) No que se refere à organização político-administrativa do Estado e à administração pública, julgue o item a seguir:
As verbas de caráter indenizatório deverão ser consideradas para efeito do cumprimento do teto constitucional remuneratório dos servidores públicos.
GABARITO: ERRADO.

A regra é o teto constitucional (Art. 37, XI da CF). Mas a parcela de caráter indenizatório não entra no teto remuneratório (Art. 37, § 11 da CF).

579. (2013 - MPOG - Todos os Cargos) No que se refere à organização político-administrativa do Estado e à administração pública, julgue o item a seguir:
Em regra, a investidura em emprego público não depende da prévia aprovação em concurso público, dado que o regime jurídico aplicável ao caso é o celetista.
GABARITO: ERRADO.

Com a CF/1988, a regra para o serviço público será o concurso público (Art. 37, II da CF).

580. (2013 - DEPEN - Agente Penitenciário) Um agente penitenciário federal pode ser promovido na carreira por ascensão funcional, pois a promoção de servidor por ascensão funcional constitui forma de provimento derivado compatível com a Constituição Federal.
GABARITO: ERRADO.

Não é mais admitida a ascensão funcional. Tal procedimento não é compatível com o atual texto constitucional.

581. (2013 - DEPEN - Agente Penitenciário) Com relação à greve no serviço público, o STF tem decidido aplicar a legislação existente para o setor privado aos servidores públicos. Entretanto, em razão da índole de suas atividades públicas, o STF decidiu pela inaplicabilidade do direito de greve a certos servidores, como os que exercem atividades relacionadas à manutenção da ordem pública, à segurança pública e à administração da justiça.

GABARITO: CERTO.

A Jurisprudência do STF informa que é possível ao servidor público fazer greve, enquanto não vier a lei regulamentadora correta: lei de greve dos empregados. Contudo, entende o STF que, nas chamadas carreiras de Estado, não deverá ser aplicada a mencionada lei.

582. **(2013 - DEPEN - Especialista)** Cargos, empregos e funções públicas não são acessíveis aos estrangeiros.

GABARITO: ERRADO.

Os estrangeiros, na forma da lei, poderão ocupar cargos, empregos e funções públicas (Art. 37, I da CF).

583. **(2013 - DEPEN - Especialista)** O direito dos servidores públicos à greve é garantido na CF, nos termos e nos limites definidos em lei específica.

GABARITO: CERTO.

Texto expresso da CF (Art. 37, VII da CF).

584. **(2013 - DEPEN - Especialista)** O servidor público estável manterá o vínculo com a administração pública, mesmo que o seu cargo seja extinto.

GABARITO: CERTO.

Na situação apresentada no item, o servidor ficará em disponibilidade até ser utilizado pela Administração Pública (Art. 41, § 3º da CF).

585. **(2013 - DEPEN - Especialista)** O princípio da eficiência, que se caracteriza como um princípio implícito, não está previsto expressamente na CF.

GABARITO: ERRADO.

O princípio apresentado no item não é implícito. Está previsto no caput do Art. 37 da CF.

586. **(2013 - MS - Administrador)** Julgue o item seguinte, a respeito do estatuto constitucional da administração pública.

Os servidores concursados para cargo de provimento efetivo serão considerados estáveis após dois anos de efetivo exercício no cargo.

GABARITO: ERRADO.

A estabilidade do servidor ocorrerá após três anos e, não, dois anos, como apresentado no item (Art. 41, caput da CF).

587. (**2013 - MS - Administrador**) Julgue o item seguinte, a respeito do estatuto constitucional da administração pública.

Os vencimentos dos cargos do Poder Legislativo e do Poder Judiciário não poderão ser superiores aos vencimentos do Poder Executivo.

GABARITO: CERTO.

Reprodução do Art. 37, XII da CF. O parâmetro dos vencimentos é o dos membros do Poder Executivo.

588. (**2013 - MS - Administrador**) Julgue o item seguinte, a respeito do estatuto constitucional da administração pública.

Os atos de probidade administrativa importarão a perda da função pública, na forma da lei.

GABARITO: ERRADO.

O ato de improbidade e, não, de probidade é que acarreta a perda da função pública (Art. 37, § 4º da CF).

589. (**2013 - MS - Administrador**) Julgue o item seguinte, a respeito do estatuto constitucional da administração pública.

O servidor público considerado estável poderá perder o cargo mediante processo administrativo em que lhe seja assegurada ampla defesa.

GABARITO: CERTO.

Apesar de estável, o servidor pode vir a perder o cargo na situação apresentada no item (Art. 41, § 1º, II da CF).

Outros Temas

590. (**2014 - TC/DF - Auditor de Controle Externo**) No que diz respeito às normas constitucionais aplicáveis às finanças públicas, julgue o próximo item:

É vedada a realização de transferência voluntária de recursos da União para o DF, com o objetivo de efetuar o pagamento de despesas com pessoal ativo.

GABARITO: CERTO.

O item está em consonância com o disposto no Art.167, X, da CF.

591. (**2014 - MEC - Todos os Cargos**) Julgue o próximo item com base na Constituição Federal de 1988 (CF) e no entendimento do Supremo Tribunal Federal (STF).

A União pode fixar piso salarial nacional para profissionais do magistério da educação básica por meio de lei federal, porém a norma não será aplicável aos profissionais do magistério servidores dos estados, dos municípios e do Distrito Federal (DF), sob pena de infringência ao pacto federativo, notadamente à autonomia administrativa e financeira dos membros da Federação.

GABARITO: ERRADO.

A Constituição apresenta a solução do item no Art. 206, VIII e parágrafo único do mesmo dispositivo. O item torna-se incorreto ao alegar que, para os outros entes da federação, não seria aplicável.

592. (2014 - MEC - Todos os Cargos) Julgue o próximo item, com base na Constituição Federal de 1988 (CF) e no entendimento do Supremo Tribunal Federal (STF).

Segundo a jurisprudência do STF, é lícita a cobrança de taxas de matrículas nas universidades públicas, desde que os valores sejam proporcionais aos custos.

GABARITO: ERRADO.

Para responder a este item, é preciso conhecer o Art. 206, IV da Constituição e a Súmula Vinculante 12. O primeiro dispositivo proíbe a cobrança de taxa de matrícula, e Súmula Vinculante reforça essa ideia.

593. (2014 - Câmara dos Deputados - Analista Legislativo) Considerando os fundamentos de Direito Constitucional relacionados ao meio ambiente e aos povos indígenas, julgue o item que se segue:

Embora a terra ocupada pelas comunidades indígenas seja propriedade da União, a CF garante-lhes o direito de serem ouvidas quando a pesquisa e a lavra das riquezas minerais afetarem sua vida, ficando-lhes assegurada, também, a participação nos resultados da lavra.

GABARITO: CERTO.

O Art. 20 da CF confirma que pertencem à da União as terras tradicionalmente ocupadas pelos povos indígenas. É certo, também, que os povos indígenas terão uma participação no resultado da lavra, sendo ouvidos quando forem afetados pela lavra (Art. 231, § 3º da CF).

DCON

594. (2014 - CADE - Agente Administrativo) Com base nos princípios da Constituição Federal de 1988 (CF), julgue o item a seguir:

Os valores sociais da livre iniciativa e a livre iniciativa são princípios da República Federativa do Brasil; o primeiro é um fundamento, e o segundo, um princípio geral da atividade econômica.

GABARITO: CERTO.

A resposta do item se extrai da análise dos Arts. 1º e 170 da CF.

595. (2014 - Polícia Federal - Agente Administrativo) Acerca das disposições constitucionais relativas à segurança pública, julgue o item a seguir:

Na hipótese da ocorrência de crime contra o patrimônio da Empresa Brasileira de Correios e Telégrafos, compete à Polícia Federal apurar a infração penal.

CERTO

Da análise do Art. 144 da CF, compete à Polícia Federal apurar infração penal em face de Empresa Pública. A Empresa Brasileira de Correios e Telégrafos é uma empresa pública.

596. **(2014 - Polícia Federal - Agente Administrativo)** Em relação aos Poderes Legislativo e Executivo e à segurança pública, julgue o item que se segue:
A Polícia Federal, organizada e mantida pela União, atua, de forma preventiva e repressiva, no combate a certos delitos, sendo ainda de sua responsabilidade o exercício, com exclusividade, das funções de polícia judiciária da União.
GABARITO: CERTO.

Entre as atribuições da Polícia Federal, está a de exercer com exclusividade as funções de polícia judiciária da União (Art. 144, § 1º, IV da CF).

597. **(2014 - Polícia Federal - Agente Administrativo)** Em relação aos Poderes Legislativo e Executivo e à segurança pública, julgue o item que se segue:
O objetivo fundamental da segurança pública, exercida por meio das polícias federal, rodoviária federal, civis, militares e dos corpos de bombeiros militares, é a preservação da ordem pública e da incolumidade das pessoas e do patrimônio.
GABARITO: CERTO.

O item proposto está em consonância com o disposto no Art. 144, caput da CF.

598. **(2014 - PGE/BA - Procurador do Estado)** No ADCT, não há previsão expressa para que o Brasil envide esforços para a formação de um Tribunal Internacional dos Direitos Humanos.
GABARITO: ERRADO.

O texto constitucional, em seu Art. 7º, do ADCT da CF, prevê expressamente a criação do mencionado Tribunal.

599. **(2014 - PGE/BA - Procurador do Estado)** O ADCT concedeu anistia àqueles que foram atingidos por atos de exceção, institucionais ou complementares, em decorrência de motivação exclusivamente política.
GABARITO: CERTO.

Tem-se a resposta do item pela leitura do Art. 8º da CF.

600. **(2014 - PGE/BA - Procurador do Estado)** Segundo o ADCT, a revisão constitucional será feita a cada cinco anos, em sessão bicameral do Congresso Nacional.
GABARITO: ERRADO.

Realizou-se uma revisão constitucional. Com tal revisão, exauriu-se o dispositivo constitucional, não sendo possível uma nova revisão nestes moldes.

FAÇA JÁ

____

- São princípios institucionais do Ministério Público a _______________, a _________________ e a _________________________________.

- O Ministério Público da União tem por chefe o _____________________________________, nomeado pelo __________________________ dentre integrantes da carreira, maiores de trinta e cinco anos, após a aprovação de seu nome pela _______________ dos membros do _______________, para mandato de _______________, ____________________.

- inamovibilidade, salvo por motivo de _______________, mediante decisão do órgão ______________________________________ Público, pelo voto da _______________ de seus membros, assegurada __________________________;

- São princípios institucionais da Defensoria Pública a _______________, a _________________ e a _________________________________, aplicando-se também, no que couber, o disposto no art. 93 e no inciso II do art. 96 desta Constituição Federal.

____

- a ação direta de inconstitucionalidade de lei ou ato normativo _______________ ou _______________ e a ação declaratória de constitucionalidade de lei ou ato normativo _______________;

- O Procurador-Geral da República deverá ser previamente ouvido nas ______________________________ e em todos os processos de competência do ________________________.

DCON

- Quando o Supremo Tribunal Federal apreciar a inconstitucionalidade, em tese, de norma legal ou ato normativo, citará, ________________, o ________________________, que ________________ o ato ou texto impugnado.

- A argüição de descumprimento de preceito fundamental, decorrente desta Constituição, será apreciada pelo ________________, na forma da lei.

- Podem propor a ________________________________ e a ________________________________ o Presidente da República;

Anotações

Apresentação

A presente obra tem por objeto discutir e explicar os conteúdos mais cobrados em provas de concursos, de modo a oferecer uma preparação direcionada e com qualidade a todos aqueles que adotaram os concursos públicos como o meio de transformar a própria vida. Os comentários são simples e objetivos, vão direto ao ponto e trabalham o posicionamento cobrado pela banca examinadora. O nosso objetivo é facilitar o aluno acertar a resposta e conseguir a tão sonhada aprovação.

> "Nosso objetivo é oferecer uma preparação direcionada e com qualidade a todos aqueles que adotaram os concursos públicos como o meio de transformar a própria vida"

As questões foram selecionadas de acordo com o nível de dificuldade, levando em conta a profundidade do tema trabalhado e a recorrência com que ele é visto em prova. Além disso, também foram considerados alguns aspectos em relação a jurisprudências e doutrinas.

Sobre o autor: Bacharel em Direito pela IMES/FAFICA - Instituto Municipal de Ensino Superior de Catanduva/SP. É professor de Direito Processual Civil, Direito Processual do Trabalho, Direito Administrativo e Direito Constitucional na empresa AlfaCon Concursos Públicos. Atua também como coordenador do curso para carreiras de Tribunais na empresa AlfaCon Concursos Públicos. É Oficial de Justiça Avaliador Federal do TRT da 9° Região.

SUMÁRIO

CAPÍTULO 1

Organização da Administração Pública

Organização da Administração Pública

01. (2014 - Polícia Federal - Agente de Polícia Federal) No que se refere à organização administrativa e aos agentes públicos, julgue o item a seguir:

O cargo de dirigente de empresa pública e de sociedade de economia mista é regido pela Consolidação das Leis do Trabalho (CLT).

GABARITO: ERRADO.

Os dirigentes dos entes da Administração Indireta citados no item são, na realidade, servidores estatutários, pois são titulares de cargos comissionados, de livre nomeação e exoneração.

02. (2014 - ANTAQ - Especialista em Regulação/Econômico-Financeiro) Com relação à Administração Pública e seus princípios fundamentais, julgue o próximo item:

Os órgãos administrativos são pessoas jurídicas de direito público que compõem tanto a Administração Pública direta quanto à indireta.

GABARITO: ERRADO.

Os órgãos administrativos, também chamados de órgãos públicos, são meras distribuições internas da competência, não possuindo personalidade jurídica. Não são, portanto, pessoas jurídicas.

03. (2014 - ANTAQ - Cargos 1 a 4) Em relação à organização administrativa do Estado brasileiro, julgue o item a seguir:

Embora as autarquias não estejam hierarquicamente subordinadas à Administração Pública direta, seus bens são impenhoráveis e seus servidores estão sujeitos à vedação de acumulação de cargos e funções públicas.

GABARITO: CERTO.

Trata-se de pessoas jurídicas de direito público, adotando normas de direito público, como, por exemplo, impenhorabilidade de seus bens e também a proibição de acumulação remunerada de cargos, empregos e funções públicas, conforme regra do Art. 37, XVI e XVII da CF.

04. (2014 - ANTAQ - Técnico Administrativo) Acerca da organização da Administração Pública, julgue o item seguinte:

A distribuição de competências entre os órgãos de uma mesma pessoa jurídica denomina-se desconcentração, podendo ocorrer em razão da matéria, da hierarquia ou por critério territorial.

GABARITO: CERTO.

A desconcentração é a criação de órgãos públicos. Ela pode ser de natureza material (saúde e educação, por exemplo), em razão da hierarquia (ministérios e superintendências, por exemplo) e em razão do território (Norte ou Sul, por exemplo).

05. (2014 - ANTAQ - Técnico Administrativo) Acerca da organização da Administração Pública, julgue o item seguinte:
Para a criação de entidades da Administração indireta, como sociedades de economia mista, empresas públicas e organizações sociais, é necessária a edição de lei formal pelo Poder Legislativo.

GABARITO: ERRADO.

As organizações sociais não fazem parte da Administração indireta, são entidades privadas.

---

06. (2014 - ANTAQ - Técnico Administrativo) Acerca da organização da Administração Pública, julgue o item seguinte:
As entidades administrativas, como as autarquias, são pessoas jurídicas de direito público interno, detentoras de autonomia política e financeira e de autorregulação.

GABARITO: ERRADO.

As autarquias não possuem autonomia política, isto é, não possuem capacidade para criar leis.

---

07. (2014 - TJ/SE - Técnico Judiciário/Área Judiciária) Com relação à organização administrativa e à Administração direta e indireta, julgue o seguinte item:
Verifica-se a descentralização por colaboração quando o poder público, por meio de contrato ou ato administrativo unilateral, transfere a titularidade e a execução de determinado serviço público a pessoa jurídica de direito privado.

GABARITO: ERRADO.

Nessa modalidade de descentralização, a Administração Pública não transfere a titularidade dos serviços públicos, conservando-a.

---

08. (2014 - TJ/SE - Analista Judiciário) No que concerne às regras e aos princípios específicos que regem a atuação da Administração Pública, julgue o item subsequente:
As empresas públicas se diferenciam das sociedades de economia mista, entre outros fatores, pela forma jurídica e de constituição de seu capital social.

GABARITO: CERTO.

A empresa pública pode adotar qualquer uma das formas societárias admitidas em direito, e seu capital é exclusivamente público, já as sociedades de economia mista podem ser constituídas apenas na forma de sociedade anônima, e seu capital é misto, formado tanto por fundos públicos quanto privados. Todavia, o controle acionário sempre permanecerá em mãos do poder público.

---

09. (2014 - TC/DF - Técnico de Administração Pública) A respeito da organização administrativa, julgue o próximo item:
Os municípios, assim como os Estados-Membros, poderão ter sua Administração indireta, em razão da autonomia a eles conferida pela CF.

GABARITO: CERTO.

Os Municípios, que são entes autônomos, podem criar entes para composição de sua Administração indireta.

10. **(2014 - TC/DF - Técnico de Administração Pública)** A respeito da organização administrativa, julgue o próximo item:

Ao contrário das empresas públicas, em que o regime de pessoal é híbrido, sendo permitida a vinculação de agentes, tanto sob o regime celetista quanto sob o estatutário, nas sociedades de economia mista, o vínculo jurídico que se firma é exclusivamente contratual, sob a égide da Consolidação das Leis do Trabalho.

GABARITO: ERRADO.

No Brasil, adota-se o regime jurídico único, isto é, a vinculação dos agentes com a entidade da Administração deverá ser regida pela CLT ou por um estatuto, jamais por ambos.

11. **(2014 - TC/DF - Técnico de Administração Pública)** A respeito da organização administrativa, julgue o próximo item:

Configura hipótese de descentralização administrativa a criação de uma eventual Secretaria de Estado de Aquisições do DF.

GABARITO: ERRADO.

Secretarias são órgãos públicos, tratando-se, portanto, de desconcentração administrativa e não de descentralização.

12. **(2014 - TC/DF - Técnico de Administração Pública)** Com relação ao direito administrativo, julgue o item subsequente:

Em virtude do princípio da reserva legal, a criação dos entes integrantes da administração indireta depende de lei específica.

GABARITO: CERTO.

Para a criação dos entes da Administração Indireta, é necessária uma lei específica (lei que cria a autarquia e autoriza a criação dos demais entes da Administração indireta).

13. **(2014 - ICMBIO - Técnico Administrativo)** No que diz respeito à legislação administrativa, julgue o item subsecutivo:

As autarquias integram a Administração indireta e, por isso, não possuem patrimônio.

GABARITO: ERRADO.

As autarquias são pessoas jurídicas, possuindo, portanto, personalidade jurídica. Desse modo, são sujeitos de direitos e obrigações e possuem patrimônio próprio.

14. **(2014 - MEC - Todos os Cargos)** Os princípios da Administração Pública estão previstos, de forma expressa ou implícita, na CF e, ainda, em leis ordinárias. Esses princípios, que consistem em parâmetros valorativos orientadores das atividades do Estado, são de observância obrigatória na Administração direta e indireta de quaisquer dos Poderes da

União, dos Estados, do DF e dos Municípios. Acerca desses princípios e da organização administrativa do Estado, julgue o item a seguir:
A empresa pública somente pode ser criada por lei específica, com personalidade jurídica de direito público e adotando quaisquer formas societárias admitidas pelo Direito.
GABARITO: ERRADO.

A empresa pública tem a sua criação autorizada por lei específica, isso não é feito diretamente. Além disso, elas possuem personalidade jurídica de direito privado.

15. **(2014 - MEC - Todos os Cargos)** Os princípios da Administração Pública estão previstos, de forma expressa ou implícita, na CF e, ainda, em leis ordinárias. Esses princípios, que consistem em parâmetros valorativos orientadores das atividades do Estado, são de observância obrigatória na Administração direta e indireta de quaisquer dos poderes da União, dos Estados, do DF e dos Municípios. Acerca desses princípios e da organização administrativa do Estado, julgue o item a seguir:
No âmbito federal, as autarquias são entes da Administração indireta, dotados de personalidade jurídica própria e criados por lei para executar atividades típicas da Administração. Essas entidades sujeitam-se à supervisão ministerial, mas não se subordinam hierarquicamente ao ministério correspondente.
GABARITO: CERTO.

As autarquias integram a Administração indireta, possuindo personalidade jurídica própria (de direito público). Elas exercem atividades típicas da Administração Pública, mas não estão hierarquizadas à Administração direta. Estão sujeitas apenas ao controle finalístico ou supervisão ministerial.

16. **(2014 - Câmara dos Deputados - Analista Legislativo/Consultor Legislativo Área I)** Em relação à administração pública indireta e seus temas correlatos, julgue o item subsequente:
As autarquias só podem ser criadas por lei.
GABARITO: CERTO.

A criação das autarquias está submetida ao princípio da reserva legal, isto é, somente pode ser feita mediante lei.

17. **(2014 - Câmara dos Deputados - Analista Legislativo/Consultor Legislativo Área IV)** Com referência à cooperação na administração pública, julgue o próximo item:
Embora os órgãos públicos sejam despersonalizados, meras repartições internas de competência no âmbito de pessoas jurídicas, a eles é reconhecida a capacidade para celebrar convênios.
GABARITO: CERTO.

Os órgãos públicos são meras divisões internas das competências, não possuindo personalidade jurídica própria. Por outro lado, a CF, Art. 37, § 8º, prevê a possiblidade de celebração de contrato de gestão: ***A autonomia gerencial, orçamentária e financeira dos órgãos e entidades da Administração direta e indireta poderá ser ampliada mediante contrato, a ser firmado entre seus administradores e o poder público, que tenha por objeto a fixação de metas de desempenho para o órgão ou entidade, cabendo à lei dispor sobre.***

DADM

18. **(2014 - Câmara dos Deputados - Analista Legislativo/Consultor Legislativo Área VIII)** A criação de uma sociedade de economia mista por uma unidade da Federação é exemplo de descentralização por serviços.

GABARITO: CERTO.

Quando a descentralização é realizada pela criação de algum ente da Administração indireta, temos a descentralização por serviços, também chamada de descentralização por outorga legal.

19. **(2014 - Câmara dos Deputados - Analista Legislativo/Consultor Legislativo Área VIII)** A respeito de pessoas jurídicas de direito público e de pessoas jurídicas de direito privado vinculadas à Administração Pública, julgue próximo item:

A exploração de atividade econômica pela Administração Pública requer a instituição de uma autarquia.

GABARITO: ERRADO.

A exploração de atividade econômica pela Administração Pública poderá ser feita apenas por meio de uma empresa pública ou de uma sociedade de economia mista.

20. **(2014 - Câmara dos Deputados - Analista Legislativo/Consultor Legislativo Área VIII)** A respeito de pessoas jurídicas de direito público e de pessoas jurídicas de direito privado vinculadas à Administração Pública, julgue próximo item:

Uma empresa pública consiste em uma entidade de direito privado em que, pelo menos, 51% do seu capital pertence à Administração Pública.

GABARITO: ERRADO.

As empresas públicas têm seu capital formado exclusivamente por recursos públicos.

21. **(2014 - Câmara dos Deputados - Analista Legislativo/Consultor Legislativo Área VIII)** Com relação às empresas públicas e sociedades de economia mista prestadoras de serviços públicos ou exploradoras de atividades econômicas, julgue o item que se segue:

Os empregados de empresa pública são, necessariamente, estatutários e os de sociedade de economia mista celetistas, sendo necessária prévia aprovação em concurso público para o ingresso em ambos os regimes.

GABARITO: ERRADO.

Tanto os empregados das empresas públicas como das sociedades de economia mista são celetistas, sendo que o concurso público é um requisito indispensável, apenas para cargos efetivos e empregos públicos. Ele é dispensável para os cargos comissionados.

22. **(2014 - Caixa Econômica Federal - Todos os Cargos de Nível Superior)** Em relação à organização administrativa do Estado brasileiro e aos princípios administrativos, julgue o item a seguir:

Sendo o capital social das empresas públicas integralmente público, a personalidade jurídica dessas empresas é de direito público.

GABARITO: ERRADO.

Embora o capital social das empresas públicas seja integralmente público, elas são pessoas jurídicas de direito privado.

23. (**2014 - MTE - Contador**) A respeito da organização administrativa e dos atos administrativos, julgue o item subsecutivo:

Ocorre o fenômeno de descentralização por serviços quando, por exemplo, no âmbito do MTE, cria-se um novo órgão e a ele são transferidas determinadas competências para a execução de serviços públicos.

GABARITO: ERRADO.

No caso de criação de órgãos públicos, temos a desconcentração administrativa, e não a descentralização.

24. (**2014 - MTE - Agente Administrativo**) As empresas públicas são entidades integrantes do quadro da Administração direta dotadas de personalidade jurídica própria.

GABARITO: ERRADO.

As empresas públicas integram a Administração indireta, e não a direta.

25. (**2014 - MTE - Agente Administrativo**) A criação do MTE e das superintendências regionais do trabalho e emprego caracteriza a utilização da técnica denominada desconcentração administrativa.

GABARITO: CERTO.

Por serem todos órgãos públicos, a sua criação é embasada na técnica administrativa da desconcentração.

26. (**2014 - CADE - Analista Técnico-administrativo**) No que se refere às autarquias, julgue o item a seguir:

Para a criação de uma autarquia, é necessária lei que autorize a sua instituição, seguida do registro do ato constitutivo no órgão competente.

GABARITO: ERRADO.

As autarquias são criadas diretamente por lei específica. Elas não necessitam do registro de seus atos constitutivos para a aquisição de sua personalidade jurídica.

27. (**2014 - CADE - Analista Técnico-administrativo**) Acerca de organização administrativa e ato administrativo, julgue o item a seguir:

A existência de diversos ministérios, com atribuições distintas, constitui exemplo de descentralização administrativa.

GABARITO: ERRADO.

Os ministérios são órgãos públicos. Sua criação denomina-se desconcentração administrativa, e não descentralização.

28. **(2014 - CADE - Analista Técnico-administrativo)** Acerca de organização administrativa e ato administrativo, julgue o item a seguir:

Dada a autonomia a eles conferida pela Constituição Federal de 1988 (CF), todos os entes federativos, incluindo-se os municípios, podem criar entidades da Administração indireta.

GABARITO: CERTO.

A CF estabelece que os entes federativos são autônomos, conforme diz o *CF, Art. 18. A organização político-administrativa da República Federativa do Brasil compreende a União, os Estados, o Distrito Federal e os Municípios, todos autônomos, nos termos desta Constituição.* O Decreto 200/67 prevê criação dos entes da Administração indireta da União, sendo isso aplicável, pelo princípio da simetria, aos demais entes da Administração direta.

---

29. **(2014 - SUFRAMA - Agente Administrativo)** Com relação aos sujeitos que exercem a atividade administrativa, julgue o item a seguir:

Empresa pública e sociedade de economia mista são entidades da Administração indireta com personalidade jurídica de direito privado.

GABARITO: CERTO.

Ambos os entes citados pertencem à Administração indireta e são pessoas jurídicas de direito privado.

---

30. **(2014 - SUFRAMA - Agente Administrativo)** Com relação aos sujeitos que exercem a atividade administrativa, julgue o item a seguir:

Desconcentração administrativa é a distribuição de competências entre órgãos de uma mesma pessoa jurídica.

GABARITO: CERTO.

Desconcentração é a técnica administrativa de criação de órgãos públicos, os quais são divisões internas das competências de uma pessoa jurídica.

---

31. **(2014 - Polícia Federal - Agente Administrativo)** Considerando que o DPF é órgão responsável por exercer as funções de polícia judiciária da União, julgue o item a seguir:

A instituição de órgão próprio para exercer as atribuições de polícia judiciária no âmbito da União é exemplo de descentralização administrativa.

GABARITO: ERRADO.

A instituição de órgãos públicos reflete a técnica administrativa da desconcentração, que é a divisão interna das competências de uma determinada pessoa jurídica da Administração Pública, e não da descentralização.

---

32. **(2014 - Polícia Federal - Agente Administrativo)** A transferência, mediante ato administrativo, da execução de determinado serviço público a uma autarquia configura descentralização administrativa por outorga.

GABARITO: ERRADO.

A descentralização para os entes da Administração indireta é feita por meio de lei, e não por ato administrativo.

---

33. **(2014 - Polícia Federal - Administrador)** No que se refere ao regime jurídico administrativo, aos poderes da administração pública e à organização administrativa, julgue o item subsequente:

São características das sociedades de economia mista: criação autorizada por lei; personalidade jurídica de direito privado; sujeição ao controle estatal; estruturação sob a forma de sociedade anônima.

GABARITO: CERTO.

As sociedades de economia mista têm a sua criação autorizada por lei. Elas possuem personalidade jurídica de direito privado e, assim como os demais entes da Administração indireta, estão sujeitas ao controle estatal, sendo que podem constituídas unicamente como sociedades anônimas.

---

34. **(2014 - Polícia Federal - Administrador)** No que se refere ao regime jurídico administrativo, aos poderes da administração pública e à organização administrativa, julgue o item subsequente:

Configura descentralização administrativa o ato de criação, pela administração direta, de órgão público para a distribuição interna de determinada atribuição.

GABARITO: ERRADO.

Nesse caso, temos a desconcentração administrativa, que ocorre com a criação de órgãos públicos, que são divisões internas de uma mesma pessoa jurídica da Administração Pública.

---

35. **(2014 - MDIC - Agente Administrativo)** Acerca da organização administrativa e dos atos administrativos, julgue o item a seguir:

Adotando-se o critério de composição do capital, podem-se dividir as entidades que compõem a Administração indireta em dois grupos: um grupo, formado pelas autarquias e fundações públicas, cujo capital é exclusivamente público; e outro grupo, constituído pelas sociedades de economia mista e empresas públicas, cujo capital é formado pela conjugação de capital público e privado.

GABARITO: ERRADO.

As empresas públicas também são formadas por capital exclusivamente público.

---

36. **(2014 - MDIC - Agente Administrativo)** Acerca da organização administrativa e dos atos administrativos, julgue o item a seguir:

Se, em razão do grande número de contratações realizadas pela União, for criado um Ministério de Aquisições, ter-se-á, nessa situação, exemplo do fenômeno denominado desconcentração administrativa.

GABARITO: CERTO.

Os Ministérios são órgãos públicos. Desse modo, sua criação reflete a aplicação da técnica administrativa da desconcentração.

37. **(2014 - MDIC - Agente Administrativo)** No que concerne à licitação, ao controle da Administração Pública e ao regime jurídico-administrativo, julgue o item a seguir:

Os princípios da Administração Pública, expressamente dispostos na CF não se aplicam às sociedades de economia mista e às empresas públicas, em razão da natureza eminentemente empresarial dessas entidades.

GABARITO: ERRADO.

De acordo com o caput do Art. 37 da Constituição Federal, esses princípios são aplicáveis a todos os entes da Administração Pública direta e indireta.

38. **(2014 - PGE/BA - Procurador do Estado)** Considerando a necessidade de melhorar a organização da Administração Pública estadual, o governador da Bahia resolveu criar autarquia para atuar no serviço público de educação e empresa pública para explorar atividade econômica. Com base nessa situação hipotética, julgue o item que se segue:

Desde que presentes a relevância e urgência da matéria, a criação da autarquia pode ser autorizada por medida provisória, devendo, nesse caso, ser providenciado o registro do ato constitutivo na junta comercial competente.

GABARITO: ERRADO.

Os entes da Administração indireta somente podem ser criados por intermédio de lei, sendo que as autarquias são criadas diretamente por lei específica, não precisando de posterior registro.

39. **(2013 - TRT 17ª Região/ES - Analista Judiciário/Oficial de Justiça Avaliador)** Em relação aos poderes administrativos, à organização do Estado e aos atos administrativos, julgue o item seguinte:

Entre as entidades da Administração indireta e os entes federativos que as instituíram ou que autorizaram sua criação inexiste relação de subordinação, havendo entre eles relação de vinculação que fundamenta o exercício do controle finalístico ou tutela.

GABARITO: CERTO.

Entre os entes da Administração indireta e os entes da Administração direta que os criaram não existe hierarquia ou subordinação. Mas os entes da Administração indireta estão vinculados aos fins para os quais foram criados. Caso haja uma fuga da finalidade, poderá ser feita a tutela administrativa pela Administração direta, gerando o controle finalístico ou supervisão ministerial.

40. **(2013 - TRT 17ª Região/ES - Técnico Judiciário/Área Administrativa)** Acerca de Administração descentralizada, julgue o item abaixo:

A Administração descentralizada caracteriza-se pela distribuição de competências no interior de uma mesma pessoa jurídica, de modo a permitir um desempenho mais adequado das atribuições administrativas.

GABARITO: ERRADO.

A distribuição de competências na mesma pessoa jurídica é o instituto da desconcentração, que é a técnica administrativa de criação de órgãos públicos.

41. **(2013 - STF - Técnico Judiciário/Tecnologia da Informação)** Acerca da organização administrativa do Estado, julgue o item a seguir:

As fundações de direito público somente podem ser criadas por lei, pois essa é a regra para o surgimento de pessoas jurídicas de direito público.

GABARITO: CERTO.

Caso seja criada uma fundação pública de direito público, que é, na realidade, uma espécie de autarquia, sua criação segue as mesmas regras das autarquias, isto é, ela será criada diretamente por lei específica.

42. **(2013 - STF - Técnico Judiciário/Tecnologia da Informação)** Acerca da organização administrativa do Estado, julgue o item a seguir:

Ao criar uma autarquia responsável pela política de saneamento básico, que integrará a Administração indireta estadual, o governo de determinado Estado da Federação estará, então, promovendo a desconcentração administrativa.

GABARITO: ERRADO.

A criação de entes da Administração indireta reflete a descentralização administrativa, e não a desconcentração, que é a criação de órgãos públicos.

43. **(2013 - STF - Analista Judiciário/Área Administrativa)** No que se refere à organização da Administração Pública, julgue o item subsecutivo:

Em se tratando de desconcentração, as atribuições são repartidas entre órgãos públicos pertencentes a uma única pessoa jurídica, como acontece, por exemplo, com a organização do Poder Judiciário em Tribunais, que são órgãos públicos desprovidos de personalidade jurídica própria.

GABARITO: CERTO.

A desconcentração é a criação de órgãos públicos. Os Tribunais são órgãos públicos, integrantes do Poder Judiciário, não possuindo personalidade jurídica própria.

44. **(2013 - STF - Técnico Judiciário/Área Administrativa)** Julgue o item a seguir, relativo à Administração direta e indireta:

A Administração direta é constituída pelo conjunto de órgãos e entidades administrativas submetidos a regime de direito público para os quais foi atribuída a competência para o exercício, de forma centralizada, das atividades administrativas do Estado.

GABARITO: ERRADO.

As entidades administrativas são os entes da Administração indireta, não pertencendo, portanto, à Administração direta.

45. (2013 - STF - Técnico Judiciário/Área Administrativa.) Acerca da organização da administração pública, julgue o item a seguir:
A fundação pública de direito privado tem sua instituição autorizada por lei específica, cabendo a lei complementar definir as áreas de sua atuação.
GABARITO: CERTO.

Sobre as fundações, conforme redação do CF, Art. 37, XIX:

CF, Art. 37, XIX. somente por lei específica poderá ser criada autarquia e autorizada a instituição de empresa pública, de sociedade de economia mista e de fundação, cabendo à lei complementar, neste último caso, definir as áreas de sua atuação.

---

46. (2013 - STF - Técnico Judiciário/Área Administrativa) Acerca da organização da Administração Pública, julgue o item a seguir:
A composição do Poder Executivo em ministérios exemplifica a descentralização administrativa desse poder.
GABARITO: ERRADO.

Essa divisão caracteriza a desconcentração, que é a criação de órgãos públicos, como, por exemplo, os Ministérios.

---

47. (2013 - TRT 17ª Região/ES - Analista Judiciário/Área Administrativa) Acerca de organização administrativa, julgue o item subsecutivo:
Uma autarquia federal pode ser criada mediante decreto específico do Presidente da República.
GABARITO: ERRADO.

As autarquias, assim como os demais entes da Administração indireta, dependem de lei para a sua criação, conforme redação do CF, Art. 37, XIX:

CF, Art. 37, XIX. somente por lei específica poderá ser criada autarquia e autorizada a instituição de empresa pública, de sociedade de economia mista e de fundação, cabendo à lei complementar, neste último caso, definir as áreas de sua atuação.

---

48. (2013 - TRT 17ª Região/ES - Analista Judiciário/Área Administrativa) Acerca de organização administrativa, julgue o item subsecutivo:
A Petrobras é um exemplo de empresa pública.
GABARITO: ERRADO.

A Petrobras é um exemplo de sociedade de economia mista.

---

49. (2013 - ANCINE - Especialista em Regulação Atividade Cinematográfica e Audiovisual - Área 3) A respeito da organização administrativa, julgue o item a seguir:
Diferentemente das empresas públicas, as sociedades de economia mista adquirem sua personalidade com o registro dos atos constitutivos em cartório.
GABARITO: ERRADO.

Ambas adquirem personalidade jurídica, dessa forma, com a inscrição de seus atos constitutivos no cartório competente.

---

50. (2013 - ANCINE - Especialista em Regulação Atividade Cinematográfica e Audiovisual/Área 3) A respeito da organização administrativa, julgue o item a seguir:

Na descentralização, o Estado reparte suas competências administrativas entre órgãos públicos com a finalidade de obter maior eficiência no exercício de suas tarefas.

GABARITO: ERRADO.

Esse é, na realidade, o instituto da desconcentração, que é a criação de órgãos públicos.

51. (2013 - SEGESP/AL - Papiloscopista) A respeito dos serviços públicos e da organização administrativa, julgue o item seguinte:

As autarquias são criadas para o exercício de atividades típicas da administração pública, e, para tanto, são dotadas de autonomia orçamentária e patrimonial.

GABARITO: CERTO.

A autarquia é o serviço autônomo, criado por lei, com personalidade jurídica, patrimônio e receita próprios, para executar atividades típicas da Administração Pública, que requeiram, para seu melhor funcionamento, gestão administrativa e financeira descentralizada, conforme previsão do Decreto-Lei 200/67, em seu Art. 5º, I.

52. (2013 - PC/DF - Escrivão de Polícia) Com relação à organização político-administrativa, julgue o item que segue:

Haverá descentralização administrativa quando, por lei, competências de um órgão central forem destacadas e transferidas a outras pessoas jurídicas estruturadas sob o regime do direito público ou sob a forma do direito privado.

GABARITO: CERTO.

Na descentralização, a prestação do serviço público é transferida para um ente da Administração indireta (que pode ser uma pessoa jurídica de direito público, como a autarquia, ou privado, como os demais entes administrativos) ou até mesmo para um particular.

53. (2013 - MTE - Auditor Fiscal do Trabalho) A sociedade de economia mista, entidade integrante da administração pública indireta, pode executar atividades econômicas próprias da iniciativa privada.

GABARITO: CERTO.

As sociedades de economia mista, assim como as empresas públicas, podem ter como finalidade a prestação de serviços públicos ou a exploração de atividades econômicas.

54. (2013 - CPRM - Analista em Geociências) Com relação à organização administrativa, julgue o item que se segue:

Órgão público é uma unidade organizacional sem personalidade jurídica, composta de agentes e de competências.

GABARITO: CERTO.

Os órgãos públicos não possuem personalidade jurídica, constituindo meras divisões internas das competências.

55. (2013 - CPRM - Analista em Geociências) Com relação à organização administrativa, julgue o item que se segue:

Sociedade de economia mista é pessoa jurídica de direito público, integrante da administração indireta, instituída pelo poder público, mediante autorização de lei específica.

GABARITO: ERRADO.

As sociedades de economia mista são pessoas jurídicas de direito privado.

56. (2013 - MPOG - Todos os Cargos) No que diz respeito à Administração Pública, julgue o item seguinte:

Em regra, o órgão não tem capacidade processual, ou seja, não pode figurar em quaisquer dos polos de uma relação processual.

GABARITO: CERTO.

Como regra geral, por não possuírem personalidade jurídica, os órgãos públicos não possuem capacidade processual. Entretanto, existe a exceção da utilização do mandado de segurança para defesa de suas prerrogativas funcionais. Por isso, o uso do termo "em regra" no item.

57. (2013 - MPOG - Todos os Cargos) Julgue o próximo item, relativo à organização administrativa:

As autarquias são consideradas fazenda pública, razão pela qual, nos processos judiciais em que sejam partes, elas têm os mesmos prazos que a fazenda pública para contestar e recorrer.

GABARITO: CERTO.

As autarquias, por possuírem personalidade jurídica de direito público, são consideradas fazenda pública, fazendo jus aos privilégios processuais de prazo dilatado.

58. (2013 - DEPEN - Agente Penitenciário) As fundações públicas poderão ser criadas para exercerem atividades de fins lucrativos.

GABARITO: ERRADO.

Nos termos do Decreto-Lei 200/67, em seu Art. 5º, IV, verifica-se que Fundação Pública é a entidade dotada de personalidade jurídica de direito privado, sem fins lucrativos, criada em virtude de autorização legislativa, para o desenvolvimento de atividades que não exijam execução por órgãos ou entidades de direito público, com autonomia administrativa, patrimônio próprio gerido pelos respectivos órgãos de direção, e funcionamento custeado por recursos da União e de outras fontes.

59. (2013 - DEPEN - Agente Penitenciário) Sociedades de economia mista são pessoas jurídicas de direito privado, instituídas pelo Poder Público, sob qualquer forma jurídica, para exploração de atividades de natureza econômica ou execução de serviços públicos.

GABARITO: ERRADO.

As sociedades de economia mista somente podem ser constituídas na forma de sociedades anônimas.

60. (2013 - TCE/RO - Agente Administrativo) As autarquias são pessoas jurídicas de direito público integrantes da Administração indireta, tais como o INSS, o Banco Central do Brasil e a Comissão de Valores Mobiliários.

GABARITO: CERTO.

As autarquias possuem personalidade jurídica de direito público, sendo que todos os exemplos narrados na questão referem-se às autarquias.

61. (2013 - MC - Atividade Técnica de Suporte/Direito) Com relação à organização administrativa, julgue o item subsecutivo:

A realização de algumas funções do Estado por meio de outras pessoas jurídicas caracteriza a descentralização.

GABARITO: CERTO.

Quando a prestação do serviço público é transferida para outra pessoa jurídica, como para um ente da Administração indireta, por exemplo, temos a descentralização administrativa.

62. (2013 - MC - Atividade Técnica de Suporte/Direito) Com relação à organização administrativa, julgue o item subsecutivo:

Fundação pública é a pessoa jurídica de direito público, criada por lei, com capacidade de autoadministração, para o desempenho de serviço público descentralizado, mediante controle administrativo exercido nos limites da lei.

GABARITO: ERRADO.

As fundações públicas são pessoas jurídicas de direito privado. As fundações públicas de direito público são, na realidade, espécies de autarquias.

63. (2013 - MC - Atividade Técnica de Suporte/Direito) Com relação à organização administrativa, julgue o item subsecutivo:

O Poder Executivo não poderá, por ato de sua exclusiva competência, extinguir uma empresa pública.

GABARITO: CERTO.

Será necessária uma lei autorizando a extinção de uma empresa pública, da mesma forma que é exigida uma lei autorizando a sua criação.

64. (2013 - ANTT - Todos os Cargos) Julgue o item subsequente, relativo à Administração direta e indireta, centralizada e descentralizada.
Entidades como as autarquias, as empresas públicas, as sociedades de economia mista e as fundações públicas são pessoas jurídicas integrantes da Administração indireta.
GABARITO: CERTO.

Trata-se de entes que pertencem à Administração Pública indireta. Todos possuem personalidade jurídica própria.

---

65. (2013 - DEPEN - Técnico de Apoio) No que diz respeito à organização e aos poderes da Administração Pública, julgue o item a seguir:
A descentralização administrativa é a distribuição de competências de uma pessoa jurídica para outra.
GABARITO: CERTO.

Ao ocorrer a transferência da competência para a prestação de serviços públicos para outras pessoas jurídicas, temos a descentralização administrativa.

---

66. (2013 - MC - Todos os Cargos) Com referência à organização administrativa, julgue o item que se segue:
O fato de um ministério distribuir competências no âmbito de sua própria estrutura caracteriza um exemplo de descentralização administrativa.
GABARITO: ERRADO.

A distribuição de competências no âmbito da própria estrutura é nada mais do que a criação de órgãos públicos, tratando-se, na verdade, do instituto da desconcentração administrativa.

---

67. (2013 - MS - Analista Técnico-Administrativo) A atividade administrativa centralizada é exercida pelo próprio Estado, que atua por meio de seus órgãos.
GABARITO: CERTO.

A prestação de serviço público de maneira centralizada é aquela realizada pela própria Administração direta, por meio dos próprios órgãos e agentes públicos.

---

68. (2013 - MS - Analista Técnico-Administrativo) As empresas públicas têm personalidade de direito privado; suas atividades são regidas pelos preceitos comerciais, mas seu capital é exclusivamente público.
GABARITO: CERTO.

Embora sejam regidas por preceitos comerciais e possuam personalidade jurídica de direito privado, as empresas públicas são formadas por capital exclusivamente público.

---

69. (2013 - MS - Analista Técnico-Administrativo) As sociedades de economia mista são pessoas jurídicas de direito privado e podem ser constituídas sob qualquer forma jurídica.

GABARITO: ERRADO.

As sociedades de economia mista somente podem adotar a forma societária de sociedade anônima.

70. **(2013 - MS - Analista Técnico-Administrativo)** Considere que o Estado tenha criado uma entidade e a ela tenha transferido, por lei, determinado serviço público. Nesse caso, ocorreu descentralização por meio de delegação.

GABARITO: ERRADO.

Ao transferir a execução de determinado serviço público para um ente da Administração indireta (conforme narrado na questão, pois tal descentralização foi feita por meio de lei, ocorrendo a criação de um ente), teremos a descentralização por serviços ou por outorga legal. A descentralização por delegação é aquela realizada para particulares.

71. **(2013 - MS - Administrador)** No que se refere à organização administrativa e às Administrações direta, indireta, centralizada e descentralizada, julgue o item a seguir:

O Poder Executivo não só exerce sua função típica, que é administrar, mas também desempenha função atípica normativa.

GABARITO: CERTO.

Além de sua função típica de administrar, o Poder Executivo também exerce, atipicamente, a função legislativa, como a edição de medidas provisórias pelo Presidente da República, por exemplo.

72. **(2013 - IBAMA - Analista Administrativo)** Julgue o próximo item, relativo à organização administrativa brasileira:

São pessoas jurídicas de direito público as autarquias, as fundações públicas e as empresas públicas.

GABARITO: ERRADO.

As fundações públicas e as empresas públicas são pessoas jurídicas de direito privado.

73. **(2013 - Polícia Federal - Delegado de Polícia)** A sociedade de economia mista é pessoa jurídica de direito privado que pode tanto executar atividade econômica própria da iniciativa privada quanto prestar serviço público.

GABARITO: CERTO.

Assim como as empresas públicas, as sociedades de economia mista podem ser criadas para exercer uma dessas duas finalidades, prestação de serviços públicos ou a exploração de atividade econômica.

74. **(2013 - ANS - Técnico em Regulação de Saúde Suplementar)** A respeito da Administração direta e indireta, centralizada e descentralizada, julgue o item subsequente:

Para a criação de uma empresa pública, é suficiente a edição de lei específica autorizando o Poder Executivo a proceder à instituição da entidade.

GABARITO: ERRADO.

Além da lei autorizando, é necessário o registro dessa empresa pública no cartório competente para a sua criação.

---

75. **(2013 - ANS - Técnico em Regulação de Saúde Suplementar)** A respeito da Administração direta e indireta, centralizada e descentralizada, julgue o item subsequente:

Uma autarquia pode ser criada para exercer uma atividade econômica.

GABARITO: ERRADO.

Para a exploração de atividades econômicas, devem ser criadas empresas públicas ou sociedades de economia mista. As autarquias executam atividades típicas da Administração Pública. Dessa forma, são prestadoras de serviço público.

---

76. **(2013 - ANS - Técnico em Regulação de Saúde Suplementar)** A respeito da Administração direta e indireta, centralizada e descentralizada, julgue o item subsequente:

O Banco do Brasil é um exemplo de sociedade de economia mista.

GABARITO: CERTO.

O Banco do Brasil, assim como a Petrobras, são exemplos de sociedades de economia mista.

---

77. **(2013 - ANS - Especialista em Regulação de Saúde Suplementar)** Acerca de sociedades de economia mista e do controle da Administração, julgue o item a seguir:

Considere que o chefe do Poder Executivo federal pretenda extinguir uma sociedade de economia mista que compõe o Poder Executivo. Nessa situação, é correto afirmar que essa sociedade de economia mista somente poderá ser extinta por lei.

GABARITO: CERTO.

Da mesma forma que elas exigem lei autorizando a sua criação, elas também exigem lei autorizando a sua extinção.

---

78. **(2013 - Polícia Federal - Escrivão de Polícia Federal)** Com relação ao Direito Administrativo, julgue o item a seguir:

O Banco Central do Brasil é uma autarquia federal e compõe a Administração Pública direta da União.

GABARITO: ERRADO.

Por ser uma autarquia federal, o Banco Central pertence à Administração Indireta da União.

---

79. **(2013 - MI - Analista Técnico-Administrativo)** A desconcentração administrativa consiste no desmembramento de órgãos públicos, para criação de diversas pessoas jurídicas, às quais se distribuem competências, mantidas ligadas por um vínculo de subordinação ao órgão originário.

GABARITO: ERRADO.

Os órgãos públicos não são pessoas jurídicas. Eles não possuem personalidade jurídica.

80. (2013 - MI - Analista Técnico-Administrativo) Empresas públicas são pessoas jurídicas de direito privado que integram a Administração indireta, constituídas por capital público e privado.

GABARITO: ERRADO.

As empresas públicas são formadas por capital exclusivamente público.

81. (2013 - MI - Analista Técnico-Administrativo) Toda pessoa jurídica da Administração Pública indireta, embora não se subordine, vincula-se a determinado órgão da estrutura da Administração direta, estando, assim, sujeita à chamada supervisão ministerial.

GABARITO: CERTO.

Na relação entre os entes da Administração direta e indireta não existe hierarquia ou subordinação. Entretanto, existe uma relação de vinculação aos fins para os quais esses entes da Administração indireta foram criados, sujeitando, assim, os entes administrativos à supervisão ministerial.

82. (2013 - PC/BA - Delegado de Polícia) A criação de nova secretaria por Governador de Estado caracteriza exemplo de descentralização.

GABARITO: ERRADO.

Por ser um órgão público, a criação da secretaria reflete a desconcentração administrativa, e não a descentralização.

83. (2013 - MPU - Analista/Direito) Em relação a serviços públicos e à disciplina legal sobre as empresas públicas, julgue o item a seguir:

A empresa pública federal caracteriza-se, entre outros aspectos, pelo fato de ser constituída de capital exclusivo da União, não se admitindo, portanto, a participação de outras pessoas jurídicas na constituição de seu capital.

GABARITO: ERRADO.

O capital da empresa pública pode ser formado por patrimônio oriundo da União ou dos demais entes da Administração Direta ou mesmo da Indireta, apenas não admitindo capital privado na sua constituição.

84. (2013 - MPU - Técnico Administrativo) No que se refere aos poderes administrativos, julgue o item a seguir:

Verifica-se a existência de hierarquia administrativa entre as entidades da Administração indireta e os entes federativos que as instituíram ou autorizaram a sua criação.

GABARITO: ERRADO.

Entre os entes da Administração Direta e Indireta não existe hierarquia ou subordinação, mas apenas uma relação de vinculação, sujeita à tutela administrativa (que pode ocasionar o controle finalístico ou a supervisão ministerial).

85. (**2013 - SERPRO - Segurança do Trabalho**) No que se refere à Administração Pública direta e indireta, julgue o item a seguir:

Pessoas jurídicas que integram a Administração indireta federal são criadas ou autorizadas por lei específica e possuem patrimônio e personalidade próprios.

GABARITO: CERTO.

As autarquias são criadas por lei, enquanto os demais entes da indireta têm sua criação autorizada por lei. Todos possuem personalidade jurídica e patrimônio próprios.

86. (**2013 - SERPRO - Segurança do Trabalho**) No que se refere à Administração Pública direta e indireta, julgue o item a seguir:

Os Estados-Membros, os Municípios e o Distrito Federal são pessoas jurídicas de direito público que integram a estrutura constitucional do Estado, sendo dotados de soberania e autonomia política, administrativa e financeira.

GABARITO: ERRADO.

Eles não possuem soberania, sendo essa característica exclusiva da República Federativa do Brasil.

87. (**2013 - Telebras - Técnico em Gestão de Telecomunicações/Assistente Administrativo**) Os órgãos públicos não podem ser acionados judicialmente para responder por danos causados por seus agentes públicos a particulares.

GABARITO: CERTO.

Os órgãos públicos não possuem personalidade jurídica. Desse modo, não possuem capacidade processual e não podem figurar no polo passivo de um processo judicial. Nesse caso, a pessoa jurídica à qual esse órgão pertence é que deverá ser acionada judicialmente.

88. (**2013 - TJ/DF - Analista Judiciário/Área Judiciária**) Os órgãos públicos classificam-se, quanto à estrutura, em órgãos singulares, formados por um único agente, e coletivos, integrados por mais de um agente ou órgão.

GABARITO: ERRADO.

Os órgãos simples são aqueles que não se subdividem em outros órgãos, enquanto que os compostos têm a sua estrutura subdividida em outros órgãos. Essa classificação não leva em conta o número de agentes que integram esses órgãos.

89. (2013 - TJ/DF - Analista Judiciário/Área Judiciária) As sociedades de economia mista podem revestir-se de qualquer das formas em direito admitidas, a critério do poder público, que procede à sua criação.

GABARITO: ERRADO.

As sociedades de economia mista somente podem ser criadas como sociedades anônimas. As empresas públicas é que admitem qualquer modalidade societária prevista na legislação para sua constituição.

90. (2013 - TJ/DF - Técnico Judiciário/Área Administrativa) Quando o Estado cria uma entidade e a ela transfere, por lei, determinado serviço público, ocorre a descentralização por meio de outorga.

GABARITO: CERTO.

No caso da criação de uma entidade e a transferência, por lei, de determinado serviço público, temos a descentralização por serviços ou por outorga legal, que é a descentralização feita para os entes da Administração indireta.

91. (2013 - TRT - 10ª REGIÃO/DF e TO - Analista Judiciário/Área Administrativa) Empresas públicas são pessoas jurídicas de direito privado, integrantes da Administração indireta do Estado, criadas mediante prévia autorização legal, que exploram atividade econômica ou, em certas situações, prestam serviço público.

GABARITO: CERTO.

As empresas públicas possuem personalidade jurídica de direito privado e fazem parte da Administração indireta do Estado. A constituição delas é autorizada por lei, devendo haver o seu posterior registro para que efetivamente existam no mundo jurídico. Assim como as sociedades de economia mista, elas podem ser criadas para prestar serviços públicos ou explorar atividades econômicas.

92. (2013 - TRT 10ª REGIÃO/DF e TO - Analista Judiciário/Execução de Mandados) As empresas públicas devem ser constituídas obrigatoriamente sob a forma de sociedade anônima.

GABARITO: ERRADO.

As empresas públicas podem ser constituídas sob qualquer modalidade societária admitida em direito. As sociedades de economia mista é que somente podem assumir a forma de sociedades anônimas.

93. (2013 - TRT 10ª REGIÃO/DF e TO - Analista Judiciário/Área Judiciária) A concessão de serviço público a particulares é classificada como descentralização administrativa por delegação ou por colaboração.

GABARITO: CERTO.

A descentralização para particulares, realizada por meio de um ato ou de um contrato administrativo, é classificada como descentralização por delegação ou por colaboração.

FAÇA JÁ

Organização da Administração Pública

No Brasil a Administração Pública é dividida em:

Administração Pública DIRETA

- ____________
- ____________
- ____________
- ____________

Administração pública INDIRETA

- ____________
- ____________
- ________________________
- ________________________

Trata-se de um rol ____________, isto é, são considerados como integrantes da Administração Pública apenas esses 8 entes.

Administração Indireta em Espécie

Autarquias

São pessoas jurídicas de direito ____________, criadas diretamente por lei específica. Possuem capacidade de autoadministração e desempenham serviços públicos de maneira

Fundação Pública

É a entidade dotada de personalidade jurídica de direito ____________, sem fins lucrativos, criada em virtude de ____________ legislativa, para o desenvolvimento de atividades que não exijam execução por órgãos ou entidades de direito público, com autonomia administrativa, patrimônio próprio gerido pelos respectivos órgãos de direção, e funcionamento custeado por recursos da União e de outras fontes.

Empresa Pública e Sociedade de Economia Mista

São pessoas jurídicas de direito ________________ que tem sua criação ________________ pela lei. Elas têm como finalidade a prestação de serviços públicos ou a ________________ ________________________________.

Diferenças:

Empresa Pública

- Seu capital é ________________________ ________________.
- Podem adotar qualquer forma societária

Sociedade de Economia Mista

- Seu capital é ________________, mas deve prevalecer o ________________________________.
- Constituídas apenas na forma de ____________ ________________.

Anotações

CAPÍTULO 2

Princípios da Administração Pública

Princípios da Administração Pública

94. (2014 - ANTAQ - Cargos 5 e 6) Com relação à Administração Pública e seus princípios fundamentais, julgue o próximo item:

O princípio da publicidade está relacionado à exigência de ampla divulgação dos atos administrativos e de transparência da Administração Pública, condições asseguradas, sem exceção, ao cidadão.

GABARITO: ERRADO.

O princípio da publicidade encontra exceções em diversas situações, como, por exemplo, a não publicação de determinados atos para preservar a segurança nacional ou mesmo a intimidade dos administrados.

95. (2014 - TJ/SE - Analista Judiciário) No que se refere aos princípios que regem a administração pública, julgue o seguinte item:

Em consonância com os princípios constitucionais da impessoalidade e da moralidade, o STF, por meio da Súmula Vinculante n.º 13, considerou proibida a prática de nepotismo na Administração Pública, inclusive a efetuada mediante designações recíprocas — nepotismo cruzado.

GABARITO: CERTO.

A Súmula Vinculante nº 13 do STF trouxe a proibição do nepotismo, de modo a prestigiar os princípios da impessoalidade e moralidade: ***A nomeação de cônjuge, companheiro ou parente em linha reta, colateral ou por afinidade, até o terceiro grau, inclusive, da autoridade nomeante ou de servidor da mesma pessoa jurídica investido em cargo de direção, chefia ou assessoramento, para o exercício de cargo em comissão ou de confiança ou, ainda, de função gratificada na Administração Pública direta e indireta em qualquer dos Poderes da União, dos Estados, do Distrito Federal e dos Municípios, compreendido o ajuste mediante designações recíprocas, viola a Constituição Federal.***

96. (2014 - TC/DF - Analista de Administração Pública/Sistemas de TI) Acerca do regime jurídico administrativo, julgue o próximo item:

Em razão do princípio da legalidade, a Administração Pública está impedida de tomar decisões fundamentadas nos costumes.

GABARITO: ERRADO.

Os costumes também são considerados fontes do Direito Administrativo. Podem, dessa forma, ser utilizados em determinadas situações como fundamento para a tomada de decisões em dado sentido.

97. (2014 - TC/DF - Analista de Administração Pública - Sistemas de TI) Suponha que um servidor público fiscal de obras do DF, no intuito de prejudicar o governo, tenha determinado o embargo de uma obra de canalização de águas pluviais, sem que houvesse nenhuma irregularidade. Em razão da paralisação, houve atraso na conclusão da obra, o que causou muitos prejuízos à população. Com base nessa situação hipotética, julgue o item que se segue:

O ato de embargo da obra atenta contra os princípios da legalidade, da impessoalidade e da moralidade.

GABARITO: CERTO.

A conduta descrita na questão viola, dentre outros, os princípios da legalidade (não houve irregularidade, então embargou sem amparo legal), da impessoalidade (pois agiu em busca de interesse próprio) e também da moralidade, todos previstos expressamente no caput do Art. 37 da Constituição Federal.

---

98. (**2014 - Câmara dos Deputados - Analista Legislativo**) A respeito dos princípios administrativos, julgue o próximo item:

O Art. 37, *caput*, da Constituição Federal indica expressamente à Administração Pública direta e indireta princípios a serem seguidos, a saber: legalidade, impessoalidade, moralidade, publicidade e eficiência, entre outros princípios não elencados no referido artigo.

GABARITO: CERTO.

Além desses princípios, expressamente previstos na Constituição Federal, também existem os princípios implícitos, cuja observância também é obrigatória.

---

99. (**2014 - Câmara dos Deputados - Analista Legislativo**) A respeito dos princípios administrativos, julgue o próximo item:

O princípio da publicidade como valor republicano, assimilado de forma crescente pela vida e pela cultura política, conforma o Direito brasileiro a imperativo constitucional de natureza absoluta, contra o qual não há exceção.

GABARITO: ERRADO.

Alguns atos excepcionam o princípio da publicidade, quando for necessário, por exemplo, resguardar interesses de segurança nacional ou a intimidade dos administrados.

---

100. (**2014 - Câmara dos Deputados - Analista Legislativo**) A respeito dos princípios administrativos, julgue o próximo item:

O princípio da impessoalidade é corolário do princípio da isonomia.

GABARITO: CERTO.

O princípio da impessoalidade tem uma das suas vertentes relacionadas com a igualdade (isonomia), sendo que a conduta do administrador público deve ser isonômica em relação aos administrados.

---

101. (**2014 - Câmara dos Deputados - Analista Legislativo**) Em relação à Administração Pública indireta e seus temas correlatos, julgue o item subsequente:

A vedação ao nepotismo no ordenamento jurídico brasileiro, nos termos da súmula vinculante n.º 13/2008, ao não se referir à Administração Pública indireta, excetua a incidência da norma em relação ao exercício de cargos de confiança em autarquias.

GABARITO: ERRADO.

Essa súmula refere-se expressamente à Administração Pública direta e indireta, em qualquer dos Poderes da União, dos Estados, do Distrito Federal e dos Municípios.

102. **(2014 - Câmara dos Deputados - Analista Legislativo)** Acerca do Direito Administrativo brasileiro, julgue o item a seguir:

Os princípios da Administração explicitamente previstos na CF não se aplicam às entidades paraestatais e às sociedades de economia mista, por serem essas entidades pessoas jurídicas de direito privado que atuam em atividades do setor econômico, embora sejam criadas por lei.

GABARITO: ERRADO.

Esses princípios são aplicados também às sociedades de economia mista, cuja criação é autorizada por lei.

103. **(2014 - Caixa - Nível Superior)** Em relação à organização administrativa do Estado brasileiro e aos princípios administrativos, julgue o item a seguir:

Dado o princípio da legalidade, os agentes públicos devem, além de observar os preceitos contidos nas leis em sentido estrito, atuar em conformidade com outros instrumentos normativos existentes no ordenamento jurídico nacional.

GABARITO: CERTO.

Trata-se da legalidade em sentido amplo, cuja observância alcança também outros diplomas normativos além da lei, como, por exemplo, a Constituição Federal, as medidas provisórias, os decretos etc.

104. **(2014 - MTE - Agente Administrativo)** Acerca do regime jurídico administrativo e dos atos administrativos, julgue o próximo item:

Viola o princípio da impessoalidade a edição de ato administrativo que objetive a satisfação de interesse meramente privado.

GABARITO: CERTO.

Ao praticar um ato visando alcançar interesse privado, existe a violação do princípio da impessoalidade, que diz que o administrador deve agir sempre em busca do interesse público, e não do interesse pessoal ou de terceiros.

105. **(2014 - CADE - Agente Administrativo)** Com relação ao Direito Administrativo, julgue o item seguinte:

Ainda que as sociedades de economia mista sejam pessoas jurídicas de direito privado com capital composto por capital público e privado, a elas aplicam-se os princípios explícitos da Administração Pública.

GABARITO: CERTO.

Os princípios previstos expressamente no Art. 37 da Constituição Federal aplicam-se para toda a Administração Pública direta e indireta, dos Três Poderes.

106. (2014 - SUFRAMA - Administrador) Acerca do direito administrativo, julgue o item a seguir:
O princípio administrativo da autotutela expressa a capacidade que a Administração tem de rever os próprios atos, desde que provocada pela parte interessada, independentemente de decisão judicial.

GABARITO: ERRADO.

O erro está em afirmar que a Administração realiza o exposto na questão somente mediante provocação. A Administração Pública também pode rever os próprios atos de ofício, independentemente de requerimento.

107. (2014 - Polícia Federal - Agente Administrativo) O DPF, em razão do exercício das atribuições de polícia judiciária, não se submete ao princípio da publicidade, sendo garantido sigilo aos atos praticados pelo órgão.

GABARITO: ERRADO.

Toda a Administração Pública se submete ao princípio da publicidade, sendo que, apenas de maneira excepcional, teremos o sigilo dos atos praticados.

108. (2014 - Polícia Federal - Administrador) No que se refere ao regime jurídico administrativo, aos poderes da Administração Pública e à organização administrativa, julgue o item subsequente:
Em face do princípio da isonomia, que rege toda a Administração Pública, o regime jurídico administrativo não pode prever prerrogativas que o diferenciem do regime previsto para o direito privado.

GABARITO: ERRADO.

O regime administrativo é predominantemente regido por normas de direito público, nas quais temos uma relação de desigualdade, pois ele visa à proteção do interesse público. Exemplo disso é o princípio da supremacia do interesse público sobre o privado, que é um dos princípios estruturantes do Direito Administrativo.

109. (2014 - PGE/BA - Procurador do Estado) O atendimento ao princípio da eficiência administrativa autoriza a atuação de servidor público em desconformidade com a regra legal, desde que haja a comprovação do atingimento da eficácia na prestação do serviço público correspondente.

GABARITO: ERRADO.

Para alcançar a eficiência, a Administração Pública não pode deixar de observar a legalidade e praticar atos que estejam em desconformidade com a regra legal. Todos os princípios devem ser observados, não existe hierarquia entre eles.

110. (2014 - PGE/BA - Procurador do Estado) Suponha que o governador de determinado Estado tenha atribuído o nome de Nelson Mandela, ex-presidente da África do Sul, à escola pública estadual construída com recursos financeiros repassados mediante convênio com a União. Nesse caso, há violação do princípio da impessoalidade, dada a existência de proibição constitucional à publicidade de obras com nomes de autoridades públicas.

GABARITO: ERRADO.

Não houve promoção pessoal, pois ficou evidente que não há nenhum vínculo entre o governador e a figura pública homenageada. Haveria violação do princípio da impessoalidade, se ele houvesse, por exemplo, colocado o próprio nome na escola pública.

111. (2013 - FUNASA - Todos os Cargos) No que se refere ao conceito, à organização e aos princípios da Administração Pública, julgue o item subsecutivo:

Se uma pessoa tomar posse em cargo público em razão de aprovação em concurso público e, por ser filiado a um partido político, sofrer perseguição pessoal por parte de seu superior hierárquico, poderá representar contra seu chefe por ofensa direta ao princípio da impessoalidade.

GABARITO: CERTO.

Fica evidente que a conduta do superior hierárquico, descrita na questão, não tem a finalidade pública, mas sim a busca dos próprios interesses ou de terceiros, o que configura violação ao princípio da impessoalidade.

112. (2013 - STF - Analista Judiciário/Área Administrativa) Julgue o item que se segue, acerca dos princípios que regem a Administração Pública:

A contratação direta de cônjuge, companheiro ou parente em linha reta ou colateral até o terceiro grau, contrária à moralidade, impessoalidade e eficiência administrativas, já era vedada, na esfera do Poder Judiciário, mesmo antes da edição da Súmula Vinculante n.º 13, que determina ser uma violação à CF a prática de nepotismo em qualquer dos Poderes da União, dos Estados, do Distrito Federal e dos Municípios.

GABARITO: CERTO.

A súmula vinculante 13 protege, dentre outros, os princípios da impessoalidade e da moralidade: ***A nomeação de cônjuge, companheiro ou parente em linha reta, colateral ou por afinidade, até o terceiro grau, inclusive, da autoridade nomeante ou de servidor da mesma pessoa jurídica investido em cargo de direção, chefia ou assessoramento, para o exercício de cargo em comissão ou de confiança ou, ainda, de função gratificada na Administração Pública direta e indireta em qualquer dos Poderes da União, dos Estados, do Distrito Federal e dos Municípios, compreendido o ajuste mediante designações recíprocas, viola a Constituição Federal.***

113. (2013 - PG/DF - Procurador) Relativamente à compreensão principiológica do Direito Administrativo, julgue o item subsequente:

Com fundamento no princípio da moralidade e da impessoalidade, o STF entende que, independentemente de previsão em lei formal, constitui violação à CF a nomeação de sobrinho da autoridade nomeante para o exercício de cargo em comissão, ainda que para cargo político, como o de Secretário Estadual.

GABARITO: ERRADO.

De acordo com a jurisprudência do STF, a vedação transcrita na Súmula Vinculante nº13 não se aplica para cargos políticos, como o de Secretário Estadual ou Secretário Municipal, não havendo óbice para nomeação de cônjuge, companheiro ou parentes até terceiro grau.

114. **(2013 - FUB - Assistente em Administração)** Acerca da Administração Pública e seus agentes, julgue o próximo item:.

Os princípios explícitos da Administração Pública previstos na CF não se aplicam às empresas estatais, em razão da natureza e atividade desempenhada por essas entidades.

GABARITO: ERRADO.

As empresas estatais (empresas públicas e sociedades de economia mista) também estão sujeitas aos princípios constitucionais direcionados para a Administração Pública, conforme se verifica no próprio caput do Art. 37, que diz serem de observância tanto pela Administração direta quanto pela indireta.

115. **(2013 - MPOG - Todos os Cargos)** No que diz respeito à Administração Pública, julgue o item seguinte:

Em consequência do princípio da legalidade, pode-se concluir que, havendo discordância entre determinada conduta e a lei, deverá a conduta ser corrigida para eliminar-se a ilicitude.

GABARITO: CERTO.

Atos que não estejam em consonância com a lei não podem subsistir, devendo ser, como uma regra geral, anulados.

116. **(2013 - MPOG - Todos os Cargos)** Em relação ao Direito Administrativo, julgue o item subsequente:

A vedação da prática do nepotismo no âmbito da Administração direta e indireta de qualquer dos Poderes da União, dos Estados, do Distrito Federal e dos Municípios está relacionada aos princípios da moralidade e da impessoalidade administrativa.

GABARITO: CERTO.

A vedação ao nepotismo, transcrita na Súmula Vinculante nº13 do STF, tem como objetivo proteger, dentre outros, os princípios da moralidade e impessoalidade, previstos expressamente no *caput* do Art. 37 da Constituição Federal.

117. **(2013 - TCE/RO - Auditor de Controle Externo/Direito)** A atribuição do nome de determinado prefeito em exercício a escola pública municipal constitui infringência ao princípio constitucional da impessoalidade, mesmo que tenha caráter educativo, informativo ou de orientação social.

GABARITO: CERTO.

A utilização de nome, imagens ou símbolos em obras públicas caracteriza a promoção pessoal, refletindo na violação do princípio da impessoalidade.

118. (2013 - MJ - Analista Técnico - Administrativo) Com referência aos princípios do Direito Administrativo e aos Poderes da Administração, julgue o próximo item:

O princípio da moralidade administrativa torna jurídica a exigência de atuação ética dos agentes públicos e possibilita a invalidação dos atos administrativos.

GABARITO: CERTO.

Não basta que os atos estejam em conformidade com a lei. Eles também devem ser pautados pela moralidade, ou também poderão ser passíveis de invalidação.

119. (2013 - MJ - Analista Técnico-Administrativo) Com referência aos princípios do Direito Administrativo e aos poderes da Administração, julgue o próximo item:

Motivação é um princípio que exige da Administração Pública indicação dos fundamentos de fato e de direito de suas decisões.

GABARITO: CERTO.

Ao praticar um ato, o administrador público deve indicar a situação fática e jurídica que justifica a sua prática.

120. (2013 - DEPEN - Especialista) Em razão do princípio da legalidade, previsto em artigo do texto constitucional, apenas a lei é fonte do Direito Administrativo.

GABARITO: ERRADO.

A doutrina, a jurisprudência e os costumes também são considerados fontes do Direito Administrativo.

121. (2013 - DEPEN - Especialista) Segundo o princípio da legalidade, a Administração Pública vincula- se, em toda sua atividade, aos mandamentos da lei, tanto em relação aos atos e às funções de natureza administrativa quanto em relação às funções legislativa e jurisdicional.

GABARITO: CERTO.

O *caput* do Art. 37 é direcionado para toda a Administração Pública direta e indireta de qualquer dos Poderes da União, dos Estados, do Distrito Federal e dos Municípios.

122. (2013 - ANS - Especialista em Regulação de Saúde Suplementar) Julgue o item a seguir, relativo ao Estado e aos princípios administrativos:

O órgão público, ao divulgar a remuneração dos seus servidores, está cumprindo com o princípio da eficiência.

GABARITO: ERRADO.

Nesse caso, o órgão público estará agindo de acordo com o princípio da publicidade, que também traz um dever de transparência.

123. (2013 - MI - Assistente Técnico-Administrativo) Julgue o seguinte item, relativo a poderes e princípios da Administração Pública:

Fere a moralidade administrativa a conduta do agente que se vale da publicidade oficial para autopromover-se.

GABARITO: CERTO.

A conduta descrita na questão viola a moralidade administrativa. Caso a questão afirmasse que fere "diretamente" a moralidade, ela estaria errada, pois, nesse caso, estaria sendo violado diretamente o princípio da impessoalidade. Entretanto, ao afirmar de maneira genérica, ela está correta, pois temos, sim, o desrespeito ao princípio da moralidade nessa situação, além de outros princípios.

124. (2013 - MI - Assistente Técnico-Administrativo) Julgue o seguinte item, relativo a poderes e princípios da Administração Pública:

Não viola o princípio da legalidade a exoneração de ofício de servidor público por abandono de cargo.

GABARITO: ERRADO.

Existe a violação da legalidade, pois, nesse caso, a conduta a ser tomada, de acordo com a Lei 8.112/90, é a demissão, e não a exoneração de ofício (Art. 132, II, da referida Lei).

125. (2013 - SERPRO - Analista/Advocacia) O princípio da isonomia pode ser invocado para a obtenção de benefício, ainda que a concessão deste a outros servidores tenha-se dado com a violação ao princípio da legalidade.

GABARITO: ERRADO.

Não pode haver violação da legalidade. Os princípios devem ser todos observados, um não pode ser aplicado isoladamente em detrimento dos demais; não existe hierarquia entre eles.

126. (2013 - SERPRO - Suporte Administrativo) No que se refere à Administração Pública direta e indireta, julgue o item a seguir:

De acordo com o princípio da moralidade, os atos e as atividades da Administração Pública devem estar de acordo com a lei e com preceitos morais.

GABARITO: CERTO.

O princípio contido na questão exige que não apenas a lei seja observada, mas também a moralidade da conduta adotada.

127. (2013 - TJ/DF - Analista Judiciário/Oficial de Justiça Avaliador) Haverá ofensa ao princípio da moralidade administrativa sempre que o comportamento da Administração, embora em consonância com a lei, ofender a moral, os bons costumes, as regras de boa administração, os princípios de justiça e a ideia comum de honestidade.

GABARITO: CERTO.

Trata-se de termos relacionados à ideia de moralidade administrativa, que exige não apenas uma conduta legal, mas também uma conduta embasada por esses preceitos.

128. (2013 - TRT 10ª REGIÃO/DF e TO - Analista Judiciário/Área Administrativa) Considere a seguinte situação hipotética:

Determinado prefeito, que é filho do deputado federal em exercício José Faber, instituiu ação político-administrativa municipal que nomeou da seguinte forma: Programa de Alimentação Escolar José Faber.

Nessa situação hipotética, embora o prefeito tenha associado o nome do próprio pai ao referido programa, não houve violação do princípio da impessoalidade, pois não ocorreu promoção pessoal do Chefe do Poder Executivo municipal.

GABARITO: ERRADO.

Houve violação do princípio da impessoalidade, pois ambos possuem o mesmo nome, ficando caracterizada a promoção pessoal.

129. (2013 - TRT 10ª REGIÃO/DF e TO - Analista Judiciário/Área Administrativa) A nomeação, pelo presidente de um Tribunal de Justiça, de sua companheira para o cargo de assessora de imprensa desse Tribunal violaria o princípio constitucional da moralidade.

GABARITO: CERTO.

Nesse caso, a conduta está sendo imoral e é vedada, inclusive, pela Súmula Vinculante nº13 do STF, que trouxe a proibição ao nepotismo.

130. (2013 - TRT 10ª REGIÃODF e TO - Analista Judiciário/Área Administrativa) Os princípios constitucionais da Administração Pública se limitam à esfera do Poder Executivo, já que o Poder Judiciário e o Poder Legislativo não exercem função administrativa.

GABARITO: ERRADO.

Esses princípios são aplicados no âmbito dos Três Poderes, sendo que o Legislativo e o Judiciário também exercem, de forma atípica, a função administrativa.

131. (2013 - TRT 10ª REGIÃO/DF e TO - Analista Judiciário/Área Administrativa) Com base no princípio da autotutela administrativa, a Administração Pública pode revogar os seus atos discricionários, independentemente do respeito aos direitos adquiridos.

GABARITO: ERRADO.

O princípio da autotutela, transcrito na Súmula nº 473 do Supremo Tribunal Federal, prevê a possibilidade de revogação dos atos por motivo de conveniência e oportunidade. Entretanto, ela alcança apenas atos discricionários e desde que sejam resguardados os direitos adquiridos: *Súmula do STF nº 473. A Administração pode anular seus próprios atos, quando eivados de vícios que os tornam ilegais, porque deles não se originam direitos; ou revogá-los, por motivo de conveniência ou oportunidade, respeitados os direitos adquiridos, e ressalvada, em todos os casos, a apreciação judicial.*

132. (2013 - TRT 10ª REGIÃO/DF e TO - Analista Judiciário/Área Administrativa) A Administração está obrigada a divulgar informações a respeito dos seus atos administrativos, ressalvadas aquelas cujo sigilo seja imprescindível à segurança da sociedade e do Estado e à proteção da intimidade das pessoas.

GABARITO: CERTO.

De acordo com o princípio da publicidade, a Administração Pública deve divulgar seus atos em órgão oficial, ressalvadas as situações em que deve haver a proteção aos interesses de segurança nacional ou à intimidade dos administrados.

133. **(2013 - TRT 10ª REGIÃO/DF e TO - Analista Judiciário/Área Judiciária)** O princípio da supremacia do interesse público é, ao mesmo tempo, base e objetivo maior do Direito Administrativo, não comportando, por isso, limites ou relativizações.

GABARITO: ERRADO.

Não existem princípios absolutos. O princípio presente na questão pode ser relativizado por outros princípios, de acordo com o caso concreto, e também pela lei.

134. **(2013 - TRT 10ª REGIÃO/DF e TO - Analista Judiciário/Área Judiciária)** Em decorrência do princípio da legalidade, a lei é a mais importante de todas as fontes do Direito Administrativo.

GABARITO: CERTO.

Apesar de existirem outras fontes do Direito Administrativo, a lei é a fonte principal desse ramo do Direito, fundamentalmente em consideração ao princípio constitucional da legalidade, insculpido no Art. 37, caput, da Constituição Federal.

135. **(2013 - IBAMA - Analista Ambiental)** O princípio da moralidade e o da eficiência estão expressamente previstos na CF, ao passo que o da proporcionalidade constitui princípio implícito, não positivado no texto constitucional.

GABARITO: CERTO.

Os princípios da moralidade e da eficiência estão expressamente previstos no Art. 37, *caput*, enquanto o princípio da proporcionalidade reflete um princípio implícito.

136. **(2013 - TC/DF - Procurador)** Constitui exteriorização do princípio da autotutela a súmula do STF que enuncia que "A Administração pode anular seus próprios atos, quando eivados dos vícios que os tornam ilegais, porque deles não se originam direitos; ou revogá-los, por motivo de conveniência e oportunidade, respeitados os direitos adquiridos, e ressalvada, em todos os casos, a apreciação judicial."

GABARITO: CERTO.

O princípio da autotutela encontra guarida na Súmula nº 473 do STF, transcrita na questão, que possibilita à Administração Pública o poder de rever os próprios atos.

FAÇA JÁ

Princípios da Administração Pública

Os princípios são normas de caráter geral, que tem por objeto o norteamento do sistema jurídico. Os princípios fundamentais da Administração Pública podem ser ______________ (encontrados no texto constitucional) ou ______________.

Entre os princípios expressos e implícitos ______________ ______________ qualquer tipo de subordinação ou hierarquia.

Princípios Constitucionais Fundamentais Expressos

Dentro da Constituição Federal encontramos os cinco princípios fundamentais expressos:

- ______________
- ______________
- ______________
- ______________
- ______________

Art. 37 da Constituição Federal:

A administração pública direta e indireta de qualquer dos Poderes da União, dos Estados, do Distrito Federal e dos Municípios obedecerá aos princípios de legalidade, impessoalidade, moralidade, publicidade e eficiência e, também, ao seguinte...

Princípio da Impessoalidade

Esse princípio também pode ser visto sob três perspectivas:

1. **ISONOMIA:**

O administrador público deve tratar os administrados de maneira isonômica, ______________ distinções ou critérios de preferência entre os mesmos, que devem ser tratados de maneira igualitária.

2. **FINALIDADE:**

A finalidade de toda atuação pública é o ____________ ____________. A Administração sempre deve agir objetivando fins públicos. Esse princípio veda que o administrador atue visando interesses próprios ou de terceiros. Nessa acepção ele também é chamado de princípio da Finalidade.

3. **Vedação a Promoção Pessoal (Ou Partidária)**

Sob essa ótica, o princípio da impessoalidade veda que o administrador utilize obras públicas para fins de ____________ ________________________.

Anotações

CAPÍTULO 3

Agentes Públicos e Lei 8.112/90

Agentes Públicos e Lei 8.112/90

137. (2014 - Polícia Federal - Agente de Polícia Federal) No que se refere à organização administrativa e a agentes públicos, julgue o item a seguir:

Conforme entendimento do Supremo Tribunal Federal, se determinado concurso público destinar-se ao provimento de duas vagas, não será possível que uma dessas vagas seja destinada exclusivamente à pessoa portadora de necessidades especiais.

GABARITO: CERTO.

Como, nos termos da Lei 8.112/90, serão reservadas até 20% das vagas para deficientes, se fosse reservada uma dessas duas vagas disponíveis, teríamos uma reserva de 50% das vagas, o que viola esse limite estabelecido pela lei.

138. (2014 - ANTAQ - Cargos 5 e 6) Com relação aos agentes públicos, julgue o item a seguir:

É prevista, no texto constitucional, a hipótese de exoneração de servidor estável por excesso de despesa com pessoal.

GABARITO: CERTO.

Essa possibilidade está prevista no Art. 169, que diz:

CF, Art. 169, § 3º. Para o cumprimento dos limites estabelecidos com base neste artigo, durante o prazo fixado na lei complementar referida no caput, a União, os Estados, o Distrito Federal e os Municípios adotarão as seguintes providências:

I - redução em pelo menos vinte por cento das despesas com cargos em comissão e funções de confiança;

II - exoneração dos servidores não estáveis.

§ 4º Se as medidas adotadas com base no parágrafo anterior não forem suficientes para assegurar o cumprimento da determinação da lei complementar referida neste artigo, o servidor estável poderá perder o cargo, desde que ato normativo motivado de cada um dos Poderes especifique a atividade funcional, o órgão ou unidade administrativa objeto da redução de pessoal.

139. (2014 - ANTAQ - Conhecimentos Básicos - Cargos 5 e 6) Com relação aos agentes públicos, julgue o item a seguir:

Em inquérito administrativo instaurado contra servidor, é dispensável a observância do contraditório e da ampla defesa por constituir fase prévia e inquisitiva do processo administrativo disciplinar.

GABARITO: ERRADO.

O inquérito administrativo é uma das fases do PAD. Desse modo, deve sempre haver o respeito ao contraditório e à ampla defesa. Fases do PAD: 1) instauração, com a publicação do ato que constituir a comissão; 2) inquérito administrativo (que compreende instrução, defesa e relatório); 3) julgamento.

140. (2014 - ANTAQ - Cargos 5 e 6) Com relação aos agentes públicos, julgue o item a seguir:

Reintegração é o retorno do servidor aposentado à atividade, no mesmo cargo em que tenha sido aposentado ou em cargo equivalente.

GABARITO: ERRADO.

Essa forma de provimento narrada na assertiva reflete a reversão, conforme a regra do Art. 25 da Lei 8.112/90:

Lei 8.112/90, Art. 25. Reversão é o retorno à atividade de servidor aposentado.

141. (2014 - ANTAQ - Cargos 5 e 6) Em relação aos atos administrativos, aos agentes públicos, aos poderes administrativos e à responsabilidade do Estado, julgue o item que se segue:

Segundo o entendimento recente do STF e do STJ, o fato de haver instauração de inquérito policial ou propositura de ação penal contra candidato inscrito em concurso público é causa para a sua eliminação do certame.

GABARITO: ERRADO.

Pelo princípio da presunção da inocência, ninguém será considerado culpado até o trânsito em julgado da sentença condenatória. Desse modo, o mero inquérito policial ou mesmo a propositura da ação penal não constituem fundamento para a eliminação do certame.

142. (2014 - ANTAQ - Cargos 1 a 4) Em relação aos atos administrativos, aos agentes públicos, aos poderes administrativos e à responsabilidade do Estado, julgue o item que se segue: Caso um servidor público federal se ausente do serviço durante o expediente sem a prévia autorização do chefe imediato, a autoridade administrativa que tomar ciência da irregularidade estará obrigada a promover a apuração imediata dos fatos, mediante processo administrativo disciplinar.

GABARITO: ERRADO.

Por ser uma infração punível com advertência (Art. 117, I, da Lei 8.112/90), não é obrigatória a instauração de um processo administrativo disciplinar, pois o fato poderia também ser apurado por meio de uma sindicância (Art. 143 da mesma lei).

143. (2014 - ANTAQ - Técnico-Administrativo) A respeito dos agentes públicos, julgue o próximo item: Os cargos em comissão, criados por lei, destinam-se somente às atribuições de direção, chefia e assessoramento.

GABARITO: CERTO.

Os cargos em comissão são para o preenchimento dessas atribuições, enquanto os cargos efetivos são preenchidos para o desempenho de atribuições técnicas.

144. (2014 - ANATEL - Analista Administrativo/Administração) No que diz respeito aos direitos e deveres do servidor público, previstos na Lei nº 8.112/1990, julgue o item subsecutivo: Durante o período de apuração dos deveres inerentes ao cargo do servidor, as sanções administrativas decorrentes do processo disciplinar poderão cumular-se com as sanções penais, sendo afastada, entretanto, a responsabilidade administrativa do servidor no caso de absolvição criminal.

GABARITO: ERRADO.

De acordo com o Art. 126 dessa Lei, a responsabilidade administrativa do servidor será afastada no caso de absolvição criminal que negue a existência do fato ou sua autoria, sendo que não é qualquer tipo de absolvição criminal que reflete na esfera administrativa.

145. **(2014 - ANATEL - Analista Administrativo)** No que diz respeito aos direitos e deveres do servidor público, previstos na Lei n.º 8.112/1990, julgue o item subsecutivo:

Licenças para tratamento de assuntos particulares poderão ser concedidas, por discricionariedade da Administração Pública, a servidor ocupante de cargo efetivo, ainda que esteja cumprindo o estágio probatório, pelo prazo de até três anos consecutivos, desde que sem remuneração.

GABARITO: ERRADO.

Conforme expressa previsão do Art. 91 da Lei 8.112/90, a critério da Administração, poderão ser concedidas ao servidor ocupante de cargo efetivo, desde que não esteja em estágio probatório, licenças para o trato de assuntos particulares pelo prazo de até 3 anos consecutivos, sem remuneração.

146. **(2014 - ANATEL - Analista Administrativo)** Acerca das regras para a realização de concurso público, julgue o item subsequente:

De acordo com o entendimento mais recente do STF, a Administração não é obrigada a nomear os candidatos aprovados no número de vagas definidas no edital de concurso, desde que haja razão de interesse público decorrente de circunstâncias extraordinárias, imprevisíveis e supervenientes.

GABARITO: CERTO.

Nesse caso, o interesse público prevalece sobre o privado, não havendo a obrigatoriedade de nomeação dos aprovados. Todavia, isso ocorre somente em situações excepcionais, marcadas por circunstâncias extraordinárias, imprevisíveis e supervenientes.

147. **(2014 - ANATEL - Analista Administrativo)** Um servidor, pregoeiro de determinado órgão público Federal, utilizava-se da função para favorecer indevidamente um grupo de empresas nas licitações realizadas pelo órgão. Por meio de auditoria interna, descobriu-se o esquema fraudulento, e um processo administrativo disciplinar foi instaurado para a apuração dos fatos e eventual responsabilização do servidor.

Com base nessa situação hipotética, julgue o próximo item:

Caso o servidor não constitua advogado para sua defesa no processo administrativo disciplinar, a autoridade instauradora do processo deve designar outro servidor como defensor dativo.

GABARITO: ERRADO.

No processo administrativo disciplinar, a assistência por advogado é facultativa. A sua ausência não invalida o processo. É esse, inclusive, o entendimento do STF, transcrito na *Súmula Vinculante nº 5: A falta de defesa técnica por advogado no processo administrativo disciplinar não ofende a Constituição.*

148. **(2014 - ANATEL - Analista Administrativo)** Um servidor, pregoeiro de determinado órgão público federal, utilizava-se da função para favorecer indevidamente um grupo de empresas nas licitações realizadas pelo órgão. Por meio de auditoria interna, descobriu-se o esquema fraudulento, e um processo administrativo disciplinar foi instaurado para a apuração dos fatos e eventual responsabilização do servidor.
Com base nessa situação hipotética, julgue o próximo item:
Em decorrência das garantias constitucionais da ampla defesa, do contraditório e do devido processo legal, o referido servidor não pode ser afastado do cargo antes de proferida decisão condenatória em processo administrativo disciplinar.

GABARITO: ERRADO.

O Afastamento preventivo está previsto no Art. 147 da Lei 8.112/90, que diz:

Lei 8.112/90, Art. 147. Como medida cautelar e a fim de que o servidor não venha a influir na apuração da irregularidade, a autoridade instauradora do processo disciplinar poderá determinar o seu afastamento do exercício do cargo, pelo prazo de até 60 (sessenta) dias, sem prejuízo da remuneração.

Parágrafo único. O afastamento poderá ser prorrogado por igual prazo, findo o qual cessarão os seus efeitos, ainda que não concluído o processo.

---

149. **(2014 - ANATEL - Cargos 13, 14 e 15)** Julgue o item seguinte, referente a agentes públicos e ao poder de polícia:
Em um concurso público que requeira investigação social como uma de suas fases, a existência de inquérito policial instaurado contra o candidato não tem, por si só, o poder de eliminá-lo do certame.

GABARITO: CERTO.

Pelo princípio da presunção da inocência, ninguém será considerado culpado até o trânsito em julgado da sentença condenatória. Desse modo, o mero inquérito policial não teria o condão de eliminar o candidato do certame.

---

150. **(2014 - TJ/SE - Técnico Judiciário/Área Judiciária)** A respeito de agentes públicos, responsabilidade civil do Estado e improbidade administrativa, julgue o item que se segue:
À exceção dos magistrados, os servidores públicos efetivos estatutários do Poder Judiciário, após aquisição de estabilidade, apenas podem perder seus cargos por decisão em sentença judicial transitada em julgado ou em processo administrativo disciplinar, ou por decorrência de avaliação de desempenho insatisfatória ou por necessidade de redução de despesas com pessoal.

GABARITO: CERTO.

Trata-se de hipóteses de perda do cargo pelo servidor, mesmo que estável, previstas no texto constitucional (Art. 41 e 169 da CF).

---

151. **(2014 - TJ/SE - Analista Judiciário)** No que concerne às regras e aos princípios específicos que regem a atuação da administração pública, julgue o item subsequente:
O STF admite que lei institua limite máximo de idade para ingresso em determinado cargo público, mas não limite mínimo de idade, diante da não razoabilidade dessa exigência.

GABARITO: ERRADO.

Dependendo das atribuições do cargo, o limite mínimo de dezoito anos de idade pode ser elevado, conforme a Súmula 683 do STF, que diz:

Súmula do STF nº 683. O limite de idade para inscrição em concurso público só se legitima em face do Art. 7º, inciso XXX, da Constituição, quando possa ser justificado pela natureza das atribuições do cargo a ser preenchido.

152. **(2014 - ICMBIO - Técnico-Administrativo)** Com base na Lei n.º 8.112/1990 e na Lei n.º 9.784/1999, julgue o item subsecutivo:

Caso um técnico do ICMBio tenha tomado posse no seu cargo em 2013 e entre em gozo de licença para atividade política em 2014, o estágio probatório deverá ser suspenso durante o período de afastamento.

GABARITO: CERTO.

Essa licença pode ser concedida durante o estágio probatório, mas o prazo dele será suspenso, sendo retomado do seu retorno ao cargo (Art. 81 da Lei 8.112/90).

153. **(2014 - ICMBIO - Analista Administrativo)** Julgue o item que se segue, com base nas disposições da Lei n.º 8.112/1990 e da Lei n.º 9.784/1999.

Caso um analista do ICMBio tenha sido nomeado para determinado cargo em comissão no próprio instituto, não poderá ser nomeado, mesmo interinamente, para outro cargo de confiança.

GABARITO: ERRADO.

De acordo com o Art. 9º da Lei 8.112/90, o servidor ocupante de cargo em comissão ou de natureza especial poderá ser nomeado para ter exercício, interinamente, em outro cargo de confiança, sem prejuízo das atribuições do que atualmente ocupa. Nessa hipótese, deverá optar pela remuneração de um deles durante o período da interinidade.

154. **(2014 - ICMBIO - Técnico-Administrativo)** No que concerne ao regime jurídico dos servidores públicos civis federais, julgue o seguinte item:

A licença para capacitação tem natureza discricionária, é remunerada e pode ser solicitada, mesmo durante o período de estágio probatório.

GABARITO: ERRADO.

A licença de capacitação não pode ser concedida no curso do estágio probatório, exigindo, para sua concessão, cinco anos de efetivo exercício no cargo (Art. 87 da Lei 8.112/90).

155. **(2014 - ICMBIO - Técnico Administrativo)** No que concerne ao regime jurídico dos servidores públicos civis federais, julgue o seguinte item:

A Lei n.º 8.112/1990 se aplica a todos os indivíduos que trabalham no serviço público federal, incluindo os servidores da Administração Federal, os militares e os empregados públicos.

GABARITO: ERRADO.

Essa lei se aplica para os Servidores Públicos Civis da União, das autarquias, inclusive as em regime especial, e das fundações públicas federais. Os militares seguem estatuto próprio, enquanto os empregados públicos são regidos pela CLT.

156. (2014 - ICMBIO - Técnico-Administrativo) No que concerne ao regime jurídico dos servidores públicos civis federais, julgue o seguinte item:
É obrigatória a realização de concurso público para provimento de cargo efetivo na Administração direta ou indireta.

GABARITO: CERTO.

Os cargos efetivos são preenchidos somente mediante prévia aprovação em concurso público, conforme exigência do Art. 37, II, da CF.

157. (2014 - TC/DF - Analista de Administração Pública/Sistemas de TI) Suponha que um servidor público fiscal de obras do DF, no intuito de prejudicar o governo, tenha determinado o embargo de uma obra de canalização de águas pluviais, sem que houvesse nenhuma irregularidade. Em razão da paralisação, houve atraso na conclusão da obra, o que causou muitos prejuízos à população. Com base nessa situação hipotética, julgue o item que se segue:

Uma vez instaurado o processo administrativo disciplinar para apuração da infração, o servidor poderá ser afastado de suas funções, por até sessenta dias, sem direito à remuneração do cargo.

GABARITO: ERRADO.

Esse afastamento é feito sem o prejuízo da remuneração, isto é, o servidor, embora afastado de seu cargo, continua recebendo normalmente, conforme a regra do Art. 147 da Lei 8.112/90, que diz:

Lei 8.112/90, Art. 147. Como medida cautelar e a fim de que o servidor não venha a influir na apuração da irregularidade, a autoridade instauradora do processo disciplinar poderá determinar o seu afastamento do exercício do cargo, pelo prazo de até 60 (sessenta) dias, sem prejuízo da remuneração.

158. (2014 - TC/DF - Analista de Administração Pública/Sistemas de TI) Suponha que um servidor público fiscal de obras do DF, no intuito de prejudicar o governo, tenha determinado o embargo de uma obra de canalização de águas pluviais, sem que houvesse nenhuma irregularidade. Em razão da paralisação, houve atraso na conclusão da obra, o que causou muitos prejuízos à população. Com base nessa situação hipotética, julgue o item que se segue:
A ausência de advogado para auxiliar o servidor em sua defesa não é causa de nulidade do processo administrativo disciplinar.

GABARITO: CERTO.

No PAD, a assistência por advogado é facultativa e a sua ausência não viola o direito à ampla defesa, de acordo com a Súmula Vinculante nº 5 do Supremo Tribunal Federal.

159. (2014 - TC/DF - Analista de Administração Pública/Sistemas de TI) Suponha que um servidor público fiscal de obras do DF, no intuito de prejudicar o governo, tenha determinado o embargo de uma obra de canalização de águas pluviais, sem que houvesse nenhuma irregularidade. Em razão da paralisação, houve atraso na conclusão da obra, o que causou muitos prejuízos à população. Com base nessa situação hipotética, julgue o item que se segue:

A autoridade competente do órgão de fiscalização tem a prerrogativa discricionária de instaurar processo administrativo para apurar a infração cometida pelo servidor.

GABARITO: ERRADO.

Conforme a regra do Art. 143 da Lei 8.112/90, a autoridade que tiver ciência de irregularidade no serviço público é obrigada a promover a sua apuração imediata, mediante sindicância ou processo administrativo disciplinar, assegurada ao acusado ampla defesa.

---

160. (2014 - MEC - Analista Processual) Com base no entendimento jurisprudencial e na legislação federal que rege o processo administrativo, julgue o item:

Em atenção aos princípios constitucionais da ampla defesa e do contraditório, é indispensável que o interessado seja representado, no curso de processo administrativo disciplinar, por advogado capaz de oferecer defesa técnica.

GABARITO: ERRADO.

Nos termos da Súmula Vinculante nº5 do STF, a falta de defesa técnica por advogado no processo administrativo disciplinar não ofende a Constituição, não estando assim, violado o direito à ampla defesa.

---

161. (2014 - MEC - Todos os Cargos) No que se refere à contratação de pessoal por tempo determinado para o atendimento de necessidade temporária de excepcional interesse público, julgue o item seguinte, com base na legislação de regência.

Na referida forma de contratação, o recrutamento de pessoal prescinde de concurso público.

GABARITO: CERTO.

Nesse caso, o concurso público não é necessário, podendo a contratação ocorrer por meio de um processo seletivo simplificado.

---

162. (2014 - Câmara dos Deputados - Técnico Legislativo) Um cidadão aprovado no cargo de técnico legislativo da Câmara dos Deputados que não possa comparecer à sua posse por motivos de foro pessoal poderá tomar posse mediante procuração específica.

GABARITO: CERTO.

Nos termos do Art. 13, § 3º, da Lei 8.112/90, a posse poderá ocorrer mediante procuração específica.

---

163. (2014 - Câmara dos Deputados - Técnico Legislativo) Servidor técnico legislativo da Câmara dos Deputados em gozo de licença para tratar de interesses particulares poderá participar da gerência de sociedade privada, sendo-lhe vedado apenas o exercício de atos de comércio.

GABARITO: ERRADO.

Ao servidor em gozo da licença para tratar de interesses particulares não se aplica a vedação descrita na questão, nos termos do Art. 117, parágrafo único, inciso II, da Lei 8.112/90.

---

164. (2014 - Câmara dos Deputados - Técnico Legislativo) Considere que determinada autoridade tenha instaurado processo disciplinar para apurar denúncia que relata o cometimento de irregularidades por servidor lotado no setor sob sua responsabilidade. Nessa situação, como medida cautelar e, a fim de evitar que o servidor denunciado influa na apuração, a autoridade poderá afastá-lo do exercício do cargo durante todo o curso do processo, sem prejuízo de sua remuneração.

GABARITO: ERRADO.

O afastamento de que trata o item poderá ser por até sessenta dias, prorrogável por igual prazo, sendo que após esse prazo cessa o afastamento, ainda que não concluído o processo, conforme a regra do Art. 147 da Lei 8.112/90.

---

165. (2014 - Câmara dos Deputados - Analista Legislativo) Acerca do regime disciplinar dos agentes públicos, julgue o item a seguir:

A autoridade julgadora competente para proferir decisão em processo disciplinar está parcialmente vinculada à apreciação opinativa da comissão processante, podendo aplicar pena mais branda que a sugerida, mas não mais gravosa.

GABARITO: ERRADO.

A autoridade responsável pela aplicação da penalidade poderá aplicar também pena mais grave, conforme regra prevista no Art. 168, da Lei 8.112/90, que diz:

Lei 8.112/90, Art. 168. O julgamento acatará o relatório da comissão, salvo quando contrário às provas dos autos.

Parágrafo único. Quando o relatório da comissão contrariar as provas dos autos, a autoridade julgadora poderá, motivadamente, agravar a penalidade proposta, abrandá-la ou isentar o servidor de responsabilidade.

---

166. (2014 - Câmara dos Deputados - Analista Legislativo) Acerca do regime disciplinar dos agentes públicos, julgue o item a seguir:

A decisão absolutória na esfera penal repercute na esfera administrativa para isentar o servidor de responsabilização disciplinar.

GABARITO: ERRADO.

Apenas no caso de absolvição criminal, que negue a existência do fato ou de sua autoria, é que a responsabilidade administrativa será afastada, conforme disposição do Art. 126 da Lei 8.112/90.

---

167. (2014 - Câmara dos Deputados - Analista Legislativo) Se, em eventual processo penal instaurado para apurar o fato, o servidor for absolvido por falta de provas, ainda assim será possível a sua responsabilização na esfera administrativa.

GABARITO: CERTO.

Somente no caso de absolvição criminal, que negue a existência do fato ou de sua autoria, é que a responsabilidade administrativa será afastada. Desse modo, a responsabilização na esfera administrativa poderá ocorrer normalmente, pois a absolvição criminal por falta de provas não afasta essa responsabilidade administrativa (Art. 126 da Lei 8.112/90).

---

168. (2014 - Câmara dos Deputados - Analista Legislativo) Acerca da contratação de pessoal por prazo determinado para o atendimento de necessidade temporária de excepcional interesse público, julgue o item a seguir:

Caso seja praticada infração disciplinar por pessoa contratada para atender a necessidade temporária de excepcional interesse público, deve-se instaurar processo administrativo disciplinar para a apuração do ato, aplicando-se o rito previsto na Lei n.º 8.112/1990.

GABARITO: ERRADO.

A Lei 8.112/90 é aplicada apenas aos servidores públicos estatutários, não se enquadrando nas suas disposições os servidores públicos temporários, que têm a relação de trabalho regida pelo contrato de trabalho temporário.

169. (2014 - Câmara dos Deputados - Analista Legislativo) Julgue o item que se segue, relativo à remuneração dos agentes públicos, conforme entendimento do STJ:

Ao servidor público federal que prestar serviço entre vinte e duas horas de um dia e cinco horas da manhã do dia seguinte, ainda que em regime de plantão, será devido o pagamento de adicional noturno.

GABARITO: CERTO.

De acordo com os termos da Lei 8.112/90, em seu Art. 75:

Lei 8.112/90, Art. 75. O serviço noturno, prestado em horário compreendido entre 22 (vinte e duas) horas de um dia e 5 (cinco) horas do dia seguinte, terá o valor-hora acrescido de 25% (vinte e cinco por cento), computando-se cada hora como cinquenta e dois minutos e trinta segundos.

170. (2014 - Câmara dos Deputados - Analista Legislativo) A respeito do regime jurídico estatutário dos servidores públicos, julgue o item a seguir, de acordo com o entendimento dos Tribunais Superiores:

A regra da aposentadoria compulsória por idade aplica-se ao servidor público que ocupe exclusivamente cargo em comissão.

GABARITO: ERRADO.

Essa regra aplica-se apenas para os cargos efetivos, não ocorrendo a aposentadoria compulsória aos titulares de cargo em comissão, conforme jurisprudência do STF.

171. (2014 - Câmara dos Deputados - Analista Legislativo) A respeito do regime jurídico estatutário dos servidores públicos, julgue o item a seguir, de acordo com o entendimento dos Tribunais Superiores:

O servidor público federal tem direito de ser removido a pedido, independentemente do interesse da Administração, para acompanhar cônjuge que, sendo empregado de empresa pública federal, tenha sido deslocado para outra localidade no interesse da Administração.

GABARITO: CERTO.

De acordo com a jurisprudência do STJ, esse direito, previsto no Art. 36 da Lei 8.112/90, também se aplica no caso de o cônjuge ou companheiro removido de ofício ser um empregado público de uma empresa pública.

172. (2014 - Câmara dos Deputados - Analista Legislativo/Consultor de Orçamento e Fiscalização Financeira) Com referência aos agentes públicos e ao regime jurídico que regulamenta as relações entre os servidores públicos e a Administração, julgue o item que segue:

Considere a seguinte situação hipotética:

Um servidor público federal efetivo, destro, cuja principal tarefa estava relacionada à montagem manual de documentação em processos de compras públicas, após se envolver em acidente, sofreu amputação da mão direita, e isso inviabilizou a prática da atividade até então exercida por ele.

Nessa situação hipotética, em seu retorno ao trabalho, o referido servidor deverá ser redistribuído.

GABARITO: ERRADO.

Nesse caso, o servidor será readaptado para outro cargo, compatível com as limitações sofridas, conforme a regra do Art. 24 da Lei 8.112/90.

173. (2014 - Câmara dos Deputados - Analista Legislativo/Consultor de Orçamento e Fiscalização Financeira) Com referência aos agentes públicos e ao regime jurídico que regulamenta as relações entre os servidores públicos e a Administração, julgue o item que segue:

Se, por acumular dois cargos públicos remunerados para os quais não haja previsão legal de acumulação, uma servidora for notificada pela autoridade competente, por intermédio de sua chefia imediata, será dado o prazo de dez dias, improrrogáveis, para essa servidora apresentar sua opção por um dos cargos.

GABARITO: CERTO.

A possibilidade de opção no prazo de 10 dias está prevista no Art. 133 da Lei 8.112/90, que diz:

Lei 8.112, Art. 133. Detectada a qualquer tempo a acumulação ilegal de cargos, empregos ou funções públicas, a autoridade a que se refere o Art. 143 notificará o servidor, por intermédio de sua chefia imediata, para apresentar opção no prazo improrrogável de dez dias, contados da data da ciência e, na hipótese de omissão, adotará procedimento sumário para a sua apuração e regularização imediata, cujo processo administrativo disciplinar se desenvolverá nas seguintes fases.

174. (2014 - Câmara dos Deputados - Analista Legislativo) Acerca da organização administrativa e dos agentes públicos, julgue o item seguinte:

Os agentes particulares colaboradores, como, por exemplo, os concessionários e permissionários de serviços públicos, embora atuem em funções públicas delegadas pelo Estado, não são agentes públicos, ante a ausência de vínculo estatutário, celetista ou eletivo com a Administração.

GABARITO: ERRADO.

De acordo com a classificação predominantemente adotada, os agentes apontados na questão serão considerados particulares em colaboração, que, embora não sejam servidores públicos, configuram uma das espécies de agentes públicos.

175. (2014 - MTE - Agente Administrativo) Apenas por meio de prévia aprovação em concurso de provas ou de provas e títulos, poderá o cidadão brasileiro ter acesso aos cargos e empregos públicos.

GABARITO: ERRADO.

Os cargos em comissão são preenchidos mediante livre nomeação, prescindido de prévia aprovação em concurso público, apenas os cargos efetivos e os empregos públicos precisam desse requisito.

176. (2014 - FUB - Todos os Cargos de Nível Superior) Com base no que dispõem o Código de Ética da Administração Pública Federal, a Lei de Improbidade Administrativa e a Lei n.º 8.112/1990, julgue o item a seguir:

Ao servidor público em estágio probatório é garantida a licença para tratar de assuntos particulares. Concedida a licença, o período avaliativo ficará suspenso, sendo retomado a partir do término do impedimento.

GABARITO: ERRADO.

A licença transcrita na questão não pode ser concedida ao servidor que está em estágio probatório, conforme a regra do Art. 91 da Lei 8.112/90.

177. (2014 - CADE - Agente Administrativo) No que se refere aos agentes públicos, aos poderes administrativos e ao controle da Administração Pública, julgue o item subsecutivo:

Considere que, após regular processo administrativo contra servidor vinculado à Administração Pública unicamente por cargo em comissão, a autoridade julgadora tenha concluído que o servidor cometeu infração punível com a penalidade de suspensão. Nesse caso, a penalidade a ser aplicada será a exoneração de ofício do servidor faltoso.

GABARITO: ERRADO.

Nesse caso, a penalidade cabível é a destituição do cargo comissionado, conforme a regra do Art. 135 da Lei 8.112/90.

178. (2014 - CADE - Agente Administrativo) No que se refere aos agentes públicos, aos poderes administrativos e ao controle da Administração Pública, julgue o item subsecutivo:

Considere que determinado servidor estável demitido, após regular processo administrativo disciplinar, por desvio de verbas públicas, comprove sua inocência por meio de ação judicial. Nesse caso, tendo sido a pena de demissão anulada no âmbito judicial, o servidor deverá ser reintegrado ao cargo por ele anteriormente ocupado.

GABARITO: CERTO.

No caso de invalidação da demissão, que pode ser por meio de uma decisão judicial ou administrativa, o servidor público estável retornará ao seu cargo, sendo esse instituto denominado reintegração, conforme disposição do Art. 28 da Lei 8.112/90.

179. (2014 - SUFRAMA - Agente Administrativo) Considerando que, no interesse da Administração, um servidor efetivo da SUFRAMA tenha sido removido de ofício para outra localidade, julgue o item a seguir, considerando que CF corresponde à Constituição Federal de 1988:

Com a remoção, o cargo que o servidor ocupava anteriormente será considerado vago.

GABARITO: ERRADO.

A remoção é apenas uma forma de deslocamento. Ela não gera a vacância do cargo, cujas hipóteses estão previstas taxativamente no Art. 33 da Lei 8.112/90.

180. (2014 - SUFRAMA - Agente Administrativo) Considerando que, no interesse da Administração, um servidor efetivo da SUFRAMA tenha sido removido de ofício para outra localidade, julgue o item a seguir, considerando que CF corresponde à Constituição Federal de 1988:

Ao servidor removido deverá ser concedido o prazo de, no mínimo, dez e, no máximo, trinta dias para entrar em exercício na outra localidade para onde foi removido.

GABARITO: CERTO.

No caso de remoção, esse é o prazo de deslocamento previsto no Art. 18 da Lei 8.112/90.

181. (2014 - SUFRAMA - Agente Administrativo) Considerando que, no interesse da Administração, um servidor efetivo da SUFRAMA tenha sido removido de ofício para outra localidade, julgue o item a seguir, considerando que CF corresponde à Constituição Federal de 1988:

Cabem à Administração as despesas de transporte do servidor e de sua família para a nova localidade de exercício, incluídos os gastos com passagem, bagagem e bens pessoais.

GABARITO: CERTO.

A indenização, denominada "ajuda de custo", que é devida apenas no caso de remoção de ofício, está prevista no Art. 53 da Lei 8.112/90, sendo que seu § 1º, diz que:

Lei. 8.112/90, Art. 53, § 1º. Correm por conta da administração as despesas de transporte do servidor e de sua família, compreendendo passagem, bagagem e bens pessoais.

182. (2014 - SUFRAMA - Administrador) Com base nas disposições da Lei n.º 8.112/1990, julgue o item a seguir:

Considerando que o trabalho seja fundamental para a dignidade da pessoa humana, é correto afirmar que a acumulação de cargos públicos é regra na legislação brasileira, devendo-se observar apenas a compatibilidade de horários.

GABARITO: ERRADO.

A acumulação remunerada de cargos públicos, como regra geral, é vedada. Ela é admitida apenas nos casos de dois cargos de professor; de um cargo de professor com outro técnico ou científico, ou de dois cargos ou empregos privativos de profissionais de saúde, com profissões regulamentadas, desde que exista a compatibilidade de horários (Art. 37, XVI, da CF).

183. (2014 - SUFRAMA - Administrador) Julgue o item que se segue, relativo aos agentes públicos, aos poderes administrativos e à responsabilidade civil do Estado:

Se um candidato lograr êxito em concurso público, mas, dias antes da posse, for acometido por dengue que o impossibilite de comparecer pessoalmente para o referido ato, a posse poderá dar-se mediante procuração específica firmada pelo candidato.

GABARITO: CERTO.

Nos termos do Art. 13, § 3º, da Lei 8.112/90, a posse poderá dar-se mediante procuração específica.

184. (2014 - MDIC - Analista Técnico-Administrativo) Com relação aos agentes públicos e aos poderes da administração pública, julgue o item subsecutivo:

Se determinado servidor público for preso em operação deflagrada pela Polícia Federal, devido à fraude em licitações, a ação penal, caso seja ajuizada, obstará a abertura ou o prosseguimento do processo administrativo disciplinar, visto que o servidor poderá ser demitido apenas após o trânsito em julgado da sentença criminal.

GABARITO: ERRADO.

As esferas são independentes, a instauração de processo criminal não obsta o processo administrativo, conforme disposto no Art. 125 da Lei 8.112/90, que diz:

Lei. 8.112/90, Art. 125. As sanções civis, penais e administrativas poderão cumular-se, sendo independentes entre si.

Além disso, o Art. 22 afirma que:

Lei. 8.112/90, Art. 22. O servidor estável só perderá o cargo em virtude de sentença judicial transitada em julgado ou de processo administrativo disciplinar no qual lhe seja assegurada ampla defesa.

185. (2014 - MDIC - Analista Técnico - Administrativo) Com relação aos agentes públicos e aos poderes da administração pública, julgue o item subsecutivo:

Os particulares, ao colaborarem com o poder público, ainda que em caráter episódico, como os jurados do Tribunal do Júri e os mesários durante as eleições, são considerados agentes públicos.

GABARITO: CERTO.

Nesses casos, os indivíduos citados no item são considerados agentes honoríficos, enquadrados como particulares em colaboração, uma das espécies de agentes públicos.

186. (2014 - MDIC - Agente Administrativo) No que se refere aos agentes públicos e aos poderes administrativos, julgue o item que se segue. Nesse sentido, considere que a sigla CF, sempre que empregada, refere-se à Constituição Federal de 1988.

Considere que um servidor vinculado à Administração, unicamente por cargo em comissão, cometa uma infração para a qual a Lei n.º 8.112/1990 preveja a sanção de suspensão. Nesse caso, se comprovadas a autoria e a materialidade da irregularidade, o servidor sofrerá a penalidade de destituição do cargo em comissão.

GABARITO: CERTO.

O servidor titular unicamente de um cargo em comissão que for condenado por uma infração punível com demissão ou suspensão será destituído do cargo comissionado, conforme regra traçada no Art. 135 da Lei 8.112/90.

187. (2013 - TRT 17ª Região/ES - Analista Judiciário/Oficial de Justiça Avaliador) Considere que um servidor estável, tendo desrespeitado, na presença dos seus colegas de serviço, uma ordem direta, pessoal e legítima de seu superior hierárquico, abandone o cargo. Com base nessa situação hipotética, julgue o item subsecutivo:

Mesmo diante da gravidade da infração e da notoriedade da conduta, a exoneração do servidor, de ofício, por abandono de cargo viola os princípios da legalidade e da ampla defesa, conforme entendimento do STJ.

GABARITO: CERTO.

Nesse caso, o servidor poderia ser punido com a demissão, e não com a exoneração de ofício, desde que precedida, inclusive, de um processo administrativo disciplinar. Além disso, a exoneração não é medida punitiva.

188. (2013 - TRT 17ª Região/ES - Analista Judiciário/Oficial de Justiça Avaliador) Considere que a União, mediante decreto, crie uma secretaria vinculada ao Ministério dos Esportes, com prazo de extinção definido e com competência para atuar nos grandes eventos esportivos que ocorrerão no Brasil nos próximos anos. Com base nessa situação hipotética, julgue o item subsequente:

Independentemente do caráter transitório da secretaria, será vedada a criação de cargos de provimento em comissão para o exercício de atribuições eminentemente técnicas.

GABARITO: CERTO.

Os cargos em comissão são preenchidos unicamente para o desempenho de atribuições de direção, chefia e assessoramento.

189. (2013 - TRT 17ª Região/ES - Técnico Judiciário/Área Administrativa) Considerando o regime jurídico dos servidores públicos federais e o Código de Ética Profissional do Servidor Público Civil do Poder Executivo Federal, julgue o item a seguir:

É vedado ao servidor o exercício de atividade remunerada durante o período de licença para capacitação.

GABARITO: ERRADO.

A vedação mencionada na questão inexiste para essa modalidade de licença na Lei 8.112/90. Ela dispõe que é vedado o exercício de atividade remunerada durante o período da licença por motivo de doença em pessoa da família, sem fazer referência à licença para capacitação.

190. (2013 - TRT 17ª Região/ES - Técnico Judiciário/Área Administrativa) Considerando o regime jurídico dos servidores públicos federais e o Código de Ética Profissional do Servidor Público Civil do Poder Executivo Federal, julgue o item a seguir:

Considere que autoridade julgadora tenha recebido processo administrativo disciplinar em 14/8/2013 e proferido sua decisão em 20/9/2013. Nesse caso, ainda que tenha sido julgado fora do prazo legal, o processo não é nulo.

GABARITO: CERTO.

A autoridade julgadora possui um prazo de vinte dias para proferir sua decisão (Art. 167 da Lei 8.112/90), sendo que no caso da questão, a decisão foi proferida fora do prazo legal. Entretanto, o Art. 169, § 1º dispõe que o julgamento fora do prazo legal não implica nulidade do processo.

191. **(2013 - TRT 17ª Região/ES - Técnico Judiciário/Área Administrativa)** Considerando o regime jurídico dos servidores públicos federais e o Código de Ética Profissional do Servidor Público Civil do Poder Executivo Federal, julgue o item a seguir:

Considere que Roberta, empregada pública concursada da Caixa Econômica Federal, tenha solicitado remoção para acompanhar seu cônjuge, servidor público de um TRT, que havia sido removido no interesse da Administração para localidade diferente da que vivia com sua esposa. Em face dessa situação hipotética, é correto afirmar que o pedido de Roberta não encontra amparo legal na Lei n.º 8.112/1990.

GABARITO: CERTO.

Roberta, por ser empregada pública, é regida pela CLT, e não pela Lei 8.112/90, não encontrando, desse modo, amparo nessa lei.

192. **(2013 - TRT 17ª Região/ES - Técnico Judiciário/Área Administrativa)** Acerca dos agentes e cargos públicos, julgue o item seguinte:

Os agentes temporários que desempenham, por tempo determinado, atividades de excepcional interesse público são agentes públicos cuja contratação somente pode ser feita no âmbito da Administração direta.

GABARITO: ERRADO.

A possibilidade de contratação de agentes temporários, prevista no Art. 37, IX, da Constituição Federal, abrange tanto os entes da Administração Direta quanto os da Indireta.

193. **(2013 - TRT 17ª Região/ES - Técnico Judiciário/Área Administrativa)** Acerca dos agentes e cargos públicos, julgue o item seguinte:

As funções de confiança não se confundem com os cargos em comissão, visto que estes são ocupados transitoriamente, sem a necessidade de concurso, e aquelas só podem ser titularizadas por servidores públicos ocupantes de cargos efetivos.

GABARITO: CERTO.

Os cargos em comissão podem ser preenchidos por servidores efetivos ou não, enquanto as funções de confiança somente podem ser preenchidas por servidores efetivos, conforme rege o Art. 37, V, da CF, que diz que:

CF, Art. 37, V. As funções de confiança, exercidas exclusivamente por servidores ocupantes de cargo efetivo, e os cargos em comissão, a serem preenchidos por servidores de carreira nos casos, condições e percentuais mínimos previstos em lei, destinam-se apenas às atribuições de direção, chefia e assessoramento.

194. (2013 - STF - Técnico Judiciário/Tecnologia da Informação) Com relação ao controle da Administração, ao regime jurídico da Lei n.º 8.112/1990 e ao ato administrativo, julgue o item subsecutivo:

O regime jurídico estatutário de que trata a Lei n.º 8.112/1990 é aplicável aos servidores da Administração direta, das autarquias e das empresas públicas federais.

GABARITO: ERRADO.

A Lei 8.112/90 não se aplica para toda a Administração direta, mas apenas para a União, para as autarquias e fundações públicas federais (Art. 1º dessa mesma Lei).

195. (2013 - STF - Analista Judiciário/Área Judiciária) Com relação a dispositivos da Lei n.º 8.112/1990, julgue o item a seguir:

A responsabilidade do servidor público pode se dar na esfera civil, penal e administrativa, sendo afastada esta última no caso de absolvição criminal que negue a existência do fato ou de sua autoria.

GABARITO: CERTO.

Trata-se da reprodução do disposto no Art. 126 da Lei 8.112/90, que versa sobre a responsabilidade do servidor:

Lei 8.112/90, Art. 126. a responsabilidade administrativa do servidor será afastada no caso de absolvição criminal que negue a existência do fato ou sua autoria.

196. (2013 - STF - Analista Judiciário/Área Judiciária) Com relação a dispositivos da Lei n.º 8.112/1990, julgue o item a seguir:

Em se tratando de processo administrativo disciplinar, a autoridade instauradora pode, como medida cautelar e para que não haja interferências na apuração da irregularidade, decretar o afastamento do servidor investigado, sem prejuízo da remuneração.

GABARITO: CERTO.

Durante o período do afastamento preventivo, o servidor não perde a sua remuneração, conforme redação do Art. 147, da Lei 8.112/90, que diz:

Lei 8.112/90, Art. 147. Como medida cautelar e a fim de que o servidor não venha a influir na apuração da irregularidade, a autoridade instauradora do processo disciplinar poderá determinar o seu afastamento do exercício do cargo, pelo prazo de até 60 (sessenta) dias, sem prejuízo da remuneração.

197. (2013 - STF - Analista Judiciário/Área Administrativa) Com relação ao regime jurídico dos servidores públicos civis da União, julgue o item a seguir:

De acordo com a Lei n.º 8.112/1990, a aplicação das penalidades disciplinares advertência, suspensão, demissão, cassação de aposentadoria e disponibilidade deve ser precedida da garantia, ao servidor público, do direito ao exercício do contraditório e da ampla defesa, não se aplicando tal garantia aos casos de penalidades de destituição de cargo em comissão e destituição de função comissionada, por serem de livre nomeação e exoneração.

GABARITO: ERRADO.

A aplicação de qualquer uma das penalidades deve ser precedida de um processo administrativo disciplinar, no qual lhe seja garantido o contraditório e a ampla defesa, inclusive as penalidades de destituição de cargo em comissão e destituição de função comissionada.

198. (2013 - STF - Analista Judiciário/Área Administrativa) Com relação ao regime jurídico dos servidores públicos civis da União, julgue o item a seguir:

A sindicância e o processo administrativo disciplinar (PAD), procedimentos administrativos de apuração de infrações, devem ser, obrigatoriamente, instaurados pela autoridade responsável sempre que esta tiver ciência de irregularidade no serviço público. O PAD, mais complexo do que a sindicância, deve ser instaurado em caso de ilícitos para os quais sejam previstas penalidades mais graves do que a suspensão por trinta dias.

GABARITO: CERTO.

A sindicância somente pode ser utilizada para aplicação de penalidades de suspensão por, no máximo, 30 dias. Acima disso, é obrigatória a instauração de um processo administrativo disciplinar (Art. 146 da Lei 8.112/90).

199. (2013 - STF - Técnico Judiciário/Área Administrativa) A respeito do regime jurídico dos servidores públicos civis da União, das autarquias e das fundações públicas federais, julgue o item que se segue:

Ao servidor é proibido recusar fé a documentos públicos.

GABARITO: CERTO.

Trata-se da proibição prevista no Art. 117, inciso III, da Lei 8.112/90.

200. (2013 - STF - Técnico Judiciário/Área Administrativa) A respeito do regime jurídico dos servidores públicos civis da União, das autarquias e das fundações públicas federais, julgue o item que se segue:

Cargo público é o conjunto de atribuições e responsabilidades previstas na estrutura organizacional que devem ser cometidas a um servidor.

GABARITO: CERTO.

Trata-se do conceito de cargo público, estabelecido no Art. 3º da Lei 8.112/90, na sua literalidade.

201. (2013 - STF - Técnico Judiciário/Área Administrativa) A respeito do regime jurídico dos servidores públicos civis da União, das autarquias e das fundações públicas federais, julgue o item que se segue:

Invalidada por sentença judicial a demissão do servidor estável, deverá ele ser reintegrado, e o eventual ocupante da vaga, se for estável, deverá ser reconduzido ao cargo de origem, sem direito à indenização, aproveitado em outro cargo ou posto em disponibilidade com remuneração proporcional ao tempo de serviço.

GABARITO: CERTO.

Na ocorrência da reintegração, caso o cargo esteja ocupado, o atual ocupante é quem deverá deixar o cargo, nos termos do Art. 28, § 2º, da Lei 8.112/90, que diz:

Lei 8.112/90, Art. 28, §2º. Encontrando-se provido o cargo, o seu eventual ocupante será reconduzido ao cargo de origem, sem direito à indenização ou aproveitado em outro cargo, ou, ainda, posto em disponibilidade.

202. **(2013 - STF - Técnico Judiciário/Área Administrativa)** Em relação aos poderes administrativos, julgue o item subsequente:

A falta de defesa técnica por advogado no processo administrativo disciplinar ofende a CF.

GABARITO: ERRADO.

A Súmula Vinculante nº5 do STF diz que:

Súmula Vinculante nº 5. A falta de defesa técnica por advogado no processo administrativo disciplinar não ofende a Constituição.

203. **(2013 - STF - Todos os Cargos)** Julgue o item a seguir, a respeito do regime jurídico estabelecido pela Lei n.º 8.112/1990:

Submetem-se ao referido regime jurídico apenas os servidores civis ocupantes de cargos na Administração direta federal, aí incluídos os servidores do Ministério Público da União, do Senado Federal, da Câmara dos Deputados e do Tribunal de Contas da União.

GABARITO: ERRADO.

A Lei 8.112/90 não se aplica apenas para os servidores da Administração direta federal, mas também é aplicável no âmbito das autarquias e fundações públicas federais (Art. 1º dessa Lei).

204. **(2013 - STF - Todos os Cargos)** Julgue o item a seguir, a respeito do regime jurídico estabelecido pela Lei n.º 8.112/1990:

A vacância decorre, entre outros fatos, da ascensão e da transferência.

GABARITO: ERRADO.

Essas formas de vacância não estão previstas na Lei 8.112/90, que traz um rol taxativo das hipóteses de vacância em seu Art. 33:

Lei 8.112/90, Art. 33. A vacância de cargo público decorrerá de:

I- exoneração;

II- demissão;

III- promoção;

VI- readaptação;

VII- aposentadoria;

VIII- posse em outro cargo inacumulável;

VX- falecimento.

205. (2013 - TRT 17ª Região/ES - Todos os Cargos) Considerando o Regime Jurídico dos Servidores Públicos Civis Federais, julgue o item:

Considere que, em janeiro de 2012, João tenha completado dezessete anos de idade e começado a cursar Direito, sua primeira graduação. Considere, ainda, que, no fim do mesmo ano, ele tenha sido aprovado em concurso público para um cargo de nível superior. Nessa situação, João estava habilitado para tomar posse no referido cargo em fevereiro de 2013.

GABARITO: ERRADO.

Embora João tivesse preenchido o requisito de idade mínima, ele ainda não possui o requisito de nível de escolaridade para o cargo, que é de nível superior, pois, teoricamente, João ainda estaria no segundo ano da faculdade.

206. (2013 - TRT 17ª Região/ES - Todos os Cargos) Considerando o Regime Jurídico dos Servidores Públicos Civis Federais, julgue o item:

Considere que Paula, servidora ocupante de cargo de natureza especial de um Tribunal Regional do Trabalho há cinco anos, tenha sido nomeada, em outubro de 2013, para o exercício interino de outro cargo de confiança, sem prejuízo das atribuições do cargo que ocupava até então. Nessa situação, mesmo que opte por apenas um dos salários ao longo do período de interinidade, Paula não poderá acumular esses cargos, visto que a acumulação não é permitida pela legislação brasileira.

GABARITO: ERRADO.

O Art. 9º, parágrafo único, da Lei 8.112/90 estabelece que o servidor ocupante de cargo em comissão ou de natureza especial poderá ser nomeado para ter exercício, interinamente, em outro cargo de confiança, sem prejuízo das atribuições do que atualmente ocupa. Nessa hipótese, deverá optar pela remuneração de um deles, durante o período da interinidade.

207. (2013 - TRT 17ª Região/ES - Todos os Cargos) Considerando o Regime Jurídico dos Servidores Públicos Civis Federais, julgue o item:

Caso dois servidores do Tribunal Superior do Trabalho sejam indiciados em um mesmo inquérito administrativo e citados por mandado expedido pela autoridade competente, eles terão o prazo comum de 10 dias para apresentar defesa escrita.

GABARITO: ERRADO.

Na hipótese de dois ou mais indiciados, o prazo de defesa será comum e de 20 dias, conforme dispõe o Art. 161, § 2º, da Lei 8.112/90.

208. (2013 - TRT 17ª Região/ES - Todos os Cargos) Considerando o Regime Jurídico dos Servidores Públicos Civis Federais, julgue o item:

Se a publicação do ato de provimento de determinado indivíduo em cargo público federal tiver ocorrido em 29 de abril de 2013, mas sua posse, somente no dia 15 do mês seguinte, a posse será considerada sem efeito, por ter ocorrido fora do prazo previsto na legislação em vigor.

GABARITO: ERRADO.

A posse deve ser feita em até 30 dias, contados da publicação do ato de provimento (nomeação), conforme diz o Art. 13, §1º, da Lei 8.112/90. O prazo para entrar em exercício, contado da posse, é que será de apenas 15 dias.

209. **(2013 - TRT 17ª Região/ES - Todos os Cargos)** Considerando o Regime Jurídico dos Servidores Públicos Civis Federais, julgue o item:

Não poderão ser consideradas como efetivo exercício as faltas de servidor público federal decorrentes de motivo de força maior, ainda que justificadas e compensadas a critério de sua chefia imediata.

GABARITO: ERRADO.

O parágrafo único do Art. 44 da Lei 8.112/90 diz que:

Lei 8.112/90, Art. 44. As faltas justificadas decorrentes de caso fortuito ou de força maior poderão ser compensadas a critério da chefia imediata, sendo assim consideradas como efetivo exercício.

210. **(2013 - PG/DF - Procurador)** Relativamente à compreensão principiológica do direito administrativo, julgue o item subsequente:

No âmbito dos processos administrativos disciplinares, aplica-se a garantia da ampla defesa e do contraditório, ou seja, direito que o servidor tem à informação, à manifestação, à consideração dos argumentos apresentados e à participação obrigatória de advogado habilitado.

GABARITO: ERRADO.

No processo administrativo disciplinar, a assistência técnica é facultativa, isto é, a presença de advogado não é obrigatória (Súmula Vinculante nº 5 do STF).

211. **(2013 - SEGESP/AL - Todos os Cargos)** No que se refere ao regime disciplinar aplicável aos servidores públicos, julgue o item a seguir:

O servidor público poderá ser responsabilizado, de forma cumulativa e independente, nas esferas civil, penal e administrativa, por exercício irregular de suas atribuições.

GABARITO: CERTO.

O Art. 121 da Lei 8.112/90 diz que:

Lei 8.112/90, Art. 121. O servidor responde civil, penal e administrativamente pelo exercício irregular de suas atribuições.

Já no Art. 125, o estatuto define que:

Lei 8.112/90, Art. 125. As sanções civis, penais e administrativas poderão cumular-se, sendo independentes entre si.

212. **(2013 - SEGESP/AL - Papiloscopista)** Julgue o item subsequente, relativo aos agentes públicos:

Considere-se que, em sede de processo administrativo disciplinar, o relatório final da comissão processante tenha sugerido a aplicação da penalidade de suspensão ao agente público e que a autoridade julgadora, motivadamente e com base nas provas dos autos, tenha aplicado a pena de demissão. Nessa situação, embora motivada, a penalidade não poderia ter sido agravada, uma vez que a legislação de regência veda em caráter absoluto o agravamento, por parte da autoridade competente, da penalidade sugerida pela comissão.

GABARITO: ERRADO.

O Art. 168 da Lei 8.112/90 diz que o julgamento acatará o relatório da comissão, salvo quando contrário às provas dos autos. O parágrafo único desse mesmo dispositivo dispõe que quando o relatório da comissão contrariar as provas dos autos, a autoridade julgadora poderá, motivadamente, agravar a penalidade proposta, abrandá-la ou isentar o servidor de responsabilidade.

213. **(2013 - MPU - Técnico - Tecnologia da Informação e Comunicação)** A Constituição Federal de 1988 (CF) não restringe o acesso aos cargos públicos a brasileiros que gozam de direitos políticos, admitindo que cargos, empregos e funções públicas sejam preenchidos por estrangeiros, na forma da lei.

GABARITO: CERTO.

O Art. 37. I, da Constituição Federal define que as funções, os cargos e os empregos públicos são acessíveis aos brasileiros que preencham os requisitos estabelecidos em lei, assim como aos estrangeiros, na forma da lei.

214. **(2013 - FUB - Assistente em Administração)** Acerca da Administração Pública e seus agentes, julgue o próximo item:

Um servidor público estável da Fundação Nacional de Saúde (FNS) que, após concorrer a pleito eletivo em sua cidade, for investido no mandato de Prefeito terá de se afastar do cargo na FNS, mas poderá optar pela remuneração desse cargo.

GABARITO: CERTO.

O Art. 94, II, da Constituição Federal afirma que o servidor investido no mandato de Prefeito será afastado do cargo, sendo-lhe facultado optar pela sua remuneração.

215. **(2013 - FUB - Assistente em Administração)** Acerca da Administração Pública e seus agentes, julgue o próximo item:

Para os servidores públicos estáveis, uma das hipóteses de perda do cargo é a extinção deste.

GABARITO: ERRADO.

Nesse caso, por serem estáveis, eles serão colocados em disponibilidade, percebendo proventos proporcionais ao tempo de contribuição (Art. 41, § 3º, da Constituição Federal).

216. **(2013 - FUB - Assistente em Administração)** Acerca da Administração Pública e seus agentes, julgue o próximo item:

Por questão de soberania nacional, os estrangeiros não poderão ter acesso a cargos públicos de caráter efetivo, mas poderão exercer funções públicas para atender à necessidade temporária de excepcional interesse público.

GABARITO: ERRADO.

O Art. 37, I, dispõe que as funções, os cargos e os empregos públicos são acessíveis aos brasileiros que preencham os requisitos estabelecidos em lei, assim como aos estrangeiros, na forma da lei.

217. **(2013 - BACEN - Técnico)** Julgue o seguinte item, acerca do servidor público:

A investidura em cargo público ocorre no ato da posse do indivíduo.

GABARITO: CERTO.

Nos termos do Art. 7º da Lei 8.112/90, a investidura em cargo público ocorrerá com a posse.

218. (2013 - BACEN - Técnico) Julgue o seguinte item, acerca do servidor público:
Se uma pessoa que foi nomeada para determinado cargo tomar posse desse cargo, mas não entrar em exercício dentro do prazo legal, ela deverá ser exonerada de ofício.

GABARITO: CERTO.

O Art. 34 da Lei 8.112/90, em seu parágrafo único, diz que a exoneração de ofício dar-se-á, dentre outras hipóteses, quando, tendo tomado posse, o servidor não entrar em exercício no prazo estabelecido (quinze dias).

219. (2013 - BACEN - Técnico) Julgue o seguinte item, acerca do servidor público:
Um servidor poderá ser punido nas esferas administrativa, civil e criminal, de forma cumulativa.

GABARITO: CERTO.

Trata-se do disposto no Art. 125 da Lei 8.112/90, que dispõe que as sanções civis, penais e administrativas poderão acumular-se, sendo independentes entre si.

220. (2013 - BACEN - Técnico) Julgue o seguinte item, acerca do servidor público:
Servidor é toda pessoa legalmente investida em cargo público.

GABARITO: CERTO.

Trata-se do conceito estabelecido no Art. 2º da Lei 8.112/90, que afirma que, para os efeitos desta Lei, servidor é a pessoa legalmente investida em cargo público.

221. (2013 - PC/DF - Escrivão de Polícia) Acerca do regime jurídico dos servidores públicos, julgue o item subsecutivo:
A invalidação de demissão por decisão judicial importa a reinvestidura do servidor estável no cargo anteriormente ocupado, mesmo que este já tenha sido ocupado por outro servidor.

GABARITO: CERTO.

No caso da invalidação da demissão de servidor estável, a Lei 8.112/90, por meio do instituto da reintegração, garante-lhe o retorno ao cargo, com ressarcimento de todas as vantagens, ainda que ocupado. O atual ocupante será reconduzido ao cargo de origem, sem direito à indenização ou aproveitado em outro cargo, ou, ainda, posto em disponibilidade (Art. 28 da Lei 8.112/90).

222. (2013 - FUB - Nível Médio) Julgue o item subsecutivo, referente ao regime jurídico dos servidores públicos civis da União:
De acordo com a legislação aplicável, será aplicada a penalidade de suspensão ao servidor público que praticar insubordinação grave em serviço.

GABARITO: ERRADO.

Nesse caso, será aplicada a pena de demissão, conforme regra do Art. 132, VI, da Lei 8.112/90.

223. (2013 - TCU - Auditor Federal de Controle Externo) A promoção, a readaptação e a posse em outro cargo inacumulável incluem-se entre os fatos que geram a situação de vacância do cargo público.

GABARITO: CERTO.

A questão apresenta formas de vacância, cujas hipóteses estão taxativamente previstas no Art. 33 da Lei 8.112/90:

Lei 8.112/90, Art. 33. A vacância de cargo público decorrerá de:

I- exoneração;

II- demissão;

III- promoção;

VI- readaptação;

VII- aposentadoria;

VIII- posse em outro cargo inacumulável;

VX- falecimento.

224. (2013 - TCE/RS - Oficial de Controle Externo) No que diz respeito ao provimento de cargo público, aos direitos e vantagens dos servidores públicos civis e ao processo administrativo disciplinar, julgue o item a seguir:

Professor estrangeiro que resida no Brasil e pretenda ocupar cargo público em universidade federal somente poderá atuar como professor visitante, visto que a investidura em cargo público é restrita a brasileiros natos ou naturalizados.

GABARITO: ERRADO.

O professor, referido na questão, também poderia atuar como técnico ou cientista, em universidades federais ou instituições de pesquisa científica e tecnológica federais, conforme disposição do Art. 5º, § 3º, da Lei 8.112/90, que diz:

Lei 8.112/90, Art. 5º, §3º. As universidades e instituições de pesquisa científica e tecnológica federais poderão prover seus cargos com professores, técnicos e cientistas estrangeiros, de acordo com as normas e os procedimentos desta Lei.

225. (2013 - MTE - Auditor Fiscal do Trabalho) Um servidor público federal foi demitido após o devido processo administrativo. Contra o ato de demissão ele ajuizou ação judicial, na qual obteve decisão favorável à sua reintegração no cargo, em decorrência da nulidade do ato de demissão. Nessa situação, o servidor reintegrado não terá direito ao tempo de serviço, aos vencimentos e às vantagens que lhe seriam pagos no período de afastamento.

GABARITO: ERRADO.

A reintegração é feita com o ressarcimento de todas as vantagens, conforme regra do Art. 28 da Lei 8.112/90:

Lei 8.112/90, Art. 28. A reintegração é a reinvestidura do servidor estável no cargo anteriormente ocupado, ou no cargo resultante de sua transformação, quando invalidada a sua demissão por decisão administrativa ou judicial, com ressarcimento de todas as vantagens.

226. (2013 - DEPEN - Técnico de Apoio) Julgue o próximo item, referentes ao regime jurídico dos servidores públicos:

De acordo com a Lei n.º 8.112/1990, são formas de provimento em cargo público a nomeação, a promoção e a recondução.

GABARITO: CERTO.

Essas são formas de provimento previstas na Lei 8.112/90, que tem suas hipóteses taxativamente delimitadas no Art. 8º:

Lei 8.112/90, Art. 8º. São formas de provimento de cargo público:

I - nomeação;

II - promoção;

V - readaptação;

VI - reversão;

VII - aproveitamento;

VIII - reintegração;

IX - recondução.

227. **(2013 - MJ - Todos os Cargos)** Com relação aos agentes públicos e à improbidade administrativa, julgue o item que se segue, conforme entendimento do Superior Tribunal de Justiça:

Não é devido o pagamento de auxílio-transporte ao servidor público que utiliza veículo próprio no deslocamento para o trabalho.

GABARITO: ERRADO.

O entendimento atual do STJ é que, independentemente de o servidor deslocar-se pelo serviço de transporte público ou por veículo próprio, será a ele devido o auxílio-transporte.

228. **(2013 - PRF - Policial Rodoviário Federal)** Anulado o ato de demissão, o servidor estável será reintegrado ao cargo por ele ocupado anteriormente, exceto se o cargo estiver ocupado, hipótese em que ficará em disponibilidade até aproveitamento posterior em cargo de atribuições e vencimentos compatíveis.

GABARITO: ERRADO.

O reintegrado tem direito ao retorno ao cargo. Nessa situação, o atual ocupante é quem deverá deixar o cargo, nos termos do Art. 28, § 2º, da Lei 8.112/90, que diz:

Lei 8.112/90, Art. 28, §2º. Encontrando-se provido o cargo, o seu eventual ocupante será reconduzido ao cargo de origem, sem direito à indenização ou aproveitado em outro cargo, ou, ainda, posto em disponibilidade.

229. **(2013 - PRF - Policial Rodoviário Federal)** O servidor público federal investido em mandato eletivo municipal somente será afastado do cargo se não houver compatibilidade de horário, sendo-lhe facultado, em caso de afastamento, optar pela sua remuneração.

GABARITO: ERRADO.

O mandato eletivo municipal engloba o mandato de Vereador, ao qual se aplicam as disposições do enunciado, mas também ao mandato de Prefeito, que sempre gerará o afastamento do cargo público, ainda que haja compatibilidade de horários (Art. 38 da Constituição Federal).

230. (**2013 - PRF - Policial Rodoviário Federal**) Não é possível a aplicação de penalidade a servidor inativo, ainda que a infração funcional tenha sido praticada anteriormente à sua aposentadoria.

GABARITO: ERRADO.

Caso o servidor tenha praticado, na atividade, uma infração punível com demissão, ele poderá ter sua aposentadoria cassada, nos termos do Art. 134, da Lei 8.112/90:

Lei 8.112/90, Art. 134. Será cassada a aposentadoria ou a disponibilidade do inativo que houver praticado, na atividade, falta punível com a demissão.

231. (**2013 - PRF - Policial Rodoviário Federal**) A nomeação para cargo de provimento efetivo será realizada mediante prévia habilitação em concurso público de provas ou de provas e títulos ou, em algumas situações excepcionais, por livre escolha da autoridade competente.

GABARITO: ERRADO.

A nomeação para cargo efetivo sempre dependerá de prévia aprovação em concursos públicos. Apenas os cargos em comissão é que prescindem desse requisito, por serem de livre nomeação e exoneração (Art. 37, II, da CF).

232. (**2013 - TCE/RO - Auditor de Controle Externo - Direito**) A aplicação da sanção disciplinar de advertência em decorrência de apuração sumária de falta funcional, denominada verdade sabida, viola o princípio do devido processo legal.

GABARITO: CERTO.

Não existe, no direito brasileiro, o instituto da verdade sabida. Para a aplicação de qualquer uma das penalidades, é imprescindível que ela tenha sido precedida de um procedimento administrativo disciplinar.

233. (**2013 - MJ - Analista Técnico-Administrativo**) Acerca dos agentes públicos, julgue o item que se segue:

Conforme decisão recente do STJ, o adicional noturno previsto na Lei n.º 8.112/1990 será devido ao servidor público federal que preste serviço em horário compreendido entre 22 horas de um dia e 5 horas do dia seguinte. Entretanto, esse adicional não será devido se o serviço for prestado em regime de plantão.

GABARITO: ERRADO.

O STJ decidiu que, mesmo sendo prestado em regime de plantão, o adicional noturno é devido, pois ele visa remunerar de maneira diferenciada o trabalho em horário noturno, independentemente do regime adotado.

234. (**2013 - MJ - Analista Técnico - Administrativo**) Acerca dos agentes públicos, julgue o item que se segue:

Segundo entendimento firmado pelo STJ, o candidato aprovado fora das vagas previstas originariamente no edital, mas classificado até o limite das vagas surgidas durante o prazo de validade do concurso, possui direito líquido e certo à nomeação, se o edital dispuser que serão providas, além das vagas oferecidas, as outras que vierem a existir durante a validade do certame.

GABARITO: CERTO.

A jurisprudência do STJ se dá no sentido de que, além das vagas previstas no edital, também geram direito líquido e certo à nomeação aquelas geradas no decorrer da validade do concurso. Desse modo, a título de exemplo, caso o candidato esteja em uma posição fora das vagas previstas no edital (ele era o 50º colocado, e havia apenas 40 vagas no edital), mas surgirem novas vagas no prazo de validade do concurso (foram criadas mais 20 vagas, por exemplo), esse candidato também teria o direito líquido e certo à nomeação.

---

235. **(2013 - MJ - Analista Técnico-Administrativo)** Acerca dos agentes públicos, julgue o item que se segue:

Segundo a Lei n.º 8.112/1990, são consideradas formas de provimento e de vacância de cargo público a promoção e a readaptação.

GABARITO: CERTO.

A promoção e a readaptação são formas híbridas, isto é, geram a vacância em um cargo e seu provimento em outro, estando ambas previstas no Art. 8º e 33 da Lei 8.112/90.

---

236. **(2013 - MJ - Analista Técnico-Administrativo)** Acerca dos agentes públicos, julgue o item que se segue:

Se um servidor público federal tiver realizado despesas com a utilização de meio próprio de locomoção para a execução de serviços externos por força das atribuições próprias do cargo, ele terá direito ao recebimento de indenização de transporte, que se incorporará ao seu vencimento.

GABARITO: ERRADO.

As indenizações nunca se incorporam ao vencimento, conforme texto do Art. 49, § 1º, da Lei 8.112/90, que diz:

Lei 8.112/90, Art. 49. §1º. As indenizações não se incorporam ao vencimento ou provento para qualquer efeito.

D A D M

237. **(2013 - MC - Atividade Técnica de Suporte)** Com referência aos agentes administrativos, julgue o item subsequente:

É um dever do servidor guardar sigilo acerca de um assunto referente à sua repartição.

GABARITO: CERTO.

Trata-se do dever previsto no Art. 116, VIII, da Lei 8.112/90.

---

238. **(2013 - MC - Atividade Técnica de Suporte)** Com referência aos agentes administrativos, julgue o item subsequente:

Se um servidor estiver respondendo a um processo administrativo disciplinar e estiver sujeito a uma diversidade de sanções, o julgamento caberá à autoridade competente para impor a pena mais grave.

GABARITO: CERTO.

Nesse caso, a autoridade responsável pela aplicação da penalidade mais grave será a competente para o julgamento, conforme regra do Art. 167, § 2º, da Lei 8.112/90, que diz que:

Lei 8.112/90, Art. 167 §2º. Havendo mais de um indiciado e diversidade de sanções, o julgamento caberá à autoridade competente para a imposição da pena mais grave.

---

239. **(2013 - MC - Atividade Técnica de Suporte)** Com referência aos agentes administrativos, julgue o item subsequente:

Um dos fundamentos aptos a ensejar a revisão do processo disciplinar é a alegação e a demonstração da injustiça na aplicação da pena.

GABARITO: ERRADO.

A revisão do PAD poderá ocorrer quando se aduzirem fatos novos ou circunstâncias suscetíveis de justificar a inocência do punido ou a inadequação da penalidade aplicada (Art. 174). O Art. 176, por sua vez, define que a simples alegação de injustiça da penalidade não constitui fundamento para a revisão, que requer elementos novos, ainda não apreciados no processo originário.

---

240. **(2013 - MC - Atividade Técnica de Suporte)** Com referência aos agentes administrativos, julgue o item subsequente:

A posse poderá ocorrer mediante instrumento de procuração específica para tal ato.

GABARITO: CERTO.

O Art. 13, § 3º, da Lei 8112/90 permite essa possibilidade, não exigindo que a posse seja feita apenas de maneira pessoal:

Lei 8.112/90, Art. 13 §3º. A posse poderá dar-se mediante procuração específica.

---

241. **(2013 - MC - Atividade Técnica de Suporte)** Com referência aos agentes administrativos, julgue o item subsequente:

A investidura em cargo público ocorrerá com a entrada em exercício nas funções inerentes ao cargo.

GABARITO: ERRADO.

A investidura ocorre com a posse, conforme regra do Art. 7º da Lei 8.112/90, que diz:

Lei 8.112/90, Art. 7º. A investidura em cargo público ocorrerá com a posse.

---

242. **(2013 - DEPEN - Especialista)** É assegurado ao servidor público federal o direito a licença, sem prejuízo da remuneração, para o desempenho de mandato em sindicato representativo da categoria.

GABARITO: ERRADO.

Trata-se de uma licença não remunerada, conforme verificamos no Art. 92 da Lei 8.112/90:

Lei 8.112/90, Art. 92. É assegurado ao servidor o direito à licença sem remuneração para o desempenho de mandato em confederação, federação, associação de classe de âmbito nacional, sindicato representativo da categoria ou entidade fiscalizadora da profissão ou, ainda, para participar de gerência ou administração em sociedade cooperativa constituída por servidores públicos para prestar serviços a seus membros, observado o disposto na alínea 'c' do inciso VIII do Art. 102 desta Lei.

---

243. (2013 - DEPEN - Especialista) Ao servidor público federal é vedado participar de sociedade privada que explore atividade econômica.

GABARITO: ERRADO.

Não é vedado que o servidor participe como acionista, cotista ou comanditário (sócio). A vedação existente na Lei 8.112/90 é a de que ele exerça funções de gerente, administrador ou de comerciante, conforme regra do Art. 117, X, que diz ser proibido:

Lei 8.112/90, Art. 117, X. participar de gerência ou administração de sociedade privada, personificada ou não personificada, exercer o comércio, exceto na qualidade de acionista, cotista ou comanditário.

244. (2013 - DEPEN - Especialista) A investidura em cargo ou emprego público, na Administração direta e nas pessoas jurídicas de direito público, depende de aprovação prévia em concurso público, não se submetendo a essa exigência apenas as pessoas administrativas de direito privado.

GABARITO: ERRADO.

Os cargos públicos efetivos e os empregos públicos, ainda que nas pessoas jurídicas de direito privado da Administração, somente serão preenchidos mediante prévia aprovação em concurso público. Apenas os cargos comissionados é que dispensam essa exigência, pois são de livre nomeação e exoneração (Art. 37, II, da Constituição Federal).

245. (2013 - ANTT - Todos os Cargos) Com relação ao regime jurídico administrativo, julgue o item subsequente:

Um servidor pode ser punido nas esferas administrativa, civil e penal, em razão de um mesmo e único fato, desde que o ato tenha sido praticado no desempenho das atribuições do cargo ou função.

GABARITO: CERTO.

O enunciado trata da responsabilização do servidor pelo exercício irregular de suas atribuições, conformes disposições da Lei 8.112/90, que diz:

Lei 8.112/90, Art. 121. O servidor responde civil, penal e administrativamente pelo exercício irregular de suas atribuições.

Art. 125. As sanções civis, penais e administrativas poderão cumular-se, sendo independentes entre si.

D A D M

246. (2013 - MS - Analista Técnico Administrativo) Não gera nulidade do ato administrativo o fato de o servidor processado, apesar de intimado, não se fazer acompanhar por advogado no momento do seu interrogatório.

GABARITO: CERTO.

No processo administrativo disciplinar, a assistência por advogado é facultativa. A ausência dele não gera a nulidade do processo, conforme disposição da Súmula Vinculante nº 5 do STF, que diz:

Súmula Vinculante nº 5. A falta de defesa técnica por advogado no processo administrativo disciplinar não ofende a constituição.

247. (2013 - ANS - Técnico Administrativo) Acerca dos agentes públicos, julgue o item a seguir:
Os ocupantes de cargo ou função em comissão são considerados agentes honoríficos.

GABARITO: ERRADO.

Tais agentes são enquadrados como servidores públicos, e não como agentes honoríficos, sendo que ambos são espécies de agentes públicos.

248. (2013 - ANS - Técnico Administrativo) Acerca dos agentes públicos, julgue o item a seguir:
A extinção de cargo público preenchido somente pode ser efetivada mediante lei. No entanto, nos casos de cargo vago, essa extinção pode ser efetivada mediante decreto autônomo.

GABARITO: CERTO.

Como uma regra geral, os cargos públicos são criados e extintos por lei. Entretanto, o Art. 84, VI, alínea "b", da CF possibilita ao Presidente da República extinguir cargos ou funções que estejam vagos, por meio do denominado "decreto autônomo".

249. (2013 - ANS - Técnico Administrativo) Acerca dos agentes públicos, julgue o item a seguir:
Um Secretário Estadual de Educação é considerado um agente político.

GABARITO: CERTO.

Os auxiliares imediatos dos Chefes do Poder Executivo, como, por exemplo, o Secretário Estadual, são classificados como agentes políticos, sendo uma das espécies de agentes públicos.

250. (2013 - ANS - Especialista em Regulação de Saúde Suplementar) Acerca do processo administrativo e do regime disciplinar dos servidores públicos civis, julgue o item a seguir:
Considere que um servidor público, eleito deputado federal, tenha se afastado do cargo durante o mandato eletivo. Nessa situação, é correto afirmar que, após o retorno desse servidor ao cargo anterior, o tempo de serviço como parlamentar contará apenas para efeito de aposentadoria.

GABARITO: ERRADO.

Conforme dispõe o Art. 38, inciso IV, da Constituição Federal, em qualquer caso que exija o afastamento para o exercício de mandato eletivo, seu tempo de serviço será contado para todos os efeitos legais, salvo para promoção por merecimento.

251. (2013 - ANS - Técnico em Regulação de Saúde Suplementar) A respeito dos agentes públicos, julgue o item que se segue:
Os mesários eleitorais são considerados agentes políticos.

GABARITO: ERRADO.

Os mesários eleitorais são agentes honoríficos, integrando a categoria de particulares em colaboração, que é uma das espécies de agentes públicos.

252. (2013 - MS - Administrador) Acerca dos agentes públicos, julgue o item subsequente:
Senadores, Deputados e Vereadores são considerados agentes políticos.

GABARITO: CERTO.

Estão todos enquadrados na categoria de agentes políticos, que é uma das espécies de agentes públicos.

253. (2013 - MS - Administrador) Acerca dos agentes públicos, julgue o item subsequente:
A aprovação em concurso público é condição necessária para que o servidor público seja investido em cargo ou função pública.

GABARITO: ERRADO.

O concurso público é obrigatório, apenas para o preenchimento de cargos públicos efetivos e de empregos públicos. Os cargos em comissão, por exemplo, prescindem de concurso para seu preenchimento.

254. (2013 - IBAMA - Analista Administrativo) De acordo com o estatuto do servidor público federal, julgue o item subsecutivo:
Ao servidor público é vedado promover manifestação de apreço ou desapreço no recinto da repartição.

GABARITO: CERTO.

Trata-se da proibição prevista no Art. 117, V, da Lei 8.112/90, que diz:

Lei 8.112/90, Art. 117, V. ao servidor é proibido promover a manifestação de apreço ou desapreço no recinto da repartição.

255. (2013 - IBAMA - Analista Administrativo) De acordo com o estatuto do servidor público federal, julgue o item subsecutivo:
A investidura no cargo público ocorre com a nomeação, sendo de trinta dias o prazo para o nomeado tomar posse.

GABARITO: ERRADO.

A investidura ocorre com a posse, conforme regra do Art. 7º, da Lei 8.112/90, que diz:

Lei 8.112/90, Art. 7º. A investidura em cargo público ocorrerá com a posse.

256. (2013 - IBAMA - Analista Administrativo) De acordo com o estatuto do servidor público federal, julgue o item subsecutivo:
A inabilitação em estágio probatório e o abandono do cargo por mais de trinta dias consecutivos são situações que acarretam a exoneração do servidor ocupante de cargo efetivo.

GABARITO: ERRADO.

O abandono de cargo, que se configura pela ausência intencional por mais de trinta dias consecutivos, acarreta a demissão, e não a exoneração. (Art. 132, II, da Lei 8.112/90)

257. (2013 - Polícia Federal - Escrivão de Polícia Federal) Com relação ao Direito Administrativo, julgue o item a seguir:
A posse de um candidato aprovado em concurso público somente poderá ocorrer pessoalmente.

GABARITO: ERRADO.

A posse também pode ser feita por procuração específica, conforme redação do Art. 13, §3º, da Lei 8.112/90.

258. (2013 - MI - Assistente Técnico Administrativo) Com relação a agentes administrativos, julgue o próximo item:

Os vencimentos dos servidores públicos podem ser objeto de arresto, sequestro e penhora para pagamento de dívidas comerciais.

GABARITO: ERRADO.

O vencimento, a remuneração e o provento não serão objeto de arresto, sequestro ou penhora, exceto nos casos de prestação de alimentos resultante de decisão judicial, conforme regra traçada no Art. 48 da Lei 8.112/90.

---

259. (2013 - PC/BA - Delegado de Polícia) Para que ocorra provimento de vagas em qualquer cargo público, é necessária a prévia aprovação em concurso público.

GABARITO: ERRADO.

O provimento de um cargo em comissão não exige a prévia aprovação em concurso público, tratando-se de um cargo de livre nomeação e exoneração (Art. 37, II, da CF).

---

260. (2013 - MPU - Analista) Considerando as disposições da Lei n.º 8.112/1990, julgue o item a seguir:

São requisitos para a investidura em cargo público, entre outros, a idade mínima de dezoito anos e a aptidão física e mental, podendo as atribuições do cargo justificar a exigência de outros requisitos estabelecidos em lei.

GABARITO: CERTO.

Os requisitos básicos para a investidura estão previstos no Art. 5º da Lei 8.112/90, que diz:

Lei 8.112/90, Art. 5º. São requisitos básicos para investidura em cargo público:

I - a nacionalidade brasileira;

II - o gozo dos direitos políticos;

III - a quitação com as obrigações militares;

IV - o nível de escolaridade exigido para o exercício do cargo;

V - a idade mínima de 18 anos;

VI - aptidão física e mental.

§ 1º. As atribuições do cargo podem justificar a exigência de outros requisitos estabelecidos em lei.

---

261. (2013 - MPU - Analista) Considerando as disposições da Lei n.º 8.112/1990, julgue o item a seguir:

O período em que o servidor estiver de licença para desempenhar mandato classista conta como tempo de serviço, sendo considerado de efetivo exercício, salvo para efeito de promoção por merecimento.

GABARITO: CERTO.

De acordo com o Art. 102 da Lei 8.112/90:

Lei 8.112/90, Art. 102. Além das ausências ao serviço previstas no Art. 97, são considerados como de efetivo exercício os afastamentos em virtude de:

VIII - licença: c) para o desempenho de mandato classista ou participação de gerência ou administração em sociedade cooperativa constituída por servidores para prestar serviços a seus membros, exceto para efeito de promoção por merecimento.

262. **(2013 - MPU - Técnico Administrativo)** A respeito dos agentes públicos, julgue o próximo item: Admite-se a realização, pela Administração Pública, de processo seletivo simplificado para contratar profissionais por tempo determinado para atender à necessidade temporária de excepcional interesse público.

GABARITO: CERTO.

Os servidores públicos temporários não precisam ser contratados obrigatoriamente por concurso público. Sua admissão pode ser feita por meio de um processo seletivo simplificado, segundo a redação do Art. 3º da Lei 8.745/93:

Lei 8.745/93, Art. 3º O recrutamento do pessoal a ser contratado, nos termos desta Lei, será feito mediante processo seletivo simplificado sujeito a ampla divulgação, inclusive através do Diário Oficial da União, prescindindo de concurso público.

263. **(2013 - MPU - Técnico Administrativo)** A respeito dos agentes públicos, julgue o próximo item: Os Ministros de Estado são considerados agentes políticos, dado que integram os mais altos escalões do poder público.

GABARITO: CERTO.

Os Ministros de Estado, que são os auxiliares imediatos do Presidente da República, estão classificados como agentes políticos, assim como os Secretários de Estado e os Secretários Municipais.

264. **(2013 - MPU - Técnico Administrativo)** A respeito dos agentes públicos, julgue o próximo item: É permitida a acumulação remunerada de cargo de professor de universidade pública estadual com o de procurador da República, ainda que não haja compatibilidade de horários.

GABARITO: ERRADO.

Ainda que esteja dentro da possibilidade de acumulação lícita de cargos públicos, isso somente poderá ocorrer caso haja compatibilidade de horários, conforme redação do Art. 37, XVI, da Constituição Federal.

265. **(2013 - MPU - Técnico Administrativo)** No que se refere aos poderes administrativos, julgue o item a seguir:

Considere que determinado técnico do MPU tenha cometido infração disciplinar e que seu chefe imediato tenha dela tomado conhecimento no dia seguinte ao da prática do ato. Nesse caso, deve o chefe do servidor promover a apuração imediata da irregularidade, mediante sindicância ou processo administrativo disciplinar.

GABARITO: CERTO.

Trata-se do comando do Art. 143 da Lei 8.112/90, que diz:

Lei 8.112/90, Art. 143. A autoridade que tiver ciência de irregularidade no serviço público é obrigada a promover a sua apuração imediata, mediante sindicância ou processo administrativo disciplinar, assegurada ao acusado ampla defesa.

266. (2013 - MPU - Técnico Administrativo) Em relação ao regime jurídico dos servidores públicos federais, julgue o item subsequente:

Aplica-se a penalidade disciplinar de demissão a servidor público por abandono de cargo, caracterizado pela ausência intencional do servidor ao serviço por mais de trinta dias consecutivos ou por sessenta dias não consecutivos, em um período de um ano.

GABARITO: ERRADO.

A ausência por sessenta dias consecutivos no período de um ano configura inassiduidade habitual, e não abandono de cargo, nos termos do Art. 139 da Lei 8.112/90, que diz:

Lei 8.112/90, Art. 139. Entende-se por inassiduidade habitual a falta ao serviço, sem causa justificada, por sessenta dias, interpoladamente, durante o período de doze meses.

267. (2013 - MPU - Técnico Administrativo) Em relação ao regime jurídico dos servidores públicos federais, julgue o item subsequente:

A posse do servidor público nomeado, que pode ocorrer mediante procuração específica, deve acontecer no prazo de trinta dias contados da publicação do ato de provimento, sendo, ainda, conferidos ao servidor mais trinta dias para entrar em exercício no cargo.

GABARITO: ERRADO.

O erro está em afirmar que o exercício será de no prazo de trinta dias contados da posse, pois o Art. 15. §1º da Lei 8.112/90 define que esse prazo será de quinze dias:

Lei 8.112/90, Art. 15, §1º. É de quinze dias o prazo para o servidor empossado em cargo público entrar em exercício, contados da data da posse.

268. (2013 - PC/BA - Investigador de Polícia) Com relação ao regime constitucional aplicável à administração pública, julgue o item subsequente:

É condição necessária e suficiente para a aquisição da estabilidade no serviço público o exercício efetivo no cargo por período de três anos.

GABARITO: ERRADO.

O efetivo exercício no cargo por um período de três anos é condição necessária para a estabilidade. Entretanto, somente ela não é suficiente, pois, nos termos do Art. 41, § 4º, da Constituição Federal:

CF, Art. 41, §4º. Como condição para a aquisição da estabilidade, é obrigatória a avaliação especial de desempenho por comissão instituída para essa finalidade.

269. (2013 - PC/BA - Investigador de Polícia) Com relação ao regime constitucional aplicável à administração pública, julgue o item subsequente:

Não constitui ofensa à CF a acumulação remunerada de dois empregos públicos em duas sociedades de economia mista estaduais, dado que a proibição constitucional se aplica somente à acumulação dos cargos públicos da Administração direta e das fundações públicas e autarquias.

GABARITO: ERRADO.

De acordo com o Art. 37, XVII, da CF, essa vedação também abrange empregos públicos:

CF, Art. 37, XVII. a proibição de acumular estende-se a empregos e funções e abrange autarquias, fundações, empresas públicas, sociedades de economia mista, suas subsidiárias, e sociedades controladas, direta ou indiretamente, pelo poder público.

270. (2013 - PC/BA - Investigador de Polícia) No que se refere ao que dispõe a Lei n.º 8.112/1990 e aos princípios que regem a Administração Pública, julgue o item subsecutivo:
As empresas públicas são submetidas ao regime jurídico instituído pela Lei n.º 8.112/1990.
GABARITO: ERRADO.

A Lei 8.112/90, de acordo com seu Art. 1º, institui o Regime Jurídico dos Servidores Públicos Civis da União, das autarquias, inclusive as em regime especial, e das fundações públicas federais, não se aplicando para as outras esferas nem mesmo para os empregados públicos de empresas públicas e sociedades de economia mista.

271. (2013 - UNIPAMPA - Assistente em Administração) No que se refere a serviços públicos e agentes públicos, julgue o item que se segue:
O empregado público, admitido mediante concurso público, não está sujeito a estágio probatório nem a demissão sem justa causa.
GABARITO: CERTO.

O estágio probatório é realizado apenas para os titulares de cargos efetivos, sendo que para os empregados públicos aplicamos as disposições da CLT. Entretanto, de acordo com a jurisprudência, como a admissão foi realizada por meio de concurso público, sua dispensa não pode ser feita de maneira imotivada. Por outro lado, isso não se confunde com a estabilidade do Art. 41 da Constituição Federal, que é aplicada somente para servidores públicos efetivos.

272. (2013 - Telebras - Técnico em Gestão de Telecomunicações/Assistente Administrativo) A contratação temporária é regulamentada como possível desde que seja feita para atender a interesse público de caráter excepcional.
GABARITO: CERTO.

Trata-se do instituto previsto no Art. 37, IX, da Constituição Federal, que diz:

CF, Art. 37, IX. A lei estabelecerá os casos de contratação por tempo determinado para atender a necessidade temporária de excepcional interesse público.

273. (2013 - Telebras - Técnico em Gestão de Telecomunicações/Assistente Administrativo) A nomeação em cargo efetivo constitui um exemplo de provimento originário, quando se tratar de candidato aprovado em concurso público, e será considerada de provimento derivado, quando se tratar de constituir servidor em condição interina.
GABARITO: ERRADO.

A nomeação, independentemente de ser para cargos efetivos ou em caráter interino, terá a natureza de uma forma de provimento originária. As demais formas de provimento são derivadas. Lei 8.112/90.

Lei 8.112/90, Art. 9º A nomeação far-se-á:

I - em caráter efetivo, quando se tratar de cargo isolado de provimento efetivo ou de carreira;

II - em comissão, inclusive na condição de interino, para cargos de confiança vagos.

274. (2013 - Telebras - Técnico em Gestão de Telecomunicações/Assistente Administrativo) A forma de ingresso para exercer qualquer cargo, emprego ou função pública é por meio de concurso público, conforme legislação vigente.

GABARITO: ERRADO.

Apenas os cargos públicos efetivos e os empregos públicos é que exigem prévia aprovação em concurso público (Art. 37, II, da CF).

275. (2013 - TRT 10ª REGIÃO/DF e TO - Analista Judiciário/Tecnologia da Informação) O servidor público civil que fizer jus aos adicionais de insalubridade e periculosidade acumulará ambos os acréscimos sobre seu vencimento.

GABARITO: ERRADO.

Nesse caso, o servidor deverá optar por um deles, conforme regra do Art. 68, § 1º da Lei 8.112/90, que diz:

Lei 8.112/90, Art. 68. § 1º O servidor que fizer jus aos adicionais de insalubridade e de periculosidade deverá optar por um deles.

276. (2013 - TRT 10ª REGIÃO/DF e TO - Técnico Judiciário) A acumulação lícita de cargos públicos por parte do servidor é condicionada à demonstração de compatibilidade de horários.

GABARITO: CERTO.

Mesmo nos casos de acumulação lícita de cargos, é obrigatória a existência de compatibilidade de horários, conforme disposto no Art. 37, XVI, da CF:

CF, Art. 37, XVI. é vedada a acumulação remunerada de cargos públicos, exceto, quando houver compatibilidade de horários, observado em qualquer caso o disposto no inciso XI: a) a de dois cargos de professor; b) a de um cargo de professor com outro técnico ou científico; c) a de dois cargos ou empregos privativos de profissionais de saúde, com profissões regulamentadas.

277. (2013 - TRT 10ª REGIÃO/DF e TO - Técnico Judiciário) Havendo conveniência para o serviço, a pena de suspensão pode ser convertida em multa correspondente à metade por dia do vencimento ou remuneração, ficando o servidor obrigado a permanecer no desempenho de suas atribuições.

GABARITO: CERTO.

A pena de suspensão pode ser convertida em multa, ficando o servidor obrigado, nesse caso, a permanecer em serviço, conforme dispõe o Art. 130, § 2º, da Lei 8.112/90:

Lei 8.112/90, Art. 130, §2º. Quando houver conveniência para o serviço, a penalidade de suspensão poderá ser convertida em multa, na base de 50% (cinquenta por cento) por dia de vencimento ou remuneração, ficando o servidor obrigado a permanecer em serviço.

278. (2013 - TRT 10ª REGIÃO/DF e TO - Técnico Judiciário) Uma vez aplicadas ao servidor faltoso, as penalidades de advertência e de suspensão ficarão permanentemente registradas em seu assentamento funcional.

GABARITO: ERRADO.

As penalidades de advertência terão seus registros cancelados após o transcurso de três anos, se nesse período o servidor não praticar nova infração, conforme disposto no Art. 131 da Lei 8.112/90:

Lei 8.112/90, Art. 131. As penalidades de advertência e de suspensão terão seus registros cancelados, após o decurso de 3 (três) e 5 (cinco) anos de efetivo exercício, respectivamente, se o servidor não houver, nesse período, praticado nova infração disciplinar.

279. (2013 - CNJ - Analista Judiciário) São penalidades disciplinares a advertência, a suspensão e a destituição de cargo em comissão.

GABARITO: CERTO.

São todas penalidades disciplinares, que encontram previsão no *Art. 127 da Lei 8.112/90: São penalidades disciplinares:*

I- advertência;

II- suspensão;

III- demissão;

IV- cassação de aposentadoria ou disponibilidade;

V - destituição de cargo em comissão;

VI- destituição de função comissionada.

280. (2013 - CNJ - Técnico Judiciário/Área Administrativa) Além do vencimento, o servidor público pode receber vantagens, como indenizações, gratificações e adicionais, sendo que as duas primeiras vantagens citadas incorporam-se ao vencimento ou provento.

GABARITO: ERRADO.

As indenizações nunca se incorporam aos vencimentos. As gratificações e os adicionais podem se incorporar, desde que previstos em lei, conforme diz o *Art. 49 da Lei 8.112/90, § 1º As indenizações não se incorporam ao vencimento ou provento para qualquer efeito. § 2º As gratificações e os adicionais incorporam ao vencimento ou provento, nos casos e condições indicados em lei."*

281. (2013 - TRT 10ª REGIÃO/DF e TO - Técnico Judiciário/Administrativo) A promoção constitui ato de investidura derivada, enquanto a nomeação consiste em ato de investidura originária.

GABARITO: CERTO.

A nomeação é a única forma de investidura originária, sendo todas as demais formas derivadas de provimento.

FAÇA JÁ

Agentes Públicos e Lei 8.112/90

Classificação

Agentes Públicos:

1. Agentes Políticos
2. Servidores Públicos (agentes administrativos)
   - ________________
   - ________________________________
   - ________________________________
3. Particulares em colaboração
   - ________________________________
   - ________________________________
   - ________________________________

Servidores Públicos

Estatutários

Seu vínculo com a Administração Pública possui natureza ________________ (por exemplo os servidores públicos federais, seu estatuto é a Lei 8.112/90). Eles são titulares de ________________________________ (provimento efetivo ou em comissão) e exercem uma função pública.

Os cargos em comissão são de livre ________________ ________________.

Empregados Públicos

Estão ligados à Administração Pública por um vínculo contratual trabalhista, isto é, eles possuem um "contrato de trabalho" que é regido pela ________________________________ ________________________________.

Temporários

São contratados para atender uma ____________________ ____________________ ____________________ ____________________ ____________________. Eles exercem apenas uma ____________________ remunerada temporária, não possuem nem cargo nem emprego público. Seu vínculo com a Administração Pública é de natureza contratual. Exemplos: professor substituto, recenseamento, agentes de combate à dengue, etc.

Sua contratação ____________________ concurso público, podendo ser escolhidos mediante um processo seletivo simplificado.

Responsabilidade do Servidor

Pelo exercício irregular de suas atribuições, o servidor irá responder nas esferas:

- ____________________
- ____________________ (obrigação de reparar o dano)
- ____________________ (abrange crime e contravenções imputadas ao servidor, nessa qualidade)

Essas esferas são ____________________, ____________________ cumular-se. Dessa forma, a absolvição ou condenação em uma delas, como regra geral, em nada influência nas demais.

Pela mesma infração ele poderá responder nas três esferas, não havendo bis in idem (não será considerada dupla ou tripla condenação pelo mesmo fato, pois são esferas diferentes, com consequências diferentes).

Apesar da independência das esferas, caso o servidor seja ____________________ criminalmente (negada a existência do fato ou sua autoria), a responsabilidade administrativa ____________________.

Se for absolvido por outro motivo, como falta de provas por exemplo, a responsabilidade administrativa ____________________.

A responsabilidade civil do servidor é ____________________ (somente será configurada se ele agiu com dolo ou culpa). Ela decorre de ato ____________________ ou ____________________ (ação ou omissão), doloso ou ____________________, que resulte em prejuízo ao erário ou a terceiros.

CAPÍTULO 4

Improbidade Administrativa
Lei 8.429/92

Improbidade Administrativa - Lei 8.429/92

282. **(2014 - ANTAQ - Cargos 1 a 4)** No que se refere ao controle da Administração Pública, à improbidade administrativa e ao processo administrativo, julgue o item subsequente:

Embora os particulares se sujeitem à Lei de Improbidade Administrativa, não é possível o ajuizamento de ação de improbidade administrativa exclusivamente contra particular, sem a presença de agente público no polo passivo da demanda.

GABARITO: CERTO.

Nos termos do Art. 3º da Lei 8.429/92:

Lei 8.429/92, Art. 3º. As disposições desta lei são aplicáveis, no que couber, àquele que, mesmo não sendo agente público, induza ou concorra para a prática do ato de improbidade ou dele se beneficie sob qualquer forma direta ou indireta.

Dessa forma, o particular para ser um sujeito ativo precisará estar agindo juntamente com um agente público, ao induzir, concorrer com o mesmo, ou ainda ser beneficiado, de forma direta ou indireta pelo ato de improbidade.

---

283. **(2014 - TJ/SE - Técnico Judiciário - Área Judiciária)** A respeito de agentes públicos, responsabilidade civil do Estado e improbidade administrativa, julgue o item que se segue:

Consideram-se sujeitos ativos dos ilícitos previstos na Lei de Improbidade Administrativa o agente público e o terceiro particular que, mesmo não sendo agente público, induzir ou concorrer para o ato ou dele se beneficiar direta ou indiretamente.

GABARITO: CERTO.

Os particulares também podem ser sujeitos ativos de um ato de improbidade, conforme redação do Art. 3º da Lei 8.429/92:

Lei 8.429/92, Art. 3º. As disposições desta lei são aplicáveis, no que couber, àquele que, mesmo não sendo agente público, induza ou concorra para a prática do ato de improbidade ou dele se beneficie sob qualquer forma direta ou indireta.

---

284. **(2014 - TJ/SE - Técnico Judiciário/Área Judiciária)** A respeito de agentes públicos, responsabilidade civil do Estado e improbidade administrativa, julgue o item que se segue:

Conforme a recente jurisprudência do STJ, para a configuração dos atos de improbidade administrativa que causem lesão ao erário previstos na Lei de Improbidade Administrativa, exige-se comprovação de efetivo dano ao erário e de culpa, ao menos em sentido estrito.

GABARITO: CERTO.

De acordo com a jurisprudência do STJ, os atos de improbidade que importam em prejuízo ao erário (Art. 10 da Lei 8.429/92) somente se configuram se ocorrer dano ao patrimônio público.

---

285. **(2014 - TC/DF - Analista de Administração Pública/Sistemas de TI)** Com base nas disposições da Lei n.º 8.429/1992 e da Lei n.º 9.784/1999, julgue o item a seguir:

A legitimidade ativa para propor a ação de improbidade administrativa é sempre da pessoa jurídica que foi vítima do ato de improbidade, cabendo ao Ministério Público intervir na demanda apenas na condição de fiscal da lei.

GABARITO: ERRADO.

O Ministério Público também tem legitimidade ativa nas ações que versem sobre atos de improbidade administrativa, conforme regra do Art. 17 da Lei 8.429/92, que diz:

Lei 8.429/92, Art. 17. A ação principal, que terá o rito ordinário, será proposta pelo Ministério Público ou pela pessoa jurídica interessada, dentro de trinta dias da efetivação da medida cautelar.

286. **(2014 - TC/DF - Analista de Administração Pública/Orçamento, Gestão Financeira e Controle)** Se autoridade administrativa considerar necessária à instrução processual o afastamento do agente público do exercício de seu cargo ou função, durante a apuração de ato de improbidade administrativa, o pagamento da remuneração desse agente será interrompido, devendo ser restabelecido se afastado o risco de dano ao erário.

GABARITO: ERRADO.

O afastamento é feito sem prejuízo da remuneração, pois não se trata de uma penalidade, mas sim de uma medida cautelar, conforme regra prevista no Art. 20, parágrafo único, da Lei 8.429/92:

Lei 8.429/92, Art. 20. A autoridade judicial ou administrativa competente poderá determinar o afastamento do agente público do exercício do cargo, emprego ou função, sem prejuízo da remuneração, quando a medida se fizer necessária à instrução processual.

287. **(2014 - TC/DF - Analista de Administração Pública/Orçamento, Gestão Financeira e Controle)** A entrega de cópia da declaração anual de bens enviada à Receita Federal supre a exigência de que o agente público em exercício encaminhe, ao respectivo órgão ao qual esteja prestando serviços, os dados e informações sobre o seu patrimônio e o de seus dependentes.

GABARITO: CERTO.

A declaração anual de bens pode ser substituída pela entrega da declaração do Imposto de Renda, conforme disposição do Art. 13, § 4º, da Lei 8.429/92:

Lei 8.429/92, Art. 13, §4º. O declarante, a seu critério, poderá entregar cópia da declaração anual de bens apresentada à Delegacia da Receita Federal na conformidade da legislação do Imposto sobre a Renda e proventos de qualquer natureza, com as necessárias atualizações, para suprir a exigência contida no caput e no § 2º deste artigo.

288. **(2014 - Câmara dos Deputados - Analista Legislativo)** Caso o servidor tenha recebido, para a prática do ato, auxílio de pessoa que não seja agente público, ambos devem responder por improbidade administrativa, estando sujeitos às penalidades previstas na Lei n.º 8.429/1992.

GABARITO: CERTO.

Os particulares também podem ser sujeitos ativos de um ato de improbidade administrativa, conforme previsto no Art. 3º da Lei 8.429/92:

Lei 8.429/92, Art. 3º. As disposições desta lei são aplicáveis, no que couber, àquele que, mesmo não sendo agente público, induza ou concorra para a prática do ato de improbidade ou dele se beneficie sob qualquer forma direta ou indireta.

289. (2014 - Câmara dos Deputados - Analista Legislativo) Servidor responsável pela gestão dos sistemas de tecnologia da informação da Câmara dos Deputados, em retaliação à aprovação de uma lei que ele considerava prejudicial aos interesses nacionais, resolveu, após o horário de expediente, invadir o órgão e instalar um vírus no sistema de protocolo, o que ocasionou a perda de todas as informações sobre a tramitação dos processos legislativos no último ano.

Considerando essa situação hipotética, julgue o item subsecutivo:

O ato praticado configura improbidade administrativa, ficando o servidor sujeito às seguintes penalidades: ressarcimento integral do dano causado; perda da função pública; suspensão temporária dos direitos políticos; pagamento de multa civil; proibição temporária de contratar com o poder público ou de receber benefícios ou incentivos fiscais ou creditícios.

GABARITO: CERTO.

São todas penalidades previstas no Art. 12 da Lei 8.429/92, que trata das sanções aplicáveis aos condenados por improbidade administrativa:

Lei 8.429/92, Art. 12. Independentemente das sanções penais, civis e administrativas previstas na legislação específica, está o responsável pelo ato de improbidade sujeito às seguintes cominações, que podem ser aplicadas isolada ou cumulativamente, de acordo com a gravidade do fato: I - na hipótese do Art. 9º, perda dos bens ou valores acrescidos ilicitamente ao patrimônio, ressarcimento integral do dano, quando houver, perda da função pública, suspensão dos direitos políticos de oito a dez anos, pagamento de multa civil de até três vezes o valor do acréscimo patrimonial e proibição de contratar com o Poder Público ou receber benefícios ou incentivos fiscais ou creditícios, direta ou indiretamente, ainda que por intermédio de pessoa jurídica da qual seja sócio majoritário, pelo prazo de dez anos; II - na hipótese do Art. 10, ressarcimento integral do dano, perda dos bens ou valores acrescidos ilicitamente ao patrimônio, se concorrer esta circunstância, perda da função pública, suspensão dos direitos políticos de cinco a oito anos, pagamento de multa civil de até duas vezes o valor do dano e proibição de contratar com o Poder Público ou receber benefícios ou incentivos fiscais ou creditícios, direta ou indiretamente, ainda que por intermédio de pessoa jurídica da qual seja sócio majoritário, pelo prazo de cinco anos; III - na hipótese do Art. 11, ressarcimento integral do dano, se houver perda da função pública, suspensão dos direitos políticos de três a cinco anos, pagamento de multa civil de até cem vezes o valor da remuneração percebida pelo agente e proibição de contratar com o Poder Público ou receber benefícios ou incentivos fiscais ou creditícios, direta ou indiretamente, ainda que por intermédio de pessoa jurídica da qual seja sócio majoritário, pelo prazo de três anos.

---

290. (2014 - FUB - Todos os Cargos de Nível Médio) Com base nas disposições das Leis nºs 9.784/1999 e 8.429/1992, julgue o item subsequente:

Aquele que exercer, mediante designação, função transitória e sem remuneração na Universidade de Brasília poderá responder por ato de improbidade administrativa.

GABARITO: CERTO.

Nos termos do Art. 2º da Lei 8.429/92, reputa-se agente público todo aquele que exerce, ainda que transitoriamente ou sem remuneração, por eleição, nomeação, designação, contratação ou qualquer outra forma de investidura ou vínculo, mandato, cargo, emprego ou função nas entidades mencionadas como sujeitos passivos de atos de improbidade administrativa.

---

291. (2014 - FUB - Conhecimentos Básicos - Todos os Cargos de Nível Superior) Com base no que dispõem o Código de Ética da Administração Pública Federal, a Lei de Improbidade Administrativa e a Lei n.º 8.112/1990, julgue o item a seguir:

Considere que um administrador público tenha realizado a dispensa irregular de licitação para a compra de canetas. Nesse caso, considerando-se a dispensa indevida de procedimento licitatório, segundo entendimento do STJ, o administrador público poderá responder por ato de improbidade administrativa, ainda que o preço tenha sido compatível ao de mercado e não tenha havido benefício a qualquer pessoa.

GABARITO: ERRADO.

Segundo a jurisprudência do STJ, para que reste configurado ato de improbidade administrativa que importe em lesão ao erário (que seria a dispensa indevida de procedimento licitatório, previsto no Art. 10, VIII, da Lei 8.429/92) é exigida a efetiva comprovação de dano ao erário. Isso não ocorreu no caso narrado, não importando, assim, em condenação por improbidade.

---

292. (2014 - SUFRAMA - Nível Superior) Acerca de agentes administrativos, poderes administrativos, improbidade administrativa e serviços públicos, julgue o item seguinte:

Considere que o Ministério Público Federal ajuíze ação de improbidade administrativa contra determinado servidor, acusado de colaborar ativamente com uma organização criminosa que agia junto a órgãos públicos. Nessa hipótese, caso o servidor interfira nas investigações, a autoridade judicial ou administrativa competente poderá determinar o afastamento do agente público do cargo, sem prejuízo da remuneração.

GABARITO: CERTO.

O afastamento preventivo é uma medida prevista no Art. 20, parágrafo único da Lei 8.429/92. É efetivado sem prejuízo da remuneração:

Art. 20, Parágrafo único. A autoridade judicial ou administrativa competente poderá determinar o afastamento do agente público do exercício do cargo, emprego ou função, sem prejuízo da remuneração, quando a medida se fizer necessária à instrução processual.

D A D M

293. (2014 - MDIC - Analista Técnico - Administrativo) Acerca de improbidade administrativa, processo administrativo e licitações, julgue o item a seguir:

Se, após uma operação da Polícia Federal, empreendida para desarticular uma quadrilha que agia em órgãos públicos, o Ministério Público Federal ajuizar ação de improbidade administrativa contra determinado servidor, devido a irregularidades cometidas no exercício da sua função, mesmo que esse servidor colabore com as investigações, será vedado o acordo ou a transação judicial.

GABARITO: CERTO.

A Lei 8.429/92 veda que seja feita a transação, o acordo ou a conciliação nas ações judiciais de improbidade administrativa, conforme verificamos no Art. 17, § 1º:

Art. 17, §1º. É vedada a transação, acordo ou conciliação nas ações de que trata o caput.

---

294. (2013 - FUNASA - Todos os Cargos) Com relação à disciplina jurídica dos serviços públicos e do controle legislativo, julgue o próximo item:

Considere que uma pessoa ocupante de cargo em comissão em determinada fundação pública tenha sido presa em flagrante, durante operação da polícia federal, por desvio de dinheiro público. Nessa situação, essa pessoa responderá criminalmente por esse ato e poderá ser destituída do cargo. Entretanto, ela estará isenta das sanções decorrentes do ato de improbidade administrativa, as quais são aplicadas somente aos servidores públicos ocupantes de cargo efetivo.

GABARITO: ERRADO.

A Lei de Improbidade é aplicada para os agentes públicos em geral, assim considerados, conforme Art. 2º da Lei 8.429/92, todos aqueles que exercem, ainda que transitoriamente ou sem remuneração, por eleição, nomeação, designação, contratação ou qualquer outra forma de investidura ou vínculo, mandato, cargo, emprego ou função nas entidades mencionadas na referida Lei, como sujeitos passivos de um ato de improbidade.

295. (2013 - STF - Analista Judiciário/Área Judiciária) No que tange às disposições da Lei n.º 8.429/1992, julgue o item subsequente:

Considere que, alegando direito à privacidade, determinado servidor, ao tomar posse em cargo público, tenha negado entregar a devida declaração dos bens e valores que compõem o seu patrimônio privado. Nessa situação, persistindo a recusa, o servidor poderá ser demitido, a bem do serviço público.

GABARITO: CERTO.

Apesar de não muito bem elaborada, a questão cobrou o conteúdo do Art. 13, § 3º, da Lei 8.429/92, que diz que será punido com a pena de demissão, a bem do serviço público, sem prejuízo de outras sanções cabíveis, o agente público que se recusar a prestar declaração dos bens, dentro do prazo determinado, ou que a prestar falsa.

296. (2013 - STF - Analista Judiciário/Área Judiciária) No que tange às disposições da Lei n.º 8.429/1992, julgue o item subsequente:

O ressarcimento integral do dano, em matéria de improbidade administrativa, dar-se-á se houver lesão ao patrimônio público por conduta comissiva ou omissiva, exclusivamente dolosa, praticada por agente público ou por terceiro. Nesse caso, caberá à autoridade administrativa responsável pelo inquérito representar ao Ministério Público para a indisponibilidade dos bens do indiciado.

GABARITO: ERRADO.

Os atos que importam em prejuízo ao erário também podem ser praticados por uma conduta culposa, conforme redação do Art. 5º, da Lei 8.429/92, que diz:

Art. 5º. Ocorrendo lesão ao patrimônio público por ação ou omissão, dolosa ou culposa, do agente ou de terceiro, dar-se-á o integral ressarcimento do dano.

297. (2013 - TRT 17ª Região/ES - Analista Judiciário/Área Administrativa) No que se refere à improbidade administrativa, julgue o item seguinte:

Não poderá responder por ato de improbidade administrativa o agente público que não for servidor público.

GABARITO: ERRADO.

Os agentes públicos em geral podem ser sujeitos ativos de um ato de improbidade, assim considerados, de acordo com o disposto Art. 2º da Lei 8.429/92, todos aqueles que exercem, ainda que transitoriamente ou sem remuneração, por eleição, nomeação, designação, contratação ou qualquer outra forma de investidura ou vínculo, mandato, cargo, emprego ou função nas entidades mencionadas na referida lei, como sujeitos passivos de um ato de improbidade.

298. (2013 - TRT 17ª Região/ES - Técnico Judiciário/Área Administrativa) Considerando a disciplina constitucional relativa à Administração Pública, julgue o item subsequente:

A CF expressamente dispõe que, independentemente das sanções penais, civis e administrativas previstas na legislação específica, o responsável pelo ato de improbidade terá obrigatoriamente decretada a suspensão dos seus direitos políticos pelo período de oito a dez anos.

GABARITO: ERRADO.

Primeiramente, a CF não prevê os prazos de suspensão dos direitos políticos de maneira expressa. Eles estão definidos na Lei 8.429/92. Além disso, na referida Lei, apenas o prazo de suspensão dos direitos políticos para atos que importem em enriquecimento ilícito é de 8 a 10 anos. Para atos que gerem lesão ao erário, tem-se a suspensão de 5 a 8 anos. Os atos que atentam contra os princípios da Administração Pública são punidos com um período de 3 a 5 anos de suspensão dos direitos políticos (Art. 12 da Lei 8.429/92).

299. (2013 - PG/DF - Procurador) Acerca dos atos de improbidade administrativa e dos poderes administrativos, julgue o item que se segue:

Presidente de autarquia estadual que deixar de prestar as contas anuais devidas responderá, desde que comprovada a sua má-fé e a existência de dano ao erário, pelo cometimento de ato de improbidade atentatório aos princípios da administração pública.

GABARITO: ERRADO.

Para a configuração de ato de improbidade que atente contra os princípios da Administração Pública, não é necessária a efetiva ocorrência de dano, conforme redação do Art. 21 da Lei 8.429/92:

Art. 21. A aplicação das sanções previstas nesta lei independe: I – da efetiva ocorrência de dano ao patrimônio público, salvo quanto à pena de ressarcimento.

300. (2013 - ANCINE - Especialista em Regulação Atividade Cinematográfica e Audiovisual - Área 3) Julgue o item que se segue, acerca dos agentes públicos e improbidade administrativa:

Considere que determinado servidor público tenha sido citado para responder a ação ajuizada com a finalidade de aplicar-lhe as sanções decorrentes da prática de ato de improbidade administrativa. Considere, ainda, que, em sua resposta, o servidor tenha alegado que a ação estaria prescrita, visto que transcorreram mais de cinco anos da data da conduta questionada, e que ele tenha afirmado, também, que o ato fora por ele praticado durante o exercício de cargo em comissão do qual fora exonerado havia três anos. Nessa situação, a argumentação do servidor deverá ser rejeitada, visto que o prazo de prescrição de cinco anos inicia-se não a partir da prática do ato, mas da data do término do exercício do cargo em comissão.

GABARITO: CERTO.

O prazo prescricional da ação de improbidade, que é de 5 anos, inicia-se do término do exercício de mandato de cargo em comissão ou de função de confiança, conforme diz o Art. 23, I, da Lei 8.429/92. Desse modo, não está prescrita a ação no caso narrado na questão.

---

301. **(2013 - AGU - Procurador Federal)** No que tange aos deveres do servidor público federal e aos atos de improbidade praticados por agente público, julgue os itens subsequentes.

Se um agente público conceder benefício administrativo ou fiscal sem a observância das formalidades legais ou regulamentares aplicáveis à espécie, ficará caracterizado ato de improbidade administrativa, mesmo que o agente não tenha atuado de forma dolosa, ou seja, sem a intenção deliberada de praticar ato lesivo à administração pública.

GABARITO: CERTO.

De acordo com o Art. 10, VII, da Lei 8.429/92, conceder benefício administrativo ou fiscal, sem a observância das formalidades legais ou regulamentares aplicáveis à espécie, é ato de improbidade que importa em lesão ao erário. Essa modalidade de ato de improbidade pode ser praticada de forma dolosa ou culposa.

---

302. **(2013 - SEGESP/AL - Papiloscopista)** Com relação à improbidade administrativa, julgue o próximo item:

Caso determinado servidor revele fato sigiloso do qual tenha tido ciência em razão do exercício de suas atribuições, estará ele sujeito à perda da função pública, mas não à suspensão dos direitos políticos.

GABARITO: ERRADO.

Nesse caso, temos um ato de improbidade que atenta contra os princípios da Administração Pública (Art. 11, III, da Lei 8.429/92). A suspensão dos direitos políticos também é uma das penalidades aplicáveis (Art. 12, III).

---

303. **(2013 - SEGESP/AL - Papiloscopista)** Com relação à improbidade administrativa, julgue o próximo item.

O servidor público que, para omitir ato de ofício a que estava obrigado, tenha recebido vantagem econômica de qualquer natureza, ainda que indireta, estará sujeito, além de outras sanções, ao pagamento de multa civil.

GABARITO: CERTO.

Nessa situação, praticou-se um ato de improbidade que importa em enriquecimento ilícito. Uma das penalidades cabíveis é a aplicação de uma multa civil, conforme verificamos no Art. 12, I, da Lei 8.429/92:

Art. 12, I. na hipótese do Art. 9º, perda dos bens ou valores acrescidos ilicitamente ao patrimônio, ressarcimento integral do dano, quando houver, perda da função pública, suspensão dos direitos políticos de oito a dez anos, pagamento de multa civil de até três vezes o valor do acréscimo patrimonial e proibição de contratar com o Poder Público ou receber benefícios ou incentivos fiscais ou creditícios, direta ou indiretamente, ainda que por intermédio de pessoa jurídica da qual seja sócio majoritário, pelo prazo de dez anos.

304. **(2013 - SEGESP/AL - Papiloscopista)** No que se refere à improbidade administrativa, julgue o seguinte item:

Aquele que, mesmo não sendo agente público, induza ou concorra para a prática do ato de improbidade ou dele se beneficie sob qualquer forma direta ou indireta, está sujeito às disposições da Lei de Improbidade Administrativa, no que couber.

GABARITO: CERTO.

Um particular também pode ser sujeito ativo de um ato de improbidade administrativa, conforme redação do Art. 3º da Lei 8.429/92, que diz:

Art. 3º. As disposições desta lei são aplicáveis, no que couber, àquele que, mesmo não sendo agente público, induza ou concorra para a prática do ato de improbidade ou dele se beneficie sob qualquer forma direta ou indireta.

305. **(2013 - SEGESP/AL - Papiloscopista)** No que se refere à improbidade administrativa, julgue o seguinte item:

A aplicação da pena de ressarcimento independe da efetiva ocorrência de dano ao patrimônio público ocasionado por ato de improbidade administrativa.

GABARITO: ERRADO.

A aplicação das penalidades independe da efetiva ocorrência de dano ao erário, salvo no caso da penalidade de ressarcimento, conforme diz o Art. 21, II, da Lei 8.429/92:

Art. 21, II. A aplicação da lei independe: I - ocorrência de dano ao patrimônio público, salvo quanto à pena de ressarcimento.

306. **(2013 - FUB - Assistente em Administração)** Com relação à Lei de Improbidade Administrativa, julgue o item que se segue:

O servidor público que deixar de prestar contas, embora tenha a obrigação legal de fazê-lo, praticará ato de improbidade administrativa que atenta contra os princípios da Administração Pública.

GABARITO: CERTO.

Trata-se do ato de improbidade, previsto no Art. 11 da Lei 8.429/91:

Art. 11. Constitui ato de improbidade administrativa que atenta contra os princípios da Administração Pública qualquer ação ou omissão que viole os deveres de honestidade, imparcialidade, legalidade, e lealdade às instituições, e notadamente: VI- deixar de prestar contas quando esteja obrigado a fazê-lo.

307. (2013 - FUB - Assistente em Administração) Com relação à Lei de Improbidade Administrativa, julgue o item que se segue:

Caso um particular concorra para frustrar a licitude de procedimento licitatório, restará caracterizado ato de improbidade administrativa que causa lesão ao erário e o particular, mesmo não sendo servidor público, estará sujeito à incidência da lei em questão.

GABARITO: CERTO.

O ato de improbidade que implica lesão ao erário está previsto no Art. 10 da Lei 8.429/92: VIII - frustrar a licitude de processo licitatório ou dispensá-lo indevidamente. O Art. 3º dessa mesma lei também prevê a possibilidade de um particular enquadrar-se como sujeito ativo de um ato de improbidade: As disposições desta lei são aplicáveis, no que couber, àquele que, mesmo não sendo agente público, induza ou concorra para a prática do ato de improbidade ou dele se beneficie sob qualquer forma direta ou indireta.

308. (2013 - MTE - Auditor Fiscal do Trabalho) Caso um servidor público deixe de praticar, indevidamente, ato de ofício, e isso enseje o ajuizamento de ação de improbidade contra esse servidor, então, independentemente das sanções penais, civis e administrativas previstas na legislação específica, ele estará sujeito à perda da função pública, mas não à suspensão dos direitos políticos.

GABARITO: ERRADO.

Retardar ou deixar de praticar, indevidamente, ato de ofício é classificado como ato de improbidade que atenta contra os princípios da Administração Pública (Art. 11, II, da Lei 8.429/92). O Art. 12, III, dessa mesma Lei, e o Art. 37, §4º, da CF, preveem a suspensão dos direitos políticos como uma das penalidades cabíveis pelos condenados por improbidade administrativa.

309. (2013 - MJ - Todos os Cargos) Com relação aos agentes públicos e à improbidade administrativa, julgue o item que se segue, conforme entendimento do Superior Tribunal de Justiça:

Para a caracterização de ato de improbidade por ofensa a princípios da Administração Pública, exige-se a demonstração do dolo lato sensu ou genérico.

GABARITO: CERTO.

Todos os atos de improbidade podem ser configurados por uma conduta dolosa. A única categoria que pode também ser caracterizada por uma conduta culposa corresponde aos atos que importam em prejuízo ao erário.

310. (2013 - MPOG - Todos os Cargos) Com base no disposto na Lei n.º 8.429/1992, que versa sobre improbidade administrativa, julgue o próximo item:

Não configura improbidade administrativa, a conduta do servidor público que, ciente de conduta ilícita de colega ímprobo, de mesma hierarquia, não comunica o fato ao superior hierárquico.

GABARITO: ERRADO.

Comunicar a ocorrência de um ato de improbidade é um dos deveres do servidor, conforme diz a Lei 8.112/90:

Lei 8.112/90, Art. 116. São deveres do servidor: VI - levar as irregularidades de que tiver ciência em razão do cargo ao conhecimento da autoridade superior ou, quando houver suspeita de envolvimento desta, ao conhecimento de outra autoridade competente para apuração. **Os atos de improbidade também podem ser praticados de maneira omissiva. O caso narrado na questão enquadra-se no Art. 11 da Lei 8.429/92, que diz:** *Constitui ato de improbidade administrativa que atenta contra os princípios da Administração Pública qualquer ação ou omissão que viole os deveres de honestidade, imparcialidade, legalidade, e lealdade às instituições, e notadamente: II - retardar ou deixar de praticar, indevidamente, ato de ofício.*

311. **(2013 - DEPEN - Agente Penitenciário)** O agente público que se recusar a fornecer, dentro do prazo determinado, a declaração de bens será punido com a pena de demissão.

GABARITO: CERTO.

Trata-se do previsto no Art. 13 da Lei 8.429/92, que diz: *A posse e o exercício de agente público ficam condicionados à apresentação de declaração dos bens e valores que compõem o seu patrimônio privado, a fim de ser arquivada no serviço de pessoal competente. § 3º Será punido com a pena de demissão, a bem do serviço público, sem prejuízo de outras sanções cabíveis, o agente público que se recusar a prestar declaração dos bens, dentro do prazo determinado, ou que a prestar falsa.*

312. **(2013 - DEPEN - Agente Penitenciário)** O pressuposto para o ressarcimento do dano gerado ao patrimônio público é uma ação ou omissão dolosa, não sendo passíveis de reparação os casos culposos.

GABARITO: ERRADO.

O ressarcimento também deverá ocorrer no caso de condutas culposas, conforme previsto no Art. 5º da Lei 8.429/92: *Ocorrendo lesão ao patrimônio público por ação ou omissão, dolosa ou culposa, do agente ou de terceiro, dar-se-á o integral ressarcimento do dano.*

313. **(2013 - DEPEN - Agente Penitenciário)** Considere que o Ministério Público ingressou com uma ação judicial, pleiteando o ressarcimento ao erário de valores provenientes de enriquecimento ilícito de um prefeito municipal. Nessa situação, a morte do prefeito gera a imediata extinção do processo, já que a obrigação de ressarcimento não se transmite aos herdeiros.

GABARITO: ERRADO.

Os sucessores podem ser responsabilizados patrimonialmente, até o limite da herança recebida, conforme redação do *Art. 8º da Lei 8.429/92: O sucessor daquele que causar lesão ao patrimônio público ou se enriquecer ilicitamente está sujeito às cominações desta lei até o limite do valor da herança.*

314. (2013 - PRF - Policial Rodoviário Federal) Somente são considerados atos de improbidade administrativa aqueles que causem lesão ao patrimônio público ou importem enriquecimento ilícito.

GABARITO: ERRADO.

Também existem os atos de improbidade que atentam contra os princípios da Administração Pública, previstos de maneira exemplificativa no ***Art. 11 da Lei 8.429/92: Constitui ato de improbidade administrativa que atenta contra os princípios da administração pública qualquer ação ou omissão que viole os deveres de honestidade, imparcialidade, legalidade, e lealdade às instituições, e notadamente[...]***

315. (2013 - MJ - Analista Técnico-Administrativo) Julgue o item subsecutivo, a respeito da improbidade administrativa:

Um ato de improbidade administrativa praticado por servidor público não pode ser simultaneamente enquadrado como um ilícito administrativo, o que exime a autoridade competente de instaurar qualquer procedimento para apuração de responsabilidade de natureza disciplinar.

GABARITO: ERRADO.

As sanções de improbidade não excluem a responsabilidade administrativa, conforme texto do ***Art. 12 da Lei 8.429/92: Independentemente das sanções penais, civis e administrativas previstas na legislação específica, está o responsável pelo ato de improbidade sujeito às seguintes cominações, que podem ser aplicadas isolada ou cumulativamente, de acordo com a gravidade do fato.***

316. (2013 - MJ - Analista Técnico-Administrativo) Julgue o item subsecutivo, a respeito da improbidade administrativa.

Conforme entendimento recente do STJ,é possível a decretação de indisponibilidade e sequestro de bens, antes mesmo do recebimento da petição inicial da ação civil pública destinada a apurar a prática de ato de improbidade administrativa.

GABARITO: CERTO.

Por serem medidas cautelares, elas podem ser decretadas antes mesmo da instauração do processo principal, conforme entende o STJ, com fundamento no ***Art. 16 da Lei 8.429/92, que diz: Havendo fundados indícios de responsabilidade, a comissão representará ao Ministério Público ou à procuradoria do órgão para que requeira ao juízo competente a decretação do sequestro dos bens do agente ou terceiro que tenha enriquecido ilicitamente ou causado dano ao patrimônio público.***

317. (2013 - MJ - Analista Técnico-Administrativo) Julgue o item subsecutivo, a respeito da improbidade administrativa:

A Lei de Improbidade Administrativa é aplicável a qualquer agente público que seja servidor estatutário vinculado às pessoas jurídicas de direito público, não abrangendo os empregados públicos vinculados à Administração indireta.

GABARITO: ERRADO.

As entidades da Administração indireta também podem ser sujeitas passivas de um ato de improbidade, conforme diz o ***Art. 1º da Lei 8.429/92: Os atos de improbidade praticados por qualquer agente público, servidor ou não, contra a Administração direta, indireta ou fundacional de qualquer dos Poderes da União, dos Estados, do Distrito Federal, dos Municípios, de Território, de empresa incorporada ao patrimônio público ou de entidade para cuja criação ou custeio o erário haja concorrido ou concorra com mais de cinquenta por cento do patrimônio ou da receita anual, serão punidos na forma desta lei [...]***

---

318. **(2013 - ANTT - Especialista em Regulação de Serviços de Transportes Terrestres)** Com referência à Lei de Improbidade Administrativa, julgue o próximo item:

A aplicação das sanções por improbidade administrativa independe da aprovação ou rejeição das contas pelo órgão de controle interno ou pelo Tribunal ou Conselho de Contas.

GABARITO: CERTO.

A aplicação das penalidades, previstas na Lei 8.429/92, independe da aprovação ou da rejeição das contas pelo órgão de controle interno ou pelo Tribunal ou Conselho de Contas, conforme diz o Art. 21, II, dessa mesma Lei.

---

319. **(2013 - TCE/RO - Todos os Cargos)** No que se refere aos princípios básicos da Administração, julgue o item que se segue:

Constitui ato de improbidade administrativa qualquer ação dolosa que resulte em perda patrimonial para a União, não sendo prevista a omissão culposa para esse tipo de delito.

GABARITO: ERRADO.

Os atos de improbidade também podem ser caracterizados por uma conduta omissiva, conforme prevê o ***Art. 5º da Lei 8.429/02. Ocorrendo lesão ao patrimônio público por ação ou omissão, dolosa ou culposa, do agente ou de terceiro, dar-se-á o integral ressarcimento do dano.***

A omissão ensejadora de improbidade também está prevista no Art. 12 dessa Lei, ao tratar das penalidades.

---

320. **(2013 - MC - Atividade Técnica de Suporte/Direito)** A respeito de improbidade administrativa, julgue o item que se segue:

As penas aplicadas ao agente público que cometer improbidade administrativa não poderão ser cumuladas.

GABARITO: ERRADO.

As penalidades podem ser aplicadas de forma isolada ou cumulativa, conforme previsto no ***Art. 12 da Lei 8.429/92, que diz: Independentemente das sanções penais, civis e administrativas previstas na legislação específica, está o responsável pelo ato de improbidade sujeito as seguintes cominações, que podem ser aplicadas isolada ou cumulativamente de acordo com a gravidade do fato [...]***

D A D M

321. **(2013 - MC - Atividade Técnica de Suporte)** A respeito de improbidade administrativa, julgue o item que se segue:

A suspensão dos direitos políticos poderá ser aplicada liminarmente ao agente político que responder por ação judicial em razão de ter cometido ato de improbidade administrativa.

GABARITO: ERRADO.

A suspensão dos direitos políticos, assim como a perda da função pública, somente será efetivada com o trânsito em julgado da ação condenatória, conforme redação do ***Art. 20 da Lei 8.429/92, que diz: A perda da função pública e a suspensão dos direitos políticos só se efetivam com o trânsito em julgado da sentença condenatória.***

---

322. **(2013 - MC - Atividade Técnica de Suporte)** A respeito de improbidade administrativa, julgue o item que se segue:

Se um agente público, que tiver enriquecido ilicitamente, vier a falecer no decorrer de um processo administrativo relativo a ato de improbidade contra a administração pública, os sucessores desse agente passarão a responder pela atitude praticada por ele, mas a responsabilidade será limitada ao quinhão no valor da herança.

GABARITO: CERTO.

A responsabilidade dos herdeiros, que é limitada ao valor recebido de herança, está prevista no ***Art. 8º da Lei 8.429/92: O sucessor daquele que causar lesão ao patrimônio público ou se enriquecer ilicitamente está sujeito às cominações desta lei até o limite do valor da herança.***

---

323. **(2013 - DEPEN - Especialista)** Na fixação das sanções por ato de improbidade administrativa, o juiz deve sempre levar em conta a extensão do dano causado e o proveito patrimonial obtido pelo agente que o praticou.

GABARITO: CERTO.

O item contém o disposto no Art. 12, parágrafo único, da Lei 8.429/92: ***Na fixação das penas previstas nesta lei, o juiz levará em conta a extensão do dano causado, assim como o proveito patrimonial obtido pelo agente.***

---

324. **(2013 - MS - Analista Técnico-Administrativo)** A pretensão de ressarcimento de danos causados ao erário por atos de improbidade administrativa é imprescritível.

GABARITO: CERTO.

A ação judicial para apuração dos atos de improbidade prescreve, em regra, em 5 anos. No entanto, a ação de ressarcimento ao erário é imprescritível, conforme diz o Art. 37, § 5º, da CF: ***A lei estabelecerá os prazos de prescrição para ilícitos praticados por qualquer agente, servidor ou não, que causem prejuízos ao erário, ressalvadas as respectivas ações de ressarcimento.***

---

325. (2013 - MS - Analista Técnico-Administrativo.) As sanções penais, civis e administrativas não podem ser aplicadas de forma cumulativa em caso de cometimento de improbidade administrativa, pois haveria a punição em dobro pelo mesmo fato.

GABARITO: ERRADO.

Essas penalidades não são excluídas pelas penalidades aplicadas por improbidade administrativa, conforme previsto no ***Art. 12 da Lei 8.429/92: Independentemente das sanções penais, civis e administrativas previstas na legislação específica, está o responsável pelo ato de improbidade sujeito às seguintes cominações, que podem ser aplicadas isolada ou cumulativamente, de acordo com a gravidade do fato [...]***

326. (2013 - ANS - Analista Administrativo) Caso procedimento administrativo da ANS identifique a prática de ato de improbidade administrativa por um servidor da Agência, essa entidade não poderá ajuizar ação judicial de improbidade administrativa contra o referido servidor, uma vez que cabe exclusivamente ao Ministério Público propor esse tipo de ação.

GABARITO: ERRADO.

A pessoa jurídica interessada também pode ajuizar a ação de improbidade, não sendo o Ministério Público o único legitimado para tanto, conforme verificamos no Art. 17 da Lei 8.429/92, que diz: ***A ação principal, que terá o rito ordinário, será proposta pelo Ministério Público ou pela pessoa jurídica interessada, dentro de trinta dias da efetivação da medida cautelar.***

327. (2013 - Polícia Federal - Delegado de Polícia) Na hipótese de sentença condenatória, o juiz poderá, de acordo com a gravidade do fato, aplicar ao servidor pena de multa e deixar de aplicar-lhe a suspensão de direitos políticos, ambas previstas em lei.

GABARITO: CERTO.

As penalidades podem ser aplicadas de forma isolada ou cumulativa, conforme verificamos no ***Art. 12 da Lei 8.429/92: Independentemente das sanções penais, civis e administrativas previstas na legislação específica, está o responsável pelo ato de improbidade sujeito às seguintes cominações, que podem ser aplicadas isolada ou cumulativamente, de acordo com a gravidade do fato.***

328. (2013 - MI - Administrador) Com relação à responsabilidade civil da Administração, ao abuso de poder e à improbidade administrativa, julgue o item a seguir:

A sanção a ser aplicada ao administrador público que praticar ato que importe em enriquecimento ilícito e, ao mesmo tempo, cause prejuízo ao erário e atente contra os princípios da administração pública deverá ser equivalente à cumulação das penalidades previstas para esses três tipos de atos de improbidade.

GABARITO: ERRADO.

No caso de a conduta configurar dois ou mais atos de improbidade, o condenado será enquadrado na modalidade com as penalidades mais graves. O enriquecimento ilícito é a modalidade mais grave. Atentar contra os princípios configura a modalidade menos grave e, dessa forma, o prejuízo ao erário configuraria a modalidade intermediária.

329. **(2013 - PC/BA - Delegado de Polícia)** Considere que um agente de polícia tenha utilizado uma caminhonete da polícia civil para transportar sacos de cimento para uma construção particular. Nesse caso, o agente cometeu ato de improbidade administrativa que importa em enriquecimento ilícito.

GABARITO: CERTO.

No caso descrito no item, ficou configurada a conduta prevista no Art. 9º da Lei 8.429/92:

Constitui ato de improbidade administrativa, importando em enriquecimento ilícito, auferir qualquer tipo de vantagem patrimonial indevida em razão do exercício de cargo, mandato, função, emprego ou atividade nas entidades mencionadas no Art. 1º desta lei, e notadamente:[...] IV - utilizar, em obra ou serviço particular, veículos, máquinas, equipamentos ou material de qualquer natureza, de propriedade ou à disposição de qualquer das entidades mencionadas no Art. 1º desta lei, bem como o trabalho de servidores públicos, empregados ou terceiros contratados por essas entidades.

330. **(2013 - PC/BA - Delegado de Polícia)** Um agente público que, agindo de forma culposa, gere lesão ao patrimônio público, estará obrigado a ressarcir integralmente o dano causado.

GABARITO: CERTO.

O ressarcimento ao erário também deverá ser feito em casos de condutas comissivas ou omissivas, dolosas ou culposas, conforme redação do Art. 5º da Lei 8.429/92:

Ocorrendo lesão ao patrimônio público por ação ou omissão, dolosa ou culposa, do agente ou de terceiro, dar-se-á o integral ressarcimento do dano.

331. **(2013 - MPU - Analista)** Com base no disposto na Lei n.º 8.429/1992 (Lei de Improbidade Administrativa), julgue o item subsequente:

A perda da função pública é sanção aplicável àqueles que pratiquem atos de improbidade administrativa que importem enriquecimento ilícito ou que gerem lesão ao erário, mas não aos que pratiquem atos de improbidade que atentem contra os princípios da administração pública.

GABARITO: ERRADO.

Todos os atos de improbidade administrativa podem ser punidos com a perda da função pública, conforme o Art. 37, § 4º, da CF e o Art. 12 da Lei 8.429/92.

332. **(2013 - MPU - Analista)** Com base no disposto na Lei n.º 8.429/1992 (Lei de Improbidade Administrativa), julgue o item subsequente:

A lei caracteriza como ato de improbidade administrativa que importa enriquecimento ilícito a conduta do servidor público que implique o uso, em proveito próprio, de bens, rendas, verbas ou valores integrantes do acervo patrimonial de órgãos e entidades da administração pública.

GABARITO: CERTO.

Trata-se do ato de improbidade administrativa que importa em enriquecimento ilícito, previsto no Art. 9º, XII, da Lei 8.429/92:

Usar, em proveito próprio, bens, rendas, verbas ou valores integrantes do acervo patrimonial das entidades mencionadas no Art. 1º desta lei.

333. **(2013 - PC/BA - Escrivão de Polícia)** No que se refere aos princípios básicos da Administração Pública federal, regulamentados pela Lei n.º 8.429/1992 e suas alterações, julgue o item subsecutivo:

Agente público que, ao assumir cargo público, preste, pela segunda vez, falsa declaração de bens deve ser punido com demissão, a bem do serviço público, sem prejuízo de outras sanções cabíveis.

GABARITO: CERTO.

Conforme diz o Art. 13, § 3º, da Lei 8.429/92, será punido com a pena de demissão, a bem do serviço público, sem prejuízo de outras sanções cabíveis, o agente público que se recusar a prestar declaração dos bens, dentro do prazo determinado, ou que a prestar falsa.

334. **(2013 - Telebras - Advogado)** A atuação dolosa do agente público é dispensável para a configuração do ato de improbidade por ofensa a princípios da Administração Pública.

GABARITO: ERRADO.

Os atos de improbidade que atentem contra os princípios da Administração Pública somente podem ser configurados por uma conduta dolosa, não se admitindo essa espécie de ato de improbidade por culpa. Desse modo, é indispensável a atuação dolosa.

335. **(2013 - Telebras - Assistente Administrativo)** José é empregado público federal em uma empresa pública. Recentemente, ele usou um veículo de propriedade da empresa em que trabalha para transportar materiais de construção para a reforma de sua residência.

Considerando essa situação hipotética, julgue o item a seguir:

Considerando que tenha sido a primeira vez que José procedeu dessa forma, ele não cometeu ato de improbidade administrativa, de acordo com o disposto na Lei n.º 8.429/1992.

GABARITO: ERRADO.

Não é exigida a reincidência para a configuração da improbidade nesse caso. Logo na primeira vez em que essa conduta tenha sido praticada, já pode ser configurada a improbidade (no caso, enriquecimento ilícito), conforme hipótese prevista no Art. 9º, IV, da Lei 8.429/92:

Utilizar, em obra ou serviço particular, veículos, máquinas, equipamentos ou material de qualquer natureza, de propriedade ou à disposição de qualquer das entidades mencionadas no Art. 1º desta lei, bem como o trabalho de servidores públicos, empregados ou terceiros contratados por essas entidades.

336. **(2013 - Telebras - Assistente administrativo)** Constitui ato de improbidade administrativa perceber vantagem econômica, direta ou indireta, para facilitar a aquisição, permuta ou locação de bem móvel ou imóvel.

GABARITO: CERTO.

Nesse caso, temos um ato de improbidade administrativa que importa em enriquecimento ilícito, conforme hipótese prevista no Art. 9º, II, da Lei 8.429/92:

Perceber vantagem econômica, direta ou indireta, para facilitar a aquisição, permuta ou locação de bem móvel ou imóvel, ou a contração de serviços pelas entidades referidas no Art. 1º por preço superior ao valor de mercado [...]

337. **(2013 - TJ/DF - Analista Judiciário/Área Judiciária)** Somente são sujeitos ativos do ato de improbidade administrativa os agentes públicos, assim entendidos os que exercem, por eleição, nomeação, designação ou qualquer outra forma de investidura ou vínculo, mandato, cargo, emprego ou função na Administração direta, indireta ou fundacional de qualquer dos Poderes da União, dos Estados, do DF e dos Municípios.

GABARITO: ERRADO.

Um particular, isto é, aquele que mesmo não sendo agente público, induza ou concorra para a prática do ato de improbidade ou dele se beneficie sob qualquer forma direta ou indireta, conforme dispõe o Art. 3º da Lei 8.429/92.

338. **(2013 - TJ/DF - Técnico Judiciário/Área Administrativa)** O servidor que estiver sendo processado judicialmente pela prática de ato de improbidade somente perderá a função pública após o trânsito em julgado da sentença condenatória.

GABARITO: CERTO.

A perda da função pública, assim como a suspensão dos direitos políticos, são penalidades que somente se efetivam com o trânsito em julgado da sentença condenatória, conforme a regra do Art. 20 da Lei 8.429/92.

339. **(2013 - TJ/DF - Técnico Judiciário/Área Administrativa)** As penalidades aplicadas ao servidor ou a terceiro que causar lesão ao patrimônio público são de natureza pessoal, extinguindo-se com a sua morte.

GABARITO: ERRADO.

De acordo com o Art. 8º da Lei 8.429/92, o sucessor daquele que causar lesão ao patrimônio público ou se enriquecer ilicitamente está sujeito às cominações desta lei, até o limite do valor da herança recebida.

340. **(2013 - TJ/DF - Analista Judiciário - Oficial de Justiça Avaliador)** O oficial de justiça que, no exercício do cargo público, aufira vantagem patrimonial indevida estará sujeito, além das sanções penais, civis e administrativas previstas na legislação específica, às cominações arroladas na Lei n.º 8.429/1992, por configurar a situação ato de improbidade administrativa que importa enriquecimento ilícito.

GABARITO: CERTO.

O oficial de justiça, que é um servidor público estatutário, que obtiver vantagem patrimonial indevida, estará cometendo um ato de improbidade que importa em enriquecimento ilícito, conforme previsão do Art. 9º da Lei 8.429/92. As penalidades previstas nessa lei são aplicadas, independentemente das sanções de natureza civil, penal e administrativa previstas em lei própria (Art. 12).

341. **(2013 - TRT 10ª REGIÃO/DF e TO - Analista Judiciário/Área Administrativa)** O ressarcimento ao erário e a suspensão dos direitos políticos são penas aplicáveis aos servidores públicos que cometerem atos de improbidade administrativa.

GABARITO: CERTO.

Essas são algumas das penalidades aplicáveis aos sujeitos ativos de um ato de improbidade administrativa, previstas na Constituição Federal, em seu Art. 37, § 4º e no Art. 12 da Lei 8.429/92.

342. **(2013 - CNJ - Analista Judiciário/Área Judiciária)** Segundo jurisprudência do Superior Tribunal de Justiça (STJ), o reconhecimento de ato de improbidade administrativa, nos moldes previstos pela Lei de Improbidade Administrativa (Lei n.º 8.429'1992), requer o exercício de função específica (administrativa), não se admitindo sua extensão à atividade judicante.

GABARITO: ERRADO.

Segundo a jurisprudência do STJ, os magistrados, por serem considerados agentes públicos, também podem responder por atos de improbidade administrativa, sendo possível sua caracterização como sujeitos ativos da Lei 8.429/92.

343. **(2013 - TRT 10ª REGIÃO/DF e TO - Analista Judiciário/Execução de Mandados)** O terceiro beneficiado poderá ser responsabilizado nas esferas cível e criminal, mas não por improbidade administrativa, visto que esta não abrange particulares.

GABARITO: ERRADO.

A Lei 8.429/92 também pode ser aplicada, no que couber, àquele que, mesmo não sendo agente público, induza ou concorra para a prática do ato de improbidade ou dele se beneficie sob qualquer forma, direta ou indireta, conforme disposição do Art. 3º dessa Lei.

344. **(2013 - CNJ - Analista Judiciário/Área Administrativa)** Constituem improbidade administrativa não apenas os atos que geram enriquecimento ilícito, mas também os que atentam contra os princípios da Administração Pública.

GABARITO: CERTO.

Atentar contra os princípios da Administração Pública também é considerado improbidade administrativa, nos termos do Art. 11 da Lei 8.429/92.

345. (2013 - INPI - Analista de Planejamento) A perda da função pública e a suspensão dos direitos políticos do servidor acusado de improbidade administrativa só se efetivam com o trânsito em julgado da sentença condenatória, não podendo, assim, ser o agente público afastado de seu cargo, emprego ou função durante a instrução processual.

GABARITO: ERRADO.

Existe a possibilidade de afastamento preventivo na Lei 8.429/92, que é dada sem prejuízo da remuneração, conforme dispõe o Art. 20, eu seu parágrafo único, da Lei 8.429/92:

A autoridade judicial ou administrativa competente poderá determinar o afastamento do agente público do exercício do cargo, emprego ou função, sem prejuízo da remuneração, quando a medida se fizer necessária à instrução processual.

---

346. (2013 - INPI - Analista de Planejamento) Considerando que um servidor público federal utilize, em obra ou serviço particular, veículos, máquinas, equipamentos ou material de qualquer natureza, de propriedade ou à disposição da autarquia federal, ele estará sujeito, entre outras sanções, à perda da função pública e à suspensão dos direitos políticos de oito a dez anos.

GABARITO: CERTO.

Nesse caso, foi cometido um ato de improbidade que importa em enriquecimento ilícito, nos termos do Art. 9º, IV, da Lei 8.429/92:

Utilizar, em obra ou serviço particular, veículos, máquinas, equipamentos ou material de qualquer natureza, de propriedade ou à disposição de qualquer das entidades mencionadas no Art. 1º desta lei, bem como o trabalho de servidores públicos, empregados ou terceiros contratados por essas entidades.

Desse modo, dentre outras penalidades, poderá ser decretada a suspensão dos direitos políticos, pelo período de oito a dez anos, na forma do Art. 12, I, da mesma lei.

---

347. (2013 - INPI - Analista de Planejamento) Acerca das disposições contidas na Lei n.º 8.429/1992 (Lei de Improbidade Administrativa), julgue o item subsequente:

A aplicação das sanções da Lei de Improbidade independe da efetiva ocorrência de dano ao patrimônio público, salvo em relação à pena de ressarcimento.

GABARITO: CERTO.

Trata-se da disposição do Art. 21 da Lei 8.429/92, que diz:

A aplicação das sanções previstas nesta lei independe: I - da efetiva ocorrência de dano ao patrimônio público, salvo quanto à pena de ressarcimento.

---

348. (2013 - INPI - Analista de Planejamento) A Constituição Federal indica que as sanções aplicáveis aos atos de improbidade são a suspensão dos direitos políticos, a perda da função pública, a indisponibilidade dos bens e o ressarcimento ao erário. Trata-se de elenco taxativo, que não permite, pela legislação infraconstitucional, a ampliação das penalidades.

GABARITO: ERRADO.

As hipóteses narradas na Lei 8.429/92, em seus Arts. 9º, 10 e 11, são casos meramente exemplificativos, pois a própria lei utiliza o termo "notadamente", demonstrando que ela está apenas destacando algumas das situações que configuram improbidade administrativa.

349. **(2013 - TC/DF - Procurador)** O prazo para a proposição da ação de improbidade administrativa visando ao ressarcimento dos danos causados pelo agente público é de cinco anos, a contar do término do exercício de mandato, de cargo em concurso ou de função de confiança por esse agente.

GABARITO: ERRADO.

A ação judicial para apuração dos atos de improbidade prescreverá em 5 anos, mas a ação de ressarcimento ao erário é imprescritível, conforme diz o Art. 37, § 5º, da CF:

A lei estabelecerá os prazos de prescrição para ilícitos praticados por qualquer agente, servidor ou não, que causem prejuízos ao erário, ressalvadas as respectivas ações de ressarcimento.

350. **(2013 - TC/DF - Procurador)** O ato de improbidade, que, em si, não constitui crime, caracteriza-se como um ilícito de natureza civil e política.

GABARITO: CERTO.

Os atos de improbidade administrativa não são caracterizados como crime, tanto que a ação tramita perante a justiça civil. Trata-se de ilícitos de natureza civil e política, não possuindo natureza penal.

351. **(2013 - ANP - Especialista em Regulação)** Luciana, servidora efetiva de uma agência reguladora, foi incumbida de elaborar parecer sobre determinada empresa. Ao analisar os dados, Luciana constatou que a empresa não cumpriu as metas e os indicadores preestabelecidos, o que implicaria a aplicação de multa à empresa. O diretor jurídico da empresa procurou Luciana e solicitou que fosse concedido prazo de seis meses para solucionar todas as pendências. Luciana concordou com o pedido e o diretor, como demonstração de gratidão pela gentileza, contratou o filho de Luciana como advogado júnior da empresa.

Com base na situação hipotética descrita, julgue o item subsequente, à luz da Lei de Improbidade Administrativa e dos princípios que regem a Administração Pública.

A eventual ação de improbidade administrativa e a de ressarcimento ao erário contra Luciana prescreverão em cinco anos, a contar do conhecimento do fato.

GABARITO: ERRADO.

A ação judicial para apuração dos atos de improbidade prescreverá em 5 anos. Entretanto, conforme diz o Art. 37, § 5º, da CF, a ação para o ressarcimento ao erário é imprescritível:

A lei estabelecerá os prazos de prescrição para ilícitos praticados por qualquer agente, servidor ou não, que causem prejuízos ao erário, ressalvadas as respectivas ações de ressarcimento.

352. (**2013 - ANP - Especialista em Regulação**) Luciana, servidora efetiva de uma agência reguladora, foi incumbida de elaborar parecer sobre determinada empresa. Ao analisar os dados, Luciana constatou que a empresa não cumpriu as metas e os indicadores preestabelecidos, o que implicaria a aplicação de multa à empresa. O diretor jurídico da empresa procurou Luciana e solicitou que fosse concedido prazo de seis meses para solucionar todas as pendências. Luciana concordou com o pedido e o diretor, como demonstração de gratidão pela gentileza, contratou o filho de Luciana como advogado júnior da empresa.

Com base na situação hipotética descrita, julgue o item subsequente, à luz da Lei de Improbidade Administrativa e dos princípios que regem a Administração Pública.

Se for proposta ação de improbidade administrativa contra Luciana, por autor diverso do Ministério Público, esse órgão deverá intervir no processo, obrigatoriamente, como fiscal da lei, sob pena de nulidade.

GABARITO: CERTO.

Conforme dispõe o Art. 17 da Lei 8.429/92, em seu § 4º, o Ministério Público, se não intervir no processo como parte, atuará obrigatoriamente, como fiscal da lei, sob pena de nulidade do processo.

---

353. (**2013 - ANP - Especialista em Regulação**) Luciana, servidora efetiva de uma agência reguladora, foi incumbida de elaborar parecer sobre determinada empresa. Ao analisar os dados, Luciana constatou que a empresa não cumpriu as metas e os indicadores preestabelecidos, o que implicaria a aplicação de multa à empresa. O diretor jurídico da empresa procurou Luciana e solicitou que fosse concedido prazo de seis meses para solucionar todas as pendências. Luciana concordou com o pedido e o diretor, como demonstração de gratidão pela gentileza, contratou o filho de Luciana como advogado júnior da empresa.

Com base na situação hipotética descrita, julgue o item subsequente, à luz da Lei de Improbidade Administrativa e dos princípios que regem a Administração Pública.

Luciana não praticou ato de improbidade administrativa, visto que não auferiu qualquer vantagem econômica da empresa.

GABARITO: ERRADO.

Embora Luciana não tenha obtido diretamente uma vantagem patrimonial, seu filho obteve, caracterizando a hipótese descrita no Art. 9º da Lei 8.429/92:

Constitui ato de improbidade administrativa importando enriquecimento ilícito auferir qualquer tipo de vantagem patrimonial indevida em razão do exercício de cargo, mandato, função, emprego ou atividade nas entidades mencionadas no Art. 1º desta lei, e notadamente: I - receber, para si ou para outrem, dinheiro, bem móvel ou imóvel, ou qualquer outra vantagem econômica, direta ou indireta, a título de comissão, percentagem, gratificação ou presente de quem tenha interesse, direto ou indireto, que possa ser atingido ou amparado por ação ou omissão decorrente das atribuições do agente público.

FAÇA JÁ

Improbidade Administrativa

Quando o ato de improbidade causar lesão ao patrimônio público ou ensejar enriquecimento ilícito, caberá a

________________ ________________ ________________

pelo inquérito representar ao ________________________, para a indisponibilidade dos bens do indiciado

O sucessor daquele que causar lesão ao patrimônio público ou se enriquecer ilicitamente está sujeito às cominações desta lei até o limite do ________________________.

A Lei 8429/92 prevê três modalidades de atos que configuram improbidade administrativa:

1. Enriquecimento Ilícito (auferir qualquer tipo de vantagem patrimonial indevida em razão do exercício). Exige conduta ________________.
2. Prejuízo ao Erário (qualquer ação ou omissão, dolosa ou culposa, que enseje perda patrimonial, desvio, apropriação, malbaratamento ou dilapidação dos bens ou haveres). A conduta pode ser ________________ ou ________________.
3. Ato que Atente Contra os Princípios da Administração Pública (qualquer ação ou omissão que viole os deveres de honestidade, imparcialidade, legalidade, e lealdade às instituições). Exige conduta ________________.

Penalidades que somente serão dadas após o trânsito em julgado da sentença condenatória:

- ________________________________
- ________________________________

A posse e o exercício de agente público ficam condicionados à apresentação de declaração dos bens e valores que compõem o seu patrimônio privado, a fim de ser arquivada no serviço de pessoal competente.

D A D M

Nessa declaração também deverá constar, se for o caso, os bens e valores patrimoniais do cônjuge ou companheiro, dos filhos e de outras pessoas que vivam sob a dependência econômica do declarante (excluídos apenas os objetos e utensílios de uso doméstico).

Essa declaração será atualizada:

- ________________
- ______________________________________ (do cargo, mandato, emprego ou função)

No caso de recusa em prestar essas informações no prazo determinado (ou prestar informação falsa) → Punição com ________________ ________________ ________________ (sem prejuízo de outras sanções cabíveis).

Anotações

____

____

____

____

____

____

____

____

____

____

____

____

____

____

____

CAPÍTULO 5

Serviços Públicos

Serviços Públicos

354. (2014 - ANTAQ - Especialista em Regulação/Econômico-Financeiro) No que diz respeito à delegação, licitação, contrato de concessão e serviço público adequado, julgue o item que se segue:

As características essenciais de um contrato de concessão incluem o objeto, o prazo da concessão e os critérios para revisão das tarifas. Por outro lado, os direitos e deveres dos usuários para obtenção e utilização do serviço não são considerados essenciais nesse tipo de contrato.

GABARITO: ERRADO.

Conforme diz o Art. 23, inciso VI, da Lei 8.987/95, que trata das concessões e permissões de serviços públicos, além das citadas no início do item, também são consideradas cláusulas essenciais do contrato de concessão as relativas aos direitos e deveres dos usuários para obtenção e utilização do serviço.

---

355. (2014 - ANTAQ - Especialista em Regulação/Econômico-Financeiro) No que diz respeito à delegação, licitação, contrato de concessão e serviço público adequado, julgue o item que se segue:

Caso um serviço não seja prestado de forma adequada, segundo critérios e indicadores de qualidade definidos, poderá ser declarada a caducidade da concessão pelo poder concedente.

GABARITO: CERTO.

A caducidade é uma das formas de extinção da concessão de serviço público, aplicada de maneira unilateral pelo poder concedente nas hipóteses de inexecução total ou parcial do contrato por parte da concessionária, conforme rege o Art. 34, §1º, da Lei 8.987/95.

---

356. (2014 - ANTAQ - Especialista em Regulação/Econômico-Financeiro) No que diz respeito à delegação, licitação, contrato de concessão e serviço público adequado, julgue o item que se segue:

Os direitos e deveres do concessionário incluem a captação, a aplicação e a gestão dos recursos financeiros, dada a importância que esses processos têm para a qualidade da prestação do serviço público.

GABARITO: CERTO.

Trata-se da regra prevista no Art. 31, VIII, da Lei 8.987/95, que dispõe sobre as incumbências da concessionária: *captar, aplicar e gerir os recursos financeiros necessários à prestação do serviço.*

---

357. (2014 - ANTAQ - Especialista em Regulação/Econômico-Financeiro) No que diz respeito à delegação, licitação, contrato de concessão e serviço público adequado, julgue o item que se segue:

A transferência de concessão, de uma concessionária para outra, pode ocorrer sem prévia anuência do poder concedente, sem implicar a caducidade da concessão.

GABARITO: ERRADO.

O Art. 27 da Lei 8.987/95 descreve, expressamente, que a transferência de concessão ou do controle societário da concessionária, sem prévia anuência do poder concedente, implicará a caducidade da concessão.

---

358. (2014 - ANTAQ - Especialista em Regulação/Econômico-Financeiro) No que diz respeito à delegação, licitação, contrato de concessão e serviço público adequado, julgue o item que se segue:
Nem toda concessão de serviço público deve ser decorrente de licitação prévia. Porém, toda concessão deve observar os princípios da legalidade, da moralidade, da publicidade e da igualdade.
GABARITO: ERRADO.

Nos termos da Constituição Federal, em seu Art. 175, a concessão e a permissão sempre serão precedidas de licitação:

Incumbe ao Poder Público, na forma da lei, diretamente ou sob regime de concessão ou permissão, sempre através de licitação, a prestação de serviços públicos.

Na mesma esteira, segue o Art. 14 da Lei 8.987/95, que dispõe que:

Toda concessão de serviço público, precedida ou não da execução de obra pública, será objeto de prévia licitação, nos termos da legislação própria e com observância dos princípios da legalidade, moralidade, publicidade, igualdade, do julgamento por critérios objetivos e da vinculação ao instrumento convocatório.

---

359. (2014 - ANATEL - Cargos 13, 14 e 15) Julgue o item subsecutivo, concernente aos serviços públicos:
O princípio da modicidade afasta a possibilidade de adoção de serviços públicos prestados gratuitamente.
GABARITO: ERRADO.

O princípio da modicidade estabelece que o valor exigido dos usuários pelo uso serviço público deve ser o menor possível, tornando-o acessível. Esse princípio é embasado no fato de que o objetivo da função administrativa não é o lucro. Dessa forma, o lucro acaba sendo uma mera consequência da boa gestão dos serviços. Assim, esse princípio não tem o condão de afastar a gratuidade dos serviços públicos, situação que ocorre em diversas hipóteses de prestação.

---

360. (2014 - ANATEL - Cargos 13, 14 e 15) Julgue o item subsecutivo, concernente aos serviços públicos:
O inadimplemento do concessionário, que deixa de executar total ou parcialmente serviço público concedido, acarreta a extinção do contrato de concessão por rescisão promovida pelo poder concedente.
GABARITO: ERRADO.

No caso de inexecução total ou parcial do serviço público, o poder concedente poderá extinguir o contrato através do instituto conhecido como caducidade. A rescisão, que também é uma forma de extinção do contrato, é promovida por iniciativa da concessionária, havendo, portanto, uma inversão dos conceitos no enunciado do item.

---

361. (2014 - ANATEL - Cargos 13, 14 e 15) Julgue o item subsecutivo, concernente aos serviços públicos:
Os princípios da generalidade e da impessoalidade impõem a unicidade da tarifa para todos os usuários, vedando, por exemplo, a diferenciação tarifária na cobrança pelo serviço de abastecimento de água.

GABARITO: ERRADO.

Esses princípios estabelecem que os serviços sejam prestados aos usuários que satisfizerem as condições exigidas, sem qualquer discriminação, abuso ou privilégios, tendo sua prestação estendida ao maior número possível de interessados, que devem ser tratados de maneira isonômica. Entretanto, eles não vedam que sejam estabelecidos critérios para cobrança diferenciada no serviço de abastecimento de água, conforme se verifica na Súmula 407/STJ:

É legítima a cobrança de tarifa de água fixada de acordo com as categorias de usuários e as faixas de consumo.

---

362. **(2014 - ANATEL - Conhecimentos Básicos - Cargos 13, 14 e 15)** Julgue o item subsecutivo, concernente aos serviços públicos:

O princípio da continuidade do serviço público não impede a concessionária de energia elétrica de suspender o fornecimento de eletricidade no caso de inadimplemento do usuário.

GABARITO: CERTO.

O entendimento dominante, encampado inclusive na jurisprudência do STJ, é de que, em determinados casos, o corte no fornecimento do serviço, desde que haja aviso prévio, não viola o princípio da continuidade, como no caso de inadimplemento do usuário. Inclusive esse é o enunciado do Art. 6º, § 3º, II, da Lei 8.987/95.

---

363. **(2014 - TJ/SE - Analista Judiciário)** No que concerne às regras e aos princípios específicos que regem a atuação da Administração Pública, julgue o item subsequente:

Os serviços públicos podem ser remunerados mediante taxa ou tarifa.

GABARITO: CERTO.

Os serviços públicos podem ser remunerados mediante taxa ou tarifa. A diferença entre eles consiste em que a taxa tem por objeto o exercício do poder de polícia ou a utilização de serviços públicos específicos e divisíveis, sem finalidade lucrativa, obrigatória e com natureza de tributo. Já a tarifa tem por objeto os serviços públicos explorados pelos concessionários de serviço público, tendo caráter de preço público, sem obrigatoriedade, isto é, somente será paga pelo usuário que optar pela prestação do serviço.

---

364. **(2014 - TC/DF - Analista de Administração Pública/Sistemas de TI)** Julgue o item a seguir, relativo à responsabilidade civil do Estado, aos serviços públicos e às organizações da sociedade civil de interesse público.

Nos termos da Lei n.º 8.987/1995, que dispõe sobre o regime de concessão e permissão da prestação de serviços públicos, diferentemente da concessão, a permissão de serviços públicos tem a natureza de ato administrativo unilateral e precário, e não a de negócio bilateral que se formaliza mediante contrato.

GABARITO: ERRADO.

Apesar de a permissão ser uma forma de delegação com natureza precária, ela também é formalizada mediante a celebração um contrato administrativo de adesão, constituindo, portanto, um ato bilateral.

---

365. (2014 - TC/DF - Analista de Administração Pública/Sistemas de TI) Julgue o item a seguir, relativo à responsabilidade civil do Estado, aos serviços públicos e às organizações da sociedade civil de interesse público.

De acordo com o princípio da continuidade, os serviços públicos, compulsórios ou facultativos, devem ser prestados de forma contínua, não podendo ser interrompidos mesmo em casos de inadimplemento do usuário.

GABARITO: ERRADO.

O Art. 6º da Lei 8.987/95, em seu § 3º, estabelece que não se caracteriza como descontinuidade do serviço a sua interrupção em situação de emergência ou após prévio aviso, no caso de inadimplemento do usuário, considerado o interesse da coletividade.

366. (2014 - Câmara dos Deputados - Analista Legislativo/Consultor de Orçamento e Fiscalização Financeira) Julgue o item que segue, referente a licitações, contratos, concessões e permissões.

As concessões de serviços públicos precedidas de obras públicas terão de ser objeto de prévia licitação, mas as que não forem precedidas das referidas obras se enquadrarão nas modalidades de dispensa de licitação.

GABARITO: ERRADO.

As concessões de serviço público serão sempre feitas por meio de licitação na modalidade concorrência (Art. 2º, II, da Lei 8.987/95). No caso da delegação de serviços públicos, predomina a posição de que tais contratos não podem ser celebrados sem licitação prévia, como nos casos de dispensa e inexigibilidade de licitação dos Arts. 24 e 25 da Lei 8.666/93.

367. (2014 - Câmara dos Deputados - Analista Legislativo/Consultor de Orçamento e Fiscalização Financeira) Julgue o item que segue, referente a licitações, contratos, concessões e permissões.

Caso determinada empresa concessionária de serviços públicos preste serviços de forma deficiente, e essa deficiência seja identificada pelo poder público por meio da análise de indicadores de qualidade previamente definidos em contrato, o referido poder poderá declarar a caducidade como forma de extinção da concessão.

GABARITO: CERTO.

A caducidade é uma das formas de extinção do contrato de concessão, ocorrendo por inadimplemento total ou parcial na execução desse contrato pela concessionária (Art. 38, § 1º, I, da Lei 8.987/95).

368. (2014 - Câmara dos Deputados - Analista Legislativo/Consultor Legislativo Área IV) Considerando que um usuário do serviço de energia elétrica fornecido por empresa privada concessionária deixe de pagar as contas referentes aos três últimos meses, e tendo em vista aspectos diversos relacionados a essa situação hipotética, julgue o item a seguir:

A remuneração do fornecimento de energia pela empresa privada concessionária do serviço se dá por taxa, que possui natureza tributária.

GABARITO: ERRADO.

Por ser um serviço prestado por uma empresa privada concessionária de serviço público, a cobrança deve ser feita por meio de tarifa, que não possui natureza tributária.

369. **(2014 - Câmara dos Deputados - Analista Legislativo/Consultor Legislativo Área IV)** Considerando que um usuário do serviço de energia elétrica fornecido por empresa privada concessionária deixe de pagar as contas referentes aos três últimos meses, e tendo em vista aspectos diversos relacionados a essa situação hipotética, julgue o item a seguir:
Na hipótese considerada, em razão do inadimplemento por parte do usuário, a concessionária está autorizada a suspender o fornecimento de energia elétrica para a preservação do equilíbrio econômico-financeiro do contrato de concessão, sem que isso vulnere o princípio da continuidade dos serviços públicos.

GABARITO: CERTO.

Além de ser esse o entendimento da jurisprudência dominante, o Art. 6º, § 3º, II, da Lei 8.987/95 prevê a possibilidade de suspensão no fornecimento, em caso de inadimplemento do usuário. Entretanto, desde que haja aviso prévio.

370. **(2014 - Câmara dos Deputados - Analista Legislativo/Consultor de Orçamento e Fiscalização Financeira)** Acerca de conceitos relacionados aos serviços públicos, julgue o item a seguir:
O princípio da igualdade, que pressupõe a não diferenciação entre usuários na prestação de serviço público, é inaplicável à determinação legal de isenção de tarifas para idosos e deficientes.

GABARITO: ERRADO.

O princípio da igualdade deve ser aplicado na sua faceta material (ou substancial), segundo a qual os desiguais devem ser tratados de maneira desigual, de modo a suprir essa desigualdade. Desse modo, é aplicável a determinação legal de isenção nessas situações.

371. **(2014 - Câmara dos Deputados - Analista Legislativo/Consultor de Orçamento e Fiscalização Financeira)** Acerca de conceitos relacionados aos serviços públicos, julgue o item a seguir:
O serviço prestado por um taxista é classificado como serviço público impróprio, porque atende às necessidades coletivas, mas não é executado pelo Estado.

GABARITO: CERTO.

Segundo a doutrina dominante (existem conceituações diferentes, de acordo com cada autor), serviços públicos impróprios são as atividades de natureza social, que podem ser executados por particulares sem a necessidade de delegação (são, portanto, serviços privados e regidos pelo direito privado), mas sujeitos à fiscalização estatal.

372. **(2014 - Câmara dos Deputados - Analista Legislativo/Consultor de Orçamento e Fiscalização Financeira)** Acerca de conceitos relacionados aos serviços públicos, julgue o item a seguir:
O princípio da mutabilidade, que determina que o regime jurídico possa mudar para atender ao interesse público, integra o rol de princípios inerentes ao regime jurídico dos serviços públicos.

GABARITO: CERTO.

De acordo com o princípio da mutabilidade, é possível que ocorram mudanças no regime de execução de determinado serviço público, com o intuito de melhor adequá-lo para as novas necessidades no atendimento do interesse público.

373. **(2014 - Câmara dos Deputados - Analista Legislativo/Consultor Legislativo Área VIII)** Com relação à execução direta e indireta, à concessão, à permissão e à autorização de serviços públicos, julgue o item a seguir:

O concessionário de um serviço público é remunerado mediante o sistema de tarifas pagas pelos usuários, as quais configuram remuneração pelo serviço prestado e concedido pelo concedente em contrato.

GABARITO: CERTO.

Quando prestados por um particular, mediante contrato de concessão, os serviços públicos são remunerados mediante tarifa, que não possui natureza tributária.

374. **(2014 - Câmara dos Deputados - Analista Legislativo/Consultor Legislativo Área VIII)** Com relação à execução direta e indireta, à concessão, à permissão e à autorização de serviços públicos, julgue o item a seguir:

Antes de iniciar os serviços a ele concedidos pela Administração Pública, o permissionário poderá estabelecer os termos de concordância com o contrato que será celebrado.

GABARITO: ERRADO.

O contrato de concessão ou permissão de serviço público é de adesão, não comportando discussão das suas cláusulas, que são elaboradas unilateralmente pela Administração.

375. **(2014 - Câmara dos Deputados - Analista Legislativo/Consultor Legislativo Área VIII)** Julgue o seguinte item, relativo à prestação de serviço público:

A prestação de serviços públicos é espontânea, não podendo o serviço ser prestado compulsoriamente ao particular.

GABARITO: ERRADO.

Alguns serviços públicos, dada sua natureza (serviços públicos gerais, ou uti universi), são indivisíveis. Dessa forma, são prestados independentemente da concordância do particular, não havendo como delimitar os usuários e quanto cada um usufruiu, como, por exemplo, a iluminação de vias públicas e o policiamento urbano.

376. **(2014 - Câmara dos Deputados - Analista Legislativo/Consultor Legislativo Área VIII)** Julgue o seguinte item, relativo à prestação de serviço público:

Os serviços públicos podem ser prestados diretamente pelo Estado ou mediante delegação a particulares, entretanto, somente na segunda hipótese, pode-se cobrar pela utilização do serviço.

GABARITO: ERRADO.

Independentemente de serem prestados diretamente pelo Estado ou indiretamente, por meio de delegação, os serviços públicos podem ser cobrados pela sua utilização, inexistindo tal restrição.

377. **(2014 - Caixa - Engenheiro)** Julgue o item a seguir, referente a serviços públicos, concessões, permissões e autorizações públicas:

Suponha que a Administração Pública direta, após regular licitação, tenha transferido temporariamente a execução de determinado serviço público a empresa privada. Nessa situação, está caracterizado o fenômeno da prestação de serviço público por outorga.

GABARITO: ERRADO.

A descentralização dos serviços públicos para particulares recebe o nome de descentralização por delegação (ou por colaboração). A descentralização por outorga (ou por serviços) é realizada para algum ente da Administração Indireta.

378. **(2014 - PM/CE - Oficial da Polícia Militar)** Acerca dos contratos administrativos e dos serviços públicos, julgue o item subsequente:

Os serviços de energia domiciliar e os serviços de uso de linha telefônica são considerados serviços *uti universi*, pois são prestados à coletividade de forma indistinta e a grupamentos indeterminados de indivíduos.

GABARITO: ERRADO.

Os serviços públicos *uti universi* (ou gerais) são aqueles que têm usuários indeterminados e indetermináveis, não sendo possível verificar a quantidade usufruída por cada um, o que não é o caso dos serviços de energia domiciliar e uso de linha telefônica. Eles consistem, na verdade, em serviços públicos individuais (também chamados de específicos, singulares ou uti singuli).

379. **(2014 - MDIC - Analista Técnico-Administrativo)** A respeito de responsabilidade civil do Estado, dos serviços públicos e da organização administrativa, julgue o próximo item:

O serviço de uso de linha telefônica é um típico exemplo de serviço singular, visto que sua utilização é mensurável por cada usuário, embora sua prestação se destine à coletividade.

GABARITO: CERTO.

Embora seja destinado a toda a coletividade, o serviço de telefonia é um serviço individual, pois é possível identificar os usuários e o quanto cada um utilizou dele.

380. **(2013 - FUNASA - Cargos 1 e 2)** Com relação à disciplina jurídica dos serviços públicos e do controle legislativo, julgue o próximo item:

Os serviços públicos podem ser prestados diretamente pelo Estado ou por seus delegados, sob o regime jurídico total ou parcial de direito público.

GABARITO: CERTO.

A banca adotou o posicionamento da doutrinadora Maria Sylvia Zanella Di Pietro, que entende que serviços públicos são todas as atividades materiais atribuídas por lei ao Estado. Desse modo, ele os exercerá diretamente ou por meio de seus delegados, objetivando satisfazer concretamente às necessidades coletivas, sob o regime jurídico integralmente público (como para as autarquias, por exemplo) ou parcialmente público (como para uma sociedade de economia mista, por exemplo).

381. **(2013 - TRT 17ª Região/ES - Analista Judiciário/Oficial de Justiça Avaliador)** Julgue o item a seguir, com relação aos serviços públicos:

Sendo a participação dos usuários um dos novos postulados do serviço público, a eles é garantido o direito de acesso amplo aos registros administrativos e às informações sobre atos de governo que envolvam a segurança do Estado.

GABARITO: ERRADO.

Apesar de também ser aplicado o princípio da publicidade aos serviços públicos como uma regra geral, em determinadas situações, essa publicidade será restringida, quando, por exemplo, for imprescindível para a segurança do Estado e da sociedade.

382. **(2013 - TRT 17ª Região/ES - Analista Judiciário/Oficial de Justiça Avaliador)** Julgue o item a seguir, com relação aos serviços públicos:

O contrato de concessão de serviço público poderá ser rescindido por iniciativa da concessionária, sem intervenção judicial, no caso de inadimplemento contratual pelo poder concedente, por período ininterrupto de noventa dias.

GABARITO: ERRADO.

A rescisão do contrato por parte da concessionária somente pode ser feita na via judicial, conforme regra traçada no Art. 39 da Lei 8.987/95, que diz:

O contrato de concessão poderá ser rescindido por iniciativa da concessionária, no caso de descumprimento das normas contratuais pelo poder concedente, mediante ação judicial especialmente intentada para esse fim.

383. **(2013 - PC/DF - Escrivão de Polícia)** Julgue o item subsequente, acerca de princípios e serviços públicos:

A Administração Pública poderá delegar aos particulares a execução de determinado serviço público, mediante concessão, que constitui ato administrativo unilateral, discricionário e precário.

GABARITO: ERRADO.

A concessão é um contrato bilateral, por meio do qual o Estado entrega o exercício de determinado serviço público para outra pessoa, apesar de as condições de tal contrato serem fixadas unilateralmente pela Administração (contrato de adesão). Além disso, não existe precariedade no contrato de concessão (isso ocorre na permissão).

384. **(2013 - PC/DF - Escrivão de Polícia)** Julgue o item subsequente, acerca de princípios e serviços públicos:

O regime dos serviços públicos depende do titular de seu exercício, ou seja, se é oferecido pelo próprio Estado, diretamente, submete-se, necessariamente, ao regime de direito público; se é prestado do modo indireto, quando a população é atendida por entes privados, seu regime é o do direito privado, em face da vedação constitucional de interferência estatal no domínio econômico.

GABARITO: ERRADO.

Independentemente de serem prestados direta ou indiretamente pelo Estado, os serviços públicos adotam integral ou parcialmente regras de direito público.

385. **(2013 - TCU - Auditor Federal de Controle Externo)** A rescisão, como forma de extinção da concessão, é de iniciativa da Administração, determinada por ato unilateral e escrito no caso de descumprimento, pelo concessionário, de obrigações regulamentares.

GABARITO: ERRADO.

A rescisão é a modalidade de extinção do contrato por iniciativa da concessionária. Quando ocorrer o descumprimento, total ou parcial, das obrigações do contrato por parte da concessionária, a Administração pode extinguir o contrato por meio do instituto conhecido como caducidade.

---

386. (**2013 - TCE/RO - Agente Administrativo**) Acerca dos serviços públicos e da organização administrativa, julgue o item que se segue:

Os serviços públicos indelegáveis são aqueles que só podem ser prestados pelo Estado diretamente, tais como os serviços de defesa nacional, segurança interna e os de transporte coletivo.

GABARITO: ERRADO.

Apesar de, realmente, os serviços públicos indelegáveis serem aqueles que somente podem ser prestados centralizadamente pela Administração Direta, ou pelas pessoas jurídicas de direito público da Administração Indireta, por exigirem o poder de império, o transporte coletivo não se enquadra nessa modalidade.

---

387. (**2013 - TCE/RO - Contador**) Com referência a serviços públicos e à organização administrativa, julgue o item seguinte:

Não viola a CF a taxa cobrada exclusivamente em razão dos serviços públicos de coleta, remoção e tratamento ou destinação de lixo ou resíduos provenientes de imóveis.

GABARITO: CERTO.

Nesse caso, não existe violação, conforme rege a Súmula Vinculante do STF:

STF, Súm. Vin. nº 19. A taxa cobrada exclusivamente em razão dos serviços públicos de coleta, remoção e tratamento ou destinação de lixo ou resíduos provenientes de imóveis, não viola o Art. 145, II, da Constituição Federal.

---

388. (**2013 - ANTT - Cargos 9 a 15**) Com relação ao regime de concessão e permissão da prestação, mediante licitação, de serviços públicos, julgue o item a seguir, à luz da Lei n.º 8.987/1995:

Considere que uma concessionária de serviço público descumpra cláusula contratual referente à sua concessão. Nessa situação, para que ocorra a extinção do contrato, será necessário que o poder concedente impetre ação judicial para a declaração da caducidade da concessão.

GABARITO: ERRADO.

A caducidade pode ser decretada mediante processo administrativo, prescindido de ação judicial para tanto, conforme extraímos do Art. 39, § 4º, da Lei 8.987/95, que diz:

A taxa cobrada exclusivamente em razão dos serviços públicos de coleta, remoção e tratamento ou destinação de lixo ou resíduos provenientes de imóveis, não viola o Art. 145, II, da Constituição Federal Instaurado o processo administrativo e comprovada a inadimplência, a caducidade será declarada por decreto do poder concedente, independentemente de indenização prévia, calculada no decurso do processo.

---

389. **(2013 - ANTT - Cargos 1, 2, 3, 4, 5, 7 e 8)** Em razão de falhas na prestação do serviço de conservação e operação de rodovia federal, a ANTT aplicou multa à concessionária exploradora do serviço, a qual, contudo, permaneceu prestando o serviço de forma inadequada, descumprindo diversas obrigações estabelecidas no contrato de concessão.

Considerando a situação hipotética acima apresentada, julgue o item seguinte:

A concessionária tem o dever de prestar aos usuários o serviço adequado, entendido como aquele que satisfaz as condições de segurança, generalidade, cortesia na sua prestação e modicidade das tarifas, estando de acordo com as condições estabelecidas em legislação.

GABARITO: CERTO.

Trata-se da exigência traçada no Art. 6º da Lei 8.987/95:

Toda concessão ou permissão pressupõe a prestação de serviço adequado ao pleno atendimento dos usuários, conforme estabelecido nesta Lei, nas normas pertinentes e no respectivo contrato.

§ 1º Serviço adequado é o que satisfaz as condições de regularidade, continuidade, eficiência, segurança, atualidade, generalidade, cortesia na sua prestação e modicidade das tarifas.

---

390. **(2013 - ANTT - Cargos 1, 2, 3, 4, 5, 7 e 8)** Em razão de falhas na prestação do serviço de conservação e operação de rodovia federal, a ANTT aplicou multa à concessionária exploradora do serviço, a qual, contudo, permaneceu prestando o serviço de forma inadequada, descumprindo diversas obrigações estabelecidas no contrato de concessão.

Considerando a situação hipotética apresentada, julgue o item seguinte:

O referido serviço público poderia ser prestado diretamente pelo poder público ou por terceiros, mediante concessão, permissão e licença.

GABARITO: ERRADO.

Tal serviço não pode ser prestado através de licença, sendo que, em regra, são prestados por meio de concessão ou permissão. Em determinados casos, este serviço admite-se também por meio de uma autorização.

---

391. **(2013 - Polícia Federal - Delegado de Polícia)** Com relação a atos administrativos, serviços públicos e procedimentos licitatórios, julgue o item subsequente:

Em se tratando de permissão de serviço público, o serviço é executado em nome do Estado por conta e risco do permissionário, e é atribuído exclusivamente à pessoa jurídica.

GABARITO: ERRADO.

A permissão de serviços públicos pode ser atribuída tanto para pessoas físicas como para pessoas jurídicas. Além disso, a titularidade do serviço público continua nas mãos da Administração, mas o serviço, nesses casos, será prestado em nome da permissionária.

---

392. (2013 - MI - Analista Técnico-Administrativo) No que concerne aos serviços públicos e à organização administrativa, julgue o seguinte item:

O serviço público de iluminação urbana, por ser destinado a um número indeterminado de pessoas, classifica-se como serviço coletivo.

GABARITO: CERTO.

O serviço de iluminação pública, por sua indivisibilidade, enquadra-se com um serviço coletivo (também chamado de serviço públicos gerais ou *uti universi*).

393. (2013 - Telebras - Advogado) Os serviços públicos próprios são aqueles prestados diretamente pela Administração Pública, sem a possibilidade de delegação.

GABARITO: CERTO.

De acordo com a posição doutrinária adotada pela Banca CESPE, os serviços próprios do Estado são aqueles que estão diretamente ligados às atribuições do Poder Público, somente podendo ser prestados por órgãos ou entidades públicas, impossibilitada a delegação deles a terceiros.

394. (2013 - TJ/DF - Analista Judiciário/Área Judiciária) O contrato de concessão de serviço público pode ser rescindido por iniciativa da concessionária, mediante ação judicial especialmente intentada para esse fim, no caso de descumprimento das normas contratuais pelo poder concedente.

GABARITO: CERTO.

A redação dada pelo Art. 39, da Lei 8.987/95:

O contrato de concessão poderá ser rescindido por iniciativa da concessionária, no caso de descumprimento das normas contratuais pelo poder concedente, mediante ação judicial especialmente intentada para esse fim.

395. (2013 - CNJ - Analista Judiciário/Área Administrativa) É permitido ao Estado delegar a prestação de determinados serviços públicos a particulares, competindo-lhe, todavia, o controle sobre sua execução.

GABARITO: CERTO.

Trata-se da descentralização por delegação ou por colaboração, na qual apenas a execução de determinado serviço público é transferida a particulares, que irão explorar este serviço, em próprio nome, por própria conta e risco, sujeitos à fiscalização do Estado.

FAÇA JÁ

Serviços Públicos

Princípios dos serviços públicos

1. ________________ (ou permanência) - o serviço público deve ser prestado de maneira ininterrupta, salvo situações emergenciais ou mediante prévio aviso. Ainda que a administração pública descumpra sua parte, o prestador de serviços públicos essenciais (transporte coletivo, por exemplo) não poderá interromper a prestação, afetando os usuários.

2. ________________: também conhecido como princípio da impessoalidade ou universalidade. Conforme exige esse princípio, todos os usuários que satisfaçam as condições legais possuem direito à prestação do serviço, sem qualquer discriminação, privilégio, ou abusos. O serviço público deve ser estendido ao maior número possível de interessados, sendo que todos devem ser tratados de maneira isonômica.

3. ________________: deve o Estado prestar seus serviços com a maior eficiência possível. A eficiência reclama que o Poder Público se atualize com os novos processos tecnológicos, de modo que a execução seja mais proveitosa com o menor gasto.

4. ________________: os serviços públicos devem ser prestados a preços módicos e razoáveis. A fixação da remuneração do serviço público deverá considerar a capacidade econômica do usuário e as exigências do mercado, de maneira a evitar que o usuário deixe de utilizá-lo em razão de ausência de condições financeiras.

5. ________________: o destinatário do serviço público deve ser tratado com cortesia e urbanidade.

6. ________________ ou ________________ - o Estado dever adequar os serviços públicos à modernização e atualização das necessidades dos administrados, conforme exigência da Lei 8.987/95, em seu Art. 6º, §2º:

"A atualidade compreende a modernidade das técnicas, do equipamento e das instalações e a sua conservação, bem como a melhoria e expansão do serviço."

7. ________________ - esse princípio exige que seja trazido ao conhecimento público e em geral dos administrados a forma como o serviço foi prestado, os gastos efetuados e a disponibilidade de atendimento.

8. ________________ - esse princípio determina que deve haver um controle rígido e eficaz sobre a prestação dos serviços públicos, primando pela fiscalização dos mesmos.

9. ________________ - os serviços públicos devem ser prestados sem oferecer riscos aos usuários, não expondo sua saúde ou segurança na utilização do serviço.

CONCESSÃO	PERMISSÃO
Licitação (da modalidade ________________)	________________
Contrato Administrativo	Contrato Administrativo (adesão)
Pessoa jurídica ou ________________	________________ ou pessoa Jurídica
Sem precariedade	Precária (pode ser revogada)

Extinção da Concessão

Considera-se ________________ a retomada do serviço pelo poder concedente durante o prazo da concessão, por motivo de interesse público, mediante lei autorizativa específica e ________________________________ da indenização.

________________ é a forma de extinção que ocorre pela inexecução total ou parcial do contrato.

CAPÍTULO 6

Poderes Administrativos

Poderes Administrativos

396. **(2015 - MPU - Analista)** Com relação ao controle da Administração e ao poder de polícia administrativa, julgue o item seguinte:

O poder de polícia administrativa, que incide sobre as atividades, os bens e os próprios indivíduos, tem caráter eminentemente repressivo.

GABARITO: ERRADO.

O poder de polícia administrativa é eminentemente preventivo. Apenas em caso de violação das normas estabelecidas é que ele terá caráter repressivo, por meio de aplicação de sanções aos particulares em geral.

397. **(2015 - MPU- Técnico do MPU/Segurança Institucional e Transporte)** O servidor responsável pela segurança da portaria de um órgão público desentendeu-se com a autoridade superior desse órgão. Para se vingar do servidor, a autoridade determinou que, a partir daquele dia, ele anotasse os dados completos de todas as pessoas que entrassem e saíssem do imóvel. Com referência a essa situação hipotética, julgue o item que se segue:

O ato da autoridade superior foi praticado no exercício de seu poder disciplinar.

GABARITO: ERRADO.

Embora tenha sido praticado com abuso de poder, o ato narrado é decorrência do poder hierárquico, que permite ao administrador público, dentre outras atribuições, dar ordens aos seus subordinados.

398. **(2015 - TER/GO - Técnico Judiciário/Área Administrativa)** Julgue o item que se segue, referente aos poderes da Administração Pública:

O excesso de poder, espécie de abuso de poder, ocorre quando o agente público ultrapassa os limites impostos a suas atribuições.

GABARITO: CERTO.

O excesso de poder é uma das modalidades de abuso de poder. Ele ocorre quando existir um vício no elemento competência do ato, isto é, quando o agente público age fora ou além da sua esfera de competências.

399. **(2015 - TER/GO - Técnico Judiciário/Área Administrativa)** Julgue o item que se segue, referente aos poderes da Administração Pública:

O poder hierárquico é aquele que confere à Administração Pública a capacidade de aplicar penalidades.

GABARITO: ERRADO.

Os poderes que permitem que a Administração Pública aplique penalidades são o poder disciplinar (aos seus servidores ou particulares que possuam um vínculo jurídico específico) e o poder de polícia administrativa (aos particulares em geral).

400. (2015 - DPU - Defensor Público Federal de Segunda Categoria) Julgue o item a seguir, que trata da hierarquia e dos poderes da Administração Pública:

A multa, como sanção resultante do exercício do poder de polícia administrativa, não possui a característica da autoexecutoriedade.

GABARITO: CERTO.

Embora a multa seja uma decorrência do poder de polícia administrativa, ela não é autoexecutória, isto é, ela somente poderá ser executada mediante intervenção judicial.

401. (2015 - DPE/PE - Defensor Público) Com base na jurisprudência do STJ, julgue o item seguinte:

Segundo entendimento já consolidado no âmbito no STJ, a quitação de multas de trânsito vencidas não pode ser condição para a liberação de veículo regularmente apreendido, haja vista que a multa não constitui punição autoexecutória.

GABARITO: ERRADO.

De acordo com a Súmula nº 510 do STJ, a liberação de veículo retido apenas por transporte irregular de passageiros não está condicionada ao pagamento de multas e despesas. Desse modo, a quitação de multas de trânsito que estejam vencidas é um requisito para a liberação do veículo apreendido, nas situações fora na narrada na súmula, como na hipótese da questão.

402. (2014 - Polícia Federal - Agente de Polícia Federal) Acerca dos poderes administrativos e da responsabilidade civil do Estado, julgue item que se segue:

A aplicação de sanção administrativa contra concessionária de serviço público decorre do exercício do poder disciplinar.

GABARITO: CERTO.

Ao aplicar sanções aos particulares que possuem um vínculo jurídico específico, como no caso dos concessionários de serviço público, que possuem um contrato administrativo, a Administração Pública apresenta-se embasada no poder disciplinar, que também é utilizado para aplicar penalidades para os próprios servidores.

403. (2014 - ANTAQ - Cargos 1 a 4) Em relação aos atos administrativos, aos agentes públicos, aos poderes administrativos e à responsabilidade do Estado, julgue o item que se segue:

O ato de delegação de competência, revogável a qualquer tempo pela autoridade delegante, decorre do poder administrativo hierárquico.

GABARITO: CERTO.

A delegação da competência, que pode ser revogada a qualquer momento pela autoridade que a delegou, assim como a avocação, é uma decorrência do poder hierárquico da Administração Pública.

404. (2014 - ANATEL - Cargos 13, 14 e 15) Julgue o item seguinte, referente a agentes públicos e poder de polícia:

A autoexecutoriedade de certos atos de poder de polícia é limitada, não sendo possível que a Administração, por exemplo, condicione a liberação de veículo retido por transporte irregular de passageiros ao pagamento de multa anteriormente imposta.

GABARITO: CERTO.

Conforme regra prevista na Súmula nº 510 do Superior Tribunal de Justiça, a liberação de veículo retido apenas por transporte irregular de passageiros não está condicionada ao pagamento de multas e despesas. Desse modo, o poder de polícia encontra diversas limitações, tanto na legislação como na jurisprudência.

405. (2014 - TJ/SE - Técnico Judiciário/Área Judiciária) No tocante aos atos e aos poderes administrativos, julgue o próximo item:

No exercício do poder administrativo disciplinar, a Administração pode aplicar punições aos particulares que cometam infrações, independentemente de estes se sujeitarem às regras do regime administrativo.

GABARITO: ERRADO.

Ao aplicar sanções aos particulares não sujeitos à disciplina interna da Administração, ou seja, particulares em geral, estará sendo utilizado o poder de polícia administrativa, e não o poder disciplinar. Este é o embasamento para a aplicação de penalidades aos servidores públicos e aos particulares que possuam algum vínculo jurídico específico com a Administração Pública.

406. (2014 - TC/DF - Analista de Administração Pública/Sistemas de TI) Considere que, durante uma fiscalização, fiscais do DF tenham encontrado alimentos com prazo de validade expirado na geladeira de um restaurante. Diante da ocorrência, lavraram auto de infração, aplicaram multa e apreenderam esses alimentos. Com base na situação hipotética apresentada, julgue o item subsecutivo:

A aplicação de multa ao estabelecimento comercial decorre do poder disciplinar da Administração Pública.

GABARITO: ERRADO.

Nesse caso, temos a utilização do poder de polícia administrativa, pois quem está sendo penalizado é um particular em geral, sem vínculo específico com a Administração Pública.

407. (2014 - TC/DF - Analista de Administração Pública/Sistemas de TI) Considere que, durante uma fiscalização, fiscais do DF tenham encontrado alimentos com prazo de validade expirado na geladeira de um restaurante. Diante da ocorrência, lavraram auto de infração, aplicaram multa e apreenderam esses alimentos. Com base na situação hipotética apresentada, julgue o item subsecutivo:

Diante do risco à saúde da população, as mercadorias com prazo de validade expirado poderão ser imediatamente apreendidas, mesmo antes da abertura de processo administrativo e sem prévio contraditório do proprietário do estabelecimento.

GABARITO: CERTO.

Nesse caso, temos a aplicação do atributo da autoexecutoriedade, que permite à Administração Pública executar suas decisões, independentemente de intervenção judicial. No caso da questão, o contraditório é postergado, isto é, o administrado terá futuramente o direito de se defender.

408. **(2014 - Câmara dos Deputados - Analista Legislativo)** Com relação aos poderes administrativos e os serviços públicos, julgue o item que se segue:

Havendo dificuldade na aplicação de lei editada pelo Poder Legislativo que trate de matéria na área de saúde, o Presidente da República poderá, dado seu poder regulamentar, editar decreto para complementar e garantir o efetivo cumprimento do ato legislativo.

GABARITO: CERTO.

Trata-se do exercício do poder regulamentar ou normativo, que permite aos Chefes do Poder Executivo editar decretos, para dar fiel execução às leis, sem, entretanto, inovar no ordenamento jurídico.

409. **(2014 - Câmara dos Deputados - Analista Legislativo)** Com relação aos poderes administrativos e os serviços públicos, julgue o item que se segue:

Considere que o presidente de determinada autarquia, com a intenção de punir um servidor a ele subordinado, com quem se desentendera por questões de ideologia partidária, tenha decidido remover o referido servidor para uma unidade no interior do país. Nesse caso, está configurado o abuso de poder, na modalidade excesso de poder.

GABARITO: ERRADO.

Na situação exposta na questão, verifica-se o abuso de poder na modalidade desvio de poder, pois o vício encontra-se no elemento finalidade, e não no elemento competência, que configuraria o excesso de poder.

410. **(2014 - Câmara dos Deputados - Analista Legislativo)** No que concerne aos poderes administrativos, julgue o item subsequente:

Do poder de polícia decorrem faculdades implícitas para o administrador, tais como a de dar ordens e fiscalizar o seu cumprimento; a de delegar e avocar atribuições e a de rever os atos dos administrados.

GABARITO: ERRADO.

A atribuição de dar ordens e fiscalizar seu cumprimento, assim como a de delegar e avocar competências são decorrências do poder hierárquico, e não do poder de polícia, que é direcionado aos particulares em geral.

411. **(2014 - Câmara dos Deputados - Analista Legislativo)** Acerca do poder de polícia, julgue o item seguinte:

A competência para o exercício do poder de polícia é do ente federativo competente para regular a matéria. Como determinadas competências constitucionais são concorrentes, o exercício concorrente do poder de polícia por diferentes entes federativos melhor observará o princípio da eficiência se a gestão for associada, na esteira do moderno federalismo de cooperação.

GABARITO: CERTO.

Como regra geral, o ente federativo que possui competência para regular a matéria também será competente para exercer o poder de polícia sobre ela. No caso de competências concorrentes, o exercício do poder de polícia variará, conforme se trate de interesses nacionais, regionais ou locais.

412. (2014 - MTE - Contador) A propósito do regime disciplinar aplicável aos servidores públicos federais e dos poderes administrativos, julgue o item a seguir:

Considere que, durante fiscalização realizada por auditor fiscal do trabalho, tenha sido constatada a inexistência de prévia aprovação das instalações de determinada empresa pelo órgão competente. Diante disso, o auditor lavrou auto de infração e aplicou multa à empresa. Nessa situação, resta caracterizado o poder de polícia da administração pública, o qual pode, também, ter o seu exercício delegado a pessoas jurídicas de direito privado.

GABARITO: ERRADO.

O erro do item está em afirmar que o poder de polícia administrativa pode ser delegado a particulares. Este poder somente pode ser exercido por pessoas jurídicas de direito público.

413. (2014 - MTE - Agente Administrativo) Acerca da disciplina do funcionalismo público no Brasil, julgue o item subsequente, no que tange à disciplina constitucional e à Lei n.º 8.112/1990.

O administrador público que age fora dos limites de sua competência atua com desvio de poder.

GABARITO: ERRADO.

O administrador público que atua fora ou além de sua esfera de competência atua com abuso de poder, na modalidade excesso de poder.

414. (2014 - CADE - Agente Administração) No que se refere aos agentes públicos, aos poderes administrativos e ao controle da Administração Pública, julgue o item subsecutivo:

Existem casos em que mesmo existindo lei específica sobre determinada matéria, cumpre à administração criar mecanismos para aplicá-la. Nessas hipóteses, surge o poder regulamentar, que confere à Administração a prerrogativa de editar atos gerais para alterar e complementar as leis.

GABARITO: ERRADO.

Por meio do poder regulamentar, ou normativo, o administrador público apenas regulamenta e complementa a lei, com fins de dar fiel execução a ela. É vedado que por meio desse decreto ele inove no ordenamento jurídico, alterando a lei, conforme narrado do item.

415. (2014 - SUFRAMA - Agente Administrativo) A legislação concede à Administração poderes extraordinários, necessários para que o Estado alcance os seus fins. Em relação aos poderes da Administração Pública, julgue o item seguinte:

Em decorrência do poder de polícia, a Administração pode condicionar ou restringir os direitos de terceiros, em prol do interesse da coletividade.

GABARITO: CERTO.

Por meio do poder de polícia administrativa, a Administração Pública poderá restringir a atuação dos particulares em benefício do interesse público, sendo essa uma decorrência do princípio da supremacia do interesse público sobre o privado.

416. (2014 - SUFRAMA - Agente Administrativo) A legislação concede à Administração poderes extraordinários, necessários para que o Estado alcance os seus fins. Em relação aos poderes da Administração Pública, julgue o item seguinte:

Poder regulamentar é o poder que a Administração possui de editar leis, medidas provisórias, decretos e demais atos normativos para disciplinar a atividade dos particulares.

GABARITO: ERRADO.

O poder regulamentar é exercido por meio dos decretos e regulamentos, com fins de dar fiel execução às leis. Isso não se aplica à edição de leis e de medidas provisórias.

417. (2014 - SUFRAMA - Agente Administrativo) A legislação concede à Administração poderes extraordinários, necessários para que o Estado alcance os seus fins. Em relação aos poderes da Administração Pública, julgue o item seguinte:

A remoção de ofício de um servidor, como forma de puni-lo por faltas funcionais, configura abuso de poder.

GABARITO: CERTO.

A remoção de ofício, nos termos da Lei 8.112/90, não é penalidade. Dessa forma, caso ela seja usada como forma de punição, teremos um ato praticado com desvio da finalidade prevista em lei, o que configura uma das modalidades de abuso de poder.

418. (2014 - SUFRAMA - Agente Administrativo) A legislação concede à Administração poderes extraordinários, necessários para que o Estado alcance os seus fins. Em relação aos poderes da Administração Pública, julgue o item seguinte:

O poder hierárquico confere aos agentes superiores o poder para avocar e delegar competências.

GABARITO: CERTO.

Do poder hierárquico derivam, dentre outras, as atribuições de delegação e avocação de competências.

419. (2014 - SUFRAMA - Administrador) Acerca de agentes administrativos, poderes administrativos, improbidade administrativa e serviços públicos, julgue o item seguinte:

No âmbito do Poder Executivo, a prerrogativa de apurar as infrações e impor sanções aos próprios servidores, independentemente de decisão judicial, decorre diretamente do poder hierárquico, segundo o qual determinado servidor pode ser demitido pela autoridade competente após o regular processo administrativo disciplinar, por irregularidades cometidas no exercício do cargo.

GABARITO: ERRADO.

A aplicação de penalidade aos servidores é uma decorrência direta do poder disciplinar da Administração Pública, e não do poder hierárquico, conforme descrito no item.

420. (2014 - SUFRAMA - Administrador) Julgue o item que se segue, relativo aos agentes públicos, aos poderes administrativos e à responsabilidade civil do Estado:

O poder discricionário confere ao administrador, em determinadas situações, a prerrogativa de valorar determinada conduta em um juízo de conveniência e oportunidade que se limita até a prática do ato, tendo em vista a impossibilidade de revogá-lo após a produção de seus efeitos por ofensa ao princípio da legalidade e do direito adquirido de terceiros de boa-fé.

GABARITO: ERRADO.

Ao revogar o ato administrativo, embora válido, o administrador também realiza um juízo de conveniência e oportunidade, exercendo sua discricionariedade de forma a melhor atender ao interesse público. Dessa forma, apenas em determinados casos é que a revogação não poderá ser feita.

421. (2014 - Polícia Federal - Agente Administrativo) Julgue o item que se segue, relativo aos atos administrativos e poderes da Administração:

O poder para a instauração de processo administrativo disciplinar e aplicação da respectiva penalidade decorre do poder de polícia da Administração.

GABARITO: ERRADO.

Ao aplicar penalidades em um processo administrativo disciplinar, a Administração está aplicando uma sanção interna, sendo uma decorrência do poder disciplinar, e não do poder de polícia administrativa, que é direcionado aos particulares em geral.

422. (2014 - MDIC - Analista Técnico-Administrativo) Julgue o item seguinte, relativo à Administração Pública e aos atos administrativos:

Se determinado servidor público for removido, de ofício, por interesse da Administração Pública, sob a justificativa de falta de servidores em outra localidade, e se esse servidor constatar o excesso de pessoal na sua nova unidade de exercício e não a falta, o correspondente ato de remoção, embora seja discricionário, poderá ser invalidado.

GABARITO: CERTO.

Pela teoria dos motivos determinantes, os motivos alegados como justificadores para a prática de um ato devem ser verdadeiros, caso contrário o ato será inválido, como na hipótese narrada no item.

423. (2014 - MDIC - Analista Técnico-Administrativo) Com relação aos agentes públicos e aos poderes da Administração pública, julgue o item subsecutivo:

O exercício dos poderes administrativos não é uma faculdade do agente público, mas uma obrigação de atuar; por isso, a omissão no exercício desses poderes poderá ensejar a responsabilização do agente público nas esferas cível, penal e administrativa.

GABARITO: CERTO.

Trata-se do poder-dever de agir da Administração Pública. A utilização dos poderes é um dever do agente público, que tem a obrigação de atuar conforme as situações forem verificadas no caso concreto. A eventual omissão (deixar de aplicar uma multa, por exemplo) poderá configurar uma infração administrativa, podendo o agente ser responsabilizado nas esferas civil, penal e administrativa.

424. **(2014 - MDIC - Agente Administrativo)** No que se refere aos agentes públicos e aos poderes administrativos, julgue o item que se segue:

Nesse sentido, considere que a sigla CF, sempre que empregada, refere-se à Constituição Federal de 1988. Suponha que, após uma breve discussão por questões partidárias, determinado servidor, que sofria constantes perseguições de sua chefia por motivos ideológicos, tenha sido removido, por seu superior hierárquico, que desejava puni-lo, para uma localidade inóspita. Nessa situação, houve abuso de poder, na modalidade excesso de poder.

GABARITO: ERRADO.

Nessa situação, o vício encontra-se no elemento finalidade, enquadrando-se, então, o abuso de poder na modalidade desvio de poder. O excesso de poder existe quando o vício encontra-se no elemento competência, atuando o agente público fora ou além de sua esfera de atribuições.

425. **(2014 - PGE/BA - Procurador do Estado)** Em relação aos poderes administrativos, julgue o item subsecutivo:

Constitui exemplo de poder de polícia a interdição de restaurante pela autoridade administrativa de vigilância sanitária.

GABARITO: CERTO.

A interdição de estabelecimentos reflete uma decorrência do poder de polícia administrativa, que permite à Administração Pública limitar a atividade dos particulares em prol do interesse da coletividade.

D A D M

426. **(2014 - PGE/BA - Procurador do Estado)** A aplicação das penas de perda da função pública e de ressarcimento integral do dano em virtude da prática de ato de improbidade administrativa situa-se no âmbito do poder disciplinar da Administração Pública.

GABARITO: ERRADO.

A competência para processar e julgar os atos de improbidade administrativa é do Poder Judiciário, exercendo sua função típica jurisdicional. Não se trata de um poder administrativo.

427. **(2013 - STF - Técnico Judiciário/Área Administrativa)** Em relação aos poderes administrativos, julgue o item subsequente:

Quando o agente público pratica ato com abuso de poder, atuando fora dos seus limites de competência, tem-se o desvio de finalidade.

GABARITO: ERRADO.

Ao agir extrapolando sua esfera de competências, o agente público pratica um ato com abuso de poder, na modalidade excesso de poder, e não desvio de poder. Este último ocorre quando o ato é praticado, na tentativa de atingir finalidade diversa da prevista em lei ou do interesse público.

428. **(2013 - STF - Técnico Judiciário/Área Administrativa)** Em relação aos poderes administrativos, julgue o item subsequente:

A autoexecutoriedade é atributo do poder de polícia e consiste em dizer que a Administração Pública pode promover a sua execução por si mesma, sem necessidade de remetê-la previamente ao Poder Judiciário.

GABARITO: CERTO.

O atributo da autoexecutoriedade, embora não esteja presente em todos os atos decorrentes do poder de polícia, permite que a Administração Pública execute suas decisões diretamente, sem necessitar de intervenção judicial.

429. **(2013 - TRT 17ª Região/ES - Analista Judiciário/Área Administrativa)** No que se refere aos poderes da Administração, julgue o item a seguir:

O poder discricionário diz respeito à liberdade de atuação que possui a Administração Pública, podendo valorar a oportunidade e a conveniência da prática de ato administrativo, desde que sejam respeitados os limites legais.

GABARITO: CERTO.

No exercício do poder discricionário, o administrador público possui certa margem de escolha, que deve ser feita mediante um juízo de conveniência e oportunidade, de modo a praticar o ato da maneira que melhor atenda ao interesse público, mas sempre dentro dos limites traçados pela lei.

430. **(2013 - STF - Analista Judiciário/Área Judiciária)** Em relação aos poderes da Administração Pública, julgue o item subsequente:

A aplicação de multa pela administração pública a restaurante que violou norma de vigilância sanitária inclui-se no âmbito do poder disciplinar.

GABARITO: ERRADO.

Nesse caso, temos uma aplicação do poder de polícia, pois a penalidade é direcionada a um particular, sem vínculo jurídico específico com a Administração Pública.

431. **(2013 - PC/DF - Agente de Polícia)** No Direito Administrativo, a inércia será considerada um ato ilícito caso haja dever de agir pela Administração Pública, implicando essa conduta omissiva abuso de poder quando houver ofensa a direito individual ou coletivo dos administrados.

GABARITO: CERTO.

O abuso de poder também pode ser praticado por uma conduta omissiva, isto é, quando o administrador, embora possua o dever legal de agir, mantenha-se inerte.

432. (2013 - ANCINE - Todos os Cargos) No que se refere a atos administrativos, poderes administrativos e agentes públicos, julgue o item a seguir:

Caracterizará abuso de poder, na modalidade desvio de poder, a conduta do policial militar que, para conter um manifestante, lhe desfira desnecessariamente murros e chutes.

GABARITO: ERRADO.

No caso descrito no item, temos o abuso de poder na modalidade excesso de poder, pois o agente público atuou fora de sua esfera de competências, praticando atos não previstos em lei. Desse modo, além de abuso de poder, também poderia ser configurado o crime, dentre outros, de abuso de autoridade, previsto na Lei 4.898/65.

433. (2013 - SEGESP/AL - Papiloscopista) No que concerne aos poderes e princípios da Administração Pública, julgue o item subsecutivo:

O poder hierárquico é exercido por entes da Administração Pública direta em relação aos órgãos integrantes da Administração indireta.

GABARITO: ERRADO.

Entre os entes da Administração indireta e os entes da Administração direta que os criaram inexiste relação de hierarquia ou subordinação, não se aplicando o poder hierárquico entre eles. Nesse caso, existe apenas uma relação de vinculação aos fins para os quais o ente da Administração indireta foi criado, ensejador de uma eventual tutela administrativa, no caso de fuga desses fins.

434. (2013 - MPU - Técnico/Tecnologia da Informação e Comunicação) Considere que Daniel, funcionário público, tenha sido suspenso por decisão da autoridade competente após regular processo administrativo disciplinar que apurou denúncia de que ele havia praticado irregularidades no exercício do cargo. Nessa situação, a autoridade competente agiu no exercício do poder de polícia da administração, a qual pode impor sanções a seus servidores, independentemente de decisão judicial.

GABARITO: ERRADO.

A aplicação de penalidades aos próprios servidores reflete uma aplicação do poder disciplinar, e não do poder de polícia administrativa.

435. (2013 - BACEN - Técnico) No que diz respeito a atos administrativos, julgue o item seguinte:

O desrespeito ao elemento finalidade conduz ao vício conhecido como abuso de poder.

GABARITO: CERTO.

A prática de atos visando a uma finalidade diversa do interesse público ou da prevista em lei configura abuso de poder, na modalidade desvio de poder.

436. (2013 - MPOG - Todos os Cargos) Julgue o item a seguir, referente aos regimes jurídicos dos agentes administrativos:

A Administração Pública exercerá o poder regulamentar ao multar determinado contratado que esteja construindo um imóvel público em área urbana e que atrase sucessivamente etapas da obra.

GABARITO: ERRADO.

Nesse caso, temos a aplicação do poder disciplinar, que possibilita aplicar sanções aos particulares que possuem vínculo jurídico específico com a Administração Pública e aos servidores.

---

437. (2013 - TCE/RO - Agente Administrativo) O poder discricionário é um poder absoluto e intocável, concretizando-se no momento em que o ato é praticado pela Administração.

GABARITO: ERRADO.

Nenhum dos poderes da Administração é absoluto, podendo ser revisto tanto pela própria Administração que praticou o ato, por ilegalidade ou por motivos de mérito, como também pelo Poder Judiciário, no caso de ilegalidade.

---

438. (2013 - MJ - Analista Técnico-Administrativo) Com referência aos princípios do Direito Administrativo e aos poderes da Administração, julgue o próximo item:

O poder administrativo disciplinar consiste na possibilidade de a Administração Pública aplicar punições aos agentes públicos e aos particulares em geral que cometam infrações.

GABARITO: ERRADO.

A aplicação de penalidades aos particulares em geral é uma decorrência do poder de polícia administrativa. O poder disciplinar permite à Administração Pública aplicar sanções aos próprios servidores e também aos particulares que possuam um vínculo jurídico específico.

---

439. (2013 - MJ - Analista Técnico-Administrativo) Com referência aos princípios do Direito Administrativo e aos poderes da Administração, julgue o próximo item:

Decorre da hierarquia administrativa o poder de dar ordens aos subordinados, que implica o dever de obediência aos superiores, mesmo para ordens consideradas manifestamente ilegais.

GABARITO: ERRADO.

O dever de obediência às ordens superiores decorre do poder hierárquico, devendo ser obedecidas, salvo se manifestamente ilegais, conforme extraímos do Art. 116, IV, da Lei 8.112/90.

---

440. (2013 - MJ - Todos os Cargos) Com relação ao direito administrativo, julgue o item a seguir:

Considerando-se que o poder administrativo disciplinar é discricionário, a Administração tem a liberdade de escolha entre punir e não punir a suposta infração cometida por servidor púbico.

GABARITO: ERRADO.

A discricionariedade poderá existir na gradação da penalidade, como na escolha do prazo de suspensão, por exemplo. A aplicação da penalidade consiste em um ato vinculado, não podendo o administrador simplesmente deixar de aplicá-la.

---

441. (2013 - MC - Atividade Técnica de Suporte) Julgue o item a seguir, relativo aos poderes da Administração:

O poder de polícia somente poderá ser exercido mediante prévia autorização judicial.

GABARITO: ERRADO.

Pelo atributo da autoexecutoriedade, os atos de poder de polícia, como regra geral, poderão ser executados diretamente pelo administrador, independentemente de prévia intervenção judicial.

442. (2013 - DEPEN - Técnico de Apoio) No que diz respeito à organização e aos poderes da Administração Pública, julgue o item a seguir:

O poder de polícia refere-se ao poder da administração de vigiar e aplicar penalidades às pessoas que cometem crimes ou contravenções penais.

GABARITO: ERRADO.

No caso proposto no item, temos o poder de polícia judiciária, que é relacionado com infrações penais. O poder de polícia administrativa reflete a possibilidade de que dispõe a Administração Pública de limitar as atividades particulares, em prol da coletividade.

443. (2013 - ANS - Técnico Administrativo) A respeito dos poderes administrativos, julgue o item seguinte:

Para que a Administração Pública execute a demolição de uma construção irregular, é necessária autorização judicial prévia.

GABARITO: ERRADO.

Embasada no atributo da autoexecutoriedade, a Administração Pública pode executar diretamente suas decisões, independente de prévia autorização judicial, como no caso narrado na questão.

444. (2013 - ANS - Técnico Administrativo) A respeito dos poderes administrativos, julgue o item seguinte:

A inércia da autoridade administrativa, que é configurada como a inexecução de determinada prestação de serviço obrigatória em lei, constitui abuso de poder.

GABARITO: CERTO.

O abuso de poder também pode ser praticado de maneira omissiva, quando o administrador deixar, indevidamente, de praticar determinada prestação prevista em lei.

445. (2013 - MS - Analista Administrativo) O fechamento de casas noturnas é um exemplo do atributo da autoexecutoriedade em matéria de polícia administrativa.

GABARITO: CERTO.

Esse atributo permite que a Administração Pública execute diretamente suas decisões, sem precisar de prévia autorização judicial. A interdição de casas noturnas é um exemplo de ato de poder de polícia autoexecutório.

446. (2013 - MS - Analista Técnico-Administrativo) O abuso do poder se configura apenas quando a autoridade pratica o ato, embora não possua competência para tal.

GABARITO: ERRADO.

O abuso de poder pode ser praticado na modalidade excesso de poder, que se configura quando a autoridade pratica o ato fora de sua esfera de competências legais. Ele também pode ser praticado na modalidade desvio de poder, que ocorre quando o ato é praticado com um vício em sua finalidade, embora dentro de sua esfera de competências. Além disso, também existe o abuso de poder na modalidade omissiva, que ocorre quando o administrador, que possui o dever legal de agir em determinada situação, mantém-se inerte.

---

447. (2013 - MPU - Técnico Administrativo) No que se refere aos poderes administrativos, julgue o item a seguir:

É denominado regulamento executivo o decreto editado pelo Chefe do Poder Executivo federal para regulamentar leis.

GABARITO: CERTO.

O regulamento executivo, também chamado de decreto executivo ou de execução, é o instrumento utilizado pelo chefe do Pode Executivo para regulamentar as leis, de modo a dar fiel execução às mesmas, sendo essa uma decorrência do seu poder normativo ou regulamentar.

---

448. (2013 - TJ/DF - Técnico Judiciário/Área Administrativa) Considere que determinado agente público detentor de competência para aplicar a penalidade de suspensão resolva impor, sem ter atribuição para tanto, a penalidade de demissão, por entender que o fato praticado se encaixaria em uma das hipóteses de demissão. Nesse caso, a conduta do agente caracterizará abuso de poder, na modalidade denominada excesso de poder.

GABARITO: CERTO.

Quando o agente público pratica um ato extrapolando sua esfera de competências, ficará caracterizado o abuso de poder, na modalidade excesso de poder.

---

449. (2013 - TRT 10ª REGIÃO/DF e TO - Analista Judiciário/Área Administrativa) Em razão da característica da autoexecutoriedade, a cobrança de multa aplicada pela Administração não necessita da intervenção do Poder Judiciário, mesmo no caso do seu não pagamento.

GABARITO: ERRADO.

Embora a autoexecutoriedade seja um dos atributos do poder de polícia administrativa, que permite à Administração Pública executar diretamente suas decisões sem prévia intervenção judicial, ela não se encontra presente em todos os atos de poder de polícia, como a multa, por exemplo, que somente poderá ser executada na via judicial.

---

450. (2013 - ANP - Especialista em Regulação) O poder de polícia pode ser exercido apenas de forma repressiva, já que se refere a atos de fiscalização e à aplicação de sanções administrativas.

GABARITO: ERRADO.

O poder de polícia também é exercido de forma preventiva, que ocorre quando a Administração adota atos e medidas para que suas determinações sejam cumpridas, como a instalação de uma lombada e de um radar de velocidade, por exemplo. Caso haja o descumprimento dessas determinações, poderá ser exercido de forma repressiva, como a aplicação de uma multa.

FAÇA JÁ

Poderes Administrativos

O poder __________________ determina que o administrador somente pode fazer o que a lei determina, ele não possui escolha, ou seja, o administrador está limitado aos exatos ditames da lei.

O poder __________________ gera a margem de escolha é a conveniência e a oportunidade (mérito administrativo). Aqui diz que o agente público pode agir com alguma margem de liberdade de escolha, mas sempre respeitando os parâmetros da __________________.

A característica marcante do poder __________________ é o grau de subordinação entre órgãos e agentes sempre dentro da estrutura da mesma pessoa jurídica.

O poder __________________ é uma espécie de poder dever de agir da administração pública. Dessa forma, o administrador público atua de forma a punir internamente as infrações cometidas por seus agentes. Esse poder também atua de forma a punir __________________ __________________ __________________ com a administração, que estejam sujeitos à sua disciplina interna.

O fundamento do poder de polícia é o poder de império (poder extroverso) que a administração pública possui, de modo a observar o princípio da supremacia do interesse público sobre o privado.

Esse poder pode ser exercido de maneira __________________ e também __________________, alcançando os ______________________________, que não possuam nenhum vínculo específico com a Administração Pública.

Quando determinado ato for praticado com abuso de poder, o mesmo é ilegal, devendo ser, como regra geral, anulado. Encontramos três modalidades de abuso de poder:

_______________________ - ocorre quando o agente atua fora ou além de sua esfera de competências.

_______________________ - ocorre quando o agente, embora agindo dentro de sua esfera de competências, pratica o ato com finalidade diversa do interesse público ou da prevista em lei.

_______________________ - ocorre quando o agente público permanece inerte em situações em que possui o dever de agir.

Anotações

CAPÍTULO 7

Atos Administrativos

Atos Administrativos

451. **(2015 - TCU - Técnico Federal de Controle Externo)** Acerca da invalidação, da revogação e da convalidação dos atos administrativos, julgue o item a seguir:

Agirá de acordo com a lei o servidor público federal que, ao verificar a ilegalidade de ato administrativo em seu ambiente de trabalho, revogue tal ato, para não prejudicar administrados, que sofreriam efeitos danosos em consequência da aplicação desse ato.

GABARITO: ERRADO.

Nesse caso, por tratar-se de ato ilegal, a conduta correta seria a anulação do ato e não a revogação, que incide apenas sobre atos válidos, sendo feita por motivos de conveniência e oportunidade.

452. **(2015 - TCU - Técnico Federal de Controle Externo)** Acerca da invalidação, da revogação e da convalidação dos atos administrativos, julgue o item a seguir:

Conforme a teoria dos motivos determinantes, a validade do ato administrativo vincula-se aos motivos que o determinaram, sendo, portanto, nulo o ato administrativo cujo motivo estiver dissociado da situação de direito ou de fato que determinou ou autorizou a sua realização.

GABARITO: CERTO.

A motivação é a exteriorização dos motivos, que refletem a situação de fato e de direito que justificam a prática do ato. Na hipótese de os motivos ensejadores do ato serem falsos, o ato será considerado inválido, conforme rege a teoria dos motivos determinantes.

453. **(2015 - TCU - Técnico Federal de Controle Externo)** Acerca da invalidação, da revogação e da convalidação dos atos administrativos, julgue o item a seguir:

A revogação de atos pela Administração Pública por motivos de conveniência e oportunidade não possui limitação de natureza material, mas somente de natureza temporal, como, por exemplo, o prazo quinquenal previsto na Lei n.º 9.784/1999, que regula o processo administrativo no âmbito do serviço público federal.

GABARITO: ERRADO.

A revogação pode ser feita a qualquer tempo, não possuindo limites temporais. Entretanto, ela possui diversos limites materiais, não podendo incidir, por exemplo, sobre atos vinculados, sobre atos que já geraram direito adquiridos ou que já exauriram seus efeitos.

454. **(2015 - TCU - Técnico Federal de Controle Externo)** Julgue o item seguinte, relativo ao ato administrativo:

É proibido delegar a edição de atos de caráter normativo.

GABARITO: CERTO.

Conforme rege o Art. 13 da Lei 9.784/99, os atos normativos não podem ser objeto de delegação.

455. (2015 - TCU - Técnico Federal de Controle Externo) Julgue o item seguinte, relativo ao ato administrativo:

Ao delegar a prática de determinado ato administrativo, a autoridade delegante transfere a titularidade para sua prática.

GABARITO: ERRADO.

A delegação transfere somente a execução do ato, e não a sua titularidade, que continua a pertencer à autoridade delegante, que pode, inclusive, revogar a delegação a qualquer momento.

456. (2015 - TCU - Técnico Federal de Controle Externo) Julgue o item seguinte, relativo ao ato administrativo:

Decretos não são considerados atos administrativos.

GABARITO: ERRADO.

Segundo a classificação doutrinária, os decretos também são considerados atos administrativos, classificados como atos normativos, possuindo um comando geral e abstrato.

457. (2015 - MPU - Técnico do MPU/Segurança Institucional e Transporte) O servidor responsável pela segurança da portaria de um órgão público desentendeu-se com a autoridade superior desse órgão. Para se vingar do servidor, a autoridade determinou que, a partir daquele dia, ele anotasse os dados completos de todas as pessoas que entrassem e saíssem do imóvel. Com referência a essa situação hipotética, julgue o item que se segue:

Na situação apresentada, a ordem exarada pela autoridade superior é ilícita, por vício de finalidade.

GABARITO: CERTO.

Embora a ordem esteja dentro da esfera de competências da autoridade que a determinou, a finalidade não foi o interesse público, e sim motivos de foro pessoal, no caso, vingar-se do servidor. Nesse caso, por ser praticado com desvio de finalidade, temos uma das modalidades de abuso de poder, o desvio de finalidade, que torna o ato ilegal.

458. (2015 - MPU - Técnico do MPU/Segurança Institucional e Transporte) Acerca do regime jurídico dos servidores públicos federais, julgue o item subsequente:

Os atos praticados pelos servidores do MPU possuem presunção de legitimidade, não sendo possível, por isso, questionar-se, administrativamente, a veracidade dos fatos expostos em declaração por eles exarada.

GABARITO: ERRADO.

Todos os atos administrativos gozam do atributo da presunção de veracidade e legitimidade, que os torna presumidamente válidos e verdadeiros. Entretanto, trata-se de uma presunção relativa, que pode ser questionada tanto na via administrativa como também na via judicial.

459. (2015 - CGE/PI - Auditor Governamental) Julgue o item a seguir, acerca dos atos administrativos e da responsabilidade civil do Estado:

A Administração pode anular os próprios atos, por motivo de conveniência ou oportunidade, respeitados os direitos adquiridos e ressalvada a apreciação judicial, bem como pode revogá-los quando eles estiverem eivados de vícios que os tornem ilegais.

GABARITO: ERRADO.

A questão inverteu os institutos, quando o ato for ilegal ele deverá ser anulado. A revogação é que ocorre por motivos de conveniência e oportunidade, conforme se verifica na Súmula 473 do STF:

A Administração pode anular seus próprios atos, quando eivados de vícios que os tornam ilegais, porque deles não se originam direitos; ou revogá-los, por motivo de conveniência ou oportunidade, respeitados os direitos adquiridos, e ressalvada, em todos os casos, a apreciação judicial.

460. (2015 - DPU - Defensor Público Federal de Segunda Categoria) Com relação às espécies de atos administrativos, julgue o item a seguir:

Os atos administrativos negociais são também considerados atos de consentimento, uma vez que são editados a pedido do particular como forma de viabilizar o exercício de determinada atividade ou a utilização de bens públicos.

GABARITO: CERTO.

Os atos negociais refletem uma situação na qual os particulares precisam da anuência da Administração Pública para praticar determinada atividade ou utilizar determinado bem público. Sem a referida anuência, tal conduta seria inválida. Nesse caso, inexiste a imperatividade, pois o ato coincide com a vontade do particular, que requereu a prática deste ato.

461. (2015 - DPE/PE - Defensor Público) Julgue o item que se segue, a respeito de atos administrativos:

Os atos da Administração que apresentarem vício de legalidade deverão ser anulados pela própria Administração. No entanto, se de tais atos decorrerem efeitos favoráveis a seus destinatários, o direito da Administração de anular esses atos administrativos decairá em cinco anos, contados da data em que forem praticados, salvo se houver comprovada má-fé.

GABARITO: CERTO.

Essa é a previsão do Art. 54 da Lei 9.784/99, que trata da anulação dos atos administrativos:

O direito da Administração de anular os atos administrativos de que decorram efeitos favoráveis para os destinatários decai em cinco anos, contados da data em que foram praticados, salvo comprovada má-fé.

462. (2014 - ANTAQ - Técnico Administrativo) Acerca dos atos administrativos, julgue o item a seguir:

A competência, um dos requisitos do ato administrativo, é intransferível, sendo vedada a sua delegação.

GABARITO: ERRADO.

Embora a competência seja intransferível, ela pode ser delegada, de modo a ser executada por outra pessoa, embora sua titularidade ainda pertença à autoridade delegante.

463. (2014 - ANATEL - Analista Administrativo) Julgue o item, a respeito de atos e processos administrativos:

A revogação importa em juízo de oportunidade e conveniência, razão por que os atos administrativos somente podem ser revogados pela autoridade que os tenha exarado.

GABARITO: ERRADO.

O ato administrativo também pode se revogado pelas autoridades superiores àquela que exarou o ato, como uma decorrência do poder hierárquico, que permite que a autoridade pública anule ou revogue os atos praticados por seus subordinados.

464. (2014 - ANATEL - Analista Administrativo) Julgue o item, a respeito de atos e processos administrativos:

Os atos administrativos são praticados por servidores e empregados públicos, bem como por determinados particulares, a exemplo dos concessionários e permissionários de serviços públicos e oficiais de cartórios.

GABARITO: CERTO.

Os atos administrativos podem ser praticados não somente pela Administração Pública, mas também por particulares que estejam no desempenho de uma atribuição pública, utilizando-se de prerrogativas de direito público.

465. (2014 - ANATEL - Analista Administrativo) Julgue o item, a respeito de atos e processos administrativos:

Os atos administrativos devem ser praticados, necessariamente, por escrito, em atendimento ao princípio do formalismo.

GABARITO: ERRADO.

Embora a regra seja a forma escrita, alguns atos administrativos podem ser praticados de forma verbal ou mesmo gestual, como um sinal feito por uma autoridade de trânsito para prosseguir ou parar.

466. (2014 - ANATEL - Analista Administrativo) Julgue o item, a respeito de atos e processos administrativos:

Atualmente, no âmbito federal, todo ato administrativo restritivo de direitos deve ser expressamente motivado.

GABARITO: CERTO.

Conforme rege a Lei 9.784/99, em seu Art. 50, os atos administrativos deverão ser motivados, com indicação dos fatos e dos fundamentos jurídicos, quando:

Art.50, I. neguem, limitem ou afetem direitos ou interesses.

467. (2014 - ANATEL - Analista Administrativo) Julgue o item, a respeito de atos e processos administrativos:

Imperatividade é o atributo com base no qual o ato administrativo pode ser praticado pela própria administração sem a necessidade de intervenção do Poder Judiciário.

GABARITO: ERRADO.

A imperatividade é o atributo que impõe um dever de observância ao ato, independentemente de anuência do particular. No caso do item, foi narrado o atributo da autoexecutoriedade.

468. (2014 - TJ/SE - Técnico Judiciário/Área Judiciária) No tocante aos atos e aos poderes administrativos, julgue o próximo item:

Os atos administrativos gozam da presunção de legitimidade, o que significa que são considerados válidos até que sobrevenha prova em contrário.

GABARITO: CERTO.

Em face do atributo da presunção de legitimidade e veracidade, os atos administrativos são considerados válidos e verdadeiros, mas se trata de uma presunção relativa, que admite prova em contrário. Dessa forma, até que sejam invalidados, os atos produzem seus efeitos normalmente.

469. (2014 - TJ/SE - Analista Judiciário) No que concerne às regras e aos princípios específicos que regem a atuação da Administração Pública, julgue o item subsequente:

Os atos com vício de forma ou finalidade são convalidáveis.

GABARITO: ERRADO.

O vício no elemento forma, quando não essencial à validade do ato, pode ser convalidado. Entretanto, o vício na finalidade jamais admite convalidação.

470. (2014 - TC/DF - Técnico de Administração Pública) No que se refere ao ato administrativo, julgue o item que se segue:

Ato administrativo de manifesto conteúdo discriminatório editado por ministério poderá ser invalidado, com efeitos retroativos, tanto pela administração como pelo Poder Judiciário, ressalvados os direitos de terceiros de boa-fé.

GABARITO: CERTO.

No caso de uma ilegalidade, o ato deve ser invalidado (anulado), o que pode ser feito tanto pela Administração Pública que praticou o ato quanto pelo Poder Judiciário. A anulação opera efeitos retroativos à data da prática do ato, resguardados, entretanto, os direitos do terceiro de boa-fé.

471. (2014 - TC/DF - Técnico de Administração Pública) No que se refere ao ato administrativo, julgue o item que se segue:

O aluguel, pelo TCDF, de espaço para ministrar cursos de especialização aos seus servidores constitui ato administrativo, ainda que regido pelo direito privado.

GABARITO: ERRADO.

Os atos administrativos são sempre regidos pelo direito público. Um simples contrato de aluguel, regido pelo direito privado, reflete um ato da Administração, e não um ato administrativo.

472. **(2014 - TC/DF - Técnico de Administração Pública)** Com relação ao Direito Administrativo, julgue o item subsequente:

Considere que determinado secretário de Estado do DF tenha editado um ato administrativo que, embora legal, tenha gerado controvérsia entre os servidores do órgão. Nessa situação, havendo mudança da titularidade do cargo, novo secretário poderá revogar, com efeito retroativo, o referido ato administrativo.

GABARITO: ERRADO.

A revogação poderia ser feita, nesse caso, pois se trata de um ato válido. Ela é realizada por motivos de conveniência e oportunidade. Entretanto, não opera efeitos retroativos.

473. **(2014 - ICMBIO - Técnico Administrativo)** No que diz respeito à legislação administrativa, julgue o item subsecutivo:

Os atos administrativos internos são destinados a produzirem efeitos sobre os órgãos e os agentes da Administração Pública que os expediram.

GABARITO: CERTO.

Os atos administrativos internos têm como destinatários os órgãos públicos e seus agentes, não alcançando, a princípio, particulares.

474. **(2014 - TC/DF - Analista de Administração Pública/Sistemas de TI)** Considere que, durante uma fiscalização, fiscais do DF tenham encontrado alimentos com prazo de validade expirado na geladeira de um restaurante. Diante da ocorrência, lavraram auto de infração, aplicaram multa e apreenderam esses alimentos. Com base na situação hipotética apresentada, julgue o item subsecutivo:

Se a aplicação da multa for indevida, a administração tem o poder de anulá-la, de ofício, independentemente de provocação do interessado.

GABARITO: CERTO.

No caso de a multa ser indevida, teríamos um ato ilegal. Os atos ilegais, conforme a Súmula nº 473 do STF, podem ser anulados pela própria Administração, de ofício ou a requerimento:

STF, Súmula nº 473. A Administração pode anular os próprios atos, quando eivados de vícios que os tornam ilegais, porque deles não se originam direitos; ou revogá-los, por motivo de conveniência ou oportunidade, respeitados os direitos adquiridos, e ressalvada, em todos os casos, a apreciação judicial.

475. **(2014 - TC/DF - Auditor de Controle Externo)** Acerca da convalidação e atributos dos atos administrativos e da responsabilidade civil do Estado, julgue o item subsequente:

A convalidação supre o vício existente na competência ou na forma de um ato administrativo, com efeitos retroativos ao momento em que este foi originariamente praticado.

GABARITO: CERTO.

A convalidação poderá, em determinadas situações, sanar um vício existente nos elementos competência ou forma do ato administrativo, permitindo a manutenção dele. Ao ser feita, a convalidação opera efeitos retroativos à data da prática do ato, sanando o vício desde sua origem.

476. (**2014 - MEC - Todos os Cargos**) Com base na disciplina legal e na doutrina nacional acerca dos atos e processos administrativos, julgue o próximo item:

A revogação do ato administrativo por motivo de conveniência e (ou) de oportunidade, casos em que se manifesta a discricionariedade administrativa, produz efeitos *ex nunc* a partir da revogação.

GABARITO: CERTO.

A revogação incide sobre atos válidos, por motivos de conveniência e oportunidade, mediante discricionariedade da Administração Pública. A revogação não produz efeitos retroativos, isto é, seus efeitos são produzidos somente a partir dela (efeitos *ex nunc*).

477. (**2014 - Câmara dos Deputados - Analista Legislativo/Consultor de Orçamento e Fiscalização Financeira**) Julgue o item seguinte, acerca dos atos administrativos:

Ao extinguir por meio de revogação, um ato administrativo discricionário válido, a administração pública tem de fazê-lo em razão de oportunidade e conveniência, respeitando os efeitos já produzidos pelo ato até o momento.

GABARITO: CERTO.

A revogação, feita por motivos de conveniência e oportunidade, incide sobre atos válidos, produzindo efeitos somente a partir dela. Entretanto, devem ser resguardados os direitos adquiridos até o momento da revogação.

478. (**2014 - Câmara dos Deputados - Analista Legislativo**) A respeito do regime jurídico administrativo, julgue o item a seguir:

Os atos administrativos podem ser exarados por órgãos públicos ou por particulares mediante delegação.

GABARITO: CERTO.

Os atos administrativos, imbuídos de prerrogativas de direito público, podem ser praticados tanto pela Administração Pública quanto por particulares, que estejam desempenhando uma função pública.

479. (**2014 - MTE - Contador**) A respeito da organização administrativa e dos atos administrativos, julgue o item subsecutivo:

Caso seja fornecida certidão, a pedido de particular, por servidor público do quadro do MTE, é correto afirmar que tal ato administrativo possui presunção de veracidade e, caso o particular entenda ser falso o fato narrado na certidão, inverte-se o ônus da prova e cabe a ele provar, perante o Poder Judiciário, a ausência de veracidade do fato narrado na certidão.

GABARITO: CERTO.

O atributo da presunção de veracidade e legitimidade faz com que os fatos narrados na certidão sejam presumidamente verdadeiros. Em caso de os fatos serem falsos, o ônus de provar tal situação é do particular.

---

480. **(2014 - Caixa - Engenheiro)** Julgue o item a seguir, referente a serviços públicos, concessões, permissões e autorizações públicas:

A autorização de serviço público consiste em ato unilateral, discricionário e precário, por meio do qual se delega um serviço público a um autorizatário, que o explorará, predominantemente, em benefício próprio.

GABARITO: CERTO.

A autorização é um ato unilateral, praticado discricionariamente pela Administração Pública, podendo ser revogada a qualquer momento, dado seu caráter precário. Ela é utilizada para que um particular possa explorar determinada atividade de forma lícita, predominantemente, em benefício próprio.

---

481. **(2014 - SUFRAMA - Administrador)** A respeito do direito administrativo, julgue o item subsecutivo:

Se uma Secretaria de Estado editar ato com vício sanável, que seja detectado após a realização de auditoria interna, poderá haver a convalidação desse ato com efeitos retroativos à data em que ele for praticado.

GABARITO: CERTO.

Em caso de vício sanável, poderá ser feita a convalidação do ato, que possui efeitos retroativos à data em que ele foi praticado, como se a invalidade jamais houvesse existido.

---

482. **(2014 - CADE - Agente Administrativo)** Acerca de organização administrativa e ato administrativo, julgue o item a seguir:

Considere que, após a realização de uma correição, tenha sido detectado vício de finalidade em ato administrativo editado pelo diretor de departamento de uma agência reguladora, situação que foi, então, comunicada ao presidente da entidade. Nessa situação, tendo avocado para si a competência, o presidente poderá convalidar o referido ato administrativo.

GABARITO: ERRADO.

A convalidação somente poderá incidir sobre os elementos competência e forma, em situações específicas. Ela jamais poderá recair sobre o elemento finalidade, que não é passível de ser convalidado.

---

483. **(2014 - SUFRAMA - Agente Administrativo)** Um veículo da SUFRAMA, conduzido por um servidor do órgão, derrapou, invadiu a pista contrária e colidiu com o veículo de um particular. O acidente resultou em danos a ambos os veículos e lesões graves no motorista do veículo particular. Com referência a essa situação hipotética, julgue o item que se segue:

Em caso de o servidor ser condenado administrativamente em decorrência do acidente, o ato de aplicação de penalidade a esse servidor será caracterizado pelo atributo da autoexecutoriedade.

GABARITO: CERTO.

O atributo da autoexecutoriedade permite que a Administração Pública execute diretamente suas decisões, sem precisar de intervenção judicial, como é o caso de penalidades aplicadas a servidores públicos, em face de infrações administrativas.

484. **(2014 - Polícia Federal - Agente Administrativo)** Julgue o item a seguir, no que concerne aos atos administrativos e ao controle da Administração Pública:

Mérito administrativo é a margem de liberdade conferida por lei aos agentes públicos para escolherem, diante da situação concreta, a melhor maneira de atender ao interesse público.

GABARITO: CERTO.

Nos atos discricionários, o administrador possui certa margem de liberdade para atuar. Na hora de exercer essa margem de escolha, deverá fazê-lo pautado por motivos de conveniência e oportunidade, de maneira a melhor atender ao interesse público. Essa análise e escolha constituem o denominado "mérito administrativo".

485. **(2014 - Polícia Federal - Agente Administrativo)** Julgue o item a seguir, no que concerne aos atos administrativos e ao controle da Administração Pública:

Anulação de ato administrativo consiste na extinção de um ato ilegal determinada pela administração ou pelo poder judiciário, sem eficácia retroativa.

GABARITO: ERRADO.

O erro está em afirmar que a anulação não possui eficácia retroativa, pois ela retroage à data em que o ato foi praticado, constituindo o denominado efeito ex tunc.

486. **(2014 - PGE/BA - Procurador do Estado)** A prerrogativa de presunção de veracidade dos atos da Administração Pública autoriza a aplicação de penalidade disciplinar a servidor público com base na regra da verdade sabida.

GABARITO: ERRADO.

Inexiste, no Direito brasileiro, o instituto da verdade sabida. Para a aplicação de penalidade a um servidor, é indispensável a instauração de um processo administrativo disciplinar. O instituto da verdade sabida não se confunde com a presunção de veracidade dos atos administrativos, que faz com que eles sejam presumidamente verdadeiros, até prova em contrário.

487. **(2014 - PGE/BA - Procurador do Estado)** Os atos enunciativos, como as certidões, por adquirirem os seus efeitos por lei, e não pela atuação administrativa, não são passíveis de revogação, ainda que por razões de conveniência e oportunidade.

GABARITO: CERTO.

Os atos meramente enunciativos, como as certidões, não representam uma manifestação de vontade propriamente dita da Administração Pública, mas sim atestam determinado fato, não comportando, desse modo, revogação.

488. (2014 - PGE/BA - Procurador do Estado) O ato de exoneração do ocupante de cargo em comissão deve ser fundamentado, sob pena de invalidade por violação do elemento obrigatório a todo ato administrativo: o motivo.

GABARITO: ERRADO.

A motivação é uma exigência, de forma geral, à validade dos atos administrativos. Todavia, existem exceções que não precisam ser motivadas, como, por exemplo, a exoneração de um cargo em comissão, que pode ser feita livremente pela autoridade nomeante.

489. (2013 - FUNASA - Todos os Cargos) Julgue o item a seguir com relação aos atos administrativos, ao processo administrativo e aos poderes administrativos:

Considere que um servidor tenha sido demitido do serviço público por meio de ato de autoridade incompetente. Nessa situação, o ato administrativo poderá ser invalidado tanto pela administração como pelo Poder Judiciário.

GABARITO: CERTO.

A ilegalidade de um ato administrativo poderá ser reconhecida tanto na via administrativa como na judicial.

490. (2013 - TRT 17ª Região/ES - Analista Judiciário/Área Administrativa) Com relação aos atos administrativos, julgue o item seguinte:

O motivo é a justificativa escrita da ocorrência dos pressupostos jurídicos autorizadores da prática de determinado ato administrativo.

GABARITO: ERRADO.

Os pressupostos de fato e de direito que autorizam a prática do ato são os motivos. A justificativa escrita desses pressupostos (motivos) é a motivação, que se encontra dentro do elemento forma.

491. (2013 - TRT 17ª Região/ES - Analista Judiciário/Área Administrativa) Com relação aos atos administrativos, julgue o item seguinte:

O ato praticado com vício de competência não admite convalidação.

GABARITO: ERRADO.

Se o vício de competência se der em razão da pessoa, desde que não se trate de competência exclusiva, ele poderá ser convalidado.

492. (2013 - TRT 17ª Região/ES - Analista Judiciário/Oficial de Justiça Avaliador) Em relação aos poderes administrativos, à organização do Estado e aos atos administrativos, julgue o item seguinte:

Considere que, no exercício do poder discricionário, determinada autoridade indique os motivos fáticos que justifiquem a realização do ato. Nessa situação, verificando-se posteriormente que tais motivos não existiram, o ato administrativo deverá ser invalidado.

GABARITO: CERTO.

De acordo com a teoria dos motivos determinantes, os motivos justificadores para a prática de um ato devem ser verdadeiros, caso contrário o ato será inválido.

493. (2013 - TRT 17ª Região/ES - Técnico Judiciário/Área Administrativa) Acerca da competência e das espécies de ato administrativo, julgue o item a seguir:

Atos enunciativos, como as certidões, os atestados e os pareceres, são aqueles que atestam ou reconhecem uma situação de fato ou de direito, sem manifestação de vontade produtora de efeitos por parte da administração pública.

GABARITO: CERTO.

Nos atos enunciativos, não existe uma manifestação de vontade propriamente dita da Administração Pública, mas apenas a declaração de uma situação fática ou jurídica, como nos casos dos atestados, pareceres e certidões.

494. (2013 - STF - Analista Judiciário/Área Judiciária) Relativamente a ato administrativo, julgue o item a seguir:

A presunção de veracidade dos atos administrativos discricionários torna-os imunes ao controle de legalidade exercido pelo Poder Judiciário.

GABARITO: ERRADO.

Esse atributo faz com que os atos administrativos sejam presumidamente válidos, e os fatos nele atestados, verdadeiros. Admite-se, entretanto, prova em contrário, de modo que tais atos possam ser controlados pelo Poder Judiciário ou pela própria Administração que os praticou.

495. (2013 - STF - Analista Judiciário/Área Judiciária) Relativamente a ato administrativo, julgue o item a seguir:

Com base no poder de autotutela, a Administração Pública pode anular seus próprios atos quando eivados de vícios que os tornem ilegais. Nesse caso, a declaração de nulidade terá efeitos retroativos.

GABARITO: CERTO.

O princípio da autotutela permite que a Administração Pública reveja os próprios atos, anulando-os em caso de ilegalidade, com eficácia retroativa à data da prática deles, conforme expresso na Súmula nº 473 do Supremo Tribunal Federal.

496. (2013 - STF - Técnico Judiciário/Área Administrativa) Julgue o item subsecutivo, referente a atos administrativos:

A competência para a prática de atos administrativos pode ser presumida ou advir de previsão legal.

GABARITO: ERRADO.

A competência não pode ser presumida, ela é sempre uma decorrência da lei.

497. (2013 - STF - Técnico Judiciário/Área Administrativa) Julgue o item subsecutivo, referente a atos administrativos:
O ato de delegação retira a competência da autoridade delegante, transferindo-a para a autoridade delegada.

GABARITO: ERRADO.

A competência é intransferível. A delegação somente transfere para o delegado a execução do ato, permanecendo a titularidade da competência com a autoridade delegante, que poderá revogar a delegação a qualquer momento.

498. (2013 - AGU - Procurador Federal) Julgue o item subsequente, relativo aos atos administrativos:
Caso a Administração Pública revogue determinado ato administrativo e, posteriormente, se constate que o ato de revogação não fora praticado em consonância com as exigências legais, tal revogação poderá ser anulada tanto pela própria administração pública quanto pelo Poder Judiciário.

GABARITO: CERTO.

A revogação também é um ato administrativo. Caso seja feita de maneira ilegal, ela poderá ser anulada pela própria Administração ou pelo Poder Judiciário.

499. (2013 - SEGESP/AL - Papiloscopista) No que se refere aos atos administrativos, julgue o próximo item:
O Poder Judiciário pode apreciar de ofício a nulidade de ato administrativo que não tenha sido objeto de impugnação judicial.

GABARITO: ERRADO.

O Poder Judiciário não age de ofício, somente reconhecendo a nulidade de um ato administrativo mediante provocação, conforme rege o princípio da inércia da jurisdição.

500. (2013 - BACEN - Técnico) No que diz respeito a atos administrativos, julgue o item seguinte:
O desrespeito ao elemento finalidade conduz ao vício conhecido como abuso de poder.

GABARITO: CERTO.

A não observância do elemento finalidade é uma das formas de abuso de poder, que se caracteriza na modalidade desvio de finalidade ou desvio de poder.

501. (2013 - BACEN - Técnico) No que diz respeito a atos administrativos, julgue o item seguinte:
A autoexecutoriedade é um atributo presente em todos os atos administrativos.

GABARITO: ERRADO.

A autoexecutoriedade, que permite à Administração Pública executar diretamente suas decisões, sem precisar de intervenção judicial, não está presente em todos os atos, como, por exemplo, a multa, que somente poderá ser executada na via judicial.

502. (2013 - PC/DF - Escrivão de Polícia) No que se refere à anulação e revogação dos atos administrativos, julgue o item a seguir:
O vício de forma do ato administrativo que não cause lesão ao interesse público nem prejuízo a terceiros, em regra, poderá ser convalidado pela administração pública.
GABARITO: CERTO.

O vício no elemento forma, desde que não seja essencial à validade do ato, poderá, como regra geral, comportar a convalidação do ato.

503. (2013 - PC/DF - Escrivão de Polícia) No que se refere à anulação e revogação dos atos administrativos, julgue o item a seguir:
Tanto os atos administrativos discricionários como os atos administrativos vinculados podem ser anulados ou revogados.
GABARITO: ERRADO.

Os atos vinculados não podem ser revogados, mas somente anulados, pois não comportam o juízo de conveniência e oportunidade, que enseja a revogação.

504. (2013 - BACEN - Analista/Gestão e Análise Processual) Acerca de revogação, anulação e convalidação do ato administrativo, julgue o item subsequente:
O Poder Judiciário poderá revogar um ato administrativo editado pelo Poder Executivo, se o ato for considerado ilegal.
GABARITO: ERRADO.

Caso o ato seja ilegal, o Poder Judiciário poderá anulá-lo, e não revogá-lo.

505. (2013 - BACEN - Analista/Gestão e Análise Processual) Julgue o item a seguir, com relação aos atos administrativos:
A lei estabelece todos os critérios e condições de realização do ato vinculado, sem deixar qualquer margem de liberdade ao administrador.
GABARITO: CERTO.

Nos atos vinculados, não existe margem de escolha para o administrador público, que deverá agir nos exatos moldes traçados pela lei.

506. (2013 - MTE - Auditor Fiscal do Trabalho) A revogação de um ato administrativo produz efeitos retroativos à data em que ele tiver sido praticado.
GABARITO: ERRADO.

A revogação, diferentemente da anulação, somente produz efeitos a partir dela, não possuindo eficácia retroativa.

507. (2013 - TCE/RO - Todos os Cargos) Julgue o próximo item, que diz respeito aos atos administrativos:
A revogação de ato administrativo ocorre nos casos em que se constata ilegalidade no próprio ato.
GABARITO: ERRADO.

A revogação é feita por motivos de conveniência e oportunidade. A anulação é que é feita por razões de ilegalidade.

FAÇA JÁ

Atos Administrativos

Elementos ou Requisitos de Validade

- ________________ - ela é irrenunciável, intransferível e imprescritível, mas pode ser delegada ou avocada em alguns casos.
- ________________ - sempre deve ser observado o interesse público, além disso, deve atender ao objetivo definido na lei.
- ________________ - dentro desse elemento encontramos a motivação, que é a exteriorização dos motivos.
- ________________ - situação de fato e de direito que justificam a prática do ato.
- ________________ - efeito jurídico produzido, é o próprio conteúdo material do ato.

Atributos dos Atos Administrativos

________________________________ - Os atos presumem-se verdadeiros e de acordo com a lei até prova em contrário (o ônus da prova é do administrado). Dessa forma, enquanto não tiver sua invalidade decretada, o ato, mesmo se for inválido, produzirá seus efeitos normalmente, como se fosse plenamente válido. ________________ administrativo possui esse atributo.

________________________ (decorre do Poder Extroverso) - impõe o cumprimento do ato independente da anuência do administrado (pode criar obrigações e restringir direitos unilateralmente). Alguns atos não possuem essa característica, como os atos negociais, os atos enunciativos e os atos de gestão.

__________________ - Possibilidade de executar o ato imediatamente sem a intervenção do Poder Judiciário (também __________________ presente em todos os atos).

__________________ - Os atos devem corresponder aos tipos que foram previamente definidos pela lei como aptos para gerar determinados efeitos.

Extinção do Ato Administrativo

ANULAÇÃO

- Vícios de ilegalidade (ato ilegal)
- Feita pela Administração que praticou o ato ou pelo __________________ (se provocado)
- Alcança atos __________________ ou __________________
- Efeitos: __________________ (ex tunc)
- Prazo (decadencial): Atos dos quais decorram efeitos favoráveis ao destinatário → 5 anos (salvo comprovada má-fé)

REVOGAÇÃO

- Mérito administrativo: juízo de conveniência e oportunidade (ato legal)
- Feita apenas pela Administração que praticou o ato
- Alcança __________________
- Efeitos: __________________ (ex nunc)
- Prazo: em regra a qualquer momento, mas alguns atos não podem ser revogados:
  - Atos consumados (que já exauriram seus efeitos)
  - Atos vinculados
  - Atos que geraram direito adquirido
  - Atos que integram um procedimento

CAPÍTULO 8

Responsabilidade Civil do Estado

Responsabilidade Civil do Estado

508. (2015 - CGE/PI - Auditor Governamental) Julgue o item a seguir, acerca dos atos administrativos e da responsabilidade civil do Estado.

De acordo com a teoria do risco integral, é suficiente a existência de um evento danoso e do nexo de causalidade entre a conduta administrativa e o dano para que seja obrigatória a indenização por parte do Estado, afastada a possibilidade de ser invocada alguma excludente da responsabilidade.

GABARITO: CERTO.

Pela teoria do risco integral, adotada apenas em casos excepcionais, a responsabilidade do Estado é objetiva, isto é, não precisa da presença do dolo ou da culpa para configuração da mesma, bastando a comprovação da conduta do agente, do dano sofrido pelo particular e nexo de causalidade entre essa conduta e o dano sofrido. Essa teoria não admite a presença de excludentes ou atenuantes.

---

509. (2015 - CGE/PI - Auditor Governamental) Julgue o item a seguir, acerca dos atos administrativos e da responsabilidade civil do Estado.

As pessoas jurídicas de direito público responderão pelos danos que seus agentes, nessa qualidade, causarem a terceiros, assegurado o direito de regresso contra o responsável apenas nos casos de dolo.

GABARITO: ERRADO.

Conforme regra traçada no Art. 37, § 6º, da Constituição Federal, o direito de regresso poderá ser exercido quando o servidor tiver agido com dolo ou também com culpa, sendo a sua responsabilidade subjetiva.

---

510. (2015 - TER/GO - Analista Judiciário/Área Administrativa) Rafael, agente público, chocou o veículo que dirigia, de propriedade do ente ao qual é vinculado, com veículo particular dirigido por Paulo, causando-lhe danos materiais.

Acerca dessa situação hipotética, julgue o seguinte item.

Rafael pode ser responsabilizado, regressivamente, se for comprovado que agiu com dolo ou culpa, mesmo sendo ocupante de cargo em comissão, e deve ressarcir a administração dos valores gastos com a indenização que venha a ser paga a Paulo.

GABARITO: CERTO.

Nos termos do Art. 37, § 6º, da Constituição Federal, a responsabilidade do servidor é subjetiva, respondendo regressivamente pelo dano causado apenas nas hipóteses de ter agido com dolo ou com culpa, de modo a ressarcir a administração por eventuais indenizações que ela tiver de pagar para terceiros lesados.

---

511. (2015 - TER/GO - Analista Judiciário/Área Administrativa) Rafael, agente público, chocou o veículo que dirigia, de propriedade do ente ao qual é vinculado, com veículo particular dirigido por Paulo, causando-lhe danos materiais.

Acerca dessa situação hipotética, julgue o seguinte item.

A responsabilidade da administração pelos danos causados a terceiro é objetiva, ou seja, independe da comprovação do dolo ou culpa de Rafael.

GABARITO: CERTO.

Prevalece no direito brasileiro a teoria do risco administrativo, nos moldes do Art. 37, § 6º, da Constituição Federal, que define ser objetiva a responsabilidade do Estado, restando configurada a mesma independente da comprovação do dolo ou da culpa do agente causador do dano.

512. (2015 - TRE/GO - Analista Judiciário/Área Administrativa) Rafael, agente público, chocou o veículo que dirigia, de propriedade do ente ao qual é vinculado, com veículo particular dirigido por Paulo, causando-lhe danos materiais.

Acerca dessa situação hipotética, julgue o seguinte item.

Caso Rafael seja empregado de empresa terceirizada, contratada pela administração para a prestação de serviços de transporte de materiais, a responsabilidade do ente público será objetiva, porém subsidiária.

GABARITO: ERRADO.

Nesse caso, por tratar-se de uma empresa privada terceirizada, segue-se a regra geral de responsabilização, que adota a responsabilidade subjetiva. Caso a administração pública tenha sido omissa no dever de fiscalizar, poderá ser responsabilizada de forma subsidiária.

513. (2015 - TRE/GO - Analista Judiciário/Área Administrativa) Rafael, agente público, chocou o veículo que dirigia, de propriedade do ente ao qual é vinculado, com veículo particular dirigido por Paulo, causando-lhe danos materiais.

Acerca dessa situação hipotética, julgue o seguinte item.

A responsabilidade da administração pode ser afastada caso fique comprovada a culpa exclusiva de Paulo e pode ser atenuada em caso de culpa concorrente.

GABARITO: CERTO.

A teoria do risco administrativo, adotada como regra geral no direito brasileiro, admite a presença de excludentes, que afastam a responsabilidade da administração, como no caso da culpa exclusiva da vítima (ela foi a única responsável pelo incidente), e também a configuração de atenuante, que reduz a responsabilidade do Estado, diminuindo, por exemplo, o valor da indenização devida, no caso de culpa concorrente ou recíproca, situação em que a vítima tem parcela da culpa pela ocorrência do evento danoso.

514. (2015 - TER/GO - Analista Judiciário/Área Judiciária) Em decorrência do lançamento indevido de condenação criminal em seu registro eleitoral, efetuado por servidor do TRE/GO, um cidadão que não havia cometido nenhum crime, ficou impedido de votar na eleição presidencial, razão por que ajuizou contra o Estado ação pleiteando indenização por danos morais. Apurou-se que o erro havia ocorrido em virtude de homonímia e que tal cidadão, instado pelo TRE/GO em determinado momento, havia se recusado a fornecer ao tribunal o número de seu CPF.

Considerando a situação hipotética apresentada, julgue o item seguinte, referentes à responsabilidade civil do Estado.

Em sua defesa, o poder público poderá alegar culpa do cidadão na geração do erro, uma vez que ele não forneceu o número de seu CPF. Nesse caso, conforme a teoria do risco administrativo, demonstrada culpa da vítima, a indenização poderá ser atenuada ou excluída.

GABARITO: CERTO.

A teoria do risco administrativo, embora estabeleça como sendo objetiva a responsabilidade do Estado, admite a configuração de excludentes (como a culpa exclusiva da vítima, por exemplo), que afastam a responsabilidade do Estado ou atenuantes (culpa recíproca ou concorrente), que diminuem o valor da indenização porventura devida. Como na situação narrada o cidadão participou.

515. **(2015 - TER/GO - Analista Judiciário/Área Judiciária)** Em decorrência do lançamento indevido de condenação criminal em seu registro eleitoral, efetuado por servidor do TRE/GO, um cidadão que não havia cometido nenhum crime, ficou impedido de votar na eleição presidencial, razão por que ajuizou contra o Estado ação pleiteando indenização por danos morais. Apurou-se que o erro havia ocorrido em virtude de homonímia e que tal cidadão, instado pelo TRE/GO em determinado momento, havia se recusado a fornecer ao tribunal o número de seu CPF.

Considerando a situação hipotética apresentada, julgue o item seguinte, referentes à responsabilidade civil do Estado.

Na referida ação, fundamentada na responsabilidade objetiva do Estado, constarão como corréus o servidor responsável pelo erro e o poder público.

GABARITO: ERRADO.

Apenas a administração pública poderá ser processada pelo particular que sofreu o dano, sendo que o servidor apenas seria responsabilizado regressivamente, em caso de eventual condenação da administração, caso tenha agido com dolo ou com culpa.

516. **(2015 - DPU - Defensor Público Federal de Segunda Categoria)** Em relação a improbidade administrativa e responsabilidade civil do servidor público federal, julgue o item subsequente.

A responsabilidade civil do servidor público pela prática, no exercício de suas funções, de ato que acarrete prejuízo ao erário ou a terceiros pode decorrer tanto de ato omissivo quanto de ato comissivo, doloso ou culposo.

GABARITO: CERTO.

Quando a conduta do servidor ensejar prejuízo ao erário ou a terceiros, o mesmo poderá ser processado, regressivamente, para ressarcir os prejuízos causados, tanto em caso de ato comissivo (ação) como omissivo, sendo que sua responsabilidade é subjetiva, restando apenas configurada se houver agido com dolo ou com culpa.

517. (2014 - ANATEL - Cargos 13, 14 e 15) Acerca da responsabilidade civil do Estado, julgue o item a seguir.

Caso seja impossível a identificação do agente público responsável por um dano, o Estado será obrigado a reparar o dano provocado por atividade estatal, mas ficará inviabilizado de exercer o direito de regresso contra qualquer agente.

GABARITO: CERTO.

Ainda que o agente causador do dano não tenha sido identificado, o Estado poderá ser responsabilizado por uma conduta que comprovadamente tenha ocorrido por uma atividade estatal. Não havendo a identificação do servidor causador do dano, não haverá, entretanto, como o Estado exercer o seu direito de regresso contra o mesmo.

518. (2014 - ANATEL - Cargos 13, 14 e 15) Acerca da responsabilidade civil do Estado, julgue o item a seguir.

A conduta do lesado, a depender da extensão de sua participação para o aperfeiçoamento do resultado danoso, é relevante e tem o condão de afastar ou de atenuar a responsabilidade civil do Estado.

GABARITO: CERTO.

A participação da vítima no evento danoso pode excluir a responsabilidade da administração, caso tenha ocorrido com culpa exclusiva da mesma, ou mesmo atenuar a responsabilidade do Estado, de modo a atenuar a indenização, caso tenha a culpa da vítima seja concorrente, tenha influenciado, para a ocorrência do evento danoso.

519. (2014 - TC/DF - Analista de Administração Pública/Sistemas de TI) Julgue o item a seguir, relativo à responsabilidade civil do Estado, aos serviços públicos e às organizações da sociedade civil de interesse público.

Tanto o dano moral quanto o dano material são passíveis de gerar a responsabilidade civil do Estado.

GABARITO: CERTO.

O dever de indenizar do Estado, em caso de prejuízos gerados contra os particulares, abrange tanto o dano material como também o dano moral.

520. (2014 - TC/DF - Auditor de Controle Externo) Acerca da convalidação e atributos dos atos administrativos e da responsabilidade civil do Estado, julgue o item subsequente.

De acordo com o sistema da responsabilidade civil objetiva adotado no Brasil, a administração pública pode, a seu juízo discricionário, decidir se intenta ou não ação regressiva contra o agente causador do dano, ainda que este tenha agido com culpa ou dolo.

GABARITO: ERRADO.

Em virtude do princípio da indisponibilidade do interesse público a Administração Pública tem o dever de acionar regressivamente o agente causador do dano, de modo a ser ressarcida pelos prejuízos causados pelo mesmo, desde que tenha agido com dolo ou culpa.

521. **(2014 - Câmara dos Deputados - Analista Legislativo)** No que se refere ao processo administrativo e à responsabilidade civil do Estado, julgue o próximo item.

Considere que um particular que dirigia seu veículo em alta velocidade e sob efeito de álcool tenha falecido depois de colidir com um veículo oficial da Câmara dos Deputados que se encontrava estacionado em local permitido. Nessa situação, o Estado não será responsabilizado, uma vez que a colisão resultou de culpa exclusiva da vítima.

GABARITO: CERTO.

Na situação narrada, a vítima foi a única responsável pela ocorrência do acidente, não havendo qualquer dever do Estado de responder civilmente nesse caso.

---

522. **(2014 - CADE - Contador)** Acerca do terceiro setor e da responsabilidade civil do Estado, julgue o item subsequente.

No direito pátrio, as empresas privadas delegatárias de serviço público não se submetem à regra da responsabilidade civil objetiva do Estado.

GABARITO: ERRADO.

De acordo com o Art. 37, § 6º, da CF, tanto as pessoas jurídicas de direito público e as de direito privado prestadoras de serviços públicos, que é o caso das delegatárias de serviço público, responderão objetivamente pelos danos que seus agentes, nessa qualidade, causarem a terceiros.

---

523. **(2014 - SUFRAMA - Agente Administrativo)** Um veículo da SUFRAMA, conduzido por um servidor do órgão, derrapou, invadiu a pista contrária e colidiu com o veículo de um particular. O acidente resultou em danos a ambos os veículos e lesões graves no motorista do veículo particular. Com referência a essa situação hipotética, julgue o item que se segue.

Provado que o motorista da SUFRAMA não agiu com dolo ou culpa, a superintendência não estará obrigada a indenizar todos os danos sofridos pelo condutor do veículo particular.

GABARITO: ERRADO.

A responsabilidade do Estado é objetiva, restando configurada ainda que o agente público causador do dano não tenha agido com dolo ou com culpa.

---

524. **(2014 - SUFRAMA - Administrador)** Julgue o item que se segue, relativos aos agentes públicos, aos poderes administrativos e à responsabilidade civil do Estado.

O direito pátrio adotou a responsabilidade objetiva do Estado, sob a modalidade "risco administrativo". Assim, a culpa exclusiva da vítima é capaz de excluir a responsabilidade do Estado, e a culpa concorrente atenua o valor da indenização devida.

GABARITO: CERTO.

De acordo com essa teoria, a responsabilidade do Estado é objetiva, isto é, ocorre ainda que o agente público não tenha agido com dolo ou culpa, sendo admitidas, entretanto, as excludentes e atenuantes da responsabilidade civil da administração pública.

---

525. **(2014 - Polícia Federal - Agente Administrativo)** Considere que, durante uma operação policial, uma viatura do DPF colida com um carro de propriedade particular estacionado em via pública. Nessa situação, a administração responderá pelos danos causados ao veículo particular, ainda que se comprove que o motorista da viatura policial dirigia de forma diligente e prudente.

GABARITO: CERTO.

A responsabilidade do Estado é objetiva, isto é, decorre de condutas lícitas ou ilícitas, independente de dolo ou culpa do agente público causador do dano. Para a configuração da mesma, basta a comprovação da conduta do agente e o nexo de causalidade com o dano sofrido.

526. **(2014 - MDIC - Analista Técnico - Administrativo)** A respeito de responsabilidade civil do Estado, dos serviços públicos e da organização administrativa, julgue o próximo item.

Considere que o motorista de um veículo oficial de determinado ministério, ao trafegar em velocidade acima do limite legal, tenha colidido contra um veículo de particular que estava devidamente estacionado. Nessa situação, embora o Estado seja obrigado a indenizar o dano, somente haverá o direito de regresso do Estado caso se comprove o dolo específico na conduta do servidor.

GABARITO: ERRADO.

O servidor será responsabilizado regressivamente não apenas na hipótese de ter agido com dolo, mas também nas situações em que agir de maneira culposa.

527. **(2014 - PGE/BA - Procurador do Estado)** Suponha que viatura da polícia civil colida com veículo particular que tenha ultrapassado cruzamento no sinal vermelho e o fato ocasione sérios danos à saúde do condutor do veículo particular.

Considerando essa situação hipotética e a responsabilidade civil da administração pública, julgue o item subsequente.

Sendo a culpa exclusiva da vítima, não se configura a responsabilidade civil do Estado, que é objetiva e embasada na teoria do risco administrativo.

GABARITO: CERTO.

Sendo a vítima a única responsável pelo evento danoso, não existe qualquer dever do Estado de indenizar a mesma, pois a culpa exclusiva da vítima exclui a responsabilidade civil estatal.

528. **(2014 - FUNASA - Todos os Cargos)** Acerca de responsabilidade civil da administração pública e improbidade administrativa, julgue o item abaixo.

Considere que um cidadão tenha falecido ao colidir seu veículo com uma viatura da polícia militar devidamente estacionada no posto policial, e que exame laboratorial demonstrou que o indivíduo conduzia seu veículo sob o efeito de bebidas alcoólicas. Nessa situação, o poder público será isento de responsabilidade, visto que houve participação total do lesado na ocorrência do dano.

GABARITO: CERTO.

A culpa exclusiva da vítima, isto é, quando ela for a única responsável pela ocorrência do dano é situação que exclui a responsabilidade do Estado.

529. (2013 - TRT 17ª Região/ES - Analista Judiciário/Área Administrativa) Julgue o próximo item, no que se refere à responsabilidade civil da administração pública.

As sociedades de economia mista exploradoras de atividade econômica respondem pelos danos causados por seus agentes da mesma forma que respondem as demais pessoas privadas.

GABARITO: CERTO.

Nesse caso a responsabilidade será subjetiva, pois as pessoas jurídicas de direito privado somente responderão objetivamente caso sejam prestadoras de serviço público, conforme exposto no Art. 37, § 6º, da Constituição Federal.

530. (2013 - TRT 17ª Região/ES - Analista Judiciário/Área Administrativa) Julgue o próximo iten, no que se refere à responsabilidade civil da administração pública.

A teoria do risco administrativo prega que a responsabilidade civil do Estado depende da comprovação da ausência do serviço público.

GABARITO: ERRADO.

Essa teoria estabelece que a responsabilidade do Estado é objetiva, bastando a comprovação de que existe um nexo de causalidade entre a conduta do agente e o dano sofrido pelo particular. A comprovação da ausência de serviço público enquadra-se nas hipóteses de omissão estatal, casos que, em regra, a responsabilidade do Estado é subjetiva.

531. (2013 - STF - Técnico Judiciário/Tecnologia da Informação) Com relação à responsabilidade civil do Estado e aos princípios da administração pública, julgue o item subsequente.

Considere que, no recinto de uma repartição pública, uma pessoa, por ação própria e exclusiva, tenha causado acidente e, em consequência, sofrido várias lesões. Nessa situação hipotética, estará caracterizada a responsabilidade civil do Estado pelos prejuízos físicos e patrimoniais decorrentes do acidente.

GABARITO: ERRADO.

Nas situações em que a vítima for a única responsável pelo evento danoso, restará excluída a responsabilidade estatal.

532. (2013 - STF - Analista Judiciário/Área Judiciária) A respeito da responsabilidade civil do Estado, julgue o item abaixo.

Se, no exercício de suas funções, um servidor público agride verbalmente cidadão usuário de serviço público, não haverá responsabilidade objetiva do Estado devido à inexistência de danos materiais.

GABARITO: ERRADO.

A responsabilidade objetiva do Estado alcança não apenas os danos materiais, mas também os danos morais eventualmente sofridos por particulares ocasionados por uma conduta estatal.

533. (2013 - STF - Analista Judiciário/Área Administrativa) A respeito da responsabilidade civil do Estado e do controle judicial da administração pública, julgue o item que se segue.

A responsabilidade patrimonial extracontratual do Estado consiste na obrigação de reparar economicamente os danos lesivos à esfera juridicamente garantida de outrem e que lhe sejam imputáveis em decorrência de comportamentos unilaterais, desde que ilícitos.

GABARITO: ERRADO.

A responsabilidade civil objetiva do Estado abrange também condutas que, embora lícitas, tenham gerado um dano a particulares.

534. (2013 - STF - Técnico Judiciário/Área Administrativa) Julgue o item seguinte, referente à responsabilidade civil do Estado.

É causa de exclusão da responsabilidade civil do Estado a ausência de comprovação da conduta estatal, do dano e do nexo de causalidade entre a conduta e o dano.

GABARITO: CERTO.

Para a configuração da responsabilidade do Estado, é necessária a comprovação de que entre o conduta do agente o público e o dano sofrido exista nexo de causalidade, na ausência de algum desses três elementos resta excluída a responsabilidade do Estado.

535. (2013 - STF - Técnico Judiciário/Área Administrativa) Julgue o item seguinte, referente à responsabilidade civil do Estado.

Considerando a teoria da responsabilidade civil adotada no Brasil, caso o Estado demonstre que se comportou com diligência, perícia e prudência, estará isento de indenizar.

GABARITO: ERRADO.

Mesmo condutas lícitas, praticadas sem dolo ou culpa, podem caracterizar situação em que existe a obrigação do Estado em indenizar os particulares, devendo, para tanto, ficar configurado que existe nexo de causalidade entre a conduta do agente público e o dano sofrido pelo particular.

536. (2013 - PC/DF - Agente de Polícia) Durante rebelião em um presídio, Charles, condenado a vinte e oito anos de prisão por diversos crimes, decidiu fugir e, para tanto, matou o presidiário Valmir e o agente penitenciário Vicente. A fim de viabilizar sua fuga, Charles roubou de Marcos um carro que, horas depois, abandonou em uma estrada de terra, batido e com o motor fundido. Charles permaneceu foragido por cinco anos e, depois desse período, foi preso em flagrante após tentativa de assalto a banco em que explodiu os caixas eletrônicos de uma agência bancária, tendo causado a total destruição desses equipamentos e a queima de todo o dinheiro neles armazenado.

Com referência a essa situação hipotética e à responsabilização da administração, julgue o item a seguir.

A responsabilidade do Estado com relação aos danos causados à agência bancária é objetiva, uma vez que a falha do Estado foi a causa da fuga, da qual decorreu o novo ato ilícito praticado por Charles.

GABARITO: ERRADO.

Nesse caso houve a ruptura do nexo causal, pois não foi na fuga que o dano ocorreu e sim muito tempo depois, não havendo, nessa situação, obrigação do Estado em ressarcir os prejuízos causados pelo fugitivo.

537. (2013 - PC/DF - Agente de Polícia) Durante rebelião em um presídio, Charles, condenado a vinte e oito anos de prisão por diversos crimes, decidiu fugir e, para tanto, matou o presidiário Valmir e o agente penitenciário Vicente. A fim de viabilizar sua fuga, Charles roubou de Marcos um carro que, horas depois, abandonou em uma estrada de terra, batido e com o motor fundido. Charles permaneceu foragido por cinco anos e, depois desse período, foi preso em flagrante após tentativa de assalto a banco em que explodiu os caixas eletrônicos de uma agência bancária, tendo causado a total destruição desses equipamentos e a queima de todo o dinheiro neles armazenado.

Com referência a essa situação hipotética e à responsabilização da administração, julgue o item a seguir.

Se as famílias de Valmir e Vicente decidirem pleitear indenização ao Estado, terão de provar, além do nexo de causalidade, a existência de culpa da administração, pois, nesses casos, a responsabilidade do Estado é subjetiva.

GABARITO: ERRADO.

Como o Estado tem o dever de garantir a integridade física e moral das pessoas sob sua custódia, mesmo nas situações de omissão sua responsabilidade será objetiva. Desse modo, a família do detento assassinado, Valmir, poderá requerer uma indenização, sendo caso de responsabilidade objetiva. No caso do agente penitenciário, a responsabilidade seguirá a regra geral em casos de omissão, isto é, subjetiva.

538. (2013 - ANCINE - Todos os Cargos) A respeito da responsabilidade civil do Estado e do controle da administração, julgue o item seguinte.

A responsabilidade das empresas de direito privado prestadoras de serviços públicos pelos danos causados por seus agentes não é objetiva, sendo necessária a comprovação de culpa para viabilizar sua responsabilização na esfera civil.

GABARITO: ERRADO.

De acordo com o Art. 37, § 6º, da CF, assim como as pessoas jurídicas de direito público, as pessoas jurídicas de direito privado prestadoras de serviços públicos responderão objetivamente pelos danos que seus agentes, nessa qualidade, causarem a terceiros, assegurado o direito de regresso contra o responsável nos casos de dolo ou culpa.

539. (2013 - BACEN - Analista/Gestão e Análise Processual) Julgue o item a seguir, relativos à responsabilidade civil do Estado.

A responsabilidade civil objetiva do Estado não abrange as empresas públicas e sociedades de economia mista exploradoras de atividade econômica.

GABARITO: CERTO.

Conforme rege o Art. 37, § 6º, somente as pessoas jurídicas de direito público e as de direito privado prestadoras de serviços públicos responderão objetivamente pelos danos que seus agentes, nessa qualidade, causarem a terceiros. No caso de pessoas jurídicas de direito privado exploradoras de atividade econômica, segue-se a regra da responsabilidade subjetiva.

540. **(2013 - MC - Atividade Técnica de Suporte)** No que concerne à responsabilidade civil do Estado, julgue o próximo item.

Para que fique configurada a responsabilidade civil do Estado, é necessário que o ato praticado seja ilícito.

GABARITO: ERRADO.

A responsabilidade civil do Estado poderá ficar configurada também em casos de condutas lícitas, que tenham gerado dano a um particular.

541. **(2013 - MC - Atividade Técnica de Suporte)** No que concerne à responsabilidade civil do Estado, julgue o próximo item.

Considere que um detento tenha sido assassinado dentro do presídio por seus colegas de carceragem, em razão de um acerto de contas entre eles. Nessa situação, a responsabilidade do Estado fica totalmente afastada pelo fato de o detento ter sido morto por colegas de carceragem.

GABARITO: ERRADO.

Nessa situação existe a responsabilidade do Estado, de forma objetiva, pelos danos sofridos, pois havia um dever do Estado em assegurar a integridade física e moral do preso que estava sob sua custódia, ainda que se trate de conduta omissiva.

Anotações

FAÇA JÁ

Responsabilidade Civil

De acordo com a Constituição Federal, as pessoas jurídicas de direito público e as de direito privado ________________ ________________ responderão ________________ pelos danos que seus agentes, nessa qualidade, causarem a terceiros, assegurado o direito de regresso contra o responsável nos casos de ________________.

A responsabilidade do Estado alcança tanto condutas lícitas como ________________, independente de ________________ do agente causador do dano.

A teoria do ________________, adotada como regra geral no direito brasileiro, admite a presença de excludentes, como o caso de culpa exclusiva da vítima, situações em que a mesma é a única responsável pelo evento danoso.

Além disso, também são admitidas atenuantes, como no caso de ________________ ou ________________, caso em que a vítima contribuiu para o evento danoso, o que reduz, nesse caso, a responsabilidade estatal.

Apenas a administração pública poderá ser processada pelos danos sofridos pelo particular, sendo que o servidor apenas seria responsabilizado ________________, em caso de eventual condenação da administração, caso tenha agido com ________________, pois a responsabilidade do servidor é ________________.

CAPÍTULO 9

Licitação

Licitação

542. (2015 - TCU - Auditor Federal de Controle Externo) Com base nas normas que regulam as licitações e os contratos administrativos, julgue o item seguinte.

Dado o princípio da isonomia, é vedado atribuir preferências para bens e serviços produzidos e prestados no Brasil, ou por empresas brasileiras, mesmo que se trate de critério de desempate em procedimentos licitatórios, situação que deverá ser resolvida por sorteio.

GABARITO: ERRADO.

Conforme regra do Art. 3º § 2º, da Lei 8.666/93, em igualdade de condições, como critério de desempate, será assegurada preferência, sucessivamente, aos bens e serviços:

Lei 8.666/93, Art. 3º §2º. II - produzidos no País; III - produzidos ou prestados por empresas brasileiras. IV - produzidos ou prestados por empresas que invistam em pesquisa e no desenvolvimento de tecnologia no País.

Além disso, o § 5º do mesmo artigo estabelece que poderá ser estabelecido margem de preferência para produtos manufaturados e para serviços nacionais que atendam a normas técnicas brasileiras.

543. (2015 - TCU - Técnico Federal de Controle Externo) A respeito de licitações, julgue o item que se segue.

Será dispensável a licitação caso haja inviabilidade de competição.

GABARITO: ERRADO.

No caso de inviabilidade de competição a licitação será inexigível, conforme regra do Art. 25 da Lei 8.666/93:

É inexigível a licitação quando houver inviabilidade de competição, em especial [...].

544. (2015 - TCU - Técnico Federal de Controle Externo) A respeito de licitações, julgue o item que se segue.

É inexigível a licitação em caso de guerra ou de grave perturbação da ordem.

GABARITO: ERRADO.

Trata-se de hipótese de licitação dispensável, nos termos do Art. 24 da Lei 8.666/93: *Art. 24. É dispensável a licitação: (..) III - nos casos de guerra ou grave perturbação da ordem.*

545. (2015 - TCU - Técnico Federal de Controle Externo) A respeito de licitações, julgue o item que se segue.

Qualquer cidadão é parte legítima para impugnar edital de licitação por irregularidade na aplicação da lei, devendo a administração pública, caso a impugnação seja protocolada no prazo da lei, julgá-la e respondê-la em até três dias úteis.

GABARITO: CERTO.

Trata-se da regra prevista no Art. 41 da Lei 8.666/93, que diz:

A Administração não pode descumprir as normas e condições do edital, ao qual se acha estritamente vinculada. § 1º Qualquer cidadão é parte legítima para impugnar edital de licitação por irregularidade na aplicação desta Lei, devendo protocolar o pedido até 5 (cinco) dias úteis antes da data fixada para a abertura dos envelopes de habilitação, devendo a Administração julgar e responder à impugnação em até 3 (três) dias úteis, sem prejuízo da faculdade prevista no § 1º do Art. 113.

546. (**2015 - TCU - Técnico Federal de Controle Externo**) A respeito de licitações, julgue o item que se segue.

Dado o princípio da adjudicação compulsória, a administração não pode, concluída a licitação, atribuir o objeto desse procedimento a outrem que não o vencedor.

GABARITO: CERTO.

De acordo com esse princípio, se a administração pública for assinar o contrato, deverá ser com o vencedor, conforme se verifica no Art. 50 da Lei 8.666/93 que diz:

Art. 50. A Administração não poderá celebrar o contrato com preterição da ordem de classificação das propostas ou com terceiros estranhos ao procedimento licitatório, sob pena de nulidade.

547. (**2015 - FUB - Cargo 2**) Com base na Lei de Licitações e Contratos e no Estatuto e Regimento Geral da Universidade de Brasília, julgue o item que se segue.

Se, em determinado processo licitatório, houver empate e igualdade de condições entre concorrentes, deverá ser dada preferência à concorrente que produzir bens e serviços no Brasil em detrimento da empresa que o fizer em país estrangeiro.

GABARITO: CERTO.

Essa situação de preferência para bens e serviços produzidos no Brasil está prevista na Lei 8.666/93, em seu art. Art. 3º § 2º, que define que em igualdade de condições, como critério de desempate, será assegurada preferência, sucessivamente, aos bens e serviços: "II - produzidos no País;".

548. (**2015 - MPU - Analista do MPU**) Julgue o próximo item, acerca de inexigibilidade de licitação e do leilão como modalidade licitatória.

A contratação de serviços técnicos, de natureza singular, com profissionais ou empresas de notória especialização, insere-se entre as hipóteses de licitação dispensável.

GABARITO: ERRADO.

Trata-se de hipótese de licitação inexigível, conforme se verifica no Art. 25, II, da Lei 8.666/93:

Art. 25. É inexigível a licitação quando houver inviabilidade de competição, em especial: II - para a contratação de serviços técnicos enumerados no Art. 13 desta Lei, de natureza singular, com profissionais ou empresas de notória especialização, vedada a inexigibilidade para serviços de publicidade e divulgação;

549. **(2015 - MPU - Analista do MPU - Conhecimentos Básicos)** Julgue o próximo item, acerca de inexigibilidade de licitação e do leilão como modalidade licitatória.

Se a administração pública pretender vender bens móveis inservíveis, ela deverá fazê-lo mediante leilão a quem oferecer o maior lance, igual ou superior ao valor da avaliação dos bens em questão.

GABARITO: CERTO.

O Leilão é a modalidade de licitação utilizada para a alienação de bens móveis inservíveis, conforme se verifica na Lei 8.666/93, em seu Art. 22, § 5º, que diz: "Leilão é a modalidade de licitação entre quaisquer interessados para a venda de bens móveis inservíveis para a administração ou de produtos legalmente apreendidos ou penhorados, ou para a alienação de bens imóveis prevista no Art. 19, a quem oferecer o maior lance, igual ou superior ao valor da avaliação".

550. **(2015 - CGE/PI - Auditor Governamental)** A respeito da contratação de bens e serviços de TI, julgue o item a seguir, de acordo com a Lei n.º 8.666/1993.

A modalidade de licitação por leilão pode ocorrer entre os interessados, previamente cadastrados, que atendam aos requisitos exigidos para o cadastramento até o terceiro dia anterior à data de recebimento das propostas.

GABARITO: ERRADO.

Está descrito na questão a licitação na modalidade tomada de preços, prevista no Art. 22, § 2º, da Lei 8.666/93:

Tomada de preços é a modalidade de licitação entre interessados devidamente cadastrados ou que atenderem a todas as condições exigidas para cadastramento até o terceiro dia anterior à data do recebimento das propostas, observada a necessária qualificação.

O Leilão encontra-se previsto no mesmo artigo, no § 5º:

Lei 8.666/93, Art. 22, §5º. Leilão é a modalidade de licitação entre quaisquer interessados para a venda de bens móveis inservíveis para a administração ou de produtos legalmente apreendidos ou penhorados, ou para a alienação de bens imóveis prevista no Art. 19, a quem oferecer o maior lance, igual ou superior ao valor da avaliação.

551. **(2015 - FUB - Engenheiro Civil)** Em relação às disposições da Lei de Licitações e Contratos, julgue o item subsecutivo.

Cinco dias úteis são estabelecidos legalmente como o prazo mínimo para o recebimento de propostas para a licitação na modalidade convite.

GABARITO: CERTO.

Conforme rege o Art. 21 da Lei 8.666/93, em seu § 2º, o prazo mínimo até o recebimento das propostas ou da realização do evento será de cinco dias úteis para convite.

552. **(2015 - FUB - Engenheiro Civil)** Em relação às disposições da Lei de Licitações e Contratos, julgue o item subsecutivo.

As situações de emergência ou de calamidade pública justificam a inexigibilidade da licitação.

GABARITO: ERRADO.

São hipóteses de licitação dispensável, conforme expresso no Art. 24 da Lei 8.666/93, que diz:

Art. 24. É dispensável a licitação: [...] IV - nos casos de emergência ou de calamidade pública, quando caracterizada urgência de atendimento de situação que possa ocasionar prejuízo ou comprometer a segurança de pessoas, obras, serviços, equipamentos e outros bens, públicos ou particulares, e somente para os bens necessários ao atendimento da situação emergencial ou calamitosa e para as parcelas de obras e serviços que possam ser concluídas no prazo máximo de 180 (cento e oitenta) dias consecutivos e ininterruptos, contados da ocorrência da emergência ou calamidade, vedada a prorrogação dos respectivos contratos.

---

553. **(2015 - TRE/GO - Técnico Judiciário/Área Administrativa)** Julgue o item a seguir, referentes a responsabilidade civil do Estado e licitações.

As modalidades de licitação incluem a concorrência, a tomada de preços, o convite, o concurso, o leilão e a seleção por melhor técnica e preço.

GABARITO: ERRADO.

A seleção por melhor técnica e preço é um tipo e não uma modalidade de licitação, conforme diz a Lei 8.666/93, em seu Art. 22:

ão modalidades de licitação:

I - concorrência;

II - tomada de preços;

III - convite;

IV - concurso;

V - leilão.

---

554. **(2015 - TRE/GO - Técnico Judiciário/Área Administrativa)** Com relação a licitações, julgue o item que se segue.

Na modalidade convite, empresas que não tenham sido convidadas pela administração não poderão participar da licitação.

GABARITO: ERRADO.

Na licitação, na modalidade convite, poderão participar os demais cadastrados na correspondente especialidade que manifestarem seu interesse com antecedência de até 24 (vinte e quatro) horas da apresentação das propostas, conforme regra do Art. 22, § 3º, da Lei 8.666/93.

---

555. **(2015 - TRE/GO - Técnico Judiciário/Área Administrativa)** Com relação a licitações, julgue o item que se segue.

Ressalvados casos contemplados pela legislação que a rege, a licitação deve ser efetuada onde se situar a repartição interessada em seus resultados.

GABARITO: CERTO.

Trata-se da regra prevista na Lei 8.666/93, em seu Art. 20, que diz:

As licitações serão efetuadas no local onde se situar a repartição interessada, salvo por motivo de interesse público, devidamente justificada. Parágrafo único - O disposto neste artigo não impedirá a habilitação de interessados residentes ou sediados em outros locais.

556. (2015 - TRE/GO - Técnico Judiciário/Área Administrativa) Com relação a licitações, julgue o item que se segue.

Critérios de sustentabilidade ambiental devem ser observados no processo licitatório.

GABARITO: CERTO.

Em diversos pontos a Lei 8.666/93 prevê a adoção da sustentabilidade ambiental, como por exemplo:

Lei 8.666/93, Art. 3º. A licitação destina-se a garantir a observância do princípio constitucional da isonomia, a seleção da proposta mais vantajosa para a administração e a promoção do desenvolvimento nacional sustentável e será processada e julgada em estrita conformidade com os princípios básicos da legalidade, da impessoalidade, da moralidade, da igualdade, da publicidade, da probidade administrativa, da vinculação ao instrumento convocatório, do julgamento objetivo e dos que lhes são correlatos. (..) Art. 12. Nos projetos básicos e projetos executivos de obras e serviços serão considerados principalmente os seguintes requisitos: (..) VII - impacto ambiental.

557. (2015 - DEPEN - Agente Penitenciário Federal - Área 1) Com relação aos processos licitatórios na administração pública, julgue o próximo item.

A homologação do certame é o ato administrativo pelo qual se atribui ao vencedor o objeto da licitação, outorgando-lhe a titularidade jurídica do resultado alcançado.

GABARITO: ERRADO.

A adjudicação é a entrega do objeto da licitação ao vencedor e não a homologação.

558. (2014 - ANTAQ - Técnico Administrativo) A respeito de licitação, julgue o item que se segue.

Em atendimento ao princípio da vinculação ao instrumento convocatório, o edital, caracterizado como a lei interna da licitação, vincula tanto a administração quanto os licitantes.

GABARITO: CERTO.

De acordo com esse princípio, o instrumento convocatório (edital ou carta-convite) deve ser observado tanto pela administração como pelos licitantes, que ficam vinculados às regras previamente traçadas.

559. (2014 - ANTAQ - Técnico Administrativo) A respeito de licitação, julgue o item que se segue.

Nos casos de inexigibilidade de licitação, ainda que seja possível a competição, a lei autoriza a não realização de processo licitatório, com base em critérios de oportunidade e conveniência.

GABARITO: ERRADO.

A questão narrou o conceito de licitação dispensável, na licitação inexigível não existe viabilidade de competição.

560. (**2014 - ANATEL - Analista Administrativo/Administração**) No que se refere ao disposto na Lei n.º 8.666/1993, julgue o próximo item.

É inexigível a licitação para a contratação de profissional de qualquer setor artístico, diretamente ou por intermédio de empresário exclusivo, desde que o referido profissional seja consagrado pela crítica especializada ou pela opinião pública.

GABARITO: CERTO.

Trata-se da hipótese de inexigibilidade de licitação prevista no Art. 25 da Lei 8.666/93:

É inexigível a licitação quando houver inviabilidade de competição, em especial: (..) III - para contratação de profissional de qualquer setor artístico, diretamente ou através de empresário exclusivo, desde que consagrado pela crítica especializada ou pela opinião pública.

561. (**2014 - TJ/SE - Técnico Judiciário/Área Judiciária**) Julgue o item subsecutivo, no que diz respeito à licitação administrativa.

O princípio da vinculação ao instrumento convocatório faculta à administração pública e aos participantes do certame licitatório a observância das normas e das condições presentes no edital.

GABARITO: ERRADO.

Esse princípio não faculta, mas sim obriga, à administração pública e aos licitantes aos ditames do instrumento convocatório, que devem observar as regras previamente estipuladas.

562. (**2014 - ICMBIO - Analista Administrativo**) Julgue o próximo item relativo à licitação pública, aos contratos e às compras do governo.

Quando a União tiver que intervir no domínio econômico para regular preços ou normalizar o abastecimento ou quando houver guerra ou grave perturbação da ordem, a licitação será dispensável.

GABARITO: CERTO.

Trata-se da hipótese de licitação dispensável prevista no Art. 24, III e IV, da Lei 8.666/93:

Art. 24. É dispensável a licitação: [...] III - nos casos de guerra ou grave perturbação da ordem; VI - quando a União tiver que intervir no domínio econômico para regular preços ou normalizar o abastecimento.

563. (**2014 - ICMBIO - Analista Administrativo**) Considerando que, no setor público, as aquisições de qualquer natureza obedecem às disposições da Lei n.º 8.666/1993, julgue o próximo item.

Segundo o disposto na Lei de Licitações e Contratos, a modalidade de licitação, no caso de obras e serviços de engenharia com custos entre R$ 15.000,00 e R$ 150.000,00, será o convite.

D A D M

GABARITO: ERRADO.

Apesar de, nessa faixa de preços, a modalidade mais recomendada ser o convite, seu uso não é obrigatório, podendo ser adotada a modalidade tomada de preços ou mesmo a concorrência, conforme regra do Art. 23, § 4º, da Lei 8.666/93:

Nos casos em que couber convite, a Administração poderá utilizar a tomada de preços e, em qualquer caso, a concorrência.

564. (2014 - ICMBIO - Técnico Administrativo) Com relação às licitações públicas, julgue o item subsecutivo.

Ausência de mercado concorrencial e impossibilidade de julgamento objetivo caracterizam inviabilidade de competição, casos em que ocorre a inexigibilidade de licitação.

GABARITO: CERTO.

Na hipótese de haver inviabilidade de licitação a mesma será inexigível, podendo haver a contratação direta, conforme estabelecido no Art. 25 da Lei 8.666/93.

565. (2014 - ICMBIO - Técnico Administrativo) Com relação às licitações públicas, julgue o item subsecutivo.

Convite e tomada de preços são modalidades de licitação que podem ser adotadas pela administração pública para a contratação de obras.

GABARITO: CERTO.

Observado o valor limite, essas modalidades de licitação também poderão ser utilizadas para a contratação de obras, conforme se verifica na Lei 8.666/93, que diz:

Art. 23. As modalidades de licitação a que se referem os incisos I a III do artigo anterior serão determinadas em função dos seguintes limites, tendo em vista o valor estimado da contratação: I - para obras e serviços de engenharia: a) convite - até R$ 150.000,00 (cento e cinquenta mil reais) b) tomada de preços - até R$ 1.500.000,00 (um milhão e quinhentos mil reais).

566. (2014 - ICMBIO - Técnico Administrativo) Com relação às licitações públicas, julgue o item subsecutivo.

Na fase de habilitação de uma licitação, a administração pública pode solicitar a comprovação de regularidade fiscal e trabalhista de participante.

GABARITO: ERRADO.

Exigir a comprovação de regularidade fiscal e trabalhista não poderá e sim deverá ser feito pela administração, não se tratando de uma faculdade, mas sim de uma obrigação, conforme se verifica na Lei 8.666/93 em seu Art. 27:

Para a habilitação nas licitações exigir-se-á dos interessados, exclusivamente, documentação relativa a: [...] IV - regularidade fiscal e trabalhista.

567. (**Câmara dos Deputados - Analista Legislativo**) Julgue o item que se segue, referente a licitações.

A relação das hipóteses de inexigibilidade elencada na Lei de Licitações não é exaustiva. Assim, poderá haver outras hipóteses de inviabilidade de competição, que não estejam arroladas nos dispositivos da referida lei e possam configurar a inexigibilidade.

GABARITO: CERTO.

O Art. 25 da Lei 8.666/93 apenas cita três exemplos em que a competição é inviável e será feita a inexigibilidade de licitação, sendo também admitida sempre que houver inviabilidade de competição.

568. (**2014 - Câmara dos Deputados - Analista Legislativo**) Julgue o item que se segue, referente a licitações.

Nos casos em que couber licitação na modalidade convite, será facultado à administração utilizar a tomada de preços e, em qualquer caso, a concorrência.

GABARITO: CERTO.

A Lei determina a modalidade mais adequada de acordo com a faixa de valores, mas sempre poderá ser utilizada uma modalidade mais complexa, conforme rege o Art. 23: § 4º, da Lei 8.666/93, que diz que:

Nos casos em que couber convite, a Administração poderá utilizar a tomada de preços e, em qualquer caso, a concorrência.

569. (**2014 - MTE - Contador**) Acerca das licitações e do controle da administração pública, julgue o item subsequente.

Caso o MTE pretenda celebrar contrato de prestação de serviços com organização social devidamente qualificada para atividade contemplada no contrato de gestão, a licitação será dispensável.

GABARITO: CERTO.

Trata-se da hipótese de licitação dispensável prevista no Art. 24 da Lei 8.666/93, que diz:

É dispensável a licitação: [...] XXIV - para a celebração de contratos de prestação de serviços com as organizações sociais, qualificadas no âmbito das respectivas esferas de governo, para atividades contempladas no contrato de gestão.

570. (**2014 - CADE - Analista Técnico/Administrativo**) A dispensa da licitação ocorre quando há inviabilidade de competição, isto é, inexigibilidade de licitar.

GABARITO: ERRADO.

A dispensa de licitação ocorre nos casos taxativamente previstos na Lei 8.666/93 (Arts. 17 e 24), sendo que no caso de inviabilidade de competição teremos a inexigibilidade de competição, prevista no Art. 25 da mesma lei.

571. (2014 - CADE - Agente Administrativo) Com relação ao direito administrativo, julgue o item seguinte.

Considere que, em operação da polícia federal, tenha sido apreendida grande quantidade de veículos introduzidos ilegalmente no território brasileiro. Nesse caso, a administração poderá realizar leilão para a venda desses veículos.

GABARITO: CERTO.

A modalidade de licitação utilizada para alienação de produtos legalmente apreendidos é o leilão, conforme se verifica no Art. 22, § 5º, da Lei 8.666/93, que diz que:

Leilão é a modalidade de licitação entre quaisquer interessados para a venda de bens móveis inservíveis para a administração ou de produtos legalmente apreendidos ou penhorados, ou para a alienação de bens imóveis, prevista no Art. 19, a quem oferecer o maior lance, igual ou superior ao valor da avaliação.

572. (2014 - SUFRAMA - Administrador) Com relação a organização administrativa e licitação, julgue o item a seguir.

Caso, em razão de fortes chuvas em determinado município, uma represa se rompa e ocasione alagamento em alguns bairros, e, em razão desse fato, o governo local decrete estado de calamidade pública, poderá o município valer-se da inexigibilidade de licitação para realizar obras de reparo da represa e evitar novos alagamentos.

GABARITO: ERRADO.

Nessa situação poderá ser feita a dispensa de licitação, por ser a mesma dispensável e não inexigível, conforme hipótese prevista no Art. 24 da Lei 8.666/93:

É dispensável a licitação: [...] IV - nos casos de emergência ou de calamidade pública, quando caracterizada urgência de atendimento de situação que possa ocasionar prejuízo ou comprometer a segurança de pessoas, obras, serviços, equipamentos e outros bens, públicos ou particulares, e somente para os bens necessários ao atendimento da situação emergencial ou calamitosa e para as parcelas de obras e serviços que possam ser concluídas no prazo máximo de 180 (cento e oitenta) dias consecutivos e ininterruptos, contados da ocorrência da emergência ou calamidade, vedada a prorrogação dos respectivos contratos.

573. (2014 - SUFRAMA - Administrador) No que concerne aos serviços públicos, ao controle administrativo e a licitação, julgue o item subsequente.

Se determinado município, para realizar festividade em razão do aniversário da cidade, decidir pela contratação de bandas compostas por renomados artistas nacionais, a contratação desses artistas poderá dar-se mediante inexigibilidade de licitação.

GABARITO: CERTO.

Conforme rege o Art. 25, III, da Lei 8.666/93, a contratação de profissional de qualquer setor artístico, diretamente ou através de empresário exclusivo, desde que consagrado pela crítica especializada ou pela opinião pública, poderá ser feita diretamente, por tratar-se de hipótese de licitação inexigível.

574. (2014 - SUFRAMA - Técnico em Contabilidade) Encerrada a sessão de julgamento e habilitação das empresas licitantes, a administração estará obrigada a realizar a contratação, sob pena de indenização à empresa classificada em primeiro lugar.

GABARITO: ERRADO.

A administração poderá deixar de contratar com o licitando vencedor por motivos de interesse público, não havendo direito à indenização, pois antes da assinatura do contrato o mesmo não possui direito adquirido ao mesmo.

575. (2014 - SUFRAMA - Técnico em Contabilidade) Caso o objeto da contratação seja serviço técnico profissional especializado, será inexigível a licitação, desde que a empresa contratada possua notória especialização e o objeto seja singular.

GABARITO: CERTO.

Trata-se da hipótese de licitação inexigível prevista na Lei 8.666/93, em seu Art. 25, II, que diz:

É inexigível a licitação quando houver inviabilidade de competição, em especial: [...] II - para a contratação de serviços técnicos enumerados no Art. 13 desta Lei, de natureza singular, com profissionais ou empresas de notória especialização, vedada a inexigibilidade para serviços de publicidade e divulgação.

576. (2014 - Polícia Federal - Agente Administrativo) Considere que determinado órgão da administração pública pretenda adquirir equipamentos de informática no valor de R$ 5.000,00. Nesse caso, o referido órgão tem a opção discricionária de realizar licitação ou proceder à aquisição direta mediante dispensa de licitação, em razão do baixo valor dos equipamentos.

GABARITO: CERTO.

No caso de compras de até 10% do valor do convite, ou seja, até R$8.000,00 (oito mil reais), a licitação é dispensável, podendo ser feita a compra diretamente mediante discricionariedade do administrador público, conforme previsto na Lei 8.666/93, em seu Art. 24, II, que diz:

É dispensável a licitação: [...] II - para outros serviços e compras de valor até 10% (dez por cento) do limite previsto na alínea "a", do inciso II do artigo anterior e para alienações, nos casos previstos nesta Lei, desde que não se refiram a parcelas de um mesmo serviço, compra ou alienação de maior vulto que possa ser realizada de uma só vez.

577. (2014 - Polícia Federal - Agente Administrativo) Não há previsão legal para o estabelecimento, nos processos licitatórios, de margem de preferência para bens e serviços com tecnologia desenvolvida no Brasil.

GABARITO: ERRADO.

O Art. 3º da Lei 8.666/93, em seu § 2º, diz que:

Em igualdade de condições, como critério de desempate, será assegurada preferência, sucessivamente, aos bens e serviços: II - produzidos no País; III - produzidos ou prestados por empresas brasileiras. IV - produzidos ou prestados por empresas que invistam em pesquisa e no desenvolvimento de tecnologia no País. Além disso, esse mesmo artigo, em seu § 5º, define que poderá ser estabelecido margem de preferência para produtos manufaturados e para serviços nacionais que atendam a normas técnicas brasileiras.

578. **(2014 - Polícia Federal - Agente Administrativo)** Considere que determinada pessoa jurídica de direito privado que administra um porto brasileiro pretenda contratar o único escritório de advocacia especializado em direito portuário no Brasil para promover ações judiciais acerca dessa matéria. Nessa situação, é dispensável a licitação.

GABARITO: ERRADO.

Em face da inviabilidade de competição a licitação será inexigível, nos termos do Art. 25 da Lei 8.666/93 e não dispensável.

579. **(2013 - FUNASA - Atividade de Complexidade Intelectual)** A respeito de licitações, julgue o item seguinte.

A adjudicação obrigatória ao vencedor da licitação gera, como consequência, a celebração do contrato.

GABARITO: ERRADO.

Esse princípio não gera a obrigatoriedade de fechar o contrato, pois a administração pública pode revogar a licitação por motivos de interesse público. A adjudicação compulsória apenas gera a obrigação de que em caso de celebração do contrato, isso deve ser feito com o licitante vencedor.

580. **(2013 - FUNASA - Atividade de Complexidade Intelectual.)** A respeito de licitações, julgue o item seguinte.

Se houver a impossibilidade jurídica da competição, sempre ocorrerá a dispensa da licitação.

GABARITO: ERRADO.

A inviabilidade de competição é causa de inexigibilidade de licitação, conforme previsto no Art. 25 da Lei 8.666/93.

581. **(2013 - FUNASA - Atividade de Complexidade Intelectual)** A respeito de licitações, julgue o item seguinte.

Qualquer cidadão, mesmo que não participe de determinada licitação, possui o direito de impugnar o edital dessa licitação por motivo de ilegalidade.

GABARITO: CERTO.

Conforme regra do Art. 41, § 1º, da Lei 8.666/93, qualquer cidadão é parte legítima para impugnar edital de licitação por irregularidade na aplicação desta Lei, devendo protocolar o pedido até 5 (cinco) dias úteis antes da data fixada para a abertura dos envelopes de habilitação.

582. **(2013 - MPU - Analista/Planejamento e Orçamento)** Julgue o item a seguir, acerca das modalidades, da dispensa e da inexigibilidade de licitação.

Por inviabilidade de competição, é inexigível a licitação para a contratação de profissional de qualquer setor artístico, diretamente ou por meio de empresário exclusivo, desde que consagrado pela crítica especializada ou pela opinião pública.

GABARITO: CERTO.

Trata-se da hipótese de inexigibilidade de licitação, prevista no Art. 25, III, da Lei 8.666/93:

É inexigível a licitação quando houver inviabilidade de competição, em especial: [...] III - para contratação de profissional de qualquer setor artístico, diretamente ou através de empresário exclusivo, desde que consagrado pela crítica especializada ou pela opinião pública.

---

583. **(2013 - TRT 17ª Região/ES - Técnico Judiciário/Área Administrativa)** Com relação aos princípios e à inexigibilidade de licitação, julgue o próximo item.

Em atenção ao princípio da publicidade, as licitações não podem ser sigilosas, sendo públicos e acessíveis os atos de seu procedimento, com exceção do conteúdo das propostas, que devem permanecer em sigilo até a respectiva abertura.

GABARITO: CERTO.

Será dada ampla publicidade às licitações, entretanto o conteúdo das propostas é sigiloso, até o momento da abertura das mesmas, conforme diz o Art. 3º, § 3º, da Lei 8.666/93:

A licitação não será sigilosa, sendo públicos e acessíveis ao público os atos de seu procedimento, salvo quanto ao conteúdo das propostas, até a respectiva abertura.

---

584. **(2013 - TRT 17ª Região/ES - Técnico Judiciário/Área Administrativa)** Com relação aos princípios e à inexigibilidade de licitação, julgue o próximo item.

Caso determinada prefeitura pretenda adquirir, em caráter emergencial, hortifrutigranjeiros e gêneros perecíveis para atender a escolas e creches sob sua responsabilidade, ela poderá comprar esses itens sem a realização de licitação, pois essa hipótese constitui licitação inexigível.

GABARITO: ERRADO.

Trata-se de modalidade de licitação dispensável, prevista no Art. 24, XII, da Lei 8.666/93:

É dispensável a licitação: XII - nas compras de hortifrutigranjeiros, pão e outros gêneros perecíveis, no tempo necessário para a realização dos processos licitatórios correspondentes, realizadas diretamente com base no preço do dia.

---

585. **(2013 - STF - Técnico Judiciário/Tecnologia da Informação)** Julgue o item que se segue acerca de licitação.

Em caso de irregularidade no edital de licitação, é assegurado a qualquer cidadão impugná-lo até cinco dias úteis antes da data fixada para a abertura dos envelopes de habilitação.

GABARITO: CERTO.

Trata-se da hipótese prevista no Art. 41, § 1º, da Lei 8.666/93, que diz:

Qualquer cidadão é parte legítima para impugnar edital de licitação por irregularidade na aplicação desta Lei, devendo protocolar o pedido até 5 (cinco) dias úteis antes da data fixada para a abertura dos envelopes de habilitação, devendo a Administração julgar e responder à impugnação em até 3 (três) dias úteis, sem prejuízo da faculdade prevista no § 1º do Art. 113.

---

586. **(2013 - ANCINE - Especialista em Regulação Atividade Cinematográfica e Audiovisual - Área 3)** No que se refere a licitações e contratos administrativos, julgue o item a seguir.

A concorrência é modalidade de licitação obrigatória para as concessões de direito real de uso.

GABARITO: CERTO.

Trata-se da hipótese prevista expressamente na Lei 8.666/93 como sendo licitação na modalidade concorrência, em seu Art. 23, § 3º:

A concorrência é a modalidade de licitação cabível, qualquer que seja o valor de seu objeto, tanto na compra ou alienação de bens imóveis, ressalvado o disposto no Art. 19, como nas concessões de direito real de uso e nas licitações internacionais, admitindo-se neste último caso, observados os limites deste artigo, a tomada de preços, quando o órgão ou entidade dispuser de cadastro internacional de fornecedores ou o convite, quando não houver fornecedor do bem ou serviço no País.

587. **(2013 - ANCINE - Todos os Cargos)** Com base na Lei de Licitações, julgue o item a seguir.

Caso, em licitação promovida por uma autarquia federal para a aquisição de softwares de processamento de dados, nenhuma proposta seja apresentada e a licitação não possa ser repetida sem prejuízo para a administração, será admitida a contratação direta.

GABARITO: CERTO.

No caso de licitação deserta, que não puder ser repetida sem prejuízo para a administração, poderá a mesma ser dispensada, conforme diz a Lei 8.666/93:

Lei 8.666/93, Art. 24. É dispensável a licitação: V - quando não acudirem interessados à licitação anterior e esta, justificadamente, não puder ser repetida sem prejuízo para a Administração, mantidas, neste caso, todas as condições preestabelecidas;

588. **(2013 - ANCINE - Analista Administrativo - Área 1)** Com relação aos princípios de licitações, julgue o próximo item.

O sigilo das propostas revela-se como uma mitigação ao princípio da publicidade.

GABARITO: CERTO.

O princípio da publicidade é aplicado de forma ampla as licitações, entretanto, existe uma exceção, que se refere ao conteúdo das propostas, que permanecerá sigiloso até o momento de abertura das mesmas.

589. **(2013 - ANCINE - Analista Administrativo - Área 1)** A respeito das hipóteses em que a Lei de Licitações e Contratos autoriza a não realização de licitação, julgue o item a seguir.

Em se tratando de licitação dispensada, a administração estará, por força da lei, impedida de realizar a licitação.

GABARITO: CERTO.

Nos casos de licitação dispensada, previstos no Art. 17 da Lei 8.666/93, por expressa previsão legal não haverá licitação, não havendo, nessas hipóteses, escolha entre licitar ou não, diferentemente do que ocorre com os casos de licitação dispensável, previstos no Art. 24 dessa mesma lei.

590. (2013 - ANCINE - Analista Administrativo - Área 1) A respeito das hipóteses em que a Lei de Licitações e Contratos autoriza a não realização de licitação, julgue o item a seguir.

Nas hipóteses em que a licitação for por lei dispensável, a administração pública será impedida de realizar o certame.

GABARITO: ERRADO.

Nas hipóteses de licitação dispensável, previstas no Art. 24 da Lei 8.666/93, a administração pública possui discricionariedade para realizar ou não a licitação.

591. (2013 - MPU - Técnico/Tecnologia da Informação e Comunicação) No caso de o prefeito de determinada cidade decidir contratar renomadas bandas de música brasileiras para se apresentarem em evento festivo de comemoração do aniversário da cidade, poderá fazê-lo por meio de dispensa de licitação, por serem os músicos profissionais do setor artístico consagrados pela opinião pública.

GABARITO: ERRADO.

Trata-se de hipótese de inexigibilidade de licitação, prevista no Art. 25, III, da Lei 8.666/93:

É inexigível a licitação quando houver inviabilidade de competição, em especial: [...] III - para contratação de profissional de qualquer setor artístico, diretamente ou através de empresário exclusivo, desde que consagrado pela crítica especializada ou pela opinião pública.

592. (2013 - MPU - Analista - Planejamento e Orçamento) Julgue o item a seguir, acerca das modalidades, da dispensa e da inexigibilidade de licitação.

Denomina-se concorrência a modalidade de licitação entre interessados devidamente cadastrados ou que atendam a todas as condições exigidas para o cadastramento até o terceiro dia anterior à data do recebimento das propostas, observada a qualificação necessária.

GABARITO: ERRADO.

A modalidade de licitação narrada na questão é a tomada de preços, prevista no Art. 22, § 2º, da Lei 8.666/93:

Tomada de preços é a modalidade de licitação entre interessados devidamente cadastrados ou que atenderem a todas as condições exigidas para cadastramento até o terceiro dia anterior à data do recebimento das propostas, observada a necessária qualificação.

593. (2013 - MPOG - Gestor) Julgue o item a seguir, relativo à lei n.º 8.666/1993.

Todo o processo licitatório deve ocorrer em sigilo, para que seja possível manter a isonomia do processo.

GABARITO: ERRADO.

A licitação é pautada pelo princípio da publicidade, excepcionado apenas o conteúdo das propostas, até o momento da abertura das mesmas.

594. (2013 - MPOG - Gestor) Julgue o item a seguir, relativo à lei n.º 8.666/1993

Em contratações de bens e serviços, fica vedada qualquer restrição à participação de empresas estrangeiras.

GABARITO: ERRADO.

O Art. 3º, I, da Lei 8.666/93 veda que seja tratamento diferenciado entre empresas brasileiras e estrangeiras, apenas com algumas ressalvas de preferências para empresas brasileiras, o que não impede a participação de empresas estrangeiras no certame licitatório.

595. (2013 - MJ - Analista Técnico - Administrativo) Acerca da licitação pública, julgue o item a seguir.

Para a contratação de serviços de engenharia, a utilização da modalidade concorrência será obrigatória quando o valor global estimado do contrato for superior a seiscentos e cinquenta mil reais.

GABARITO: ERRADO.

Para a contratação de serviços de engenharia a licitação na modalidade concorrência será obrigatória apenas quando for superior a um milhão e quinhentos mil reais, conforme estabelecido no Art. 23 da Lei 8.666/93. Esse valor de seiscentos e cinquenta mil reais é utilizado para compras e demais serviços.

596. (2013 - TCE/RO - Analista de Informática) Com referência a contratos administrativos e licitações, julgue o próximo item.

Os casos de dispensa de licitação tratados pelo legislador na Lei n. o 8.666/1993 não são taxativos, podendo o rol legal desses casos ser ampliado pelo administrador.

GABARITO: ERRADO.

Os casos de dispensa de licitação estão previstos de forma taxativa no Art. 17 (licitação dispensada) e no Art. 24 (licitação dispensável) da Lei 8.666/93. Apenas os casos de licitação inexigível, previstos no Art. 25, é que configuram um rol exemplificativo.

597. (2013 - MPOG - Técnico de Nível Superior) Uma prefeitura realizou licitação com recursos recebidos da União, decorrentes de transferência voluntária. O objetivo da licitação foi a compra de computadores, no valor total de R$ 10.000,00.

Com base na situação hipotética apresentada e na legislação vigente, julgue os itens a seguir.

Em razão do valor da compra, a licitação poderia ser dispensada após processo de inexigibilidade.

GABARITO: ERRADO.

Em razão do valor, a licitação poderia ser dispensável e não inexigível, quando enquadrar-se, por exemplo, em até 10% do valor limite previsto para o convite, conforme expresso no Art. 24, I e II, da Lei 8.666/93.

598. (2013 - MC - Todos os Cargos) Acerca de licitações e contratos, julgue o item a seguir à luz das Leis n.º 8.666/1993 e n.º 10.520/2002.

Somente têm legitimidade para impugnar edital de licitação por motivo de irregularidade aqueles participantes do certame.

GABARITO: ERRADO.

De acordo a Lei 8.666/93, em seu Art. 41, § 1º, qualquer cidadão é parte legítima para impugnar edital de licitação por irregularidade na aplicação desta Lei.

599. **(2013 - DPF - Todos os Cargos)** No que se refere a licitações, julgue o item abaixo.

Haverá dispensa de licitação nos casos em que houver fornecedor exclusivo de determinado equipamento.

GABARITO: ERRADO.

Trata-se de hipótese de inexigibilidade de licitação, prevista no Art. 25, I, da Lei 8.666/93:

É inexigível a licitação quando houver inviabilidade de competição, em especial [...] I - para aquisição de materiais, equipamentos, ou gêneros que só possam ser fornecidos por produtor, empresa ou representante comercial exclusivo, vedada a preferência de marca, devendo a comprovação de exclusividade ser feita através de atestado fornecido pelo órgão de registro do comércio do local em que se realizaria a licitação ou a obra ou o serviço, pelo Sindicato, Federação ou Confederação Patronal, ou, ainda, pelas entidades equivalentes.

600. **(2013 - ANS - Técnico em Regulação de Saúde Suplementar)** Acerca de licitações, julgue o item seguinte.

Se a União tiver que intervir no domínio econômico para regular preços, ocorrerá a inexigibilidade da licitação.

GABARITO: ERRADO.

Trata-se de hipótese de licitação dispensável, prevista no Art. 24 da Lei 8.666/93:

É dispensável a licitação: [...] VI - quando a União tiver que intervir no domínio econômico para regular preços ou normalizar o abastecimento.

Anotações

FAÇA JÁ

Licitação

Modalidades de Licitação

________________ é a modalidade de licitação entre quaisquer interessados que, ________________ ________________, comprovem possuir os requisitos mínimos de qualificação exigidos no edital para execução de seu objeto.

A ________________ é a modalidade mais complexa, dessa forma, ela é utilizada para contratações de valor mais alto (mas pode ser usada em qualquer valor) e deve ser ________________ a modalidade adotada nos seguintes casos:

- Compra ou alienação de bens ________________ (mas em alguns casos pode ser utilizado o Leilão - Art. 19)
- Concessões de direito real de uso
- Licitações ________________ (mas pode ser usada a tomada de preços - se dentro do valor limite dessa modalidade e o convite - quando não houver fornecedor no país)

________________ é a modalidade de licitação entre interessados devidamente cadastrados ou que atenderem a todas as condições exigidas para cadastramento até o ________________ à data do recebimento das propostas, observada a necessária qualificação.

________________ é a modalidade de licitação entre interessados do ramo pertinente ao seu objeto, cadastrados ou não, escolhidos e convidados em número ________________ pela unidade administrativa, a qual afixará, em local apropriado, cópia do instrumento convocatório e o estenderá aos demais cadastrados na correspondente especialidade que manifestarem seu interesse com antecedência de ________________ da apresentação das propostas.

Exceções à Obrigatoriedade de Licitar

Dispensa de Licitação:

- licitação ________________ - não é feita licitação
- licitação ________________ - a administração pode dispensar se quiser

INEXIGIBILIDADE DE LICITAÇÃO (________________ de competição)

No caso de dispensa, a licitação é possível, mas a lei diz que não haverá licitação ou que a mesma poderá ser dispensada. No caso de inexigibilidade, devido à falta de competidores, a licitação não é possível.

Anotações

D A D M

Anotações

APRESENTAÇÃO

O objetivo primordial desta obra é ser um facilitador tanto no processo de ensino-aprendizagem da disciplina de Arquivologia quanto na resolução dos principais exercícios com os temas dos últimos concursos públicos. Tais concursos têm apresentado essa disciplina com um peso extremamente relevante em sua pontuação final.

O eixo mestre e delineador da obra é ser um orientador para a resolução das principais que contêm a disciplina de Arquivologia, centralizada em questões da Banca CESPE.

> "Se não for desta vez, a próxima certamente será!"

Para seu melhor aprendizado, faço algumas sugestões: ao estudar, procure organizar primeiro seus materiais para que todos estejam sempre à mão; leia atentamente cada enunciado e procure encontrar a resposta que você julgue verdadeira; compare com as explicações ao final de cada questão; caso tenha acertado, releia o teste novamente para enfatizar, ainda mais, sua compreensão; em caso de erro, verifique qual o motivo do erro para que este não volte a ocorrer.

Ainda, ao reler o teste que tenha errado, procure fazer um pequeno resumo sobre o tema abordado. Deixe-o próximo, já que tal assunto poderá aparecer em outros testes mais à frente em assuntos correlatos aos que você esteja fazendo.

Além dos comentários, verifique também os vídeos do "Professor Resolve", que apresentam explicações de algumas questões dos capítulos que compõem esta obra. O "Professor Resolve" aparece como um ícone indicativo junto às questões que estarão disponíveis no site do AlfaCon.

Bons Estudos e sucesso!!!!

"3Fs" para você = FOCO – FORÇA E FÉ.

Prof. Oliveira (Oli) Soares

Sobre o autor: Conhecido como Oli, é professor, graduado em História pela Unoesc (SC), especialista em Sociologia e Filosofia pela FACEL (PR). Tem cursos de aperfeiçoamento profissional em Ciências Políticas pela BOU (Brazilian Open University) e em Arquivologia pela Prime Cursos do Brasil. Em relação a materiais didáticos, é autor de livros para o Sistema Expoente e para o Curso Sigma. Na área de concursos públicos e de pré-vestibular, ministra as disciplinas de Arquivologia, Administração Geral e Pública, História e Economia. Possui grande experiência nas principais bancas examinadoras para concursos públicos. Atualmente, integra a equipe de professores no AlfaCon Abril Educação.

SUMÁRIO

CAPÍTULO

1

Noções de Arquivologia e Tipos de Arquivos

Preservação/Conservação

Noções de Arquivologia e Tipos de Arquivos

Com relação aos conceitos fundamentais de arquivologia, julgue os itens 1 e 2.

01. (2014 - MDIC - Agente Administrativo) Os documentos de interesse da instituição que tenham sido adquiridos por meio de compra, doação ou permuta devem ser considerados como arquivos.

GABARITO: ERRADO.

Os documentos de interesse da instituição que são adquiridos por compra, doação e permuta são documentos de biblioteca. Os documentos de arquivo são acumulados no decurso de atividades desempenhadas por uma pessoa física, jurídica ou por uma entidade ou órgão público. Na biblioteca, o julgamento não tem caráter irrevogável.

02. (2014 - MDIC - Agente Administrativo) Diferentemente da biblioteca, o arquivo não é uma coleção de documentos, mas uma acumulação natural de documentos.

GABARITO: CERTO.

Segundo a autora Marilena Leite Paes (2013), em sua obra Arquivo: Teoria e Prática, no arquivo, os documentos são produzidos e conservados com objetivos funcionais; os documentos não são objetos de coleção; provém tão só das atividades públicas ou privadas, servidas pelo arquivo. Temas semelhantes foram abordados nestas provas:

I - O arquivo caracteriza-se por ser um conjunto orgânico, resultado das atividades de uma pessoa física ou jurídica, e não uma coleção de documentos de diversas fontes (2012 - TJ-RR - Gabarito: Certo).

II - O arquivo de um órgão é o conjunto de documentos recebidos ou expedidos por esse órgão no exercício de suas atividades. Esse conjunto de documentos pode ser formado por qualquer espécie documental (2010 - AGU - Gabarito: Certo).

III - A biblioteca é um órgão colecionador, enquanto o arquivo é um órgão receptor (2013 - ANP - Gabarito: Certo).

IV - As finalidades da biblioteca e do museu são didáticas, culturais, técnicas ou científicas. (2013 - ANP - Gabarito: Certo).

03. (2013 - Polícia Federal - Escrivão de Polícia Federal) Acerca de arquivologia, julgue o item a seguir.

O arquivo do Departamento de Polícia Federal é constituído de todos os documentos produzidos e(ou) recebidos, no cumprimento da missão institucional. O tratamento desse arquivo deve ser feito de acordo com as orientações do Conselho Nacional de Arquivos.

GABARITO: CERTO.

O tratamento deve ser feito de acordo com o estabelecido pelo CONARQ, por meio do Decreto nº 4.073/2002, em seu Art. 1º: *O Conselho Nacional de Arquivos - CONARQ, órgão colegiado, vinculado ao Arquivo Nacional, criado pelo Art. 26 da Lei nº 8.159, de 8 de janeiro de 1991, tem por finalidade definir a política nacional de arquivos públicos e privados, bem como exercer orientação normativa visando à gestão documental e à proteção especial aos documentos de arquivo.*

04. (2013 - SERPRO - Analista) Julgue o próximo item, relativo às unidades de medidas adotadas nos arquivos.

Na equação utilizada para a obtenção da metragem linear de um amontoado de documentos, considera-se a medida do comprimento do amontoado multiplicada pelas medidas da altura e da largura.

GABARITO: ERRADO.

Para a documentação empacotada, amarrada ou amontoada será necessário calcular o volume (m^3) dos documentos através da fórmula – comprimento x altura x largura, já que não é possível definir a posição dos documentos dentro da embalagem, pois a documentação não tem uma única posição no caso de amontoada. O resultado obtido em m^3 deve ser multiplicado por 12 para sabermos a medida linear dos documentos (média estabelecida na Tabela de conversão de unidades de medida de arquivo).

05. (2013 - ANS - Técnico Administrativo) Com relação à arquivologia, julgue o item a seguir.

Para se eliminar documentos de arquivo da Agência Nacional de Saúde, deve haver autorização da Controladoria-Geral da União.

GABARITO: ERRADO.

Para se eliminar um documento de arquivo, deve-se seguir o que estabelece a Lei 8.159/1991, em seu Art. 9º: *A eliminação de documentos produzidos por instituições públicas e de caráter público será realizada mediante autorização da instituição arquivística pública, na sua específica esfera de competência.* No âmbito Federal, essa instituição é o Arquivo Nacional e não a CGU.

Conceitos Fundamentais

06. (2013 - ANP - Analista Administrativo) A respeito dos documentos de arquivo, julgue o item a seguir.

O gênero cartográfico é composto por documentos com dimensões e rotações variáveis.

GABARITO: ERRADO.

Os documentos cartográficos são representados em escala cartográfica, possuindo formatos e dimensões variáveis. Exemplo: mapas, plantas, croquis, fotografias aéreas, perfis, etc. Documentos sonoros: São os documentos com dimensões e rotações variáveis, contendo registros fonográficos. Ex.: discos e fitas audiomagnéticas.

07. (2013 - ANS - Técnico Administrativo) Com relação à arquivologia, julgue o item a seguir.

Para serem considerados autênticos, os documentos de arquivo devem ser produzidos em, no mínimo, três vias.

GABARITO: ERRADO.

Segundo o princípio da Unicidade, os documentos possuem caráter único, independentemente de existirem outros documentos semelhantes ou iguais. Portanto, um documento normalmente é produzido em uma única via, ou em um número limitado de cópias.

Com base em conceitos de arquivologia, julgue os itens de 8 a 10.

08. **(2013 - SERPRO - Técnico - Suporte Administrativo)** Desde sua origem, os documentos de arquivo são tratados, armazenados e conservados por razões culturais e históricas.

GABARITO: ERRADO.

A orientação sobre o armazenamento e a conservação dos documentos de arquivo é dada pela Lei nº 8.159, de 8 de janeiro de 1991, em seu Art. 2º: ***Consideram-se arquivos, para os fins desta Lei, os conjuntos de documentos produzidos e recebidos por órgãos públicos, instituições de caráter público e entidades privadas, em decorrência do exercício de atividades específicas, bem como por pessoa física, qualquer que seja o suporte da informação ou a natureza dos documentos.***

Para Marilena Leite Paes, ***os documentos de arquivo são acumulados ordenadamente, criados por uma instituição ou pessoa, no curso de sua atividade, e preservados para a consecução dos seus objetivos.***

09. **(2013 - SERPRO - Técnico/Suporte Administrativo)** Os documentos de arquivo podem ser elaborados em um único exemplar ou, em casos específicos, serem produzidos em um limitado número de cópias.

GABARITO: CERTO.

De acordo com a Lei nº 8.159, de 8 de janeiro de 1991, em seu Art. 2º: ***Consideramse arquivos, para os fins desta Lei, o conjunto de documentos produzidos e recebidos por órgãos públicos, instituições de caráter público e entidades privadas, em decorrência do exercício de atividades específicas, bem como por pessoa física, qualquer que seja o suporte da informação ou a natureza dos documentos.***

Os documentos são produzidos e conservados com objetivos funcionais. O documento não é objeto de coleção. É produzido um único exemplar do documento ou um limitado número de cópias. Há uma significação orgânica entre os documentos. A documentação, não raro, existe em via única.

10. **(2013 - SERPRO - Técnico/Suporte Administrativo)** Além dos documentos produzidos pelo SERPRO, são considerados documentos de arquivo aqueles colecionados por diversos motivos.

GABARITO: ERRADO.

Em sua obra Arquivo: Teoria e Prática, a autora Marilena Leite Paes (2013) aponta o seguinte esquema:

BIBLIOTECA	ARQUIVO
Origem	
Os documentos são produzidos e conservados com objetivos culturais.	Os documentos são produzidos e conservados com objetivos funcionais.
Aquisição ou custódia	
Os documentos são confeccionados por fontes diversas, adquiridos por compra ou doação; os documentos existem em numerosos exemplares; a significação do acervo documental não depende da relação que os documentos tenham entre si.	Os documentos não são objeto de coleção; Provém tão-só das atividades públicas ou privadas, servidas pelo arquivo; os documentos são produzidos num único exemplar ou em limitado número de cópias; há uma significação orgânica entre os documentos.
Método Descritivo	
Aplica-se a unidades discriminadas; as séries (anuários, periódicos, etc.) são unidades isoladas para catalogação.	Aplica-se a conjuntos de documentos; as séries (órgãos e suas subdivisões, atividades funcionais ou grupos documentais da mesma espécie) são consideradas unidades para fins de descrição.
A biblioteconomia trata de documentos individuais.	A arquivística trata de conjuntos de documentos.

Em relação às características dos acervos dos órgãos de documentação, julgue os itens de 11 a 14.

11. **(2013 - ANP - Analista Administrativo)** As finalidades da biblioteca e do museu são didáticas, culturais, técnicas ou científicas.

GABARITO: CERTO.

Biblioteca - Prioridade cultural; são colecionadores; os materiais são provenientes de compras ou doações; documentos individuais; peças avulsas; devem reunir materiais idênticos.

Museu - Caráter eminentemente público, com finalidade cultural e entretenimento; disponibiliza a população peças ou objetos de valor histórico e cultural.

A
R
Q

12. **(2013 - ANP - Analista Administrativo)** Os documentos de biblioteca originam-se de criação artística ou são objetos oriundos da civilização material de uma comunidade.

GABARITO: ERRADO.

Biblioteca - Os documentos são produzidos e conservados com objetivos culturais

Museu - Os documentos de museu originam-se de criação artística ou são objetos oriundos da civilização material de uma comunidade.

13. (2013 - ANP - Analista Administrativo) A acumulação natural é a forma como os documentos entram nas bibliotecas e nos museus.

GABARITO: ERRADO.

Na biblioteca, a acumulação de documentos se dá de forma gradativa. Os documentos são confeccionados por fontes diversas, adquiridos por compra, permuta ou doação; os documentos existem em numerosos exemplares; a significação do acervo documental não depende da relação que os documentos tenham entre si. O arquivo, por sua vez, acumula seus documentos conforme seu produtor realiza suas atividades. Os documentos de arquivo são, então, um produto imediato, natural e direto dessas atividades. Os documentos não são objeto de coleção; provém tão-só das atividades públicas ou privadas, servidas pelo arquivo; os documentos são produzidos num único exemplar ou em limitado número de cópias; há uma significação orgânica entre os documentos. Segundo o Princípio da Cumulatividade, os arquivos são uma formação progressiva, natural e orgânica.

14. (2013 - ANP - Analista Administrativo) A biblioteca é um órgão colecionador, enquanto o arquivo é um órgão receptor.

GABARITO: ERRADO.

Os principais Órgãos de Documentação são:

O arquivo guarda documentos com finalidades funcionais. Os documentos de arquivo são acumulados de forma orgânica e natural, geralmente em exemplar único ou limitado número de cópias ou vias. Sua função é provar e testemunhar.

A biblioteca conserva documentos com finalidades educativas e culturais. Seus documentos são obtidos por compra, doação ou permuta de diversas fontes e tratados como peças isoladas. Os documentos da biblioteca são colecionados e seu público é formado por pesquisadores, estudantes e cidadão comuns. Sua função é instruir e educar.

O Centro de Documentação/Informação agrupa qualquer tipo de documento de qualquer fonte, sendo necessária uma especialização para que funcionem de forma eficiente. Sua finalidade é simplesmente informar.

O Museu é um órgão de interesse público, guarda documentos com finalidades de informar e entreter. Suas peças são dos mais variados tipos e dimensões, dependendo de sua especialização. Por serem objetos, são classificados como tridimensionais.

15. (2013 - CNJ - Analista Judiciário) A respeito de funções arquivísticas, julgue o item subsequente.

A função arquivística intitulada difusão é precedida pela descrição, visto que esta é uma atividade fundamental para a disseminação das informações contidas nos documentos de arquivo.

GABARITO: CERTO.

Segundo Rousseau e Couture (1998), as sete funções arquivísticas são:

Produção: criação ou recebimento de informações dentro da instituição, evitando a criação de documentos com informações desnecessárias e atentando para a sua veracidade e autenticidade. Momento que o documento passa a existir para a instituição.

Avaliação: processo que consiste na atribuição de valores (primário ou secundário) para os documentos, assim como prazos de guarda e destinação final (guarda permanente ou eliminação).

Aquisição: entrada dos documentos nos arquivos corrente, intermediário e permanente. Abrange o arquivamento corrente, assim como a transferência e o recolhimento da documentação.

Conservação: conjunto de procedimentos que visa à manutenção da integridade física do documento, desacelerando o processo de degradação.

Classificação: forma como os documentos serão reagrupados de acordo com características comuns. A Classificação deverá ser feita dentro dos padrões estabelecidos pelos profissionais responsáveis pelo acervo, que conhecem a melhor maneira de agrupamento para a realização de suas atividades.

Descrição: conjunto de elementos facilitadores na recuperação e localização dos documentos. Também abrange a elaboração de instrumentos de pesquisa e meios de busca, utilizando termos específicos, palavras-chave, indexadores, dentre outros.

Difusão: está relacionada à divulgação do acervo, bem como à acessibilidade dos documentos, aproximando o arquivo e o usuário da informação.

Tipologia Documental e Análise Tipológica

Acerca de análise tipológica de documentos, julgue os itens 16 e 17.

16. (2013 - INPI - Analista de Planejamento) Os documentos enunciativos são opinativos e esclarecem questões vazadas em outros documentos. O conteúdo desses documentos visa fundamentar uma resolução.

GABARITO: CERTO.

Conforme Heloísa Liberlli Bellotto (2013), Atos Enunciativos são os opinativos, que esclarecem os assuntos, visando a fundamentar uma solução. Exemplos: parecer, relatório, voto, despacho interlocutório. Quanto às categorias documentais, estas são estipuladas pelas gradações da representatividade jurídica dos conteúdos dos documentos que nelas se enquadram. Nesse sentido, os documentos públicos e os notariais, no que couber, podem ser: dispositivos, testemunhais e informativos.

Já os Documentos informativos são opinativos/enunciativos e esclarecem questões contidas em outros documentos, cujo conteúdo fundamenta uma resolução: pareceres, informações, relatórios, votos e despachos interlocutórios.

ARQ

17. (2013 - INPI - Analista de Planejamento) Tipo documental é a configuração que assume um documento de acordo com a disposição e a natureza das informações contidas nele.

GABARITO: ERRADO.

De acordo com Heloísa Liberlli Belloto (2013):

Gênero: configuração que assume um documento de acordo com o sistema de signos de que seus executores se serviram para registrar a mensagem.

Espécie: configuração que assume um documento de acordo com a disposição e a natureza das informações nele contidas.

Tipo: configuração que assume a espécie documental de acordo com a atividade que a gerou.

Quando especificamos a espécie, temos a caracterização de tipos documentais.

---

18. **(2013 - ANP - Analista Administrativo)** A respeito dos documentos de arquivo, julgue o item seguir.

O ofício e o memorando são espécies de correspondências próprias do serviço público. As empresas privadas utilizam a carta como uma espécie documental de correspondência.

GABARITO: CERTO.

O memorando é a modalidade de comunicação entre unidades administrativas de um mesmo órgão, que podem estar hierarquicamente em mesmo nível ou em nível diferente. Trata-se, portanto, de uma forma de comunicação eminentemente interna. Pode ter caráter meramente administrativo, ou ser empregado para a exposição de projetos, ideias, diretrizes, etc. a serem adotados por determinado setor do serviço público.

O ofício tem como finalidade o tratamento de assuntos oficiais pelos órgãos da administração pública entre si. No caso do ofício, também com particulares.

MANUAL DE REDAÇÃO DA PRESIDÊNCIA DA REPÚBLICA, 2ª edição, revista e atualizada, 2002. Disponível em: http://www.planalto.gov.br/ccivil_03/manual/manual.htm.

A respeito da análise tipológica dos documentos de arquivo, julgue os itens 19 e 20.

19. **(2013 - CNJ - Analista Judiciário)** O gênero documental, o suporte documental e a data de acumulação são elementos pertinentes à análise tipológica dos documentos de arquivo.

GABARITO: ERRADO.

Espécie é a denominação que se dá ao aspecto formal de um documento. As instituições possuem diversas espécies, ex.: ofício, memorando, declaração, certidão.

Tipologia documental é a denominação que se dá quando reunimos determinada espécie à função ou atividade que o documento exerce. Ex.: Declaração de imposto de renda, certidão de nascimento.

---

20. **(2013 - CNJ - Analista Judiciário)** A reunião de espécies documentais que se assemelham por suas características essenciais é denominada tipo documental.

GABARITO: ERRADO.

Espécie é a denominação que se dá ao aspecto formal de um documento, as instituições possuem diversas espécies. Ex.: ofício, memorando, declaração, certidão.

Tipologia documental é a denominação que se dá quando reunimos determinada espécie à função ou atividade que o documento irá exercer. Ex.: Declaração de imposto de renda, certidão de nascimento.

Espécie	Tipologia Documental
Contrato	Contrato de locação
Alvará	Alvará de funcionamento
Certidão	Certidão de nascimento

Funções Arquivísticas

A respeito das funções arquivísticas, julgue os itens de 21 a 25.

21. (2013 - INPI - Analista de Planejamento) A definição de uma política de incorporação de fundos arquivísticos para uma instituição arquivística deve prever o recolhimento institucional e a aquisição, realizadas por meio de doação, compra ou comodato.

GABARITO: CERTO.

De acordo com o Dicionário Brasileiro de Terminologia Arquivística, por entrada de documentos entende-se: 1. Ingresso de documentos em arquivo, seja por comodato, compra, custódia, dação, depósito, doação, empréstimo, legado, permuta, recolhimento, reintegração ou transferência; e 2. Ingresso de documentos em arquivo corrente através do protocolo.

22. (2013 - INPI - Analista de Planejamento) É correto afirmar que a organização intelectual dos documentos de um fundo pode ser feita por meio de um quadro de arranjo.

GABARITO: CERTO.

A gestão de documentos permanentes tem uma administração bem mais complexa que os arquivos correntes e intermediários. Suas atividades principais são: 1. Arranjo: reunião e ordenação dos documentos em fundos; as atividades desenvolvidas no arranjo são intelectuais – análise dos documentos quanto à sua forma, origem funcional e conteúdo – e físicas – colocação dos papéis nas estantes ou caixas, seu empacotamento, etc.; 2. Descrição e Publicação: acesso dos documentos para consulta e divulgação do acervo; 3. Conservação: medidas de proteção para evitar sua destruição; 4. Referência: política de acesso e uso dos documentos.

Marilena Leite Paes (2013), na obra Arquivo: Teoria e Prática, afirma que ***há considerável diferença entre o arranjo do arquivo corrente e o do arquivo permanente. (...). No arquivo corrente a documentação é recente e provém de setores próximos, que a utilizam com frequência. No arquivo permanente os documentos, procedentes dos arquivos correntes, já vem ordenados, (...), o arquivista se ocupa da ordenação de todos os documentos sob sua guarda e que provêm de múltiplos órgãos. (...). Quanto aos arquivos intermediários, não existem métodos ou princípios específicos de arranjo (...).***

ARQ

23. (2013 - INPI - Analista de Planejamento) O estudo de usuários é uma atividade relacionada à função arquivística de descrição.

GABARITO: ERRADO.

Descrição e Publicação: acesso dos documentos para consulta e divulgação do acervo. O processo da descrição consiste na elaboração de instrumentos de pesquisa que possibilitam identificar, rastrear e localizar dados, seja pela via sumária, seja pela analítica.

De acordo com o Dicionário Brasileiro de Terminologia Arquivística, a descrição é o conjunto de procedimentos que leva em conta os elementos formais e de conteúdo dos documentos para a elaboração de instrumentos de pesquisa.

24. (2013 - INPI - Analista de Planejamento) A elaboração de guias de procedimentos administrativos integra a função de criação de documentos.

GABARITO: CERTO.

São três fases básicas da gestão de documentos. 1ª fase: Produção - consiste na elaboração dos documentos em razão das atividades específicas de uma instituição ou setor. Tem como característica a otimização na criação, que evita a reprodução desnecessária de documentos, ocorre na fase corrente. 2ª fase: Utilização - fluxo percorrido pelos documentos; necessário para o cumprimento de sua função administrativa. Tem como características: envolver as atividades de protocolo; classificar os documentos; controlar o acesso e a recuperação da informação; é desenvolvida a gestão de Arquivos Correntes e Intermediários. 3ª fase: Destinação – consiste nas atividades de análise, seleção e fixação de prazos de guarda dos documentos. É nessa fase que se decide quais os documentos a serem eliminados e quais a serem preservados. Acontece no arquivo corrente e intermediário. Nessa fase deve-se avaliar e selecionar os documentos a fim de determinar o prazo de vida dos mesmos, de acordo com seus valores informativo e probatório e, caso não os tenha, a eliminação.

25. (2013 - INPI - Analista de Planejamento) Uma das atividades essenciais da função Classificação é a elaboração da tabela de temporalidade.

GABARITO: ERRADO.

A tabela de temporalidade de documentos é resultante da etapa de avaliação dos documentos. É ela que determina o prazo de guarda dos documentos nas fases corrente e intermediária, como indica a destinação final. CPAD - Comissão Permanente de Avaliação de Documentos ou Comissão de Análise de Documentos – que é quem elabora a tabela de temporalidade.

Classificação de Documentos

Com relação à análise e à classificação de documentos, julgue os itens de 26 a 28.

26. (2013 - SERPRO - Técnico/Suporte Administrativo) A classificação é uma atividade que antecede a avaliação de documentos.

GABARITO: CERTO.

São três fases básicas na gestão de documentos: Produção, Utilização e Destinação (PUD).

Produção: elaboração dos documentos em razão das atividades específicas de uma instituição ou setor. É a 1ª fase e tem como característica a otimização na criação, que evita a reprodução desnecessária de documentos, ocorre na fase corrente. Utilização: fluxo percorrido pelos documentos; necessário para o cumprimento de sua função administrativa. É a 2ª fase e tem como características: envolver as atividades de protocolo; classificar os documentos; controlar o acesso e a recuperação da informação. É nessa fase que se desenvolve a gestão de arquivos correntes e intermediários. Destinação: atividades de análise, seleção e fixação de prazos de guarda dos documentos; deve-se decidir quais os documentos a serem eliminados e quais serão preservados. Acontece no arquivo corrente e intermediário. Deve-se avaliar e selecionar os documentos para determinar o prazo de vida dos mesmos de acordo com seus valores informativo e probatório e, caso não os tenha, a eliminação.

A classificação dos documentos ocorre na segunda fase da gestão de documentos de arquivo, que é a utilização. Após a fase da utilização, são realizadas as atividades de avaliação que consistem num processo de seleção de documentos visando estabelecer prazos para sua guarda nas fases corrente e intermediária e sua destinação final, ou seja, eliminação ou recolhimento para guarda permanente. Alguns autores colocam a avaliação como a terceira fase da gestão de documentos, PUAD: Produção, Utilização, Avaliação, Destinação.

27. **(2013 - SERPRO - Técnico/Suporte Administrativo)** A classificação de documentos é uma rotina do setor de protocolo.

GABARITO: CERTO.

Atividades de protocolo - conjunto de operações visando o controle dos documentos que ainda tramitam no órgão, de modo a assegurar a imediata localização e recuperação dos mesmos, garantindo, assim, o acesso à informação. São atividades de protocolo: recebimento; registro; autuação; classificação; expedição/distribuição; controle/movimentação.

28. **(2013 - SERPRO - Técnico/Suporte Administrativo)** O reconhecimento da espécie documental é um elemento fundamental para a correta classificação de um documento de arquivo.

GABARITO: ERRADO.

Os documentos de arquivo são classificados a partir de métodos baseados nas particularidades das atividades geradoras, ou seja, a classificação baseia-se nas atividades institucionais da entidade. O gênero documental é a *Reunião de espécies documentais que se assemelham por seus caracteres essenciais, particularmente o suporte e o formato, e que exigem processamento técnico específico e, por vezes, mediação técnica para acesso(1), como documentos audiovisuais, documento bibliográficos, documentos cartográficos, documentos eletrônicos, documentos filmográficos, documentos iconográficos, documentos micrográficos, documentos textuais.*

Espécie documental: *Divisão de gênero documental que reúne tipos documentais por seu formato. São exemplos de espécies documentais ata, carta, decreto, disco filme(2), folheto, memorando, ofício, planta, relatório."* **(Arquivo Nacional, 2006) Tipo documental:** *Divisão de espécie documental que reúne documentos por suas características comuns no que diz respeito à fórmula diplomática, natureza de conteúdo ou técnica do registro. São exemplos de tipos documentais cartas precatórias, cartas régias, cartas-patentes, decretos sem número, decretos-leis, decretos legislativos, daguerreótipos, litogravuras, serigrafias, xilogravuras.*

29. **(2013 - ANP - Analista Administrativo)** Segundo Luis Carlos Lopes, o cerne das práticas arquivísticas é formado pela classificação, pela avaliação e pela descrição.

Acerca dessas três funções arquivísticas, julgue o item a seguir.

O principal instrumento de classificação é o inventário de documentos.

GABARITO: ERRADO.

O principal instrumento é o plano de classificação.

O inventário é um instrumento de pesquisa que descreve, sumária ou analiticamente, as unidades de arquivamento de um fundo ou parte dele, cuja apresentação obedece a uma ordenação lógica que poderá refletir ou não na disposição física dos documentos.

Dicionário Brasileiro de Tecnologia Arquivística. Arquivo Nacional, Rio de Janeiro, 2005.

30. **(2013 - CNJ - Analista Judiciário)** A respeito de funções arquivísticas, julgue os itens subsequentes.

Classificação e arranjo são sinônimos de uma mesma atividade: o agrupamento lógico dos documentos de arquivo.

GABARITO: CERTO.

O arranjo é uma sequência de operações intelectuais e físicas que visam à organização dos documentos de um arquivo ou coleção, de acordo com um plano ou quadro previamente estabelecido. A classificação consiste na organização dos documentos de um arquivo ou coleção, de acordo com um plano de classificação, um código de classificação ou um quadro de arranjo; A análise e identificação do conteúdo de documentos, refere-se à seleção da categoria de assunto sob a qual sejam recuperados, podendo-se-lhes atribuir códigos; A atribuição a documentos ou às informações neles contidas, de graus de sigilo, conforme legislação específica.

Princípios Arquivísticos

Julgue os itens 31 e 32, acerca dos conceitos fundamentais de arquivologia.

31. **(2014 - TC/DF - Técnico de Administração Pública)** O princípio da proveniência permite identificar o fundo a que pertence determinado documento de arquivo.

GABARITO: CERTO.

O princípio da proveniência ou princípio de respeito aos fundos estabelece que os arquivos originários de uma instituição ou pessoa mantenham sua individualidade, sem jamais se misturarem aos de outra origem.

32. (**2014 - TC/DF - Técnico de Administração Pública**) Aplica-se o princípio da pertinência para a definição dos prazos de guarda dos documentos do arquivo permanente.

GABARITO: ERRADO.

Segundo o princípio da pertinência (ou temático), os documentos são reclassificados por assunto, sem levar em consideração a proveniência e a classificação original.

33. (**2014 - CADE - Agente Administrativo**) No que se refere aos conceitos fundamentais de arquivologia, a classificação de documentos por assunto é o principal fundamento do princípio da reversibilidade.

GABARITO: ERRADO.

Segundo o princípio da reversibilidade, todos os arquivos podem ser mudados, revistos e revertidos a qualquer tempo. Por esse princípio, todo procedimento ou tratamento empreendido em arquivos pode ser revertido, se necessário.

34. (**2013 - BACEN - Analista/Infraestrutura e Logística**) No que diz respeito a teorias, conceitos e princípios da arquivologia, julgue o item a seguir.

A aplicação do princípio temático possibilita a criação do fundo de arquivo da instituição.

GABARITO: ERRADO.

Segundo o autor George Melo Rodrigues (2012), em sua obra Arquivologia, o princípio da pertinência ou temático, os documentos deveriam ser reclassificados por assunto, sem levar em consideração a proveniência e a organização original.

Acerca dos princípios e conceitos da arquivística, julgue os itens 35 e 36.

35. (**2013 - STF - Técnico Judiciário/Área Administrativa**) A diferença entre os arquivos e as bibliotecas pode ser reconhecida na função administrativa que os arquivos têm para uma organização pública ou privada, diferentemente da função cultural das bibliotecas.

GABARITO: CERTO.

O arquivo caracteriza-se por ser um conjunto orgânico, que resulta das atividades de uma pessoa física ou jurídica, e não de uma coleção de documentos de diversas fontes. O arquivo de um órgão é o conjunto de documentos recebidos ou expedidos por esse órgão no exercício de suas atividades. Esse conjunto de documentos pode ser formado por qualquer espécie documental. A biblioteca é um órgão colecionador, enquanto o arquivo é um órgão receptor. As finalidades da biblioteca e do museu são didáticas, culturais, técnicas ou científicas.

36. (2013 - STF - Técnico Judiciário/Área Administrativa) O princípio arquivístico fundamental para as ações de organização dos arquivos é conhecido como princípio da unicidade.

GABARITO: ERRADO.

Unicidade não é um princípio arquivístico e sim uma das características presentes nos documentos, junto com a autenticidade; a naturalidade; a imparcialidade e o inter-relacionamento.

---

37. (2013 - SERPRO - Técnico/Suporte Administrativo) Com base em conceitos de arquivologia, julgue o item a seguir.

Quando aplicado aos documentos, o princípio de respeito aos fundos origina o centro de documentação de uma instituição.

GABARITO: ERRADO.

Segundo o Dicionário Brasileiro de Terminologia Arquivística, por fundo entende-se o conjunto de documentos de uma mesma proveniência. Fundo significa um conjunto de documentos de uma mesma pessoa física ou jurídica.

Conforme o princípio de respeito aos fundos, o arquivo produzido por uma instituição não deve ser misturado aos de outras entidades geradoras. Ainda, de acordo com o dicionário, um centro de documentação é uma instituição ou serviço responsável pela centralização de documentos e de disseminação de informações que agrupa qualquer tipo de documento, exigindo especialização para aproveitá-lo com eficiência.

---

38. (2013 - ANP - Analista Administrativo) Segundo Luis Carlos Lopes, o cerne das práticas arquivísticas é formado pela classificação, pela avaliação e pela descrição.

Acerca dessas três funções arquivísticas, julgue o item que se segue.

O princípio da pertinência é o princípio norteador da sistemática de arranjo.

GABARITO: ERRADO.

O princípio básico e norteador da arquivologia é o princípio da proveniência, conhecido também como princípio do respeito aos fundos.

O princípio de respeito aos fundos é fundamental para a ordenação dos acervos arquivísticos de terceira idade. Isso significa que a estrutura e o funcionamento da administração são os elementos que guiam o arranjo dos documentos.

Julgue os itens 39 e 40, relativo aos fundamentos arquivísticos.

39. (2013 - ANP - Analista Administrativo) A diferença principal entre o princípio da proveniência e o princípio da ordem original é que o primeiro é aplicado nas instituições públicas e o segundo em acervos de arquivos privados ou pessoais.

GABARITO: ERRADO.

O Princípio da proveniência está ligado à origem. Cada arquivo deverá manter-se no seu fundo.

O Princípio da Ordem original diz que os arquivos devem preservar a ordem intelectual de acumulação dos seus documentos.

Ambos podem ser aplicados em instituições públicas e privadas.

40. (2013 - ANP - Analista Administrativo) Para classificar os documentos de arquivo pelas funções e atividades, é necessário aplicar o princípio da pertinência.

GABARITO: ERRADO.

O princípio da pertinência é o princípio segundo o qual os documentos deveriam ser reclassificados por assunto, sem levar em conta a proveniência e a classificação original. Também é chamado de princípio temático.

A organicidade ou respeito pela estrutura reflete a estrutura, as funções e as atividades da instituição produtora e acumuladora em suas relações internas e externas. Os documentos não devem ser misturados com de outras entidades produtivas. Para verificar a sua organicidade, enquanto documento de arquivo, é necessário fazer a vinculação do documento com a estrutura da empresa e suas atividades. Se o documento reflete essa estrutura ele é orgânico, se não reflete não é orgânico.

41. (2013 - CNJ - Analista Judiciário) A respeito de funções arquivísticas, julgue o item a seguir.

O processo de avaliação é realizado com base no princípio da pertinência.

GABARITO: ERRADO.

O princípio da pertinência ou temático: É a qualidade pela qual os documentos, quando recolhidos a uma instituição arquivística, são reclassificados e reorganizados por assuntos, independentemente da sua proveniência e organização original.

Acerca de princípios e conceitos arquivísticos, julgue os itens de 42 a 50.

42. (2013 - CNJ - Analista Judiciário) Os arquivos são organizados, mantidos e preservados originalmente devido a sua função cultural.

GABARITO: ERRADO.

Os arquivos são organizados, mantidos e preservados originalmente, devido a sua função administrativa.

43. (2013 - CNJ - Analista Judiciário) O respeito ao modo como os documentos foram acumulados e mantidos em sua origem refere-se à aplicação do princípio da procedência externa.

GABARITO: ERRADO.

A ordem original ou custódia intacta ou santidade trata das relações estruturais e funcionais da origem dos arquivos. Fornece o caminho para a organização interna do fundo. Segundo esse princípio, o arquivo deve conservar o arranjo dado pela entidade coletiva, pessoa ou família que o produziu.

A organicidade ou respeito pela estrutura reflete a estrutura, as funções e as atividades da instituição produtora e acumuladora em suas relações internas e externas.

Os documentos não devem ser misturados com os de outras entidades produtivas. Para verificar a sua organicidade, enquanto documento de arquivo, é necessário fazer a vinculação do documento com a estrutura da empresa e suas atividades, se o documento reflete essa estrutura, ele é orgânico, se não refletir, não é orgânico.

44. **(2013 - CNJ - Analista Judiciário)** O aumento do volume documental, após a Segunda Guerra Mundial, foi um dos motivos para a elaboração dos princípios e conceitos arquivísticos utilizados, atualmente, na intervenção da realidade documental nas organizações.

GABARITO: CERTO.

O conceito de gestão de documentos foi formulado após o advento da Segunda Guerra Mundial, quando ocorreu uma explosão documental no âmbito das administrações públicas. Como consequência houve a necessidade de racionalizar e de controlar o volume de grandes massas documentais acumuladas em depósitos de arquivos.

45. **(2013 - CNJ - Analista Judiciário)** O princípio de territorialidade é a base para a elaboração e aplicação do princípio de respeito aos fundos.

GABARITO: ERRADO.

Segundo a proveniência ou respeito aos fundos, os documentos são arquivados respeitando-se a separação por pessoa, setor, divisão, departamento e instituição de origem, com o objetivo de facilitar o acesso, a consulta e o manuseio para acelerar o processo. Ao tratar da documentação de uso não corrente, deve-se obedecer ao princípio da proveniência, segundo o qual devem ser mantidos e reunidos num mesmo fundo, todos os documentos provenientes de uma mesma fonte geradora de arquivo. O inventário é um instrumento no qual as unidades de arquivamento de um fundo ou de uma de suas divisões são identificadas e descritas resumidamente. Delimita externamente o conjunto. Esse princípio fixa a identidade do documento, relativamente a seu produtor. Os arquivos são organizados em obediência à competência e às atividades da instituição ou pessoa, legitimamente responsável pela produção, acumulação ou guarda dos documentos. Os arquivos originários de uma instituição ou de uma pessoa devem manter a respectiva individualidade, dentro de seu contexto orgânico de produção, não devendo ser mesclados a outros de origem distinta.

A territorialidade refere-se à abrangência territorial do documento, ou seja, os poderes de pertença, onde foi produzido e/ou recebido (nacional, regional, institucional). Os arquivos públicos devem fazer parte do território no qual foram criados, devendo, portanto, a eles pertencer. A Banca CESPE ainda considerou como correta esta afirmação: ***Significa que os arquivos devem ser conservados o mais perto possível do lugar de sua criação e aplicação e guardados por quem os acumulou.***

46. **(2013 - CNJ - Analista Judiciário)** A delimitação do fundo de arquivo, base conceitual da prática arquivística, é obtida a partir da aplicação do princípio da ordem original.

GABARITO: ERRADO.

A ordem original ou custódia intacta ou santidade abrange as relações estruturais e funcionais da origem dos arquivos. Fornece o caminho para a organização interna do fundo. Por esse princípio o arquivo deve conservar o arranjo dado pela entidade coletiva, pessoa ou família que o produziu.

47. **(2013 - INPI - Analista de Planejamento)** A aquisição é uma função arquivística referente às atividades de transferência e recolhimento dos documentos de arquivo.

GABARITO: CERTO.

Funções Arquivísticas, segundo Rousseau e Couture (1994), são sete: ***produção, avaliação, aquisição, classificação, descrição, conservação e difusão. Elas englobam todo o ciclo vital do documento e, em sua totalidade, buscam tornar o acesso à informação dinâmico e satisfatório. A aquisição de documentos se aplica ao longo do ciclo de vida dos arquivos. São essas etapas que regem a passagem dos arquivos correntes aos intermediários e dos arquivos intermediários ao recolhimento nos arquivos permanentes. Essas etapas dizem respeito também à aquisição dos documentos por doação, recolhimento, reintegração, etc.*** **Para Bellotto (2006),** ***a aquisição é a passagem dos documentos pelas três idades dos documentos: a produção, a tramitação e o recolhimento permanente.***

48. **(2013 - INPI - Analista de Planejamento)** A organicidade é o princípio que possibilita a diferenciação entre documentos de arquivo e outros documentos existentes no ambiente organizacional.

GABARITO: CERTO.

A organicidade ou respeito pela estrutura é a qualidade, segundo a qual, os arquivos refletem a estrutura, funções e atividades da entidade produtora e acumuladora em suas relações internas e externas. Para saber se um documento é orgânico, isto é, para verificar a sua organicidade enquanto documento de arquivo, é necessário fazer a vinculação do documento com a estrutura da empresa e suas atividades, se o documento reflete essa estrutura ele é orgânico, se não reflete não é orgânico.

49. **(2013 - INPI - Analista de Planejamento)** Ao ser aplicado o princípio de territorialidade, a proveniência interna dos documentos de arquivo é respeitada.

GABARITO: ERRADO.

Pelo principio da territorialidade entende-se que os arquivos públicos devem fazer parte do território no qual foram criados, devendo, portanto, a eles pertencer. É a abrangência territorial do documento, ou seja, dos poderes de pertença, onde foi produzido e/ou recebido (nacional, regional, institucional). A Banca CESPE ainda considerou como correta esta afirmação: ***Significa que os arquivos devem ser conservados o mais perto possível do lugar de sua criação e aplicação e guardados por quem os acumulou.***

50. (2013 - CNJ - Técnico Judiciário) A manutenção de documentos agrupados de acordo com sua origem ou proveniência, medida essa que garante o potencial informativo dos arquivos, é resultado da aplicação do conceito das três idades documentais.

GABARITO: ERRADO.

O princípio da proveniência ou respeito aos fundos diz que devem ser mantidos, em um mesmo fundo, todos os documentos provenientes de uma mesma fonte geradora.

Tabela de Temporalidade

Em relação aos códigos, planos de classificação de documentos e tabelas de temporalidade e destinação de documentos de arquivos, julgue os itens de 51 a 56.

51. (2013 - SERPRO – Analista) A tabela de temporalidade e destinação de documentos contém um esquema do ciclo de vida dos documentos, com prazos para guardar na fase corrente, até a transferência para a fase permanente, ou sua eliminação.

GABARITO: ERRADO.

A transferência ocorre da fase corrente à fase intermediária e o recolhimento acontece da fase corrente ou intermediária para a permanente.

52. (2013 - SERPRO – Analista) A aprovação por autoridade competente constitui condição dispensável para a aplicação da tabela de temporalidade.

GABARITO: ERRADO.

A aprovação por autoridade competente constitui condição indispensável para a aplicação da tabela de temporalidade. Essa tabela é o instrumento fundamental da avaliação, pois registra o ciclo de vida dos documentos. Nela devem constar os prazos de arquivamento dos documentos no arquivo corrente, de sua transferência ao arquivo central ou intermediário, e de sua destinação final, quando se determina sua eliminação ou recolhimento ao arquivo permanente.

53. (2013 - SERPRO – Analista) A mudança na estrutura administrativa da organização é o único fator que leva à alteração da tabela de temporalidade.

GABARITO: ERRADO.

A tabela é um instrumento da gestão documental, passível de alterações na medida em que a produção de documentos se altera, devido a mudanças sociais, administrativas e jurídicas. No entanto, alterações de qualquer natureza devem partir do órgão regulador da política de arquivos.

54. (2013 - SERPRO – Analista) Para a concepção de planos de classificação é indispensável a realização de um levantamento a respeito das estruturas, das funções e das atividades da organização na qual o arquivo está localizado.

GABARITO: CERTO.

De acordo com o Dicionário Brasileiro de Terminologia Arquivística, um código de classificação é um código derivado de um plano de classificação. E por plano de classificação entende-se o esquema de distribuição de documentos em classes, de acordo com métodos de arquivamento específicos, elaborados a partir do estudo das estruturas e das funções de uma instituição e da análise do arquivo por ela produzido. Expressão geralmente adotada em arquivos correntes. O código de classificação é baseado na estrutura, na função e nas atividades da instituição.

55. (**2013 - SERPRO – Analista**) A criação de um plano de classificação que represente as atividades da instituição deve ocorrer em três etapas: identificação da procedência, do conteúdo e da tipologia dos documentos do acervo.

GABARITO: CERTO.

Sobre o plano de classificação devem ser feitas as seguintes considerações: é essencial que as classes sejam formadas numa base a posteriori, e não a priori, pois na medida em que ocorre a expansão, as classes podem ser subdivididas em subclasses. O tamanho e a complexidade de uma entidade determinarão quantas classes devem ser criadas para a classificação de seus documentos. É a complexidade e extensão de uma classe que fundamenta a sua subdivisão. Os documentos não devem ser ultraclassificados. É importante que haja consistência quanto aos sucessivos níveis de subdivisões de um sistema de classificação. Dessa forma, se a divisão primária é feita a partir da função, então todas as divisões desse nível devem respeitar esse princípio. É importante que haja consistência quanto aos sucessivos níveis de subdivisões. Os cabeçalhos e os títulos das pastas devem ser escolhidos cuidadosamente.

56. (**2013 - SERPRO – Analista**) Apesar da complexidade inerente à sua elaboração, o plano de classificação deve possuir linguagem acessível, que torne simples a sua utilização.

GABARITO: CERTO.

"Apesar da complexidade inerente à sua elaboração, o plano de classificação deve possuir linguagem acessível, que torne simples a sua utilização. Isso quer dizer que, apesar de ser necessário um conhecimento técnico específico para a elaboração do plano de classificação, este deve possuir uma linguagem simples, clara e acessível, já que a sua utilização dar-se-á tanto por profissionais da área, quanto por não profissionais.

57. (**2013 - ANS - Técnico Administrativo**) Com relação à gestão de documentos, julgue o item a seguir.

A tabela de temporalidade faz referência aos prazos de guarda nos arquivos correntes e intermediários e à destinação final dos documentos de arquivo.

GABARITO: CERTO.

A tabela de temporalidade é o instrumento resultante da avaliação dos documentos e determina o prazo de guarda dos documentos nas fases corrente e intermediária, bem como na sua destinação final.

Julgue os itens de 58 a 61, no que se refere à classificação e à tabela de temporalidade de documentos.

58. (2013 - Polícia Federal - Escrivão de Polícia Federal) A organização de documentos de arquivo envolve a classificação, a ordenação e o arquivamento. A classificação e a ordenação são operações intelectuais e o arquivamento, uma operação física.

GABARITO: CERTO.

A autora Marilena Leite Paes (2013), em sua obra Arquivo: Teoria e Prática, aborda que a classificação de documentos consiste na atribuição de um código ao mesmo, de acordo com um plano de classificação adotado pela instituição. É, basicamente, a interpretação dos documentos. Para isso, é indispensável conhecer o funcionamento e as atividades desenvolvidas pelos órgãos que recebem e produzem os documentos remetidos ao arquivo. A ordenação é a disposição dos documentos de acordo com a classificação e a codificação dadas. Nessa operação, os documentos podem ser dispostos em pilhas, escaninhos ou classificadores, enquanto as fichas devem ser separadas por guias. São objetivos da ordenação: agilizar o arquivamento e a racionalização do trabalho.

O arquivamento é a guarda do documento propriamente dita, a sua colocação no invólucro e no local destinado para tal, conforme as determinações de classificação e de ordenação. Assim, as duas primeiras atividades podem ser entendidas como planejamento e a terceira como execução. O correto arquivamento dos documentos deve fazer com que o arquivista obedeça a uma sequência de etapas que são vencidas uma após a outra, sem que se perceba onde se iniciam ou terminam. As operações de arquivamento são: inspeção, estudo, classificação, codificação, ordenação e guarda dos documentos, que é o arquivamento propriamente dito.

59. (2013 - Polícia Federal - Escrivão de Polícia Federal) Definir a destinação final de determinado documento de arquivo é estabelecer o seu prazo de guarda nos arquivos corrente e intermediário.

GABARITO: ERRADO.

Os documentos devem ser guardados pelo prazo de guarda e ter a destinação que lhes é determinada pela tabela de temporalidade. Os prazos de guarda referem-se ao intervalo de tempo em que os documentos permanecerão nas fases corrente e intermediária.

A destinação final pode ser de duas formas: a eliminação (não há como recuperar documento eliminado) ou a guarda permanente (documento com valor histórico, probatório ou informativo).

Nos arquivos correntes e intermediários, os documentos cumprem seus prazos de guarda e de destinação final: eliminação ou guarda permanente. Destinação é a decisão, com base na avaliação, quanto ao encaminhamento de documentos para a guarda permanente, descarte ou eliminação. A tabela de temporalidade é o instrumento de destinação, aprovado por autoridade competente, que determina prazos e condições de guarda tendo em vista a transferência, recolhimento, descarte ou eliminação de documentos.

60. (2013 - Polícia Federal - Escrivão de Polícia Federal) Os documentos de arquivo, após cumprirem o prazo de guarda nos arquivos correntes, devem ser transferidos para o arquivo permanente.

GABARITO: ERRADO.

Conforme literatura especializada, os documentos devem ser recolhidos ao arquivo permanente. A transferência aplica-se aos documentos direcionados aos arquivos intermediários.

61. (2013 - Polícia Federal - Escrivão de Polícia Federal) O instrumento elaborado para a classificação dos documentos de arquivo é o plano de destinação de documentos.

GABARITO: ERRADO.

O instrumento elaborado para a classificação dos documentos de arquivo é o plano ou código de classificação de documentos, conforme literatura especializada.

De acordo com o Dicionário Brasileiro de Terminologia Arquivística, o plano de classificação é o esquema de distribuição de documentos em classes, de acordo com métodos de arquivamento específicos, elaborados a partir do estudo das estruturas e das funções de uma instituição e da análise do arquivo por ela produzido. Expressão geralmente adotada em arquivos correntes. É preciso ver também o código de classificação. Por plano de destinação, entende-se o esquema no qual se fixa a destinação dos documentos.

62. (2013 – TCE/RO - Agente Administrativo) Com relação à gestão de documentos, julgue o item a seguir.

A verificação dos prazos de guarda de um documento de arquivo é feita considerando-se o instrumento de descrição estabelecido na Norma Brasileira de Descrição Arquivística.

GABARITO: ERRADO.

A verificação dos prazos de guarda e da destinação dos documentos refere-se à transferência, guarda permanente ou eliminação. É objeto da atividade de destinação. Esta ocorre apenas nos arquivos correntes e intermediários e apoia-se na tabela de temporalidade.

É o conjunto de procedimentos que leva em conta os elementos formais e de conteúdo dos documentos para a elaboração de instrumentos de pesquisa, constitui a atividade de descrição. Esta é realizada em arquivos permanentes, considerando o instrumento de descrição estabelecido na Norma Brasileira de Descrição Arquivística.

A verificação dos prazos de guarda utiliza-se da tabela de temporalidade e não de instrumento de descrição.

63. **(2013 - STF - Técnico Judiciário/Área Administrativa)** Julgue o item a seguir, referente à gestão de documentos.

De acordo com uma tabela de temporalidade, a destinação final dos documentos de arquivo pode ser a digitalização.

GABARITO: ERRADO.

A tabela de temporalidade é um instrumento arquivístico, resultante da avaliação, que tem por objetivo definir prazos de guarda, nas fases corrente e intermediária, assim como a destinação final dos documentos: a guarda permanente ou a sua eliminação.

64. **(2013 - ANP - Analista Administrativo)** Segundo Luis Carlos Lopes, o cerne das práticas arquivísticas é formado pela classificação, pela avaliação e pela descrição.

Acerca dessas três funções arquivísticas, julgue o item a seguir.

A tabela de temporalidade de documentos é aplicada no arquivo corrente e no arquivo intermediário definindo a destinação final dos documentos.

GABARITO: CERTO.

A tabela de temporalidade será elaborada pela Comissão Permanente de Avaliação de Documentos ou Comissão de Análise de Documentos e será aprovada por autoridade competente do órgão para que possa ser aplicada na instituição. Cada instituição cria sua tabela de temporalidade, uma vez que, concluída e aplicada, as eventuais alterações ou inclusões deverão ser submetidas à comissão que a criou. Não há prazo de guarda padrão e nem prazo máximo para os documentos nas fases corrente e intermediária, pois cada documento terá seu próprio prazo, de acordo com o estabelecido na comissão.

65. **(2013 - CNJ - Técnico Judiciário)** No que se refere ao acondicionamento, armazenamento e preservação de documentos, julgue o item a seguir.

A avaliação dos documentos de arquivo é feita com base na tabela de temporalidade que, além dos prazos de guarda nas idades corrente e intermediária, indica a eliminação ou guarda permanente dos documentos.

GABARITO: CERTO.

A tabela de temporalidade de documentos é o instrumento resultante da etapa de avaliação dos documentos. É ela que determina o prazo de guarda dos documentos nas fases corrente e intermediária. É ela que indica a destinação final: eliminação ou recolhimento para guarda permanente.

A tabela de temporalidade será elaborada pela Comissão Permanente de Avaliação de Documentos ou Comissão de Análise de Documentos (CPAD).

É recomendável que a avaliação seja feita nos documentos na fase corrente, para se evitar que documentos sejam transferidos para o arquivo intermediário de forma desnecessária, fato que gera custos à entidade.

Protocolo

66. (2013 - ANS - Técnico Administrativo) Com relação à gestão de documentos, julgue o item que se segue.
A primeira atividade do protocolo, quando o documento de arquivo é produzido ou recebido, é o registro desse documento.
GABARITO: CERTO.

Protocolo é o conjunto de operações que visa ao controle dos documentos que ainda tramitam no órgão, de modo a assegurar sua imediata localização e recuperação, garantindo assim, o acesso à informação.

O protocolo (enquanto conjunto de operações de controle) realiza as seguintes atividades: Recebimento; Registro; Autuação; Classificação; Expedição/Distribuição; Controle/Movimentação. Marilena Leite Paes (2013), em Arquivo: Teoria e Prática, afirma que *embora as atividades de protocolo, expedição e arquivo corrente sejam distintas, o ideal é que funcionem de forma integrada, com vistas à racionalização de tarefas comuns.*

Julgue os itens de 67 a 69, acerca das atividades de protocolo.

67. (2013 – TCE/RS - Oficial de Controle Externo) A distribuição de documentos do arquivo corrente para o arquivo intermediário é denominada transferência.
GABARITO: CERTO.

Transferência é a entrada de documentos no arquivo intermediário.

Recolhimento é a entrada de documentos no arquivo permanente.

68. (2013 - TCE/RS - Oficial de Controle Externo) Após o recebimento da correspondência, deve-se, em primeiro lugar, separar a correspondência oficial sigilosa da particular, de caráter ostensivo.
GABARITO: ERRADO.

De acordo com Marilena Leite Paes, em sua obra Arquivo: Teoria e Prática, as atividades de protocolo são duas: recebimento e classificação e registro e movimentação. As rotinas de recebimento e classificação são as seguintes:

1. Receber a correspondência;

2. Separar a correspondência oficial da particular;

3. Distribuir a correspondência particular;

4. Separar a correspondência oficial, de caráter ostensivo, da de caráter sigiloso;

5. Encaminhar a correspondência sigilosa aos respectivos destinatários;

6. Abrir a correspondência ostensiva.

ARQ

69. (2013 – TCE/RS - Oficial de Controle Externo) Recebimento, classificação, registro e distribuição são tarefas de protocolo no âmbito do arquivo corrente.
GABARITO: CERTO.

Segundo Marilena Leite Paes (2013), as atividades dos arquivos correntes são:

1. Protocolo;

2. Expedição;

3. Arquivamento;

4. Empréstimo e consulta;

5. Destinação.

As atividades de protocolo são as seguintes:

Recebimento e classificação;

Registro e movimentação (centro de distribuição e redistribuição de documentos).

---

70. **(2013 – PC/DF - Escrivão de Polícia)** No que se refere à arquivologia, julgue o item que se segue.

O protocolo visa, sobretudo, a identificação de metadados, com os quais são possíveis o controle e o acesso aos documentos de arquivo.

GABARITO: CERTO.

Os metadados são dados estruturados e codificados, que descrevem e permitem acessar, gerenciar, compreender e/ou preservar outros dados ao longo do tempo.

O protocolo é o serviço encarregado do recebimento, registro, classificação, distribuição, controle da tramitação e expedição de documentos.

---

71. **(2013 - STF - Técnico Judiciário - Área Administrativa)** Julgue o item que se segue, referente à gestão de documentos.

Quando o protocolo remete documentos aos setores de trabalho para estes decidirem sobre a matéria contida nesses documentos, ele realiza uma de suas principais atividades, que é o registro.

GABARITO: ERRADO.

O protocolo é o serviço encarregado do recebimento, registro, classificação, distribuição, controle da tramitação e expedição de documentos. A remessa do documento aos setores de trabalho, realizada pelo protocolo, é denominada distribuição e o registro consiste no cadastro dos dados básicos do documento para facilitar sua localização. É uma atividade que consiste no cadastramento dos dados dos documentos em um sistema eletrônico ou em formulários específicos.

Com relação às atividades inerentes ao setor de protocolo, julgue os itens 72 e 73.

72. **(2013 - SERPRO – Analista)** É vedada a abertura dos envelopes que apresentam características oficiais associadas ao termo confidencial.

GABARITO: CERTO.

A correspondência confidencial/particular, não deve ser aberta ou registrada, deve ser encaminhada ao destinatário. A correspondência oficial, em cujo envelope haja indicação de particular, não deve ser aberta, mesmo que trate de assunto específico

das atividades da instituição destinatária. As rotinas de protocolo compreendem o recebimento do documento, o registro do documento no sistema e a distribuição do documento ao(s) destinatário(s), não sendo estendidas essas rotinas aos documentos de caráter particular. A correspondência particular não deve ser expedida pelas unidades de protocolo — central ou setorial — do órgão.

73. **(2013 - SERPRO – Analista)** O empréstimo de documentos é uma atividade do setor de protocolo.

GABARITO: ERRADO.

Segundo Marilena Leite Paes (2013), em sua obra Arquivo: Teoria e Prática, o Empréstimo é uma das atividades dos arquivos correntes:

1. Protocolo, incluindo recebimento e classificação, registro e movimentação;

2. Expedição;

3. Arquivamento;

4. Empréstimo e Consulta: Nessa etapa, que envolve a segurança dos arquivos, ocorre a liberação ou cessão para consulta dos documentos somente aos órgãos que receberam ou produziram, aos órgãos encarregados das atividades a que se referem os documentos e às autoridades superiores, na mesma linha hierárquica. Nessa fase, deve ser usada a guia-fora que auxilia o arquivo, contendo informação da pessoa que pegou o empréstimo e outros dados que facilitam o rastreamento do documento e a cobrança de pastas não devolvidas.

5. Destinação.

---

74. **(2013 - ANP - Analista Administrativo)** Acerca da gestão de documentos, julgue o item que se segue.

Os documentos de arquivo produzidos e(ou) recebidos por uma organização precisam, em algumas situações, passar por várias áreas para que decisões sejam tomadas em relação ao tema tratado no documento. Essa atividade é conhecida como tramitação.

GABARITO: CERTO.

A tramitação é o curso do documento desde a sua produção ou recepção, até o cumprimento de sua função administrativa. Também chamado movimentação ou trâmite.

Acerca de protocolo, julgue os itens de 75 a 80.

75. **(2013 - CNJ - Analista Judiciário)** Os elementos utilizados para o registro de documentos nos serviços de protocolo são metadados desses documentos.

GABARITO: CERTO.

De acordo com o Dicionário Brasileiro de Terminologia Arquivística, metadados são os dados estruturados e codificados, que descrevem e permitem acessar, gerenciar, compreender e/ou preservar outros dados ao longo do tempo.

76. (2013 - CNJ - Analista Judiciário/Arquivologia) As atividades de protocolo são de responsabilidade do arquivo geral, o qual recebe os documentos transferidos e indicados para arquivamento.

GABARITO: ERRADO.

O arquivo geral é responsável por receber arquivos recolhidos, que têm valor histórico e que devem ser guardados de forma permanente.

Segundo o Dicionário Brasileiro de Terminologia Arquivística, *o arquivo central é responsável é responsável pela normalização dos procedimentos técnicos aplicados aos arquivos de uma administração, podendo ou não assumir a centralização do armazenamento. É também chamado de arquivo geral. Em alguns países, a expressão designa o arquivo nacional.*

O arquivo setorial é o arquivo de um setor ou serviço de uma administração ou arquivo responsável pelo arquivo setorial; se existir um arquivo central, ele estará tecnicamente subordinado.

77. (2013 - CNJ - Analista Judiciário) O protocolo deve registrar todos os documentos que entram na instituição, independentemente de eles terem natureza arquivística.

GABARITO: ERRADO.

De acordo com o Dicionário Brasileiro de Terminologia Arquivística, protocolo é o serviço encarregado do recebimento, registro, classificação, distribuição, controle da tramitação e expedição de documentos. Deve-se considerar também arquivo corrente e unidade protocolizadora. Dentre as atividades do protocolo, destaca-se o recebimento com a seguinte função: receber a correspondência, separar a oficial das particulares, distribuir as particulares e encaminhar a correspondência sigilosa, separar as de caráter ostensivo daquelas que são sigilosas, proceder à abertura das ostensivas, fazer a interpretação da correspondência e sua classificação, apor o carimbo no canto superior direito, resumir o assunto tratado no documento e encaminhar ao setor responsável pelo registro e movimentação.

78. (2013 - INPI - Analista de Planejamento) A distribuição de documentos consiste na passagem dos documentos pelos setores em que se deve tomar uma decisão a respeito de seu conteúdo.

GABARITO: ERRADO.

A distribuição faz parte do protocolo e a sua função é a remessa dos documentos às unidades responsáveis sobre a matéria tratada, dentro do próprio órgão.

A Expedição é o envio do documento para outro órgão da administração pública.

79. (2013 - INPI - Analista de Planejamento) O arquivo geral é responsável pelo protocolo e pelo arquivo intermediário.

GABARITO: ERRADO.

Os arquivos geral ou central e o setorial fazem parte do ciclo vital dos documentos. O arquivo geral é aquele destinado a receber os documentos correntes provenientes dos diversos setores que integram a estrutura de uma instituição. Arquivos setoriais

são aqueles localizados nos próprios setores que produzem ou recebem os documentos, guardando documentos muito utilizados por estes, ou seja, são, essencialmente, arquivos correntes.

80. **(2013 - INPI - Analista de Planejamento)** Os documentos que não são considerados de arquivo não devem ser registrados pelos serviços de protocolo, podendo ser distribuídos pela organização sem registro.

GABARITO: CERTO.

O protocolo deve controlar somente os documentos da instituição. Os particulares devem ser entregues diretamente aos destinatários. Segundo Marilena Leite Paes (2013), em Arquivo: Teoria e Prática, *quando a correspondência é encaminhada, em geral fechada a uma instituição, há que se identificá-la por suas características externas, para que, se oficial, possa ser aberta, devidamente registrada e remetida ao destino correto. (...). É importante observar que a correspondência, (...), NÃO DEVERÁ SER ABERTA quando o envelope contiver as indicações de CONFIDENCIAL, RESERVADO, PARTICULAR ou equivalente.*

Preservação/Conservação

81. **(2013 - Polícia Federal - Escrivão de Polícia Federal)** Com relação à preservação e conservação de documentos de arquivo, julgue o item subsecutivo.

A principal medida para preservar documentos em suporte papel é a encapsulação.

GABARITO: ERRADO.

Encapsulação é um processo de preservação, no qual o documento é protegido entre folhas de poliéster transparente, cujas bordas são seladas. É considerado um dos métodos mais modernos no processo de restauração de documentos.

Laminação ou velatura é o processo de restauração que consiste no reforço de documentos deteriorados ou frágeis, colocando-os entre folhas de papel de baixa gramatura, fixadas por adesivo natural, semissintético ou sintético, por meio de diferentes técnicas, manuais ou mecânicas. É o método que mais se aproxima do ideal.

Restauração é um conjunto de procedimentos específicos para recuperação e reforço de documentos deteriorados e danificados.

Preservação é a prevenção da deterioração e danos em documentos, por meio de adequado controle ambiental e/ou tratamento físico e/ou químico.

Com relação à preservação de documentos, julgue os itens 82 e 83.

82. **(2013 - INPI - Analista de Planejamento)** A laminação é o processo de colocar um documento entre duas folhas de material transparente e inerte, selando-as ou prendendo-as pelas bordas.

GABARITO: ERRADO.

A laminação envolve o documento nas duas faces com papel de seda e acetato de celulose, prensando-o em temperatura elevada por uma prensa hidráulica, com

pressão entre 7 a 8 kg/cm e temperatura entre 145 a 155 °C; o volume do documento é reduzido, mas o peso duplica; qualquer mancha resultante do uso pode ser removida com água e sabão; a durabilidade a as qualidades do papel são asseguradas, não perdem sua legibilidade e flexibilidade; tornam-se imune à ação de fungos e pragas; é o mais próximo do ideal. A laminação manual não emprega calor nem pressão, pois estes são substituídos pela acetona; foi desenvolvida na Índia; chamada de laminação com solvente.

83. **(2013 - INPI - Analista de Planejamento)** Na liofilização, os volumes danificados são colocados em uma câmara a vácuo, onde é feita a extração da água, na forma de vapor.

GABARITO: CERTO.

No processo de liofilização, os volumes danificados são colocados em uma câmara a vácuo, onde é feita a extração da água, na forma de vapor. É o mesmo que secagem por congelamento ou secagem a frio e consiste no tratamento de documentos molhados por congelamento e subsequente secagem, mediante vácuo e elevação gradual da temperatura.

84. **(2013 - CNJ - Técnico Judiciário)** No que se refere ao acondicionamento, armazenamento e preservação de documentos, julgue o item subsecutivo.

As ações de acondicionamento e armazenamento dos documentos visam à preservação do material e à facilitação do acesso a eles. Para os documentos em suporte papel, a recomendação técnica é acondicioná-los em sacos plásticos.

GABARITO: ERRADO.

Segundo a recomendação técnica, os documentos em suporte papel devem ser colocados em local seco, com temperatura, umidade, luminosidade, fatores ambientais, físicos, químicos e humanos, controlados constantemente. Os sacos plásticos não permitem ao papel trocas com o ambiente, o que é necessário para a sua conservação, sem mencionar o possível excesso de umidade e a proliferação de micro-organismos.

85. **(2013 - MPU - Técnico Administrativo)** Julgue o item subsecutivo relativo à arquivologia.

O acondicionamento de fotografia em arquivo deve ser realizado em fôlder confeccionado em papel de pH neutro, método diferente do utilizado para a guarda de negativos, que deve ser acondicionado em envelopes confeccionados em papel de pH básico ou polietileno.

GABARITO: ERRADO.

Quando o tema for acondicionamento de fotografia é importante salientar o que diz a autora Marilena Leite Paes (2013) ao afirmar que *para se evitar a deterioração pela umidade e acidez, as fotografias devem ser acondicionadas em folders confeccionados em papel de pH neutro e guardadas em pastas suspensas, com suportes de plástico.*

Ainda segundo a autora, *devido às peculiaridades de seu suporte – filme – os negativos devem ser acondicionados em tiras, em envelopes confeccionados em papel de pH neutro ou polietileno.*

A respeito de preservação documental, julgue os itens de 86 a 89.

86. (2013 - ANP - Analista Administrativo) Na higienização de documentos infestados por mofo, deve-se tentar retirá-lo ainda em sua fase úmida para evitar a formação de manchas e trazer danos mecânicos ao documento.

GABARITO: ERRADO.

Se o mofo aparecer, é preciso remover o material afetado para uma área limpa, com umidade relativa abaixo de 45%, separando-o do resto do acervo. Para movimentar objetos mofados, é preciso colocá-los em sacos plásticos vedados; isso ajuda a evitar a contaminação de outros materiais na movimentação. É importante remover o mofo dos objetos o mais cedo possível. Pode-se deter o crescimento fúngico em materiais molhados ou úmidos por meio de secagem, congelamento ou secagem do material congelado. Caso não seja possível a secagem imediata, ou se forem muitos os objetos molhados, deve-se congelar todo o material, que poderá ser descongelado, secado e limpo em pequenos lotes. Poderá também ser secado termicamente ou a vácuo e limpo depois.

87. (2013 - ANP - Analista Administrativo) A umidade relativa elevada acima de 65% causa o inchaço e deformações das fibras de celulose de papéis e aceleram a deterioração ácida.

GABARITO: CERTO.

Na obra Arquivo: Teoria e Prática, a autora Marilena Leite Paes explica que o ar seco e a umidade provocam o enfraquecimento do papel. A umidade propicia o aparecimento do mofo. O índice de umidade ideal situa-se entre 45 e 58%.

88. (2013 - ANP - Analista Administrativo) Os agentes extrínsecos de deterioração do papel referem-se aos produtos químicos utilizados na sua fabricação.

GABARITO: ERRADO.

O papel como matéria orgânica é vulnerável a diversos processos de degradação.

Os fatores de degradação do papel são divididos em:

Fatores intrínsecos: estão ligados na própria fabricação do papel, na qualidade dos elementos que constituem o papel e na peculiaridade do processo de fabricação.

Fatores extrínsecos: estão ligados ao meio ambiente em que esse papel está, tais como fatores ambientais, agentes biológicos, ação do homem e circunstanciais como incêndios, inundações e catástrofes naturais.

89. (2013 - ANP - Analista Administrativo) Em relação à prevenção de sinistros em arquivos, julgue o item subsecutivo.

A reencolagem é uma técnica que objetiva restituir, ao papel, a substância adesiva original perdida.

GABARITO: CERTO.

De acordo com o Dicionário de Terminologia Arquivística:

Reencolagem: Encolagem que visa restituir ao papel a substância adesiva original perdida.

Encolagem: Aplicação interna ou superficial de substância adesiva em papel ou cartão.

90. **(2013 - STF - Técnico Judiciário/Área Administrativa)** Julgue o item subsecutivo, acerca da preservação e conservação de documentos de arquivo.

Produzir os documentos de arquivo em papel de pH neutro é uma medida que deveria ser adotada para todos os documentos produzidos em uma organização, visando sua preservação para o futuro.

GABARITO: ERRADO.

A criação de documentos em papel de pH neutro é recomendada para aqueles que são permanentes, e não para todos os tipos de documentos criados pela instituição. Saliente-se que na bibliografia utilizada pelo CESP, os documentos permanentes podem ser criados também em papel de pH alcalino. A alta taxa de acidez presente nos documentos prejudica a durabilidade do papel, produzindo o amarelamento, a auto degradação e o corte da fibra de celulose. Os papéis de qualidade não são ácidos, pois na sua produção levam um componente químico alcalino para que o ácido do meio ambiente não ataque o papel.

Documentos Eletrônicos

Com relação à preservação e ao gerenciamento eletrônico de documentos digitais, julgue os itens de 91 a 95.

91. **(2013 - ANP - Analista Administrativo)** A encapsulação requer que os metadados sejam agrupados ou inseridos no objeto digital.

GABARITO: CERTO.

A autora da obra Gerenciamento Arquivístico de Documentos Eletrônicos, Rosely Rondinelli (2012), discute que *(...) modelo de documento encapsulado em metadados, o qual propõe seis camadas e algumas subcamadas para cada documento. Camada 1 – registro; Camada 2 – termos e condições; Camada 3 – estrutura; Camada 4 – contexto; Camada 5 – conteúdo; Camada 6 – história do uso.*

92. **(2013 - ANP - Analista Administrativo)** A conversão utiliza um software que simula o ambiente operacional do documento original, de forma a permitir o uso do programa original no sistema de computador corrente, preservando o formato original de dados do documento.

GABARITO: ERRADO.

Segundo o Modelo de Requisitos para Sistemas Informatizados de Gestão Arquivística de Documentos (e-ARQ Brasil, 2006), *emulação é a simulação de um determinado hardware ou software através de um software. Permite que um computador moderno, possivelmente mais barato e de fácil manutenção, possa executar programas (softwares) antigos, desenvolvidos originalmente para outra plataforma. Para evitar possíveis perdas de informação e funcionalidades, deve ser realizada com bastante rigor. A probabilidade de ocorrência de perdas de informações e funcionalidades aumenta à medida que são utilizadas diversas camadas de emulação, como resultado da aplicação dessa técnica repetidas vezes.*

93. **(2013 - ANP - Analista Administrativo)** Na conversão de um formato obsoleto para um formato de dados arquivístico, devem-se utilizar formatos de fonte aberta, sem restrições por patentes, os quais fornecem menos restrições e mais longevidade.

GABARITO: CERTO.

Segundo o Modelo de Requisitos para Sistemas Informatizados de Gestão Arquivística de Documentos (e-ARQ Brasil, 2006), *a conversão de dados é empregada quando os formatos se tornam obsoletos. Os dados em formatos antigos são convertidos para novos formatos, apoiados em hardware e software mais atuais. Esse processo não está isento de problemas, podendo resultar em perdas de informações e funcionalidades. A conversão de dados também pode ser utilizada para reduzir a quantidade de formatos utilizados e, consequentemente, de sistemas a serem mantidos e gerenciados, de modo a facilitar as ações de preservação.*

94. **(2013 - ANP - Analista Administrativo)** A migração pode ser feita por meio da alteração do suporte, da atualização ou da alteração do programa ou pela conjugação dos dois anteriores. Na segunda opção, não há alteração do documento.

GABARITO: ERRADO.

Segundo o Modelo de Requisitos para Sistemas Informatizados de Gestão Arquivística de Documentos (e-ARQ Brasil, 2006), *a migração para novos sistemas é realizada no caso de obsolescência de hardware, software ou formatos. Envolve, inclusive, a conversão de dados. Pode abranger uma grande quantidade de elementos – hardware, software e formatos – e, dessa forma, apresentar uma maior complexidade para ser planejada e executada. Apesar disso, mostra-se como uma alternativa interessante para acompanhamento das mudanças decorrentes da evolução tecnológica. A migração, assim como a emulação e a conversão de dados, apresenta riscos quanto à integridade e à funcionalidade dos documentos arquivísticos digitais, por isso, deve ser realizada de modo criterioso e sistemático.*

ARQ

95. **(2013 - ANP - Analista Administrativo)** A forma de transmissão é um elemento diferenciador entre documentos convencionais e eletrônicos, já que o caminho feito pelo documento digital implica alterações na forma física e intelectual do arquivo.

GABARITO: CERTO.

O caminho feito pelo documento digital é extremamente importante como afirma a autora Rosely Curi Rondinelli (2012), em sua obra Gerenciamento Arquivístico de Documentos Eletrônicos, aborda que *as regras de representação do conteúdo do documento arquivístico se manifestam na forma física e intelectual. A forma física consiste em atributos presentes nos documentos arquivístico que determinam a sua forma externa. A forma intelectual consiste em atributos que representam e comunicam tanto os elementos da ação que geram o documento arquivístico como seu contexto administrativo e documentário. (...) Em relação à autenticidade, (..) um documento eletrônico arquivístico autêntico é aquele que é transmitido de maneira segura, cujo status de transmissão pode ser determinado e preservado de maneira segura e cuja proveniência pode ser verificada. (...) Quanto ao status de transmissão de um documento eletrônico arquivístico, tal como no cas dos documentos convencionais, que refere-se ao grau de desenvolvimento e de autoridade desse documento, ou seja, se se trata de uma minuta, original ou cópia.*

Anotações

FAÇA JÁ

O estudo da Arquivologia ou Arquivística tem por objetivo o ____________________, Métodos e Técnicas na Constituição, Organização, Utilização, Desenvolvimento e Conservação de documentos e incluem ainda, em seus estudos, a ________________ e ________________.

Segundo o Conselho Nacional de Arquivos – CONARQ – temos as seguintes definições para arquivo: um Conjunto de documentos ________________ e ________________ por uma entidade coletiva, ______________ ou ______________, pessoa ou família, no desempenho de suas atividades, independentemente da natureza do ______________; uma instituição ou serviço que tem por finalidade a custódia, o processamento técnico, a conservação e o acesso a documento arquivístico, salientando-se, ainda que, Arquivo Digital é o ______________ que formam uma unidade lógica, interpretável por um programa de ______________ e armazenada em suporte apropriado.

Profissional da Informação - Pela Lei nº 6546 de 04/07/78, que regulamenta a profissão de arquivista, em seu Art. 2º, determina que são atribuições do arquivista: ______________________________, organização e direção de serviços de arquivo; planejamento, ______________ e direção de serviços e centros de documentação e informação, constituídos de acervos arquivísticos e mistos; planejamento, organização e ________________ de microfilmagem aplicada aos arquivos e orientação do planejamento da automação aplicada aos arquivos. A mesma Lei em seu Art. 3º estabelece quais são as atribuições dos Técnicos de Arquivo: ______________, registro e distribuição dos documentos, bem como controle de sua movimentação; ________________ de arquivos para microfilmagem, conservação e utilização do microfilme; preparação de documentos de arquivo para ______________

ARQ

____________________ de dados. Os arquivistas devem obedecer à natureza dos documentos, pois documentos sigilosos não devem ter seu conteúdo divulgado enquanto permanecerem sob sigilo.

Documento é ____________________ em um ____________________ que seja útil para consulta, estudo, prova ou pesquisa.

Arquivo não é só armazenamento de documentos, encontra-se muito associado à ____________________. Os documentos de arquivo são caracterizados por ser um ____________________ ____________________, resultado das atividades de uma ____________________, de uma ____________________ ou ____________________. A significação orgânica entre os documentos é característica fundamental dos arquivos, de modo que um ____________________ de seu conjunto pode ____________________, pois o Arquivo é um todo orgânico e origina-se das atividades de um órgão e reflete o dia a dia dessas atividades. É, portanto, um organismo vivo que nasce, cresce e sofre transformações.

Informação é uma ____________________, um elemento de referência ou uma mensagem contida no documento.

Suporte é o ____________________ no qual é registrada a informação. Papel, CD, fotografia...

O Documento de Arquivo tem as seguintes características:

a. Autenticidade – documentos devem possuir ____________________ ____________________, sinais ou ____________________ que indicam sua origem. Não confundir com ____________________. Informação pode ser ____________________.

b. Naturalidade – documentos são produzidos e/ou recebidos por ____________________. Atividade tem relação com ____________________. São acumulados em função do fluxo administrativo ____________________ e ____________________.

c. Unicidade – questão de ______________ (gastos). No arquivo ______________ documentos com a mesma finalidade. Cópia de documentos somente se ______________ ou com outra função.

d. Imparcialidade – documentos só ______________ ______________. É isento de ______________. Os documentos são inerentemente ______________ ______________, livres da suspeita de preconceito no que diz respeito aos interesses em nome dos quais são usados hoje. Os arquivos ______________ interesses, paixões, vontades ou ambições, eles simplesmente registram.

e. Inter-relacionamento – documentos ______________ ______________ ao longo de seu ciclo vital.

Princípios Arquivísticos

Proveniência ou Respeito aos Fundos - Documentos são arquivados respeitando-se a separação ______________, setor, divisão, departamento e ______________.

Organicidade ou Respeito pela Estrutura - Refletem a ______________, funções e atividades da ______________, acumuladora em suas relações internas e externas. Documentos ______________ ser misturados com de outras entidades produtivas. Relação orgânica são os vínculos que os documentos arquivísticos ______________ e que expressam as funções e ______________ ou organização que os produziu.

Integridade - Deve ser preservado sem dispersão, ______________, alienação, ______________ não autorizada ou ______________ indevido.

A
R
Q

Cumulatividade - Formação progressiva, natural e ______________________. Fundamentado por ______________________ ao afirmar que o arquivo é uma informação espontânea, natural e ______________________.

Ordem original ou Custódia Intacta ou Santidade - Relações estruturais e funcionais da ______________________. O arquivo deve conservar o ______________________ dado pela entidade coletiva, pessoa ou família que o produziu.

Legalidade - Provas ______________________. Revelam as circunstâncias de sua criação, portanto, tem valor ______________________.

Imprescritibilidade - Princípio pelo qual é assegurado ao ______________________ o direito sobre os arquivos públicos, ______________________ de tempo, por serem estes considerados bens públicos ______________________.

Princípio da Pertinência - Princípio segundo o qual os documentos deveriam ser ______________________ por assunto. Também chamado ______________________.

Protocolo

Embora as atividades de protocolo, expedição e ______________________ sejam distintas, o ideal é que funcionem de forma ______________________, com vistas à racionalidade de tarefas comuns.

Assim, devido ao íntimo relacionamento dessas áreas de trabalho, julgou-se oportuno distribuir em cinco setores distintos as atividades dos ______________________:

1. ______________________, incluindo recebimento e classificação, registro e movimentação;
2. Expedição;
3. ______________________ – o arquivo propriamente dito;
4. Empréstimo e ______________________;
5. Destinação.

Documentos Eletrônicos

GED – Gerenciamento Eletrônico de Documentos ou Gestão Eletrônica de Documentos

É um conjunto de ____________________ que permite o gerenciamento de documentos em ____________________, auxiliando a produção, ____________________, armazenagem, compartilhamento e ____________________ de suas informações.

GDE – Gerenciamento de Documentos Eletrônicos

É o gerenciamento de documentos produzidos ____________________ em meio eletrônico. É de grande auxílio para políticas de recuperação de documentos e ____________________ das atividades da empresa em caso de acidente e facilita as atividades que envolvem colaboração entre pessoas e equipes.

O GED e o GDE permitem acesso ____________________ às informações desejadas pelo fato de que os documentos podem ser acessados de ____________________ simultaneamente.

Anotações

CAPÍTULO 2

Arquivos Digitais

Gestão de Documentos

Arquivos Digitais

A respeito da gestão e digitalização de documentos arquivísticos, julgue os itens de 96 a 99.

96. (2013 - SERPRO – Analista) Os documentos digitais devem ser armazenados de forma a estarem protegidos da destruição, reprodução, alteração, uso e acesso não autorizado.

GABARITO: CERTO.

O armazenamento de documentos digitais é tão importante quanto o de documentos convencionais. Dessa forma, é importante observar a Lei nº 12.682/2012 que dispõe sobre a elaboração e o arquivamento de documentos em meios eletromagnéticos:

Art. 3º: O processo de digitalização deverá ser realizado de forma a manter a integridade, a autenticidade e, se necessário, a confidencialidade do documento digital, com o emprego de certificado digital emitido no âmbito da Infraestrutura de Chaves Públicas Brasileira - ICP – Brasil.

Parágrafo único. Os meios de armazenamento dos documentos digitais deverão protegê-los de acesso, uso, alteração, reprodução e destruição não autorizados.

97. (2013 - SERPRO – Analista) Documento eletrônico é a informação registrada que pode ser acessada e interpretada por meio de sistema computacional.

GABARITO: ERRADO.

Um documento eletrônico é acessível e interpretável por meio de um equipamento eletrônico (aparelho de videocassete, filmadora, computador), podendo ser registrado e codificado em forma analógica ou em dígitos binários. Já um documento digital é um documento eletrônico, caracterizado pela codificação em dígitos binários e acessado por meio de sistema computacional. Assim, todo documento digital é eletrônico, mas nem todo documento eletrônico é digital.

O documento arquivístico digital é um documento arquivístico codificado em dígitos binários, produzido, tramitado e armazenado por um sistema computacional. São exemplos de documentos arquivísticos digitais: textos, imagens fixas, imagens em movimento, gravações sonoras, mensagens de correio eletrônico, páginas web, bases de dados, dentre outras possibilidades de um vasto repertório de diversidade crescente.

O documento digital é a informação registrada, codificada em dígitos binários, acessível por meio de um sistema computacional.

O documento eletrônico é a informação registrada, codificada em forma analógica ou em dígitos binários, acessível por meio de um equipamento eletrônico.

98. (2013 - SERPRO – Analista) A autenticidade dos documentos eletrônicos é mantida por migração de suporte e criação de cópias e métodos não invasivos que asseguram a forma física do documento.

GABARITO: ERRADO.

Os documentos eletrônicos, segundo autora Rosely Curi Rondinelli (2007), ***se mantêm autênticos por meio de processos contínuos de cópia e migração. Tais processos se***

fazem necessários devido à fragilidade do suporte, magnético ou óptico, e à obsolescência tecnológica.

É importante ressaltar que cópia e migração têm consequências diferentes para a autenticação dos documentos. A primeira consiste em uma reprodução completa dos elementos de forma e conteúdo de um documento. Consequentemente, os documentos copiados se constituem em reprodução fiel dos documentos originais. Entretanto, há que ressaltar que, apesar de menos invasiva, a cópia de documentos eletrônicos também se constitui em uma intervenção, logo interfere na autenticidade desses documentos. No tocante à migração, esta implica mudanças na configuração que afetam o documento por inteiro. Na verdade, após serem migrados, os documentos podem parecer os mesmos, mas não são. Sua forma física é profundamente alterada, com perda de alguns dados e acréscimo de outros.

99. **(2013 - SERPRO – Analista)** No processo de digitalização, não é obrigatória a manutenção da confidencialidade do documento digital.

GABARITO: CERTO.

Segundo a Lei nº 12.682, de 9 de julho de 2012, em seu Art. 3º: *O processo de digitalização deverá ser realizado de forma a manter a integridade, a autenticidade e, se necessário, a confidencialidade do documento digital, com o emprego de certificado digital emitido no âmbito da Infraestrutura de Chaves Públicas Brasileira - ICP – Brasil.* **Observe o termo "e, se necessário", portanto, não é obrigatório.**

Acerca de certificação digital, julgue os itens de 100 a 102.

100. **(2013 - ANP - Analista Administrativo)** A verificação da assinatura é uma operação privada, pois só quem possui a chave privada do emitente pode verificar a autoria do documento.

GABARITO: ERRADO.

A assinatura digital deve: a) ser única para cada documento, mesmo que seja o mesmo signatário; b) comprovar a autoria do documento digital; c) possibilitar a verificação da integridade; d) assegurar ao destinatário o "não repúdio" do documento digital, uma vez que, a princípio, o emitente é a única pessoa que tem acesso à chave privada que gerou a assinatura. Chave pública é uma chave matemática formada por uma sequência de dígitos, usada para criptografia assimétrica e criada em conjunto com a chave privada correspondente, disponibilizada publicamente por certificado digital e utilizada para verificar assinaturas digitais. Na assinatura digital, o emitente assina um documento com sua chave privada e o destinatário decifra-o com a chave pública, comparando os resultados e conferindo a assinatura. Portanto, a verificação não é uma operação privada.

A
R
Q

101. **(2013 - ANP - Analista Administrativo)** Existe uma assinatura única para cada documento criptografado por chaves, embasado na infraestrutura de chaves públicas-Brasil (ICP), pois a geração da assinatura leva em conta os bits que compõem o documento.

GABARITO: CERTO.

A assinatura digital deve: a) ser única para cada documento, mesmo que seja o mesmo signatário; b) comprovar a autoria do documento digital; c) possibilitar a verificação da integridade; d) assegurar ao destinatário o "não repúdio" do documento digital, uma vez que, a princípio, o emitente é a única pessoa que tem acesso à chave privada que gerou a assinatura. O certificado digital é um documento emitido e assinado digitalmente por uma autoridade certificadora, que contém dados que identificam seu titular e o relaciona à sua respectiva chave-pública.

102. **(2013 - ANP - Analista Administrativo)** Ao se certificar um documento digitalmente, a criptografia da assinatura digital é obrigatória.

GABARITO: ERRADO.

De acordo com o Modelo de Requisitos para Sistemas Informatizados de Gestão Arquivística de Documentos (e-ARQ Brasil, 2006), ***quanto ao uso da tecnologia de criptografia, tanto para sigilo quanto para autenticação, o rigor dos requisitos está sujeito à legislação vigente e à política de segurança específica. Muitas vezes, a criptografia é usada como mecanismo de apoio ao controle de acesso para reforçar o sigilo de informações.***

No que se refere à microfilmagem e à digitalização aplicada aos arquivos, julgue os itens de 103 a 105.

103. **(2013 - ANP - Analista Administrativo)** Os documentos digitais podem ser gerados por sistemas informatizados por meio de dados contidos em sistemas gerenciadores de banco de dados, por processo de digitalização ou diretamente com o uso de software ou sistema específico.

GABARITO: CERTO.

O documento digital e o documento digitalizado são a mesma coisa?

Resposta: O documento digitalizado é um tipo de documento digital. Os documentos digitais têm duas origens distintas: os que já nascem digitais e os que são gerados a partir de digitalização. Ambos são codificados em dígitos binários, acessíveis e interpretáveis por meio de um sistema computacional.

O documento digitalizado é a representação digital de um documento produzido em outro formato e que, por meio da digitalização, foi convertido para o formato digital. Geralmente, esse representante digital visa facilitar a disseminação e o acesso, além de evitar o manuseio do original, contribuindo para a sua preservação. Todo documento digitalizado é um documento digital, mas nem todo documento digital é um documento digitalizado.

Exemplos:

Documento nato digital (born digital): Textos em Microsoft Word, fotografias tiradas em câmeras digitais, plantas de arquitetura e urbanismo criadas em AutoCAD, mensagens de correio eletrônico, planilhas eletrônicas;

Documento digitalizado: Cópia digitalizada da Lei Áurea; negativos e fotografias escaneados.

104. (2013 - ANP - Analista Administrativo) A política de backup para a preservação dos documentos digitais garante a restauração de cópias dos documentos e dos sistemas.

GABARITO: ERRADO.

Segundo Vanderlei Batista (2012), ***a política de backup é o primeiro passo para a preservação dos documentos digitais, pois ele garante de forma íntegra e confiável, a restauração de documentos digitais, sistemas informatizados e base de dados. (...) é considerado um dos pilares da segurança e confiabilidade da informação e é uma ferramenta obrigatória para todas as áreas da informática (...). (...) permite a preservação digital do documento do passado no presente, o que é fundamental para preservação do documento digital futuro.*** **O backup permite a acessibilidade das informações, mas não restaura as cópias, porém garante que a informação não seja perdida, por meio de uma cópia para outra mídia.**

105. (2013 - ANP - Analista Administrativo) A migração contínua de mídia aumenta a possibilidade de adulteração e diminui a garantia de fidedignidade e autenticidade do documento digital.

GABARITO: CERTO.

A autora Rosely Curi Rondinelli (2012), em sua obra Gerenciamento Arquivístico de Documentos Eletrônicos, leva em consideração que no meio digital, o suporte e o conteúdo são perfeitamente separáveis, e esta separação permite a migração contínua de mídia, a qual acontece forçosamente devido à fragilidade da mídia e à obsolescência tecnológica. Porém, essa migração aumenta a possibilidade de adulteração e a garantia da fidedignidade e da autenticidade tornando-se mais complexa e complicada.

106. (2013 - ANP - Analista Administrativo) Julgue o item a seguir, relativo aos fundamentos arquivísticos.

Os documentos de arquivo encontrados em meio físico e digital devem ser classificados e avaliados de maneiras diferentes.

GABARITO: ERRADO.

Tanto o documento em meio físico como o digital são classificados e avaliados da mesma maneira. O método de classificação aplica um mesmo código ou plano de classificação para a recuperação da informação. A avaliação identifica valores e define prazos de guarda para os documentos de acordo com a tabela de temporalidade.

A certificação digital e os conceitos a ela associados representam um marco na gestão de documentos arquivísticos digitais. Acerca desse tema, julgue os itens de 107 a 110. Nesse sentido, considere que o termo ICP-Brasil, sempre que empregado, refere-se à Infraestrutura de Chaves Públicas Brasileiras.

107. (2013 - CNJ - Analista Judiciário) Para que seus atos tenham validade legal em todo o território nacional, o certificado digital de um arquivista do CNJ deve ser emitido por uma autoridade certificadora raiz pertencente à ICP-Brasil, conforme estabelece a Medida Provisória n.º 2.200-2.

GABARITO: ERRADO.

A Medida Provisória citada não impede a utilização de outros meios de comprovação de autoria, como se pode observar com a leitura da Medida Provisória nº 2.200-2, de 24 de agosto de 2001, que institui a Infraestrutura de Chaves Públicas Brasileira - ICP-Brasil e transforma o Instituto Nacional de Tecnologia da Informação em autarquia, em seu Art. 10: ***Consideram-se documentos públicos ou particulares, para todos os fins legais, os documentos eletrônicos de que trata esta Medida Provisória.***

§ 2º: O disposto nesta Medida Provisória não obsta a utilização de outro meio de comprovação da autoria e integridade de documentos em forma eletrônica, inclusive os que utilizem certificados não emitidos pela ICP-Brasil, desde que admitido pelas partes, como válido ou aceito pela pessoa a quem for oposto o documento.

108. **(2013 - CNJ - Analista Judiciário)** A criptografia é um método de codificação de objetos digitais que visa ocultar informações ali registradas. Logo, é correto afirmar que a criptografia é um método eficiente de controle de acesso aos arquivos digitais. Por isso, torna-se praticamente impossível que um arquivo criptografado, enviado pelo arquivo do CNJ a qualquer outra unidade desse conselho, seja furtado eletronicamente por terceiros.

GABARITO: ERRADO.

Segundo o Modelo de Requisitos para Sistemas Informatizados de Gestão Arquivística de Documentos (e-ARQ Brasil, 2006), ***a criptografia é um método de codificação de objetos digitais segundo um código secreto (chave), de modo que estes não possam ser apresentados por uma aplicação de forma legível ou inteligível e somente usuários autorizados podem restabelecer sua forma original. É importante salientar que, no uso de criptografia em documentos que apresentam longa temporalidade, devem ser tomadas medidas administrativas para garantir a manutenção do sigilo e do acesso a esses documentos. Esses documentos não devem ser armazenados criptografados. Alguns fatores que comprometem a criptografia, em longo prazo, são: comprometimento ou obsolescência da chave, indisponibilidade do portador da chave e evoluções tecnológicas.***

É importante lembrar que o Conselho Internacional de Arquivos define longo prazo para documentos digitais, como um período a partir de 5 anos, contado a partir da data de produção.

109. **(2013 - CNJ - Analista Judiciário)** O documento digital pode ser produzido por meio de sistemas gerenciadores de bancos de dados, por processo de digitalização e (ou) com o uso de software ou sistema específico. Seu conceito está fundamentado nos seguintes pilares: hardware (físico), software (lógico) e informação (suporte + bits).

GABARITO: CERTO.

De acordo com o Modelo de Requisitos para Sistemas Informatizados de Gestão Arquivística de Documentos (e-ARQ Brasil, 2006), ***Documento digital - Informação registrada, codificada em dígitos binários, acessível por meio de sistema computacional.***

Documento eletrônico - Informação registrada, codificada em forma analógica ou em dígitos binários, acessível por meio de um equipamento eletrônico.

O documento arquivístico digital é codificado em dígitos binários, produzido, tramitado e armazenado por sistema computacional. São exemplos de documentos arquivísticos digitais: textos, imagens fixas, imagens em movimento, gravações sonoras, mensagens de correio eletrônico, páginas web, bases de dados, dentre outras possibilidades de um vasto repertório de diversidade crescente. O documento digital apresenta especificidades que podem comprometer sua autenticidade, uma vez que é suscetível à degradação física dos seus suportes, à obsolescência tecnológica de hardware, software e de formatos e a intervenções não autorizadas, que podem ocasionar adulteração e destruição. Somente com procedimentos de gestão arquivística é possível assegurar a autenticidade dos documentos arquivísticos digitais. No documento digital, suporte e conteúdo são entidades separadas, constituídas por um objeto físico (suporte), lógico (software e formato) e conceitual (apresentação). A operação de arquivar significa armazenar o objeto digital, mantendo a sua identificação única e os ponteiros para outros objetos digitais.

110. (2013 - CNJ - Analista Judiciário) A criptografia simétrica é indicada quando o mesmo agente, usando uma única chave, criptografa e decriptografa o arquivo. Já a criptografia assimétrica é indicada quando dois agentes distintos — emissor e receptor —, usando um par de chaves distintas, criptografam e decriptografam o arquivo.

GABARITO: CERTO.

A criptografia simétrica é o método de criptografia que utiliza uma chave simétrica, de forma que o texto seja cifrado e decifrado com essa mesma chave.

A criptografia assimétrica é o método de criptografia que utiliza um par de chaves diferentes entre si, que se relacionam matematicamente por meio de um algoritmo, de forma que o texto cifrado por uma chave, apenas seja decifrado por outra do mesmo par. As duas chaves envolvidas na criptografia assimétrica são denominadas de chave pública e de chave privada.

Acesso à Informação

A respeito da política de acesso aos documentos de arquivo, julgue os itens de 111 a 113.

111. (2013 - INPI - Analista de Planejamento) O serviço de busca, fornecimento e reprodução da informação concedido pela entidade pública ou órgão consultado é gratuito.

GABARITO: ERRADO.

Deve-se ter um cuidado especial ao tratar do custo de reprodução de documento público, pois, conforme a Lei de Acesso à Informação - Lei nº 12.157, de 18 de novembro de 2011 -, em seu Art. 12: ***O serviço de busca e fornecimento da informação é gratuito, salvo nas hipóteses de reprodução de documentos pelo órgão ou entidade pública consultada, situação em que poderá ser cobrado exclusivamente o valor necessário ao ressarcimento do custo dos serviços e dos materiais utilizados.***

Parágrafo único. Estará isento de ressarcir os custos previstos no caput todo aquele cuja situação econômica não lhe permita fazê-lo sem prejuízo do sustento próprio ou da família, declarada nos termos da Lei nº 7.115, de 29 de agosto de 1983.

112. (2013 - INPI - Analista de Planejamento) Não é facultado ao cidadão o acesso a informações sobre administração do patrimônio público, utilização de recursos públicos, licitações e contratos administrativos.

GABARITO: ERRADO.

É facultado ao cidadão o acesso aos documentos públicos, conforme determina a Lei nº 12.527, de 18 de novembro de 2011, em seu Art. 7º: *O acesso à informação de que trata esta Lei compreende, entre outros, os direitos de obter:*

I - orientação sobre os procedimentos para a consecução de acesso, bem como sobre o local onde poderá ser encontrada ou obtida a informação almejada;

II - informação contida em registros ou documentos, produzidos ou acumulados por seus órgãos ou entidades, recolhidos ou não a arquivos públicos;

III - informação produzida ou custodiada por pessoa física ou entidade privada decorrente de qualquer vínculo com seus órgãos ou entidades, mesmo que esse vínculo já tenha cessado;

IV - informação primária, íntegra, autêntica e atualizada;

V - informação sobre atividades exercidas pelos órgãos e entidades, inclusive as relativas à sua política, organização e serviços;

VI - informação pertinente à administração do patrimônio público, utilização de recursos públicos, licitação, contratos administrativos; e

VII - informação relativa:

a) à implementação, acompanhamento e resultados dos programas, projetos e ações dos órgãos e entidades públicas, bem como metas e indicadores propostos;

b) ao resultado de inspeções, auditorias, prestações e tomadas de contas realizadas pelos órgãos de controle interno e externo, incluindo prestações de contas relativas a exercícios anteriores.

113. (2013 - INPI - Analista de Planejamento) Segundo a lei de acesso à informação, a autenticidade é a qualidade da informação coletada na fonte, com o máximo de detalhamento possível, sem modificações.

GABARITO: ERRADO.

A autenticidade pressupõe que um documento deve possuir marcas, sinais ou símbolos que garantam sua origem. Sobre o tema, a Lei nº 12.527, de 18 de novembro de 2011, em seu Art. 4º esclarece que: *Para os efeitos desta Lei, considera-se:*

I - informação: dados, processados ou não, que podem ser utilizados para produção e transmissão de conhecimento, contidos em qualquer meio, suporte ou formato;

II - documento: unidade de registro de informações, qualquer que seja o suporte ou formato;

III - informação sigilosa: aquela submetida temporariamente à restrição de acesso público em razão de sua imprescindibilidade para a segurança da sociedade e do Estado;

IV - informação pessoal: aquela relacionada à pessoa natural identificada ou identificável;

V - tratamento da informação: conjunto de ações referentes à produção, recepção, classificação, utilização, acesso, reprodução, transporte, transmissão, distribuição, arquivamento, armazenamento, eliminação, avaliação, destinação ou controle da informação;

VI - disponibilidade: qualidade da informação que pode ser conhecida e utilizada por indivíduos, equipamentos ou sistemas autorizados;

VII - autenticidade: qualidade da informação que tenha sido produzida, expedida, recebida ou modificada por determinado indivíduo, equipamento ou sistema;

VIII - integridade: qualidade da informação não modificada, inclusive quanto à origem, trânsito e destino;

IX - primariedade: qualidade da informação coletada na fonte, com o máximo de detalhamento possível, sem modificações.

Considerando o direito fundamental de acesso à informação por parte do cidadão, julgue os itens 114 e 115.

114. (2013 - ANP - Analista Administrativo) Todos têm direito a receber dos órgãos públicos informações de interesse particular, ou de interesse coletivo ou geral, que serão prestadas no prazo da lei, sob pena de responsabilidade, até mesmo aquelas relativas à segurança da sociedade e do Estado.

GABARITO: ERRADO.

A Constituição Federal de 1988, em seu Art. 5º, inciso XXXIII, *todos têm direito a receber dos órgãos públicos informações de seu interesse particular, ou de interesse coletivo ou geral, que serão prestadas no prazo da lei, sob pena de responsabilidade, ressalvadas aquelas cujo sigilo seja imprescindível à segurança da sociedade e do Estado.*

115. (2013 - ANP - Analista Administrativo) Desde que custeie as despesas, o cidadão tem o direito de petição aos poderes públicos em defesa de direitos ou contra a ilegalidade ou abuso de poder.

GABARITO: ERRADO.

Algumas petições aos poderes públicos são garantidas aos cidadãos, independentemente de custos, como estabelece a Constituição Federal de 1988, em seu Art. 5º, inciso XXXIV: *são a todos assegurados, independentemente do pagamento de taxas: a) o direito de petição aos Poderes Públicos em defesa de direitos ou contra ilegalidade ou abuso de poder; b) a obtenção de certidões em repartições públicas, para defesa de direitos e esclarecimento de situações de interesse pessoal.*

A
R
Q

Legislação Arquivística

A respeito da legislação arquivística, julgue os itens de 116 a 118.

116. (2013 - ANTT - Técnico Administrativo) A declaração de interesse público e social de arquivos privados de pessoas físicas ou jurídicas, mediante decreto do presidente da República, importa na transferência do respectivo acervo para guarda em instituição arquivística pública.

GABARITO: ERRADO.

A delegação de interesse público é feita por decreto presidencial, porém não determina transferência de acervo. Veja o que diz o Decreto nº 4.073, de 3 de janeiro de 2002, em seu Art. 22: ***Os arquivos privados de pessoas físicas ou jurídicas que contenham documentos relevantes para a história, a cultura e o desenvolvimento nacional podem ser declarados de interesse público e social por decreto do Presidente da República; Conforme o § 1º: A declaração de interesse público e social de que trata este artigo não implica a transferência do respectivo acervo para guarda em instituição arquivística pública, nem exclui a responsabilidade por parte de seus detentores pela guarda e a preservação do acervo.***

117. (2013 - ANTT - Técnico Administrativo) Todo cidadão tem direito a receber dos órgãos públicos as informações contidas em documentos de arquivos, independentemente do caso.

GABARITO: ERRADO.

Todo cidadão tem direito ao acesso à informação, com ressalva apenas àqueles que tem determinado grau de sigilo, como atesta a Lei nº 8.159, de 8 de janeiro de 1991, em seu Art. 4º: ***Todos têm direito a receber dos órgãos públicos informações de seu interesse particular ou de interesse coletivo ou geral, contidas em documentos de arquivos, que serão prestadas no prazo da lei, sob pena de responsabilidade, ressalvadas aquelas cujos sigilo seja imprescindível à segurança da sociedade e do Estado, bem como à inviolabilidade da intimidade, da vida privada, da honra e da imagem das pessoas.***

118. (2013 - ANTT - Técnico Administrativo) Os documentos de valor permanente são inalienáveis, mas prescritíveis.

GABARITO: ERRADO.

Interpretação direta da Lei 8.159/1991, que em seu Art. 10º explica que ***Os documentos de valor permanente são inalienáveis e imprescritíveis.***

Com base na legislação arquivística que trata da política de acesso a documentos e informações, julgue os itens de 119 a 121.

119. (2013 - SERPRO - Analista) Compete à Comissão Mista de Reavaliação de Informações a revisão da classificação atribuída aos documentos ultrassecretos e secretos.

GABARITO: CERTO.

A Comissão Mista de Reavaliação de Informações (CMRI) é o órgão colegiado interministerial que tem por finalidade rever a classificação, prorrogação e os recursos sobre pedidos de desclassificação de informações no grau ultrassecreto e secreto,

além de decidir os recursos apresentados contra as decisões de 3ª Instância da Controladoria-Geral da União relativas aos pedidos de acesso à informação.

A Comissão também tem a atribuição de estabelecer orientações normativas a fim de suprir eventuais lacunas na aplicação da legislação relacionada com o acesso à informação e tem como competência:

Rever a classificação de informação no grau ultrassecreto ou secreto ou sua reavaliação, no máximo a cada quatro anos;

Requisitar da autoridade que classificar informação, esclarecimento ou conteúdo, parcial ou integral, da informação, quando necessário para a revisão da classificação;

Decidir recursos apresentados contra decisão proferida: Pela Controladoria-Geral da União a pedido de acesso à informação; Pelo ministro de estado, a pedido de desclassificação ou reavaliação de informação classificada;

Prorrogar, por uma única vez, e por período não superior a vinte e cinco anos, o prazo de sigilo de informação classificada no grau ultrassecreto e estabelecer orientações normativas, de caráter geral a fim de suprir eventuais lacunas na aplicação da Lei nº 12.527, de 2011.

120. **(2013 - SERPRO - Analista)** O prazo de restrição de acesso a documento ultrassecreto é de vinte anos; findo esse período, ele será de acesso público.

GABARITO: ERRADO.

São comumente cobrados os prazos de restrição aos documentos que apresentam determinado grau de sigilo. Para tanto, veja o que diz a Lei 12.527, de 18 de novembro de 2011, em seu Art. 24: *A informação em poder dos órgãos e entidades públicas, observado o seu teor e em razão de sua imprescindibilidade à segurança da sociedade ou do Estado, poderá ser classificada como ultrassecreta, secreta ou reservada.*

§ 1º Os prazos máximos de restrição de acesso à informação, conforme a classificação prevista no caput, vigoram a partir da data de sua produção e são os seguintes:

I - ultrassecreta: 25 (vinte e cinco) anos;

II - secreta: 15 (quinze) anos; e

III - reservada: 5 (cinco) anos.

121. **(2013 - SERPRO - Analista)** Há impedimento legal para a reprodução de documento classificado como sigiloso.

GABARITO: ERRADO.

Decreto nº 7.845, de 14 de novembro de 2012, regulamenta procedimentos para credenciamento de segurança e tratamento de informação classificada em qualquer grau de sigilo, e dispõe sobre o Núcleo de Segurança e Credenciamento; sobre a reprodução em seu Art. 33: *A reprodução do todo ou de parte de documento com informação classificada em qualquer grau de sigilo terá o mesmo grau de sigilo do documento.*

ARQ

§ 1º A reprodução total ou parcial de informação classificada em qualquer grau de sigilo condiciona-se à autorização expressa da autoridade classificadora ou autoridade hierarquicamente superior com igual prerrogativa.

§ 2º As cópias serão autenticadas pela autoridade classificadora ou autoridade hierarquicamente superior com igual prerrogativa.

Art. 34. Caso a preparação, impressão ou reprodução de informação classificada em qualquer grau de sigilo for efetuada em tipografia, impressora, oficina gráfica ou similar, essa operação será acompanhada por pessoa oficialmente designada, responsável pela garantia do sigilo durante a confecção do documento.

122. (2013 - SERPRO – Analista) A legislação arquivística brasileira reconhece o exercício profissional do arquivista, com base na Lei n.º 6.546/1978. De acordo com essa lei, as atribuições desse profissional incluem orientar as etapas de avaliação e seleção de documentos, objetivando sua preservação.

GABARITO: CERTO.

O exercício profissional de técnicos de arquivo e arquivistas seguem o que diz a Lei 6546/1978, em seu Art. 2º, são atribuições dos Arquivistas:

I - planejamento, organização e direção de serviços de arquivo; II - planejamento, orientação e acompanhamento do processo documental e informativo; III - planejamento, orientação e direção das atividades de identificação das espécies documentais e participação no planejamento de novos documentos e controle de multicópias; IV - planejamento, organização e direção de serviços ou centro de documentação e informação constituídos de acervos arquivísticos e mistos; V - planejamento, organização e direção de serviços de microfilmagem aplicada aos arquivos; VI - orientação do planejamento da automação aplicada aos arquivos; VII - orientação quanto à classificação, arranjo e descrição de documentos; VIII - orientação da avaliação e seleção de documentos, para fins de preservação; IX - promoção de medidas necessárias à conservação de documentos; X - elaboração de pareceres e trabalhos de complexidade sobre assuntos arquivísticos; XI - assessoramento aos trabalhos de pesquisa científica ou técnico-administrativa; XII - desenvolvimento de estudos sobre documentos culturalmente importantes.

123. (2013 - SERPRO – Analista) A legislação arquivística brasileira reconhece o exercício profissional do arquivista, com base na Lei n.º 6.546/1978. De acordo com essa lei, as atribuições desse profissional incluem executar os serviços de microfilmagem aplicados aos arquivos.

GABARITO: ERRADO.

O exercício profissional de arquivistas e técnicos de arquivo seguem o que diz a Lei nº 6546/1978, em seus Arts. 2º e 3º que estabelece as atribuições dos técnicos de arquivo:

I - recebimento, registro e distribuição dos documentos, bem como controle de sua movimentação; II - classificação, arranjo, descrição e execução de demais tarefas necessárias à guarda e conservação dos documentos, assim como prestação de informações relativas aos mesmos; III - preparação de documentos de arquivos para microfilmagem e conservação e utilização do microfilme; IV - preparação de documentos de arquivo para processamento eletrônico de dados.

Considerando os conceitos da arquivologia e a legislação relacionada a essa área, julgue os itens de 124 a 128.

124. (2013 - MI - Assistente Técnico Administrativo) Para que sirva como prova, o documento de arquivo deve preservar a característica de verdadeiro, não havendo, nesse caso, necessidade de autenticidade.

GABARITO: ERRADO.

Por autenticidade entende-se que os documentos devem possuir marcas, sinais ou símbolos que indiquem sua origem. Não confundir com veracidade. A informação pode ser falsa ou verdadeira. Os documentos são produzidos, recebidos, armazenados e conservados de acordo com procedimentos regulares que podem ser comprovados. Um documento autêntico é aquele que possui o mesmo conteúdo do documento original.

125. (2013 - MI - Assistente Técnico Administrativo) Documentos do MI – Ministério da Integração – considerados permanentes devem ser recolhidos ao Arquivo Público do Distrito Federal.

GABARITO: ERRADO.

O Ministério da Integração integra a Administração Pública Federal, sendo assim, os arquivos de valor permanente do referido órgão devem ser recolhidos ao Arquivo Nacional.

126. (2013 - MI - Assistente Técnico Administrativo) Os arquivos do MI – Ministério da Integração – seguem as orientações emanadas pelo Sistema Nacional de Arquivos e pelo Sistema de Gestão de Documentos de Arquivo.

GABARITO: CERTO.

O Ministério da Integração inclui o Sistema de Gestão de Documentos de Arquivos (SIGA) e o Sistema Nacional de Arquivos (SINAR), porém o do SINAR não emanam orientações e ele tem como competência implementar a política nacional de arquivos públicos e privados, conforme o Decreto nº 4073/2002, em seu Art. 10: ***O SINAR tem por finalidade implementar a política nacional de arquivos públicos e privados, visando à gestão, à preservação e o acesso aos documentos de arquivo.*** **Conforme o Art. 13 desse decreto:** ***Compete aos integrantes do SINAR: I - promover a gestão, a preservação e o acesso às informações e aos documentos na sua esfera de competência, em conformidade com as diretrizes e normas emanadas do órgão central; V - apresentar sugestões ao CONARQ para o aprimoramento do SINAR; VII - apresentar subsídios ao CONARQ para a elaboração de dispositivos legais necessários ao aperfeiçoamento e à implementação da política nacional de arquivos públicos e privados.*** **Assim sendo, "apresentar sugestões e subsídios" foram interpretados como "orientações emanadas". Os integrantes do SINAR seguirão as diretrizes e normas emanadas do CONARQ, sem prejuízo de sua subordinação e vinculação administrativa.**

ARQ

127. (2013 - MI - Assistente Técnico Administrativo) Nos processos de trabalho, independentemente da natureza do negócio, as organizações públicas ou privadas produzem e recebem informações que, registradas, tornam-se documentos de arquivo.

GABARITO: CERTO.

Documentos de arquivo são documentos produzidos, recebidos e mantidos por órgãos e entidades da administração pública federal, em decorrência do exercício de funções e atividades específicas, qualquer que seja o suporte da informação ou a natureza dos documentos. Os documentos de arquivo estão relacionados às atividades da instituição.

128. (2013 - MI - Assistente Técnico Administrativo) O material de referência ou informação não orgânica, utilizado nos setores de trabalho, é considerado documento de arquivo.

GABARITO: ERRADO.

Os documentos de arquivo caracterizam-se como um conjunto orgânico, que resulta das atividades de uma entidade pública, de uma pessoa física ou jurídica. *"A informação não orgânica, existe muitas vezes nos setores de trabalho, mas, também, na biblioteca, no centro de documentação, sob a forma de publicações, de bancos de dados ou de dossiês temáticos etc."* (ROUSSEAU, COUTURE, 1998). *A informação orgânica arquivística é utilizada pelos setores de trabalho da organização, com o objetivo de decidir, de agir e de controlar as decisões e as ações empreendidas e, ainda, a fim de efetuar pesquisas retrospectivas que coloquem em evidência decisões ou ações passadas. Reduzindo, assim, a incerteza e tornando a tomada de decisões mais segura, a partir do aprofundamento do conhecimento da cultura institucional e do processo decisório. Isso significa que no Setor de Recursos Humanos é armazenado uma quantidade relativamente grande de informações, como o registro da frequência dos empregados, o registro do pagamento de salários, os encargos sociais etc. Essas informações são mantidas, produzidas e revisadas a partir das atribuições regimentais do setor, que é de gerenciar os recursos humanos. Além dessas informações, é possível encontrar outras que são mantidas no setor para subsidiar as suas ações, tais como: Diário Oficial da União, Coleção IOB, Manual da RAIS, CLT, dentre outras. São, portanto, informações não orgânicas.*

Com base na Lei de Acesso à Informação, Lei n.º 12.527/2011, julgue os itens de 129 a 131.

129. (2013 - ANP - Analista Administrativo). Na divulgação de informações de interesse coletivo ou geral, produzidas ou custodiadas por órgãos e por entidades públicas, deve constar, no mínimo, o registro das receitas dessas instituições.

GABARITO: ERRADO.

Conforme a Lei 12.527, de 18 de novembro de 2011, em seu Art. 8º: *É dever dos órgãos e entidades públicas promover, independentemente de requerimentos, a divulgação em local de fácil acesso, no âmbito de suas competências, de informações de interesse coletivo ou geral por eles produzidas ou custodiadas.*

§ 1º - Na divulgação das informações a que se refere o caput, deverão constar, no mínimo:

I - registro das competências e estrutura organizacional, endereços e telefones das respectivas unidades e horários de atendimento ao público;

II - registros de quaisquer repasses ou transferências de recursos financeiros;

III - registros das despesas;

IV - informações concernentes a procedimentos licitatórios, inclusive os respectivos editais e resultados, bem como a todos os contratos celebrados;

V - dados gerais para o acompanhamento de programas, ações, projetos e obras de órgãos e entidades; e VI - respostas a perguntas mais frequentes da sociedade.

130. **(2013 - ANP - Analista Administrativo)** O núcleo de segurança e credenciamento deverá requisitar da autoridade que classificar a informação como ultrassecreta ou secreta, esclarecimento ou conteúdo parcial ou integral da informação.

GABARITO: ERRADO.

Conforme a Lei 12.527, de 18 de novembro de 2011, em seu Art. 35 - § 1º *É instituída a Comissão Mista de Reavaliação de Informações, que decidirá, no âmbito da administração pública federal, sobre o tratamento e a classificação de informações sigilosas e terá competência para:*

I - requisitar da autoridade que classificar informação como ultrassecreta e secreta, esclarecimento ou conteúdo, parcial ou integral da informação.

131. **(2013 - ANP - Analista Administrativo)** No âmbito da administração pública federal, a reavaliação das informações classificadas como ultrassecretas e secretas poderá ser revista a qualquer tempo.

GABARITO: CERTO.

As classificações de sigilo como ultrassecretos e secretos podem ser realizadas de acordo com a Lei nº 12.527, de 18 de novembro de 2011, em seu Art. 39 esclarece que: *Os órgãos e entidades públicas deverão proceder à reavaliação das informações classificadas como ultrassecretas e secretas no prazo máximo de 2 (dois) anos, contado do termo inicial de vigência desta Lei"; O § 1º explica que "A restrição de acesso a informações, em razão da reavaliação prevista no caput, deverá observar os prazos e condições previstos nesta Lei"; no § 2º consta que "No âmbito da administração pública federal, a reavaliação prevista no caput poderá ser revista, a qualquer tempo, pela Comissão Mista de Reavaliação de Informações, observados os termos desta Lei"; O § 3º complementa que "Enquanto não transcorrido o prazo de reavaliação previsto no caput, será mantida a classificação da informação nos termos da legislação precedente"; Conforme o § 4º "As informações classificadas como secretas e ultrassecretas não reavaliadas no prazo previsto no caput serão consideradas, automaticamente, de acesso público.*

Em relação à Lei n.º 12.527/2011 e ao Decreto n.º 7.724/2012, que tratam de questões afetas ao acesso à informação, julgue os itens de 132 a 134.

132. **(2013 - CNJ - Analista Judiciário)** No âmbito da administração pública federal, a classificação de informações como ultrassecretas é de competência exclusiva e indelegável das seguintes autoridades: presidente da República; vice-presidente da República; ministros de Estado e autoridades com as mesmas prerrogativas destes; comandantes da Marinha, do Exército e da Aeronáutica; e chefes de missões diplomáticas e consulares permanentes no exterior.

GABARITO: ERRADO.

De acordo com a Lei 12.527, de 18 de novembro de 2011, em seu Art. 27: *A classificação do sigilo de informações no âmbito da administração pública federal é de competência:*

I - no grau de ultrassecreto, das seguintes autoridades:

a) Presidente da República;

b) Vice-Presidente da República;

c) Ministros de Estado e autoridades com as mesmas prerrogativas;

d) Comandantes da Marinha, do Exército e da Aeronáutica; e

e) Chefes de Missões Diplomáticas e Consulares permanentes no exterior;

II - no grau de secreto, das autoridades referidas no inciso I, dos titulares de autarquias, fundações ou empresas públicas e sociedades de economia mista; e

III - no grau de reservado, das autoridades referidas nos incisos I e II e das que exerçam funções de direção, comando ou chefia, nível DAS 101.5, ou superior, do Grupo-Direção e Assessoramento Superiores, ou de hierarquia equivalente, de acordo com regulamentação específica de cada órgão ou entidade, observado o disposto nesta Lei.

§ 1º A competência prevista nos incisos I e II, no que se refere à classificação como ultrassecreta e secreta, poderá ser delegada pela autoridade responsável a agente público, inclusive em missão no exterior, vedada a subdelegação.

133. (2013 - CNJ - Analista Judiciário) Negado o pedido de acesso à informação que estiver sob custódia de unidade vinculada à Secretaria-Geral do CNJ por ser classificada como sigilosa, poderá o requerente interpor recurso a essa secretaria. Mantida a negação de acesso, o cidadão poderá recorrer à Controladoria-Geral da União, a qual competirá deliberar a respeito da questão.

GABARITO: ERRADO.

De acordo com a Lei 12.527, de 18 de novembro de 2011, em seu Art. 15.

Art. 15. No caso de indeferimento de acesso a informações ou às razões da negativa do acesso, poderá o interessado interpor recurso contra a decisão no prazo de 10 (dez) dias a contar da sua ciência.

Parágrafo único. O recurso será dirigido à autoridade hierarquicamente superior à que exarou a decisão impugnada, que deverá se manifestar no prazo de 5 (cinco) dias.

Art. 16. Negado o acesso à informação pelos órgãos ou entidades do Poder Executivo Federal, o requerente poderá recorrer à Controladoria-Geral da União, que deliberará no prazo de 5 (cinco) dias se:

I - o acesso à informação não classificada como sigilosa for negado;

II - a decisão de negativa de acesso à informação total ou parcialmente classificada como sigilosa não indicar a autoridade classificadora ou a hierarquicamente superior a quem possa ser dirigido pedido de acesso ou desclassificação;

III - os procedimentos de classificação de informação sigilosa estabelecidos nesta Lei não tiverem sido observados; e

IV - estiverem sendo descumpridos prazos ou outros procedimentos previstos nesta Lei.

§ 1º O recurso previsto neste artigo somente poderá ser dirigido à Controladoria-Geral da União depois de submetido à apreciação de pelo menos uma autoridade hierarquicamente superior àquela que exarou a decisão impugnada, que deliberará no prazo de 5 (cinco) dias.

§ 2º Verificada a procedência das razões do recurso, a Controladoria-Geral da União determinará ao órgão ou entidade que adote as providências necessárias para dar cumprimento ao disposto nesta Lei.

§ 3º Negado o acesso à informação pela Controladoria-Geral da União, poderá ser interposto recurso à Comissão Mista de Reavaliação de Informações, a que se refere o Art. 35.

134. **(2013 - CNJ - Analista Judiciário)** O acesso à informação compreende, entre outros direitos: orientação sobre como e onde obtê-la e acesso imediato à informação contida em documentos produzidos, acumulados ou custodiados por órgãos públicos, pessoa física ou entidade privada que tenham vínculos com o poder público, ainda que esses documentos tenham sido recolhidos a arquivos públicos.

GABARITO: CERTO.

De acordo com a Lei 12.527, de 18 de novembro de 2011, em seu Art. 7º o acesso à informação de que trata esta Lei compreende, entre outros, os direitos de obter:

I - orientação sobre os procedimentos para a consecução de acesso, bem como sobre o local onde poderá ser encontrada ou obtida a informação almejada;

II - informação contida em registros ou documentos, produzidos ou acumulados por seus órgãos ou entidades, recolhidos ou não a arquivos públicos;

III - informação produzida ou custodiada por pessoa física ou entidade privada, decorrente de qualquer vínculo com seus órgãos ou entidades, mesmo que esse vínculo já tenha cessado;

IV - informação primária, íntegra, autêntica e atualizada;

V - informação sobre atividades exercidas pelos órgãos e entidades, inclusive as relativas à sua política, organização e serviços;

VI - informação pertinente à administração do patrimônio público, utilização de recursos públicos, licitação, contratos administrativos; e

VII - informação relativa:

a) à implementação, acompanhamento e resultados dos programas, projetos e ações dos órgãos e entidades públicas, bem como metas e indicadores propostos;

b) ao resultado de inspeções, auditorias, prestações e tomadas de contas realizadas pelos órgãos de controle interno e externo, incluindo prestações de contas relativas a exercícios anteriores.

135. (2013 - CNJ - Analista Judiciário) Com relação às políticas públicas de arquivo e à legislação arquivística, julgue o item que segue.

De acordo com as normas nacionais em vigor, a autenticidade dos documentos arquivísticos digitais deve ser amparada em procedimentos de gestão documental.

GABARITO: CERTO.

De acordo com a Lei nº 8.159, de 8 de janeiro de 1991, em seu Art. 3º:

Art. 3º Considera-se gestão de documentos o conjunto de procedimentos e operações técnicas referentes à sua produção, tramitação, uso, avaliação e arquivamento em fase corrente e intermediária, visando a sua eliminação ou recolhimento para guarda permanente.

De acordo com o Modelo de Requisitos para Sistemas Informatizados de Gestão Arquivística de Documentos (e-ARQ Brasil, 2006), *a gestão arquivística de documentos compreende: definição da política arquivística; designação de responsabilidades; planejamento do programa de gestão; implantação do programa de gestão. No final do século XX, a necessidade da implantação de programas de gestão arquivística de documentos foi reforçada pela produção crescente de documentos arquivísticos exclusivamente em formato digital: textos, mensagens de correio eletrônico, bases de dados, planilhas, imagens, gravações sonoras, material gráfico, páginas da web etc. O documento digital apresenta especificidades que podem comprometer sua autenticidade, uma vez que é suscetível à degradação física dos seus suportes, à obsolescência tecnológica de hardware, software e de formatos e a intervenções não autorizadas, que podem ocasionar adulteração e destruição. Somente com procedimentos de gestão arquivística é possível assegurar a autenticidade dos documentos arquivísticos digitais.*

Órgãos Reguladores

CONARQ - SIGA - SINAR - SIGAD - CIA - NOBRADE - e-ARQ

136. (2014 - MDIC - Agente Administrativo) Julgue o próximo item, referente ao gerenciamento da informação e à gestão de documentos.

No Brasil, o e-ARQ é o modelo de requisitos que deve ser adotado para o desenvolvimento de um sistema informatizado de gestão arquivística de documentos.

GABARITO: CERTO.

Modelo de Requisitos para Sistemas Informatizados de Gestão Arquivística de Documentos – e-ARQ Brasil, 2006 – dezembro. Nesse documento é apresentado um Modelo de Requisitos para Sistemas Informatizados de Gestão Arquivística de Documentos – e-ARQ Brasil - que foi elaborado no âmbito da Câmara Técnica de Documentos Eletrônicos do Conselho Nacional de Arquivos no período de 2004 a 2006. Esse trabalho foi desenvolvido considerando a existência de um importante legado de documentos em formato digital, cujas características são tratadas por especialistas de diversas áreas, entre as quais a arquivologia e a tecnologia da informação. Esses especialistas conceituam o documento arquivístico e o documento arquivístico digital para poderem analisar e propor soluções que enfrentem o desafio trazido por esse formato.

Com base nos documentos e resoluções elaborados pelo Conselho Nacional de Arquivos (CONARQ), julgue os itens de 137 a 139, relativo ao tratamento de documentos arquivísticos digitais e digitalizados.

137. **(2013 - Telebras - Especialista em Gestão de Telecomunicações)** A preservação de documentos digitais tem a finalidade de manter o acesso contínuo à informação, garantindo sua autenticidade mediante o uso de diversas estratégias, tais como a prevenção da obsolescência tecnológica de hardware, software e formato, e os procedimentos de migração, atualização e conversão.

GABARITO: CERTO.

A digitalização de acervos é uma das ferramentas essenciais ao acesso e à difusão dos acervos arquivísticos, além de contribuir para a sua preservação, uma vez que restringe o manuseio aos originais, constitui-se como um instrumento capaz de dar acesso simultâneo local ou remoto aos seus representantes digitais.

138. **(2013 - Telebras - Especialista em Gestão de Telecomunicações)** No e-ARQ Brasil, documento constituído de um conjunto de procedimentos e tecnologias utilizados pelo arquivista para processar, armazenar e prover acesso à informação estruturada, são estabelecidos requisitos para sistemas de informação e de gerenciamento eletrônico de documentos, no intuito de apoiar o desempenho das atividades de um órgão ou entidade.

GABARITO: ERRADO.

O que é e-ARQ Brasil?

É uma especificação de requisitos que estabelece um conjunto de condições a serem cumpridas pela organização produtora/recebedora de documentos, pelo sistema de gestão arquivística e pelos próprios documentos a fim de garantir a sua confiabilidade e autenticidade, assim como seu acesso. Além disso, o e-ARQ Brasil pode ser usado para orientar a identificar os documentos arquivísticos digitais.

Fonte: Modelo de Requisitos para Sistemas Informatizados de
Gestão Arquivística de Documentos - e-ARQ – Brasil – 2006, dezembro.

139. **(2013 - Telebras - Especialista em Gestão de Telecomunicações)** A digitalização tem baixo custo, pois possibilita a redução de gastos com ações de conservação e contratação de profissionais, que, para a realização desse processo, prescindem de conhecimento arquivístico.

GABARITO: ERRADO.

A digitalização de acervos é uma das ferramentas essenciais ao acesso e à difusão dos acervos arquivísticos, além de contribuir para a sua preservação, uma vez que restringe o manuseio de documentos originais, constituindo-se como um instrumento capaz de dar acesso simultâneo local ou remoto. Possui natureza complexa de um ambiente tecnológico de rápidas mudanças e, em geral, de custos elevados para a sua implementação e manutenção.

140. (2013 - MPU - Técnico Administrativo) Julgue o item, relativo à arquivologia.

Compete ao Arquivo Nacional definir as normas gerais e estabelecer as diretrizes para o Sistema Nacional de Arquivos, bem como promover o inter-relacionamento de arquivos públicos e privados.

GABARITO: ERRADO.

O decreto nº 4.073, de 3 de janeiro de 2002, Art. 1º explica que *O Conselho Nacional de Arquivos - CONARQ, órgão colegiado, vinculado ao Arquivo Nacional, criado pelo art. 26 da Lei nº 8.159, de 8 de janeiro de 1991, tem por finalidade definir a política nacional de arquivos públicos e privados, bem como exercer orientação normativa visando à gestão documental e à proteção especial aos documentos de arquivo.*

Decreto nº 4.073, de 3 de janeiro de 2002, Art. 10 *O SINAR tem por finalidade implementar a política nacional de arquivos públicos e privados, visando à gestão, à preservação e ao acesso aos documentos de arquivo.* O SINAR tem como órgão central o CONARQ.

Lei nº 8.159, de 8 de janeiro de 1991, Art. 18: *Compete ao Arquivo Nacional a gestão e o recolhimento dos documentos produzidos e recebidos pelo Poder Executivo Federal, bem como preservar e facultar o acesso aos documentos sob sua guarda, e acompanhar e implementar a política nacional de arquivos.*

Considerando as diretrizes para a gestão arquivística do correio eletrônico corporativo, elaboradas pelo Conselho Nacional de Arquivos (CONARQ), julgue os itens de 141 e 142.

141. (2013 - SERPRO – Analista) As cópias de mensagens eletrônicas encaminhadas a grupos de trabalho, com a finalidade de informar ou referenciar uma situação, devem ser inseridas na categoria de documento de arquivo.

GABARITO: ERRADO.

A Organização das Nações Unidas – ONU, ao estabelecer orientações sobre como gerenciar a mensagem de correio eletrônico, aponta situações em que é possível identificá-la como documento arquivístico; quando a: (UNITED NATIONS, 2010).

- mensagem, cujo conteúdo inicia, autoriza ou completa uma ação de um órgão ou entidade.

- mensagem, trocada entre pessoas da mesma equipe ou de outras equipes, em trabalho conjunto, e cujo conteúdo se refere à atividade do órgão ou entidade.

- mensagem, recebida de fonte externa (pessoa física ou jurídica) que compõe um documento arquivístico oficial.

- mensagem, cujo conteúdo refere-se à pauta ou registro de reunião.

- mensagem, cujo conteúdo é nota, relatório final ou recomendação para uma ação em desenvolvimento ou finalizada.

As mesmas orientações da ONU apontam situações em que a mensagem de correio eletrônico NÃO é considerada documento arquivístico; dentre elas, destacamos:

- mensagem, cujo conteúdo é de caráter pessoal (não tem relação com as atividades do órgão ou entidade).

- mensagem, cujo conteúdo se refere a "correntes", propagandas, promoções e afins.

- cópia de mensagem enviada para grupos de trabalho ou coordenações, com a única finalidade de referência ou informação.

- material de referência, isto é, documentos usados apenas para subsídio teórico no desenvolvimento de uma atividade.

Segundo o Conselho Nacional de Arquivo (CONARQ), a mensagem de correio eletrônico, considerada como um documento arquivístico, precisa ser declarada como tal, ou seja, incorporada ao conjunto de documentos do órgão ou entidade, a fim de manter sua autenticidade, confiabilidade e acessibilidade pelo tempo que for necessário.

142. **(2013 - SERPRO – Analista)** As instituições que possuem política de preservação digital devem prever a inserção das mensagens de correio eletrônico como documento digital.

GABARITO: CERTO.

A preservação digital e a inserção das mensagens de correio eletrônico devem seguir o que diz a Resolução nº 20, de 16 de julho de 2004, Arquivo Nacional, em seu Art. 1º, *Os órgãos e entidades integrantes do Sistema Nacional de Arquivos deverão identificar, dentre as informações e os documentos produzidos, recebidos ou armazenados em meio digital, aqueles considerados arquivísticos para que sejam contemplados pelo programa de gestão arquivística de documentos".*

§1º Considera-se documento arquivístico como a informação registrada, independente da forma ou do suporte, produzida e recebida no decorrer das atividades de um órgão, entidade ou pessoa, dotada de organicidade e que possui elementos constitutivos suficientes para servir de prova dessas atividades.

§2º Considera-se documento arquivístico digital o documento arquivístico codificado em dígitos binários, produzido, tramitado e armazenado por sistema computacional. São exemplos de documentos arquivísticos digitais: planilhas eletrônicas, mensagens de correio eletrônico, sítios na internet, bases de dados e também textos, imagens fixas, imagens em movimento e gravações sonoras, dentre outras possibilidades, em formato digital.

Art. 2º Um programa de gestão arquivística de documentos é aplicável independente da forma ou do suporte, em ambientes convencionais, digitais ou híbridos em que as informações são produzidas e armazenadas.

143. **(2013 - INPI - Analista de Planejamento)** Com base na Norma Brasileira de Descrição Arquivística, julgue o próximo item.

A data crônica é o elemento de identificação cronológica que indica a data de produção do documento.

GABARITO: ERRADO.

Segundo o Dicionário Brasileiro de Terminologia Arquivística:

1. A data assunto é o elemento de identificação cronológica do assunto de um documento, independentemente da sua data de produção.

2. A data crônica é o elemento de identificação cronológica que tem por referencial um calendário.

3. A data de acesso apresenta-se de dois tipos: 1º - Elemento de identificação cronológica do fim da restrição de acesso a um documento. 2º - Elemento de identificação cronológica do acesso efetuado a um documento em meio eletrônico.

4. A data de acumulação é o elemento de identificação cronológica que leva em consideração variantes da história de formação do acervo como herança de fundos, sucessão arquivística e aquisições por compra ou doação.

5. A data de produção é o elemento de identificação cronológica pelo qual se indica a data em que o documento foi produzido.

6. A data limite é o elemento de identificação cronológica, em que são indicados o início e o término do período de uma unidade de descrição.

7. A data tópica é o elemento de identificação do lugar de produção de um documento.

Em relação às políticas públicas de arquivo e à legislação arquivística, julgue os itens 144 e 145.

144. **(2013 - INPI - Analista de Planejamento)** Os órgãos da administração pública federal integram o sistema de gestão de documentos de arquivo (SIGA).

GABARITO: CERTO.

O decreto nº 4.915, de 12 de dezembro de 2003, que dispõe sobre o Sistema de Gestão de Documentos de Arquivo - SIGA, da administração pública federal, em seu Art. 1º explica que: ***Ficam organizadas sob a forma de sistema, com a denominação de Sistema de Gestão de Documentos de Arquivo - SIGA, as atividades de gestão de documentos no âmbito dos órgãos e entidades da administração pública federal.***

145. **(2013 - INPI - Analista de Planejamento)** As diretrizes para o funcionamento do sistema nacional de arquivos são fornecidas pelo Arquivo Nacional.

GABARITO: ERRADO.

Pelo Decreto nº 4.073, de 3 de janeiro de 2002, que regulamenta a Lei nº 8.159, de 8 de janeiro de 1991, em seu Art. 1º: ***O Conselho Nacional de Arquivos - CONARQ, órgão colegiado, vinculado ao Arquivo Nacional, criado pelo Art. 26 da Lei nº 8.159, de 8 de janeiro de 1991, tem por finalidade definir a política nacional de arquivos públicos e privados, bem como exercer orientação normativa visando à gestão documental e à proteção especial aos documentos de arquivo. Conforme o Art. 2º: Compete ao CONARQ: I - estabelecer diretrizes para o funcionamento do Sistema Nacional de Arquivos - SINAR, visando à gestão, à preservação e ao acesso aos documentos de arquivos; II - promover o inter-relacionamento de arquivos públicos***

e privados com vistas ao intercâmbio e à integração sistêmica das atividades arquivísticas; III - propor ao Ministro de Estado da Justiça normas legais necessárias ao aperfeiçoamento e à implementação da política nacional de arquivos públicos e privados; (Redação dada pelo Decreto nº 7.430, de 2011); IV - zelar pelo cumprimento dos dispositivos constitucionais e legais que norteiam o funcionamento e o acesso aos arquivos públicos; V - estimular programas de gestão e de preservação de documentos públicos de âmbito federal, estadual, do Distrito Federal e municipal, produzidos ou recebidos em decorrência das funções executiva, legislativa e judiciária; VI - subsidiar a elaboração de planos nacionais de desenvolvimento, sugerindo metas e prioridades da política nacional de arquivos públicos e privados; VII - estimular a implantação de sistemas de arquivos nos Poderes Executivo, Legislativo e Judiciário da União, dos Estados, do Distrito Federal e nos Poderes Executivo e Legislativo dos Municípios; VIII - estimular a integração e modernização dos arquivos públicos e privados; IX - identificar os arquivos privados de interesse público e social, nos termos do Art. 12 da Lei nº 8.159, de 1991; X - propor ao Presidente da República, por intermédio do Ministro de Estado da Justiça, a declaração de interesse público e social de arquivos privados; (Redação dada pelo Decreto nº 7.430, de 2011); XI - estimular a capacitação técnica dos recursos humanos que desenvolvam atividades de arquivo nas instituições integrantes do SINAR; XII - recomendar providências para a apuração e a reparação de atos lesivos à política nacional de arquivos públicos e privados; XIII - promover a elaboração do cadastro nacional de arquivos públicos e privados, bem como desenvolver atividades censitárias referentes a arquivos; XIV - manter intercâmbio com outros conselhos e instituições, cujas finalidades sejam relacionadas ou complementares às suas, para prover e receber elementos de informação e juízo, conjugar esforços e encadear ações; XV - articular-se com outros órgãos do Poder Público, formuladores de políticas nacionais nas áreas de educação, cultura, ciência, tecnologia, informação e informática).

Gestão de Documentos

No que se refere ao gerenciamento da informação e à gestão de documentos, julgue os itens 146 e 147.

146. **(2014 - TC/DF - Técnico de Administração Pública)** Por atenderem a necessidades especiais, os documentos do arquivo corrente podem permanecer distantes de seus usuários diretos.

GABARITO: ERRADO.

Os arquivos correntes não atendem somente às necessidades especiais, pois nessa fase são frequentemente utilizados, o que inviabiliza colocá-los distantes de seus usuários diretos.

147. **(2014 – TC/DF - Técnico de Administração Pública)** A acumulação de massas documentais resulta da ausência de tratamento adequado durante o período em que o valor primário dos documentos é maior.

GABARITO: CERTO.

Nem todos os documentos que percorrem as fases corrente e intermediária chegarão à fase permanente. Assim sendo, uma má gestão na fase corrente, poderá permitir que documentos sem valor secundário cheguem à fase permanente, ocasionando a acumulação desnecessária de documentos, uma vez que os documentos poderão ser eliminados já na fase corrente, se não possuírem valor secundário.

148. **(2014 - MDIC - Agente Administrativo)** Julgue o próximo item, referente ao gerenciamento da informação e à gestão de documentos.

O plano de classificação e a tabela de temporalidade são instrumentos arquivísticos, previstos nas fases de um programa de gestão de documentos.

GABARITO: CERTO.

De acordo com o autor George Melo Rodrigues (2012), na obra Arquivologia, o plano de classificação faz parte da fase de utilização. E a tabela de temporalidade, da fase de destinação.

Fases da gestão de documentos:

Produção – são elaborados/criados documentos em função das atividades específicas de determinada entidade ou setor.

Utilização (ou manutenção) – diz respeito ao trâmite documental presente nas atividades do arquivo corrente e intermediário, durante a vida útil administrativa do documento na instituição, bem como a sua guarda e política de acesso e disponibilização.

Destinação (ou avaliação) – nessa fase elabora-se a tabela de temporalidade. É feita a avaliação, análise e seleção dos documentos de arquivo, estabelecendo-se os prazos de guarda e definindo quais serão eliminados ou guardados permanentemente (Plano de Destinação).

Acerca da gestão de documentos, julgue os itens de 149 a 153.

149. **(2013 - Telebras - Especialista em Gestão de Telecomunicações)** A informação arquivística é fundamental para a obtenção de eficiência, segurança e qualidade na tomada de decisão e na garantia dos direitos individuais e coletivos da sociedade.

GABARITO: CERTO.

A Constituição Federal de 1988 transcreve a importância do direito à informação: Dos Direitos e Deveres Individuais e Coletivos:

Art. 5º XIV - é assegurado a todos o acesso à informação e resguardado o sigilo da fonte, quando necessário ao exercício profissional;

Art. 5º XXXIII - todos têm direito a receber dos órgãos públicos informações de seu interesse particular, ou de interesse coletivo ou geral, que serão prestadas no prazo da lei, sob pena de responsabilidade, ressalvadas aquelas cujo sigilo seja imprescindível à segurança da sociedade e do Estado.

150. (2013 – TCE/RS - Oficial de Controle Externo) De acordo com a lei que trata da política nacional de arquivos públicos e privados, a gestão documental compreende quatro fases básicas: produção, acúmulo, utilização e destinação.

GABARITO: ERRADO.

Conforme o Art. 3º, da Lei 8.159/91 ***Considera-se gestão de documentos o conjunto de procedimentos e operações técnicas referentes à sua produção, tramitação, uso, avaliação e arquivamento em fase corrente e intermediária, visando a sua eliminação ou recolhimento para guarda permanente.***

151. (2013 - BACEN - Analista - Infraestrutura e Logística) Na gestão arquivística de documentos eletrônicos agregam-se requisitos da classificação, da avaliação, do registro e da tramitação dos documentos de arquivo.

GABARITO: CERTO.

Na obra Gerenciamento Arquivísticos de Documentos Eletrônicos, a autora Rosely Curi Rondelli (2005) explica que ***(...), o documento em suporte magnético ou óptico, gerado no decorrer das atividades de uma instituição ou pessoa, também se constitui num registro arquivístico. (...) definição do Comitê sobre Documentos eletrônicos do CIA, segundo o qual 'um documento arquivístico eletrônico é um documento arquivístico sujeito à manipulação, transmissão ou processamento por um computador digital.***

152. (2013 - ANCINE - Analista Administrativo) A organização dos documentos de arquivo envolve a classificação dos documentos, sendo o plano ou código de classificação de documentos, o instrumento utilizado para essa finalidade.

GABARITO: CERTO.

Segundo o Dicionário Brasileiro de Terminologia Arquivística, o plano de classificação é o esquema de distribuição de documentos em classes, de acordo com métodos de arquivamento específicos, elaborados a partir do estudo das estruturas e funções de uma instituição e da análise do arquivo por ela produzido. Expressão geralmente adotada em arquivos correntes. O mesmo que código de classificação.

153. (2013 - ANS - Técnico Administrativo) Uma das fases básicas do programa de gestão de documentos é a emulação dos documentos.

GABARITO: ERRADO.

Segundo o Modelo de Requisitos para Sistemas Informatizados de Gestão Arquivística de Documentos (e-ARQ Brasil, 2006), Documento digital - de preservação para os documentos arquivísticos devem ser selecionadas com base na sua capacidade de manter as características dos documentos e a avaliação custo-benefício. Podem incluir monitoramento e controle ambiental, restrições de acesso, cuidados no seu manuseio direto e obtenção de suportes e materiais mais duráveis (papel, tinta, disco óptico, fita magnética, etc.).

No caso específico dos documentos digitais, essas estratégias incluem a prevenção da obsolescência tecnológica e de danos físicos ao suporte, por meio de procedimentos de migração, como rejuvenescimento (refreshing) e conversão.

ARQ

Outras técnicas utilizadas na preservação de documentos digitais são: emulação, encapsulamento e preservação da tecnologia. A adoção de formatos digitais abertos se configura adicionalmente como medida de preservação recomendável e necessária. Emulação: é a simulação de um determinado hardware ou software através de software. Ela permite que um computador moderno, possivelmente mais barato e de fácil manutenção, possa executar programas (software) antigos desenvolvidos originalmente para outra plataforma. Para evitar possíveis perdas de informação e funcionalidades, deve ser realizada com bastante rigor. A probabilidade de ocorrência de perdas de informações e funcionalidades aumenta à medida que são utilizadas diversas camadas de emulação, como resultado da aplicação dessa técnica repetidas vezes.

154. **(2013 - Polícia Federal - Escrivão da Polícia Federal)** Acerca de arquivologia, julgue o item que segue.

A gestão de documentos, reconhecida inclusive na legislação arquivística brasileira, visa garantir que os arquivos sejam instrumentos de apoio à administração, à cultura, ao desenvolvimento científico e elementos de prova e informação.

GABARITO: CERTO.

Conforme a Lei 8.159/1991, em seu Art. 1º: *É dever do Poder Público a gestão documental e a proteção especial a documentos de arquivos, como instrumento de apoio à administração, à cultura, ao desenvolvimento científico e como elementos de prova e informação.* De acordo com o Dicionário Brasileiro de Terminologia Arquivística, gestão de documentos é o conjunto de procedimentos e operações técnicas referentes à produção, tramitação, uso, avaliação e arquivamento de documentos em fase corrente e intermediária, visando sua eliminação ou recolhimento. A gestão e documentos também é chamada de administração de documentos.

155. **(2013 - MI - Assistente Técnico Administrativo)** Julgue o item a seguir, referente à gestão de documentos.

A destinação final de um documento de arquivo pode ser a guarda permanente ou a digitalização.

GABARITO: ERRADO.

Por meio da tabela de temporalidade, determina-se a destinação final dos documentos de arquivo: a eliminação ou a guarda permanente dos documentos acumulados pelas atividades meio e fim das instituições.

156. **(2013 - SERPRO – Analista)** Com relação aos procedimentos adotados na gestão de documentos, julgue o item a seguir.

Na composição do arquivo impresso estão inseridos, além das publicações e periódicos internos, os documentos que foram adquiridos por doação.

GABARITO: ERRADO.

Na biblioteca, os documentos são produzidos e conservados com objetivos culturais. Os documentos são confeccionados por fontes diversas, adquiridos por compra ou doação; Os documentos existem em numerosos exemplares; A significação do acervo documental não depende da relação que os documentos tenham entre si. A biblioteconomia trata de documentos individuais.

No arquivo os documentos são produzidos e conservados com objetivos funcionais. Os documentos não são objeto de coleção; Provém tão-só das atividades públicas ou privadas, servidas pelo arquivo; Os documentos são produzidos num único exemplar ou em limitado número de cópias; Há uma significação orgânica entre os documentos. A arquivística trata de conjuntos de documentos.

---

157. **(2013 - SERPRO – Analista)** Com relação aos instrumentos de gestão documental, julgue o item que segue.

Compete à Comissão Setorial de Avaliação de Documentos propor modificações e atualizações da tabela de temporalidade.

GABARITO: CERTO.

São competências das Comissões Setoriais de Avaliação de Documentos (CSA): promover o levantamento e a identificação das séries documentais produzidas, recebidas ou acumuladas por seu respectivo órgão; elaborar a proposta de tabela de temporalidade, encaminhando-a, acompanhada das necessárias justificativas, para a apreciação e aprovação da CCAD; solicitar a colaboração de auxiliares temporários para o desenvolvimento dos trabalhos, em razão de sua especificidade ou volume; acompanhar os trabalhos de organização, racionalização e controle de arquivos e documentos de seu órgão, visando o estabelecimento de rotinas de eliminação ou envio para guarda permanente; propor as modificações cabíveis para a tabela de temporalidade, atualizando-a sempre que necessário; elaborar a relação dos documentos a serem eliminados ou remetidos para guarda permanente; coordenar o trabalho de seleção e preparação material dos conjuntos documentais a serem eliminados, deixando-os disponíveis para eventuais verificações; presenciar a eliminação dos documentos, lavrando a respectiva ata.

---

158. **(2013 - SERPRO - Técnico - Suporte Administrativo)** Acerca do tratamento, guarda e recuperação de documentos, julgue o próximo item.

As etapas de trabalho da organização de arquivos são levantamento de dados, análise dos dados coletados, planejamento e implantação e, por fim, acompanhamento.

GABARITO: CERTO.

Segundo Marilena Leite Paes, ***a organização de arquivos, como de qualquer outro setor de uma instituição, pressupõe o desenvolvimento de várias etapas de trabalho.*** **Essas fases se constituem em: levantamento de dados; análise dos dados coletados; planejamento, implantação e acompanhamento.**

Acerca da gestão de documentos, julgue os itens 159 e 160.

159. (2013 - ANP - Analista Administrativo) Conforme terminologia própria da arquivologia, realiza-se o arquivamento quando dispõem-se dos documentos de determinada maneira.

GABARITO: ERRADO.

A ordenação é a fase em que os documentos são dispostos, levando-se em conta a classificação e a codificação adotadas. Os objetivos da ordenação são de agilizar o arquivamento e a racionalização do trabalho. A fase de arquivamento, propriamente dita, vem em seguida e consiste na guarda do documento no local designado.

160. (2013 - ANP - Analista Administrativo) A elaboração do código de classificação de documentos acontece na fase de utilização de programa de gestão de documentos.

GABARITO: CERTO.

Conforme Marilena Leite Paes, as fases básicas da gestão de documentos são:

1. Produção de documentos;

2. Utilização de documentos: essa fase inclui as atividades de protocolo (recebimento, classificação, registro, distribuição, tramitação), de organização e arquivamento de documentos em fase corrente e intermediária, bem como a elaboração de normas de acesso à documentação (empréstimo, consulta) e à recuperação de informações, indispensáveis ao desenvolvimento das funções administrativas das instituições.

Em relação ao modelo de requisitos para sistemas informatizados de gestão arquivística e de indexação de documentos, julgue os itens 161 e 162.

161. (2013 - CNJ - Analista Judiciário) No âmbito da indexação, o descritor corresponde a uma palavra ou grupo de palavras que designam determinado conceito ou assunto preciso.

GABARITO: CERTO.

De acordo com o Dicionário Brasileiro de Terminologia Arquivística, indexação é o processo pelo qual os documentos ou informações são representados por termos, palavras-chave ou descritores, propiciando a recuperação da informação. Para facilitar a localização dos documentos, atribui-se a eles várias palavras-chave, de tal forma, que estas sirvam de referência quando da busca deste documento.

162. (2013 - CNJ - Analista Judiciário – Arquivologia) O plano de classificação e a Tabela Unificada de Assuntos Processuais do Judiciário Brasileiro podem ser citados como exemplos de instrumentos utilizados na indexação de documentos.

GABARITO: CERTO.

Conforme as Tabelas Processuais Unificadas – TPU, o Conselho Nacional de Justiça, com o objetivo de melhorar a administração da justiça e a prestação jurisdicional, estabeleceu procedimentos a serem utilizados por todo Judiciário. Entre eles, a uniformização das tabelas básicas de classificação processual, movimentação e fases processuais, assuntos e partes, com isso, cada novo processo recebe nomenclatura padrão para o procedimento utilizado, de acordo com o que dispõe

a Resolução do CNJ nº 12, de 14 de fevereiro de 2006, Implementada pela Resolução-CNJ nº 46, de 18 de dezembro de 2007, as tabelas processuais unificadas do poder judiciário visam à uniformização taxonômica e terminológica de classes, assuntos e movimentação processuais no âmbito da Justiça Estadual, Federal, do Trabalho e do Superior Tribunal de Justiça, a serem empregadas nos respectivos sistemas processuais.

A atualização e o aperfeiçoamento das Tabelas Processuais Unificadas serão feitos, continuamente, pelo Conselho Nacional de Justiça, em conjunto com os demais órgãos do Poder Judiciário, por meio do Sistema Eletrônico de Gestão, em funcionamento e disponível, inclusive, para consulta pública.

163. (2013 - CNJ - Analista Judiciário – Arquivologia) A implementação de uma política de gestão documental que atenda às características do Poder Judiciário é objetivo do Programa Nacional de Gestão Documental e Memória do Poder Judiciário (PRONAME). Acerca do PRONAME, julgue o item a seguir.

Os processos com decisões transitadas em julgado devem ser arquivados permanentemente quando não necessitarem de diligência do juízo processante.

GABARITO: CERTO.

Recomendação nº 37, de 15 de agosto de 2011, recomenda aos tribunais a observância das normas de funcionamento do Programa Nacional de Gestão Documental e Memória do Poder Judiciário – PRONAME e de seus instrumentos.

O Presidente do Conselho Nacional de Justiça, no uso de suas atribuições constitucionais e regimentais define que:

XIV - Os processos com decisões transitadas em julgado serão definitivamente arquivados, quando não necessitarem de diligência do juízo processante, da secretaria da unidade judiciária respectiva e de terceiros designados para atuar na lide ou eventualmente alcançados pelo julgado, conforme a Lista de Verificação para Baixa Definitiva de Autos.

A implementação de uma política de gestão documental que atenda às características do Poder Judiciário é objetivo do Programa Nacional de Gestão Documental e Memória do Poder Judiciário (PRONAME). Acerca do PRONAME, julgue os itens 164 e 165.

164. (2013 - CNJ - Analista Judiciário – Arquivologia) As tabelas processuais unificadas são instrumentos do PRONAME.

GABARITO: CERTO.

Recomendação nº 37, de 15 de agosto de 2011:

São instrumentos do PRONAME:

a) os sistemas informatizados de gestão de documentos e processos administrativos e judiciais, bem como os métodos desses sistemas, essenciais à identificação do documento institucional de modo inequívoco em sua relação com os outros documentos;

b) o plano de lassificação (Tabelas Processuais Unificadas) e a Tabela de Temporalidade dos Processos Judiciais do Poder Judiciário;

c) o Plano de Classificação e a Tabela de Temporalidade dos Documentos da Administração do Poder Judiciário;

d) a Lista de Verificação para Baixa Definitiva de Autos;

e) a Lista de Verificação para Eliminação de Autos Findos;

f) o Fluxograma de Avaliação, Seleção e Destinação de Autos Findos;

g) o Plano para Amostra Estatística Representativa; e

h) o Manual de Gestão Documental do Poder Judiciário;

165. (2013 - CNJ - Analista Judiciário – Arquivologia) Os magistrados podem propor a guarda definitiva de um processo em que estejam atuando.

GABARITO: CERTO.

O Conselho de Justiça Federal – CJF – Resolução nº 23, de 19 de setembro de 2008, SEÇÃO III, DOS PROCEDIMENTOS DE GESTÃO DE DOCUMENTOS, *Art. 9º. Parágrafo único. As ações judiciais transitadas em julgado serão definitivamente arquivadas quando não necessitarem de nenhuma diligência do juízo processante, da secretaria da unidade judiciária respectiva e de terceiros designados para atuarem na lide ou eventualmente alcançados pelo julgado.*

Art. 10. É facultada ao magistrado a formulação de proposta fundamentada à Comissão Permanente de Avaliação Documental de guarda definitiva de processo em que atue.

166. (2013 - CNJ - Analista Judiciário – Arquivologia) Julgue o item seguinte, relativo à gestão de documentos.

O diagnóstico da situação arquivística, intitulado levantamento das necessidades, antecede a implementação dos elementos do programa de gestão de documentos.

GABARITO: CERTO.

O diagnóstico arquivístico compreende, fundamentalmente, o levantamento da situação dos arquivos e das massas documentais acumuladas e o conhecimento do sujeito acumulador, objetivando identificar problemas no gerenciamento da informação arquivística. Diagnóstico é o estudo e análise prévia de um setor ou instituição, com a finalidade de colher informações para a realização de um projeto arquivístico. Segundo Lopes, existem duas abordagens de diagnóstico, a maximalista e a minimalista.

167. (2013 - INPI - Analista de Planejamento – Arquivologia) Com relação a sistemas de gestão arquivística, julgue o item seguinte.

O ICP-Brasil, infraestrutura de chaves públicas brasileiras, garante os requisitos necessários para a validade jurídica dos documentos eletrônicos.

GABARITO: CERTO.

Os requisitos necessários para estabelecer a validade jurídica dos documentos eletrônicos devem seguir o que diz a Medida Provisória nº 2.200-2, de 24 de agosto de 2001, que institui a Infraestrutura de Chaves Públicas Brasileira - ICP-Brasil, transforma o Instituto Nacional de Tecnologia da Informação em autarquia, em seu Art. 1º: ***Fica instituída a Infraestrutura de Chaves Públicas Brasileira - ICP-Brasil, para garantir a autenticidade, a integridade e a validade jurídica de documentos em forma eletrônica, das aplicações de suporte e das aplicações habilitadas que utilizem certificados digitais, bem como a realização de transações eletrônicas seguras.***

168. **(2013 - INPI - Analista de Planejamento)** Em relação à gestão de documentos, julgue o item que segue.

O programa de gestão de documentos gerencia os documentos nas fases corrente e permanente e o centro de documentação gerencia os documentos na fase intermediária.

GABARITO: ERRADO.

De acordo com a Lei 8.159, de 8 de janeiro de 1991, em seu Art. 3º: ***Considera-se gestão de documentos o conjunto de procedimentos e operações técnicas referentes à sua produção, tramitação, uso, avaliação e arquivamento em fase corrente e intermediária, visando a sua eliminação ou recolhimento para guarda permanente.***

169. **(2013 - Telebras - Técnico em Gestão de Telecomunicações)** Com relação à gestão de documentos e informações, julgue o item seguinte.

Documentos de natureza digital, ou seja, produzidos, tramitados e armazenados apenas em sistema computacional, como mensagens de correio eletrônico, sítios na Internet, planilhas eletrônicas, fotografias e vídeos, não podem ser considerados documentos arquivísticos e, portanto, não devem ser incluídos nos sistemas de gestão de documentos.

GABARITO: ERRADO.

O documento arquivístico digital é codificado em dígitos binários, produzido, tramitado e armazenado pelo sistema computacional. São exemplos de documentos arquivísticos digitais: textos, imagens fixas, imagens em movimento, gravações sonoras, mensagens de correio eletrônico, páginas web, bases de dados, dentre outras possibilidades de um vasto repertório de diversidade crescente.

170. **(2013 - SERPRO - Analista – Arquivologia)** Com relação aos procedimentos adotados na gestão de documentos, julgue o item a seguir.

O empréstimo de documentos é facultado entre instituições governamentais apenas para uso oficial.

GABARITO: CERTO.

O empréstimo entre instituições governamentais é muito bem explicado por Marilena Leite Paes (2013), na obra Arquivo: Teoria e Prática, ao afirmar que ***Empréstimo e consulta. Esta é, sem dúvida, uma atividade nobre dos arquivos, (...), servir à administração e à história. Todo trabalho arquivístico, do recebimento ao arquivamento, é desenvolvido visando à recuperação rápida e completa da informação. (...) aspecto que envolve a segurança do arquivo e diz respeito à consulta e ao empréstimo. (...) documentos de arquivo só podem ser consultados ou cedidos, por empréstimo, aos órgãos que os receberam ou produziram, aos órgãos encarregados das atividades a que se referem os documentos e às autoridades superiores, na mesma linha hierárquica.***

Microfilmagem

171. (2014 - CADE - Agente Administrativo) No que se refere à microfilmagem, à automação e à preservação de documentos de arquivo, a digitalização de documentos de arquivo é aconselhada quando existe um conjunto documental volumoso que será acessado simultaneamente por diferentes usuários.

GABARITO: CERTO.

A digitalização contribui para o amplo acesso e disseminação dos documentos arquivísticos por meio da tecnologia da informação e da comunicação; permite o intercâmbio de acervos documentais e de seus instrumentos de pesquisa por meio de redes informatizadas; promove a difusão e a reprodução dos acervos arquivísticos não digitais, em formatos e apresentações diferenciados do formato original; incrementa a preservação e a segurança dos documentos arquivísticos originais que estão em outros suportes não digitais, por restringir seu manuseio.

172. (2014 - CADE - Agente Administrativo) No que se refere à microfilmagem, à automação e à preservação de documentos de arquivo, a microfilmagem de documentos de arquivo possui validade legal quando esse processo ocorre simultaneamente à digitalização.

GABARITO: ERRADO.

Conforme a Lei nº 5.433, de 8 de maio de 1968 que regulamenta a microfilmagem em seu Art. 1º ***É autorizada, em todo o território nacional, a microfilmagem de documentos particulares e oficiais arquivados, estes de órgãos federais, estaduais e municipais.***

§ 1º Os microfilmes de que trata esta Lei, assim como as certidões, os traslados e as cópias fotográficas obtidas diretamente dos filmes produzirão os mesmos efeitos legais dos documentos originais em juízo ou fora dele.

Digitalização é o processo de conversão de um documento em qualquer suporte ou formato para o formato digital, por meio de dispositivo apropriado.

173. (2014 - CADE - Agente Administrativo) No que se refere à microfilmagem, à automação e à preservação de documentos de arquivo, para a assinatura de documentos, recomenda-se a utilização de caneta esferográfica como forma de preservação do papel.

GABARITO: ERRADO.

Ofício Circular nº 137/2014 – CGJ - Manual Técnico de Preservação e Conservação

Documentos Extrajudiciais - C N J: ***Todos os documentos deverão estar protegidos por um envelope de papel alcalino na cor branca, com identificação a lápis na parte superior à direita; o uso de lápis macio (6b) é recomendado para fazer anotações em documentos, sendo que o grafite é um material estável que não danifica o papel.***

174. **(2013 - SERPRO – Analista)** Acerca da digitalização e da microfilmagem de documentos em arquivos, julgue o item subsequente.

A técnica da microfilmagem é utilizada nos documentos em suporte papel pertencentes a pessoas jurídicas. Não existe regulamentação legal para a produção de microfilmes a partir de documentos de pessoas físicas.

GABARITO: ERRADO.

As técnicas e normas para a microfilmagem devem obedecer a Lei nº 5.433/68. que regula a microfilmagem em seu Art. 1º: ***É autorizada, em todo o território nacional, a microfilmagem de documentos particulares e oficiais arquivados, estes de órgãos federais, estaduais e municipais.***

Acerca da digitalização e da microfilmagem de documentos em arquivos, julgue os itens 175 e 176.

175. **(2013 - SERPRO – Analista)** Incineração, doação e destruição mecânica são métodos de eliminação de documentos microfilmados.

GABARITO: ERRADO.

Conforme o Art. 1º, § 2º da Lei 5.433, de 8 de maio de 1968: ***Os documentos microfilmados poderão, a critério da autoridade competente, ser eliminados por incineração, destruição mecânica ou por outro processo adequado que assegure a sua desintegração.*** **Assim sendo, a doação não elimina os documentos.**

176. **(2013 - SERPRO – Analista)** Os filmes negativos oriundos do processo de microfilmagem devem ser arquivados, por segurança, em local distante do setor a que os documentos correspondam.

GABARITO: ERRADO.

Conforme o Art. 1º, § 4º da Lei 5.433, de 8 de maio de 1968: ***Os filmes negativos resultantes de microfilmagem ficarão arquivados na repartição detentora do arquivo, vedada saída sob qualquer pretexto.***

No que se refere à microfilmagem e à digitalização aplicada aos arquivos, julgue os itens de 177 a 180.

177. **(2013 - ANP - Analista Administrativo)** Na microfilmagem, poderá ser utilizado grau de redução até vinte e quatro vezes, garantida a legibilidade e a qualidade de reprodução.

GABARITO: ERRADO.

De Acordo com o Decreto nº 1.799, de 30 de janeiro de 1996, que regulamenta a Lei nº 5.433, de 8 de maio de 1968, que regula a microfilmagem de documentos oficiais, em seu Art. 6º: ***Na microfilmagem poderá ser utilizado qualquer grau de redução, garantida a legibilidade e a qualidade de reprodução.***

178. **(2013 - ANP - Analista Administrativo)** A eliminação de documentos após a microfilmagem dar-se-á por meios que garantam sua inutilização, sendo precedida de lavratura de termo próprio, após a revisão e a extração de filme cópia.

GABARITO: CERTO.

De acordo com o decreto nº 1.799, de 30 de janeiro de 1996, que regulamenta a Lei nº 5.433, de 8 de maio de 1968, que regula a microfilmagem de documentos oficiais, em seu Art. 12: *A eliminação de documentos, após a microfilmagem, dar-se-á por meios que garantam sua inutilização, sendo a mesma precedida de lavratura de termo próprio e após a revisão e a extração de filme cópia.*

Parágrafo único: A eliminação de documentos oficiais ou públicos só deverá ocorrer se prevista na tabela de temporalidade do órgão, aprovada pela autoridade competente na esfera de sua atuação e respeitado o disposto no Art. 9º da Lei nº 8.159, de 8 de janeiro de 1991, que diz: A eliminação de documentos produzidos por instituições públicas e de caráter público será realizada mediante autorização da instituição arquivística pública, na sua específica esfera de competência.

179. (2013 - ANP - Analista Administrativo) Os microfilmes originais e os filmes cópias resultantes de microfilmagem de documentos sujeitos à fiscalização, ou necessários à prestação de contas, são de guarda permanente.

GABARITO: ERRADO.

De acordo com o Decreto nº 1.799, de 30 de janeiro de 1996, que regulamenta a Lei nº 5.433, de 8 de maio de 1968, que regula a microfilmagem de documentos oficiais.

Art. 18: Os microfilmes originais e os filmes cópias resultantes de microfilmagem de documentos sujeitos à fiscalização, ou necessários à prestação de contas, deverão ser mantidos pelos prazos de prescrição a que estariam sujeitos os seus respectivos originais.

180. (2013 - ANP - Analista Administrativo) O microfilme de segurança serve à preservação das informações contidas em documentos que são eliminados, tendo em vista a racionalização e o aproveitamento de espaço.

GABARITO: ERRADO.

A microfilmagem de segurança é realizada com o objetivo de garantir a autenticidade da informação. Geralmente é utilizada para evitar adulterações fraudulentas no conteúdo de documentos, ou para manter a informação em caso de danos irreparáveis ao mesmo.

A microfilmagem de substituição é realizada com o objetivo de manter a informação após a eliminação documento. Utiliza-se em documentos de valor temporário que contenham informações relevantes. Assim, os documentos podem ser eliminados e a informação mantida.

A microfilmagem de complemento é realizada com o objetivo de manter no arquivo da instituição, documentos que pertencem a outras instituições. Geralmente são documentos muito importantes para uma instituição e pertencem também a outras nações.

A microfilmagem de preservação é realizada com o objetivo de evitar o manuseio dos documentos originais. Geralmente é utilizada em documentos muito antigos,

frágeis ou parcialmente danificados, para que sejam preservados por mais tempo. Os documentos originais são armazenados sob condições favoráveis, e os usuários têm acesso somente aos microfilmes.

No que se refere à microfilmagem, uma das técnicas modernas a serviço dos arquivos, julgue os itens de 181 a 185.

181. **(2013 - CNJ - Analista Judiciário)** São vantagens da microfilmagem: ser instrumento auxiliar na preservação de documentos originais, contribuir para a segurança do acervo contra extravios diversos pela ação humana e permitir a eliminação segura de documentos permanentes.

GABARITO: ERRADO.

De acordo com a Lei nº 5.433, de 8 de maio de 1968, que regula a microfilmagem de documentos oficiais em seu Art. 1º.

Art. 1º É autorizada, em todo o território nacional, a microfilmagem de documentos particulares e oficiais arquivados, estes de órgãos federais, estaduais e municipais.

§ 6º Os originais dos documentos, ainda em trânsito, microfilmados não poderão ser eliminados antes de seu arquivamento.

§ 7º Quando houver conveniência, ou por medida de segurança, poderão excepcionalmente ser microfilmados documentos ainda não arquivados, desde que autorizados por autoridade competente".

O Art. 2º pontua que: Os documentos de valor histórico não deverão ser eliminados, podendo ser arquivados em local diverso da repartição detentora dos mesmos.

182. **(2013 - CNJ - Analista Judiciário)** Visto que a preservação é o objetivo da microfilmagem convencional, o ideal é criar três gerações de filmes: negativo original; cópia positiva, gerada a partir do negativo original; e negativo duplicado da cópia positiva.

GABARITO: ERRADO.

De acordo com o Decreto nº 1.799, de 30 de janeiro de 1996, que regulamenta a Lei nº 5.433, de 8 de maio de 1968, que regula a microfilmagem de documentos oficiais em seu Art. 5º.

Art. 5º A microfilmagem, de qualquer espécie, será feita sempre em filme original, com o mínimo de 180 linhas por milímetro de definição, garantida a segurança e a qualidade de imagem e de reprodução.

§ 1º Será obrigatória, para efeito de segurança, a extração de filme cópia do filme original.

§ 2º Fica vedada a utilização de filmes atualizáveis, de qualquer tipo, tanto para a confecção do original, como para a extração de cópias.

183. **(2013 - CNJ - Analista Judiciário)** Para o exercício legal da microfilmagem, as empresas, cartórios e órgãos públicos que prestam serviços a terceiros devem requerer registro no Ministério da Justiça.

GABARITO: CERTO.

De acordo com o Decreto nº 1.799, de 30 de janeiro de 1996, que regulamenta a Lei nº 5.433, de 8 de maio de 1968, que regula a microfilmagem de documentos oficiais em seu Art. 15.

Art. 15 A microfilmagem de documentos poderá ser feita por empresas e cartórios habilitados nos termos deste Decreto. Parágrafo único. Para exercer a atividade de microfilmagem de documentos, as empresas e cartórios a que se refere este artigo, além da legislação a que estão sujeitos, deverão requerer registro no Ministério da Justiça e sujeitar-se à fiscalização que por este será exercida quanto ao cumprimento do disposto no presente Decreto.

Art. 16. As empresas e os cartórios que se dedicarem a microfilmagem de documentos de terceiros, fornecerão, obrigatoriamente, um documento de garantia, declarando:

I - que a microfilmagem foi executada de acordo com o disposto neste Decreto;

II - que se responsabilizam pelo padrão de qualidade do serviço executado;

III - que o usuário passa a ser responsável pelo manuseio e conservação das microformas.

184. **(2013 - CNJ - Analista Judiciário)** Uma das principais inovações do Decreto n.º 1.799/1996 foi a legalização da microfilmagem eletrônica que é uma evolução da microfilmagem convencional. As vantagens da microfilmagem eletrônica incluem a permissão de inserção ou correção de imagens em uma série documental, no filme original em que essa série foi processada.

GABARITO: ERRADO.

De acordo com o Decreto nº 1.799, de 30 de janeiro de 1996, que regulamenta a Lei nº 5.433, de 8 de maio de 1968, que regula a microfilmagem de documentos oficiais em seu Art. 9º.

Art. 9º Os documentos da mesma série ou sequência, eventualmente omitidos quando da microfilmagem, ou aqueles cujas imagens não apresentarem legibilidade, por falha de operação ou por problema técnico, serão reproduzidos posteriormente, não sendo permitido corte ou inserção no filme original.

185. **(2013 - CNJ - Analista Judiciário – Arquivologia)** A microfilmagem traz economia aos arquivos, pois sua adoção tem menor custo que a manutenção do acervo em suporte de papel.

GABARITO: ERRADO.

A técnica da microfilmagem é tratada pela Lei nº 5.433, de 08 de maio de 1968, e regulamentada pelo Decreto nº 1.799, de 30 de janeiro de 1996. Segundo a autora Marilena Leite Paes (2013), em sua obra Arquivo: teoria e prática, ***não se pode deixar de criticar a posição dos que apresentam a microfilmagem como solução milagrosa para reduzir espaço, fundamentando sua argumentação na economia dela decorrente, sem considerar, deliberadamente ou não, os altos custos dos equipamentos, dos filmes, da manutenção de um sistema micrográfico e, sobretudo, dos recursos humanos necessários ao preparo da documentação para microfilmar.***

Teoria das Três Idades - Ciclo de Vida Documental

186. (2014 – TC/DF - Técnico de Administração Pública) Julgue o item a seguir, acerca dos conceitos fundamentais de arquivologia.

O instrumento utilizado para a classificação dos documentos do arquivo permanente é o quadro de arranjo.

GABARITO: CERTO.

O quadro de arranjo é um esquema estabelecido para o arranjo dos documentos de um arquivo a partir do estudo das estruturas, funções ou atividades da entidade produtora e da análise do acervo. Expressão adotada em arquivos permanentes.

187. (2014 – TC/DF - Técnico de Administração Pública) No que se refere ao gerenciamento da informação e à gestão de documentos, julgue o item subsequente.

Após passarem pelos arquivos correntes, os documentos de arquivo podem ser eliminados, ser encaminhados ao arquivo intermediário, ou, ainda, serem recolhidos aos arquivos permanentes.

GABARITO: CERTO.

Os documentos de arquivos só devem passar obrigatoriamente pela fase corrente. Depois disso, podem passar diretamente para a fase permanente, serem eliminados ou serem transferidos para a fase intermediária.

Julgue os itens de 188 a 191, relativos a ações culturais e educativas em arquivos permanentes.

188. (2013 - SERPRO – Analista) Entre outras iniciativas, a promoção de um acervo permanente pode ser feita por meio da exposição de documentos, da divulgação de eventos na imprensa e da publicação de material impresso.

GABARITO: CERTO.

Segundo Marilena Leite Paes (2007), devem também ser promovidas exposições de documentos e atividades culturais de interesse da comunidade, como cursos, palestras e concursos, bem como dispor de serviços de reprodução (microfilme, xerox, etc.) e de informações, com profissionais capazes de auxiliar os pesquisadores na completa utilização do acervo.

189. (2013 - SERPRO – Analista) A dimensão educativa de um acervo permanente manifesta-se por meio de visitas guiadas ao arquivo, seguindo o modelo tradicional já adotado por museus.

GABARITO: ERRADO.

De acordo com Heloísa Liberalli Bellotto (2013), em Arquivos Permanentes, Tratamento documental, ***a atividade educativa é inerente aos arquivos públicos, mas aflora circunstancialmente. (...) A aproximação estudante-documento pode ser abordada por dois ângulos: o contato direto do aluno com as fontes primárias e a***

possibilidade de selecionar documentos para o ensino da história, dentro dos conteúdos programáticos escolares. É preciso ressalvar que o referido contato, nos moldes de um serviço educativo em arquivo, (...), não se faz aleatoriamente. Não se configuram aqui as tradicionais visitas aos arquivos e museus, nas quais as crianças veem o documento ou a peça como objeto de curiosidade. Seu fim é muito mais amplo e profundo e, neste sentido, obviamente mais árduo. **Não segue, portanto, o modelo tradicional de museus.**

190. **(2013 - SERPRO - Analista)** A divulgação do acervo, tarefa de importância secundária, complementa a função primordial dos arquivos.

GABARITO: CERTO.

De acordo com a autora Heloísa Liberalli Bellotto (2005), os arquivos públicos existem com a função precípua de recolher, custodiar, preservar e organizar fundos documentais originados na área governamental, transferindo-lhes informações de modo a servir ao administrador, ao cidadão e ao historiador. Mas, para além dessa competência, que justifica e alimenta sua criação e desenvolvimento, cumpre-lhe ainda uma atividade que, embora secundária, é a que melhor pode desenhar os seus contornos sociais, dando-lhe projeção na comunidade, trazendo-lhe a necessária dimensão popular e cultural que reforça e mantém o seu objetivo primeiro. Trata-se de serviços editoriais, de difusão cultural e de assistência educativa.

191. **(2013 - SERPRO - Analista)** A difusão de um acervo permanente possui duas possibilidades de ação: a primeira apresenta políticas para o público externo; a segunda, trabalhando com os resultados da primeira, implementa melhorias no arquivo. As duas possibilidades ocorrem em vias de ação de mesmo sentido.

GABARITO: ERRADO.

A questão exigiu conhecimento específico e u detalhe sobre a difusão de acervos permanentes. Em relação a esse assunto, a autora Heloísa Liberalli Bellotto (2013) afirma que ***cabem ao serviço de difusão cultural duas vias contrárias de ação: a que lança elementos de dentro do arquivo para fora, procurando atingir um campo de abrangência cada vez mais amplo, e a que permite o retorno dessa mesma política, acenando com atrativos no recinto do arquivo.***

Julgue os itens de 192 a 196, relativo aos instrumentos de pesquisa em arquivos permanentes e intermediários.

192. **(2013 - SERPRO - Analista)** O catálogo, instrumento de pesquisa recomendado para uso em fundos pessoais ou em fundos fechados, descreve cada peça documental do acervo de maneira analítica, descrevendo documento a documento.

GABARITO: CERTO.

O catálogo é um instrumento de pesquisa organizado segundo critérios temáticos, cronológicos, onomásticos ou toponímicos, que reúne a descrição

individualizada de documentos pertencentes a um ou mais fundos, de forma sumária ou analítica.

Conforme Marilena Leite Paes (2004), o catálogo é *instrumento de pesquisa elaborado segundo um critério temático, cronológico, onomástico ou geográfico, incluindo todos os documentos, pertencentes a um ou a mais fundos, descritos de forma sumária ou pormenorizadas.* Tem como finalidade agrupar os documentos que versem sobre um mesmo assunto e que tenham sido produzidos num dado período de tempo ou em lugares específicos, existentes num ou mais fundos.

Para Heloísa Liberalli Bellotto (2006), *é o instrumento que descreve unitariamente as peças documentais de uma série ou mais séries, ou ainda de um conjunto de documentos, respeitada ou não a ordem da classificação. (...) O tratamento analítico proporcionado pelo catálogo aplica - se melhor aos fundos pessoais, aos fundos fechados de órgãos de pequena amplitude e curta duração (...).*

193. **(2013 - SERPRO – Analista)** O guia, principal instrumento de pesquisa, permite uma visão ampla do acervo, além de disponibilizar dados institucionais do arquivo e informações sobre a documentação.

GABARITO: CERTO.

De acordo com o Dicionário Brasileiro de Terminologia Arquivística, a guia é o instrumento de pesquisa que oferece informações gerais sobre fundos e coleções existentes em um ou mais arquivos. A guia é o instrumento mais popular, encontrado em praticamente todas as instituições arquivísticas por ser o instrumento mais genérico. Permite uma visão panorâmica do acervo, com informações sobre o histórico, a natureza, a estrutura, o período e a quantidade de cada fundo integrante do acervo total do arquivo.

194. **(2013 - SERPRO – Analista)** O catálogo seletivo, antes da consolidação da terminologia, estabelecida pela publicação de dicionários de termos arquivísticos, era conhecido como repertório.

GABARITO: CERTO.

Segundo Heloísa Liberalli Bellotto (2013), o catálogo seletivo é um instrumento de pesquisa que traz uma *relação seletiva de documentos pertencentes a um ou mais fundos e no qual cada peça integrante de uma unidade de arquivamento é descrita minuciosamente. (...).* O que difere, fundamentalmente, os catálogos seletivos dos inventários e catálogos é que nestes últimos - depois de escolhido o fundo, a série ou a parte dela a descrever não há seleção, e nele sim. Anteriormente chamado de repertório, por influência da terminologia francesa, é mais conhecido hoje, no Brasil, pela mesma denominação que tem em Portugal e na Espanha: catálogo seletivo.

195. (2013 - SERPRO – Analista) A atividade de descrição possui três níveis. O primeiro ocorre no ato da classificação do documento; o segundo, no processo de avaliação; e o terceiro acontece nos arquivos permanentes.

GABARITO: CERTO.

A atividade de descrição possui três níveis e, conforme Marilena Leite Paes, na obra Arquivo: teoria e prática, ***Acredita-se que, dentro da perspectiva da arquivística integrada, a descrição começa no processo de classificação, continua na avaliação e se aprofunda nos instrumentos de busca mais específicos. Em todos os casos, o trabalho do arquivista é representar ideologicamente as informações contidas nos documentos. As operações de natureza intelectual são, sem exceção, de natureza descritiva. Portanto, é difícil separar a descrição das duas outras atividades fundamentais da prática arquivística.***

196. (2013 - SERPRO – Analista) A tarefa de descrição ocorre durante a fase dos arquivos permanentes. Ela faz sentido também no âmbito dos arquivos intermediários.

GABARITO: ERRADO.

O arquivo permanente corresponde a uma fase do Ciclo de Vida dos Documentos onde a documentação de caráter permanente (valor secundário) é tratada. Tem como atividades: arranjo, descrição e publicação; conservação e referência.

O arranjo é a ordenação dos documentos em fundos (conjuntos de documentos) – Proveniência/Respeito aos Fundos, compreende atividade intelectual e observação do documento quanto à forma, conteúdo e função; atividades físicas: acondicionamento e localização.

A descrição e a publicação corresponde a elaboração de instrumentos de pesquisa, com objetivo de identificar, rastrear, localizar dados, seja pela via sumária ou pela analítica, facilitando o acesso aos documentos e a divulgação do acervo.

A conservação corresponde às medidas de proteção aos documentos e ao local de seu acondicionamento, visando impedir sua deterioração.

A referência estabelece políticas de acesso aos documentos.

197. (2013 - SERPRO – Analista) A respeito dos procedimentos adotados nos arquivos permanentes, julgue o item subsequente.

Após o encerramento das atividades de uma instituição pública ou privada, os documentos acumulados pela instituição devem compor um fundo fechado.

GABARITO: CERTO.

Segundo o Dicionário Brasileiro de Terminologia Arquivística, por fundo entende-se um conjunto de documentos de uma mesma proveniência. Termo que equivale a arquivo. Fundo aberto é o fundo ao qual podem ser acrescentados novos documentos em função do fato de a entidade produtora continuar em atividade. Fundo fechado é o fundo que não recebe acréscimos de documentos, em função de a entidade produtora não se encontrar mais em atividade. Documentos pertencentes a uma empresa

extinta ou a uma pessoa falecida podem vir a integrar e fazer parte do fundo arquivístico a ela relacionada, caso a produção de tais documentos tenha ocorrido durante o período de sua existência (quando se encontravam em plena atividade).

No que se refere ao ciclo vital dos documentos, julgue os itens 198 e 199.

198. **(2013 - ANP - Analista Administrativo)** Os documentos que perderam seu valor primário são recolhidos ao arquivo permanente, onde deverão ser microfilmados ou digitalizados e, em seguida, eliminados.

GABARITO: ERRADO.

Os documentos que perderam seu valor primário são eliminados e, caso tenham valor secundário (histórico, probatório ou informativo), serão recolhidos no arquivo permanente onde ficarão em caráter definitivo.

199. **(2013 - ANP - Analista Administrativo)** A transferência dos documentos para o arquivo intermediário é motivada pelo grande valor primário que esses documentos apresentam.

GABARITO: ERRADO.

A transferência e o recolhimento de documentos devem seguir o que determina a Lei 8.159, de 8 de janeiro de 1991, em seu Art. 8º: ***Os documentos públicos são identificados como correntes, intermediários e permanentes.***

§ 1º - Consideram-se documentos correntes aqueles em curso ou que, mesmo sem movimentação, constituam objeto de consultas frequentes.

§ 2º - Consideram-se documentos intermediários aqueles que, não sendo de uso corrente nos órgãos produtores, por razões de interesse administrativo, aguardam a sua eliminação ou recolhimento para guarda permanente.

§ 3º - Consideram-se permanentes os conjuntos de documentos de valor histórico, probatório e informativo que devem ser definitivamente preservados.

200. **(2013 - ANP - Analista Administrativo)** Julgue o item subsecutivo, relativo aos fundamentos arquivísticos.

A origem do arquivo de uma organização pública ou privada está relacionada ao cumprimento de uma finalidade administrativa e, com o tempo, esse arquivo pode ser mantido por razões culturais.

GABARITO: CERTO.

Os documentos de arquivo são originados com uma finalidade funcional e administrativa. Com o decorrer de sua idade, esse valor funcional (valor primário) pode diminuir e até desaparecer, assim como seu número de consultas. Quando isso ocorrer, se o mesmo documento apresentar algum valor informativo, cultural, histórico ou probatório (valor secundário), ele será recolhido para a fase permanente, caso contrário, será eliminado.

FAÇA JÁ

Classificação de Arquivos

a. Quanto à Entidade Mantenedora: ____________________ ou ____________________.

b. Quanto à Natureza dos Documentos: ____________________ e ____________________.

c. Quanto ao estágio de Evolução ou Teoria das Três Idades: ____________________, intermediária e ____________________.

Processo Mnemônico

1ª Idade – corrente, ____________________ ou de movimento. Consultados ____________________. Locais de fácil acesso. Elevado Valor ____________________.

2ª Idade – semiativo, ____________________, "limbo", "____________________". Deixaram de ser ____________________ com frequência. Não é necessário conservá-lo ____________________ ao local de uso, ainda possui Valor ____________________.

3ª Idade – ____________________, permanente, ____________________. Perderam o valor de natureza ____________________. Conservam seu valor ____________________ e documental. Possuem Valor ____________________: histórico, ____________________ ou informativo. É o ____________________ propriamente dito.

Rotinas de Arquivamento na Fase Corrente:

1. Inspeção.
2. ____________________.

3. Ordenação.

4. ____________________.

5. Empréstimo ou ____________________.

A eliminação de documentos pode ser feita no ______________________________, pois a gestão de documentos compreende três fases distintas: produção, ____________________ e ____________________.

As rotinas de classificação são: ____________________ a correspondência; ____________________ oficial da particular; ____________________ a particular – lembrando-se que a correspondência pessoal não deve ser expedida pelas unidades de protocolo – ____________________ as de caráter ostensivo da ____________________; ____________________ a sigilosa; abrir a ____________________; interpretar e ____________________ a correspondência; apor o carimbo do ____________________; anotar abaixo do número e da data a primeira distribuição; elaborar um ____________________ do assunto; encaminhar os papéis ao setor de registro e ____________________.

Arquivo Intermediário

Documentos desse arquivo podem passar por duas situações: a ____________________, quando cumpriram sua função e não possuem valor ____________________ ou ____________________; e a ______________________________, quando já cumpriram sua função ____________________, mas possuem valor ____________________. Esse procedimento é a ______________________________.

A transferência dos documentos do arquivo corrente para o ____________________ e o ____________________ para o permanente objetivam racionalizar os trabalhos, pois facilita o arquivamento e a ____________________ dos documentos, libera espaço e ____________________ recursos materiais. Saliente-se

A
R
Q

que a ________________ e o recolhimento são feitos em razão da ________________ de uso do documento e não do seu ________________. Assim, a divisão em corrente, intermediário e permanente são ________________ de frequência de uso e ________________ de valor documento.

Os documentos no arquivo ________________ conservam a classificação que lhes foi dada nos arquivos correntes. Os símbolos ou notações que lhes foram atribuídos no arquivo intermediário serão usados apenas para a ________________ no momento de atender às consultas.

Arquivo Permanente

Documentos que já perderam seu valor ________________ e são guardados por seu valor histórico, probatório ou ________________, que permitem conhecer a história da instituição, revelam a origem e constituição da instituição e, portanto, jamais serão ________________.

A atividade de arranjo é típica dos arquivos ________________ e é um processo de agrupamento de documentos singulares em unidades significativas e de agrupamento, é, portanto, a ordenação dos documentos em fundos, a ordenação das séries dentro dos fundos e, caso necessário, dos itens documentais dentro das séries. Nos arquivos ________________ não existem métodos ou princípios específicos de arranjo, já que é mantido o feito no arquivo corrente.

Valor do Documento

1. Administrativo – ________________.
2. Histórico – ________________.

Doutrina Arquivística

1. Ultrassecreto - Excepcional grau de ________________

________. Conhecimento somente de pessoas ____________ ligadas ao seu estudo e manuseio. ______ anos.

2. Secreto - Alto grau de segurança. Acesso a pessoas ____________. ______ anos.

3. Reservado - ______ deve ser do conhecimento do ________ em geral. ______ anos.

Gestão da Informação de Documentos

Pela Lei 8.159, de 8 de janeiro de 1991, Art. 3º "considera-se gestão de documentos o __________ de procedimentos e operações __________ referentes à sua __________, tramitação, ________, avaliação e ____________ em fase corrente e ____________, visando a sua __________ ou recolhimento para guarda __________".

Fases da Gestão de Documentos

1. Produção.
2. ____________.
3. Destinação.

Microfilmagem

É um processo bastante utilizado com as seguintes vantagens: __________ de espaço, acesso fácil e __________, segurança, ____________ e durabilidade. Não autoriza a __________ do documento. É regulamentada pela Lei nº ______/68 e pelo Decreto nº 1.799/96. A microfilmagem pode ser utilizada com o objetivo de __________ os documentos originais de __________. Deve-se também __________ os custos dos equipamentos e filmes, bem como os recursos __________ necessários ao preparo da documentação para tal procedimento. Conforme o Decreto nº 1.799, de 30 de janeiro de 1996, em seu Art. 3º: "Entende-se por microfilme, para fins deste decreto, o resultado do processo de ______________ em filme, de documentos, ______________ e imagens, por meios ______________s ou eletrônicos, em diferentes graus de ______________".

Microfilmagem pode ser:

1. eletrônica – captura de documentos por meio da ______________;
2. convencional – captação das imagens de documentos por processo ______________.

As finalidades da microfilmagem são: ______________ e preservação.

Automação - Transposição do ______________ inicial para um suporte ______________ por meio de computadores. A digitalização tem como fundamentos principais: ______________ do tamanho do acervo, ______________o dos documentos, ______________ de acesso e ______________ agilidade.

Apresentação

A disciplina de Administração Financeira e Orçamentária, nos últimos concursos, tem exigido dos candidatos um conhecimento um pouco mais intenso em relação a determinados temas. Para esta obra, foram selecionadas as questões mais atuais da Banca, sempre focando na forma mais direta e rápida de resolvê-las. Houve o cuidado de, sempre que pertinente, trazer uma teoria mais densa para propiciar a compreensão completa do assunto.

> "Procure estudar cada questão de forma a compreendê-la perfeitamente, e não, apenas, decorar definições e temas afins."

Espero que aproveitem bem o conteúdo deste material, que se apresenta da forma mais clara e direta possível para a compreensão dos conteúdos dessa disciplina. O grau de dificuldade das questões foi atribuído levando-se em conta as legislações pertinentes ao tema orçamentário ligado à administração pública e às definições presentes na literatura mais elaborada sobre o assunto em questão.

Bons estudos e sucesso!!!!

Sobre o Autor: Agamenon Franco possui formação em Engenharia Industrial Mecânica pelo antigo CEFET-PR, hoje UTFPR, com especialização em Administração, pela UFPR. Também é graduando em Contabilidade. Na área de concursos públicos, atua desde 2008, ministrando a disciplina de Administração Financeira e Orçamentária. Possui experiência profissional como assessor do Ministério Público de Contas, junto ao TCE-RS, e atualmente coordena o Observatório de Contas do Paraná (OS-PR).

SUMÁRIO

CAPÍTULO 1

Orçamento Público

Princípios Orçamentários

Diretrizes Orçamentárias

Orçamento Público

01. (2013 - ANTT - Técnico Administrativo) A respeito do orçamento público brasileiro, julgue o seguinte item.

Uma notável modificação introduzida pela CF no processo orçamentário foi a integração entre plano e orçamento, por meio da criação do Plano Plurianual (PPA) e da Lei de Diretrizes Orçamentárias (LDO).

GABARITO: CERTO.

O PPA, a LDO e a LOA são os instrumentos de planejamento e orçamento da Constituição Federal. No entanto, foi alterada sua propositura do PPA na atual Constituição, e a LDO a grande novidade, fazendo a ligação entre o PPA e a LOA.

02. (2012 - ANAC - Analista Administrativo/Área 2) A respeito do orçamento público brasileiro, julgue o seguinte item.

A LDO deve ser encaminhada para sanção presidencial até meados do primeiro mês do segundo semestre de cada ano.

GABARITO: CERTO.

A LDO deve ser encaminhada para sanção presidencial até 17/07, sendo que o Congresso Nacional não entrará em recesso caso não o faça ATÉ esta data, daí o termo meados, corretamente colocado no item.

03. (2014 - Câmara dos Deputados - Analista Legislativo/Consultor de Orçamento e Fiscalização Financeira) Acerca dos princípios orçamentários, julgue o item.

No âmbito federal, o projeto de lei do PPA deve ser encaminhado pelo Poder Executivo ao Poder Legislativo até quatro meses antes do encerramento do exercício financeiro.

GABARITO: CERTO.

Item recorrente em provas da Banca CESPE. Como não está sendo informado o ano, devemos entender que quando a proposta de PPA for enviada, isso deverá ocorrer quatro meses antes do encerramento do exercício financeiro.

04. (2014 - TC/DF - Técnico de Administração Pública) A respeito das noções de administração financeira, bem como dos princípios e das diretrizes do orçamento público, julgue o item a seguir.

A autorização orçamentária deve preceder a realização financeira da despesa, mas a realização financeira de determinada receita pode preceder sua autorização orçamentária.

GABARITO: CERTO.

A autorização orçamentária da despesa deve, necessariamente, ocorrer antes da saída de recursos. Mas, durante a execução, os recursos poderão ser arrecadados antes de autorizações prévias. (Exemplo: doações, taxas, recebimento de indenizações. Não há como prevê-las e, portanto, autorizá-las.)

05. (2014 - TJ/CE - Técnico Judiciário/Área Administrativa) A Lei de Diretrizes Orçamentárias (LDO) compreende as metas e prioridades da Administração Pública Federal para as despesas correntes, excluindo-se as despesas de capital.

GABARITO: ERRADO.

As despesas de capital serão incluídas na LDO, conforme mandamento constitucional.

§ 2º - A Lei de Diretrizes Orçamentárias compreenderá as metas e prioridades da Administração Pública Federal, incluindo as despesas de capital para o exercício financeiro subsequente, orientará a elaboração da Lei Orçamentária Anual, disporá sobre as alterações na legislação tributária e estabelecerá a política de aplicação das agências financeiras oficiais de fomento.

06. (2014 - ICMBIO - Analista Administrativo) Com relação ao orçamento público no Brasil, julgue o item seguinte.

Os orçamentos não compreendidos na LOA pelo orçamento fiscal incluem os orçamentos da saúde e do investimento das empresas.

GABARITO: CERTO.

Os suborçamentos que compõe a LOA, são apenas três e o que não estiver no orçamento fiscal estará compreendido no orçamento da seguridade social, mas o da seguridade social é dividido em Previdência, Assistência e SAÚDE, ou seja, item incompleto, mas CERTO.

07. (2014 - TJ-CE - Técnico Judiciário - Área Administrativa) A LDO tem a função constitucional de reduzir desigualdades inter-regionais.

GABARITO: ERRADO.

Não é a LDO, mas sim a LOA que tem a função constitucional de reduzir desigualdades inter-regionais, via o orçamento fiscal e o orçamento das empresas.

CF, Art. 165, § 5º. A Lei Orçamentária Anual compreenderá:

I - o orçamento fiscal referente aos Poderes da União, seus fundos, órgãos e entidades da administração direta e indireta, inclusive fundações instituídas e mantidas pelo Poder Público;

II - o orçamento de investimento das empresas em que a União, direta ou indiretamente, detenha a maioria do capital social com direito a voto;

§ 7º - Os orçamentos previstos no § 5º, I e II, deste artigo, compatibilizados com o Plano Plurianual, terão entre suas funções a de reduzir desigualdades inter-regionais, segundo critério populacional.

08. (2014 - TJ/CE - Analista Judiciário/Ciências Contábeis) Os planos e programas regionais e setoriais previstos na Constituição Federal são elaborados em consonância com a LDO.

GABARITO: ERRADO.

Os planos e programas, regionais e setoriais são elaborados em consonância com o PPA, conforme Constituição Federal:

CF, Art. 156, § 4º. ***Os planos e programas nacionais, regionais e setoriais previstos nesta Constituição serão elaborados em consonância com o Plano Plurianual e apreciados pelo Congresso Nacional.***

09. (2015 - MPU – Analista Finanças e Controle) De acordo com a Constituição Federal, os planos e os programas nacionais, regionais e setoriais devem ser elaborados em consonância com o Plano Plurianual (PPA) e apreciados pelo Congresso Nacional. Devido à sua relação com o PPA, os programas nacionais, regionais e setoriais não podem ter duração superior a quatro anos.

GABARITO: ERRADO.

O erro está na parte final, pois os planos e os programas nacionais, regionais e setoriais podem sim ter a duração superior a 4 anos, como o caso do plano decenal de educação.

10. (2013 - ANTT – Analista) A respeito das diversas formas de organização e operacionalização do orçamento, julgue o item seguinte.

Para que o Governo consiga atuar com eficiência e eficácia, faz-se necessária uma boa integração entre os diversos programas e projetos por ele desenvolvidos. Nesse sentido, o tripé planejamento, programação e orçamentação atua como elo fundamental para a obtenção de coerência nas diversas ações desenvolvidas pelo Governo.

GABARITO: CERTO.

A ideia de tripé, planejamento, programação e orçamentação, consolida a função de ligação (elo fundamental) para a obtenção de coerência das diversas ações desenvolvidas pelo governo, pois é assim que os vários programas e projetos do governo são executados.

11. (2014 - ICMBIO - Analista Administrativo) No que se refere à programação e execução orçamentária e financeira e à Lei de Responsabilidade Fiscal (LRF), julgue o item que se segue.

O comportamento financeiro da instituição pública deve ser o produto da execução de determinada programação, a qual se reveste da forma orçamentária.

GABARITO: CERTO.

O comportamento financeiro da instituição pública é produto da execução de determinada programação, a qual se reveste da forma orçamentária.

12. (2013 - ANTT – Analista) A respeito das diversas formas de organização e operacionalização do orçamento, julgue o item seguinte.

Em virtude de peculiaridades específicas do processo orçamentário, tais como a dinâmica do investimento público, o orçamento possui, no Brasil, um período de vigência diferente do ano civil, conhecido como período de vigência orçamentária.

GABARITO: ERRADO.

A Banca CESPE é a mais inventiva com relação ao princípio da anualidade, pois a maioria dos itens estão tentando negar a anualidade do orçamento e sua compatibilidade com o ano civil, ou seja, a maioria está errado, a exemplo deste.

13. (2013 - MTE - Auditor Fiscal do Trabalho) Acerca de aspectos diversos do orçamento público, julgue o item seguinte.

A evolução ocorrida nas funções do orçamento, que deixou de ser um mero instrumento de autorização para se tornar ferramenta de auxílio efetivo da administração, gerou um novo princípio, o da programação.

GABARITO: CERTO.

Trata-se do princípio da programação, que é resultado da evolução do conceito clássico do orçamento (mera peça de justificação contábil e autorização para gastos), migrando para o atual Orçamento-Programa, que é uma ferramenta não só de auxílio efetivo, mas de planejamento da atividade financeira do Estado.

---

14. (2013 - MI – Administrador) A respeito de orçamento público no Brasil, julgue o item a seguir.

No âmbito do Plano Plurianual, a iniciativa é entendida como aquilo que deverá ser feito, o que compreende as situações a serem alteradas por meio da implementação de um conjunto de ações em todo o território brasileiro.

GABARITO: ERRADO.

Item cobrado repetidamente em concursos que cobram mais AFO. Ele está tratando do "Objetivo" e não da iniciativa. Segundo o Manual Técnico de Orçamento 2015:

Informações Principais do Programa:

Lei 12593/2012, Art. 6º. ***O Programa Temático é composto por Objetivos, Indicadores, Valor Global e Valor de Referência.*** **(Expressa e orienta a ação governamental para a entrega de bens e serviços à sociedade).**

Objetivo - O que será feito?

Iniciativa - O que será entregue?

Valor Global – Estimativa dos Recursos para Objetivos

Valor de Referência – Parâmetro Financeiro (por Prog. Temático).

---

15. (2013 - MI – Administrador) A respeito de orçamento público no Brasil, julgue o item a seguir.

A Secretaria de Orçamento Federal participa de todas as etapas do processo de elaboração da proposta de LOA.

GABARITO: ERRADO.

A SOF coordena todo processo de elaboração da LOA, mas não participa das etapas internas das Unidades, por exemplo. Tal processo inicia-se com a formulação das propostas orçamentárias pelas Unidades Gestoras (UG), observados o PPA e a LDO, então são enviadas para consolidação setorial na COF/SAG de cada Ministério ou equivalente nos Órgãos, seguindo para a consolidação geral pela SOF/MPO formando, então, a Proposta Orçamentária que o Chefe do Poder Executivo encaminha ao Congresso na forma de Projeto de Lei.

---

16. **(2014 - Câmara dos Deputados - Analista Legislativo - Consultor de Orçamento e Fiscalização Financeira)** A respeito do ciclo e sistema orçamentário, julgue o item que se segue.
A atuação do órgão setorial no processo orçamentário envolve a formalização das alterações orçamentárias do órgão.
GABARITO: CERTO.

O Órgão Setorial desempenha o papel de articulador no âmbito da sua estrutura, coordenando o processo decisório no nível subsetorial (UO). Sua atuação no processo orçamentário envolve a consolidação e formalização da proposta e das alterações orçamentárias do órgão. (MTO 2015).

17. **(2013 - Polícia Federal – Delegado)** A respeito do orçamento público no Brasil, julgue o item a seguir.
Cabe à comissão mista permanente de senadores e deputados federais examinar e emitir parecer sobre as contas apresentadas pelo presidente da República.
GABARITO: CERTO.

CF, Art. 166, § 1º. *Caberá a uma Comissão mista permanente de senadores e deputados:*

I - examinar e emitir parecer sobre os projetos referidos neste artigo (PPA/LDO/LOA) e sobre as CONTAS apresentadas anualmente pelo Presidente da República

18. **(2013 - Polícia Federal – Delegado)** A respeito de orçamento público no Brasil, julgue o item a seguir.
Exige-se, para a aprovação de emendas que acrescentem despesas a Projeto de Lei Orçamentária Anual, além da compatibilidade com o Plano Plurianual e com a Lei de Diretrizes Orçamentárias, a indicação dos recursos necessários para custeá-las, que podem provir, por exemplo, da anulação de despesas, independentemente de sua natureza.
GABARITO: ERRADO.

Realmente, a aprovação de emendas pelos congressistas exige as referidas compatibilidades e os recursos para atendê-las, conforme CF, Art. 166, § 3º, todavia são admitidos APENAS os recursos provenientes da anulação de despesa, e tais anulações são proibidas quando se referirem a dotações para pessoal e seus encargos, serviço da dívida e transferências tributárias constitucionais para Estados, Municípios e Distrito Federal, CF, Art. 166, § 3º, II.

19. **(2014 - TC/DF - Técnico de Administração Pública)** Acerca do processo, das normas aplicáveis, dos métodos, técnicas e instrumentos do orçamento público, julgue o item subsequente.
Para a elaboração da proposta orçamentária no Governo federal, os órgãos setoriais e as unidades orçamentárias devem utilizar o Sistema Integrado de Planejamento e Orçamento.
GABARITO: CERTO.

O SIOP é o resultado da iniciativa de integração dos sistemas e processos de Planejamento e Orçamentos Federais, que visa otimizar procedimentos, reduzir custos, integrando e oferecendo informações para a gestão pública.

Com o SIOP, os órgãos centrais, setoriais e as unidades orçamentárias do Governo Federal passam a ter um único sistema para alimentar e atualizar o cadastro de programas e ações.

Visto tamanha novidade, no âmbito do PPA, o SIOP é utilizado pela primeira vez no PPA (2012 - 2015).

---

20. **(2013 - ANTT - Técnico Administrativo)** A respeito de orçamento público no Brasil, julgue o item a seguir.

No Brasil, o ciclo orçamentário se divide em duas etapas: a elaboração/planejamento da proposta orçamentária e a execução orçamentária/financeira.

GABARITO: CERTO.

Esta é a divisão mais intuitiva do orçamento, que se divide na elaboração e na execução, porém o mais completo seria a divisão em quatro fases: elaboração, aprovação, execução e controle.

---

21. **(2013 - ANTT - Técnico Administrativo)** A respeito de orçamento público no Brasil, julgue o item a seguir.

No processo de elaboração da proposta orçamentária, a Secretaria de Orçamento Federal coordena, consolida e supervisiona a elaboração da LDO e da proposta orçamentária da União, compreendendo o orçamento fiscal e o orçamento da seguridade social.

GABARITO: ERRADO.

A SOF coordena, consolida e supervisiona a elaboração da LDO e da LOA (não do PPA, este é coordenado pela SPI), mas o erro do item está no final, como de costume no CESPE, pois o orçamento da União e dos demais entes federados é composto pelo orçamento fiscal, orçamento da seguridade social e orçamento de investimento, conforme CF, Art. 165, § 5º.

---

22. **(2015 - MPU – Analista Atuarial)** As empresas públicas que recebem da União recursos financeiros para pagamento de despesas com pessoal ou de custeio em geral estão obrigatoriamente incluídas no orçamento fiscal.

GABARITO: CERTO.

As empresas estatais que recebam da União recursos financeiros para pagamento de despesas com pessoal ou de custeio em geral são chamadas de dependentes e figuram no orçamento fiscal. A saber, as empresas independentes terão seus investimentos no orçamento de investimento e seus orçamentos operacionais ficarão anexos ao orçamento fiscal, configurando exceção ao princípio da universalidade.

LC 101, Art. 2º. ***Para os efeitos desta Lei Complementar, entende-se como:***

III - empresa estatal dependente: empresa controlada que recebe do ente controlador recursos financeiros para pagamento de despesas com pessoal ou de custeio em geral ou de capital, excluídos, no último caso, aqueles provenientes de aumento de participação acionária.

---

23. (2014 - MTE - Agente Administrativo) Com relação ao orçamento público e às suas aplicações no cenário brasileiro, julgue o item a seguir.

A Constituição Federal de 1988 (CF) permite a realização de operação de crédito que exceda o montante das despesas de capital, se essa operação for aprovada pelo Poder Legislativo por maioria absoluta.

GABARITO: CERTO.

O item, muito embora incompleto, trata da REGRA DE OURO, estabelecida por mandamento constitucional.

CF, Art. 167. *São VEDADOS:*

III - a realização de operações de créditos que excedam o montante das despesas de capital, ressalvadas as autorizadas mediante créditos suplementares ou especiais, com finalidade precisa, aprovadas pelo Poder Legislativo, por maioria absoluta.

24. (2014 - ANTAQ - Analista Administrativo) Com base nas disposições do Plano Plurianual (PPA), da Lei de Diretrizes Orçamentárias (LDO) e da Lei Orçamentária Anual (LOA), julgue o seguinte item.

Não poderá ser autorizada a abertura de créditos suplementares de valor que, quando somado às demais operações anteriormente realizadas, ultrapasse o total de despesas de capital fixadas na LOA.

GABARITO: ERRADO.

Como regra a Constituição Federal de 1988 (CF) não permite a realização de operação de crédito que exceda o montante das despesas de capital, mas ela ressalva os créditos suplementares se essa operação for aprovada pelo Poder Legislativo por maioria absoluta.

25. (2013 - ANTT - Analista Administrativo) A respeito de orçamento público no Brasil, julgue o item a seguir.

Apesar de ser um guia para a elaboração da LDO e para a LOA, o PPA não condiciona outros planos constitucionais que tenham duração superior ao período de quatro anos, tais como o plano decenal da educação.

GABARITO: ERRADO.

A CF determina que todos os planos e programas tenham consonância com o PPA, mesmo os de duração maior, como o citado plano decenal de educação.

CF, Art. 165. *Leis de iniciativa do Poder Executivo estabelecerão:*

§ 4º - Os planos e programas nacionais, regionais e setoriais, previstos nesta Constituição, serão elaborados em consonância com o Plano Plurianual e apreciados pelo Congresso Nacional.

26. (2014 - TJ/CE - Analista Judiciário/Ciências Contábeis) Na lei do orçamento é passível de ser incluída uma norma que estabeleça um limite percentual para a abertura de créditos suplementares.

GABARITO: CERTO.

A autorização para abertura de créditos suplementares pode ser dada na própria Lei Orçamentária, que deve fixar o limite de tal autorização em valores absolutos ou em percentuais.

Lei 4.320/64, Art. 7º. *A Lei de Orçamento poderá conter autorização ao Executivo para:*

I - Abrir créditos suplementares até determinada importância, obedecidas as disposições do Art. 43.

Art. 43. A abertura dos créditos suplementares e especiais depende da existência de recursos disponíveis para ocorrer a despesa e será precedida de exposição justificativa.

---

27. **(2014 - ANATEL - Analista Administrativo - Engenharia Civil)** No que se refere aos princípios de planejamento e de orçamento público, julgue o item seguinte.

A Constituição Federal de 1988 determina que o orçamento fiscal inclua todos os poderes da União, seus fundos, órgãos e entidades da administração direta e indireta.

GABARITO: CERTO.

Segundo o Art. 165 da Constituição Federal:

CF, Art. 165, § 5º. *A Lei Orçamentária Anual compreenderá:*

I - o orçamento fiscal referente aos Poderes da União, seus fundos, órgãos e entidades da administração, direta e indireta, inclusive fundações instituídas e mantidas pelo Poder Público.

---

28. **(2014 - ANATEL - Analista Administrativo - Engenharia Civil)** No que se refere aos princípios de planejamento e de orçamento público, julgue o item seguinte.

O projeto da Lei de Diretrizes Orçamentárias (LDO) é enviado anualmente pelo presidente da República ao Congresso Nacional, que não pode iniciar seu recesso antes de concluir a votação da LDO.

GABARITO: CERTO.

Segundo o Art. 57 da Constituição Federal:

CF, Art. 165. *O Congresso Nacional reunir-se-á, anualmente, na Capital Federal, de 2 de fevereiro a 17 de julho e de 1º de agosto a 22 de dezembro.*

§ 2º A sessão legislativa não será interrompida sem a aprovação do projeto de lei de diretrizes orçamentárias.

---

29. **(2014 - Polícia Federal - Agente Administrativo)** A respeito de orçamento público no Brasil, julgue o item a seguir.

Recursos provenientes de caução não devem ser considerados receita orçamentária, pois representam apenas movimentação de fundos.

GABARITO: CERTO.

Não se constituem receita orçamentária, a emissão de papel-moeda, as Antecipações de Receitas Orçamentárias (ARO), as entradas compensatórias no ativo e passivo financeiro, as cauções, as fianças, conforme parágrafo único do Art. 3º da Lei 4.320/64.

---

30. (2014 - Câmara dos Deputados - Analista Legislativo/Consultor de Orçamento e Fiscalização Financeira) Acerca das receitas e despesas públicas, julgue o item a seguir.
As emissões de papel-moeda estão entre as receitas compreendidas na lei de orçamento.
GABARITO: ERRADO.

Todos os planos e programas, nacionais e regionais, sem exceção, devem estar em consonância com o PPA, conforme CF, Art. 165, § 4º.

31. (2014 - MTE - Agente Administrativo) Com relação ao orçamento público e às suas aplicações no cenário brasileiro, julgue o item a seguir.
No momento da promulgação da Lei Orçamentária Anual, encerra-se a participação do Congresso Nacional no ciclo orçamentário.
GABARITO: ERRADO.

O Poder Legislativo é o único com duas funções precípuas; legislar e fiscalizar, ou seja, após a tarefa de aprovação das leis orçamentárias não se encerra a participação do Congresso Nacional, pois caberá ao legislativo a função de fiscalizar a aplicação dos dinheiros, bens e valores públicos.

32. (2013 - TRT/17ª Região/ES - Analista Judiciário/Área Administrativa) A respeito do orçamento público, sua evolução, seus princípios e sua composição, julgue o item subsecutivo.
O orçamento moderno abrange objetivos mais amplos que o controle financeiro sobre os atos do Poder Executivo.
GABARITO: CERTO.

Realmente o orçamento moderno (Orçamento Programa) abrange conceitos mais amplos, pois ele faz o elo entre o planejamento e o orçamento, garantindo adesão e direcionamento a estes e analisando todas as propostas de ação governamental.

33. (2014 - MDIC- Analista Administrativo/Área Administrativa) Com relação ao orçamento público no Brasil, julgue o item subsequente.
Se o Poder Executivo não apresentar o projeto de Lei de Diretrizes Orçamentárias no prazo estabelecido pela legislação pertinente, será vedado ao Poder Legislativo ou a qualquer de seus membros, a elaboração e a apresentação de projeto de lei que trate desse assunto.
GABARITO: CERTO.

A proposta de orçamento é de competência exclusiva dos chefes do poder executivo (Presidente, Governadores e Prefeitos) e não pode ser feita pelo poder legislativo, em nenhuma hipótese.

34. (2014 - TC/DF - Técnico de Administração Pública) Acerca do processo, das normas aplicáveis, dos métodos, técnicas e instrumentos do orçamento público, julgue o item subsequente.
O plano orçamentário, constante na Lei Orçamentária Anual, é o código de identificação das ações orçamentárias, destinado a efetuar o vínculo entre a referida lei e o Plano Plurianual.

GABARITO: ERRADO.

O vínculo entre LOA e PPA é dado pela LDO.

O Plano Orçamentário – PO é uma identificação orçamentária, de caráter gerencial (não constante da LOA), vinculada à ação orçamentária, que tem por finalidade permitir que, tanto a elaboração do orçamento quanto o acompanhamento físico e financeiro da execução, ocorram num nível mais detalhado do que o do subtítulo/localizador de gasto. (MTO - 2015, p. 43)

---

35. **(2015 - MPU – Analista Atuarial)** Com relação às classificações e técnicas de execução do orçamento público, julgue o item que se segue.

A regionalização das metas físicas na execução da despesa é obrigatória e deve ser expressa nos atributos dos planos orçamentários, previamente definidos para a ação.

GABARITO: ERRADO.

Meta física é a quantidade de produto a ser ofertado por ação, de forma regionalizada, se for o caso, num determinado período e instituída para cada ano. As metas físicas são indicadas em nível de subtítulo (não nos planos orçamentários) e agregadas segundo os respectivos projetos, atividades ou operações especiais.

Ressalte-se que a territorialização das metas físicas é expressa nos localizadores de gasto previamente definidos para a ação. Exemplo: No caso da vacinação de crianças, a meta será regionalizada pela quantidade de crianças a serem vacinadas ou de vacinas empregadas em cada estado (localizadores de gasto), ainda que a campanha seja de âmbito nacional e a despesa paga de forma centralizada. Isso também ocorre com a distribuição de livros didáticos. (MCASP 6º edição, p. 64)

---

36. **(2014 - ICMBIO - Analista Administrativo)** Com relação ao orçamento público no Brasil, julgue o item seguinte.

De acordo com a estrutura programática do Plano Plurianual (PPA), o pagamento de pensões e aposentadorias faz parte das despesas que não contribuem para a manutenção, expansão ou o aperfeiçoamento das ações de Governo.

GABARITO: CERTO.

Item difícil e que vem sendo cobrado a partir de 2014. Na subdivisão das ações – Projetos/ Atividades/ Op. Especiais – o pagamento das pensões e aposentadorias é sim uma Operação Especial, conforme referência ao item. E só complementando: a Lei nº 4.320/64 define o pagamento de pensões e aposentadorias como Despesa Corrente - Transferência Corrente, NÃO se incluindo entre as Despesas de CUSTEIO, essas responsáveis pela manutenção do aparelho do estado.

---

37. **(2014 - MPU - Analista Administrativo)** Com relação ao orçamento público no Brasil, julgue o item seguinte.

As despesas que não resultam em produto específico e não geram contraprestação direta em bens ou serviços são denominadas operações especiais.

GABARITO: CERTO.

As ações podem se dividir em 3 tipos:

Projeto: instrumento de programação para alcançar o objetivo de um programa, envolvendo um conjunto de operações, limitadas no tempo, das quais resulta um produto que concorre para a expansão ou aperfeiçoamento da ação de Governo;

Atividade: instrumento de programação para alcançar o objetivo de um programa, envolvendo um conjunto de operações que se realizam de modo contínuo e permanente, das quais resulta um produto necessário à manutenção da ação de Governo;

Operação Especial: despesas que não contribuem para a manutenção, expansão ou aperfeiçoamento das ações do Governo Federal, das quais não resulta um produto, e não gera contraprestação direta sob a forma de bens ou serviços.

---

38. **(2014 - TC/DF - Técnico de Administração Pública)** Acerca do processo, das normas aplicáveis, dos métodos, técnicas e instrumentos do orçamento público, julgue o item subsequente.

O controle e a avaliação da receita devem ser realizados em fase posterior às etapas de planejamento e execução.

GABARITO: ERRADO.

O erro está no "devem", pois o controle e a avaliação podem ocorrer em três momentos, prévio (*a priori*), concomitante (*pari passu*) ou posterior (*a posteriori*).

---

39. **(2013 - TRT/17ª Região/ES - Analista Judiciário - Área Administrativa)** A respeito do orçamento público, sua evolução, seus princípios e sua composição, julgue o item subsecutivo:

A dimensão operacional do Plano Plurianual está relacionada ao desempenho da ação governamental, referente à eficiência e à busca pela otimização na aplicação dos recursos disponíveis e na qualidade dos produtos entregues.

GABARITO: CERTO.

É papel do PPA, além de declarar as escolhas do Governo e da sociedade, indicar os meios para a implementação das políticas públicas, bem como de orientar taticamente a ação do Estado para a consecução dos objetivos pretendidos. Nesse sentido, o Plano estrutura-se nas seguintes dimensões, segundo o Ministério do Planejamento, Orçamento e Gestão:

• Dimensão Estratégica: é a orientação estratégica que tem como base os Macrosdesafios e a visão de longo prazo do Governo Federal;

• Dimensão Tática: define caminhos exequíveis para o alcance dos objetivos e das transformações definidas na dimensão estratégica, considerando as variáveis inerentes à política pública tratada. Vincula os programas temáticos para a consecução dos objetivos assumidos, estes materializados pelas Iniciativas expressas no Plano;

• Dimensão Operacional: relaciona-se com o desempenho da ação governamental no nível da eficiência e é especialmente tratada no orçamento. Busca a otimização na aplicação dos recursos disponíveis e a qualidade dos produtos entregues.

---

40. (2014 – TJ/CE - Analista Judiciário - Ciências Contábeis) No âmbito do Plano Plurianual, um programa temático é composto por uma série de atributos, entre os quais está o indicador, instrumento que permite identificar e aferir aspectos relacionados ao programa, auxiliando o monitoramento da evolução de uma determinada realidade e gerando subsídios para a sua avaliação.

GABARITO: CERTO.

A lei que institui o Plano Plurianual da União para o período de 2012 a 2015, atribui:

Lei 12.593, Art. 6º. *O Programa Temático é composto por Objetivos, Indicadores, Valor Global e Valor de Referência.*

§ 2º O Indicador é uma referência que permite identificar e aferir, periodicamente, aspectos relacionados a um Programa, auxiliando o seu monitoramento e avaliação.

Art. 14 O Poder Executivo manterá sistema de informações para apoio à gestão do Plano, que será atualizado permanentemente e abrangerá a execução financeira dos Programas e Iniciativas, o alcance das metas e o acompanhamento dos indicadores.

Resumidamente:

Objetivo - O que será feito?

Iniciativa - O que será entregue?

Valor Global – Estimativa dos Recursos para Objetivos

Valor de Referência – Parâmetro Financeiro (por Prog. Temático).

41. (2015 - MPU – Analista Finanças e Controle) A programação financeira tem o objetivo de ajustar o ritmo de execução do PPA ao fluxo provável de recursos financeiros, de modo a executar os programas de trabalho.

GABARITO: ERRADO.

O item apenas trocou o termo LOA, pois a programação financeira tem o objetivo de ajustar o ritmo de execução desta, de modo a executar os programas de trabalho.

42. (2015 - MPU – Analista Finanças e Controle) O PPA possui duração de quatro anos, com vigência até o final do mandato presidencial subsequente, devendo ser encaminhado até quatro meses antes do encerramento do exercício financeiro e devolvido para a sanção até o encerramento da sessão legislativa.

GABARITO: ERRADO.

A vigência do PPA é até primeiro ano do mandato presidencial seguinte, é a chamada defasagem deste com o mandato eleitoral, em um ano.

43. (2014 - ICMBIO - Analista Administrativo) Com relação ao orçamento público no Brasil, julgue o item seguinte.

O período do Plano Plurianual (PPA) coincide com o período do mandato do chefe do Poder Executivo.

GABARITO: ERRADO.

Esse item é recorrente no CESPE. O PPA tem vigência até primeiro ano do mandato presidencial seguinte, evidenciando uma defasagem deste com o mandato de 1 ano.

---

44. (2015 - MPU – Analista Atuarial) A respeito da administração financeira e orçamentária, julgue o item seguinte.

O orçamento de desempenho, por considerar o resultado dos gastos e os níveis organizacionais responsáveis pela execução dos programas, distingue-se do orçamento clássico.

GABARITO: CERTO.

No orçamento cássico ou tradicional o foco era APENAS no objeto do gasto, já no orçamento de desempenho o foco é no OBJETIVO do gasto, nos resultados. Muito embora ainda fosse desvinculado do planejamento governamental.

---

45. (2014 - MDIC- Agente Administrativo) Julgue o item seguinte, relativo ao orçamento público no Brasil.

O orçamento público é um documento contábil e financeiro desvinculado do planejamento governamental.

GABARITO: ERRADO.

No Brasil, vigora o orçamento-programa, o qual está intimamente ligado ao Sistema de Planejamento e aos objetivos que o Governo pretende alcançar. O Orçamento--programa pode ser definido como sendo "um plano de trabalho expresso por um conjunto de ações a realizar e pela identificação dos recursos necessários à sua execução". Como se observa, o orçamento-programa não é apenas documento financeiro, mas, principalmente, instrumento de operacionalização das ações do governo, viabilizando seus projetos, atividades e operações especiais, em consonância com os planos e diretrizes estabelecidos.

---

46. (2014 - TJ/CE - Analista Judiciário/Ciências Contábeis) A descentralização externa, também chamada de provisão, ocorrerá caso a descentralização de créditos envolva unidades gestoras de órgãos diferentes.

GABARITO: ERRADO.

A descentralização externa de dotações orçamentárias chama-se destaque, a provisão é a descentralização Interna de dotações orçamentárias.

---

47. (2014 - ICMBIO - Analista Administrativo) No que se refere à programação e execução orçamentária e financeira e à Lei de Responsabilidade Fiscal (LRF), julgue o item seguinte. A descentralização orçamentária que ocorre entre ministérios denomina-se descentralização executiva.

GABARITO: ERRADO.

A descentralização orçamentária entre ministérios denomina-se descentralização EXTERNA, e chama-se destaque.

Complementando: Na descentralização, as dotações serão empregadas OBRIGATÓRIA E INTEGRALMENTE na consecução do objetivo previsto pelo programa de trabalho pertinente, respeitada a classificação funcional e por programas. Portanto, a única diferença é que a execução da despesa orçamentária será realizada por outro órgão ou entidade, e sem a necessidade de exigência de contrapartida.

---

48. (**2015 - MPU – Analista Atuarial**) Com relação às classificações e técnicas de execução do orçamento público, julgue o item que se segue.

A transferência de créditos orçamentários de um órgão público a outro órgão, que esteja em ministério ou estrutura administrativa diferente, deve ser feita por meio de repasse.

GABARITO: ERRADO.

A descentralização externa de dotações orçamentárias chama-se destaque, o repasse é a descentralização externa de cotas financeiras.

---

49. (**2015 - MPU - Analista Finanças e Controle**) Por meio do Orçamento-Programa é possível expressar, com maior veracidade, a responsabilidade do Governo para com a sociedade, visto que o orçamento deve indicar com clareza os objetivos da nação.

GABARITO: CERTO.

O conceito de Orçamento Programa foi apresentado pelo DL 200/1967, mas só foi implementado no final da década de 90. Tal orçamento traz como principais características a vinculação entre planejamento e orçamento, a definição clara dos objetivos, a utilização sistemática de indicadores e a avaliação de alternativas.

De acordo com a Lei 4.320/64, Art. 2º, a Lei do Orçamento conterá a discriminação da receita e despesa de forma a evidenciar a política econômica financeira e o programa de trabalho do Governo, obedecidos aos princípios de unidade, universalidade e anualidade.

Princípios Orçamentários

50. (**2014 - TJ/CE - Analista Judiciário/Ciências Contábeis**) Em que pese a previsão constitucional do princípio da exclusividade orçamentária, é permitido que a LOA autorize, previamente, a abertura de operações de crédito.

GABARITO: CERTO.

CF, Art. 165, §8º. ***A Lei Orçamentária Anual não conterá dispositivo estranho à previsão da receita e à fixação da despesa, pois não se inclui na proibição e na autorização para a abertura de créditos suplementares e contratação de operações de crédito, ainda que por antecipação de receita, nos termos da lei.***

---

51. **(2014 - Câmara dos Deputados - Analista Legislativo /Consultor de Orçamento e Fiscalização Financeira)** Acerca dos princípios orçamentários, julgue o item.

O princípio da exclusividade tem o objetivo de impedir que a lei de orçamento seja utilizada como meio de aprovação de matérias estranhas às questões orçamentárias.

GABARITO: CERTO.

O princípio da exclusividade surgiu para evitar que o orçamento fosse utilizado para aprovação de matérias sem nenhuma pertinência com o conteúdo orçamentário, em virtude da celeridade do seu processo.

52. **(2014 - Câmara dos Deputados - Analista Legislativo/Consultor de Orçamento e Fiscalização Financeira)** Acerca dos princípios orçamentários, julgue o item.

No Brasil, a anualidade do orçamento sempre foi consagrada, inclusive nos dispositivos constitucionais, mas a exigência de que os orçamentos anuais fossem complementados com projeções plurianuais se deu a partir da Lei de Responsabilidade Fiscal (LRF).

GABARITO: ERRADO.

Os Arts. 23 a 26 da Lei 4.320/64 já tratavam das previsões plurianuais, a CF apenas ajustou sua aplicação para quatro anos. E como curiosidade, o Art. 3º que tratava do PPA foi vetado na LRF.

53. **(2015 - MPU – Analista Atuarial)** A respeito da administração financeira e orçamentária, julgue o item a seguir.

De acordo com o princípio da exclusividade, é vedado ao Poder Executivo incluir na Lei Orçamentária Anual (LOA) a autorização para a contratação de operação de crédito.

GABARITO: ERRADO.

O princípio da exclusividade traz suas duas exceções nele mesmo, qual sejam: a autorização para a abertura de créditos suplementares e a contratação de operações de crédito, ainda que por antecipação de receita, (CF, Art. 165, §8º.).

54. **(2014 - TJ/CE - Analista Judiciário - Ciências Contábeis)** De acordo com o princípio orçamentário da totalidade, deve-se evitar que dotações globais sejam inseridas na LOA.

GABARITO: ERRADO.

Esta é a definição do princípio da especificação/especialização/discriminação, que impõe a necessidade de se evidenciar os valores na LOA de forma pormenorizada, evitando-se valores globais. (Exceção: Planos especiais de trabalho e reserva de contingência).

Lei 4.320/64, Art. 5º. *A Lei de Orçamento não consignará dotações globais destinadas a atender indiferentemente a despesas de pessoal, material, serviços de terceiros, transferências ou quaisquer outras.*

55. **(2014 - Câmara dos Deputados - Analista Legislativo/Consultor de Orçamento e Fiscalização Financeira)** Acerca dos princípios orçamentários, julgue o item.

O princípio da especialização contribui para o trabalho fiscalizador dos parlamentos sobre as finanças executivas.

GABARITO: CERTO.

O princípio da Especialização ou Especificação ou Discriminação contribui bastante para a fiscalização parlamentar, pois ele evita que os gestores prevejam uma dotação genérica, como "outros gastos" e desviem os recursos para fins escusos (Art. 5º da Lei 4.320/64).

56. **(2015 - MPU – Analista Atuarial)** À luz do disposto na Lei n.º 4.320/1964, julgue o próximo item.
As despesas contratuais e outras sujeitas a parcelamento podem ser consignadas na Lei Orçamentária Anual em dotações globais.

GABARITO: ERRADO.

Conforme a literalidade:

Lei 4.320/64, Art. 5º. ***A Lei de Orçamento não consignará dotações globais destinadas a atender indiferentemente a despesas de pessoal, material, serviços de terceiros, transferências ou quaisquer outras.***

57. **(2014 - Polícia Federal - Agente Administrativo)** A respeito das diversas formas de organização e operacionalização do orçamento, julgue o item seguinte:
De acordo com o princípio da unidade ou da totalidade orçamentária, todos os entes federados devem reunir seus diferentes orçamentos em uma única Lei Orçamentária, que consolidará todas as receitas e despesas públicas do Estado.

GABARITO: ERRADO.

O princípio da unidade ou totalidade é aplicado a cada ente federativo, isoladamente, ou seja, as leis orçamentárias (PPA/LDO/LOA) serão elaboradas pela União, Estados, DF e Municípios. São quase 5.700 LOAs todos os anos no Brasil.

58. **(2014 - TC/DF - Auditor de Controle Externo)** Acerca do orçamento público, julgue o item subsecutivo.
Atende ao princípio da unidade orçamentária a inclusão, na Lei Orçamentária, do orçamento de investimento da empresa em que a União detenha participação, ainda que sem direito a voto.

GABARITO: ERRADO.

O princípio da unidade não fala sobre isso, como vimos. E o orçamento de investimento engloba empresas em que a União detenha, direta ou indiretamente, a maioria do capital social com direito a voto.

59. **(2014 - Polícia Federal - Agente de Polícia Federal)** Acerca dos princípios orçamentários e da receita pública, julgue o próximo item.
Segundo o princípio orçamentário da universalidade, ao Poder Executivo é permitido realizar quaisquer operações de receita ou de despesa, sem prévia autorização parlamentar.

GABARITO: ERRADO.

O princípio da Legalidade orçamentária exige a prévia autorização parlamentar para as despesas dos Poderes, Ministério Público e Defensoria Pública.

60. **(2014 - Câmara dos Deputados - Analista Legislativo - Consultor de Orçamento e Fiscalização Financeira)** Acerca dos princípios orçamentários, julgue o item.
O princípio do orçamento bruto, embora bastante representativo, não está integrado à legislação brasileira.
GABARITO: ERRADO.

É claro que está integrado, pois é fundamento de transparência das contas públicas. Lei 4.320/64, Art. 6º. ***Todas as receitas e despesas constarão da Lei de Orçamento pelos seus TOTAIS, vedadas quaisquer deduções.***

61. **(2013 - TRE-MS - Analista)** A respeito das diversas formas de organização e operacionalização do orçamento, julgue o item seguinte:
Os princípios orçamentários estão sujeitos a transformações de conceito e significação, pois não têm caráter absoluto ou dogmático e suas formulações originais não atendem, necessariamente, ao universo econômico-financeiro do Estado moderno.
GABARITO: CERTO.

Item perfeito que representa não apenas os princípios orçamentários, como também os demais. Realmente, os princípios se adaptam às realidades da sociedade, evoluem com ela, nos seu entendimento e aplicabilidade, e com o passar do tempo, as formulações originais podem, de fato, vir a não atender ao universo econômico-financeiro do Estado moderno. Daí seu caráter não absoluto ou dogmático.

62. **(2011 - PREVIC - Analista Administrativo)** Com relação aos aspectos gerais do orçamento público e de sua implementação no Brasil, julgue o item subsecutivo.
O fato de a Lei Orçamentária Anual compreender os orçamentos fiscais, da seguridade social e do investimento das empresas estatais, está em consonância com o princípio da unidade.
GABARITO: CERTO.

O princípio da unidade ensina que o orçamento deve ser uno, ou seja, no âmbito de cada esfera de Governo (União, estados e municípios), deve existir apenas um só orçamento para um exercício financeiro. Cada esfera de Governo deve possuir apenas um orçamento, fundamentado em uma única política orçamentária e estruturado uniformemente. Assim, existe o Orçamento da União, o de cada estado e o de cada município.

63. **(2014 - TC/DF - Analista de Administração Pública/Serviços)** Com relação aos aspectos gerais do orçamento público e a sua implementação no Brasil, julgue o item subsecutivo.
Considera-se respeitado o princípio da unidade orçamentária, ainda que a Lei Orçamentária Anual seja composta por três orçamentos diferentes, como ocorre no Brasil.
GABARITO: CERTO.

Mais uma vez o CESPE jogando com o princípio da unidade, o qual ensina que o orçamento deve ser uno, ou seja, no âmbito de cada esfera de Governo (União, estados e municípios) deve existir apenas um só orçamento para um exercício financeiro. Cada esfera de Governo deve possuir apenas um orçamento, fundamentado em uma única política orçamentária e estruturado uniformemente. Assim, existem o Orçamento da União, o de cada estado e o de cada município.

64. (2013 - CNJ - Analista Judiciário) A respeito das diversas formas de organização e operacionalização do orçamento, julgue o item seguinte.

O princípio da transparência choca-se, em algumas situações, com o princípio do orçamento bruto. De acordo com o princípio da transparência, a peça orçamentária deve ser clara e simples, não contendo informações desnecessárias, ao passo que, segundo o princípio do orçamento bruto, a peça orçamentária deve conter muitas informações — que, inclusive, poderiam ser eliminadas, se fossem usados dados líquidos sobre receitas e despesas —, uma vez que não há ganho efetivo, originado do uso de informações brutas.

GABARITO: ERRADO.

Item com várias inconsistências, mas a principal de todas é a parte final, pois existe um grande ganho de TRANSPARÊNCIA nos gastos públicos com o uso das informações sobre valores brutos.

---

65. (2014 - ICMBIO - Analista Administrativo) Acerca do orçamento público e do papel do Estado nas finanças públicas, julgue o item a seguir.

Para evitar dupla contagem, os registros das receitas e despesas na Lei Orçamentária Anual (LOA) devem ser realizados pelos seus valores líquidos, abatendo os impostos e as taxas.

GABARITO: ERRADO.

Item repetido no CESPE até 2013, perdendo força nos últimos tempos. A situação proposta contraria o Princípio do Orçamento Bruto. Por esse princípio, todas as parcelas de receitas e despesas devem fazer parte do orçamento pelos seus valores brutos, sem qualquer tipo de dedução. Procura-se com essa norma impedir a inclusão de importâncias líquidas. Este princípio está explicitamente inserido:

Lei 4.320/64, Art. 6º. *Todas as receitas e despesas constarão da Lei de Orçamento pelos seus totais, vedadas quaisquer deduções.*

---

66. (2013 - ANTT - Analista) A respeito das diversas formas de organização e operacionalização do orçamento, julgue o item seguinte.

Por constituírem gastos considerados como de segurança nacional, os investimentos em defesa não são discriminados na peça orçamentária e constam, de forma genérica, como gastos com equipamentos militares.

GABARITO: ERRADO.

Todos os gastos (Princípio da Universalidade, Art. 165, § 5º) devem constar da LOA de maneira pormenorizada (Princípio da Especificação/Discriminação, 4.320/64 Arts. 5º e 15), mesmo os gastos militares, que terão apenas grau de sigilo na sua apreciação.

---

67. (2014 - TJ/CE - Analista Judiciário/Ciências Contábeis) A respeito das diversas formas de organização e operacionalização do orçamento, julgue o item seguinte.

A aplicação do princípio da universalidade abrange a inclusão no orçamento, tanto das receitas e despesas próprias dos órgãos de Governo, quanto das realizadas por entidades do setor privado em nome do Governo e custeadas por recursos públicos.

GABARITO: CERTO.

A Lei de Orçamento compreenderá todas as despesas próprias dos órgãos do Governo e da administração centralizada, ou que, por intermédio deles, se devam realizar.

---

68. (2014 - TJ/CE - Analista Judiciário/Ciências Contábeis) A respeito das diversas formas de organização e operacionalização do orçamento, julgue o item seguinte.

De acordo com o princípio da programação, a Lei Orçamentária Anual deve conter tão somente matéria relativa à previsão da receita e à fixação da despesa.

GABARITO: ERRADO.

O princípio da programação ou planejamento é um dos mais modernos princípios orçamentários que surgiu com a evolução dos conceitos e técnicas orçamentárias. De acordo com esse princípio, o orçamento deve evidenciar os programas de trabalho, servindo como instrumento de administração do Governo, facilitando a fiscalização, gerenciamento e planejamento. De acordo com esse princípio, os programas regionais devem estar em consonância com o Plano Plurianual (PPA). Não existe despesa fora da categoria de programação.

---

69. (2014 - TJ/CE - Analista Judiciário - Ciências Contábeis) A respeito das diversas formas de organização e operacionalização do orçamento, julgue o item seguinte.

O princípio da não afetação das receitas determina que o produto da arrecadação dos

GABARITO: ERRADO.

O princípio da não vinculação (não afetação) de receitas de impostos, como o próprio nome diz, é aplicado apenas aos IMPOSTOS, não sendo extensível às taxas e às contribuições de melhoria, pois nessas a regra é a vinculação.

Receita tributária: impostos, taxas e contribuições de melhoria. Imposto é a única em que se veda a vinculação a órgão, fundo ou despesa.

---

70. (2013 - ANTT - Analista) A respeito das diversas formas de organização e operacionalização do orçamento, julgue o item seguinte.

A proibição relativa à inserção, na Lei Orçamentária, de norma estranha à previsão da receita e à fixação da despesa advém do princípio da universalidade.

GABARITO: ERRADO.

O Princípio correto é o da Exclusividade. Este é o princípio mais basilar do orçamento, tanto que entre 2008 e 2012, ele era o mais cobrado pelas Bancas, em especial a FCC e também o CESPE.

---

71. ((2013 - TRT 10ª Região - Técnico Judiciário/Administrativo) A respeito das diversas formas de organização e operacionalização do orçamento, julgue o item seguinte.

O princípio da anualidade orçamentária fundamenta-se em critérios puramente técnicos, relativos às questões operacionais de apuração contábil da receita e da despesa, não estando relacionado, portanto, ao controle político do Poder Executivo.

GABARITO: ERRADO.

O princípio da anuidade é o que garante o controle político sobre as contas, pois se aprova e se fiscaliza os atos referentes àquele período (ano de exercício). Ou seja, em todas as fases do orçamento e, notadamente na fase da fiscalização, se utiliza deste princípio. Lembre-se que os Tribunais de Contas são o grande órgão de apoio do Poder Legislativo para esse feito.

---

72. ((2013 - TRT 10ª Região - Técnico Judiciário/Administrativo) A respeito das diversas formas de organização e operacionalização do orçamento, julgue o item seguinte.

De acordo com o princípio da Unidade, o ente governamental deve dispor de apenas um orçamento, que inclua todas as receitas estimadas e despesas fixadas pelo Estado.

GABARITO: CERTO.

De acordo com esse princípio, o orçamento deve ser uno, ou seja, cada ente governamental deve elaborar um único orçamento. Esse princípio é mencionado no caput do Art. 2º da Lei nº 4.320/64, e visa evitar múltiplos orçamentos dentro da mesma pessoa política. Dessa forma, todas as receitas previstas e despesas fixadas, em cada exercício financeiro, devem integrar um único documento legal dentro de cada nível federativo. (MTO 2015).

73. (2013 - TCE/RO - Agente Administrativo) A respeito das diversas formas de organização e operacionalização do orçamento, julgue o item seguinte.

O atendimento ao princípio orçamentário da universalidade é condição necessária para que o ente governamental possa realizar operações de crédito por antecipação da receita orçamentária.

GABARITO: ERRADO.

O princípio correto é o da Exclusividade, que por mandamento constitucional, § 8º do Art. 165, autoriza a sua exceção para abertura de créditos suplementares e a contratação de operações de crédito, ainda que por Antecipação de Receitas Orçamentárias - ARO.

74. (2013 - ANTT - Técnico Administrativo) A respeito das diversas formas de organização e operacionalização do orçamento, julgue o item seguinte.

O princípio da unidade estabelece que o montante da despesa não deve ultrapassar a receita prevista para o período.

GABARITO: ERRADO.

Correto é o princípio do Equilíbrio. A preocupação de manter o equilíbrio entre receitas e despesas no momento da execução orçamentária já constava na Lei nº 4.320/64, prevendo a necessidade de estipular cotas trimestrais das despesas que cada UO ficava autorizada a utilizar.

Esse mecanismo foi aperfeiçoado na LRF, que determina a elaboração da programação financeira e do cronograma mensal de desembolso, bem como a fixação das metas bimestrais de arrecadação, no prazo de 30 dias após a publicação dos orçamentos.

75. (2013 - ANTT - Técnico Administrativo) A respeito das diversas formas de organização e operacionalização do orçamento, julgue o item seguinte.

O impedimento à apropriação de receitas de impostos, com exceção das ressalvas previstas na Constituição Federal de 1988 (CF), tipifica o princípio da não vinculação das receitas.

GABARITO: CERTO.

Estabelecido pelo inciso IV do Art. 167 da CF, este princípio veda a vinculação da receita de impostos a órgão, fundo ou despesa, salvo exceções estabelecidas pela própria CF:

CF, Art. 167. São vedados:

[...]

IV - a vinculação de receita de impostos a órgão, fundo ou despesa, ressalvadas a repartição do produto da arrecadação dos impostos a que se referem os Arts. 158 e 159, a destinação de recursos para as ações e serviços públicos de saúde, para a manutenção e o desenvolvimento do ensino e para a realização de atividades da administração tributária, como determinado, respectivamente, pelos Arts. 198, §2º, 212 e 37, XXII, e a prestação de garantias às operações de crédito por antecipação de receita, previstas no Art. 165, §8º, bem como o disposto no §4º deste artigo.

[...]

§4º É permitida a vinculação de receitas próprias geradas pelos impostos a que se referem os Arts. 155 e 156 e dos recursos de que tratam os Arts. 157, 158 e 159, I, a e b, e II, para a prestação de garantia ou contra garantia à União e para pagamento de débitos para com esta.

---

76. **(2014 - MTE - Contador)** Com relação ao orçamento público e às suas aplicações no cenário brasileiro, julgue o item a seguir.

A Constituição Federal de 1988 (CF) veda a vinculação da receita de tributos e contribuições de competência federal a órgão, fundo ou despesa, ressalvada a repartição do produto da arrecadação de alguns impostos, elencados em rol taxativo, para as finalidades estabelecidas no texto constitucional.

GABARITO: ERRADO.

O erro está no início do item, pois a vedação é apenas com relação aos impostos, lembrando que tributo é gênero que possui três espécies: impostos, taxas e contribuições de melhoria (CF, Art. 167, IV).

---

77. **(2014 - MDIC - Analista Administrativo)** No que se refere ao orçamento público como ferramenta de atuação do Governo nas finanças públicas, julgue o item seguinte.

O princípio orçamentário da legalidade é estabelecido pela norma constitucional segundo a qual é vedada a realização de operações de créditos que excedam o montante das despesas de capital. Serão ressalvadas, porém, as operações de crédito autorizadas com finalidade precisa, mediante créditos suplementares ou especiais, aprovados pelo Poder Legislativo por maioria absoluta.

GABARITO: ERRADO.

O item está tratando da REGRA DE OURO e não do princípio da legalidade. Segundo Paludo, Augustinho, o espírito da regra é: não se deve recorrer a endividamento público para custear despesas correntes, que são despesas de custeio/manutenção, cujos gastos não contribuem diretamente para a aquisição ou formação de um bem de capital (material de consumo, diárias, passagens, serviços em geral, etc.).

---

78. **(2014 - TC/DF - Técnico de Administração Pública)** A respeito das noções de administração financeira, bem como dos princípios e das diretrizes do orçamento público, julgue o item a seguir.

Suponha que determinado município tenha instituído contribuição de melhoria sobre imóveis localizados próximos de obra pública concluída. Nessa situação, em respeito ao princípio da não vinculação, o município estará proibido de determinar a destinação do produto da arrecadação da referida contribuição ao atendimento de despesa pública específica.

GABARITO: ERRADO.

O princípio da não vinculação (não afetação) de receitas de IMPOSTOS, como o próprio nome diz, é aplicada apenas aos impostos, não sendo extensível às taxas e às contribuições de melhoria, pois nestas a regra é a vinculação.

Receita tributária: impostos, taxas e contribuições de melhoria. Imposto é a única em que se veda a vinculação a órgão, fundo ou despesa.

79. **(2014 - TC/DF - Técnico de Administração Pública)** A respeito das noções de administração financeira, bem como dos princípios e das diretrizes do orçamento público, julgue o item a seguir.

O princípio da Universalidade está expresso no dispositivo constitucional que proíbe a concessão ou utilização de créditos ilimitados.

GABARITO: ERRADO.

O princípio que faz referência à proibição de créditos ilimitados é o da "quantificação de créditos", princípio este pouco cobrado em provas (CF, Art. 167,VII.). O princípio da universalidade é aquele que determina que todas as receitas e despesas constem da LOA, para impedir que o poder executivo realize qualquer operação de receita e despesa sem prévia autorização legislativa (ainda que você não soubesse o princípio da quantificação de créditos ilimitados, bastava saber o real conceito do da universalidade para acertar este item).

Diretrizes Orçamentárias

80. **(2014 - ICMBIO - Analista Administrativo)** Com relação ao orçamento público no Brasil, julgue o item seguinte.

O período do Plano Plurianual (PPA) coincide com o período do mandato do chefe do Poder Executivo.

GABARITO: ERRADO.

A vigência do PPA é até o primeiro ano do mandato presidencial seguinte, é a chamada defasagem deste com o mandato eleitoral, em um ano.

81. **(2014 - ICMBIO - Analista Administrativo)** No que se refere à programação e execução orçamentária e financeira e à Lei de Responsabilidade Fiscal (LRF), julgue o item seguinte.

A programação financeira é um instrumento introduzido a partir da vigência da LRF.

GABARITO: ERRADO.

A LRF é do ano 2000, e é fácil pensar que o instrumento de programação financeira é anterior a essa data.

Como curiosidade este instrumento foi formalizado pelo DASP em 1936/1938, muito embora fosse realizado pelos Governos anteriores de forma mais principiante.

82. (2015 - MPU – Analista de Finanças e Controle) Em função da autonomia dos poderes, o Poder Executivo não poderá fixar limites de gastos com pessoal do Poder Judiciário.

GABARITO: CERTO.

Os limites de cada poder e órgão são determinados em lei complementar – LRF – e não podem ser fixados por outro poder.

---

83. (2014 - Câmara dos Deputados - Analista Legislativo/Consultor de Orçamento e Fiscalização Financeira) A respeito do ciclo e do sistema orçamentário, julgue o item que segue.

Na LDO, constam os limites para a elaboração das propostas orçamentárias do Ministério Público.

GABARITO: CERTO.

Os limites para a elaboração das propostas orçamentárias de todos os poderes e do Ministério Público. Conforme art. 9° da LRF *os Poderes e o Ministério Público promoverão, por ato próprio e nos montantes necessários, nos trinta dias subsequentes, limitação de empenho e movimentação financeira, segundo os critérios fixados pela lei de diretrizes orçamentárias.* **E também de acordo com o Art. 127 da CF/1988, ao Ministério Público é assegurada autonomia funcional e administrativa, e o §3º ressalta que o Ministério Público elaborará sua proposta orçamentária dentro dos limites estabelecidos na Lei de Diretrizes Orçamentárias.**

---

84. (2015 - MPU – Analista) Se o MP elaborar proposta orçamentária em desacordo com os limites estabelecidos na Lei de Diretrizes Orçamentárias, o Poder Executivo procederá aos ajustes necessários para fins de consolidação da proposta orçamentária anual.

GABARITO: ERRADO.

Seria uma violação à independência dos poderes, em especial se feita imediatamente pelo Poder Executivo, pois a proposta orçamentária é apenas coordenada por ele. Os ajustes serão feitos pelo próprio órgão com vistas à adequação dos limites estipulados na LDO referente.

---

85. (2014 - ANTAQ - Analista Administrativo) Com relação às técnicas e procedimentos para elaboração e execução do orçamento público, julgue o item subsequente.

A dívida fundada é representada por títulos emitidos pela União — incluindo os do Banco Central do Brasil —, pelos estados e pelos municípios.

GABARITO: ERRADO.

O item trata da dívida pública mobiliária e não da consolidada/fundada. Essas classificações têm sido muito cobradas a partir de 2014.

LRF, Art. 29. *Para os efeitos dessa Lei Complementar, são adotadas as seguintes definições:*

I - Dívida Pública CONSOLIDADA ou FUNDADA: montante total, apurado sem duplicidade, das obrigações financeiras do ente da Federação, assumidas em virtude de leis, contratos, convênios ou tratados e da realização de operações de crédito, para amortização em prazo superior a doze meses.

II - Dívida Pública MOBILIÁRIA: dívida pública representada por títulos emitidos pela União, inclusive os do Banco Central do Brasil, estados e municípios;

---

86. **(2015 - MPU – Analista Atuarial)** A respeito da administração financeira e orçamentária, julgue o item seguinte. O efeito regionalizado de benefícios tributários, concedido pelo Governo Federal que resulte em isenção ou anistia deverá ser incluído no Projeto de Lei Orçamentária Anual.

GABARITO: CERTO.

Este é um mandamento expresso da CF, que evidencia a aplicação do princípio da transparência das contas governamentais;

CF, Art. 165, §6º. *O projeto de Lei Orçamentária será acompanhado de demonstrativo regionalizado do efeito, sobre as receitas e despesas, decorrente de isenções, anistias, remissões, subsídios e benefícios de natureza financeira, tributária e creditícia.*

---

87. **(2014 - TJ/CE - Analista Judiciário - Ciências Contábeis)** A Lei de Responsabilidade Fiscal instituiu limites para a despesa total com pessoal e encargos sociais baseados em percentuais da receita corrente líquida. Um gasto que deve ser incluído no montante total de despesa de pessoal é o de contratos de terceirização de mão de obra em substituição a servidores e empregados.

GABARITO: CERTO.

A LRF determina explicitamente que se deve contabilizar os gastos com terceirização de pessoal. Assim como define o que não deve ser contabilizado.

LRF, Art 18, §1º. *Os valores dos contratos de terceirização de mão de obra que se referem à substituição de servidores e empregados públicos serão contabilizados como "Outras Despesas de Pessoal.*

Art. 19, § 1º Na verificação do atendimento dos limites definidos neste artigo, não serão computadas as despesas:

I - de indenização por demissão de servidores ou empregados;

II - relativas a incentivos à demissão voluntária;

III - derivadas da aplicação do disposto no inciso II do § 6º do Art. 57 da Constituição;

IV - decorrentes de decisão judicial e da competência de período anterior ao da apuração a que se refere o § 2º do Art. 18;

V - com pessoal, do Distrito Federal e dos Estados do Amapá e Roraima, custeadas com recursos transferidos pela União na forma dos incisos XIII e XIV do Art. 21 da Constituição e do Art. 31 da Emenda Constitucional nº 19;

VI - com inativos, ainda que por intermédio de fundo específico, custeadas por recursos provenientes:

a) da arrecadação de contribuições dos segurados;

b) da compensação financeira de que trata o § 9º do Art. 201 da Constituição;

c) das demais receitas diretamente arrecadadas por fundo vinculado a tal finalidade, inclusive o produto da alienação de bens, direitos e ativos, bem como seu superávit financeiro.

---

88. (2014 - ICMBIO - Analista Administrativo) Com relação ao orçamento público no Brasil, julgue o item seguinte.

A Lei de Diretrizes Orçamentárias (LDO) será acompanhada pelo anexo de riscos fiscais, que abrangem os riscos capazes de afetar as contas públicas e suas providências.

GABARITO: CERTO.

A LRF trouxe dois anexos para LDO: Anexo de Metas Fiscais e o Anexo de Riscos Fiscais, neste último serão avaliados os passivos contingentes e outros riscos capazes de afetar as contas públicas, informando as providências a serem tomadas, caso se concretizem. Percebam que quaisquer riscos têm de ser avaliados (LRF Art. 4º, § 3º).

89. (2014 – TC/DF - Técnico de Administração Pública) A respeito das noções de administração financeira, bem como dos princípios e das diretrizes do orçamento público, julgue o item seguinte.

Os riscos fiscais que devem ser avaliados, considerando-se a Lei de Diretrizes Orçamentárias, incluem tanto as dívidas, cuja existência dependa de fatos imprevisíveis, quanto à possibilidade de haver desvios relativos ao que foi previsto para as receitas públicas e ao que foi efetivamente realizado.

GABARITO: CERTO.

A LRF trouxe dois anexos para LDO: Anexo de Metas Fiscais e o Anexo de Riscos Fiscais, neste último serão avaliados os passivos contingentes e outros riscos capazes de afetar as contas públicas, informando as providências a serem tomadas, caso se concretizem. Percebam que quaisquer riscos têm de ser avaliados (LRF Art. 4º, § 3º)

90. (2014 – TC/DF - Técnico de Administração Pública) A respeito das noções de administração financeira, bem como dos princípios e das diretrizes do orçamento público, julgue o item a seguir.

Os objetivos das políticas monetária, creditícia e cambial, bem como os parâmetros e as projeções macroeconômicos, devem ser demonstrados em anexo específico a Lei de Diretrizes Orçamentárias, ao passo que as metas anuais relativas a receitas, despesas e resultados nominal e primário devem ser definidas no anexo de metas fiscais.

GABARITO: CERTO.

Item tratando dos parágrafos 1º e 4º do Art. 4º da LRF:

LRF, Art 4º. ***A lei de diretrizes orçamentárias atenderá o disposto no § 2º do art. 165 da Constituição e:***

[...]

§ 1º Integrará o projeto de L.D.O. Anexo de Metas Fiscais, em que serão estabelecidas metas anuais, em valores correntes e constantes, relativas a receitas, despesas, resultados nominal e primário e montante da dívida pública, para o exercício a que se referirem e para os dois seguintes.

[...]

§ 4º A mensagem que encaminhar o projeto da União apresentará, em anexo específico, os objetivos das políticas monetária, creditícia e cambial, bem como os parâmetros e as projeções para seus principais agregados e variáveis, e ainda as metas de inflação, para o exercício subsequente.

91. (2014 – TC/DF - Técnico de Administração Pública) A respeito das noções de administração financeira, bem como dos princípios e das diretrizes do orçamento público, julgue o item seguinte.

Os riscos fiscais que devem ser avaliados, considerando-se a Lei de Diretrizes Orçamentárias incluem tanto as dívidas, cuja existência dependa de fatos imprevisíveis, quanto a possibilidade de haver desvios relativos ao que foi previsto para as receitas públicas e ao que foi efetivamente realizado.

GABARITO: CERTO.

Item muito bem trabalhado, pois apresentou outra redação ao Art. 4º da LRF, o qual determina que a LDO contenha anexo de riscos fiscais, em que serão avaliados os passivos contingentes e outros riscos capazes de afetar as contas públicas, informando as providências a serem tomadas, caso se concretizem.

---

92. (2014 - MTE – Contador) Com relação aos orçamentos da União, aos projetos de leis em matéria de orçamento, à Lei de Responsabilidade Fiscal (LRF) e aos créditos orçamentários, julgue.

A LRF ampliou as funções da Lei de Diretrizes Orçamentárias ao fixar que este dispositivo legal anual deverá tratar, entre outros assuntos, de normas relativas ao controle de custos e à avaliação dos programas financiados com recursos do orçamento.

GABARITO: CERTO.

Quando estudamos a LDO temos de ter uma tabela em mente com os requisitos da CF e os mandamentos da LRF, o item citou funções expostas no Art. 4º da LRF:

LRF, Art. 4º. ***A Lei de Diretrizes Orçamentárias atenderá o disposto no § 2º do Art. 165 da Constituição e:***

I - disporá também sobre:

a) equilíbrio entre receitas e despesas;

b) critérios e forma de limitação de empenho, a ser efetivada nas hipóteses previstas na alínea b do inciso II deste artigo, no Art. 9º e no inciso II do § 1º do Art. 31;

e) normas relativas ao controle de custos e à avaliação dos resultados dos programas financiados com recursos dos orçamentos;

f) demais condições e exigências para transferências de recursos a entidades públicas e privadas;

---

93. (2013 - ANTT - Analista Administrativo) A respeito de orçamento público no Brasil, julgue o item a seguir.

Caso haja o descumprimento das metas fiscais previstas na LDO, o Poder Executivo deve limitar imediatamente o dispêndio de todos os três poderes. Como as regras de limitação estão definidas na LDO, que foi debatida e aprovada pelo Poder Legislativo, tal procedimento não pode ser considerado uma violação da independência dos poderes.

GABARITO: ERRADO.

É sim uma violação à independência dos poderes, em especial se feita imediatamente pelo Poder Executivo, pois a proposta orçamentária é apenas coordenada por ele. Os limites de cada poder são estipulados na LDO, a qual orienta a elaboração da LOA, e é com base nos limites nela dispostos que cada Poder fará as suas limitações, conforme Art. 9º da LRF.

94. **(2014 – TC/DF - Técnico de Administração Pública)** A respeito das noções de administração financeira, bem como dos princípios e das diretrizes do orçamento público, julgue o item seguinte.

Os objetivos das políticas monetária, creditícia e cambial, bem como os parâmetros e as projeções macroeconômicos, devem ser demonstrados em anexo específico da Lei de Diretrizes Orçamentárias, ao passo que as metas anuais relativas a receitas, despesas e resultados nominal e primário devem ser definidas no anexo de metas fiscais.

GABARITO: CERTO.

Esse item trouxe o Art. 4º da LRF, o qual determina que integrará o projeto de LDO o Anexo de Metas Fiscais, no qual serão estabelecidas metas anuais, em valores correntes e constantes, relativas a receitas, despesas, resultados nominal e primário e montante da dívida pública, para o exercício a que se referirem e para os dois seguintes.

O § 4º da LRF determina que a mensagem que encaminhar o projeto da União apresentará, em anexo específico, os objetivos das políticas monetárias, creditícia e cambial, bem como os parâmetros e as projeções para seus principais agregados e variáveis, e ainda as metas de inflação, para o exercício subsequente.

95. **(2014 - ANTAQ - Analista Administrativo)** Com relação às técnicas e procedimentos para elaboração e execução do orçamento público, julgue o item subsequente.

As classificações de receitas correntes intraorçamentárias e de receitas de capital intraorçamentárias têm objetivos distintos da classificação da receita por categoria econômica.

GABARITO: CERTO.

A classificação quanto à categoria econômica visa identificar o impacto das decisões do Governo na Economia Nacional (corrente ou capital). As operações Intraorçamentárias são aquelas realizadas entre órgãos e demais entidades da Administração Pública, integrantes do Orçamento Fiscal e da Seguridade Social do mesmo ente federativo. Não representam novas entradas de recursos nos cofres públicos, mas sim um remanejamento de receitas entre seus órgãos. Não constituem novas categorias econômicas da receita, mas apenas especificações. As receitas Intraorçamentárias não constituem novas categorias econômicas, mas especificações das já existentes.

96. **(2014 – TJ/CE - Analista Judiciário/Área Administrativa)** Acerca da Lei de Diretrizes Orçamentárias (LDO), que foi introduzida pela Constituição Federal de 1988, assinale a opção correta.

Se houver necessidade de limitação de empenho, os poderes e órgãos deverão obedecer aos critérios estabelecidos na LDO.

GABARITO: CERTO.

Têm sido muito repetidas, pelo CESPE, as questões sobre o Art. 9º da LRF nos anos de 2014 e 2015, em especial sobre a limitação de empenho e movimentação financeira, segundo os critérios fixados pela Lei de Diretrizes Orçamentárias.

LRF, Art. 9º. *Se verificado, ao final de um bimestre, que a realização da receita poderá não comportar o cumprimento das metas de resultado primário ou nominal estabelecidas no Anexo de Metas Fiscais, os Poderes e o Ministério Público promoverão, por ato próprio e nos montantes necessários, nos trinta dias subsequentes, limitação de empenho e movimentação financeira, segundo os critérios fixados pela Lei de Diretrizes Orçamentárias.*

97. (2014 - ICMBIO - Analista Administrativo) No que se refere à programação e execução orçamentária e financeira e à Lei de Responsabilidade Fiscal (LRF), julgue o item seguinte. De acordo com a LRF, a LDO deve estabelecer as metas do resultado primário do setor público para o exercício, além de indicar a meta para os dois anos seguintes.

GABARITO: CERTO.

Mais uma cobrança do CESPE da LRF:

LRF, Art. 4º, § 1º. *Integrará o projeto de Lei de Diretrizes Orçamentárias Anexo de Metas Fiscais, em que serão estabelecidas metas anuais, em valores correntes e constantes, relativas a receitas, despesas, resultados nominal e primário e montante da dívida pública, para o exercício a que se referirem e para os dois seguintes.*

98. (2014 – TJ/CE - Analista Judiciário/Área Administrativa) Acerca da Lei de Diretrizes Orçamentárias (LDO), que foi introduzida pela Constituição Federal de 1988, assinale a opção correta. O anexo de riscos fiscais deve conter a evolução do patrimônio líquido do Governo nos últimos três exercícios financeiros.

GABARITO: ERRADO.

Os anexos da LDO são dois; um tratando das metas de fiscais (AMF) e o outro dos riscos de afetação do equilíbrio fiscal (Receitas e Despesas – ARF), daí podemos concluir que quem se preocupa com a evolução do patrimônio líquido do Governo é o anexo de metas fiscais – AMF - e não o de riscos.

LRF, Art. 4º, § 1º. *Integrará o projeto de Lei de Diretrizes Orçamentárias Anexo de Metas Fiscais, em que serão estabelecidas metas anuais, em valores correntes e constantes, relativas a receitas, despesas, resultados nominal e primário e montante da dívida pública, para o exercício a que se referirem e para os dois seguintes.*

§ 2º O Anexo (AMF) conterá, ainda:

I - avaliação do cumprimento das metas relativas ao ano anterior;

II - demonstrativo das metas anuais, instruído com memória e metodologia de cálculo que justifiquem os resultados pretendidos, comparando-as com as fixadas nos três exercícios anteriores, e evidenciando a consistência delas com as premissas e os objetivos da política econômica nacional;

III - evolução do patrimônio líquido, também nos últimos três exercícios, destacando a origem e a aplicação dos recursos obtidos com a alienação de ativos;

IV - avaliação da situação financeira e atuarial:

a) dos regimes geral de previdência social e próprio dos servidores públicos e do Fundo de Amparo ao Trabalhador;

b) dos demais fundos públicos e programas estatais de natureza atuarial;

V - demonstrativo da estimativa e compensação da renúncia de receita e da margem de expansão das despesas obrigatórias de caráter continuado.

---

99. **(2014 - Câmara dos Deputados - Analista Legislativo/Consultor de Orçamento e Fiscalização Financeira)** A respeito do ciclo e sistema orçamentário, julgue o item que segue.

Entre os assuntos tratados nos anexos de riscos fiscais da LDO, tem-se a evolução do patrimônio líquido, também nos últimos três exercícios.

GABARITO: ERRADO.

Quem se preocupa com a evolução do patrimônio líquido do governo é o anexo de metas fiscais – AMF - e não o de riscos. Conforme.

LRF, 54º, §2º. *O Anexo (AMF) conterá, ainda:*

I - avaliação do cumprimento das metas relativas ao ano anterior;

II - demonstrativo das metas anuais, instruído com memória e metodologia de cálculo que justifiquem os resultados pretendidos, comparando-as com as fixadas nos três exercícios anteriores, e evidenciando a consistência delas com as premissas e os objetivos da política econômica nacional;

*III - **Evolução do Patrimônio Líquido**, também nos **últimos três exercícios**, destacando a origem e a aplicação dos recursos obtidos com a alienação de ativos;*

---

100. **(2014 – TC/DF - Analista de Administração Pública/Serviços)** Com relação aos aspectos gerais do orçamento público e a sua implementação no Brasil, julgue o item subsecutivo.

O resumo da política econômica do país, a análise da conjuntura econômica e a indicação do cenário macroeconômico, com suas implicações sobre a proposta orçamentária, são partes integrantes da mensagem presidencial que encaminha o Projeto de Lei Orçamentária Anual ao Congresso Nacional.

GABARITO: ERRADO.

Está sendo cobrado o Art. 4º da LRF. A dificuldade maior está na redação.

§ 4º *A mensagem que encaminhar o projeto da União apresentará, em anexo específico, os objetivos das políticas monetária, creditícia e cambial, bem como os parâmetros e as projeções para seus principais agregados e variáveis, e ainda as metas de inflação para o exercício subsequente.*

---

101. **(2014 – TJ/CE - Analista Judiciário/Área Administrativa)** Acerca da Lei de Diretrizes Orçamentárias (LDO), que foi introduzida pela Constituição Federal de 1988, assinale a opção correta.

A concessão de qualquer vantagem ou aumento de remuneração precisa estar incluída e discriminada na LDO.

GABARITO: ERRADO.

Item que eu acredito que o CESPE irá utilizar muito de 2015 em diante. O erro é que a concessão de qualquer vantagem ou aumento de remuneração estará AUTORIZADA na LDO e não será discriminada nela, pois somente por lei específica do cargo/emprego/função é que poderá ser alterada a remuneração de agentes públicos.

---

102. **(2014 – TJ/CE - Analista Judiciário/Área Administrativa)** Acerca da Lei de Diretrizes Orçamentárias (LDO), que foi introduzida pela Constituição Federal de 1988, assinale a opção correta.

Se o Poder Executivo não apresentar o projeto de LDO no prazo legal, o Poder Legislativo adotará a LDO em curso como proposta.

GABARITO: ERRADO.

Tal situação é válida para a LOA e não para a LDO. A lei 4.320/64 trouxe a previsão contingencial, no seu TÍTULO III - Da elaboração da Lei de Orçamento, Art. 32, de que se o Poder Legislativo não receber a proposta orçamentária (P-LOA) no prazo fixado nas Constituições ou nas Leis Orgânicas dos Municípios, o Poder Legislativo considerará como proposta a Lei de Orçamento vigente.

103. **(2014 – TC/DF - Analista de Administração Pública/Serviços)** Com relação aos aspectos gerais do orçamento público e a sua implementação no Brasil, julgue o item subsecutivo.

A aprovação de ato de empresa pública que, em decorrência da alteração da estrutura de carreiras de seu quadro de pessoal, resulte em aumento de despesas depende de autorização específica para tal na Lei de Diretrizes Orçamentárias.

GABARITO: ERRADO.

O erro é que a concessão de qualquer vantagem ou aumento de remuneração deverá ser AUTORIZADA na LDO (CF, Art. 169), mas tal autorização não se faz necessária para empresas públicas e sociedades de economia mista INDEPENDENTES, pois estas não seguem as regras da LRF, conforme Art. 1º, § 3º, I, b, desta mesma lei.

104. **(2014 – TJ/CE - Analista Judiciário/Área Administrativa)** Acerca da Lei de Diretrizes Orçamentárias (LDO), que foi introduzida pela Constituição Federal de 1988, assinale a opção correta.

Entre as funções da LDO está a delimitação das alterações na legislação tributária.

GABARITO: ERRADO.

A LDO irá DISPOR sobre alterações na legislação tributária, e não irá delimitar nada, pois isto é matéria tributária/econômica (CF Art. 165).

105. **(2014 - ANTAQ - Analista Administrativo)** Com relação às técnicas e procedimentos para elaboração e execução do orçamento público, julgue o item subsequente.

A classificação institucional tem por objetivo identificar em que orçamento a despesa deverá ser realizada.

GABARITO: CERTO.

A classificação institucional é a mais antiga classificação da despesa utilizada e tem como finalidade evidenciar as Unidades Administrativas responsáveis pela execução da despesa. A principal vantagem é permitir a identificação da instituição responsável pela execução e prestação de contas de determinado programa ou ação governamental.

A classificação institucional é aquela que representa a estrutura orgânica e administrativa governamental, correspondendo a dois níveis hierárquicos: órgão e Unidade Orçamentária.

O órgão é a unidade institucional que, a título de subordinação ou supervisão, agrega determinadas Unidades Orçamentárias e Unidades Administrativas. As Unidades Orçamentárias são agrupamentos de serviços subordinados ao mesmo órgão a que são consignadas dotações orçamentárias próprias.

106. **(2014 - ANTAQ - Analista Administrativo)** Julgue o item que se segue, com relação às receitas e às despesas públicas.

A reserva de contingência destina-se ao atendimento de passivos contingentes e outros riscos e eventos fiscais imprevistos.

GABARITO: CERTO.

LRT, Art. 5º. *O Projeto de Lei Orçamentária Anual, elaborado de forma compatível com o Plano Plurianual, com a Lei de Diretrizes Orçamentárias e com as normas desta Lei Complementar:*

[...]

III – conterá reserva de contingência, cuja forma de utilização e montante, definido com base na receita corrente líquida, serão estabelecidos na Lei de Diretrizes Orçamentárias, destinada ao:

b) atendimento de passivos contingentes e outros riscos e eventos fiscais imprevistos.

107. **(2014 - ANTAQ - Analista Administrativo)** Com base nas disposições da Lei de Responsabilidade Fiscal (LRF), julgue o item subsecutivo.

Reajuste na remuneração de servidores públicos federais somente poderá ser concedido se o ato de concessão vier acompanhado da comprovação de que a despesa aumentada não afetará as metas de resultados fiscais.

GABARITO: ERRADO.

A questão trata da exceção à regra da despesa de caráter continuado (LRF Art.17), a qual ensina que deve o ato de concessão de tal despesa ser acompanhado da comprovação de que a despesa aumentada não afetará as metas de resultados fiscais, todavia a própria LRF, Art.17, § 6º, ressalva que tal regra não se aplica às despesas destinadas ao serviço da dívida nem ao Reajustamento de Remuneração de Pessoal de que trata o inciso X do Art. 37 da Constituição.

108. (2014 - ANTAQ - Analista Administrativo) Com base nas disposições da Lei de Responsabilidade Fiscal (LRF), julgue o item subsecutivo.

Reajuste na remuneração de servidores públicos federais somente poderá ser concedido se o ato de concessão vier acompanhado da comprovação de que a despesa aumentada não afetará as metas de resultados fiscais.

GABARITO: CERTO.

A LRF excetua a situação de refinanciamento do principal da dívida. Conforme LRF, Art. 50, § 2º.

LRF, Art.50. ***Além de obedecer às demais normas de contabilidade pública, a escrituração das contas públicas observará as seguintes:***

§ 2º O descumprimento dos prazos previstos neste artigo impedirá, até que a situação seja regularizada, que o ente da Federação receba transferências voluntárias e contrate operações de crédito, EXCETO as destinadas ao refinanciamento do principal atualizado da dívida mobiliária.

---

109. (2014 – TJ/CE - Analista Judiciário - Área Administrativa) A seção da Lei de Responsabilidade Fiscal que trata da transparência da gestão fiscal foi significativamente expandida depois da aprovação da Lei Complementar n.º 131/2009. No que se refere a esse assunto, assinale a opção correta.

Os empréstimos do BNDES e as respectivas avaliações circunstanciadas devem integrar a prestação de contas da União.

GABARITO: ERRADO.

O item tratou do detalhe de um artigo não muito cobrado, mas as avaliações circunstanciadas são apenas para as agências financeiras e não para as agências de fomento, como o BNDES.

LRF, Art. 49, Parágrafo Único. ***A prestação de contas da União conterá demonstrativos do Tesouro Nacional e das agências financeiras oficiais de fomento, incluído o Banco Nacional de Desenvolvimento Econômico e Social, especificando os empréstimos e financiamentos concedidos com recursos oriundos dos orçamentos fiscal e da seguridade social e, no caso das agências financeiras, avaliação circunstanciada do impacto fiscal de suas atividades no exercício.***

---

110. (2014 – TJ/CE - Analista Judiciário/Área Administrativa) A seção da Lei de Responsabilidade Fiscal que trata da transparência da gestão fiscal foi significativamente expandida depois da aprovação da Lei Complementar n.º 131/2009. No que se refere a esse assunto, assinale a opção correta.

A adoção de um sistema integrado de administração financeira e de controle é obrigatória para todos os municípios.

GABARITO: CERTO.

Lei Complementar 131/2009 - Acrescentou dispositivos à LC-101/2000, estabelecendo normas de finanças públicas voltadas para a responsabilidade na gestão fiscal e dá outras providências, a fim de determinar a DISPONIBILIZAÇÃO, em tempo real, de INFORMAÇÕES pormenorizadas sobre a execução orçamentária

e financeira da União, dos Estados, do Distrito Federal e dos Municípios. No seu Art. 48, ela apresenta os itens que asseguram a transparência na gestão fiscal, qual seja: adoção de sistema integrado de administração financeira e controle.

111. **(2014 – TJ/CE - Analista Judiciário/Área Administrativa)** A seção da Lei de Responsabilidade Fiscal que trata da transparência da gestão fiscal foi significativamente expandida depois da aprovação da Lei Complementar n.º 131/2009. No que se refere a esse assunto, assinale a opção correta.

A participação popular deve restringir-se às fases de discussão, aprovação e controle dos planos e orçamentos.

GABARITO: ERRADO.

Lei Complementar 131/2009 determinou a participação popular em todas as fases do processo orçamentário, também na fase da elaboração da proposta orçamentária. No seu Art. 48 apresenta os itens que asseguram o incentivo à participação popular e realização de audiências públicas.

112. **(2014 – TJ/CE - Analista Judiciário/Área Administrativa)** A seção da Lei de Responsabilidade Fiscal que trata da transparência da gestão fiscal foi significativamente expandida depois da aprovação da Lei Complementar n.º 131/2009. No que se refere a esse assunto, assinale a opção correta.

No caso do Governo Federal, a disponibilização das contas do chefe do Poder Executivo a todos os cidadãos é desnecessária.

GABARITO: ERRADO.

A disponibilização é obrigatória a todos os cidadãos.

LRF, Art. 48-A. ***Para os fins a que se refere o inciso II do parágrafo único do Art. 48, os entes da Federação disponibilizarão a qualquer pessoa física ou jurídica o acesso a informações.***

113. **(2014 - ANTAQ - Analista Administrativo)** Com base nas disposições da Lei de Responsabilidade Fiscal (LRF), julgue o item subsecutivo.

A apuração do montante de receita corrente líquida arrecadada pode envolver mais de um exercício financeiro.

GABARITO: CERTO.

Segundo a LRF, Art. 2º, § 3º, Receita Corrente Líquida (RCL) é a soma de doze meses de receita; a do mês de apuração e a dos onze anteriores, excluídas as duplicidades. Assim, quando se cita a RCL há que entender, sempre, um histórico dos doze últimos meses de receita efetivamente arrecadada, o que, para efeito das avaliações periódicas de gastos de pessoal, de estoque da dívida etc., nem sempre coincide com o exercício financeiro.

114. **(2014 - MTE – Contador)** Com base nas disposições da Lei de Responsabilidade Fiscal (LRF), julgue o item subsecutivo.

Se os recursos repassados por meio de convênios tiverem previsão de uso em prazo igual ou superior a um mês, eles deverão ser obrigatoriamente aplicados em cadernetas de poupança de instituição financeira pública federal.

GABARITO: CERTO.

A Lei 8.666/93, em seu Art. 116, § 4º dispõe que: ***os saldos de convênio, enquanto não utilizados, serão obrigatoriamente aplicados em cadernetas de poupança de instituição financeira oficial, se a previsão de seu uso for igual ou superior a um mês, ou em fundo de aplicação financeira de curto prazo ou operação de mercado aberto, lastreada em títulos da dívida pública, quando a utilização dos mesmos verificar-se em prazos menores que um mês.*** **Ou seja, se for longo prazo (igual ou superior a 1 mês), os recursos vão para poupança; e se for curto prazo (inferior a 1 mês), vão para fundo de curto prazo ou mercado aberto.**

---

115. **(2014 - ANTAQ - Analista Administrativo)** Com base nas disposições da Lei de Responsabilidade Fiscal (LRF), julgue o item subsecutivo.

O saldo de convênio, enquanto não utilizado, deverá ser aplicado em caderneta de poupança ou em fundo de aplicação financeira de curto prazo, se a previsão de seu uso for superior a um mês.

GABARITO: ERRADO.

A Lei 8.666/93, em seu Art. 116, § 4º dispõe que os saldos de convênio, enquanto não utilizados, serão obrigatoriamente aplicados em cadernetas de poupança de instituição financeira oficial, se a previsão de seu uso for igual ou superior a um mês, ou em fundo de aplicação financeira de curto prazo ou operação de mercado aberto, lastreada em títulos da dívida pública, quando a utilização dos mesmos verificar-se em prazos menores que um mês. Ou seja, se for longo prazo (igual ou superior a 1 mês) os recursos vão para poupança e se for curto prazo (inferior a 1 mês) vão para fundo de curto prazo ou mercado aberto.

---

116. **(2014 - ANATEL - Analista Administrativo/Engenharia Civil)** No que se refere aos princípios de planejamento e de orçamento público, julgue o item seguinte.

O objetivo da Lei de Responsabilidade Fiscal (LRF), a qual tem caráter anual e segue os mesmos trâmites da Lei de Diretrizes Orçamentárias (LDO), é prevenir riscos e corrigir desvios capazes de afetar o equilíbrio das contas públicas.

GABARITO: ERRADO.

Ambas são leis, mas a LRF é uma lei complementar e tem prazo indeterminado, já a LDO é uma lei ordinária e de prazo aproximado de 1,5 anos. Não há que se confundir suas funções.

LRF, Art. 1º, § 1º. ***A responsabilidade na gestão fiscal pressupõe a ação planejada e transparente, em que se previnem riscos e se corrigem desvios capazes de afetar o equilíbrio das contas públicas, mediante o cumprimento de metas de resultados entre receitas e despesas e a obediência a limites e condições no que tange a renúncia de receita, geração de despesas com pessoal, da seguridade social e outras, dívidas consolidada e mobiliária, operações de crédito, inclusive por antecipação de receita, concessão de garantia e inscrição em Restos a Pagar.***

Já a LDO: *CF, Art. 165, § 2º. A Lei de Diretrizes Orçamentárias compreenderá as metas e prioridades da Administração Pública Federal, incluindo as despesas de capital para o exercício financeiro subsequente, orientará a elaboração da Lei Orçamentária Anual, disporá sobre as alterações na legislação tributária e estabelecerá a política de aplicação das agências financeiras oficiais de fomento.*

---

117. **(2014 – TC/DF - Técnico de Administração Pública)** A respeito das noções de administração financeira, bem como dos princípios e das diretrizes do orçamento público, julgue o item a seguir.

A finalidade básica do decreto de programação orçamentária e financeira e de limitação de empenho e movimentação financeira é garantir que a parcela do Plano Plurianual, prevista para o exercício em curso, seja efetivamente realizada.

GABARITO: ERRADO.

O grande erro é que o decreto detalha a LOA e não o PPA.

A programação orçamentária e financeira da execução das despesas públicas, bem como o monitoramento do cumprimento das metas de superávit primário, advém da necessidade de garantir o cumprimento dos resultados fiscais.

A limitação dos gastos públicos é feita por decreto do Poder Executivo e por ato próprio dos demais Poderes, de acordo com as regras a serem fixadas pela LDO. No âmbito do Poder Executivo, esse decreto ficou conhecido como Decreto de Contingenciamento, que, normalmente, é detalhado por portaria interministerial (MPog e MF), evidenciados os valores autorizados para movimentação e empenho e, ainda, para pagamentos no decorrer do exercício. Em resumo, os objetivos do <u>Decreto de Programação Orçamentária e Financeira</u>:

- Estabelecer normas específicas de execução orçamentária e financeira para o exercício;
- Estabelecer um cronograma de compromissos (empenhos) e de liberação (pagamento) dos recursos financeiros para o Governo Federal;
- Cumprir a legislação orçamentária (LRF e 4.320/64);
- Assegurar o equilíbrio entre receitas e despesas ao longo do exercício financeiro e proporcionar o cumprimento da meta de resultado primário.

---

118. **(2015 - MPU – Analista Finanças e Controle)** A programação orçamentária e financeira consiste na compatibilização do fluxo dos pagamentos com o fluxo dos recebimentos, visando o ajuste da despesa fixada às novas projeções de resultados e da arrecadação.

GABARITO: CERTO.

Em decorrência da necessidade de garantir o cumprimento dos resultados fiscais estabelecidos na LDO e de obter maior controle sobre os gastos, a Administração Pública, em atendimento aos Arts. 8º, 9º e 13 da LRF, faz a programação orçamentária e financeira da execução das despesas públicas, bem como o monitoramento do cumprimento das metas de superávit primário, utilizando-se da ferramenta SIAFI.

---

119. **(2015 - MPU – Analista de Finanças e Controle)** O titular do Poder não pode contrair obrigação de despesa, nos dois últimos quadrimestres do seu mandato, que não possa ser cumprida integralmente nesse período, ou que tenha parcelas a serem pagas no exercício seguinte sem que haja suficiente disponibilidade de caixa para esse efeito.

GABARITO: CERTO.

Item adaptado da literalidade do Art. 42, da LRF que trata dos restos a pagar.

LRF, Art. 42. ***É vedado ao titular de Poder ou órgão referido no Art. 20, nos últimos dois quadrimestres do seu mandato, contrair obrigação de despesa que não possa ser cumprida integralmente dentro dele, ou que tenha parcelas a serem pagas no exercício seguinte sem que haja suficiente disponibilidade de caixa para este efeito.***

Anotações

FAÇA JÁ

Orçamento Público

A lei que instituir o ______________ estabelecerá, de forma regionalizada, as diretrizes, objetivos e metas da Administração Pública Federal para as despesas ______________ e outras delas decorrentes e para as relativas aos programas de duração ______________.

A ______________ compreenderá as metas e prioridades da Administração Pública Federal, incluindo as despesas ______________ para o exercício financeiro subsequente, orientará a elaboração da Lei Orçamentária Anual, ______________ sobre as alterações na legislação tributária e ______________ a política de aplicação das agências financeiras oficiais de fomento.

Os planos e programas nacionais, regionais e setoriais previstos nesta Constituição serão elaborados em consonância com o ______________ e apreciados pelo ______________.

A LOA compreenderá o orçamento ______________ das empresas em que a União, direta ou indiretamente, detenha a maioria do capital social com direito a voto;

A LOA compreenderá o orçamento fiscal referente aos ______________, seus fundos, órgãos e entidades da administração direta e indireta, inclusive das fundações instituídas e mantidas pelo Poder Público.

Os orçamentos ______________ e ______________, deste artigo, compatibilizados com o Plano Plurianual, terão entre suas funções a de reduzir desigualdades inter-regionais, segundo critério populacional.

A Lei Orçamentária Anual não conterá dispositivo estranho ______________, não se incluindo na proibição à autorização para abertura de créditos suplementares e

_______________________, ainda que por antecipação de receita, nos termos da lei.

Caberá a uma Comissão mista permanente de Senadores e Deputados examinar e emitir parecer sobre os ____________ ________________ nacionais, regionais e setoriais previstos nesta Constituição e exercer o acompanhamento e a fiscalização orçamentária, sem prejuízo da atuação das demais comissões do Congresso Nacional e de suas Casas, criadas de acordo com o Art. 58.

O Presidente da República poderá enviar mensagem ao Congresso Nacional para propor modificações nos projetos a que se refere este artigo enquanto não iniciada a votação, na Comissão mista, ____________________________________.

Os projetos de lei do Plano Plurianual, das Diretrizes Orçamentárias e do orçamento anual serão enviados pelo Presidente da República ao ___________________________.

São vedados o início de programas ou projetos não incluídos ____________________________.

É vedada a realização de __________________ que excedam o montante das despesas de capital, ressalvadas as autorizadas mediante créditos _______________________, com finalidade precisa, aprovados pelo Poder Legislativo por maioria absoluta.

É vedada a abertura de crédito ______________________ sem prévia autorização legislativa e sem indicação dos recursos correspondentes.

Os créditos ______________ e ______________________ terão vigência no exercício financeiro em que forem autorizados, salvo se o ato de autorização for promulgado ______________________________ daquele exercício, caso em que, reabertos nos limites de seus saldos, serão incorporados ao orçamento do exercício financeiro subsequente.

A abertura de crédito extraordinário somente será admitida para atender a despesas ________________________, como as decorrentes de guerra, comoção interna ou calamidade pública.

No âmbito federal, o projeto de lei do PPA deve ser encaminhado pelo Poder Executivo ao Poder Legislativo até ________________ antes do encerramento do exercício financeiro.

A ________ tem a função constitucional de reduzir desigualdades inter-regionais.

Princípios Orçamentários

O princípio da ________________ tem o objetivo de impedir que a lei de orçamento seja utilizada como meio de aprovação de matérias estranhas às questões orçamentárias.

A aplicação do princípio da ________________ abrange a inclusão no orçamento tanto das receitas e despesas próprias dos órgãos de Governo, quanto das realizadas por entidades do setor privado em nome do Governo e custeadas por recursos públicos.

O princípio da ______________ ou ______________ é um dos mais modernos princípios orçamentários que surgiu com a evolução dos conceitos e técnicas orçamentárias. De acordo com esse princípio, o orçamento deve evidenciar os programas de trabalho, servindo como instrumento de administração do Governo, facilitando a fiscalização, gerenciamento e planejamento.

De acordo com o princípio da ______________, o orçamento deve ser uno, ou seja, cada ente governamental deve elaborar um único orçamento.

A exceção do princípio da ______________ é a possibilidade de abertura de créditos suplementares e a contratação de operações de crédito, ainda que por Antecipação de Receitas Orçamentárias - ARO.

O princípio da ______________ veda a vinculação da receita de impostos a órgão, fundo ou despesa, salvo exceções estabelecidas pela própria CF.

Diretrizes Orçamentárias

A responsabilidade na gestão fiscal pressupõe a ________ ________________ e ________________, em que se previnem riscos e se corrigem desvios capazes de afetar o equilíbrio das contas públicas, mediante o cumprimento de metas de resultados entre receitas e despesas e a obediência a limites e condições no que tange a renúncia de receita, geração de despesas com pessoal, da seguridade social e outras. Inclui-se ainda, as dívidas consolidada e mobiliária, operações de crédito, inclusive por antecipação de receita, concessão de garantia e inscrição ________________________.

Empresa estatal dependente: empresa ________________ que recebe do ente controlador recursos financeiros para pagamento de despesas com pessoal ou de ________________ ou de capital, excluídos, no último caso, aqueles provenientes de ________________________.

Todas as receitas e despesas constarão da ________________ ________________ pelos seus totais, vedadas quaisquer deduções.

As cotas de receitas que uma entidade pública deva transferir a outra, incluir-se-ão como ____________, no orçamento da entidade obrigada a transferência e, como ____________, no orçamento da que as deva receber.

A Receita Corrente Líquida (RCL) será apurada somando-se as receitas arrecadadas no mês em referência e ________________________________, excluídas as duplicidades.

Integrará o projeto de Lei de Diretrizes Orçamentárias Anexo de ________________________, em que serão estabelecidas metas anuais, em valores correntes e constantes, relativas a receitas, despesas, resultados nominal e primário e montante da dívida pública, para o exercício a que se referirem e para os dois seguintes.

A Lei de Diretrizes Orçamentárias conterá Anexo de

__________________________, onde serão avaliados os passivos contingentes e outros riscos capazes de afetar as contas públicas, informando as providências a serem tomadas, caso se concretizem.

A mensagem que encaminhar o projeto de LDO da União apresentará, em ______________________, os objetivos das políticas __________________________, bem como os parâmetros e as projeções para seus principais agregados e variáveis e, ainda, as metas de inflação para o exercício subsequente.

O Projeto de Lei Orçamentária Anual, elaborado de forma compatível com o _________________________, com a Lei de Diretrizes Orçamentárias e com as normas da Lei Complementar 101.

O Projeto de Lei Orçamentária Anual será acompanhado das medidas de compensação a renúncias de receita e ao aumento de ____.

O Projeto de Lei Orçamentária Anual conterá ___________ ______________________, cuja forma de utilização e montante, definido com base na receita corrente líquida, serão estabelecidos na Lei de Diretrizes Orçamentárias, destinada ao atendimento de passivos contingentes e outros riscos e eventos fiscais imprevistos.

Se verificado, ao final de um ______________, que a realização da receita poderá não comportar o cumprimento das metas de resultado __________________________ estabelecidas no Anexo de Metas Fiscais, os Poderes e o Ministério Público promoverão, por ato próprio e nos montantes necessários, nos trinta dias subsequentes, limitação de empenho e movimentação financeira, segundo os critérios fixados pela Lei de Diretrizes Orçamentárias.

O efeito regionalizado de benefícios tributários concedidos pelo Governo Federal que resultem em ____________________ deverá ser incluído no Projeto de Lei Orçamentária Anual.

CAPÍTULO 2

Créditos Adicionais

Receita Pública, Despesa Pública e Dívida Ativa

Restos a Pagar e Despesas de Exercícios Anteriores

Suprimento de Fundos

Conta Única do Tesouro

SIDOR/SIOP, *SIAFI

Créditos Adicionais

120. **(2014 - ICMBIO - Analista Administrativo)** No que se refere à programação e execução orçamentária e financeira e à Lei de Responsabilidade Fiscal (LRF), julgue o item que se segue.

A alteração orçamentária suplementar visa atender despesas para as quais não exista dotação específica na LOA.

GABARITO: ERRADO.

Suplementares: são destinados a reforço de dotação orçamentária; encaminhado ao Congresso Nacional pelo Presidente da República, através de Projeto de Lei (PLN);

Especiais: são destinados a despesas para as quais não haja dotação orçamentária específica; encaminhado ao Congresso Nacional pelo Presidente da República, através de Projeto de Lei (PLN).

121. **(2014 - MDIC- Agente Administrativo)** Julgue o item subsequente, relativo ao orçamento público no Brasil.

Durante o exercício financeiro, a Lei Orçamentária Anual pode ser retificada devido à aprovação de créditos adicionais suplementares, especiais ou extraordinários.

GABARITO: CERTO.

Segundo o autor Augustinho Paludo, o orçamento é um processo contínuo, dinâmico e flexível, que traduz, em termos financeiros, para determinado período, os planos e programas de trabalho, ajustando o ritmo de execução ao fluxo de recursos previstos, de modo a assegurar uma contínua e oportuna liberação desses recursos. A maior e mais usual forma de ajuste da dinâmica do orçamento é via Créditos Adicionais (Suplementares, Especiais e Extraordinários).

122. **(2014 – TC/DF - Auditor de Controle Externo)** Acerca da despesa pública, julgue o item que se segue.

Créditos adicionais poderão ser abertos sem a necessidade de autorização legislativa prévia.

GABARITO: CERTO.

Item pegadinha do CESPE. Como ela não determinou créditos adicionais, devemos entender que pode haver alguns créditos que sejam abertos sem a prévia autorização legislativa, que são os Créditos Extraorçamentários.

123. **(2014 - Câmara dos Deputados - Analista Legislativo/Consultor de Orçamento e Fiscalização Financeira)** Julgue o item subsequente à luz das regras constitucionais orçamentárias.

Por meio da abertura de crédito extraordinário, em situação emergencial, é permitida a transferência voluntária de recursos e a concessão de empréstimos pelo Governo Federal e pelas suas instituições financeiras para o pagamento de despesas com pessoal ativo, inativo e pensionista, dos estados, do Distrito Federal (DF) e dos municípios.

GABARITO: ERRADO.

CF, Art. 167, § 3º. *A abertura de crédito extraordinário somente será admitida para atender a despesas Imprevisíveis e Urgentes, como as decorrentes de guerra, comoção interna ou calamidade pública, observado o disposto no Art. 62.*

124. **(2014 - ICMBIO - Analista Administrativo)** Com relação ao orçamento público no Brasil, julgue o item seguinte.

Uma alteração orçamentária de créditos especiais ou extraordinários, em que surge a necessidade de criação de um novo programa de trabalho, pode ser solicitada tanto pela unidade orçamentária quanto por um órgão setorial.

GABARITO: CERTO.

Os casos de abertura de créditos especiais ou extraordinários, em que há necessidade de criação de um novo programa de trabalho, deve-se proceder à solicitação de uma alteração orçamentária qualitativa. Tal alteração implica a criação de uma nova ação com todos os seus atributos, ou no desdobramento de uma ação existente em novo subtítulo. A solicitação de alteração qualitativa pode partir da UO, do órgão setorial ou mesmo da SOF.

Fonte: Manual técnico orçamentário: páginas 93 e 94.

125. **(2014 – TC/DF - Técnico de Administração Pública)** Acerca do processo, das normas aplicáveis, dos métodos, técnicas e instrumentos do orçamento público, julgue o item subsequente.

Caso o Governo Federal precise realizar gasto urgente e imprevisto, decorrente, por exemplo, da necessidade de atendimento às vítimas do desabamento de uma ponte em rodovia federal, poderá ser aberto crédito extraordinário por meio de medida provisória.

GABARITO: CERTO.

De acordo com a CF/88, os créditos Suplementares e Especiais são abertos por Decreto Executivo. Os créditos Extraordinários, no caso da União, são abertos por Medida Provisória. Nos casos dos Estados e Municípios são abertos por decreto, mas podem ser abertos por Medida Provisória, a depender de suas constituições e leis orgânicas.

126. **(2015 - MPU – Analista Atuarial)** Com relação às classificações e técnicas de execução do orçamento público, julgue o item que se segue.

O crédito para despesas urgentes, e não incluídas no orçamento, realizadas em função da ocorrência de calamidade pública, deverá ser aberto por meio de medida provisória.

GABARITO: CERTO.

Os créditos adicionais, do tipo extraordinários, são abertos na União, por medida provisória, e são destinados às despesas urgentes e imprevistas, em caso de guerra, comoção intestina ou calamidade pública.

127. (2014 – TJ/CE - Analista Judiciário/Área Administrativa) A respeito de orçamento público no Brasil, julgue o item que se segue.

Suponha que determinado crédito tenha sido aberto por meio de Medida Provisória. Neste caso, a denominação correta da operação realizada foi crédito extraordinário.

GABARITO: CERTO.

Os créditos Suplementares e Especiais são abertos, sempre, por Decreto Executivo. Os créditos Extraordinários, no caso da União, são abertos por Medida Provisória. Nos casos dos Estados e Municípios podem ser abertos por Medida Provisória ou Decreto Executivo, a depender de suas constituições e leis orgânicas.

128. (2014 - ANTAQ - Analista Administrativo) Com relação às técnicas e procedimentos para elaboração e execução do orçamento público, julgue o item subsequente.

O órgão público que precisa realizar despesa não prevista na LOA deverá utilizar, necessariamente, o crédito especial.

GABARITO: ERRADO.

O erro está no "necessariamente", e o item não diferenciou imprevista de imprevisível, seguindo texto da Lei 4.320/64, ou seja, considerando a possibilidade de créditos adicionais, do tipo especial e extraordinário. *Os créditos adicionais classificam-se em suplementares, especiais e extraordinários.* Os créditos adicionais resolvem duas situações clássicas de imprevisão na elaboração orçamentária: na primeira, o orçamento contém o crédito adequado, mas a dotação respectiva apresenta saldo insuficiente para atendimento de despesas necessárias (crédito suplementar); na segunda não existe o crédito orçamentário para atender às despesas a serem realizadas (crédito especial e extraordinário).

129. (2014 – TC/DF - Técnico de Administração Pública) Com relação ao suprimento de fundos, restos a pagar e despesas de exercícios anteriores, julgue o seguinte item.

Os valores regularmente inscritos em restos a pagar são excluídos da programação financeira do exercício em que devam ser pagos, por corresponderem a recursos do exercício financeiro anterior.

GABARITO: ERRADO.

O ERRO está em afirmar que eles SERÃO excluídos da programação financeira, o que de fato NÃO ocorre. Os restos a pagar integram a programação financeira do exercício em curso como despesas EXTRAORÇAMENTÁRIAS.

Quanto à abrangência da programação financeira, deverão ser considerados os seguintes itens: 1 - créditos contidos na Lei Orçamentária Anual; 2 - créditos adicionais; 3 - restituições de receitas; 4 - ressarcimento a título de incentivo ou benefício fiscal; 5 - restos a pagar; 6 - despesas de exercícios anteriores. Além disso, as operações de créditos e as vinculações legais de receitas também estão sujeitas aos limites da programação financeira.

Receita Pública, Despesa Pública e Dívida Ativa

130. **(2014 - ICMBIO - Analista Administrativo)** No que se refere à programação e execução orçamentária e financeira e à Lei de Responsabilidade Fiscal (LRF), julgue o item que se segue.
Assim como as receitas, as despesas podem ser classificadas em duas categorias econômicas: correntes e de capital.
GABARITO: CERTO.

Assunto tratado repetidamente pelo CESPE. E só existem duas classificações da receita da despesa pela categoria econômica: Corrente e de Capital.

131. **(2014 – TC/DF - Analista de Administração Pública/Serviços)** Acerca da despesa pública, julgue o item que se segue.
Considere que determinado servidor público tenha classificado uma despesa realizada pelo órgão de sua lotação como despesa com pessoal e encargos sociais. Nesse caso, a classificação por ele realizada representa a categoria econômica da despesa.
GABARITO: ERRADO.

Assunto tratado repetidamente pelo CESPE. E só existem duas classificações da receita da despesa pela categoria econômica: Corrente e de Capital.

132. **(2014 - Câmara dos Deputados - Analista Legislativo/Consultor de Orçamento e Fiscalização Financeira)** Acerca dos princípios orçamentários, julgue o item.
Entre as partes que compõem a Lei Orçamentária Anual (LOA), está o sumário geral da receita por fontes e da despesa por funções de Governo.
GABARITO: CERTO.

Segundo os §§ 1º e 2º do Art. 2º da Lei 4.320/64:

Sumário geral da receita por fontes e da despesa por funções do Governo.

- ***Quadro demonstrativo da receita e da despesa, segundo as categorias econômicas;***
- ***Quadro discriminativo da receita por fontes e respectiva legislação;***
- ***Quadro das dotações por órgãos do Governo e da administração.***

133. **(2014 – TC/DF - Auditor de Controle Externo)** Em relação às receitas e despesas públicas, julgue o item que se segue.
A classificação da receita por fonte de recurso atende à necessidade de vinculação de receitas e despesas estabelecida pela Lei de Responsabilidade Fiscal.
GABARITO: CERTO.

Em resumo, na receita indica-se para onde vai o recurso e na despesa indica-se de onde ele vem.

Segundo o MTO 2014: Classificação por Fonte / Destinação de Recursos

Instrumento criado para assegurar que receitas vinculadas por lei, com finalidade específica, sejam exclusivamente aplicadas em programas e ações que visem a consecução de despesas ou políticas públicas associadas a esse objetivo legal. As fontes/destinações de recursos agrupam determinadas naturezas de receita, conforme haja necessidade de mapeamento dessas aplicações de recursos no orçamento público, segundo diretrizes estabelecidas pela SOF.

Como **mecanismo integrador** entre a receita e a despesa, o código de fonte/destinação de recursos exerce **duplo papel** no processo orçamentário: na receita, indica o destino de recursos para o financiamento de determinadas despesas; na **despesa**, identifica a origem dos recursos que estão sendo utilizados.

134. **(2014 - Câmara dos Deputados - Analista Legislativo/Consultor de Orçamento e Fiscalização Financeira)** Acerca dos princípios orçamentários, julgue o item.

As cotas de receita que uma entidade pública deva transferir a outra serão incluídas como receita no orçamento da entidade obrigada à transferência.

GABARITO: ERRADO.

Segundo o Art. 6º, §1º da Lei 4.320: ***As cotas de receita que uma entidade pública deva transferir a outra incluir-se-ão, como DESPESA, no orçamento da entidade obrigada a transferência e, como RECEITA, no orçamento da que as deva receber.***

135. **(2014 - TJ/CE - Analista Judiciário/Ciências Contábeis)** Receita derivada são os recursos obtidos pelo Estado em função de sua autoridade coercitiva, mediante a arrecadação de tributos e multas.

GABARITO: CERTO.

Receita **originária:** recebida pelo Estado SEM exercer seus poderes de autoridade e coercibilidade (Ex.: A cobrança de tarifas, alugueis, preços públicos).

Receita derivada: auferida pelo Estado por meio do uso do seu poder soberano (Ex.: Tributos, contribuições, penalidades, indenizações, restituições).

136. **(2014 – TC/DF - Analista de Administração Pública /Serviços)** Acerca da despesa pública, julgue o item que se segue.

É vedada a realização de despesas públicas sem a emissão prévia da nota de empenho.

GABARITO: ERRADO.

É vedada a realização de despesas sem o prévio empenho, mas não sem a prévia NOTA de empenho. A nota de empenho pode ser dispensada. Em casos especiais, previstos em legislação específica será dispensada a emissão da nota de empenho (Art. 60, *caput* e § 1º da Lei 4.320/64).

137. **(2014 – TC/DF - Analista de Administração Pública/Serviços)** Com relação à receita pública, julgue o item subsequente.

Antes de proceder ao registro de uma receita extraorçamentária, o órgão público deve, em primeiro lugar, definir a categoria econômica em que o registro será feito.

GABARITO: ERRADO.

Os ingressos extra orçamentários são classificados em um simples ingresso como recursos de terceiros em contrapartida com as obrigações correspondentes, por isso não seguem a classificação inicial (categoria econômica) das receitas ou despesas orçamentárias.

---

138. **(2014 - ICMBIO - Analista Administrativo)** No que se refere à programação e execução orçamentária e financeira e à Lei de Responsabilidade Fiscal (LRF), julgue o item que se segue.

Os ingressos extraorçamentários, dado o seu caráter temporário, não integram a LOA.

GABARITO: CERTO.

Os ingressos EXTRAORÇAMENTÁRIOS **são recursos financeiros de caráter temporário e não integram a LOA.** O Estado **é mero depositário desses recursos, que constituem passivos exigíveis e cujas restituições não se sujeitam à autorização legislativa. Exemplos: depósitos em caução, fianças, operações de crédito por** ARO, **emissão de papel-moeda e outras entradas compensatórias no ativo e passivo financeiros.**

---

139. **(2014 - ANTAQ - Técnico Administrativo)** Uma empresa operou, com embarcação própria, sem as condições técnicas operacionais necessárias, razão por que foi autuada pela ANTAQ, devendo pagar multa de R$ 50 mil.

Considerando essa situação hipotética, julgue o item subsequente, com base nos princípios orçamentários e na receita e despesa pública.

As multas aplicadas pela ANTAQ no exercício de suas atividades não podem ser classificadas como tributos.

GABARITO: CERTO.

Tributo é um tipo de receita corrente que possui três espécies: impostos, taxas e contribuição de melhorias. E a multa é classificada como receitas diversas.

---

140. **(2014 - TJ/CE - Analista Judiciário/Ciências Contábeis)** Empenho é o ato emanado de autoridade competente que cria para o Estado obrigação de pagamento pendente ou não de implemento de condição.

GABARITO: CERTO.

Esse é um item extremamente delicado na matéria de AFO, pois existe um erro no texto legal que não foi corrigido, muito embora alguns estudiosos o defendam como correto.

O CESPE anulou dois itens em 2013/2014 sobre esse assunto em específico. Se o item trouxer o texto legal na integra está correto, caso contrário é a liquidação quem confere a obrigação de pagamento do Estado.

Lei 4.320/64, Art. 58. ***O empenho de despesa é o ato emanado de autoridade competente que cria para o Estado obrigação de pagamento pendente ou não de implemento de condição.***

---

141. **(2014 - ANTAQ - Técnico Administrativo)** Uma empresa operou com embarcação própria sem as condições técnicas operacionais necessárias, razão por que foi autuada pela ANTAQ, devendo pagar multa de R$ 50 mil.

Considerando essa situação hipotética, julgue o item subsequente, com base nos princípios orçamentários e na receita e despesa pública.

Em razão do princípio da universalidade, o valor recebido referente à multa aplicada pela ANTAQ, somente será registrado como receita do exercício corrente se houver previsão dessa multa na Lei Orçamentária Anual.

GABARITO: ERRADO.

Nem todas as receitas orçamentárias passam pela etapa da previsão, multa é um caso clássico disso, pois não há previsibilidade objetiva desta arrecadação.

142. **(2013 - DPF - Escrivão de Polícia Federal)** O estágio de execução da receita, classificado como arrecadação ocorre com a transferência dos valores devidos pelos contribuintes ou devedores à conta específica do Tesouro.

GABARITO: ERRADO.

O movimento de transferência de valores para a Conta Única do tesouro chama-se RECOLHIMENTO, 3º estágio da receita (4º etapa).

143. **(2014 - MDIC - Analista Administrativo)** Acerca da programação orçamentária, da receita e da despesa públicas, julgue.

As etapas da receita seguem a ordem de ocorrência dos fenômenos econômicos, levando-se em consideração o modelo de orçamento existente no país. Dessa forma, a ordem sistemática inicia-se com a etapa de previsão e termina com a etapa de arrecadação.

GABARITO: ERRADO.

Encerra-se com a 4º etapa, o RECOLHIMENTO. Sendo as etapas: previsão – lançamento – arrecadação - recolhimento.

144. **(2014 - ICMBIO - Analista Administrativo)** A respeito das receitas e despesas públicas, julgue o item a seguir.

Algumas receitas orçamentárias podem não passar, antes do seu recolhimento, pela etapa de lançamento.

GABARITO: CERTO.

De acordo com a Lei 4.320/64, Art. 53: *lançamento é o ato da repartição competente, que verifica a procedência do crédito fiscal e a pessoa que lhe é devedora e inscreve o débito desta.* **Somente passam por essa fase as receitas provenientes de tributos ou derivadas. As receitas originárias, não estão sujeitas a lançamento e ingressam diretamente no estágio da arrecadação (Ex.: doações e heranças).**

Nem todas as receitas percorrerão o estágio LANÇAMENTO, apenas as de origem fiscal (tributárias: impostos, taxas e contribuições de melhoria; multas, rendas com vencimento determinado em lei).

145. (2014 - ANTAQ - Analista Administrativo) Julgue o item que se segue com relação às receitas e às despesas públicas.

Lançamento é um estágio da receita pública que, embora previsto em lei, somente é executado em casos de receitas específicas.

GABARITO: CERTO.

Assunto repetido várias vezes em 2013 e 2014. O lançamento somente poderá ser executado em casos de receitas específicas, por exemplo, não há lançamento em receitas de serviços; Imposto de Renda Retido na Fonte – Pessoa Física; receitas não tributárias, etc.

A Lei 4.320/64 esclarece no seu Art. 52: ***são objeto de lançamento os IMPOSTOS DIRETOS (IPTU, IPVA) e quaisquer outras rendas com vencimento determinado em lei, regulamento ou contrato.*** **(receitas originárias).**

---

146. (2014 - MDIC- Agente Administrativo) Julgue o item subsequente, relativos ao orçamento público no Brasil.

De acordo com a Lei Orçamentária Anual, os orçamentos das empresas estatais dependentes e independentes constam do orçamento de investimento.

GABARITO: ERRADO.

O Orçamento de Investimentos (OI) contempla apenas as empresas Independentes, pois as dependentes são consideradas no Orçamento Fiscal (OF).

---

147. (2014 - Polícia Federal - Agente Administrativo) A respeito de orçamento público no Brasil, julgue o item a seguir.

Considere que uma universidade pública seja proprietária de uma fazenda de criação de gado e realize a venda de animais para abate, auferindo, na operação, receita tipicamente classificada como de atividade agropecuária. Nessa situação, tal receita, do ponto de vista orçamentário, deverá ser classificada como receita corrente.

GABARITO: CERTO.

Será uma receita corrente, do tipo receita Agropecuária. Segundo a Lei da Contabilidade Pública, 4.320/64, Art. 11:

A receita classificar-se-á nas seguintes categorias econômicas: Receitas Correntes e Receitas de Capital.

§ 1º - São Receitas Correntes, as receitas tributária, de contribuições, patrimonial, agropecuária, industrial, de serviços e outras e, ainda, as provenientes de recursos financeiros recebidos de outras pessoas de direito público ou privado, quando destinadas a atender despesas classificáveis em Despesas Correntes.

---

148. (2014 - Polícia Federal - Agente Administrativo) A respeito de orçamento público no Brasil, julgue o item a seguir.

Recursos provenientes de caução não devem ser considerados receita orçamentária, pois representam apenas movimentação de fundos.

GABARITO: CERTO.

Não se constituem como receita orçamentária: a emissão de papel-moeda, AROs, entradas compensatórias no ativo e passivo financeiro, cauções e fianças.

---

149. (2014 - Câmara dos Deputados - Analista Legislativo/Consultor de Orçamento e Fiscalização Financeira) Acerca das receitas e despesas públicas, julgue o item a seguir.
As emissões de papel-moeda estão entre as receitas compreendidas na lei de orçamento.
GABARITO: ERRADO.

A emissão de papel-moeda, AROs, entradas compensatórias no ativo e passivo financeiro, cauções, fianças, não são receitas orçamentárias.

150. (2012 - Polícia Federal – Agente) No que se refere à administração financeira e orçamentária, julgue o item que se segue.
A alienação de bem da Administração Pública não é classificada como receita efetiva.
GABARITO: CERTO.

A alienação de bens públicos não é uma receita efetiva, pois ela não altera o Patrimônio Líquido, ou seja, a situação líquida contábil da entidade pública. Ela representa uma mera mutação patrimonial.

151. (2014 - ICMBIO - Analista Administrativo) A respeito das receitas e despesas públicas, julgue o item que se segue.
Receitas de capital são aquelas que provocam efeito no patrimônio líquido do Governo.
GABARITO: ERRADO.

As receitas de capital constituem, em regra, fato permutativo, ou seja, não aumentam o PL.

Quanto à afetação patrimonial, as receitas podem ser:

- **efetivas**: aumentam o PL do Estado, por não ter correspondência no passivo. (Exceção: dívida ativa, embora seja registrada como receita corrente - outras receitas correntes, causa uma mutação patrimonial referente à baixa do direito.)
- **não efetivas**: não aumentam o PL do Estado, por ter passivo ou por simples mutação ativa (Exceção: Transferências de Capital).

152. (2015 - MPU – Analista Atuarial) Com relação às classificações e técnicas de execução do orçamento público, julgue o item que se segue.
É vedado classificar o ingresso de recursos provenientes da alienação de componentes do ativo permanente como receita patrimonial.
GABARITO: CERTO.

Segundo a Lei 4.320/64, a alienação de ativos é um tipo de Receita de Capital, e a receita patrimonial é um tipo de Receita Corrente, que não se confundem.

153. (2012 - Polícia Federal – Escrivão) No que se refere à administração financeira e orçamentária, julgue o item que se segue. De acordo com o Manual Técnico de Orçamento, a dívida ativa corresponde a um crédito da fazenda pública, de natureza tributária ou não tributária, que é cobrada por meio da emissão de certidão de dívida ativa da fazenda pública da União, e equivale a um título executivo.

GABARITO: CERTO.

A dívida ativa pode ser de dois tipos, tributária e não tributária. Corresponde a um crédito para fazenda pública e é também contabilizado como receita corrente não efetiva.

---

154. **(2012 – TRE/RJ - Analista Judiciário)** A respeito de orçamento público no Brasil, julgue o item que se segue.

Considerando que determinado gestor público tenha sido julgado em alcance pelo Tribunal de Contas da União, por não ter arrecadado as taxas atribuídas pela legislação ao órgão que ele dirigia. O montante definido para ressarcimento ao erário, se não for pago até o vencimento fixado, constituirá dívida ativa não tributária.

GABARITO: CERTO.

Muito embora fale de tributo (taxa), o item trata da responsabilização pessoal do gestor, o qual deverá responder por sua obrigação de responsabilidade sobre as contas, e não sobre o tributo.

---

155. **(2013 - SERPRO – Administrador)** A respeito de orçamento público no Brasil, julgue o item que se segue.

As subvenções recebidas por uma entidade serão reconhecidas no resultado da companhia somente quando forem atendidas as condições estabelecidas na contraprestação.

GABARITO: ERRADO.

Na entidade pública, o reconhecimento de receitas e despesas deve observar o regime de caixa, ou seja, deve ser reconhecido no momento da entrada dos recursos, o que resulta em uma maior organização da contabilidade que permitirá o conhecimento da composição patrimonial.

---

156. **(2014 - MDIC- Analista Administrativo)** Com relação ao orçamento público no Brasil, julgue o item que se segue.

Entre as receitas incluídas na Lei Orçamentária Anual, estão as operações de crédito por antecipação de receita.

GABARITO: ERRADO.

Pela classificação de receita trazida pela Lei 4.320/64, as antecipações de receitas orçamentárias NÃO são receita, assim como a emissão de papel-moeda e as entradas compensatórias nos ativos e passivos financeiros (cauções, fianças).

---

157. **(2014 – TC/DF - Analista de Administração Pública/Serviços)** Com relação à receita pública, julgue o item subsequente.

Eventual superávit financeiro apurado pelo Governo Federal, em determinado exercício. No orçamento fiscal não poderá ser reconhecido como receita no exercício financeiro subsequente.

GABARITO: CERTO.

O superávit financeiro se torna saldo para ser usado, todavia esse saldo NÃO é RECONHECIDO como receita ORÇAMENTÁRIA, e sim como uma incorporação no ativo (saldo de exercícios anteriores), que fica no balanço orçamentário. Situação semelhante ocorre com os restos a pagar cancelado.

Os Manuais de Receita Nacional e de Contabilidade STN/SOF, afirmam que não devem ser reconhecidos como receita orçamentária os recursos financeiros oriundos de:

***I – superávit financeiro** – a diferença positiva entre o ativo financeiro e o passivo financeiro, conjugando-se, ainda, os saldos dos créditos adicionais transferidos e as operações de créditos a eles vinculadas. Portanto, trata-se de saldo financeiro e não de nova receita a ser registrada. O superávit financeiro pode ser utilizado como fonte de recursos para abertura de créditos suplementares e especiais;*

***II – cancelamento de despesas inscritas em Restos a Pagar** – consiste na baixa da obrigação constituída em exercícios anteriores, portanto, trata-se de restabelecimento de saldo de disponibilidade comprometida, originário de receitas arrecadadas em exercícios anteriores, e não de uma nova receita a ser registrada.*

158. **(2014 – TC/DF - Analista de Administração Pública/Serviços)** Com relação à receita pública, julgue o item subsequente.

Em obediência ao regime de caixa, uma receita orçamentária somente poderá ser registrada quando ocorrer o efetivo ingresso dos recursos.

GABARITO: ERRADO.

Os ingressos serão registrados quando ocorrer a ARRECADAÇÃO e não o Recolhimento, conforme Lei 4.320/64.

O Art. 57 da Lei nº 4.320/64, são classificadas como receitas orçamentárias *todas as receitas arrecadadas, inclusive as provenientes de operações de crédito, ainda que não previstas no Orçamento.*

159. **(2014 – TC/DF - Técnico de Administração Pública)** Em referência à receita e às despesas públicas, julgue o item que se segue.

Caso se pretenda identificar, dentro de cada espécie de receita, uma qualificação mais específica ou de agregar determinadas receitas com características próprias e semelhantes entre si, deve-se utilizar o nível de codificação da receita, denominado rubrica.

GABARITO: CERTO.

A classificação da receita por natureza se divide em Categoria Econômica, Origem, Espécie, Rubrica, Alínea e Subalínea + Detalhamento Facultativo (COERAS-DD). A rubrica detalha a espécie por meio da identificação dos recursos financeiros, cujas características próprias sejam semelhantes. Por exemplo, a rubrica Impostos sobre o Patrimônio e a Renda corresponde ao detalhamento da espécie Impostos.

Importante destacar que a classificação da receita por natureza, é utilizada por todos os entes da Federação e visa identificar a **origem do recurso** segundo o **fato gerador**: acontecimento real que ocasionou o ingresso da receita nos cofres públicos.

Assim, a natureza de receita representa o menor nível de detalhamento das informações orçamentárias (mais analítico) sobre as receitas públicas; por isso, contém as informações necessárias para as devidas alocações no orçamento.

160. **(2014 - Câmara dos Deputados - Analista Legislativo /Consultor de Orçamento e Fiscalização Financeira)** A respeito do ciclo e do sistema orçamentário, julgue o item que se segue.

A despesa, classificada por sua subfunção, deve evidenciar cada área da atuação governamental, por intermédio da identificação da natureza das ações.

GABARITO: CERTO.

A subfunção refere-se às áreas de despesa na qual a ação governamental será realizada. Ela representa um nível de agregação imediatamente inferior à função e deve evidenciar a natureza da atuação governamental. É possível combinar as subfunções a funções diferentes daquelas a elas diretamente relacionadas, o que se denomina matricialidade.

161. **(2014 - TC/DF - Analista de Administração Pública/Serviços)** Com relação à receita pública, julgue o item subsequente.

A codificação econômica da receita pública é dividida em sete níveis, seis de utilização obrigatória e um de utilização facultativa.

GABARITO: CERTO.

A receita, assim como a despesa, possui um último nível de detalhamento com dois dígitos, mas apenas o manual de procedimentos da receita pública – STN – é quem traz este detalhamento para Receita, fato que tornou este item muito difícil.

3.2 Detalhamento de Código da Natureza da Receita Orçamentária

Para atender às necessidades internas, a União, os Estados, o Distrito Federal e os Municípios poderão detalhar as classificações orçamentárias.

1 = Receita Corrente (Categoria Econômica);

1 = Receita Tributária (Origem);

1 = Receita de Impostos (Espécie);

2 = Impostos sobre o Patrimônio e a Renda (Rubrica);

04 = Imposto sobre a Renda e Proventos de qq Natureza (Alínea);

10 = Pessoas Físicas (Subalínea) – NÍVEL EXCLUSIVO STN.

XX = NÍVEL DE DETALHAMENTO OPTATIVO (pelo ente).

Disponível em: http://www3.tesouro.gov.br/legislacao/download/contabilidade/Manual_Procedimentos_RecPublicas.pdf

162. (2013 - ANTT - Técnico Administrativo) Na execução orçamentária, todas as receitas devem ser contabilizadas nas rubricas correspondentes à sua natureza, exceto aquelas que não tenham sido previstas na Lei Orçamentária.

GABARITO: ERRADO.

Todas as receitas devem ser contabilizadas nas rubricas correspondentes à sua natureza, salvo aquelas que não sejam receita: emissão de papel-moeda, antecipação de receita orçamentária ARO (muito embora seja operação de crédito) e entradas compensatórias no ativo e passivo financeiro.

A Lei 4.320/64, Art. 57. *Ressalvado o disposto no parágrafo único do Artigo 3º (não receita) desta lei serão classificadas como receita orçamentária, sob as rubricas próprias, todas as receitas arrecadadas, inclusive as provenientes de operações de crédito, ainda que não previstas no Orçamento.*

---

163. (2015 - MPU – Analista Finanças e Controle) Na execução orçamentária, as receitas devem ser contabilizadas nas rubricas correspondentes à sua natureza, desde que estejam previstas em Lei Orçamentária e que não sejam decorrentes de operações de crédito.

GABARITO: ERRADO.

O item apresenta dois erros. Erro um = as receitas serão contabilizadas mesmo que não previstas no orçamento. Erro dois = as receitas derivadas de operações de crédito, salvo as AROs, também serão contabilizadas.

A Lei 4.320/64, Art. 57. *Ressalvado o disposto no parágrafo único do Art. 3º (não receita) desta lei serão classificadas como receita orçamentária, sob as rubricas próprias, todas as receitas arrecadadas, inclusive as provenientes de operações de crédito, ainda que não previstas no Orçamento.*

---

164. (2014 - Câmara dos Deputados - Analista Legislativo/Consultor de Orçamento e Fiscalização Financeira) Acerca das receitas e despesas públicas, julgue o item a seguir.

A dívida ativa é um crédito da fazenda pública, de natureza tributária ou não, exigível em virtude do transcurso do prazo de pagamento.

GABARITO: CERTO.

Segundo o Art. 39 da Lei 4.320/64, §1º. *Os créditos de que trata este artigo, exigíveis pelo transcurso do prazo para pagamento, serão inscritos, na forma da legislação própria, como dívida ativa, em registro próprio, após apurada sua liquidez e certeza, e a respectiva receita será escriturada a esse título (Dívida Ativa).*

O crédito da dívida ativa é cobrado por meio da emissão da certidão da dívida ativa da Fazenda Pública da União, inscrita na forma da lei, valendo como título de execução, o que lhe garante liquidez.

Restos a Pagar e Despesas de Exercícios Anteriores

165. (2014 - ICMBIO - Analista Administrativo) A respeito das receitas e despesas públicas, julgue o item a seguir.

Restos a pagar processados, correspondem às despesas que tenham sido empenhadas, mas não foram liquidadas.

GABARITO: ERRADO.

Este é o caso do RAP Não-Processados, ou seja, não liquidados. Ou seja a diferenciação entre os 2 tipos de restos a pagar se dá pelo fato de a despesa ter ou não completado o estágio da liquidação.

166. (2012 - Polícia Federal – Agente) No que se refere à administração financeira e orçamentária, julgue o item que se segue. Ao fornecedor que deseje ver inscrito em Restos a pagar os valores devidos pela Administração Pública na condição de despesa já processada será suficiente provar que foi realizado o pertinente empenho da despesa.

GABARITO: ERRADO.

O erro está no final, pois será processada se, em 31/12, a despesa já tiver sido empenhada. Os Restos a pagar podem ser processados e não processados e, em ambos os tipos, a despesa tem de ter sido empenhada.

167. (2012 - ANAC - Analista Administrativo) A respeito de orçamento público no Brasil, julgue o item a seguir.

Os empenhos em Restos a pagar, por serem resultantes de compromissos assumidos em exercícios anteriores, classificam-se em despesas de exercícios anteriores.

GABARITO: ERRADO.

O item afirma que Restos a pagar são despesas de exercícios anteriores, o que não procede, porque o que as difere é o momento do reconhecimento da despesa. Nos Restos a pagar, ele é feito no mesmo ano e na despesa de exercícios anteriores, é feita em exercício posterior.

168. (2012 - ANAC - Analista Administrativo) A respeito de orçamento público no Brasil, julgue o item a seguir.

A inscrição em Restos a pagar independe da existência de disponibilidade financeira ao final do exercício financeiro, sendo suficiente a realização do empenho.

GABARITO: ERRADO.

Só inscrição em Restos a pagar no dia 31/12, se houver suficiente disponibilidade financeira para tanto. Caso contrário, caracterizará desequilíbrio econômico e financeiro e ensejará responsabilização do gesto das contas públicas. A inscrição de Restos a pagar deve observar as disponibilidades financeiras e as condições de modo a prevenir riscos e corrigir desvios, capazes de afetar o equilíbrio das contas públicas, conforme estabelecido na LRF.

169. **(2013 - SERPRO – Administrador)** A respeito de orçamento público no Brasil, julgue o item a seguir.

Os efeitos econômicos das despesas empenhadas e não processadas inscritas em Restos a pagar serão gerados somente no exercício seguinte àquele em que as despesas estão sendo reconhecidas, uma vez que os bens físicos ou os serviços contratados ainda não foram entregues ou prestados.

GABARITO: CERTO.

Os Restos a pagar que forem empenhados (reconhecidos) e não liquidados, terão seu efeito econômico apenas em exercício seguinte ao do reconhecimento.

170. **(2013 - UNIPAMPA – Administrador)** A respeito de orçamento público no Brasil, julgue o item a seguir.

Consideram-se Restos a pagar, as dívidas não pagas durante o exercício financeiro em que ocorram.

GABARITO: CERTO.

Mesmo com a omissão do estágio do empenho o item está certo, pois o pagamento encerra a obrigação do ente estatal, encerrando a despesa.

171. **(2013 - ANTT - Analista Administrativo)** A respeito do orçamento público no Brasil, julgue o item a seguir.

Se a ANTT, em resposta a necessidades urgentes, tivesse assumido compromissos no fim do ano, sem que houvesse tempo hábil para o pagamento das obrigações, nem mesmo para o empenho, os valores em questão deveriam constar, no orçamento do ano seguinte, como despesas de exercícios anteriores.

GABARITO: CERTO.

Como não houve o empenho, elas deverão ser pagas como despesa de exercícios anteriores, reconhecidas em exercício posterior ao fato.

172. **(2014 - TC/DF - Auditor de Controle Externo)** Em relação às receitas e despesas públicas, julgue o item subsequente.

O pagamento de despesas de exercícios encerrados deve, sempre que possível, ser realizado em ordem cronológica.

GABARITO: CERTO.

Lei nº 4.320/1964, Art. 37. *As despesas de exercícios encerrados, para as quais o orçamento respectivo consignava crédito próprio, com saldo suficiente para atendê-las, que não se tenham processado na época própria, bem como os Restos a Pagar com prescrição interrompida e os compromissos reconhecidos após o encerramento do exercício correspondente, poderão ser pagas à conta de dotação específica consignada no orçamento, discriminada por elemento, obedecida, sempre que possível, a ordem cronológica.*

173. (2013 - INPI - Analista de Planejamento/Gestão Financeira) A respeito de orçamento público no Brasil, julgue o item a seguir.

Os restos a pagar são despesas orçamentárias que foram liquidadas sem serem devidamente empenhadas durante o exercício, constituindo, assim, obrigações financeiras integrantes da dívida flutuante.

GABARITO: ERRADO.

Restos a pagar são despesas extraorçamentárias e sempre terão seu devido empenho, todavia as obrigações financeiras são, sim, integrantes da dívida flutuante.

174. (2014 – TC/DF - Analista de Administração Pública/Serviços) Com relação à receita pública, julgue o item subsequente.

As despesas orçamentárias empenhadas e não pagas até o final do exercício serão inscritas em restos a pagar e constituirão dívida flutuante.

GABARITO: CERTO.

Segundo a Lei nº 4.320/64, a dívida flutuante compreende os Restos a pagar, excluídos os serviços de dívida, os serviços de dívida a pagar, os depósitos e os débitos de tesouraria.

175. (2013 - ANTT - Analista Administrativo) A respeito de orçamento público no Brasil, julgue o item a seguir.

Diferenciam-se os Restos a pagar processados dos não processados pela existência, ou não, do empenho da despesa.

GABARITO: ERRADO.

Restos a pagar processados dos não processados diferenciam-se pela existência ou não, respectivamente, do estágio da Liquidação.

176. (2014 - Polícia Federal – Agente Administrativo) Em relação a créditos adicionais, receita, despesa pública, restos a pagar e despesas de exercícios anteriores, julgue o item a seguir.

É possível que determinada despesa de pessoal relativa ao exercício de 2012, cujo pagamento tenha sido exigido por um servidor em 2013, exercício no qual tenha sido empenhada, seja considerada Restos a pagar de 2012 e despesa orçamentária de 2013.

GABARITO: ERRADO.

O caso em tela é um típico exemplo de despesas de exercícios anteriores, pois o reconhecimento de um fato de 2012 ocorreu apenas no exercício de 2013.

177. (2013 - ANTT - Analista Administrativo) A respeito de orçamento público no Brasil, julgue o item a seguir.

Uma despesa realizada no exercício de 2013 e liquidada parcialmente nesse mesmo ano pode ser inscrita em Restos a pagar pela parcela não liquidada, sendo vedado o seu pagamento, no exercício de 2014, na conta de despesas de exercícios anteriores.

GABARITO: ERRADO.

A despesa realizada no exercício de 2013 e liquidada parcialmente nesse mesmo ano pode sim ser inscrita em Restos a pagar pela parcela não liquidada, todavia se a parcela não liquidada for cancelada, esta poderá ser reivindicada em 2014 pelo credor para pagamento, via despesa de exercícios anteriores.

178. **(2014 – TC/DF - Técnico de Administração Pública)** Com relação ao suprimento de fundos, Restos a pagar e despesas de exercícios anteriores, julgue o seguinte item.

Suponha que a inscrição de determinada despesa como Restos a pagar tenha sido cancelada em decorrência do decurso do prazo prescricional de cinco anos. Nessa situação, se o credor ainda tiver direito ao recebimento dos recursos e vier a reclamá-lo formalmente, o pagamento a que faz jus deverá ser efetuado à conta de dotação destinada a despesas de exercícios anteriores.

GABARITO: ERRADO.

A prescrição para os Restos a pagar é de cinco anos a contar da data da sua inscrição (31/12/xx), e se ainda assim, após decorrido o prazo, o credor, por algum motivo, tiver o direito a receber, o pagamento será efetuado à conta de dotação de despesas de exercício anteriores.

---

179. **(2014 - MTE - Agente Administrativo)** A respeito de orçamento público no Brasil, julgue o item a seguir.

Os Restos a Pagar inscritos e cancelados no exercício seguinte, que vierem a constituir obrigação em outro exercício futuro, serão pagos à conta de despesa orçamentária no exercício em que forem liquidados.

GABARITO: CERTO.

Os Restos a pagar cancelados, quando forem pagos, serão considerados Restos a Pagar com Prescrição Interrompida, ou seja, serão pagos à dotação de Despesas de Exercícios Anteriores (orçamentária) no exercício em que for reconhecido o direito do credor (Liquidados). ***Lei 4.320/64, Art. 63. A liquidação da despesa consiste na verificação do DIREITO adquirido pelo credor tendo por base os títulos e documentos comprobatórios do respectivo crédito.***

---

180. **(2013 - MI – Administrador)** A respeito de orçamento público no Brasil, julgue o item a seguir. Suponha que determinada lei preveja vantagem aplicável a determinado beneficiário da previdência social e que esse beneficiário protocole o pedido de pagamento do referido benefício depois de encerrado o exercício financeiro em que ocorreu o respectivo fato gerador. Nessa situação, o pagamento ao beneficiário deverá ser contabilizado como despesas de exercícios anteriores.

GABARITO: CERTO.

O caso em tela é um típico exemplo de despesas de exercícios anteriores, pois o beneficiário protocolou pedido apenas no exercício posterior.

Suprimento de Fundos

181. **(2014 - TJ/CE - Técnico Judiciário/Área Administrativa)** O suprimento de fundos pode ser concedido para atender ao pagamento de despesas de caráter secreto.

GABARITO: CERTO.

O suprimento de fundos pode ser concedido em três casos: despesas eventuais, despesas de caráter sigiloso e despesas de pequeno vulto.

2.1 - O regime de adiantamento, suprimento de fundos, despesas expressamente definidos em lei e consiste no servidor, sempre precedida de empenho na dotação própria, para

o fim de realizar despesas que pela excepcionalidade, a critério do Ordenador de Despesa e sob sua inteira responsabilidade, não possam subordinar-se ao processo normal de aplicação, nos seguintes casos:

2.1.1 - para atender despesas eventuais, inclusive em viagem e com serviços especiais, que exijam pronto pagamento em espécie.

2.1.2 - quando a despesa deva ser feita em caráter sigiloso, conforme se classificar em regulamento; e

2.1.3 - para atender despesas de pequeno vulto, assim entendidas aquelas cujo valor, em cada caso, não ultrapassar limite estabelecido em Portaria do Ministro da Fazenda;

182. (2014 – TJ/CE - Técnico Judiciário/Área Administrativa) A concessão de suprimento de fundos não constitui despesa pública orçamentária, o que ocorre somente após a prestação de contas.

GABARITO: ERRADO.

O suprimento de fundos constitui despesa orçamentária fixada na LOA de cada exercício, e tal despesa passa por todas as fases de execução antes do seu uso.

183. (2012 - Polícia Federal – Escrivão) A respeito de orçamento público no Brasil, julgue o item a seguir.

O regime de adiantamento denominado suprimento de fundos, uma vez que se destina à realização de despesas que não podem seguir o trâmite normal, prescinde de nota de empenho.

GABARITO: ERRADO.

A nota de empenho não é dispensada. O regime de adiantamento exige que se executem todos os estágios da despesa, porém só a partir do estágio do pagamento é que será disponibilizado o suprimento de fundos. Conforme a Lei 4.320/64, Art. 68. *O regime de adiantamento é aplicável aos casos de despesas expressamente definidos em lei e consiste na entrega de numerário a servidor, SEMPRE PRECEDIDO DE EMPENHO NA DOTAÇÃO PRÓPRIA, para o fim de realizar despesas que não possam subordinar-se ao processo normal de aplicação."*

Obs.: NOTA DE EMPENHO: é a materialização do ato de empenhar uma despesa, esta ocorre através de um documento que é elaborado no SIAF e impresso após o empenho.

184. (2014 - ANTAQ - Técnico Administrativo) Um técnico administrativo da ANTAQ, no exercício de suas atribuições, viajou por dois dias, em veículo funcional, para apoiar uma ação de fiscalização. Durante o percurso, o técnico pagou, com recursos próprios, R$ 80 referentes a serviços de reparos em um pneu que furou. No dia seguinte, após o retorno do técnico a sua sede, o ordenador de despesas concedeu um suprimento de fundos ao funcionário, no valor da referida despesa.

Considerando essa situação hipotética, julgue o item a seguir, com relação ao suprimento de fundos.

Nesse caso, o prazo de aplicação dos recursos do suprimento de fundos não pode exceder noventa dias da data da viagem, bem como o período da prestação de contas não pode ultrapassar trinta dias da data de realização das despesas.

GABARITO: ERRADO.

O Suprimento de fundos é um regime de ADIANTAMENTO, não se pode falar em usá-lo para gastos já efetivados. Na presente situação, o técnico administrativo terá de abrir um processo administrativo para buscar indenização dos R$ 80,00.

O prazo de aplicação do Suprimento de fundos é de até 90 (noventa) dias, contado da assinatura do ato de concessão. Para a prestação de contas do Suprimento de Fundos, o prazo é de até 30 (trinta) dias, contado a partir do término do prazo de aplicação.

185. **(2014 - ANTAQ - Técnico Administrativo)** Um técnico administrativo da ANTAQ, no exercício de suas atribuições, viajou por dois dias, em veículo funcional, para apoiar uma ação de fiscalização. Durante o percurso, o técnico pagou, com recursos próprios, R$ 80 referentes a serviços de reparos em um pneu que furou. No dia seguinte, após o retorno do técnico a sua sede, o ordenador de despesas concedeu um suprimento de fundos ao funcionário, no valor da referida despesa.

Considerando essa situação hipotética, julgue o item a seguir, com relação ao suprimento de fundos.

A concessão de suprimento feita pelo ordenador de despesas foi adequada, uma vez que, para esse tipo de despesa, dada a sua urgência, não seria possível aguardar o processamento normal da execução orçamentária.

GABARITO: ERRADO.

Suprimento de fundos é um regime de ADIANTAMENTO, não se pode falar em usá-lo para gastos já efetivados. Na presente situação, o técnico administrativo terá de abrir um processo administrativo para buscar indenização dos R$ 80,00.

186. **(2012 - Polícia Federal – Agente)** No que se refere à administração financeira e orçamentária, julgue o item que se segue.

Um servidor designado pelo ordenador de despesas poderá realizar, com suprimento de fundos, o pagamento de despesas do vice-presidente da República, durante viagens nacionais.

GABARITO: CERTO.

O suprimento de fundos é usado para pequenas despesas, como as urgentes e imprevistas. Se a viagem do vice-presidente da República se enquadrar nessas qualificações, poderá ser paga por servidor suprido.

187. **(2014 – TJ/CE - Técnico Judiciário/Área Administrativa)** No momento da concessão do suprimento de fundos, o estágio da despesa, denominado pagamento, ocorrerá somente após o fornecedor do serviço ou da mercadoria adquirida cumprir a sua obrigação de entrega.

GABARITO: ERRADO.

O regime de adiantamento exige que se executem todos os estágios da despesa e, só a partir do estágio do pagamento, é que será disponibilizado para suprimento de fundos, ou seja, quando da contratação do serviço, o estágio do pagamento já terá sido executado.

188. **(2014 - Polícia Federal - Agente Administrativo)** A respeito de orçamento público no Brasil, julgue o item a seguir.

Se uma operação emergencial demandar o deslocamento de agentes da Polícia Federal para uma região de fronteira internacional, o financiamento dessa viagem deverá ser feito por meio do suprimento de fundos e o pagamento deverá ocorrer antes da liquidação.

GABARITO: ERRADO.

O regime de adiantamento exige que se executem todos os estágios da despesa e, só a partir do estágio do pagamento, é que ele será disponibilizado para suprimento de fundos.

189. **(2013 - CNJ - Analista Judiciário/Área Administrativa)** A respeito de orçamento público no Brasil, julgue o item a seguir.

Considere que um servidor público tenha sido deslocado às pressas para uma área remota do país, dada a ocorrência de situação de emergência, na qual tenha sido necessário realizar o adiantamento de valores em espécie. Nessa situação, quanto ao suprimento de fundos realizado, deverão ser cumpridos os três estágios da despesa — uma vez que se trata de despesa orçamentária —, mas a liquidação só deverá ocorrer após a prestação de contas do servidor.

GABARITO: ERRADO.

O regime de adiantamento exige que se executem todos os estágios da despesa e, só a partir do estágio do pagamento, é que será disponibilizado para suprimento de fundos. A prestação de contas deve ocorrer, porém só após a realização do gasto com o referido adiantamento.

Conta Única do Tesouro

190. **(2012 - Polícia Federal – Agente)** No que se refere à administração financeira e orçamentária, julgue o item que se segue.

O gestor público que pretenda sacar recursos da Conta Única do Tesouro deverá realizá-lo por intermédio de ordem bancária, diretamente no SIAFI. Para a efetivação de pagamentos, esses recursos são disponibilizados no Banco do Brasil S.A.

GABARITO: CERTO.

A ordem bancária é o principal instrumento para saques da Conta Única.

191. **(2013 - UNIPAMPA – Administrador)** No que se refere ao orçamento público, julgue o item subsequente.

A operacionalização da conta única do Tesouro Nacional é efetuada por meio de documentos registrados no SIAFI.

GABARITO: CERTO.

O SIAFI é o Sistema Integrado de Administração Financeira do Governo Federal que consiste no principal instrumento utilizado para registro, acompanhamento e controle da execução orçamentária, financeira e patrimonial do Governo Federal.

192. (2012 – TER/RJ - Analista Judiciário/Contabilidade) A respeito do Sistema Integrado de Administração Financeira do Governo Federal (SIAFI) e da Conta Única do Tesouro Nacional, julgue o item a seguir.

A Conta Única do Tesouro Nacional destina-se a acolher as disponibilidades financeiras da União, dos estados, do Distrito Federal e dos municípios.

GABARITO: ERRADO.

A Conta Única do tesouro Nacional acolhe apenas as disponibilidades da União, no Banco Central. As demais entidades políticas possuem suas contas única em instituições financeiras oficiais. *CF, Art. 164, § 3º - As disponibilidades de caixa da União serão depositadas no banco central; as dos Estados, do Distrito Federal, dos Municípios e dos órgãos ou entidades do Poder Público e das empresas por ele controladas, em instituições financeiras oficiais, ressalvados os casos previstos em lei.*

SIDOR/SIOP, *SIAFI

193. (2012 – TCE/ES - Auditor de Controle Externo/Engenharia) A respeito de orçamento público no Brasil, julgue o item a seguir.

O Sistema Integrado de Administração Financeira (SIAFI), desenvolvido pelo Serviço Federal de Processamento de Dados, processa e controla a execução orçamentária, financeira, patrimonial e contábil dos órgãos da Administração Pública Direta Federal, suas autarquias, fundações e empresas públicas ou sociedades de economia mista, contempladas no orçamento fiscal e da seguridade social da União.

GABARITO: CERTO.

O SERPRO - Serviço Federal de Processamento de Dados, foi quem desenvolveu (1986) o SIAFI e vem atualizando-o com o passar dos anos. O SIAF registra, processa e controla a execução orçamentária, financeira, patrimonial e contábil de toda Administração Pública Direta Federal e boa parte da Administração Pública Indireta Federal.

194. (2013 - MJ - Analista Técnico/Administrativo) O SIAFI, que é responsável pela execução orçamentária e financeira dos recursos públicos do Governo Federal e por garantir a integridade da informação inserida na base de dados, possui regras claras de controles e de auditores contábeis. A respeito das conformidades no SIAFI, julgue o item seguinte.

No SIAFI, há mecanismos de segurança de dados que preservam a imutabilidade dos documentos, ou seja, o sistema não permite a alteração de documento registrado.

GABARITO: CERTO.

Segundo a Instrução Normativa (IN) STN 03/ 2001, o SIAFI tem sua segurança baseada em diversos princípios e instrumentos, dentre os quais se destacam a inalterabilidade das informações de todos os documentos incluídos no sistema, após sua contabilização.

195. **(2013 - MJ - Analista Técnico/Administrativo)** O SIAFI, que é responsável pela execução orçamentária e financeira dos recursos públicos do Governo Federal e por garantir a integridade da informação inserida na base de dados, possui regras claras de controles e de auditores contábeis. A respeito das conformidades no SIAFI, julgue o item seguinte.

Ao acessar o sistema, o CPF do operador é registrado automaticamente, bem como a data, a hora e o número do terminal utilizado para o acesso. Isso decorre do cumprimento dos requisitos necessários para atendimento à primeira regra de segurança, que é a identificação das operações do usuário.

GABARITO: CERTO.

Item que demonstra a primeira regra de segurança do SIAFI, a identificação das operações do usuário.

Disponível em: http://manualsiafi.tesouro.fazenda.gov.br/040000/042100/042103

196. **(2013 - SERPRO - Anal Analista/Gestão Financeira)** A respeito do Sistema Integrado de Administração Financeira do Governo Federal (SIAFI) e da nota fiscal eletrônica (NF-e), julgue o item seguinte.

Um dos objetivos do SIAFI é a uniformização dos métodos e rotinas de trabalho no que se refere à gestão dos recursos públicos, mantida sob controle centralizado e exclusivo da Secretaria do Tesouro Nacional.

GABARITO: ERRADO.

No SIAFI o controle é centralizado no ordenador de despesa de cada unidade gestora, mas não é exclusivo para não gerar rigidez à gestão dos recursos públicos. ***O SIAFI é o principal instrumento utilizado para registro, acompanhamento e controle da execução orçamentária, financeira e patrimonial do Governo Federal. Desde sua criação, o SIAFI tem alcançado satisfatoriamente seus principais objetivos:***

[...]

d) padronizar métodos e rotinas de trabalho relativas à gestão dos recursos públicos, sem implicar rigidez ou restrição a essa atividade, uma vez que ele permanece sob total controle do ordenador de despesa de cada unidade gestora; ...

197. **(2014 - ANTAQ - Analista Administrativo)** Com relação às técnicas e procedimentos para elaboração e execução do orçamento público, julgue o item subsequente.

Caso determinado órgão público, por intermédio de seu setor de contabilidade, precise fazer a confirmação mensal dos demonstrativos gerados pelo Sistema Integrado de Administração Financeira do Governo Federal (SIAFI) a partir dos documentos emitidos diariamente, será necessário que esse órgão utilize o mecanismo de conformidade contábil.

GABARITO: CERTO.

2.1 - DEFINIÇÕES

.1 - A Conformidade Contábil dos atos e fatos da gestão orçamentária, financeira e patrimonial consiste na certificação dos demonstrativos contábeis gerados pelo Sistema Integrado de Administração Financeira do Governo Federal (Siafi).

.2 - A Conformidade Contábil terá como base os Princípios e Normas Contábeis aplicáveis ao setor público, o Plano de Contas da União, a Conformidade dos Registros de Gestão, o Manual Siafi, e outros instrumentos que subsidiem o processo de análise realizado pelo responsável em seu registro.

Disponível em: http://manualsiafi.tesouro.fazenda.gov.br/020000/020300/020315

198. **(2014 – TJ/CE - Analista Judiciário/Área Administrativa)** Acerca da Lei de Diretrizes Orçamentárias (LDO), que foi introduzida pela Constituição Federal de 1988, assinale a opção correta.

O subsistema contábil do Sistema Integrado de Administração Financeira do Governo Federal (SIAFI) integra o grupo de subsistemas de controle de haveres e obrigações.

GABARITO: ERRADO.

O subsistema contábil NÃO integra o grupo de subsistemas de controle de haveres e obrigações, mas sim o de Execução Orçamentária e Financeira.

O SIAFI foi concebido para se estruturar por exercícios: cada ano equivale a um sistema diferente, ou seja, a regra de formação do nome do sistema é a sigla SIAFI acrescida de quatro dígitos referentes ao ano do sistema que se deseja acessar: SIAFI2000, SIAFI2001, SIAFI2002, etc.

Por sua vez, cada sistema está organizado por subsistemas - atualmente são 21 - e estes, por módulos. Dentro de cada módulo estão agregadas inúmeras transações, que guardam entre si características em comum. Nesse nível de transação é que são efetivamente executadas as diversas operações do SIAFI, desde entrada de dados até consultas.

Cada subsistema tem uma função própria e bem delimitada no SIAFI. Podemos organizá-los informalmente em cinco grupos principais:

Controle de Haveres e Obrigações:

- Dívida Pública - DIVIDA
- Haveres - HAVERES
- Controle de Obrigações - OBRIGACAO
- Operações Oficiais de Crédito - O2C

Administração do Sistema:

- Administração do Sistema - ADMINISTRA
- Auditoria - AUDITORIA
- Centro de Informação - CI
- Conformidade - CONFORM
- Manual - MANUALMF

Execução Orçamentária e Financeira:

- Contábil - CONTABIL
- Documentos do SIAFI - DOCUMENTO
- Orçamentário e Financeiro - ORCFIN
- Organização de Tabelas:
- Tabelas administrativas - TABADM
- Tabelas de apoio - TABAPOIO
- Tabelas do cadastro de obrigações - TABOBRIG
- Tabelas orçamentárias -TABORC
- Tabelas de receitas orçamentárias - TABRECEITA

Recursos Complementares com Aplicação Específica:

- Programação orçamentária - PROGORCAM
- Convênios - CONVENIOS
- Contas a pagar e a receber - CPR
- Estados e Municípios - ESTMUN.

Disponível em: https://www.tesouro.fazenda.gov.br/pt/estrutura

---

199. **(2015 - MPU – Analista Finanças e Controle)** No que diz respeito ao SIAFI e à nota fiscal de serviços eletrônica, julgue o próximo item.

De acordo com as normas referentes ao SIAFI, será liberada mensalmente ao MPU a parcela correspondente ao duodécimo de suas dotações, já deduzido o contingenciamento, em proporção não superior ao aplicado para os demais poderes.

GABARITO: ERRADO.

A liberação das parcelas será realmente por duodécimos mensais, mas o contingenciamento será feito por cada poder e órgão, nos limites aprovados pela LDO vigente.

---

200. **(2015 - MPU – Analista Atuarial)** Julgue o item subsequente, a respeito do gerenciamento de acesso e segurança do Sistema Integrado de Administração Financeira (SIAFI)

Cabe ao Serviço Federal de Processamento de Dados (SERPRO) a responsabilidade pelo cadastramento do cadastrador-geral no sistema, Senha do SIAFI.

GABARITO: CERTO.

O cadastrador-geral é o representante maior do processo de credenciamento de usuários no SIAFI. A função de Cadastrador-Geral é atribuída ao Titular da Divisão de Suporte e Atendimento a Usuários - DISUP da Coordenação-Geral de Sistemas de Informática – COSIS, da Secretaria do Tesouro Nacional - STN.

FAÇA JÁ

Créditos Adicionais

Os Créditos ______________________ são destinados a reforço de dotação orçamentária; encaminhado ao Congresso Nacional pelo Presidente da República através de Projeto de Lei (PLN).

Os Créditos ______________________ são destinados a despesas para as quais não haja dotação orçamentária específica; encaminhado ao Congresso Nacional pelo Presidente da República através de Projeto de Lei (PLN).

Durante o exercício financeiro, a Lei Orçamentária Anual pode ser retificada devido a aprovação de créditos adicionais

____.

A abertura de crédito ______________________ somente será admitida para atender a despesas Imprevisíveis e Urgentes, como as decorrentes de guerra, de comoção interna ou de calamidade pública.

Uma alteração orçamentária de créditos especiais ou extraordinários, em que surge a necessidade de criação de um novo programa de trabalho, pode ser solicitada pela ______________________, por ______________________ ou ______________________.

Caso o Governo federal precise realizar gasto urgente e imprevisto, decorrente, por exemplo, da necessidade de atendimento às vítimas do desabamento de uma ponte em rodovia federal, poderá ser aberto crédito extraordinário por meio de

______________________.

Receita Pública, Despesa Pública e Dívida Ativa

Assim como as receitas, as despesas podem ser classificadas em duas categorias econômicas: ______________________.

Entre as partes que compõem a ____, está o sumário geral da receita por fontes e da despesa por funções de Governo.

A classificação da receita ____________________ atende à necessidade de vinculação de receitas e despesas, estabelecidas pela Lei de Responsabilidade Fiscal.

As cotas de receita que uma entidade pública deva transferir a outra, incluir-se-ão, como ____________________, no orçamento da entidade obrigada a transferência e, como ____________________, no orçamento da que as deva receber.

Receita ________________ são os recursos obtidos pelo Estado em função de sua autoridade coercitiva, mediante a arrecadação de tributos e multas.

Os ingressos ____________________, dado o seu caráter temporário, não integram a LOA.

O ____________________ é o ato emanado de autoridade competente que cria para o Estado a obrigação de pagamento pendente ou não de implemento de condição.

____________________ é o ato da repartição competente, que verifica a procedência do crédito fiscal e a pessoa que lhe é devedora e inscreve o débito desta.

A alienação de bem da Administração Pública não é classificada como receita ____________________.

____________________ corresponde a um crédito da fazenda pública, de natureza tributária ou não tributária, que é cobrado por meio da emissão de certidão de dívida ativa da fazenda pública da União, e equivale a um título executivo.

São classificadas como receitas ____________________ todas as receitas arrecadadas, inclusive as provenientes de operações de crédito, ainda que não previstas no Orçamento.

Restos a Pagar e Despesas de Exercícios Anteriores

Restos a pagar ______________ correspondem às despesas que tenham sido empenhadas, mas não foram liquidadas.

Os efeitos econômicos das despesas empenhadas e ______________, inscritas em Restos a pagar serão gerados somente no exercício seguinte àquele em que as despesas estão sendo reconhecidas, uma vez que os bens físicos ou os serviços contratados ainda não foram entregues ou prestados.

As despesas orçamentárias empenhadas e não pagas até o final do exercício serão inscritas em Restos a pagar e constituirão ______________.

Suprimento de Fundos

O suprimento de fundos pode ser concedido para atender ao pagamento de despesas de caráter secreto, eventuais e ______________.

O suprimento de fundos constitui despesa orçamentária fixada na LOA de cada exercício, e tal despesa passa por todas as fases de execução ______________.

Conta Única do Tesouro

O gestor público que pretenda sacar recursos da Conta Única do Tesouro deverá realizá-lo por intermédio de ______________, diretamente no SIAFI. Para a efetivação de pagamentos, esses recursos são disponibilizados no Banco do Brasil S.A.

A Conta Única do Tesouro Nacional destina-se a acolher as disponibilidades financeiras da ______________.

SIDOR, *SIAFI

O Sistema Integrado de Administração Financeira (SIAFI), desenvolvido pelo ______________________________ ______________________________, processa e controla a execução orçamentária, financeira, patrimonial e contábil dos órgãos da Administração Pública Direta Federal, suas autarquias, fundações e empresas públicas ou sociedades de economia mista, contempladas no orçamento fiscal e da seguridade social da União.

Anotações

Anotações

GABARITO

Faça Já

Língua Portuguesa

Capítulo 1

1. Conceito de texto: são IDEIAS ORGANIZADAS E RELACIONADAS entre si, as quais formam um todo significativo. Um texto é um enunciado capaz de produzir uma INTERAÇÃO COMUNICATIVA, a qual dê a capacidade de codificar e decodificar os SENTIDOS.
2. Significado de contexto: um texto é um enunciado que tem um sentido e é constituído por meio de frases. Em cada uma delas, há uma relação de coesão, pois uma informação se liga COM A ANTERIOR E/OU COM A POSTERIOR, o que cria condições para a estruturação do conteúdo a ser transmitido. Essa interligação de frases e períodos recebe o nome contexto. Vale destacar que a relação entre as frases é tão importante que, se uma frase for retirada de seu contexto original e analisada separadamente, poderá haver um significado diferente daquele inicial.
3. Intertexto é uma das CARACTERÍSTICAS de um texto, ou seja, uma produção textual geralmente apresenta REFERÊNCIAS DIRETAS OU INDIRETAS a outros autores por meio de citações.
4. A interpretação de texto busca IDENTIFICAR A IDEIA PRINCIPAL de um texto. A partir dessa ideia principal, localizam-se as SECUNDÁRIAS, as fundamentações, as argumentações, as explicações, ou seja, tudo o que leva ao ESCLARECIMENTO das questões apresentadas numa prova.
5. As questões que envolvem a compreensão e a interpretação de textos geralmente exigem que o candidato:

a. Identifique, ou seja, reconheça OS ELEMENTOS FUNDAMENTAIS DE ARGUMENTAÇÃO, de um processo, de um momento. Nesse caso, é importante identificar os verbos e os advérbios.

b. Compare, quer dizer, descubra as RELAÇÕES DE SEMELHANÇA OU DE DIFERENÇAS ou de diferenças que são explicitadas no texto.

c. Comente, isto é, relacione o conteúdo apresentado com uma REALIDADE.

d. Resuma, ou melhor, perceba A IDEIA CENTRAL E/OU AS SECUNDÁRIAS de um parágrafo, de um texto.

6. Interpretar significa DEDUZIR, FAZER CONCLUSÕES, JULGAR. Geralmente há os seguintes enunciados: infere-se, depreende-se, é possível deduzir que, o texto permite concluir que, a intenção do autor é, etc.
7. Compreender significa INTELECÇÃO, ENTENDIMENTO, atenção às informações EXPLÍCITAS E IMPLÍCITAS. Geralmente há os seguintes enunciados: o texto diz que, de acordo com o texto, o autor afirma que, etc.
8. Alguns dos equívocos mais comuns na interpretação são: EXTRAPOLAR o que está no texto, acrescentando ideias pessoais e não as que são possíveis de serem concluídas; REDUZIR O SIGNIFICADO do texto, dando apenas atenção a um aspecto, esquecendo-se de que o texto é um todo e não uma parte; discordar do texto e avalia-lo segundo as suas próprias perspectivas, tirando conclusões equivocadas, pessoais.
9. Para fazer uma questão que trabalha com os SENTIDOS de um texto, é preciso avaliar a ótica do autor, e não do leitor. Isso significa que a opinião do leitor NÃO IMPORTA, pois deve ser levado em consideração apenas o que o autor diz.
10. A coesão influencia a construção e os SENTIDOS de um texto. Portanto, deve-se fica atento ao emprego de CONECTIVOS, como pronomes, conjunções, sinônimos.

Capítulo 2

1. A NARRAÇÃO é um texto em que se conta um fato, fictício ou não, que ocorreu num determinado tempo e lugar, envolvendo alguns personagens. Além disso, há uma relação de anterioridade e posterioridade em relação ao que é narrado.
2. A DESCRIÇÃO é uma descrição minuciosa de um objeto ou personagem. Isso é feito geralmente por meio de adjetivos. A descrição pode ser tanto física quanto psicológica.
3. A DISSERTAÇÃO é falar sobre um assunto, discorrer sobre ele. Esse tipo textual pode ser expositivo e/ou argumentativo.
4. A DISSERTAÇÃO-EXPOSITIVA apresenta informações sobre assuntos, expõe, reflete, explica e avalia ideias de modo objetivo, com a intenção de informar, esclarecer.
5. A DISSERTAÇÃO-ARGUMENTATIVA propõe a defesa de ideias ou de um ponto de vista do autor. Ou seja, o texto também tenta persuadir o interlocutor.
6. A injunção ou o TEXTO INSTRUCIONAL indica como realizar uma ação. Geralmente, há o emprego de verbos no modo imperativo, porém também pode haver o uso do infinitivo e o uso do futuro do presente do modo indicativo.
7. A SIGNIFICAÇÃO CONTEXTUAL consiste em um grupo de ideias preestabelecidas que mantém uma relação sinonímica no CONTEXTO em que estão inseridas.
8. A DENOTAÇÃO consiste em utilizar as palavras no seu sentido próprio, literal, comum, ou seja, aquele existente nos DICIONÁRIOS.
9. A CONOTAÇÃO é o emprego de uma palavra em seu sentido figurado, e depende do contexto em que foi utilizada.
10. A COESÃO trata dos estudos das articulações gramaticais existentes entre as palavras, as orações e frases para garantir uma boa sequenciação de eventos.
11. A COERÊNCIA aborda a relação lógica entre ideias, situações ou acontecimentos, apoiando-se, por vezes, em mecanismos formais, de natureza GRAMATICAL ou LEXICAL, e no conhecimento compartilhado entre os leitores de um texto.

Capítulo 3

1. A Morfologia é o estudo da estrutura, da formação e da classificação das PALAVRAS. Estuda as palavras olhando para elas ISOLADAMENTE e não dentro da sua participação na frase ou período A morfologia está agrupada em DEZ CLASSES, denominadas classes de palavras ou CLASSES GRAMATICAIS. São elas: SUBSTANTIVO, ARTIGO, ADJETIVO, NUMERAL, PRONOME, VERBO, ADVÉRBIO, PREPOSIÇÃO, CONJUNÇÃO e INTERJEIÇÃO.
2. O substantivo se classifica em: COMUM, ABSTRATO, coletivo, simples, composto.
3. O artigo pode ser classificado em DEFINIDO E INDEFINIDO.
4. O ADJETIVO pode ser estudado a partir da flexão e do grau.
5. Os numerais se classificam em MULTIPLICATIVOS, fracionários, cardinais e ORDINAIS.
6. Os PRONOMES existentes são: pessoais, demonstrativos, possessivos, indefinidos, de tratamento, interrogativos e relativos.
7. Os verbos podem ser estudados a partir da CLASSIFICAÇÃO, das formas nominais, dos modos e tempos verbais e das VOZES VERBAIS.
8. O advérbio tem a função de modificar UM ADJETIVO, UM ADVÉRBIO OU UM VERBO.

9. As <u>PREPOSIÇÕES</u> podem ser essenciais ou acidentais.

10. As conjunções são classificadas em <u>COORDENATIVAS E SUBORDINATIVAS</u>.

11. A interjeição é classificada pelo seu <u>SENTIDO</u>.

12. Morfossintaxe é a apreciação conjunta da <u>CLASSIFICAÇÃO MORFOLÓGICA</u> e da <u>FUNÇÃO SINTÁTICA</u> das <u>PALAVRAS</u> nas <u>ORAÇÕES</u>. Trata de classe das palavras, emprego de pronomes, relação entre as palavras, concordância verbal e nominal, oração e período, termos da oração, classificação de orações, vozes do verbo e colocação de pronome.

    A morfologia refere-se à <u>CLASSE GRAMATICAL</u> de uma palavra (nome, adjetivo, artigo, pronome, quantificador, advérbio, preposição, conjunção, interjeição). A sintaxe refere-se à <u>FUNÇÃO SINTÁTICA</u> dessas palavras, isto é, a função que exercem na oração. Morfossintaxe é o estudo da <u>RELAÇÃO</u> entre a classe gramatical de uma palavra e sua <u>FUNÇÃO</u> sintática na oração.

Capítulo 4

1. A <u>CORREÇÃO GRAMATICAL</u> está ligada a muitos aspectos, como utilização dos tempos e modos verbais; concordâncias verbal e nominal; escolha lexical; interferência excessiva de estruturas da linguagem oral no texto escrito; etc.

2. Ao ler um texto, é preciso observar os contextos de produção do discurso, a fim de se verificar os erros e os acertos.

3. Regras básicas na concordância <u>VERBAL</u>: sujeito simples anteposto, posposto e composto; sujeito formado por partitivos e coletivos, frações e porcentagens; verbo ser; verbos impessoais (haver e fazer); presença da partícula se.

4. Regra básica da concordância <u>NOMINAL</u>: adjetivos, numerais, pronomes e artigos; distinção entre adjetivos e advérbios; um adjetivo e vários substantivos; plural dos diminutivos.

5. Na língua portuguesa, temos <u>DEZ CLASSES</u> gramaticais. As <u>VARIÁVEIS</u>: substantivo, adjetivo, artigo, numeral, pronome, verbo; e as <u>INVARIÁVEIS</u>: advérbio, preposição, conjunção e interjeição.

6. A norma <u>GRAMATICAL</u> é aquela relacionada à <u>GRAMÁTICA</u> normativa: só o que está de acordo com ela é correto.

7. A <u>NORMA-PADRÃO</u> está vinculada a uma língua modelo. Segue prescrições representadas na gramática, mas é marcada pela língua produzida em certo momento da história e em uma determinada sociedade.

8. O uso das <u>REGRAS</u> gramaticais varia de acordo com as situações e condições de vida de cada um. Em muitos casos, é na <u>ESCOLA</u> que ocorre o único contato das pessoas com a gramática normativa e com a norma-padrão.

Capítulo 5

1. A <u>REESCRITA OU REESCRITURA</u> de frases é uma paráfrase que visa à mudança da forma de um texto. Para que o novo período esteja correto, é preciso que sejam respeitadas a <u>CORREÇÃO GRAMATICAL</u> e o <u>SENTIDO</u> do texto original. Assim, para resolver uma questão que envolve reescritura de trechos ou períodos, é necessário verificar os <u>ASPECTOS GRAMATICAIS</u> (principalmente, pontuação, elementos coesivos, ortografia, concordância, emprego de pronomes, colocação pronominal, regência, etc.) e <u>ASPECTOS SEMÂNTICOS</u> (significação de palavras, alteração de sentido, etc.).

2. No processo de reescrita, pode haver a SUBSTITUIÇÃO de palavras ou trechos. Ao se comparar o texto original e o que foi reestruturado, é necessário verificar se essa substituição mantém ou altera o sentido e a coerência do primeiro texto.
3. Em muitos casos, há LOCUÇÕES (expressões formadas por mais de uma palavra) que podem ser substituídas por uma palavra, sem alterar o sentido e a correção gramatical.
4. Há palavras, principalmente as CONJUNÇÕES, que possuem valores semânticos específicos, os quais devem ser levados em conta no momento de fazer uma substituição. Logo, pode-se reescrever um período, alterando-se a conjunção. Para tanto, é preciso que a outra conjunção tenha o mesmo VALOR SEMÂNTICO. Além disso, é importante verificar como ficam os tempos verbais após a substituição.
5. Na RETEXTUALIZAÇÃO, pode-se alterar o nível de linguagem do texto, dependendo de qual é a finalidade da transformação proposta. Nesse caso, são possíveis as seguintes alterações: linguagem informal para a formal; tipos de discurso; vozes verbais; oração reduzida para desenvolvida; inversão sintática; dupla regência.
6. As orações subordinadas podem ser REDUZIDAS ou desenvolvidas. Não há mudança de sentido se houver a substituição de uma pela outra.
7. Um período pode ser escrito na ORDEM DIRETA ou indireta. Nesse caso, quando ocorre a INVERSÃO SINTÁTICA, a correção gramatical é mantida. Apenas é necessário ficar atento ao sentido do período.

Capítulo 6

1. O tratamento impessoal que deve ser dado aos assuntos que constam das comunicações oficiais decorre da ausência de IMPRESSÕES INDIVIDUAIS de quem comunica; da IMPESSOALIDADE DE QUEM RECEBE a comunicação, com duas possibilidades; do caráter IMPESSOAL DO PRÓPRIO ASSUNTO tratado.
2. O vocativo a ser empregado em comunicações dirigidas aos Chefes de Poder é EXCELENTÍSSIMO SENHOR, seguido do cargo respectivo. As demais autoridades serão tratadas com o vocativo SENHOR, seguido do cargo respectivo. No envelope, o endereçamento das comunicações dirigidas às autoridades tratadas por Vossa Excelência, terá a seguinte forma: A SUA EXCELÊNCIA O SENHOR.
3. O fecho adequado para autoridades superiores, inclusive o Presidente da República, é RESPEITOSAMENTE. Para autoridades de mesma hierarquia ou de hierarquia inferior, emprega-se ATENCIOSAMENTE.
4. Excluídas as comunicações assinadas pelo Presidente da República, todas as demais comunicações oficiais devem trazer O NOME E O CARGO DA AUTORIDADE que as expede, abaixo do local de sua assinatura.
5. Há três tipos de expedientes que se diferenciam antes pela finalidade do que pela forma: OFÍCIO, O AVISO E O MEMORANDO. Com o fito de uniformizá-los, pode-se adotar uma diagramação única, que siga o que chamamos de padrão ofício.
6. Aviso e ofício são modalidades de comunicação oficial praticamente idênticas. A única diferença entre eles é que O AVISO é expedido exclusivamente por Ministros de Estado, para autoridades de mesma hierarquia, ao passo que O OFÍCIO é expedido para e pelas demais autoridades.
7. O memorando é a modalidade de comunicação entre unidades administrativas de um mesmo órgão, que podem estar hierarquicamente EM MESMO NÍVEL OU EM NÍVEIS DIFERENTES. Trata-se, portanto, de uma forma de comunicação eminentemente interna.

8. Exposição de motivos é o expediente dirigido ao Presidente da República ou ao Vice-Presidente para INFORMÁ-LO DE DETERMINADO ASSUNTO; propor alguma medida; ou SUBMETER A SUA CONSIDERAÇÃO projeto de ato normativo.

9. MENSAGEM é o instrumento de comunicação oficial entre os Chefes dos Poderes Públicos, notadamente as mensagens enviadas pelo Chefe do Poder Executivo ao Poder Legislativo para informar sobre fato da Administração Pública; expor o plano de governo por ocasião da abertura de sessão legislativa; submeter ao Congresso Nacional matérias que dependem de deliberação de suas Casas; apresentar veto; enfim, fazer e agradecer comunicações de tudo quanto seja de interesse dos poderes públicos e da Nação.

10. Para que a mensagem de correio eletrônico tenha VALOR DOCUMENTAL, isto é, para que possa ser aceita como documento original, é necessário existir CERTIFICAÇÃO DIGITAL que ateste a identidade do remetente, na forma estabelecida em lei.

Anotações

RLM

Capítulo 1

Estruturas lógicas

Proposições

Chama-se proposição toda sentença declarativa que pode ser classificada ou só como verdadeira ou só como falsa. Temos dois tipos de proposições: <u>SIMPLES</u> e <u>COMPOSTA</u>.

Proposições Simples

Chama-se proposição simples toda oração declarativa que pode ser classificada ou só como <u>VERDADEIRA</u> ou <u>SÓ</u> como <u>FALSA</u>. Representaremos uma proposição simples com uma letra minúscula qualquer de nosso alfabeto.

Proposições Compostas

Ao utilizarmos a linguagem, combinamos ideias simples, ligando as proposições simples através de símbolos lógicos, formando, assim, as chamadas proposições compostas.

Conectivos Lógicos

Vejamos os conectivos (e seus símbolos) que ligam as proposições simples, formando as proposições compostas.

Conectivos		Linguagem Natural	Linguagem Simbólica
	Conjunções	**XXX <u>E</u> YYY**	$P \underline{\triangle} Q$
	Disjunções (não excludentes)	**XXX <u>OU</u> YYY**	$P \underline{\vee} Q$
	Disjunções (excludentes)	**<u>OU</u> XXX <u>OU</u> YYY**	$P \underline{\underline{\vee}} Q$
	Condicionais	**XXX <u>ENTÃO</u> YYY**	$P \underline{\rightarrow} Q$
	Bicondicionais	**XXX <u>SE E SOMENTE SE</u> YYY**	$P \underline{\leftrightarrow} Q$

Para analisar os valores lógicos das proposições compostas, utilizaremos uma tabela que prevê todos os possíveis valores lógicos que uma sentença pode possuir, a partir dos valores lógicos das proposições simples. O nome desta tabela é: <u>TABELA-VERDADE</u>.

Número de Linhas da Tabela-Verdade

Quando trabalhamos com tabela-verdade, é sempre importante verificar quantas linhas deveremos analisar. E, para isso, é preciso conhecermos a seguinte fórmula: $\underline{2^n}$.

Em que n é o número de proposições simples.

Negação (¬p)

Uma proposição, quando negada, recebe valores lógicos <u>OPOSTOS</u> dos valores lógicos da proposição original. O símbolo que iremos utilizar é ¬p ou ~p.

P	¬p
V	F
F	V

Valores Lógicos das Proposições Compostas

Tabela-Verdade do Conectivo e, Conjunção (^)

Regra do "e": Um falso deixa tudo falso.

p	Q	p ^ q
V	V	V
V	F	F
F	V	F
F	F	F

Tabela-Verdade do Conectivo ou, Disjunção não Exclusiva (∨)

Regra do "ou": um verdadeiro deixa tudo verdadeiro.

p	q	p ∨ q
V	V	V
V	F	V
F	V	V
F	F	F

Tabela-Verdade do Conectivo ou, Disjunção Exclusiva (⊻)

Regra do "ou...ou": só uma pode ser verdadeira.

p	q	p ⊻ q
V	V	F
V	F	V
F	V	V
F	F	F

Tabela-Verdade do Conectivo se Xxx então Yyy, Condicional (→)

Temos p → q.

p é condição SUFICIENTE para q. Ou ainda, p é chamado de causa.

q é condição NECESSÁRIA para p. Ou ainda, q é chamado de consequência ou efeito.

Regra do "então": causa verdadeira e efeito falso gerarão frases falsas. As demais combinações gerarão frases verdadeiras.

p	q	p → q
V	V	V
V	F	F
F	V	V
F	F	V

Tabela-Verdade do Conectivo Xxx se e Somente se Yyy, Bicondicional (↔)

Temos p ↔ q.

p é condição SUFICIENTE E NECESSÁRIA para q. Ou ainda, p é chamado de causa e efeito ao mesmo tempo.

q é condição NECESSÁRIA E SUFICIENTE para p. Ou ainda, q é chamado de causa e efeito ao mesmo tempo.

Regra do "se e somente se": os dois lados têm que ser iguais para a frase ser verdadeira.

p	q	p ↔ q
V	V	V
V	F	F
F	V	F
F	F	V

Montagem de Tabelas-Verdade

A partir do uso de tabelas-verdade, podemos descobrir os valores lógicos das proposições compostas e verificar se elas são:

Frases Equivalentes: tabelas-verdade exatamente IGUAIS
Frases que se negam: tabelas-verdade exatamente OPOSTAS.
Frases Tautológicas: tabelas-verdade com valorações apenas VERDADEIRAS.
Frases Contraditórias: tabelas-verdade com valorações apenas FALSAS.
Frases Contingentes: Tabelas-verdade com valorações FALSAS e VERDADEIRAS.

Propriedade das Equivalências Lógicas

1. Distributiva com inversão do conectivo

$\neg(p \wedge q) \equiv \neg p \vee \neg q$ ou $\neg(p \vee q) \equiv \neg p \wedge \neg q$

Obs.: essa propriedade somente pode ser aplicada para os conectivos "e" ou "ou".

Aplicação:

- A negação da frase "Ana é linda e é inteligente" é "ANA NÃO É LINDA OU NÃO É INTELIGENTE".
- A negação da frase "Ana é linda ou é inteligente" é "ANA NÃO É LINDA E NÃO É INTELIGENTE" ou "Ana não é linda nem inteligente".

2. "Então virando então" (inverte e nega)

$p \rightarrow q \equiv \neg q \rightarrow \neg p$

Aplicação:

- Uma frase equivalente a "Se Ana é linda, então é inteligente" é "SE ANA NÃO É INTELIGENTE, ENTÃO NÃO É LINDA".

3. "Então virando ou" (nega a primeira, mantém a segunda) ou "ou virando então"

$p \rightarrow q \equiv \neg p \vee q$

Aplicação:

- Uma frase equivalente a "Se Ana é linda então é inteligente" é "ANA NÃO É LINDA OU É INTELIGENTE".
- Uma frase equivalente a "Ana é linda ou é inteligente" é "SE ANA NÃO É LINDA ENTÃO É INTELIGENTE".

4. "Então virando e" (mantém a primeira e nega a segunda)

$\sim(p \rightarrow q) \equiv p \wedge \neg q$

Aplicação:

- A negação da frase "Se Ana é linda, então é inteligente" é "ANA É LINDA E NÃO É INTELIGENTE".

5. "Ou ... ou virando se e somente se" (mantém a primeira e a segunda) ou "se e somente se virando ou...ou"

$\sim(P \veebar Q) \equiv P \leftrightarrow Q$

Aplicação:

- A negação da frase "Ou Ana é linda ou é inteligente" é "**ANA É LINDA SE, E SOMENTE SE, É INTELIGENTE**".

6. "Juntando duas frases condicionais com o conectivo e" (junta a primeira frase da primeira frase condicional com a primeira frase da segunda condicional com o conectivo "ou", e mantém a segunda frase de qualquer uma das condicionais que necessariamente precisam ser iguais).

   $(P \to Q) \wedge (R \to Q) \equiv (P \vee R) \to Q$

Aplicação:

- A frase "Se Ana é linda, então é inteligente e se Ana é azarada, então é inteligente" é equivalente à frase "**SE ANA É LINDA OU É AZARADA, ENTÃO É INTELIGENTE**".

Lógica de Argumentação

Esta matéria tem como objetivo principal analisar se um argumento é **VÁLIDO** ou **INVÁLIDO**. Para isso, temos que conhecer:

O que é um argumento?

Argumento é um conjunto de **PREMISSAS** (frases que são sempre verdadeiras) que geram uma **CONCLUSÃO**.

Temos dois casos para analisar:

1º Caso: Argumento Válido

Neste caso, temos um conjunto de premissas que geram uma conclusão **VERDADEIRA**.

Podemos também dizer que um argumento é válido quando uma conclusão **FALSA NÃO GERA** premissas.

2º Caso: Argumento Inválido

Neste caso, temos um conjunto de premissas que geram uma conclusão que pode ser ou **FALSA** ou **AMBÍGUA** (conclusão que ao mesmo tempo pode ser verdadeira ou falsa).

Podemos também dizer que um argumento é inválido quando uma conclusão **FALSA GERA** premissas.

Capítulo 2

O diagrama lógico consiste em uma técnica de interpretação de texto a ser utilizada em exercícios que localizarmos três personagens e três coisas diferentes, para descobrir ou quatro personagens e quatro coisas diferentes para descobrir e assim por diante.

Passo1: interpretar o enunciado colocando o sinal (O), quando descobrir o que é ou pertence aquele personagem e X (xis) quando descobrir o que não pertence ou não é daquele personagem.

Passo 2: se usou (O), deve cancelar linha e coluna no diagrama.

Passo 3: procurar por colunas que possuam apenas uma célula vazia. Localizando-a, colocaremos o sinal: (O)

É importante ressaltar que, às vezes, do passo 1 passamos para o passo 3 e depois fazemos o passo 2.

Veja a seguir um exercício em que aplicaremos esta técnica:

Os carros de Wagner, Flávio, Márcio e Emerson são, não necessariamente nesta ordem, um corsa, uma belina, um gol e um pálio. Um dos carros é vermelho, o outro é amarelo, um outro é preto, e o outro é branco. O carro de Flávio não é preto e não é a belina; o carro de Emerson é o Pálio;. O carro de Wagner é amarelo. O carro de Márcio não é a belina e não branco. Flávio possui um corsa vermelho. A cor do gol é:

Será cosnstruído um diagrama lógico para interpretar o enunciado.

Primeiramente, devemos montar a tabela com as informações do enunciado. (PASSO 1)

o carro de Flávio não é preto e não é a belina;

o carro de Emerson é o Pálio;

o carro de Wagner é amarelo;

o carro de Márcio não é a belina e não branco;

Flávio possui um corsa vermelho.

	corsa	belina	gol	pálio	vermel	amarel	preto	branco
Wagner						O		
Flávio	O	X			O		X	
Márcio		X						X
Emerson				O				

Em seguida, devemos inserir as informações interpretadas pelo diagrama lógico. (PASSO 2)

Não se esqueça de que ao utilizar este sianl (O), os dados da linha e da coluna terão que ser cancelados (X).

	corsa	belina	gol	pálio	vermel	amarel	preto	branco
Wagner	X			X	X	O	X	X
Flávio	O	X	X	X	O	X	X	X
Márcio	X	X		X	X	X		X
Emerson	X	X	X	O	X	X		

Faremos o PASSO3. Devemos procurar colunas com uma única célula vazia. Localizando-a, devemos colocar o sinal (O) (e não se esqueça de que ao usar o sinal (O), devemos marcar X nas linhas e colunas vazias).

	corsa	belina	gol	pálio	vermel	amarel	preto	branco
Wagner	X	O	X	X	X	O	X	X
Flávio	O	X	X	X	O	X	X	X
Márcio	X	X	O	X	X	X	O	X
Emerson	X	X	X	O	X	X	X	O

A cor do gol é preta. (Veja seta acima)

Diagrama de Venn (Quantificadores Universais)

Quando se trata de Raciocínio Lógico em provas de concursos, é possível perceber a existência de determinados exercícios que solicitam a negação dos quantificadores universais (Todo, Algum e Nenhum). Normalmente, estes exercícios iniciam como o termo "**Não é verdade que**" e solicitam a verdade da frase.

"TODO É" *negação*
- *"PELO MENOS UM NÃO"*
- *"EXISTE UM QUE NÃO É"*
- *"ALGUM NÃO É"*

"NENHUM É" *negação*
- *"PELO MENOS UM É"*
- *"EXISTE UM QUE É"*
- *"ALGUM É"*

"ALGUM É" *negação* *"NENHUM É"*

"ALGUM NÃO É" *negação* *"TODO É"*

Dica 1: Uma dica importante ao aluno consiste em que se evite o uso da terminologia "NENHUM NÃO É". Esta terminologia poderá confundir o candidato no momento da prova. Caso apareça tal terminologia em um exercício, aconselha-se a substituí-la imediatamente pela terminologia "**TODO É**".

Dica 2: Outra dica importante ao aluno consiste em que se evite o uso da terminologia "TODO NÃO É". Esta terminologia também poderá gerar confusão no momento de resolução da prova. Caso apareça tal terminologia em um exercício, substitua-a imediatamente pela terminologia "NENHUM É".

Aplicação:

1. A negação da frase "PELO MENOS UM HOMEM NÃO É FORTE".
2. A negação da frase "Nenhum homem é forte" é "PELO MENOS UM HOMEM É FORTE".
3. A negação da frase "Algum homem é forte" é "NENHUM HOMEM É FORTE".
4. A negação da frase "Algum homem não é forte" é "TODO HOMEM É FORTE".

Conjuntos

A regra básica para resolver as questões a seguir, relativas ao assunto "conjuntos", é sempre começar pela intersecção e ir subtraindo. Porém, cabe lembrar que não iremos subtrair a intersecção quando o enunciado utilizar o termo "apenas".

Caso haja três conjuntos, devemos iniciar pela intersecção tripla e ir subtraindo para encontrar as intersecções duplas, e de depois subtrair os achados nas intersecções tripla e duplas, para encontrar o valor do conjunto. Deve-se sempre lembrar que, caso haja o termo "apenas", não deveremos realizar a subtração.

Aplicação:

1. Em um colégio sabe-se que:
   - 80 alunos estudam Matemática.
   - 60 alunos estudam Português.
   - 20 alunos estudam Matemática e Português.

Sabendo-se que apenas são dadas aulas destas duas disciplinas, quantos alunos estudam neste colégio?

Passo 1: colocar a intersecção

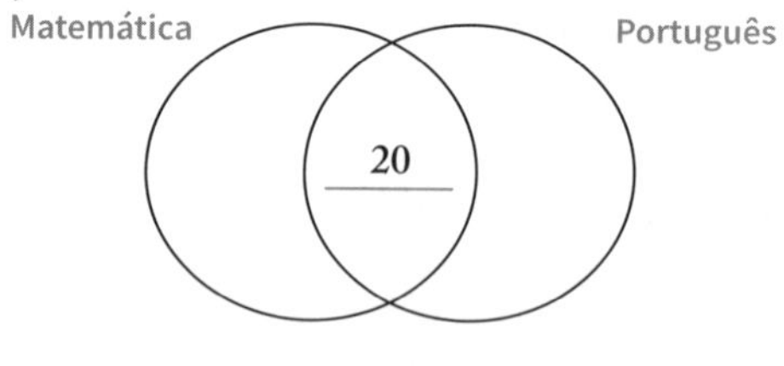

Passo 2: fazer a subtração da intersecção com o conjunto

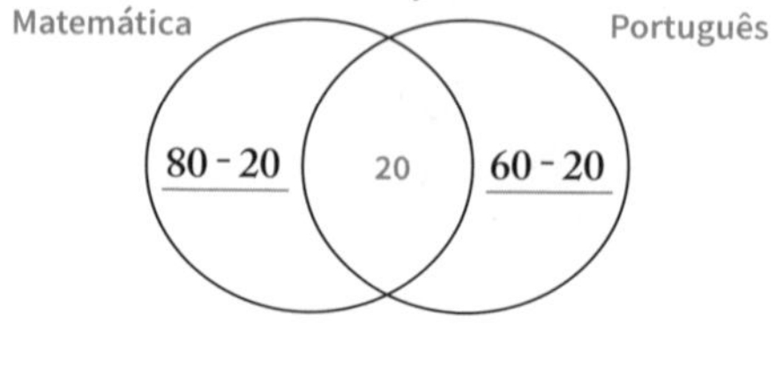

Passo 3: somar os números do diagrama de Venn

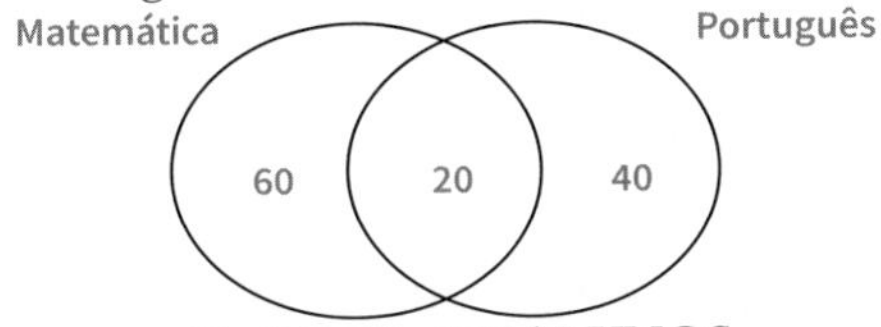

60 + 20 + 40 = 120 ALUNOS

2. Em um colégio sabe-se que:

- 80 alunos estudam apenas Matemática.
- 60 alunos estudam apenas Português.
- 20 alunos estudam Matemática e Português.

Sabendo-se que apenas são dadas aulas destas duas disciplinas, quantos alunos estudam neste colégio?

Passo 1: colocar a intersecção

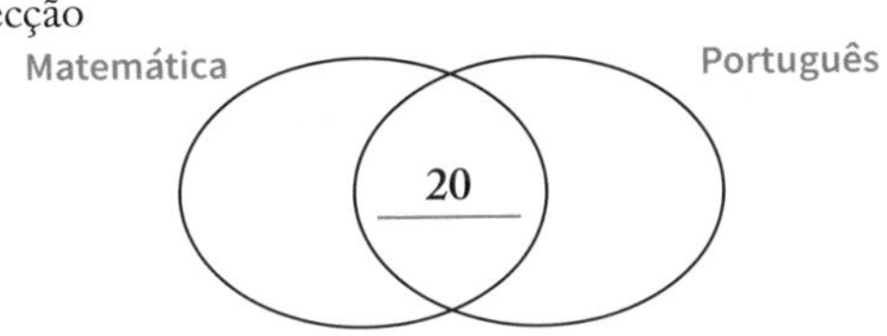

Passo 2: NÃO fazer a subtração da intersecção com o conjunto, pois o enunciado utiliza o termo APENAS.

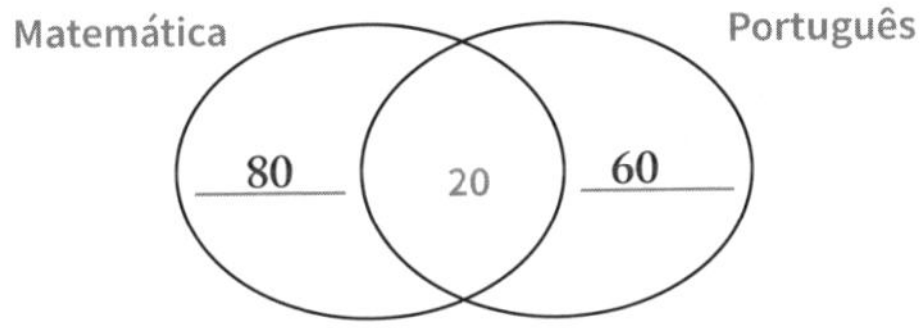

Passo 3: somar os números do diagrama de Venn

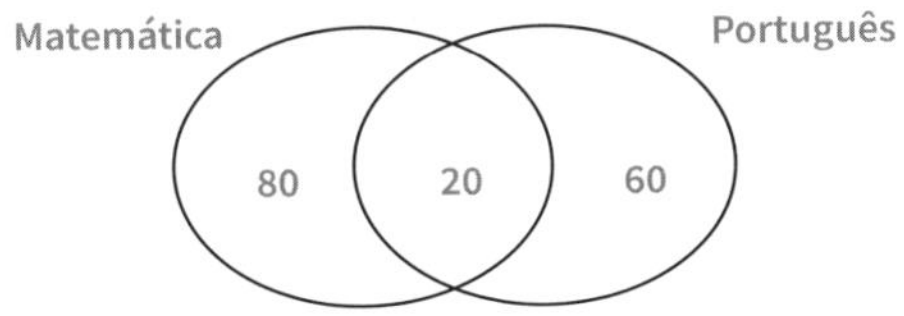

80 + 20 + 60 = 160 ALUNOS

Capítulo 3

Análise Combinatória (Princípios de Contagem)

Arranjo, Combinatória e Permutação

1. Arranjo: quando a ordem dos termos IMPORTA.

Arranjo Simples: (quando NÃO HÁ repetição dos termos).

$$A_{n,p} = \frac{n!}{(n-p)!}$$

Arranjo com repetição: (quando HÁ repetição dos termos).

$$A_{n,p} = n^p$$

Em que: n é o total de elementos fornecido pelo enunciado da questão, e p é a quantidade de termos que o enunciado deseja.

2. **Permutação:** caso particular de ARRANJO, em que o número de elementos é IGUAL ao número de termos que desejamos trocar de lugar.

   Permutação Simples: (quando NÃO HÁ repetição dos termos).

$$P_n = n!$$

   Permutação com repetição: (quando HÁ repetição dos termos).

$$P_n^{(\alpha,\,\beta,\,y,\,\ldots)} = \frac{n!}{\alpha! x \beta! x y! x \ldots}!$$

   Circular: (quando NÃO EXISTE INÍCIO E FIM. Por exemplo: cinco pessoas sentadas ao redor de uma mesa).

$$P_n = (n-1)!$$

   Em que: n é o total de elementos fornecido pelo enunciado da questão e α, β e γ constituem a repetição de termos (repetição de letras, números ou cores) desejados em exercícios de permutação com repetição.

3. **Combinação:** a ordem NÃO IMPORTA.

   Combinação Simples (quando NÃO HÁ repetição de termos).

$$C_{n,p} = \frac{n!}{p!\,x(n-p)!}$$

   Combinação com Repetição (quando HÁ repetição dos termos).

$$C_{n+p-1,p}$$

   Para entender essa fórmula, digamos que o enunciado desejasse descobrir o total de possibilidades de uma pessoa pedir duas pizzas de um menu com 10 tipos diferentes de pizzas.

   n = 10 p = 2

   Desejamos fazer uma combinação em que existe a possibilidade de pedir duas pizzas iguais. Assim, temos: $C_{10+2-1,2} = C_{11,2}$. Agora, é só aplicar a fórmula de combinação simples e resolver a questão.

Probabilidade

$$probabilidade = \frac{o\ que\ eu\ quero}{o\ que\ pode\ acontecer}$$

Regra do "ou" (SOMA)

- Eventos excludentes: apenas somar
- Eventos não excludentes: além de somar, temos que subtrair o(s) elemento(s) comum(ns)

Regra do "e" (MULTIPLICAÇÃO)
- com reposição
  - nesta ordem
  - sem ordem (permutar)
- sem reposição
  - nesta ordem
  - sem ordem (permutar)

Capítulo 4

Outros Assuntos de Matemática

Os editais de concurso, em sua maioria, abrem a possibilidade de que sejam abarcados praticamente todos os conteúdos de Matemática. Observe um trecho da ementa de um edital clássico da banca CESPE: "....*Raciocínio lógico envolvendo problemas aritméticos, geométricos e matriciais...*".

Desse modo, o que se pretende evidenciar é que poderão ser cobradas questões envolvendo matrizes, progressão aritmética e geométrica, funções, problemas envolvendo equações de primeiro e de segundo graus, problemas abrangendo sistemas, e tantos outros itens que são englobados pelos estudos matemáticos.

Convém ponderar que, apesar de os editais da banca CESPE abrirem esse precedente, não é tão comum assim que sejam abordados esses temas (observe a quantidade de questões encontradas nos anos de 2013 e 2014: são poucas).

Recomenda-se ao aluno, justamente por isso, que observe as questões comentadas, principalmente aquelas em que se evidenciam as regras matemáticas de como resolver os exercícios propostos.

Em caráter exemplificativo, apresentaremos os procedimentos de resolução de um conteúdo de matemática, aleatoriamente escolhido. Trata-se de um sistema de equação. Vejamos, de forma comentada, a resolução do sistema de equação disposto a seguir:

$$\begin{cases} X + Y = 5 \\ 2.X + 3.Y = 13 \end{cases}$$

Para resolver um sistema de equação, devemos isolar uma das incógnitas de qualquer uma das duas equações e substituir na outra. Isolaremos X na primeira equação:

$$\begin{cases} X + Y = 5 \rightarrow X = \underline{5 - Y} \\ 2.X + 3.Y = 13 \end{cases}$$

Agora, substituiremos a equação isolada na segunda equação:

$2.\,\underline{(5 - Y)} + 3.Y = 13$ (fazendo a distributiva no parênteses)

$\underline{\mathbf{10 - 2.Y}} + 3.Y = 13$

$-2.Y + 3.Y = \mathbf{13 \underline{- 10}}$

$\underline{\mathbf{Y = 3}}$

Para encontrar o valor de X, devemos substituir o valor encontrado de Y na equação isolada de X.

$X = 5 - Y$

$X = 5 \underline{- 3}$

$\underline{X = 2}$

Assim, X = 2 e Y = 3.

Informática

Capítulo 1

Redes

Paradigma de Comunicação em Redes

O paradigma de comunicação é a forma como atualmente se estabelece a relação de troca de dados entre usuário e serviços destas redes. O nome dado a este paradigma é CLIENTE-SERVIDOR. Desse modo, os usuários representam O CLIENTE e OS SERVIDORES são aqueles computadores que proveem algum serviço. Como exemplo, pode-se citar uma hospedagem de um site, disponibilizada para que o usuário tenha acesso a ela. Neste cenário, os clientes requisitam/solicitam alguma informação "servida"/provida/fornecida/enviada pelo Servidor para o seu computador.

Internet

De forma simplificada, a Internet é definida por ser a REDE MUNDIAL DE COMPUTADORES ambiente conhecido por ser de domínio PÚBLICO

Intranet

A Intranet é uma rede PRIVADA com acesso RESTRITO aos funcionários de uma determinada empresa e, muitas vezes, liberado somente no ambiente de trabalho e em computadores registrados na rede.

Extranet

Quando alguma informação de uma INTRANET é aberta a clientes ou fornecedores de uma empresa, essa rede passa a ser chamada de EXTRANET.

URL

A sigla URL significa *Uniform Resource Locator*, em português Localizador de Recursos Universal, e especifica o ENDEREÇO de um objeto, recurso na Internet, em uma rede corporativa ou em uma Intranet.

Exemplo:

protocolo://máquina/caminho/recurso

ou

http://www.w3.org/Addressing/URL/uri-spec.html

ou

http://www.alfaconcursospublicos.com.br

Protocolos

Protocolo é uma REGRA a que dois computadores devem obedecer, quando trocam mensagens. Ou seja, trata-se de um conjunto de regras padronizado, que especifica o formato, a sincronização, o sequenciamento e a verificação de erros em comunicação de dados.

TCP/IP - *Transmission Control Protocol / Internet Protocol.* É o CONJUNTO de protocolos de comunicação padrão para inter-redes abertas, permitindo conectar diferentes redes de pacotes.

Principais Protocolos

HTTP - *Hyper Text Transfer Protocol* (protocolo de transferência de HIPERTEXTOS). Utiliza a porta 80.

HTTPS - *HyperText Transfer Protocol Secure*, é uma implementação do protocolo HTTP sobre uma camada SSL ou do TLS. Essa camada adicional permite que os dados sejam transmitidos através de uma conexão CRIPTOGRAFADA, e que se verifique a autenticidade do servidor e do cliente através de CERTIFICADOS DIGITAIS.

O protocolo HTTPS é normalmente utilizado quando se deseja garantir o **SIGILO** da informação trafegada.

FTP - *File Transfer Protocol* (protocolo de **TRANSFERÊNCIA DE ARQUIVOS**). Utiliza as portas 20 e 21.

DNS: é o protocolo utilizado na **RESOLUÇÃO** de nomes de domínio. Ele opera sobre a porta **53** do protocolo UDP.

TCP: é um protocolo que, diferentemente dos anteriormente citados, opera na camada de transporte, oferecendo serviços para os protocolos da camada de aplicação.

UDP: assim como o TCP, é um protocolo da camada de transporte. Todavia, ao contrário do TCP, não controla a **ENTREGA** dos dados, além de não oferecer recursos para **SEGURANÇA** por meio de criptografia.

Protocolo IP

O protocolo IP é o protocolo de **ENDEREÇAMENTO** dos computadores em uma rede. É possível digitar, na barra de endereços do computador, diretamente o endereço IP do servidor web que disponibiliza a página que se deseja acessar. O IP pode ser cobrado sobre duas versões, **IPV4** e **IPV6**.

O protocolo IPv4 tem o formato de 4 grupos de 3 dígitos (Números) separados por ponto, como, por exemplo, o IP 177.71.177.229. Além disso, cada grupo tem como valor máximo o número 255, existindo, assim, 4.294.967.296 endereços possíveis.

No IPv6, verificam-se 8 grupos de 4 dígitos **HEXADECIMAIS**, ou seja, pelos valores [0,1,2,3,4,5,6,7,8,9,a,b,c,d,e,f] separados pelo dois pontos, como, por exemplo, o IP 2001:0db8:85a3:08d3:1319:8a2e:0370:7344 .

Firewall

Um Firewall pode ser uma estrutura de **HARDWARE** específico para tal finalidade como também pode ser um **SOFTWARE**.

Ele age **MONITORANDO** as portas da rede/computador, permitindo ou negando o tráfego de dados de acordo com o protocolo associado a cada porta.

Por meio de um Firewall, é possível também **BLOQUEAR** conteúdos (páginas da Internet), criando-se regras baseadas em seu endereço de **DOMÍNIO** ou IP. Além disso, é possível permitir o bloqueio de protocolos específicos.

Correio Eletrônico

O serviço é baseado no modelo **CLIENTE-SERVIDOR**. Logo, é preciso que se conheçam as formas de acesso usadas pelo Cliente (usuário). Dois modos são citados e comparados pelas questões: o **WEBMAIL** e o **CLIENTE DE E-MAIL**.

Webmail

O webmail é uma **INTERFACE** da Internet que permite consultar e enviar correio eletrônico (E-mail) usando um **NAVEGADOR**.

A maior vantagem do webmail é o fato de não ser necessário possuir um **PROGRAMA ESPECÍFICO** para a leitura ou envio de correio eletrônico, sendo apenas necessário um computador ligado à Internet.

No entanto, existe o inconveniente de ter as mensagens de correio eletrônico armazenadas no **SERVIDOR**, o que pode limitar o número de mensagens que podemos armazenar de acordo com o servidor.

Cliente de e-mail

O Cliente de e-mail é um **PROGRAMA** de computador que permite enviar, receber (armazenar) e personalizar mensagens de e-mail. Utiliza os protocolos **SMTP** para envio, **IMAP** e **POP** para recebimento. No Cliente de e-mail, os e-mails podem ser "baixados" para o computador do cliente (Protocolo **POP**).

A vantagem consiste em que o usuário acessa uma única vez para **BAIXAR** os e-mails recebidos. Assim, depois de terminar de baixar os e-mails, o usuário pode se desconectar da Internet para lê-los. Este programa é muito utilizado por usuários de conexão discada e dial-up.

O Cliente de e-mail pode excluir as mensagens da caixa de entrada do **SERVIDOR** de acordo com a configuração no Cliente de e-mail.

Exemplos de programas cliente e-mail: MS **OUTLOOK**, MS Outlook Express, Thunderbird, Eudora etc.

Protocolos de Clientes de e-mail

SMTP: é o protocolo usado para **ENVIO** das mensagens de e-mail. Para tanto, usa a porta **587**.

POP: ao verificar os e-mails, o programa faz o **DOWNLOAD** de tudo, deletando as mensagens do servidor (salvo se configurado para não fazer isso). Logo, ocupa espaço no HD do usuário.

A porta definida por padrão para este protocolo é a porta **110**.

IMAP: protocolo usado para **ACESSAR** as mensagens de e-mail que residem no servidor. Assim, é necessário estar **ONLINE** para visualizar novas mensagens.

A porta definida por padrão para este protocolo é a porta **143**.

Motores de Busca

Os motores de busca são normalmente conhecidos por **BUSCADORES** e têm como representante maior o **GOOGLE**. Dentre os principais motores de busca estão:

Google;

Yahoo;

Cadê? O primeiro buscador nacional (comprado pelo Yahoo), pode ser chamado de Yahoo! Cadê?;

Aonde;

Altavista;

MSN transformado em Bing;

É importante observar que, nos navegadores atuais, os motores de busca são integrados. Com isso, podemos definir qual se deseja utilizar, por exemplo: o Google Chrome e o Mozilla Firefox utilizam como motor de busca padrão o **GOOGLE**. Já o Internet Explorer utiliza o **BING**.

Busca Avançada

Busca por frase exata: para realizar uma busca, em que se pretenda obter como resultado apenas páginas que contenham a exata expressão inserida no campo de busca, é necessário descrever a frase entre **ASPAS DUPLAS** Tal recurso é válido tanto para o Google como para o Bing.

Os motores de busca oferecem alguns recursos para otimizar a busca, como operadores **LÓGICOS** também conhecidos como operadores booleanos[1]. Dentre estes operadores, podemos destacar a negação (-): ao realizar uma busca na qual se deseja encontrar resultados que sejam relacionados a determinado assunto, mas que os termos usados sejam comuns a outro, podemos utilizar o sinal de menos precedendo o termo do assunto irrelevante. Há o exemplo de uma questão que já foi cobrada em uma prova: *realizar a busca por leite e cão. Contudo se forem inseridos apenas estes termos na busca, muitos resultados serão relacionados a gatos e leite. Para que as páginas que contenham a palavra gato não sejam exibidas na lista de páginas encontradas, basta digitar o sinal de menos (-) antes da palavra gato (sem espaço entre o sinal e a palavra). Assim, a pesquisa a ser inserida no buscador fica Cão Leite -Gato.*

1 Em referência à lógica de Boole, ou seja, a lógica que se estuda para concursos.

Também é possível realizar a busca por uma frase exata. Assim, somente serão listados os sites que contenham exatamente a mesma expressão. Para isso, basta digitar a frase desejada entre aspas duplas.

Busca por tipo de arquivo: podemos refinar as buscas a resultados que consistam apenas em determinado formato de arquivo. Para isso, devemos utilizar o operador *filetype*: assim, para buscar determinado tema, mas que seja em PDF, por exemplo, pode-se digitar **FILETYPE:PDF TEMA**

Dados de Navegação

Os dados de navegação são informações armazenadas durante a navegação, a fim de auxiliar o usuário ou mesmo promover condições para o acesso a páginas da Internet.

Histórico

Acessível pela combinação de teclas de atalho **CTRL + H**, o histórico é a lista de registro que indica quais sites foram acessados e quando.

Lista de Sites Acessados

A lista de sites acessados apenas arrola o nome dos sites que, em algum momento, foram acessados pelo usuário. Apresentam-se, no topo da lista, os mais **RECENTEMENTE** e **FREQUENTEMENTE** acessados.

Dados de Formulários

Dados de formulário são interessantes de serem utilizados apenas em computadores pessoais, uma vez que em computadores de uso compartilhado pode levar a vazamento de informações pessoais.

Ao preencher um campo de um formulário como e-mail, o navegador pode **MEMORIZAR** os dados inseridos, a fim de preencher automaticamente outro formulário que venha a pedir o mesmo dado.

Cookies

Os cookies são **PEQUENAS** informações que alguns **SITES** armazenam no **COMPUTADOR** do usuário. Tais informações são utilizadas para identificar o usuário e suas preferências, dentro do site. Também são muito utilizados para gerenciar carrinhos de compras de sites de e-commerce.

Cache

Em termos gerais, a cache é um espaço **TEMPORÁRIO** utilizado para mitigar a diferença de velocidade entre duas estruturas. Assim, são armazenadas na cache, de modo temporário, as informações mais **RECENTES** e frequentemente acessadas.

Nos navegadores, a cache é uma pasta que armazena os conteúdos, como imagens, vídeos, áudio e texto das páginas acessadas.

Cloud (Nuvem)

Quando falamos em uso da Nuvem, estamos nos referindo a um **SERVIÇO** e não a uma aplicação ou simples programa. Assim, o que se cobra nas provas são as características desse serviço.

Os serviços na Nuvem operam com servidores **DISTRIBUÍDOS** Com isso, o cliente não sabe exatamente onde estão sendo processados ou armazenados seus dados, pois pode estar em apenas um servidor, em qualquer lugar do mundo, ou em vários, sendo uma parte em cada um.

Ao contratar um serviço em cloud, o cliente encontra várias opções de valores, uma vez que o recurso é de natureza **MENSURADA**, ou seja, segmentado por valores.

Outro ponto fundamental na identificação de um serviço da nuvem é a **NÃO NECESSIDADE DE INSTALAÇÃO**, uma vez que os processos e dados são armazenados na **NUVEM**. Contudo, muitos dos serviços oferecem como **OPCIONAL** a instalação de aplicações locais para proporcionar uma melhor experiência de uso. Ou seja, oferecem mais recursos e ferramentas para o usuário, além de, muitas vezes, tornarem o uso da estrutura mais prático.

Muitos serviços oferecem uso limitado de seus recursos, **gratuitamente,** a fim de incentivar e conquistar novos clientes.

Embora a nuvem traga inúmeras vantagens, dentre elas a praticidade e a dinamicidade, ela é um serviço DEPENDENTE, pois **depende de conexão com a Internet** para operar, bem como da disponibilidade do serviço contratado.

Cloud Computing

Pode-se dizer que a computação na nuvem é uma forma de evolução do conceito de *mainframes*.

Os *mainframes* são SUPERCOMPUTADORES, normalmente usados em redes privadas (Intranets) os quais são responsáveis pelo trabalho pesado de processamento de informações. De forma geral, quando se emprega o uso de *mainframes*, associa-se o uso de *thin clients* pelos usuários, ou seja, TERMINAIS BURROS, apenas pontas para iteração do usuário, pois os dados coletados e apresentados ao usuário são processados e armazenados nos *mainframes*.

A computação na nuvem é uma ideia similar que, em vez de manter supercomputadores internamente na empresa, faz uso de computadores (servidores) localizados na Internet, otimizando assim seu uso.

Nesta forma de computação, o usuário apenas envia os dados via conexão com a INTERNET para os servidores, que trabalham esta informação e devolvem-lhe a resposta, o que possibilita que o dispositivo que o usuário utilizou seja mais simples, como um celular, um netbook, um tablete ou mesmo um computador convencional. Assim, esses dispositivos não precisão possuir alta capacidade de desempenho, pois se tornam apenas uma interface com o usuário.

Cloud Storage

O ARMAZENAMENTO na nuvem é uma extensão da computação na nuvem. Trata-se de uma forma bastante interessante de se manter o BACKUP de dados, como também de compartilhar informações. O Google Disco e o Microsoft Skydrive são exemplos dessa abordagem. Esses serviços oferecem ao usuário a criação de contas de armazenamento, que podem ser SINCRONIZADAS com uma pasta do computador do usuário, assim como o serviço do Dropbox. Contudo, o serviço de forma gratuita é limitado em espaço, mas pode ser adquirido mais espaço, se necessário.

Para fazer uso dos serviços de Cloud Storage e Cloud Computing, na maioria dos casos, não é necessário que usuário instale aplicativos extras. A exemplo o Gloogle Disco e do Microsoft Skydrive, o usuário pode fazer uso dos serviços diretamente ONLINE (por intermédio de um navegador), sem instalar ferramentas específicas para isso.

Capítulo 2

Sistemas operacionais

Sistema Operacional (SO)

O Sistema Operacional é o PRINCIPAL PROGRAMA do computador, responsável pelo controle do equipamento em si, gerenciando o uso dos dispositivos (memória, driver's), demais programas (processadores de texto, planilhas de cálculo) e outros periféricos, tais como impressoras e scanners, discos, entre outros.

Existem diversos tipos e versões de Sistemas Operacionais no mundo. Dentre eles, podemos citar, para conhecimento: **WINDOWS, Linux, Unix, Netware, Windows 2000, Windows XP, MacOS, DOS,** entre outros.

Características

No momento em que ligamos o computador, a BIOS (Sistema Básico de Entrada e Saída) acorda. Logo que o Sistema Operacional é "requisitado" pela BIOS, ela deixa de funcionar (volta a dormir), e ele é carregado de onde estava gravado para a memória RAM.

Partes do Sistema Operacional

Núcleo: o núcleo do sistema Operacional é real o responsável pelo gerenciamento do hardware, conforme se observou. Ele é conhecido como KERNEL.

Interface: um SO composto somente de núcleo não é nada usual para leigos. Para facilitar a interação com o computador, foi criada uma Interface Gráfica para/de Usuário. Esta interface são as JANELAS nas quais se visualizam os programas. Na maioria das vezes, as bancas de concurso apenas citam as Interfaces Gráficas de Usuário de forma abreviada **GUI** (*Graphic User Interface*).

Enquanto o Windows possui APENAS UMA GUI, o Linux suporta várias GUIs. As principais são o GNOME e KDE. Porém, existem diversas outras como: Xfce, BlackBox e fluxbox. Uma GUI pode ser encontrada também como sendo um GERENCIADOR de JANELAS.

Sistema Operacional Windows

Área de Trabalho

Também conhecida como DESKTOP, é a base de uso do Windows 7. Isso porque, a partir dela, tem-se acesso aos recursos e ferramentas do Windows. Entretanto, não se deve confundir desktop com diretório Raiz.

A Área de Trabalho é composta de:

- ÍCONES: pequenos elementos gráficos que representam documentos e/ou aplicações. O clique ou duplo clique no ícone inicia o objeto a que está relacionado.
- BARRA DE TAREFAS: a barra de tarefas pode ser subdividida em:
- Programas fixados na barra de tarefas: neste espaço, podem ser inseridos ícones dos programas. Criada principalmente para aqueles aplicativos que são utilizados com frequência, para tirar proveito da característica da barra de tarefas em ficar sobre as demais janelas. Com o AERO ativo, exibe o efeito de miniatura das janelas abertas no programa em que o mouse estiver sobre. Inclusive, nestas miniaturas, é possível assistir a um filme que esteja "rodando".
- Botão mostrar/ocultar ÁREA DE TRABALHO: este botão minimiza todas as janelas não minimizadas da janela quando acionado. Acionando-o novamente, ele irá restaurar as janelas anteriormente minimizadas em decorrer de seu acionamento. A combinação WINDOWS + D também pode ser utilizada para acionar essa opção.

Obs.: No Windows 7, este botão passou a ser um retângulo, no canto inferior direito da barra de tarefas, ao lado do relógio e da data 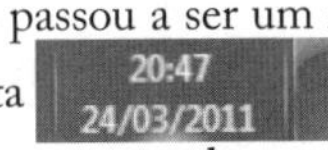

. Este botão realiza a mesma operação que realizava antes, quando estão ativos os recursos de transparência do AERO. Ao posicionar o cursor do mouse sobre ele, tem-se um efeito do AERO, o **AERO PEEK**, que mostra apenas as bordas das janelas abertas e a janela de forma transparente, com a finalidade de visualizar a área de trabalho.

- Área de notificação: este é o espaço que o sistema operacional utiliza para notificar o usuário de novas conexões de hardware, impressões em processo, atualizações, falhas de segurança, conexões de rede entre outras notificações. Ela é a Área onde fica o relógio e, no caso do Windows 7, a data também.
- MENU INICIAR: opção "Inicial" do Windows, através da qual podemos acessar todos os programas instalados no computador e alguns locais e pastas;
- Gadgets: são MINIAPLICATIVOS que, no Vista, ficam localizados, obrigatoriamente, na Barra Lateral. Já no Windows 7, os *gadgets* ganharam liberdade e são associados à área de trabalho de forma livre, podendo ficar em qualquer posição.

Acessórios do Windows 7

Os acessórios estão disponíveis no menu Iniciar pela opção TODOS OS PROGRAMAS.

Dentre eles, temos:

- Bloco de Notas;
- Calculadora;
- Executar;
- Ferramenta de Captura;
- Notas autoadesivas;
- Painel de entrada de expressões matemáticas;
- Paint;
- Prompt de Comando;
- Windows Explorer;
- WordPad.

Estrutura de Diretórios

Uma estrutura de diretórios é como o Sistema Operacional organiza os arquivos, separando-os de acordo com sua finalidade.

O termo diretório é um sinônimo para PASTA, que se diferencia apenas por ser utilizado, em geral, quando se cita alguma pasta **Raiz** de um dispositivo de armazenamento ou partição.

Quando citamos o termo Raiz, estamos fazendo uma alusão a uma estrutura que se parece com uma PASTA que parte de uma raiz e cria vários galhos, que são as pastas, de modo que as folhas dessa árvore são os arquivos.

Dessa maneira, observamos que o **diretório Raiz do Windows** é o diretório C: OU C:\ enquanto que o **diretório Raiz do Linux** é o /.

Podemos ser questionados com relação à equivalência dos diretórios do Windows em relação ao Linux.

Principais Diretórios Windows

C:\windows	Armazena os arquivos do SISTEMA OPERACIONAL WINDOWNS.
C:\Arquivos de Programas	Armazena os arquivos dos PROGRAMAS instalados no Computador.
C:\Usuários	Armazena as configurações, arquivos e pastas de cada usuário do sistema.

Nomenclatura de Arquivos e Pastas

Ao definir um nome para um arquivo ou pasta, é possível perceber que alguns caracteres não podem ser utilizados.

São eles: / \ | " * < > : ?.

Mas além dos caracteres, o tamanho do nome do arquivo e pasta é restrito a, no máximo, 260 caracteres. Cuidado: o nome de um arquivo ou pasta não é apenas a identificação direta que atribuímos a eles, mas, sim, o caminho completo desde o DIRETÓRIO RAIZ, até a extensão do arquivo.

C:\Pasta\Pasta**Arquivo.extensão**

Ferramentas de Sistema

Limpeza de Disco

A limpeza de disco apaga os arquivos TEMPORÁRIOS como, por exemplo, arquivos da lixeira, da pasta temporários da internet e, no caso do Windows Vista e do Windows 7, as miniaturas.

Desfragmentador

É responsabilidade do Desfragmentador A UM PONTO ANTERIOR NO TEMPO os dados dentro do HD, de forma CONTÍNUA/CONTÍGUA para que o acesso às informações em disco seja realizado mais rapidamente.

Restauração de Sistema

Restauração do Sistema retorna o sistema FALHAS DE DISCO. Esse processo restaura somente PROGRAMAS, ou seja, os arquivos criados entre um ponto de restauração e outro não são afetados. Um ponto de restauração é criado pelo sistema antes de instalar um novo programa, mas também pode ser criado manualmente pelo USUÁRIO.

ScanDisk

O ScankDisk é o responsável por verificar o HD em busca de FALHAS DE DISCO. Às vezes, ele consegue corrigi-las.

Backup

Um backup consiste em uma CÓPIA DE SEGURANÇA dos **Arquivos**, que deve ser feita PERIODICAMENTE, preferencialmente em uma unidade de armazenamento SEPARADA do computador.

Apesar do nome **cópia de segurança**, um backup não impede que os dados sejam acessados por outros usuários. Ele é apenas uma salvaguarda dos dados para amenizar os DANOS de uma perda.

Completo/Normal

Também chamado de Backup Total, é aquele em que TODOS os dados são salvos em uma única cópia de segurança. É indicado para ser feito com menor frequência, pois é o mais demorado para ser processado, como também para ser recuperado. Contudo, localizar um arquivo fica mais fácil, pois se tem apenas uma cópia dos dados.

Diferencial

Este procedimento de backup grava os dados alterados desde o último backup COMPLETO. Assim, no próximo backup diferencial, somente são salvos os dados modificados desde o último backup COMPLETO. No entanto, esse backup é mais lento de ser processado do que o backup incremental. Todavia, é mais rápido de ser restaurado do que o incremental, pois é necessário apenas restaurar o último backup COMPLETO e o último backup DIFERENCIAL.

Incremental

Neste tipo de backup, são salvos apenas os dados que foram alterados APÓS A ÚLTIMA CÓPIA DE SEGURANÇA realizada. Este procedimento é mais rápido de ser processado. Contudo, leva mais tempo para ser restaurado, pois envolve restaurar todos os backups anteriores. Os arquivos gerados são menores do que os gerados pelo backup diferencial.

Backup Diário

Um backup diário copia todos os arquivos selecionados que foram modificados no dia de execução do backup diário. Os arquivos NÃO SÃO MARCADOS como arquivos que passaram por backup (o atributo de arquivo não é desmarcado).

Backup de Cópia

Um backup de cópia copia todos os arquivos selecionados, mas não os marca como arquivos que passaram por backup (ou seja, o atributo de arquivo não é desmarcado). A cópia é útil caso se deseje realizar o backup de arquivos entre os backups normal e incremental, pois ela NÃO AFETA ESSAS operações de backup.

Linux

O Sistema Operacional Linux é CASE SENSITIVE ou seja, difere os caracteres maiúsculos e minúsculos, enquanto que o Windows não os diferencia. Assim, no Linux, é possível criar uma pasta com o nome EXEMPLO e outra com o nome Exemplo, pois para o Linux são duas pastas distintas. Já no Windows, isso não é possível.

Distribuição Linux

Quando se fala em uma distribuição Linux, na verdade se está falando de um sistema que utiliza o KERNEL LINUX, com variações na interface e nos modos de operação. Se atualmente existem diversas distribuições Linux, mais de 200 oficiais, isso se dá graças às QUATRO liberdades de software garantidas pela licença de software Livre.

Uma distribuição livre é uma personalização feita a partir de outra distribuição que, ao atingir maturidade, é consolidada como uma distribuição.

Terminal

O terminal é uma interface TEXTUAL, também conhecido como um interpretador de comandos, presente no LINUX. Proporciona uma maior robustez e segurança na manipulação dos comandos por utilizar os mesmos comandos na maioria das distribuições Linux.

Um exemplo de terminal citado nas provas de concursos é o SHELL. O terminal Linux possui uma interface similar à interface do Dos.

Principais Comandos

Comando	Ação
ls	LISTA o conteúdo do diretório atual (equivalente ao comando **dir** do Dos).
cd	NAVEGAR entre os diretórios.
chmod	Permite mudar a PERMISSÃO de Arquivos e Pastas (os níveis de permissão não são cobrados).
cp	COPIAR arquivos ou pastas.
mkir	CRIAR arquivos/diretórios.
mv	MOVE arquivos e pastas.
rm	REMOVER arquivos e pastas.

Sistema de Diretórios Linux

/ = Diretório RAIZ do Linux equivalente ao c:\ do Windows.

/home = Armazena diretórios e arquivos de trabalho dos USUÁRIOS comuns do sistema equivalente à pasta *Document and Settings* do Windows.

/bin = Contém aplicativos e utilitários do SISTEMA, como os comandos básicos do sistema su, tar, cat, rm, pwd.

/sbin= Contém ferramentas de configuração e de manutenção do sistema. Alguns aplicativos acessíveis apenas ao SUPERUSUÁRIO são instalados neste diretório.

/lib = Contém as BIBLIOTECAS s compartilhadas e os módulos do kernel.

/dev = Contém os DRIVERS dos dispositivos instalados no sistema.

/etc = Contém todos os arquivos de CONFIGURAÇÃO do sistema equivale aos registros do Windows (Reg).

Capítulo 3

Suítes de Escritório

Editores de Planilhas

Um arquivo do Excel é uma PASTA DE TRABALHO, composta por uma ou mais PLANILHAS.

No Excel 2013, cada pasta de Trabalho opera em uma JANELA diferente. Assim, é possível utilizar recursos como o AERO SNAP para exibir duas janelas do Excel, LADO A LADO na tela.

Em uma tabela, o comportamento é diferente do comportamento em uma planilha. Em uma planilha, as células possuem ENDEREÇOS que podem ser referenciados em fórmulas e funções.

Contudo, as planilhas já são criadas com um número específico de linhas e colunas. Este número é FIXO, ou seja, não podemos criar novas linhas ou colunas, muito menos excluí-las. Todavia, o Excel oferece uma opção para inserir linhas e colunas, que, na verdade, DESLOCAM seus conteúdos.

Células de Absorção

Uma das principais funcionalidades de um editor de planilhas é permitir a realização de CÁLCULOS matemáticos e operar com diversas funções lógicas, não somente com números, mas também com textos. Contudo, é necessário informar ao programa quando temos a intenção de realizarmos alguma destas operações. Para isso, devemos utilizar um INDICADOR antes das fórmulas e funções.

Dentre os símbolos utilizados para iniciar uma Fórmula ou Função, o mais conhecido e cobrado é o sinal de "=". Porém, ele não é o único que pode ser utilizado. Na tabela a seguir, estão descritos os demais sinais que podem ser utilizados.

Fórmulas	Exemplo	Funções	Exemplo
=	=5+5	=	=SOMA(A1:A5)
+	+5+5	+	+SOMA(A1:A5)
-	-5+5	-	-SOMA(A1:A5)
		@	@SOMA(A1:A5)

Operadores

Existem 4 tipos de operadores para cálculo nos editores de planilha.

Operadores Aritméticos

Os principais operadores são ilustrados na tabela a seguir:

Operador	Ação	Exemplo	Resultado
+	SOMA	=5+5	10
-	SUBTRAÇÃO	=5-5	0
*	MULTIPLICAÇÃO	=5*5	25
/	DIVISÃO	=5/5	1
%	PERCENTAGEM	=200 * 10%	20
^	POTENCIAÇÃO	=2^3	8

O operador **%** equivale a uma divisão por 100.

Operador de Texto

O operador de texto é o & que realiza a operação de CONCATENAÇÃO, ou seja, JUNTA os dados das células indicadas na célula em que foi inserida a fórmula.

Operadores de Referência

Em conjunto com o uso de funções, necessitamos utilizar um indicador pra especificar os VALORES que devem ser considerados em uma função. A tabela a seguir mostra o sinal e como o devemos ler em uma expressão:

;	E	União
:	ATÉ	Intervalo

Ex.: dadas as funções =SOMA(A3:A6)

=SOMA(A3;A6)

Na primeira função, será apresentado o resultado da soma dos valores das células **A3, A4, A5 E A6**. Enquanto que, na segunda, será apenas calculada a soma dos valores das **CÉLULAS A3 E A6**.

Operadores de Comparação

Operador	Símb.	Exemplo de uso	Resultado
Menor que	<	**=7<10**	VERDADEIRO
Maior que	>	=7>10	FALSO
Igual a	=	**=7=10**	FALSO
Maior ou igual a	>=	=7>=10	FALSO
Menor ou igual a	<=	**=7<=10**	VERDADEIRO
Diferente de	<>	=7<>10	VERDADEIRO

Alça de Preenchimento

A alça de preenchimento é um dos recursos que mais oferece possibilidades de uso e, por consequência, respostas diferentes. Ela também é conhecida pela descrição de Arrastar pelo canto INFERIOR DIREITO.

Quando uma única célula está selecionada e o seu conteúdo é um valor numérico, ao clicar sobre a alça de preenchimento e arrastar, seja na horizontal ou na vertical, em qualquer sentido, **exceto** DIAGONAL, no Excel o valor presente na célula é COPIADO para as demais, sobre as quais foi arrastada a alça. No Calc, as células serão preenchidas com a SEQUÊNCIA.

Já em uma situação em que existem duas células adjacentes, tanto no Calc como no Excel, selecionadas contendo valores numéricos diferentes entre si, ao se arrastar pela alça de preenchimento, as células serão preenchidas com uma **PROGRESSÃO ARITMÉTICA**, cuja razão é a diferença entre os dois valores selecionados.

Mas devemos nos lembrar da exceção do Excel, em que se forem duas células selecionadas, uma abaixo da outra, ao arrastar na horizontal, as células são preenchidas com o **MESMO VALOR**. Caso sejam duas células uma ao lado da outra, as selecionadas, ao arrastar na vertical, também apenas será copiado o valor das células selecionadas.

Quando o conteúdo de uma única célula selecionada for um texto, esse será copiado para as demais células. Mas se o conteúdo, mesmo sendo um texto, fizer parte de uma SÉRIE CONHECIDA pelo programa, as células serão preenchidas com o próximo valor da série. Por exemplo, se **Janeiro** for o conteúdo inserido na célula, então, ao arrastar pela alça de preenchimento para a direita ou para baixo, a célula adjacente será preenchida com SÉRIE . Por outro lado, se for arrastada para cima ou para a esquerda, a célula SÉRIE ADJACENTE será preenchida com **Dezembro**. O mesmo vale para as sequências **Jan, Seg** e **Segunda-feira.** Atenção: A, B, C não são conhecidos como série nos programas, mas o usuário pode criá-las.

Visualizar Quebra de Página

Por meio da opção de Visualização da Quebra de Página, podemos averiguar e definir como ficará **DISTRIBUÍDO** o conteúdo nas páginas a serem impressas.

Imprimir Títulos

A opção Imprimir Títulos é muito útil quando é preciso imprimir uma planilha em várias PÁGINAS, pois, ao usá-la, o programa automaticamente repete a linha e/ou a coluna dos títulos a cada PÁGINA, para facilitar a identificação dos dados.

Área de Impressão

É possível selecionar as células da planilha com o intuito de definir o espaço que será impresso.

Quebras

Por meio da opção quebras também é possível definir o que será impresso em cada página.

Endereçamento de Células

Para endereçar uma célula, podemos utilizar três modos diferentes: **RELATIVO**, **MISTO** e **ABSOLUTO**.

Os modos de endereçamento não mudam em nada o **VALOR** ou qual célula está sendo utilizada, apenas influenciam a ação de copiar a célula com um endereço para outra célula.

Funções

O Excel oferece diversas funções para a realização de operações e cálculos. A fim de auxiliar o usuário a encontrar a função necessária, o programa as separa em grupos, separadas em uma biblioteca de funções. O recurso citado pode ser encontrado na aba **FÓRMULAS**.

Categorias

- Financeira;
- Lógica;
- Texto;
- Data e Hora;
- Pesquisa e Referência;
- Matemática e Trigonométrica;
- Mais funções:
- Estatística;
- Engenharia;
- Cubo;
- Informações;
- Compatibilidade
- Web.

Também é possível inserir uma função por meio do botão **INSERIR FUNÇÃO,** presente nesta mesma aba.

Dentre as tantas funções existentes no programa, vamos destacar as principais, ou seja, as que têm maior probabilidade de serem cobradas em provas.

Soma

A função Soma apresenta o resultado da **SOMA** dos valores contidos nas células indicadas no espaço de parâmetros da mesma.

Logo, tomando o recorte da planilha a seguir e seus dados, ao inserir a função =SOMA(A1:A5), obtemos como resposta o valor **20**.

	A	B	C
1	7	3	
2	3	7	
3		7	
4	7	3	
5	3	5	
6			

Média

O cálculo da média é a obtenção do resultado da soma de um conjunto de valores e dividir essa soma pelo total de **ELEMENTOS** desse conjunto.

A sintaxe da função é:

=MÉDIA(<parâmetros>**)**

Em que os <parâmetros> são o conjunto de endereços das células que serão consideradas. Dada a figura anterior, consideremos a função: **=MÉDIA(A1:A5).** O resultado dessa função será **5**, pois a função Média ignora células vazias.

	A	B	C
1	7	3	
2	3	7	
3		7	
4	7	3	
5	3	5	
6			
7			

Mediana

A mediana calcula o elemento CENTRAL de um conjunto de dados. Mas, cuidado: é uma função estatística que considera os valores ordenados. Assim, ao aplicar a função:

=MED(B1:B5)

Obteremos como resposta o valor 5, pois se encontra no centro do conjunto de dados. Já no caso de aplicar a função:

=MED(A1:A5)

A resposta será 5, porque, quando o conjunto de dados possui uma quantidade par de elementos, a mediana corresponde à média dos dois elementos centrais do conjunto.

Mod

A função MOD calcula o RESTO **de uma divisão** INTEIRA. Desta forma, ao aplicar a função: =MOD(A1;A2), teremos como resposta 1, uma vez que 7 divididos por 3 resulta em 2 e sobra 1.

Potência

Esta função calcula um valor elevado a outro. A sintaxe desta função é a seguinte:

=POTÊNCIA(<número>**;**<potência>**)**

Como exemplo temos:

=POTÊNCIA(2;3)

Que resulta em 8. Ainda podemos comparar com o uso do operador de potenciação:

=2^3

Máximo

A função Máximo retorna o valor mais ALTO do conjunto de dados especificados, ao aplicar a função para o conjunto de dados inicial.

=MÁXIMO(B1:B5)

A resposta será 7.

Maior

A função Maior possui dois campos em sua sintaxe.

=MAIOR(<intervalo>;<Número de Ordem>)

Ao aplicar:

=MAIOR(B1:B5;3)

Podemos entender como a busca pelo TERCEIRO maior número de B1 até B5.

Mínimo

Esta função resulta no valor mais BAIXO de um conjunto de dados. Logo, ao aplicar:

=MÍNIMO(B1:B5)

A resposta obtida será 3.

Menor

Assim como a função Maior, a função Menor possui dois campos obrigatórios, seja o exemplo:

=MENOR(B1:B5;4)

Em que se lê: quarto menor número de B1 até B5, que resulta em 7.

Agora

Outro grupo de funções é o das funções de data, no caso específico, a função Agora é um exemplo.

Esta função não recebe parâmetros, apenas é escrita:

=AGORA( )

Seu resultado é a expressão da **DATA E DA HORA** atual, ou seja, do momento em que foi inserida.

Hoje

A função Hoje retorna apenas à **DATA** atual. Para usá-la, basta inserir =HOJE( ) e a data será impressa na célula.

Dias

A função DIAS retorna à **DIFERENÇA** entre duas datas em **DIAS**.

=DIAS(<data_Final> ; <data_Inicial>)

Cont.Núm

Esta função realiza a contagem de células cujo conteúdo é um **VALOR NUMÉRICO**. Sua sintaxe apresenta-se da seguinte forma:

=CONT.NÚM(A1:A5)

Para o conjunto de dados inicial, a resposta será 4, pois uma célula está vazia.

Cont.Se

Enquanto a função Cont.num contabiliza a quantidade de células de conteúdo numérico a função Cont.se conta a quantidade de células que possuem conteúdo que atendam a um **CRITÉRIO** fornecido como parâmetro.

=CONT.SE(<intervalo>;<Critério>)

Assim, se aplicarmos:

=CONT.SE(B1:B5; "=7")

A resposta obtida será 2, pois existem apenas duas células com conteúdo igual a 7. Observe atentamente a necessidade do uso das aspas duplas.

SomaSe

Por meio da função SomaSe, podemos realizar a soma apenas das células que interessam.

Sua sintaxe é apresentada de seguinte forma:

=SOMASE(<intervalo a ser comparado> ; <critério> ; <intervalo a ser somado>)

Para isso, utilizaremos o conjunto de dados a seguir:

	A	B	C	D
1	7	3	A	
2	3	7	A	
3		3	B	
4	7	7	C	
5	3	5	A	
6		5	C	
7				

Ao utilizar a função:

=SOMASE(C1:C6; "=A"; B1:B6)

A resposta será 15, pois corresponde à soma das células presentes na coluna B que estão na mesma linha das células da coluna C que tem como conteúdo o texto comparado "A".

SE

A função SE também é conhecida como CONDICIONAL. Esta função é utilizada para a tomada de decisões, pois permite analisar os dados e realizar uma ação de acordo com o que for encontrado.

A sintaxe da função possui por padrão três campos:

=SE(<teste lógico> ; <ação caso teste VERDADEIRO> ; <ação caso teste FALSO>)

Assim, dado o exemplo:

=SE(7>5;"verdade";"falso")

A resposta será VERDADE, pois é o texto expresso na ação. Caso a condição seja verdadeira, como 7 é maior do 5, isso se confirma.

=SE(7<5; "verdade"; "falso")

Como 7 não é menor do que 5, a condição é FALSA e que leva ao resultado Falso.

Word 2013

Tela de Abertura

Uma das novidades – não tão nova assim – presente no Office 2013, é a exibição de uma tela de abertura ao iniciar algum programa da suíte, ao invés de iniciar diretamente com um DOCUMENTO EM BRANCO.

Nessa janela, o usuário tem acesso à lista dos documentos ABERTOS recentemente no programa, bem como pode criar um NOVO documento, ou um documento em branco, ou a partir de um MODELO a ser baixado da Internet.

Janela do Programa

A janela do Word 2013 não possui mudanças muito significativas em comparação com a do Word 2010. A tela de edição principal, no modo de exibição Layout de Impressão, padrão do Word, apresenta uma nova aba: DESIGN.

Também é novidade a maior integração com a NUVEM. Para tanto, o usuário pode logar com sua conta da Microsoft (hotmail ou outlook). Uma vez logado, o nome do usuário é imediatamente associado às propriedades do documento como autor do mesmo.

Barra de título: nesta barra, são apresentadas as informações sobre o NOME do documento em edição e seu FORMATO, bem como o nome do programa que, no caso da figura, indica Microsoft Word.

Menu Arquivo: a versão 2013 modifica novamente o menu arquivo. Contudo, mantém a interface BACKSTAGE.

Faixa de Opções: é possível aumentar a área útil da tela fazendo com que as opções só sejam exibidas quando se clicar na opção na Faixa de opções. Basta utilizar o CLIQUE DUPLO do mouse sobre uma das Guias.

Barra de Status: nela, são apresentadas algumas informações como NÚMERO da página atual e total, total de palavras selecionadas e no documento inteiro.

Modos de Exibição: apenas TRÊS dos modos de exibição que o Word oferece estão dispostos nesse espaço para acesso rápido.

Zoom: o zoom também pode ser alterado utilizando-se a combinação da roda do mouse (*scroll*) enquanto mantém-se pressionada a tecla CTRL.

Barra de Ferramentas de Acesso Rápido

O Botão Desfazer : permite voltar uma ou mais ações realizadas no programa, cuja tecla de atalho é a famosa combinação CTRL + Z.

O botão Repetir : esta opção REPETE a última ação realizada, como aplicar negrito a um texto, ou mudar a cor de uma fonte, a combinação de teclas de atalho para esta opção é CTRL + R no Word 2013.

O Botão Refazer : este botão só é exibido quando o DESFAZER é acionado, permitindo retroceder uma ação desfeita. As teclas de atalho são as mesmas do botão Repetir, até porque, aparecem no lugar dele.

Menu Arquivo

Por padrão, ao abrir o menu Arquivo, ele apresenta a opção INFORMAÇÕES selecionada, a qual oferece dois conjuntos de opções: ferramentas de geração de documento e as propriedades do documento em edição.

Opção Informações

Na janela de informações, temos acesso a um dos conjuntos de opções mais importante (em termos de concurso) do Menu Arquivo.

Opção Proteger Documento

Marcar Como Final: a opção serve para salvar o arquivo como SOMENTE LEITURA. Assim, ajuda a evitar que sejam feitas alterações no arquivo, ou seja, desabilita ou desativa a inserção de texto, a edição e as marcas de controle. Além disso, define o "Status" do documento como FINAL.

Criptografar com Senha: por meio desta opção, é possível se definir uma senha para que o documento possa ser acessado. Contudo, vale ressaltar que a criptografia realizada pela opção Criptografar com Senha **não tem** relação com CERTIFICAÇÃO DIGITAL .

Restringir Edição: por intermédio da opção Restringir Edição, é possível escolher dentre três opções de ação:

Restrições de FORMATAÇÃO: pela qual é possível limitar as opções de formatação, permitindo apenas que haja a escolha, dentre um conjunto de estilos selecionados, no momento da ativação do recurso.

Restrições de EDIÇÃO: esta opção está relacionada às ferramentas de controle de edição, como controle de alterações e comentários, até mesmo preenchimento de formulários. Com ela, o usuário pode limitar a que opções outro usuário que acessar o documento pode realizar. Ainda é possível determinar apenas PARTES do documento, para que possam ser editadas, protegendo, assim, o resto das alterações.

Aplicar PROTEÇÃO: depois de configuradas as opções de um ou ambos os itens supracitados, a opção Sim, Aplicar Proteção fica habilitada. Com isso, será aberta uma janela para determinar uma senha ou para que seja utilizado um ID (e-mail) de usuários.

Restringir Permissão por Pessoas: esta opção permite limitar o acesso ao documento utilizando como critério CONTAS do Windows Live ID ou uma conta do Microsoft Windows.

Adicionar uma Assinatura Digital: através desta opção, é possível se assinar digitalmente o documento em edição, a fim de garantir a INTEGRIDADE e a AUTENTICIDADE do mesmo, por consequência, também, o Não Repúdio. Contudo, é necessário possuir CERTIFICADO DIGITAL para realizar este procedimento.

Opção Verificando Problemas

Inspecionar Documento: esta opção também pode ser citada como Inspetor do documento que possibilita diversas opções, com a finalidade de buscar no documento por dados PESSOAIS, informações ocultas, marcas, comentários, estruturas de controle, dentre outras, para que possam ser facilmente removidas, com o auxilio desta opção.

Verificar Acessibilidade: permite verificar se a estrutura do elemento possui recursos ou formatações que dificultem a leitura por pessoas com DEFICIÊNCIA, por exemplo, documentos que serão lidos por leitores de telas, utilizados por pessoas com baixa visão ou ausência de visão.

Verificar Compatibilidade: esta opção permite verificar se o documento possui estruturas que não existem nas versões anteriores do Word. Assim, quando o documento for salvo em .DOC, não apresentará PROBLEMAS de compatibilidade.

Opção Recente

A opção Recente exibe, especificamente, os documentos. Os LOCAIS de origem dos arquivos também são apresentados, permitindo, inclusive, abrir outros arquivos presentes na referida pasta.

Opção Novo

Já a opção Novo abre no próprio menu Arquivo as opções de criação de um novo documento.

É possível criar um arquivo com base em outro arquivo já existente, ou mesmo em um MODELO da Internet.

Opção Imprimir

O Word 2013 apresenta diretamente no Menu Arquivo à Imprimir as propriedades da Impressão, que também podem ser acessadas por meio da combinação de teclas CTRL+P.

Opção Salvar e Enviar

Deve-se atentar à integração com o Microsoft WEBAPPS, bem como à integração com a ferramenta SharePoint e os gerenciadores de Blogs como o WordPress.

A opção **Enviar por e-mail** irá abrir o Cliente de e-mail PADRÃO instalado que, provavelmente, será o Outlook 2013, presente na suíte de aplicativos do Office 2013, com o documento em edição já anexado para o efetivo envio da mensagem. Por meio da opção, é possível se escolher, inclusive, qual será o formato do arquivo em anexo: DOCX, PDF ou XPS.

Aba Página Inicial

Na Aba Página Inicial do Word 2013, encontramos as opções divididas nos blocos: ÁREA DE TRANSFERÊNCIA; FONTE; PARÁGRAFO; ESTILO; EDIÇÃO.

Bloco Área de Transferência

A Área de Transferência é uma área TEMPORÁRIA, em que são colocadas as estruturas (textos, imagens etc.) que são COPIADAS de algum lugar, seja um documento, página da Internet, ou mesmo do Sistema Operacional, para que possam ser COLADAS

Vale lembrar que a área de transferência fica em memória RAM. Portanto, quando o computador é desligado, ela é PERDIDA.

Opção Colar

No bloco TRANSFERÊNCIA, encontra-se a opção Colar de forma equivalente a utilizar as teclas de atalho CTRL + V. Já, ao se clicar na parte inferior, o Word exibe uma lista de opções de colagem, bem como dá acesso à opção Colar especial.

Pincel de Formatação

O Pincel de Formatação permite realizar a cópia de FORMATAÇÃO de um trecho de texto previamente selecionado e aplicar em outro trecho de texto a ser selecionado *a posteriori* clique no botão pincel.

Bloco Fonte

Neste bloco, são encontradas as ferramentas mais usadas durante a EDIÇÃO de um documento, as opções relacionadas à formatação de Fonte.

Tipo/Nome da Fonte

Esta opção permite alterar a GRAFIA da fonte, ou seja, o seu traço. Ao alterar o tipo da fonte, ela pode sofrer alteração no seu tamanho, no entanto, mantendo o mesmo valor numérico de tamanho de fonte. Por padrão, o estilo normal do Word 2013, a fonte pré-definida, é a CALIBRI.

Tamanho da Fonte

A opção de tamanho de fonte oferece um campo para definir o tamanho das letras de um texto selecionado. É possível também se selecionar o tamanho pela alça.

Aumentar e Diminuir Fonte

Também é possível controlar o tamanho das fontes pelos botões Aumentar fonte e Diminuir fonte, que alteram o tamanho da fonte de um texto, previamente selecionado, de acordo com os valores da lista disponibilizada na alça tamanho da fonte. Também se podem acionar estas opções por meio das teclas de atalho CTRL + SHIFT + > para aumentar o tamanho da fonte como CTRL + SHIFT + < para diminuir o tamanho da fonte.

Bloco Parágrafo

Na Aba PÁGINA INICIAL, encontram-se também as opções de formatação de parágrafo mais utilizadas.

Algumas opções menos frequentemente usadas estão no bloco parágrafo da Aba Layout de Página.

Marcadores

A opção Marcadores permite acrescentar SÍMBOLOS, caracteres ou mesmo imagens, como uma foto do usuário, como itens de marcação de tópicos para cada parágrafo.

Numeração

Cuidado com a diferença entre os marcadores e a numeração. A finalidade de ambos é similar. Porém, a Numeração segue uma SEQUÊNCIA que pode ser numérica, utilizando-se números romanos maiúsculos ou minúsculos, letras maiúsculas ou minúsculas ou ainda números arábicos.

Classificar

Uma vez clicado o botão Classificar, é aberta uma janela pela qual é possível PARAMETRIZAR as regras de classificação, que podem ser por colunas, em caso de tabelas. Os tipos de dados que podem ser selecionados, de maneira que o programa possa classificá-los em ordem CRESCENTE e ou DECRESCENTE são: TEXTO, NÚMERO E DATA..

Mostrar Tudo

A opção Mostrar Tudo é responsável por exibir os caracteres NÃO IMPRIMÍVEIS, que auxiliam na edição de um documento, ao exibir marcas de edição, espaços e marcações de Parágrafos. Esta opção é muito importante para que se possa definir onde inicia e onde termina um parágrafo no texto.

Alinhamentos de Parágrafo

Muito cuidado com as opções de alinhamento, pois existe também o alinhamento de TABULAÇÃO, que oferece opções diferentes das do alinhamento de parágrafo, porém para fins similares.

Os alinhamentos são: ESQUERDO, CENTRALIZADO, DIREITO E JUSTIFICADO. Também é possível acionar tais opções, por meio das respectivas teclas de atalho: CTRL+Q, CTRL+E, CTRL+G, CTRL+J.

Espaçamento entre Linhas

A opção Espaçamento entre Linhas, disponível no bloco Parágrafo, apresenta alguns valores que não são ilustrados diretamente na janela Propriedades de Parágrafo, como 1,15. Contudo, é possível chegar a ela de maneira manual, como selecionar a opção "MÚLTIPLOS" e, em seguida, digitar o valor 1,15.

Sombreamento

A opção sombreamento permite atribuir uma cor de PLANO DE FUNDO a um parágrafo.

Bordas

Também é possível se atribuir uma borda a um parágrafo, como também à PÁGINA do documento. A opção Bordas, pode ser utilizada tanto para aplicar uma borda a um parágrafo, como a uma TABELA , caso esteja selecionada.

Bloco Estilos

Os estilos de formatação são uma importante ferramenta, que auxilia e otimiza o processo de edição de documentos que devam obedecer a padrões de formatação. Além disso, tais estilos são necessários para a inserção de SUMÁRIO automático.

O Office 2007 inovou muitos estilos, como também melhorou alguns, estes foram mantidos no Office 2013. O estilo padrão apresentado é o estilo Normal, que define, por exemplo, a fonte como CALIBRI, tamanho 11, espaçamento entre linhas múltiplo de 1,15, e espaço após o parágrafo de 10pt.

Aba Inserir

Bloco Páginas

No Bloco Páginas é onde se encontra uma das QUEBRAS possíveis de se inserir em um documento e, justamente, a que pode ser alvo de confusão no momento da prova. Isso porque, na Aba Inserir, é encontrada apenas a opção Quebra de Página. As demais ficam na aba LAYOUT DE PÁGINA.

Bloco Tabelas

No bloco Tabelas, é disponibilizada apenas a opção Tabela, por meio da qual podemos tanto inserir uma Tabela no documento em edição, como uma PLANILHA.

Opção Tabela

Ao clicar na opção Tabela, é aberto o menu Dropdown, no qual se pode observar a opção PLANILHA, que permite inserir uma planilha no documento. É preciso, porém, atentar para o fato de que a estrutura de planilhas é diferente da estrutura de uma tabela.

Bloco Links

No bloco Links, são disponibilizadas três opções: HIPERLINK, INDICADOR e REFERENCIA CRUZADA. A opção hiperlink tem como tecla de atalho a combinação CTRL+K.

Bloco Cabeçalho e Rodapé

A estrutura de cabeçalho e rodapé é utilizada, principalmente, quando se deseja inserir uma informação em várias páginas de um documento, como numeração de páginas ou uma figura.

Entretanto, em um mesmo documento é possível utilizar cabeçalhos e rodapés diferentes, pois essas estruturas são as mesmas para TODAS AS PÁGINAS DA MESMA SEÇÃO.

Bloco Texto

No bloco Texto, devemos destacar a opção WordArt e Linha de Assinatura.

A opção WordArt, desde o Office 2010, mudou sua forma de formatação e estrutura. Ela gera agora resultado similar ao obtido pela opção FEITOS DE TEXTO, da Aba Página Inicial.

Já a opção Linha de Assinatura, permite inserir uma ASSINATURA DIGITAL no documento em edição. Contudo, para isso, é necessário possuir um CERTIFICADO DIGITAL. Esta opção também pode ser utilizada para inserir as linhas normalmente usadas para posterior assinatura manual.

Aba Layout de Página

A aba Layout de Página é muito importante durante a edição de um documento. A versão do Word 2013 removeu alguns blocos desta aba, criando a aba DESIGN.

Na Aba Layout de Página, são disponibilizados os blocos: Configurar Página; PARÁGRAFO e Organizar.

Bloco Configurar Página

O bloco Configurar Página é um dos principais blocos da Aba Layout de Página. Por meio dele, podemos alterar as configurações de: Margens; ORIENTAÇÃO Tamanho; Colunas; Quebras; Números de Linhas e Hifenização.

Vale ressaltar que as configurações de página podem ser diferentes em um mesmo documento, pois a configuração é aplicada à SEÇÃO. Desse modo, é possível, em um mesmo documento, trabalhar com páginas na orientação Retrato e Paisagem Intercaladas.

Aba Referências

A guia Referências dispõe os blocos: SUMÁRIO; Notas de Rodapé; Citações e Bibliografia; Legendas; Índice e Índice de Autoridades.

Bloco Sumário

Através do Bloco Sumário, pode-se ter acesso à opção Sumário, a fim de realizar a inserção do Sumário AUTOMÁTICO, no documento em edição. Convém lembrar que o sumário depende da utilização dos ESTILOS DE FORMATAÇÃO de título ao longo do documento, para poder listar tais títulos e as referidas páginas em que aparecem.

Bloco Notas de Rodapé

Por meio do bloco Notas de Rodapé, é possível inserir tanto notas de Rodapé como Notas de FIM. A diferença é que as notas de rodapé são exibidas no rodapé das páginas em que são citadas, já as notas de fim podem ser configuradas para aparecerem no fim da SEÇÃO ou no fim do documento.

Aba Correspondências

A aba Correspondências é bastante utilizada por escritórios. Isso porque é nessa aba que se encontram as opções de trabalhar com MALA DIRETA para a geração de envelopes e etiquetas, de forma facilitada e dinâmica. Em bancas de concursos, é comum se questionar sobre como montar a lista de "contatos" para se trabalhar com mala direta. Para isso, é possível se criar a lista, utilizando o EXCEL ou o ACCESS.

Aba Revisão

A Aba Revisão oferece opções de correção e controle do conteúdo do documento, por meio dos blocos: Revisão de Texto; Idioma; Comentários; **CONTROLE**; Alterações; Comparar e Proteger, conforme ilustrado a seguir.

Bloco Revisão de Texto

Neste Bloco é que se encontra a ferramenta Ortografia e Gramática, que pode ser acionada por meio da tecla de atalho **F7**, bem como com a ferramenta Pesquisar.

Bloco Idioma

Outra novidade do Word 2013 é a opção **TRADUZIR**, disponível no bloco Idioma, que permite traduzir um texto selecionado utilizando a ferramenta de tradução online da Microsoft. Obviamente, advém a necessidade de estar conectado à Internet.

Bloco Controle

O bloco Controle é uma excelente ferramenta a para correção de documentos, de forma que o escritor, ao terminar seu trabalho, ativa a opção **TRADUZIR**, salva o documento, e o envia para um corretor. Este, se necessário, apagará trechos do texto ou realizará a inserção de novas estruturas. Estas ações são **MARCADAS** no documento, como ilustrado na sequência, de forma que o corretor, ao terminar se trabalho, salva novamente o documento e o envia ao escritor para que **ACEITE** ou não as alterações realizadas.

~~Texto·a·ser·excluído·~~Inserir·este·texto·do·documento,·para·o·exemplo.¶

Bloco Comparar

O bloco Comparar oferece a opção Comparar, pela qual é possível escolher dentre as opções: Comparar... ou Combinar...

A opção Comparar permite comparar versões diferentes de um **MESMO DOCUMENTO**, a fim de destacar as diferenças. Já a opção Combinar serve para combinar as diferentes **SUGESTÕES** de alteração que várias pessoas fizeram, com base no mesmo documento.

Bloco Proteger

A opção Restringir Edição, disponível no Bloco Proteger, é a mesma apresentada no **MENU ARQUIVO**.

Aba Exibição

As opções encontradas nesta guia estão relacionadas a itens que se remetem à forma de apresentação da janela, do zoom, entre outas visões. A aba é composta pelos blocos: Modos de Exibição de Documento; Mostrar; Zoom; Janela e **MACROS**.

Bloco Modos de Exibição

Um dos principais da Aba Exibição, em relação à cobrança nas provas, pois neste bloco são disponibilizados os cinco modos de exibição da janela do Word: Layout de **IMPRESSÃO**; Leitura em Tela Inteira; Layout da **WEB**; Estrutura de **TÓPICOS** e Rascunho.

O modo Layout de **IMPRESSÃO** é o padrão. Quando ele está ativado, é possível visualizar os limites das páginas, e as réguas são exibidas tanto da horizontal como da vertical.

No modo Layout da Web, não há a divisão em páginas e apenas aparece a régua da **HORIZONTAL**.

A Estrutura de Tópicos exibe o texto com um marcador para cada parágrafo, como ilustrado a seguir:

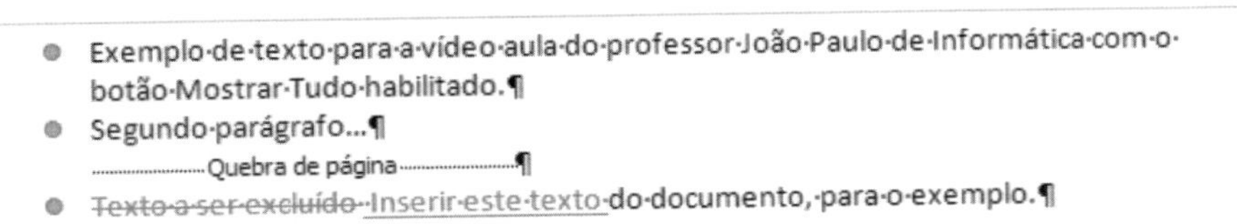

O modo Rascunho é o mais simples: as FIGURAS são omitidas, e apenas o TEXTO é exibido.

Bloco Zoom

Por meio deste bloco, é possível se alternar entre os diversos níveis de zoom do documento.

Bloco Janela

As opções deste bloco estão associadas à visualização da janela do programa.

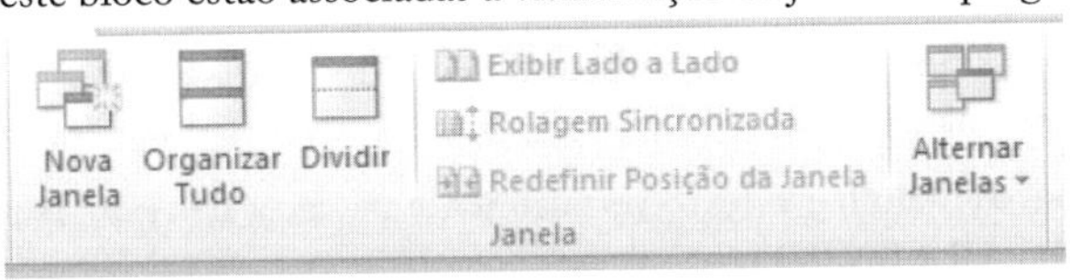

A opção mais usual é a opção Dividir, que permite dividir a tela em DUAS, de forma a possibilitar a visualização de duas partes distantes de um mesmo documento simultaneamente, como ver a primeira e a última página de um documento com várias páginas.

Aba Inserir

Bloco Ilustrações

A novidade do bloco Ilustrações é a opção INSTANTÂNEO, que permite inserir uma imagem de uma janela de programa aberto, ou ainda, inserir recorte da tela do computador.

Uma das novidades do Office 2013 é a possibilidade de incorporar recursos de aplicativos disponíveis na Windows STORE, como também a opção VÍDEO ONLINE.

Mas devemos tomar cuidado com a opção Comentário que, além de existir na aba REVISÃO, passa a existir também na aba INSERIR.

PowerPoint 2013

O PowerPoint é o editor de Apresentações de Slides da MICROSOFT. Algumas provas podem citar o termo slides em português ESLAIDE.

O PowerPoint possui dois formatos principais: um relacionado à edição dos slides (PPTX) e outro que abre diretamente no modo de exibição (PPSX).

Aba Página Inicial

Ao comparar a Página Inicial do Word com o PowerPoint, é possível notar algumas diferenças, como o bloco SLIDES e o Bloco Desenho, como também algumas diferentes opções nos Blocos Fonte e Parágrafo.

Bloco Slides

Este é um dos blocos mais utilizados. Deve-se atentar à opção Novo Slide. Ela apresenta uma seta para baixo, o que significa que um menu Dropdown será aberto, permitindo que seja selecionado o LAYOUT do slide a ser inserido.

Contudo, é possível mudar o **Layout** (organização) de um slide mesmo após sua inserção, bastando, para tanto, selecionar o slide desejado e alterar seu layout pela opção LAYOUT.

Bloco Fonte

O bloco Fonte apresenta as opções: sombra de texto e espaçamento entre CARACTERES, que não aparecem no Word.

A opção SOMBRA, indicada pela letra S mais espessa, permite aplicar um efeito de sombra que dá destaque ao texto, dando a impressão de volume.

Bloco Parágrafo

Neste bloco, há novas funcionalidades como: Colunas, Direção do Texto, Alinhar Texto e Converter em SmartArt.

A opção COLUNAS permite formatar uma caixa de texto selecionada para que exiba seu texto em diversas colunas.

A opção DIREÇÃO DO TEXTO permite alterar a forma como um texto é exibido no PowerPoint, a fim de causar um efeito mais chamativo.

As opções encontradas, ao clicar na opção Direção do Texto, são: Horizontal; Girar em 90º; girar em 270º e Empilhado.

Também é possível alinhar o texto verticalmente na caixa de texto. Para isso, pode-se utilizar a opção ALINHAR TEXTO.

As opções são: Em Cima, No Meio e Embaixo.

O recurso SMARTART também existe no Word. Contudo, no PowerPoint, é possível converter uma estrutura de um texto, em parágrafo ou tópicos, em um esquema do SmartArt.

Bloco Desenho

O bloco Desenho é o substituto da barra de ferramentas de desenho, encontrada no Microsoft Office 2003. Nele, encontramos as mesmas opções e algumas a mais.

Formas

A opção Formas permite inserir um DESENHO no documento em edição que pode ser dimensionado e preenchido.

Organizar

A opção Organizar oferece recursos de posicionamento dos objetos em relação a outros, como ordená-los um a frente do outro, ou seja, controlar a sobreposição dos itens. Como também podemos AGRUPAR os itens para movimentá-los e dimensiona-los de maneira uniforme.

Aba Inserir

Na aba Inserir são disponibilizadas inúmeras opções de estruturas que podem ser inseridas na apresentação em edição.

Álbum de fotografias

Pode-se enfatizar a opção Álbum de Fotografias, opção que permite criar rapidamente um álbum de fotos, por meio da seleção de uma PASTA contendo as imagens, colocando apenas uma foto por slide ou mais.

SmartArt

O recurso SmartArt permite criar ESQUEMAS organizacionais. Tal recurso passou a existir a partir da versão 2007 do MsOffice.

Gráficos

Com relação aos gráficos, convém lembrar que eles necessitam de uma **PLANILHA** com os dados que serão representados no gráfico.

Ação

Por meio do botão Ação, podemos criar interações em meio à apresentação de slides, como navegar de modo **ALEATÓRIO** entre os slides.

Cabeçalho e Rodapé

A estrutura de cabeçalho e rodapé requer maior atenção. Isso porque, no Word, ela opera de modo diferente do que no PowerPoint. Nos **SLIDES**, também podemos trabalhar com rodapé, mas não com cabeçalhos, apesar de a ferramenta possuir este nome. Na verdade, isso ocorre porque o cabeçalho pode ser inserido no formato das **ANOTAÇÕES E FOLHETOS**.

Nos folhetos e anotações, o cabeçalho ocupa o canto superior **ESQUERDO**, enquanto que o rodapé usa o campo inferior esquerdo. Na posição superior direita, podemos exibir a **DATA E HORA**, enquanto que no canto inferior direto, temos o espaço para o **NÚMERO DA PÁGINA**.

Bloco Mídia

É possível inserir, em uma apresentação de slides, um **FILME**, como também um arquivo de **ÁUDIO**.

Aba Design

Através desta aba é possível mudar a configuração de um slide, colocando-o com **ORIENTAÇÃO** diferente do padrão, paisagem, ou mesmo mudar suas dimensões. Pode-se ainda alterar o conjunto de cores de fundo e fontes, por meio dos **TEMAS**.

Aba Transições

Na Aba Transições, encontram-se as opções referentes à **TROCA** dos slides durante a apresentação. No Office 2013, existem diversos novos efeitos que proporcionam uma melhor qualidade visual à apresentação. Também é possível configurar **TEMPOS** para cada slide e para o efeito de transição, por meio das opções disponibilizadas no bloco Intervalo.

Aba Animações

Na aba Animações são encontradas opções que podem ser aplicadas a **ELEMENTOS** em um slide, como figuras e textos. É possível também configurar o tempo de uma troca de slides, bem como a duração de uma **ANIMAÇÃO**.

Aba Apresentação de Slides

Na aba Apresentação, podemos configurar a apresentação como um todo.

A opção do começo exibe a apresentação de slides a partir do primeiro slide. A tecla de atalho correspondente é a tecla **F5**. Já a opção do Slide atual exibe a apresentação a partir do slide selecionado. A tecla de atalho para esta opção é **SHIFT + F5**.

Uma das melhorias do Office 2013 é a sua integração com recursos Online, como a opção **APRESENTAÇÃO ONLINE** que possibilita disponibilizar uma apresentação de slides para que possa ser visualizada via Internet enquanto é exibida. Para tanto, é necessário utilizar uma Windows Live ID.

Outra opção Interessante é a opção Modo de Exibição de **APRESENTADOR** que permite, quando um monitor e um projetor, ou mesmo dois monitores conectados ao computador, exibir a apresentação em um (normalmente no projetor) e no outro monitor uma tela de acompanhamento que exibe as **ANOTAÇÕES** de cada slide, a sua miniatura e o tempo decorrido do início da apresentação.

Bloco Configurar Apresentação

Configurar Apresentação de Slides

A configuração de uma apresentação permite definir se a apresentação será exibida em tela inteira ou na forma de JANELA. Define-se também a forma de AVANÇO dos slides e quais serão eles.

Ocultar Slide

Essa opção permite ocultar o slide SELECIONADO. Tal slide também não é exibido na apresentação.

Testar Intervalos

Esse recurso é muito utilizado para animações com textos com transição AUTOMÁTICA. Uma vez acionada essa função, a apresentação de slides é iniciada. A cada vez que um slide é avançado, o tempo é GRAVADO, a fim de que esse tempo seja usado na exibição dos slides.

Capítulo 4

Segurança da Informação e Hardware

Segurança da Informação

A segurança da Informação é maior do que a própria informática. Ela condiz com os procedimentos que envolvem a informação, seja qual for seu formato: digital ou impresso.

A segurança da informação deve estar presente em todas as etapas do CICLO DE VIDA dos dados (documentos): criação/aquisição/seleção, transporte, armazenamento, manuseio, organização, recuperação e eliminação.

A ISO 27002 (conhecida antes como ISO 17799) é uma NORMA internacional, contendo controles para a segurança da Informação. É uma norma que trata das melhores práticas de segurança da informação.

Nesse âmbito de segurança, alguns princípios devem ser buscados.

Princípios Básicos da Segurança da Informação - P.B.S.I:

DISPONIBILIDADE	Garante que esteja DISPONÍVEL
INTEGRIDADE	Garante a não ALTERAÇÃO DOS DADOS
CONFIDENCIALIDADE	Garante o SIGILO do dado
AUTENTICIDADE	Garante o AUTOR do dado

Disponibilidade

Garante que um sistema de informações estará sempre DISPONÍVEL aos usuários que dele necessitarem.

Integridade

A integridade é a garantia de que um dado não sofreu ALTERAÇÃO durante a transmissão.

A integridade é garantida com o uso de uma função HASH. A função HASH gera um RESUMO do dado do qual se deseja garantir a integridade. Por exemplo, temos uma mensagem que será enviada a determinado destino e queremos garantir que ninguém, durante a transmissão, possa alterá-la. Então, utilizamos a função HASH para gerar um resumo desta mensagem. Este resumo tem um tamanho fixo e é composto por dígitos hexadecimais. Enviamos este código HASH JUNTO com a mensagem. Existe SOMENTE um código HASH para cada mensagem. Se uma vírgula for alterada na mensagem original, o código HASH será DIFERENTE. Desta forma, ao receber uma mensagem e o resumo dela, o destino GERA novamente um resumo desta mensagem e o compara com o recebido. Não há como, a partir de um código HASH, gerar a mensagem original.

Confidencialidade

Confidencialidade é o princípio que garante o **SIGILO** de um dado, ou seja, assegura que somente o **DESTINATÁRIO** do dado é que pode acessá-lo e entendê-lo.

Autenticidade

É responsável por garantir a identidade do **AUTOR** do dado. "Assegurar que é **QUEM** diz ser."

Não Repúdio

É o princípio que **DERIVA DA AUTENTICIDADE**, pois uma vez que se usa da estrutura para garantir a autenticidade, não se pode **NEGAR** o vínculo.

Procedimentos de Segurança

Os procedimentos de segurança tratam dos requisitos básicos para a segurança, bem como das precauções por parte dos **USUÁRIOS**.

Programas Básicos

Dentre as prerrogativas de segurança, é necessário que o computador:

- Possua um programa **ANTIVÍRUS** ou antimalware instalado e atualizado.
- Mantenha o **FIREWALL** sempre ativo.
- Mantenha o **SISTEMA OPERACIONAL** sempre atualizado.

Política de Mesa Limpa

Uma política de "mesa limpa" é uma forma eficaz para reduzir os riscos de **ACESSO** não autorizado, perda ou dano à informação, durante e fora do horário normal de trabalho. Assim, os seguintes procedimentos devem ser adotados:

Papéis e mídias de computador devem ser **GUARDADOS**, quando não estiverem sendo utilizados, em lugares adequados, com fechaduras ou outras formas seguras de mobiliário, especialmente fora do horário normal de trabalho.

Informações sensíveis ou críticas ao negócio, quando não requeridas, devem ser **GUARDADAS** em local distante, de forma **SEGURA** e fechada, de preferência em um cofre ou arquivo resistente a fogo, especialmente quando o escritório estiver vazio.

Pontos de recepção e envio de **CORRESPONDÊNCIAS** e máquinas de fax e telex não assistidas devem ser protegidos.

Equipamentos de reprodução (fotocopiadoras, "scanners" e máquinas fotográficas digitais) devem ser travados ou de alguma forma protegidos contra o uso **NÃO AUTORIZADO**, fora do horário de trabalho.

Informações sensíveis e classificadas, quando impressas, devem ser imediatamente **RETIRADAS** da impressora e fax.

Política de Tela Limpa

A política de "tela limpa" é uma forma eficaz para reduzir os riscos de acesso não autorizado, perda ou dano à informação, durante e fora do horário normal de trabalho. Assim, os seguintes procedimentos devem ser adotados:

Os computadores **PESSOAIS**, terminais de computador e impressoras devem ser **DESLIGADOS** quando desassistidos.

Equipamentos devem ser protegidos por mecanismo de travamento de **TELA** e **TECLADO** controlados por **SENHAS**, chaves ou outros mecanismos de autenticação quando não estiverem em uso.

Se uma sessão estiver ociosa por mais de 15 minutos, exigir que o usuário **REDIGITE** a senha para reativar o terminal.

Boas Práticas de Segurança

Dentre as boas práticas, destacam-se o uso de senhas com, pelo menos, três tipos de caracteres e, no mínimo, de **8** dígitos. As senhas são de caráter **PESSOAL E INTRASFERÍVEL**.

Durante a navegação nas páginas da Internet, não se deve clicar em qualquer link ou mensagem.

Deve-se escanear arquivos com antivírus antes de abri-los.

Convém realizar rotinas de backup e verificação de malwares.

Criptografia

Criptografia: é a arte de escrever em **CÓDIGOS**. É uma técnica utilizada para garantir o **SIGILO** de uma mensagem. Os métodos de criptografia atuais baseiam-se no uso de uma ou mais **CHAVES**. Uma chave é uma sequencia de caracteres, que pode conter letras, dígitos e símbolos (como uma **SENHA**), e que é convertida em um número, utilizado pelos métodos de criptografia para codificar e decodificar as mensagens.

C K H Z E N P

A L F A C O N

Criptografia de Chave Simétrica:

Neste método, faz-se o uso de uma **MESMA CHAVE**, tanto para cifrar, quanto para decifrar as mensagens. Ele é mais rápido do que o método de chaves Assimétricas. Porém, precisa de alguma forma segura de **COMPARTILHAR** a chave entre indivíduos que desejam trocar informações criptografadas com essa chave.

Criptografia de Chave Assimétrica:

Neste método, utilizamos **DUAS CHAVES**: uma **CHAVE PÚBLICA**, que fica disponível para todos; e uma **CHAVE PRIVADA**, que somente o dono conhece. As mensagens criptografadas com a chave pública só podem ser decifradas com a chave **PÚBLICA** correspondente. Ou seja, uma mensagem criptografada com uma chave de um usuário poderá ser aberta somente pela outra chave do **MESMO** usuário.

Confidencialidade:

Para que o sigilo de uma informação seja garantido, precisamos garantir que somente o **DESTINATÁRIO** da informação poderá entendê-la. Existe uma chave que somente o dono conhece, a sua chave **PRIVADA**. Se um dado é criptografado com a chave pública de um usuário, somente pode ser decriptografada pela chave privada do mesmo usuário. Assim, quando desejamos manter o sigilo de um dado, devemos cifrar este dado com a chave pública do destino.

Autenticidade:

No processo de autenticação, as chaves são aplicadas de forma **INVERSA** ao da confidencialidade. O remetente de uma mensagem utiliza sua chave **PRIVADA** para criptografá-la. Assim, garante que somente ele poderia ter realizado esta criptografia, pois parte do princípio de que somente ele conhece sua chave privada. Em decorrência desta regra de segurança, em que o usuário de uma chave privada se compromete a manter sigilo desta chave, o conceito de **NÃO REPÚDIO** é associado. Tal conceito nega ao usuário o direito de dizer que alguém enviou a mensagem tentando se passar por ele.

Certificado Digital

O Certificado digital é um documento eletrônico assinado digitalmente e cumpre a função de associar uma pessoa ou entidade a uma chave **PÚBLICA**.

Um certificado normalmente assimila as seguintes informações a um usuário:

NOME da pessoa ou entidade a ser associada à chave pública.

Período de VALIDADE do certificado.

Chave PÚBLICA.

Nome e ASSINATURA da entidade que assinou o certificado.

Número de SÉRIE.

Autoridade de Registro (AR): é a responsável por prover um INTERMÉDIO entre um usuário e uma AC. Ela é responsável por conferir as informações do usuário e enviar a requisição do certificado para a AC.

Autoridade Certificadora (AC): é responsável pela GERAÇÃO, renovação, revogação de certificados digitais e emissão da lista de certificados revogados (LCR), além das regras de publicação dos certificados digitais e LCR. Uma autoridade certificadora pode ser uma empresa, organização ou indivíduo, público ou privado.

Assinatura Digital garante exatamente e somente estes dois princípios: a AUTENTICIDADE e a INTEGRIDADE No processo de assinatura digital, o documento não sofre alteração, ou seja, não é CRIPTOGRAFADO, mas somente o HASH (resumo) gerado deste dado que é criptografado com a chave PRIVADA do autor da mensagem.

Malwares

Também conhecido como software MALICIOSO, é um programa que possui objetivos ilícitos ou MAL INTENCIONADOS.

Tipos de malwares

Vírus

Um vírus tem por características:

INFECTAR os arquivos do computador do usuário, principalmente, arquivos do sistema.

DEPENDER DE AÇÃO DO USUÁRIO, como executar o arquivo ou programa que está contaminado com o vírus.

Tem finalidades diversas, dentre as quais se destaca por **danificar** tanto arquivos e o sistema operacional, como também as peças.

***Worm* (verme)**

O *Worm* é, por vezes, citado por verme, como forma de confundir o concursando.

Características:

NÃO DEPENDE DE AÇÃO DO USUÁRIO para executar. Ele executa automaticamente, como por exemplo, no momento que um pendrive é conectado a um computador, ele é contaminado ou contamina o computador.

Um *Worm* tem como finalidade A REPLICAÇÃO.

NÃO INFECTA outros arquivos, apenas CRIA CÓPIAS DE SI em vários locais. Isso pode encher o HD do usuário. Outra forma de se replicar utilizada se dá através da exploração de FALHAS dos programas, principalmente os clientes de e-mail, enviando por e-mail cópias de si para os contratos do usuário, armazenados no cliente de e-mail.

Usado em ataques de DDOS, ou seja, negação de serviço.

- Estado zumbi.

Trojan Horse (Cavalo de Troia)

Características:

Um Cavalo de Troia é recebido pelo usuário como um PRESENTE.

DEPENDE DE AÇÃO DO USUÁRIO.

Podemos considerá-lo em essência como um **MEIO** para a contaminação do computador por outras pragas.

Executa as tarefas que diz como um disfarce.

Spyware

Também conhecido como software **ESPIÃO**.

O spyware tem por finalidade **CAPTURAR DADOS** do usuário e enviá-los para terceiros.

Existem dois tipos de spywares os **KEYLOGGERS** e os **SCREENLOGGERS**.

***KeyLogger*:** Key = chave, Log = registro de ações.

O *KeyLogger* é um spyware que tem por característica capturar os dados **DIGITADOS** pelo usuário. Na maioria das situações o *KeyLogger* não captura o que é digitado a todo instante, mas sim o que é digitado após alguma ação prévia do usuário como por exemplo abrir uma página de um banco ou de uma mídia social.

***ScreenLogger*:** Sreen = Tela

O *ScreenLogger* é uma evolução do

Captura **FOTOS DA TELA** do computador a cada clique do mouse.

Muitos serviços de *Internet Banking*[2] utilizam um **TECLADO VIRTUAL**, no qual o usuário clica nos dígitos de sua senha ao invés de digitar. Assim, ao forçar que o usuário não utilize o teclado, essa ferramenta de segurança ajuda a evitar roubos de senhas por *KeyLoggers*. Por outro lado, foi criado o *ScreenLogger* que captura imagens. Então, como forma de oferecer uma segurança maior, alguns bancos utilizam um dispositivo chamado de **TOKEN**.

O *Token* é um dispositivo que gera uma **CHAVE DE SEGURANÇA** aleatória que, uma vez utilizada para acessar a conta, torna-se inválida para novos acessos. Desse modo, mesmo sendo capturada a chave, ela se torna inútil ao invasor.

Hijacker

O *Hijacker* é um malware que tem por finalidade **CAPTURAR** o navegador do usuário, principalmente o Internet Explorer.

Backdoors

O *Backdoor*, basicamente, é uma **PORTA DOS FUNDOS** para um ataque futuro ao computador do usuário.

Um *Backdoor* pode ser inserido no computador do usuário por meio de *Trojan Horse*, como também pode ser um programa adulterado recebido de fonte pouco

Rootkis

RootKit vem de *Root* = administrador do ambiente Linux. *Kit* = conjunto de ferramentas e ações.

Um *Rootkit* **ALTERA** aplicativos do Sistema, como gerenciadores de arquivos, com o intuito de **ESCONDER** arquivos e programas maliciosos que estejam presentes no computador. Através dele também o invasor poder criar *Backdoors* no computador, para que possa voltar a atacar o micro, sem se preocupar em ter de contaminá-lo novasugmente.

Ataques

Nem todos os ataques são realizados por malwares. Atualmente, existem duas práticas muito comuns, utilizadas pelos criminosos cibernéticos para obter dados do usuário e realizar invasões.

Phishing

Phishing é uma expressão derivada do termo **PESCAR** em inglês, pois o que esse tipo de ataque

2 Internet Banking: acesso à conta bancária pela Internet para realizar algumas movimentações e consultas.

faz é induzir o usuário a informar seus dados pessoais, através de **PÁGINAS** da Internet ou **E-MAILS** falsos.

Podemos identificar a página do tipo *Phishing* pelo endereço do site na barra de **ENDEREÇOS** do navegador, pois a página de *Phishing* possui um endereço parecido, mas **DIFERENTE** do endereço desejado. Por exemplo, é comum se ouvir falar de alguém que teve sua conta do Orkut[3] hackeada[4]. Esse ataque procede a partir de um recado que o usuário recebe em sua conta no Orkut.

Pharming

O *Pharming* é uma evolução do **PHISHING**, uma forma de deixar o *Phishing* mais difícil de ser identificado. O *Pharming*, na maioria das questões de concurso, é cobrado com relação aos seus sinônimos: *DNS* **POISONING**, *Cache Poisoning*, **SEQUESTRO** de DNS, sequestro de Cache, **ENVENENAMENTO** de DNS e Envenenamento de Cache.

Negação de Serviço (DoS e DDoS)

Um ataque de negação de serviço se dá quando um servidor ou serviço recebe mais solicitações do que é capaz de suprir.

DoS (*Denial of Service*) é um ataque **INDIVIDUAL**, geralmente com o intuito de tornar um serviço inoperante para o usuário.

DDoS (*Distributed Denial of Service*) é um ataque realizado em **MASSA** utiliza-se de vários computadores contaminados com um malware que dispara solicitações de acesso a determinados sites ou serviços, derrubando o serviço. Muitas vezes, enquanto o servidor tenta suprir a demanda, ele se torna vulnerável a inserções de códigos maliciosos.

SPAM

Spam é uma prática que tem como finalidade divulgar **PROPAGANDAS** por e-mail, ou mesmo utilizar de e-mails que chamem a atenção do usuário e o incentivem a encaminhar essa mensagem para inúmeros outros contatos. A finalidade é que, com isso, seja angariada uma lista de contatos que pode ser vendida na Internet ou mesmo utilizada para encaminhar mais propagandas.

Geralmente, um *spammer* utiliza-se de e-mail com temas como: filantropia, **HOAX** (boatos), lendas urbanas, ou mesmo assuntos polêmicos.

Hardware

Dispositivos

O hardware é a parte **FÍSICA** do computador, trata-se das peças que o compõem. Pode ser também chamado de Dispositivos ou mesmo **DRIVES**

As questões relacionadas ao hardware envolvem, em sua maioria, a finalidade de cada dispositivo, a sua função em meio ao conjunto. Sendo assim, vejamos as classificações dos dispositivos:

Entrada: são aqueles que nos permitem passar uma informação para **DENTRO** do computador.

Saída: são os dispositivos que apresentam alguma informação ao **USUÁRIO**.

Entrada e Saída: aqueles que possuem simultaneamente as funcionalidades de entrada e saída de dados.

Armazenamento: são os dispositivos que permitem manter os dados, mesmo quando não são alimentados por energia.

3 Orkut: Mídia Social do Google, definida erroneamente como rede social, assim como as demais.

4 Hackear: termo utilizado como sinônimo para invasão ou roubo.

DIREITO CONSTITUCIONAL

Capítulo 1

Teoria Constitucional

Conceito Sociológico representante dessa visão de Constituição é FERDINAND LASSALLE, segundo o qual a constituição de um País é, em essência, A SOMA DOS FATORES REAIS DE PODER que regem nesse País.

Normas de Eficácia Plena: DESDE a ENTRADA EM VIGOR da CONSTITUIÇÃO, **produzem**, ou têm possibilidade de produzir, **todos os efeitos** essenciais, relativamente aos interesses, comportamentos e situações que o legislador constituinte, direta e normativamente, quis regular. **NÃO exigem a elaboração de novas normas** legislativas que lhes completem o alcance e o sentido, ou lhes fixem o conteúdo, porque já se apresentam suficientemente explícitas na definição dos interesses nelas regulados. São normas de APLICABILIDADE DIRETA, IMEDIATA E INTEGRAL.

- CONSTITUIÇÃO RÍGIDAS: exige um PROCESSO ESPECIAL para modificação do seu texto, MAIS DIFÍCIL do que o processo de elaboração das demais leis do ordenamento. Nem toda constituição escrita será, necessariamente, RÍGIDA.

Princípio da Máxima Efetividade. Ao interpretar a Constituição de forma a atribuir à norma constitucional a MAIOR efetividade possível. No caso de dúvidas deve-se preferir a interpretação que lhes reconheça MAIOR eficácia.

Princípios Fundamentais

- A FEDERAÇÃO consiste na união de coletividades regionais autônomas (estados federados, estados-membros ou estado). Refere-se a uma forma de ESTADO

- A República Federativa do Brasil, formada pela união INDISSOLÚVEL dos ESTADOS E MUNICÍPIOS E DO DISTRITO FEDERAL, constitui-se em Estado DEMOCRÁTICO de Direito e tem como fundamentos:

- Todo o poder emana do POVO, que o exerce por meio de REPRESENTANTES ELEITOS ou DIRETAMENTE, nos termos desta Constituição.

- São Poderes da UNIÃO, independentes e HARMÔNICOS entre si, o LEGISLATIVO, o EXECUTIVO e o JUDICIÁRIO.

- Constituem objetivos fundamentais da República Federativa do Brasil: construir uma sociedade LIVRE, JUSTA e solidária; garantir o desenvolvimento NACIONAL; erradicar a POBREZA e a marginalização e reduzir as desigualdades sociais e REGIONAIS.

- A República Federativa do Brasil rege-se nas suas relações internacionais pelos seguintes princípios: INDEPENDÊNCIA nacional; prevalência dos DIREITOS HUMANOS.

- A República Federativa do Brasil buscará a integração ECONÔMICA, política, SOCIAL e cultural dos povos da América LATINA, visando à formação de uma comunidade LATINO-AMERICANA de nações.

Capítulo 2

Direitos Individuais

- homens e MULHERES são iguais em DIREITOS e obrigações, nos termos desta CONSTITUIÇÃO;

- é livre a expressão da atividade intelectual, ARTÍSTICA, científica e de comunicação, INDEPENDENTEMENTE de censura ou LICENÇA;

- é INVIOLÁVEL o sigilo da correspondência e das comunicações telegráficas, de dados e das comunicações TELEFÔNICAS, salvo, no ÚLTIMO caso, por ordem JUDICIAL, para fins de investigação criminal ou instrução de processual penal.

- as associações só poderão ser compulsoriamente DISSOLVIDAS ou ter suas atividades suspensas por DECISÃO JUDICIAL, exigindo-se, no primeiro caso, o TRÂNSITO EM JULGADO;

- todos têm direito a receber dos órgãos PÚBLICOS informações de seu interesse PARTICULAR, ou de interesse COLETIVO ou geral, que serão prestadas no prazo da lei, sob pena de responsabilidade, ressalvadas aquelas cujo SIGILO seja imprescindível à segurança da sociedade e do Estado;

- a LEI não excluirá da apreciação do PODER JUDICIÁRIO lesão ou AMEAÇA a direito;

- são INADMISSÍVEIS no processo as provas obtidas por meios ILÍCITOS.

- Os tratados e convenções internacionais sobre DIREITOS HUMANOS que forem aprovados, em cada Casa do Congresso Nacional, em DOIS TURNOS, por TRÊS QUINTOS dos votos dos respectivos membros, serão equivalentes às EMENDAS CONSTITUCIONAIS.

Capítulo 3

DIREITOS SOCIAIS

- São direitos sociais a educação, a saúde, A ALIMENTAÇÃO, o trabalho, a MORADIA, o lazer, a segurança, a previdência social, a proteção à maternidade e à infância, a assistência aos desamparados, na forma desta Constituição.

- salário mínimo , fixado em lei, NACIONALMENTE UNIFICADO, capaz de atender a suas necessidades vitais básicas e às de sua família com MORADIA, ALIMENTAÇÃO, EDUCAÇÃO, saúde, lazer, vestuário, higiene, transporte e previdência social, com reajustes periódicos que lhe preservem o poder aquisitivo, sendo VEDADA sua vinculação para qualquer fim;

- salário-família pago em razão do DEPENDENTE do trabalhador de BAIXA RENDA nos termos da lei;

- jornada de SEIS horas para o trabalho realizado em turnos ININTERRUPTOS de revezamento, salvo NEGOCIAÇÃO COLETIVA;

- gozo de férias anuais REMUNERADAS com, pelo menos, UM TERÇO a mais do que o salário normal;

- é VEDADA a criação de MAIS DE UMA organização sindical, em qualquer grau, representativa de categoria profissional ou econômica, na MESMA BASE TERRITORIAL, que será definida pelos trabalhadores ou empregadores interessados, não podendo ser INFERIOR à área de um Município;

- ação, quanto aos créditos resultantes das relações de trabalho, com prazo PRESCRICIONAL DE CINCO ANOS para os trabalhadores urbanos e rurais, até o limite de DOIS ANOS após a extinção do contrato de trabalho;

- duração do trabalho normal não superior a OITO HORAS diárias e QUARENTA E QUATRO semanais, facultada a compensação de horários e a redução da jornada, mediante ACORDO OU CONVENÇÃO COLETIVA de trabalho;

NACIONALIDADE

- São brasileiros natos os nascidos na República Federativa do Brasil, ainda que de pais ESTRANGEIROS, desde que estes não estejam SERVIÇO DE SEU PAÍS;

-São brasileiros natos os nascidos no ESTRANGEIRO de pai brasileiro ou de mãe brasileira, desde que sejam registrados em repartição brasileira competente ou venham a residir na República Federativa do Brasil e optem, em QUALQUER TEMPO, DEPOIS de atingida a MAIORIDADE, pela nacionalidade brasileira.

- São brasileiros naturalizados, os que, na forma da lei, adquiram a nacionalidade brasileira, exigidas aos originários de países de LÍNGUA PORTUGUESA apenas residência por UM ANO ININTERRUPTO e IDONEIDADE MORAL;

- Será declarada a perda da nacionalidade do brasileiro que tiver cancelada sua NATURALIZAÇÃO, por SENTENÇA JUDICIAL, em virtude de ATIVIDADE NOCIVA ao interesse nacional;

- Aos PORTUGUESES com residência PERMANENTE no País, se houver RECIPROCIDADE em favor de brasileiros, serão atribuídos os direitos inerentes ao brasileiro, salvo os casos previstos nesta Constituição.

- São símbolos da República Federativa do Brasil a bandeira, o HINO, as armas e o SELO NACIONAIS.

DIREITOS POLÍTICOS

- A soberania popular será exercida pelo SUFRÁGIO UNIVERSAL e pelo VOTO DIRETO e secreto, com valor IGUAL PARA TODOS, e, nos termos da lei, mediante:

- São inelegíveis os inalistáveis e os ANALFABETOS.

- Para concorrerem a outros cargos, o PRESIDENTE DA REPÚBLICA, OS GOVERNADORES DE ESTADO e do DISTRITO FEDERAL e os PREFEITOS devem renunciar aos respectivos mandatos até SEIS MESES antes do pleito.

- O militar alistável é ELEGÍVEL, se contar MENOS de dez anos de serviço, deverá AFASTAR-SE da atividade;

- O mandato eletivo poderá ser impugnado ante a Justiça Eleitoral no prazo de QUINZE DIAS contados da DIPLOMAÇÃO, instruída a ação com provas de abuso do poder econômico, corrupção ou fraude.

- É vedada a CASSAÇÃO de direitos políticos, cuja PERDA ou SUSPENSÃO só se dará nos casos de: CANCELAMENTO da naturalização por sentença transitada em julgado;

- A lei que alterar o processo eleitoral entrará em vigor na data de SUA PUBLICAÇÃO, NÃO se aplicando à eleição que ocorra ATÉ UM ANO da data de sua VIGÊNCIA.

ORGANIZAÇÃO POLÍTICO ADMINISTRATIVA

- Os ESTADOS podem incorporar-se entre si, subdividir-se ou desmembrar-se para se anexarem a outros, ou formarem novos Estados ou Territórios Federais, mediante aprovação da POPULAÇÃO DIRETAMENTE INTERESSADA, através de PLEBISCITO, e do CONGRESSO NACIONAL, por LEI COMPLEMENTAR.

- O número de Deputados à Assembléia Legislativa corresponderá ao TRIPLO da representação do Estado na Câmara dos Deputados e, atingido o número de TRINTA E SEIS, será acrescido de tantos quantos forem os Deputados Federais acima de DOZE.

- O Distrito Federal, VEDADA SUA DIVISÃO EM MUNICÍPIOS, reger-se-á por LEI ORGÂNICA, votada em DOIS TURNOS com interstício mínimo de DEZ DIAS, e aprovada por DOIS TERÇOS da Câmara Legislativa, que a promulgará, atendidos os princípios estabelecidos nesta Constituição.

Capítulo 4

REPARTIÇÃO DE COMPETÊNCIA

- Compete à União manter relações com ESTADOS ESTRANGEIROS e participar de organizações INTERNACIONAIS;

- organizar e manter o PODER JUDICIÁRIO, o MINISTÉRIO PÚBLICO e a DEFENSORIA PÚBLICA do Distrito Federal e dos Territórios;

- Compete à União exercer a classificação, para EFEITO INDICATIVO, de diversões públicas e de programas de RÁDIO E TELEVISÃO;

- Compete privativamente à União legislar sobre: direito CIVIL, comercial, PENAL, processual, ELEITORAL, agrário, marítimo, aeronáutico, espacial e do TRABALHO;

- Lei COMPLEMENTAR poderá autorizar os ESTADOS a legislar sobre questões ESPECÍFICAS das matérias relacionadas neste artigo.

- É competência comum da União, dos Estados, do Distrito Federal e dos Municípios: cuidar da SAÚDE e ASSISTÊNCIA PÚBLICA, da proteção e garantia das pessoas PORTADORAS DE DEFICIÊNCIA;

- Inexistindo lei federal sobre NORMAS GERAIS, os ESTADOS exercerão a competência legislativa ESPECÍFICAS, para atender a suas peculiaridades.

- Cabe aos ESTADOS explorar diretamente, ou mediante CONCESSÃO, os serviços locais de GÁS CANALIZADO, na forma da LEI, VEDADA a edição de medida provisória para a sua regulamentação.

PODER LEGISLATIVO

- O Senado Federal compõe-se de representantes dos ESTADOS E DO DISTRITO FEDERAL, eleitos segundo o princípio MAJORITÁRIO.

É da competência exclusiva do Congresso Nacional: resolver definitivamente sobre TRATADOS, ACORDOS OU ATOS INTERNACIONAIS que acarretem encargos ou COMPROMISSOS GRAVOSOS ao patrimônio nacional;

- Compete ao Congresso Nacional transferência temporária da SEDE DO GOVERNO FEDERAL;

- Compete privativamente à Câmara dos Deputados: proceder à tomada de contas do PRESIDENTE DA REPÚBLICA, quando não apresentadas ao CONGRESSO NACIONAL dentro de SESSENTA DIAS após a abertura da SESSÃO LEGISLATIVA;

- Compete ao Senado Federal SUSPENDER a execução, no TODO OU EM PARTE, de lei declarada INCONSTITUCIONAL por decisão DEFINITIVA do SUPREMO TRIBUNAL FEDERAL;

- Os Deputados e Senadores são INVIOLÁVEIS, CIVIL e PENALMENTE, por quaisquer de suas OPINIÕES, PALAVRAS E VOTOS.

- Os DEPUTADOS E SENADORES não poderão desde a EXPEDIÇÃO DO DIPLOMA: firmar ou manter contrato com pessoa jurídica de direito público, autarquia, empresa pública, sociedade de economia mista ou empresa concessionária de serviço público, salvo quando o contrato OBEDECER A CLÁUSULAS UNIFORMES;

Capítulo 5

PROCESSO LEGISLATIVO

- A Constituição não poderá ser emendada na vigência de INTERVENÇÃO FEDERAL, de ESTADO DE DEFESA ou de ESTADO DE SÍTIO.

- A iniciativa popular pode ser exercida pela apresentação à CÂMARA DOS DEPUTADOS de projeto de lei subscrito por, no mínimo, UM POR CENTO do ELEITORADO nacional, distribuído pelo menos por CINCO ESTADOS, com não menos de TRÊS DÉCIMOS POR CENTO dos eleitores de cada um deles.

- Prorrogar-se-á uma ÚNICA VEZ por igual período a vigência de medida provisória que, no prazo de SESSENTA DIAS, contado de sua publicação, não tiver a sua votação encerrada nas DUAS CASAS do Congresso Nacional.

- Se o Presidente da República considerar o projeto, no todo ou em parte, inconstitucional ou contrário ao interesse público, vetá-lo-á TOTAL ou PARCIALMENTE, no prazo de QUINZE DIAS ÚTEIS, contados da data do recebimento, e comunicará, dentro de QUARENTA E OITO HORAS, ao Presidente do Senado Federal os motivos do veto.

- A matéria constante de projeto de lei REJEITADO somente poderá constituir objeto de novo projeto, na MESMA SESSÃO LEGISLATIVA, mediante proposta da MAIORIA ABSOLUTA dos membros de qualquer das Casas do CONGRESSO NACIONAL.

PODER EXECUTIVO

- A eleição do Presidente e do Vice-Presidente da República realizar-se-á, simultaneamente, no PRIMEIRO DOMINGO DE OUTUBRO, em primeiro turno, e no ÚLTIMO DOMINGO DE OUTUBRO outubro, em segundo turno, SE HOUVER, do ano anterior ao do término do mandato presidencial vigente.

- Em caso de IMPEDIMENTO do Presidente e do Vice-Presidente, ou vacância dos respectivos cargos, serão sucessivamente chamados ao exercício da Presidência o Presidente da CÂMARA DOS

DEPUTADOS, o do SENADO FEDERAL e o do SUPREMO TRIBUNAL FEDERAL.

- Em caso de impedimento do Presidente e do Vice-Presidente, ou vacância dos respectivos cargos, serão sucessivamente chamados ao exercício da Presidência o PRESIDENTE DA CÂMARA DOS DEPUTADOS, o do SENADO FEDERAL e o do SUPREMO TRIBUNAL FEDERAL.

- Admitida a acusação contra o Presidente da República, por DOIS TERÇOS da CÂMARA DOS DEPUTADOS, será ele submetido a julgamento perante o SUPREMO TRIBUNAL FEDERAL, NAS INFRAÇÕES PENAIS COMUNS, ou perante o SENADO FEDERAL, NOS CRIMES DE RESPONSABILIDADE.

PODER JUDICIÁRIO

- Lei COMPLEMENTAR, de iniciativa do SUPREMO TRIBUNAL FEDERAL, disporá sobre o ESTATUTO DA MAGISTRATURA.

- o juiz TITULAR residirá na respectiva COMARCA, salvo AUTORIZAÇÃO DO TRIBUNAL;

- o ato de remoção, disponibilidade e aposentadoria do magistrado, por INTERESSE PÚBLICO, fundar-se-á em decisão por voto da MAIORIA ABSOLUTA do respectivo tribunal ou do CONSELHO NACIONAL DE JUSTIÇA, assegurada ampla defesa;

- Um QUINTO dos lugares dos Tribunais Regionais Federais, dos Tribunais dos Estados, e do Distrito Federal e Territórios será composto de membros, do MINISTÉRIO PÚBLICO, com MAIS DE DEZ ANOS de carreira, e de ADVOGADOS de notório saber jurídico e de reputação ilibada, com MAIS DE DEZ ANOS de efetiva atividade profissional, indicados em lista SÊXTUPLA pelos órgãos de representação das respectivas classes.

- O Supremo Tribunal Federal compõe-se de ONZE MINISTROS, escolhidos dentre cidadãos com MAIS DE TRINTA E CINCO E MENOS DE SESSENTA E CINCO ANOS de idade, de notável saber jurídico e REPUTAÇÃO ILIBADA.

Capítulo 6

FUNÇÕES ESSENCIAIS DA JUSTIÇA

- São princípios institucionais do Ministério Público a UNIDADE, a INDIVISIBILIDADE e a INDEPENDÊNCIA FUNCIONAL.

- O Ministério Público da União tem por chefe o PROCURADOR-GERAL DA REPÚBLICA, nomeado pelo PRESIDENTE DA REPÚBLICA dentre integrantes da carreira, maiores de trinta e cinco anos, após a aprovação de seu nome pela MAIORIA ABSOLUTA dos membros do SENADO FEDERAL, para mandato de DOIS ANOS, PERMITIDA A RECONDUÇÃO.

- inamovibilidade, salvo por motivo de INTERESSE PÚBLICO, mediante decisão do órgão COLEGIADO COMPETENTE DO MINISTÉRIO PÚBLICO, pelo voto da MAIORIA ABSOLUTA de seus membros, assegurada AMPLA DEFESA;

- São princípios institucionais da Defensoria Pública a UNIDADE, a INDIVISIBILIDADE e a INDEPENDÊNCIA FUNCIONAL, aplicando-se também, no que couber, o disposto no art. 93 e no inciso II do art. 96 desta Constituição Federal.

CONTROLE DE CONSTITUCIONALIDADE

- a ação direta de inconstitucionalidade de lei ou ato normativo FEDERAL ou ESTADUAL e a ação declaratória de constitucionalidade de lei ou ato normativo FEDERAL;

- O Procurador-Geral da República deverá ser previamente ouvido nas AÇÕES DE INCONSTITUCIONALIDADE e em todos os processos de competência do SUPREMO TRIBUNAL FEDERAL.

- Quando o Supremo Tribunal Federal apreciar a inconstitucionalidade, em tese, de norma legal ou ato normativo, citará, PREVIAMENTE, o ADVOGADO-GERAL DA UNIÃO, que DEFENDERÁ o ato ou texto impugnado.

- A argüição de descumprimento de preceito fundamental, decorrente desta Constituição, será apreciada pelo SUPREMO TRIBUNAL FEDERAL, na forma da lei.

- Podem propor a AÇÃO DIRETA DE INCONSTITUCIONALIDADE e a AÇÃO DECLARATÓRIA DE CONSTITUCIONALIDADE o Presidente da República;

Anotações

Direito Administrativo

Capítulo 1

Organização da Administração Pública

No Brasil a Administração Pública é dividida em:

Administração Pública DIRETA

- UNIÃO
- ESTADOS
- DISTRITO FEDERAL
- MUNICÍPIOS

Administração pública INDIRETA

- AUTARQUIAS
- FUNDAÇÕES PÚBLICAS
- SOCIEDADES DE ECONOMIA MISTA
- EMPRESAS PÚBLICAS

Trata-se de um rol TAXATIVO, isto é, são considerados como integrantes da Administração Pública apenas esses 8 entes.

Administração Indireta em Espécie

Autarquias

São pessoas jurídicas de direito **PÚBLICO**, criadas diretamente por lei específica. Possuem capacidade de autoadministração e desempenham serviços públicos de maneira

Fundação Pública

É a entidade dotada de personalidade jurídica de direito **PRIVADO**, sem fins lucrativos, criada em virtude de **AUTORIZAÇÃO** legislativa, para o desenvolvimento de atividades que não exijam execução por órgãos ou entidades de direito público, com autonomia administrativa, patrimônio próprio gerido pelos respectivos órgãos de direção, e funcionamento custeado por recursos da União e de outras fontes.

Empresa Pública e Sociedade de Economia Mista

São pessoas jurídicas de direito **PRIVADO** que tem sua criação **AUTORIZADA** pela lei. Elas têm como finalidade a prestação de serviços públicos ou a **EXPLORAÇÃO DE ATIVIDADES ECONÔMICAS**.

Diferenças:

Empresa Pública

- Seu capital é **INTEGRALMENTE PÚBLICO**.
- Podem adotar qualquer forma societária

Sociedade de Economia Mista

- Seu capital é **MISTO**, mas deve prevalecer o **CAPITAL PÚBLICO**.
- Constituídas apenas na forma de **SOCIEDADE ANÔNIMA**.

Capítulo 2

Princípios da Administração Pública

Os princípios são normas de caráter geral, que tem por objeto o norteamento do sistema jurídico. Os princípios fundamentais da Administração Pública podem ser EXPRESSOS (encontrados no texto constitucional) ou IMPLÍCITOS.

Entre os princípios expressos e implícitos não EXISTE QUALQUER tipo de subordinação ou hierarquia.

Princípios Constitucionais Fundamentais Expressos

Dentro da Constituição Federal encontramos os cinco princípios fundamentais expressos:

- LEGALIDADE
- IMPESSOALIDADE
- MORALIDADE
- PUBLICIDADE
- EFICIÊNCIA

Art. 37 da Constituição Federal:

A administração pública direta e indireta de qualquer dos Poderes da União, dos Estados, do Distrito Federal e dos Municípios obedecerá aos princípios de legalidade, impessoalidade, moralidade, publicidade e eficiência e, também, ao seguinte...

Princípio da Impessoalidade

Esse princípio também pode ser visto sob três perspectivas:

1. **ISONOMIA:**

O administrador público deve tratar os administrados de maneira isonômica, SEM CRIAR distinções ou critérios de preferência entre os mesmos, que devem ser tratados de maneira igualitária.

2. **FINALIDADE:**

A finalidade de toda atuação pública é o INTERESSE PÚBLICO. A Administração sempre deve agir objetivando fins públicos. Esse princípio veda que o administrador atue visando interesses próprios ou de terceiros. Nessa acepção ele também é chamado de princípio da Finalidade.

3. **Vedação a Promoção Pessoal (Ou Partidária)**

Sob essa ótica, o princípio da impessoalidade veda que o administrador utilize obras públicas para fins de PROMOÇÃO PESSOAL OU PARTIDÁRIA.

Capítulo 3

Agentes Públicos e Lei 8.112/90

Classificação

Agentes Públicos:

1. Agentes Políticos
2. Servidores Públicos (agentes administrativos)
    - ESTATUTÁRIOS
    - EMPREGADOS PÚBLICOS
    - CONTRATADOS TEMPORÁRIOS

3. Particulares em colaboração
   - AGENTE HONORÍFICOS
   - DELEGATÁRIOS DE SERVIÇO PÚBLICO
   - AGENTE CREDENCIADOS

Servidores Públicos

Estatutários

Seu vínculo com a Administração Pública possui natureza ESTATUTÁRIA (por exemplo os servidores públicos federais, seu estatuto é a Lei 8.112/90). Eles são titulares de CARGOS PÚBLICOS (provimento efetivo ou em comissão) e exercem uma função pública.

Os cargos em comissão são de livre NOMEAÇÃO E EXONERAÇÃO.

Empregados Públicos

Estão ligados à Administração Pública por um vínculo contratual trabalhista, isto é, eles possuem um "contrato de trabalho" que é regido pela CONSOLIDAÇÃO DAS LEIS DO TRABALHO (CLT).

Temporários

São contratados para atender uma NECESSIDADE TEMPORÁRIA DE EXCEPCIONAL INTERESSE PÚBLICO. Eles exercem apenas uma FUNÇÃO PÚBLICA remunerada temporária, não possuem nem cargo nem emprego público. Seu vínculo com a Administração Pública é de natureza contratual. Exemplos: professor substituto, recenseamento, agentes de combate à dengue, etc.

Sua contratação NÃO EXIGE concurso público, podendo ser escolhidos mediante um processo seletivo simplificado.

Responsabilidade do Servidor

Pelo exercício irregular de suas atribuições, o servidor irá responder nas esferas:

- ADMINISTRATIVA
- CIVIL (obrigação de reparar o dano)
- PENAL (abrange crime e contravenções imputadas ao servidor, nessa qualidade)

Essas esferas são INDEPENDENTES, PODENDO cumular-se. Dessa forma, a absolvição ou condenação em uma delas, como regra geral, em nada influência nas demais.

Pela mesma infração ele poderá responder nas três esferas, não havendo bis in idem (não será considerada dupla ou tripla condenação pelo mesmo fato, pois são esferas diferentes, com consequências diferentes).

Apesar da independência das esferas, caso o servidor seja ABSOLVIDO criminalmente (negada a existência do fato ou sua autoria), a responsabilidade administrativa SERÁ AFASTADA.

Se for absolvido por outro motivo, como falta de provas por exemplo, a responsabilidade administrativa NÃO SERÁ AFETADA.

A responsabilidade civil do servidor é SUBJETIVA (somente será configurada se ele agiu com dolo ou culpa). Ela decorre de ato OMISSIVO ou COMISSIVO (ação ou omissão), doloso ou CULPOSO, que resulte em prejuízo ao erário ou a terceiros.

Capítulo 4

Improbidade Administrativa

Quando o ato de improbidade causar lesão ao patrimônio público ou ensejar enriquecimento ilícito, caberá a AUTORIDADE ADMINISTRATIVA RESPONSÁVEL pelo inquérito representar ao MINISTÉRIO PÚBLICO, para a indisponibilidade dos bens do indiciado.

O sucessor daquele que causar lesão ao patrimônio público ou se enriquecer ilicitamente está sujeito às cominações desta lei até o limite do VALOR DA HERANÇA.

A Lei 8429/92 prevê três modalidades de atos que configuram improbidade administrativa:

1. ENRIQUECIMENTO ILÍCITO (auferir qualquer tipo de vantagem patrimonial indevida em razão do exercício). Exige conduta DOLOSA.
2. PREJUÍZO AO ERÁRIO (qualquer ação ou omissão, dolosa ou culposa, que enseje perda patrimonial, desvio, apropriação, malbaratamento ou dilapidação dos bens ou haveres). A conduta pode ser DOLOSA ou CULPOSA.
3. ATO QUE ATENTE CONTRA OS PRINCÍPIOS DA ADMINISTRAÇÃO PÚBLICA (qualquer ação ou omissão que viole os deveres de honestidade, imparcialidade, legalidade, e lealdade às instituições). Exige conduta DOLOSA.

Penalidades que somente serão dadas após o trânsito em julgado da sentença condenatória:

- SUSPENSÃO DOS DIREITOS POLÍTICOS
- PERDA DA FUNÇÃO PÚBLICA

A posse e o exercício de agente público ficam condicionados à apresentação de declaração dos bens e valores que compõem o seu patrimônio privado, a fim de ser arquivada no serviço de pessoal competente.

Nessa declaração também deverá constar, se for o caso, os bens e valores patrimoniais do cônjuge ou companheiro, dos filhos e de outras pessoas que vivam sob a dependência econômica do declarante (excluídos apenas os objetos e utensílios de uso doméstico).

Essa declaração será atualizada:

- ANUALMENTE
- NA DATA EM QUE DEIXAR O EXERCÍCIO (do cargo, mandato, emprego ou função)

No caso de recusa em prestar essas informações no prazo determinado (ou prestar informação falsa) → Punição com DEMISSÃO A BEM DO SERVIÇO PÚBLICO (sem prejuízo de outras sanções cabíveis).

Capítulo 5

Serviços Públicos

Princípios dos serviços públicos

1. CONTINUIDADE (ou permanência) - o serviço público deve ser prestado de maneira ininterrupta, salvo situações emergenciais ou mediante prévio aviso. Ainda que a administração pública descumpra sua parte, o prestador de serviços públicos essenciais (transporte coletivo, por exemplo) não poderá interromper a prestação, afetando os usuários.

2. GENERALIDADE: também conhecido como princípio da impessoalidade ou universalidade. Conforme exige esse princípio, todos os usuários que satisfaçam as condições legais possuem direito à prestação do serviço, sem qualquer discriminação, privilégio, ou abusos. O serviço público deve ser estendido ao maior número possível de interessados, sendo que todos devem ser tratados de maneira isonômica.

3. EFICIÊNCIA: deve o Estado prestar seus serviços com a maior eficiência possível. A eficiência reclama que o Poder Público se atualize com os novos processos tecnológicos, de modo que a execução seja mais proveitosa com o menor gasto.

4. MODICIDADE: os serviços públicos devem ser prestados a preços módicos e razoáveis. A fixação da remuneração do serviço público deverá considerar a capacidade econômica do usuário e as exigências do mercado, de maneira a evitar que o usuário deixe de utilizá-lo em razão de ausência de condições financeiras.

5. CORTESIA: o destinatário do serviço público deve ser tratado com cortesia e urbanidade.

6. ADAPTABILIDADE ou ATUALIDADE - o Estado dever adequar os serviços públicos à modernização e atualização das necessidades dos administrados, conforme exigência da Lei 8.987/95, em seu Art. 6º, §2º:

A atualidade compreende a modernidade das técnicas, do equipamento e das instalações e a sua conservação, bem como a melhoria e expansão do serviço.

7. TRANSPARÊNCIA - esse princípio exige que seja trazido ao conhecimento público e em geral dos administrados a forma como o serviço foi prestado, os gastos efetuados e a disponibilidade de atendimento.

8. CONTROLE - esse princípio determina que deve haver um controle rígido e eficaz sobre a prestação dos serviços públicos, primando pela fiscalização dos mesmos.

9. SEGURANÇA - os serviços públicos devem ser prestados sem oferecer riscos aos usuários, não expondo sua saúde ou segurança na utilização do serviço.

CONCESSÃO	PERMISSÃO
Licitação (da modalidade CONCORRÊNCIA)	LICITAÇÃO
Contrato Administrativo	Contrato Administrativo (adesão)
Pessoa jurídica ou CONSÓRCIO DE EMPRESAS	PESSOA FÍSICA ou pessoa Jurídica
Sem precariedade	Precária (pode ser revogada)

Extinção da Concessão

Considera-se ENCAMPAÇÃO a retomada do serviço pelo poder concedente durante o prazo da concessão, por motivo de interesse público, mediante lei autorizativa específica e **APÓS PRÉVIO PAGAMENTO** da indenização.

CADUCIDADE é a forma de extinção que ocorre pela inexecução total ou parcial do contrato.

Capítulo 6

Poderes Administrativos

O poder VINCULADO determina que o administrador somente pode fazer o que a lei determina, ele não possui escolha, ou seja, o administrador está limitado aos exatos ditames da lei.

O poder DISCRICIONÁRIO gera a margem de escolha é a conveniência e a oportunidade (mérito administrativo). Aqui diz que o agente público pode agir com alguma margem de liberdade de escolha, mas sempre respeitando os parâmetros da HIERÁRQUICO.

A característica marcante do poder HIERÁRQUICO é o grau de subordinação entre órgãos e agentes sempre dentro da estrutura da mesma pessoa jurídica.

O poder DISCIPLINAR é uma espécie de poder dever de agir da administração pública. Dessa forma, o administrador público atua de forma a punir internamente as infrações cometidas por seus agentes. Esse poder também atua de forma a punir PARTICULARES QUE MANTENHAM UM VÍNCULO JURÍDICO ESPECÍFICO com a administração, que estejam sujeitos à sua disciplina interna.

O fundamento do poder de polícia é o poder de império (poder extroverso) que a administração pública possui, de modo a observar o princípio da supremacia do interesse público sobre o privado.

Esse poder pode ser exercido de maneira PREVENTIVA e também REPRESSIVA, alcançando os PARTICULARES EM GERAL, que não possuam nenhum vínculo específico com a Administração Pública.

Quando determinado ato for praticado com abuso de poder, o mesmo é ilegal, devendo ser, como regra geral, anulado. Encontramos três modalidades de abuso de poder:

EXCESSO DE PODER - ocorre quando o agente atua fora ou além de sua esfera de competências.

DESVIO DE PODER - ocorre quando o agente, embora agindo dentro de sua esfera de competências, pratica o ato com finalidade diversa do interesse público ou da prevista em lei.

OMISSÃO DE PODER - ocorre quando o agente público permanece inerte em situações em que possui o dever de agir.

Capítulo 7

Atos Administrativos

Elementos ou Requisitos de Validade

- COMPETÊNCIA - ela é irrenunciável, intransferível e imprescritível, mas pode ser delegada ou avocada em alguns casos.
- FINALIDADE - sempre deve ser observado o interesse público, além disso, deve atender ao objetivo definido na lei.
- FORMA - dentro desse elemento encontramos a motivação, que é a exteriorização dos motivos.
- MOTIVOS - situação de fato e de direito que justificam a prática do ato.
- OBJETO - efeito jurídico produzido, é o próprio conteúdo material do ato.

Atributos dos Atos Administrativos

PRESUNÇÃO DE LEGITIMIDADE - Os atos presumem-se verdadeiros e de acordo com a lei até prova em contrário (o ônus da prova é do administrado). Dessa forma, enquanto não tiver sua invalidade decretada, o ato, mesmo se for inválido, produzirá seus efeitos normalmente, como se fosse plenamente válido. TODO ATO administrativo possui esse atributo.

IMPERATIVIDADE (decorre do Poder Extroverso) - impõe o cumprimento do ato independente da anuência do administrado (pode criar obrigações e restringir direitos unilateralmente). Alguns atos não possuem essa característica, como os atos negociais, os atos enunciativos e os atos de gestão.

AUTOEXECUTORIEDADE - Possibilidade de executar o ato imediatamente sem a intervenção do Poder Judiciário (também NÃO ESTÁ presente em todos os atos).

TIPICIDADE - Os atos devem corresponder aos tipos que foram previamente definidos pela lei como aptos para gerar determinados efeitos.

Extinção do Ato Administrativo

ANULAÇÃO

- Vícios de ilegalidade (ato ilegal)
- Feita pela Administração que praticou o ato ou pelo PODER JUDICIÁRIO (se provocado)
- Alcança atos VINCULADOS ou DISCRICIONÁRIOS
- Efeitos: RETROATIVOS (ex tunc)
- Prazo (decadencial): Atos dos quais decorram efeitos favoráveis ao destinatário → 5 anos (salvo comprovada má-fé)

REVOGAÇÃO

- Mérito administrativo: juízo de conveniência e oportunidade (ato legal)
- Feita apenas pela Administração que praticou o ato
- Alcança APENAS ATOS DISCRICIONÁRIOS
- Efeitos: NÃO RETROATIVOS (ex nunc)
- Prazo: em regra a qualquer momento, mas alguns atos não podem ser revogados:
  - Atos consumados (que já exauriram seus efeitos)
  - Atos vinculados
  - Atos que geraram direito adquirido
  - Atos que integram um procedimento

Capítulo 8

Responsabilidade Civil

De acordo com a Constituição Federal, as pessoas jurídicas de direito público e as de direito privado PRESTADORAS DE SERVIÇOS PÚBLICOS responderão OBJETIVAMENTE pelos danos que seus agentes, nessa qualidade, causarem a terceiros, assegurado o direito de regresso contra o responsável nos casos de DOLO OU CULPA.

A responsabilidade do Estado alcança tanto condutas lícitas como ILÍCITAS, independente de DOLO OU CULPA do agente causador do dano.

A teoria do RISCO ADMINISTRATIVO, adotada como regra geral no direito brasileiro, admite a presença de excludentes, como o caso de culpa exclusiva da vítima, situações em que a mesma é a única responsável pelo evento danoso.

Além disso, também são admitidas atenuantes, como no caso de CULPA RECÍPROCA ou CONCORRENTE, caso em que a vítima contribuiu para o evento danoso, o que reduz, nesse caso, a responsabilidade estatal.

Apenas a administração pública poderá ser processada pelos danos sofridos pelo particular, sendo que o servidor apenas seria responsabilizado REGRESSIVAMENTE, em caso de eventual condenação da administração, caso tenha agido com DOLO OU COM CULPA, pois a responsabilidade do servidor é SUBJETIVA.

Capítulo 9

Licitação

Modalidades de Licitação

CONCORRÊNCIA é a modalidade de licitação entre quaisquer interessados que, NA FASE INICIAL DE HABILITAÇÃO PRELIMINAR, comprovem possuir os requisitos mínimos de qualificação exigidos no edital para execução de seu objeto.

A CONCORRÊNCIA é a modalidade mais complexa, dessa forma, ela é utilizada para contratações de valor mais alto (mas pode ser usada em qualquer valor) e deve ser OBRIGATORIAMENTE a modalidade adotada nos seguintes casos:

- Compra ou alienação de bens IMÓVEIS (mas em alguns casos pode ser utilizado o Leilão - Art. 19)
- Concessões de direito real de uso
- Licitações INTERNACIONAIS (mas pode ser usada a tomada de preços - se dentro do valor limite dessa modalidade e o convite - quando não houver fornecedor no país)

TOMADA DE PREÇOS é a modalidade de licitação entre interessados devidamente cadastrados ou que atenderem a todas as condições exigidas para cadastramento até o TERCEIRO DIA ANTERIOR à data do recebimento das propostas, observada a necessária qualificação.

CONVITE é a modalidade de licitação entre interessados do ramo pertinente ao seu objeto, cadastrados ou não, escolhidos e convidados em número MÍNIMO DE 3 pela unidade administrativa, a qual afixará, em local apropriado, cópia do instrumento convocatório e o estenderá aos demais cadastrados na correspondente especialidade que manifestarem seu interesse com antecedência de ATÉ 24 HORAS da apresentação das propostas.

Exceções à Obrigatoriedade de Licitar

Dispensa de Licitação:

- licitação DISPENSADA - não é feita licitação
- licitação DISPENSÁVEL - a administração pode dispensar se quiser

INEXIGIBILIDADE DE LICITAÇÃO (INVIABILIDADE **de competição)**

No caso de dispensa, a licitação é possível, mas a lei diz que não haverá licitação ou que a mesma poderá ser dispensada. No caso de inexigibilidade, devido à falta de competidores, a licitação não é possível.

Arquivologia

Capítulo 1

O estudo da Arquivologia ou Arquivística tem por objetivo o CONHECIMENTO DOS ARQUIVOS E DAS TEORIAS, Métodos e Técnicas na Constituição, Organização, Utilização, Desenvolvimento e Conservação de documentos e incluem ainda, em seus estudos, a BIBLIOTECONOMIA e MUSEOLOGIA.

Segundo o Conselho Nacional de Arquivos – CONARQ – temos as seguintes definições para arquivo: um Conjunto de documentos PRODUZIDOS e ACUMULADOS por uma entidade coletiva, PÚBLICA ou PRIVADA, pessoa ou família, no desempenho de suas atividades, independentemente da natureza do SUPORTE; uma instituição ou serviço que tem por finalidade a custódia, o processamento técnico, a conservação e o acesso a documento arquivístico, salientando-se, ainda que, Arquivo Digital é o CONJUNTO DE BITS que formam uma unidade lógica, interpretável por um programa de COMPUTADOR e armazenada em suporte apropriado.

Profissional da Informação - Pela Lei nº 6546 de 04/07/78, que regulamenta a profissão de arquivista, em seu Art. 2º, determina que são atribuições do arquivista: PLANEJAMENTO, organização e direção de serviços de arquivo; planejamento, ORGANIZAÇÃO e direção de serviços e centros de documentação e informação, constituídos de acervos arquivísticos e mistos; planejamento, organização e DIREÇÃO DE SERVIÇOS de microfilmagem aplicada aos arquivos e orientação do planejamento da automação aplicada aos arquivos. A mesma Lei em seu Art. 3º estabelece quais são as atribuições dos Técnicos de Arquivo: RECEBIMENTO, registro e distribuição dos documentos, bem como controle de sua movimentação; PREPARAÇÃO DE DOCUMENTOS de arquivos para microfilmagem, conservação e utilização do microfilme; preparação de documentos de arquivo para PROCESSAMENTO ELETRÔNICO de dados. Os arquivistas devem obedecer à natureza dos documentos, pois documentos sigilosos não devem ter seu conteúdo divulgado enquanto permanecerem sob sigilo.

Documento é TODA E QUALQUER INFORMAÇão em um SUPORTE MATERIAL que seja útil para consulta, estudo, prova ou pesquisa.

Arquivo não é só armazenamento de documentos, encontra-se muito associado à INFORMAÇÃO. Os documentos de arquivo são caracterizados por ser um CONJUNTO ORGÂNICO, resultado das atividades de uma ENTIDADE PÚBLICA, de uma PESSOA FÍSICA ou JURÍDICA. A significação orgânica entre os documentos é característica fundamental dos arquivos, de modo que um DOCUMENTO DESTACADO de seu conjunto pode PERDER VALOR , pois o Arquivo é um todo orgânico e origina-se das atividades de um órgão e reflete o dia a dia dessas atividades. É, portanto, um organismo vivo que nasce, cresce e sofre transformações.

Informação é uma IDEIA OU CONHECIMENTO, um elemento de referência ou uma mensagem contida no documento.

Suporte é o MEIO MATERIAL no qual é registrada a informação. Papel, CD, fotografia...

O Documento de Arquivo tem as seguintes características:

a. Autenticidade – documentos devem possuir MARCAS, sinais ou SÍMBOLOS que indicam sua origem. Não confundir com VERACIDADE. Informação pode ser FALSA OU VERDADEIRA.

b. Naturalidade – documentos são produzidos e/ou recebidos por INSTITUIÇÃO OU PESSOA. Atividade tem relação com FINALIDADE. São acumulados em função do fluxo administrativo CONTÍNUO e PROGRESSIVO.

c. Unicidade – questão de ECONOMIA (gastos). No arquivo NÃO DEVEM EXISTIR documentos com a mesma finalidade. Cópia de documentos somente se ANEXADA A UM PROCESSO ou com outra função.

d. Imparcialidade – documentos só SERVEM À ADMINISTRAÇÃO. É isento de PARCIALIDADE. Os documentos são inerentemente VERDADEIROS, livres da suspeita de preconceito no que diz respeito aos interesses em nome dos quais são usados hoje. Os arquivos NÃO TÊM interesses, paixões, vontades ou ambições, eles simplesmente registram.

e. Inter-relacionamento – documentos INTERAGEM ENTRE SI ao longo de seu ciclo vital.

Princípios Arquivísticos

Proveniência ou Respeito aos Fundos - Documentos são arquivados respeitando-se a separação POR PESSOA setor, divisão, departamento e INSTITUIÇÃO DE ORIGEM.

Organicidade ou Respeito pela Estrutura - Refletem a ESTRUTURA, funções e atividades da INSTITUIÇÃO PRODUTORA, acumuladora em suas relações internas e externas. Documentos NÃO DEVEM ser misturados com de outras entidades produtivas. Relação orgânica são os vínculos que os documentos arquivísticos GUARDAM ENTRE SI e que expressam as funções e ATIVIDADES DA PESSOA ou organização que os produziu.

Integridade - Deve ser preservado sem dispersão, MUTILAÇÃO, alienação, DESTRUIÇÃO não autorizada ou ACRÉSCIMO indevido.

Cumulatividade - Formação progressiva, natural e ORGÂNICA. Fundamentado por ELIO LODOLINI ao afirmar que o arquivo é uma informação espontânea, natural e SEDIMENTAR.

Ordem original ou Custódia Intacta ou Santidade - Relações estruturais e funcionais da ORIGEM DOS ARQUIVOS. O arquivo deve conservar o ARRANJO dado pela entidade coletiva, pessoa ou família que o produziu.

Legalidade - Provas TESTEMUNHAIS. Revelam as circunstâncias de sua criação, portanto, tem valor PROBATÓRIO.

Imprescritibilidade - Princípio pelo qual é assegurado ao ESTADO o direito sobre os arquivos públicos, SEM LIMITAÇÃO de tempo, por serem estes considerados bens públicos INALIENÁVEIS.

Princípio da Pertinência - Princípio segundo o qual os documentos deveriam ser RECLASSIFICADOS por assunto. Também chamado PRINCÍPIO TEMÁTICO.

Protocolo

Embora as atividades de protocolo, expedição e ARQUIVO CORRENTE sejam distintas, o ideal é que funcionem de forma INTEGRADA, com vistas à racionalidade de tarefas comuns.

Assim, devido ao íntimo relacionamento dessas áreas de trabalho, julgou-se oportuno distribuir em cinco setores distintos as atividades dos ARQUIVOS CORRENTES:

1. PROTOCOLO, incluindo recebimento e classificação, registro e movimentação;
2. Expedição;
3. ARQUIVAMENTO – o arquivo propriamente dito;
4. Empréstimo e CONSULTA;
5. Destinação.

Documentos Eletrônicos

GED – Gerenciamento Eletrônico de Documentos ou Gestão Eletrônica de Documentos

É um conjunto de TECNOLOGIAS que permite o gerenciamento de documentos em FORMA DIGITAL, auxiliando a produção, CONTROLE, armazenagem, compartilhamento e RECUPERAÇÃO de suas informações.

GDE – Gerenciamento de Documentos Eletrônicos

É o gerenciamento de documentos produzidos EXCLUSIVAMENTE em meio eletrônico. É de grande auxílio para políticas de recuperação de documentos e MANUTENÇÃO das atividades da empresa em caso de acidente e facilita as atividades que envolvem colaboração entre pessoas e equipes.

O GED e o GDE permitem acesso RÁPIDO às informações desejadas pelo fato de que os documentos podem ser acessados de QUALQUER LUGAR simultaneamente.

Capítulo 2

Classificação de Arquivos

a. Quanto à Entidade Mantenedora: PÚBLICO ou PRIVADO.
b. Quanto à Natureza dos Documentos: ESPECIAL e ESPECIALIZADO.
c. Quanto ao estágio de Evolução ou Teoria das Três Idades: CORRENTE, intermediária e PERMANENTE.

Processo Mnemônico

1ª Idade – corrente, ATIVO ou de movimento. Consultados FREQUENTEMENTE. Locais de fácil acesso. Elevado Valor PRIMÁRIO.

2ª Idade – semiativo, INTERMEDIÁRIO, "limbo", "PURGATÓRIO". Deixaram de ser CONSULTADOS com frequência. Não é necessário conservá-lo PRÓXIMO ao local de uso, ainda possui Valor PRIMÁRIO.

3ª Idade – INATIVO, permanente, CUSTÓDIA. Perderam o valor de natureza ADMINISTRATIVA. Conservam seu valor HISTÓRICO e documental. Possuem Valor SECUNDÁRIO: histórico, PROBATÓRIO ou informativo. É o ARQUIVO propriamente dito.

Rotinas de Arquivamento na Fase Corrente:

1. Inspeção.
2. ANÁLISE.
3. Ordenação.
4. ARQUIVAMENTO.
5. Empréstimo ou CONSULTA.

A eliminação de documentos pode ser feita no ARQUIVO CORRENTE, pois a gestão de documentos compreende três fases distintas: produção, UTILIZAÇÃO e DESTINAÇÃO.

As rotinas de classificação são: RECEBER a correspondência; SEPARAR oficial da particular; DISTRIBUIR a particular – lembrando-se que a correspondência pessoal não deve ser expedida pelas unidades de protocolo – SEPARAR as de caráter ostensivo da SIGILOSA; ENCAMINHAR a sigilosa; abrir a OSTENSIVA; interpretar e CLASSIFICAR a correspondência; apor o carimbo do PROTOCOLO; anotar abaixo do número e da data a primeira distribuição; elaborar um RESUMO do assunto; encaminhar os papéis ao setor de registro e MOVIMENTAÇÃO.

Arquivo Intermediário

Documentos desse arquivo podem passar por duas situações: a ELIMINAÇÃO, quando cumpriram sua função e não possuem valor HISTÓRICO ou SECUNDÁRIO; e a GUARDA PERMANENTE, quando já cumpriram sua função ADMINISTRATIVA, mas possuem valor HISTÓRICO. Esse procedimento é a DESTINAÇÃO FINAL.

A transferência dos documentos do arquivo corrente para o INTERMEDIÁRIO e o RECOLHIMENTO para o permanente objetivam racionalizar os trabalhos, pois facilita o arquivamento e a LOCALIZAÇÃO dos documentos, libera espaço e ECONOMIZA recursos materiais. Saliente-se que a TRANSFERÊNCIA e o recolhimento são feitos em razão da FREQUÊNCIA de uso do documento e não do seu VALOR. Assim, a divisão em corrente, intermediário e permanente são GRADAÇÕES de frequência de uso e NÃO de valor documento.

Os documentos no arquivo INTERMEDIÁRIO conservam a classificação que lhes foi dada nos arquivos correntes. Os símbolos ou notações que lhes foram atribuídos no arquivo intermediário serão usados apenas para a LOCALIZAÇÃO no momento de atender às consultas.

Arquivo Permanente

Documentos que já perderam seu valor ADMINISTRATIVO e são guardados por seu valor histórico, probatório ou INFORMATIVO, que permitem conhecer a história da instituição, revelam a origem e constituição da instituição e, portanto, jamais serão ELIMINADOS.

A atividade de arranjo é típica dos arquivos PERMANENTES e é um processo de agrupamento de documentos singulares em unidades significativas e de agrupamento, é, portanto, a ordenação dos documentos em fundos, a ordenação das séries dentro dos fundos e, caso necessário, dos itens documentais dentro das séries. Nos arquivos INTERMEDIÁRIOS não existem métodos ou princípios específicos de arranjo, já que é mantido o feito no arquivo corrente.

Valor do Documento

1. Administrativo – PRIMÁRIO.
2. Histórico – SECUNDÁRIO.

Doutrina Arquivística

1. Ultrassecreto - Excepcional grau de SEGURANÇA. Conhecimento somente de pessoas INTIMAMENTE ligadas ao seu estudo e manuseio. 25 anos.
2. Secreto - Alto grau de segurança. Acesso a pessoas AUTORIZADAS. 25 anos.
3. Reservado - NÃO deve ser do conhecimento do PÚBLICO em geral. 5 anos.

Gestão da Informação de Documentos

Pela Lei 8.159, de 8 de janeiro de 1991, Art. 3º "considera-se gestão de documentos o CONJUNTO de procedimentos e operações TÉCNICAS referentes à sua PRODUÇÃO, tramitação, USO, avaliação e ARQUIVAMENTO em fase corrente e INTERMEDIÁRIA, visando a sua ELIMINAÇÃO ou recolhimento para guarda PERMANENTE".

Fases da Gestão de Documentos

1. Produção.
2. UTILIZAÇÃO.
3. Destinação.

Microfilmagem

É um processo bastante utilizado com as seguintes vantagens: ECONOMIA de espaço, acesso fácil e RÁPIDO, segurança, CONFIDENCIALIDADE e durabilidade. Não autoriza a ELIMINAÇÃO do documento. É regulamentada pela Lei nº 5.433/68 e pelo Decreto nº 1.799/96. A microfilmagem pode ser utilizada com o objetivo de PRESERVAR os documentos originais de MANUSEIO. Deve-se também CONSIDERAR os custos dos equipamentos e filmes, bem como os recursos HUMANOS necessários ao preparo da documentação para tal procedimento. Conforme o Decreto nº 1.799, de 30 de janeiro de 1996, em seu Art. 3º: "Entende-se por microfilme, para fins deste decreto, o resultado do processo de REPRODUÇÃO em filme, de documentos, DADOS e imagens, por meios FOTOGRÁFICOS ou eletrônicos, em diferentes graus de REDUÇÃO".

Microfilmagem pode ser:

1. eletrônica – captura de documentos por meio da DIGITALIZAÇÃO;
2. convencional – captação das imagens de documentos por processo FOTOGRÁFICO.

As finalidades da microfilmagem são: SUBSTITUIÇÃO e preservação.

Automação - Transposição do SUPORTE inicial para um suporte DIGITAL por meio de computadores. A digitalização tem como fundamentos principais: DIMINUIÇÃO do tamanho do acervo, PRESERVAÇÃO o dos documentos, POSSIBILIDADE de acesso e MAIOR agilidade.

AFO

Capítulo 1

Orçamento Público

A lei que instituir o PLANO PLURIANUAL estabelecerá, de forma regionalizada, as diretrizes, objetivos e metas da Administração Pública Federal para as despesas DE CAPITAL e outras delas decorrentes e para as relativas aos programas de duração CONTINUADA.

A LEI DE DIRETRIZES ORÇAMENTÁRIAS compreenderá as metas e prioridades da Administração Pública Federal, incluindo as despesas DE CAPITAL para o exercício financeiro subsequente, orientará a elaboração da Lei Orçamentária Anual, DISPORÁ sobre as alterações na legislação tributária e ESTABELECERÁ a política de aplicação das agências financeiras oficiais de fomento.

Os planos e programas nacionais, regionais e setoriais previstos nesta Constituição serão elaborados em consonância com o PLANO PLURIANUAL e apreciados pelo CONGRESSO NACIONAL.

A LOA compreenderá o orçamento DE INVESTIMENTO das empresas em que a União, direta ou indiretamente, detenha a maioria do capital social com direito a voto;

A LOA compreenderá o orçamento fiscal referente aos PODERES DA UNIÃO, seus fundos, órgãos e entidades da administração direta e indireta, inclusive das fundações instituídas e mantidas pelo Poder Público.

Os orçamentos FISCAL e DE INVESTIMENTO, deste artigo, compatibilizados com o Plano Plurianual, terão entre suas funções a de reduzir desigualdades inter-regionais, segundo critério populacional.

A Lei Orçamentária Anual não conterá dispositivo estranho à previsão da receita e À FIXAÇÃO DA DESPESA, não se incluindo na proibição à autorização para abertura de créditos suplementares e CONTRATAÇÃO DE OPERAÇÕES DE CRÉDITO, ainda que por antecipação de receita, nos termos da lei.

Caberá a uma Comissão mista permanente de Senadores e Deputados examinar e emitir parecer sobre os PLANOS E PROGRAMAS nacionais, regionais e setoriais previstos nesta Constituição e exercer o acompanhamento e a fiscalização orçamentária, sem prejuízo da atuação das demais comissões do Congresso Nacional e de suas Casas, criadas de acordo com o Art. 58.

O Presidente da República poderá enviar mensagem ao Congresso Nacional para propor modificações nos projetos a que se refere este artigo enquanto não iniciada a votação, na Comissão mista, DA PARTE CUJA ALTERAÇÃO É PROPOSTA.

Os projetos de lei do Plano Plurianual, das Diretrizes Orçamentárias e do orçamento anual serão enviados pelo Presidente da República ao CONGRESSO NACIONAL.

São vedados o início de programas ou projetos não incluídos NA LEI ORÇAMENTÁRIA ANUAL.

É vedada a realização de OPERAÇÕES DE CRÉDITOS que excedam o montante das despesas de capital, ressalvadas as autorizadas mediante créditos SUPLEMENTARES OU ESPECIAIS, com finalidade precisa, aprovados pelo Poder Legislativo por maioria absoluta.

É vedada a abertura de crédito SUPLEMENTAR OU ESPECIAL sem prévia autorização legislativa e sem indicação dos recursos correspondentes.

Os créditos ESPECIAIS e EXTRAORDINÁRIOS terão vigência no exercício financeiro em que forem autorizados, salvo se o ato de autorização for promulgado NOS ÚLTIMOS QUATRO MESES daquele exercício, caso em que, reabertos nos limites de seus saldos, serão incorporados ao orçamento do exercício financeiro subsequente.

A abertura de crédito extraordinário somente será admitida para atender a despesas IMPREVISÍVEIS E URGENTES, como as decorrentes de guerra, comoção interna ou calamidade pública.

No âmbito federal, o projeto de lei do PPA deve ser encaminhado pelo Poder Executivo ao Poder Legislativo até QUATRO MESES antes do encerramento do exercício financeiro.

A LOA tem a função constitucional de reduzir desigualdades inter-regionais.

Princípios Orçamentários

O princípio da EXCLUSIVIDADE tem o objetivo de impedir que a lei de orçamento seja utilizada como meio de aprovação de matérias estranhas às questões orçamentárias.

A aplicação do princípio da UNIVERSALIDADE abrange a inclusão no orçamento tanto das receitas e despesas próprias dos órgãos de Governo, quanto das realizadas por entidades do setor privado em nome do Governo e custeadas por recursos públicos.

O princípio da PROGRAMAÇÃO ou PLANEJAMENTO é um dos mais modernos princípios orçamentários que surgiu com a evolução dos conceitos e técnicas orçamentárias. De acordo com esse princípio, o orçamento deve evidenciar os programas de trabalho, servindo como instrumento de administração do Governo, facilitando a fiscalização, gerenciamento e planejamento.

De acordo com o princípio da UNIDADE, o orçamento deve ser uno, ou seja, cada ente governamental deve elaborar um único orçamento.

A exceção do princípio da EXCLUSIVIDADE é a possibilidade de abertura de créditos suplementares e a contratação de operações de crédito, ainda que por Antecipação de Receitas Orçamentárias - ARO.

O princípio da NÃO VINCULAÇÃO veda a vinculação da receita de impostos a órgão, fundo ou despesa, salvo exceções estabelecidas pela própria CF.

Diretrizes Orçamentárias

A responsabilidade na gestão fiscal pressupõe a AÇÃO PLANEJADA e TRANSPARENTE, em que se previnem riscos e se corrigem desvios capazes de afetar o equilíbrio das contas públicas, mediante o cumprimento de metas de resultados entre receitas e despesas e a obediência a limites e condições no que tange a renúncia de receita, geração de despesas com pessoal, da seguridade social e outras. Inclui-se ainda, as dívidas consolidada e mobiliária, operações de crédito, inclusive por antecipação de receita, concessão de garantia e inscrição EM RESTOS A PAGAR.

Empresa estatal dependente: empresa CONTROLADA que recebe do ente controlador recursos financeiros para pagamento de despesas com pessoal ou de CUSTEIO EM GERAL ou de capital, excluídos, no último caso, aqueles provenientes de AUMENTO DE PARTICIPAÇÃO ACIONÁRIA.

Todas as receitas e despesas constarão da LEI DE ORÇAMENTO (LOA) pelos seus totais, vedadas quaisquer deduções.

As cotas de receitas que uma entidade pública deva transferir a outra, incluir-se-ão como RECEITA, no orçamento da entidade obrigada a transferência e, como DESPESA, no orçamento da que as deva receber.

A Receita Corrente Líquida (RCL) será apurada somando-se as receitas arrecadadas no mês em referência e NOS ONZE ANTERIORES, excluídas as duplicidades.

Integrará o projeto de Lei de Diretrizes Orçamentárias Anexo de METAS FISCAIS, em que serão estabelecidas metas anuais, em valores correntes e constantes, relativas a receitas, despesas, resultados nominal e primário e montante da dívida pública, para o exercício a que se referirem e para os dois seguintes.

A Lei de Diretrizes Orçamentárias conterá Anexo de RISCOS FISCAIS, onde serão avaliados os passivos contingentes e outros riscos capazes de afetar as contas públicas, informando as providências a serem tomadas, caso se concretizem.

A mensagem que encaminhar o projeto de LDO da União apresentará, em ANEXO ESPECÍFICO, os objetivos das políticas MONETÁRIA, CREDITÍCIA E CAMBIAL, bem como os parâmetros e as projeções para seus principais agregados e variáveis e, ainda, as metas de inflação para o exercício subsequente.

O Projeto de Lei Orçamentária Anual, elaborado de forma compatível com o PLANO PLURIANUAL, com a Lei de Diretrizes Orçamentárias e com as normas da Lei Complementar 101.

O Projeto de Lei Orçamentária Anual será acompanhado das medidas de compensação a renúncias de receita e ao aumento de DESPESAS OBRIGATÓRIAS, DE CARÁTER CONTINUADO.

O Projeto de Lei Orçamentária Anual conterá RESERVA DE CONTINGÊNCIA, cuja forma de utilização e montante, definido com base na receita corrente líquida, serão estabelecidos na Lei de Diretrizes Orçamentárias, destinada ao atendimento de passivos contingentes e outros riscos e eventos fiscais imprevistos.

Se verificado, ao final de um BIMESTRE, que a realização da receita poderá não comportar o cumprimento das metas de resultado PRIMÁRIO OU NOMINAL estabelecidas no Anexo de Metas Fiscais, os Poderes e o Ministério Público promoverão, por ato próprio e nos montantes necessários, nos trinta dias subsequentes, limitação de empenho e movimentação financeira, segundo os critérios fixados pela Lei de Diretrizes Orçamentárias.

O efeito regionalizado de benefícios tributários concedidos pelo Governo Federal que resultem em ISENÇÃO OU ANISTIA deverá ser incluído no Projeto de Lei Orçamentária Anual.

Capítulo 2

Créditos Adicionais

Os Créditos SUPLEMENTARES são destinados a reforço de dotação orçamentária; encaminhado ao Congresso Nacional pelo Presidente da República através de Projeto de Lei (PLN).

Os Créditos ESPECIAIS são destinados a despesas para as quais não haja dotação orçamentária específica; encaminhado ao Congresso Nacional pelo Presidente da República através de Projeto de Lei (PLN).

Durante o exercício financeiro, a Lei Orçamentária Anual pode ser retificada devido a aprovação de créditos adicionais SUPLEMENTARES, ESPECIAIS OU EXTRAORDINÁRIOS.

A abertura de crédito EXTRAORDINÁRIO somente será admitida para atender a despesas Imprevisíveis e Urgentes, como as decorrentes de guerra, de comoção interna ou de calamidade pública.

Uma alteração orçamentária de créditos especiais ou extraordinários, em que surge a necessidade de criação de um novo programa de trabalho, pode ser solicitada pela UNIDADE ORÇAMENTÁRIA, por UM ÓRGÃO SETORIAL ou PELA SOF.

Caso o Governo federal precise realizar gasto urgente e imprevisto, decorrente, por exemplo, da necessidade de atendimento às vítimas do desabamento de uma ponte em rodovia federal, poderá ser aberto crédito extraordinário por meio de MEDIDA PROVISÓRIA.

Receita Pública, Despesa Pública e Dívida Ativa

Assim como as receitas, as despesas podem ser classificadas em duas categorias econômicas: CORRENTES E DE CAPITAL.

Entre as partes que compõem a LEI ORÇAMENTÁRIA ANUAL (LOA), está o sumário geral da receita por fontes e da despesa por funções de Governo.

A classificação da receita POR FONTE DE RECURSO atende à necessidade de vinculação de receitas e despesas, estabelecidas pela Lei de Responsabilidade Fiscal.

As cotas de receita que uma entidade pública deva transferir a outra, incluir-se-ão, como DESPESA, no orçamento da entidade obrigada a transferência e, como RECEITA, no orçamento da que as deva receber.

Receita DERIVADA são os recursos obtidos pelo Estado em função de sua autoridade coercitiva, mediante a arrecadação de tributos e multas.

Os ingressos EXTRAORÇAMENTÁRIOS, dado o seu caráter temporário, não integram a LOA.

O EMPENHO é o ato emanado de autoridade competente que cria para o Estado a obrigação de pagamento pendente ou não de implemento de condição.

LANÇAMENTO é o ato da repartição competente, que verifica a procedência do crédito fiscal e a pessoa que lhe é devedora e inscreve o débito desta.

A alienação de bem da Administração Pública não é classificada como receita EFETIVA.

DÍVIDA ATIVA corresponde a um crédito da fazenda pública, de natureza tributária ou não tributária, que é cobrado por meio da emissão de certidão de dívida ativa da fazenda pública da União, e equivale a um título executivo.

São classificadas como receitas ORÇAMENTÁRIAS todas as receitas arrecadadas, inclusive as provenientes de operações de crédito, ainda que não previstas no Orçamento.

Restos a Pagar e Despesas de Exercícios Anteriores

Restos a pagar NÃO PROCESSADOS correspondem às despesas que tenham sido empenhadas, mas não foram liquidadas.

Os efeitos econômicos das despesas empenhadas e NÃO PROCESSADAS, inscritas em Restos a pagar serão gerados somente no exercício seguinte àquele em que as despesas estão sendo reconhecidas, uma vez que os bens físicos ou os serviços contratados ainda não foram entregues ou prestados.

As despesas orçamentárias empenhadas e não pagas até o final do exercício serão inscritas em Restos a pagar e constituirão DÍVIDA FLUTUANTE.

Suprimento de Fundos

O suprimento de fundos pode ser concedido para atender ao pagamento de despesas de caráter secreto, eventuais e DE PEQUENO VULTO.

O suprimento de fundos constitui despesa orçamentária fixada na LOA de cada exercício, e tal despesa passa por todas as fases de execução ANTES DO SEU USO.

Conta Única do Tesouro

O gestor público que pretenda sacar recursos da Conta Única do Tesouro deverá realizá-lo por intermédio de ORDEM BANCÁRIA, diretamente no SIAFI. Para a efetivação de pagamentos, esses recursos são disponibilizados no Banco do Brasil S.A.

A Conta Única do Tesouro Nacional destina-se a acolher as disponibilidades financeiras da UNIÃO.

SIDOR, *SIAFI

O Sistema Integrado de Administração Financeira (SIAFI), desenvolvido pelo SERVIÇO FEDERAL DE PROCESSAMENTO DE DADOS, processa e controla a execução orçamentária, financeira, patrimonial e contábil dos órgãos da Administração Pública Direta Federal, suas autarquias, fundações e empresas públicas ou sociedades de economia mista, contempladas no orçamento fiscal e da seguridade social da União.

Anotações

Anotações

PARABÉNS!

Está disponível para você o código abaixo.
Para utilizá-lo, é preciso estar cadastrado no site:
www.alfaconcursos.com.br

Com esse código será possível acessar:

- Videoaulas **ON-LINE GRATUITAS***, de carácter demonstrativo.

Aproveite para continuar seus estudos com o preparatório que mais aprova no Brasil.

Entre agora no site
www.alfaconcursos.com.br/codigo
e utilize o código, é **grátis!**

* O código de acesso terá validade de 6 (seis) meses para uso, considerando a data da compra.

* Cada videoaula pode ser vizualizada 5 (cinco) vezes.

AlfaCon Concursos Públicos

L013